imaginist

想象另一种可能

理想国
imaginist

从中国出发的

全球史

上

葛兆光　主编

云南人民出版社

图书在版编目（CIP）数据

从中国出发的全球史：全三册 / 葛兆光主编. --
昆明：云南人民出版社, 2024.4
ISBN 978-7-222-22493-3

Ⅰ. ①从… Ⅱ. ①葛… Ⅲ. ①世界史－研究 Ⅳ.
①K107

中国国家版本馆CIP数据核字(2023)第231290号

特约编辑： 梅心怡　吴晓斌
责任编辑： 金学丽　柴　锐
装帧设计： 陆智昌
内文制作： 陈基胜
责任校对： 柳云龙
责任印制： 代隆参

从中国出发的全球史（全三册）

葛兆光 主编

出　版　云南人民出版社
发　行　云南人民出版社
社　址　昆明市环城西路609号
邮　编　650034
网　址　www.ynpph.com.cn
E-mail　ynrms@sina.com
开　本　880mm×1230mm　1/32
印　张　50.75
字　数　1086千
版　次　2024年4月第1版第1次印刷
印　刷　山东韵杰文化科技有限公司
书　号　ISBN 978-7-222-22493-3
定　价　398.00元

从中国出发的全球史

葛兆光

　　呈现在各位面前的《从中国出发的全球史》这本书，原本是2019 到 2021 年"看理想"推出的一套音频节目，现在经过整理、增补和修订，以纸书的形式与读者见面，这里做一些必要的交代。既然要讲"从中国出发的全球史"，那么先得谈谈什么是全球史。"什么是全球史"这个话题，已经有好多书在讨论了，这里，我只是说一说自己的看法。

　　以前流行很多种类的历史书。外国的不说，我们只说中国的。在中国最早的当然是王朝史，除了《史记》，《汉书》《后汉书》《三国志》都是。然后，晚清中国遇上三千年未有之巨变，一下子到了现代，就以现代国家为基础，开始写国别史，比如中国史、英国史、日本史等，你们现在看到的历史书大体上都是这样。可是，单单讲一国国史远远不够，现代人还得了解世界，一旦视野放大了，那就是世界史。可是，不知道大家注意到没有，过去的世界史，常常是一个国家又一个国家的历史，这么加起来合成的。

　　可是近些年来，"全球史"已经不是这样讲历史了。

1. 让历史超越国家

第一个变化，就是它不再依照国家或者王朝来讲历史。打个比方，我们过去的历史书有一点儿像现代出版的地图，在现代地图上用粗的、细的线条标明国家的边界，用大大小小的圆圈标注城市和村镇，还用不同的颜色把这些国家和地区标注出来。

可是，大家闭上眼睛想象一下，如果你到了遥远的太空，就像李贺（790—816）《梦天》里说的"遥望齐州九点烟，一泓海水杯中泻"，可以一眼览尽我们这个七分水、三分陆地的蓝色星球，这地球上面哪里有什么一道道的国境线、哪里有什么大小圆圈的城市，各国怎么会是不同颜色？

如果我们再闭上眼睛想象一下，当你身处遥远的太空，能够看到整个地球，你又仿佛神灵一样，可以把时间压缩起来亲历整个悠久的历史，那么你会看到什么？是古往今来的各色人等像小人国的小人儿一样，几千年、一万年，在这个星球上来来往往，打仗、迁徙、耕作、贸易、祭祀、生儿育女，船只在海上来来去去，车在驿道上走来走去，"浪淘尽，千古风流人物"，山谷多次变高陵，沧海几度变桑田。

所以我要说，"全球史"想做的第一件事情，就是要超越国家，不再让国境限制历史学家的观察，寻找一个笼括全球的、联系的、互动的、交往的历史。

2. 为什么"从中国出发"？

可是，历史学家真的能在一部书里写出"全球"的历史来吗？

让我们再次闭上眼睛想象一次。当我们置身太空，遥看我们这个地球。尽管我们可能看得见它的全景，可是无论你怎么有能耐，你也只能从你所在的位置看，你不是全知全能的宙斯或上帝，历史学家也是人，就像地球上的人看月亮，总是看到一半遮了一半。就算你能绕过去看它的背面，你还是只能从你的立场、位置、角度去看。换句话说，就是你看到的只是你能看到的，只是你这个角度能看到的。

所以，没有哪一个全球史家可以宣称，自己能三百六十度无死角地看历史。我特别喜欢意大利传教士艾儒略（Giulio Aleni，1582—1649）在一本描写世界的书《职方外纪》里说的"无处非中"这句话，当你相信这个地球是圆的，那么圆球上没有哪一个地方可以宣称自己是"中心"。17 世纪，当他说这个话的时候，他颠覆了古代中国固执的"天圆地方，我在中央"的观念，也带来一种多元的世界观。同样，把这句话用在全球史上，我们一方面破除了单一中心主义，要说的历史会是多元的、复杂的、彼此联系的；一方面也要破除历史学家傲慢的全能主义，我们历史学家别以为自己能够全知全能。我们书写全球史，要承认自己不是千手千眼观音菩萨，我们只能或者更能从某个角度看世界。我们这里讲的全球史，也许和从美国看全球史、从欧洲看全球史、从日本看全球史不同，所以也许更合适的是，这里只是从中国出发的全球史。

苏东坡（1037—1101）不是说过吗？"横看成岭侧成峰，远近高低各不同。"如果你到南半球去眺望星空，可能看到的星空和在北半球看到的完全不同，你相信这还是我们头顶上的那个星空吗？还是的。之所以不同，只是你观察的位置不同。本来，全球史就是要讲一种没有中心的历史，它从一开始就既反对历史学的欧洲中心主义，又要反对历史学的中国中心主义，还要反对其他什么中心主义。因此，我们这个全球史要做的第二件事情，就是它得承认这只是中国历史学者眼中的全球史，它和来自西方的各种全球史不同，更多地会从中国历史的角度、问题和视角去看全球，它只是各种全球史中的一种。

3. 培养世界公民：历史学的崇高理想

接下来我们要说的是第三件事情，这个全球史讲的主要是一个世界互相联系的历史。

以前中国有个比喻，叫作"东山钟鸣，西山磬应"，说的是很多现象看上去无关，实际上互相影响。中国还有一句成语，叫作"草蛇灰线，伏脉千里"，意思是历史就像喀斯特地貌中的暗河，有的河水看上去断了，可是不知多远它又会从另外的地方冒出来。全球历史中的很多事情就类似这样，比如战争、贸易、移民、宗教传播等把世界联系起来；有的像接力赛，一站又一站，把各种知识、习惯、物品从东传到西、从西传到东，比如造纸术向西亚欧洲传，番薯、玉米向亚洲传；有的就是传染病，随着军队、移民、探险者的深入，导致人类的浩劫。

这和国别史有一点儿不一样。一般来说，历史学总是有两个崇高理想，其中一个就是通过国别史追溯民族和国家的来龙去脉，让人们意识到"我们"是谁。"我们"有一个共同的根，流着同样的血，有着同样的历史。因此，这种现代的历史学，能够形塑认同，加强凝聚。然而，出现在"现代之后"即全球化时代的全球史，却希望达成历史学的另一个崇高理想，即培养世界公民。

与中国的"草蛇灰线"相似，以前西方人有一个比喻"蝴蝶效应"，说南美洲亚马孙河流域一只蝴蝶偶然拍拍翅膀，就会在北美洲得克萨斯掀起一场龙卷风。全球史最该努力做的事情，就是寻找整个历史中这种潜伏的、有机的、互动的关系。虽然历史的关联并不都是那么神秘、诡异，但是它将尽可能发掘这种关联性，因为它总是希望全球史的读者意识到，我们生活在同一个地球，我们必然成为世界公民。

4. 讲故事的历史学

最后，我们要说，历史就是故事。英文里面的 History，就是"他"的"故事"。近年来，女权高涨，单单说"他"——单人旁的"他"的故事不行，还要说"她"——女字旁的"她"的故事，或者叫作"Person"——不分性别的"人"的故事。可是，这还是不行，我们不光要说"人"的故事，还要说"物"的故事，而且更重要的是还得有故事。过去很多历史书，先是只看到帝王将相、精英天才，忘记了普罗大众、平头百姓；然后是只看到各种人的变迁，忘记了自然、环境和物质的变动；最后是只抓住了道理，却忽略了故事：这个世界上发生的很多很多故事。

所以，我们这个全球史，每一次都从一个故事开始，用几个故事把历史串联起来。比如，我们讲人类食品的变化，却从一首《茉莉花》的中国歌曲开始。这首歌在欧洲歌剧《图兰朵》里是作为中国象征出现的，可是你知道吗？茉莉花却不是中国土产，而是从南亚来的物种，我们用这个来说明人类果腹的各种食品往往来自全球的大交流；又比如讲哥伦布（Christopher Columbus,

1451—1506）发现美洲后大量开采白银，给东西方贸易带来巨大影响，但是我们却从最近的"江口沉银"发现开始说起，这为什么？因为明代中国白银货币化和大量短缺，才是白银时代的缘起。再比如，讨论东西方在公元前一两个世纪，汉朝和罗马帝国在地球两端的扩张战争，我们却从轰动一时的假新闻——罗马军团后裔在甘肃——说起，这些想说明的是：那个时候其实"王不见王"，全球联系虽然开始，但还没有那么密切。其实，历史上每天都是故事，可是写成历史，故事有时候被压扁、浓缩，活物变成了标本。

毫无疑问，我们没有能力起死回生，我们也没有可能关注每个细节。可是，我们想尽量让历史活起来，让它真正成为"全球的""人类的"故事。

因此，就有了这样一个"从中国出发的全球史"。

目　录

第二季　全球史中的帝国、战争与移民

第一季

人类与文明：它的起源与彼此联系

导　言

从现在起，我们"从中国出发的全球史"第一季，将对全球的早期历史和彼此联系，做一个叙述。

1. 传统中国史书里的"世界"

在很长很长的时间里，古代中国的历史学家都习惯以我为中心，也就是"以中央王朝为中心，以周边四裔为附庸"来进行历史叙述。早在司马迁（约前145—约前87）之前，即春秋战国时期，中国史家大概就已经有这种习惯。在这方面，我们建议大家看三篇文献：第一篇是《尚书·禹贡》，根据它的记载，在中国之内有九州，在中国之外有岛夷、莱夷、淮夷、三苗等，周边以华夏为中心，他们都服从中国号令，都会给中国进贡土产；第二篇是《逸周书·王会篇》，它记载西周武王（一说成王）时，八方进贡的热闹场面，传说当时四方来朝贺的属国包括东夷、南越、西戎、北狄各方；第三篇是《国语·周语上》，据它说，周代的天下已经分为甸服、侯服、宾服、要服、荒服，各种不同区域对天子有祭祀和进贡的责任。这三篇文献半是传闻、半是想象，但它们都表现了古代中国自居中央的天下观念。按照古人的说法，因为四裔不够文明，都仰慕中国，所以要来中国朝贡。

不过，这种关于世界的认识最终形成系统，成为传统中国的世界观和历史观，大概还是由于司马迁的《史记》。为什么呢？因为《史记》是第一部有意识地记载中国与世界的著作，它奠定了后来中国历史书写尤其是所谓"正史"的基本框架。在司马迁的《史记》记载中，除了汉朝，周边还有北方的匈奴，东方和南方的朝鲜、南越、东越以及西南夷，同时还通过《大宛列传》记载了"西方"即现在的中亚、西亚各国。《史记》的这个世界，大致已经涉及现在亚洲的大部分地区，虽然里面还没有说到当时已经很强盛的、与汉朝东西对峙的罗马帝国，但应当说大一统的汉代已经很有"世界眼光"，司马迁也真是具有"世界意识"的卓越历史学家。

不过，在司马迁笔下的历史也有问题。所谓诸夏及周边，都是黄帝、颛顼、帝喾的直系或者旁支，而太远的或者不文明的就和咱们没有什么亲缘关系了。这种历史认识，给后世带来两个深远影响。第一，关于外面的世界，还没有被司马迁算成黄帝一家的，唯有不开化的西南夷和"西极远蛮"，也就是中亚、西亚、南亚一带，这些地区在他心目中是"蛮夷"。于是，这种历史记录使得传统中国越发强化对外胡汉、华夷之分。第二，关于内部的世界，这些诸多族群或地方都被他说成是黄帝、颛顼、帝喾之苗裔，这虽然有"四海一家"的好处，但从历史上来说，有可能淡化或遮蔽了他们不同的来源、文化的差异和彼此的对立，使得早期中国历史起源单一化、族群文化一元化。而这种观念，也恰恰无意识地强化了"普天之下，莫非王土；率土之滨，莫非王臣"的国家意识和王权观念。

这当然不能怪司马迁。应当说，作为传统时代的历史学家，他无法超越本国立场，他习惯从本国立场向外眺望，他笔下的世界仍然是以本国为圆心、逐级放大的"同心圆"。而且他在文化上总是有自我的优越感，华夏是文明的，周边蛮夷不够文明。这些没有开化的野蛮人，他们存在的意义主要是证明华夏的文明，他们朝觐中央王朝会给王朝带来荣耀和自信。

这种观念在古代中国很古老也很固执，延续了几千年，一直到晚清被"坚船利炮"打开国门、中国人"睁开眼睛看世界"之后，从西方传来各种各样新的世界史、万国史，这种观念才被打破。

2. 什么才是真的"四海一家"：早期人类的移动轨迹

晚清的时候，也就是 19 世纪中后期，欧洲人写的各种世界史传到中国和日本，东方人才开始知道原来世界上有那么多的民族、国家、文化，从此不得不走出自我想象的"天下"，开始面对林林总总的万国。有人说，"从天下到万国"就是中国从中世走向近代。所以，中国最早接受万国图像的先驱林则徐（1785—1850）就写了《四洲志》，魏源（1794—1857）就写了《海国图志》，徐继畬（1795—1873）就写了《瀛寰志略》。到了 19、20 世纪之交，中国历史学终于走出"以中央王朝为中心，以周边四裔为附庸"来写历史的时代，人们也开始关注埃及、印度、罗马的历史，原来世界上有好多个辉煌壮丽的历史；人们也开始承认，中国的历史不是唯一的也不是最长的历史，就像承认长江不是世界上最长的河流，比不了尼罗河、亚马孙河一样。

不过，由于种种原因，出于自尊和认同，历史学还是希望找到证据说明中国这个地方，族群是自古以来就自己形成的，文化主要是从远古以来逐渐形成的，有中国精神，有华夏色彩。从同情和理解的历史背景看，这没错。因为那个时候，正好是以主权国家构成的新世界体系兴起，又是西方崛起主导和统治世界、东方各国要寻求独立自强的时候，所以无论东方还是西方，或出于自负，或出于自尊，大多数历史学家都在书写以国家为构成单位的世界史，而写世界史的时候，眼睛又更多地关注政治、军事、经济。即使是在写世界的历史，关于早期人类，大家也还是在进化论的影响下，各自站在国家和民族的立场上，写各个民族和各个文化的形成。大家记住，"追溯光荣历史，书写民族谱系，建立国家认同"乃是那个时代历史学家认定的书写历史的主要责任。

可是，地球上早期人类互相之间是什么关系？他们是互不相关的吗？或者他们是连枝同气的吗？大家都承认四大文明发源地，即两河流域、埃及、印度和中国，但在文明形成过程中，它们之间有联系吗？到了全球史兴起之际，人们才开始将这些问题置于重心，更加关注。现在很多历史著作，都开始承认一种说法，也就是从十万年前开始，早期人类走出非洲，他们迁移到各地。在八九万年里，人类迁徙到世界各地，布满欧、亚、非大陆。据一种有争议的说法，大概在六万年前，有人渡海到达澳大利亚和巴布亚新几内亚一带，而最后是美洲。据说在一万五千年或更早的时候，一些人类从东西伯利亚穿越白令海峡到达美洲，此后仅仅一两千年，他们就从北美到了南美。

当然，历史很漫长，进程也复杂。从一万年之前开始，农业产生了，金属使用了，文字发明了，城市兴起了。正是因为人们在继续迁徙，把文明从一个地方带到另一个地方。但历史学家告诉我们，真正在历史上影响巨大，而且可以被较为清晰地描绘出来的人类早期迁移历史，是在距今四千年前后的几个世纪。那时候，全球到处有意义重大的人群移动，我们举一些例子吧。在亚洲，东进的印欧民族一波又一波地南下，进入印度，改变了印度当地的族群成分和文化风格；而外来人也覆盖了西亚，在今天的叙利亚、土耳其、伊拉克一带，先后有从亚美尼亚迁来的胡利安人（Hurrians），也有善于养马的米坦尼人（Mittani）；游牧族群亚摩利人（Amorites）进入美索不达米亚，建立了古巴比伦；在埃及，外来人希克索斯（Hyksos）王朝的建立，也把新的战争技术引入埃及；北方草原青铜之路，则推动中国也进入"青铜时代"。

这个时候我们再来看历史，才真正理解什么是"四海一家"，并不是只有早期华人源自黄帝，其他世界上各色人等也并不是另外的蛮夷，其实可能都是彼此相关联的亲戚，但是，由于自然条件和社会结构的差异，他们后来各自发展出不同的文明。

在第一季里，我们将会这样给大家来介绍早期人类的全球史。

3. 历史的坐标：早期全球的历史线索及文明要素

在讲述早期全球史之前，我们建议大家记住以下线索，毕竟历史要有"坐标"，横向有彼此文明的接触、联系和影响，纵向有沿着时间复线发展的若干轨迹。

距今六千五百年前，两河流域美索不达米亚地区出现苏美尔（Sumeru）文明。过去的世界史常常认为埃及文明最古老，但是

20世纪的考古证明苏美尔才是更早的文明。六千多年前，这里就有定居农业，渐渐地城市也开始出现，人们能够冶炼青铜，可以制作轮制陶器，有带轮子的车辆和水上的船只，不仅有文字，逐渐还有王权，甚至还有纪念性建筑。

比苏美尔文明晚不了多少，大约距今六千年前，埃及受到苏美尔文明的影响，形成埃及文明。据说，国王美尼斯（Menes）约在五千年前统一上下埃及，这里不仅有依赖尼罗河的大型农业，有象形文字，还有权威的法老，以及王国巨大的宫廷和大型的金字塔。

稍稍晚于埃及的印度文明，也在差不多五千年前形成。有人认为，现在发现的哈拉帕（Harappa）和摩亨佐·达罗（Mohenjo-daro）遗址，也和苏美尔文明有关。据说，原本这里也有城堡和圣殿，只是后来被外来的雅利安人侵者中断，由此印度文明发生巨大的转型。

大约再稍晚一些，以爱琴海南端入口处克里特岛（Crete）为主的米诺斯海上文明（Minoan civilization）也发展起来，虽然它不像前面两个文明那么巨大和明显，但是米诺斯船通过木材、橄榄油、铜矿的贸易，把今天非洲北部沿地中海一带、欧洲南部和亚洲西部的两河流域连成一片，成为当时世界最繁荣的地区之一，著名的米诺斯王宫也在四千年前建造起来。

同样，在五千年到四千年前，在黄河流域以及长江中下游地区，华夏文明也开始兴起，渐渐地这里出现稠密的农业人口、大型的灌溉系统，也出现城市与王权以及青铜冶炼与铸造，还出现北方的黍、麦以及南方的水稻。

历史就是这样开始。因此在第一季里，我们除了要简单叙述考古学呈现的世界和中国文明起源的故事，我们还选择青铜冶炼与铸造、农业与各种食物的起源和传播、文字的发明和使用这三个话题，简单勾勒一个彼此关联的全球史图景。

也许你会问，为什么就选择青铜、食物和文字呢？道理很简单。首先，青铜冶炼非常重要。据考古学家的研究，公元前4000多年前，即距离现在六千多年前，在以色列与约旦之间的一个地方，出现世界上最早的炼铜熔炉和炼铜作坊。因为有了坚硬和锐利的青铜工具和武器，人类有了一个加速度的发展，脱离了艰难的石器时代，对自然有了必胜的把握，而这些精美的器具逐渐成为礼器和乐器，成为神圣祭典的供奉物，成为审美的对象，于是人类文明达到新阶段。所以澳大利亚的历史学家杰弗里·布莱内（Geoffrey Blainey）说，当人类借助熊熊大火从矿石里提炼出金属，这是"世界历史上最重要的日子之一"。其次，农业与食物也很重要。"民以食为天"，没有农业带来稳定的粮食收入，没有各种赖以生存的食物，一切都谈不上，更不要说历史。有人统计，比起狩猎，移动的农业让能源的可用性增加十倍，定居农业又比移动农业增加十倍，可以养活更密集的人口，动物的驯化，稳定的肉食来源，相比仅仅依赖粮食作物，让人类的健康与体力又增加不少倍，这样才能有"过剩"。果腹的食品有了"过剩"，人们才有了"富足"；"富足"使得一部分人不必直接从事食品生产，才出现了分工的可能；剩余的物品用于囤积和交换，才出现商业贸易和贫富分化。恰恰是这种分工与分化，催生后来的文明社会。再次，对于人类社会来说，文字当然也很重要。有了文字，不仅可以在人与人、群体与群体之间形成契约，而且知识、思想、情感可以记录和流传。与全球史更相关的是，有了文字也就有了历史。

当人类可以果腹，能够用金属，并且有了文字，这时城市出现了，差异出现了，文明也形成了。当然，随着人类社会加速度的发展，各个区域的文明也呈现出不同的色彩，这些不同色彩的文明合起来，构成全球文明史的全景，就像我们在这一季里用"月印万川"那个比喻说的那样，千差万别的月影，映照的是同一个月亮，因此有了这样一个色彩缤纷的全球史。

4. 大航海之前：人类认识世界的历程

第一季里，我们不仅要追溯早期人类的历史，同样也要讲全球的相互联系。讲联系的时候，不免讲到一些时代较晚的事儿，比如西亚与中国的物质交流、郑和下西洋、哥伦布发现美洲，因为时代越晚，人类视野越大，彼此联系越明显，历史就越发纠缠。我们在这一季里想说的有两点：第一，说明这是一个"联系的全球历史"；第二，说明这也是一个"认识全球联系的历史"。所以，最后我们也专门设立了一讲，讨论人们如何 ·点一点逐渐认识世界的历史。

说实在话，虽然现在我们可能很惊讶于早期人类能够四处迁徙，觉得他们居然可以漂洋过海，可以越过千山；但一定要记住，那是个相当漫长的过程，是若干代人持续的事情。当回顾历史的时候，我们会穿越层层史料一下子追溯过去，忘记世界不同区域的这种联系其实是很艰难、很漫长的。我们不妨想象一下，当时的他们没有火车、没有飞机、没有轮船，到远处去要辛苦跋涉，对于他们来说，百里之外可能就是"远方"，所以《周易》里总是要占卜是否"利涉大川"。他们能够看到的"世界"往往并不大，从自己身处的地方向四周看去，从走过的、听闻的、记录的开始，经由战争、贸易、旅行、探险、开发以及传教或朝圣，人类越来越了解这个地球。人们一旦能够利用车船甚至机器动力，就不仅仅在物质流通、宗教传播、人口迁移、商业贸易上自觉地把世界看作一个整体，同样也越来越自觉地在历史认识上把全球联系起来。

公元前 5 世纪，希罗多德看到波斯；公元前 4 世纪，马其顿帝国亚历山大大帝（Alexander the Great of Macedon）从马其顿、希腊，南下埃及、巴比伦，他的军队又东进到中亚；公元前 2 世纪，张骞出使西域，不仅到了大月氏等地，还知道安息和条支。那时候，人类对地理空间的认知，已经彼此交错。接下来，印度和中亚的佛教徒，在 1 世纪就来到中国，而 4 至 5 世纪的法显，从陆路去了印度，又从海上回到中国，说明海陆两端已经成为僧侣和商人的往来途径。中世纪以耶路撒冷为中心的 TO 形地图，三个叶子形状的亚洲、欧洲和非洲，更说明人类已经知道所谓"世界岛"即陆地相连的大陆。到了 13 世纪，马可·波罗来中国，加上拉班·扫马西去，伊本·白图泰东来，汪大渊跟随海商到达印度洋，其实这时候人类的地理视野已经大大开拓。随着回回人带来的世界新知识，以及郑和七次下西洋到达非洲东海岸，最终是哥伦布、麦哲伦（Ferdinand Magellan，约 1480—1521）海上航行的壮举，终于使得全球的地理轮廓渐渐浮现出来。人类对于异域空间的认知，就像雨点洒落池塘的水波纹，这一个个水波纹逐渐扩散，彼此交错，覆盖整个池塘。同样，这个时候经由海洋的联系，全球终于成了一个整体，人类终于有了全球的地理知识，也越来越感受到全球密不可分的联系。

于是，这就有了我们今天说的全球史。

（葛兆光）

全球历史的开端

第一节　全球人类都拥有一个非洲外婆？

1. 华胄来从昆仑巅？

　　传说在四千多年前，在今天伊拉克南部和科威特一带，有一位国王，名字叫奈亨台(Nakhunte，又译为奈洪特)。公元前2282年，也就是四千三百多年前，不知道是出于什么原因，这位国王带着他的人民开始向东迁徙。他们先经过今天的伊朗，再穿越干旱的中亚沙漠，然后翻越高峻的帕米尔高原，转过昆仑山脚下，从河西走廊再到关中平原，继续向东，终于来到一片广袤的平原，一条宽阔的大河从平原的中间穿过。奈亨台决定停下脚步，留在这个富庶的地方。他们就在大河边繁衍生息，成了这片土地的主人。在后代人们的口中，奈亨台被叫成了"黄帝"，其实就是"亨台"这两个字；他的子民则成了"百姓"——这些人，就是中国人的祖先，那条河自然就是黄河。

这是一个名叫拉克伯里（Albert Terrien de Lacouperie，1844—1894）的法国人讲的故事。拉克伯里 1844 年出生在法国的诺曼底，很小的时候就跟他父亲住到香港，学会汉语，后来又去了伦敦，在大英博物馆工作，写了好多关于中国历史和文明的小册子。拉克伯里的主要观点，就是说中国人和中国文化都是从西方来的，不但黄帝和百姓，就连神农，还有造字的仓颉，他都能从巴比伦的历史中找到对应的人物，说得有鼻子有眼。

1894 年，他出了一本书《中国上古文明的西方起源》（*Western Origin of the Early Chinese Civilization*），主要内容就是上面讲的这个黄帝故事。可是书出来以后，没什么人理他，拉克伯里当年就在寂寞中去世。没过几年，有两个日本人读到他的理论，写进日文的《支那文明史》，这个说法先在日本大受欢迎，也很快传到中国，没想到却一下子流行起来。不说一般人，就连章太炎（1869—1936）、王国维（1877—1927）、刘师培（1884—1919）这样的一流学者，一时也成了这种说法的拥护者，"中国人种西来说""中国文化西来说"好像一夜之间时髦起来。我们只需要举一个例子，大家就能明白它的流行程度：1915 年，当时民国大总统袁世凯（1859—1916）定了一首国歌，其中有一句"华胄来从昆仑巅"，说的就是华夏民族翻过昆仑山迁到东土，可见中国人从西方来的这种说法那时候是多么深入人心。

今天大概没有人会相信这种天马行空的联想吧？但在一百多年前，却有这么多的中国人相信它是真的。这是为什么？

中国人是土著还是外来的，古时候没人关心这个问题，一讲历史，就是"自从盘古开天地，三皇五帝到如今"，中国人不是黄帝子孙，就是帝喾或者颛顼的子孙，我们自古以来就是这块神州大地的主人，怎么可能是从外面迁来的呢？可是，到了近代，却发现世界上不只有我们，还有其他各式各样的国家、各式各样的人。这还不算，这些跟我们长相不一样、语言也不通的人，往往比我们还厉害，我们打仗老输给他们，他们的文明好像也不弱。这些人主要是从西方来的，那么是不是中国人天生就低西方人一等呢？是不是因为我们是黄种人，所以就不如白种人呢？现在好了，一个西方人说，中国人也是从西方来的，跟英国人、法国人一样，也是古代巴比伦的传人，那么大家就平等了，自信心也回来了。就是这样的心态，让晚清民初很多人不假思索地就相信拉克伯里的理论。

好在大家很快就发现这套说辞不靠谱。说"亨台"就是黄帝，用汉语的发音去比对古巴比伦的语言，绝对是毫无根据的捕风捉影；至于他费尽心思找到的巴比伦文明与中华文明的相似之处，只要认真去找，任何文明之间总能找到一些近似的地方，毕竟大家都是人。

然而，抛弃拉克伯里，问题还是没有解决：中国人到底是哪儿来的呢？要想回答这个问题，那就得先问，人是从哪儿来的？

2. 人是从哪儿来的？ 关于人类早期历史的拼图

世界上有一些文化，早就传说人类是从灵长目动物变过来的。比如在非洲的塞拉利昂，人们一直把黑猩猩当成祖先；又比如根据藏族人的说法，说人是猴子和罗刹女的后代。不过，这些主要还是一种宗教性的神话，跟现在我们理解的进化论没有关系，只是偶然有一点重合而已。在大部分古代人的心目中，人是被创造出来的，当然创造的过程可以说是五花八门。

终于，在最近的一百五十年中，进化的奥秘被一点点揭开。人类在经过短暂的震惊之后，很快接受这个事实，那就是自己是由非常简单初级的生物一步步演化而来的。不过，这个过程，特别是从猿到人的过程究竟是怎样的，其实非常考验考古学家和生物学家的本事。

原本，要了解古人类的情况，一靠化石，就是古人类的骸骨，最重要的当然是头骨，其他还有腿骨、牙齿等一切人类化石，都是研究的材料；二靠遗迹，就是跟古人类有关系的东西，比如使用过的工具、吃剩下的食物、留下的艺术品，等等。可以说，过去我们所了解的古人类的历史，就是由一个个化石、一块块石器串起来的。

1974 年 11 月，考古学家在非洲埃塞俄比亚发现一具三百二十万年前的骨架。经过简单的研究，判断这位祖先应该是位女性。当时，考古营地里的录音机正在播放披头士乐队的《露西在缀满钻石的天空》（"Lucy in the Sky with Diamonds"），激动的考古队员就把这位祖先称作露西，这是最有名的一具古人类化石。

一般发现的古人类化石，也就几块骨头，能发现头骨已经是非常了不起的成绩，露西呢？一共发现了全身骨骼的百分之四十，包括一部分头骨、下颚、脊椎骨、骨盆、肋骨、双臂的肱骨、左腿的股骨和右腿的胫骨，这是直到那时考古学家发现的最为完整的古人类化石，拼合起来已经大致可以看到一个完整的人骨样子。

露西去世的时候，应该是在二十五到三十岁，在那个时候，已经不算年轻。因为露西的出现，我们对早期人类的了解大大增加了。她属于南方古猿，名字虽然叫猿，却已经接近人了。她身高 1.1 米，体重大概 29 千克，看上去跟黑猩猩差不多。但她跟黑猩猩有一个根本性的差别，那就是她的膝盖朝外翻，这证明她已经开始直立行走。这对于人类来说，是个里程碑式的变化，因为直立行走把手解放出来，可以做更复杂的事情。直到今天，我们能在小小的手机上运指如飞，都要感谢露西们。

不过，露西这个"最完整"的记录很快就被打破了。十年后，考古学家在非洲肯尼亚的图尔卡纳湖（Lake Turkana）边发现一个小男孩的骨架，这个骨架几乎是完整的。这也是迄今为止发现的最完整的早期人类化石，大家叫他图尔卡纳男孩。

图尔卡纳男孩的年龄是八到十岁，身高 1.6 米，即使按照今天的标准，也是个长得很高的小子。专家估计，他成年以后，能长到 1.85 米，绝对是个大个子。他生活在一百五六十万年前，比露西晚了一百多万年，也比露西更"像人"，不但个子高，而且脸部更平，腿更长，脑容量更大，发声器官也可以发出更复杂的声音，他属于一种新的人类——匠人。

除了这些教科书级别的考古发现，还不断有一些新的进展，有些让人大开眼界。比如，2003 年，印度尼西亚的弗洛勒斯岛（Flores Island）上发现一具完整的古人类化石，身高只有 1.06 米，年龄三十岁，跟露西差不多，却并不是南方古猿，而是一种新的直立人。这些人生活在距今二十万到五万年前，有人怀疑可能是迁移到岛上之后，生活在一个孤立的环境里，人慢慢地越长越矮。发现这些化石的时候，《指环王》正在热播，于是考古学家就把他们昵称为霍比特人。关于"霍比特人"的研究还在进行中，据说已经发现更矮的化石。

人类进化的历史，好像一幅拼图，要靠化石一块块拼起来。

可是，问题是我们根本无法确定这幅拼图有多大，所以也就不知道到底哪里缺了什么，也不知道这幅图究竟是树状图还是网状图。这幅拼图能拼成什么样，完全依赖于发现什么样的化石，但考古发掘的偶然性很大，很多时候都得靠运气。那么，有没有一种办法可以让我们对人类进化的总体面貌先有一个大致的了解呢？

有的。那就是分子人类学，通过比较人类的 DNA 序列，来追踪人类起源和迁徙的历史。

3. 新方法、新证据

1987 年，两位美国古人类学家发表一篇论文，可谓石破天惊。他们提出，所有的人类都拥有一位共同的女性祖先，后来这位女性祖先被叫作"非洲老祖母"，更严谨一点，把她叫作"线粒体夏娃"（Mitochondrial Eve）。

夏娃是《圣经》里人类共同的女性祖先，加个"线粒体"是怎么回事呢？这就是分子人类学的研究成果。线粒体是细胞中的一个构件，它拥有独立的 DNA，也就是遗传信息。关键是，动物细胞的线粒体 DNA 不会发生遗传重组，也就是说检测动物体内的线粒体 DNA，可以用来推测这种动物的祖先情况。不过，线粒体 DNA 只能从母系遗传而来，所以这种研究也只能揭示母亲这一边的来历。开个玩笑说，非洲老祖母不应该叫祖母，应该叫非洲外婆。

这两位人类学家的研究发现，所有现代人类的线粒体 DNA 都能追溯到一位共同的祖先，这位祖先大约生活在十四万年前的非洲，按照线粒体 DNA 的遗传特性，当然是位女性。不过大家不要误会，不是说十四万年前人类只有这么一位女性，也不是说只有这位女性生育后代，其他女性全部绝后。前面说了，线粒体DNA只能追溯女性，所以除了这位夏娃的其他女性，要么是没生孩子，或者在她们后代中的某一代全部没生孩子，要么是她们的某一代后代全部是男孩，没有女性后代，所以她们的线粒体就失传了。这些女性的线粒体虽然失传，但不代表其他的遗传信息也失传，这些遗传信息可能保存在身体的其他部分。所以，尽管全体人类确实拥有一个共同祖先，但很多其他老祖先的基因也通过复杂的遗传过程，保存在你我的身体里。总之，如果我们每个人都把自己母亲的母亲的母亲这样一代代往上推，那么总有一代，所有人的母系祖先都交汇在一个点上，这个点就是这位非洲老太太。

知道了共同的女性祖先，有没有可能知道共同的男性祖先呢？也能。仅在男性中遗传的是Y染色体，遗传学家发现现代人类体内的Y染色体也可以追溯到一个共同的男性祖先。根据"线粒体夏娃"的先例，人们叫他"Y染色体亚当"（Y-chromosomal Adam）。不过，关于这位男性祖先生活的时间，遗传学家有不同的看法，一般认为他是距今九万到六万年前的人，比夏娃可晚了好几万年。

同样，亚当的存在也不意味着当时世界上只有这么一位男性。"线粒体夏娃"和"Y染色体亚当"的意义，在于提醒我们人类有着共同的起源，现在全世界的人虽然千差万别，但其实往上追溯的话，大家都是一家。

简单地说，经过一百多年的努力，关于人类起源的理论已经分成两派：一派叫作人类单一起源说，认为人类是从一个地方进化来的，然后不停地迁徙，最终扩散到全世界，支持这派理论的人比较多；另一派叫作人类多地起源说，认为人类是在地球上好几个地方分别进化来的，支持这派理论的人比较少。

每一派下面，又有不同的看法。比如，同样主张人类单一起源于非洲，但是有人认为人类起源之后就迁徙到世界各地，逐渐变成今天的样子；有人认为人类分两次或几次迁徙出非洲，前面迁徙出去的，之后都被取代或者灭绝，后来迁徙出去的才是现代人类；还有，这些不同种类的古人类之间到底是什么关系，是彻底的取代关系，还是有交配、有基因的交流呢？如果有基因交流的话，那么是本地人留下的基因多一些，还是外来的新人类留下的基因多一些呢？总之，是各有各的看法，而且随着新的化石发现、分子生物学技术的进步，这些看法也都有可能被改写。

不过，无论是主张人类单一起源派，还是主张人类多地起源派，都很难否认分子人类学的研究成果，都必须面对人类互相之间具有亲缘关系这个事实。所以他们也就有一些共同点，比如都承认远古的人类有多个种类，或者用生物学的语言来说有多个亚种，都承认早期人类经历大规模的迁徙和杂交。他们的分歧往往只在于这种分别或融合的程度以及以谁为主而已。

总之，就我们目前所知，最早的人类确实诞生在非洲；不管几次，早期人类确实也曾经"走出非洲"，约七万年前，他们开始向各地迁徙；人类的不同亚种之间，确实也发生过丰富的基因交流。非洲在中国西边，更是确定无疑的事实，这么一说，中国人确实是从西方来的吗？

关于"中国人究竟一直是在本土进化而来的，还是从非洲迁来的"这个问题，中国考古学家是怎么看的呢？

第二节　中国人从哪里来：一味中药催生的中国考古学

中国人到底是怎么来的呢？要回答这个问题，必须先回顾一下中国考古学的历史。20 世纪中国考古学历史上，除了后面我们还会提到的北京猿人和山顶洞人，还有三个重大的考古发现与这个话题有关：第一个是仰韶，在河南；第二个是龙山，在山东；第三个是安阳殷墟，也在河南。这三个考古发现，是中国有现代考古学以来最重要的大事。

1. 仰韶："中国文化西来说"的 2.0 版？

先说仰韶。

仰韶文化的发现，起源于一位瑞典人，他叫安特生（Johan Gunnar Andersson，1874—1960），本来是研究地质的，是乌普萨拉大学（Uppsala University）的教授，还兼任瑞典国家地质调查所所长，后来却因缘际会成了中国现代考古学的奠基人。

1914 年，袁世凯政府请他来中国帮助政府找矿，因为那时候北洋政府的财政吃紧，开矿是增加收入的重要手段。可是过了两年，袁世凯做了八十三天皇帝梦死掉了，一时群龙无首，也没人顾得上找矿的事。安特生思来想去，决定转行调查古生物化石。为什么选择这一行呢？原来，当时中药里有一味叫"龙骨"的药，按照古老医书《神农本草经》的记载，龙骨具有镇静安神的功效。一个德国医生对龙骨非常好奇，他收集了很多，带回德国交给一位古生物学家研究。研究的结论是：这些所谓的龙骨应该是古代哺乳动物的化石，其中一枚牙齿甚至可能是古人类的化石。安特生知道这些事之后，感到这个领域很有前途，就决定投身古生物化石的调查。

1918 年，安特生到河南寻找龙骨，偶然在河南省渑池县一个靠黄河的小村子旁边挖到陶器，陶器上面还有图案，就是现在我们说的"彩陶"，这个小村子就是后来大名鼎鼎的仰韶村。不过，当时他的主要任务不是考古，就没再深究下去。三年后，安特生和中国地质学家袁复礼（1893—1987）在仰韶村正式进行发掘，发现大量的陶器、石器，还有住房、村落的遗址。安特生很激动，他认为仰韶遗址的年代应该在公元前 3000 年左右，距今差不多五千年，比拉克伯里所说的奈亨台东迁的时代早了一千年之久。这下子可好，这个发现等于彻底否定了拉克伯里的理论。几年以后，安特生发表他的报告《中华远古之文化》（*An Early Chinese Culture*），文中特意强调，仰韶遗址应该是一个汉族先民居住的地方，针对的就是拉克伯里等人的理论。不过要补充一句，其实当时所谓"汉族"根本还没形成。

那么，仰韶文化是中国土生土长的吗？安特生在仰韶发掘出很多彩陶的器物，他不太有把握，就寄了一些陶片给瑞典王储古斯塔夫（Gustaf Adolf，1882—1973）。这位王储就是后来的瑞典国王古斯塔夫六世，也是一名业余的考古学家。古斯塔夫去英国的时候，又把陶片带给著名的陶瓷专家霍布森（Robert Lockhart Hobson，1872—1941）鉴定。霍布森认为这些彩陶与西方陶器有相似之处，特别是在当时俄罗斯所属的中亚地区，今天土库曼斯坦的安诺遗址（Anau Tepe），以及东欧甚至远至意大利西西里岛，都能找到类似的图案。所以安特生推断，仰韶彩陶文化可能是从西边来的，也许传来之后又跟本地的文化发生混合。

为了验证他的推论，安特生不久就去了甘肃、青海做考古发掘。为什么去这里？因为这里是中亚到中原的必经之地，他是要寻找文化西来的证据。安特生在甘肃、青海调查了将近二十处遗址，像青海西宁市的朱家寨、甘肃广河县的齐家坪、甘肃临洮县的马家窑等，都是在这次调查中发现的。这些遗址中出土的彩陶与仰韶非常相似，应该也属于仰韶文化。安特生认为，齐家坪遗址的时代最早可追溯到公元前 3500 年左右，比仰韶遗址早了五百年。既然甘肃的遗址早于河南的遗址，那么河南的古文化很可能就是从甘肃传来的，这样安特生就提出了新一波的中华文化西来说。他认为彩陶文化从西向东，先从新疆传播到甘肃，再从甘肃沿着黄河传播到河南，进而扩散到整个中国。

这样，安特生推翻拉克伯里旧说，却还是不能推翻"中国人种和中国文化西来说"。甚至可以说，安特生提出的是继拉克伯里之后，第二波的"中国文化西来说"。

说到安特生在中国的考古，这里还有一个小插曲。当时安特生跟中国政府有协议，发掘出的文物，先全部运到瑞典进行研究，然后再返还一半给中国，后来确实也是按照这个协议执行的。从 1927 到 1936 年，安特生分七次返还了一半文物，留在瑞典的一半就成立了瑞典东方博物馆，这是一个非常重要的关于中国古代文明的博物馆。然而，遗憾的是，返还中国的一半却消失了，至今不知下落。2005 年中国地质博物馆在库房里发现三箱陶器和陶器碎片，是安特生发掘的仰韶文物，算是仅有的一点留存。然而，据说安特生仅在甘肃、青海发掘的文物就装满了二十五辆马车，这三箱只能算是九牛一毛。考古学上类似的不幸还有很多，比如安特生在进行古生物化石调查的时候，也有几十箱化石在运往瑞典的时候遭遇沉船，全部沉没海底；北京人的头骨化石在日本侵华的时候全都下落不明，有人说可能在一艘沉没的返回日本的船上，至今人们看到的北京人头骨化石都只是复制品。

2. 殷墟：三千多年前的信史

安特生的理论一直让中国的考古学家耿耿于怀。后来一位大学者——哈佛大学已故的张光直（1931—2001）教授——就说，20世纪上半叶的中国考古学家始终反感"西来说"。二十年后，考古学家夏鼐（1910—1985）重新发掘齐家坪，证明齐家文化的时间应该是公元前2500到前1500年，比仰韶文化要晚，再加上其他的一些考古成果，彻底否定了安特生关于彩陶文化从西向东传播的结论。

不过，仅仅有五千年前的仰韶文化，还是不足以说明中国文化的独立脉络，一个连续的文化链条，需要有好几个能够证明时代的证据。下一个考古发现，就是三千多年前河南安阳的殷墟。

就在前面那位德国医生收集龙骨的时候，19世纪末的中国学者王懿荣（1845—1900）注意到这种奇怪的药材。他偶然发现有些龙骨上有很复杂的刻画符号，很像古代的文字，王懿荣是懂文字学的，于是就开始专门收集这些龙骨。然而，还不到一年，八国联军就打进北京。身为京师团练大臣，王懿荣义不苟活，全家一起自杀殉国，好在发现甲骨文字的消息已经传开。

在王懿荣之后，经过刘鹗（1857—1909）、罗振玉（1866—1940）、王国维等大学者的研究，确认刻在龟甲和牛肩胛骨上的就是殷商时代的文字。罗振玉还辗转打听到，这些龙骨都来自河南安阳的小屯村，结合文献上的记载，他们发现，这里就是传说中的"殷墟"，是殷商最重要的都城。

1928年，北伐战争刚刚胜利，国民政府名义上统一全国，就立刻由刚刚成立的中央研究院历史语言研究所派出考古队，对殷墟进行发掘。当时，中国最有名的一些古史学者和考古学家，像傅斯年（1896—1950）、董作宾（1895—1963）、李济（1896—1979）、梁思永（1904—1954）都曾经参与这个了不起的考古事业。殷墟的发掘陆陆续续持续了很多年，一直到今天还在进行，还不停地有新发现。毫无疑问，殷墟的发掘是近代中国历史上最重要的考古活动。

殷墟发掘得到的收获是多方面的。第一，确认这里就是殷商国都，发现宫殿和宗庙的遗址，发现被认为是殷商王陵的大墓群，特别是发掘了商王武丁的妻子妇好的墓，这是唯一保存完整的商代王族墓葬。第二，发掘出多达十五万片以上的甲骨文，发现汉字五千多个，至今已经认出来一千七百多个，提供大量关于那个时代的历史信息。第三，出土大量的甲骨和各种青铜器、玉器和陶器等文物。因为发掘了殷墟，我们今天对商代的了解，比在两千多年前写《史记》的司马迁甚至比孔子知道得还多。

主持殷墟考古发掘的考古学家当中，最重要的是李济。就在安特生在甘肃进行考古发掘的时候，二十七岁的李济刚刚拿到哈佛大学的人类学博士学位，学成归国。萦绕在他心中的头号问题，同时也是他的博士论文题目，就是"中国民族的形成"。但是在他读书的时候，中国几乎还没有正规的考古发掘，他主要是靠体质人类学的方法，也就是通过测量人的体质特征，再用统计学的方法得出结论。回国以后，他立即参加刚刚起步的考古工作，把此后数十年的精力都奉献给中国考古学，人称"中国考古学之父"。

殷墟的发现和发掘，完全是中国人自己主导的，参与殷墟发掘的考古工作者，就成了中国第一批考古学家，都是大师级的人物。所以大家也说，殷墟是中国本土考古的发源地。

3. 龙山：终于连成一条线

对于中国人和中国文化的渊源问题，殷墟和仰韶的考古发现，构成一个既连续又还有缺陷的脉络。从五千年前到三千多年前，中间这一千多年的时间，中国人在哪儿呢？正好在这个时候，准确地说，是 1928 年，考古学家又在山东历城县龙山城子崖，发现很多打磨得非常精美、非常薄的黑色陶器。后来，在周边又陆陆续续找到几十处类似的黑陶遗迹。

为什么龙山文化的发现很重要？因为它刚好处于仰韶和殷墟之间，经过科学测定，时间是公元前 2500 至前 2000 年，离现在四千年前，刚好在五千年前的仰韶和三千多年前的殷墟之间。到了 1931 年，从美国回来的考古学家梁思永，又在河南安阳后冈发现殷墟、龙山、仰韶三种文化一层叠一层的痕迹。这样一来，从仰韶、龙山到殷墟就连成一条线。

当时中国历史学界的领袖人物傅斯年非常高兴。他特意为城子崖考古报告写了序文，说发掘中国汉族的起源才是"建造中国史学知识之骨架"。傅斯年还说，考察彩陶和中亚、西亚的关系固然重要，但是绝不能只看这一点，如果以这个问题为第一重点，你就会误以为"先秦二三千年间中土文化之步步进展，只是西方亚洲文化之波浪所及"。

　　为什么他这样说呢？就是要打破拉克伯里、安特生的中国人种和中国文化西来说。他的同事李济也说，城子崖龙山文化的发现驳斥了中国文化西来说，而"现代中国新史学最大的公案就是中国文化的原始问题"。

　　现在我们看到，在20世纪上半叶，通过一系列的考古发现，人们一步步地建立起早期中国的历史脉络。在这些考古发现之前，能确凿无疑证明的中国历史只能到西周，这不光因为有司马迁《史记》的记载，还因为周代有很多传世的青铜器，能跟文献互相印证。现在，殷墟的发现确认商代的存在，而且证明《史记》关于商代历史的记载大体上可靠；龙山文化的发现，证明殷商之前，也许是三代里夏代的存在；而仰韶文化的发现，更是把中国文明的历史推到文字产生之前，甚至推到炎帝、黄帝这些传说人物的时代。

　　这些发现，确实都很了不起。可是，麻烦的是，这还是不能说明中国人就是在中国土生土长的，他们是不是还是更早时候从西边来的外来人种呢？

　　中国人起源拼图上的最后一块，是北京人的发现。

第三节　土著居民还是外来人口？
北京人和山顶洞人是中国人的起源吗？

1."龙骨"引起的另一次大发现

　　要谈北京猿人和山顶洞人，我们还得回头从发现仰韶彩陶文化的瑞典人安特生讲起。

还在他发现仰韶遗址之前，有一次安特生在北京偶然遇到燕京大学的化学教授——美国人翟伯（John McGregor Gibb，1882—1939）。翟伯听说安特生对龙骨感兴趣，就告诉他北京旁边的周口店有座鸡骨山，鸡骨山上有龙骨。当时他没太在意。1921年，乌普萨拉大学给他派了一位助手，他就请这位助手到周口店试着发掘一下。挖了两年，结果只挖到一些动物化石，大家都有些泄气，但是安特生倒很有信心，因为他看见这个地方有不少石英石碎片，他觉得这应该是古代人类割肉用的，所以坚持要把发掘继续下去。一直挖了五年，到1926年发现两颗人类的牙齿，又挖了两年多，到了1929年冬天中国考古学家裴文中（1904—1982）终于发掘出一个完整的人类头骨，安特生的直觉果然是对的。这就是北京猿人。

北京猿人的时代，以前被认为是五十万年前，最新的研究成果认为应该是在距今七十八万到六十八万年前。北京人已经学会用火，但也仅此而已，他们的生活状况还是比较糟糕的，一不留神就被剑齿虎什么的给吃了，大部分人都活不过十五岁。

北京人的发现在全世界引起震动，但是最受鼓舞的，当然还是希望证明中国人是独立起源的中国学者。当时在全球范围内，早期人类化石也只发现欧洲的尼安德特人、海德堡人和东南亚的爪哇人等少数几种，北京人的发现证明东亚很早就有人类生活。

那么，这些北京猿人是中国人的祖先吗？大家还没来得及认真考虑这个问题，就在鸡骨山旁边的小山顶上又发现了山顶洞人。1933—1934年，由裴文中主持发掘，发现三个完整的头骨，还有其他一些骨骼化石。据说，不仅中国人很高兴，就连时任中国地质调查所新生代研究室名誉主任的德国人魏敦瑞（Weidenreich

Franz，1873—1948)，一大清早听到这个消息，激动得连裤子都穿反了，赶到现场后双手发抖，兴奋得不得了。

山顶洞人生活的时代，大约在三万年前。那时候，他们不仅会用火，也已经会打鱼狩猎，还会用石头或骨头做工具切割东西，甚至还有爱美的习惯，因为在那里发现穿孔的装饰品。

2. 山顶洞是国际大都会?

从北京猿人到山顶洞人，从仰韶文化、龙山文化到殷墟，一面打破"中国人种西来说"和"中国文化西来说"，构造中国人种和中国文化的独立渊源，一面打破传统历史里三皇五帝以及夏、商、周的神话传说，用考古发现重新书写中国早期的系谱。这使得很多中国人都相信，"自古以来"中国就有自己的历史。所以有人说，20世纪上半叶的中国考古学史，就是在不断通过考古，确认中国文化的本土性和独立性，这当然与20世纪处于危机中的中国争取独立有关。

不过，后来的发现越来越多，在中国境内又发现很多时间很早的古人类遗迹，比如距今一百七十多万年前的元谋人、距今一百万年前的郧县人、距今五十万年前的蓝田人、距今二十多万年前的大荔人、距今九万到七万年前的丁村人，等等。在我们的历史课本上，这些古人类就像祠堂里的祖先牌位一样，按照时代一个个排列下来，一直数到距今三万年前的山顶洞人。

那么，这些人真的都是现代中国人的祖先吗? 可就是这个山顶洞人的来源，也还有很多疑问。当时山顶洞人被发现后，德国体质人类学家魏敦瑞对这三个头骨进行研究，可他的结论让大家大吃一惊。为什么呢？魏敦瑞说，从体质人类学角度看，这三个头骨属于三个不同的人种：一个接近原始蒙古人种，可以算东亚人类的祖先；一个很像美拉尼西亚人（Melanesians），可他们现在分布在从印度尼西亚到澳大利亚之间的西太平洋岛屿上；还有一个则属于爱斯基摩人（Eskimos，即因纽特人），现在住在北极圈里。如果照魏敦瑞的看法，山顶洞简直就是那时候的国际大都会，居民来自天南海北。当然，20世纪50年代以后中国的人类学家看法与之不同，他们重新研究了这三个头骨，认为它们还是有一些共同的特点，其中有一些与现代黄色人种相似，至于那些不一样的地方，大概是由于山顶洞人还处在进化的某种过渡阶段。按照这样的解释，山顶洞人就不是外来人种，而是中国本土人类进化过程中的一环。

你看，同样是这三个头骨，立场不同、角度不同、方法不同，得出的结论可能南辕北辙。

3. 一元还是多元：关于人类起源的两种看法

现在我们都知道，说"人类是猴子变的"，这是很不严谨的说法；说"人是从类人猿进化而来的"，虽然不错，但是简单化了。事实上，人的进化过程非常复杂。从生物学上来说，现代人属于灵长目的人科、人属、智人种。灵长目下面有很多科，比如猴科、长臂猿科，也包括人科。人科不仅有人，猩猩、大猩猩、黑猩猩也属于人科，当然数量最多的是人属。人属下面有十几种人，绝大部分灭绝了，只有智人还存留在世界上，演变成我们通常说的现代人类。为什么叫智人呢？意思是这种人很聪明、有智慧，看来人类之所以在进化的竞争中胜出，靠的是智力，不是蛮力。

在距今四十万到二十五万年以前，智人出现在非洲大陆。但是，当时的世界已经有很多种人，比如在印度和东亚生活着大量的直立人、在欧洲和东非生活着海德堡人，不久在欧洲还出现凶猛的尼安德特人。其实，元谋人也好，蓝田人也好，北京人也好，都属于直立人，还不是智人。直立人的体型比智人要小，脑容量也小。

以前，我们只有考古学的证据，往往认为中国境内的这些古代人类是连续进化的，等于是一脉相承，从最古老的人类一直到今天的中国人，世世代代生活在这片土地上。不过，说是"连续进化"，也只是一种期待，化石可没有那么现成，刚好足够证明这个连续性。所以很长一段时间以来，中国考古学家的重要任务之一，就是努力地填补这个进化链条上的缺环，让这些化石形成一个完美的证据链，证明中国人自古以来就在中国。

研究早期中国的考古学家，有中国人，也有外国人，他们都是很严肃认真的学者，但因为各自的身份不同，有时候中国学者和外国学者的关注点确实不大一样。傅斯年就曾经抱怨说，有的外国学者只关注那些跟中西文化交流有关的文物，而不怎么关心纯粹中国的东西。用这样的眼光，当然看什么都像是从西方传过来的。而有些中国学者，一心一意想要证明这个"一脉相传"，有时候也不免有所见、有所不见。

到底中国的这些直立人能不能进化成智人？或者通俗点说，北京人是不是进化成了山顶洞人？在这方面，利用分子生物学技术做研究的学者，跟利用古人类化石做研究的学者，好像产生一些分歧。

　　总的来说，支持分子人类学证据的学者，基本上都认为不仅古人类起源于非洲，就连现代人类即智人也起源于非洲。大概在距今十万年以前，这批人类开始陆续走出非洲，其中一部分迁徙到西亚，并且继续向东扩张，取代各地原有的直立人。当然，这些智人在扩散过程中可能会与生活在本地的那些土著人类发生混血，但智人之所以取代这些土著人类，最终成为世界的统治者，说明智人的基因占据主流，原本的直立人留下的基因很少很少，混血的情况并不重要。

　　按照分子人类学研究的结果，可以描述智人走出非洲、迁徙到全世界的过程：十万年前，有一支到了西亚；五万年前，有一支到了澳大利亚；四万年前，又有一支到了欧洲，取代原有的尼安德特人；从东亚大陆出发，一些人向南来到西太平洋上的岛屿，包括印度尼西亚、澳大利亚，一些人向北进入西伯利亚，一些人向东到达韩国、日本；一万多年前，一些人从如今俄罗斯的最东部，跨越白令海峡来到北美洲，再向南扩散到中美洲和南美洲，结果美洲的物种一千年内就减少百分之八十，因为智人太厉害，把它们都吃光了。

　　另外一些主张人类在多个地方起源的学者，则主要从化石上寻找证据。虽然他们渐渐也同意，也许最古老的人类确实起源于非洲，不过他们在一两百万年就扩展到全世界，在这个过程中形成不同种类的古人类。这些古人类在地球上好几个地方分别进化，其间当然也遇到从其他地方迁徙过来的人类，从而发生复杂的基因交流。这叫作"人类多地连续进化辅以杂交说"，简单说就是本土古人类的基因占据主流，像非洲智人这种外来人类的基因只起到次要作用。中国有不少古人类学家持这种观点。

一直到现在，关于"人类是哪儿来的""中国人从哪儿来的"这些问题，还在争论中。不过，近来好像人类来自同一个非洲外祖母的说法占据上风。毕竟科学的说服力很强，分子人类学或遗传学的证据也比较硬，而考古学家对化石的解释常常有点儿主观成分，不免稍稍落了下风。

让我们回到一百多年前的晚清时代。中国人种和中国文化的"西来说"，影响了当时的日本、中国。当时流行种种说法，比如说中国人来自埃及、中国人来自巴比伦、中国人来自印度、中国人来自中亚，等等。那个时候，这些说法引起很大反响，所以在中国学界，反对人类一元起源的风气很盛，人们都在寻找中国人种和中国文化的本土性和独立性。到了现在，科学越来越发达，基因技术日新月异，世界上对于人类起源于非洲的说法又甚嚣尘上，好像占垄断地位。这是为什么？我们想，这是因为在全球化的时代，人们为了证明所有人类生而平等，世界具有普遍性，又开始倾向于人类起源一元论。

是多元的还是一元的，一切都要看证据，这并不应当涉及民族自尊。中国人如果一直都是在中国这块土地上连续进化出来的，真的就值得骄傲吗？假如说中国人也是来自非洲，难道就是件丢人的事儿吗？是不是本土起源，跟作为中国人的光荣，真的有关系吗？更何况，这里还有个根本性的区别：中国人的人种是外来的，跟中国的文化、中国的文明是外来的，完完全全是两个概念。

那么，到底什么是文明呢？人类的文明也是从非洲发源，然后传播到全世界的吗？

第四节　大河边和草原上：农耕文明与游牧文明的开始

1. 穿衣和说话：人越来越"像人"

前面我们讲到拉克伯里的"中国文化西来说"。在他的想象中，来到中国的那一批"百姓"并不是只会使用石器和棍棒的古人类，他们来的时候可是带来一整套文化的。这其中包括文字、历法、农业、传说，甚至连中国上古时代的政治制度，也是源自两河流域。按他的说法，不但中国人是外来的，中国文化也是外来的。

相对于中国人是不是外来的这个问题，中国文化是不是外来的这个问题可能更有意义。但是在进入这个问题之前，我们必须先要说说究竟什么才算是文化。

在考古学上，"文化"是一个重要的概念，它指的是能够体现出近似特征的一系列遗物、遗迹和遗址，我们都熟悉的大汶口文化、仰韶文化等，就是这类考古学文化。按照今天的标准来看，原始人类的文化当然都相当初级，而且世界范围内各种文化的区别也不像后来那么明显。比如说，大家都用石头来制造工具，许多文化都发明了陶器等。这些东西虽然是各个地区文明的萌芽，但跟现在我们理解的文化与文明还是有相当大的距离。一些考古学家认为，人类文化的分化可能发生在一万五千到两万年前，从整个人类进化的历史来说，其实是非常晚的。

十万年前，当智人走出非洲的时候，他们有什么呢？除了一个空前聪明的大脑和一双灵巧的双手，可以说什么都没有。他们还没穿上衣服，因为非洲那么热，赤身裸体还嫌不够凉快，根本不需要衣服；他们还不会种地，因为森林和热带草原上的动植物足够吃的；他们还没有组成家庭，因为没有什么私有财产，小团体的配合还是生活的主要方式；至于说文字、城市、国家，就更谈不上。这些被看成文明的东西，都是人类走出非洲之后，慢慢地被一个一个发明出来的。这里最基本的，一个是穿衣，一个是说话，一个是吃饭。

先说穿衣服。要当个文明人，穿衣服是最最基本的要求。人类是什么时候开始穿衣服的呢？这个问题本来很难回答，因为衣服是纺织品，非常容易腐烂，要发现几万年几十万年之前的衣服，那几乎是不可能的事情。最后回答这个问题的是昆虫学家，因为他们发现，人身上寄生的虱子有三种：一种叫头虱，寄生在人的头发里；一种叫体虱或者衣虱，寄生在身体上和衣服里；一种叫阴虱，寄生在人体的阴部。这些虱子拥有共同的祖先，只是后来在进化的道路上逐渐分道扬镳。阴虱最先分化出来，说明人类身上的体毛很早就开始退化，虱子从上身到下身的自由迁徙路线被阻断；到了大约十万年前，头虱和体虱也分开了，人类既然已经没有浓密的体毛，虱子又不可能直接生活在肚子上，只可能寄生在衣服里。所以大家推断，也就是在十万年前，人类开始逐渐穿上衣服，正式成为"衣冠禽兽"。

这个时间，跟智人走出非洲的时间惊人的接近，很有可能是智人离开非洲以后，到了比较寒冷的北方，才感到有穿衣服的必要。

然后是说话。人类进化史上最大的谜团，要数语言的产生。要说直立行走、使用工具，这些从漫长的进化中逐渐产生，还容易理解，但是语言不但涉及人类生理结构的改变，也就是说要进化出能够适应复杂声音的发声器官，更意味着人的认知能力的发达，毕竟如果要说话首先总得有话要说。

　　语言对人类形成社会性的意义是决定性的。在语言没有形成的时候，早期人类通过简单的语音与手势相互交流，不可能形成很大的群体。有了语言，在空间上信息可以传播到更远的地方，在时间上可以实现知识和技术的积累，更不用说在深度和复杂度上的突飞猛进。没有语言的时候，熟人之间当然可以有些默契，但是通过语言，陌生人之间也可以有深度的交流。

　　但也就是对这个语言是怎么起源的问题，整个学术界可以说聚讼纷纭，各种说法五花八门。有种说法是，有多少名研究语言起源的学者，就有多少种关于语言起源的理论，反正谁也说服不了谁。现在最有名的语言学家，已经退休的美国麻省理工学院教授乔姆斯基（Noam Chomsky），对这个问题有一种直截了当的解释，他说：我们完全不知道语言是怎么起源的，语言很有可能是突然之间产生的，说不定就是某些个古代人本来好好的，也不知道出了什么状况，或者是受了宇宙射线的照射，就嘭的一下突然会说话了。毕竟，人类的语言跟动物的交流方式实在相差太远，好像存在着难以跨越的鸿沟。当然，这是一种戏剧化的说法，更多的学者还是支持语言渐进产生的理论，早期的叫声、手势，包括表情，在漫长的进化中形成复杂的语言。只是对于几千几万年前的语言，我们真的是一无所知，这些理论也只是在猜谜罢了。

　　但是，有了语言，人群的感觉好恶就可以交流，生存的知识和技能就可以传续，各种消息可以传到更远的地方，让更广大的区域有了联系，甚至可以把事情留在记忆中，而记忆则构成"历史"。

2. 农业：大江大河的两岸

早期人类在漫长的岁月里，四处迁徙，逐渐成为世界各地的居民。这些居民最集中的地方，一大半傍着大江大河。从现在的资料看，最早的人类文明，主要出现在非洲北部的尼罗河流域、亚欧之间的两河流域即美索不达米亚平原以及亚洲南部的恒河流域，当然还有亚洲东部的黄河流域与长江流域。

为什么？因为早期人类生活很艰辛。面对气候变迁、毒虫猛兽、自然灾害，他们虽然学会使用石制工具，学会使用火来吃熟食，学会穿衣御寒，也学会使用语言交流，可是"民以食为天"，什么都比不过食物来得重要。能得到稳定的食物，这才是人类最重要的历史突破。漫长的岁月里，他们学会种粮食，而种粮食最好的地方就是大江大河两岸。因为种粮食不仅要有肥沃的土地，还要有方便灌溉的水源，当然也包括饮用的水源。中国古代《诗经》说"民之初生，自土沮漆"，意思是周人一开始就要从沮水到漆水，总离不开"水"。每到一个地方，还得是《诗经》说的"观其流泉"，即到处找水源。

人同此心。于是，就在大江大河的两岸，人类繁衍起来。据考古学家说，在差不多一万年前，农业诞生，文明也诞生了。语言学家也告诉我们说，西方语言里的"文化"（Culture）这个词，追溯上去，一开始就和"农耕"相关。

都说历史是"法则"和"偶然"一半对一半的产物。那么，大江大河边上的农业是怎么"偶然地"诞生的呢？过去，大概有三种推测。

第一种，是气候突变导致农业诞生。人类历史上有一个非常有趣的现象，那就是农业在好几个地方分别诞生，可是诞生的时间却大致相同，就是在大约一万年前。既然农业在世界各地诞生的时间差不多，那就说明当时很可能发生一种全球性事件，逼得世界各地的人都要改弦易辙，另谋出路。一万年前能有什么全球性危机呢？那时候不会停电，没有电脑病毒，只能是气候突变。刚巧，地质学家发现，在距今一万两千九百年前，地球的气温发生过一次突降，本来那段时间的气候都很温暖，结果这次降温一下子持续一千二百年，北美有些地区甚至降了二十摄氏度，这影响当然就很大。

降温的原因呢？到现在也没搞明白，有人猜测是一颗彗星撞击地球引起的，也有人猜测是某个巨大火山喷发所产生的大量火山灰造成的。总之，气温是降了，降温就意味着自然界能提供的食物减少，而人类的需求却会增加。天气寒冷，不但吃得更多，也要穿更多更厚的衣服。这种情况下，人类开始寻求驯化动植物，获得更稳定的食物来源。这种说法符合现代历史学界流行的气候和环境创造历史论。

第二种，是人口压力。采集经济能承载的人口有限，人类的人口一直在增长，这带来很大的生存压力。这样就有一些人想各种主意来维持生活，就像中国古代传说里说的，为了健康和温饱，能尝百草的神农出来了，会种庄稼的后稷出来了，"黎民始饥，尔后稷播时百谷"。于是，农业就这样诞生了。这种说法符合传统的历史唯物论。

第三种比较有趣。有一些学者调查了文化还比较初级的部落，得出结论说，这些部落发展到一定阶段，为了扩大影响力，争夺控制权，就开始互相请客，而且出现攀比。请客的规模越来越大，靠打猎和摘野果子已经不能满足需求，这样也产生很大的压力，逼迫人们另想出路。这种说法我们姑且把它叫作社会交往刺激生产论。这样说有没有证据呢？有，而且有越来越多的学者开始支持这种理论。其中一个证据，是有些地方最早被驯化的植物并不是小麦、水稻这种基础的谷物，而是一些并不太必要的植物，比如葫芦、辣椒。这些其实是被当成奢侈品，一起吃饭的时候炫富用的。有人说，那个时候即便种的是粮食，很大一部分也用作了酿酒。

3. 动物的驯化

就在农业逐渐发展的时候，人类渐渐在狩猎之外也学会驯化动物。据考古学家说，人类驯化的大型动物，一共有十几种，其中包括两种羊——绵羊和山羊；猪，在西亚和中国分别被驯化；牛，包括黄牛、瘤牛和两种水牛，亚洲和非洲好几个地方都独立驯化过不同种类的牛；西藏驯化了牦牛；外高加索地区驯化了马，从那里传播到全世界；两种骆驼，一种单峰，一种双峰，都是在中亚和西亚被驯化的；驯鹿，在寒冷的俄罗斯地区被驯化；驴，在埃及被驯化的；两种羊驼，大羊驼和小羊驼，都是在南美洲被驯化的；当然还包括两种宠物，东亚和非洲驯化的狗，以及地中海东部地区驯化的猫。东南亚和南亚地区有时候会使用大象，它算是半驯化的动物。除此之外，鸡、鸭、鹅三种家禽也是被驯化的，其他一些家养的小型动物，比如金鱼、蜜蜂、鸽子对人类的生活也很重要。这些驯化的动物成了家畜、家禽，给人类提供稳定的肉类食物。以前中国古话说"肉食者鄙"，其实人类自古就是肉食者，肉食者不但不鄙陋，而且正是因为肉食，使得人身体越来越健壮。特别是在草原上，逐水草而居，大规模地养牛、养羊、养马，形成了早期的游牧人群，也形成了和农耕文明相对的游牧文明。比如，《史记》里记载匈奴人，就说他们的祖先"随畜牧而转移，其畜之所多则马、牛、羊"，但是也有"奇畜"，像橐驼、驴、驶騠等。

大量的驯化动物，在很长时间里都是财富。古代的战争中，战胜者也常常要掠夺战败者的家畜。美国考古学者亨利·富兰克弗特（Henri Frankfort，1897—1954）就提到，古埃及第五王朝的第二位法老萨胡拉（Sahure），大约在公元前2475年从利比亚带回来的战利品，就包括十万头牛，还有驴、山羊和绵羊各二十万头；古埃及第二十王朝的第二位法老拉美西斯三世（Ramesses III，约前1186—约前1155年在位），大约在公元前1175年出征利比亚，带回来的战利品，也包括三千六百头牛，以及很多马、驴、山羊和绵羊。

人类驯化动物一是为了吃，二是为了使用畜力，帮人类干活，甚至是打仗。当然这两种用途也没有截然分开，比如山羊虽然主要是用来吃，但是在一些交通条件恶劣的高原地区，人们有时候也用羊来运东西。在藏族的传说中，拉萨城本来是个大湖，人们用山羊背着土把大湖填平，这才建起城市。而殷墟也曾发掘出车羊坑，表明那时候也用羊来拉车。最早驯化羊的是伊朗，已经有一万两千年以上的历史，直到今天西亚地区也是养羊最多的地方。

当然，由于游牧族群的生活习惯，大多是"逐水草迁徙"，所以比起游牧业来，定居农业的发展更容易促成国家、社会和制度的稳定与形成，并推动和加速人类的历史进程。关于农业的缘起，这里我们只能简单地说，农业是在世界不同地方分别开始的，历史学家公认比较重要的有新月沃地（Fertile Crescent）地区、黄河长江流域、恒河流域以及美洲等。其中，世界史上常常提到的所谓"新月沃地"或叫"肥沃新月地带"，这块土地包括两河流域的美索不达米亚平原，就是上面说的奈亨台大王的老家，向西延伸到中东地区巴勒斯坦、黎巴嫩和叙利亚一带，还包括更靠西的埃及尼罗河下游的肥沃土地。从地图上看，这些地方连起来就像一弯明月，所以叫"新月沃地"。"新月沃地"对于人类文明来说意义重大。这里不仅诞生最早的农业、城市、文字，也有最早的国家。当然，这是后话。

不过还得注意，农业另外一个源头在黄河、长江流域。根据考古发现，大概在八千年前，黄河流域的人改造了一种狗尾巴草，古人给它起个名字叫"粟"，也就是小米；还有另一种粮食叫"黍"，也叫作"糜子"，口感比较黏；长江流域的人类首先种植了水稻。考古学家先是在余姚河姆渡遗址发现早期的稻种，后来又在湖南省道县玉蟾岩发现种稻子的遗迹。现在，人们相信稻谷的种植，是从中国长江、珠江流域发源，并陆续向南传播，经过东南亚逐渐传入印度。

当然，我们说全球历史，也还得注意中、南美洲，那里对农业的贡献也很大，那里的人们种植玉米、红薯、土豆、辣椒和花生。只是美洲和世界其他部分长期隔绝，这种伟大的农业成就，要到大航海时代之后才传到美洲之外，影响了全球的生活。

有了吃，有了穿，靠着种植谷物，驯养家畜，人类再也不会在风霜雨雪和毒虫猛兽威胁下苦苦挣扎。农业和畜牧业提供足够的食物，养育众多人口，在这个基础上，阶层分化、社会分工、城市形成、国家和宗教诞生，那个朴素的、简单的、原初的时代渐渐远去,人类开始进入有文明的历史,或者说进入有历史的文明。

可是,有历史的文明,或者有文明的历史,究竟怎么开始的呢?下一节我们再说。

第五节 文明开始:城市与国家

1. 文明开始分化

如果你去印度尼西亚,一定记得要去苏门答腊岛上的多巴湖(Lake Toba),那是世界上最大的火山湖,湖中还有世界上最大的岛中之岛。但是重点不在这里,重点是,这个火山湖是距今七万五千年前的一次规模巨大的火山喷发形成的,巨大到什么程度呢?它是二十五万年以来最大的一次火山喷发,喷出的岩浆多达两千四百立方千米,直接造成全球降温三度以上,有些地方达到了十至十五摄氏度,可是当时的人类刚刚走出非洲,还只是在自然的威力中嗷嗷待哺的宝宝,哪能应付得了这样大规模的灾害?所以,肯定发生人口大量减少的悲剧事件。减少到什么程度呢?一些生物学家根据基因突变的平均速度推算,当时的智人只剩下一千人到一万人的规模,完全就是在进化的汪洋大海上风雨飘摇的一叶扁舟,稍有不慎就全军覆没。

还好,这些勇敢的智人最后还是坚持了下来,一直坚持到现在,坚持到我们可以一起拿这些光辉历史来吹牛的幸福时刻。然而问题来了,当时这个硕果仅存的几千人的智人种族,人口数量跟现在一个小区、一个村子差不多,它的文化肯定是非常相似的,那又是怎么演化出那么多样的人类文化呢?

让我们再回到十万年前,当人类刚刚走出非洲的时候,他们还不会种地,他们还没有组成家庭,至于说文字、城市、国家就更谈不上。这些叫作"文明"的东西,都是走出非洲之后,在漫长的岁月里被散居在各地的人类逐渐发明出来的。就像前面说的,经过漫长岁月,人类学会用火,学会种植和放牧,学会说话,学会穿衣服,开始有"美"的意识,这就跟过去彻底告别。然后,农业提供足够的剩余产品,人口增加,阶层分化,社会分工,城市出现,在这之后国家和宗教也就迟早会诞生,而这些看上去并不那么美好的事,正是人类文明开始形成的标志。

"分化"这个词很重要。以前,中国思想家庄子说过一个故事,说混沌是没有七窍的,可是南海之帝和北海之帝为了感谢他,就好事地给他凿了七窍,七窍一开,混沌就死掉了。这个故事象征的是什么?混沌象征的是朴素的原始时代,就像一个诗人说的,"那个时候,人在河边,心也简单,人也简单",好像很美好。可是,这种简单和朴素,却挡不住文明的脚步,人之嗜欲,好逸恶劳,贪图享受,总是在追求好上加好、美上添美。因此,有了条件就不免会把那种单纯丢在脑后,朴素的时代终究是要过去的。当人七窍被开发,原本浑然同一的心智、感觉、好恶开始分化,朴素和混沌也就消失了。

就像老子叹息的那样,单纯的心思消失了才鼓励讲道德,道德也不灵了才好找人讲仁爱,连仁爱也没了只好让人讲义气。其实,文明就是这样的,一般来说,文明形成有三个条件:第一,社会分化,有人种地,有人经商,有人从事手工业,有人打仗,各司其职;第二,阶层分化,有统治者,有劳动者,有上下等级,便有了规定社会等级的制度;第三,思想分化,也就是要有文字、有宗教、有艺术,总而言之是有了不同想法。这就像《庄子》说的,叫"天下多得一察焉以自好",终于使得"道术将为天下裂"。

2. 生活越来越丰富

如果我们能穿越时光隧道,回到远古时代的埃及、两河流域、恒河和黄河、长江,我们会看到,原本十几个、几十个人一伙的人类,变成成百上千群居的群体。原本一样狩猎捕鱼、采集果实的众人,在逐渐成熟的农耕和狩猎时代,有了粮食和肉食,人类生活逐渐变得多彩多姿,人们使用的物品也大大丰富,使得人类分出强弱和贫富,稠密的人口、分工的劳动、复杂的群体、互相的交换,以及积累的物品,慢慢地使得人类生活有了翻天覆地的变化。

接下来的岁月里,人们又逐渐学会烧制陶器。考古学家在捷克的下维斯特尼采(Dolní Věstonice)境内,发现陶制的小雕像,有人说是爱神维纳斯,那可是约两万八千年前的东西!考古学家在中国江西的仙人洞和吊桶环,发现陶罐碎片,据说那也是两万年前的东西!考古学家又在土耳其的恰塔胡由克(Çatalhöyük,即加泰土丘)遗址,发现距今差不多九千年的女人与猎豹塑像。所以,历史学家断定,至少在公元前 7000 年,两河流域的人就会制造一些可以储藏食品和饮用水的陶罐。这些陶器上逐渐有了各种装饰的色彩和图案,大家也许记得,前面我们说的五千年前的中国仰韶文化,它的特征就是彩陶,四千年前的龙山文化,它的特征就是薄而硬的黑陶。接着不久,人们又逐渐发现金属,最早发现并且冶炼的是铜。据有的学者说，这是由于爱美，六千年前人们偶然发现烧制物品中熔成的小铜片亮晶晶的，可以作为装饰品，于是渐渐又学会炼铜。用坚硬的金属铜造成的器皿和工具，使得人类有了对付自然和其他人群的利器。再接下来，人们又学会纺织，开始是纺织天然纤维，据说公元前6000年，人们就开始用动植物的长纤维纺织，即使是很粗很糙的纺织物，也可以遮风御寒。

就像前面我们说的，这种分化的文明，必须有一定的人口，要有足够的剩余产品。所以，早期的文明社会大多都在大河畔的农耕地区，因为只有农业才能产生足够的剩余产品，而且只有在定居生活的情况下，剩余产品才能积累成巨大的社会财富，毕竟居无定所的时候，不可能拥有大量物资。更重要的是，巨大的河流会形成广阔的冲积平原，平坦的土地可以灌溉，形成城市，有很方便的交通，如此才能容纳大量人口的存在。

现在，我们可以理解，为什么古代苏美尔文明诞生在底格里斯河和幼发拉底河的两河流域，古代埃及文明诞生在尼罗河流域，古代印度文明诞生在印度河流域，而古代中国文明诞生在黄河和长江流域。当然，并不是说这些文明都是孤立存在的，各个地区都有多个文明共同体存在，人们之间有贸易、战争、掠夺、联姻；也并不是说世界上只有这几个地方有古代人类，而是说这几个地方因为最适合发展大规模农业，从而逐渐形成大型的人类群体，也逐渐形成早期的城市。

3. 早期的城市

要特别注意的是，这些文明都不是孤立存在的，其所在的地区都有多个文明存在，彼此之间有复杂的互动关系。尼罗河流域和两河流域一带，并不是只有埃及和美索不达米亚地区两个地方才有文明，在尼罗河的上游有努比亚人，北部的小亚细亚有赫梯人，即便在美索不达米亚地区，不同时代的统治者也来自不同的地方；黄河流域和长江流域都曾出现过强大的文明，在黄河流域也曾有过不同的文明中心，位于河南西部的二里头和位于山西南部的陶寺，很可能就是不同的人群，商朝的外边有鬼方，甲骨文里对这个强大的外邻有很多记载，更不用说西方的周人打败东方的商人，奠定后来中国文化的基础；印度河流域，目前已知的就有两个中心城市，而且它们跟古代波斯还保持着密切的贸易往来。

既然当时世界上还有那么多其他人群，为什么每当我们说起古代文明的时候，都是说这几个呢？原因很简单，就是因为这几个文明发展出成熟的国家和文化，一直影响到今天。

在这个进程中，城市的出现是里程碑式的事件。

绝大多数早期城市，是农耕文明的产物。前面我们讲，农业带来人口激增，粮食足够养活一些不种地的人，这样才产生专门的工匠、祭司，乃至专门的士兵，当然还有贵族和统治者，他们住在人群密集的定居点，像古代中东的耶利哥（Jericho）和小亚细亚的加泰土丘，这些距今八九千年前的"大村庄"，逐渐发展成为城市。据说，最早的城市尼普尔（Nippur）出现在两河流域，就是今天伊拉克南部，大约诞生在七千年前；从尼普尔沿着幼发拉底河向北，就到达举世闻名的巴比伦城，它也有四千三百多年的历史。在中国，距今大约三千八百年前的二里头，绝对是不折不扣的城市，它有宫殿、城墙、大型的绿松石作坊、完备的下水道，具备某种政治中心的功能。由于大批人口通过某些规矩整合起来，形成巨大的向心力，把周围的人逐渐纳入这个中心，像滚雪球一样越滚越大，便在这里逐渐衍生出宗教信仰以及巫觋祭司，逐渐有了记录事情的文字和各种天文地理知识，最重要的是有了或强或弱的政治权威。就在这些政治权威的统治下，人类由一个个部族形成一个个部族共同体，最终变成一个个国家。

4. 文明的同与异

除了城市之外，早期文明在社会结构上还有很多共通之处，比如都有强大的宗教。苏美尔人建造巨大的阶梯神庙，埃及人把法老当成神的儿子，商王不管干什么都要用甲骨占卜一下，吠陀时代的印度人则编了数千首赞美诗讲述他们的神话。

又比如，他们都发明了文字。苏美尔人发明全世界最早的文字，他们用泥板文字记录收税和贸易；古埃及人留下大量的图像和文字，他们的文字甚至演化出圣书体、僧侣体、世俗体等各种不同写法；早期印度社会留下的文字记录不多，目前所知的有限的一些文字应该跟贸易有关；中国的甲骨文已经是成熟的文字，主要用来记录占卜的结果，因此主要围绕的是商王朝这个不折不扣的中心。

还比如，这些文明的天文学都很发达。他们都制定出各具特色的历法，对冬至、夏至、春分、秋分这些重要的时间节点有很深的了解。天文学的用途主要有两个，一个是农业，一个是宗教。在农业上，天文历法帮助人们控制生产节奏，什么时候播种，什么时候收割，都要靠天吃饭；在宗教上，日月星辰，那是天上世界，人人都想上天，天文学也是神学。

不过，文明的分化也很明显。在埃及，法老的权威非常强大，你看金字塔那么巨大的工程，消耗那么多的社会财富，都只为建造法老的坟墓，这不仅说明埃及社会的整体财富比较富足，可以进行这么大的工程，也说明埃及的法老对社会有很强的控制力，可以从人民手中攫取大量的赋税。之所以能做到这些，除了依靠宗教把法老塑造成半神半人，还有一个原因是埃及的农业依赖尼罗河的定期泛滥，农业的收成可以靠观测尼罗河的水位高低来准确预测，所以收税的效率非常之高。

相比之下，我们在早期印度社会就没有看到这么强大的政治权威。四五千年前，印度河流域最大的城市是哈拉帕和摩亨佐·达罗。这两座城市里虽然有穷人住的小房子和富人住的大院子，却都没有看到巨大的宫殿和神庙，摩亨佐·达罗城里最引人注目的建筑，竟然是一个巨大的浴池。有学者猜测这个浴池可能跟宗教有关系，因为参加宗教活动之前要先洗干净身体的确是全世界共同的传统，但也仅限于猜测而已，因为浴池旁边只有更衣室，没有神殿。

两河流域的苏美尔文明，最主要的政治成就在于法律。三千八百年前的《汉谟拉比法典》举世闻名，其实苏美尔人早在四千五百年前就已经有了成文的法律。刻在石碑上的《汉谟拉比法典》长达四千行，二百八十二条，其中有些条文现在看起来也不过时，比如如果男人待妻子不好，妻子有离婚的自由。又比如他们对做生意的人征一种特殊的税，每个人都要交，如果谁家着火了，就用这个税金来补偿他的损失，这就是全世界最早的保险。

刚才我们说，早期复杂社会"基本上"产生在大河之畔，而不是说"全部"，是因为有一个明显的例外，那就是西半球的印第安文明，包括北美洲的奥尔梅克（Olmec）文化和它的继承者玛雅（Maya）文明，以及南美洲安第斯地区的几种文明。西半球的早期文明与东半球相比有几点明显的差异：他们不在大河之畔，而在山地和密林中；他们没有发明轮子，也没有马可以驯化，马的祖先大概在智人刚刚到达美洲的时候，就被他们吃光了，所以除了羊驼之外，西半球几乎没有什么交通工具；他们冶炼金属的技术比较初级，文字也发明得很晚。但是，他们的历法和宗教特别发达，前几年疯传的 2012 年世界末日就来自玛雅历法的一个周期。美洲文明的特殊性，反而提醒我们，东半球几个早期文明的诞生模式如此相似，其中很可能存在某种互相影响或者亲缘关系。我们只要看一看，人类驯化的植物和动物传播的速度，就知道早期人类之间的交流无所不在。

其实人类历史就是这样，在差异和分别中，我们看到频繁的互动和惊人的相似，而在共通和互联中，我们又看到许多的文明差异。在基本的生存上，所有人类的需求和满足需求的手段高度相似，但在生存需求满足之后，在复杂社会的基础上，不同的人类文明产生不同的文化传统，最终形成形形色色、丰富多彩的文化。

5. 全球史的开始

五六千年前，埃及建立王国，有了象形文字，修建金字塔；苏美尔人称霸美索不达米亚；差不多四千年前，雅利安人进入印度，古巴伦王朝建立，《汉谟拉比法典》问世；中国传说中的夏代和有史可证的商代，相继崛起于黄河流域，发明现在所说的甲骨文，建立庞大的王朝。

人类历史就这样开始。就像苏东坡说的那样，从变化的角度看，天地也不过是一瞬间，从不变的角度看，万物和人都似乎是永恒。他的原话是"自其变者而观之，则天地曾不能以一瞬；自其不变者而观之，则物与我皆无尽也"。相对于地球五十亿年的自然史，相对于人类百万年的进化史，文明只有一万多年的时间，有文字记载的历史更只有短短的五六千年。有人打了一个比方，说把地球的历史算成一天二十四小时，人类"有史以来"不过就是最后一秒钟。但是，这个说来短暂的全球文明史，实际上也经历了一万年，应当说，人类最终统治地球并形成自己的文明和历史，并没有那么理所当然，其中还有很大的偶然性。

不过，偶然归偶然，毕竟我们的全球史开始了。

（段志强）

从三星堆之谜说起：
青铜冶炼与铸造技术的传播

第一节　中国青铜起源之谜

1. 人类历史的第一个加速度

前面，我们从人类的起源讲到文明的诞生。

文明的历程，是个加速度发展的过程。一开始，人类社会很漫长很缓慢，千年如一日；后来就逐渐加速，越来越快，从几百年一变，几十年一变，到如今几年一变，日新月异，应接不暇。假如你在深山里隐居几年再出来，那感觉肯定就像古代神话说的，"山中方七日，世上已千年"。

变化那么快，原因很复杂。人类能实现如此惊人的加速发展，背后的机制也很复杂。只是有一些标志，就像里程碑，告诉我们，从这一站到了另一站。这标志就是你用什么工具。从原始时代的石器，到现在的智能手机，同样是大家手里的工具，但它们之间的差别跨越整个人类文明史的时间。

可是，咱们也别忘了，现在的手机可不仅仅是工具。它好像成了我们身体的一部分，甚至在很多人眼里，还代表着时尚、品位、身份，在一些特殊的时候甚至还代表某种立场。这个就是技术和工具的文化属性。因为有这些属性，技术和工具就不仅仅是人类所利用的手段，它也会反过来塑造人类社会本身。

在人类利用过的所有工具里，最重要的就是金属。本来人类利用金属，看中的是它的延展性、可塑性，强度、硬度一般也都很高，可以派上很多用场。比如做武器，当年美洲土著文明的冶金术非常初级，面对欧洲人的长剑和长枪，那是毫无还手之力。后来发现金属还能导电，这在电气时代当然就更加重要。

咱们追根溯源的话，人类最早大规模使用的金属制品是什么呢？就是青铜。青铜器的广泛使用，标志着历史进入青铜时代。顺便说一下，这个"青铜时代"的概念，来自一个叫汤姆森（Christian Jurgensen Thomsen，1788—1865）的丹麦国家博物馆管理员。当初他用这个词，本来是为了给博物馆藏品进行世代分类的，后来一个英国学者柴尔德（V. Gordon Childe，1892—1957）就用这个概念区分前面的石器时代和后面的铁器时代，大家知道后来中国学者郭沫若（1892—1978）、美国华裔学者张光直都沿用这个"青铜时代"的概念写过书，因为它是人类文明第一个加速度的巨大进展。所以，在这一节里面，我们就来谈谈青铜和青铜器，看看它怎样改变人类历史的面貌，又是如何被各地的文化传统所改变，塑造出丰富多彩的人类文明。

到底怎么丰富多彩呢？我们举一个中国读者熟悉的例子：三星堆。

自从四川三星堆古遗址发现以来，几十年里，众说纷纭，三星堆成了一个巨大的谜。那些眼珠凸出的青铜面具，高达四米的青铜神树，古古怪怪的，它是从哪儿来的？它到底是一种什么文化？它远离传统中原文明区域，好像和某种外面的文明有关，可是又好像和中原地区殷商文明有关。这个文明延续将近两千年，从距今五千年到距今三千年，最引人瞩目的谜团是，它究竟是原生的，还是从外面迁来的？有人拿它和美索不达米亚发现的公元前3000年的青铜头像对比，有人拿它跟古埃及的黄金面罩比较，但还是猜想多于实证。当时究竟发生什么，使这个文化突然消失？这些问题一直到现在还没有答案。

不管怎样，三星堆和以往所知的古代中原文明很不同，这种不同很多，最重要也最显著的不同是青铜器。人们注意到，三星堆的青铜器，它们神秘的造型可能跟政治和权力有关，也跟巫术和宗教有关。它们不但不是人可以随意使用的工具，反而成了权力与信仰的象征，成了被人膜拜的神器。青铜器的这种神奇逆转究竟是怎么发生的？它又意味着什么？

要回答这样的问题，我们还得先从人类发明青铜谈起。

2. 人类发现金属，最初或许只是因为好看？

谈青铜之前，我们得先澄清一件事，那就是青铜本来不是青色的。青铜是一种合金，合金的比例不一样，器物的颜色也会有些微的变化，不过刚刚制造出来的青铜器主要是金灿灿的金黄色，非常醒目。年深日久生了锈，就变成铜绿色，所以我们后人习惯上叫青铜。

人类是怎么制造出这种金属的呢？

人类在地表上能找到的天然纯金属只有两种，一种是黄金，一种是自然铜。只要找到合适的产地，这两种金属不需要冶炼提取，经过加热捶打就能利用。

但是黄金大多是金沙，没法制作器具，铜就成了人类最早利用的金属。上一讲的时候我们提过，人类最早注意到铜，可能就是因为它亮晶晶的，很可爱。这说的就是自然铜。两河流域也好，中国也好，美洲也好，都有开采使用自然铜的历史。据说，公元前9000年左右，两河流域的人就用自然铜锻打出铜珠，这是现在已知全世界最早的铜器，也是最早的人工加工过的金属。

大概在六千多年前，人类开始试图冶炼铜。20世纪考古学家就在今天以色列与约旦之间的一个地方，发现世界上最早的炼铜熔炉和炼铜作坊。考古学家猜测，那里的人们已经知道，纯铜熔化以后可以铸造一些简单的铜器。但自然铜比较软，很容易变形，没有什么用武之地。很偶然地——在历史上"偶然"往往多于"必然"——这里的人们又发现，如果在铜里加入别的金属，这样的合金会非常坚硬，砷青铜、铅青铜、锡青铜、铅锡青铜纷纷出现，青铜就这样诞生。

青铜硬度高而熔点低，铸造性好，耐磨，还比较稳定，很快就取代石器工具。从开始铸造铜器，到青铜全面取得优势，大约有一千年以上的时间，这个时段也被称作铜石并用时代。

到了五千年前，西亚和巴尔干地区已经有了比较成熟的冶金和青铜铸造技术。青铜做的兵器，如剑、矛、盔甲，还有青铜做的工具，像刀子、斧子、犁，都大规模地得到应用，这些地方正式进入"青铜时代"。

历史学家说，早在三四千年前，相当于中国的殷商时代或者更早，两河流域的铜贸易就已经非常兴盛。从哪里能看出来呢？

有一个证据，在两河流域的吾珥（Ur）古城，也就是今天的伊拉克巴格达南部出土过一块泥板，写满楔形文字。内容是一封信，那是一个商人写给另外一个商人，说你卖给我的铜锭质量太差、和原来说的不合，而且还有一批铜锭发货太慢，我要求退款。这等于给了一个差评，说明那个时候青铜已经成为非常常见的贸易商品。

这封信的年代大约是公元前 1750 年，那时候中国的青铜时代刚刚看到曙光。那么，中国的青铜器又是怎么出现的，是什么时候出现的呢？

3. 中国的早期铜器

我们说过，中国也有过开采自然铜的历史。那么，早期的中国人也和美索不达米亚人一样是自行研发出青铜，还是说美索不达米亚的技术传到中国了呢？

为了回答这个问题，考古学家沿着铜的痕迹，开始一步一步地探索。

考古学家说，早期中国，零零星星在仰韶、半坡、龙山这些早期遗址中也出现过铜片，但都是小小的、粗糙的，比如 1973 年在陕西临潼姜寨遗址发现的一个半圆形残黄铜片。出土铜片的房子，所用的木材碳十四鉴定为距今六千六七百年前，时代非常早。关于这个铜片的性质和时代存在着巨大争议，但总之不是青铜。比较新的发现，是山西的陶寺遗址，年代在距今四千年多一点，出土的四件铜器都很小，其中有一件铜铃，非常引人注目。因为铜铃是乐器，显然不是实用的，在其他文化中铜铃往往是巫师的用品。真正可以看成成形的青铜器，要到二里头发现的四个爵，虽然它们很小也很薄，最大只有十二厘米高，但毕竟是有形的青铜器皿，所以有人就说它标志着"青铜时代"的开端。

从姜寨的那个小铜片，到陶寺的这个铜铃，再到二里头铜爵，中间漫长的历史过程中，考古学家还发现其他一些零星的铜器，像河南王城岗的铜片、河北大成山的铜牌残片、山东三里河的铜锥等。听起来不少，可在二里头之前，这些铜器有些共同特点：第一，它们在所出土遗址的器物中所占比例都非常小，大部分器物还是陶器，铜器只是很偶然才有；第二，这些铜器都很小，也很简陋，大都是小工具或者小的装饰品；第三，它们的成分五花八门，黄铜、红铜、砷铜、青铜都有。这说明什么呢？说明这些铜器的产生可能是偶发的，也可能是外来的，总之看不出来一个明显的技术起源、进步和传播的线索。

那么，中国的青铜器到底是怎么出现的呢？前面我们说的这些考古发现，都在山西、河北、河南、山东，最西也只是陕西，都可以算是广义的中原地区，而且多在黄河一线，从黄河中游到黄河下游。但是，当考古学家把目光转向西北的时候，中国青铜器的起源问题才有了真正的突破。

第二节　青铜传播之路：伟大文明往往是文化接触的结果

1. 小河墓地的青铜小玩意儿

我们跟着考古学家在中原转了一圈，还是不知道中国的青铜器是怎么出现的。当他们注意到西北，事情才有了突破。在西北究竟发现了什么呢？

1934 年，瑞典考古学家贝格曼（Warlock Bergman，1902—1946）在新疆考察，有一位维吾尔族老人告诉他，在罗布泊孔雀河旁边的沙漠里，有一座千口棺材堆成的小山。

这位维吾尔族老人叫奥尔德克（1864—1942），他可不是泛泛之辈，在他说这话的三十几年前，就是他带着另一位瑞典探险家斯文·赫定（Sven Hedin，1865—1952）发现赫赫有名的楼兰古城。贝格曼对这位老前辈的话不敢不信，带着队伍跟着他就进了沙漠。不料这一走就是十五天，什么也没发现，大家都在崩溃边缘。连奥尔德克也开始说胡话，说肯定那座棺材山变成大湖，再也找不到。

就在这天晚上，老人奥尔德克迷迷糊糊地盯着一个小山包，突然说就是它！所谓千口棺材堆成的小山，当然就是一座规模庞大的墓葬群。这座规模庞大的墓地旁边有条小河，贝格曼随口一说，那就叫它"小河墓地"吧！

小河墓地最有名的，是一具保存得非常完好的女尸，很漂亮，考古学家都叫她"小河公主"。不过对考古学家来说，小河墓地出土的一些青铜制品更加引人注目，包括小铜片、铜耳环，还有一个怀疑是铜镜。

在贝格曼发现小河墓地之后五十多年，考古学家又在新疆哈密火车站附近发掘七百多座墓葬，考古学家叫它天山北路墓地。天山北路墓地出土了惊人的三千多件青铜器。按种类来说，有刀、凿、镰、锛、锥这样的工具，有矛这样的兵器，也有耳环、手镯这样的装饰品。据说，还有很多已经发掘的铜器还没来得及整理公布。

天山北路墓地和小河墓地的时代差不多，最早可以到四千年前。考古学家认为，它们已经属于青铜时代的文化。

你可能已经想到了，新疆这个地方，是东西方文化交汇之所。这些发现，能帮助我们找到青铜的来源和传播路线吗？

2. 中国西北率先进入青铜时代？

我们可以拿出一张地图，先把已知进入青铜时代的地方圈出来，再标上它进入青铜时代的时间，会不会有什么发现呢？

前面我们说了，丹麦人汤姆森、英国人柴尔德把人类的早期文明分成三个时代：石器时代、青铜时代、铁器时代。可是，并不是说一个文化出现青铜，就是它进入青铜时代，青铜器得在它的整个社会生活特别是社会生产当中普遍使用，这才叫作青铜时代。这个青铜时代会出现一系列由于铜器的使用而带来的质变，比如农耕之类的生产愈发有效率，战争用的武器变得锐利，铜器与铜矿石有了贸易和流通，掌握冶炼技术和这种技术人员的产生等，这才能叫青铜时代。

那么，按照这些标准，小河墓地可能已经开始进入青铜时代，而天山北路墓地则可能已经是青铜时代。至于其他一些地方，比如在甘肃的马家窑文化——你还记得吧，马家窑文化最早是瑞典人安特生发现的，是为了寻找中华文化西来说的证据——一个遗址里，发现一把青铜刀，显然是切割工具。这把刀的时代可能更早，距今5300到4760年，这是中国最早的青铜器，比小河墓地早了好几百年。但是，因为马家窑文化目前发现的青铜器很少，所以一般不把它看作青铜时代的文化。

但是，也是在甘肃，比马家窑文化晚一点，齐家文化出土了一百多件铜器，这就比较多了。这些铜器有红铜也有青铜，种类有铜镜、铜矛，有装饰品也有工具，时间大致在距今四千二百到三千六百年之间。有一件带倒刺的青铜矛，在中国非常少见，技术上的要求也比较高，不过在中亚就发现了不少，所以说不定是个舶来品。

与齐家文化大致同时，同样是甘肃，四坝文化出土的铜器就更多，有些遗址甚至接近一半的墓葬里都发现了铜器，总数达到二百七十多件，可见铜器的使用已经相当普遍。根据考古学家的报告，在经过鉴定的一百二十多件里，青铜占到三分之二，锡青铜、铅青铜和砷青铜都有。特别是砷青铜，它的成分跟西亚、巴尔干和北非的铜器很接近。

到底中国最早进入青铜时代的地方是哪里呢？其实，这个判断标准是非常模糊的，考古遗址的断代也很难做到完全精确。比如很多书上说，小河墓地和天山北路墓地是中国最早的青铜文化，但是甘肃的四坝文化明明比它们都要早，而且四坝文化还发现青铜作坊遗址以及炉渣、矿石、木炭。只不过因为天山北路墓地发现非常多的青铜工具，所以显得特别符合青铜时代的定义。

但是，不管是新疆也好，甘肃也好，中国最早进入青铜时代的地区总归是在西北，时间大概在四千年前，这点是没有争议的。

3. 北方紧随其后

紧随西北之后，进入青铜时代的是中国北方。这里说的北方，指的主要是长城以北。

比如说，在内蒙古鄂尔多斯一带，距今四千到三千五百年之间也发现不少青铜器。从鄂尔多斯再往东，内蒙古东部辽河上游、赤峰一带，也发现一百多件铜器，都是青铜。有些容器还相当复杂。其中，发现铜器最多的大甸子墓地，即今天内蒙古的敖汉旗，它的年代相对较晚，大概在三千七百年前。那么，中国核心地带，所谓中原地区的青铜器是什么时候大规模出现的呢？

这里顺便讲一个小插曲。2013 年，北京大学的考古学家，在山西博物馆看到当地发现的一件"倒钩铜矛"，居然和来自欧亚草原东部塞伊玛—图尔宾诺（Seima-Turbino）的青铜倒钩矛的形状和风格一致。从它的器型和金属成分看，年代相当早，甚至比二里头也就是有人说是夏代遗址的时间还早，他们觉得它可能就来自塞伊玛—图尔宾诺文化覆盖的南西伯利亚和阿尔泰山地区。当然这时候，中原地区还没有大规模使用青铜器的迹象，青铜的冶炼、铸造和使用，大概仍在从西向东传播之途中，青铜器较成规模的出现还需要一段时间。很巧，接下来就是前面我们说的在三千六七百年前的二里头，中原地区的青铜器大量出现。这个时间，刚好跟鄂尔多斯、赤峰的青铜文化传播轨迹接上。关于二里头的青铜器，我们在第四节里再说，这里先打住。

根据目前知道的考古证据，总的来说，西亚的青铜器要远远早于中亚和中国的西北地区，中国西北地区的青铜器要早于中国北方，中国北方的青铜器要略早于中原。其实，从新疆哈密，到甘肃，再到鄂尔多斯，到赤峰，等于是从新疆一直到辽宁，这条线就是农业区的边缘线，也是农业带跟游牧带的过渡地带。学界普遍认为，这条线上的青铜文化之间，肯定有亲缘关系。最能体现这种亲缘关系的，就是鄂尔多斯青铜器。

鄂尔多斯青铜器主要是实用的东西，比如车马具、青铜刀剑、日用的扣饰和纹饰牌等，很有生活气息。从纹饰上看，最大的特点是各种各样的动物纹饰，有老虎、豹子、马、羊，特别是长着很大角的山羊，威武雄壮，就算雕刻在很小的牌子上也给人很深刻的印象。鄂尔多斯现在有一座新的青铜器博物馆。那么，这些青铜器是什么人铸造的？很多学者认为是匈奴人，不过也有人不同意。大家都认可的是，鄂尔多斯青铜器明显是受到欧亚大草原上文明的影响。

大英博物馆藏有一个青铜人像牌，也是出土于鄂尔多斯一带，这个人像看上去肯定不是东亚人的样子，倒很像是欧洲人。有人用它来讨论匈奴的人种，其实匈奴是民族大杂烩，与其讨论匈奴人种，倒不如说这个形象是西方艺术形象传到东方的证据。

根据考古发现，大家都知道商代以来的许多铜镜、铜刀和马车，从纹饰和工艺上看，很多都能看出西亚和草原文明的影响。因此，在公元前2000年左右，欧亚大陆之间存在着一条从西向东的青铜传播之路，也就是早期的文化交流之路。它和丝绸之路相对而行，是早期人类和文明互相交往的一条重要途径。

既然青铜器可以交换流通，那么中原地区的青铜冶铸技术，是不是也来自这条传播路线呢？或者我们直白一点，中原的青铜技术是不是外来的？目前的考古证据，还不支持我们斩钉截铁地作断言，只能说中原的青铜技术有受到外来技术影响的很大可能，中原、北方、西北这三个区域，在青铜冶铸技术上肯定存在复杂的交流或互动关系。大家还记得，我们之前介绍过中国人种西来说、中国文化西来说。人种和文化不好说，但目前的考古证据，比较支持青铜技术西来说。关于这一点，不妨看看中国考古学创者李济先生的话，他曾经说，中国古史研究者应当"打倒以长城自封的中国文化观，用我们的眼睛，用我们的腿，到长城以北去找中国古代史的资料。那里有我们更老的老家"。为什么呢？因为中国文明不是一个孤立的世界，李济说，它的来源"可以从黑海，经过中亚草原，新疆的准噶尔，蒙古的戈壁，一直找到满洲"。所有伟大的文明都是文化接触的结果，中国青铜的历史无比生动地证明了这一点。

我们说中原地区青铜的冶铸技术最早可能是外来的，并不意味着中国的青铜文化或者青铜文明整体上都是外来的。因为技术的引进是一方面，但是一种技术引进之后，对这种技术有什么发展、什么改造，这种技术在这个社会里发挥什么作用，那才是更重要的问题。

恰恰在这个问题上，中国中原地区的青铜器非常特别，跟世界上其他地区的青铜文明完全不一样。在谈中原地区的青铜文明之前，我们先看看，世界上其他地方的青铜器是什么样的。我们即将以欧洲为例，来谈谈世界上一般所理解的青铜文明。

第三节　特洛伊木马：欧洲青铜时代

1. 从特洛伊之战说到欧洲青铜时代的开端

前面我们描述了一幅从西亚、中亚，沿着后来的长城一线到中国北方，再到中原地区的青铜之路。这里，我们将视角转向西方，探寻西方的青铜之路。

让我们从一个历史上非常传奇的故事讲起。在整个考古学的历史上，特洛伊古城的发现是最具传奇色彩的一段故事。荷马史诗里提到的特洛伊之战，特别是特洛伊木马的情节，是大家都耳熟能详的传说。大致上是说，在一个婚礼上，众多女神都收到请柬，只有不和女神厄里斯（Eris），人家没请她去，怕她去了就要引起不和。然而她还是不请自到，而且往婚宴上丢了一个苹果，上面写着"送给最美丽的女神"，结果赫拉（Hera）、雅典娜（Athena）和阿芙洛狄忒（Aphrodite）就争了起来。争执不下，她们找特洛伊的王子裁决，各自许下条件，结果美神阿芙洛狄忒获胜，因为她的条件是，让王子娶到世界上最美的女人。世界上最美的女人在哪儿呢？在希腊的斯巴达，王后海伦（Helen）。特洛伊王子带走海伦，可是希腊很多国王都曾经发誓要保护海伦，这样就引发一场十年的战争。最后，希腊联军用木马计进入特洛伊带走海伦。这就是特洛伊战争的故事。

这个故事，情节太过离奇，而且充满大量神话情节，所以历史学家和考古学家一直觉得这就是个传说，荷马史诗也一直被当神话看。

可是，有一个德国人叫海因里希·施里曼（Heinrich Schliemann，1822—1890）不信。这个德国人比李鸿章（1823—1901）大一岁。他小时候就听过特洛伊木马的故事，对之充满好奇。长大以后，施里曼成了商人，在俄罗斯和美国加州挣了不少钱，三十六岁就退休了，开始研究历史和考古，还来过中国。当时，有一位英国考古学家已经在后来特洛伊遗址所在地组织发掘，经费用完了，他就跟施里曼合作，希望能挖出特洛伊。但施里曼的发掘手段比较粗暴，两个人就散伙了。不料，第二年施里曼就挖出一个堡垒遗址，这就是震惊世界的特洛伊古城。这时候是1873年。

一个多世纪过去了，特洛伊古城的发掘还在继续，一直持续至今。现在我们知道，这个遗址一共分九层，按时代从早到晚顺序，分别命名为特洛伊1—9。施里曼挖到的是特洛伊2，他以为就是发生特洛伊战争的那个特洛伊，其实，这一层比荷马史诗的时代要早一千年以上。特洛伊7才最接近荷马史诗里的那个特洛伊。特洛伊1开始于五千年前，还在青铜时代的早期，而到三千三四百年前的特洛伊7，已经逐渐从青铜时代过渡到铁器时代。

很多人可能以为特洛伊在希腊，其实按照今天的划分，特洛伊古城属于土耳其，位于安纳托利亚半岛（Anatolian）的最西端。但是在古希腊人的记忆中，它一直是广义的希腊文化的一部分，都属于爱琴海世界。而这片位于地中海东北部、布满岛屿的爱琴海，就是青铜文明传到欧洲的关键地区，也可以说是欧洲版的青铜之路。

为什么这么说呢？

爱琴海的东边，是安纳托利亚半岛。安纳托利亚的东部地区，在两河流域的上游，那是全世界最早发明冶金技术的地方，青铜冶炼也是在那里起源的。爱琴海里布满岛屿。在北部的一些岛屿上，也发现青铜文化的痕迹，这里离特洛伊很近，它的青铜文化肯定跟特洛伊有关系。而在爱琴海的中部，也有一大片群岛，这些岛上的青铜文化要比北部晚一点，应该是从北部传来的。南边是爱琴海上最大最有名的岛屿克里特岛，著名的米诺斯文明就产生在这个岛上。荷马史诗说，克里特岛上有九十个城市，那是相当繁荣的。19世纪的英国考古学家柴尔德说，克里特岛的地理位置非常优越，它是东南西北四个方向的海洋中心，而且离大陆足够远，不会成为埃及或者苏美尔文明的附庸，再加上克里特岛上的资源匮乏，因此人们有动力从事贸易。在很长一段时间里，这里是地中海最重要的商业中心。

对今天的游客来说，米诺斯文明最有名的可能是它的迷宫宫殿。但是历史学家的视角不一样，他们更重视克里特岛在矿物贸易中的位置：来自欧洲大陆的锡和产自地中海的铜，在这里制成青铜。锡矿可能来自西班牙或者中欧，铜矿则来自塞浦路斯（Cyprus），还有一些锡从克里特岛被转运到西亚。

我们再来回顾一下。爱琴海往东可以到达两河流域，也就是青铜技术起源的地方，爱琴海的西边是巴尔干地区，古希腊的精华雅典就在这里。所以，从源头出发，青铜文化可能是从两河流域往西，经过像特洛伊这样的海滨城市，进入爱琴海诸岛屿，然后像踩着石头过河一样，一跳一跳通过爱琴海，传到古希腊，并且进而进入中欧、北欧与西欧。

欧洲的青铜时代陆续开始，时间是五千年前左右。

2. 青铜文明的影响：一次影响深远的革命？

就像我们前面所说的，青铜文明在欧洲的展开带来新技术，新技术带来生产方式的变化，也使得人类生活的方方面面产生许多重要的变化。比如说，因为有了金属工具，人们就能够大批砍伐森林，农业和畜牧业就可以大大扩张。不过，什么叫作"农业和畜牧业大大扩张"？这不只是说，人们耕种的土地越来越多，或者说养的牛羊越来越多。其实最重要的是，人对动植物的利用更加充分。

比如说，养羊是为了吃肉，这没错。不过，羊还有别的用处。后来人们发现，羊毛可以做成毡子，羊皮做成衣服。又比如说，养马，本来也是为了吃肉。后来发现，马可以骑，发明了车以后，马还可以拉车，这样马就变成交通工具，反而不怎么吃马肉。

其实，羊有时候也能当运输工具。早期欧洲的探险家在中亚探险，要翻山越岭，有时候就只能用羊搞运输。把行李分成二三十斤的小包裹，每只羊驮一包，这么赶上几十只羊，也能运很多东西。而且羊不用专门喂，自己在路上吃草就行，人要是没吃的，还能吃羊。发现楼兰古城的斯文·赫定，有一次到西藏探险，就赶了一群羊。从印度到西藏，其中有一只羊一直跟着他，最后到了俄罗斯圣彼得堡还活着，他十分感动，就把它送到圣彼得堡动物园养老去了。

牛也一样，本来也是吃的，后来发现牛力气大，可以拉犁耕田，就成了种地的好帮手。所以历史上很长一段时间，中国人不吃牛肉，把牛看得跟家庭成员一样，地位非常高，那就是对动物的充分利用，动物的作用简直比得上人。

这种充分利用，考古学家谢拉特（Andrew Sherratt，1946—2006）把它叫作"次级产品"的革命。羊肉、马肉、牛肉，这是初级产品，是容易想得到的。羊毛毡、马拉车、牛拉犁、牛皮鞋、牛角杯、牛奶，这是次级产品，是比较高级的利用方式。这些新的利用方式，都是简单的石器不容易做到的，往往需要利用金属。比如说，要剪羊毛，金属做的剪刀当然就比石片锋利；要做一辆车，那就必须用到金属，光靠木头是要散架的。真正的农业，就建立在这种革命的基础上。城市、商业这些人类文明的必备因素，之所以都在青铜时代才正式奠定，也是这个原因。养羊吃肉，世界各地的人类行为都差不多，但是要织成羊毛毡，做成羊皮大衣，那就会有样式、图案、颜色的不同，这背后就有不同的文化考虑。

所以，人类的文化只有到了青铜时代，才真正丰富起来。

在青铜时代，新的技术和物种从两河流域分别向外传播，欧亚大陆各部分之间的关系比我们以前想象的要密切得多。英国考古学家谢拉特提出青铜时代世界体系的概念，他认为西亚是青铜时代世界体系的中心，再往外是东边的中亚和西边的地中海地区，至于欧洲大陆则是这个世界体系的边缘。中国跟这个体系既有关系又有它独立的地方，所以算是一个若即若离的成员。后来也有学者根据中国吸收外来技术和物种的情况，把中国也完全算在这个体系里。按照这个说法，早在青铜时代，起码欧亚大陆在某种程度上就已经全球化。

这种说法有没有道理呢？当然有。不过，我觉得这是一种以技术为中心的历史图景，西亚之所以最重要，是因为他们发明了金属冶炼甚至是农业，但是技术虽然重要，却不能取代人类生活本身。生活在所谓世界体系边缘地带的人们，并不感到自己是在边缘，对于技术、物种、生活方式这些外来的东西，他们抱着一种拿来主义的态度，一切都只不过是为了适应他们自己所在的环境，根据他们自己的生存条件和文化传统来演进。从人类生存的角度来看，这个世界没有中心，或者说每个人、每群人都是自己这个世界的中心。

人类往往会纠结一些本来不需要太纠结的事情。文化是本土的还是外来的，就是其中之一。

3. 青铜文明的异类

考古发掘出的欧洲青铜器里，生产工具和武器是其中最重要的两个种类。比如前面说的米诺斯文明，就出土了很多双刃斧，还有不少非常精美的长剑和短剑。至于说青铜刀、锥子、凿子、斧子，那就更多了，博物馆里经常一摆一大堆。而有意思的是，从新疆到辽宁的北方长城一线，出土的青铜器也同样主要是这些。除了装饰品之外，那就是生产工具，这包括耕田用的、深加工动物用的，也包括车马用的。此外就是武器，刀、剑、斧头之类。总之，那时候的青铜器，主要也就是这三类：工具、武器、装饰品。

这三类青铜器，对应着人类文明的三个方面：第一个方面是工具，代表着技术的进步、商业的发达、农业与手工业的升级，总之是经济的发展；第二个方面是武器，代表着大规模军队的存在，也就是国家的诞生；第三个方面是装饰品，代表对美的追求，表示精神世界的丰富。经济发展、国家出现、精神丰富，人类文明也就正式宣告诞生。从这个角度来看，前面我们提到的特洛伊木马故事，是不是令人觉得别有意味呢？在我看来，这个传说中的故事就像是青铜时代的一个象征。

为什么这么说？在特洛伊传说里，战争的起因是为了争夺美女海伦，甚至女神们也为了"最美女神"的头衔吵架，这就是对美的追求；为了追求美不惜发动战争，这背后就是国家的存在；而整场战争最后的爆发点，也就是那个巨大的木马，就好像是"次级产品革命"的一个形象代言：马不但可以作为运输工具，而且运输的能力还非常大。

但是必须说，从人类普遍的历史看，从石器时代进入青铜时代，意味着生产工具的进步，这就是一般所理解的作为人类历史一个必经阶段。然而，当这个看上去放之四海而皆准的青铜时代理论运用到中国历史的时候，却出现了一个大大的 bug，那就是到目前为止，中国中原地区出土了无数的青铜器，却没有一件——注意，是一件都没有——能被严格地、没有争议地公认为农业生产工具。

中国，这个青铜时代的异类，到底发生了什么？

第四节　中国中原地区青铜时代的开端：二里头

1. 很奇怪，早期的中原没有青铜农具

我们都知道，青铜技术传播是一回事，可是它传到一个地方，被冶炼和铸造成什么模样、在这个社会里发挥什么作用又是另一回事。

前面说了，中原地区并没有发现青铜农具。武器是有的，装饰品是有的，手工业工具也是有的。可农具呢？的确有不多的一些，疑似农具，但基本上都可以做别的解释。比如挖土的耒，可以用作农具，也可以在筑城的时候拿来挖土，所以有的学者就认为，不能认为它一定是农具，况且数量本来就很少。出土的真正农具，主要还是石头做的，也有陶器。另外，中原之外的地区，能确认是农具的青铜器也有，比如江西新干县大洋洲镇出土的两件犁铧，这是确凿无疑的农具。中原地区，就是没有，起码没有明显地使用青铜农具的证据。这是中原地区青铜器的第一个特点。

第二个特点是青铜时代的突然繁荣。从目前的考古证据来看，中原地区的青铜时代好像是突然一下子出现，出现以后马上就繁荣起来。

这里说的中原地区青铜文化，主要指的就是二里头文化。二

里头位于河南偃师。在嵩山与洛阳之间，有一块面积不大但地理环境十分优越的洛阳盆地，这个地方可不得了。我们单说古城址，就有二里头古城、商王朝的偃师商城、周代的王城、汉魏时代的洛阳城、隋唐的洛阳城，是不折不扣的天下之中。

1959 年，历史学家徐旭生（1888—1976）先生着手寻找夏代的国都，他研究文献，认为洛阳盆地和山西西南部汾河下游这两个地方最有可能，结果很快就在二里头这个地方发现重要遗址。考古学家把二里头文化分成四期，整体时代在距今三千九百年到三千五百年前。顺便说说，考古学怎么分期呢？一是靠地层，不同时代的地下遗迹，是一层一层摞起来的，越往下当然年代就越古老；二是靠类型，就是看出土文物的特征，相同或者相似的文物，考古学家就可以判断它们属于同一类型。根据地层和类型，考古学家就可以给古代的遗址分期，比如早期、中期和晚期，或者一二三四期。二里头就分四期。

在二里头的早期，有一些小型青铜器的发现。第一期，发现青铜刀，这时候已经有了青铜作坊；第二期，青铜作坊周围发现房子和墓葬，说明这些工匠应该就住在这儿；到了第三、第四期，发现的青铜器突然多了起来，目前已经发现一百多件，青铜作坊区也出土大量的陶范、坩埚之类的冶铸工具。二里头的青铜器，各种成分、组合都有，制作技术已经相当成熟。不过更重要的，还是它在整个社会中的位置非常显眼。

2. 二里头的青铜器：它的象征意义

二里头出土的文物里，最有名的一件其实不是青铜，而是两千多片绿松石制成的一件很大的东西，64.5 厘米长，很像一条龙，所以考古学家把它叫作龙形器。龙形器虽然不是青铜，但是出土的时候，龙形器上却放着一个硕大的铜铃。很显然，这个铜铃跟这个龙形器，应该是一个组合。

这个组合具体是干什么用的呢？不知道。但是我们知道，在全世界的很多遗址里都发现过铜铃，一般来说都跟巫师或者说宗教有关。所以，至少可以肯定的是，这个墓主人的社会等级一定很高。这就是中原地区青铜器的最重要特征：它是用来标示社会等级的。

一个铜铃，说明不了这么复杂的问题。二里头还出土了几个镶嵌绿松石的青铜牌饰，应该同样是用在某些礼仪上，当然也只有少数人才能使用。蓝色的绿松石配上金色的青铜，那颜色是相当贵气的。不过，绿松石虽然漂亮，毕竟是石头，只能切割，不能铸造，可塑性等于零，尤其是不能做容器。真正能代表二里头青铜文化特征的，是那些青铜容器，包括炊器和酒器，比如爵、盉和斝，外形和纹饰都很精美，工艺复杂，在贵族的居住区和墓葬都有很多发现。

这些器皿本是模仿陶器的样子，换句话说，原来就是坛坛罐罐、锅碗盘盆之类。可是，从石器时代到青铜时代，这些器物的样子虽然一脉相承，但是材质从陶器变成青铜，这种改变是非常大的。从现在的考古证据来看，二里头的青铜作坊是当时整个中国范围内最大的青铜器生产基地。制作这么多这么复杂的青铜器，需要很多人的合作，需要大量的资源。二里头社会无疑已经达到很高的社会动员和管理能力，是一个高度分工的复杂社会。

不但有分工，这个社会的权力也已经高度集中。二里头文化覆盖的区域是很大的，河南西部、山西南部都有很多大大小小的遗址，但是只有二里头这个城址有大型的宫殿，有青铜器工厂。所以它应该就是二里头辐射出去的很多遗址的政治中心，有点类似首都的样子。特别是，二里头青铜作坊还位于宫殿区周围，青铜器为社会地位较高的阶层所独享，这说明青铜器，已经成为政治、经济和宗教资源的一种象征，而且被国家垄断。

事实上，那个年代还没有发现文字资料，考古学家正是靠观察青铜器的制造来观察和推测古代国家的兴衰。

3. 商周的青铜文明

二里头四期以后，也就是公元前 1500 年以后，整个城市消失了，好像变成一个普通的村庄。这里的青铜制造业也就荡然无存。

与此同时，从二里头往东八十五千米，郑州的商代都城突然兴起。郑州商城的特点，也是青铜礼器和武器的生产，而且从技术和类型上看，跟二里头有很强的连续性。是不是二里头这个古城整体迁徙到郑州商城，就像迁都那样，考古学界还在讨论中。但无论是迁都还是被动地征服，青铜生产中心一定同时也就是政治中心、礼仪中心和宗教中心，这个是不会变的。

郑州商城的面积是二里头的四倍还多，有人估计它的人口可能超过十万，它的青铜生产比二里头的规模大多了。这里出土了成套的青铜器，有个地方一下子出土十二件青铜器，包括四个从大到小的方鼎，看起来这是一套组合。"成套"的东西，一般规格都是比较高的，即使是现代社会也是这样。合理的解释只能是，这是像王那样地位的人才能拥有。

郑州商城再往后，就是大大有名的殷墟。殷墟出土的青铜器已经公布的有两千多件，实际发现的数量远远比这个多。这些青铜器大部分是王室的随葬品。有一位王室成员叫妇好，在她的墓葬里，不仅发现了七千个贝、五百多块玉、三件象牙，若干玛瑙、水晶，还发现了四百六十八件青铜器，相当于郑州商城所有三个窖藏青铜器总重量的三倍。这么多青铜器，所耗费的资源和劳动是非常惊人的。这妇好不是一般人，一般认为她是商王武丁的妻子，自己还好几次领兵打仗，是个能征惯战的将军。但是在整个殷墟的墓葬中，妇好的墓还只能算中等，毕竟她还不是王。

中等的墓葬已经有那么多青铜器，殷墟的青铜生产能力可见一斑。现在，殷墟青铜作坊一共被发现六个，最大的一个占地五万平方米，有七个足球场那么大。这些作坊的时代不同，但是，新作坊建起来了，老作坊还在用，这说明当时的人们对青铜器的需求越来越大，所以，现在人们回溯和想象殷商时代，总是会联想起那些装饰着各种纹饰的鼎、簋、卣、甗、罍，像巨大的司母戊鼎（也叫"后母戊鼎"）、号称"甗王"的江西新干出土的四足甗，以及狞厉而精美的虎食人卣等。到了后来的西周，乃至春秋战国，青铜器就更多。大家在博物馆里看到的青铜器，可能大部分是这一时期的。

从二里头，到郑州商城，到殷墟，再到周代，在文献里是夏、商、周。这就是中国，或者严格地说，是中原地区的青铜时代。

4. 礼器是中国青铜文明的特点

我们前面讲过，那位丹麦国家博物馆的保管员，他定义石器时代、青铜时代和铁器时代这系列概念的时候，主要指的是武器和工具。后来，考古学家戈登·柴尔德进一步丰富这个理论，他特别指出金属工具在农业和重体力劳动中的应用，是青铜时代发展到比较高阶的特征。可是，既然中原地区的青铜器没有什么农业工具，那么这些青铜器主要是干什么用的呢？

第一，最大宗的是礼仪。包括各式各样的容器特别是酒器，那些奇奇怪怪的青铜器名称尊、爵、觚、斝等，大多是这一类；还有一些乐器，古代音乐也是礼仪的一部分，比如"铙"和"钟"，大家都知道曾侯乙墓出土了有名的编钟。

第二，是武器，比如青铜的箭镞、戈、戟、青铜剑等。不过，因为举行仪仗的时候，也经常需要出现武器，所以这里很多是礼仪所用，特别是一些装饰比较奢侈、制作费时费力的武器。

第三，是车马器。车马主要服务于军队与贵族，所以也跟礼仪一样，代表着某种权力与秩序。

就算为数不多的那些手工工具，严格地说，也多服务于礼仪或宗教目的。比如其中占数量比较多的商代青铜钻，考古学家认为它主要是在用甲骨占卜之时用来钻孔，也不是为了生产。很多所谓青铜工具上铸有复杂的纹饰，造价昂贵，显然不是为了日常的农业生产，更不是普通劳动者所能拥有的。

主要用于礼仪的这些青铜，统称为青铜礼器。有这么多礼器，就表明礼仪特别是祭祀在社会体系中的位置变得非常重要，也意味着这个社会已经形成复杂独立的精神世界，整个社会的组织和秩序都围绕这个精神世界展开。这一点，正是中国青铜时代的本质特征。

第五节 什么是礼器？那些笨重的青铜器真的能用吗？

1. 青铜器上的礼仪

古人说，"国之大事，在祀与戎"。作为国家，它最大的事儿，一个是祭祀，一个是打仗。中原地区的青铜器，恰好就主要用在这两个方面。

战争和礼仪的目的都是为了秩序，只不过一种是暴力，一种是非暴力。用暴力维持秩序，全世界都一样；用非暴力的办法维持秩序，全世界不同文明各有各的手段。对中国来说，就是礼制。

为什么说青铜器承载着礼制呢？在博物馆看青铜器的时候，你大概经常听到有人发出疑问，这个东西怎么用啊？比如爵，说是喝酒的酒杯，可是入口的设计非常不方便；觚，也是酒杯，杯口又宽又扁平，真要喝的话，会洒出来吧？鼎，说是煮肉的，又大又厚，得浪费多少柴火？盉，一种带嘴的铜壶，本身就是铜器，真要加满了酒，还拿得动吗？其实，这些青铜器大部分是礼器，是在像祭祀这样的礼仪场合用的。说白一点，就是摆摆样子，真正日常生活中使用的，恐怕还是陶器比较多，即便是铜器，大概也不会这么大这么复杂。

现在存世的青铜器里，不少是王赐给贵族的。器物上面会有一篇铭文，有的铭文还非常长，长篇大论，讲了为何事在什么时候什么场合赐给谁。这就代表一种权力关系。最后往往还要加上一句："子子孙孙其永宝用"，世世代代都要当成宝贝传承下去，这种权力关系也就固定下来。

在出土的众多青铜礼器里，有一件酒器意义非凡，那就是著名的"何尊"。何尊出土在宝鸡，因为铭文里有"宅兹中国"四个字，是"中国"这个名词最早的出处，所以非常重要。根据上面的铭文，周成王营建洛邑之后，对一名叫何的贵族说：你的父亲当初跟随我的祖父文王和父亲武王，后来武王选了洛邑这个地方作为都城，现在我又赏赐给你若干云云。把这些话铸在这个青铜尊上，表示纪念，然后放在家庙里，世代珍藏。显然，这个青铜器是为了体现何家族的这一支与王的特殊关系，是一种地位的象征。

青铜器的规格还代表着等级。所谓列鼎而食，不单是形容奢侈，也是强调等级高。有一种说法是，周代的礼制规定天子九鼎八簋、诸侯七鼎六簋，以及按等级递减的规律。考古发掘中当然也发现有例外，但是总体来说，青铜器的多少、大小以及工艺的精湛程度，总跟墓主人的级别有着大致的对应关系。

另外，还有一些青铜器体现道德的训诫，这也是礼。有一种青铜案，案上摆的都是酒器，名字叫禁。据说，灭商以后，西周鉴了商王好酒亡国的教训要禁酒，所以就把这个摆满酒器的青铜案起名叫"禁"。至于很多铭文里讲的大道理就更多，我们就不举例子了。

2. 礼是政治，是秩序

现在你能够理解，为什么国家要垄断青铜器的生产了吧？因为青铜器往往变成身份和等级的标志，那当然不是谁想造就能造的。即使有些地方可以制造小件的青铜工具，但是青铜礼器一般来说都是国家垄断的。反过来，通过研究国家对青铜礼器生产的垄断程度，也能判断国家控制力的高低。比如说，在湖北武汉的盘龙城遗址，发现的青铜礼器跟中原的二里岗文化非常相似，都是上圆下方的造型和兽面的纹饰。所以，推测它们都是在郑州商城铸造，又分发给盘龙城的。这种情况非常普遍。

可是，考古学家也发现，到了商代晚期青铜器的生产出现新情况。有些地方性的中心也在生产礼器，比如西安附近的老牛坡遗址，出土了鼎和瓿这样的青铜礼器，造型各异，除了鸟兽纹，还出现人面纹饰。这意味着什么？古人说，礼失求诸野。礼失，首先是礼器之失。其他地方也能制作礼器，意味着他们也可以自己生产一种社会秩序，不一定非得来自中央。有学者就推测，西安附近这个竟敢自己生产礼器的地方，肯定已经开始游离在商代国家的控制边缘。武王伐纣的时候，不是会盟八百家诸侯一同反商吗？说不定老牛坡这个，就是八百诸侯之一。

要知道，在古代中国礼仪是区分上下等级的一个重要方式，而上下等级的区分就是建立政治秩序。在礼仪里常常要陈列各种礼器，象征给上天、上帝、祖宗等祭祀对象隆重地进献食物。这时用什么器皿就很讲究，所谓"鼎俎奇而笾豆偶"，煮肉的鼎和切肉的俎要单数，装食品的竹盒子和高脚杯要成双。仪式上除了鼎，还有各式各样其他铜器，比如甗、簠、簋、爵等，这些青铜器不仅是生活中的用具，也都是仪礼中的礼器。什么人，什么场合，什么时候，用几个鼎，用几个簋，用几个豆，都要讲究。《礼记》里说，祭祀的时候"陈其牺牲，备其鼎俎，列其琴瑟管磬钟鼓，修其祝嘏，以降上神与其先祖"，就是说要准备好祭祀的牺牲，安排好各种礼器，还要陈列好各种乐器，然后撰写好祝词，来迎接神灵或先祖。其中"备其鼎俎"，就是要准备好各种鼎、簋、爵等。其中，古人对死后世界格外重视，丧葬仪式更是区分上下、远近、亲疏的重要场合。于是，在下葬的时候，就有各种贵重的陪葬用品、不同的祭祀方式和复杂的丧服制度。前面我们说，墓室下葬的时候，理论上应该是天子九鼎（配八簋），诸侯七鼎（配六簋），卿大夫五鼎（配六簋），元士三鼎（二簋），民众不可以用鼎。这规定象征的就是周朝封建时代的等级政治秩序。

总之，礼是什么？礼就是规矩，就是等级，就是秩序，一句话，礼就是政治。孔子说，"尔爱其羊，我爱其礼"，意思是在祭礼上，杀只羊浪费点钱不算什么，但规矩不能乱。古代中国人特别尊崇秩序，总觉得按照这套规矩来就是"文明"，可是不按这套规矩来文明就会崩溃。

所谓礼崩乐坏，首先就体现在青铜礼器上面。

3. 九鼎传说

作为礼器的青铜器，传说有一套是整个中国历史上地位最高的、代表上古时代正统所在和统治合法性的，那就是所谓的"九鼎"。

公元前606年，楚庄王挥师北上，打到洛阳附近。周王朝那时候已经衰落得很厉害，周定王非常紧张，就派王孙满去劳军，探听虚实。不料楚庄王一开口就问九鼎的大小、轻重，"问鼎中原"这个成语就是这么来的。王孙满非常不满，就教育了楚庄王一番。他说，这一套九鼎是从夏朝继承下来的，夏代制作这套鼎是为铸鼎象物，把各种物产、神怪的形象铸在鼎上，这样人民就知道什么是好的什么是坏的，遇到这些东西就知道怎么应对。后来夏朝亡了，九鼎归于商朝，商朝又亡了，九鼎归于周。九鼎不仅包含神秘的知识，而且意味着天命所归。现在"周德虽衰，天命未改，鼎之轻重，未可问也"，所谓天命未改，意思也就是九鼎还在我们手里，你还是算了吧。

后来，东周灭亡，九鼎沉于泗水。《史记》记载说，秦始皇统一天下之后，跑到彭城（今徐州），又是祈祷又是派千人潜水搜寻都没找到。汉代人的画像石上，还画有"捞鼎"的故事，可见九鼎多么重要。可东周之后，九鼎就这么消失了。所以在后人的心目中，代表着中国历史上最美好的三代也彻底结束。你看，鼎本来是一种陶制炊具，煮东西用的，后来演变成青铜礼器，一套锅最后竟发展成整个上古文明的象征，这真是古代中国很特别的地方。

王孙满提到的"铸鼎象物"，考古学家张光直先生认为，这指的就是商周青铜器上普遍存在的动物纹样，比如《吕氏春秋》所命名的饕餮、肥遗，以及夔、龙、虬等。这些动物是干什么用的呢？根据中国古籍的说法来推断，应该是帮助巫师沟通人神的媒介或者助理。从世界范围来看，这种帮助巫师通神的动物精灵在萨满教里广泛存在，那些神怪的动物也是从现实中真实存在的动物比如牛、虎、蛇等逐渐演变而来，或者它们身体的各个部分是由互相嫁接、复制而来的。这些青铜器，其在宗教方面的功能更多一些。

总之，中国古代青铜器在礼仪上有三种用途，一是宗教，二是政治，三是道德。这三类礼器，加上用在战争和统治中的兵器，构成中国青铜器的主干。可以说，中国青铜文明的重点在国家、在权力，而不在日常生活、不在社会生产。甚至有人说，搜寻冶炼青铜所需的矿物原料乃是早期中国国家扩张的动力。真的是这样吗？

第六节　青铜原料从哪里来？获取方式折射出文明特色

1. 商代的青铜原料网络

前面，我们提到殷墟妇好墓出土了大批青铜器。现在的问题是：这么多青铜器，原料从哪里来？我们知道，欧洲的青铜，从原料、生产和消费形成一个远距离的贸易网络，那么中国也有这样的贸易网络吗？

黄河流域的中原地区有铜，不过不是很丰富。锡呢，中原基本没有，大部分在长江流域还往南的南方，两广、云贵川。中原的青铜原料难道来自那么南的南方吗？要知道，欧洲的地中海地区水路通畅，而中国的中原和云贵川之间隔着千山万水，殷商时代这样大的运输能力可能吗？要回答这个问题，有学者说，你先得要知道，中原地区的青铜器到底有没有使用南方的原料。那么，考古学家有没有可能判断出青铜器里的成分到底是从哪儿来的呢？

好像有一个办法。青铜器大都含铅，铅由四种同位素组成，不同的矿山发育的地质环境不一样，这四种同位素的比例也不一样，而且加入铜器之后，这个比例也不会改变。所以，研究铅同位素往往可以判定矿石的来源，这在考古学上是一个比较成熟的技术。

1984 年，有个科技考古学家叫金正耀，他发表了一个研究成果。他选了十二件妇好墓青铜器样本，在中科大铅同位素实验室测定了铅同位素比值。结果发现，其中有四件里的铅，全中国只有一个地方的铅矿是这样的数字，那就是云南永善金沙厂的铅锌矿，这在云南、四川交界的地方。问题是，铅矿的分布比较广泛，并不难找，完全没必要这么千里迢迢从云南运过来。那只有一个解释，云南在古代有很多锡矿，比如个旧、大理、楚雄都有锡矿，殷商其实需要的就是这里的锡，连带着把铅也带过去。

还有，三星堆的铜料也发现这种铅，所以单从这个个案来看，商代就存在一个把云南、四川等地的出产汇聚并且运送到殷商的物资流传网络。如果在高德地图上查一下，从云南的永善金沙厂到河南殷墟，今天走高速公路的话是一千七百七十七千米。商代的交通条件不说大家也知道很原始，还隔着千山万水，蜀道之难，这让人想象商代的资源获取能力可能是很强大的。特别是我们不能觉得商代政治中心是被动地接受这些资源，好像古书里所写的那样，各地向中央进贡土特产。实际上，这个网络也可能是商代人积极开辟出来的，开辟的目的就是为了获得资源。必须远距离获取又为中原政权所需的，就是金属矿藏。

这个看法对不对，现在还有争论。让我们再举一个例子。江西新干县大洋洲遗址，出土了四百七十五件青铜器，超过妇好墓，是单一遗址中出土青铜器数量最多的。新干县在江西中部，已经和中原有一定距离。过去我们觉得，这个地方在商代肯定是蛮荒之地，文献上也没有任何记载。可是，把它放到商代的青铜网络里看，在这个地方发现青铜器就非常重要。为什么？因为就在大洋洲遗址旁边，只有二十千米远的地方，发现一个古城遗址叫吴城。大洋洲遗址肯定跟吴城文化有关系，吴城就是殷商安在这里的一个据点，因为这里有丰富的铜矿，所以吴城有一个比较大的生产青铜器的区域。大洋洲遗址的青铜器，有商代样式，也有本地特色样式——本地样式的特点是老虎形象，往往一个大嘴巴，两排大牙齿。这说明这个地方本来应该有一种土著文明，但是商人在此建立据点以后，跟这种土著文明建立某种政治联系，商人的政治影响就辐射到这里。

中国的铜矿，以长江中下游最多，江西的铜矿就属于这个铜矿带。比如九江的铜岭铜矿，从商代早期一直开采到战国；在长江中游的湖北大冶，铜绿山铜矿从商代晚期开始开采，一直开采到今天，在全世界来说都是保存得最好的早期矿冶遗址，商周时代的铜有很大一部分来自这里。另外就是川滇地区，都在南方，《诗经·鲁颂·泮水》里说，"憬彼淮夷，来献其琛。元龟象齿，大赂南金"，所谓"南金"就是南方的铜矿。商朝人频繁的对外战争，很多时候就是为了控制青铜资源，保障这个资源流通道路的顺畅。

当然，这个资源流通网络一旦形成，流通的货物就不只是青铜。比如妇好墓里面的玉器，过去认为有一部分来自和田，现在虽然有不同的看法，但总归是西北一带；墓里还发现六千六百枚海贝，殷墟其他地方也发现过鲸鱼骨，这些东西的原产地都远离中原。由此可见，商朝对远离政治中心的地区虽然未必直接管辖，但是保持着可靠的影响力，这是商人国家扩张的重要动力。

这是中国青铜时代的一个重要特点。我们将它跟美索不达米亚的文明比较一下，会更清楚。

2. 商业网络 vs 政治网络

美索不达米亚平原除了地面比较平整之外，其实它的自然条件非常恶劣。水旱灾害频繁，土壤盐碱化。关键是，没有多少金属矿藏，没有石头，甚至没有木材。这些统统都要依赖进口，所以美索不达米亚平原上出现的各个文明基本上都是商业社会。就像法国历史学家布罗代尔（Fernand Braudel，1902—1985）说的，"在美索不达米亚，货物在城市间的流通就如同一场组织严密的比赛中的橄榄球"，非常快速而且井然有序地传来传去。在已经发现的泥板文字里，很大一部分是收支账册、商业来往信件。

美索不达米亚的贸易网络非常庞大。往东到印度河流域，往南甚至到南部非洲的莫桑比克，往西到欧洲，都有贸易联系，称得上是古代世界的货物集散中心。围绕这些商业活动，他们发明一系列制度。比如商业合伙人制度，大家平均出资，生意做完以后再到神庙里平分利润；比如他们有商会，国家也有专门管理商业的官员；比如他们有可以借贷的钱庄，等于是早期的银行。

这其中最重要的商品，就是制作青铜所需要的铜和锡。对金属的需求，可能是刺激它建立这么庞大的贸易网络的最大动力。它的铜主要来自安纳托利亚中部和托鲁斯山脉，还有巴林，锡主要来自伊朗高原。

安纳托利亚地区一直是美索不达米亚平原的最重要贸易伙伴，甚至有一段时间还在安纳托利亚的若干城市建立商业殖民地，这其实类似一种办事处，有商人在这些办事处组织贸易活动。但是，双方的往来也仅限于商业，大家在政治上各自独立。

这就跟大洋洲遗址体现出来的商代历史很不一样。大洋洲这一带虽然也能铸造青铜器，但是那些最重要的青铜礼器很可能来自殷墟，这等于是说，这里实行的，至少在社会上层实行的，大概主要还是来自殷商的政治规则。

因此，大洋洲遗址和殷墟的关系，主要不是贸易关系，而是一种带有统属性质的政治关系。这背后的原因，那就是我们说过的，对于政治中心来说，青铜器特别是青铜礼器不是普通的商品，它是权力和等级的象征，所以国家必须垄断。这种垄断的需求，也变成国家扩张的动力。

早期中国之所以能慢慢形成土地辽阔的大一统国家，不像青铜时代的西亚和欧洲那样四分五裂，可能就有这方面的原因。

3. 政治为中心

比较西亚、欧洲的青铜文化和中国中原的青铜文化，就能看出，虽然北方草原的"青铜之路"证明彼此之间有传播关系，但中国跟西亚和欧洲文明后来的发展路向的确很不一样。照张光直先生的说法，西亚和欧洲的青铜器大部分用于生产，它是靠技术革命推动生产，实现进入青铜时代的社会变革；中国则是通过政治革命，改变社会运行方式，把物质财富都集中到国家手里，这样进入青铜时代。

这一政治革命究竟是怎么发生的，礼仪和祭祀怎么就成了政治和社会的重心，虽然这个过程我们还不太清楚，但我们可以确定的是，从青铜时代开始，青铜礼器所代表的礼仪，就在这个国家的结构和运行体系里，处于一个标志性的地位。而政治就诞生于礼仪之中，中国文明从一开始就是一个政治中心的社会。

带着这样一种理解，回头来看我们前面提到的三星堆，或者就能理解它跟中原地区文化的异同：它那些奇奇怪怪造型的青铜器很可能是受人膜拜的神像，这跟中原地区以青铜容器为主的礼器传统很不一样，跟其他一些用青铜制造大批生产工具的文明也不一样。三星堆的宗教色彩更浓，世俗色彩更淡。

　　欧洲也好，西亚也好，三星堆也好，中原也好，它们所用的青铜技术背后的科学原理都是一样的，不过这种技术在不同的社会里体现出来的文明面貌那可是千差万别。古人说"月印万川"，天上的月亮只有一个，映照到世间的各种水面上，却又化身万千，各自摇曳。同样一个月亮，映到大海上，映到江湖中，映到秋夜的池塘里，映到独饮的茶杯里，各有各的别样风景。人类的历史也是这样，同样的文明要素，多样的文化表征，这两条线就像是并行缠绕的双螺旋结构，记录了人类社会的遗传密码。青铜器虽然是器物，但是器物和人类文明的互相塑造其实是很深刻的，特别在早期中国文明这一个案里，我们看到器物上面有文明、有秩序、有权力甚至有国家。所以，我们讲的是青铜器，但实际上涉及的是技术传播和文明比较的问题。下面，我们会讲讲食物的全球史。

（段志强）

第三讲

何以果腹：食物的全球史

第一节　从狩猎到农耕：粮食的传播

1. 不只是吃，也是文明

　　前面，我们讲到礼器是中国青铜器的重要特点。中国的青铜礼器主要就是容器，容器里又有酒器、炊器、水器等，总的来说原本就是锅碗瓢勺，都跟吃吃喝喝有关，后来变成庄严仪式上用的神圣物品。用它们装上吃的喝的，献给祖先、神灵，但还是逃不了吃吃喝喝。

　　不过，能用来敬神，说明食物就是人心目中最重要的东西。

　　不只中国是这样，全人类也都差不多。比如说，各家宗教所讲的禁忌或者戒律，首先就在吃上做文章，不能吃这不能吃那。这是不让吃的，还有鼓励吃的——中国的道教讲人要成仙，往往要靠吃，吃仙丹、仙桃、人参果等。在很多时候，吃什么、怎么吃，甚至可以依此划分文明和野蛮。中国古代的经典《礼记》中有一篇《王制》，大概是汉代初期的作品，里面就提到：南方有很多人，他们吃生肉，不火食，野蛮；北方有很多人，他们不吃粮食，不粒食，野蛮；只有我大中原，一碗小米饭，一只烤鸡腿，文明得很。其实今天也一样。野生动物、狗肉、转基因食品等，个个都变成不同的社会议题，不只是填饱肚子那么简单。

食物对人类社会的塑造，重要到什么程度呢？我举一个例子。讲述人类文明起源的时候，我们提到过，为什么最早的国家都出现在农业社会？那是因为农业社会能提供足够的食物，养活专业的社会管理者，乃至学者、工匠和艺术家。有了这些分工，才能有后来所有的人类文明。

美国政治人类学家詹姆斯·斯科特（James C. Scott）在研究东南亚时，观察到一个现象，几百年来东南亚国家非常热衷于推广水稻农业。为什么？因为东南亚地区大部分是山地，人口比较分散，水稻农业是唯一一种可以把人口大规模集中起来的生产方式，而国家要想存在，前提就是要控制住大量的人口。同时，成熟水稻的收割时间很集中，谷物又很容易运输、保存，国家征收赋税比较容易，有了赋税才能供养统治阶层，供养军队。所以，有一些学者管这些国家叫水稻国家，没有水稻就没有国家。

要想摆脱国家控制，怎么办？你可以逃到山里去，从事一些"不清晰的农业"，当然这是对国家来说。比如游耕，撒点种子就走，过几个月来收；比如搞点没那么容易征税的事情，打鱼，弄点蜂蜜，山上种点水果。后来改种土豆、红薯，这些生长在地下，比较容易隐藏，也不一定要同时收获。如此这般，这些人就可以逃逸出国家的统治，过上自由而不温不饱的生活。不同的食物，决定不同的政治形式，真是吃之为用大矣哉！这本书叫《逃避统治的艺术：

东南亚高地的无政府主义历史》（*The Art of Not Being Governed: An Anarchist History of Upland Southeast Asia*），有兴趣的可以找来读读。

吃是如此重要，从现在开始，我们就来讲讲食物。

2. 茉莉花也是舶来品

在很多外国人眼里，如果举出一首代表中国的民歌，那肯定就是《茉莉花》，茉莉花简直成了中国的象征，普契尼的著名歌剧《图兰朵》里面唱的就是《茉莉花》，整个一个东方情调。但是你知道吗？茉莉花这个名字，其实来自梵文 Mallika。茉莉花原产于南亚，就是印度和巴基斯坦一带。大概在汉代，先通过海路引种到东南沿海地区，后来才传播到各地。西晋有一本书《南方草木状》，记录岭南地区的植物，其中提到"末利花"，就说是"胡人自西国移植于南海"。

福建人会做茉莉花茶，北方人常常爱喝茉莉花茶，因为它又香又便宜。像茉莉花这样已经变成中国文化符号但实际上是外国传来的东西，还有很多。比如西北民间，红白喜事都要吹唢呐，唢呐就是波斯人发明的，唢呐也是波斯语，元代传来中国的；京剧是国粹，可是伴奏的京胡，听名字就是外国来的。一般我们都觉得这是中国的，不会想到它们的外来血统，其实这种交融是人类历史上的常态。

从食物角度，怎么来谈全球史？我们讲全球史，一方面要讲人类相通的地方，另一方面要讲人类文化的多姿多彩，集两者于一身的就是食物。人生下来就要吃饭，这是每个人相通的地方；

可是世界上的食物五花八门，人跟人的口味千差万别，这才有了全世界那么多不同的食品和菜肴。

不过，有一种食物是每个人都离不开的，那就是粮食，民以食为天，食以粮为本。所以，我们今天先讲讲人类主要的几种谷物：小麦、水稻和谷子。

3. 小麦和粟、黍

我们在讲文明起源的时候已经讲过，农作物是在世界上不同的地方被驯化的，其中比较重要的包括新月沃土、中国、印度、美洲等地方。其中，最重要的是新月沃土地区，也就是两河流域及附近一带肥沃的土地，包括黎凡特（Levant）、美索不达米亚和古埃及，位于今日的以色列、巴勒斯坦、黎巴嫩、约旦部分地区、叙利亚，以及伊拉克和土耳其的东南部、埃及东北部。由于在地图上就像一弯新月，因此美国芝加哥大学的考古学家詹姆斯·布雷斯特德（James Henry Breasted，1865—1935）就把这一大片土地称为"肥沃月湾"，现在大多翻译成"新月沃土"。大概在一万年前，这里就有了农业定居点，后来有了灌溉系统，逐渐形成城市文明，六千年前就有了苏美尔城邦。正是这里的人们，驯化了小麦，后来的人类由此可以吃到面包、馒头和面条。

最早的野生小麦只分布在一个非常狭窄的地带，就是地中海的东北海岸到黑海和里海之间，相当于今天的土耳其、亚美尼亚、阿塞拜疆这一带。这一带的气候是地中海气候，夏天干燥炎热又漫长，冬天降雨多，可是并不寒冷。所以小麦的习性就是：冬天发芽，春天生长，在难熬的夏天到来之前，它的生命周期已经结束了，种子休眠，到冬天，雨水多了，再开始新一轮的生命旅程。

目前所发现的最早人工种植小麦的痕迹在土耳其，大约一万零五百年前。很快，整个新月沃土地带就都种上小麦，铺开的过程可能只用了几百年。又过了一千年，小麦传到欧洲东南部，一波一波地往西传，大约在五六千年以前，传到了不列颠群岛和北欧，遍布整个欧洲。这是往西传。

往东传呢，考古学家断定，八千年前小麦就传到伊朗，很快又传到中亚和印度。不过，小麦来到中国晚了很多，可能是新疆地区的沙漠，阻碍它的传播？过去，大家一般认为，中国境内目前发现最早的小麦遗存是在距今四千年前，大部分集中在甘肃西北部的河西走廊地区。新疆地区的小麦反而出现得要比河西走廊晚几百年，所以考古学家又推测，小麦说不定是通过北方的草原先传到河西走廊，再从这里往东西两个方向传播。不过就在前几年，新疆通天洞遗址发现更早的小麦，所以现在大家倾向于认为，小麦还是从西向东　步步传播的。

但不管怎样，小麦传到河西走廊以后，就在中国迅速传播开来，几百年之内就传到黄河中下游的中原地区。在商周时代，中国北方已经广泛种植小麦。《诗经》里有一篇《载驰》"我行其野，芃芃其麦"，说的是卫国被狄人占领以后，许穆夫人奔回祖国所见的场景。当时卫国的土地上，生长着茂盛的小麦。卫国位于河南北部，这里至今还是中国最重要的小麦产区。不过，当时的小麦主要还是"粒食"，就是整颗麦粒煮成麦饭。到战国以后，石磨逐渐普及，中国人学会把小麦磨成面粉，这才做出各种各样的面食。

小麦是彻底的外来物种。早期汉字里外来的"來"字，就是麦子的象形，上边是麦穗，中间是麦叶，下边是麦根。

不过，小麦传来的时候，中国北方已经有了自己本土驯化的粮食：那就是粟，也就是小米；还有黍，也就是糜子。糜子是比较黏的小米，脱皮后也叫黄米。小米跟很多结穗的谷物不同，它本来是一株只结一穗的。甲骨文里的"禾"字就像一棵谷子，上面弯下一个沉甸甸的谷穗样子。

粟和黍被人工驯化的时间，跟小麦差不多，都是一万年前，但一个是在亚洲大陆的东端，一个是在亚洲大陆的西端。在七八千年前，粟、黍在中国北方已经普及，而且在人们日常摄入的食物里，所占的比例越来越大。比如河北磁山遗址，发现过五十吨以上的谷子，一开始大家以为是小米，后来鉴定的结果是糜子。大概在五六千年以前，粟、黍向东北传到辽河流域，进而进入朝鲜半岛，同时向南传播到长江流域。朝鲜族的传统食物打糕，就是用黄米做的。

往西传的主要是黍，四五千年前向西传到河西走廊，并且很快传到中亚。在哈萨克斯坦就发现过四千四百年前的糜子，在那儿小麦和糜子相遇。哈萨克人常喝的一种塔日茶，就是用黄米加奶茶做的，他们管黄米叫"塔日米"。到了三千五百年前，粟和黍都传到欧洲。

4. 水稻

小麦、粟、黍，这些都是旱作谷物，不用太多灌溉，大多产自北方。而在多水的南方地区，水稻才是最重要的粮食作物。

关于水稻是在哪里被驯化的，国际学界曾经有过重要的争论。以前，西方学者对印度的考古材料比较熟悉，印度确实发现过很早的稻作农业的遗存，所以很长一段时间，学术界认为印度是最早驯化水稻的国家，然后再传播到全世界。欧洲语言中的"水稻"这个词，追根究底基本上都来自梵文。

而中国以往也特别重视北方，重视黄河流域，认为这里是中国文明的唯一中心，所以对南方的情况既不重视也不太了解。1973 年，在浙江余姚发现河姆渡遗址。经过研究发现，这个遗址的最早年代在距今七千年前，特别是发现四十至五十厘米厚的稻谷堆积，还有稻叶、稻杆，稻叶出土的时候甚至还是绿色的，证明当时这里已经有很成熟的稻作农业。

在那之后，中国发现的跟水稻有关的早期遗存非常多。除了稻谷，还有稻田，像苏州的草鞋山遗址、江苏泗洪的韩井遗址、湖南澧县城头山遗址等，都发现稻田的遗存。究竟哪里更早，记录还在不断刷新。就目前已知的情况，全世界最早栽培水稻的遗址是湖南道县的玉蟾岩，距今一万两千年。现在大部分学者都同意，水稻应该最早是在中国驯化。当然，印度也很重要，水稻在印度被进一步驯化，品种增多。

时至今日，中国和印度也是世界上生产稻米最多的国家，恰好这两个也是世界上人口最多的国家。在稻米产量排名前十的国家里，有九个在亚洲，可以说水稻虽然传播到世界各地，但却是亚洲标志性的主食。无论是东亚的中国和日本，还是东南亚、南亚，水稻都是最重要的农作物。

小麦、谷子、水稻，现在哪种产量最高呢？对不起，都不是。现在产量最大的粮食是玉米。我们在后面会专门讲到玉米，因为它牵扯食物的全球史上最重要的一幕，哥伦布大交换，背景是把全球联系在一起的大航海时代。

第二节　丝绸之路上的食物流传

1. 波澜壮阔的食物史

　　人类有个有趣的地方，就是一有点聪明才智，首先就会用在吃上面。反过来，吃什么、怎么弄到这些吃的东西，实际上也反映人类的文明进程。我们讲到谷物，其实谷物是农耕民族的主要能量来源，但是对游牧人群来说，奶和肉才是他们食物的主体。生活在海岛上的人，可能鱼是最重要的。至于蔬菜和调料之类，那种类就更多了。这就是人类食物的多样性。

　　按照美国历史学家皮尔彻（Jeffrey M. Pilcher）《世界历史上的食物》（*The Oxford Handbook of Food History*）这本书里的观点，整个人类食物的历史，实际上就是个人的食物越来越多样，而人类整体的食物越来越同一的历史。也就是说，很早以前，从整体的角度看，人类的食物是非常多样的，各个地方的人所吃的东西差异很大。以中国来说，在新疆吃羊肉，在云南吃山珍，在福建吃海味；但是对个人来说，他能吃到的东西种类原本是很少的，在过去，新疆人一直吃羊肉，但是吃不到菌菇和海鲜。

　　但是，历史不断发展，各个地区之间物种的交流越来越频繁，个人吃到的食物种类越来越多，今天大家餐桌上随便数一数，就有十几种乃至几十种，出产自天南地北。可是同时，文化的多样性也在消失，原本一些"奇奇怪怪"的食物，吃的人就逐渐少了。你看《舌尖上的中国》说的，很多都是古老的、地方的食物，这些东西如果不是经过媒体的宣扬，可能很快就会消亡，大家就都吃川菜、汉堡薯条了。这就是食物的全球史。其实整个人类的文化史差不多也是这样的，每个个人能接触到的文化产品、文化类型越来越多，但是整个人类文化的多元性越来越少。这是个人的幸运，却是人类的不幸。

即使很普通的家常食物，也有波澜壮阔的历史。比如黄瓜、西瓜、菠菜这些，如果没有上千年前欧亚大陆之间的食物交流，都不会出现在人们的餐桌上。这里可以谈的内容非常多，我们重点介绍两本书，大家如果对物质文化交流这个话题感兴趣，可以参考。

一本是《中国伊朗编》，副标题叫"中国对古代伊朗义明史的贡献，着重于栽培植物及产品之历史"（*Sino-Iranica; Chinese Contributions to the History of Civilization in Ancient Iran, with Special Reference to the History of Cultivated Plants and Products*），作者是美籍德裔的历史学家劳费尔（Berthold Laufer，1874—1934），第一次出版是在 1919 年，距今一百多年。一本是《撒马尔罕的金桃》，副标题叫"唐代舶来品研究"（*The Golden Peaches of Samarkand: A Study of T'ang Exotics*），作者是美国历史学家薛爱华（Edward H. Schafer，1913—1991），这本书比较新一点，不过也有六十多年了。

2.《中国伊朗编》

《中国伊朗编》的一个重要贡献，是弄清楚一个常见的误解。按照很多人的说法，从西方传来的植物，往往都是张骞通西域的时候带回来的。其实，根据《史记》的记载，只有两样东西确定是张骞带来的，一是苜蓿，一是葡萄。苜蓿你可能没听过，其实就是上海人说的"草头"，用酒炒了吃；在江苏叫"金花菜"，苏州人腌着吃；浙江人叫它"草籽"，很多地方都吃"草籽年糕"。

张骞为什么专门带苜蓿回来呢？张骞通西域，其中一个重要的任务是带回中亚的良马，就是"天马"，其有个美名叫"汗血宝马"。这马爱吃苜蓿，非常金贵。张骞为了保证养马成功，连带把马的饲料也带了回来。这种事不只发生在中国，两河流域的人从波斯引进马匹的时候，也把苜蓿带了过去。苜蓿和马好像如影随形，不能单独带走。这个例子特别体现动植物在交流中的互相依存。

这是苜蓿。另外一种是葡萄。

其实张骞从大宛国带回来的葡萄也是外面传来的，人类最早栽培葡萄的地区可能是在外高加索，就是现在的格鲁吉亚、亚美尼亚和阿塞拜疆一带，处在黑海和里海之间，至今那里还生产很好的葡萄酒。后来，葡萄传播到从埃及到中亚的广大地区，葡萄酒的酿酒工艺自然也传了过去。张骞到了大宛，说大宛人会做葡萄酒，富人藏酒达万余石，而且储藏几十年都不会坏。大宛人做酒的名声流传非常远，希腊人的历史书也说过，这里人做的酒保质期特别长。大宛人做酒的水平看起来是全球知名的。

张骞带回葡萄以后，汉武帝在离宫别馆旁边种了大片的苜蓿和葡萄，又实用又洋气，是引种外来植物的急先锋。不过，中国人好像不是很喜欢用葡萄造酒，本来中国人造酒主要是用谷物，葡萄引进以后，中国自己酿造的葡萄酒占的比例一直不高。唐代的时候，突厥人曾向唐太宗进贡过马乳葡萄，一串有两尺长。不过，《旧唐书》说唐太宗破了高昌——在今天新疆吐鲁番一带，得到高昌葡萄，唐太宗亲自选定配方造酒，造出八种不同的美酒，分别赐给臣下。长安人这才知道葡萄酒的美味，唐诗所谓"葡萄美酒夜光杯"，是有一点异域风情的。直到元代，马可·波罗还说整个中国只有太原一个地方产葡萄酒。

从波斯地区传到中国的食物，当然不止苜蓿和葡萄两种。比如有种东西叫"阿月浑子"，唐代传到中国，今天叫开心果；比如胡桃，就是核桃可能是在汉代的时候传进来的；石榴也是汉代时传来的。南朝的大道士陶弘景（456—536）曾说，当时的石榴有两种，一种甜的，一种酸的，酸的药用。在汉语里，石榴曾经有过好几个名字：涂林、丹若、若榴、安石榴，这都是不同语言的音译。后来约定俗成，一致叫安石榴或石榴，据说那是因为石榴原产于安国和石国：安国就是乌兹别克斯坦的布哈拉（Bukhara），这地方是安禄山的祖籍；石国就是乌兹别克斯坦首都塔什干（Toshkent）。不过劳费尔认为，安石榴的安石不是安国和石国，而可能指的是安息，就是波斯。他说，石榴的榴可能也是某种波斯语言的音译，现在已经弄不清楚了。

从波斯来的食物太多了，有些东西甚至直接就挂名波斯，比如《撒马尔罕的金桃》就提到，菠菜在中国原来叫"波斯草"。不过，其他文献又说它是泥婆罗国也就是尼泊尔进贡的，所以叫菠菜，而且还说菠菜可以解酒解毒。尼泊尔是高海拔地区，蔬菜的种类不会很丰富，即便菠菜是尼泊尔传来，大概尼泊尔也只是一个中转站而已。

所谓丝绸之路上的食物流传，实际上西亚物种传到中国的路线可能有很多条。有的经过丝绸之路直接传过来，有的也许经过海路，还有的是通过北方草原。

比如说西瓜。西瓜的原产地在非洲，野生西瓜也不很甜，就是水多，有些非洲土著在旱季就靠西瓜补水。中国人见到西瓜，已经到了五代时期。宣武军节度使萧翰掌书记胡峤在笔记《陷虏记》中写道，他到北方契丹，见到契丹人在棚子里用牛粪覆盖种西瓜，类似一种温室，说是契丹打败回纥，从回纥人那儿搞到西瓜。为什么叫西瓜呢？大概就是因为回纥在契丹的西边。再追究下去，回纥的西瓜应该也是从更西边传过来的。可惜，胡峤却没有把西瓜种子带回来。

这一等就是八十多年。直到南宋时期的礼部尚书洪皓（1088—1155）出使北国，带回西瓜种子，中原地区这才开始种植西瓜。他还发现西瓜能治病，有个人眼睛出了问题，把西瓜籽晒干吃掉，眼睛好了。可见，西瓜可以明目。西瓜虽然名字里有个"西"，但却是经过北方的草原，从西向东再南下，最后才传到中国中原来的。

3.《撒马尔罕的金桃》

《撒马尔罕的金桃》这本书是美国汉学家薛爱华写的，由吴玉贵先生翻译成中文。撒马尔罕在今天的乌兹别克斯坦，仍叫撒马尔罕。熟悉金庸小说的朋友可能记得，郭靖帮助成吉思汗攻打过这个城市，小说里黄蓉给他出了个主意，叫蒙古兵戴上翅膀，空降到撒马尔罕城。当然这是小说家的天马行空，不是史实。唐朝有那么多舶来品，作者为什么专挑"撒马尔罕的金桃"呢？因为7世纪的时候撒马尔罕向唐朝进贡过一种很大的黄桃，唐朝人管它叫金桃，作者就用它来象征那种凝聚着人们渴望和想象的外来品、进口货。

唐代因为对外比较包容，传进来的东西非常多。仅从植物、食材来说，像黄瓜、香菜、胡麻、豌豆、蚕豆、甘蓝、甜菜等，都是从外边传进来的。还有一些虽然史料上有记载，但是已经搞不清具体是什么东西了，有兴趣的话可以参看原书。但是有一点要强调的是，世界上的物种流传或者交换，绝对不是从这个国家传到那个国家，然后就没有了然后这么简单。物种往往是在不同的地方来回交换，反复流传，在这个过程中人们培育的种类越来越多，食物才越来越丰富。

比如前面说的撒马尔罕的金桃，其实桃和杏都是中国原产。波斯没有桃和杏，只有李子，管桃叫大李子，管杏叫黄李子；希腊人只有苹果，从波斯引进桃，管它叫波斯苹果，又从亚美尼亚引进杏，管它叫亚美尼亚苹果；至于印度，玄奘《大唐西域记》记载，说曾经有河西走廊的王子到印度做人质，带去桃和梨，所以印度人管桃叫中国果子，管梨叫中国王子。

这种名字的转换其实非常常见，而且不一定叫某某地方的什么东西，原产就真的是这个地方，很多时候只代表一种外来的色彩。比如辣椒，原产美洲，传到中国以后，大陆叫番椒，台湾叫番姜，番字往往代表是海上传来，番茄也是；辣椒到了日本叫唐辛子，意思是中国的很辣的东西。其实，辣椒传入日本比传入中国早不少，是葡萄牙人带过去的，而不是中国，日文里这个唐字就有点像中文的洋，只要外面来的都叫唐什么什么。朝鲜叫倭芥子，琉球却叫高丽胡椒——反正都是外来的。

辣椒跟小麦、苹果不一样，它不是欧亚大陆上的产物，是所谓新世界也就是美洲的出产。辣椒的流传代表食物全球史上最亮眼的一幕，那就是哥伦布大交换。

第三节 食物全球史上最亮眼的一幕：哥伦布大交换

1. 从大盘鸡讲起

你吃过大盘鸡吧？从食物史的角度来看，大盘鸡不折不扣地堪称人类文明结晶。

这里面，鸡是中国土产，不过现在市场上的肉鸡有好几种，大部分是全球各种鸡杂交培育来的，光吃鸡肉我可分辨不出它们的血统；宽面用的小麦来自西亚，土豆来自南美，辣椒来自中美洲；所用的调料，花椒可能产自四川，八角大部分产自广西；油料也许是山东的，但油料里，花生是美洲的，油菜是欧洲的，大豆是中国的。最后，大盘鸡说是新疆菜，其实是川菜厨师发明的。这够复杂的吧。能吃到大盘鸡，要感谢的人很多，可以列一个长长的名单。但是，其中最重要的又有名有姓的，还得说是发现新世界的哥伦布，因为土豆、辣椒、花生，这都是来自新世界美洲的农作物。

为什么叫新世界？这本来多少有一点宗教色彩，因为对欧洲基督徒来说，美洲的地理、人口和物种都在《圣经》之外，好像上帝创造的另外一个世界。

新旧世界的物种之间差异确实非常大，一个地方的家畜、家禽到另一个地方可能就变成了怪物。比如说马，大规模养马也是游牧民族的标志之一，这主要说的还是旧世界。人类来到美洲的时候，可能把原生的马给吃光或者杀光了，所以美洲没有马，印第安人没有任何骑乘动物。唯一驯化的大型动物是羊驼，只能运货不能骑人。西班牙人攻打印加帝国，只靠一百六十八个人就俘房了印加帝国的皇帝，控制了几百万人的大帝国，其中很重要的一个力量就是骑兵。在美洲土著眼里，这些西班牙人骑着巨大的怪物，而且战斗力超强，很多土著把他们当成神。

不过我们还是回头说食物。要说我们现在能吃到那么多种类的食物，最大的功臣就是"哥伦布大交换"。"哥伦布大交换"这个概念，是美国历史学家克罗斯比（Alfred W. Crosby Jr., 1931—2018）提出来的。他在 1972 年出版了一本书，名字就叫《哥伦布大交换：1492 年的生物与文化影响》（*The Columbian Exchange—Biological And Cultural Consequences of 1492*）。因为欧洲人发现美洲，旧世界与新世界之间来往频繁，人口、物种、疾病和文化发生交换，人类生活的面貌从此被改变。

2. 从新世界到旧世界

"交换"当然是有来有往的，我们先说从旧世界传到新世界的物种。

哥伦布第二次航行到美洲的时候，带去不少植物种子，包括小麦、鹰嘴豆、甜瓜、洋葱、萝卜、生菜，还有葡萄的藤蔓和甘蔗，这些都原产自欧亚大陆。西班牙人在墨西哥种小麦，在秘鲁种水稻，后来也种小麦。中美洲现在是香蕉的主要产地，但那里的香蕉也是 1516 年从非洲加纳利群岛引入的。葡萄在中美洲长得不行，在秘鲁却品质不错。到了 17 世纪，在秘鲁南边的智利也成了葡萄的重要产区，至今智利的红酒都在世界红酒市场上占据重要的份额。很长一段时间，美洲是欧洲的农场，从旧世界带来的作物像棉花、甘蔗、咖啡豆、葡萄，在新世界大面积种植，出产以后又运往欧洲，卖给那里的消费者。

以上说的都是植物，哥伦布大交换还带去很多动物。美洲土著能吃到的肉类不多，吃得最多的大概是火鸡。美洲没有猪、羊、牛、鸡。这些动物统统跟着哥伦布的船队来到美洲，开始水草充裕而且没有天敌的幸福生活。

哥伦布大交换说是交换，可是引进到美洲来的农作物主要还是供欧洲殖民者享用，印第安人既不感兴趣也无福消受。真正对人类历史发生根本影响的，是从新世界输入到其他大洲去的作物。这些作物包括玉米、南瓜、花生、菠萝、土豆、番茄、红薯、辣椒、木薯、四季豆、腰果、蓝莓、黑莓、可可豆、向日葵、烟草、草莓等。其中对人类历史意义最大的，要属玉米、土豆和红薯。这三种作物的共同点是容易种植，而且能提供大量而廉价的卡路里。毫不夸张地说，直到现代农业革命之前，人类历史是围绕卡路里展开的，这个世界上的大多数人，活是为了吃，吃是为了活。谁知道现在卡路里竟然被嫌弃，吃个东西还要算来算去，真不知今夕何夕。

在人类驯化的谷物里，玉米是性状改变最大的一种。玉米在距今一万年至六千年以前，在墨西哥被驯化。那时候的玉米基本上就是一棵草，结的玉米穗还没有小拇指那么大，不过一棵玉米草上可以结出很多个小玉米，不像现在的玉米那样只有一个主干结一两个大玉米。经过九千年的培育，玉米才长成今天的样子。现在大家去电影院，都要捧一大盒爆米花，卖得还不便宜。要知道玉米刚到欧洲，是穷人的食物。法国人把它叫作西班牙小麦，穷人的面包，意大利北部的下层人民喝玉米糊糊填肚子。在中国也一样，写《聊斋志异》的蒲松龄写过一部杂剧叫《墙头记》，里面写的下层穷人，年纪大了没人管，天天也就喝一碗玉米糊糊。

玉米在明朝传入中国，最早的记载是在嘉靖年间（1522—1566），这时候距离哥伦布1492年航行到美洲只有几十年。玉米到中国以后，有一百多个名字，有的叫番麦、粟米、玉蜀黍、玉麦，还有的叫苞谷、六谷等，最后大家都接受其名字叫玉米。

如果一个东西名字特别多，就可以看出它不是中国土产的，而且是经过不同的道路传进来的，又在很短的时间里传播到全国各地，每到一个地方就起一个名字，根本来不及形成统一的名字。

3. 土豆

跟玉米一样，土豆的中文名字也很多，马铃薯、洋芋、薯仔，都是土豆，北方也有叫山药蛋的。土豆起源于秘鲁南部安第斯山区，至今那里还有很多野生品种。西班牙人侵入印加帝国以后，把土豆带到欧洲，不过一开始主要是当成奇花异草来欣赏，18世纪以后因为人口不断增加，才成为人们的食物。

为什么欧洲人一开始不爱吃土豆？这里面的原因让人啼笑皆非。因为土豆的根茎长在地下，朝下长，地底下面是地狱，所以很多人说土豆是接近地狱的东西，还管它叫魔鬼的苹果。这谁敢吃？

到了打起仗来，欧洲人才发现，长在地下的土豆还是有优势的。土豆就算在条件恶劣的山地和沙地里也能生长，产量比玉米还高。土豆耐储存，耐低温，方便运输，在战争中经常充当军粮，它的重要性这才慢慢体现出来。

土豆长在地下，还有个意外的好处，在战争年代受损比较小：第一不怕人马战车的踩踏；第二收获比较麻烦，你看诸葛亮陇上抢割新麦，一下子就把麦子抢完，土豆就不行，即便抢了，土里头还能剩下不少。如果敌军打来，这边暂时撤退，过段时间再打回来，地里还有土豆，饿不死人。所以欧洲很多国家都鼓励大家多种土豆，靠着土豆，养活很多穷苦人。

19世纪上半叶，爱尔兰人的主食就是土豆，人口增加得很快，几百万人口都靠种土豆、吃土豆维生。哪知道1845年，突然爆发一种疫病，导致土豆枯萎腐烂，爱尔兰的土豆几乎绝收，造成大饥荒，人口减了一半。当然这里有饿死的，也有逃荒逃出去的，直到今天爱尔兰的人口都没有恢复到饥荒之前的水平。

那些逃荒出去的大部分人到了美国，今天美国有非常多的爱尔兰裔，大多是那时候移民过去的。这些移民也带去土豆种植技术，土豆从南美到欧洲再到北美，兜了一个大圈子，这才在北美普及。美国人对土豆最大的贡献，就是传播了薯条。薯条虽然是18世纪后期欧洲人发明的，但是因为美式快餐的风靡才传播到全世界，土豆在日常饮食中的地位也跟着提高。

4. 红薯

土豆在中国大规模种植比较晚，已经到了18世纪。对中国来说，红薯或者番薯要比土豆重要得多。第一次见到红薯的欧洲人说它长得像胡萝卜，但是吃起来像栗子。先是西班牙人把红薯从南美带到他们的殖民地菲律宾。

关于红薯传入中国，其中一个说法是由明代福建长乐县的陈振龙传入的，他在中国和菲律宾之间从事海上贸易。他在菲律宾看到红薯，生吃也行、熟食也行，繁殖也非常容易，就想把红薯带回福建，但菲律宾人看得很紧。1593 年 6 月他偷偷搞到一点红薯藤，赶紧坐船回国。从马尼拉到厦门，七天就到了，回到家他就开始种红薯，邻里也跟着种，就这么传开。没过多久，福建遇到饥荒，多亏红薯养活无数人。

后来陈家子孙世代推广红薯种植，成为中国农业史上的功臣。他们到哪儿做生意，就把红薯传播到哪儿，山东、河北的红薯都是这么传过去的。他们还主动到官府去报告，说有这么个好东西，希望政府帮忙推广，还自费印了红薯种植手册，很廉价地半卖半送。到了清代，他的五世孙陈世元还编了一本《金薯传习录》，记载他们家族和红薯的这段辉煌历史。

作为粮食的替代品，红薯的优势很明显。明末徐光启（1562—1633）曾托人从福建把红薯引入上海，写文章说这东西有十三胜，就是十三种优点，红薯更加名声大振。《本草纲目》里说海上人为什么长寿？因为他们不吃五谷，吃红薯。

现在中国的红薯种植面积和产量都占到全世界的七成以上。把红薯引进中国的不止陈振龙一家，但是陈家的故事却是食物全球史上动人的一幕。如果没有像陈振龙家族这样热心推广新物种的人，世界不可能变成今天这样繁荣的样子。

其实，如果不靠人来主动推广，物种自然传播的范围非常有限，即便在同一块大陆，人工驯化的物种也不会自然普及。前面我们说了土豆、玉米都产自中南美洲，可是几千年都没有传到北美，还是欧洲人把它们带到如今的美国。

在大航海时代，欧洲有很多所谓"植物猎人"，他们在全世界搜集植物，分类、命名、运到欧洲。一方面有些人被物质利益驱动，想要一夜暴富，也有很多人出于科学探索的目的，推动植物学的繁荣。有关植物猎人的作品很多，可是陈家的故事却鲜为人知。感谢陈家人，我们今天才能在寒冷的街头吃上一个热腾腾的烤红薯。

5. 美洲作物与全球历史

最近两百年，世界人口爆炸，美洲作物是一个重要因素。当然，我们不能简单地说因为有了美洲作物人口就增长了。17 世纪以来世界人口的急剧上升，原因有很多，工业革命和农业革命提高人们的生活水平，医学进步让死亡率特别是婴儿死亡率下降，等等。但是，如果没有美洲作物的普及，世界根本养不起这么多人口。

对我们中国来说，虽然美洲作物不一定是中国人口增长的主要原因，但玉米和红薯已经是中国人离不开的日常食物。特别重要的是，有了这两种作物，本来不适合人类生存的山地也能供养大批农业人口，这对中国山区的开发功不可没。

到今天，世界人口最多的两个国家中国和印度，都大大受惠于美洲作物。印度大量种植玉米和花生，在印度南部地区大量种植的木薯，也是一种来自美洲的可以提供大量淀粉的作物。

前面我们说过好几次，美洲作物首先是在穷人之间传播，这跟以前不太一样。你看丝绸之路传来的葡萄之类，一开始都是奢侈品，上层阶级享用。美洲作物因为可以提供几种廉价主食，上层阶级看不上，而下层百姓离不了，所以要论对社会的影响，那还是美洲作物比较重要。

说到底，人类是需要吃东西才能活下去的生物，整个人类历史，食物是硬核的轴心。青铜之路上流传着小麦、小米，丝绸之路上流传着葡萄、石榴，大航海的开辟，最早那是为了找胡椒等香料，主要也是用于调味。人类历史上这些最重要的通道，本质上都是食物之路。

第四节　四百年前没有川菜：那些刺激性的食物

1. 哥伦布发现辣椒

人类的饮食有两个共同的主题，一是能量，二是口味。基本上，粮食和肉类提供能量，调料提供口味。调料种类越来越多，人的口味也越来越复杂。在今天，除了人类生理所必需的盐之外，最普遍又廉价的调料非辣椒莫属。

如今，中国的川菜，韩国的泡菜，甚至印度的咖喱，都离不开辣椒。但你能想象吗？四百年前的川菜是没有辣椒的。辣椒从南美洲的亚马孙热带雨林来到大洋彼岸的中国，只有三百多年的历史。最早吃辣椒的是秘鲁人，早在公元前 6200 年的秘鲁墓葬中，考古学家就发现辣椒。辣椒本来是亚马孙森林里的一种浆果，和番茄有着共同的祖先。后来辣椒逐渐向北传播，在墨西哥被人类驯化。玛雅人培育了三十种以上的辣椒，而阿兹特克人（Aztec）几乎所有的食物都是辣的，还用辣椒加玉米汁做成饮料。至今墨西哥菜都以酸辣口味而闻名。

除了美洲，第一批接触辣椒的人当然就是哥伦布和他的船队，连他们第一次见到辣椒的日期我们都知道：1493 年 1 月 15 日。哥伦布发现辣椒的时候，认为它是胡椒的一种，就是颜色红点，所以后来英文管它叫 pepper，就是胡椒的名字，这跟他把美洲土著叫作印度人犯的错误一模一样。这个错误究竟是有意的还是无心的，其实很难说，因为哥伦布航行的目的之一就是直接跟东方贸易，而欧洲从东方购买的最重要商品之一就是胡椒。他有没有可能故意把辣椒说成胡椒，糊弄欧洲消费者呢？这我们就不知道了。所以，辣椒还是叫 chili 更合适，chili 这个词本身就是阿兹特克人对辣椒的叫法。

当时哥伦布估计，一年可以运送五十艘船的辣椒卖到欧洲去。这个数字大体上就是当时欧洲胡椒的消费量。胡椒的价格，那时候相当于白银，有时候甚至直追黄金。哥伦布才不管什么黑胡椒红胡椒，这都是白花花的银子啊。

辣椒由哥伦布的船队带回西班牙以后，不久就传到位于现在比利时的商业中心安特卫普，几十年中就传遍西欧和中欧。

辣椒在东方的传播也很快。葡萄牙人把辣椒带到印度。印度人接受得很快，发明很多用辣椒做调料的菜式。不知道的人还以为辣椒是印度的土产，到 16 世纪中期还有德国人管它叫印度胡椒。

大航海时代，海路传播发达。16 世纪中期，日本、菲律宾，还有其他太平洋的岛国就接触到辣椒。同时，辣椒在非洲也慢慢流行起来。到了 17 世纪初，非洲黑人普遍都爱吃辣椒，那时候黑奴被贩运到美洲，在船上大家吃饭必备的调味料就是辣椒。

来自墨西哥的小小辣椒在全世界兜了这么一圈子，没想到辣椒进入北美已经到了 17 世纪。这时候距离哥伦布在加勒比海遇到辣椒已经二百年。

2. 辣椒进入中国

中国，与美洲隔着太平洋，可能都比北美先吃上辣椒。

辣椒在明代晚期传入中国，大致是 16 世纪末到 17 世纪中，具体的年代很难说得太清楚，传播的路线也还在讨论中。辣椒肯定有从海路传来的，先到浙江、福建沿海，再进入内地，早期大部分中文文献里辣椒的记载都是浙江人写的；东北地区的辣椒可能是从朝鲜半岛传入。

辣椒如果最先传到浙江，那么最可能的路线是宁波，因为在明代中后期，在宁波有很多葡萄牙人从事海洋贸易。在宁波外海有一个双屿港，现在叫六横岛，从 16 世纪 20 年代开始，葡萄牙人就在这里建立贸易基地，后来日本人、琉球人也加入进来。此后的几十年中，这里都是整个东亚最繁荣的港口，江南的丝绸、茶叶和瓷器，外洋的香料和奢侈品都在这里交易。有学者称这个小岛是 16 世纪的上海，辣椒从这里输入中国是很有可能的。

除了浙江这条线，华南沿海也从南洋输入辣椒。台湾的辣椒是荷兰人带来的，台湾人叫它"番姜"，意思是洋人的生姜。顺便说，辣椒在中国有四十多种名字。还有一种比较圆的辣椒，说是来自"咬留吧"，就是印度尼西亚的雅加达。

中国最早记载辣椒的文献是高濂的《遵生八笺》，说它名叫番椒，长得像秃笔头，"味辣色红，甚可观"，所以归在观赏花卉里。这本书出版于 1591 年，离哥伦布发现辣椒正好一百年。汤显祖的《牡丹亭》里列举了三十八种花名，其中就有辣椒花，这是中文里第一次出现辣椒这个词。汤显祖曾经被贬到广东徐闻，去过珠三角，去过海南，跟外国商人聊过天，他还在浙江做过官，很有可能是比较早接触到这种洋玩意儿的。

在辣椒传入之前，中国人就不吃辣了吗？也不是。中国也有自己的辛辣味调料，包括生姜、花椒、芥末、大蒜和吴茱萸等，汉代以后又引入胡椒，都是重口味的调料。特别是花椒，用得很普遍，宋元时代的饮食中有不少都用到花椒，全国各地都用。那时候的川菜虽然没有辣椒，但是花椒早就在用了，因为四川是花椒最重要的产地。明代宫廷一年要从四川采买将近八千斤的花椒，这个数量是相当惊人的。四川这个地方的口味很早就重。4世纪记述古代西南地方状况的《华阳国志》这本书，是东晋时代的作品，就说蜀人"好辛香"，那么四川人一千六百多年前就好这口了。

不过那时候的辛辣，和辣椒的味道还不太一样。湖南地区广泛吃辣要到清代嘉庆年间，从南向北逐渐普及，到现在满打满算二百年。四川稍微晚一点，咸丰、同治年间才普及，二百年都不到，以辣闻名的川菜要到清末才形成。这两个地方的辣椒可能都是经由贵州传入的。

3. 穷人爱吃辣？

近些年学者才发现，贵州其实才是中国最早普遍吃辣椒的地区。为什么呢？因为贵州的食盐价格非常高。贵州不产盐，只能从四川买盐，路又非常难走，所以往往很贵，甚至有钱也买不到。清代贵州好多地方的方志都说，这个地方的人吃辣椒是为了替代盐。

辣椒能代替盐，也和它本身的特点有关。辣椒和前面讲的玉米、红薯、土豆这些美洲作物，它们有一个共同的特点，那就是便宜。便宜的原因是容易种植又高产，便宜的结果是惠及下层人民。从全世界来说，都是穷苦人最欢迎这些作物。穷苦人随便种几棵辣椒，就能提供足够的味觉刺激，辣椒虽然不能补充盐里的钠离子，但它含有很高的维生素 C，而且还能当药物使用。

中国最能吃辣的地方在湖南、贵州、四川一带，跟这些地方穷苦人多、盐价贵有直接的关系。所以美洲作物的普及不仅是增加食物的选择，实际上对社会结构也有深刻的影响。这在全世界都一样，就像最早一批吃辣椒的欧洲人，也是买不起胡椒的穷人。

在历史上，饮食习惯的转换本来是常有的事。唐代的僧人义净（635—713）到印度去，他说中国人"鱼菜多并生食"，但是印度人不吃生的，把什么都煮熟，再加上调料，他觉得很奇怪。今天主要是熟食反而是中餐的特点之一，中国人到日本去，会觉得日本人太喜欢吃生的。但是，要说五百年来对整个人类饮食习惯的转换造成最大影响的事件，那毫无疑问就是哥伦布大交换，在调味品方面则是辣椒，这种改变影响了全世界，当然也包括每一个中国人。今天，川菜馆子遍布全国，老干妈成为粉丝眼中的"国民女神"，这背后是否都体现了辣椒全球史的影响？

第五节　不只是吃的，还有上瘾的：烟草的历史

1. 社交催化剂

前面我们讲辣椒传播到世界各地之后，改变很多人的口味。有的人吃辣，就是图个爽。辣椒之类，那是刺激味觉，更多地直接刺激神经。耳朵听音乐，眼睛看电视电影视频，这是比较温和的；

抽烟、喝酒、喝咖啡、喝茶、吃巧克力、嚼槟榔，这就更刺激一些；大麻、古柯叶、鸦片，以及其他各种毒品，那就刺激得过了头。跟古代人比起来，现代人在刺激感官的手段上要丰富得多。老子说"五色令人目盲，五音令人耳聋，五味令人口爽"，现代人的感官刺激早就超过老子的想象。

这些刺激的东西都不是生活必需品，但是人却很容易对它们形成依赖。依赖的原因，当然一方面是生理上的，但更重要的是，这些瘾品——上瘾的瘾，很多时候其实是帮助社交的，比如喝酒、喝咖啡、抽大麻都一样。很多人之所以会形成一些嗜好，最开始的动力往往是社交。

这些社交催化剂里，除了酒是多个地方的人分别发明，其他都是从一个地方起源，最后却传播到全世界的。比如茶原产中国，本来流传在东亚，工业革命以后逐渐传播到全世界；咖啡原产埃塞俄比亚，被阿拉伯人带到全世界；可可树原产南美，1544年一个多米尼加的玛雅代表团访问西班牙，他们带了用可可做的热饮，引起欧洲人的兴趣，这才发明固体巧克力等。

后面我们有专门的章节来讲茶和鸦片的贸易史，因为那牵扯很多沉重的政治、经济话题。今天我们先说说烟草。

2. 吸烟的历史

烟草跟土豆、辣椒、西红柿这些美洲作物一样，都属于茄科植物，说起来都是亲戚。只不过如同龙生九子，个个不同，这几种作物的区别已经非常大。

世界上最早种植烟草的地区，是在南美洲玻利维亚到阿根廷一带的山地，比土豆和辣椒的起源地稍微靠南一点。就目前的考古证据来看，人类吸烟的历史并不长，最早的吸烟场景是 432 年的一块浮雕。

这块浮雕表现的是某种仪式上的玛雅人在吸烟。烟草的功能是造成神经亢奋，而且吸烟的时候烟雾缭绕，也显得神秘而又飘飘然如神仙之概。所以美洲土著往往是在宗教仪式上使用烟草，等于人神沟通的桥梁。哥伦布说，土著的酋长和祭司，有时候甚至会吸烟吸到昏厥。不过普通人一般不吸烟，他们嚼烟，烟草叶子丢进嘴里嚼一嚼，效果也差不多，就是没有喷雾的特效。

之前说美洲土著看到西班牙人骑马都被震惊了，旧世界的人头一次见到美洲人吸烟也吓坏了。

哥伦布船队里有两个人在加勒比海的岛屿上看见有个美洲土著，一手拿着燃烧的木棍，另一手拿着一根长管子，嘴里和鼻子里都喷出烟来，吓得目瞪口呆。后来他们知道那是玉米叶子裹着烟叶做成的香烟。哥伦布本人对这个东西不大感兴趣，不过他船队里有人很快染上烟瘾。这些旧世界的第一批烟民回到欧洲之后，当众表演吞云吐雾，欧洲人一度认为他们这是在跟魔鬼沟通。当然，从烟草对人类健康的破坏来说，这样想好像也没错。

不过，人类认识到吸烟有害健康时已经到了 19 世纪。欧洲人很长一段时间都觉得烟草不但可以提神解乏，而且能治病，甚至是包治百病，灵丹妙药。1560 年，法国驻葡萄牙的大使尼科（Jean Nicot，1530—1600/1604）就把烟草献给当时的法国王后凯瑟琳（Catherine de Médicis，1519—1589），治好凯瑟琳的头疼病。烟草中刺激神经的生物碱尼古丁，就是根据尼科的名字命名的。也就是在这之后，烟草被海上航行的西班牙和葡萄牙水手带到非洲和亚洲，成了时髦的消费品。

烟草跟土豆、玉米不太一样，它对种植环境的要求比较高，所以一开始比较昂贵。17世纪美洲和非洲都开辟了烟草种植园，价格才降下来，像美国弗吉尼亚就是靠种植烟草才繁荣起来。后来烤烟、卷烟、鼻烟发明出来，烟草也就越来越普及。

3. 烟草传入中国

烟草传入中国的途径和时间，跟其他美洲作物都差不多，我们前面提到过引种红薯的陈振龙，有一种说法是他从菲律宾带回烟草种子种在福建漳州，结果产量很高，生产的烟叶反而可以卖回到菲律宾赚大钱。也有人说，明末的时候，福建就连小孩子都吸烟。

总之，大概在明代后期，烟草已经在中国流传。历史学界认为，烟草是通过三个途径传入中国的：一是由葡萄牙人从巴西经澳门，二是由西班牙人从墨西哥经马尼拉，三是"辗转经东亚数地进入北京"，这第三条道路也包括经由日本、朝鲜到达中国东北。大概在天启年间，北京开始有人抽烟，甚至后来引起崇祯皇帝的不满，因为当时农民种烟叶却不种谷物，这会危及朝廷之根本也就是粮食生产。不过，和土豆、辣椒这些不一样的是，烟草在中国的传播有另一个重要的途径，那就是通过军队。明朝人说，漳州、泉州的烟草，后来传到九边，就是明朝北方沿长城的九个军事重镇，包括大同、银川、固原这些地方。1627年也就是天启末年，调广东兵到北方，烟草也随之北传。据说，晚明在云南用兵，很多人适应不了山区气候而生病，只有一个营的人安然无恙，一经询问才发现这个营的兵都吸烟，于是全军都开始吸烟，烟草和吸烟的习惯就这样也传到西南。

明朝士兵的烟瘾到什么程度呢？1637年崇祯皇帝要禁烟，私自种烟卖烟的人一律砍头，负责辽东防务的洪承畴（1593—1665）跳出来反对，理由就是士兵嗜烟如命，一旦禁烟，将会大大打击士气，崇祯只好不了了之。

作为崇祯和洪承畴君臣的对手，山海关外刚刚建立的大清，也好不到哪里去。雄才大略的皇太极，本来也很认真地禁烟。因为东北的烟草大部分是从朝鲜贩卖来的，非常昂贵，完全是消耗品，但是禁而不止，后来就改成自己种的可以吸，从朝鲜买来的不行，到最后连皇太极本人也说，吸烟不算什么大事，以后不管了。

皇太极禁烟的事，朝鲜的史料里也有很多记载。1638年，朝鲜人走私一批烟草到沈阳，被清朝将领发觉，引起很大的争端。朝鲜人管烟草叫"南灵草"或"南草"，说是日本所产。日本还生产各种精致的烟具，17世纪20年代以后，逐渐在朝鲜流行。这条传播路线的烟草中文名字叫南灵草，从菲律宾到东南沿海进入中国的烟草中文名字更多地叫淡巴菰，就是tobacco。Tobacco这个词儿从哪里来的呢？哥伦布听印第安人说的，其实这个名字指的是吸烟的烟杆，并不是烟草本身。

进入清朝，吸烟习惯逐渐向上层蔓延，康熙皇帝本人虽然不大吸烟，但是对鼻烟和鼻烟壶很感兴趣。雍正、乾隆年间，宫廷里就制作大批的鼻烟壶。美洲土著本来就会吸鼻烟，后来法国宫廷里流行的也是鼻烟，那当然就是全欧洲追捧的时尚。康熙皇帝接触到的鼻烟也是欧洲传教士带来的。

当时大臣里吸烟的很多，有名的纪晓岚纪大烟袋不用说了。

有一回乾隆南巡，大臣们见驾之后躲在巡抚衙门的账房里吸烟，吞云吐雾，被乾隆看见好一顿骂。到了清末，就连慈禧太后和光绪皇帝也都吸烟，而且据说烟瘾还不小。

烟草的确有抚慰情绪的作用，常年在外辛劳的士兵、水手和商人用它来解压，那是很自然的事情。而且这些人脱离家庭，很容易受到周围人群的影响，吸烟的习惯传播得非常快。

吸烟的社交功能也很快在东亚显现出来。当时有朝鲜人说"对客辄代茶饮"，在社交场合已经到了取代饮茶的地步。同样是社交工具，烟草比酒要简单也便宜得多，随时随地都可以吸，方便快捷。敬烟的习惯跟吸烟的习惯一起流行。明清很多文献都说，客人来了要把自己的烟袋递给客人抽，还要装上自己的烟草，帮客人点着。我小时候还见过这种场景。清朝时候有人把烟草叫作"干酒"，就是这个意思。

4. 食物的历史就是人的历史

就像一种有依赖性的宗教信仰一样，吸烟不只是个人消费习惯，它会引起社会性的健康问题，现在已经成了人类社会的一个痼疾。可是另一方面，据说它也能带来灵感，抚慰人心，又有很多人离不了它。当然，烟草行业利润高，很多人从事这个行业，又形成很复杂的利益格局。比方说，当年日俄战争时，日本人钱不够，就搞了烟草专卖制度，一下子收上来很多钱，这才打赢了俄国。所以你看，新作物对世界的改变是非常深刻的。

在这里，我们谈到食物在全球范围内的传播，这是从基本需求的层面看到人类的交流与沟通，食物的全球史是全球史的重要一环。不过这只是比较表面的印象，其实吃什么、能吃多少、怎么获得这些食物，不仅是个人生计的问题，往往也决定人类文明的性质和方向。每种食物都有它不同的特性，这些特性除了要问"能好怎"（"能吃吗？好吃吗？怎么吃？"），其实也跟社会有关，就像水稻方便征税、辣椒造福穷人、烟草适合军队一样。

食物的历史，说到底还是人的历史。

（段志强）

第四讲

文字起源的全球史

第一节　文字起源：图像反映场景，文字记录语言

前面我们讲了各种食物的起源和交换，人类解决了温饱问题。各地的人还学会冶炼金属，制造出青铜。全球文明历程中，还有另一个重要的里程碑，那就是文字。有了文字，人们看到的、想到的、做的事、说的话，才能记下来，记下来的文字才能流传下来，于是才能有"历史"。可文字不仅仅是一笔一画的方块字，或者从 a 到 z 的字母，文字的历史总是会跟教育、宗教和文化联系在一起。

那么，下面我们开始谈谈文字的演化和传播。我们的文字之旅，先从三四百年前一个德国人的奇幻理论说起。

1. 汉字从埃及来？基歇尔《中国图说》中的想象

1667 年，德国耶稣会传教士基歇尔（Athanasius Kircher，1602—1680）在荷兰出版了一部关于中国的著作，里面还附上很

多精美的图片，书的名字叫《中国图说》（*China Illustrata*）。这位生活在 17 世纪的德国人相信，中国人是埃及人的后裔，中国古代的历史和《圣经》里的历史是吻合的。在该书的第六章第二节《古代汉字的结构》中，他附上了好多汉字的图像，只是这些图像被欧洲人的想象和改造搞得变了形。他还说，中国的文字也源于古埃及，因为这两个地方使用的文字和他们欧洲人使用的拉丁字母很不一样，都是用形象表示意思，所以都是"象形文字"。该书里说，交叉的"十"字，在中国汉字里经常出现，而在埃及象形文字中，它的地位也很重要，这也许来自他对基督教十字架的想象。不过他还说，在汉字里为什么很重要呢？这是因为，如果在它下面加上一横，就变成"土"，在上面再加上一横，就成了"王"，如果再加上一点，就成了"玉"。他说，这几个字"都意味着完美"，但它们的意义，都来自埃及文字中交叉的"十"。所以他推测，是埃及的文字之神托特（Thoth，又译为透特或图特），把象形文字传授给中国的伏羲，伏羲改造一下就创造出汉字。可惜，传到今天传了太久，汉字中潜藏的基督教奥义，都让中国人给忘光。

　　基歇尔的说法当然只是想象加上揣测。他没来过中国，他只是跟去过中国的其他传教士关系要好，从他们那里获得一些资料。不过，在 17 世纪，虽然欧洲人早已知道中国和中国文化的存在，但大多数欧洲人对中国文化还缺乏深入和全面的了解，所以《中国图说》这本书一出版，就轰动全欧洲，掀起一股"中国热"。热到什么程度呢？据说，就连图书馆里收藏的《中国图说》，里面的插图都被读者撕走带回家。

　　基歇尔是最早向欧洲介绍汉字的人之一。不过很有趣，你也看到，他其实并不懂中文，书中也只是用图片列举一些汉字。由于他并不懂汉字，再加上他受到基督教历史观念的影响，他的书最后就说，他做的"所有的事，都为主而做，荣耀属于圣母玛利亚"。所以，他对汉字产生的是这样奇妙的认识或者说想象。今天我们当然知道，基歇尔的说法并不对。不过，基歇尔的想象，倒也反映一种当时欧洲人的普遍认识，那就是古埃及的文字和中国的汉字都是看不懂的象形文字，都更接近原始的文字。

那么，我们就先来讲讲，原始文字到底是什么样子，古埃及文字和汉字各自又到底是怎么一回事。

2. 把"有翼飞翔的话语"留住：原始文字的诞生

要了解文字的起源，要先知道文字和语言的关系。我们每个人每天说、每天听的话，就是语言。和他人交流，需要出声，就是用语言。即使大家闷不做声，只是在脑子里思考和想象，甚至连做梦，也都要用到语言。全世界的人类，不管来自哪个文明，都有语言。人类学家不管到什么深山老林，还是荒漠海岛，遇到的原始部族，都会说自己的语言，没有哪个部落光靠摆弄手势、打哑谜来沟通。可是，用来记录语言的文字就没有那么普遍。有些人没有接受过教育，只会说，不会写，也就是我们俗称的文盲。还有一些民族，有自己的语言，却压根儿就没有自己的文字。其实，人类早期的状态就是这样，没有文字以前，都是用语言来交流和传递信息的。

只有语言，没有文字，当然有很多不方便的地方。古希腊荷马史诗里说"有翼飞翔的话语"，意思仿佛古代中国的"一言既出，驷马难追"，就是语言像鸟儿一样说出口就飞走不见了。比如，昨天邻居问我借了两桶米救急，今天还回来的时候却说只借了一桶。如果没有文字，你就没办法证明他借了多少，因为昨天说出口的话，早已像鸟儿飞散在风里。有借不还，大概是全世界都会碰到的麻烦，人们用了很多办法来解决这个问题。

第一种，最简单的就是在石头或者木头上刻道道，借一桶米就划一道，两桶就是两道，这下就不能抵赖。或者在绳子上打结，用绳结的数量或绳结之间相隔的距离来记录信息，也就是结绳记事。

第二种，是用日常的东西来表示意思。有一部老电影叫《鸡毛信》，讲的是抗日战争的时候，儿童团长给八路军送鸡毛信的故事。信上为什么要插一根鸡毛呢？因为鸡毛经常用来表示事情十万火急。再举个例子，有些地方的人，在谈恋爱的时候，要用花花草草来传情，花草的种类很多，表达的意思也非常丰富，比现代人只知道送玫瑰花要复杂得多。

第三种方法是画画。从北欧到地中海，从中国到印度，从撒哈拉沙漠到南非，再到美洲和大洋洲，世界各地都保存了很多画在石头上的岩画。特别是在澳大利亚，当地原住民的岩画传统流传了上万年。目前发现的最早岩画，位于澳大利亚北部的卡卡杜（Kakadu）国家公园乌比尔（Ubirr）岩石区内，画的是四万年前人类来到澳大利亚时所见的如今已灭绝的动物，后来一直画到17世纪欧洲人坐着大船重新发现澳大利亚的场景为止。

可是，随着人的思想越来越复杂、抽象，这三种手段都已经不够用。终于，想表达的意思逐渐被抽象出来，就有了原始文字。

3. 早期文字长什么样？

　　原始文字什么样子呢？考古学家在全世界发现很多古文字，比如苏美尔的楔形文字、古埃及的圣书字、古代中国的甲骨文，但这些其实都已经是成熟的文字。比如三千多年前的甲骨文已经有了接近四千个字，跟今天中国常用字的数量都差不多。想要知道这些古文字诞生时是什么面貌，非常困难。幸运的是，在中国西南，人们发现几种现代还在使用的、活的原始文字，最原始的一种只有二百多个字。其中，最有名的是纳西族的东巴文。东巴文有一千多年的历史，不过直到 20 世纪初，才开始受到关注。让东巴文享誉世界的，是一个美国籍的奥地利人，叫约瑟夫·洛克（Joseph Francis Rock，1884—1962）。洛克是一个天生的冒险家，他从小就幻想去远方旅行，上课经常心不在焉，却花了好多时间自学外语。在二十岁的时候，他乘坐邮轮离开欧洲，去了纽约。两年后，他又跑去夏威夷，靠着掌握八门外语的能力，在中学找了一份教拉丁文的工作。这时候，他发现夏威夷的植物千奇百怪，却都没人研究过，于是开始采集植物标本。

　　1922 年，洛克被美国农业部聘为考察员，派去中国西南做调查。他深入丽江等地区，在中国一待就是二十七年。他采集上千种植物标本，却没有正式发表过任何一篇有关中国西南植物的文章，因为他发现更有趣的研究对象——纳西族。一开始，洛克虽然雇用一些纳西族人当自己的助手，但没有太关注他们。直到有一天，他听到隔壁传来奇怪的声音，过去一看，发现是几个穿着宗教服饰的祭司围着病人在跳舞，还一边拿着手抄本念经。助手介绍说，这些人叫东巴，是纳西族的祭司，他们手里的经书只有东巴会读会写。洛克十分好奇,对这种经书上的神秘文字产生兴趣,后来他人生的大部分精力都投在纳西族历史和文字的研究上,收集至少六千册的东巴经书,还编订《纳西语英语百科词典》。

很巧的是,另一位研究纳西族文字的中国专家李霖灿(1913—1999),也是半路出家。他本来学习绘画,念的是国立杭州艺术专科学校,也就是今天中国美术学院的前身。抗日战争爆发之后,他跟着学校从杭州一路西迁,到了云南昆明。毕业之后,他听说玉龙雪山美丽得不可思议,就背上画板去大理和丽江写生,想结合中西绘画的专长,开创一个雪山宗。可是他越画越发现,怎么也画不出玉龙雪山的美。雪山宗的掌门人是当不成了,李霖灿的人生规划一下子陷入迷茫。这时候,有人就建议他去研究摩梭人的文字,摩梭人是纳西族的一支,生活在丽江泸沽湖边,李霖灿一做也是二十多年。

学画画的李霖灿去研究纳西东巴文,似乎也很合理。为什么这么说呢?因为东巴文就跟图画很像,特别像小人书上的连环画。东巴文写在扁长方形的纸上,用线画出一个个方格子,里头很多字看着都很像图画。像虎啊牛啊马啊,都画得活灵活现,就算从没见过这些文字的人,也能一眼就辨认出来。

4. 与图画渐渐分离的文字

可是图画就能算文字吗?原始文字跟画画,到底有什么区别呢?

简单地说,图画画的是具体场景,原始文字记录的则是抽象概念。我们举一个例子来说明。

如果要画一只猫，你会怎么画？可以画黑猫，也可以画白猫；可以画得很瘦，也可以画得很肥；还可以从正面、从侧面、从上面等不同角度画猫。但是在原始文字里，不管黑猫、白猫、瘦猫、肥猫，统统都用同一个符号表示，代表的是"猫"这个抽象概念。这个符号也可以画得像猫一样，可能是一个正面的猫头，或者是一只侧面的全身猫，但只要大家约定好，都用同一种画法，而且一看就知道，这个符号的念法是 māo，意思是那种喵喵叫的可爱小动物，那这就不再是图画，而变成原始文字。中国有句俗语，不管白猫黑猫，能抓住耗子的就是好猫。把这句话套在原始文字上就是，不管白猫黑猫，写下来都成了同一个猫。从这样的图画当中，抽象出最初的原始文字。这一步看起来很简单，但有文字跟没有文字可以说是天壤之别。

文字的意义有多大？《淮南子·本经训》里说："仓颉作书，而天雨粟、鬼夜哭。"据说，轩辕黄帝的史官、长着四只眼睛的仓颉，他发明出文字以后，天上下了小米，连鬼都在夜里哭起来。人造了字，为什么天上下小米，鬼在夜里哭呢？想来是因为上天和鬼神知道，当人类学会文字，万事万物都可以被文字记载，人就失去对鬼神和自然的敬畏，不再日出而作日落而息，开始有了记忆有了历史，世界就开始发生巨大变化。

文字的发明，真的有这么重要吗？人类真的就巨变了吗？这么复杂的问题，大哲学家们都能争上十天八夜。但是，文字拥有巨大的力量，可以改变人类文明形态，古人也许隐隐约约已经意识到，所以才说"天雨粟、鬼夜哭"。

5. 文字的初生与成熟

现在，让我们回到基歇尔的猜想。古埃及的象形字和古中国的甲骨文，当然不是像基歇尔说的那样属于同一个来源，可能是各自发展起来的文字。不过"人同此心，心同此理"，所有文字的起源总是不外乎记号、图画和用事物表意。这三种记录事情的方法，特别是图画，既然大家抬头看到的是同一个太阳，写下来的这个字也难免差不多。

原始文字就这么诞生了。但原始文字能表达的东西还太狭窄，只能把有外形的东西写下来，基本上都是名词，动词就不多，更不要说虚词。等到文字进一步成熟，能表达更复杂的东西，才有了更长久的生命力和更伟大的意义。

第二节　破解古埃及文字：托马斯·扬和商博良

前面我们通过东巴文，看到文字的原始形态，可以推断人类从图画当中抽象出最初的原始文字。如果把文字比作人的话，就好像从婴儿回溯他的初生。那么接下来，我们要看看它的少年时代是如何成长的。在文字的少年时代，东方有甲骨文，西方有古埃及文字，很多人都会把这两种文字叫作"象形文字"。古埃及的文字是象形文字吗？这个问题将成为破解古埃及文字之谜的关键。

关于古埃及文字的破解，这是一段文字学史上极其精彩的故事。这个故事要先从拿破仑讲起。

1. 拿破仑和罗塞塔石碑发现的故事

　　18 世纪末，法国大革命以后，欧洲各国组建同盟，围剿法国。在这场战争中，军事天才拿破仑·波拿巴脱颖而出，击败第一次反法联盟。战后，拿破仑担心自己功高震主，索性向督政府报告，请求进攻埃及，借着这个机会离开巴黎。

　　拿破仑的这个举动，可能还有更深刻的意义——他要重现两千年前亚历山大大帝的丰功伟绩。拿破仑去埃及，带上不少当时欧洲的顶尖学者，赫赫有名的数学家傅里叶（J. B. J. Fourier，1768—1830）就在其中。这很可能是拿破仑在效仿亚历山大大帝，当年亚历山大征伐波斯的时候，就带上大批学者。后来的千百年里，欧洲人对东方知识的了解，全都依仗这些学者当年的记录。

　　拿破仑发动的这场远征埃及战争（1798—1801），虽然在军事上以失败告终，但在文化上的影响很深远，甚至超过亚历山大。在拿破仑征战之前，西欧和埃及的交流，比起古罗马时期要少得多，那时的西欧人对埃及了解不多，认识也不全面。当随军的学者把笔记和文物带回欧洲以后，这个离欧洲不远却无限神秘的文明重新成为大众的焦点。一时间，埃及热的浪潮席卷法国，到处都是模仿埃及神庙、狮身人面像和方尖碑造型的建筑。就连拿破仑称帝后，国徽上也没有用法国传统的百合花，而是用了埃及法老的标志蜜蜂。

　　建筑可以模仿，装饰可以拿来用，可是没有人能读懂埃及文字。古埃及象形文字，欧洲人早就听说过，也在神庙和方尖碑上见过这些字。可是在 1000 年以后，埃及已经伊斯兰化，普遍使用阿拉伯语，古埃及的语言不再通行。在古埃及语失传的情况下，破解古埃及文字自然就陷入死局。

幸运的是，在拿破仑的军队征战埃及的时候，一名士兵在罗塞塔（Rosetta）地区发现一块石碑，有了这块石碑，破解古埃及文字的工作终于前进了一大步。罗塞塔石碑的价值，在于上面用三种不同的文字，刻写同一段铭文。其中一种是古希腊文，还有两种是不同的古埃及文字。埃及曾经也使用过古希腊文，是因为亚历山大大帝死后，他的属下托勒密获得埃及作为领地，建立托勒密王朝，埃及进入希腊化时期。所以，这块出自托勒密王朝时期的罗塞塔石碑上，同时铭刻希腊文字和古埃及文字。

幸运的是，在18世纪，不少欧洲学者已经能读懂古希腊文，有了古希腊文做对照，解读古埃及文字就有了桥梁，不再是瞎子摸象。

2. 古埃及文字的解读

罗塞塔石碑上的两种古埃及文字，一种是我们比较熟悉的所谓"象形文字"，称为圣书体（也叫神圣体），刻在金字塔墓壁画或者碑铭上的那些字就属于圣书体。另一种比圣书体更符号化，称为通俗体（或者叫世俗体）。除了石碑上的两种埃及文字，在别的地方还发现第三种，叫作僧侣体。现在我们知道，圣书体相当于印刷体，僧侣体是工整的手写体，通俗体是日常的草书。

这都要靠当时学者们的一步步探索。解读罗塞塔石碑，是从通俗体开始的。在古希腊文中，有一些反复出现的人名和地名。比如说法老的名字"托勒密"，在通俗体铭文的相应位置，大家也找出对应的文字。但解读圣书体却迟迟没有进展，因为从一开始所有人就都走错方向，以为只有抽象一点的僧侣体和通俗体才是文字，而象形的圣书体是一种神秘的符号，蕴含着神圣的真理，是祭司们故意用图画来掩饰普通人不可知的预言。

比如说，希腊文和通俗体文本里的人名"托勒密"，在圣书体文本的相应位置，人们也找到一组反复出现的符号，用一个椭圆形的外框圈起来，框里画着凳子、面包、狮子、芦苇等。人们猜测说，因为"托勒密"在希腊文中有"战争之子"的意思，所以圣书体里的这组符号就是在用图画来展现"战争之子"，狮子就代表战争。依照这样的想法，最初大家解读圣书体就像是小学生的看图说话，各自发挥想象力，编造故事。就这样，圣书体的研究停滞很久，直到有人找到突破口。

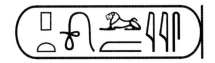

在这场万众瞩目的学术竞赛当中，真正有竞争力的参赛者，到后来只剩下两位。一位是来自英国的托马斯·扬（Thomas Young，1773—1829），另一位是法国人让-弗朗索瓦·商博良（Jean-François Champollion，1790—1832）。

托马斯·扬是个天才富二代，二十一岁就成了英国皇家学会的一员。舅舅去世给他留下房子和大笔现金遗产，甚至还有个图书馆，他一辈子都不用为钱发愁。托马斯·扬的兴趣很广，有人称他是世界上最后一个什么都知道的人，恐怕不是夸张。他的本职是医生，但是熟悉物理学的人都知道，他通过双缝干涉实验，证明光的波动形式，驳斥牛顿的光微粒说。没想到在古文字的研究上，他也大有作为。跟一路顺风顺水的托马斯·扬相比，商博良的人生相当不顺。他也是从小就天赋过人，十一岁已经掌握希腊文和拉丁文，后来在他哥哥的督促下，又陆续地学习希伯来文、阿拉伯文、波斯文、古叙利亚文等。但成年以后，社会环境给他造成很多阻力。当时法国处于大革命之后的伤痛期，时局动荡。商博良曾经因为自己的政治观点失去教职，还遭到流放。他一度陷入贫穷困顿，又病痛加身，对古埃及文字的研究几次遭到中断。

对商博良更不利的是，他还不像托马斯·扬可以接触到罗塞塔石碑的实物。罗塞塔石碑虽然是法国人发现的，但最后却被英国人占有，法国人只留下一部分拓印。商博良手上有两个拓本，内容却不一致，他只好写信到英国，希望获得一份完整的碑文副本。说来也巧，这封信没有寄到古文物学会，却寄给英国皇家学会，也就跑到托马斯·扬的手里。要知道，破解古埃及文字不只是扬和商博良的个人竞争，这在当时还是英国和法国这两个国家间的竞争。结果，扬对商博良的请求敷衍了事，商博良只好转向别的铭文材料，却有了意外的进展。

1822 年 9 月 14 日，大病初愈的商博良飞奔出家门，冲进他哥哥工作的法兰西研究院，把一叠草稿纸扔在哥哥的办公桌上，大喊一声："我找到了！"一时激动，竟然倒在地上，不省人事，据说昏迷了整整五天。半个月后，商博良在学术会议上发表自己的发现，宣布破解古埃及文字。

那天，托马斯·扬恰好也在巴黎，听完商博良的演讲后，向他表示祝贺。这是两个竞争者第一次见面。

3. 古埃及文字：后来的古希腊文以及希伯来文、拉丁文

究竟商博良发现了什么，以致激动到晕倒呢？用最简单的一句话概括就是：古埃及的圣书体文字，不是象形文字。

我们前面说过的，圣书体中"托勒密"的写法，包含一只狮子的图案。其实，这个狮子图案的符号，既不代表狮子，也不代表战争，只是借用"狮子"这个单词在古埃及语里的谐音，来表示托勒密（Ptolmys）里的 l 这个音，也就是说它是一种语音符号。圣书体里的文字，有的是用形象来记录语言的内容，有的是用某个发音相同或相似的形象来记录语言的读音。这么说，是不是有点太抽象，搞不大明白？

其实，对于我们熟悉汉字的人来说，这也不难理解。比如说，汉字的"卡"这个字，一个上，一个下，表示不上不下，卡（kǎ）在当中（北方人说 [qiǎ] 在当中）。但是，这个"卡"字在表示卡片时，取的是 card 这个英语词的谐音；同样这个"卡"字，用在卡特、卡塔尔、斯里兰卡这些外来人名、地名的时候，更是不折不扣的谐音，和不上不下的意思完全没有关系。你看英文人名"卡特"的汉字写法，"卡"写成一个上一个下，"特"是牛字旁加寺庙的寺，如果非要望文生义，说这两个字代表"寺庙里一头不上不下的牛"，自然是撞破头也不知道"卡特"真正的意思。

托马斯·扬和商博良要是会写汉字，说不定破解古埃及文字的过程就没那么波折。还记得前面提到的那位《中国图说》作者德国人基歇尔吗？他说汉字是古埃及文字之神托特传授给伏羲的，虽然是想象之词，但有一点他蒙对了：汉字跟古埃及文字虽然起源不同，但原理一致。

　　顺便补充说一句。古代埃及文字确实是很多文字的源头。埃及在地中海的南边，北边和它隔海相对的是希腊，也就是欧洲文明源头的希腊。古代希腊各地原本使用着各种各样的方言，但是后来逐渐在腓尼基文字的基础上形成古希腊文，可是要知道，古代腓尼基文字恰恰就来自古埃及文，特别是古埃及的圣书体。据说，古代腓尼基王子卡德摩斯（Cadmus）到希腊去寻找被万神之神宙斯掳走的妹妹，无论如何也找不到。他百般无奈却又无颜回国，就在希腊住下来，因此也把腓尼基文字带到希腊，促成古希腊文的形成。后来，商博良破译古埃及文的基础，也就是古希腊文，其实也和古埃及文字有血缘关系，而古希腊文又正是后来希伯来文、拉丁文等各种文字的来源。

第三节　汉字的传承：为什么汉字不能说是象形文字？

　　我们已经提到，古埃及的圣书文字和中国的汉字，严格说来都不全是象形文字。为什么呢？让我们先从甲骨文的破译说起。

1. 延续的与断裂的：古代汉字与埃及文字的历史差异

　　很多人都误以为，最原始的汉字就是甲骨文。其实，三千多年前的甲骨文已经是相当成熟的书写体系，总共有接近四千个单字，绝不是文字刚刚萌芽时的样子。在甲骨文之前，在仰韶文化遗址发现过陶罐上的刻符，在山东龙山文化陶器上也发现过刻画符号，其中有一个，有人说是炅，有人说是旦，也有人说是日月火，还有人说是日月山，究竟是不是？也不知道。所以，准确一点说，甲骨文是现今发现的最古老的成熟汉字。甲骨文主要是殷商时代的文字，西周沿用下来，但是有所修改。这些文字大多刻在乌龟的背甲上，还有牛羊的肩胛骨上，所以叫甲骨文。

前面我们说过殷墟的发掘，也顺带提过发现甲骨文的故事。清朝中晚期，在河南安阳的小屯村，村民耕作的时候发现不少龟甲和兽骨，有的可以看出很明显的刻痕。一些甲骨曾经被当作"龙骨"作为药材，流传到北京以后，曾经担任国子监祭酒，相当于今天大学校长的王懿荣，第一个识别出这些刻痕应该是一种文字，而且比刻在古代青铜器上的文字更古老。

王懿荣注意到龙骨上有划痕，因为他很有文字学功底，所以他注意到这些划痕应当是古文字。这只是其中一种传闻，这种传闻还说，王懿荣是在生病服药的时候，碰巧辨认出文字的。可是中药材要捣碎、炮制才能入药，总不能拿着整根骨头煎药喝吧，捣碎的碎末里头自然没法发现文字，如果原材料没有磨碎，他倒是有可能发现。还有另一个更可靠的说法，说当时有个来自山东的古董商人，他在河南收购大量甲骨，然后带到北京，找了专门研究古董文物的金石学家做鉴定，其中就有王懿荣。

跟商博良破译古埃及文字相比，甲骨文的破译过程，并没有那么迂回曲折。这是因为，从古埃及文字到现代欧洲各种文字，中间转变很多次，历史曾经有较大的断裂。所以近代欧洲人对古埃及文字在认识上也有一个历史断裂，知识几乎是一片空白，哪怕破译出一个单字，意义都相当重大。而汉字传承几千年，汉字研究有自己的传统。周代的金文和秦汉的小篆，同甲骨文一脉相承，又有汉代许慎的一部《说文解字》，作为上下联系的桥梁。因此，这些古文字对于精通文字学的学者来说，都是老面孔。哪怕殷商的甲骨文才刚刚出土，那些数量最多、最常用的基本字，释读起来其实没有那么大的困难。

为什么说欧洲文字演变史上有很大的断裂？因为研究古埃及文字的学者，不管是托马斯·扬还是商博良，他们生活中一个使用英文，一个使用法文，都是用字母表示语音的文字，也没学过汉字，导致他们在理念上陷入迷局。一代精英花了二十多年才搞明白，古埃及文字其实不能完全说是象形文字。而这个结论，对于书写汉字的中国人来说，却是一个很简单的道理。

我们就来说说这个结论是怎么来的。

2. 造字与用字：何谓"六书"？

我们之前说过，文字开始是从图画变来的，所以原始文字一定都是象形文字。比如说画个太阳就是"日"字，画个月牙儿就是"月"字。但如果每个字都是象形文字，那就要出大问题。基歇尔在《中国图说》里就说，因为天下事物林林总总，不计其数，每一个事物都要造一个汉字，所以中国的学者至少要认识八万个字。

这当然是基歇尔的奇思妙想。要背八万个字，想想就可怕。实际上，今天我们的《通用规范汉字表》，一级和二级字表加起来也才六千五百个，生活中用到的字绝大部分都在这个范围。那么，区区六千五百个字，就可以描述林林总总、不计其数的天下事物吗？更麻烦的是，那些抽象的、画不出来的事物和意思，该怎么造字呢？

有一个解决办法，就是找一个发音相似的字重复用就好了。你可能没注意到，我们日常用的很多字其实都是谐音字。比如你我他的"我"字，这个字形本来指的是兵器，今天也还能看出来，"我"字的右边是个金戈铁马的"戈"字。至于表示"第一人称"的概念，很难用象形的方法造字，当然是用谐音比较方便，于是，就把读音是"我"的这个兵器，借过来表示第一人称的"我"。这一谐音就谐了两三千年。

谐音是一种特别有生命力的造字方法，古人把它叫作"假借"，我们每个人不知不觉中也在使用。今天很多人在打字的时候就喜欢用表情符号（emoji）来谐音。比如发一个针头的符号，再发一个水滴的符号，就可以借用谐音来表示"真的（滴）"。这其实就有点儿接近原始文字刚刚向成熟文字过渡时的样子。不过，谐音虽然方便，但也有缺点。汉语口语里，读音类似的概念，有好几种甚至十几种。如果都用同一个字来表示，阅读起来就会很头疼，不知道这个字在这里到底表达哪一种意思。这时候，人们就会在谐音字的边上增加一个提示，用来分类，也就是偏旁。比如说，甲骨文里，要表示后背的"背"这个意思，古人就画两个小人背靠背坐着。你如果知道一个服饰品牌叫 Kappa 的话，甲骨文的"背"就像 Kappa 商标那个样子。这个符号再简化一下，不就是东南西北的"北"吗？对了，因为后来古人要表示东南西北的"北"字，但是这个意思比较抽象，就从后背那里借来"北"。所以，早期的汉字里，表示身体部位和表示方向都写作"北"。

再后来，为了区分这两个不同的意思，就给表示身体的"北"字底下加上一个肉月，提示这是指身体部位的"背"，这才有了我们现在知道的"背"这个字。像这样，一个字里，一半反映读音一半概括属类的，就是形声字。汉字的形声字，大部分是左形右声，因此我们很容易以为，造字的时候是先有形，后有声；其实，大多数情况是反过来的，就和"背"字的情况一样，先用同音字谐声，然后才加上表示类别的形旁。

汉字的构造方法，古人归纳为"六书"，就是"象形""指事""会意""形声""假借""转注"。把这"六书"再概括一点，除了最初从图画来的文字"象形"，主要造字的方法，就不外乎会意、假借（谐声）和形声这三类。假借直白一点说，就是我们刚才说的谐声。称汉字为象形文字，其实是不大全面和准确的。汉字用的符号虽然有一些最基本的是象形，但大多数文字，有时候表示意义，有时候表示读音，所以有的专家就说，严格的叫法，汉字应该是"意音文字"。这个学术上的概念辨析，让专家们去讨论，这里我们先就不管它。

汉字发展到现在，其中象形部分的模样，也变得越来越抽象。比方说，甲骨文里的"犬"字，活脱脱是一只狗；到了金义和小篆里，还能勉强看出个大概意思；之后的隶书、楷书，基本无法理解这个字跟狗的外形有什么联系，犬字右上角的一点，都看不出是狗脑袋还是狗尾巴。至于现代的简体字里勉强称得上象形的字，只有极少数。从这个角度看，今天的汉字更不能简单说是象形文字。

3. 楔形文字、古埃及文字、甲骨金文：全球早期的三种古典文字

最后，让我们再回到基歇尔的《中国图说》。为什么基歇尔会认为古埃及文字跟汉字有同样的来源？那是因为欧洲人从来没见过

意音文字，觉得意音文字太特殊，这两种特殊的文字就一定有关系。

其实，这还是当时欧洲人见到的样本太少。要说世界上的文字，凡是没有受到其他文明影响、自己发展起来的文字，都是意音文字。其中最先成熟的，是古代美索不达米亚的楔形文字，与古埃及文字、汉字一起，并称三大古典文字。说到这儿，你一定也发现，古代美索不达米亚、古埃及、古代中国，也都是世界上最早发展起来的几大文明。这是巧合吗？当然不是。应当说，文明刺激文字发展，文字反过来又促进文明的进步。

在原始时代，人口还不多，部落规模不大，借点东西就画几个记号，谈场恋爱就送花花草草，祈求神灵保佑能打猎成功就在石头上画上猎物的图画，或者画人在跳舞祈祷的样子，这些也就够了。什么时候需要文字呢？是交往增加了，交通便利了，世界变大了，需要有效地沟通信息和控制社会的时候，才需要依靠文字来记录信息。比如有权力的人，要把命令层层传达下去，建立成熟的规则和制度，这才特别需要文字而且是共同认识的文字。所以，不是古美索不达米亚、古埃及、古代中国各出了一个天才，就像"仓颉"一样，一拍脑袋就发明出文字，在这三个地方诞生文明古国，而是这些地方的文明，已经达到一定高度，文字才应运而生。

成熟文字产生以后，又会反过来促进社会结构的整合。成熟的文字，可以把我们嘴里说出来的话，不管是具象的实物，还是抽象的概念，都能没有任何遗漏、完完整整地记录下来，准确地传达给另一个时间、另一个空间的人。这样一来，统治者或管理者可以通过文书，记录各种职业和劳动力，记录征收来的赋税，让整个社会有效地组织起来；人类生存的技能、实用的知识，还有先人的历史，也都通过文字保存下来。

成熟文字的魔力，缩短过去与未来、此地与彼地的距离，让命令的传达、知识的传递、文化的传承效率更高，文明借助文字有了加速度的发展。这是从纵向来看。从横向来看，人类的历史，更多的是一部交流的历史，文字也不例外。像楔形文字、古埃及文字、汉字这样独自发展起来的文字，其实并不多见。更多文明使用的文字，都跟文化的传播和交流有关，都是从别的地儿传过来的。

第四节　汉字文化圈的前世今生：筷子、孔子和汉字

我们已经讲了文字的起源和演变。今天换个角度，来聊聊文字的传播。我们还是从中国人熟悉的汉字出发，而且会提到一个概念叫"汉字文化圈"。

首先，我们从一个五百多年前的故事说起。

1. 笔谈：文字构成"文化圈"

五百多年前，在朝鲜的济州岛，有一个官员名叫崔溥（1454—1504）。有一天，突然从家乡传来他父亲去世的消息，于是他要从济州岛坐船回朝鲜本土参加丧礼。不承想，出海第一天就遇到大风浪，船漂出外海去了。一船人胆战心惊地在大海上漂流十来天，最终在中国浙江台州境内靠岸。当时的中国正值明朝，沿海边的地区饱受倭寇侵袭，崔溥一行人差点被当成倭寇给砍了脑袋，后来好不容易辨明身份。最终他们沿着京杭大运河，一路来到北京，还拜见明孝宗朱祐樘，然后从北京走陆路，跨越鸭绿江，在出海

五个月后终于回到朝鲜。崔溥把这段经历写下来，因此留下一部名著叫《漂海录》。

在这一段传奇经历中，有一个小插曲。崔溥一行人在登陆台州之前，先是漂流到舟山群岛，在岛上遭遇海盗。海盗把崔溥的衣服扒了，绑住手脚，拿棍子打他胳膊，要他把金银财宝都交出来，不然小命不保。崔溥就大喊："我们朝鲜又不产金银，你就是打断我的胳膊，要我的命，也拿不出来！"崔溥说的当然是朝鲜话，可是海盗听了，居然给他松绑。

这是怎么回事？

因为他们听不懂崔溥说什么，得先给他纸和笔，把话写下来。读完之后，海盗头子很生气，又把崔溥重新绑上，打了一顿。这个场景想来有些好笑，又很能说明问题。朝鲜来的崔溥，不懂中国话，在抵达北京之后才遇到翻译。在这之前，不管跟政府官员或者跟海盗还是跟满大街跑来看外国人热闹的老百姓，他都只能借助笔和纸，写汉字来沟通。

在很长一段时期内，中国人、日本人、朝鲜人、琉球人、越南人等，各有各的语言，口说是互相不懂的。如果见了面，只有拿出纸笔来，这叫作"笔谈"，就是通过书写的文字互相交谈，至今朝鲜和日本还留下很多笔谈的资料。像朝鲜通信使到日本，就靠笔谈和日本文化人交流，朝鲜使团到明清时的中国，也靠笔谈和中国文化人交流，偶尔朝鲜人和越南人在明清宫廷碰面，也要靠纸笔互相写诗唱和或者交流信息。为什么？因为历史上，汉字曾经跨越民族、跨越国界、跨越语言，传播到说汉语以外的地方，成为共通的书面沟通方式，这就像欧洲通行的拉丁文，虽然不同地区有各自的语言或方言，但依赖共同文字，却能够进行文化上的沟通，从而成为一个大体相似的文化区域。日本历史学家西嶋定生（1919—1998）借用西方的文化圈概念，圈出一片历史上大规模使用汉字、文化相通的地区，从而提出东亚地区有一个"汉字文化圈"。

那么，这个汉字文化圈涵盖哪些地方呢？从今天现代国家的划分看，主要是中国、日本、韩国、朝鲜和越南这五个国家。

2. 汉字不仅沟通东亚，也形塑中国

东部亚洲的这几个地方，在历史上有许多文化共性，比如阴阳历、大乘佛教、筷子、米饭、漆器等，很多文化、物质和习惯，在各个地区之间相互传播。不过，我们这里主要讲一讲汉字。

在很长一段时间内，今天的中国、日本、朝鲜、韩国还有越南境内的政权，都把汉字作为官方文字，尽管各地说的话不一样。通用的不仅仅是汉字，还有汉字承载的文化内容，比如说汉诗。《源氏物语》里就说，平安时代的日本贵族最爱读白居易的诗。他们不仅读汉诗，也写汉诗。明朝曾派使臣出使安南，也就是今天越南的北部，明朝使节当然以华夏自居，把安南看作蛮夷，安南的君主很不服，就写了一首汉诗反驳："欲问安南事，安南风俗淳。衣冠唐制度，礼乐汉君臣。玉瓮开新酒，金刀斫细鳞。年年二三月，桃李一般春。"

这首诗的第二联写道："衣冠唐制度，礼乐汉君臣。"可见，尽管安南总是觉得北方华夏压迫他们，他们把中国叫作"北寇"，甚至把安南立国过程说成一部"反抗北寇"的历史，但是安南本国的文化，特别是礼乐制度却跟中国一样，安南君主还特别引以

为傲。没错，在汉字文化圈里，儒家礼乐制度是比汉诗更重要的共同文化基因。汉字文化圈都曾经崇拜孔子，念书人要读四书五经，往往以忠孝仁义礼智信为最高的道德取向，除了日本，大都实行过类似中国的科举制度，考试教材用的是儒家经典，考试答题也用汉字写作。

这里需要特别提一下，就是中国自己，在某种意义上也是由汉字形塑起来的。中国很大，秦汉以前各国方言不同文字不同，到秦始皇灭六国，统一天下，除了北方的匈奴、南方的西南夷，采取"书同文"的方式，废除互有差异的六国文字，统一用秦的小篆。接着汉承秦制，文字逐渐简便，渐渐又形成通行的隶书，才真的形成一个"汉字共同体"。就是到了汉朝，各地方言还是不同，西汉末年大学问家扬雄（前53—18）就编过一本《方言》，全名叫《輶轩使者绝代语释别国方言》。可就算是汉朝，这也还没完，因为漫长的历史上，古代中国这块地方也常常同时存在多个政权。比如说，宋、辽、金时期，那时有人会把辽、金贬斥成蛮夷，但其实他们也可以说是汉字文化圈的一部分。辽代虽然创建契丹文字，但他们的外交文书还是会用汉字，不但跟宋朝来往用汉字，跟西夏和高丽来往也都用汉字。辽代贵族的墓碑，好像也总是要写点汉字才显得庄严，就算碑文的内容用契丹文写，标题十之八九还是会用汉字。辽、金两朝也都实行科举制度。金代科举除了要考儒家经典，有时还会考诗歌和书法，这些当然也都用汉字。

从全球史的角度来看，跨地区、跨民族、跨语言使用同一种文字的现象很早就有，汉字文化圈的情况并不是特例。古代美索不达米亚的楔形文字，是最早的跨语言文字。楔形文字最早的创造者是苏美尔人。而使用楔形文字的民族有好多，其中最有名的是巴比伦人，他们的语言属于闪米特语，其实跟苏美尔人的语言差别很大。跟汉字一样，楔形文字也是意音文字，其他民族借去的是字形和字义，发音还是用本民族的念法。

3. 借用和改造：汉字在日本

楔形文字在大约两千年前彻底消失，而汉字一直延续到今天。不过，如今，朝鲜和韩国书写的是谚文而不是汉字；越南也废除汉字，改用拉丁字母来书写；日本还保留部分汉字，但最重要的文字是假名。越南也渐渐不再使用汉字，如果你去越南旅游，可以看到只有各种庙宇、祠堂还保留汉字的匾额和楹联。

汉字文化圈的这些国家，为什么会逐渐弃用汉字呢？其实，日本、朝鲜、韩国和越南弃用汉字的根本原因，就是文字和语言不兼容。汉字本来就是为了记录汉语而创造的，一字一音，有天然的适配性。日本、朝鲜和越南学去的汉字用来写汉语文言文，没有什么问题；但用汉字来记录他们平常使用的日语、朝鲜语或越南语，就不那么适合。当人们追求"言文一致"，要让更多的普通人都会用文字表达自己的想法，这时候就开始转向自己的文字。

拿日语举例吧。日本的樱花非常有名。日语中樱花念作"sakura"，但在日本汉字里还是一个"樱"字，不过，这个樱字的写法很奇怪，右上角不是两个贝，而是三点，也就是"桜"。对我们说汉语的人来说，"樱"这个字很好记，左边木字旁表示是一种植物，右边婴儿的婴提示读音。可是，对说日语的人来说，日语里的婴儿跟樱花，发音完全不一样，婴儿的婴字又那么复杂，久而久之就干脆把两个贝简化成三点。这就可以看出，汉字里的形声字,对说汉语的人来说是方便记忆,但对使用其他语言的人来说,声旁反而成了学汉字的障碍。这是汉字或者说意音文字很难用来完整记录其他语言的原因。此外,日语的语法结构也跟汉语很不一样,它有词尾,类似汉语的虚词,但数量要多得多。汉语里的虚词,像"的""地""得",都采用谐音的办法,借别的同音字来记录。日语里有那么多词尾,时态和语态一变,词尾都要跟着变,那意义更加抽象,没法用汉字来表达,只好借用汉字里的同音字来记录这些词尾的发音。

所以,早期日本人要用文字记录日语的时候,就经常把汉字当成纯粹的表音工具。这就像我们小时候学英语,在 good morning 旁边用汉字写上"古德猫宁"。这几个汉字只用来记音,不表示任何意思。日本最早的文学作品《万叶集》,还有最早的历史书籍《古事记》,就都是用这种方法来记录的。

后来,日本人觉得,反正是记音,何必要用汉字那么麻烦呢?而且汉字里同音字又多,都用来谐音,你写南方的南,他写男女的男,我写困难的难,都不统一。所以后来他们就从几个发音一样的汉字里,挑出一个作为代表,固定使用,写着写着就从方方正正的汉字变成汉字草书,再简化成更抽象的符号,而且一个发音只有两种符号,分别用于不同场合,这就是今天的假名。

其中,一套叫平假名,另一套叫片假名。

4. 化身万千:东部亚洲汉字的延续、分化与断裂

和日本一样,汉字文化圈的其他族群,也在汉字基础上创造自己的文字。

举个例子，越南就创造了喃字，口字旁加上南方的南。喃字跟汉字的关系非常紧密。比如说，越南语里，把"女性"念成gái。那么，喃字就写成左边一个女字旁，右边一个乞丐的丐，用的是汉字的偏旁、汉字的规律，但按照越南语的读音和意思重新组合。在中国西南，过去有很多民族也用类似的方法创造自己的文字，其中影响比较大的是壮族的壮字。其实，在汉字基础上衍生，另创一套新字的，还有不少。比如，比越南喃字改得再多一点的，要数辽、金、西夏时期的几个北方民族。他们没有直接拿汉字的偏旁来用，而是在汉字的偏旁上增减几笔笔画，比如契丹大字、女真文字。还有一种，那就干脆另起炉灶，重新设计偏旁，就像西夏文字。但总的来说，这些文字都还是跟汉字一样，属于意音文字。

改得程度更大的，像日本一样的还有朝鲜。朝鲜发明自己的表音文字，称为谚文。朝鲜语也跟日语一样，有很多词尾，比如大家熟悉的"思密达"，所以和日本一样，他们走上表音的道路，也是非常自然的事情。其实，辽朝后来也从意音文字的契丹大字变成表音文字的契丹小字。

简单回顾一下，汉字文化圈的这些汉字以外的文字，可以统称为汉字系统文字，语言学家归纳出两个共同点。第一，这些文字都是用来记录本民族语言的。第二，这些文字的造型都是四四方方、有横竖撇捺笔画的方块字。最典型的例子，就是朝鲜的谚文。谚文字母的造型，还可以一路追溯到蒙古的八思巴文字，八思巴蒙文来自藏文，藏文又借鉴印度梵文，但是，朝鲜谚文跟它的这些来源又不同，它是字母文字里罕见的方块字。打个比方，英语里的teacher，按字母t—e—a—c—h—e—r从左写到右，一列排开；

要是按照谚文的写法，就会把 t—e—a 像一个汉字那样排在一个方块里，再把 c—h—e—r 也排在一个方块里。所以，从外形上看，谚文还是方块字。这么做，与其说是技术上的原因，不如说是出于一种根深蒂固的观念，觉得"方块字才是字"。

可见，汉字文化圈里，后来自创的各类文字虽然不都是汉字，但还是深受汉字的影响。

是不是其他民族创造出自己的文字以后，很快就会用新文字取代汉字呢？历史告诉我们，并不是的。实际上，由于东部亚洲国际秩序中，中国的王朝无论在政治上、经济上还是文化上仍然占有重要位置，因此汉字在很长一段时间，仍然占据着最重要的地位，使用汉字仍然受到推崇，民族文字反而遭到歧视。

比如说，日本的假名，这个名字本身就带有贬义。一个东西的名字，要是用汉字写下来，才算真名；用假名写下来，不过是假的名字而已。假名还有个名字叫"女手"，因为在平安时代的日本，汉字被看成官方的、正式的、有权威的文字，而假名是女性才使用的俗字，地位比较低下，男性不屑使用。越南也是一样。喃字创制之后，只断断续续当过三十年左右的官方文字，其他时间仍然通行汉字。日本和越南这样的国家都如此，中国境内的少数民族更不用说。壮族的壮字在壮语里叫作 thaudip，意思是生字，不成熟的文字。进取的壮族知识分子，还是要学习汉字，参加科举考试，有时候反过来，他们也会歧视这些土字俗字。

一边是象征着正统、高贵和典雅的汉字文言文，一边是生动、俚俗地表达本族语言的民族文字，汉字文化圈的这些国家和民族，总是在两者之间摇摆不定。如果自己的文字和自己的语言兼容，用起来也更方便，为什么改变书写系统这么难呢？这里原因很多。

其中，一方面可能跟过去文字教育被上层阶级垄断有关，平民尤其是女性本身，缺乏学习文字的机会，"我手写我口"并不是那个时代的首要呼声。另一方面是，光有文字还不够，还需要足够的文献去支撑。朝鲜、越南长期奉行儒学，科举考试采用四书五经，在这种情况下想要推行本民族文字，难度当然很大。所以，日本、朝韩、越南这几个地方，真正废除汉字，或者说减少使用汉字，要到 20 世纪下半叶。越南摆脱法国殖民，争取获得独立以后，才开始大规模推行拉丁字母。朝鲜半岛过去用汉字和谚文混合的方式书写，直到朝鲜战争后，朝鲜和韩国才先后改用纯粹的谚文。日本没有官方废除汉字，仍然采取汉字和假名混合的书写方式，但汉字的数量和比例都不断降低，明治维新时降到三千个左右，"二战"后又降到两千个左右。汉字文化圈的这种变化，一方面跟现代化有关，教育在全世界受到重视和普及，文字不再被垄断。会说就基本会写的民族文字，学习成本更低，更适应一般民众的需求。另一方面，也跟汉字文化圈的传统秩序已经终结有关，因为那个以华夏为中心、其余皆是蛮夷的旧天下格局，也不可能重现。

2019 年 4 月，日本新天皇即位，颁布年号"令和"。年号就是汉字文化圈特有的文化特征之一。日本是世界上最后一个还在使用年号的国家，自然用的也是汉字，这是汉字文化圈的历史遗产。

第五节　从人民币说到文字的全球传播史

前面，我们通过汉字讲了东部亚洲文字如何传播的历史过程。这一节我们还会继续讲文字在全球的传播史。不过，我们先反过来说，就是一个国家怎么会同时拥有好几种文字，它们是怎么传播过来的。我们都使用过人民币，但有没有想过这个问题：纸币人民币上有几种语言、几种文字？

我们打开一张纸币人民币就会发现，不算阿拉伯数字和盲文数字符号，还有五种语言、五种文字。首先当然是汉语。正面有汉字书写的"中国人民银行"，反面右上角则是对应的汉语拼音。在汉语拼音下面，还有四种民族语言，用各自的民族文字书写。左上是蒙古文，右上是藏文，左下是维吾尔文，右下是壮文。

1. 追溯共同源头：来自原始西奈文字？

人民币上的这几种民族文字，差别非常大。右上的藏文和右下的壮文，都是从左往右写的。左下的维吾尔文，书写方向相反，是从右向左写的。左上的蒙古文，本来应该是从上往下写的，只是这里为了排版美观，把好几个竖着写的单词从左向右排列。这几种文字看上去如此不一样，但也有共同点。首先，这四种文字，都属于字母文字，或者说表音文字，而不是汉字这种意音文字。其次，这四种文字，虽然字母的书写不一样，书写方向和拼写规则也不一致，但是它们都来自同一个源头。

这听上去是不是有点不可思议呢？

把视野再放大一些，从欧洲之西、孤悬大西洋上的冰岛文，到"印度洋的眼泪"斯里兰卡的僧伽罗字母，再到位于非洲之角的埃塞俄比亚的吉兹字母，全世界各个文明使用的字母文字，除了日语假名之类个别例外，据说绝大部分可以追溯到同一个源头，那就是三千五百多年前的地中海东岸。

这个共同的祖先叫作原始西奈文字，因为它最早被发现，是在埃及的西奈半岛，后来在埃及的恐怖谷也有发现。世界上其他地方，说不定还出现过更古老的字母文字，但没有流传下来。所以，我们知道的原始西奈文字，就是现今世界上通行的字母文字最古老的源头。

原始西奈文字至今还没有被完全破译，我们对它诞生的历史了解也不多。字母文字的起源我们先放一放，倒是它的全球之旅很值得讲述。

2. 字母文字传播的四条路线之一：北路

距今超过三千年的原始西奈文字，从亚洲西边的那一头出发，向东抵达亚洲东边的这一头，演化出今天还在使用的蒙古文、维吾尔文、藏文和壮文。可能是同一个源头的字母文字，在传播中，演化成四种模样，恰好对应文明交流的四条不同路线：旧大陆三条，蒙古文是北路，维吾尔文是中路，藏文是南路，壮文则是来自西方大航海时代的新道路。

先说蒙古文，它来自字母文字东传的北路，也可以说是北方草原之路。这段传播历程上，有一些我们今天可能不大熟悉的民族。首先，是粟特人的粟特文，生出回鹘文，然后回鹘文生出蒙古文，蒙古文又生出满文。

古代粟特人生活在中亚阿姆河与锡尔河一带，中国古代所谓"昭武九姓"就是指他们，他们生活的地方大致位于今天的乌兹别克斯坦和塔吉克斯坦交界处一带，是欧亚陆路的交通枢纽。粟特人的商业头脑特别好。他们仗着地理位置好，在丝绸之路上忙着到处做生意，东到中国，南到印度，西到波斯，东北到蒙古。这前三个，中国、印度和波斯，文字都相当发达；至于东北那头，活跃在中亚到漠北大草原上的游牧集团，比如突厥，以及曾经是突厥的属部后来取代突厥的回鹘，迟迟没有文字。在频繁的接触中，粟特人学会字母文字，其他游牧民族又积极向粟特人取经，在粟特文的基础上创造属于自己的突厥文和回鹘文。

蒙古文就是在突厥文和回鹘文的基础上发明的。蒙古文的发明者，是成吉思汗（1162—1227）的一个囚犯。当时的蒙古高原西部，阿尔泰山周边，曾经有一个叫乃蛮（Naiman）的部落国家，他们聘请一位懂回鹘文字的回鹘人叫塔塔统阿，负责管理印章。1204 年，成吉思汗征服乃蛮后，俘虏这位掌印官。成吉思汗说，你们国家都没了，你还带着印跑啥跑？掌印官回答说，不管国家发生什么，守护好这些印章就是我的职责。成吉思汗感叹他的忠心，又问道，这印章是干啥用的？掌印官说，钱和粮食的支出与纳入要盖章，任命人事的也要盖章，盖了章才能作凭证。成吉思汗很敏锐，意识到文字对管理的重要性，于是让这位忠心的掌印官继续管理印章，而且让他教授皇子们用回鹘文记录蒙古语言，蒙古文就这么慢慢地传下来。当然，六十五年后，元世祖忽必烈（1215—1294）又委托国师八思巴（1235—1280）另外创制八思巴字，作为元朝的官方文字，不过 14 世纪中叶明朝取代元朝之后，八思巴文字就慢慢没人用了，蒙古人还是用原来以回鹘文为基础的蒙文。这里顺便说一句，后来清朝的满文也是在蒙文的基础上创造出来的。

不过，从粟特文到蒙古文和满文，发生一个有趣的变化，粟特文一开始是从右向左写、从上往下排列的。到了回鹘文，逆时针转了九十度，改成从上往下写、从左往右排列，后来的蒙古文和满文也是这么写的。有人说，书写方向的这种变化，很有可能是受到传统上从上往下写的汉字的影响。

3. 字母文字传播的中路之一：维吾尔文

文字的传播有几个契机。如果说粟特文的传播，大背景是商业往来，那么蒙古文和满文的创造，主要跟政治和战争有关。除了商业和政治，文字传播还有另一个重要契机，就是宗教宣传。一个宗教往往有自己独自的经书典籍，因为印刷和阅读的需求，再加上传教的动力，这些都对文字传播产生深刻的影响。维吾尔文和藏文的由来，就跟宗教有关。

我们先来看维吾尔文。维吾尔文的由来，跟伊斯兰教密切相关。7世纪，穆罕默德（Muhammad，约570—632）创立伊斯兰教。信奉伊斯兰教的大食帝国随之崛起，随着大食帝国的扩张和伊斯兰教的传播，伊斯兰—阿拉伯文明兴盛起来，这给阿拉伯字母带来蓬勃的生命力。伊斯兰教的经典是《古兰经》，跟基督教的《圣经》不同，《古兰经》跟阿拉伯语的关系特别密切。比如说，汉族的基督徒可以用汉语来读、来背《圣经》的汉文译本，汉族的佛教徒也拥有大量汉语佛经，可以用汉语诵经。回族的穆斯林要理解《古兰经》，虽然也可以靠汉语，但背诵《古兰经》的时候，大多还是按照阿拉伯语的发音念，这就为阿拉伯文字的传播提供重要的动力。

阿拉伯字母跟我们熟悉的拉丁字母有两点很大的不同。第一，阿拉伯字母是从右向左书写的。第二，阿拉伯字母只写辅音不写元音。不过，阿拉伯字母跟拉丁字母也有一个很大的共同点，就像拉丁字母可以用来书写英语、法语、西班牙语乃至汉语拼音一样，阿拉伯字母同样也是跨语言的。

　　阿拉伯字母的传播主要有两条路线：往西传播到北非；往东先到波斯即今天的伊朗，然后是印度西北部即今天的巴基斯坦，以及中亚地区，最后传到新疆，特别是塔克拉玛干大沙漠南北两侧的绿洲城市。这一路上，伊朗人，巴基斯坦人，新疆的维吾尔族、哈萨克族、柯尔克孜族，这么多人说的都不是一种语言，但都使用阿拉伯字母作为文字。

4. 从印度到西藏：藏文的来历

　　说完使用阿拉伯字母的维吾尔文，我们再来看看藏文。

　　藏文的源头是印度。在印度本土使用并且向外传播的文字，主要是婆罗米系文字。叫什么系的文字，你就知道这里是有很多分支的。这就跟中路的情况形成鲜明的对比。像维吾尔文、哈萨克文、柯尔克孜文，用的都是同一套阿拉伯字母，只有极个别的差异。但是，同是婆罗米系，比如藏文和傣族文字，区别就非常大，是完全不同的两种文字，甚至就连傣族内部，用的都不是一种而是四种文字。这就要回到我们刚刚讲的道理，文字使用和传播的动力之一是国家。在南亚和东南亚的历史上，很少有像罗马、汉、唐和阿拉伯那样强大而持久的统一国家，更常见的是小国林立，自然是各用各的文字。相比而言，像罗马、汉、唐、阿拉伯这样的国家，长时间统一和稳定地控制着大片疆域,促成文字很高的一致性。

　　说回婆罗米系文字，虽然不同语言之间的差异不小，但统称为婆罗米系文字，就说明互相之间还是有共同点的。婆罗米系文字不像拉丁字母把辅音和元音全都写出来，也不像阿拉伯字母只写辅音不写元音，而是采取折中的办法：辅音用字母表示，元音没有独立的字母，而是在辅音字母的上下左右添加符号来表示。在梵语里，如果元音是 a，就连符号也不需要，a 这个元音不需要写出来。这种写法跟古印度语言的发音有关，a 的发音特别多。比如印度两大史诗，一部《摩诃婆罗多》，用梵语念就是 Mahābhārata；另一部《罗摩衍那》，用梵语念就是 Rāmāyaṇa，那么多 a，写的时候干脆省去也不影响理解，所以用这种写法书写就很方便。

跟阿拉伯字母一样，婆罗米系文字也跟着宗教一起传播。源于印度的佛教，虽然后来在印度本土慢慢没落，在其他国家却相当兴盛。今天，中南半岛上的缅甸、泰国、老挝、柬埔寨，都信奉南传佛教，也都使用从印度传来的婆罗米系文字。中国西南傣族和那边的族群与文化有很密切的亲缘关系，所以文字就跟缅甸文、泰文比较相似。

不过，藏文虽然跟傣文同属婆罗米系文字，但走的不是同一条路线。藏文是随着藏传佛教，从尼泊尔传进来的。吐蕃松赞干布（约 617—650）统一青藏高原以后，他发现文字太重要了，不管是制定法律，还是国际外交，没有文字很不方便，于是他派几个手下到印度学习文字。这件事情最困难的地方，还不是说要学会文字有多难，而是要从青藏高原这个世界屋脊上下来到热带去，气候差异实在太大，有的人甚至热死在路上。最后，一个叫吞弥·桑布扎（618—?）的聪明人克服重重困难，学成归来，在印度梵文字母的基础上，创造藏文字母，还把很多印度的佛教典籍也翻译成藏文。松赞干布带头认吞弥·桑布扎为老师，学习藏文，其他人也纷纷效仿。很快，藏文字母就传遍雪域高原，直到今天。

5. 从壮文说到拉丁文的普及

最后，我们来说说人民币上五种文字之一的壮文（新壮文），壮文用的是拉丁字母。

拉丁字母的源头是希腊字母。今天我们在数学和物理学里用的 α、β、γ、Δ，就是希腊字母。在希腊字母的基础上，发展出拉丁字母。拉丁字母最开始用来拼写拉丁语，也就是罗马帝国的官方语言。后来罗马帝国消亡，拉丁语变成一门死语言，但拉丁字母还是被欧洲大多数国家继承下来，英语、法语、德语、意大利语、西班牙语等，都使用拉丁字母来书写。

欧洲的其他一些国家，比如俄罗斯、保加利亚、塞尔维亚，使用西里尔字母来书写。很多人把拉丁字母叫作英文字母，把西里尔字母叫作俄文字母，这是不准确的说法。西里尔字母同样来自希腊字母。在欧洲，拉丁字母和西里尔字母的分界线跟宗教有关，信奉天主教和新教的一般使用拉丁字母，信奉东正教的一般使用西里尔字母。

说到这里，你可能会发现，壮文的情况跟蒙古文、维吾尔文、藏文很不一样。从阿拉伯、伊朗、中亚到新疆一路相连，西藏紧挨着印度，可是壮族生活的中国西南，跟拉丁字母的老家欧洲，隔了十万八千里，壮文和拉丁字母是怎么连上的呢？

没错，蒙古文、维吾尔文和藏文经历的，可以说是古典文明时期的文字传播方式，走的是最传统的陆路，地理上有联系才形成相互之间的交流。相比之下，壮文的情况就大不相同，那是 15 世纪大航海时代以后的传播方式，很大程度上已经能突破地理限制。新壮文也比蒙古文、维吾尔文和藏文年轻得太多，是 1955 年才创制出来，1982 年才修改定型的。

为什么在给壮文创造文字的时候，要选用拉丁字母呢？这个原因，我们后面再具体说。这里我们只说传播的结果——全世界范围内，像壮文这样远离西欧却使用拉丁字母的文字，可以说比比皆是。实际上，拉丁字母是全世界使用人数最多的字母系统，也是唯一一种在亚、非、欧、南美、北美和大洋洲，都被当作官方使用的书写系统。

6. 在人民币上看到全球的文字传播

现在，让我们回到最开始说到的人民币。人民币是我们再熟悉不过的东西，但很少有人去注意，上面其实有好几种不同的文字。更有趣的是，世界历史上最主要的文字传播过程，基本上都可以在纸币人民币上找到一点线索。

看到正面的汉字，我们会想到东亚的汉字文化圈；翻到背面看到蒙古文，我们就能想到粟特文的后世在欧亚草原上的传播；再看到维吾尔文，我们就能想到阿拉伯字母和伊斯兰教在西亚、北非和中亚的传播；再看到藏文，我们就能想到婆罗米系文字和佛教在南亚、东南亚的传播；再看到壮文，我们就能想到拉丁字母在全世界的传播。如果再加上东欧的西里尔字母，几乎就可以当成世界文字传播史的简要目录。

现在，让我们再看一眼手中的人民币，它还是原来那张仅仅代表面值的纸币吗？一张人民币我们说了这么久，这还没说到拉丁字母传播的过程呢。下面我们就展开来说说拉丁字母背后的全球史。

第六节　拉丁字母的全球传播

前面，我们谈了全球很多种不同的文字。下面，我们从一种不是文字的文字即汉语拼音开始，来看看它产生过程的背后究竟有什么样的全球史脉络。汉语拼音使用的是拉丁字母，而拉丁字母的来历我们前面提到过。它是从古希腊文来的，古希腊文又是来自腓尼基文，而腓尼基文又和古埃及文有关系。

1. 借助拉丁文：从明末传教士到现代拼音设计者

最早用拉丁字母给汉语注音的，不是中国人，而是西方传教士。

比较早的一批，是明末天主教耶稣会的传教士，比如很有名的利玛窦（Matteo Ricci，1552—1610），还有不那么出名的金尼阁（Nicolas Trigault，1577—1628）。特别是金尼阁，1626 年，他完成三卷本的《西儒耳目资》，等于开启给汉语注音的先声。就像他自己说的，西方传教士到中国来，听不懂汉语也看不懂中文，就像是"聋瞽"，也就是聋人、盲人，为了睁开眼睛打开耳朵，所以他们用拉丁字母给汉字注音，初衷是方便西方人学汉语和汉字。

传教士再次大规模进入中国，要到鸦片战争以后。比较晚的这一批是清朝中晚期的基督教传教士。他们和明清之际的耶稣会士不太一样，他们不仅和中国知识人打交道，在城市里面建立教堂传教，而且深入社会基层，希望在民众中产生影响。所以来到中国以后，他们就尝试用拉丁字母来拼写方言，然后出版方言版的《圣经》，也出版方言版的基督教书籍，像《天路历程》之类。他们的目的，是让一些过去没有机会学汉字只会说各地方言的老百姓，快速掌握文字。因为传教的需要，推动方言罗马字的产生。当然，这背后还有一个很重要的历史因素，就是在鸦片战争和签订《南京条约》以后，东南沿海的几个城市开辟了通商口岸，传教活动才多起来，传教的自由也扩大。既然这里说到鸦片战争和《南京条约》，我们再多说几句，你一定知道，晚清中国处于怎样的衰落之中。于是，那时有很多中国知识人产生要追求富强、要自我改革、要重新振兴的想法。那么怎么振兴呢？有人认为，要富强、要改革、要振兴，就要提高民众素养；要提高民众素养，就要发展教育；而发展教育，就要改革汉语和汉字，汉语拼音运动就是汉语和汉字改革中非常重要的一部分。

在汉语拼音运动中，第一个重要收获是辛亥革命以后制定的注音字母，这是中国有史以来第一套官方法定的字母。直到今天的《新华字典》上面也还有注音字母（1930 年更名为"注音符号"）；海峡对岸的台湾，一直以来都是用这套字母来注音和教学的。这些注音字母不是汉字，也不是拉丁字母，而是以汉字为基础的符号。不过，很多人对注音字母还是不满意，就继续设计拉丁化的汉语拼音方案。20 世纪的二三十年代，出现两个重要的方案。一个是国语罗马字拼音，简称"国罗"。一个是北方话拉丁化新文字，简称"北拉"。国罗的制定者主要是语言学家，比如黎锦熙（1890—1978）、刘半农（1891—1934）、林语堂（1895—1976），还有中国现代语言学之父赵元任（1892—1982）。北拉的制定者，主要是早期的中国共产党党员，比如瞿秋白（1899—1935）。这些革命者受到苏联使用拉丁化字母扫除文盲运动的影响，设计了北拉。国罗和北拉的很多差异，就和这样的身份背景有关。

关于两套方案的背景、差异和优劣，这里不多讲。反正没多久，抗日战争爆发，汉语拼音运动不得不中断。一直到 1949 年之后，国罗和北拉的研究者才重新坐在一起，开始设计一种统一的拼音。1958 年，汉语拼音方案通过，一直沿用至今。这里要提汉语拼音，主要是因为汉字拼音运动很特别，汉字作为一种意音文字，在全世界范围内不多见，但有趣的是汉字拼音跟全球史的脉络分不开。

因为汉字拼音运动一直在探讨的问题，就是如何跟拉丁字母完美兼容。这就跟拉丁字母的传播有关了。

2. 拉丁字母在全球的传播与使用

前面我们说过，因为印度文明和伊斯兰文明的兴盛，各自的文字传播到世界其他地方。同样的，大航海之后，西方文明以世界历史上前所未有的强势崛起，拉丁字母也传播到世界每一个角落。首先，随着西班牙人殖民美洲，葡萄牙人殖民巴西，英国人殖民北美、澳大利亚和新西兰等一系列活动，文字就连同文化和语言一起被带去。其次，很多原本没有文字的文明，比如撒哈拉以南的非洲、北美洲原住民、太平洋各个岛屿上的土著等，也都采用由拉丁字母拼写的文字。

拉丁字母的传播，不仅在空间上覆盖宽广的区域，遍布全球，更在影响程度上，深入到全球文化里。西方为自己使用的拉丁字母设计的很多东西，已经成了全世界的文化规则。其中，一个例子是打字机。打字机最早出现在西欧，打的是拉丁字母，算上大小写，也只有五十二个字母，非常简便。可是别的国家和地区，用字母的话就要变形。阿拉伯字母是从右向左写的，蒙古文从上到下，汉字光常用字就有几千个，根本没办法使用西方生产的打字机。

再看中国的一个例子。前面我们讲到壮族使用的壮文，1955年才创制出来，在创制的方案里，基本采用二十一个拉丁字母，但还外加十一个其他字母，可是这十一个其他字母就惹出不少麻烦。参与创制壮文的有一个专家叫梁敏（1926—2022），改革开放以后，他在广西帮忙找人改造三架壮文打字机，耗费的金钱和精力太多了，跑这儿跑那儿的，用他自己的话说，腿都跑细了。就这样，改造完打出的字还是不好看，大小不一，高矮不平。这还只是区区三架打字机而已。于是1982年的新壮文，决定改用二十六个拉丁字母。这也是为什么当年赵元任在创制国语罗马字的时候，宁可把声调的书写规则定得那么麻烦，也不肯用拉丁字母以外的符号来表示声调。

同样，在网络和电话普及以前，拍电报是最重要的长途通信方法。拍电报用的是摩斯电码，就是我们在侦探小说里经常会看到的，用长短长的一点一画来表示二十六个字母。要是拍电报用汉字的话，先要用长短长给数字编码，四位数字才表示一个汉字，从0001到9999按顺序排列，给汉字安上代号，还得翻看专门的电码本才知道这四位数字具体对应哪个字。还有，出国旅行要用的护照，上面也都要有拉丁字母。比如说汉语拼音里有个ü，因为有些国家的出入境人员在登记的时候，不知道怎么打这个字母，给那些姓吕的人带来很多麻烦。所以，后来国家标准就规定，把吕在护照里的拼音改成方便输入的Lyu。

使用拉丁字母的欧美文明，在大航海之后成为主流，它定下的这些文化规则渗透到全球，其他人也只能去适应。所以，一些过去有文字的文明，为了沟通方便也干脆改用拉丁字母。比如，越南不再使用汉字或喃字，土耳其也停止使用阿拉伯字母。这是全球化的一个趋势，因为这种转变近几年还在持续发生，哈萨克斯坦从 2015 年开始进入转型期，同时使用西里尔字母和拉丁字母，有人预计在将来，它会实现完全使用拉丁字母的转变。

在仍然使用其他文字的国家，比如俄罗斯、伊朗、泰国和日本，虽然文字类型各自不同，但都制定明确的拉丁转写规则。而中国的汉语拼音也扮演着类似的角色，但因为汉字是意音文字，不像其他国家可以用自己的字母或假名来表音，所以汉语拼音的角色相对更重要。虽然汉语拼音不是文字，但是在生活中发挥着不可忽略的作用，从给汉字注音、排序到电脑输入，都要用到拼音。

3. 环球如何同此凉热？从拉丁字母说到文字的全球史

促成拉丁字母全球化的另一个历史背景，是全世界教育的普及。

现代人重视教育，超过历史上任何一个时期。现在大家都认同，教育不应该被特定的性别、肤色或者阶级垄断，每个人都有接受教育的权利。人们希望语言文字的差异，不会成为接受教育的铁门槛，也希望文字能尽可能简单，可以跟说话的发音很好对应，这样只要会说话，就可以学会写字和认字。就这个目的而言，拉丁字母本身确实非常符合需求，它变化少，写起来容易，学起来简单，方便教育的普及，这也是很多国家选择拉丁字母作为新文字的原因。

还是拿我们熟悉的汉语拼音做例子。没有汉语拼音以前，儿童刚上学，要先花一两年的时间集中认字，然后才可以读文章、写文章。现在，一年级小学生也能写日记，不会的字用拼音代替就行，混着用汉字和拼音就可以表达。他们也可以不受认字不多的限制，提前阅读带拼音的图书。把眼光投向全世界，过去五十年中，全球文盲率从近40%降低到14%左右，女性识字率和农村人识字率都达到前所未有的水平，文字和教育不再被上层阶级的男性垄断。普及教育的理念促进文字的转变，而新文字也帮助提高教育的效率。

到这里，关于文字的全球史，就要告一段落。跟青铜、食物相比，文字带有更强烈的文化属性。文字是记录语言的工具，但文字史不只是工具的历史，文字记录谁的语言，记录什么内容，分享给谁看，都是文字史的一部分。文字史不仅是文字的历史，还总是跟宗教经典、商业契约、行政文书、政治扩张、教育考试制度等紧密相伴。

有趣的是，当我们谈论全球史时，我们也必须依赖文字。全球史有两个维度，一个时间，一个空间。而穿越历史，跨越地域，恰恰就是文字的魔力。没有文字，全球千万里跨越海洋陆地的空间距离，历史知识没法儿传递和沟通；没有文字，悬隔千百年穿越好多王朝的时间先后，历史知识也没法儿记录和传播。

文字书写历史，而文字自己也成为历史。我们通过文字记录的历史了解过去的世界，不过认识世界光靠读万卷书还不够，还要行万里路。接下来，我们就来讲讲那些行万里路的旅行者，看看他们是怎么认识世界的。

（钟觉辰）

第五讲

带地图的旅行者：认识世界有多大？

第一节　一张神奇的地图：15 世纪前中国人认识的世界

前面我们讲了人类和人类文明的起源，也通过青铜、食物、文字说到全球不可避免的相互联系。从这一讲开始，我们就要谈谈人类是怎么认识我们所处的这个世界的。

不知道你意识到没有，我们今天的人跟古代人最大的区别，就是我们对世界的认识完全不同。现代人从幼儿园开始，就知道地球是圆的，宇宙是很大的，地球围绕太阳转，太阳是个大火球，还知道地球上有七大洲、五大洋，生活着很多很多人，自己所在的国家只是地球上很小的一部分。这些知识，我们现在都觉得是常识，但其实这些常识，大部分是最近几百年才知道的。比如说，欧洲人第一次到达南半球的澳大利亚是四百年前，人类发现南极洲大陆是两百年前，所以"七大洲"这种知识，满打满算才只有两百年历史而已，至于说这种知识随着教育普及到一般民众，那就连一百年的历史也没有。

　　人类认识世界的过程到底有多曲折？让我们先从一张神秘的地图开始说起。

1. 从《混一疆理历代国都之图》说起：古地图中的世界知识

　　1402 年，六百多年以前，有两位朝鲜人画了一幅很大的"世界地图"。一百多年前的 20 世纪开头，这幅地图首先被日本学者注意到，后来成为一个大话题，因为地图上画的世界，让大家大吃一惊。

　　这幅地图的左边画着一个倒三角形的大陆，分明是非洲，而且非洲大陆最南端的方向指向南方，画得也非常正确。可是要知道，1497 年葡萄牙航海家达·伽马（Vasco da Gama，约 1460—1524）绕过好望角（Cape of Good Hope），驶入印度洋，欧洲人才第一次知道非洲大陆南端是什么样子。而在中国、朝鲜的东亚人，最晚在 1402 年就知道非洲是什么样子，那时候大航海时代还没有开始，就连郑和也还没有下西洋。

　　还有更奇怪的，其实不但有非洲，这幅地图上还有欧洲，地图上标注的地名"法里昔"就是巴黎；还有一个地方叫"麻鲁"，这很可能就是把"鲁麻"给写反了，鲁麻自然就是罗马；还有一片区域很像地中海，可惜画图者大概忘记这是一片海，没有把它染成表示大海的蓝色。但阿拉伯半岛在这幅图上画得很明显，有一个城市叫"者鲁"，学者们认为应该就是耶路撒冷。这幅地图叫作《混一疆理历代国都之图》，目前收藏在日本龙谷大学，这幅图高 1.51 米，宽 1.63 米，尺寸相当大。图上占最大面积的是中国，画得非常详细。第二详细的是朝鲜半岛，而且画得很大，比朝鲜半岛的真实比例大两倍还多。也有日本，但是却非常小，位置方向也不太对，显得特别不重要。

从《混一疆理历代国都之图》上朝鲜理学家权近（1352—1409）的跋文知道，地图的绘制者是朝鲜的两位官员，所以这幅图把朝鲜画得特别大也就不奇怪。权近的跋文说明地图的来源，原来这幅图是参考两幅来自中国的地图制作的：一幅是苏州人李泽民画的《声教广被图》，一幅是在南京出家的僧人清濬画的《混一疆理图》。这两人都生活在元代，也就是 1271—1368 年之间。到了 1402 年，也就是明朝第二个皇帝建文年间，朝鲜人把这两幅图的内容合成一幅新的地图，《混一疆理历代国都之图》就是在这些地图上增加朝鲜的内容而形成的。

问题还没结束，如果我们继续追问，就会好奇这两个中国人是怎么知道这些的？

很有可能，这些地图上的知识，是从元代开始，中国人就已经知道。元朝容纳大量的各色人等，特别是以商业贸易和航海著称的阿拉伯人、波斯人和中亚人，当时叫作回回和色目人。比如说，有一位波斯人，一位叫札马鲁丁的天文地理学家，就在元世祖忽必烈在位的时候在北京，还出任当时的秘书监，是主管天文和地理的。他不仅给皇帝造过地球仪，而且曾经向皇帝提议，四处收集中国的、回回的地图，绘制一个总的世界地图。有学者猜测，很可能就是他根据收集来的回回地图，再参照实地测量的中国地理，绘制天下地理的总图。尽管这些回回地图现在已经看不到，但是《混一疆理历代国都之图》里的世界知识很可能就跟它有关。

有意思吧？《混一疆理历代国都之图》看上去只是一幅地图而已，但它背后有阿拉伯人的地理知识，有中国人的实地测量，有朝鲜人的加工。最后，也许是由于壬辰之役，又辗转保存在日本，连绘制一幅地图都要结合这么多人的智慧和努力。

但是同时我们也得说，尽管像这样的地图保存那么多宝贵的地理知识，但是一般人是很难验证的，地图上画的欧洲、非洲也停留在纸面上，成不了社会的一般知识。所以，近代西方殖民者打过来，中国人、日本人还是搞不大清楚，这些外国人到底从哪儿来的，还是不知道巴黎、罗马、好望角。人类认识世界的过程，就这样在真真假假、半信半疑中缓慢地前进，真的非常不容易。

2. 地图、自我中心与超越自我中心

在前面几讲里，我们反复提到，人类是如何互相联系、如何发生交流的，好像他们一直就生活在一个全球化的时代。其实，当然不是这样的。我们说的交流和联系，那是站在一个大尺度的地理空间和长时间的历史脉络里讲的，往往是历史学家的观察，而不是当时人的感受。

在古代，人们靠自己的感官和简单的工具，能观察到的世界是非常有限的。实际上人的一生的活动范围也就那么大，好像也不太需要更广阔的地理知识。比如说，现在发现的人类最早的世界地图，制作于约两千八百年前，画在一块泥板上。它画的是哪儿呢？基本上就是两河流域，以幼发拉底河和巴比伦城为中心，但是因为它完整地展示巴比伦人的宇宙观，所以我们可以说，它表现的就是巴比伦人心目中的整个世界。这幅地图里的整个世界，差不多就比今天的伊拉克大一点点。又比如说，太平洋上马绍尔群岛的人，用椰子树叶的叶柄削成小木条，横七竖八钉在一起，

这些木条表示的是洋流的方向，再用贝壳或者小石头表示小岛，这样在航海的时候，就能根据洋流的方向来判断位置。洋流和小岛，这就是他们的整个世界。

再后来，人类的地理知识缓慢地增加，有点像电脑游戏的地图探索，本来是黑暗的地方，一点点变得光明。不过，在现代地理知识普及之前，影响人们对世界的认识和理解最多的其实不是地理学，而是宗教。

比如，早期基督教世界的地图，往往是以耶路撒冷为中心，那是他们的圣城；伊斯兰教的地图，大部分是上南下北，这样可以保证圣城麦加位于地图的中心；佛教认为世界由四大部洲组成，世界的中心是须弥山，人类居住在南赡部洲，而南赡部洲的中心是一座雪山和一个大湖，四条大河从湖里发源，所以佛教的地图也总会反映这种世界观，在地图中心画一个大湖。其实，这个大湖可能有点真实的影子，其原型可能是帕米尔高原上的某个湖泊，也可能就是西藏的神山冈仁波齐和圣湖玛旁雍错。不过，这种真实的地理进入到宗教后，就变成信仰世界的几何中心，特别具有象征性。

跟宗教差不多，另外一种观念也影响着人类的认知，那就是根深蒂固的"自我中心"的想法。秦汉之前的文献里，说到"九州"和"五服"。所谓"五服"，也就是王城之外有五百里甸服、五百里侯服、五百里绥服（一曰宾服）、五百里要服、五百里荒服，两边各两千五百里的"回"字形，一共是东西南北五千里的天下，越往外就越没文明，也就是蛮夷。有人说，中国这个名字，就反映古代中国人自认为天下之中的偏见，这种说法对不对，我们先不讨论。不过，自认为自己处在世界中心，其实是全人类共同的自然倾向，因为任何人都是从自己眼中看出去的。只有对大地山河了解得多了，对世界上其他人的偏见减少了，人类才开始变得包容。

这一点特别重要。人类了解世界的过程，其实也是逐渐跳出自我中心的过程。只不过这个过程好像特别曲折，就算现在对世界了解已经很多，但跳出自我中心的路还有很长要走。

3. 张骞出使西域：中国人开始认识世界

让我们先把地图放下，讲讲中国人怎样认识世界，我们就要讲到汉代的张骞（约前164—前114）。

更早的时候，古代中国人，别说欧洲、非洲，就连自己待的亚洲，也不是很清楚。这是因为，中国在欧亚大陆的最东端，再往东就是大海，这点比较容易弄清楚；往北是草原、沙漠，似乎不太适合我们这些信仰农耕文明的人居住，古人兴趣也不大；要是想探索世界，主要就是往西、往南。

在中国早期的文献里，有很多这种探索世界的资料。比如战国时期的《穆天子传》，说周穆王西征的故事，讲他怎么驾着八匹骏马，走了三万五千里，又怎么到了昆仑，怎么到了西王母之邦，与西王母进行带着浪漫色彩的会见。这里面也许有真实世界的影子，但主要还是想象。又比如可能也是战国时期的《山海经》，它构造一个宏大的地理世界，有人说它记载的主要还是华夏地区，也有人认为它涉及的地区要广大得多。不过，《山海经》恐怕还是出自一种神话地理学的想象，跟真实世界还是有距离。

中国人对中国之外的世界能有确实的实地考察并且形成文字、

有据可查的，还是要等到张骞通西域。汉武帝派张骞出使，未必是要了解西方世界，搜集情报，恐怕主要还是搞军事外交，联合其他国家制约匈奴。制约匈奴的目标虽然没实现，但是有关西部世界的情报的确收集不少。司马迁的《史记·大宛列传》记载西域情况，主要就是根据张骞的报告写成的。

张骞把当时汉朝西边的那些国家分成两类。一类是"行国"，意思是迁徙不定的国家。比如大月氏就是一个行国，就"随畜移徙，与匈奴同俗"，跟着牲畜迁徙，与匈奴的风俗一样，都是游牧民族；还有乌孙、康居、奄蔡等，也都是行国。另一类叫"土著"，意思是附着在土地上的农业国家。比如大宛，《史记》就说它是"土著"，种稻子、小麦和葡萄，有葡萄酒。大宛位于今天乌兹别克斯坦的费尔干纳盆地（Fergana Valley），到现在都是重要的葡萄和葡萄酒产区，张骞给中国带回的葡萄，应该也是这里出产的，还有我们熟悉的、著名的汗血宝马也产自这里。

大月氏往西，还有一个很大的土著国，叫安息，大体上相当于今天的伊朗，公元前3世纪建立古代波斯的阿萨息斯王朝（帕提亚帝国）。安息很强，占地数千里，大小数百城，商业还很发达，本国的商人乘车坐船，到几千里外的国家去做生意。用白银铸成钱，银币上面是国王的头像，老国王死了，新国王登基，这些银币就要换一个样子，你想想这得多阔。

安息再往西，有一个国家叫条枝，就是以叙利亚为中心的塞琉古帝国。张骞听安息人说，条枝有"西王母"，不过他也没见过。后来人们推测，这也许就是西亚或欧洲、北非的某位女王，传来传去就变成中国人熟悉的西王母。

张骞还到过大夏，这个国家位于今天阿富汗、塔吉克斯坦和乌兹别克斯坦三国交界的地方。有个很有名的故事，说张骞在大夏见到四川出产的邛竹杖和布匹，一问这是大夏人从身毒买来的。身毒也就是现在的印度。那张骞就推测，从四川到印度肯定有一条汉朝官方还不知道的秘密通道。

张骞报告给汉武帝，汉武帝也非常高兴，就又派张骞到四川去，四路使者同时出发，希望能到达印度。可惜，汉朝的使节一路上多方受阻，始终也没有打通到印度的西南通道，也没有找到那条密道，不过张骞却对今天云南、贵州等地的情况有了初步了解。

张骞的出使和司马迁的记录，让地处中原的西汉时期的中国社会第一次了解大量域外的真实情况，很多知识是很新鲜的。比如，关于大月氏，有人说他们的"人民赤白色"，赤就是红，赤白色就是白里透红，他们应该就是白色人种。从大宛到安息，也就是从中亚到伊朗，张骞说，他们虽然语言也有差别，但大致上还都能互相沟通。人都是深眼窝，大胡子，善于做买卖，"争分铢"，每一分钱都算得很清楚。而且女性地位很高，"女子所言而丈夫乃决正"，女人说的话男性一律赞成，坚决执行。

这就是早期中国人对外界的了解。

不过，我们不要忘了，中国其实是有一个相对封闭的地理环境，跟中亚隔着沙漠和帕米尔高原，中西之间的交流其实是很困难的。相反，欧洲、北非、西亚、印度，这一大片区域之间，相对来说并没有特别难以跨越的地理障碍，它们之间的交往一直都比较频繁，人种的迁移在历史上也非常常见。像公元前4世纪，相当于中国战国时期的亚历山大大帝，他能创造前所未有的大帝国，其实是有很多地理因素。亚历山大帝国所覆盖的地区东到印度河流域、西到巴尔干半岛，主要也是这样一个区域。

当时，亚历山大东征一直打到印度，建立几十座城市，都叫亚历山大，张骞记载大夏的首都叫"蓝市城"，其实就是亚历山大的最早音译。生活在这个区域中的人，曾经有很多国家、很多种文化，他们之间的互相理解就要丰富得多。不过相比之下，他们对中国和东方的了解就要少得多。至于他们对中国有哪些奇妙的想象，我们下次再讲。

第二节　蚂蚁金与羊毛树：欧洲人的东方之书

1. 希罗多德笔下的波斯

前面我们讲到《史记》里记载的安息，就是古代的波斯、如今的伊朗。其实，在张骞出使西域的三百年前，也就是公元前 5 世纪的希腊历史学家希罗多德（Herodotus，约前 484—约前 425）所写的《历史》里，就记载当时的波斯，而且非常详细。现在我们就重点来讲讲，像希罗多德这样的西方人，是怎么认识东方的故事。我们从几个传说故事讲起。

我们先讲讲只有喝醉了才能谈正事的波斯人。希罗多德发现，波斯人总是在喝醉酒的时候才来讨论最重要的问题，等到大家酒醒了，饭局的主人就把醉酒时候做的决议给大家再确认一下，同意的话就照此办理，不同意就放在一边，可能是下回喝酒的时候再议吧。假如时间紧急，来不及喝酒怎么办呢？反正事情先做，等到有时间了再喝醉重新考虑。

希罗多德《历史》记载的主要是希腊和波斯之间长达五十年

的战争，以及希腊、波斯和中东、近东等地的历史、风土、人情。跟张骞一样，他关心的首先是政治军事情况，然后才是社会风俗，特别是各种奇异的趣闻。希罗多德的时代比孔子稍晚一点，跟墨子差不多同时。他和他的中国同行司马迁一样，都是旅行家。他出生在今天的土耳其境内，去过埃及、美索不达米亚平原、克里米亚，去过雅典、斯巴达，也去过今天的意大利本土和西西里岛，书里写的很多都是他的见闻。

希罗多德所描写的世界分成三个部分，一是亚细亚，一是欧罗巴，一是利比亚。利比亚就是撒哈拉沙漠以北的非洲。这三块大陆其实是连在一起的，只不过有个地中海把它们部分地分开。希罗多德说，我不知道一整块大陆，为什么会有三个名字，也不知道为什么这三个都是女性的名字。这三个部分，亚洲、欧洲、北非，或者欧亚非大陆，就是所谓的"旧世界"。

直到大航海时代之前，生活在欧亚非大陆上的人所理解的世界就是这么大。

2. 斯特拉博与印度

在希腊罗马时代，像希罗多德那样到处旅行并且留下著作的人不止一个，还有很多。比如还有一位有名的地理学家，叫斯特拉博（Strabo），他的时代比耶稣稍微早几十年，大约是公元前64至公元23年。他出生在黑海南岸，也就是今天的土耳其北部，成年以后到过罗马，往南去过埃及，直到埃塞俄比亚的边境。据他自己说，当时没有任何地理学家去过比他更多的地方。他写的《地理学》（Geographica）涉及的地区东到印度，西到直布罗陀海峡，北到黑海，南到埃塞俄比亚，也是旧世界的范围。

即便是这样，这些欧洲人所知道的亚洲还是很有限，最东端也就到印度。对于印度，他们有很多想象。希罗多德就记载说，印度有很多金子，哪儿来的呢？说印度北部有一种蚂蚁，这种蚂蚁很大，比狗小一点，但是比狐狸大。这些蚂蚁从地下挖出金沙，搬运到地面，到中午的时候它们要到地下休息，这时候人就偷偷地把金沙偷走。斯特拉博也记载过类似蚂蚁挖金子这样的传说。比如他记载过一个关于东方的龙的故事。他书里提到，印度的国王养了两条龙，一长一短，长的140肘（肘是希伯来人古时的长度单位，从胳臂肘的顶端到中指的尖端为一肘，约为现今的44.5厘米），短的80肘，诸如此类的故事，混在真实的历史事件里。可是，在当时人的心目中，对于世界其他地方的了解，其实就是这样恍恍惚惚，充满奇思妙想。

别看都有点虚构的意味，斯特拉博对印度的了解，比写《伯罗奔尼撒战争史》的古希腊历史学家修昔底德已经进步多了。斯特拉博的书里，记载印度的种姓制度，一般我们理解的印度种姓制度是四个等级，而斯特拉博引用别人的记载，说印度一共有七个等级。他还说，印度有一种树，树上开的花里面有羊毛，把花的种子去掉，剩下的羊毛就可以纺织。你猜到了吧？这说的是棉花，印度是棉花的原产地。棉花在热带地区可以长到五六米高，那的确就是树了。

奇怪的是，斯特拉博没去过印度，那他怎么会对印度了解这么多呢？其中一个很重要的原因，就是战争。公元前325年，中国正处在战国时期，亚历山大大帝入侵印度，斯特拉博的书里详细记载这次战争的经过，很多关于印度的内容都从这次东征军队将领们留下的记录里得来。毫无疑问，战争是很残酷的，但战争也有一个连带作用，就是打通很多通道，而且增加不同地区人民的互相了解和相互联系。

本来，中国和欧洲之间隔着辽阔的土地和各种文化的人群，但像亚历山大大帝建立的这种大帝国，事实上把中国和欧洲之间杂乱无章的分裂局面暂时统一起来，这给后来出现的丝绸之路也打好基础。

3. 丝绸、赛里斯与秦

那么，西方人怎么认识东方世界的？在西方人看来，印度在东边，到了印度好像就到了神秘莫测的地带。比如亚里士多德（Aristotle，前384—前322）就一直认为，印度以外就是沙漠和海洋。

不过，古希腊罗马的书里经常提到一个地方叫赛里斯（Seres），这个地方出产丝绸，这些丝绸是树上长的，像羊毛一样。赛里斯人把它们从树上梳理下来，再织成丝绸，这是另一种版本的羊毛树，这个版本比印度那个真实的版本更流行。这个赛里斯本来只是一个传说，但是大约在公元前后，据说公元前1世纪的《厄立特里亚海航行记》（*Periplus of the Erythraean Sea*）里最早说到这个"赛里斯织物"，可是这本书已经失传，幸亏后来罗马皇帝哈德良（Hadrien，117—138年在位）时代的阿里安（Arrien）引用了它。可见很早的时候，中国的丝绸就通过漫长的路途被贩运到欧洲，并在罗马宫廷里开始流行，于是西方人开始逐渐把赛里斯跟遥远东方的一个神秘国度对应起来。

我们把几种罗马典籍综合起来看，比如像老普林尼（Gaius Plinius Secundus，23—79）的《自然史》（*Naturalis Historia*）、梅拉（Pomponius Mela，？—45）的《地理志》（*De situ orbis*）等，这个赛里斯国的人有几个特点：一是人民都很长寿，可以活到二百岁甚至三百岁；二是体型高大，为人正直；三是这里的人跟人做生意的时候不怎么说话。有的记载说，赛里斯人会把货物放在没人的地方，然后自己走开，买主来看，满意的话就带走，好像有点社交恐惧症的样子。这样的描写，一方面当然是传说加想象，跟真实的中国好像没什么关系。可是另一方面，很多人却也言之凿凿，把赛里斯的地理位置说得又相当准确。斯特拉博就说，印度和赛里斯在亚洲的最东端，中间被一座大山分开，印度在南边，赛里斯在北边。

大概又过了一百多年，到了 2 世纪，出身埃及的天文学家和地理学家托勒密（Claudius Ptolemaeus，约 100—约 170）第一次系统论证地心说。他的《地理学指南》（*Geographike Hyphegesis*）中记载，亚洲的东端有两个国家，北边的叫赛里斯，南边的叫 Sinae，可能就是从秦朝的"秦"得来的发音。托勒密上知天文、下知地理，除了地心说，他还有一个伟大的贡献，就是他首次把数学特别是几何学应用到地理学研究中，并且提出用投影法绘制地图。古希腊人一直认为，地球是球形，因为地球是立体的球形，要画在平面的地图上，就必然会发生变形，要么方向不对，要么大小不对，怎么处理这种变形，产生不同的投影法。

利用投影法，托勒密画了一幅世界地图，用平面展示整个地球。对这幅世界地图现在还有争议，大家在讨论地图究竟是托勒密本人所画，还是 13 世纪的时候有人根据他的书重新画出来的。但不管怎么样，这幅地图非常有名。这幅地图画的地中海周边和阿拉伯半岛都相当准确，遗憾的是，地图画到印度就开始走样了。比如，在印度南边画了一个非常大的岛屿，标作"塔波巴纳岛"。这座岛究竟是放大的斯里兰卡，还是东南亚某座岛屿呢？我们谁也不知道。塔波巴纳岛往东经过一片大海，是个半岛，也许就是马来半岛吧。半岛再往东，在大地的最东端，是一个巨大的海湾，海湾以北的陆地应该就是赛里斯。

这幅地图在最东端画了中国，最西端画了地中海，既然地球又是个圆的，那么中国离地中海看起来也不是很远，只要从欧洲出发往西航行，不久应该就能到达中国和印度。哥伦布就是这么想的，所以他才把发现的美洲看成印度。如果对比中西之间在地理想象上的差异，我们发现一个有趣的现象。好像古代欧洲人总喜欢把东方写得特别好，蚂蚁搬出黄金，树上长出羊毛，还特别长寿，好得不得了。可是，古代的中国人，却总喜欢把遥远的外国写得特别蛮荒，六合之外，存而不论，简直不值一提。

总之，在古典时代，世界上人们的互相了解还是很少的。不过这种情况慢慢地在发生改变，这种改变还是跟一个大帝国有关，那就是蒙古人建立的空前庞大的蒙古帝国。

第三节　往来不绝：在不同世界穿梭的旅行家们

前面我们讲了早期东西方之间的传说，这种模模糊糊的了解，眼见为实的少，道听途说的多。慢慢地到后来，眼见为实的越来越多，人类之间的相互理解也就越来越深入。下面，我们要讲的就是历史上几位最有名的旅行家的故事，来看一看他们为什么离开家乡，跋涉千里，去到一个遥远陌生的地方，以及他们的旅行给世界带来什么样的影响。

1. 马可·波罗和他的中国之行

13世纪时，欧洲还在经历漫长的中世纪，经历多次十字军东征，基督教和伊斯兰教打得不可开交，而中国则是金取代辽，和南宋南北对峙的时代，忽然在这个时代全球发生巨大震荡。最大的事件，就是蒙古的崛起，骁勇善战的蒙古骑兵在短短几十年内，就建立起东到朝鲜半岛、西到多瑙河的庞大帝国，整个欧亚大陆都笼罩在它的阴影之下。在梵蒂冈的教宗非常紧张，派使者给蒙古大汗写信，双方的使者往来好几次。

到1265年的时候，忽必烈派遣的使者从西方回来，正走到布哈拉，这个古城现在还在，在乌兹别克斯坦。他们在布哈拉碰到两位威尼斯商人，是兄弟俩，忽必烈的使者跟他们说，蒙古大汗从来没见过欧洲人，假如两位能跟他们回到大都，肯定受欢迎。这两位商人本来想回威尼斯，但是一路上兵荒马乱，回家的计划一时也难以实现，他们干脆就来了中国。一年后，这两位商人抵达大都，果然见到了忽必烈。不过，他们还是想回家，于是忽必烈就给教宗写了一封信，请他们带回去，就这样他们又回到欧洲。不料，回去之后发现老教宗已经去世，新教宗迟迟不能产生，他们就在五年后，1271年启程再回到中国来。这一回他们带上自己家里的一位年轻人，就是大名鼎鼎的马可·波罗（Marco Polo，约1254—1324）。

　　后面的事情我们大概都知道了。马可·波罗一家在中国待了十七年，后来奉命送蒙古公主到蒙古"四大汗国"之一的伊利汗国去成亲，这才离开中国，顺道就回了国。回来之后，他参加一场海战，战事不利成为战俘，在监狱里他向难友们讲述自己的东方见闻，这就是有名的《马可·波罗行纪》(*The Travels of Marco Polo*)。据说他讲这些故事的时候，总爱用很大的数量词，百万这个、百万那个，所以大家都管他叫"百万君马可"。

　　百万君马可的这本书，后来在欧洲非常流行。他讲的中国事情，很多在欧洲人看起来匪夷所思。比如他说，中国人用树皮大量制造一种东西叫作纸，可以写字。要知道，虽然8世纪的怛罗斯之战时，造纸方法就因为唐朝战俘传到中亚，但马可的时代，造纸术才刚刚由阿拉伯人传入西班牙，还没进入基督教的势力范围，马可·波罗的狱友都不知道他说的是什么。更神奇的是，蒙古大汗拿纸当钱，政府的支出都用这种纸付钱，如果拒不接受，那就是死罪，所以大汗什么都不用付出，只要造纸印钱，就可以拥有天下所有的财富。这简直就是一种点金术。这是欧洲人第一次听说纸币这种东西。不久，意大利的商人开始使用汇票，又过了快四百年，一直到了17世纪中期，现代纸币才终于在伦敦诞生。

　　纸币是中国人的发明，但是有关纸币和纸币制度的知识，却最终改变全世界，这是全球史的一部分。在国家与国家之间、文化与文化之间带来知识的交换和流动的，是各式各样的旅行家，这里面有商人、战士、宗教家，也有学者。而在欧洲经历漫长的中世纪时，以善于经商闻名的阿拉伯人，才是这个舞台上当之无愧的主角。

2. 拉班·扫马的《西行记》

说完马可·波罗的故事，我们再来看看另一位旅行者。

马可·波罗从西向东到达北京，几乎同时，有一位旅行者和他旅行的方向刚好相反，从北京出发往西边。这位旅行者的名字叫拉班·扫马（Rabban Sauma，约1220—1294），西文文献说他是维吾尔人，但中文文献说他是汪古部人（Ongud）。汪古部是一个操突厥语或蒙古语的民族，先祖来自沙陀突厥，他们生活在山西北部，总归属于中国西北一带。他出生在北京的一个景教家庭，就是基督教的一支，所以成年后很自然地成了景教修士。

1276年，马可·波罗刚在前一年来到北京，拉班·扫马因为自己的信仰，就决定出发去耶路撒冷朝圣。走到半路，他听说耶路撒冷已经被埃及的伊斯兰教政权占领，他们进不去了，就只好中途去了伊拉克的摩苏尔（Mosul），再到巴格达（当时中文写作"报达"）。后来，他受伊利汗国大汗的指派，出使君士坦丁堡，希望能实现蒙古人与基督教的联合，对抗穆斯林。他在君士坦丁堡见了东罗马帝国的皇帝，又到罗马，接着还去了巴黎，一路上见到法国国王、英格兰国王和新任的教宗。1294年拉班·扫马在巴格达逝世，刚好第二年，马可·波罗一家回到欧洲。

拉班·扫马留下的游记，是用波斯文写的。跟马可·波罗一样，游记不是他本人写的，也是他周围熟悉他的人替他记录的。可惜原稿找不到了，不过，有个叙利亚文的译本，翻译了其中一部分内容，后来也翻成中文，现在还能找到这本书，叫《拉班·扫马和马克西行记》（*The Monks of Kublai Khan, Emperor of China: Or, the History of the Life and Travels of Rabban Sawma*）。

中国人爱说，"来而不往非礼也"，马可·波罗和拉班·扫马一来一往，世界的距离就这样被拉近。后世像他们这样的旅行者，我们还能举出两位。一位是在蒸汽时代来临之前，也许是探索世界走得最远的一位，另一位是一位中国的探险家，几乎也是同时出发，两个人先后不约而同地穿越半个地球。

3. 伊本·白图泰的《游记》

14 世纪，比马可·波罗稍晚一些，出生在北非摩洛哥的穆斯林伊本·白图泰（Ibn Baṭṭūṭah，1304—约 1377）也踏上自己的旅程，当时他才二十岁上下。他本来只是出来朝圣，就是到麦加去的，不料却一发不可收拾，从 1325 到 1354 年，不到三十年，他遨游世界三次。

第一次他用了七年，从摩洛哥穿越整个北非，往东经过埃及到麦加，又从麦加出发去北边的伊拉克和土耳其；然后又回到麦加第二次朝觐，住了两年又去了东非，回来的时候经过波斯湾，从阿曼、巴林回到麦加第三次朝觐。

但过了不久，他又离开麦加，这次是去印度，经过伊朗、阿富汗到了印度德里，还在德里苏丹的手下任职。正好这个时候，苏丹要派人去中国，他就跟着使团，走海路经过马尔代夫、斯里兰卡、马六甲海峡，到了中国的刺桐城，也就是泉州。因为城里种的到处都是刺桐树，所以阿拉伯人管它叫刺桐城。伊本·白图泰说，刺桐城是全世界最大的港口，似乎世界上所有的商品都集中到这里。他说对于商人来说，中国是最美好最安全的地方，一个携带大批财物的人，就算单身一个人，走上九个月也不用担心安全，因为每一站都有旅店，还有官兵把守，登记制度也非常严格。他还去过广州、杭州，可能还沿着京杭大运河去了大都。

伊本·白图泰到中国的时候已经是元代末年。他的《伊本·白图泰游记》（*A Gift to Those Who Contemplate the Wonders of Cities and the Marvels of Travelling*）里面有很多有意思的地方，比如他在杭州，蒙古长官招待他看一种魔术，是这么说的：魔术师拿出一个木球，球上有个洞眼，系着一根绳子。他把木球向空中一抛，球便扶摇直上，直到消失。见他手里的绳子剩得不多了，魔术师就让他的小徒弟顺着绳子爬上去，越爬越高，也看不见了。他喊了三声，都没答应。魔术师很生气，抄起一把刀子也顺着绳子爬上去，一会儿也看不见了。又过一会儿，只见上面丢下来一只手，就是那徒弟的，不久又是一只手、两只脚、徒弟的身体，最后是一颗脑袋。魔术师满身血污地爬下来，在看魔术的长官面前磕头，长官大大有赏。然后魔术师把那孩子的肢体捡到一起，拼好，用脚一踢，孩子腾的一声，完好无损了。据说，白图泰大惊失色，心跳不止，真是见证奇迹的时刻。这是不是他编的呢？《聊斋志异》里面有一篇《偷桃》，写的魔术跟这个几乎一模一样，其实从唐朝开始中国就有这种魔术，叫作神仙索。这种魔术很可能是从印度传来，又经过中国人的改进。

一个蒙古人，请一个北非摩洛哥人，在中国的江南，看源自印度的魔术，这个世界总是充满魔力和惊奇。

4. 汪大渊与古代中国的远行者们

伊本·白图泰走遍当时全部的穆斯林聚居地，而且还来过中国，他可能是蒸汽机发明之前旅行过地方最多、行程最长的人，后人统计，他走过的路程长达七万五千英里，经过现在四十四个国家的国土。白图泰不知道的是，就在他到达泉州又在中国游历的时候，泉州城有位中国的海商名叫汪大渊（出生于 1311 年），刚刚周游世界回来不久，正在写一本叫《岛夷志略》的书。

汪大渊比白图泰只大六七岁，白图泰还在穆斯林聚居地兜圈子的时候，汪大渊正从泉州出发，两次航行到南洋，然后到了印度洋上的斯里兰卡西边。有人说他可能到过埃及，也可能到过摩洛哥的丹吉尔，这个城市位于直布罗陀海峡的非洲一边，正是白图泰的出生地。这两个人几乎同时穿越半个地球，到达对方的家乡，可是遗憾的是他们从来没有见过面。

在中国这边，像汪大渊这样的旅行家，其实历史上有好多。像唐代的杜环（《通典》作者杜佑的族侄），在跟阿拉伯帝国的战争中被俘虏，成了阿拉伯军队里的一员。他经过撒马尔罕，去过伊拉克，去过北非的马格里布，路上还经过耶路撒冷。杜环还说，当时在阿拉伯帝国工作的，有当画匠的京兆人樊淑、刘泚，还有搞纺织的河东人乐还、吕礼。很可惜，他写的我国最早的一部中东游记《经行记》，后来只剩下一千多字。同样在唐朝，比杜环早一百年的三藏法师玄奘（602—664）从陆路去印度，后来他的弟子辩机（约 619—约 649）根据他的口授，写了《大唐西域记》；再早两三百年的僧人法显（334—约 420），也是从陆路去的印度，可回来的时候走的是海路，他著的《佛国记》流传下来。不说那么早的吧，就比马可·波罗和拉班·扫马早一点，全真七子之一的丘处机（1148—1227），就从山东出发往中亚去拜见过成吉思汗，他的弟子李志常（1193—1256）写了《长春真人西游记》；那么比汪大渊晚一点，也有明代的陈诚（1365—1458），在 15 世纪的永乐年间，出使帖木儿帝国，它的首都在今天的阿富汗，回来写了《西域行程记》。所以，从马可·波罗、拉班·扫马、伊本·白图泰，到我们中国的法显、玄奘、杜环、丘处机，早在大航海时代来临之前，各地的旅行家们，已经在不停地探索这个世界。

除了我们这里提到的，肯定还有更多的旅人存在，有的是做生意的商人，有的是朝圣的信徒，有的是为国效力的战士，或者还有充满好奇心的学者，他们在世界各地之间往来不绝，好像慢慢地把世界织成一张网。多亏了这些写书的人，还有画地图的人，他们给那些没机会旅行的人也带来来自异域的新鲜故事。

世界在他们的口中、笔下，变得越来越小。

第四节　郑和下西洋与《郑和航海图》

1. 郑和七次下西洋

前面说过，世界在很多旅行家的口中、笔下，渐渐变小。到了 15 世纪，世界发生几次大规模的航海活动，这些活动终于把这个渐渐变小的世界紧密地联系在一起。现在，我们先说说中国，从大家都知道的郑和下西洋说起。

郑和（1371—1433）家族的历史其实是非常传奇的。郑和原本姓马，这个马也不是汉姓，他们祖上其实是色目人，可能是从西边来的穆斯林。从云南昆阳发现的郑和父亲的墓志铭知道，他的父亲叫马哈只，"哈只"（Hajji）这个称号，根据穆斯林规矩，是只有到麦加朝过圣的穆斯林才能有的。郑和号称三宝太监，有人说这个三宝是个阿拉伯名字。北京有个三不老胡同，在什刹海附近，这个三不老就是以前的三宝，因为郑和住在这里，所以叫三不老胡同，明代的时候，这条胡同也叫三宝老爹胡同。

郑和不是汉人，他祖上可能是在元代的时候随着蒙古大军南下，后来定居在云南昆阳。洪武年间，明朝大将蓝玉进攻云南，把马和掠走，带到南京，成了太监。随后又分到燕王朱棣的府中，去了北京。后来燕王起兵，争夺皇位，发动靖难之役，马和在郑州（这个郑州在河北，不是现在河南郑州）立了战功，朱棣就给他赐姓郑，马和变成郑和。

从永乐三年（1405）到宣德八年（1433），奉了皇帝的命令，郑和一共下过西洋七次，最后在印度西海岸的古里去世，前后一共二十九年。永乐皇帝为什么要派人下西洋，历史学家有很多争论，我们就不多说了。我们只说，跟着郑和下西洋的三个助手，一个叫马欢，一个叫费信，一个叫巩珍，他们分别留下三本书，是近代以前中国人关于印度洋、西亚和东非地区最详细的文献。更珍贵的是一幅航海图，名字有点长，叫作《自宝船厂开船从龙江关出水直抵外国诸番图》，这个名字里的宝船厂、龙江关都在南京，是船队的起点，所谓"外国诸番"，就是郑和一路下西洋遇到的林林总总诸国。这幅图的原件虽然已经不见，但在明末茅元仪编的兵书《武备志》里，保存了摹本，我们后来就把它叫作《郑和航海图》。

2.《郑和航海图》：差一点丢失的珍贵记录

现存的《郑和航海图》是被分拆成页，印在线装书里的，一共有二十页航海地图和四幅过洋牵星图，航海地图如果连起来，大概有五六米长，过洋牵星图指的是用星辰指示航向的航海图。这些地图总共画了一百零九条针路航线，标记了很多现在我们熟悉的地方。比如，有个地方叫作淡马锡，就是今天的新加坡，新加坡海峡叫作龙牙门。再比如，马哈音是印度的孟买（Mumbai），阿丹是也门的首都亚丁（Aden），忽鲁谟斯是伊朗的霍尔木兹（Hormoz），慢八撒是非洲肯尼亚的港口蒙巴萨（Mombasa），等等。马六甲叫作满剌加。如果你现在去马六甲城，还能看见三宝井，城东有三宝山，据说都是郑和船队当年留下的遗迹。

按道理说，郑和下西洋带回来海量的物资和信息，当时的中国，起码是中国的朝廷，对外界应该有很详细的了解，可为什么后来的中国反而越来越封闭呢？郑和带回来海外世界的东西很多，按理说应当给明代中国人增加很多知识。我们举一个例子，明代有一幅图《瑞应麒麟图》，画的是郑和下西洋路过孟加拉，孟加拉那时候叫作"榜葛剌"，榜葛剌人向明朝进贡麒麟，这麒麟长什么样呢？我们现在一看就明白了，原来画的就是长颈鹿。有意思的是，日语至今管长颈鹿就叫麒麟。可中国人清楚地知道"麒麟"和"长颈鹿"是一码事，是一种远方活生生的动物，还要到几百年后的晚清。

郑和非常了不起，他可能是当时全世界范围里对印度洋和南中国海沿岸最熟悉的人。可是，传统儒家士大夫固守华夷观念，往往不能理解海洋的重要性。对他们来说，郑和等人这种对外的交往，好像超出理想的社会秩序，不应该支持。我们猜想，郑和下西洋留下的档案、文献，甚至是实物，一定不少，当时保存在兵部的职方司。据说在成化年间（1465—1487）也就是郑和下西洋六十多年以后，有一次皇帝忽然想起来，就向兵部下了一道圣旨，要了解郑和下西洋的情况。当时在职方司负责的是刘大夏（1437—1516），非常相信儒家严分华夷、近悦远来的那一套理论，反对这种大规模的航海活动，认为是劳民伤财之举。他就回报说，这些东西都没了。他还说，别说真的没了，就算还有，也应该都毁掉。

今天听起来，我们觉得好可惜，这些宝贝去哪儿了，最后成了历史悬案。究竟是真的没了，还是被刘大夏毁了，谁也说不清楚，我们今天对郑和下西洋的了解，只能靠上面说的那三本书和这一幅图，还有一些零散的碑刻之类的资料。另外，还有一本明朝人写的小说《三宝太监西洋记通俗演义》，这是跟《封神榜》《西游记》一个风格的神怪小说，但是最重要的档案之类的史料全没了。档案销毁了，中国关于世界的这些知识就消失了，这比金银珠宝消失了更让人遗憾。明朝之后，清朝在文化上的闭关锁国更为严重，关于外国的书籍大部分成了禁书，像收录《郑和航海图》的那部兵书《武备志》就是清代的禁书。这本书反而在日本流传很广，后来还是一个英国学者发现了，大家这才重视起来。已故的向达（1900—1966）先生，对其中的《郑和航海图》进行细致的整理和说明，我们今天才能从这里清楚地看到郑和下西洋沿途经过的路线。

但是，关于郑和船队，至今还有很多问题搞不清楚，比如郑和的宝船，肯定很大，但大到什么程度？有文献记载说，最大的长四十四丈四尺，合一百五十米还多，宽十八丈，即六十多米，如果对比麦哲伦环球航行时的旗舰"维多利亚号"（Victoria），"维多利亚号"长约二十六米，宽六米多一点，两者的大小，简直不能比。

可是，这么大的木制船能不能造得出来，造出来能不能安全航行呢？这些涉及郑和下西洋的知识和技术问题，一直争论得很厉害。

3. 民间航海家们：移民、商人和海盗

郑和的航海之旅，到底给中国和世界带来什么影响呢？

在以前的学术研究中，相比欧洲人的大航海，郑和下西洋的地位不是很重要，因为他下西洋的目的，是向海外蛮夷宣扬天朝威严，而不是促进全球往来和商品贸易。不过，从另外一方面看，如果超越以欧洲为中心的世界史框架，在新的全球史视野中，我们能发现郑和下西洋的意义也非同一般。

前面我们说过，郑和的祖上来自中国之外，有的学者认为他是波斯人，甚至有的文献记载他是伊斯兰教先知穆罕默德的后代。而他的团队里，人员组成也很多样：担任翻译的马欢是穆斯林，很可能也是中亚人的后裔；还有一位是元代最有名的海商蒲寿庚（约1205—约1290）的后代，蒲家也是阿拉伯世界来的；据说，西安大清真寺的哈三也参与下西洋，哈三其实就是哈桑，又是阿拉伯名字。可以说，郑和船队就是一个多族群合作的团队。你可能会好奇，为什么这么多阿拉伯人？其实，郑和团队主要就是利用阿拉伯人的地理知识和航海技术。

在宗教信仰方面，郑和虽然出自一个穆斯林家庭，但他本人的宗教信仰还是比较多元的。郑和下西洋，曾经经过阿拉伯半岛，他本人有没有去过麦加朝圣还不清楚，但至少他派出过代表去朝圣。他也是佛教弟子，他拜的老师就是永乐皇帝朱棣的大功臣，编撰《永乐大典》的姚广孝（1335—1418），法名道衍和尚。郑和

也有法名，叫"福吉祥"，印过大藏经，向寺庙施舍过非常多的财物。他因为经常航行，非常尊崇航海神妈祖，在南京和泉州都修了天妃宫，妈祖算是道教或者民间信仰的神灵，这么看来他对道教也很尊重。对这些宗教，他本人是不是都信，今天已经搞不清楚。但至少说明一个问题，那就是他率领这么大的一支船队，船队各种人的信仰肯定是非常多元的，可见郑和对不同信仰是很包容尊重的。

　　同时，郑和下西洋也部分改变了东南亚和南亚。下西洋的壮举，在永乐皇帝之后，朝廷为了休养生息，没能一直延续下去，但实际上这只是官方主导的航海活动暂时停歇，可是民间航海，反而更加繁荣。尽管明朝前期一两百年禁止民间船只私自下海贸易，可是在生计的压力下，在利益的驱动下，东海南海各国，经由琉球、马六甲等地的海上交易还是非常频繁。而明代中国在郑和的影响下，无数的海上商人一波波地赴东海下西洋，在环东海南海的吕宋、马六甲、苏门答腊、加里曼丹、爪哇，遍布华人的足迹。大批沿海地区的中国人也陆续迁到海外，形成海外华人群体，这是有史以来最大规模的海外移民。当然，这些海外华人不一定都跟郑和下西洋有关系，但是郑和好像成了他们的一个象征，历史、宗教、商贸、家族，似乎什么都可能跟郑和扯上关系。至今印尼、马来西亚、泰国、柬埔寨等地，还有很多祭祀郑和的庙，这无形中成了华人在海外努力谋生的一种支撑，一种精神力量。

　　这些普通民众，他们是怎么跨越海洋，走遍世界的呢？接下来，我们就谈谈这些普通民众的航海旅行故事，他们才是全球史的真正主体。

第五节 从海洋走向全球：地理大发现的时代

1. 从《塞尔登先生的中国地图》说起

要想说清楚普通民众是怎么跨越海洋，到更遥远的地方谋生与开拓的，让我们从中国出发，先从广州的一棵树开始说起。

据说，广州的南海神庙是隋代开始建的，供奉南海神祝融，又叫波罗庙，因为庙前有棵波罗树。这个波罗树不是凤梨那种菠萝，而是菠萝蜜树，是另一种热带水果。这棵树可不是本地长出来的，它的年头不小。传说，它是唐代一个天竺人也就是今天的印度人种的。这个印度人叫达奚司空，他到广州来，结果玩得很开心，没赶上回国的船，他站在珠江边上天天盼望。于是，广州人就给他在南海神庙里塑了个像，这座人像肤色很黑，穿着中国的衣冠，做手搭凉棚往外看的姿势。

据文献记载，唐代在广州做生意的外国人很多。他们集中住在广州城内的蕃坊，就像海外华人聚居在中国城一样，蕃坊就是广州的阿拉伯城、波斯城。当时广州的阿拉伯人和波斯人，据说最多达到十几万人。这位爱玩儿的达奚司空，就是来中国做生意的外国人中的一员。像他这样的水手、商人，历史上一定有很多很多。10 世纪的阿拉伯历史学家马苏第（al-Masudi，约 896—956）的《黄金草原》（*Murūjaḏ-Ḏahabwa-Maʿādinal-Jawhar*）里，就曾经记载晚唐黄巢军队血洗广州，杀了十万以上波斯、大食商人，这数字可能有一些夸张，不过说明唐代广州蕃商之多，可能超出我们后人的想象。

2007 年，英国牛津大学图书馆发现一幅古地图。据记载，这幅地图是英国著名的东方学者约翰·塞尔登（John Selden，1584—1654）在1654年也就是清朝刚刚入关不久去世后，家人根据遗嘱捐献给牛津大学的，所以也叫作《塞尔登先生的中国地图》。自从进入牛津大学以后，它就一直被尘封在故纸堆里。这幅图很大，长有1.6米，宽将近1米。这幅中国地图，当然画的主要部分是中国，上面写的地名也是用汉语，那么这跟普通的中国地图有什么区别呢？

这幅地图最特别的地方是整体空间的布局不同。位于地图中央的，不是明朝那片陆地，而是整个辽阔的东海和南海，中国大陆在上面，中南半岛在左边，菲律宾在右边，南洋诸岛在下边，这是一幅以南海为中心的地图。海洋把中国、日本、菲律宾，甚至印度连在一起，这种不以中国为中心的地图，和传统的以中国为中心的地图，在观念上已经很不一样。

根据原来在牛津大学，现在在加拿大英属哥伦比亚大学的卜正民（Timothy Brook）教授的研究，这幅图上有一些地方，是中国人本来就很熟悉的，比如上面画的中国大陆，主要的山川河流、各省的分界、主要的城市都标得很清楚，基本上就是明代的情况。但也有些元素，在过去中国人的地图里是不会有的：比如地图最上方的中央画着一个罗盘，这是典型的欧洲地图的风格，中国地图不会这么画；又比如图上画了一把尺子，好像是在模仿比例尺的画法，这也不是中国地图所有的。特别是地图上画出六条航线，比如从福建泉州出发，到日本，到琉球，到越南，到巴达维亚（Batavia），也就是今天印度尼西亚的雅加达，而且还标志了去往印度古里的方向和海程。差不多就是与中国有贸易往来，或者有海外华人社区的地方，都画在这幅地图上。

《塞尔登先生的中国地图》究竟是谁画的呢？学者们推测，由于绘制者对环南海的地理画得非常准确，又用汉字标注，显然是个中国人，可能是个在南洋做生意的中国商人画的，后来被一个在万丹（Bantam）也就是今天印尼爪哇岛的英国军官买去，辗转进入英国，成了牛津大学博德利图书馆的藏品。显然，这幅地图应该是实用地图，是海上经商的商人们对贸易圈的认知，并不是那种只供欣赏不讲求准确性的传统地图。像这种实用的航海图，历史上肯定很多，可惜保存下来的很少。同样也是在牛津大学的博德利图书馆，还收藏有两本小册子，记载的也是东海南海的海上航线，一本叫作《顺风相送》，一本叫作《指南正法》，这一类航海地图的书被称为《海道针经》，因为它们记载的是用指南针在海上航行的知识，针就是指南针的"针"，听上去好像武林秘籍，实际上这些图书，应该是海上航行的水手们的秘籍。

开头讲的那个达奚司空，是不是有了这类秘籍中的知识，才把他从远方带到广州？不管是不是吧，古代各地的水手、商人甚至海盗，就是凭借着这些航海手册，加上世世代代相传的经验，以海为田，以舟为犁，在波涛难测的大海上往来讨生活。

2.《东西洋考》：明代中国东南的海上营生

在郑和下西洋和大航海时代以前，阿拉伯人一直是印度洋海上贸易的主角，甚至中国和印度乃至西亚之间的贸易，往往也由阿拉伯人来承担。你听过辛巴达的故事吗？他是《一千零一夜》里了不起的航海家，从位于今天伊拉克的巴士拉出发，航行过七个大海。不过，郑和下西洋以后，好像华人在航海事业和海上贸易中的作用增加很多。比如，福建漳州的海澄县，以前叫月港，在明代是非常重要的对外贸易港口。海澄这个地方，"水国也"，是个海洋城市。这里的人"走洋如适市"，就是说到大海上从事远洋贸易，就跟赶个集差不多，平时吃的是海味，但要请客喝酒则用的都是洋货。据说，穷人家的孩子官话不会说，外语却说得很溜，农活儿不会干，对气候、风向、海流倒很清楚，因为那是航海必备技能！明代中后期的泉州、漳州这一带必须靠海为生。当时有一个福建巡抚给皇上写报告就说，这里"地临滨海，半系斥卤之区，多赖海市为业"。当明朝曾开放海禁，"题准通行，许贩东西诸番"，很多泉州、漳州人到吕宋等地"以彼为市，父兄久住，子弟往返"，使得这个地方不仅"民生安乐"而且税收增加，"漳南兵食藉以充裕"。

出海的人多了，海外的知识也就多了，有人就把当地海商有关海外的知识记录下来。记录的人是海澄县的一个当地人，叫张燮（1574—1640），他采访很多人，编成一本《东西洋考》。书名虽然听上去很枯燥，但是这本书实际上是当地航海家和商人经验的大总结，在当时全球范围内都是最重要的航海书籍之一。

张燮没有说他本人是否航过海，不过从他的书里看得出来，他对以航海为生的人有充分的敬意。张燮说，一艘商船要由这些人组成：舶主，就是船主，其他商人也都依附于他；舶主的副手叫财副，具体管理财务上的事儿；总管，船上的事都归他管，也是舶主在船上的代理人；船上还有专门管武器的，叫直库；管桅杆的叫阿班；管船锚的有两位，一位头碇，一位二碇；管掌舵的人叫舵工，也是两位；船上最神气的人叫司针，就是领航员，名叫火长，"波路壮阔，悉听指挥"，怎么走都得听他的指挥。他还写到，当时的日本和红毛番（就是荷兰），他们一个有倭寇，一个经常打仗，一方面当然促进海上航行的技术，但另一方面某种程度又搅乱海上贸易的正常进行。

《东西洋考》用文字记录了一些海洋航线，这些航线和《顺风相送》里画的航线，《塞尔登先生的中国地图》里的航线，甚至跟《郑和航海图》上的航线都可以相对照。对于在海洋上讨生活的人来说，这些海上航线仿佛是他们家门口的小路，在他们眼中，国与国之间好像没有那么不可逾越的界限，而且实际上他们还非常善于利用不同国家之间的差异做文章、得实惠。在宋代以前，主导印度洋和南海航行的主要是阿拉伯人，还有印度人；从宋朝到明朝中叶，这片广大海域上的中国人、琉球人、日本人、暹罗人、爪哇人、吕宋人开始多了起来；到了明朝中叶也就是16世纪中叶以后，欧洲人开始航行到东方，世界的格局很快就改变了，我们现在认识的现代世界，基本上就是从那以后形成的。

3. 大航海与大发现

在前面，我们谈到15世纪郑和七次下西洋。郑和团队在东非一带航行的时候是在1422年，可是只过了三十多年，到了1456年，葡萄牙人就在西非探险发现佛得角（Cape Verde）。可以说，中国人和欧洲人差不多同时，在非洲东和西两个方向都有航海探险的经历。

要理解这段历史，我们还要看看中国人和欧洲人各自航海探险的动力和目标到底是什么。

郑和下西洋是明朝朝廷主导的，主要目的是"宣扬天威"，那么为什么欧洲人要远航探险呢？答案很简单，为了商业，为了赚钱。

在东方和欧洲之间，有一个巨大的伊斯兰世界，欧洲要想获得东方的货物，要么很不方便，要么被中间商赚了差价，所以他们一直想绕过去，直接跟东方做贸易。其实不要说东方，北非也是伊斯兰世界的一部分，就连跟西部非洲的贸易都要经过穆斯林的中转。所以，欧洲大航海的第一波，就是葡萄牙人在非洲西海岸的探险。

整个 15 到 16 世纪，是一个被称为"大航海"的时代。我们讲大航海时代，首先就是要看看世界有多大。而大航海时代也就是地理大发现的时代，英文就叫 age of discovery，它最重要的作用，就是发现很多未知的地方。

可是我们必须先说明，所谓"发现"，以前当然是站在欧洲人的立场讲的，现在我们眼界拓宽一点，也只能说是站在旧的"世界岛"（World Island，英国地理学家与地缘政治学家哈尔福德·麦金德 [Halford John Mackinder，1861—1947] 的概念，把欧亚大陆和非洲合称为"世界岛"）的立场上讲的。生活在这个世界岛上的人，他们的世界观比较局限，东到东亚，西到欧洲和北非，以前不怎么了解撒哈拉以南的非洲，完全不知道美洲和大洋洲的存在。其实，美洲和大洋洲上本来就有居民，数量还相当多，当然那时美洲、大洋洲的人对欧亚大陆也是一无所知。只不过后来的历史是由世界岛上的居民主导，所以一般会说欧洲人发现美洲，不会说美洲原住民发现欧洲。

简而言之，15 世纪欧洲人开始探索撒哈拉以南的非洲，随后大家都知道的是，1492 年哥伦布到达美洲。1500 年，当哥伦布还在继续航行的时候，跟过哥伦布远航的西班牙航海家科萨（Juan de la Cosa，1460？—1510）就在地图上画出加勒比海一带和巴西的大致轮廓。不过，这时候这片大陆还没有自己的名字，哥伦布一辈子都认为自己到的是印度，虽然科萨将信将疑，不过一切都还不太清楚。

4. 全球完成最后一块拼图

最后，让我们来一起看看那些伟大的探险家，他们是如何走出自己的家园，进入神秘陌生的新世界，他们是怎么把世界的版图一块一块地拼起来的。

就在科萨画他的地图的时候，有一位服务于西班牙国王的意大利人正在美洲航行，请注意他的名字叫亚美利哥·维斯普西（Amerigo Vespucci，1454—1512）。这位叫亚美利哥的人主要考察的是南美，他还是第一个发现亚马孙河口的欧洲人。在他寄回西班牙的信里，他说这里并不是印度，而是一块新大陆。他的信在欧洲出版了，读到的人很多，所以一般认为他是第一个确认新大陆的人。

几年后，在今天德国境内，当时属于神圣罗马帝国的出版家马丁·瓦尔德泽米勒（Martin Waldseemüller，约1470—1520）出版了一幅地图，全名特别长，叫作《根据传统的托勒密地图和亚美利哥·维斯普西及其他人的游记而作的世界地图》，这幅地图有两个非常重要的特点：第一，这幅地图里，第一次把新大陆的名字写成亚美利加（America），也就是亚美利哥（Amerigo）女性版本的名字，所以也有人说，这张地图其实是美洲的"出生证明"。2003年，美国国会图书馆买了这幅地图，花了一千万美元，堪称历史上最昂贵的地图。第二，当时欧洲人对美洲的了解，也仅限于美洲大陆东海岸，所以他把美洲画成瘦长的一条，对美洲腹地、美洲西海岸，甚至还有整个太平洋，当时欧洲人都一无所知。不过，没过几年，麦哲伦的船队实现环球航行，西班牙殖民者也经过南美大陆看到太平洋。此刻人们才会发现，原来美洲是这个样子，整个世界的拼图越来越完整。

这时，那个古老的问题也到了该解决的时候。世界岛大部分熟悉的区域都是在北半球，古时候的西亚和欧洲人往往相信，在南半球也应该有一个巨大的大陆，好像如果不是这样，地球就会失去平衡。所以，很多早期的世界地图把南半球也画成一个大陆，那时候的人虽然没有能力环游世界，但是用想象力拼出世界地图。1154 年，伊斯兰学者伊德里西（Muhammad al-Idrisi, 1100—1166）写了一本书，题目叫《一个想周游世界的人的愉快旅行》（*The Book of Pleasant Journeys into Faraway Lands*），他想象的世界，就有一片南方大陆。到了 1569 年，发明墨卡托投影法的那位著名的制图师墨卡托（Gerardus Mercator, 1512—1594）画了《新世界大幅平面图》，1583 年利玛窦在中国制作《山海舆地图》，后来 1602 年明朝朝廷仿照他的这幅图又绘制《坤舆万国全图》，这些地图里面都画了想象中的南方大陆。

可这块南方大陆到底什么样，这个问题一直困惑着很多航海家和地理学家。到了 17 世纪初，欧洲人第一次在澳大利亚西海岸登陆。他们觉得，这里可能就是传说中的南方大陆，所以就把它命名为澳大利亚（Australia），这个名字本来就是南方的意思。到了 1648 年，荷兰制图师胡安·布劳（Joan Blaeu, 1596—1673）在他的世界地图上画出美洲大部分的西海岸，美洲除了北美洲的西北部还是空白，其他已经很清楚；也画出澳大利亚的大部分海岸，只有东部海岸没画出来。一直到 1769 和 1770 年，英国人库克船长（James Cook, 1728—1779）登陆新西兰和澳大利亚东海岸，欧洲人终于明白，澳大利亚并不是那个巨大的南方大陆，它也只是一个很大很大的岛。

既然澳大利亚还没有大到传说中南方大陆的程度，那么在更南面是不是还有一座大陆呢？想必你也能猜到，这时候世界还有最后一块大陆没有被发现。这块大陆上确实没有人类居住，所以唯一一个可以理直气壮地叫作被"发现"的大陆，这就是南极洲。尽管库克船长在到达澳大利亚之后曾经经过南极圈，不过他没能发现南极大陆。究竟南极大陆是谁发现的？现在还有争议。总之是在19世纪20年代，人类终于发现南极大陆。地球的版图，也就是这样一块一块地拼起来。

我们所生活的世界究竟是什么样子？它到底有多大？世界上都有哪些地方，生活着什么样的人？这是从古到今，几乎是地球上的所有人都在好奇的问题。那些长途奔波的旅行者，出没于万里波涛中的水手和商人，记录下远方故事的文人和学者，在书斋中画地图的制图师，是他们让人类逐渐了解世界上还有其他的地方生活着不同风俗的人们。真实的地理知识，就这样一步步取代宗教的教条和一厢情愿的自我想象，人们终于知道世界有多大，全球也真正地联系在一起。

到这里为止，我们讲了人类的起源和迁徙，也讲了人类认识世界的历史。当然，人类理解世界的过程非常复杂，我们还只是涉及地理这一方面。不过，要说全球史，其实首先是人类认识到自己生活在地球上、生活在"全球"中的历史，这也是人类逐渐跳出自己狭隘经验的第一步。

（段志强）

结　语

在第一季即将结束的时候，我想和大家聊一聊，在撰写"从中国出发的全球史"这一季的过程中，我想到的一些事儿。

1. 浮槎于海：从巴布亚新几内亚的木雕说起

有一个不相识的朋友来找我，说起他在巴布亚新几内亚发现的一些木雕面具。巴布亚新几内亚在哪儿？在南半球，赤道还往南，印度尼西亚还往东，那儿有一个很大的岛，西边一小半儿归印尼，东边一大半归巴布亚新几内亚，再加上好多好多较小的岛，合起来面积可真不小，差不多四十六万平方千米，相当于十几个中国台湾岛呢。

这个朋友想告诉我的是，上海博物馆有一个"浮槎于海：希拉克博物馆藏大洋洲艺术珍品"展览。这个展览上展出的东西，让他想起自己在巴布亚新几内亚发现的那些五彩缤纷的木雕面具，它们好像和中国台湾岛、棉兰老岛、吕宋岛、加里曼丹、爪哇以及很多太平洋岛屿上巫师们用的面具很像。他推测，它们也许有一个共同的来源，那么很早以前某些人类就曾经漂洋过海，他们享有共同的文化，所以才有这些彼此相似的木雕面具和艺术风格。

这是一个很有意思的想法。

确实，这些木雕面具和我看到的中国台湾少数民族的木雕面具很像，我在台湾大学人类学博物馆看到过这些木雕面具，还有他们用巨大的树木挖成的木舟。那么，它们之间有关系吗？这种关系是什么时候开始的呢？早期的先民真能在浩瀚的大海上，经受住巨大的风浪，凭着木舟穿行吗？当然，现在很多考古发现也都在暗示我们，也许我们过去相信的历史书低估了早期人类的活动能力，也许在文字的历史之外，还有很多文字没有记载的历史。在还没有文字记载的历史时期，人类也可能已经到过很多地方。2008 年在西伯利亚南部阿尔泰山发现了丹尼索瓦人（Denisova Hominin），他的基因里，有一部分和亚洲、大洋洲、太平洋地区的美拉尼西亚土著相似。什么是美拉尼西亚土著？就是刚才我们提到的巴布亚新几内亚当地人。更令人惊奇的是，2019 年在青藏高原也发现丹尼索瓦人的下颌骨，这一发现发表在著名的《自然》杂志上。那么问题就来了，人类在十几万年前就已经从西伯利亚到过青藏高原，然后从亚洲大陆到过澳大利亚甚至太平洋的各个岛屿了吗？

我们相信有这种可能，一切皆有可能，全球史要努力发掘这种文字历史之外的历史。可是，这一切都需要证据。胡适早就讲过，大胆假设，可是要小心求证。

2. 历史要靠证据：不可异想天开

全球史的任务之一，就是希望发掘全球历史上没有发现的种种联系，而历史学领域偏偏也是一个驰骋想象力的地方。毕竟文字记载的历史有限，就算历史文献号称"汗牛充栋"的中国，还有很多暗昧不明的历史。所以，想象力过于充沛的人，总是会在历史留下的缝隙和文献记载的背面，想象出很多匪夷所思的故事。

我们提到过"罗马军团"，那是当年喧嚣一时的所谓甘肃永昌县生活着的汉代东征不归的罗马军团后裔的故事。最初，它是欧洲学者德效骞（Homer H. Dubs，1892—1969）的一个假设，说这可能就是古骊靬人，汉代所谓骊靬就是古罗马。这个假设太诱人，所以后来也有人添油加醋，到处找资料，连当地人的长相都成了欧洲人后裔的证据。当地政府觉得有利可图，也推波助澜把这个故事当作东西交流史的传奇，还立了一个碑，叫"古罗马军团归顺中国碑"，搞了好些身穿古罗马衣裳的人站在那儿，成了当地推广旅游的卖点。其实，这个说法本来就是假设，是不是真的，主要得有证据。证据、证据，还是证据。是传奇还是历史，差别就在于证据，而且证据得经受检验，不能检验的证据最多只是一面之词，可以说说，不必当真。怕就怕有人弄假成真，把传闻当作真事，把小说当作历史，再加上穿凿附会。像早些时候有人说，印第安人是殷商后裔，被西周打败之后，渡过白令海峡到了美洲，因为怀念故国，见面总是问"印地安否"，所以才叫印第安人。他根本就不管"印第安"这个词儿，直到欧洲人来到美洲才出现。当然，近来很多这种奇谈怪论，比如伊甸园在云南，高卢人、日耳曼人都出自湖南，英文也来自湖南等。

你不要相信这种异想天开，全球史没法异想天开。全球史毕竟是历史，历史还是得靠证据。

3. 早期历史中的全球联系：挑战传统历史的新证据

有证据的说法，我们并不轻易否定，因为越来越多的证据在挑战传统的历史。像我们说的北方草原那条青铜之路，过去没有充分的考古发掘，我们都不敢想象那是真的；像六千多年前中国的稻米种植，在考古没有发现证据之前，我们也不敢轻易说那是真的。特别是越往后，全球的文化、物质、种族的交往就越多，这让我们对过去很多不敢相信的说法都抱有敬畏之心。比如，日本学者江上波夫（1906—2002）的"骑马民族论"，他说，通过考古发现、史料复原、比较分类、综合研究，特别是通过日本早期各种遗址出土的陶器和欧亚大陆各种陶器比较，认定古坟时代（3世纪中至7世纪末）后期，日本有过一次巨大变化。他断定，古代日本曾经经历过骑马民族的"征服王朝"，所以后来日本民族与大陆骑马民族有很大关系。这种颠覆传统认知的说法，你觉得应当接受吗？

就说中国吧。《汉书·地理志》里说，汉代就有黄支国的人来过广州，黄支国在哪儿？在现在的印度南边儿，从它那里坐船到广州，得经过现在的孟加拉、缅甸，或者安达曼群岛、尼科巴群岛，还有泰国、马来西亚、苏门答腊岛，然后沿着越南东海岸，跋涉很远才能到达广州。你觉得可能吗？可是有历史记载为证。从那个时候以来，全球联系越来越多，如果我们看中国考古发掘出来的古代欧洲钱币，你会知道罗马帝国和汉朝以来，中国与欧洲有过多少贸易往来；如果你看近年来出土的中古中国碑铭，你会知道有多少波斯人、天竺人、粟特人住在中国。

2017 年，我到新加坡参观亚洲博物馆的"黑石号"沉船（Batu Hitam Wreck），这艘船大概是在 830 年沉在爪哇岛附近的。看了以后，觉得很震撼，在一千二百年前，往来唐朝和波斯之间，就有这么大的木船，装着这么多的瓷器、金银器，在大海上往来穿梭。看着那些出产于河南巩县或者湖南长沙的唐代瓷器，我不由得想象，从广州或者泉州出发，经过南海到达马六甲海峡，一艘正准备转头向印度洋驶去的巨大木船，被巨大的海浪冲得上下颠簸，船上不同肤色的水手面对突如其来的巨大风浪，在甲板上忙忙碌碌操帆划桨。其实，这种往来并不奇怪，近几年中国发现一块唐代的石碑，叫"杨良瑶神道碑"。碑文说明，贞元元年（785）也就是 8 世纪下半叶，中国官方使者就奉命出使，经海路到过黑衣大食，也就是当时新兴的阿拉伯帝国，可见唐朝使者最远到过现在伊拉克的巴格达。当然，黑衣大食的使者和商人也同样经由海路或陆路，来到过唐朝的首都长安。如果看过唐代章怀太子李贤（655—684）墓里的壁画，就会看到正在参拜唐朝皇帝的各国使者的形象。

4. 尔疆我界：联系与隔绝

当然，这还只是序幕，一个漫长的序幕。商业贸易、军事战争、宗教传播和人口流动，从一开始就把全球连在一起。当然，历史上的帝国和王朝，各自划分尔疆我界，把世界划成一块又一块，区隔你我他。也许大家可以看看唐代，唐代那么开放，可是中国和尚玄奘出国也很困难，唐代边境有"过所"，也就是边境检查站。唐朝法律规定私渡出关要严惩，一般人要"出蕃"必须有凭证，玄奘也只能混在商人队伍里出关。他后来经过西域沿途各国，如果没有高昌王事先给他写的二十几封介绍信，还不知道能不能顺利呢。而日本和尚到中国来，也必须得到唐代官方的批准，就像9世纪日本和尚圆仁（793—864）《入唐求法巡礼行记》里记载的，日本方面得有遣唐使发给的"使牒"，中国方面得有官府发给的"公验"。更不要说秦汉为了防备匈奴而修筑的"长城"，明清为了防备海上来犯而实施的"海禁"。但是，政治的区隔，挡不住物质、信仰和生活的需求，民族之间的彼此隔阂也常常被生活世界的融合和交错所改变，历史越往后，全球越紧密。

真正深入地把全球连成一片，使得全球成为一个历史的，也许可以说，最重要的时间点是两个：第一个是蒙古帝国横扫欧亚，开创了一个广袤的世界，用一些历史学家的话说，就是开创了世界史；第二个是大航海时代，欧洲人向西发现美洲新大陆，向东绕过非洲南端的好望角，到达印度、中国和日本，发现环绕全球的航道。

5. 走出巴别塔：通过全球史成为世界公民

我想说的是，虽然我们希望把全球史当作彼此联系的历史，但终归历史并不是一条直线，中间有分也有合。历史上的帝国、王朝、民族，常常把世界划出尔疆我界，这往往是政治和文化的作用，像传统中国所谓"华夷胡汉"的说法，像欧洲对于开化、半开化、不开化民族的区分，像政治家关于第一、第二、第三世界的认识，就把你、我、他区隔开了。但是，历史上帝国之间的战争，却无意中促成人类文化、技术和思想的交融，而物质生活和精神生活所需要的经济贸易、物质交换、宗教信仰、人口流动等，更是把全球不同种族和不同文化重新连在一起，而这是经济和文明在起作用。

《旧约·创世记》第十一章里记载了一个巴别塔的故事。据说，早期人类就想联合起来，建造上天堂的高塔，但耶和华怕他们自己就能上天，不再相信耶和华的话，就想方设法让各个族群说不一样的语言，使他们彼此不能沟通。于是，人类分成不同的语言和文化，"因为耶和华在那里变乱天下人的言语，使众人分散在全地上，所以那城名叫巴别"。可是，交通的便利、物质的需求、信仰的传播和文明的比赛，还是把地球上的各种族群、国家、文化的疆界渐渐打破，现在所谓"全球化"（Globalization）讲的就是这个大趋势。那么，我们应当怎样叙述全球共同的历史呢？

（葛兆光）

番　外

一　史书里找不到位置的考古发现，该如何安放？

1. 如何证明考古发现的古城就是神话里的特洛伊？

我们先从一个比较困难的问题开始。在讲欧洲青铜时代时，我们提到特洛伊，有位朋友问，特洛伊的考古到底有没有发现文字证据，证明这里就是特洛伊呢？这位朋友非常敏锐，这的确是个很有意思的问题。大家都知道，在中国考古学界，关于夏朝是不是存在或者夏朝是怎样的一种存在，是个重要而且争论不休的问题。很多人认为，之所以有这么多争论，是因为没有关于夏的文字发现。商是有的，甲骨文里有"大邑商"或者"天邑商"，但是没有夏，比殷墟还早的遗址里就更没有文字。

很多人觉得，假如在某个城址里挖出个东西上面写着"夏"，那这个问题就解决了。这个想法其实是有问题的，我们后面再讲。我们先说，特洛伊古城里有没有挖出一个东西，上面写着"特洛伊"三个大字呢？当然不会是这三个大字，反正是某种语言的特洛伊吧，有没有呢？发掘特洛伊的那位施里曼，其实是个很轴的人。他是抱着明确要挖出特洛伊的目的来搞发掘的。他轴到什么程度呢？搞考古肯定要有一个工程队吧，一百多个人在这儿挖，他给这个工程队的工人都起了一个"荷马史诗"里的名字，所以每天早上上工点名的场景是这样的："阿伽门农！""到！""阿喀琉斯！""到！""奥德修斯！""到！"

你想想看，施里曼是这样的作风，所以他挖出一座古城，立刻不管三七二十一，说这就是特洛伊。有一回他挖到一个宝箱，里面有各种金银珠宝，光黄金饰品就有八千七百件，施里曼说这就是普里阿摩斯（Priam）的宝藏。普里阿摩斯，就是"荷马史诗"里的特洛伊国王。其实，后来发现这箱宝贝，比特洛伊战争的年代早一千年以上，里面的耳环都不成对儿。考古学家推测，这可能是当年的特洛伊人打劫搞来的，打完劫又分赃，所以不成对儿，真要是自己的东西不会不成对儿。施里曼非常热衷验证"荷马史诗"。他发掘完特洛伊以后，又去挖迈锡尼，这是在爱琴海西岸阿伽门农的老家。他挖出来一个黄金面具，立刻说这就是阿伽门农的面具，然后他就给希腊国王拍了一封电报，说陛下我见到阿伽门农了。其实这个面具大概比阿伽门农的时代早上三百年。

施里曼就是这么一个人。在施里曼挖出的这座古城遗址里，确确实实没有挖出有古代的遗物或者建筑上面写着特洛伊这个词的。所以很多人就质疑，你凭什么说这里就是特洛伊？关于这个问题，考古学家的讨论很多，大部分的人都比较谨慎。一直过了五十年，到1924年，瑞士考古学家福雷尔（Emil Forrer，1894—1986）解读了一个赫梯文（Hittite）的泥板文书。赫梯就在安纳托利亚半岛上，特洛伊东边。这个泥板文书说，有一个国家，有二十二个地方跟它结盟，这二十二个地方的顺序大概是从南到北。最后一个地方，按顺序来说，应该是在小亚细亚的西北角，跟施里曼挖出的这个特洛伊非常接近。这个地方叫什么呢？赫梯文写作"塔路易萨"（Taruisa），跟特洛伊那是非常接近。而且他还对出了很多国家和国王的名字，相信施里曼找到的这个地方，确实就是"荷马史诗"中的特洛伊。此外还有一些其他的讨论，不过主要就是这个文本的证据，很多人尽管不是百分之百的肯定，反正也就管这个地方叫特洛伊了。

关于这段历史，有两本书可以推荐，一本是《追寻特洛伊》（*In Search of the Trojan War*），作者是英国的历史学家兼纪录片制作人迈克尔·伍德（Michael Wood，1914—1998），这本书本来是BBC的一部纪录片，名字也叫"追寻特洛伊"，这部纪录片的文字脚本，写得很生动，还可以与纪录片搭配在一起。另外一本更专业一点，叫《会说话的希腊石头》（*The Mute Stones Speak*），作者是威斯康辛大学教授保罗·麦克金德里克（Paul MacKendrick，1914—1998），这本书主要讲的是考古学家怎么通过考古学一步步揭示出古希腊的历史。考古学眼中的古希腊，跟文献中的古希腊到底有多不一样，你看看这本书就明白了。书里附了很多图，想象图、复原图、考古发掘的资料图等，都很多。

当然，我们也得说，把这座古城跟特洛伊对应起来，这个问题其实没有那么简单。照我来看，这里至少有三个层面的问题：第一，施里曼发掘出来的这个古城，在它漫长的两千多年的历史里，究竟叫不叫特洛伊，或者至少在某一段时间里叫不叫特洛伊；第二，是这个城市的人自己管它叫特洛伊，还是其他外面的人，比如说希腊人管它叫特洛伊，或者在希腊人当中流传某种传说，说在爱琴海的另一边，有个城市叫特洛伊；第三，这个城市究竟有没有跟希腊联军发生过一场战争，类似于"荷马史诗"讲的那场特洛伊战争。

这三个问题其实是不一样的，是很复杂的。特别是，"荷马史诗"不是历史，它是人们口口相传的史诗，是文学作品，特洛伊差不多已经是一种文学形象，不一定要跟真实的某个城市对应起来。

2. 传世文献和考古发现可以互相印证吗？

这个话题，牵扯一个比较重要的问题，那就是考古发现跟传世文献的对应问题。可能大家都希望，考古发掘能跟我们比较熟悉的、过去的历史书上写的那套历史联系起来，要么能证明，要么能证伪，要么能补充。能不能呢？很多时候确实能。比如有朋友问，我讲到商朝可能从云南运铅锡矿，从南方铜矿区运铜矿，有没有文字记载呢？这个确实有蛛丝马迹。《诗经》里说的"大赂南金"，我们已经介绍了，甲骨文里有几条对西南用兵的记录，里面也提到说会不会截获"金"呢？那就是铜或者铜矿。《管子》里说，蚩尤得到"庐山之金"，说的也是江西这里的铜。

有位很伟大的学者王国维，他提出过一种研究方法，叫"两重证据法"，就是说历史书上的记载，这是一重证据，地下考古发掘出来的新材料，比如甲骨文，这又是一重证据，两相对照，就能有新的发现。比如，他自己对照甲骨文和《史记》里的商王世系，证明《史记》的记载大体上还是比较靠谱的，这就是很大的贡献。后来，这个方法又有发展，不是说光跟发掘出来的文字资料对照，还要跟发掘出来的器物等其他信息相对照。但是，这只是比较理想的状态。你进入实际研究可能会发现，文献也就是古书上的记载，跟考古发掘，本身是两个系统的东西，而且各有各的问题，有时候，这两个系统的东西根本没法对照。

我们先说说那些可以做文献对照的，比如殷墟，我们能看到的是什么文献呢？一个是古书记载，像《史记》《尚书》《竹书纪年》等，记录的有：一是世系，就是王的名单，先是谁，后是谁；二是历史传说，某个王有什么光荣事迹；三是公文，《尚书》主要就是政府公文，公文里最主要的就是领导讲话。这是古书记载，但是这些古书的写作时代大多数比较晚，而且有真有假，很难分辨。再一个就是甲骨文，基本上是占卜的记录，明天会不会下雨，打仗能否打赢，诸如此类。其实，商代本身产生的文献肯定多得多，比如我们差不多可以肯定的是，商代有毛笔，也有类似竹简的书，甲骨文里就有"册"字，册就是竹简的象形字。但是因为是有机物，保存太困难，目前还没发现。这些记载，有些能跟考古发现做对照，比如说前面讲的青铜，比如说考古里讲的战争俘虏跟墓葬里发现的人牲，这也可以对照看。

但是，不能对照的更多。比如说，《尚书》里很多内容是讲治国之道，讲伦理道德的，这个就不容易跟墓葬、城址做对照；考古所发现的，跟文献不能印证的就更多，最明显的就是我们讲的整个青铜冶炼和铸造技术传入的过程，文献里完全看不出来。

其实有些是古人硬对的，我们已经习焉不察，知道的人也不想改。比如说，大家都知道，青铜器上那些像怪兽的纹样，叫饕餮纹，这是什么根据？没根据。先是战国末年的《吕氏春秋》说，周朝的鼎上有饕餮，也没说什么样子，就说有首无身。后来到了宋朝，宋朝人挖出来好多青铜器，想起《吕氏春秋》来，一看就说这就是饕餮！其实，这些怪兽不见得都是有首无身，各种各样的都有，而且甲骨文、金文里都没有饕餮这两个字。所以很多学者觉得，叫饕餮很不严谨。

那要更早的，就更没有文献。二里头，文献里头有那么几句话，比如讲早期商朝历史的，也许可以勉强对一对。但是，现在中国范围内最大的早期城址陕西石峁，和第二大的城址浙江良渚，还有辽宁的牛河梁遗址、湖南的城头山遗址等，这都是非常重要的绝不低于二里头的重要发现，古书上一个字也没有。

你可以看看一本工具书，刘莉、陈星灿写的《中国考古学：旧石器时代晚期到早期青铜时代》，这本书是比较新的对中国考古发掘和考古成果的概述。看完你可能就明白，这些发现绝大多数在已知的文献里都没有位置，然而它们是实实在在的早期中国历史。那怎么办？

3. 考古学有自己的古史系统？

这也很简单。考古学有自己的一套方法，只解决它能解决的问题，不需要受文献限制。甚至有人说，考古学应该另外建起一套自己的古史系统，不用管文献怎么说。文献，特别是传世的文献是怎么来的呢？《史记》第一篇叫"五帝本纪"，三皇五帝的五帝，这一篇开头就讲黄帝。可是，连作者司马迁也说，讲黄帝的书太多了，说得都很怪力乱神，"百家言黄帝，其文不雅驯，荐绅先生难言之"，体面的人都不好意思引用那些不靠谱的话。我怎么办，"择其言尤雅者"，我就挑一些不太低俗的，就这样写吧！他的意思很明白，这都是传说，我写的这些说法也一样，可能略微好听一点而已。了解一点神话学的人都知道，一个神话传说并不因为它不那么奇奇怪怪，就一定更接近历史真实，那完全不是这回事。这些传说，其实跟真正的历史，恐怕关系都不大。

还有，历史不是随便写的，就算是写王的世系，那也不一定都是真的。比如一些争夺王位的失败者，或者后来被取消正统地位但曾经也当过王的，或者是搞分裂另立中央的，这些真实历史上肯定都会有，但在官方的历史书里，往往抹得干干净净，没这些人的位置。所以，很多学者不赞成一种搞法——把考古发现的城址跟历史书里记载的名字一一对应起来，就是因为历史书里记载的首都，可能只是后来的王朝承认的正统，甚至是想象的正统，不一定是当时真正的首都，或者最重要的城市。

而且，中国考古发掘出来的资料有个特点，就是它内容比较单调，甲骨文主要就是占卜，金文主要是铸造这个青铜器的始末缘由。其他早期文明，有的比中国丰富得多，比如埃及纸草文字，那内容很多，有宗教文本、政府公文、历史书、故事书、信件，也有记了很多药方的医书、天文学、历法、数学等。楔形文字，有法律，成文的法典，有商业文书，特别是有不少商业档案，有史诗等。两河流域的泥板文字，有几十万块，可以说资料非常之多。不过，早期古代印度的文献就不太多，摩亨佐·达罗古城出土几百枚印章，确实是有符号，但是现在还不了解究竟是什么意思。中国比印度好一点，但是比较起来也不多。

中国早期历史的文献既然是如此不足，那就更要靠考古学。总的来说，中国的传世文献，比较重视帝王将相，王位的继承、重要的战争、圣王的伟大思想。但是，考古学重视的是整个社会，比如说环境以及人对环境的适应，比如说技术、工具，比如说人赖以生存的经济、生产，比如说阶级或阶层等社会关系，比如说定居生活、人对资源的开发利用，比如说宗教信仰，比如说贸易、文化交流、物质交流，实际上比文献记载要全面得多，也深入得多。

既然考古学可以有这么多发现，而且它还可以建立起比较可靠的时间序列，虽然线条比较粗但是可靠，那它完全有理由自己构造起一套上古历史。文献里记载的东西，能放在这个考古历史系统里更好，放不进去也没关系。

为什么我们前面说，即便是找到"夏"这个字，也不能完全地说发现了夏朝呢？因为在古代的历史书上，"夏朝"不是一个单纯的名字，它代表一种历史判断，就是这个夏是一个类似于后来的商朝、周朝的大一统王朝，这背后是一种历史认知。所以即便知道某个都城叫夏，那它所在的这个政治体究竟是怎么一回事，这个问题并不会自然得到解决，还得靠更多的考古发现和研究。相比较起来，研究一个古代社会的政治体制是很难的，它究竟叫什么，反而是比较简单的一个问题，反正没线索就是没线索。

特洛伊的问题也一样，我们现在已经知道很多它的城市生活、它的贸易、它跟其他地方的关系，那施里曼发掘出来的这个摞了九层的古城到底叫不叫特洛伊，反而成了无关紧要的问题。考古学家了解到的真实历史比单纯地知道它的名字已经多多了。二里头是不是叫夏，也根本不影响考古学家的研究。

（段志强）

二　标志社会等级的青铜礼器，为什么会衰落？

1. 商周文化差异大？看考古学家怎么说

有一位朋友的提问非常重要，所以我应该认真对待，在这里仔细讨论讨论。

他的问题是："别用中国人自古以来就一样的观念看待历史，商人的文化与周人的文化有着巨大的差异，甚至是两个不同的文明，在重要的礼器上应该会体现，而节目完全没提，这很容易让人以为周代商是朝代更替，然而其实是文化更替。"他希望用更多的"异"的眼光来看待不同时期的中国，因为中国应该不是一两本书就能概括的国家，更不是一两句话就能概括的国家。

首先谢谢这位朋友，用"异"的眼光来看中国，这是很重要很宝贵的见解。可惜我们节目里不太可能照顾到太多，为了行文的方便也经常使用"中国如何如何"这样的全称判断。那么，我们刚好借此机会表达一下：对，中国本身也是一个世界，内部有着非常多元甚至是对立的各种传统。这些差异有的体现在时间上，有的体现在空间上，这是没错的。

不过我也想贡献的一点意见是，商文化与周文化存在巨大的差异，这个看法首先是从传世文献得来的，这套说法从孔子开始就是这么说的，到王国维 1917 年写《殷周制度论》用了甲骨文的材料，把这个问题再推进到一个新高度，但总的看法没变。这个看法当然有它的道理。但最近一些建立在考古资料基础之上的研究，开始对这种定论也提出一些质疑。比如研究早期中国史的美国加州大学洛杉矶分校的考古学家罗泰教授（Lothar von

Falkenhausen），他的一本书不久前刚翻译成中文出版，名字叫《宗子维城：从考古材料的角度看公元前 1000 至前 250 年的中国社会》（*Chinese Society in the Age of Confucius, 1000-250 BC*）。他的看法是，其实西周基本上继承商代的文化传统，到西周晚期才开始搞礼乐改革，不过不是很成功，到春秋中期又搞了一次，他称作"春秋中期礼制重构"。这次改革比孔子早半个世纪左右，孔子讲的周代礼乐，其实是对这次礼制改革的一个回应。

这是他的看法。罗泰这本书，基本上用的都是考古材料，他好像有点故意回避文献的记载。他的结论还是比较震撼的，因为他说的这两次礼制改革，文献中完全没有记录，但是考古发掘中确实能看得出来。他自己说，这是一个以考古材料为主的重建历史的努力。

当然，他的说法也不是定论，而且是不是一定要那么激进地完全排斥文献，这个还可以讨论，但起码这是目前考古学发展的方向之一。不是说文献不重要，只是以前我们太重视文献。但文献有它的问题，除了前面我们提到的问题，最麻烦的是文献总是喜欢描述一个单线的、单中心的历史，伟大人物尧舜禹，伟大时代夏商周，一脉相承，其实，这是加工过的历史，真正的历史不是这样的。

很多事情，没有考古材料的话，我们永远不会知道。

2. 外来的高科技，容易被垄断

有朋友说，中原地区的青铜器没有农具，他去博物馆确实没看到，那么在青铜时代用什么做农具呢？这个问题比较容易回答，那就是石器，主要是石器。比如说殷墟，出土石器的农具非常多，光民国时期挖掘出来的石头做的镰刀就有 3640 件，全部石器农具的数字根本没办法统计清楚，而且各种工具非常齐全。有些石器经过对使用痕迹的研究，还发现粮食的残渣。其他的遗址，比如二里头、偃师商城、郑州商城等，出土的石器也都比青铜器多得多。另外还有比较少的其他材质的，像骨器就是骨头做的，角质器就是动物的角做的，还有陶器等，主要的还是石器。

我们的博物馆、考古遗址的布展，要我说的话，还有很多改进空间。比如说，做文物展示，它选的标准是什么呢？一个是精美、高级，一个是有代表性，一个是比较特殊的东西，就这三条，因为展览空间有限，只能挑一些。但是这样的展示，其实是不完备的，因为你感受不到在这个社会里什么是比较重要的，什么是比较日常的，什么是比较特殊的。假如条件能允许，这个遗址里出土的全部东西，我都摆给你看，一千件石器，二十件青铜礼器，一百件小件的饰品，一大堆陶器碎片，房子、墓葬、农田等。你一看就明白，这大致上是个什么样的社会，历史马上就活起来。挑几件所谓的文物精品，放在玻璃柜里展出，其实损失很多信息。

为什么中原文明要用青铜器来标示等级呢？为什么要搞成礼器呢？为什么其他文明里，青铜器好像没有这么明显的政治性呢？本来，中原地区也有一些陶做的礼器，比如新石器时代晚期，山东龙山文化的黑陶，非常薄的蛋壳陶，工艺非常精湛。很多学者都觉得，这大概是一种礼器，如果实用的话，既不方便也不经济。也有一些是各种器物的组合，那更说明是礼仪用途。总之，这些是那个社会里技术含量最高、最耗费劳动的东西。可青铜技术传入以后，青铜的优势马上体现出来，那就是因为青铜技术非常容易被垄断。第一，你看它的技术是外来的，肯定一开始只有很少的人掌握，谁最容易接受到外来的东西？那肯定是统治阶层；第二，它的资源可能也是外来的，铜矿、铅锡矿都不容易弄到，谁有力量弄到呢？还是统治阶层。这是说青铜器的生产很容易被垄断。第三，青铜器是金属，代表当时最高技术，而且它有可铸性，可以铸造出花纹、图案、造型。这些早期的艺术形象很容易被赋予宗教的政治的含义，它很方便地就成了一种等级象征。关于这方面的知识，建议大家看看考古学家张光直先生的一本小书《美术、神话与祭祀》，这本来是他在哈佛大学讲课的讲义，现在已经成了经典。另外，他还有一本论文集《中国青铜时代》，讲得就更专门一点，没时间的话可以只看这本书的第一篇和最后一篇，是很有意思的。

我们还说回垄断。在一个权力高度集中的社会里，外来的、高技术的东西，它的意义往往会超过实际用途，变成特权的象征，表示等级的东西。在不同社会里有些是比较类似的，比如衣服、仪仗、旗帜甚至发型，这些很多社会都有，中国社会也有，不是说中国只有用青铜器来标示社会等级，不是这样的。也有一些是特别的，比如非洲的贝宁，那里的早期文明垄断了红珊瑚。封赏的时候，国王给一个红珊瑚珠做的项圈，等到这个人死了，项圈要还给国王。这时候要杀一个奴隶，把他的血洒在项圈上，以后可以再赏给别人。这是比较简单的，有些文明比较复杂。你看中国的《周礼》《仪礼》《礼记》里的记载不厌其烦，不同等级的人能享受到的礼节、能占用的资源都分成三六九等。可是这要比起印加帝国，还只能说是小巫见大巫。印加帝国的所有贵族官员，他的资源都是国王分配的，土地、仆人、衣服、器具等都是按照身份来分配的，那是一种比较彻底的等级社会。

另外像两河流域，因为是青铜的起源地，可能青铜技术流传比较广泛，而且铜料是贸易得来，政府没法垄断，没有形成像中国那样明显的青铜礼器系统。不过，它有法律，社会等级规定得清清楚楚，效果也一样。当然，这里我们只是笼统地说说，真要深入下去的话，等级制及其象征这个事儿是比较复杂的。

3. 标志社会等级的礼器为什么衰落？

有位朋友听到我说，礼是制度，是规矩，其实就是政治，希望我能多说一点。怎么说呢？中国文明，很多人把它概括为一种礼乐文明，礼听上去是针对个人的，一个人应该怎样不应该怎样，其实是服务于群体、服务于社会的。每个人都有合适的位置、合适的名分，遵循合适的规矩，这样的社会就比较有秩序。当然，这个秩序本身是不是合理，那是另外一个问题。这个问题有本书最适合参考，就是葛兆光的《古代中国文化讲义》。这本书里有一讲讲婚丧礼仪，有一讲讲家国秩序，也是课堂讲义，深入浅出，可以找来看看。

关于器物跟等级、社会之间的关系，可以说的内容非常多。有朋友提到玉器，说玉礼器也很发达，而且青铜礼器这个传统后来好像断掉了，玉的文化却一直流传下来，这是什么原因？玉确实也是个非常重要的话题，而且它也不是中国独有，世界上很多地方都有类似的玉石文化，不过好像中国的特别发达。也不是只有中原地区有，南方像良渚文化，北方像红山文化，玉器都很多。甚至有学者说，中国除了石器时代、青铜时代，还应该有一个"玉器时代"。以前我们知道的是，史前玉器出土比较多的是东部沿海，红山、山东龙山、良渚都在东部，后来中部一些地方比如陶寺也出土不少玉器，所以这个问题还是要再讨论。

青铜和玉器，其实都要消耗大量的社会劳动，青铜的铸造，玉石的切割、雕刻，都是非常花费人力的。不过要宽泛地说，早期历史上的玉，像玉璧、玉圭、玉琮，主要是象征天地用于礼仪的，像良渚有很多超级大玉璧，一般人肯定不可能拥有，而那些精致的玉琮可能主要用在宗教上。而后来中国历史上流行的玉，恐怕除了圆润精美，主要还是个人品质的一种寄托，这跟早期作为一种社会等级标志的玉器不是一回事。早期玉的象征和仪式功能，后来渐渐弱化，这跟青铜器后来变成古玩，倒是差不多的一个过程。清朝以前，大家连琮是干啥的都不知道，很多人说它是织布机上的一个部件，因为它往往有一圈一圈的纹路，是不是挂线用的？玉琮的历史完全被遗忘。

为什么会这样？这恐怕与后来贵族制社会的崩塌有关系。那种靠象征维系的礼仪性社会等级系统，比较适合小规模的早期社会。后来社会规模变大，如果社会上有大大小小的贵族，那还是有用的。不过，秦汉之后，社会等级的数量大大减少，天子一意孤行，臣民百依百顺，也就不需要那么多等级标志，只要突出皇权就行。所以，青铜器制作这个传统没有流传下来，它背后是礼器传统的衰落，礼器的衰落则是社会变革的一个表征。

前面我们谈了良渚，我看到有朋友说，良渚不输于古埃及，当然我们学历史不是为了搞比赛，而且真要比起来的话，咱们还真占不到优势，因为在一般人看起来，埃及的巨大金字塔，两河流域同样巨大的神庙，玛雅文明的石头城市，直观上就给人很大的视觉震撼。你再到殷墟看看，所有的东西都在地下，地上只有复建的几个建筑物，灰头土脸，也不好看。古代文明如果搞比赛，咱们中国古代青铜器很辉煌，但是其他方面不一定就占优势。这该怎么理解呢？在芝加哥大学教艺术史的巫鸿教授说，他也经常会被学生问到，是不是中国文明就弱小很多，或者至少中国文明不太关心这些能留下文明纪念的大规模建筑。他的回答就是从劳动消耗入手，他认为青铜器、玉器虽然个头不大，但是消耗的劳动一点也不少。

他这个想法体现在一本演讲集里，书名叫《全球景观中的中国古代艺术》，特别是第一篇"礼器：微型纪念碑"。

4. 这个世界上问题很多，答案却很少

有一个问题，我们留到最后来说。我们说，殷墟青铜器的原料可能来自云南，有位朋友觉得很难置信，会不会中原地区也有铅锡矿呢？这个疑问非常合理，事实上来自云南只是部分学者的一种说法，过去也有学者质疑，说远古时代古人的资源开发和运输能力是很有限的，矿物的运输不会超过五百千米。当然，为什么是五百而不是一千千米，这也只是一种主观的估计。

现在，也有很多学者正在对中原地区铜料的来源进行更深入的研究，提出不少新见解。比如说，北方燕山一带也有铅锡矿，辽宁有些遗址的青铜器就是从那儿搞来的原料，是不是也是中原地区青铜器的一个原料来源呢？再比如，中原地区的锡矿现在不是很多，会不会被古人发掘完了，所以现在看不到？另外，中原确实有零星的小规模铅锡矿，所以有学者比较支持就是本地开采的，但是也有学者认为，这种质量不是很高的矿藏，当时的人大

概没有能力发现也没能力开采。还有从考古发现上来看，早期铜矿的遗址咱们发现不少，铅锡矿遗址还没发现过，铅锡矿来自云南这个结论，纯粹是根据铅同位素算出来的。不过话说回来，咱们不能低估古人的能力，因为如果是运铜料的话，那时候肯定是靠整个国家机器的力量，就像今天搞航天工程一样，它在社会中能动员到的资源是很多的。最后我们只能说，这是咱们现在能达到的阶段性认识，是根据已有的很少的一点证据做出的推论，有待于未来的进一步验证。

毕竟，这个世界上问题很多，答案却很少。这一季的问题，好像关于中国的比较多，中国之外的比较少。不过没关系，从中国出发的全球史也好，从全球出发的中国史也好，可能最后都是殊途同归。

(段志强)

三 原始与古老，象形与抽象，意音与表音

1. 古老与原始：文字的成熟

有一位朋友问，东巴文才一千多年的历史，可甲骨文至少三千多年，为什么东巴文是古文字诞生时的面貌，却说甲骨文不是古文字？我这里需要澄清一下，文稿里并没有说甲骨文不是古文字，三千多年这不算古老那怎么才算古老呢？文稿里用的词是"原始文字"。东巴文相对年轻但是原始，从图画和文字不分的状

态中脱离出来才不久。甲骨文古老，但是成熟。

这种成熟是相对的，跟今天的汉字相比，甲骨文当然很原始，字的写法很不固定。比如，牙齿的"齿"，一般是一个四四方方的嘴巴，就是"口"，里头画两颗上门牙，两颗下门牙。但有时候写字偷懒，就只画上面右边的门牙，下面左边的门牙。

甲骨文的"齿"

甚至字的朝向都不固定，比如说表示狗的"犬"字，一般是头朝上、尾巴朝下、四只脚朝左。但有时候反过来，四只脚朝右。

甲骨文的"犬"

但是，如果跟中国西南的东巴文、美洲的古代阿兹特克文这些放在一起，横向对比，就可以发现，甲骨文比它们要成熟得一大截，离那个图画、符号、文字还难以区分的状态要远得多。所以，很多学者都推测，甲骨文不是突然冒出来的，肯定有一个前身，存在一个比较漫长的使用、优化以及所有书写者和阅读者逐渐达成共识的过程。但很遗憾的是，这个过程我们今天还没有确认。尽管中国的很多新石器文化，如良渚文化、仰韶文化等，考古学家在这些文化遗址出土的器物上都发现一些符号。特别是仰韶文化陶器上的符号，被认为很有可能是甲骨文的前身，但仰韶文化跟甲骨文在时间上的差距，少说也有一千年。现在还没有人能够明确地指出，仰韶陶器符号跟甲骨文之间的字的对应关系，也没有找到这两个阶段之间的过渡状态。甲骨文的起源仍然是一个还没找到答案的问题。

　　有的朋友可能会问了：凭什么你说甲骨文一看就比东巴文成熟？这个问题我们在文稿里简单地提到，这里再多说一点。一个是字符的抽象程度。越原始的文字，字符越象形；越成熟的文字，字符越抽象。从甲骨文到今天的汉字，就有这样一个抽象化的过程。古埃及从圣书字到僧侣体到人民体，也是一样。甲骨文跟东巴文横向对比，抽象程度要高得多。比如甲骨文的"牛"字，就突出两根牛角，重在神韵。可是，东巴文的"牛"就画得非常形象，有鼻子有眼的，甚至很细致地画出牛角的方向，角朝外的是牦牛，角朝内的是黄牛，角朝后的是黄牛跟牦牛杂交出来的犏牛，角扁扁的、有纹路的是水牛。

甲骨文的"牛"

东巴文的"牛"

　　问题又来了，抽象还是具象，这是个主观标准。而且文字是一个大系统，可能在这个字上甲骨文比较抽象，在那个字上东巴文比较抽象，这怎么比较呢？判断文字原始还是成熟的另一个标准，就是字符数。算字符数的时候，要去掉异体字，不管嘴里画四颗牙齿、两颗牙齿还是几颗牙齿，都按照同一个"齿"字来计算。我们说了，三千多年前的甲骨文有四千个字左右。当然这是个估算，因为甲骨文还有大量字符没被破译出来，没法统计出一个确切数字，但大概在这个数量级。东巴文发展到今天，有多少字呢？

大概一千五百个字。东巴文的字符数跟成熟文字一比，那是相当稀少。

文稿里提到，最原始的文字才两百个字左右。这说的是尔苏沙巴文。尔苏人是藏族的一个比较有特色的支系。纳西人的文字，因为只有祭司东巴才能掌握，所以叫东巴文；同样的道理，尔苏人的文字，因为只有祭司沙巴才能掌握，所以叫沙巴文。东巴文虽然比较原始，但也有一千五百个字，基本上没有人怀疑它是一种文字。沙巴文才两百个字，这也太少、太原始了，所以对它到底能不能算是文字，还是说只是一种图画而已，有一定的争论。应该说沙巴文处在文字快从图画里脱离出来，但两者还没有明确区别的一种临界状态，这是非常难得的活化石，让我们可以一窥文字起源时的原始样貌。

2. 象形与抽象：汉字的隶变

有朋友认为，从起源、源头的角度来看，还是比较认同汉字是象形文字的观点，不太认可是意音文字的说法。这个问题，其实可以分成两段来讨论。我们先说说象形的问题。

象形这个说法，最早是许慎在《说文解字》里说的。他说汉字有"六书"，把象形跟指事、会意、形声等相对，属于造字。比如说"日"，就是太阳，画一个圆，中间一点，象形。今人有三书说，象形跟谐音、形声相对。在甲骨文或者更早的时候，刚创造出"日"这个字的时候，字形是非常具象的，真的像那个形状。而今天的汉字，几乎不象形了。我们今天写的日，四方方的，哪个太阳是四方方的？月，底下脚都分开了，哪儿像月牙了？这些字已经符号化了，是读音、意思、字形固定结合的符号。

今天汉字里，非要说象形成分的，只有为数不多的那么几个。水果的"果"，下面一棵木表示树，上面的"田"长得像个果子。这个部件跟符号化了的"田"字没有关系，跟 tián 这个读音也没关系，仍然保留着"形状直接对应意思"的意味，还算保留一点象形。还有肠胃的"胃"，上面的"田"也是象形，就像鼓鼓囊囊的一个胃。还有一个比较难得的现代造的象形字，是一类有机物叫"甾"，也就是类固醇。这类有机物的特征是都有四个环，所以字形里也有一个"田"，就像四个环。"田"上三笔，像环上伸出来的官能团。

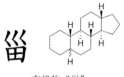

有机物"甾"

说象形字、形声字等，是一个字、一个字而论。如果我们从整个系统来看的话，汉字算不算是象形文字呢？古代的汉字，比如说甲骨文，还勉强可以算是。今天的汉字，肯定不是。这个分界点在哪里呢？在汉代。

我们知道，秦朝时候统一文字，通行的是小篆。汉代通行隶书。小篆以及小篆以前的甲骨文、金文、大篆等，统称为古文字。隶书以后的楷书、草书、行书等，统称为今文字，就是当今的文字。这是研究汉字的人的说法，我们用世界史的眼光来看，为了避免歧义，应该叫古汉字和今汉字。从小篆到隶书，从古汉字到今汉字，这个关键性的改变叫作隶变。隶变之前的字，比较象形；隶变之后，比较抽象。我们举个例子。今天我们说这个碗它又大又圆，这个"又"

的本义是手，在古汉字里就像一只有三根指头的手。五根指头画起来太麻烦，画三个意思意思就够了。

我们来看几个跟"又"有关的汉字。接受的"受"，今汉字里，上面一个爪字头，中间一个秃宝盖，下面一个又。为什么这么写？不知道，小学老师就这么教的。如果你看古汉字，就明白上面的爪字头其实是一只手，下面的"又"也是一只手，中间是个盘子。下面接住上面给的东西，这就是接受的"受"。

"受"字的字源演变

秉持的"秉"，在今汉字里是个不太好分析结构的字。这种字我们小时候最讨厌学，记忆很困难。如果看古汉字，很明白这是一只手拿着一棵禾苗。秉持，"秉"是拿着；"持"也是拿着。手拿一棵禾苗是"秉"，拿两棵呢？就是"兼"，文武兼备，兼而有之，就是同时干不止一件事。

"秉"和"兼"字的字源演变

对当兵的人，过去有一种不大尊重的称呼，叫作"丘八"。这个称呼，就是从士兵的"兵"这个字上来的，把"兵"字上下拆成"丘"和"八"。其实从这个字的起源来看，不应该这么拆，应该是上面一个公斤的"斤"，下面一横一撇一点。上面那个"斤"，指的是斧头。

斧头的"斧"就是形声字，上面"父"是声旁，下面"斤"是形旁。《孟子》说："斧斤以时入山林。"下面一横一撇一点，在古汉字里其实是两个"又"，就是两只手。古汉字里这个"兵"，看得出是两只手拿一把斧头，就是指兵器。今汉字的"兵"，民间拆成"丘八"，可见一般人完全不理解这个字的形象跟意思之间有什么关系。所以你说古汉字象形，可以；说今汉字象形，不合理。今汉字已经大大地符号化了。

"兵"字的字源演变

我们现在使用的简体字，符号化的程度更高。比如说，对错的"对"、树木的"树"、鸡鸭鱼肉的"鸡"、叹气的"叹"、权力的"权"、邓世昌的"邓"，这些简化字里都有"又"，但不表声也不表形，是纯粹的符号，甚至可以说是记号。汉字到现在这个程度，再说象形，就没什么道理。还要强调一点的是，象形和抽象，是两个相对的概念。古汉字里的"又"，画出一只手的形状，跟今汉字相比，当然要象形。可是这只手，只有三根手指头。同样的，表示脚的"止"（趾），也是只有三根脚指头。在甲骨文的思维里，用"三"就是表示多，所以这象形当中也还带有一些抽象。

总而言之，以汉代隶变为界限，之前的古汉字还可以说是象形文字，尤其是甲骨文，之后的今汉字不能再说象形文字。而当我们把古今用来记录汉语的汉字看成一个有传承脉络的整体的时候，就更不能一概而论地把汉字说成是象形文字。

这种从象形到抽象的发展过程，不仅发生在汉字当中，古代美索不达米亚的楔形文字是一种成熟的文字，同样非常抽象，它也是从相当象形的原始楔形文字一步步发展而来的。古埃及文字也是如此。今天我们会有一种误解，觉得古埃及文字非常象形，其实只是因为象形的圣书字比较受到现代人的关注，实际上古埃及文字写得比较多的是抽象化的僧侣体和人民体。圣书字更多地出现在一些庄重的、正式的场合。这就像中国古代商周青铜器上的有些铭文，反而比甲骨文更象形，可能是因为在特定的场合需要一些装饰效果。从总体上说，这并没有背离文字从象形变得抽象的整体规律。

3. 象形与意音：文字的定义

接着上面那位朋友的问题，继续聊聊象形文字跟意音文字的区别和关系。在分析一些意思接近的概念的时候，有个很好的方法，就是看看它们跟谁相对应。象形文字所对应的，是符号化的抽象文字，而意音文字对应的是表音文字。这两组概念相互之间是有交叉的。

象形的意音文字，我们都知道有古汉字、甲骨文、古埃及的圣书文字。抽象的意音文字，我们前面也提到过，如果跟古汉字相对比，今汉字就是一种比较符号化的意音文字。

抽象的表音文字，我们今天见到的拉丁字母、西里尔字母等，都是比较符号化的表音字母文字。最符号化的一种，大概是加拿大的原住民、爱斯基摩人等用的一种音节文字，用的符号都是最简单的几何图案三角形、尖角、半圆等。

然后图案朝哪个方向，就表示不同的发音，三角形朝上是 i，朝下是 e，朝左是 a，朝右是 o；尖尖角朝上是 pi，朝下是 pe，朝左是 pa，朝右是 po。这可以说是符号化到极致。

音节文字示例

　　那么，有没有象形的表音文字呢？有的。我们今天用的拉丁字母，最开始其实都是象形的符号。大写的 A，旋转 90 度，就像一个牛的脑袋。当然，现在 A 已经抽象化，要看成牛脑袋需要发挥一下想象力，不过在我告诉你之后，应该还是能看出那么一点意思。大写的 H，旋转 90 度，就像是篱笆、栅栏。在当时他们的古代语言里，篱笆这个单词的第一个辅音就是 h，所以就画一个象形的篱笆表示 h 这个音。既然纯粹用来表音，这些象形的符号后来就越来越抽象化。今天我们用的汉语拼音，是用抽象化的拉丁字母来表音。我们现在也可以发明一种象形的汉语拼音。比如说，画一把刀，表示 d；画一只兔子，表示 t；画一头牛，表示 n；画一条龙，表示 l。虽然这种象形拼音估计推行不开，但是从理论上来说是完全可行的。在各个自发产生的文字系统诞生之初，字形总是很象形，整体属于意音文字。所以象形和意音文字这两个概念很容易混淆，但严格来说，并不是同一个层面上的东西，应该分开讨论。

　　说古汉字象形，对比的对象，是今汉字。而把古今汉字看成一个整体，跟西方字母文字或者说汉语拼音相比，关键的差别在于汉字是意音文字，而非表音文字，这是比是否象形更本质的差别。

　　这里我还想补充两个内容。首先，在把汉字拿来跟表音文字对比的时候，对汉字的性质有一些讨论。最开始很自然地，大家说汉字是表意文字。后来发现"表意"的说法不够全面，才改说成意音文字，这是现在比较主流的说法。另外，认为汉字是语素文字，持这种说法的人也不少。还有一种很有趣的说法，认为汉字是构意文字，就是根据意义来构造字形的文字。这几个说法有各自的侧重点，但是大方向上差不多。这些说法都不只适用于汉字，也适用于楔形文字、古埃及文字等。

其次，想补充的是，我看到评论里有的朋友提出，说某个汉字是表意的，某个汉字是表音的，所以一部分汉字是意音文字，一部分汉字是表音文字。这种说法不准确。文字的性质是针对整个系统而言的，要跟具体某个字使用哪一种具体的造字和用字方法区分开来。

（钟觉辰）

四　转换中心看历史：他人眼里的世界是什么样？

1. China 来源的最新研究进展

China 是来源于秦吗？

我们说，梵文的 Cina 中文译作支那，英文的 China 也是从这儿来的，它的最早来源是秦。一般都说这是 1655 年，意大利传教士卫匡国（Martino Martini，1614—1661）最早提到的。其实，早在汉代翻译佛经的时候，就有把 Cina 翻译成汉或者秦的，说明那时候就有这种看法。不过，这个问题后来一直在讨论，直到现在也不断有新的说法。比如说，说它来源于秦，究竟是秦始皇统一天下之后的秦朝，还是战国时候的秦国，还是苻坚的前秦？这三种说法都有支持者。

德国地理学家李希霍芬（Ferdinand von Richthofen，1833—1905）——"丝绸之路"这个概念就是他提出来的——说它是"日南"，汉代的日南郡，在今天的越南；拉克伯里——他曾提出"中国人种西来说"——说它是来自滇国。还有学者说是源自"羌"，而且说"羌""荆""滇"三字同源，都是 Cina 的来源；也有人说不是地名，是丝，或者绮的对音。

不过，这些说法支持的人都比较少，最流行的还是秦，而且是战国时候的秦。为什么呢？因为 Cina 这个词或者它的变形，最早见于印度和波斯文献，具体时间不太好下定论，但不会晚于公元前 4 世纪，那时候秦始皇还没有统一中国，这样大部分的假说，比如前秦、日南、滇都可以被推翻。而且梵文里的丝有别的词表示，跟 Cina 没关系，所以只有战国的秦这一个选项。

为什么用秦国指代中国呢？据说是因为"秦霸西戎"，秦国在西北游牧民族中间的影响力非常强大。远方的人，比如中亚、西亚和印度，是通过这些游牧民族才了解到中国的，他们说有个强大国家叫秦，那其他人也就跟着叫秦。不过，最近又有不同说法。语言学家郑张尚芳（1933—2018）先生，他说不是秦，是晋。理由是，秦是浊音 zin，但是 cina 是清音，中国周边各种语言的清浊音都分得清清楚楚，不会搞错。但是，晋是清音，读 sin。战国时代的草原民族比如匈奴如果南下的话，首先遇到晋，而且晋也非常强大，山西北部这个地方自古就是华夷杂处，所以晋的名号应该是很响亮的。

这是一种新的说法，还不是定论，也有学者反对，认为清浊音的转变也是有可能的。我们采用通行的说法，说是秦，正好这里我们也顺便介绍一下最新的研究进展。

2. 古人如何测绘地图？

还有一个问题，有朋友好奇地问，古人是靠什么技术手段能画出这么精确的地图的？这是个好问题，但是这个问题过于庞大，我们只能给点提示。不能低估古人的测量技术，基本的测量仪器，很早就被发明出来。而且就中国而言，全国性地图有时候是根据各地上交的测量结果拼合起来的，很多都有资料支撑。

关于中国地理测量的技术，请参考李约瑟（Joseph Needham，1900—1995）《中国科学技术史》（*Science and Civilisation in China*）的"地学卷"，这里面有专门的篇幅讲到中国古代的制图学和测量方法。全世界范围内的地图测量，请参考辛格（Charles Singer，1876—1960）、霍姆亚德（Eric John Holmyard，1891—1959）等人编纂，原版由牛津大学出版的七卷本巨著《技术史》（*A History of Technology*），这套书特别适合技术宅人，因为现代技术分工太细太复杂，还得依赖大量昂贵的设备，而古代技术很多可以在家里复原，可以挑点感兴趣的玩一玩，比如这部书的第三卷第十九章"1400 年前的制图学、测量学和航海学"，以及第二十章"制图学、测量学与航海学（1400—1750 年）"。以上这两部书，都有中译本。另外，据我所知，还有一套巨著芝加哥大学出版社的《地图学史》（*The History of Cartography*）正在翻译当中，值得期待。

当然，关于古代地图还有不少科普书，但是对于技术方面都语焉不详，我们就不推荐了。

我们只讲一个故事，大家可以体会一下。话说 19 世纪英国人想要测量西藏，但是中国不让欧洲人进去。当时，英国占领印度，有一个印度测量局，他们就训练一批尼泊尔人。怎么训练？就是让他们学会基本的测量知识，差不多就是勾股定理这个水平也就够用，然后训练他们走路，每一步的距离要差不多一样。然后派他们假装去西藏朝圣，这样混过边界，步行测量。大家知道，朝圣的人都有一挂佛珠，据说本来应该 108 颗，他们给弄成 100 颗，实际上是个计数器。每走一百步就捻一个佛珠，这样一串佛珠捻完，就是一万步。朝圣的人要拿一个转经筒，转经筒里面装了纸笔和最简单的测量仪器，到没人的地方就把数据记下来，就这样测绘了从印度到拉萨的地图，然而最后得到的数字居然跟真实数字误差非常小。

过去的人对自然山川是很敏感的，现代人就很迟钝，也没啥概念。

3. 转换中心看历史

最后一个问题，也是最棒的一个问题。有朋友说他突然想到，不同地区的人对未知的地方都有很多想象：中国的西天、西王母、西域，欧洲的东土、黄金之国。那么，蒙古人、非洲人对北方和南方的想象是什么呢？这个问题好在哪儿呢？就是我们一直强调，不以某个国家或者文化为中心，这是去中心化，但事实上，完全没有中心的历史是很难讲述的。因为有中心也就有参照系，大家才各自有位置，没有中心的话，很多历史不知道安放在什么地方。

那怎么办呢？一个办法是，中心转换，就是我们如果不得已要以某个地方为中心来讲历史，那要记得也要以别的相关地方为中心再来审视一下，同样的历史就可以转换另一种样子。中心互换，也是去中心化的一个途径。我们既要看中国人怎么看世界，也要看欧洲人、非洲人、印度人他们怎么看世界。所以，我说这个问题很棒。

可惜的是，历史上留下来的文献严重分布不均。就说东亚历史吧，绝大多数文献都是汉文文献，是站在汉人的立场上写的。还有一些藏文、蒙古文、西夏文等文献，那数量就少很多；还有一些人，根本就没留下任何文献，或者干脆就没有文字，比如匈奴人。有时候，我们根据他们的城市、建筑或墓葬的遗存，可以推测他们的世界观，怎么理解宇宙，或者怎么看待死后世界，但是很难看出他们怎么看待周围的地理环境和周围的人群。至于说南部非洲，那就更是如此。不过，有一点我们要说的是，咱们总说过去汉族中国人是如何以自我为中心，其实以自我为中心是人类的通病，很少有例外。比如，西夏文里表示汉人的字，就是左边一个西夏文的小，右边一个虫，那含义就不言而喻。

我们再举一个例子。有一位生活在 11 世纪的语言学家麻赫穆德·喀什噶里（Mahmud Kashgari，？—1105，又译为马哈茂德·喀什噶里），他出生在现在的新疆喀什，那时候属于喀喇汗王朝（Qara Khanid），后来他住在巴格达，编了一部《突厥语大词典》，用阿拉伯文解释突厥文。后来人能看懂突厥文，全靠这本词典。这个词典里有一幅地图，非常有名。它是上东下西，左北右南。最上面，也就是最东面，画了一个大国一个小国，大国是契丹，就是辽，小国是宋。可见，那时候至少在他的观念里，宋差不多算是辽的附庸了。新疆一带被画在最中心，又大又清楚。这是他的世界观。

这个地图给我们很大的启发，就是你要看汉文文献，那毫无疑问宋朝是当时东亚大陆的中心，是最明显的存在，但是其他人可能并不这么看。这一点我觉得特别宝贵，历史给现实带来的启示，往往就体现在这些中心转换之后的新视角里。

（段志强）

推荐书目

奈吉尔·巴利，《天真的人类学家》，何颖怡译，广西师范大学出版社，2011。

杰里·本特利、赫伯特·齐格勒，《新全球史——文明的传承与交流》上册，魏凤莲等译，北京大学出版社，2007。

杰弗里·布莱内，《世界简史：从非洲到月球》，李鹏程，上海三联书店，2018。

C. W. 策拉姆，《神祇、陵墓与学者：考古学传奇》，张芸等译，生活·读书·新知三联书店，2012。

亨利·富兰克弗特，《近东文明的起源》，子林译，上海人民出版社，2009。

尤瓦尔·赫拉利，《人类简史》，林俊宏译，中信出版社，2017。

大卫·克里斯蒂安，《起源：万物大历史》，孙岳译，中信出版社，2019。

艾尔弗雷德·W. 克罗斯比，《哥伦布大交换：1492 年以后的生物与文化影响》，郑明萱译，中信出版社，2018。

大卫·赖克，《人类起源的故事：我们是谁，我们从哪里来》，叶凯雄等译，浙江人民出版社，2019。

李学勤，《古文字学初阶》，中华书局，2013。

李约瑟，《中国科学技术史》，何兆武等译，科学出版社，1990—2018。

克洛德·列维—斯特劳斯，《忧郁的热带》，王志明译，生活·读书·新知三联书店，2005。

刘莉、陈星灿，《中国考古学：旧石器时代晚期到早期青铜时代》，生活·读书·新知三联书店，2017。

乔治·鲁，《两河文明三千年》，李海峰等译，大象出版社，2022。

J. M. 罗伯茨、O. A. 维斯塔德，《企鹅全球史》第一部《古典时代》，陈恒等译，东方出版中心，2020。

保罗·麦克金德里克，《会说话的希腊石头》，晏绍祥译，浙江人民出版社，2003。

杰弗里·M. 皮尔彻，《世界历史上的食物》，张旭鹏译，商务印书馆，2015。

裘锡圭，《文字学概要》，商务印书馆，2013。

斯塔夫里阿诺斯，《全球通史》上册，吴象婴等译，北京大学出版社，2020。

王明珂，《蛮子、汉人与羌族》，三民书局，2001。

佩内罗普·威尔逊，《牛津通识课：古埃及象形文字》，颜海英译，海南出版社，2021。

迈克尔·伍德，《追寻特洛伊》，沈毅译，浙江大学出版社，2015。

夏鼐，《中国文明的起源》，中华书局，2009。

查尔斯·辛格等主编，《技术史 I-VII》，王前、孙希忠、刘则渊等译，上海科技教育出版社，2004。

张光直，《中国青铜时代》，生活·读书·新知三联书店，2013。

第二季

全球史中的帝国、战争与移民

导　言

1. 撞球式的族群迁徙

历史学家王赓武曾经有一个"从中国到新加坡的移民链条"的说法，讲的是华人在世界范围内的移动。他说，华人是从北向南，一步步迁移，最终形成布满东南亚的华人社会。这有点像撞球。北到呼伦贝尔——鲜卑人、契丹人、女真人、蒙古人都发源于此，南到越南、泰国、马来西亚、新加坡——这里至今生活着大量的华人。北边的人撞南边，南边的人撞更南边，这从南到北蔓延一万多千米的区域里演出的历史，很大一部分是这种大规模移民造成的，而这些移民开发了土地，制造了繁荣，也衍生出各种分支文化。

让我们举个中国江南的例子吧。大家都知道，太湖是中国最大的淡水湖之一，好像长江三角洲地区的"蓄水池"。不过，太湖变成一个边界很清楚的大湖，其实是两千年来不断治理的结果。特别是太湖南岸，今天属于湖州管辖，可是在很早的时候，这里经常是汪洋一片。因为更南一点是天目山，天目山的水流出来，进入太湖，是太湖的主要水源之一。山水有季节性：雨季时山水下流，常跟湖水连成一片，等于湖面扩大了；旱季的时候，水少了，土地又露出来。就这样，南边的湖面时而扩大，时而缩小。可是从中古时期、唐代中期到北宋、南宋之间，北方不断有战乱，中原人一波一波地南迁。这些人在北方是种地的，到了江南一样要继续种田。太湖这一圈都是沼泽地带，用什么办法把它变成良田呢？历代的人们就挖一条条的水渠，可是在湿地里挖水渠太难，因为泥太软，水渠挖着挖着就塌了。于是，人们就利用一种古老的技术，在水渠两侧打下一种竹子和木头编成的篱笆，这样水从湿地里渗出来，渗到渠里，渠壁也能立得住，渠里的水排进太湖。这样的水渠就叫溇港，利用溇港排水，就可以在本来是水来水去的沼泽地带修建圩田，种植水稻。一直到明清，溇港加上跟它垂直的横塘，形成棋盘状的河道网络，棋盘的格子里就是稻田、村庄之类。今天所谓"江南鱼米之乡"或者"江南水乡"，就是这么来的。显然，经过东晋南朝、晚唐五代、南宋这几个重要节点，江南富庶之地和太湖的轮廓就这么形成，因为这几个时代正是北方人大批南迁的时代。可见，江南的开发和江南文化的形成，也是移民的产物。

可为什么北方中原人总要南迁呢？因为北方受到来自草原民族的压力。西晋变成东晋，是几个北方部族大规模迁移到黄河流域，最后导致永嘉之乱（311—316）造成的，有人把它叫作"五胡乱华"。中晚唐，是因为安史之乱（755—763），盘踞在辽东长城一线到今天北京一带的安禄山（703—757）、史思明（703—761）带着多族群的大军打过来，战乱中吐蕃人、回纥人乘机也插一脚，最终中原残破，民众被迫南迁。南宋时期的情形也差不多，契丹、女真和后来的蒙古大军逼近，特别是1100年之后的女真人南下，使得大批北方汉族人南迁。至今历史上还要讨论的大事，比如东晋后的"侨郡""侨州""侨县"制度，唐代之后江西文化的突然崛起，使宋代江西出了好些文化名人，南宋以后福建、广东越来越发达，还成了海上贸易和文化事业的中心，大概都可以和战争及移民扯到一起。

北方人往南方迁，南方原本就是空地吗？也不是。这里本来也有人，溪峒夷獠，各处都有。比如说山越，北方来的汉人对这些山越是两手，一手是驱赶，一手是收编。从三国那会儿就这样，吴主孙皓取"吴国兴盛"之意，在今天湖州一带建立吴兴郡。为什么建这么一个郡？《三国志·吴书》"皓诏"上说得很明白："以镇山越"，为的就是对付山越。人们熟悉的孙策、周瑜、黄盖、诸葛恪，他们很大的一个工作，就是征剿山越。这么征来剿去，当然会有很多本来住在这里的人跑掉。往哪儿跑呢？只能再往南。所以，华夏国家就是这样，不断地南进，南边的这些人一些被收编，一些继续往南，最后，从华南、西南，还往中南半岛，还下南洋，引发连锁反应。这种过程很复杂，但大体而言，这种从北往南、一波一波的移民，贯穿整个东部亚洲大陆的历史。

从这个角度再回头看看江南，是不是有点不一样的感觉呢？它也是这个巨大的移民浪潮的产物，是环环相扣中的其中一环。江南地区这些浸润了小桥流水人家、油纸伞、雨巷、丁香诸般诗意的人，跟蒙古草原上冰天雪地里弯弓射大雕的骑马民族，跟东南亚湄公河三角洲上驾着小船卖香蕉卖椰子的越南人，拥有的是同一个历史。

2. 略说移民

我们的全球史进入第二季，主要想讲的就是这么一个共同的历史是怎样形成的。如果说第一季是从头说起，讲了人类起源、青铜、食物、文字、认识世界等主题，只能说人类进入文明时代。那么，第二季就要讲进入文明时代的人类，有交流也有分化，这些分化的人群是怎么一步步形成共同历史的呢？最重要的途径，不仅是思想、物质的交流，也不全是少数旅人的穿针引线，首要的还是人口的交流，即大规模的移民。

因为历史上曾经有过不计其数的移民，所以在今天的世界，美洲有黑人，南非有白人，大洋洲人大部分是欧洲人的后代，而俄罗斯人有蒙古人的血统。历史学家翦伯赞（1898—1968）是地地道道的湖南人，但是你知道他是维吾尔族吗？再进一步，这些可以识别的，或者说自己认为可以识别的移民，只是移民大河中的小小浪花而已，真正的大多数远道而来的人，早已和本地人融为一体，不可辨别。其实，从走出非洲开始，人类历史在某种程度上就是移民史，没有谁可以遗世独立，自古以来，直到永远。

不过，真正的移民历史，并不是那么轻松愉快的。伴随移民的往往是战争，这里有国家与国家间的战争，国家与内部人民间的战争，也有国家与尚处于国家之外人群间的战争，当然更有各式各样的暴力行为。中原汉人南迁到江南，再导致南方土著继续南迁，背后都充满暴力。兵锋所指，大量的人口往往也跟着移动，移民所至，往往也会引发战争。所以我们第二季的主题，就叫作"帝国、战争与移民"。

最前面我们说的"东亚移民链条",看上去虽然波澜壮阔,但如果放在全球史视野中来看,也只是一个角落而已。真正的宏大场景,是几次超大帝国的崛起。这些依靠强大武力建立起来的帝国,各自整合广大的区域,这些区域里人口、思想和各种资源的流动,当然要大大超越四分五裂的时代。这里,我们会选取全球史上的三个关键时段,这三个时段也可以说是全球史上的帝国时代,对战争与移民形成的全球联系的共同历史意义重大。

3. 历史上的三个帝国时代

哪三个时代呢?

第一个值得注意的时代,是罗马帝国(前27—1453)与汉朝(前202—220)时代。这个时代的世界两边儿,各有一个庞大的国家,可是这两大国家遥遥相对,本来是王不见王,东是东、西是西,在世界两端各自形塑文明,中间还有一个安息帝国(前247—224),又叫帕提亚(Parthian)帝国,处在罗马帝国与汉朝之间,或许可以把它们叫作全球史上的第一个"三(帝)国时代"。但是,在汉朝后期,匈奴逐渐衰落,有历史学家认为,他们中的一部分也就是所谓北匈奴,一再西迁,先到伊犁河流域的悦般国,再到锡尔河上游,现在属于哈萨克斯坦的康居,接着再往西边迁徙到今天咸海一带。374年匈奴人到了现在顿河流域的阿兰国,迫使黑海北岸的哥特人退却。最后,420年匈奴人越过顿河到达多瑙河,在某种意义上,成为影响欧洲历史的族群。历史学家认为,这不仅导致西罗马帝国(395—476)的衰亡,结束这一历史时期,而且引发欧洲各种族群的迁徙和交错。西边的历史在动荡,东边的历史也在动荡。在亚洲东部，同样在 3 世纪汉王朝崩溃之后，先是分裂为魏蜀吴三国，接着西晋（265—316）短暂统一之后，4 世纪也出现和欧洲蛮族入侵相仿的前面我们所说的所谓"五胡乱华"。北方游牧民族南下，中原汉族南迁，南方各种族群在庞大的北方移民压力下也逐渐发生交融和改变。在看上去一片混乱中，族群在交融，民众在移动，文化在交错，历史就这样在移动和混融中翻开新的一页。《剑桥中世纪史》(*The Cambridge Medieval History*) 曾经追问，350 至 450 年为什么可以看作"从一个世界向另一个世界转变的时期"？

因为这个时代，不光是欧洲发生巨变，亚洲也发生巨变。

第二个值得注意的时代，是唐朝（618—907）、拜占庭帝国（395—1453）与大食帝国（632—1258）东西对峙的时代。从 7 世纪起，这世界历史的一大因缘，就是伊斯兰教的崛起，使得世界上，无论是族群、宗教还是国家，都正处在一个大变动的时期。在东亚，先是突厥（552—630、682—745）的兴盛，然后是唐朝取代隋朝（581—618），击败东西突厥，并且与吐蕃和亲，安定了西北和西南，迅速崛起成东至东海、西至流沙的国家。在南亚，天竺的戒日王（Harsha Vardhana，606—647 年在位）曾经一统现在印度地区，崇信佛教。最引人瞩目的是西亚，处在拜占庭东罗马帝国，包括今意大利、希腊、土耳其、两河流域和北非地区，与波斯萨珊帝国（Sasanian Empire，224—651）之间的阿拉伯人，他们突然崛起，穆罕默德创立伊斯兰教，以阿拉伯人为核心，不仅灭掉波斯萨珊王朝，而且重创东罗马帝国，与唐朝隐隐形成东西亚两大国家对峙的格局。当然，在欧洲，当时还有尚有力量的东罗马即拜占庭帝国，世界出现新的格局。

在这个时代，世界两端加上中间，东西中文明有了直接接触，长安有数以十万计的胡人居住，广州成为海上贸易口岸，西域成为新的文明联系中心，就像早期世界史中的地中海。欧洲、北非、西亚、南亚和东亚，各种人员、物质、技术以及宗教信仰，经由战争和移民，在互相交融。这个时代，以三大宗教为核心，形成现在仍然三足鼎立的基督教、伊斯兰教和佛教三个文明圈。而所谓中古的三夷教是：出自西亚的袄教，即琐罗亚斯德教（Zoroastrianism），也叫拜火教；出自基督教聂斯托里派（Nestorius）的景教；以及同样出自西亚的摩尼教（Manichaeism），就是后来被叫作明教或者"食菜事魔"的宗教，也通过中亚西域的丝绸之路东传。造纸术通过中亚西传，佛教从印度经过海陆两路，在东亚和中亚传播并达到鼎盛，瓷器在海上也从中国走向印度和波斯甚至更远，人类之间的精神和物质联系进一步加深。

第三个值得注意的时代，则是蒙古时代。横跨欧亚的蒙古帝国（1206—1259），是人类历史上第一个全球性帝国，尽管战争和屠杀给人类带来浩劫，但是，在蒙古铁蹄下，国家与国家的藩篱被拆除，亚洲和欧洲的障碍被摧毁，一个包容从欧洲到亚洲，从北部草原到南部海域的各色人等、各种宗教的大帝国，开创世界历史新的一页。所以，有的历史学家认为，这才是世界史的真正开端。虽然蒙古时代为时短暂，元朝（1271—1368）、伊利汗国（Ilkhanate, 1256—1355）、察合台汗国（Chagatai Khanate, 1222—1683）、钦察汗国（Golden Horde, 1242—1502）以及窝阔台汗国（1186—1241），也彼此各自为政，但作为欧亚大陆的首次整合，特别是以快速移动为特征的蒙古人的统治，使得包括蒙古人、色目人、汉人在内的各种人口在广阔的世界流动，也对原来分属东亚、印度、中东和欧洲的各个文明圈初步作了整合。

总之，经由这三个时代，人类之间的联系才一次比一次紧密，到蒙古时代已经形成地理大发现之前最具"全球性"的历史。这种几乎是世界范围的文明整合，比大航海时代早了两个世纪，而这个时候奠定的世界格局，则一直影响到今天。

（段志强）

欧亚大陆的巨变：前1—4世纪

第一节　战争与移民

毫无疑问，今天我们诅咒历史上那些让生灵涂炭的战争，它让无数人失去家园，不得不离乡背井。不过，从全球史上看，让相距遥远的地方连在一起，让不同族群互相交融，让各种文化四处传播，让原本荒蛮的地区被开发，却不得不说，这和战争以及战争造成的移民相关。有一首流行歌曲这样说："不要问我从哪里来，我的故乡在远方。为什么流浪远方？为了天空飞翔的小鸟，为了山间轻流的小溪，为了宽阔的草原，流浪远方。"不过，先民之间发生战争，到处移民，可没有那么浪漫。其实回顾历史，要么是生计所迫不得不然，要么是帝王豪强的贪欲所致。

不过，战争也好，移民也好，为了征服远方，为了迁徙他乡，要有好的代步、征战和移动的工具，就像今天打仗先有运兵车、登陆艇、运输机，出远门要有飞机、轮船或者汽车一样。古人打仗，范围越打越大，疆域越拓越宽，也是要有新工具的，第一个工具就是马。陈寅恪先生曾经说，古代打仗有了马，就像现代有了坦克。

所以下面，就让我们从"马的驯化"如何促进欧亚大陆的战争和移民开始说起。

1. "马的驯化"如何影响欧亚大陆的战争和移民？

> 失了一颗马蹄钉，丢了一个马蹄铁；
>
> 丢了一个马蹄铁，折了一匹战马；
>
> 折了一匹战马，损了一位国王；
>
> 损了一位国王，输了一场战争；
>
> 输了一场战争，亡了一个帝国。

在过去的四千年里，频繁的大规模人口流动现象，多半伴随着剧烈的战争，染上血色，带有腥味，这是欧亚大陆最常见的文明景观。战争往往是造成移民的原因，战争也往往是移民的结果。二十万年前，当非洲那位老外婆的后人踏上迁徙之路，向欧亚大陆移动的时候，有限的人口移动也许还不那么暴力，不过后来可就不一样了。

种植谷物，饲养牲畜，繁衍生息。人们如果不大规模移动，就将守在耕地上，围着不多的牲畜转，农耕者听取蛙声一片，牧民放牧在广袤草原上。然而，近四千年来农牧分界线附近，却不断传出田园牧歌与鸣镝金铎的交响。这时候，人类的移动能力发生根本变化，这种能力的变化，原因之一来自马的驯化、轮车的发明和后来出现的马背骑乘。可以说，马作为一种战争动物，它的降临彻底催化人类文明的进程。历史学家大卫·安东尼（David

W. Anthony）曾在《马、车轮和语言》（*The Horse, the Wheel and Language*）一书中提出一个精彩的论断："人类一旦跳到马背上并从那个高度观察世界时，历史进程就发生了变化。"马对欧亚大陆人类活动，尤其是战争的推进，主要有两种形式：第一，战士开始驾驭马拉战车作战；第二，跨骑在马背上作战。无论哪一种，首先都得依赖马的驯化和马的军事性使用。

在我们祖先的眼中，野马实在是再适合不过的猎物：它们成群结队地生活，温顺地食草。对早已能猎杀猛犸象那种大型动物的猎手而言，猎获野马实在不算一件太复杂的事儿。其实，远不只是后来马的驯化，改变人类战争和移民格局，甚至野马本身，也是人类移民的动力之一。游动狩猎的猎手追随野马和猛犸象的踪迹，居然跨越寒冷的西伯利亚莽林，来到美洲。考古学家认为，人类踏上美洲大陆之后，很快就将当地的野马杀得一干二净，并种下了日后的祸根。当 16 世纪初冷酷的殖民者皮萨罗（Francisco Pizarro，约 1475—1541）来到美洲，发现美洲人竟然没有见过马，甚至连值得驯化以用来骑乘的大型哺乳动物都没有见过。丛林中的美洲国王，自然也从来没有组建过战车部队和骑兵部队，也无力对抗欧洲殖民者的铁蹄。这当然是后话。

回到欧亚大陆。欧洲早期人类追随大型哺乳动物的足迹，在森林草原中大量猎杀野马。随着冰河时代的结束，野马消失在欧洲中西部，唯独那些没有森林的大草原还有相当数量的野马。也正是在那时候，人类开始学会驯化野马。最初，猎人猎杀野马主要是为了获取马肉，但野马的集中驯化，至少在大约公元前 4000 年，也就是六千年前乌克兰第聂伯河的斯莱德涅斯多格文化（Sredny Stog culture）中得到证明。在德瑞夫卡（Dereivka）遗址，大量的马骨属于公马，显然公马被当地人有意识地吃掉，留下更多的母马以繁育后代，这正是驯化马的第一步。大卫·安东尼猜测，当地人集中驯马的同时，会有人萌发骑马试试的念头。他的证据是，马的第二前臼齿有被磨损的痕迹，且磨损明显超过正常值，说明曾经有人尝试在马嘴里放入马嚼子。恰好伴随着马骨，也出土了大量鹿角残片，这种坚硬的东西做马嚼子再合适不过。

在几千千米之外的北哈萨克草原伊希姆河（Ishim River）支流伊曼·布尔鲁克河（Iman Burluk River）附近的博泰文化（Botai culture，约前3700—前3100）中，也发现了马骨，这已是五千多年以前了。可以看到，马的第二前臼齿，也被磨损超过三毫米，这是数百小时马嚼子磨损才能造成的。下颌骨有被磨损的痕迹，很可能是套索、马勒之类的马具造成的。考古学家根据马骨推测，博泰文化的马，高度超过十三至十四手（一百三十至一百四十厘米），已经远远超过罗马骑兵战马的高度，足够用来骑乘了。

再往东一千五百千米，和博泰文化同时或稍晚一点点的阿凡纳谢沃文化（Afanasievo culture，约前3200—约前2500）中，更多马骨的第二前臼齿被非正常磨损，而且这里的墓葬传统明显来自里海沿岸草原。也就是说，来自里海沿岸草原的移民，开始将青铜冶金术、马拉轮车、马匹蓄养等一整套兼容畜牧与农耕的经济方式，向东部草原、阿尔泰山地、叶尼塞河流域的米努辛斯克谷地（Minusinsk Basin）传播，并随后进一步传播到蒙古高原和中国北方。

欧亚大陆战争的规模和形态，因此出现变化。

2. 车辚辚，马萧萧：轮与车的发明

　　尽管大卫·安东尼一再坚持说，骑马起源于六千年前，可是，即便当时有人能够骑马，想要跨骑马背作战，还远远不够成熟。事实上，最早加速人群移动的是马拉轮车，其依赖轮子的发明。

　　考古证明，早期人类就知道利用滑橇——特别是由动物牵引的滑橇，它可以在平地上轻松省力地行进。后来，也许是在观察陶轮转动后，人们又获得一个启示，围绕轴进行滚动，是一种可以利用的省力的运动方式。在六千年前，苏美尔城市乌鲁克的象形文字上，已经显示出滑橇向轮橇的过渡。此后，在黑海——里海之间的地区以及高加索和欧洲，先后出现众多实木制作的轮车。它们高大笨重，只有牛才能牵引这种笨重的轮车缓慢前行。这些都远远谈不上能够用来作战。

　　数百年后，在公元前第三千纪著名的伊拉克南部吾珥皇家公墓"吾珥之旗"的画板上，我们看到美索不达米亚的野马已经开始牵引四轮马车，车上还有国王的武器：战斧、剑和矛，这四轮马拉轮车显然是一个武器平台。不过，四轮马车想要直接服务于战争，还是太过于笨重，更大的缺陷是它几乎不能转向，这对于战争而言实在太糟糕。因此，再过了几百年，一种轻便的轮车发明出来：它有两个轮子，每个轮子不再是一整块实木，而是由车辐支撑，车厢更为轻巧。车厢内能容纳至少两三人，这足够组成一个作战单元。

　　当然，制作战车是一件复杂的事情，复杂到可能需要整个帝国的各个产业部门和各种技术工种共同合作。战车不仅需要冶金、木器制作，还需要鞣皮、牲畜饲养，包括骨、角、筋在内的动物原料的再加工……围绕战车部队的组建，还需要马夫、马具工、

车轮制造工、细木工、制箭匠。古代中国人为此感叹说，"一器而工聚焉者，车为多"（《周礼·冬官考工记第六·总叙》）。显然，只有成熟国家能够制造并维持一支战车部队。最终，战车就成为早期帝国最重要的塑造力量之一。

空前提高的移动速度，迅速改变人类命运。英国考古学家斯图尔特·皮戈特（Stuart Piggott）指出，牛车的运输速度仅为每小时三四千米，换成这种轻便的马拉轮车后，移动速度能达到每小时三十千米以上。公元前第二千纪以来，驾驭战车的武士带着他们的语言、金属加工技艺和惊人的好战性格，横行在欧亚大陆，成为那个时代最主要的移民景观。贵族驾驭战车塑造了早期文明里的那些著名帝国：公元前1700年，闪米特族裔的喜克索斯人（Hyksos）渗透进入尼罗河三角洲，他们驾驭着战车；公元前1600年，美索不达米亚的阿莫里特王朝（Amoritic Dynasty）被来自伊拉克和伊朗之间北部山脉的族群蹂躏，侵略者也驾驭着战车，而且一百多年后，还成了两河流域的霸主；来自东部伊朗大草原、操印欧语的雅利安人推进到印度河谷，彻底毁灭当地的文明，那些操印欧语的雅利安人同样驾驭着战车；同样，在黄河流域，三千多年前商代中期的遗址中突然出现大量车马坑，战车让商文明与二里头的文明，陡然拉开距离。

欧亚大陆各文明中心，先后被战车所主宰，整个过程竟然仅用了三个世纪。

3. "引弓之民"：公元前9世纪的马背骑乘

由驯化马造成的战争与移民的历史，还远没有结束。马拉战车的贵族武士建立的帝国，大多仍分布在传统的农耕地区。我们知道，马拉大轮车的先民，早已生活在草原上，渐渐过上游牧生活。但是，早期草原牧民还没有能力建立庞大的战争帝国，要想深度开发草原资源，并爆发出惊人的战斗力，历史学家分析说，还要依赖于马背骑乘技术。

马拉战车打仗与马背骑乘作战，完全是两回事，即便公元前两千纪以来的战车技术已经高度成熟。想要跨骑马背作战，仍然需要等待将近一千年的时间。公元前 2400 至前 2300 年来自基什（Kish）的阿卡德（Akkadian）图章、叙利亚出土的陶器、吾珥第三王朝的图章、巴克特里亚—马尔吉亚纳文明（Bactria-Margiana Civilization）的图章都显示，有人曾经尝试跨骑马背。但是，他们要么骑在马属动物的腰臀部位、要么过于靠前骑在肩胛骨后侧。有学者甚至认为，骑在马属动物腰臀部位，说明他们骑的很可能是驴而不是马。

直到公元前 9 世纪，古老的图像资料向我们展示亚述人跨骑马背作战的新尝试。两位骑手骑乘在马的裸背上，没有任何鞍具。其中一位持弓，另一位则很可能不携带武器。当马背上的弓手准备射箭的时候，他的伙伴帮他牵挽缰绳。显然，骑士想要独立战斗还很困难。两位骑手配合作战，也不免让我们联想起战车的作战方式：战车的驭手和战车上的弓箭手，也得相互配合才能作战。

不久之后，随着马背上的弓箭手能够独立作战，军事性骑乘成熟了。不过，在农耕地区能够规模化组建骑兵之前，马背上的骑士主要从事部落之间的袭击和掠夺。过去，部落民想要突袭劫掠邻近部落，最大的难点在于，抢夺物资后如何快速撤退——毕竟身负重物的人想要撤退时，无论如何也很难跑过身无重物的追击者。可是一旦袭击者能骑马，不仅能突然出现，而且能很快撤退。

骑术，尤其是军事性骑术的成熟，明显增加战争的暴力和规模，也特别刺激游牧族群的战争能力，让草原生活变得更加丰富。有学者计算过，通过骑马狩猎打仗，可辐射的空间扩大六倍。同时，也对尚未掌握骑术打仗的定居部落形成决定性军事威胁。如果没有马，人可以利用的草场非常有限，徒步的居民最多能饲养二百头牲畜。可是依靠马匹，他们能够饲养超过五百头牲畜。更多的游牧民需要更多的食物来源，更多的牲畜则需要更大面积的草场，于是激烈的边界冲突就出现了。很多现代学者认为，古代最重要的战争，最明显的疆域变动，都发生在游牧族群和农耕族群的地区之间，就像中国的秦汉长城，就是试图避免游牧族群与农耕族群之间的战争而修筑的。

更重要的是，掌握军事性骑乘技术之后，利用马牛羊等牲畜维生的草原部族，能够向更广阔的地理空间挺进。横贯欧亚大陆中部的大草原，因此再也无法阻挡人类，反而成为能够自由流动的"草原高速公路"。马背上强悍的引弓之民，带着他们高超的骑乘技术、精致的战斗技术，高速度地出现在以农耕为主的定居文明国家附近。

用不了多久，骑射技术高明的斯基泰人（Scythians），将会出现在希罗多德笔下；楼烦将出现在赵武灵王逐渐扩展的北部边疆。在那里，欧亚大陆东西两端的希腊人和中国人，正在用自己尝试已久的成熟的步兵军团等着他们。

第二节　步兵的时代

> 缔造一个城邦的不是房顶牢固的物资，也不是坚石堆砌的城墙，甚至也不是发达的运河和造船厂，而是那勇于迎接挑战的人民。
>
> ——阿尔凯乌斯，诗人，公元前6世纪

很多人都有一种印象，历史上骑马民族通常是征服者，他们有惊人的战斗力。似乎驾驭战车和跨骑战马的勇士，才是整个古代战争舞台上的主宰者。但实际上，尽管战车和骑兵很厉害，但历史舞台上往往步兵才是最后解决问题的人。为什么？因为，几乎所有古老文明都一样，步兵还是军队最基本的要素。如果不是靠流动性的劫掠过日子，那么最后想要收拾残局，在扩张的疆土上踏踏实实地扎下来，并且把这些土地转化成自己的领地，建立稳定的国家，终究还是得像汉代中国学者陆贾（约前240—前170）所说的，统治者得下马落地，"马上得之，宁可以马上治之乎？"。

徒步武士的历史几乎与文明的历史一样古老，尤其是在农耕为主的地区，步兵总是主要的军队，直到今天，步兵仍然是国家武装力量的核心。在农耕与游牧数千年的对抗与竞争中，即便无法占有绝对优势，农耕地区的步兵也未必总落在下风。更有趣的是，从轮车、骑乘作战，到火炮、马克沁重机枪，甚至核动力航空母舰、洲际弹道导弹，军事史上那些最耀眼的发明和变革，还是没能取代步兵的地位。战车和马加速人群之间的移动能力以及暴力对抗的强度，相比之下，步兵从金属武器时代直到热兵器主宰战场前的数千年时间里，几乎没有革命性的进步。

我们忍不住要追问，在冷兵器时代的战场上，以农民为主的步兵用以对抗外部敌人包括引弓骑马者的力量，究竟是什么？

1. 战争中的步兵：武器和农民

步兵的历史性地位，首先是由铁塑造的。当四千六百年前美索不达米亚的铁匠熔炼出第一块铁之后，步兵的地位就已坚不可摧。约翰·基根（John Keegan，1934—2012）注意到，如果始终以石器、青铜器和马匹作为战争手段，那么战争的规模和烈度，可能不会超过公元前第一个千年的水平。骑马的人群将永远停留在温带草原，早期农民会固守在四百毫米等降水量线一侧。

虽然人类有辉煌的青铜时代，但铜并不是地球上最丰富的金属资源，想要制成硬度合适的青铜合金，需要加入锡，可是锡的产地有限。相比之下，铁是地表第四多的元素，而且分布非常广泛，几乎没办法垄断。不过，控制铁矿资源难度大，控制铁匠就容易得多。如果某个地方掌握冶铁，能养活一大批铁矿工和铁匠，他们将能提供一支装备铁制兵器和防具的军队。公元前 1400 年以前，冶铁的核心地区是今天亚洲西部土耳其境内的安纳托利亚高原，赫梯人在当地露天的矿脉获得大量铁制品，紧接着使用铁质的短斧、利剑和弓箭的赫梯军队就向谷地中的众多王国发起侵略战争。

铁质武器改变命运，也改变历史。在铜兵器的时代，优质的兵器和防具，只有贵族才能拥有，战争也是贵族的游戏。但地壳中铁的丰富程度，意味着人群拥有更多的金属，能够装备更多的武士，能够将更多的人口送上战场。至此，人群的暴力活动除了革命性技术进步之外，又有了一种新的政治规则：通过强大国家的控制力量，征集更多的兵源，组成强悍的军队。庞大的人口、更多的铁匠，以及优质的铁兵器，加上有效的管理系统，就构成强大的军事力量。在这方面，希腊人和中国人显然都是专家。

和游牧社会相比，农耕社会为这种步兵提供最深厚的支持。农产品最大的优势之一是可以储存，由此农耕社会比猎人、渔民和牧民社会更为稳定，农耕为主的国家往往人口更多，组建庞大的军队更有可能。无论是采取民主制度的希腊城邦，还是贵族封建过渡到皇帝专制的古代中国，自耕农都愿意通过合作和互助，来捍卫自己的稳定生活。尽管每个文明中的农耕社会，其体制和大小各有不同，但构建军队的思路都有相似之处，自耕农成为共同体最坚强的捍卫者，而且对于土地的渴望，也使他们在扩张疆域方面几乎毫无顾忌。公元前4世纪的历史学家色诺芬（Xenophon，约前430—前354）在《经济论》中强调，希腊自耕农之所以愿意站在方阵中与同袍一道战斗，很重要的原因是"耕作让人学会去帮助别人，而对敌作战也正如在地里劳动一样，别人的帮助同样是必需的"。

当然，自耕农忙于劳作，并没有更多时间把自己训练成单兵作战技艺高超的阿喀琉斯，他们也不愿意独自面对骑马或驾车的敌人。但是，他们可以把自己装进厚重的胸甲里，躲在圆盾的后面，左右两边紧靠同袍，自己需要做的就是用剑或者长矛以最简单的方法杀伤敌人。因此，战斗变得简单而教条，用诗人提尔泰奥斯（Tyrtaeus）的话说："脚与脚相踏，盾与盾相持，盔与盔相碰。"合作、互助、降低作战对个人能力的需求，使方阵中的自耕农具备与任何强敌一战的可能。难怪希腊诗人福希利德会自信地说："哪怕是一个海岬的小城邦，也能胜过循规蹈矩的愚蠢的尼尼微。"

2. 流动与坚守：阵地战中步兵的战略、战术

农业社会使希腊城邦的农民习惯于团结互助、集体战斗，同样也使他们拥有经济能力自我武装。希腊城邦战士的铠甲，是每个战士自己购买的。《木兰辞》说"东市买骏马，西市买鞍鞯，南市买辔头，北市买长鞭"，出征的北方军人要自己购买战争必需品，不过那可能是骑兵。而希腊城邦是步兵，据历史学家研究，希腊城邦的每个步兵，需要消耗三十四千克木材和金属。重甲防护和方阵作战，使希腊人参加战斗的伤亡率，下降到相对低的水平——仅占总人数的百分之十，胜利一方的死亡率甚至只有百分之五左右。更需要注意的是，城邦重甲步兵被敌人创伤致死的人数，远远少于另一种情况：密集拥挤的重甲步兵方阵在进攻和防守时，不可避免地会互相撞击、彼此践踏。

希腊城邦的重甲步兵，还创造并践行一种直到今天都影响战争行为的观念：阵地战。人类学家观察到，游牧者并不倾向于阵地战，而是倾向于流动性劫掠，就像今天说的游击战。劫掠虽然是战争行为，但也是他们的生存策略。但阵地战不同，是彻底蹂躏并摧毁敌人，这并不利于将来继续劫掠。和游牧民相反，构成希腊城邦方阵重装步兵的主要是农民，他们不会投入周期性的、频繁的劫掠战争。坚韧的农业经济，除非巨大天灾，否则很难被彻底蹂躏和摧毁。美国古典学家维克托·汉森（Victor Davis Hanson）解释说，希腊农民的葡萄园除非连根拔起，否则很难

彻底被毁灭，第二年夏天就会枝繁叶茂、欣欣向荣。橄榄树想要烧毁都很困难，砍伐掉它更费时耗力。农业社会在承受外部世界的攻击时，最脆弱的是谷田和粮仓。除非彻底歼灭农民军队，否则农民军队会为守护粮仓作最强硬的抵抗。摧毁农民谷田成本最低的方法是纵火，可是春天的青苗是很难被烧毁的。唯有谷物成熟时，足够干燥的谷物既能够被收割，也容易被烧毁。对于希腊人，那是 5 月短短的几周；对于中国人而言，那是秋天的短短几周。

于是很容易想到，农民为主构成的步兵愿意通过阵地决战，留给他们作战的最佳窗口时间是有限的，他们必须用最短的时间和最强的力量一次性解决问题。他们不是职业的武士，没有高超的战斗技巧，只能尽可能先选择严密的防守，以厚重的铠甲和密集的方阵，然后用自己防守带来的稳定性和压迫感，以及前所未有的凝聚力和纪律观，去冲击和压迫外部的敌人。

在欧亚大陆的另一端，战国以来的中国人也作出同样选择。几乎整个农业文明世界军事史的进程，在中国也都留下相似的烙印。

较早的时候，战车和战车武士主要来自贵族集团，他们垄断着包括铜、锡在内的几乎所有资源。战车武士也会杀戮，但却不指望通过阵地决战赢取全面胜利。而且战争中，还遵循所谓的"礼仪"，也就是贵族那一套战争文化，看看"宋襄公之仁"的故事就能想象。公元前 597 年，晋国与楚国爆发著名的邲之战。晋国在战败逃亡途中，战车陷在坑里不能前进，后面追击的楚国人还教他们抽出车前横木；没走多远，马盘旋不能前进，楚国人又教他们拔掉大旗，扔掉车辕头上的横木，这样才逃出去。这个故事说明商中期以后到春秋时代，战车武士没有坚守阵地进行决战的观念。清代学者顾栋高（1679—1759）也提出"春秋列国不守关塞论"，敏锐观察到春秋时期"凡一切关隘扼塞之处多不遣兵设守，敌国之兵平行往来如入空虚之境"。崤关、函谷关、武关……几乎所有雄津要关，都是战国以来的产物。显然，关隘的最大作用在于提高敌人战争的成本。只有当贵族的战车武士退场，而农民组成的步兵主宰战场时，作为攻防阵地的关隘，才会被普遍设置。

3. 步兵的管理与训练

战争本来就是攻防矛盾平衡的艺术。步兵的攻击手段可以分为两种：击刺/砍斫和抛射。希腊步兵倾向于使用圆盾、长枪和剑，在密集方阵中作战，对抛射性武器的依赖相对较低。在这一点上，春秋至战国时期中国的步兵，似乎不一样——弩在步兵作战中的重要性非常明显，对抛射性武器的依赖程度明显高于古希腊军队，也远高于罗马军队。究其原因，恐怕是自耕农的社会经济地位不同造成的。古希腊城邦的步兵，由具有投票权的公民构成，他们拥有自备铠甲武器的经济能力。而组成春秋至战国时期诸侯步兵部队的农民，恐怕无力承担高昂的装备费用。

战国以来，古代中国走上战场的农民步兵，已经十分庞大。齐国"带甲数十万"、魏国"带甲三十六万"、楚国"带甲百万"、赵国"带甲数十万"……如此庞大的步兵规模对诸侯国的人口管理提出新的要求。最明显的例子是，春秋时期用"礼仪"来维持战场秩序已经再也不适用了。取而代之的是"军法"，利用强制性的法律和纪律手段来强化军队管理。即便如此，想把这样一批农民训练成精悍的武士，在成本上也是无法承受的，于是训练简单的阵形和操作便捷的弩成为最理想的选择。

让我们回顾一下孙武（约前 545—前 470）训练女兵的故事。孙武用"兵法"求见吴王阖闾（前 547—前 496），吴王阖闾要求孙武试着训练一下自己后宫的妇人，并且让自己宠姬担任军官。在孙武三令五申之后，妇人仍然大笑，并不听训练指令。孙武不顾吴王的求情，杀掉他的两位宠姬，最后"妇人左右前后跪起皆中规矩绳墨，无敢出声"。这个传说故事，至少有两点值得我们注意：其一，孙武不再是用礼仪来维持军队，而采取"令"和"法"，也就是纪律和军法；其二，训练妇人作战的动作是"左右前后跪起"，也就是说，普通农民步兵在战阵中需要做的只是紧密团结在一起，用最简单的战斗动作完成攻击。

4. 农耕与游牧：两种文明的遭遇战

随着由农民组成的步兵集团踏上公元前 4 世纪的战场，农业文明地区随即拉开向资源边疆进军的序幕。希腊人商船殖民大半个地中海，他们的继承者——马其顿亚历山大二世（前 370—前 368 年在位）——将密集方阵发挥到极致，将希腊文化传播到帕米尔高原这个"世界的尽头"；在欧亚大陆的另一端，战国的秦、赵、燕等国，也将农人生存的范围推进到四百毫米等降水量线附近。这些来自农耕社会的移民，将在那里修建定居点和永备工事——长城。

在牧场、森林和农田的边缘，农人与牧人、猎人遭遇。在那里，等待他们的是马背上已经技艺纯熟的骑士。

第三节　胡服骑射

1. 赵武灵王及其胡服骑射

现在我们来说说中国历史上一个非常著名的故事，赵武灵王和他的胡服骑射。我们可以大胆地说，吸取胡服骑射的经验，对华夏国家在整个欧亚大陆东部世界中的地位是有很大影响的。

一百多年前，梁启超（1873—1929）在《新民》上发表一篇文章，叫《黄帝以后的第一伟人——赵武灵王传》。他认为，在华夏中国与外部世界竞争的漫长历史上，只有四个人堪称"历史之光"，他们分别是赵武灵王（前325—前295年在位）、秦始皇（前247—前210年在位）、汉武帝（前141—前87年在位）和南朝刘宋的宋武帝刘裕（420—422年在位）。梁启超甚至感叹，赵武灵王要是活到近代，肯定是一个足以和德国皇帝威廉二世（William II，1888—1918年在位）比肩的大英雄。

赵武灵王到底算不算黄帝以后的第一伟人？这不好说。可以说说的，是赵武灵王留下什么遗产。让我们来看看发生在赵国的一件事儿。公元前302年，赵国的邻国魏国人观察到，赵国首都邯郸有一群人被强制迁往九原，也就是今天的内蒙古包头一带。在那里，将军、大夫、戍守边疆的官吏都穿貉服，也就是草原上异族人穿的衣服。这一定是特别不寻常的事件，魏国人把邻国的这一事件认真地记录在自己国家的编年史中。

更特别的是，几年之后，赵国的国王——赵武灵王——主动把王位传给儿子，自己放弃王位，也穿上胡服，率领一支军队去草原打仗。在他率领的军队中，有不少人本来就是草原游牧民族的骑射战士。

华夏国家的国王和百姓怎么穿上胡服、骑上马了呢？

2. 赵国吞并代地

在战国七雄中，秦和赵的祖先与其他国家有些不同。他们要么帮周天子养马，要么帮天子驾车，总之是跟马有亲密关系的部族。

公元前7世纪，距离真正军事意义的骑马技术发明才过去三个世纪，骑马的人群就来到华夏国家的周围，比如相当数量的戎狄、胡貉、屠何人。公元前664年，齐桓公（前685—前643年在位）先后擒获狄王、击败胡貉、战胜屠何。经过一系列针对周围非华夏族群的战争，据说骑马的族群终于被制服，华夏诸国转危为安。这是古代中国文献中关于骑马人群的首次记载，而这些人群骚扰的区域之一是晋国。两个多世纪以后，晋国被韩、赵、魏三家瓜分，史称"三家分晋"，赵国就诞生在非华夏族群环伺的地方。

赵国一定很早就注意到骑马族群的存在。赵国北部有一个叫代的国家，分布在今天山西省大同到河北省蔚县一带。代地出产的马被叫作代马，是与胡人猎犬、昆山玉齐名的三宝之一。历史上这一地区一直养马，甚至代地有一些地名，比如马邑、马城县等，都和草原世界的马有关。赵国觊觎这里的资源已经很久，据说赵简子（?—前458/475）病重的时候，招来继承者赵襄子（?—前425），让他在自己死后穿着孝服登上夏屋山去眺望。赵襄子穿着孝服远眺代国的土地，回来以后就开始谋划夺取代国。赵襄子先是百般讨好代君，听说代君好色，就把自己的姐姐嫁给他。代国产马，代君就以良马回赠赵襄子。不久，赵襄子去会见代君。事先让几百名跳舞的人把兵器藏在用羽毛做的舞具里，并准备一个盛酒用的大金斗。代君到了以后，等酒喝到兴致正浓的时候，斟酒的人翻过大金斗猛击代君，一下子就砸死代君。跳舞的人也都从舞具中取出兵器，杀光代君的全部随从。就这样，赵国夺得代国的土地和人口。

这个故事发生在春秋战国之际，三家分晋之前。这一阴谋事件带来局势的一系列变化。获得代地的资源和人口，赵国就获得争霸天下最重要的资本之一。在经济上，赵国本来是重农耕的国家，获得代地之后，赵国获得雄厚的农牧混合经济带的产品，马匹当然是其中最重要的一种；在地理上，获得代地之后，赵国与北方草原世界的联系更近，代地将成为他们向草原世界前进的根据地；在人口上，代地那些非华夏族群被赵国直接编入自己的军队中，被派遣到更遥远的战场上，后来赵国向北扩张的历次战争中，他们一次也没有缺席。

代国被赵国吞并。进入战国以后，赵国的周围有秦、韩、魏、燕这样的华夏国家，东边还有一个正在华夏化的中山国。在更遥远的北方，还有林胡、楼烦和东胡。所有国家中，秦、韩、魏、燕都很强大。赵国扩展自己的资源，只从非华夏的中山国、林胡、楼烦等族群身上寻找机会。公元前325年，赵的统治权传到赵武灵王。他深知自己的处境，曾经忧心忡忡地说："中山国深处赵国的腹心地带，东边有胡人，西边有林胡、楼烦和秦、韩国的边境威胁，自己却没有能够应付的强兵，国家会因此而灭亡。"经过十几年的准备，公元前307年，赵武灵王终于宣布开始胡服骑射。

当然，胡服骑射并不是一次典型的改革，与商鞅变法之类很不一样。胡服骑射与赵国对外扩张是同时发生的，甚至可以说就是战争进程中的一环。就在赵武灵王宣布胡服骑射的当年，他发动对中山国的进攻，同时进军林胡、楼烦、东胡即所谓"三胡"之地。之后的六年间，赵武灵王一点点吃掉中山国。同时，他向西边、北边攻略胡人的土地，用史书中的话叫"辟地千里"，也就是拿下幅员千里的土地。

同样是对外征服，赵武灵王对中山国和三胡地区采取不一样的方式，这是为什么？当时的中山国正在华夏化，它的军队和战国其他国家没有太大区别，都是由自耕农组成的步兵，所以赵国只能采取坚固的防御工事，通过正面围攻，一点点吃掉对手，这才是最稳妥的手段。可是，对于草原世界的林胡和楼烦而言，他们游移在草原上，并不修筑城池来保卫自己的领土，也很难捕捉到他们的主力部队。赵武灵王只能派兵大规模深入对方的土地，才能迫使对方政治领袖臣服。

3. 胡服骑射影响战争模式

那么，这种战争模式的区别和胡服骑射，究竟有什么关系？

代地就是回答这个问题的关键。赵武灵王第一次对中山国的进攻中，代地是进攻的起点，也是战略前进的基地。在对三胡地区的进攻中，代地不仅是进攻的起点，而且还是主要的兵源地。我们甚至可以推测，代地那些原来就会骑马射箭的战士，成为赵武灵王征服草原世界的主力。

这就出现一开头提到故事情景。代地对于赵国太重要，对于赵武灵王的吸引力太大！大到赵武灵王愿意放弃王位，成为"主父"，穿上胡人衣服，率领一大批军事精英，推进他征服遥远草原的宏伟大业。接下来的两年，他从代地出发，臣服楼烦王，并且将楼烦人编入到自己的军队之中。新的军队不是为了和秦国、燕国、魏国、韩国等中原国家打仗，它完全是为了和草原上的游牧民打仗而生。此后，赵国与北方草原世界的战争，就依靠这支骑射部队。

这时，赵国将近三分之一的土地都属于农耕和游牧的混合带，如何统治和管理这片刚刚被征服的土地上的林胡人、楼烦人呢？一开始，赵国在代地设置代相，也就是代地的最高行政和军事长官，利用代相来管理刚刚被征服的胡人。赵武灵王的儿子赵章，曾经相当于太子，可是母亲失宠了。赵武灵王封新宠吴娃的儿子赵何为太子，废掉赵章。当中山国覆灭后，代地、中山国和新征服的三胡之地需要一个新主人。赵武灵王想起这位被废掉的前太子赵章，把赵国中部南部原来的国土交给赵何，也就是赵惠文王（约前309—前266），把新征服的土地交给前太子赵章，封他为代安阳君。不久后，在一次宴会上，身为主父的赵武灵王看见身材魁梧的长子代安阳君赵章，反而要向年幼的弟弟赵惠文王行礼，心中升起怜悯，进而产生一个大胆想法，他要把自己打下的江山一分为二，让代安阳君升格为代王。如果真的那样做，可以想象代王将会是一位身穿胡服，以华夏族群的文化背景去统治一大片游牧世界人群的国王。

可是，代安阳君赵章没有等到晋升为代王，就发动叛乱。赵惠文王在平叛中，不仅铲除赵章，还顺手将自己的父亲赵武灵王饿死在沙丘行宫。

4．胡服骑射的历史意义

回到开头。赵武灵王实施胡服骑射的改革，大大促进了中原汉族与游牧民族的经济、文化交流，同时游牧民族也为华夏文明增添色彩。梁启超说赵武灵王是黄帝之后第一伟人，大概是有道理的，因为他给后世留下一份厚重遗产。

从军事上看，赵武灵王告诉后来中原王朝的统治者，农耕地区与草原世界对抗，必须也要用游牧民族骑射的技术。如果你没有办法训练更多的农民变成骑兵，那退而求其次的办法，就是开发农牧结合区域会骑马的人，征服或者雇用那些效忠于自己的游牧骑射战士。赵武灵王征服的楼烦人后来一直活跃在秦汉之际的战场上。楚汉战争时期，刘邦手下就有擅长骑射的楼烦人，精准射杀三位项羽派来挑战的人。汉朝建立后，国家军队中的骑士往往来自天水、金城、北地等靠近游牧草原的地方。更何况，汉朝军队中还有匈奴属国的骑兵，他们就和赵武灵王当年征服的楼烦一样，直接用自己的骑射技术为农耕国家提供军事服务。东汉甚至直接将北部边防，交给诸如乌桓之类的游牧民族。东汉末年公孙瓒（？—199）手下战斗力最强的部队，正是乌桓人组成的骑兵。

从文化上看，这份遗产同样厚重。很长时间以来，人们都热衷于讨论"夷而进于中国，则中国之"，讨论有多少草原世界的居民来到长城之内，最后"汉化"。我们当然有很多历史证据，可是赵武灵王胡服骑射的故事，至少提示我们，华夏族群也曾经移民到游牧和农耕世界的交界处，他们放弃族群身份最重要的服饰标志，穿上胡人的衣服。民国时期的著名学者王国维曾经写过一篇《胡服考》。他通过详细的考辨，认为自赵武灵王胡服骑射以来，便于骑马的胡服在中国曾经流行千年以上，后来虽然有所调整，但一直都保持着胡服的形制。从秦汉到隋唐，这种服饰广为流传，以至人们以为这是汉族中国人的传统服饰。

赵武灵王的胡服骑射，也开创一种模式。农耕国家与游牧世界竞争时，农耕国家不仅需要将国内资源倾注到战争前线，还需要大量吸纳非农耕世界的土地、物产和人口，把自己的军事文化乃至经济文化都调整到适应草原和游牧世界的维度上来。一旦做出这样的调整，草原族群和文化，将不仅仅在军事上重新塑造中国，更在文化上为华夏写下浓墨重彩的一笔。

5. 从胡服骑射到西汉与匈奴的战争

胡服骑射的故事有一个尾声。

战国末年，赵国有一位北方名将叫李牧（？—前229）。他一直驻守在代地，防备着匈奴人的进攻。他利用边防线上一个个据点，保卫农牧混合经济带的农民、牧民的财产，利用步兵、车兵和骑兵混合部队反击匈奴的劫掠。几代人之后，历史进入西汉。汉文帝（前180—前157年在位）听手下讲述李牧的故事，拍着自己的大腿感叹道：要是我有赵国的廉颇（前327—前243）、李牧这样的良将，我还会怕匈奴人吗？

汉文帝发出这番感叹的时候，汉朝正在为大规模出击匈奴做长远准备。他们最可依赖的历史经验，完全是赵武灵王留下的。也许是一种巧合吧，汉文帝本人当上皇帝之前，曾被封为"代王"。不过，汉与匈奴的战争，那是另一个宏大的故事。

第四节 罗马军团

前面说到，公元前 7 世纪，骑马族群就已经来到华夏国家的周边。三个世纪后，战国七雄的赵国在赵武灵王胡服骑射的改革下，展开征服草原世界的尝试。

同一时期，欧洲正处于古希腊、古罗马时代，罗马早在公元前 509 年就建立共和国，逐步征服意大利半岛。公元前 3 至前 2 世纪，欧亚大陆的东边，秦汉王朝相继崛起，而西边罗马则凭着强大的军事力量，成为地中海的霸主。

在罗马迅速扩张的几百年间，他们的军团所向披靡，不过他们并不知道，真正强悍的敌人躲在更远的地方。就在罗马争霸地中海的时候，游牧族群帕提亚人在如今的伊朗北部建立著名的安息帝国，横亘在东西两个强大帝国之间，迟早有一天，罗马人会和他们遭遇。

现在，我们就来谈谈罗马怎样成为地中海的霸主，又为什么在草原上遭遇惨败。

1. 罗马帝国成为地中海霸主

罗马帝国是如何成为地中海霸主的？当赵武灵王要开疆拓土的时候，为了征服草原世界，他吸纳林胡、楼烦等游牧民族，并打造一支胡服骑射的部队。由此成为一种传统，汉代以后，中国人向外部世界扩张时，也往往会吸纳当地的战斗人口、战争技术和军事文化。

而罗马人却走上另一条道路。罗马军队的老师是希腊人，希腊的方阵作战我们前面讲过。当罗马走上扩张道路的时候，他们仍然迷恋步兵方阵，常常将许多军团聚合起来，像马其顿庞大的方阵军队一样作战。

但是，随着罗马土地不断扩展，他们开始面对越来越多的民族，开始面对各式各样的敌人。罗马人开始调整他们的战争技术。他们把原来庞大的方阵分割成小单元，命名为"百人队"（Centuria），每个百人队由一名指挥官率领六七十位意大利农民构成。每两个百人队构成一个中队，每十个中队构成一条阵列，三条阵列构成一个军团。每个中队都可以在不同的战场情况下向前后左右穿插。

这样一来，罗马军团就灵活很多，他们的阵形可以拆分组合，比马其顿的方阵能更快地适应战场。战斗中，罗马军团的第一阵列手持标枪，在距离敌人三十米左右的时候发起冲锋，投出标枪，漫天落下的致命武器让敌人不知所措。第二阵列是最粗野、最精锐的战士，手持双刃剑，趁敌人混乱的时候掀起屠杀的高潮。如果第一阵列和第二阵列没有起到作用，他们会退入第三阵列，组合成更强大的压路机碾压敌人。从这里就能看出，罗马的军事传统和中国的不太一样。中国是"师夷长技以制夷"，而罗马人选择不断优化和调整步兵阵列的战术组合，以小变应万变。在罗马人看来，他们的强大军队和战斗方式可以适应一切战场。

公元前216年，第二次布匿战争时期（2nd Punic Wars，前218—前201），迦太基天才将军汉尼拔（Hannibal Barca，前247—前183）率领迦太基人、北非人、西班牙人组成的雇佣兵与罗马作战。他的手下大约有九万步兵、一万多骑兵和三十七头大象。他们穿过高卢，驱赶大象翻过阿尔卑斯山，出乎罗马人意料，来到罗马人身后的坎尼（Cannae）。汉尼拔熟知罗马的战术，知道他们不会改变自己的战争方法，于是对自己率领的原本是乌合之众的大军进行精妙的战术安排。那一年 8 月某天的一个下午，决战的战场没有重现罗马人往日的军事辉煌，完全变成一座屠宰场。五万罗马士兵被杀死，平均每分钟被杀死一百人。

可是，汉尼拔和他的祖国迦太基获得最后的胜利了吗？并没有。十四年后，罗马的军事天才大西庇阿（Scipio Africanus，前235—前 183）率领罗马军团攻入迦太基。在北非沿岸的古城扎马（Zama），罗马人包围并屠杀迦太基的两万军队。这个包围圈，正是坎尼之战的罗马孤儿组成的。迦太基的军事天才赢得一场战役，却无法赢得整个布匿战争。

2. 罗马帝国强盛的原因

罗马人笑到最后，并不是因为他们有什么神秘力量，而是因为罗马人有着维持战争机器的一整套体制，这是敌人学不来的。战争胜负的关键因素，不仅仅在战场上。

首先，罗马人的政府机构复杂又精巧，他们的行政决策非常理性，动员人群也超高效。不管是森林中的蛮族，还是地中海上的商业帝国，都组织不起来这样的政府。在罗马快速扩张的过程中，新增的土地和人口为罗马带来空前的资源和市场，有了雄厚的经济基础才能维持战争机器。

其次，罗马的军事组织庞大而精密。每一个环节，包括道路、营房、医院、军备、后勤、养老金、薪水、医疗部队、军官都稳定运转，像一块设计完美、制作精良的瑞士手表。比如，罗马有一批专业的基层军官百夫长。他们是士兵中的楷模，一代接一代地传递战斗纪律和作战技术，是职业的战斗军官团。相比之下，罗马的敌人迦太基靠的是雇佣军，既没有为军队专门设计的政治经济结构，也没有专职的军官团。

再次，罗马的交通道路网络发达，行军速度可以达到单兵负重二三十千克，每天能走三十千米左右。这是古代步兵机动能力的极限！汉代军队正常情况下也只能每天行进约十三千米。罗马在扩张的数百年间，一共修筑四十万千米的道路。从摩洛哥到尼罗河，今天考古学家已经辨识出大约一万六千千米的罗马道路。罗马道路设有大量路标、哨所、驿站和旅店。大约每三十千米就有一处补给点。在古代世界，这种为军事征服而修筑的道路网络体系，秦汉王朝也做过。秦王朝曾经修筑一条直道，把今天关中地区和内蒙古包头地区联系起来。但是，在这一点上，秦汉比不过罗马。

最后，除了军事组织，罗马人控制社会的艺术也是关键。在罗马扩张的过程中，不可避免地伴随着屠杀。但新征服的土地和军事殖民点的居民，都成为罗马帝国的公民，而不是被强制迁徙和被征服的臣民。这和赵武灵王的做法是一样的，赵武灵王也没有惩罚被征服土地上的林胡和楼烦，反而是自我调整文化属性，让林胡、楼烦等胡人成为赵国的一部分。

罗马的士兵来自四面八方，他们受到良好的训练。他们以公民的身份参军，为罗马帝国而战，而不是为某个部落首领而战。比如，一名来自现在摩洛哥地区的骑兵战死在哈德良长城上；出生于里昂的旗手战死于威尔士；出生于莱茵河源头附近的老兵战死在多瑙河畔。一位名叫斯普里乌斯·利古斯蒂努斯（Sprius Ligustianus）的战士，生于公元前220年，也就是秦始皇统一中国的一年之后。在他五十岁的时候，他有八个孩子，但他已经当了二十二年的兵，先后在希腊、西班牙等地打过仗。罗马帝国能将不同地区的人编组到军队中，送到遥远的他乡，这里自有让人归心认同的道理。

3. 攻防平衡的罗马军团

当然，罗马人能保持优势，也因为他们懂得如何战争。他们不仅是进攻专家，也是防御好手。为了顶住敌人的进攻，罗马人会用很短的时间在自己的防区修筑工事包围圈。大致就是挖壕沟，并且用挖出来的土筑一道土墙。每位罗马战士都带着铁锹，打仗是不是足够勇敢不好说，但挖地肯定特别在行，毕竟大多数人曾经的职业是农民。凭借这种壕沟和土墙构成的防御工事，凯撒的五万五千名士兵，曾经顶住了二十五万凯尔特大军的进攻。

一位罗马军团的战士如果旅行到战国秦汉的中国，看到中国战士的打仗方式，他一定会会心一笑，因为同一时代中国的步兵也是铁锹行家。有一个成语叫"作壁上观"，来自一个历史故事。秦汉之际，天下反秦，秦军将赵军包围在巨鹿，赶来救援赵军的人马抵达战场后不敢轻举妄动，修筑十多道"壁"，也就是壕沟和土墙构成的防御工事。当项羽率领楚军破釜沉舟进攻秦军时，其他军队都爬到壁上观看楚军的厮杀。这场战争的英雄是项羽，可是不要忘记，他也是一位用铁锹的行家。史书中说，他打仗的时候身先士卒，但他同时也善于"版筑"，也就是修建墙垒即防御工事。

说到防御，中国人最熟悉不过的就是长城，长城是秦汉时代应对北方游牧族群最重要的战略防御工事之一。其实一样的是，罗马人也爱修长城。随着帝国的扩张，罗马人在边境地带修了不少长城。这些长城分布在莱茵河、多瑙河、不列颠北部高地、撒哈拉沙漠，都是经过罗马人精心挑选的地方，而且这些长城也维护得很好。比如，位于英国的哈德良长城，不仅顶住北方凯尔特部落的进攻，而且一直有部队驻守和维护，直到4世纪还在使用。

从思想文化史上说，罗马人和中国人一样，也将世界划分为文明之地和化外之地，古代中国把这种区分叫作"华夷"或"胡汉"。其实，秦汉长城也好，罗马长城也好，本来只是一条军事意义上的分界线，后来却在观念上变成区分文明与野蛮的文化分界线。可是最终，突破长城的蛮族摧毁罗马，突破长城的五胡终结了西晋等华夏国家。

4. 罗马军团的弱点

战无不胜的罗马军团难道没有致命弱点吗？前面我们提到，罗马人遇到会骑射的游牧人群，有时也没好办法。

西亚的安息帝国，或者也叫帕提亚帝国，是典型的游牧国家，广袤的草原为帕提亚人提供足够的战马，骑马作战的技术也自然而然地传播开来。帕提亚人的军队几乎全部是骑兵，马蹄铁也是他们发明的。他们还为波斯的阿契美尼德王朝（Achaemenid Empire，又称波斯第一帝国，前550—前330）提供过骑射战士。

将要迎战帕提亚人的，是罗马前三巨头之一的克拉苏（Marcus Licinius Crassus，约前115—前53）。他征服安纳托利亚和亚美尼亚，为了巩固在罗马的政治地位，他准备继续征服帕提亚。他手下能派上战场的，至少有三千骑兵，以及两万多步兵。帕提亚人可能只有不到一万的骑射战士。

公元前53年，也就是中国西汉的汉宣帝甘露元年，在土耳其吾珥法省南部的卡莱（Karle），双方爆发战斗。战斗开始的时候，罗马人把骑兵放在步兵集群的两翼，想要保护步兵。强大的步兵居中横列，准备迎接帕提亚人的冲锋。可是，他们发现帕提亚人并没有冲击罗马的中军，而是错开队列，从两边环绕包围罗马军团。然后从四面八方开始射箭。罗马人紧紧挤在一起，他们在等待帕提亚人射完所有的箭。可是，当罗马人看到帕提亚人的骆驼满载弓箭前来补给的时候，他们才意识到，自己面对的会是无穷无尽的箭雨。

罗马人开始反击，帕提亚人迅速撤退。反击中罗马骑兵冲在前面，步兵落在后面。等罗马军团的战阵变得混乱和脱节，帕提亚人不再撤退，调转马头，又一次逆袭过来。他们再一次错开队列，环绕罗马军队，四面射箭。就这样，在草原上罗马人遭遇惨败。败得有多惨？大部分罗马士兵被俘虏、被屠杀。罗马前三巨头之一、军团统帅克拉苏的头颅被砍下来，送到亚美尼亚。剧院正在表演欧里庇得斯（Euripides，约前480—约前406）的悲剧《酒神的伴侣》（*The Bacchae*），克拉苏的头颅被用作剧中的道具。

顺便插上一句。若干年前，有一个欧洲汉学家曾经猜测，甘肃永昌的骊靬村，当年很有可能来过一群罗马士兵。据说他们来中国的原因，正是罗马人公元前53年的卡莱之战。不过，这是根据不足的揣测加上想象。但是，这场惨烈的战败影响很深远，后来罗马人花了好几十年，才学会如何应对草原上的游牧骑射。当罗马人意识到增加骑兵部队才能控制大草原的时候，他们突然发现，帝国已经不可避免地陷入动荡和衰退之中。北方森林、东部边疆的蛮族，已经越来越强悍。帕提亚人则被波斯阿尔达希尔（Ardashir）王朝征服，加入新的王朝之中。这个王朝后来成为强大的萨珊波斯帝国，并且在接下来的几个世纪里，持续挤压罗马人。骑马的蛮族一步步压垮罗马。

回观欧亚大陆东端，当罗马人在卡莱惨败的时候，中国人已经和草原世界打了一个多世纪。赵武灵王的经验，早已在汉朝发扬光大，帕提亚人恐怕不一定是同时代汉军的对手，因为汉朝所面对的匈奴人的军事力量要比帕提亚人强大很多。

第五节　汉与匈奴

1. 匈奴：汉朝北方的强邻

公元前 2 世纪以后，长达两百年的汉匈战争深远持久地改变欧亚大陆东部的民族格局，也很大程度上影响欧亚大陆西部的罗马帝国。那么，在两千多年前，汉朝是怎样凭着农耕为主的国家力量，去战胜北方那个空前强大的草原游牧帝国的呢？

一个国家的军事力量，往往不光是自己塑造的，也是被它的敌人促成的。古代罗马的军事文化就是由它的敌人高卢人、不列颠人和强大的迦太基人塑造的。在罗马帝国崛起和扩张的几百年间，海洋、森林和农田上的敌人，让罗马的海军和步兵空前强大。但罗马一直没有遇到过真正意义上来自草原的强敌。直到公元前53 年，面对帕提亚人，罗马人在卡莱遭遇惨败，这才让他们知道，罗马并没有战胜游牧骑兵的把握。不过，在欧亚大陆的另一端，汉朝所面临的处境就不太一样，尽管他们也遇到史无前例的强大对手匈奴。

匈奴并不是一夜之间突然登场的，游牧族群也不是总侵犯和劫掠别人。战国以来，随着赵、燕等国向草原世界扩张，特别是赵武灵王针对林胡、楼烦等游牧族群的征服，草原深处的族群也感受到来自农耕世界的压力。各国修长城，华夏国家封锁农耕与游牧世界之间往来的渠道，草原游牧族群的处境进一步恶化。这使得游牧族群也必须凝聚起来，整合所有力量，才能控制和保障金属、奢侈品、皮毛、粮食等资源的流通。所以说，也是因为华夏王朝的扩张，在某种意义上刺激草原强敌的崛起。

秦汉之际，匈奴在冒顿单于（前209—前174年在位）的带领下逐渐强大起来。在东边击败东胡，西边征服月氏，南边扩张到中国河套地区，北边则征服贝加尔湖周边各部落，他们号称集结了三十万骑射战士。在罗马与帕提亚人作战的时候，风驰电掣的数千骑兵已经让罗马人感觉到陌生和绝望。而欧亚大陆的这一边，汉高祖刘邦在面对上万匈奴骑兵以前，一开始大概也没有预料到自己会遭遇惨败。

2. 汉朝为什么最终能击败匈奴？

刘邦（前256—前195）起事时身份不算太高，相当于基层公务员。跟他赢得天下的功臣，又不乏屠狗的、贩卖丝织品的、编养蚕竹器的，就是一群布衣将相。他们有关草原军事、政治力量的知识，最初恐怕非常有限。

公元前200年，刘邦刚刚打下天下，曾轻率地领着军队前往边地。在白登，也就是今天山西省大同附近，刘邦被匈奴骑兵团团围住，遭遇耻辱性失败。刘邦和他部下对北方的知识缺乏到什么程度呢？他们选择出征的时间，居然是秋冬季节，他们不知道，这可是草原军事力量最强大的季节。他们也不知道，山西北部接近草原的那些地方有多冷。据说，刘邦手下的士兵百分之二三十被冻掉手指。最终，传说靠吕后（前241—前180）的狡诈计谋，汉高祖刘邦才得以脱身。但这次失败几乎成了汉初帝王的心理阴影，此后几十年间，汉文帝和景帝（前157—前141年在位）的时代，曾经在很长一段时间都采取妥协，也就是所谓"和亲"的方法，将宗室女、公主嫁给匈奴单于。《史记·匈奴列传》记载说："明和亲约束，厚遇，通关市，饶给之。匈奴自单于以下皆亲汉，往来长城下。"汉文帝甚至和匈奴约定，"长城以北，引弓之国，受命单于；长城以内，冠带之室，朕亦制之"，也就是一边一国。

不过，在表面和平的背后，汉朝皇帝也一直在通过各种渠道了解草原，为打败匈奴进行策划。随着汉朝越来越强大，内部也越来越统一。特别是"七国之乱"以后，国家越来越巩固，而且形成庞大的军事与财政力量，在冒顿和汉高祖发生战争的七十多年后，形势就开始逆转。汉朝所累积的历史经验，以及对草原世界的深刻理解，是汉朝事后能够赢得对匈奴战争的关键。

有一个小故事，前面提到过。汉高祖刘邦之子刘恒曾经做过代王，代地就位于汉与匈奴交界的前线。后来，刘恒成为汉文帝，他想了解有关草原的一切。他手下的冯唐，给他讲了自己祖先与赵国名将李牧抗击匈奴的故事，文帝深深感叹自己没有遇到廉颇、李牧这样的得力干将。君臣之间的对话显然不是讲故事，而是深谋远虑的战略讨论。据说，汉文帝到了中年赫然发奋，穿上军装，亲自备鞍骑马，与六郡良家子也就是出身西北六郡的军人一起骑马射箭，讲习战阵。而在汉文帝身边出谋划策的，正是冯唐。

通过商人、使节、战俘，汉朝逐渐了解匈奴。到汉武帝时代，对匈奴的知识越来越多，司马迁《史记·匈奴列传》里就记载有关匈奴的经济生活、战争技术、风俗信仰、职官制度等。司马迁留下的有关匈奴的历史记载，直到今天，仍然是我们了解匈奴最主要的资料。很快，汉朝收集的匈奴情报在日后战争中发挥作用。汉文帝时，有一位叫晁错（约前200—前154）的谋臣为皇帝提出非常详尽的分析。晁错认真对比匈奴与汉军相互之间的优势。他认为匈奴最大的优势在于战马和骑射，匈奴的战马能很好地适应崎岖变化的地形环境，匈奴的骑兵精通草原上的骑射战术，而且匈奴人也很适应草原气候。但是，汉军最大的优势在于能结合多样的兵种和兵器，来应对不同情况。几代人以前，赵国名将李牧就是通过步兵、骑兵、车兵的多兵种配合，成功拒止匈奴的入侵。

有了前人的历史经验，又掌握有关匈奴的情报，晁错乃至整个汉朝君臣，才能作出正确的战略分析，这是汉朝击败匈奴的第一个因素。

3. 汉朝击败匈奴的因素（续）

汉朝战胜匈奴的第二个重要因素，是农业世界的人口优势，不但人多，而且大规模的人口迁徙也是优势。

游牧的骑射部队确实机动性强，但这并不意味着匈奴所有人可以自由地移动在整个蒙古草原上。司马迁在《史记》中说，匈奴人"各有分地"，每家都有相对固定的牧场。一旦对牧场边界进行重新划分，往往会引起匈奴内部剧烈的冲突，所以匈奴各部落其实局限于自己的牧场。同时，牧场能够养活的人口比不过农田。农业产品可以储存、积累，但牧民的牛羊和奶制品想要长时间储存，却是很困难的。因此，草原的人口承载能力相对有限。

一旦打起仗来，牛羊要有人照顾。这时候他们不得不合并各家的牛马羊，让少部分人照顾庞大的牧群。台湾学者王明珂指出，草原上军队可以很快移动，但牛马羊却没办法以同样的速度移动。一旦这种庞大牧群遭遇汉朝的军队，匈奴人会遭受惨痛的损失。我们可以简单列举一下《史记》和《汉书》中的记录：公元前127年的战争，汉军获得牲畜百余万；公元前89年的战争，汉军也获得牲畜百余万。匈奴军队可以在草原驰骋，可是成群的牛、马、羊、骆驼却不行。匈奴的牧民在草原上游牧，但不能随便迁移到别人的牧场。因此，从宏观层面来看，匈奴的骑兵虽然可以风驰电掣，往来千里，可人口和牧群的移动能力都有限。

反过来，我们来看汉朝的农民。的确，农民被绑在土地上没法频繁移动。可是，如果汉朝中央政府强力介入，强制移民，情况就很不一样。晁错在另一份战略策划中，提到汉朝应该将一部分人口迁徙到边塞，让边塞布满农民，他们耕种边塞地区的土地并成为边防战士，这就是后来所谓"军垦"或"边屯"。这些自愿的和并不自愿的移民，国家为他们提供住宅、土地和农具。如果移民数量不够，国家还可以动员罪犯前往边境，减轻他们的惩罚。如果移民数量还不够，国家甚至会号召一部分奴婢前往边塞，移民就可以恢复自由身。

汉朝采纳晁错的意见。大批人口开始往边境方向迁移。在农牧混合经济带，相当规模的土地变成农田。这些在边境地区的自耕农，成为汉朝边防战士的来源，他们要保卫国家，也要保卫自己开垦的土地。而农耕劳作的收获，也成为汉朝的战争资源。于是，遍布移民的边境要地，便成为汉朝深入草原的战略前沿。

移民实边不是晁错的原创。当年，赵武灵王胡服骑射的时候，就曾经干过这样的事情。只不过汉代迁移更多的人口，汉代的边境经济带更漫长，深入草原的战争能力更强，这给匈奴造成巨大的压迫感。

4. 汉朝击败匈奴的因素（再续）

汉朝能够战胜匈奴的第三个因素，是国家的多元性。汉朝能够动用的军事资源，远比匈奴人要丰富得多。所谓军事资源，除了兵马、粮草、工匠、金属之外，还有适应不同类型战争的人口。

我们之前说到过，游牧军队在战马、骑兵方面成本很低。可换个角度看，这也限制他们运用更多的手段、动用更多的资源投入战争。虽然匈奴东起兴安岭，西到咸海，北抵贝加尔湖，南到祁连山，可是在整个战争期间，我们很少看到匈奴能率领一支农民组成的步兵部队与汉朝军队作战。

相比之下，汉朝却吸取赵武灵王的经验，编组众多草原族群的骑兵。秦汉史专家王子今观察到：在汉朝的中央军中，有长水校尉，掌管着长水、宣曲胡骑；偶尔还设置胡骑校尉，胡骑就是由包括匈奴在内的草原族群组成的骑兵。胡骑也受到重用与信任，他们驻扎在长安附近，是首都卫戍部队之一。汉武帝时代，匈奴休屠部的太子金日磾(前134—前86)战败投降，后来成为汉昭帝(前87—前74年在位)时期的辅政大臣之一。金日磾的弟弟叫金伦，金伦的孙子叫金涉。汉成帝（前33—前7年在位）时代，金涉曾经统领驻扎在首都圈的胡越骑。谁能想到，汉朝军队里有胡人作骑兵，而且匈奴血统的军官成为他们的统领。

你可能更没想到，汉武帝甚至派出大量匈奴骑兵去攻打匈奴。汉军中最著名的将领之一霍去病（前140—前117）在公元前119年远征匈奴获得成功，在班师回朝之后，获得封赏的将领名单中就有不少是匈奴人。汉武帝赞扬霍去病时，也特意提到这次胜利是霍去病亲自率领匈奴战士获得的。甚至霍去病去世后，送葬队伍中也有跟随汉朝的匈奴士兵。后来汉朝的将领李广利（？—前89）出兵攻打匈奴的时候，同样率领着至少两千"属国胡骑"。汉代将领赵充国（前136—前51）在平定羌人的战争中，也率领着"属国胡骑"。这些属国胡骑，也大都是匈奴骑兵。

在西汉王朝之后的东汉王朝，来自游牧世界的骑兵就更多了。东汉的第一位皇帝光武帝刘秀（25—57年在位）手下，有来自上谷郡、渔阳郡的突骑，他们是乌桓人组成的骑兵部队；割据河西地区的窦融（前16—62），手下有上万精锐的匈奴骑兵；割据陇右的隗嚣（？—33），有羌人、氐人战士；割据益州称帝的公孙述（？—36），手下则笼络氐人和西南夷组成的骑兵。

在王朝建立并稳定之后，73年，东汉对匈奴发动最后一击。在这场决战中，多族群的骑兵发挥重要作用。东汉的各位将领，比如窦固（？—88）、耿秉（？—91）、祭肜（？—73）、吴棠等率领的部队中，有大量来自羌胡、乌桓和鲜卑的骑兵，匈奴南单于也率领一万一千骑兵参战。而窦宪（？—92）出击北匈奴时，军队中也有南匈奴诸王的骑兵。

这些由匈奴、羌胡、乌桓、鲜卑等众多族群组成的骑兵部队，成了在草原游牧的匈奴人自己的噩梦。

5. 汉朝的文化塑造

最后，同样不能忽视的因素，是汉朝为了战胜匈奴而进行的文化动员。汉朝的士大夫不断讲述着匈奴的来历，讲述着匈奴的可怕，讲述着对匈奴战争的必要性。汉代的百姓不可避免地被灌输一种感觉，战胜匈奴不仅是国家的意志，也是个人和家庭幸福的保障。

在汉代的识字手册《急就篇》中有几句话："酒泉强弩与敦煌，居边守塞备胡羌，远近还集杀胡王，汉土兴隆中国康。"汉朝人在学习书写的时候，就已经被教育说，只有斩杀匈奴人的首领，才能让中国兴隆、百姓安康。而汉代的铜镜上，经常刻着一些吉祥话，其中一句就是"胡虏殄灭天下服"。什么意思呢？就是战胜匈奴人，天下才能安定。因此，与匈奴的战争，几乎成为汉代上下集体意识中不可撼动的部分！

匈奴人是否有过类似的思想动员，我们如今不得而知。毕竟，他们没有文字，没办法亲自向我们讲述他们的观点。他们也偶尔留下歌谣，他们唱道："失我焉支山，令我妇女无颜色。失我祁连山，使我六畜不蕃息。"漫长而残酷的战争中，匈奴人的命运也是值得同情的。不过，可以想象，匈奴人的思想与文化动员，肯定不如力量强大、组织严密、管理有序的汉朝，这恐怕也是决定战争胜负的原因之一。

经历两个世纪的漫长战争，匈奴覆灭。可是，当越来越多的游牧骑兵加入华夏王朝的军队中，当越来越多的草原游牧者出现在长城边上，农耕国家的边疆、长城以内的百姓，他们的命运、历史的走向乃至后世中国的文化，都不可避免地受到草原游牧族群的深刻影响。

第六节　北匈奴：迁徙的草原族群

1. 东征西战的匈人

前面我们讲到匈奴的最终覆灭，这是欧亚大陆上重大的历史事件，它所引起的余波，深深地影响欧亚大陆两端的罗马帝国和汉朝，以及它们的继承者。

374 年，一支骑兵出现在欧洲东部东哥特地区。他们长着亚洲人的面孔，骑着矮小的马，弓和箭是他们最强大的武器，而且每个战士都英勇善战，所向无敌。他们很快征服东哥特，然后继续往西，击败西哥特人，西哥特人只好逃离自己的家园。对于他们中的大部分人而言，逃跑的目的地只有一个，那就是多瑙河以南的罗马帝国。

面对西哥特人来势汹汹，罗马皇帝瓦伦斯（Flavius Julius Valens，364—378 年在位）率领罗马军团直面迎战，想要阻挡西哥特人的渗透和侵略，于是在亚得里亚堡（Adrianople）展开一场大战。战争的结果是相当出人意料的，曾经战无不胜的罗马军队，竟然惨败给西哥特人。甚至罗马皇帝本人也在战败后身亡，整个欧洲为此战栗。

亚洲面孔的骑兵并没有停止，他们继续进行自己的征服事业，很快他们征服整个匈牙利平原。于是，在接下来的几十年里，大约在5世纪中期，他们建立一个庞大的国家：东起咸海，西至大西洋海岸，南起多瑙河，北至波罗的海。欧洲人从来没有见过这批异族人，他们只知道，这批异族人叫"匈人"。匈人有一位杰出的首领，名字叫阿提拉（Attila，434—453年在位），欧洲人给他起了一个外号，叫"上帝之鞭"。

面对强大的对手，摇摇欲坠的罗马帝国已经越来越力不从心。更可怕的是，匈人的骑兵部队四处征服、压迫和洗劫，搅乱整个欧洲。罗马帝国境外一直生活着很多所谓的"蛮族"，也就是森林中的哥特人、日耳曼人、阿瓦尔人，等等。匈人四处征战，迫使这些民族一批又一批向四处流散。在罗马帝国对边境的控制越来越弱的时候，他们趁机渗透到罗马帝国境内，并导致罗马帝国的最终分裂。

这就是欧洲历史上的一个重要节点，后来的历史学家甚至把这个节点当作古代的结束和中世纪的开端。

2. 匈人之谜：他们从哪里来？

那么，匈人到底是谁？他们来自哪儿？罗马帝国分裂之后，这个问题困扰着欧洲学者长达一千多年的时间。直到1770年，有一位法国学者约瑟夫·德吉尼斯（Joseph de Guignes，1721—1800）在中国史书中找到一些记载，他认为匈人就是中国历史上的匈奴。

之后，英国学者吉本（Edward Gibbon，1737—1794）在他

的名著《罗马帝国衰亡史》(*The Decline and Fall of the Roman Empire*) 中，采信约瑟夫·德吉尼斯的观点，认定匈人就是匈奴，是谋杀罗马帝国的元凶之一。后来，英国人庄延龄 (E. H. Parker, 1849—1926) 的《鞑靼千年史》(*A Thousand Years of the Tartars*)、德国学者夏德 (Friedrich Hirth, 1845—1927) 的《伏尔加河的匈人与匈奴》等著作，都提出"匈人即匈奴"的观点。按照这种说法，是不是可能东汉击败北匈奴之后，北匈奴向西迁徙，迁到伏尔加河，再进一步到达莱茵河和多瑙河？他们也裹挟和带动众多蛮族离开故土，向罗马帝国渗透，并最终让罗马帝国解体。

一波才动万波随。如果匈人真的就是西迁的匈奴人，那这个故事就太迷人了。在中国发生的一次战争，竟然可以波及遥远的欧洲，影响欧洲的历史进程。

远在大航海时代之前，整个欧亚大陆上不同地区、不同族群之间的命运，竟然是如此彼此羁绊！

3. 北匈奴：有关战争与移民的故事

北匈奴真的西迁并作为骆驼背上最后一根稻草，压垮了罗马帝国吗？坦白说，目前这只是一种假说，还没有足够的证据将其中的每一个缺环都补起来，我们只能大致看看北匈奴崩溃之后，欧亚大陆的族群是如何变动的。

在经历将近两个世纪的漫长战争后，匈奴分裂成南北两个部分，南匈奴越过长城，成为东汉王朝的合作者，提供军事服务。北匈奴困守在更北方的草原，部落之间为了争夺首领地位，不断展开战争。到了 1 世纪的后半期，草原深处的北匈奴，处境十分艰难。《后汉书·南匈奴传》记载，当时北匈奴的势力不断衰耗，不断有人叛离逃亡，据说每年都有数千人，南逃到东汉王朝控制的地区。这时候，在东汉的策动下，草原四周的族群与东汉军队一起，开始一波又一波对北匈奴的攻势。据说，当时北匈奴四面楚歌，南有南匈奴，北有丁零，东有鲜卑，西有西域，加上东汉军队的打击，北匈奴只能向草原的更深处退却。

永元元年（89），东汉车骑将军窦宪率领八千骑兵，又拉着度辽兵和南单于，再次北上攻打匈奴。这一次，东汉军队取得决定性胜利，北单于向远方逃逸，汉军先后斩杀和俘虏了总共超过二十万的北匈奴人。两年后，北单于"逃亡不知所在"，称雄漠北三百年的匈奴就这样彻底崩溃。

不过，匈奴贵族和普通匈奴民众不可能一时全部消失。其中，就有一部分向西迁徙，来到乌孙西北部的悦般国，得到西域大量的土地和人口，这些匈奴人的势力一度又强大起来。东汉朝廷为了应对匈奴，启用班超（32—102）之子班勇，出任西域长史。班勇也很勇猛善战，成功击退北匈奴的伊蠡王，后来又策动西域各国一起进击胡衍王。此后，匈奴陷入反复的拉锯战。最后，北匈奴被逼走。不过，这个时候逼迫匈奴人退出悦般国的，不是汉人，也不是西域诸国，而是鲜卑人。

稍早些时候，在匈奴单于国崩溃、北匈奴人西迁之时，草原世界出现权力真空，崛起的鲜卑人趁机"尽占匈奴故地"，成为草原世界新的主人。在领袖檀石槐（137—181）的带领下，鲜卑一路走向极盛，并向西进攻乌孙。就是在这里，鲜卑打败北匈奴的残余。

四处溃散的北匈奴，有一支来到康居，也就是今天中亚阿姆河、锡尔河的两河流域地区，根据后来《北史》的记载，匈奴人接着往西北方向迁徙，到了中亚重要的枢纽地区粟特。他们谋杀了粟特国王，占据粟特人的土地。不过，之后究竟发生了什么，史书缺载，故事没有尾声，我们已经不得而知。在中文史料中，北匈奴的故事到这里差不多就结束了。毕竟，《北史》记载的故事，无论时间还是地点，都已经距离中国很遥远。甚至北匈奴谋杀粟特国王的故事，都有可能是后来北魏与粟特通使的时候，从使臣或者商人那里打听来的。

再往后，这些西迁的北匈奴就渐渐淡出中国人的视野。

4. 乌桓人的军事力量

匈奴的最后覆灭，其实也深深影响中原王朝。

虽然两汉政府都曾经利用草原族群的军人为自己作战，但是东汉时期胡骑的重要性远比西汉要大。原因很简单，因为在北匈奴覆灭这件事上，南匈奴、鲜卑等民族都发挥巨大作用。所以，此后东汉的北部边防，主要就由乌桓、鲜卑、匈奴等游牧民族来负责。那么，为什么东汉王朝要用大量胡骑来驻守自己的边疆？很重要的原因是，东汉时边境的华夏族群人口开始凋零。西汉时，农耕与游牧接壤的边境地区人口比较多，那是政府刻意移民的结果。但是经过长时间的战争，加上这些边疆区域本身不是特别适合农耕，于是大批边境人口开始向内部流动。那些地区的人口空虚到什么程度呢？据说，在幽州、并州、凉州，因为人口太少，居然无法正常举荐人才做官。显然，东汉王朝北部边防线，只能越来越依赖游牧民族的武装力量。

其中最有代表性的，就是乌桓。两汉时期，燕山到辽河一线，有大批乌桓人活动。汉武帝出兵匈奴，就曾经迁徙过一部分乌桓人到燕山至辽河一线的长城之外，设立护乌桓校尉，让他们脱离匈奴的控制，进一步削弱匈奴的力量。但是，为什么乌桓人没有变成第二个匈奴，反而迁移到东汉内部，变成东汉王朝最重要的军事资源呢？主要原因有两点：第一，乌桓人相对松散的部落结构。从社会组织来看，匈奴人曾经建立过庞大的国家，整个草原都在单于的控制之下。可乌桓人的社会组织比较分散，由大大小小的部落构成，并没有强大的首领能将所有乌桓人都整合起来。同时，东汉政府使用各种手段刻意分化乌桓人，阻止他们自己凝聚成强大的政治共同体。这样，东汉王朝就能把乌桓人作为军事资源进行开发。第二，乌桓人独特的军事技术，则是另一个重要的原因。乌桓人除了能骑马射箭，他们还有一种非常特殊的作战方式"突骑"。突骑主要使用长兵器作战，面对敌人的军阵，他们利用战马的速度、人和马的重量形成强大的冲击力，去冲击对方的阵列。他们追击射箭的骑兵，可以直接将对方刺落马下。突骑与以往拿弓箭作战的骑兵完全不同。你可以想象一下，如果一支骑兵部队全部是射箭的骑兵，那这支部队的确有非常大的机动性，可是这些骑兵没有近距离的冲击力，想要突破敌人的步兵阵列就很困难。突骑的出现，意味着军队中有了一种既有机动性又能够直接冲杀阵列的冲击型力量。因此，就使它成了东汉以及后来争霸的诸侯们倚重的军事力量。

顺便插一句，很有意思的是，当"突骑"出现在汉朝的时候，罗马帝国也出现差不多的变化。在罗马帝国后期，军队的重要发展就是骑兵数量变多，而且往往使用长兵器作战。而在东汉时期，上谷郡和渔阳郡的突骑，被称为"天下精兵"。到了东汉末年，几乎所有军阀都想拥有一支乌桓骑兵。最典型的是公孙瓒，他手下的骑兵部队，他自己起名叫"白马义从"，应该就是乌桓骑兵。不过应当说，东汉王朝和东汉末年争霸的诸侯们在利用乌桓人打仗的同时，也把乌桓族群带入到中原王朝的历史进程中。可以说，从乌桓的历史中可以看到，战争正是族群流动和交融的主要动力之一。

随着越来越多长城外的族群突破长城南下，也随着东汉末一直到魏晋的长时间混战，乌桓人渐渐失去民族独立性，融入华夏。而在后面的十六国时期（304—439），匈奴、鲜卑、羯、氐、羌五个族群先后在华夏大地上建立大大小小的国家，可更早进入中国、战争技术更先进的乌桓族群，却已经被排除在这个叫作"五胡乱华"的名单之外。

5. 五胡入主中原

与乌桓的命运不同，在他们身后，鲜卑人的力量在崛起。由于他们恰好与农耕国家保持一定距离，拥有一段不受干扰的政治发育时间，族群也就有更强的认同感和凝聚力。

没过多久，鲜卑人沿着乌桓人的足迹进入长城以南。不过这时候他们不再是一个个零散的部落，而是建立起若干国家。他们的军事力量，不仅继承草原游牧民族骑马射箭的悠久传统，而且又学习乌桓等族群创建的新骑兵形式。无论是针对游牧敌人，还是农耕敌人，鲜卑军队都游刃有余。更重要的是，所谓的"五胡"，突破长城，占有农耕土地，可以征调大批农民，组成步兵部队。

这样一来，当年只属于汉朝的多元优势，已经完全被入主中原的五胡所取得。

五胡之中，以慕容鲜卑和拓跋鲜卑为主的鲜卑人，继承了乌桓的战争技术。但是，这批接踵而至的族群，将突骑进一步发展，通过使用马镫，他们进化出一种既能够持长兵器作战又能够持弓射杀的综合型骑兵。这种新型骑兵能够更好地配合步兵，能够适应更多战场。鲜卑的军队由此成为五胡中的集大成者，这是拓跋鲜卑在后来能够结束五胡十六国、统一北方建立北魏的军事基础。

此时，欧亚大陆西端的罗马帝国和东端的汉朝，又一次出现相似风景。

农耕民族赖以防卫的长城，已经被来自森林草原的所谓"蛮族"打开，农耕国家已经无力捍卫那条苦心经营的分界线。东西两大国家都开始新一段的历史转折：蛮族入侵、西罗马帝国崩溃，开启欧洲中世纪的历史；五胡乱华，晋室南渡，开启中国大分裂的时代。

（常彧）

世界格局的形成：7—8世纪

第一节　明与暗的交响曲

1. 帝国的瓦解，族群的融合

在前面，我们提到从公元前 2 世纪起，罗马帝国在欧洲的强盛、安息帝国在西亚的崛起，以及汉朝在东亚的笼罩性存在，这可以称为欧亚大陆上的"前三国时代"。

可是，全球历史从 3 世纪开始逐渐发生变化，这些曾经盛极一时的国家先后走向衰落。我们所熟悉的曹操之子曹丕（187—226），于 220 年逼迫汉献帝禅让，正式开启中国历史上的三国时代。安息帝国则在 224 年被萨珊王朝取代，又一个西亚的帝国崛起在东西之间；罗马帝国在经历"3 世纪危机"之后，逐渐分裂为东西两部。下面，我们先从 4 世纪开始，用一明一暗两条线来看看整个大时代的世界变化。一条明线，是此前处于各帝国边缘的族群，以及他们所建立政权的迁徙和征服、族群融合，以及作为帝国权力中枢的宫廷的发展，这曾是我们并不陌生的历史叙事构架；而暗线则将对准连通欧亚的丝绸之路上，繁忙流通的物品、观念和宗教，及其背后的神秘身影，具体内容将在后续的叙述中一一展开。

首先值得注意的是，在"前三国"庞大的帝国组织一一瓦解的同时，不同族群之间也在加速融合。

还记得汉武帝的《天马歌》吗？"太一贡兮天马下，沾赤汗兮沫流赭。骋容与兮跇万里，今安匹兮龙为友。"元鼎四年（前113），汉武帝刘彻通西域，得乌孙马，后来大将李广利出征大宛，又得大宛马。乌孙马被称为西极马，大宛马被叫作天马。这是在汉朝鼎盛的时候，但是历史过去几百年，汉朝被魏晋先后取代，西极天马的传说在这时的中国已经黯然散去。通过连通欧亚的丝绸之路，西域葡萄也成了山西境内种植的物种。匈奴、鲜卑、羯、氐、羌等族群陆续进入原本的华夏旧地，自4世纪初以来，所谓"五胡乱华"，在中原北方建立多个地方政权。此后的5至6世纪，非汉族群统治者的北魏、北齐、北周相继崛起，在保存自身礼仪、习俗和政治传统的同时，他们也学习中原王朝的政治制度和文化遗产。而在欧亚大陆的另一边，在西罗马帝国疆域之内，也有所谓"蛮族"相继建立起的地方政权，前面我们也曾提到匈人的崛起以及罗马帝国的最终分裂。

族群移动往往与战争相关。其实，沿着匈人的足迹，自东向西推进的，还有后来的阿瓦尔人（Avars）。阿瓦尔人和匈人不同。简单说，匈人缺乏政治向心力，过多依赖于最高领袖的"神授魅力"，但阿瓦尔人有着非常强的政治认同，尤其是对他们的可汗以及与之相关的政治文化。有的学者认为，他们可能与南北朝时期雄踞漠北的柔然具有族群关系，柔然又叫"蠕蠕、芮芮、茹茹、蝚蠕、檀檀"，他们是 5 世纪上半叶相当强大的族群，统治的地域北到贝加尔湖，南到银山北麓，东到大兴安岭，西到伊犁一带。有人认为，是 6 世纪中叶的突厥强盛，使得他们被迫向西迁徙，建立阿瓦尔汗国。不过，阿瓦尔人也和匈人一样，并不致力于永久占领某一片领土，而是通过反复不断的入侵和提高纳贡金额来压榨定居国家。黄金和珍贵物品的流入，一方面推动奢侈品经济的发展，另一方面则增强可汗家族的权威。以至于阿瓦尔人的政权竟然维持两个世纪之久，堪称欧亚草原上游牧政权中的异数。

在 4 世纪之后，无论在欧亚大陆的东边，还是欧亚大陆的西边，都发生相似的历史。原本稳定强大的国家逐渐分崩，不同族群融合加剧，文化交流空前密切，政治制度也彼此相互吸收，在这样的大背景下，欧亚历史走进一个"古代帝国之后"的时代。

到了 6 世纪，欧亚大陆各族群间的冲突、融合和交错，逐渐相对稳定，此前摇摇欲坠的帝国残余，得以重新整合焕发新生，长期分裂的地方政权则完成统一。632 年，政教合一的大帝国阿拉伯，那时也叫大食帝国建立。这两百多年间，纵横驰骋的游牧人群体，也作为佣兵、属民或臣子，逐渐被整合到统一帝国之中。

2. 新三大帝国的崛起

于是，三足鼎立的世界格局再度出现：继承罗马帝国政治遗产的拜占庭帝国，古代中国把它叫作"大秦"或"拂秣"；新兴的政教合一的阿拉伯帝国，古代中国把它叫作"大食"；被誉为最具开放气度和包容精神的隋唐王朝。也许，这可以被称为欧亚大陆上的"后三国时代"。

首先，我们看拜占庭帝国，也就是东罗马帝国的另一个现代称谓，后来人把它叫作"拜占庭"，是因为东罗马帝国的新首都建在拜占庭，也就是现在的伊斯坦布尔。当时的皇帝是君士坦丁，所以这座城市很长时间就叫君士坦丁堡。5世纪，西罗马帝国崩溃，但东罗马帝国大体完整。6世纪之后，经过查士丁尼（Justinian I，527—565年在位）等皇帝的统治，东罗马帝国逐渐稳定。东罗马的皇帝利用设在意大利的拉文纳总督区束缚西欧，同时又与西突厥联手攻击萨珊波斯。希拉克略一世（Heraclius，610—641年在位）曾三次对波斯发动战争，使得帝国重新恢复对过去东罗马的统治。

接下来看阿拉伯帝国。穆罕默德在7世纪初，创立伊斯兰教，从资源匮乏的阿拉伯半岛兴起，在630年征服麦加。渐渐地，他的继承人在东罗马帝国即拜占庭帝国和波斯萨珊王朝争霸的夹缝中，以阿拉伯人为主，从地中海、黑海到里海的北部，从北非、红海、阿拉伯半岛到波斯湾，建立起庞大的伊斯兰共同体，在短短三十年的时间内，征服萨珊波斯，吞并拜占庭帝国的南部省份，并向西把埃及收入囊中。

最后，我们来看欧亚大陆的另一端。7世纪前后，则是北朝、隋、唐的历代统治者与突厥之间的博弈。东突厥覆亡之后，唐朝与朝鲜半岛上三国之一的新罗（前57—935）合作，在白村江之战（663年8月27—28日）击败日本和百济（前18—660）的联军，进而征服高丽（前37—668），控制这个地区；同时，唐朝利用所谓"蕃将"——也就是非汉族血统的武将——镇守边陲，经营西域。

3. 帝国宫廷的发展

与此同时，随着三大帝国的崛起，宫廷及其所在都城也出现空前的发展。

在欧亚大陆的东部是长安，隋唐时期的帝都在规模上可谓当时世界之最，并且因为古代中国认为，地下都城也要仿效头上星空，他们按照方形整齐安排，使都城与宫廷呈现出最复杂但也最严密的格局。长安作为唐朝的宫廷所在，到盛唐玄宗时代已接近百万人口，城市布局则呈一个南北宽约 8.6 千米、东西长约 9.7 千米的几近完整的方形，在方形之中又可看到一个方形的皇城，在城市正北方中心区域。

在欧亚大陆的西端，罗马帝国时代的都城与宫廷，成为拜占庭帝国及那些蛮族继承者效法的对象。不过，在我们所讨论的这一历史时段，在中西欧的法兰克人国家的都城和宫廷跟拜占庭大异其趣。拜占庭的都城和宫廷长期在君士坦丁堡，而中西欧国家的宫廷则是巡游式的，国王和宫廷经常处于移动之中。这其中有时是对王国疆土礼仪性质的巡视，有时则是出于军事远征的需要。王家的行进队列是高度仪式性的，并且使宫廷呈现出"不断辗转"的特征。大量的官员参与这一移动，并与国王的宫帐一同前进。中西欧这一时期颁布的许多王室法令，特别是关于土地的授予，也常常是在战争时期进行安排，签署于军营之中，至于王宫和行政中心所在地，也随着统治者的更迭而变化。

至于欧亚大陆的中部，伊斯兰宫廷则主要受到萨珊波斯传统的影响。其中，特别是阿拔斯人统治的所谓"黑衣大食"推翻了倭马亚（Umayyad，又译伍麦叶）人统治的所谓"白衣大食"。他们放弃后者在大马士革的宫廷组织，于 762 年也就是唐朝还在"安史之乱"的时候，选择定都巴格达，并将首都设计为一座圆形城市，其中有哈里发的宫殿、专属的清真寺、税务机构、大臣官署以及其他各部门，并且在哈里发后宫的大门内外，存在着严格的分界。也就是说，除了统治者本人、宦官和孩童之外，后宫严禁他人入内。

4. 粟特人：丝绸之路上的操盘手

现在，我们回头看另一条历史线索。在光辉耀眼的帝国时代，历史还潜伏着一条暗线。这就是在 7 至 8 世纪的欧亚大陆，后来叫作"丝绸之路"的贸易通道，也带来物质、金钱、奢侈品、人员和宗教习俗之间大规模的流动与交换。

前面我们在丝绸之路上的食物流传那一讲中曾经提到过，美国学者劳费尔在 1919 年就写了一部《中国伊朗编》，研究中国和伊朗也就是东亚和西亚之间各种植物和农产品的交流。另外一个美国学者薛爱华，他的名著《撒马尔罕的金桃》，研究唐代舶来品，更是列举十八大类、上百种物品在丝绸之路上的流通，而从唐朝输出西域的物产，也是品类繁多、琳琅满目。

然而，在物质商品交换的背后，更重要的是技术、思想观念以及宗教的传布：南北朝时期，北魏和梁分别将佛教信仰融入占统治地位的意识形态当中，并被他们的继承者传承发扬，最后在隋唐王朝时期达到顶峰，同时影响朝鲜半岛和日本；伊斯兰教于 7 世纪初，在阿拉伯半岛的商业城市麦加创立，并在百年的时间内，席卷西至北非、东到中亚的广阔疆域内的大多数民众；基督教在罗马帝国初期饱受迫害，但是到了拜占庭以及后来继承西罗马帝国的诸王国，基督教居然成了国家宗教。也正是在这个时期，欧亚大陆上基本形成佛教、伊斯兰教和基督教三大宗教鼎立的局面。当然，这里没有提及的，还有祆教也就是琐罗亚斯德教，中国也把它叫作"拜火教"，它从西亚的波斯传到东亚的中国。而另一个宗教摩尼教，就是后来中国常常说到的"食菜事魔"或者"明教"，则随着西亚、中亚与东亚人员交流，在唐高宗时代传到中国，后来更影响崛起的回鹘（788 年，回鹘由回纥改名而来；840 年，回鹘汗国瓦解）。

在东西方的交流中，有这样一群人，他们是丝绸之路上各种交换的操盘手，同时也是这个暗线的编织者，这就是粟特人。

粟特人的故乡是像撒马尔罕（Samarkand/Samarqand，又译撒马尔干）、布哈拉这样的中亚绿洲城市。从语言学来看，他们使用的粟特语是东伊朗语支的一种，和在伊朗通行的波斯语有亲缘关系。唐代玄奘法师在《大唐西域记》里记载，粟特人"利之所在，无所不至"。比如，前面我们讲到的波斯、拜占庭与突厥人之间的联盟和征战，幕后参与者就有粟特人，他们不但控制草原帝国的经济命脉，而且还作为可汗的使节活跃在外交舞台上。

但是他们的目的，比起风诡云谲的政治局势而言，却是相对要简单得多，也就是尽可能直接地把当时丝绸之路上获利最为丰厚的商品之一丝绸，还有其他一些商品，从欧亚大陆的一端贩卖到欧亚大陆的另一端。从这方面看来，游牧政权那些让定居百姓闻风丧胆的可汗及其铁蹄，不过是粟特人高超的木偶戏里甘于享乐的傀儡而已。关于这个时代末期，日本学者杉山正明甚至提出"伊朗语系人群的复国记"这样一个颇传奇的说法。他认为，由于阿拉伯人征服波斯、中亚，导致原先的萨珊和粟特贵族丧失权力，从而在欧亚范围内引发这些说伊朗语人群的复国大战。在欧亚东部，粟特系领袖安禄山、史思明发起"安史之乱"，最终失败，而在欧亚西部，伊朗系领袖却成功建立阿拔斯王朝，也就是阿拉伯帝国中的一个王朝，我们一般也把这个王朝叫作"黑衣大食"。

这种说法当然带有想象，也有点阴谋论，然而不可否认的是，中亚粟特人的制度对后来哈里发国家的影响，在现在的历史研究中可能是被严重低估的，比如在军事领域的马穆鲁克制（Mamluk System），就是其中一个典型的例子。我们在后面还将会提到，马穆鲁克是中世纪时期唯一能抗衡可怕的蒙古弓骑手的力量。而在汉文史料记载中，讲到有关粟特人的精锐武士——"赭羯"，就隐藏着他们的影子。

粟特人也是三大宗教以外，其他各种宗教的热心敬奉者和传播者。比如，被主流基督教视为异端的聂斯托里派，也就是中国历史上的景教，它在唐朝流传。或者从北非到蒙古高原广泛传布，甚至被回鹘汗国奉为国教的摩尼教，在粟特人当中都能找到大量的信徒。当然，俗称"拜火教"的祆教就更不必说了。

那么，粟特人的"复国大业"究竟是怎么回事？他们所服务的可汗又是些什么人？

第二节　昭陵石像与红白两色旗的幻影

前面，我们先从宏观的视角，以一明一暗两条线索，鸟瞰4世纪之后的全球历史变化。现在，我们就进入唐朝与大食帝国东西对峙的时代，谈谈欧亚大陆中部和东部世界的新格局。

1. 唐朝的崛起，突厥的强大

我们先说说在东边的唐朝。

去过西安碑林博物馆的人都知道，那里宝贝很多，其中最有名的镇馆之宝是"昭陵六骏"，也就是唐太宗（599—649）昭陵祭坛两侧的六块骏马浮雕石刻。这六匹战马，生前跟随李世民南征北战，在主人去世之后，还要继续成为浮雕陪伴唐太宗。当然，六骏里很早就有两骏流失，现在收藏在美国宾州大学的博物馆里，成了该博物馆的镇馆之宝。

与昭陵六骏共同陪伴唐太宗的，还有十四位首领的石像，其中包括突厥可汗、吐蕃赞普、印度国王、薛延陀可汗以及多位西域诸国的统治者。史书记载，这是太宗的继承者唐高宗李治（649—683 年在位）为了"阐扬先帝徽烈"，也就是为了彰显太宗本人的丰功伟绩而下令制造的。这些石像的设置，形象地体现唐代的统治者对于自身权威的看法，他们不仅认为自己是传统意义上华夏的统治者，同时也是普世君王，可以凌驾于周边各个政权统治者之上。

不同于秦汉以来那些石人，那多是无名无姓的，唐太宗墓前这些有名有姓的石像，作为一种创制，为此后的盛唐帝王所承系。比如唐高宗的乾陵乃至唐睿宗的桥陵，都发现这样的藩酋君主石像，似乎在与遥远的波斯帝国都城波斯波利斯（Persepolis）的属国朝贡者队列遥相呼应。但是，或许我们会忽略一个事实，即便是这样强大的唐朝，在高祖李渊（566—635）也就是李世民的父亲开始起兵争夺天下的时候，竟然只是突厥汗国的附庸之一，是要向突厥称臣的，听起来似乎有点不可思议。

突厥人部落最初发源于中国西北部的阿尔泰山，附属于当时的草原霸主，也就是前面我们说到的柔然汗国（402—555），这个国家的人非常善于铸造铁器。6世纪中期，以突厥人为主的多个部落组成部落联盟，取代柔然汗国，成为新一代霸主。之后，这个联盟向西击败嚈哒（Ephta，又作挹怛、挹阗）——也就是西方史书中记载的白匈奴，向东征服契丹，向北则吞并结骨（Qigu，又称坚昆、契骨）——也就是柯尔克孜人的先民，威震塞外诸国。突厥部落在西部的分支，则与拜占庭联合夹攻波斯，在欧亚草原上他们建立一个势力空前强大的政权。突厥的疆域东边抵达辽河以东的滨海地区，西边到达里海，绵亘万里。南至鄂尔多斯的沙漠地区，北至贝加尔湖，纵深达五六千里。

这个时候的华夏地区，正处于南北朝时代（420—589），北方统一的北魏（386—534）分裂成东魏（534—550）和西魏（535—556），分别据守于邺城和长安，进而又演化为北齐（550—577）和北周（557—581）互相敌对的局面。而南方则先后是梁朝和陈朝，与北方彼此对峙。北方的北齐、北周，他们在互相敌对的同时，都还担忧同一件事，那就是万一哪一天突厥人的铁骑南侵怎么办。以当时北朝，无论是东边的东魏、北齐，还是西边的西魏、北周，都是无法抵挡突厥这个草原民族的。他们只能竭力争着向突厥可汗示好，想要使战争天平向自己一方倾斜。而突厥可汗当然也察觉到这一点，以所谓"和亲"为诱饵，将北朝的统治者玩弄于股掌之上。

这里有个一波三折甚至有点荒唐的故事。起初，突厥的第三任统治者木杆可汗（？—572），也就是阿史那俟斤，他本来已经许诺把自己的一个女儿嫁给当时还是西魏实权掌握者的太师宇文泰（507—556），结果宇文泰突然去世，和亲只好中止；后来，木杆可汗又声称要把自己的另一个女儿嫁给宇文泰的儿子，也就是北周周武帝宇文邕（560—578年在位）。然而，这个时候东边的北齐人带来大量礼物，向木杆可汗求婚。面对这么丰厚的聘礼，可汗有点儿想悔婚。听到这个消息，北周又派来使团反复劝说，终于使木杆可汗答应婚事。565年，宇文邕派出盛大使团，带着册立皇后的全套行头，乃至一座"移动的宫殿"前往草原迎接皇后，但是没想到木杆可汗竟然再次反悔，无论北周使者如何劝说，都不同意继续这门婚事。幸亏这时候有老天帮助，狂风大作，闪电惊雷，甚至连可汗的大帐也被雷雨击垮，暴雨十几天都没停止。木杆可汗认为，这是因为他的食言导致天谴，才把女儿送往北周都城。

2. 突厥人对"世界"的理解

572年，也就是北周建德元年，木杆可汗去世后，他的弟弟佗钵可汗（？—581）继承大位。史书记载，自从木杆可汗以来，突厥汗国国力强盛，常常欺负弱小的北朝政权。北周在与突厥和亲之后，每年送给他们的丝绸、锦缎等多达十万段，对于在长安的突厥人也十分优待。平时在长安接受北周朝廷款待、免费享受衣服酒食的突厥人，常常在千人以上。而北齐那边的统治者也害怕突厥与北周联合起来，于是也倾其所有，贡献礼物来讨好，以至于佗钵可汗宣称："只要我在南方的两个儿子经常孝敬，哪里还用担心受穷呢。"后来，北宋《资治通鉴》的编者评价道，这反映可汗在军事实力膨胀之后的骄横，竟然把北周、北齐的统治者看作两个儿子。

虽说北齐、北周向突厥示好，可能有佗钵可汗夸耀的因素，但这种父子关系宣称的背后，反映游牧政权对天下秩序的理解。在突厥人的政治制度里，所谓"子"的概念是很有趣的。比如现存最著名的突厥时代的石刻史料，被称为"毗伽可汗碑"的碑文中，记载 8 世纪上半叶在位的后突厥汗国毗伽可汗（？—734）的丰功伟绩。而碑文背面最后几行有关对可汗麾下众部落、各个官员的训示中，就提到了"诸子"这样的说法。这里的"诸子"，不仅指血缘意义上的儿子，还包括具有亲属关系的子侄辈亲属。碑文的上下文中，还出现"敌国"一词，从文法上来看，"敌国"与"诸子"相互对应。因此，我们认为"诸子"同时泛指那些被看作"儿子"的臣服统治者以及他们的国家。

古代北方的游牧民族通常把他们的君主比拟为"天"，或者认为他们是由上天生的。突厥人在面对周边政权臣服的时候，自然要把这些政权的统治者放到可以被自己所理解的观念系统里，而最简单直接的表达方式就是所谓"父子"关系。一方面，因为突厥可汗是处在"天"的位置，那么臣服于他的国家自然不能是同一级别，也就是说不可以出现"二天"并存的局面；另一方面，突厥人对血缘亲属关系非常重视，可能所有游牧民族都重视血缘，他们选择用血缘的亲疏程度来反映等级高低。因此，把"上下"关系表现为"父子"关系，也就不奇怪了。

游牧民族不像农耕民族，他们对世界的理解是基于抽象的地理知识，他们的世界概念与部落概念是一致的。草原上的等级系统简单而言，可以分为三部分：统治者的部落、各个有姻亲联系的部落以及从属的部落，除此之外的所有人都是敌人。当他们与来自草原以外的政权接触之后，从游牧民族本身的认知出发，就是一个二选一的选择题：要么放在统治者之下，也就是"子"；要么就以敌国相待，互相对峙。不是我的儿子，就是我的敌人，通过研究后来游牧民族中的杰出首领，比如成吉思汗（1162—1227）、帖木儿等征服世界的过程，以及他们对世界秩序的看法，这一点都可以得到证实。

3. 隋唐取代突厥的地位

6世纪末，到处认儿子的突厥可汗家族内部分裂，突厥终于走向衰落。

但这时，北周的杨坚则成功篡位，取代北周建立隋朝。形势终于发生逆转，甚至突厥可汗一度还要投向隋朝皇帝以寻求庇护。然而隋朝建立不到四十年，就在内忧外患中走向瓦解。正当隋末天下大乱时，突厥趁势再度崛起，处于中原北部毗邻突厥的割据势力，像刘武周（？—620）、梁师都（570—628）、李子和（？—664）等，都纷纷向突厥称臣，在太原留守而后起兵的李渊（566—635），也做出同样的选择。当时李渊的主要谋士裴寂（570—632）等人，建议李渊尊隋朝天子杨广（569—618）为太上皇，而立他的孙子代王、只有十二岁的杨侑（605—619）为帝，以便控制；此外还变更旗帜，把象征隋朝的红旗改成具有突厥色彩的红白两色旗，就是在隋使用的红旗之下，接上一截同样长度的白布，红白相间，以此向突厥表示忠诚。李渊迫于时势，只好这么做，并且派使者向突厥可汗报告。

除了改弦易帜，李渊还从突厥可汗那里接受封号，虽然具体叫什么文献没有流传下来，但从刘武周被授予"定杨天子"、梁师都被授予"解事天子"的称号来看，大约也是某某天子之类吧。这么多天子同框出现，让人觉得挺诡异。因为从汉地传统来看，"天无二日"。得到天命的只能有一人，而突厥可汗不管三七二十一，不但自己没有天子的称号，反而好像批发一样把天子称号滥发给这些臣服者，这又是怎么回事？

其实，从前面介绍的突厥可汗对于"天"和"子"的观念中可以看出，"天子"对于突厥可汗来说并不意味着是至高无上的统治者，而是作为次于可汗（天）并从属于可汗的儿子辈。以梁师都的称号为例，他的突厥语称号是"大度毗伽可汗"，与他的汉文称号"解事天子"完全对应，可见他们都被视作在可汗统治之下的小可汗。

突厥可汗封的群雄，随着唐朝的强盛，被逐一扫清。到唐太宗李世民（599—649）即位后，唐朝转弱变强。而突厥则因为内乱和天灾，渐渐由强转弱，李世民利用东突厥的颉利可汗和突利可汗的矛盾，在贞观年间一举破敌，生擒颉利可汗，打败东突厥，并让他们臣服。在贞观十八年，唐太宗李世民曾自豪地预言，五十年内不再会有突厥的麻烦。据说，当时草原诸部给李世民奉上"天可汗"的称号。这种形势的大逆转，对突厥人建立的部落联盟而言，就仿佛是"天"在人间代表的更迭；而反过来，"天可汗"这样的称号，又成为唐代帝王统治草原游牧族群的工具。这里蕴含着一个很重要的观念转变，也就是唐朝不再像之前的朝代总是把使用异语殊文的周边族群视为"蛮夷"，而是视为"子"。正如李世民所宣称的："自古皆贵中华，贱夷狄，朕独爱之如一，故其种落皆依朕如父母。"也许，这就是唐朝能够文化繁荣和实现民族交流的背景之一。讲到这里，我们是不是可以对唐太宗的昭陵、唐高宗的乾陵那些异国首领的石像因何而立，有了进一步的理解？

接下来，我们把话题转向另一族群，讲讲伊朗语系人。正是这个族群，连接唐朝与大食两个强大国家，带出更加精彩的故事。

第三节　唐朝与大食之间：昭武九姓

在 4 世纪后的欧亚历史鸟瞰里，我们提到过丝绸之路上历史暗线的编织者粟特人。这是汉唐丝路上最为重要的族群之一，也是宗教、习俗、时尚乃至娱乐的热心传播者。

1. 神秘的粟特人

在中国历史里，沿丝绸之路而来的粟特人，好像有些神秘。

早在东汉末年，粟特人就从敦煌向故乡撒马尔罕等地传出洛阳已经被战争摧毁的重要情报。蜀汉丞相诸葛亮（181—234）第一次北伐中原时，在凉州居住的粟特人首领接受诸葛亮的指挥，并负责联络事宜；到了南北朝北齐时期，宫廷里有一个名叫曹妙达的粟特人，他曾凭着精湛的琵琶技艺，换得赐封的爵位。隋末天下大乱，长安富豪粟特人何潘仁，辅佐李渊的女儿平阳公主（？—623），把筹码投在新兴的唐政权上；而在唐朝军队崛起的过程中，凉州粟特人的首领安兴贵、安修仁兄弟，更是发挥相当重要的作用。当然，后来最出名的粟特人引起的事件，是唐天宝十四年（755）粟特与突厥的混血儿安禄山发动的叛乱。这场大动乱，不但使唐朝发生根本变化，也被视为欧亚大陆历史最重要的转折点。

从地理分布来看，原本在中亚的粟特人沿着丝绸之路，在西域的重要城市吐鲁番、和田，以及河西地区的敦煌、酒泉、武威、张掖都形成大小不一的商业据点。他们远赴长安、洛阳、邺城等名城大都，还沿定州、恒州、邢州、魏州等向南，所以在江南也发现唐朝粟特人的活动轨迹。当然，还有一些粟特人是以印度、中南半岛为中介，通过海路来到中国的。

从历史的长时段来看，北方藩镇的形成，以及黄河以北社会风俗逐渐"胡化""尚武"，中原王朝的经济重心向东南转移，以及直至今天，很多人脑子里根深蒂固的"南北差异"认知，追根溯源都与粟特人在历史中的影响相关。

2. 擅长贸易的粟特人

要说粟特人最大的特点，就是擅长远程贸易。他们的故乡，本来在中亚的锡尔河和阿姆河之间的撒马尔罕、布哈拉，这些都是绿洲城市，但他们却习惯于跋涉雪山、沙海、高原，甚至以聚族而居的形式生活在万里之外的异域中。

在汉文史料中，粟特人被称为"昭武九姓"。这一名称需要分成两个部分来理解，"九姓"也就是许多家族的意思。根据每个人出生的城市不同，来到中原的粟特人，通常具有一个与之对应的汉化姓氏。比如，从撒马尔罕康国来的粟特人就姓"康"，从布哈拉来的姓"安"，从劫布呾那城（Kabūdhān）来的姓"曹"，从屈霜你迦城（Kushanika）来的则姓"何"。前面我们提到的安兴贵、曹妙达、何潘仁等，都是按照这种命名原则，用汉名生活在中原的粟特人。在中古时期的西域，一个或几个绿洲就能组成一个小国，这些小国在汉文资料中，往往用一个中原姓氏来代表，例如"安国""曹国""何国"，就这样组成"九姓"。

至于"昭武"，则反映粟特人共同的"祖先意识"。《魏书》里是这样记载的："康国者，康居之后也……其王本姓温，月氏人也。旧居祁连山北昭武城。因被匈奴所破，西逾葱岭，遂有其国。支庶各分王，故康国左右诸国，并以昭武为姓，示不忘本也。"也就是说，康国的祖先本是康居，康国的国王本来姓"温"，是大月氏人，原先居住在祁连山以北的昭武城。后来由于匈奴击败大月氏，就越过帕米尔高原，来到他们后来居住的阿姆河、锡尔河之间的地区，以撒马尔罕为中心，成为那里的统治者。而从康国国王的家系中，又诞生粟特各个城市国家的统治者，为了表示不忘记他们共同的祖先，因此就都以"昭武"作为本名前的修饰。

汉文资料里这样记载，人们也就这样理解，至于这个说法是怎么来的，是源自粟特人自己的传说还是汉人的认识，甚至连昭武城所在的"祁连山"到底是哪一座山，都仍然没有搞清楚。日本的吉田丰教授是全世界公认的粟特史研究权威之一，根据他的研究，"昭武"乃是从粟特语里"察穆克"这个词的音译来的。这个词在粟特语里有两重含义，本来是粟特人传说中一个伟大英雄的名字，后来又用来作为称号，意思是"伟大的贵族"。因此"昭武九姓"这个词，我们可以理解成"各伟大尊贵的家族"。很显然，粟特人通过在汉语里发明这一词汇，强调他们共同的起源和彼此的认同，这也是处于强势族群与文化包围中少数族群的惯常做法。

3. 粟特人的危机

他们擅长贸易，作为一个古老的商业族群，粟特人是中世纪东西方贸易的实际承担者。他们的足迹向北深入到蒙古高原，向南到中国的江淮流域，向西甚至在法国都发现题有粟特文字的锦缎，向东则对日本也产生影响。同时，他们游走四方，又很擅长外交，作为突厥人背后的操纵者，粟特人在东西方几个重要政权之间兴风作浪。

然而进入 8 世纪，原本在丝绸之路上长袖善舞的粟特人，在阿拉伯帝国崛起后，遭遇一场空间危机。

当时远在叙利亚的哈里发，派遣大将屈底波（670—715），作为呼罗珊（Khurasan）总督，向中亚腹地挺进。呼罗珊在今天伊朗北部这一带，属于波斯帝国的一部分。屈底波一路向东，先后征服大量的绿洲城市国家，终于来到古代属于粟特（今天属于乌兹别克斯坦）的撒马尔罕城下。粟特人英勇抵抗，甚至接连派遣使节向唐玄宗求助。康国国王的表文，至今还保存在中国典籍里，通过这封求救信，我们可以清楚地看到当时的中亚局势。

在表文开头，康国国王声称自己是"从天生普天皇帝下、百万里马蹄下"犹如草木土壤一样的奴仆。这当然可能是汉文翻译者的润饰，这一点我们先不管他。表文里，他追溯历史，表示康国人民和其他周边"昭武九姓"国家，一直对唐朝忠心耿耿，总是为唐朝效劳。然而三十五年以来，一直与阿拉伯军队作战，却没有得到唐朝的任何援助。最近六年，大食也就是阿拉伯人的统帅屈底波亲自率领大军，意图征服撒马尔罕，康国在对抗中虽然也取得一定的胜利，但与阿拉伯人军力相比太过悬殊，因此只能固守待援。阿拉伯人则使用三百架投石机将城围住，三次击毁城墙，撒马尔罕危在旦夕。

康国国王的请求是，希望唐朝派援军帮助他们抗击阿拉伯人。这篇文书最有意思的地方在于，康国国王对于在唐朝军队支援下击败阿拉伯人，似乎显得信心满满。为什么呢？因为当时在粟特人中流传着一则传说，也就是阿拉伯人的强盛只能维持一百年，接下来就会走向衰亡。而康国向唐朝求救时，正是阿拉伯帝国百年兴盛到期之时。虽然唐玄宗并未因为这番话就派出援军，可"自古胡房无百年之运"的说法却开始在汉地广泛流行，并最终成为六百年后，朱元璋在反抗蒙古统治时的政治口号之一，当然这是后话了。

为了自救，粟特人充分发挥他们高超的外交能力。当时，在中亚东部形成一个包括突骑施可汗（717—738）、吐蕃赞普、阿富汗山民在内的联盟，特别是突骑施可汗的骑兵，在中亚东部使阿拉伯人接连失利，以致他们称突骑施可汗为"抵顶者"——像公牛或大象那样擅长冲撞抵顶的庞大动物。但是很不幸，最终粟特人的家乡仍然全部被纳入阿拉伯帝国版图。粟特人也因此被分割成两部分：西部的粟特人，作为白衣大食的属民，逐渐与语言风俗较为接近的波斯人相互融合，皈依伊斯兰教，后来发展出独特的政治认同及语言文字；东部的粟特人则继续生活在唐朝的统治下，保守他们从故乡带来的宗教和婚丧礼俗。

4. 粟特人的"复国大业"？

到了8世纪中叶，情况又发生一些变化。东西两部分粟特人好像被一种神秘力量牵引，纷纷像飞蛾扑火一般，投入到前面我们提到的日本学者杉山正明所谓的"神圣的复国大业"当中。

先看西部的情况，粟特人与远在今叙利亚大马士革的白衣大食，也就是倭马亚家族统治的王朝对抗，在伊朗和中亚打出反对倭马亚家族的黑色旗帜，被称为"黑衣大食"。在黑衣大食中，有一位非常传奇的人物，堪比粟特人中的韩信，这就是被称为"并波悉林"的艾布·穆斯林（Abu Muslim，718—755）。

他的全名是"艾布·穆斯林·阿卜杜·拉赫曼·伊本·穆斯林"，这个拗口的名字是什么意思呢？翻译成汉语，就是穆斯林之子，名叫"安拉的仆人"。从他在名字中如此强调伊斯兰教，就可以看出他出身的可疑之处。阿拉伯史书记载，他出自中亚或伊朗的奴隶家庭。他在中亚地区具有盘根错节的关系网，可以说是黑衣大食的实际支持者，在他的影响下，波斯人、粟特人的后裔基本上毫无例外地选择站在新政权，也就是黑衣大食的一边，并最终取得胜利。顺便可以一提的是，前面我们提到的，在怛罗斯之战击败高仙芝（？—756）率领的唐朝军队，并使造纸术西传的，正是艾布·穆斯林统辖下的一支部队。

然而，就在艾布·穆斯林的势力在中亚持续增长的时候，新登基的哈里发突然召回并处死他，艾布·穆斯林最终的命运也和韩信"兔死狗烹"的下场非常相似。

而东部的粟特人呢？他们则聚集到安禄山的旗帜下，发起一场前所未有的叛乱。安禄山的父亲是粟特人，母亲则是突厥阿史德氏的女巫，他从唐朝北方边境上的贸易中间人，一步步成为身兼范阳、平卢、河东三镇节度使的大将。与我们在电视剧里看到的安禄山肥胖、狡诈又贪婪的形象不同，出现在粟特人眼中的安禄山，简直具有天神似的光环。

史书记载，当安禄山担任幽州节度使驻扎在范阳，也就是现在的北京的时候，昭武九姓中的大商人们都要去拜见他。每当举行仪式之时，安禄山都穿着粟特人本族的服装坐在重床之上，点燃异国香料，陈列各种奇珍异宝，让手下的粟特人列侍左右。而来朝拜的粟特商人，则成群结队地下拜行礼，以向天神祈求赐福。这时，安禄山会下令摆上丰盛的祭品，让祭司们击鼓歌舞，一直到晚上才散去。在这样的仪式场合中，安禄山不仅是代邀福佑的中间人，他本身就化身为粟特人所信仰的战斗之神。这也许就是为什么他率领的军队，战斗力能如此惊人。直到"安史之乱"被平定的五十年之后，粟特人的后裔仍然非常崇敬地将他和史思明一同称为"二圣"。

那么，被分割成东西两部分的粟特人，为什么不约而同地想要重新建立自己的国家，确切的原因我们不得而知，但我们猜想，这与他们的故乡被异族统治者征服以及粟特人早早建立的全球贸易网络崩坏，具有一种内在的联系。说回安禄山，我们通常印象中野心勃勃的唐朝节度使安禄山，实际上却是一个头戴虎皮头盔，把自己打扮成与希腊神话中的大力神赫拉克勒斯（Hēraklēs）模样的通神者。希腊历史上杰出的征服者亚历山大大帝，当年在粟特地区迎娶一位美女，她的名字罗姗娜跟安禄山的名字具有同样的含义，意思都是"光明"。从这一微妙的历史背景中，你是不是想到点什么？

下面，我们将关注那些用脚丈量大地的人。他们为诸王、佛法或安拉效力，在 7 世纪欧亚大陆三足鼎立的宏大背景下，穿梭旅行，把欧亚大陆各个地区连成一张密集的历史网络。

第四节　为诸王、佛法或安拉效力之人

在前面，我们主要关注的是政治观念、复国大业这些历史上的宏大叙事，现在我们稍微调整一下视角，去关注那些用脚丈量大地的人。因为我们这里所讨论的时段，也是诸国使者纵横的时代，他们坚毅而执着，在欧亚大陆的大地上不停地长途跋涉，把那么广袤的地域连成一个历史世界。

1.“帝王的使者”

首先要提到的，当然是那些为了商业利益而密谋颠覆政权的“帝王的使者”，在这些人中，最活跃的就是丝绸之路上暗线的操纵者粟特人。作为其中的典型，粟特人马尼亚赫的名字，被记载在拜占庭历史学家的史籍残篇中，流传至今仍为人所知。

6 世纪中期，西突厥汗国的创建者室点密（？—576）在打败并消灭昔日庞大的柔然之后，曾经率突厥和铁勒十万大军西征，并和波斯萨珊帝国合作，打败当时控制西域中亚一带的哒。558 年，在阿姆河一带突厥人与波斯人会师，并约定以阿姆河为界。稍后，他又打败柔然旧部阿瓦尔人，把他们赶到伏尔加河流域，因而被封为西部突厥的可汗。拜占庭历史学家记载说，就在这时他派遣一个粟特人马尼亚赫前往遥远的拜占庭帝国。马尼亚赫抵达君士坦丁堡的时候，不仅带来珍贵的丝绸作为赠礼，还代表可汗提出一个建议，即突厥与拜占庭帝国联合，共同攻击曾经作为盟友的萨珊波斯帝国。当时，拜占庭皇帝查士丁二世（Justin II，565—578 年在位）欣然同意，据说他也派出使臣前往突厥汗国，

以确保粟特人的丝绸直销特权。双方自此彼此通使，明里暗里互相联手，共同对付夹在中间的波斯。571 年，西突厥曾经进攻萨珊帝国控制的地区，一度势力越过阿姆河。这种关系一直延续到 7 世纪初，这个时候欧亚大陆的东端隋唐王朝正在崛起，而几十年后东西突厥汗国的命运也从此开始逆转。

我们虽然不知道马尼亚赫这个关键人物长什么样，但是粟特人和突厥可汗这种互相利用的亲密关系，却可以从同一时期数千里外的北周都城的一幅墓室壁画中得到印证。这些壁画，描述粟特人大首领安伽的生平，其中有多幅画面表现的是他与突厥人的交往。有的画面里，头戴毡帽的安伽和长发飘飘的突厥贵族一同在繁花树下狩猎；有的描绘交足而坐的安伽，与跪坐的突厥贵族推杯换盏。这些场景证明什么呢？有的学者认为，这反映安伽曾经代表北周出使突厥。虽然并没有特别确凿的文献来佐证，但从历史记载上看，粟特人作为北周皇帝的使者，的确曾经前往青海的吐谷浑国（313—663）、漠北突厥可汗的帐幕甚至万里之外的波斯萨珊帝国。

相比起来，隋唐王朝全盛时派出的帝王使者，就不那么在乎商业利益，更重要的责任当然是宣扬国威。这其中最让人津津乐道的，莫过于唐朝的奇才王玄策。

王玄策是洛阳人，他一生中曾三次奉命出使印度，护送过摩揭陀国（也就是佛陀说法之地）的使者，还在印度佛学知识圣地大菩提寺立起石碑。不过，最传奇的一次经历，还是在唐太宗贞观二十年（646），他第二次出使印度的时候。当时，中天竺的戒日王恰好去世，权臣篡位，"国中大乱"，一改之前亲近唐朝的外交政策，发动军队，拒绝唐朝使者入境。当时，王玄策和部下一共只有三十个人，在最初的交锋中失败之后，他本人也被捉住。可是，王玄策趁着对方掠夺财物之际逃了出来，他并没有就这样心灰意冷地回长安，而是前往尼泊尔，以吐蕃统治者的名义向尼泊尔借了七千人马，同时又发檄文给吐蕃，征召一千二百人组成精锐部队，总兵力达到将近万人。

可是，为什么王玄策能够得到吐蕃人的全力支持呢？这是因为当时的吐蕃统治者和唐朝之间关系极为紧密。吐蕃赞普的王后，就是那位至今仍然受到汉藏民族崇敬的文成公主（625—680）。想必在支持唐朝使者的军事行动上，文成公主可能是发挥了重要的作用。于是，使者王玄策变成指挥官王玄策，他率领部队接连击败中天竺军队，甚至还俘虏篡位者及其家眷。史书记载，共有五百八十座城邑望风而降。在这次辉煌的胜利之后，648 年，王玄策把俘虏和战利品带回长安，同行的还有一个印度"神人"，其实是一个方士，叫那罗迩娑婆寐。据他自己吹牛说，他当时已经有二百岁，善于制作长生不老药。

当时的唐太宗李世民，已经步入老年，自然乐得接受这份来自异域的厚礼。结果不出所料，李世民吃了长生不老药，也并没有什么效果，第二年（649）就驾崩了。而那位从印度俘获的篡位者，也再没能回到他的家乡，他本人的石像还被竖立在唐太宗的墓前，以见证这位唐朝使者的传奇故事。

2."发明的使者"

除了"王的使者"之外，活跃在欧亚大陆上的，还有那些"发明的使者"，虽然他们的旅行，往往并非出于主动。

　　8 世纪中期，唐朝军队和大食也就是阿拉伯帝国的军队在怛罗斯遭遇，怛罗斯在现在的哈萨克斯坦南部江布尔，靠近吉尔吉斯斯坦。当时，高丽人将领高仙芝率领的唐军大败，据《通典》记载唐朝"七万众尽没"。很多人被俘虏，这其中就有后来撰写《通典》这部巨著的宰相杜佑（735—812）的族侄杜环。杜环在他的《经行记》里，留下"发明的使者"的踪迹。据他描述，当时与他一同被虏西行的两万人中，既有长安附近出身的绘画匠人，也有老家河东也就是山西的纺织工匠；根据阿拉伯文献记载，当时还有懂得如何造纸的汉人也被俘虏，带到中亚名城撒马尔罕，也就是粟特人的故乡康国。有了中国工匠的指导，这座城市的造纸工业很快发展起来，所产出的纸张不仅可以供应本地需要，也成为撒马尔罕在中世纪一项重要的贸易品。中国发明的纸张，也正是从怛罗斯开始它漫长的西传之路，其中故事繁复，在后面会有专门的叙述。

　　纸张工艺西去，与之相应的则是制糖技术北传。前面我们提到唐朝使者王玄策，他出使印度期间，除了带回长生不老药，还在摩揭陀国获得制糖方法，并且把制糖工匠也一道带回中国。于是，唐太宗下诏扬州进献甘蔗，利用印度"竹甑法"制出颜色浅亮的精砂粒糖。这种糖不但颜色漂亮，味道品质上也是远超中原，连西域制的糖也无法与之相媲美。已故季羡林（1911—2009）先生当年曾经写过两卷厚厚的大书《糖史》，专门研究过制糖技术的全球传播史。

　　这一时期，"发明的使者"所携带的新技术，通过自愿或被迫的渠道在欧亚大陆上传布开来，进而又在新的环境、新的理念下，获得富有想象力的改进与完善。

3."佛陀的使者"

在这些使者中，最具有冒险精神的，还是那些为了取经或者弘法而远涉绝域的"佛陀的使者"。

贞观初年，伟大的玄奘法师冒着违反禁令的风险，在没有官方许可的情况下私自前往西天取经。虽然在从甘肃前往新疆的旅程中，备尝艰辛，甚至因为迷失道路差点死在沙漠里，但是到达吐鲁番的玄奘，凭着自己卓越的学识和高深的修为，打动当地的高昌国王。于是，他从一个越境偷渡者，变成公费支持的留学僧，甚至还因为携带国王赠予的大量财物和仆人，被同行的商人选为商队首领。在印度的十五年间，玄奘法师勤学不懈，回国后不但翻译大量佛经，还留下一本杰作《大唐西域记》，为后世记载了那个时代的中亚及印度风土人情。他的经历更因《大慈恩寺三藏法师传》这部脍炙人口之作，而为世人传颂。这部传记也被胡适先生誉为"中国传记文学的大名著"。当然，家喻户晓的演绎传奇的《西游记》，就更不用多说，因为那已经不是历史著作，而是后来的文学创作。

玄奘法师后继有人，不断有东部亚洲各国的僧人，长途跋涉，前往佛教发源地寻求真理。8 世纪中，来自朝鲜半岛新罗国的僧人慧超，也曾踏上西行之路，他的行纪作品《往五天竺国传》的一份抄本，因为保存在敦煌的藏经洞里而传诸后世。虽然慧超运用汉文叙事的功力远逊于玄奘法师，但是他用质朴的文字，描绘了《大唐西域记》里玄奘曾经记载过的那些中亚、印度城市，它们一百年后的政治、文化等变迁，显得生动异常。

与东部亚洲的僧人竞相前往印度相对，在我们讲述的时代中，也有为数不少的南亚印度高僧来到中国长安，从事译经和传法事业。其中最著名的就是8世纪上半叶相继来华的所谓"开元三大士"：善无畏（637—735）、不空（705—774）和金刚智（669—741），他们也是中国密宗即唐代密宗的创始人。周一良（1913—2001）先生当年在哈佛大学攻读博士学位写的博士论文，就是研究他们的历史传记的。不过，虽然当时唐朝皇帝对密宗仪轨一度也很有兴趣，然而这个强调"身口意三密相应"的佛教系统，在中国三传而绝，倒是漂洋过海，在东瀛被发扬光大。出身日本的佛之使者，被后世尊为弘法大师的空海（774—835），就是传承"三大士"血脉的接力者。

4."安拉的使者"

在这些使者中，另外一些令人瞩目的人是"安拉的使者"，也就是穆罕默德和他的追随者们。

我们知道，伊斯兰文明诞生的阿拉伯半岛，基本环境特征是干旱，只有半岛的西南角和东南角，由于山脉阻隔，还存在少量雨林，其他地方的供水就完全仰赖绿洲。像长江、尼罗河，或者幼发拉底河那样哺育文明的大型河流，在这里是完全无法想象的。干旱使这里的经济、社会和政治生活形式都比较简单，绝大多数百姓所能想象的组织形式，就只有部落。

穆罕默德，就出身于一个绿洲城市，位于阿拉伯半岛西部内陆。他从小是孤儿，因为生活环境，原本很难看出他能有什么出众的前途。他成年后受雇于富裕的寡妇哈蒂嘉（Khadijiah），后来他与哈蒂嘉结婚。据说，在他四十岁的时候，曾在麦加郊外冥想，这时候受到唯一真神安拉的启示，成为神的使徒和预言者（先知），也就是"安拉的使者"，因此创立伊斯兰教。这个宗教与部分阿拉伯人过去信仰的犹太教和基督教都不同，它是一种能够引起全体阿拉伯人共鸣的、量身定制的一神教。而且，通过对这些信条的坚持和运用，穆罕默德在世之年，伊斯兰文明的影响力就已经广被于阿拉伯半岛。在他去世后一个世纪的时间里，他缔造的政教合一力量，一方面巩固阿拉伯半岛的统一，一方面向波斯和北非进军，逐渐统治横跨欧亚非三大洲的大型区域，从西班牙、摩洛哥一直延伸到乌兹别克斯坦和巴基斯坦。

据说，在"安拉的使者"的继承人也就是哈里发统治的时期，曾经有使者在高宗永徽年间（650—655），到长安晋见唐高宗，并向他介绍过伊斯兰教教义。而大约一个多世纪后，唐朝的使者，一个叫杨良瑶的官员，又出现在哈里发的京城巴格达的宫廷之中。若干年前发现他的碑，上面记载这位使者贞元元年（785）自长安出发，从广州取海路，经过中南半岛、斯里兰卡、印度西海岸、阿拉伯半岛，最终到达巴格达。而他的目的，并不在于传播宗教教义，唐朝这回的目的，可能是要联合阿拉伯人来对抗越来越强大的吐蕃。

那么，在"王的使者""发明的使者""佛陀的使者"和"安拉的使者"之外，谁是当时欧亚大陆上跋涉旅程最长的使者呢？根据史料的记载，我们认为，应该是另一个鲜为人知的宗教团体——摩尼教教徒。

第五节　摩尼的信徒

要说明什么是摩尼教，不得不回溯一下历史。

在 4 世纪后半叶的北非，有个家世显赫的花花公子，在迦太基城学习修辞学，这人当时还不满二十岁，却放纵情欲，还有一个私生子。在他的浪荡生涯中，他又有惊世骇俗的举动，那就是加入被基督徒视为洪水猛兽的邪恶教派。而且他在邪恶教派里一待就是九年，不但沉醉教义，还和许多信仰这个教派的北非要人来往，这让虔诚的基督徒母亲操碎了心。可是，谁也没想到，这个花花公子居然求知欲非常强，又天资聪明，以致这个宗教的高级教士都无法回答他提出的问题。为了解决内心疑惑，他只好前往意大利，并在米兰经历一生中最重要的转折，转身受洗成了一个虔诚的基督徒，最终成为天主教史上思想最深邃的神学家，他的代表作有《忏悔录》和《上帝之城》等。

他就是被誉为天主教"四大圣师"之一的奥古斯丁（Augustine of Hippo，354—430)，而他在年轻时曾经痴迷的宗教，就是我们下面要提到的摩尼教。

1. 摩尼及摩尼教

也许很多人都知道，摩尼教就是中古中国所谓的"三夷教"之一，后来也被称为"食菜事魔"或者"明教"，传说故事很多。据学者研究，摩尼教的创始人摩尼（Mānī，216—274)，生于波斯人统治的巴比伦省的 Ctesiphon 附近，父母都是波斯人。父亲帕提格（Patig）喜欢流行于南巴比伦的神秘教派，母亲玛丽安（Maryam）

据说有帕提亚王室的亲戚关系，大概家境良好。他的教义中吸收犹太教、基督教和佛教的不同部分，核心教义是一种"二宗三际"的世界观。

据说，摩尼精通文学、绘画，他的教义手稿，多用一种叙利亚字体的变体写成，而且总是用墨水写在很精良的白纸上，通常都有很精致的装饰画，据说他也用壁画装点寺院。他的教义，是羼杂着基督教和佛教理念的混合，但根本上是波斯琐罗亚斯德教的二元论，还吸收一些古巴比伦信仰和诺斯替派的学说。它的基本教义，是由光明（善）和黑暗（恶）这"二宗"之间的对抗构成。光明和黑暗的对抗，就是这个世界的本质，世界一开始的发展就是"三际"，也就是指过去、现在和未来。他们认为，光明会暂时受挫，黑暗内藏于物质（肉体）之中，为了拯救被黑暗所僭取的光，光明之神将发动新的反抗，而黑暗为了避免光明从人的肉体中解放出来，它极力唤起人的欲望。在每一次生育中，存在于人类之中的光明将一再稀释，导致人体内的光明再也无法从它所在的形体中分离出来。因此，人类为了和光明一道反抗黑暗，信仰者需要禁欲，通过一系列宗教仪式、行为，从黑暗中释放光明种子，最终使所有光明种子回归光明母体，因为黑暗会使人沉沦。

那么，什么样的行为是在释放光明种子呢？很简单，拒绝肉食，只吃蔬菜，特别是多吃甜瓜和葡萄，就是一种最为直接的释放光明种子的行为。因为根据摩尼教教义，蔬菜特别是前面提到的两种水果中，光明种子的含量特别丰富，通过人体的吸收，可以把它们从地面的不洁状态中释放出去，这样就完成净化过程。

摩尼教不但教义很有趣，传教方法上也有很多独特之处。比如说，摩尼本人就是个多语言传教的提倡者，他也到过很多地方。

他曾经乘船沿着波斯湾海岸，到达俾路支斯坦（Balochistan）的马克兰(今巴基斯坦)，也到达过印度河三角洲。他也鼓励自己的门徒，使用各地本身存在的语言传播摩尼教。虽然最初的摩尼教经典是用叙利亚语写成的，但现在人们发现的摩尼教教义书已经涵盖拉丁语、希腊语、帕提亚语、科普特语、亚美尼亚语、中古波斯语、粟特语、大夏语等十几种语言文字，充分证明一代又一代的摩尼教信徒确实贯彻摩尼本人的传教策略。

有一个传说故事。据说摩尼在世的时候，曾派遣他最得意的弟子之一，前往阿姆河以北的地方传教——这个地区我们并不陌生，就是前面曾经提到过的粟特人的国家。可是，阿姆河的河神却突然现身，不让摩尼教的传教者继续前进。摩尼的大弟子再三恳求说服，并背诵摩尼教的主要经文《净命宝藏经》之后，河神才同意让他们渡河，继续前进。从这个故事里，可以想见，河神与信徒之间的交流，一定是摩尼弟子用粟特语讲授宗教要义才能实现的。

此外，摩尼本人还是一位画家，他亲手绘制一本彩色的画册，画册里他用一幅幅精致的图画来诠释他的教义，为了让那些即便是目不识丁的人也能领会摩尼教的内容。一些流传下来的摩尼教典籍，充分证明这一记载。很多抄本上都有很精美的图画，无论是精致复杂的植物纹样，还是身穿白袍奋笔疾书的选民图像，又或者是书籍本身红黑交替的笔迹，都能让我们感受到摩尼教徒对典籍装帧还有图像的重视。

摩尼的教义在波斯帝国一度非常得势，他本人也曾受到波斯国王的尊崇。然而好景不长，随着新国王的登基，波斯帝国原先存在的拜火教又重新兴盛起来，新国王本人受到大祭司的影响，开始限制、迫害摩尼教徒，最终将摩尼本人打入大牢，并下令处死他。据说，摩尼的敌人在他死后仍不解气，甚至将他的尸体剥皮填草，悬挂在城门之上示众，摩尼教在波斯帝国境内因此陷入一个低潮期。

然而，虔诚的摩尼教教徒们早已将教义向西传布到罗马帝国，而向东传播的摩尼教则有更传奇的历史。

2. 唐朝的摩尼教

根据汉文史书的记载，7世纪末也就是武则天时代，摩尼教已经传到唐朝内地。但是显然，这个宗教在汉人社会中，一开始并没有什么影响。唐玄宗开元年间（713—741），甚至还对摩尼教下过禁令。摩尼教在东土的勃兴，要等到"安史之乱"的爆发。

在"安史之乱"中，由于唐朝军队接连失败，不得不向北方回鹘汗国请求援助，回鹘就是前面提到的在突厥之后崛起的一个强大游牧族群。回鹘可汗果然如约率兵前来，帮助唐军收复东都洛阳。可汗在洛阳的这段时间里，和从西域来的摩尼教传教士经常接触，逐渐受到他们的影响。第二年，可汗回国的时候，便邀请四位摩尼教高僧一起回到草原，很快把摩尼教奉为国教。对于当时的情况，留存至今的一块回鹘石碑这样说：茹毛饮血的野蛮风俗，被转化为正常吃饭的习惯，惯于杀戮的民众，也变得彼此以善行互相勉励。

这个故事，让我们回到之前讲述粟特人的历史时曾反复提到的历史"暗线"。

摩尼教的传教者，其实和安禄山的粟特武士们说同样的语言，他们都是粟特人，只不过分别信仰祆教和摩尼教。那四个跟随可汗前往草原的高僧，当然可能也都是粟特人，他们的目的不仅是传播宗教，同时也在编织贸易网络。这个贸易网络，通过交易丝绸和马匹，把草原和汉地紧密连接起来，并逐渐向中原腹地挺进。回鹘人在所谓"摩尼师"的指点下，要挟唐政府在内地修建摩尼寺，不久摩尼教的崇拜场所就在湖北、江苏、江西、浙江、河南、山西等地建起来。可以想见，粟特传教者在传播宗教的过程中，也一定为他们的生意打开局面。可以说，我们又再一次看到粟特人的能耐和贸易网络的力量。

自从 8 世纪中叶牟羽可汗（？—780）之后，摩尼教教士对回鹘汗国的渗透是全方位的，包括世俗事务。无论是在汗庭和可汗讨论政事，向唐朝出使进贡，参与和亲事务，还是他们最擅长的经商等，都牢牢掌握在摩尼教教士的手中。唐人撰写的一部著名史书《国史补》，对此有生动的描绘："回鹘可汗经常与摩尼教教士们讨论国家大事和政务，由于这个原因，唐朝才在首都长安建立摩尼寺来笼络他们。摩尼教教徒们的足迹，甚至深入到长江、岭南。长安西市的粟特商人们之所以能够狼狈为奸，牟取暴利，其原因就在于回鹘人曾经立有功劳，以致政府不得不纵容他们。"

然而，摩尼教众在长安等地的风光岁月，也没能持续多久。到了 9 世纪中叶，随着回鹘汗国的瓦解，在唐朝内地的摩尼教失去最有力的支持者。唐武宗（840—846 年在位）会昌灭佛（845）前后，也一并清理三夷教，清查回鹘人和摩尼寺的庄宅钱物，并废止摩尼寺，把京师的摩尼僧和回鹘人信徒流放到边远地区。不过，即便如此，摩尼教仍然在中国境内顽强地生存下来，内地的摩尼教教徒们向东南沿海地区迁徙。宋代所谓的"食菜事魔"和更晚的"明教"，就是摩尼教的余音。甚至到 21 世纪，在福建霞浦一带，还发现摩尼教色彩很浓的宗教文书，说明它一直顽强地存在于中国。另外，当时从蒙古高原西迁的回鹘人，更在新疆建立信奉摩尼教的区域政权。

3. 吐鲁番：东方摩尼教中心

回到中古时代。虽然到了9世纪，普世摩尼教会的教主居住于巴比伦，但要说起当时最有名的摩尼教大都城，那还得数西州回鹘（848年至13世纪初）的都城高昌城——也就是现在的吐鲁番。

什么是西州回鹘？前面提到回鹘汗国的瓦解，在瓦解过程中，有一支回鹘人向西迁移到新疆，他们先是在塔里木盆地东缘站稳脚跟，然后又击败当时盘踞高昌的吐蕃人，逐渐成为当时西域重要的势力之一。由于他们以唐代西州的政治中心高昌为都城，所以后来被称为西州回鹘。他们占据丝绸之路的必经之路，因而很快就积累起大量的财富，来自四方的商品也聚集于此，同时代的阿拉伯历史学家曾经记载道："可汗的宫阙地面铺毡，毡上覆以穆斯林的地毯。"可见，摩尼教教士们在巩固政治地位的同时，也参与他们所擅长的经济活动。

为什么说当时的高昌，是旧大陆上最有名的摩尼教大都城呢？我们可以从吐鲁番现存的一些遗址说起。

曾经的高昌城，应该有多处摩尼教寺院地面建筑，还有一些石窟寺。根据汉文摩尼教典籍记载，摩尼寺通常由五个主要建筑构成，包括经图堂、斋讲堂、礼忏堂、教授堂、病僧堂。经图堂陈列摩尼教的经书和图画，斋讲堂是寺院大众集会、颂习经典的地方，礼忏堂用于忏悔罪过，教授堂则是传授教义和仪式等精深内容，病僧堂相当于寺内的医院。这些对摩尼寺建筑的记载，和吐鲁番地区的考古发现大致上是可以一一对应的。比如说，在其中一处摩尼教寺院的斋讲堂遗址，就发现描绘摩尼本人的壁画，他威风凛凛，身穿白衣，头戴一顶装饰华丽的礼帽，后面还有象征其神性的圆形头光。在同样身穿白衣、头戴白冠的弟子们的环绕下，摩尼欣喜地注视着大家。这也证明，摩尼教曾经在这一区域应该是非常兴盛的。

相对于摩尼教在东边高昌的兴盛，西边巴比伦的摩尼教大本营，则陷入衰退。根据有关东方摩尼教的最新研究，到了10世纪，阿拔斯王朝的哈里发严酷地对待摩尼教徒，把五百名教士和信徒驱逐到中亚的撒马尔罕，巴比伦的摩尼教大本营自此瓦解。而摩尼教的撒马尔罕教区，则从属于吐鲁番的回鹘摩尼师，这个摩尼师不但在东方具有极大权威，而且深得西州回鹘可汗的信赖。在粟特文的摩尼教书信中，尊称他为"（摩尼的）继承者"。

可见，他应该就是当时摩尼教教主，而东方摩尼教的中心，当然也就非吐鲁番莫属。

4. 后期摩尼教

顺着时间往下看，到了11世纪后半期，摩尼教在吐鲁番的优势地位，已逐渐开始被佛教所取代，不过它的余响却远未消歇。

从东向西看，从11到13世纪，在比利牛斯山脉的法西交界地区，空前活跃的基督教异端"纯洁派"，其实某种意义上正是摩尼教精神上的继承者。在蒙塔尤（Montaillou），一个法国南部的小山村，一次弥撒后的多人聊天中，纯洁派的信徒公然宣称，"上帝有两个，一个好，一个坏"。当然，等待他们的是宗教裁判所的酷刑拷问和火刑柱。后来，法国年鉴学派历史学家勒华拉杜里（E. Le Roy Ladurie，1929—2023）在 20 世纪 80 年代出版过一本有名的著作《蒙塔尤：1294—1324 年奥克西坦尼的一个小山村》（*Montaillou, village occitan de 1294 à 1324*）就讲到这个事情。

回头向东看，在同一时代，浙江、福建有大量的乡村居民以"明教"的信奉者自居，继续遵守摩尼关于拒绝肉食、只吃蔬菜的教规。他们其中的知识分子，甚至想方设法改造摩尼教的中文经典，借助《道藏》编撰的机会，把几部摩尼教的经书添加进去，以求得合法地位。而在 20 世纪末，在日本还发现好几幅宋元时期绘制的反映摩尼教教徒的宇宙观的挂轴，现在仍然可以在奈良国立博物馆欣赏到这些神秘的作品。

回到开篇，曾经让北非出身的基督教神学家神魂颠倒的摩尼教，它的信仰竟然一直跑到旧大陆的最东端，他们是不是最有资格得到那个时代跋涉旅程最长者的称号呢？

接下来，我们来看在这个世界文明与族群交汇的时代，各个大帝国的统治者如何通过种种方式塑造自己的神圣性。

第六节　天枢、圣物和转轮王

1. 洛阳的天枢以及明堂、天堂

如果你穿越到 7 世纪的最后几年，来到女皇武则天统治下的神都洛阳，你会注意到最引人瞩目的景观，就是当时刚刚落成的天枢。

什么是天枢？天枢的全称是"大周万国颂德天枢"，"枢"意味着万事万物的中心，万事万物都围绕着"枢"转动，天枢就是北斗七星里位于斗身的第一颗星星的名字。无论星斗如何转动，天枢星都始终指向帝王的象征北极星。你可以把天枢想象成一个圆柱体，但准确而言，实际上它是个八边形的柱状物。据史书记载，它高 32 米，直径 3.6 米，有八个边，每边 1.5 米，柱子的下端是铁制的，制成群山起伏的样子，再用铜铸成蟠龙和麒麟等瑞兽环列四周。柱子的上端放着一个大盘子，直径超过 9 米，盘子的总面积有 28 平方米多，四面有四条 3 米高的龙，像人一样站立着，上半身向前聚拢，托起一颗火珠。

这个庞然大物，矗立于洛阳皇城的正门端门之外，从很远的地方就能看见，可谓壮观无比。唐代史书中提到，天枢的主体结构，是一个来自朝鲜半岛叫毛婆罗的人主持建造的，他是当时负责建筑的官员。根据当时的记载，建造天枢，共花费五十多万斤的铜，三百三十多万斤的铁，和两万七千贯的铜钱。非常有趣的是，这么一大笔花销，买单的竟然主要是各属国的首领和外国商人。其中，往东有来自高句丽的首领，往西则有来自波斯的酋长，他们支持天枢建造，在天枢建成后都受到武则天的封赏。司马光《资治通鉴》里记载说：外国商人贡献大量资金，用来购买铸造用的铜和铁。但还是不够，结果政府又下令征收老百姓家里的铜器，熔炼后以补充缺额。

花费巨资建造的天枢矗立在云霄之中，仿佛与日月同辉，作为一个纪念碑式的建筑，体现着武则天的统治意志。正如历史学家所说，兴建天枢，是为了永远纪念武则天的丰功伟绩，在颂扬她所缔造的周的同时，也贬斥前朝；换句话说，也就是通过看得见的、具有高度象征意味的建筑，来打造她所建立的政权合法性。武则天不仅亲自为天枢题写匾额，还把文武百官和各国首领的名字都刻在天枢上。这实际上是在向臣民宣示，她的统治得到天下的一致认同，而精英们就像众星朝拜北极星一样，对武则天俯首称臣。试想，当一个人仰头迎面走向天枢，他怎么能不被皇威所震慑？

　　更何况在神都之中，这样的建筑还有好几处，这就好像是把当今世界的胡夫金字塔（Pyramid of Khufu）、威斯敏斯特大教堂（Westminster Abbey，又译为西敏寺）和马丘比丘（Machu Picchu，又译麻丘比丘）全搬到一起。比如，比天枢稍早一些，在洛阳还落成了明堂和天堂，也是有名的地标建筑。明堂又被称为"万象神宫"，位于洛阳宫城也就是紫微城的中心位置，比天枢还要高出两倍，堪称中国历史上体量最大的木构建筑。当时人传说，在距离洛阳百余里外的地方，都还能遥遥地望见。对于武则天而言，明堂也是大周合法性的一个重要象征。明堂不同的几何设计和颜色，象征国家运行所必需的四季、十二时辰、二十四节气这些元素。明堂的顶端安置鎏金宝凤，周围有九条龙拱卫，凤凰当然指的就是武则天本人，它象征着女皇的统治永不磨灭。建成之后，武则天还动员普通百姓，一连九天到宫城里来参观。帝王让普通百姓进入宫城之中随意参观，这在古代世界的历史上也是绝无仅有。而明堂的北边，又有一座五层的建筑物，就是天堂。天堂有多高呢？当你走到第三层的时候，就已经可以俯视明堂了。天堂里供奉着一尊硕大无比的佛像，据说在最短的一根手指上，都能容纳几十个人同时站立。当时，皇宫内部就在天堂举行佛教活动。

天枢、明堂、天堂这三座建筑物的布局，从南到北，自皇城进入宫城，形成一条中轴线，高度也是逐级上升的，从象征意义上还可以分为三个层级：宣示四裔、统治万邦和现世真佛。而武则天最为尊崇的，甚至高举到政治统治之上的，还是佛教。为什么？其中一个原因，当然是当时的社会环境，人民普遍虔诚地信仰佛教，更为重要的是，在佛教高僧的帮助下，武则天从一部佛经里找到她作为女性也可以成为皇帝的依据。

2. 武则天推崇的《大云经》

这部佛经就是《大云经》。

《大云经》的经文说，有个叫净光的天女向佛求教，佛告诉她，你前世因为听了一下《大涅槃经》，就成为天众。现在，你听了我说的深奥教法，更能舍弃天众的形态，以女身成为国家的主宰，统治相当于转轮王所统治"天下"四分之一的地方；并且作为女居士，教化民众，虔诚信佛，摧毁其他异端。经文还提到，佛对净光说，你称王的行为实际上和菩萨一样，是为了度化众生，所以才要以女性的身份进行统治。

看到这么支持女性称帝的故事，武则天当然非常高兴。在"发现"经文同一年七月，她就匆忙下令将《大云经》颁示天下。十月，又下令长安、洛阳两京和各州都要设置寺院，命名为"大云寺"，来收藏《大云经》；并且还剃度一千名僧人，又让高僧升座，讲解经书的内容。

那么，高僧要向民众讲些什么呢？敦煌藏经洞保存一份武周时期撰成的《大云经》注解，根据里面的内容，宣讲的目的无外乎两点：一是明确地说，《大云经》里提到以女身而成为国家主宰的人，就是武则天；二是让大臣和百姓尽心效忠女皇，如果胆敢背叛谋反，就算不被国法惩处，上天也会降罚，让他自行灭亡。由此，僧、俗两界也掀起一股学习《大云经》的热潮。当时太原有个姓张的小孩，据说只有三岁就能背诵《大云经》，武则天为此特别召见他，一测试果然不假，高兴地抚摸他的脑袋，并特别赏赐紫袈裟以示鼓励。

除了《大云经》，武则天还从佛教里借了另外两个人们比较熟知的传说，用来制造皇权的合法性。第一个是"弥勒下生"。弥勒是未来佛，佛经上说，他将继释迦牟尼之后弘扬佛法，等到他从兜率天下生人间之后，将会让世间"谷食丰乐，人民炽盛"，百姓衣食无忧，没有任何疾病，而且人人长寿。隋唐两朝，弥勒信仰流行广泛，武则天作为新皇帝，开创这么一个太平盛世，自然可以比附弥勒下生创造的人间乐土。何况弥勒有时也被称为慈氏，慈悲的"慈"，在汉语语境里有母亲的含义，所以武则天还一度采用"慈氏越古金轮圣神皇帝"的称号。第二个是"转轮王出世"。我们前面提到的《大云经》里说，女王要统治转轮王所统治"天下"四分之一的地方，这是怎么一回事呢？原来佛经里说，具有各种福乐和宝物的统治者被称为轮王，当转轮王出世的时候，他所统治的疆域就会风调雨顺，百姓安乐。同时，轮王也有四种，这和佛教徒把世界分为四大洲是相匹配的。统治一个洲的叫铁轮王，两个洲则是铜轮王，接着是银轮王和金轮王。《大云经》里提到的转轮王，其实就是金轮王。而《大云经》里女王的等级，实际上仅仅相当于铁轮王，因为只统治四分之一的地方。这点当然是武则天所不能接受的，作为神皇，她觉得威光要覆盖天下。因此，她也就顾不得《大云经》里的内容如何，要在自己称号里加上"金轮"的字样。

3. 轮王思想的神圣地位

前面说到轮王，那就要提到轮王思想的发源地印度。我们知道，印度是佛教的起源地，虽然到了7至8世纪印度佛教已经开始衰落，但统治者也同样拿"轮王"的称号来强化自己的神圣性。

我们前面提到过佛陀的使者，唐代的玄奘法师。他在印度的高光时刻，就是在曲女城的法会上，作为佛教真理辩论的论主，一连十八天都无人与之匹敌，以至于被大小乘信众分别尊为"大乘天"和"解脱天"。这个法会的举办者，就是戒日王（590—647），他是印度曷利沙帝国即"羯若鞠阇国"的创立者，也是个多才多艺的人，善于文学，会写诗歌和剧本，最初号"尸罗逸多"（Śilāditya），意译为"戒日"。他在606年登位，经过六年统一北方印度，建立曷利沙王朝（Harsha Empire）。他非常支持佛教。在他的传记里，吉祥天女和占星家都预言，他正是作为转轮王降临人世的，可以与太阳媲美，而且戒日王本人在铭文中，称呼他父亲也用了"转轮王"这个称号。

佛教笼罩下的亚洲宫廷，这种带有神圣光环的称号，对于统治的合法性起到加持作用，换句话说这就是制造人间的神圣帝王。在同一时期，旧大陆也出现相似的情形。在拜占庭帝国，希拉克略（Flavius Heraclius, 575—641）于629年胜利结束对波斯人的战争后，他就开始正式使用"巴西略"也就是天授圣王这个称号作为皇帝的尊称。其实，这个称号在埃及地区已经使用了好几个世纪。只不过在过去，拜占庭皇帝也承认过萨珊波斯国王为"巴西略"，所以一直避免使用这个有损威望的称号，毕竟他们也相信"天无二日"。但是，到希拉克略击败波斯，对手弱小到和封臣无异，这个问题才顺利解决。希拉克略就立即采用这个现在已经独一无二的称号，来强调他所取得的胜利，来宣传他的伟大。

东海西海，心同理同，欧亚非之间的阿拉伯帝国也一样。穆罕默德的后继者通过"哈里发"——这个词本义就是"继承人"——这样的称号来承袭先知的"神授魅力"，获得权威的力量，从而领导信众继续进行帝国的扩张。

4. 圣物的神圣地位

同样，在7至8世纪的欧亚各个帝国，还有一些特殊器物，可以加持政治合法性和神圣地位。拜占庭帝国为什么在欧洲国家中有权威？除了它的力量，另一个重要因素就是，君士坦丁堡各个教堂里存放着令基督徒惊叹的圣物，其中就有君士坦丁大帝的母亲从耶路撒冷亲自寻访并带回来的真十字架。

而在南亚，印度的戒日王在霸业刚开始的时候，先后得到三件宝物：婆罗门献上的金印，邻国国王使者奉送的白伞盖，和佛教大德赠予的能够解毒的珍珠璎珞。它们象征着僧俗两界，所以在家和出家的修行者都承认戒日王至高无上的地位。同样，在亚洲东端的日本，7至8世纪出现的天皇，传说中也有三种神器，即八坂琼曲玉、八咫镜和草薙剑。有学者说，这是从古代中国道教迷信印、镜、剑的法术那里学去的，究竟是不是这当然是另外的话题。

此外，还有一些统治者着迷于神圣经典，以及神圣经典所蕴含的神秘力量。比如，中亚西域那些城市国家的统治者，就竞相赞助佛教典籍的翻译事业；而那个时候，在朝贡贸易中比较重要的组成部分，似乎就是向中原王朝的统治者献上各种经书，还有可能带来丰厚的赏赐。阿拉伯的哈里发，则下令把先知受到的启示汇编成集，形成伊斯兰教唯一的根本经典《古兰经》。

总而言之，无论是象征性政治景观，充满神秘意味和带有传说的圣物，还是那些宣讲历史与思想的圣典，它们都被那个时代各个帝国统治者视为合法性工具。这些林林总总的宗教思想，所反映的都是世界帝国林立时代，各自统治者试图塑造帝国权威、试图控制更大世界的想法。随着我们所讨论的时代，也就是 7 至 8 世纪走向尾声，唐朝、拜占庭帝国、大食帝国三足鼎立的国际格局，以及佛教、伊斯兰教、基督教三分天下的世界，没有能继续维持下去。全球历史变动不居，帝国命运流转无常。唐朝经济中心南移、草原上疾风飘动，以及围绕着阿拉伯世界边缘地区开展的圣战，都在预示着一个更新时代的到来。

（尹磊）

全球联结时代的到来：12—14世纪

第一节 何为"蒙古时代"？

1."蒙古时代"的来临

前面一讲，我们介绍了阿拉伯大食帝国、拜占庭东罗马帝国和唐朝鼎立的"后三国时代"，在这个时代的延长线上，又发生了很多大事件，比如：10世纪，东亚的契丹建国（916），宋朝兴起（960），西亚突厥系加兹尼王朝建立；11世纪，土耳其人塞尔柱王朝在西亚崛起；11世纪末，第一次十字军东征，以后两个世纪中一连发生了好多次"十字"对"新月"的战争。

但在全球融成一体的历史过程中，最重要的还要数"蒙古时代"。从这一讲起，我们将进入12至14世纪，也就是所谓的"蒙古时代"，以此来看全球联结的开始。

凡读过王小波的杂文《花剌子模信使问题》的人，也许对"花剌子模"（Khwarizm，1142—1231）这个名字有印象。花剌子模是中亚一个大帝国，大概位于咸海南岸今天的乌兹别克斯坦和土库曼斯坦。在中国南宋和金朝的时候，也就是 12 至 13 世纪，这个帝国曾控制着中亚和两河流域，在领袖摩诃末的统治时代，一度成为丝绸之路上的霸主。1215 年，也就是中国南宋嘉定八年，花剌子模帝国的一位总督接见一个从草原来的使团。这个使团居然没有像其他使团一样献上丰厚礼物。总督一怒之下，杀掉使团首领。骄傲的花剌子模人没有在意，他们激怒的可是派遣使臣的蒙古成吉思汗，他们更加没有想到，这个偶然性事件最终改变世界。成吉思汗的蒙古大军在四年后兵临城下，一举征服花剌子模，并且继续西征，席卷中亚、西亚、东欧。蒙古人就这样，颠覆了整个旧世界，一个崭新的、横跨欧亚的"蒙古时代"在全球史上拉开帷幕。

现在提起所谓"蒙古时代"以及"元朝"，对很多中国历史学者来说，真是一个很纠结也很矛盾的时代。元朝带给中国的是什么？一方面有人说，元朝打断宋朝的"文明"，对中华文化造成冲击，甚至说拖了后腿。但另一方面又不得不承认，蒙古人统治的元朝带来广阔的疆域以及多元的族群与文化。更令人纠结的还有，成吉思汗的身份应该如何定位，他是中国人吗？成吉思汗（1162—1227）的大蒙古国和忽必烈（1215—1294）的元朝可以等同吗？忽必烈是元朝的皇帝，还是蒙古的大汗？蒙古四大汗国与元朝是什么关系？

让我们首先从纵向、横向两个角度看"元朝"。纵向是顺着中国古代两千多年的历史脉络，横向是从欧亚大陆乃至整个世界的地理范围。

2. "征服王朝"理论的提出

首先从中国历史的脉络说起。读历史、说历史，难免要将历史分期。

从秦朝到清朝，过去被称为"传统时代"，或者是"封建时代"，也有人叫它"帝制时代"，绵延将近两千年。如此漫长，当然不是一成不变的。能否再分期呢？学术界有不同的看法。其中，最有名的就是"唐宋变革"学说，这是日本京都大学内藤湖南（1866—1934）在 20 世纪初提出来的。内藤湖南主张，在唐朝与宋朝之间，存在一个根本性社会变革。社会文化发生剧变，中国从贵族社会走向平民社会，经济与文化也随之改变。所以，内藤湖南提出，唐代以前是中古时期，宋代以后是近世时期，到清末中国则从近世走向现代。

"唐宋变革"学说在学界影响非常大，尤其适合用来观察中国南方的历史发展。但如果观察华北的历史，我们会发现还有一条与"唐宋变革"平行的线索。北方的游牧民族和半游牧民族与中原王朝之间的张力，长期以来影响甚至主导中国政治史的发展走向。

1949 年，德裔美国学者魏特夫（Karl A. Wittfogel，1896—1988）提出著名的"征服王朝"理论。魏特夫将北方民族建立的王朝分为两类，以隋唐为界。隋唐以前的五胡十六国、北朝被称为"渗透王朝"，隋唐以后的辽、金、元、清被称为"征服王朝"。"渗透王朝"的统治者进入中原之后被全盘汉化，结果这些民族基本上融合或者说渗透到汉人之中，自己的名称都消失了。而"征服王朝"的统治者没有被全盘汉化，他们有着鲜明的本民族文化意识，极力保持本民族的组织、语言和文化。辽、金王朝是尝试但不很彻底，而元朝、清朝的特色很鲜明，一个显著的结果，就是蒙古族、满族一直延续到今天。"征服王朝"理论在世界范围内影响很大，很快就成为欧美、日本学习中国史尤其是这些非汉族王朝历史的一个有力的解释理论。

3. 蒙古之前的草原帝国

依据"征服王朝"理论，我们可以发现，元朝不仅疆域空前广大，而且有独到的统治策略和文化特性。那么，蒙古人到底有何过人之处？我们先来简单回顾一下蒙古之前的草原帝国。

在成吉思汗之前，长城以北的草原上存在过一些强大的游牧族群政权，法国学者格鲁塞（René Grousset，1885—1952）称它们为"草原帝国"。时间久远一点的，有秦汉时期的匈奴，魏晋南北朝时期的鲜卑、柔然，隋唐时期的突厥、回鹘，我们在前面都有介绍。此后，五代到北宋时期，有契丹人建立的大契丹或辽朝（907—1125）；南宋时期，有女真人建立的金朝（1115—1234）。值得注意的是，在蒙古国之前，这些政权绝大多数走向同一命运：帝国虽然强盛一时，但一旦帝国崩溃，人民就很快迁徙、融合到其他民族中，连原来的民族名称都消失在历史的尘埃中。

比如，突厥人创造古突厥文，试图用自己的语言记录历史。可突厥帝国崩溃后，古突厥文就废弃了，为使突厥文化得以在欧亚大陆中西部传承，西迁的众多突厥人只好将自己的文化和波斯文化、阿拉伯文化相结合。随后，回鹘在漠北草原建立帝国，但很快被其他部落击溃。一部分回鹘人迁徙到天山东部，建立高昌回鹘也就是所谓"西州回鹘"，他们使用回鹘文，在天山南北的草原和绿洲，成为兼有农耕、游牧文明的融合政权。几乎与回鹘同时，契丹继承草原帝国，又获取幽云十六州。面对空前广大的疆域、空前复杂的族群，契丹开始推行二元制，对农耕地区、游牧地区实行"一国两制"。北边游牧地区按照原本契丹制度管理，南边原本胡汉杂糅以汉族为主的地区则由南院大王另有一套办法管理。读过金庸小说《天龙八部》的人都知道，萧峰因为救了辽朝皇帝，被封为"南院大王"，也就是管理辽南京幽州的最高长官。这当然是小说家言，其实幽云十六州非常富庶，对于辽朝太重要，所以在历史上担任"南院大王"的只有姓耶律的皇族。所以，就算萧峰救驾有功，他也不太可能当上"南院大王"。

当然，后来还有女真人建立的金朝。还是在金庸的《天龙八部》里，萧峰救过一个东北年轻人，叫完颜阿骨打（1068—1123），这就是金朝的开国皇帝。在宋人洪皓的记载里，完颜阿骨打似乎和高丽人有很深的关系，所以也有人把他率领的女真人和高丽人混在一起。是否如此我们不管他，总之，他率领女真人从白山黑水苦寒之地起兵，很快就灭掉辽和北宋。女真人原本定居在东北地区，和高丽相邻，从事粗放型农业和渔猎，与中原民族差别不大。因此，他们虽然也很努力保持自己的文化和习俗，但最终没有采取契丹的"二元制"。特别是金朝建立之后，女真人似乎与过去一刀两断，把兴起时的旧都上京宫殿都烧毁、拆除，彻底迁都到北京。女真人搬到中原富庶地区之后，渐渐丧失自己的组织力和凝聚力，也没有了战斗力。但是，金朝创造了女真文字，对于保存本族文化有很大作用。所以，金朝灭亡后，女真文字仍然在东北地区使用很久。在俄罗斯的符拉迪沃斯托克（Vladivostok，原名海参崴），还保存着黑龙江下游永宁寺遗址出土的一块明代石碑，上面就有汉文和女真文。

可以说，拥有融合文明、二元体制、民族文字的回鹘、契丹、金朝，都是蒙古帝国的先声。蒙古人兴起之后，创造两种文字书写蒙古语，采取二元乃至多元制度，将以往王朝经验用到极致，因此蒙古帝国控制的疆域空前广大。

有人会说，看中国历史地图，唐朝疆域也很大，西域都护府都管到中亚。实际上，现在看的唐朝疆域图，大都是极盛时期的，这个疆域只维持不到十年，因此也有学者将唐朝称为"瞬间大帝国"。唐朝边疆在不断移动，可以说西域、青藏高原、北方草原都不是唐朝的稳定疆域，而在元朝这些疆域是确定的、稳固的。

为什么元朝能有这样稳定的疆域呢？元朝的统治策略和文化特点是重点，我们在后面再详细展开。

4. 欧亚大陆上的"蒙古时代"

但是，仅仅从中国史的角度看元朝，这些还远远不够。如果蒙古人没有因为花剌子模事件而西征，那么元朝也许与以往的北方民族王朝差别没有那么大。正是因为西征，蒙古人的世界才有了跨越式的横向扩展。

早在 20 世纪以前，学界就意识到在欧亚大陆上，曾经存在一个"蒙古时代"。它东到日本、朝鲜半岛，中有中亚、中东，西到俄罗斯乃至西欧，每个国家的历史上都必须在其中写上一笔。在世界历史上，从来没有哪个民族能像蒙古人那样控制如此广大的地域，也从没有哪个民族能像蒙古人那样对世界历史进程产生如此直接的重大影响。仅仅以中国而言，直至今天，我们的日常生活里，仍然可以看到蒙古时代留下的痕迹。比如现代汉语里，车站的"站"字直接来自蒙古语。在元朝之前人们用驿站的"驿"来表示车站，可是因为蒙古帝国的驿站系统极其发达，后来就有人将蒙古语中的jam音译成汉语，就出现"站"这个字。顺便说一句，元代早期还用过大葱蘸酱的"蘸"字，后来才统一规范成站立的"站"。

如果我们将横向视野放宽到全世界，对元朝、对蒙古帝国会有更全面的认识。在14至16世纪的欧亚内陆地区，东到蒙古草原，西到西亚两河流域，凡是想建立政权的人，似乎都要打着蒙古的旗号，声明自己跟成吉思汗沾亲带故，以此来获得合法性。比如，支配印度三百多年的莫卧儿王朝（Mughal Empire，1526—1857），统治者来自中亚，就是蒙古人统治中亚的结果。甚至从词源学上来说，"莫卧儿"这个词本身就是蒙古。小亚细亚的奥斯曼帝国（Ottoman Empire，1299—1923）之所以崛起，也是因为蒙古统治造成小亚细亚的权力真空。而莫斯科呢？在蒙古时代之前是个不知名的小村庄，后来因为替蒙古人收税而发展壮大起来，以莫斯科为中心才形成后来的俄罗斯。

5. 对蒙古帝国的纠结心态

蒙古时代这样的世界性影响，其实在很多人心里都留下对蒙古纠结、复杂的心态。

现代人习惯以国界线为范围书写历史。国界线以内的就是"本国史"，超出国界线的就是"外国史"，而外国史的重要性显然比本国史低得多。"本国史"关注的就是自己这一方土地，因此不同国家之间很少有共通的历史话题。但是在"剑桥历史系列"中，包括《剑桥中国史》《剑桥伊朗史》《剑桥俄罗斯史》《剑桥印度史》《剑桥内亚史》《新剑桥伊斯兰史》《剑桥世界史》，每一部都有很长的章节乃至一整卷来书写这个蒙古时代。

　　细心的读者在读这些书的时候，也会发现不只中国人对蒙古时代比较纠结，其他国家也是一样。比如，俄罗斯大诗人普希金（Alexander Pushkin, 1799—1837）将蒙古统治比喻为"鞑靼之轭"，意思就是说，好像套在拉车的牛后背上的枷锁，拖住俄国的后腿，导致它发展得比西欧慢。当然，现实不如意，不从当下制度与文化中寻找原因，却去埋怨几百年前的历史，其实只是用历史的偏见来宣泄不满的情绪。然而，这种想法竟然一直影响至今，直到21世纪还有学者试图论证，俄罗斯人嗜酒如命是因为当年受了蒙古人的影响。苏联时期（Union of Soviet Socialist Republics，简称USSR, 1922—1991），成吉思汗曾被当时官方赋予完全负面的形象。然而在中国，成吉思汗却是"一代天骄"，他横扫欧亚大陆也成就丰功伟业。因此，他的历史功过，曾经是20世纪五六十年代，中、苏、蒙古三国关系中的重要议题。从各自的"本国史"角度出发，对同一个历史人物的评价竟然是截然相反的。所以，国际学界从20世纪下半叶开始，尝试跨越这种困境，以"全球史""帝国史"的眼光来冲破现代国界对历史叙述的影响。20世纪70年代，精通波斯文的英国学者波义勒（Boyle）把自己的论文集命名为"蒙古世界帝国"。这是有依据的，13至14世纪的波斯文献中，确实称蒙古大汗为"世界的皇帝"。而日本学者本田实信（1923—1999）则首倡"蒙古时代史"这一概念，他影响了冈田英弘、杉山正明等一批学者。

现在，西方学术界已经普遍使用"蒙古帝国史"的概念，研究范围横跨欧亚大陆。比如，《剑桥蒙古帝国史》这本书汇聚各国顶尖学者共同编著，两位主编学者则分别来自以色列与韩国。顺便提一下，有趣的是，以色列这个地方在蒙古时代其实属于马穆鲁克苏丹国（Mamluk Sultanate，1250—1517），正是蒙古帝国最强劲的对手。而朝鲜半岛在蒙古时代处于高丽王朝统治之下，高丽王娶元朝公主成了元朝的驸马。他们都用跨欧亚的视野来看蒙古时代，所以我们说，从全球史来看蒙古时代，可以说已经是大势所趋。

总之，从中国历史脉络来看，元朝是"征服王朝"或者草原帝国发展演变的一个巅峰，而从全球史的大视野来看，蒙古时代是把欧亚大陆更紧密地连成一体的重要时段，它的恢宏气势和长久影响力，更是令人震撼。自 20 世纪末以来，开始有学者认为，蒙古时代颠覆传统的世界史，创造新的世界秩序，乃是全球史以及全球化的开端。

下面，我们来看看，成吉思汗是如何一手创造颠覆世界的蒙古大帝国。

第二节　颠覆世界的成吉思汗

这是一个来自草原的故事。据说九岁时，铁木真跟着父亲去舅舅部落求亲，走到半路，遇到一位名叫德薛禅的人。德薛禅说："昨夜我梦见一只白色的神鹰，抓着日月飞来，落在我手上。今天你带着儿子来，应验了这个梦。你的儿子，目中有火，脸上有光。"
于是，德薛禅就把女儿许配给铁木真。

这是一个蒙古广为传颂的故事。故事里，德薛禅也许真的喜爱
相貌非凡的铁木真，但他大概预料不到，这个女婿在未来会统一草
原，成为"世界征服者"。他的称号"成吉思汗"，也将震撼整个世界。

1. 成吉思汗崛起之前的欧亚大陆

如果从历史地图上看，成吉思汗崛起之前，欧亚大陆四分五
裂。每一个政权控制的疆域都很有限，也决定这些政权的实力有限。
金朝（1115—1234）、南宋（1127—1279）、西夏（1038—1227）、
大理（937—1094，1096—1253）、吐蕃诸部、高昌回鹘（848 年
至 13 世纪初）、西辽（1124—1218）、喀喇汗（840—1212），都处
于盛极而衰的阶段。至于草原上的情况就更加混乱，较强的部落
就有十几个，相互争战，还有数不清的小部落朝秦暮楚。

草原的气候变动剧烈，自然资源匮乏，古代人为了争夺资源
就要生死相搏。亲缘关系近的部落，居住地也相近，反而会相互
仇杀。这个时候，还有金朝火上浇油，它玩弄政治手腕，挑动草
原内部矛盾，导致各部落互相攻伐，流血冲突不断。蒙古人形容
成吉思汗崛起前夕的草原，"天空旋转，大地倾覆，帐房中不得
安睡"。

在这样严酷的环境中，成吉思汗依靠什么崛起呢？当然，游
牧民族的主要生产方式是放牧和狩猎。牧民自幼骑射，是天生的
战士。大规模的围猎活动，实际上是协同作战的训练，这也是所
有游牧民族的共同优势。

问题是，蒙古又有什么特别之处，能够造就草原帝国的巅峰时代？我们先从一本书说起。

2. 从《蒙古秘史》看成吉思汗的崛起

这本书叫《蒙古秘史》，又叫《元朝秘史》，是蒙古人用蒙古语书写的第一部史书。之所以叫"秘史"，是因为这本书写成之后藏于宫廷，除了皇室贵族，不允许一般人阅读。这部书充满史诗色彩，故事性很强，有很多押韵的段落，好像民歌一样，同时也有"不足为外人道"的秘闻。

今天我们能读到的《蒙古秘史》，是从蒙古的起源写起的。据说，蒙古的祖先是苍狼与白鹿，渡过一条名叫腾汲思的河，到了斡难河（今蒙古国鄂嫩河）源头不儿罕山前居住，它们生了一个人，从此衍生出整个蒙古民族。这当然是民族神话传说，可也让我们联想到罗马建城的传说，还有突厥人的狼祖传说。东西方文明中，居然都出现以狼为祖的传说，这究竟意味着什么？这到底是文明传播的结果，还是人类共同的记忆，抑或它只是巧合？这些问题现在还难以回答。不过，蒙古的祖先传说不仅一种，还有烧化铁水、熔断大山而走出群山的故事等。因此，学者一般认为，蒙古人最早应该住在呼伦贝尔大兴安岭的山里，后来向西迁徙，到了蒙古高原中部的斡难河上游。

《蒙古秘史》的大部分内容是讲成吉思汗的一生。根据记载，成吉思汗的成功，与他本人的能力和人生经历密不可分。成吉思汗原名铁木真，出生于草原贵族家庭，但幼年丧父，陷入贫困。有关成吉思汗少儿时的困苦经历，有很多书里都讲得很清楚，感兴趣的朋友可以参看余大钧（1936—2006）先生译注的《蒙古秘史》，以及蔡美彪（1928—2021）先生的《成吉思汗小传》。看来，正是这些早年的变故，令他"置之死地而后生"，让他具有打破旧秩序的胆魂。

成吉思汗崛起的过程中，最关键的是一条纽带、两位人物。一条纽带是"安答"。安答，是突厥语、蒙古语，意思是结义兄弟。这是草原上流行的习俗，可以将没有血缘关系的个体和部落结成紧密的同盟。两位人物，第一位是克烈部的首领王汗（《元史》作"汪罕"，？—1203），他是成吉思汗父亲的安答，因此也是成吉思汗的义父。成吉思汗人生的第一个转机就是投靠义父。克烈部是当时草原中部最强大的部落。成吉思汗依靠克烈部，站稳脚跟，积聚力量。第二位人物，就是成吉思汗的安答札木合（1164—1204）。他们年少时，就结为安答，一起在冰上玩羊拐"嘎拉哈"游戏，早晨起床时抢着用王汗的金杯喝马奶，共同骑马征战，一起放牧，一起扎营。

但是，他们随着各自部落的发展壮大，就产生了矛盾。有一天，起营迁移的时候，札木合对成吉思汗说："驻营山下，适宜牧马；驻营溪边，适宜牧羊。"意思是，我们双方志向不同，不能再在一起驻营放牧了。于是，他们各自上马，分道扬镳。这一对亲如兄弟的安答，后来成了战场上的对手。成吉思汗人生中第一次指挥军团作战——"十三翼之战"，对手就是他的安答札木合。由于札木合放肆杀戮，手段残酷，成吉思汗虽然输了战争，但赢了人心，此后很多小部落都投奔他。

成吉思汗的蒙古部日益强大，最终与他的义父王汗也爆发大战。金庸在《射雕英雄传》中就改写了《蒙古秘史》中的这一段，只不过金庸把郭靖加进去，结果郭靖立了功，跟成吉思汗的小儿子拖雷（1193—1232）结为安答，还跟成吉思汗的女儿华筝公主定亲。当然这些都是虚构的，历史上成吉思汗与王汗作战，遭遇人生中最大的败仗，身边仅剩十九人，撤退至班朱尼河，饮浑水盟誓，随后重新聚拢军队，最终一举征服王汗和克烈部。

总之，成吉思汗的崛起，借助了"安答"这一纽带。而当"安答"的情义破裂，王汗和札木合走向灭亡，成吉思汗则更加强大。1206 年，是南宋宁宗开禧二年，金章宗泰和六年，这一年南宋宁宗下诏北伐金朝。而在更北方，成吉思汗统一草原，正式即位，建国号大蒙古国。

3. 成吉思汗的创举

大蒙古国，同样也是一个草原游牧政权，与以往的草原帝国相似，成吉思汗也做了一系列的制度建设，可是蒙古如何才能避免重蹈以往草原帝国的覆辙呢？成吉思汗有一个具有划时代意义的创举，这就是建立"千户制"。

以往的草原帝国，都是部落联盟式的国家，与中央集权很不一样。众多部落组成联盟，推选联盟首领。比如匈奴，最高统治者是单于，下面有左贤王、右贤王，再往下是各个部落的首领。单于是重大军事活动召集人，部落仍然在自己的地盘活动。一旦最高首领统治力虚弱，下属的部落不听话，就独立出去。比如，汉朝只要击败匈奴单于，虽然草原游牧部落基本上还存在，但是匈奴没有了，被打散重新洗牌再组起来，就不叫匈奴了，而是叫鲜卑。匈奴、鲜卑、柔然、突厥等，都是不同的部落联盟。部落联盟是松散的，随时可能解体，解体之后名称就很难再恢复，因为大多数时候草原上的部落都是各自独立活动、互不统属。

成吉思汗所做的，就是重组部落组织，等于重新洗牌。他将原来的部落打散，以千户为单位重组，一般由不同部落的人混编而成，千户首领一般是对成吉思汗忠心耿耿的将领。这样，旧的血缘部落组织就不存在了，千户逐渐演变成新的部落。新的千户本身没有什么血缘认同和历史传统，因此人们开始以全蒙古作为身份认同，蒙古也从一个部落演变为庞大的草原民族共同体。从这个意义上说，成吉思汗确实是蒙古民族的缔造者。

千户制不仅塑造蒙古共同体，且造成更广大地域的影响。经过蒙古时代，后来欧亚大陆上很多人的身份认同成为蒙古人。比如阿速人，13世纪以前居住在高加索以北地区，与今天的奥塞梯人有一定渊源关系。蒙古帝国以阿速人为统帅组建了一支军队阿速卫，后来阿速就演变成蒙古的一个部落。再比如，西夏王朝的统治民族党项人，在西夏灭亡之后基本上就消失，但今天学者在蒙古族中找到源于党项的部落，他们就是经历蒙古时代，身份认同转变为蒙古人的。

除了千户制，成吉思汗在文化上最重要的成就是创制蒙古文字。1204年，成吉思汗灭掉草原西部的强大部落乃蛮时，抓住一个回鹘人塔塔统阿。他是乃蛮的掌印官，当时怀揣着印章。成吉思汗由此得知印章和文字的效用，于是就命塔塔统阿根据回鹘文创制蒙古文，学术界称之为回鹘体蒙古文。从此蒙古人可以用自己的语言记录历史。文字不仅保证行政和军事命令的准确高效传达，也促成蒙古文献的产生，更保证蒙古文化的世代流传。比如我们前面提到的《蒙古秘史》这部书，就让蒙古皇族对祖先传说有了清晰认知和统一表达，同样也强化蒙古人的身份认同。《蒙古秘史》在元代主要收藏在宫廷，供蒙古皇室贵族阅读。元朝灭亡后，明朝为了跟草原上的蒙古人打交道，就拿《蒙古秘史》当蒙古语教材，用汉字逐个音节地记录蒙古语的音，又用汉语白话翻译段落大意。结果，《蒙古秘史》的蒙古文原版佚失了，而汉语教材版却流传下来。这是因为古代中国士大夫对文体有洁癖，认为《蒙古秘史》不用文言，语言俚俗，哪能算史书呢？直到近代，学者才抛弃偏见，认识到它的价值：它是元代蒙古人对自己民族历史的认知。在现代，中外学者把它重新复原为蒙古语，又翻译为英、法、俄等语言，向全世界诉说着成吉思汗的历史。

4. 成吉思汗的创举（续）

对于大蒙古国，成吉思汗个人权威的确立尤为关键。前面我们说到，为了维持最高统治者的神圣权威，中原的皇帝称"天子"，突厥的统治者称"天可汗"。而成吉思汗宣称，是草原上信仰的"长生天"赋予他"大福荫"，这就塑造了汗权天授的唯一性。而且成吉思汗的天下观和中原不同，"长生天"不等于"天"，成吉思汗没有借用中原文化的符号来宣扬天授君权，而是从草原政治文化中树立起君主的绝对权威。

以往的草原君主也宣扬天授，但天授的权力往往不是授予个人，而是授予一个家族。以往的草原帝国，在真正的开国君主之前，往往已经经历一两代人的积累。可是，与以往草原君主不同，成吉思汗的祖父、父亲只是普通贵族，他几乎是从零开始迅速崛起，几乎没有依靠亲族的力量。可以说，成吉思汗是蒙古帝国的唯一创造者。

说到成吉思汗的权威，还得说到一个叫"怯薛"（Kheshig）的侍卫制度。怯薛，是突厥语和蒙古语里都有的一个词，意思是轮番、轮流，这里指轮班侍卫。成吉思汗的侍卫分为四班，三天一轮换。这些侍卫，当班的时候，侍奉成吉思汗的饮食起居，好像警卫员；不当班的时候，就是统率千军的大将，或掌管朝政的宰相。怯薛的四位长官是，博尔术（1162—1226）、博尔忽（？—1217）、木华黎（1170—1223）、赤老温，他们的子孙世袭职务，是帝国政治中最显赫的四大家族。

越是重要的职务，成吉思汗越是委任身边的侍卫。怯薛值班的时候，都有固定的职责，各有一个蒙古语专名，比如："宝儿赤"，负责大汗的饮食；"火儿赤"，佩戴箭筒；"云都赤"，佩戴弯刀。早期大汗经常出征，"火儿赤"就很重要，像大将军速不台（1176—1248），就是善于使用弓箭的"火儿赤"出身。后来，蒙古帝国的战争少了，掌管膳食的"宝儿赤"，很多就成为朝中重臣。因为这个职务管理日常饮食，与大汗接触最多，关系也就最近。通过怯薛，成吉思汗就可以与朝中重臣建立起亲密的个人关系。所有的显贵臣子，都想要把自己的儿子自幼送到大汗身边当侍卫。这些自幼当侍卫的人，是成吉思汗最忠诚的卫士，毕生都会捍卫成吉思汗的权威。

成吉思汗死后，他的子孙编写了"大扎撒"，也就是他的"语录"汇编。这相当于蒙古习惯法的法典，每逢节日、会议就要拿出来宣读，供众人学习。"大扎撒"的很多内容，不仅在蒙古帝国内部口耳相传，更被当时埃及的阿拉伯史学家记载下来。于是，成吉思汗的生平事迹、言行规范，随着《蒙古秘史》和"大扎撒"传播于世界。成吉思汗的声望随着时间推移，也越来越崇高。他所创造的这种"意识形态"，看起来很简单，但是在当时的欧亚世界却具有非凡的普适性。他的血统有天授的神圣福荫，他的子孙被称为"黄金家族"，具有统治广阔世界的合法性。以至于 14 世纪纵横中亚的跛子帖木儿（1336—1405），也要娶一位有成吉思汗血统的女子，这样就能跟成吉思汗攀上关系，从而赢得广泛的支持。

在这里，我们讲了成吉思汗如何从零开始，崛起于草原，创造性地重组草原社会结构，并且树立起自己的权威。他将蒙古草原统一起来，结成一个坚固、团结的军事机器。于是下一步，蒙古人便跨上战马，开启征服世界的行程。

接下来，我们就来讲蒙古为何能在广袤的欧亚大陆上，纵横驰骋，所向披靡。

第三节　日出日没：横扫欧亚的蒙古人

前面我们讲了成吉思汗在草原上的崛起，现在我们要讲大蒙古国如何横扫欧亚，把大半个世界连成一片，开创世界史上的蒙古时代。

成吉思汗建立的大蒙古国，是历史上草原帝国的巅峰。蒙古帝国不同于其他草原帝国的是，它在很短的时间内就像风暴一般，从东到西迅速席卷欧亚大陆。历史上，匈奴、鲜卑、契丹等好多草原帝国，是从蒙古高原崛起后，立即向南推进，强盛时都活跃在欧亚大陆的东部。只有被击溃之后，他们迫不得已，才向西迁徙，经过中亚继续向西，抵达东欧草原，引发欧洲各民族连环迁徙，从而改变欧亚大陆西部的格局。

所以，过去游牧民族的西迁，基本上都是被动的，只有成吉思汗的蒙古帝国是主动出击。蒙古的三次西征，前后经历半个世纪，彻底改变整个欧亚大陆的历史走向。那么，为什么蒙古人要主动西征？为什么蒙古人的西征所向披靡？

1. 蒙古帝国建立初期的南下

成吉思汗并不是一开始就想西征的。

蒙古帝国建立初期的历史，跟其他草原帝国的差别似乎并没有那么大。草原上的游牧帝国与中原的农耕王朝之间，有上千年的历史纠葛。我们知道，东亚的地理环境，决定它很长时间内都是世界史上一个相对独立的区域。西边有中亚的茫茫荒漠，西南有横断山脉与丛林，更不要说更远的喜马拉雅山脉，东边和南边有浩瀚的大海，这些都限制东亚与其他区域的交流。黄河流域、长江流域，很早就发展出发达的农耕文明，而北方草原上的游牧文明，尽管也有畜牧业、手工业，但经济结构单一，一旦草原上发生雪灾或旱灾，牲畜大规模死亡，游牧民旅衣食无着，很多部族就只能南下掳掠。而农耕民族为了防御游牧民族南下，就只得修建长城。长城内外，有时和平，有时交战，恩怨纠缠。草原帝国为了发展壮大，往往要占据一片农耕区，因此就必须有组织地向南扩张。

成吉思汗统一草原后，几乎立刻就南下攻打金朝，那时女真人建立的金朝，不光拥有现在的东北地区，还占据黄河流域的大部分地方。我们之前提到，金朝对付草原部落的策略，是远交近攻，让草原部族互相残杀。在成吉思汗曾祖父的时期，蒙古曾经强盛过。于是，金朝联合塔塔儿部（又称鞑靼部），杀死蒙古部的首领，后来蒙古部就衰落了。在成吉思汗青年时代，塔塔儿部又强大起来，金朝就联合成吉思汗以及他的义父王汗，攻打塔塔儿部。战争胜利后，金朝封成吉思汗一个小官职。如果说，当时的成吉思汗还只是一枚被金朝利用的棋子，那后来率领蒙古部统一草原的成吉思汗，就成了金朝的眼中钉。

　　面对金朝这个昔日的庞然大国，成吉思汗御驾亲征，动员主力部队，兵分三路，向金朝的都城中都，也就是今天的北京挺进。金朝当时已经在走下坡路，早就没有了完颜阿骨打时代那坚忍不拔的军队，也没有四太子兀术（？—1148）统帅下纵横江淮威胁南宋朝廷的铁骑。金朝的统治阶层陷入内乱纷争。成吉思汗在野狐岭击败金朝主力之后，很快就拿下金中都，金朝龟缩到今天的河南一带。按照这个大趋势，成吉思汗本来应该一鼓作气，迅速渡过黄河，消灭金朝。

2. 成吉思汗的西征

　　然而，这时中亚发生一个偶然事件，引发成吉思汗西征。

　　这就是之前我们提到的花剌子模总督杀使者事件。这个事件，具有很大的偶然性。其实杀死使者，侵吞使团财产，在花剌子模也是个特例。但是，偏偏这位总督是花剌子模太后的宠臣，很飞扬跋扈，又贪财嗜利，还给成吉思汗的使者定了个间谍罪。成吉思汗使团到中亚一面经商，一面搜集情报。这在当时很常见，草

原上的使者没有专门化、精细化，无论主要使命是什么，回去都
要汇报在路途上的见闻。

　　如果是一般的草原部落遇到这事，也就只能忍气吞声。因为
历史上常常有草原部落首领跑到中亚避难，因此中亚人一直瞧不
上草原上的部落，有大国心态，认为草原部落是小国，不值一提。
但这时成吉思汗已经统一草原，正在对外扩张，国力蒸蒸日上。
当消息传回草原，成吉思汗极为愤怒，决定暂缓攻打金朝，调集
主力部队，发兵西征，发誓血洗花剌子模，报仇雪恨。

　　花剌子模帝国实际上对蒙古帝国所知甚少，疏于防备。当
蒙古骑兵长驱直入，直捣花剌子模首都时，统治者摩诃末（？—
1220）才大为惊慌，率军迎击，结果出师不利，眼见大势已去，
只好带领亲信仓皇逃窜。中国传统兵法讲究"穷寇莫追"，但
蒙古的军事策略恰恰相反，崇尚"宜将剩勇追穷寇"，成吉思汗率
蒙古军穷追不舍。

　　摩诃末的逃亡，就像一次丝绸之路的长途旅行，他从中亚经
过阿富汗到印度河，再转头向西逃到伊朗，最后逃到里海的一个
岛上，苟延残喘，不久就病死了，而成吉思汗一直追到印度河才
撤军。传说，当时蒙古军见到一只名叫"角端"的怪兽。成吉思
汗的谋士耶律楚材（1190—1244）博学多才，无所不通。耶律楚
材就对成吉思汗解释说，角端是上古瑞兽，是和平的象征，于是
成吉思汗决定撤军。现代学者研究认为，角端就是波斯语犀牛的
音译。成吉思汗在印度见角端而撤军，这到底是事实还是传说，
学术界还是有争议的。不过，客观事实是当时蒙古军失去摩诃末
的踪迹，而且印度天气炎热，军中水土不服，开始流行疫病，撤
军是个理智的选择。

成吉思汗的主力部队虽然撤军，但他派出两员大将，一个叫哲别（？—约 1224），一个叫速不台（1176—1248），继续向西追击去寻找摩诃末的踪迹。哲别是著名的神射手，速不台是世界军事史上赫赫有名的统帅。20 世纪两次世界大战期间，各国很多将领都阅读速不台的传记，从中学习战略战术经验。哲别、速不台的远征，最初目标是追击摩诃末，虽然并没有找到病死在里海岛上的摩诃末，但哲别、速不台却创造世界军事史上的一段神话。他们率领不到三万人的军队，横行万里，从中亚经伊朗、北上高加索、南俄草原，向西到乌克兰的顿河、第聂伯河、克里米亚半岛，最后向东渡过伏尔加河，从里海以北回到中亚。一路上，哲别、速不台击败不同文化和族群的敌人。

其中最著名的一个战例，当然是喀尔喀河之战，又叫阿里吉河之战，这个地方在今天乌克兰与俄罗斯的交界地带。哲别、速不台在那里遭遇罗斯联军。罗斯就是今天俄罗斯、乌克兰、白俄罗斯等国的前身，当时分成几个大公国。大公们联合起来出兵，结果蒙古军以少胜多，多数罗斯大公被杀被俘。

3. 蒙古军的战略战术

讲到这里，是时候谈谈蒙古军的战略战术了。

先说战术。哲别、速不台远征，是蒙古军战术的最典型代表，就是游击战。游击战有十六字方针，"敌进我退，敌退我进，敌驻我扰，敌疲我攻"。蒙古军当年就完美展现这一战术的精髓，用灵活多变的游击战击败欧亚大陆上的不同敌人。哲别、速不台远征时，常派出一支部队佯装战败，引诱敌军追击，利用速度优势，让敌人长途奔袭，锐气尽失，阵线拉长，首尾不能兼顾。而蒙古主力则提前占据有利地形，伏击敌军，各个击破。罗斯联军就是这样被击败的。

要想实现这一战术，还必须借助技术。蒙古军纵横欧亚大陆，依靠的不是地形而是技术。骑兵，是冷兵器时代的顶尖军力，而蒙古骑兵更是从马匹到装备都异常优秀。在全世界各个品种的马当中，蒙古马体型不大，爆发力不强，但是吃苦耐劳，持续作战能力突出，每位骑士配备三到五匹蒙古马轮换着骑，保证每一匹坐骑都能精神饱满。

而且，蒙古骑兵披戴的护甲轻便，甚至有不穿甲胄的，使得机动性达到极致。可当时世界上其他军队，都在发展坚固沉重的护具。例如，金朝的精锐军队号称"铁浮屠"，也就是铁塔的意思，形容甲胄坚不可摧。金朝的重装骑兵，在与宋朝作战时大显神威，但和蒙古骑兵相比，就显得笨重不堪。金朝重装骑兵推进时，蒙古骑兵就像群鸟一样四散开来，金军抓不住要领，屡屡扑空，等到人困马乏准备撤退，突然发现已经陷入蒙古骑兵的包围圈。

蒙古骑兵的基本装备是双曲复合弓，射程超过三百米，但通常在一百五十米以内发射，可以轻松射穿锁子甲。弓骑兵的目标往往不是单个敌人，而是集中火力制造"死亡地带"，直接杀伤敌人，或者打乱敌人阵形。在两军对垒时，蒙古军会派出多拨战士。每一拨都在冲锋的同时射箭，与敌军接触之前退却，此时他们距离敌军大约四十到五十米，这个距离能让箭穿透敌人的护甲，同时又能避开敌人的反冲锋。至于蒙古军的弯刀，则完全是辅助性武器，一般只在追击敌人时才用得到。总之，以弓箭为主要武器，让蒙古军在很多战争中，几乎能做到零伤亡。

传统中国兵法说，大军未动，粮草先行。因为运粮部队行进的速度会直接影响战局。比如，三国时代的官渡之战，处于劣势的曹操，正是因为偷袭粮仓成功，才一举扭转战局。哲别、速不台远征数万里，怎样解决后勤补给呢？实际上，蒙古军都不需要专门的粮草部队。游牧骑士的主要食物就是肉、肉干和奶制品。他们带着三五匹马和几只羊就可以出征，走到哪里就随地补给。这进一步提升蒙古军的机动性。

哲别、速不台是战术家，就蒙古帝国而言，更需要战略家。蒙古的大战略，是包围战与纵深战。蒙古每次出征，基本上都是兵分三路。主帅坐镇中军，左右分为两翼，长途大包抄，最后将敌人包围。蒙古与金朝在河南最终决战时，蒙古中路军从陕西挺进河南，东路军从河北南下，西路军从汉水绕行北上，出其不意，构成大包围圈。这个大包围战略，与游牧民族的围猎方式是一模一样的。大型围猎，会调集多个部落的骑士，由中军主帅统一指挥，两翼展开，用一两个月的时间构成包围圈，将猎物全部围住。等待猎物在包围圈里仓皇失措、疲于奔命的时候，主帅一声令下，万箭齐发，一个猎物都不放过。围猎结束后，主帅按照功劳给骑士分配战利品。所以通过草原上的围猎，游牧骑士已经得到号令严明的军事训练。他们也擅长纵深作战，蒙古军可以利用机动优势，绕过坚固的城池堡垒，直接纵深插入敌方心脏，先攻破敌方内部防御空虚的地方。当年成吉思汗攻打花剌子模，采取的就是这种战略。

总之，蒙古军事观念的核心，就是最大限度发挥骑兵的机动性。

4. 蒙古东征西讨：东西方工匠和科技的交流

当然，蒙古军也有自己的弱项，那就是攻城。早期他们多采取引蛇出洞的战术，通过野战消灭敌人主力，让城池防御空虚，不战而降。不过，很快蒙古人就学会攻城技术，他们很善于学习，每攻下一城，就从俘虏中挑选工匠，所以军中很快就有来自世界各地的工匠，掌握各式各样的技术。马可·波罗就曾声称，他为忽必烈制造威力巨大的抛石机，攻破固若金汤的襄阳城。

这是马可·波罗少有的几次吹牛之一。实际上，襄阳城陷落时，马可·波罗还没走到中国呢。当然，襄阳城也不是像金庸《倚天屠龙记》里写的，是因为郭靖战死而陷落。汉文文献记载，在襄阳大显神威的大型抛石机，是来自中东的工匠阿老瓦丁制造的，因此被称为"回回炮"。这时，西域工匠来到中国。而蒙古西征时，军中也有不少汉人。例如小说中郭靖的原型郭侃（1217—1277），曾攻破西域数百座城池，一直打到地中海西岸，还接到"西渡海，攻富浪"的命令。富浪就是法兰克，当时指整个欧洲。

因为种种原因，郭侃并没有渡海西征，而是回到中国。除了他，汉人工匠也在西征中一展身手。据说，蒙古攻打巴格达时，汉人工匠制造一种巨型弩机，射程可达两千五百步，真是威力惊人。另外，还有学者认为，中国的火药就是随着蒙古西征传到西方的。这一论点还有争议。

但没有疑问的是，蒙古的东征西讨，确实使东西方的工匠和科技得到相互交流，世界联系在这方面越来越紧密。

5. 蒙古西征：世界政治格局因此改变

我们前面讲了花剌子模的偶然事件，引发成吉思汗西征，在某种机缘之下，哲别、速不台也踏上远征之路。而蒙古的铁蹄弓箭，加上他们的战略战术，让蒙古帝国几乎横贯欧亚大陆，从日出之地，直到日没之地。这为蒙古第二次、第三次西征，并在东欧和中东建立统治埋下伏笔。

从此，世界政治格局发生天翻地覆的改变。

第四节　蒙古帝国之疆域

成吉思汗的谋臣耶律楚材，曾对南宋使臣说："你们只不过仗着有长江。我朝马蹄所至，天上，天上去；海里，海里去。"这是自夸蒙古军上天入海，无所不能。成吉思汗和他的臣下，确实对蒙古的军事实力有充分自信。在世界上，似乎没有什么能阻止他们的铁蹄。

下面，我们就来谈谈蒙古的扩张，以及四大汗国的建立。

1. 蒙古军的第一次西征

成吉思汗时期，蒙古在东西方军事行动中的连番胜利，让新兴的蒙古帝国自信满满。

蒙古人开始派遣使者，四处送外交信函，欧亚大陆上凡是他们所知的大国小国都收到这种信函。信函的内容各不相同，但语气完全一样。比如至今我们还能看到朝鲜半岛高丽王朝收到的那封信，信是用汉语白话口语写的。站在高丽王朝的视角，这简直就是封威胁恐吓信。信里直白地问："高丽王，你待投拜，待厮杀？"这是典型的草原思维，凡是出兵之前，都要先正告对方，你只有两个选择，一是投拜就是投降，二是厮杀就是打仗。如果投拜的话，你依旧做你的王，为我尽义务，交税、征兵。如果不投拜，那就厮杀吧。信的最后，肯定还有一句威胁的话："厮杀的结果，你我不知道，只有天知道！"高丽王朝初步见识蒙古军的威力，很快就投拜。

南宋也收到信函。当时，蒙古跟南宋之间还隔着金朝。蒙古就派使到南宋去。信里号称带着天命来，要求南宋投拜。南宋的第一个反应有点蒙：这是谁？哪来的？第二个反应是，这口气也太大了，悖慢无礼。所以，南宋根本没搭理。可是，中亚和中东的伊斯兰世界还没反应过来，就被蒙古军队征服了。蒙古人仿佛从天而降，打得他们落花流水。他们不得不相信，蒙古确实是带着天命来的，他们认为成吉思汗是"上帝之鞭"，是上帝派来惩罚人间罪恶的。

东欧呢？也被从东方来的蒙古人打得仓皇失措。当时的罗斯人写道："只有上帝知道，他们是什么，他们是从哪里来的。"深陷恐惧的欧洲人寄希望于上帝，于是向教宗求助。教宗就给蒙古人写信说："你们挥舞着惩罚之剑，不分青红皂白地向全人类进攻……我劝告、请求并恳求你们停止这种攻击。"

当然，蒙古帝国不只是向世界各国各地派发这一类恐吓信，他们还是真正的行动者。军事机器本身就具有强大的惯性。成吉思汗的子孙两代人，继承征服世界的梦想。

2. 蒙古军的第二次西征

在西边，蒙古发动第二次、第三次西征。

第二次西征，发动者是成吉思汗的第三个儿子，也是汗位继承者窝阔台（1186—1241）。这次西征把成吉思汗的孙子们派上战场，由成吉思汗的长孙拔都（1209—1256）统帅，目标是现在的东欧。在第一次西征中，哲别、速不台已经到达东欧，攻城略地，但并没有建立统治。第二次西征时，哲别已经去世，老将速不台再次出马，同年轻的战士们一起，高歌猛进，渡过伏尔加河、顿河、第聂伯河，随后向多瑙河进军，兵分三路，进攻现在的波兰、匈牙利。在波兰西南部的列格尼茨战役（Battle of Legnica，1241年4月9日）中，蒙古军打败日耳曼、波兰联军，杀死联军统帅，即西里西亚的公爵亨利二世。

拔都和速不台率领一支蒙古军队进入匈牙利平原，匈牙利国王贝拉四世（Béla IV，1235—1270年在位）率领十万重装骑兵主动出击。尽管匈牙利骑兵被公认为欧洲最强，他们的兵力也至少是蒙古军数量的两倍，可是在灵活的蒙古军面前，匈牙利重装骑兵显得毫无用处。在赛约河畔的穆希这个地方，蒙古军将匈牙利军团团围住。这正是蒙古军的可怕之处，能以少数包围多数，依靠的就是机动性。但蒙古人并未立刻发动最后攻击，反而故意留下一道空隙。匈牙利人试图从空隙突围，阵脚大乱，正中蒙古军下怀，逃亡的匈牙利军队被逐个消灭。穆希河之战（Battle of Mohi，1241年4月11日），成为世界军事史上的著名战役。蒙古军随后占领匈牙利首都佩斯。匈牙利国王贝拉四世被蒙古军追着仓皇逃到亚得里亚海，才捡回一条命。拥有欧洲最强骑兵的匈牙利，几乎要亡国。

整个欧洲为之震颤。眼看着蒙古即将进入西欧，难道整个欧洲都要陷落吗？这时，蒙古突然从匈牙利撤军，撤军的原因几乎成为千古之谜。学者至今争论不休。一个最常被提起的原因，是恰好大汗窝阔台去世了，蒙古王子们要回去参加大会，选出下一任大汗。拔都作为成吉思汗长孙，战功显赫，有很强的竞争力。然而，也有学者指出，拔都从匈牙利撤退之后，并没有回到蒙古草原参加大会，没有竞争汗位，而是在伏尔加河流域停下来，在那里建立自己的统治，因此这个理由也许不成立。此外，还有学者利用科学方法，复原当时匈牙利的气候，认为那一年匈牙利气候突变，蒙古马难以获取草料。这当然也是一个说法。还有学者认为，是匈牙利在多瑙河西岸修建的城堡防御体系极为坚固，阻碍蒙古军的推进，是不是这样，也很难说。总之，1241 年撤军的因素很复杂。

第二次西征最深远的一个结果，是蒙古人以伏尔加河为中心，建立直接统治。这就是金帐汗国（也称钦察汗国）。它的疆域，西到黑海克里米亚半岛，东到哈萨克草原。金帐汗国在世界历史上持续两个半世纪多，对后来俄罗斯历史造成关键性影响。本来，基辅是当时最繁荣发达的城市，但在金帐汗国时期，莫斯科因为承担收税的任务，从一个小村落发展成为大城市。后来俄罗斯的沙皇，就是在这个基础上发展壮大的。

3. 蒙古军的第三次西征

蒙古的第三次西征，则是在中东地区建立统治。

实际上，在成吉思汗第一次西征的时候，蒙古军已经到达中东，最初沿袭草原帝国的传统，也是不占城市，但不久就开始派驻军团镇守。这些军团负责继续向远方进攻，同时也有行政职能，也就是战时军管。其实，当时在中国的华北地区也有这类军团。各个军团管理的地区都比较小，各自为政。1241 年，也就是南宋理宗的淳祐元年，窝阔台去世后，蒙古帝国陷入内部纷争，这时帝国权力虚弱，而派驻远方的军团自主权变大，有的地区甚至铸造自己的货币，上面不印大汗的名字，却印着军团统帅名字，简直就像是藩镇割据。所以，拖雷的长子蒙哥（1209—1259）成为第四任大汗之后，就要取消军管，转而建立统一的、直接的行政管理。第三次西征就是在这样的背景下发动的，蒙哥派三弟旭烈兀（1217—1265）为统帅，率军向中东进发，收服那些不听话的军团，并继续扩张领土。蒙古前两次西征都是三四年就结束，而旭烈兀的西征则持续整整八年，其中有一半时间都花在解决帝国内部问题上。

旭烈兀西征有两大战果。第一个战果是攻占阿剌（拉）木忒。阿剌木忒是当时波斯的一个独立政权，以培养刺客搞暗杀活动著称。阿剌木忒人称呼刺客为 hassassin，这个词直接进入欧洲语言，例如英语里的刺客就是 assassin。说起来，阿剌木忒这个词本身就是"鹰巢"的意思，在字面上就显出它孤高险要。阿剌木忒的城堡都建在高山上，因此他们的领袖被称为"山中老人"。马可·波罗还曾经讲述山中老人培养刺客的方法：山中老人选取十二岁左右的男孩，安置在一座山谷的花园中，配备美好的酒、乳、蜜，还有美女，给他喝一种致幻的饮料，让他目眩神迷，以为自己身在天堂。等到男孩长大，到了要派出去执行刺杀任务时，就把他带出花园，让他倍感失落。然后山中老人许诺，如果任务成功，就可以回到天堂。当然，这也许是传闻，因为马可·波罗旅行经过阿剌木忒城堡时，那里早已被蒙古军破坏了。在历史上，阿剌木忒犯下的最大错误，是想派刺客暗杀蒙古大汗，结果被旭烈兀率军一举攻破。《刺客信条》最初的故事，就发生在蒙古入侵前夕，垂垂老矣的刺客大师阿泰尔（1165—1257）将刺客的秘密永远藏进地下室。

旭烈兀西征的第二大战果，是攻克巴格达，终结阿拉伯帝国。自穆罕默德率领阿拉伯崛起以来，哈里发传承六个世纪，到这时候帝国虽然已经腐朽衰弱，但仍然是伊斯兰世界最重要的精神领袖。旭烈兀率军攻入巴格达时，发现末代哈里发的金库里堆满黄金，而哈里发却一点也不肯赏赐给战士。据记载，旭烈兀对末代哈里发的贪婪感到憎恶，命人将哈里发关在金库里，哈里发守着金银财宝直至饿死。从此哈里发的血统断绝，这对伊斯兰世界造成巨大震动。旭烈兀在波斯建立的伊利汗国（又作伊儿汗国、伊尔汗国），成为整个伊斯兰世界的统治者。这个世俗化的政权，极大地改变中东历史。

旭烈兀西征最远到达以色列北部，剑指当时埃及马穆鲁克王朝。然而，在艾因扎鲁特山谷，蒙古前锋军遭遇惨败，前锋大将被杀。旭烈兀率领大军在后方，决定停止进军。发生在 1260 年的这个艾因扎鲁特战役，也是历史学界讨论的一个热点，因为它也是世界历史的关键节点，蒙古军从此停止西进的脚步。这个转折背后的原因是什么呢？学者首先关注到的是，在这一年大汗蒙哥去世的消息传到中东。这跟蒙古从匈牙利撤军的情况很巧合。因此有一种说法是，两位大汗的死亡，拯救了欧洲和非洲。可是，如果两位大汗没死，蒙古军真的就会继续西征，继而征服全世界吗？实际上，尽管旭烈兀军力仍然强盛，但西进已经有些困难。

马穆鲁克王朝是由游牧民族建立的，同样是草原骑兵，足以与蒙古军一较高下。与此同时，马穆鲁克实际上又是蒙古最强劲的对手，双方在地中海东岸形成对峙局面，旗鼓相当。

4. 蒙古帝国的扩张极限

最后，让我们回头看欧亚大陆东部的形势。蒙古灭西夏，灭金，收服吐蕃，征服大理国，向来都是势如破竹。具体过程，有兴趣的读者可以读李治安先生的《元史十八讲》。

也许，令很多人意外的是，倒是南宋这个很多人认为虚弱的政权，成了蒙古军"最难啃的骨头"。蒙古攻南宋，用时最长，长达四十多年，而且耗费国力，损兵折将，就连大汗蒙哥也死在攻宋前线。其实公正地说，南宋虽然主动出兵时很少取胜，但极其善于防守。南宋建国时，就被女真人追着打，所以确定以防守为基本国策，建立完备的防御体系。一方面有长江天险，另一方面利用地形修筑很多城堡，易守难攻。蒙古骑兵在长江流域众多山城之间，施展不开，发挥不出优势。大汗蒙哥御驾亲征，围攻重庆钓鱼城半年之久，最终命丧前线。蒙哥的死因也是个谜，有说病死的，有说被宋军的炮——抛石机——击伤而死的，也有说是被刺杀的。无论蒙哥的具体死因是什么，他的死，确实让蒙古军从攻宋前线撤退，使得宋朝灭亡推迟十多年。

蒙哥的二弟忽必烈即位之后，改变策略，集中兵力攻襄阳。襄阳位于长江中段，是宋朝防御体系的腹心。一旦襄阳攻破，顺江直下，攻打杭州就容易了。襄阳之战是忽必烈实现大一统的关键。忽必烈不再单方面依靠骑兵，而是建设水军，修筑堡垒，用了十多年一点点蚕食襄阳的防御体系。在此期间，双方你来我往，争夺激烈。所以，襄阳之战在当时太有名了。蒙古军将士无不以参加过襄阳之战为荣，以至于后来很多人回忆起自己的一生时，都要提到自己当年在襄阳多英勇，立了多大的功。"世祖皇帝就是听了我的计策，才拿下襄阳的！"很多将领都这么说。有趣的是，这种说辞几乎成风气，连佛教高僧也说，是因为自己的法术灵验才拿下襄阳，而外国人马可·波罗也要吹嘘自己曾参加襄阳之战。可见蒙宋在襄阳的战争有多重要。

拿下襄阳，统一江南后，蒙古大军按照惯性继续推进。陆地的目标，是从云南再往西南方向的缅甸。海上的目标，则是隔海的日本，以及东南亚的安南（今越南北部）、占婆（也称占城，今越南南部）、爪哇（今印度尼西亚）。这些扩张行动一直持续到13世纪末忽必烈去世以后，并且全部以失败告终。

在这里，我们看到蒙古帝国的扩张极限。像元朝在1274、1281年两次东征日本，几百年来很多日本人都相信，"元寇"即元朝联军失败主要原因是有神风，超大的飓风掀翻元朝军队的多数战船，特别是第二次也就是日本所谓的"弘安之役"。事实上，第二次跨海远征军，本身就不是精锐部队，虽然号称十四万人，其实除了蒙古人、北方中原人、高丽人，大多数是刚投降的南宋军，不仅战船准备得很仓促，几位将领之间也不团结，指挥不力。而且跨海作战本来就不是蒙古人的特长，到了海上蒙古铁骑没有用武之地。而东南亚内陆炎热潮湿，山峦起伏，更是草原骑兵的噩梦。至于跨海远征爪哇，只不过派了五千人的军队。远隔沧海，环境、语言与文化隔膜，这些都是军事失利的重要原因。忽必烈后期蒙古人的扩张，只不过是沿着草原帝国军事扩张的惯性。

前面，我们讲了蒙古铁蹄所达到的最远地方，讨论了蒙古帝国的军事极限。归根结底，一个帝国可以控制的疆域大小，要受交通运输和通信技术的限制。在欧亚大陆，蒙古帝国建立发达的驿站系统，将欧亚大陆空前地贯通起来。从这一点上可以说，蒙古帝国的疆域，在当时的政治、经济和物质条件下，已经达到极限。

不过，疆域如此辽阔的蒙古帝国，在13世纪中期以后，实际上也分成几个部分。而所谓的蒙古帝国、元朝、四大汗国，它们之间到底是什么关系呢？

第五节　从大汗到皇帝

元代的法律书《元典章》记载，成吉思汗从北方草原兴起时，"哥哥、弟兄每（们）商量定，取天下了呵，各分地土，共享富贵"。这本是蒙古人最基本的理念。一家人打天下，一家人分土地。

这个简单直接的理念，终究改变了世界。下面让我们来看看蒙古帝国的世界观和国家观。

1. 蒙古帝国的世界观

成吉思汗心中，或者说蒙古人心中的世界有多大？最初，蒙古人的世界观是朦胧的，世界就是"从日出之地，到日没之地"，并没有严格的地理界限。随着蒙古铁蹄踏遍欧亚大陆，蒙古帝国的世界观越来越广阔，对世界地理的认识也越来越清晰。

蒙古帝国主动搜集丰富的地理知识。忽必烈在位时，下令编纂一部地理书《大元大一统志》。这部书有两位主编：一位是南方人虞应龙，精通中国地理；另一位是波斯人札马鲁丁，是西域来的天文地理专家。札马鲁丁向忽必烈上奏说："如今，日头出来处，日头没处，都是咱每（们）的。很多地区都有图子，有些遥远地区没有地图，我们去办，最后要汇总成一幅大地图啊。"于是，中国和波斯学者合作，经过十八年的努力，结合中国、西域的地理知识，制成一幅大地图。这是有史以来在中国绘制的第一幅世界地图。这幅地图的原件虽然没能流传下来，但后来有几幅地图都是以这幅图为基础绘制的。前面我们曾经提到，1402 年，也就是明朝建文四年，朝鲜人绘制了《混一疆理历代国都之图》。这幅图以中国为中心，东边到日本，西边有详细的中亚、波斯，直到地中海北边的欧洲，而且还画出非洲大陆倒三角形的形状。这幅地图已经是那个时代人类地理知识的极限。大航海时代之前的整个世界，在这幅地图中几乎一览无余。蒙古帝国有了这样的地图，就好像掌控全世界。所以，早在 1305 年，波斯的蒙古统治者完者都汗（1280—1316）给法国国王腓力四世（Philippe IV，1268—1314）写信时，就曾经说，"我们蒙古的疆域，从日出之地南家思（也就是中国南方），直抵塔鲁海（也就是地中海）"，也就是说，从太平洋西岸一直到地中海东岸，都在蒙古的统治之下。

2. 蒙古帝国统治的有效性

蒙古帝国统治地域广大，史无前例。那么，怎样保证统治的有效性呢？现在学者认为，最关键的是两点：物资运输和信息传播。那是一个没有蒸汽动力的时代，怎样保证物资及时运输？那是一个没有电、没有无线通信技术的时代，什么样的技术能保证信息及时传播？

首先是驿站。蒙古兴起之后，建立起发达的驿站系统，设置管理驿站的人员，叫作"站赤"。我们之前说过，在元代以前的汉语里，"站"这个字不是用来表示车站的意思，用的是"驿"。"驿"字经过突厥语进入蒙古语以后，读音变成"站"。到元代音译为汉语，于是"站"字就有车站的意思，"驿"字逐渐就不用了。这是蒙古帝国影响中国历史和语言的一个例子。那个时候，驿站遍及蒙古帝国，对中亚、俄罗斯、波斯、西亚诸国都产生影响。仅元朝控制的区域就有一千五百多处驿站，按照交通工具的不同，分为马站、牛站、驴站、船站、狗站等。船站，在南方水路很多的地方设置。狗站，设在寒冷的地方，那里用狗拉雪橇。每座驿站周边都有一些百姓，叫作"站户"，负责支持驿站的运转。

在蒙古帝国，只要你有官方批文和凭证，就可以免费过驿站，在驿站里住宿，免费吃喝。当然，根据你身份级别的高低，差旅标准也有不同的档次。从理论上说，你可以从中国的海边开始乘坐驿站的交通工具，一直免费坐到地中海，只要你有公务在身。当时，就有些人钻驿站系统的空子，夹带私货，用驿站的马驮着，结果货太多把驿马压死。也有人仗着有朝廷批文，到了驿站狐假虎威，带着随从胡吃海塞，甚至殴打驿站官吏。因此，在驿站干活是苦差事，蒙古帝国对驿站人员很苛刻，但驿站保证了蒙古帝国的交通运输。

除了驿站，其次是"急递铺"。"急递铺"专门用来传递紧急文书。

每十里、十五里或二十五里设一铺，每铺置铺丁五人。铺丁不骑马，徒步奔跑。在紧急的时候，人是最可靠的。铺丁是选拔出来的能健步如飞的壮士，身上佩戴着铃铛，即将跑到下一站之前，下一位铺丁听到铃铛声，提前热身准备。这就是长途接力，据说，平均速度是一昼夜四百里。

在蒙古时代，有学者相信消息从元大都（今北京）传达到波斯的大不里士（Tabriz）需要四十五天。这个速度在工业革命前简直就是奇迹。但对于一个国家而言，如果一条政令经过四十五天才抵达，就已经快要失去时效。两地互动一次，需要三个月之久。中央与地方不能及时互动，那么统治就不够有效。

虽然统治的有效性滞后不是唯一的原因，但至少也是有影响力的原因之一，所以蒙古帝国在 13 世纪中期，就分成元朝和四大汗国。

3. 蒙古帝国的分封体制

蒙古帝国被分成几个部分，并不是说它就瓦解了。蒙古帝国从一开始就采取分封制。这是游牧民族的习俗，分家的时候一人一块地，各管各的。成吉思汗将疆土分封给他的弟弟和儿子们。成吉思汗坐镇草原，他的弟弟们是左手诸王，分到东北地区；他的四个儿子是右手诸王，分到西边。一家人就把欧亚大陆上的地盘瓜分了。

诸王享有高度自主权，不光有自己的军队，还自行任免官员，征收赋税。这也造成一个问题，诸王辖地成了国中之国。虽说是一家人，但难免有矛盾。成吉思汗晚年，就跟他的长子术赤（1177—1225）不和睦。有一种说法，是成吉思汗的新婚妻子曾被敌人抢走，术赤不是成吉思汗亲生的。这种说法在学术界还有争议。2007 年，日本拍了一部讲述成吉思汗的电影《苍狼》，根据森村诚一的小说改编，故事重点就是成吉思汗与术赤的父子关系，拍得像家庭伦理剧。其实，在历史上，术赤比弟弟们出道早，军功大，论功行赏，当然要分更大的地盘。不过权力大了，也有功高震主之嫌。实际上，成吉思汗的另外三个儿子，在西征时有一次擅自瓜分战利品，没有给父亲留一份，结果也被成吉思汗批评斥责。在利益面前，人总是有贪欲的。

不过，有成吉思汗在，还镇得住场面。成吉思汗去世后，兄弟们矛盾越来越大，再过一代，成吉思汗的几十个孙子就吵得不可开交了。

成吉思汗原来分封的局面是：大儿子术赤，离得最远，在哈萨克草原西部和俄罗斯南部的钦察草原，这时发展为金帐汗国；二儿子察合台，在中亚，发展为察合台汗国；三儿子窝阔台，在中亚东部，发展为窝阔台汗国，一度成了中亚霸主，不过后来窝阔台的子孙不争气，地盘被察合台汗国和元朝联合起来瓜分了；小儿子拖雷，按照蒙古人的习俗"守炉灶"，继承成吉思汗的大本营。拖雷的儿子忽必烈，就是元朝的创造者。

"大元"，是忽必烈选定的汉语国号。有些文献中说，忽必烈"改国号为大元"，这有点误导。实际上，"大元"是给说汉语的人用的。在蒙古语里，忽必烈仍然使用成吉思汗的"大蒙古国"国号，从来没改变过。对于蒙古的其他汗国而言，忽必烈是成吉思汗的直接继承者，是所有蒙古人的共主。但在现实中，堂兄弟之间难免又有利益冲突。忽必烈的汗位，就是跟他弟弟阿里不哥（约 1219—1266）作战抢来的，这就得罪了很多堂兄弟。而且，忽必烈搞政治改革，学习中国王朝的中央集权制，削弱分封，又引起一些堂兄弟不满。有军事实力的诸王对忽必烈的权威发起挑战，从元朝角度看，这就是"诸王叛乱"。

元朝与中亚的察合台、窝阔台系诸王断断续续地打了几十年仗，本质上就是诸多兄弟争家产。

4. 元朝给各个汗国的任命

前面我们提到过，忽必烈的三弟旭烈兀统帅蒙古大军第三次西征，最终在波斯建立伊利汗国。这得名于旭烈兀的称号伊利汗。伊利，是突厥语臣服、服从的意思，这表示波斯的蒙古统治者臣服于大汗。伊利汗国一直是元朝的支持者，元朝称呼伊利汗为藩王。每一位伊利汗登基之后，都曾向元朝请求正式任命，元朝遣使颁发圣旨和印玺。伊利汗国给欧洲的教宗、国王写外交信件的时候，在信件上盖的就是元朝颁发的印玺。每一位汗的印玺不同，但都是汉文篆书印。比如，其中一个印玺刻的就是"王府定国理民之宝"，都是汉字。元朝的大汗给各个汗国都颁发任命圣旨和印玺。比如，颁给金帐汗国的印玺写的是"济国惠民"，金帐汗国还把这四个字铸在钱币上。各系诸王在华北还享受食邑赋税收入，即使是元朝正在跟中亚诸王们打仗，大汗也还是派人给"叛王"送去食邑收入。

总之，从政治制度来看，蒙古帝国因为疆域太大，难以维持统治的有效性，而且兄弟们各有利益，所以分成元朝和四大汗国，基本上各自为政。但从认同的观念上看，所有蒙古统治者仍然认同大家是一家人，应该有一位大汗。当然，有时因为内部矛盾，西域的蒙古统治者不愿意承认元朝大汗。

但是，除了元朝大汗，谁还能当得起大汗呢？

5. 蒙古征服世界的方法

从草原到更为广阔的欧亚世界，蒙古征服世界的方法也在发生变化。游牧民族过着四处迁徙的生活，因此最重视的是人口，但不重视土地。成吉思汗早期的出征，攻城而不占城，目标是掳掠战利品和人口，这是游牧族群的风格；后来开始派驻军队，驻守城市；再后来又派驻行政官员，更直接地管理臣属地区。

游牧勇士，平时是民上马是兵，从马上得天下，但必须下马治天下。到了定居地区，没有行政经验，就必须学习。蒙古人西征后，在中亚建立起统治。坐镇草原的蒙古大汗，控制着包括中国在内的中亚两大文明。这两种定居文明各有特色，中国古代文明以中原地区的农业为中心，从中心向四周辐射，形成"天下"观念。而中亚定居文明起源于绿洲，在发展农业的同时，很重视商业贸易，占据丝绸之路的主干，形成"世界"观念。这导致蒙古帝国的世界观与以往的草原帝国有本质上的区别。如果说，以往草原帝国只能从一种定居文明中学习统治技术和制度文化的话，那么蒙古大汗可以从中亚、中国的制度中挑选自己所偏爱的部分，糅合起来使用。

我们不妨设想，如果没有成吉思汗西征，蒙古帝国直接南下中原，也许很快就定都华北。可成吉思汗西征后，蒙古帝国成了一个多元帝国，它的视野面向丝绸之路，更加具有世界性。于是，波斯文献中出现"世界皇帝"这个词，而蒙古帝国统治者，绝对有充足的底气接受"世界皇帝"这一称号。

6."蒙古和平"时代

　　蒙古主宰欧亚大陆的时代，被国际学术界称为"蒙古治世"或"蒙古和平"（Pax Mongolica）时代。在和平时期，蒙古的治国理念，用一个字概括就是"宽"。最初，蒙古南征北战，确实破坏力很大。现代有些人想当然地认为，蒙古统治就是残暴的。实际上，读一读史料，就会发现和平时代蒙古的统治出奇地宽松。比如，元朝的量刑标准，比唐宋明清都宽，每年全国凡判死刑的，都必须由皇帝亲自审核。《元史》每年死刑的数字都有，相比其他朝代死刑真是少。元朝皇帝有事没事常颁布大赦令，很多死囚获得减刑。无论皇帝、皇后、皇太子过生日，还是皇室婚丧嫁娶，还是天旱、地震，都会大赦。最多的就是做佛事，十天半月就做一场，也搞大赦。灭了元朝的明太祖朱元璋也说，"元以宽失天下"。所以明初朱元璋制定的法律就格外严酷，这当然是后话。

　　总之，蒙古人的治国理念来自游牧民族本俗。蒙古统治者是"甩手掌柜"，只负责任命一下高级官员，抓抓大事，只要没人造反，按时交税，别的事就不怎么管，很符合游牧民族的质朴性格。要论当皇帝，元朝的皇帝最自在，日常不需要上朝，骑马、喝酒、游乐，没什么限制。具体的行政事务都由官员办。大臣上奏，都递交给宰相，宰相把处理意见拟好，给皇帝读一遍，皇帝一般就是口头说一句"那般者"，意思是就这么办。总之，蒙古统治者平时不忙，操心的主要是成吉思汗家族内部关系。亲戚关系处理好了，欧亚大陆基本上就处理好了，这才恰恰是"家天下"。

上面，我们讲了蒙古从草原走向世界，怎样划分地盘，怎样治理国家，蒙古时代如何迈入和平时期。下面，我们就从全球史的角度，来谈谈在蒙古时代早熟的"全球化"。

第六节　世界史的开端

所谓"全球化"，既是一种现象，也是一个过程。在半个多世纪以前，历史学家就在探讨"全球化"的历史来源。人们首先想到的，是大航海时代。发现美洲之后，新旧大陆物产、人口、文化、疾病的流动与传播，重塑了全球的历史，这种现象被称为"哥伦布大交换"。

当然，"哥伦布大交换"的潜台词之一，是欧洲人塑造了世界历史。但是欧洲，主要是西欧只是在最近几百年时间里才在世界上建立霸权。在人类文明的大部分时间里，西欧只是欧亚大陆的一个角落。所以，1989 年美国学者珍妮特·阿布－卢格霍德（Janet L. Abu-Lughod，1928—2013）提出，在欧洲霸权之前，蒙古帝国就已经形成"世界体系"，将整个欧亚非大陆紧密联结起来。美国学者梅天穆（Timothy May）创造一个词，叫作"成吉思汗大交换"。就是说，成吉思汗及其子孙，也为世界带来空前的流动，包括物产、人口、文化、疾病的传播。一些学者认为，这就是"全球化"的源头，是"世界史的开端"。

那么，我们就来谈谈蒙古时代的"世界体系"。

1. 蒙古帝国的经济体系

"世界体系"，首先是经济体系。

蒙古帝国的广阔疆域，打破了尔疆我界，也改变了贸易环境。过去，从欧洲到中国，必须途经十多个大大小小的政权。每个政权都要收关税，长途贸易的成本很高。因此有学者说，中古的丝绸之路不是"一条路"，而是一段一段的路，没有人能从一头走到另一头。雪上加霜的是，好多政权还相互敌对，往往切断了商路。商人拿不到通关文牒，只能像玄奘一样"偷渡"，绕道走凶险的路线，随时可能被强盗打劫，被猛兽攻击，找不到水源，命悬一线。蒙古人建立了从"日头起处，到日头没处"的帝国，把丝绸之路一下子打通。没有中间商赚差价，商人更愿意从事长途贸易。蒙古帝国建立发达的驿站系统，为商人提供最快最有效的商业路线。

蒙古人的商业理念更促进国际贸易。中原王朝"重农轻商"，常常可以自给自足，而游牧民族呢？产业单一，必须进行商品交换，他们对商人很欢迎。成吉思汗在建国之前，就已经与中亚商人合作。1203 年，成吉思汗在一次大战中落败，遭遇人生低谷，身边只剩下十九个战友，其中就有一位名叫阿三的中亚商人。阿三从事貂皮贸易，贸易路线联结起中亚、草原和寒带森林地区。蒙古贵族总是与商人合伙，这样的商人称为斡脱（ortaq），是突厥语合伙人、拍档的意思。斡脱商人拿着贵族的投资，享受官方的庇护，赚了钱回来跟贵族分成。东西方各地的商人都闻风而动，纷纷到蒙古宫廷来。马可·波罗和他的父亲、叔叔，就属于这一类商人。他们从威尼斯、君士坦丁堡渡过黑海；在金帐汗国拿到投资，开始向东做贸易；走到元朝，拿到大汗的投资；走到波斯，拿到伊利汗的投资。这是古代丝绸之路的黄金时代。据说，蒙古人跨海远征日本、占婆、爪哇，也和海上贸易有关。因此也有学者说，忽必烈的挑战，就是将陆上帝国扩展为海洋帝国。蒙古帝国官方资助的船队，扬帆在东海、南海和印度洋。马可·波罗曾乘着这种船，从泉州抵达波斯湾。与马可·波罗齐名的阿拉伯旅行家摩洛哥人伊本·白图泰，也乘着这种船抵达中国。船队的乘客，不仅有商人，同时也有官方使臣。伊本·白图泰就遇到元顺帝妥欢贴睦尔（1320—1370）派出的十五名使臣。而和马可·波罗同船的，则是护送阔阔真公主前往波斯出嫁的使臣。

2. 蒙古帝国商业和城市的繁荣

在繁荣的国际贸易背景下，蒙古帝国出现好几座国际大都市。八方辐辏，汇聚来自世界各地的人们。

金帐汗国都城拔都萨莱（又叫老萨莱），坐落于伏尔加河畔，聚集着不计其数的意大利商人、穆斯林商人。他们在拔都萨莱购买中国的丝绸、瓷器，伏尔加河流域的琥珀、谷物、皮毛、木材和奴隶，贩卖到中东、北非、意大利。而金帐汗国出产的马，经中亚贩运到印度。

伊利汗国的都城大不里士（今伊朗的阿塞拜疆省省会），取代巴格达，成为中东的贸易中心。大不里士城中不仅有穆斯林商人，也有热那亚、威尼斯和其他欧洲人。此前，意大利人的贸易仅限于地中海沿岸。很多汉人跟着伊利汗来到波斯，保留汉人的饮食生活习惯，用绿豆提取淀粉做成粉丝，令波斯人感到非常新奇。伊利汗国宰相拉施特（1247—1318）对史学、医学有着浓厚的兴趣，他在大不里士建造一座小镇，招揽来自中国、印度、埃及、欧洲的学者、医生、艺术家。

元朝的首都大都，也就是今天的北京，更是会聚各色人群。备受忽必烈信任的官员、天文学家、医生爱薛（Ngai-Sie，1227—1308，今译伊萨），来自叙利亚。率军统一南宋的主帅伯颜（1236—1295，也译巴延），是在波斯长大的蒙古人。大量的西域穆斯林供职于元大都，从事行政、经济、天文、医学等工作。来自西域的畏兀儿人，聚居在大都西门外，被叫作畏兀儿村。后来这个地名谐音就成了"魏公村"，就是今天国家图书馆、中央民族大学所在地。元朝皇帝的侍卫军中，有来自东欧的钦察人、阿速人。天主教历史上第一次在中国设立主教，在皇宫北门外建立教堂，宫中之人都能够听到唱诗的歌声。元朝宫廷音乐中，使用一种叫"兴隆笙"的乐器，就是我们在欧洲教堂中能见到的管风琴。上述的各种族群，在明代以后，基本上都进入民族融合的大潮，成为汉族、回族或蒙古族的一部分。

3. 蒙古帝国科技、文化的交流

商业和城市的繁华，也加速科技、文化的交流。

蒙古人以嗜酒而闻名。在蒙古的第一座都城哈剌和林（Karakorum，又译喀拉和林，简称和林），来自巴黎的银匠威廉（William Buchier）用银制造一座像树一样的喷泉，有四个树梢，喷出四种酒：马奶酒，来自草原；米酒，是中原传统粮食酒；葡萄酒，主要来自中东和中亚；蜂蜜酒，来自东欧森林地区。在蒙古时代之前，中国尚无真正意义上的高度白酒，喝酒的容器是碗。

《水浒传》中，武松在景阳冈一口气喝了十八碗，是英雄好汉的酒量，而一般人是"三碗不过冈"，大概也能喝三碗。真正的高度白酒，很可能是元朝人借鉴中东的蒸馏酒技术而制造出来的。大家可能听说过《饮膳正要》，这本书是元朝宫廷的食疗手册。这本书乍一看好像是一本中医养生食谱。仔细一看，其中大量的食材、香料都来自西域，有些烹饪方法来自中东菜系、地中海菜系。元朝医生用中医理论解释了每一道菜的营养价值。这在今天的全球化时代，大概也是稀奇事。

在天文地理方面，蒙古帝国的回回人把各种阿拉伯的知识传到中国，给中国制造地球仪等一批天文仪器，包括札马鲁丁等人制造的"苦来亦阿儿子"，也就是地球仪，标指出地球上三分陆地、七分海洋，而且还标注了经纬线，给中国带来欧洲、非洲和中东的地理知识。而在医学方面，11 世纪的中亚医学家阿维森纳（Avicenna，980—1037），是阿拉伯医学、欧洲医学共同尊崇的"医圣"。阿维森纳医学理论，在蒙古时代已经传入中国。而中医的脉学技术，也向西传到中东。《伊利汗中国科技珍宝书》，就是中国医书的波斯文译本。这是中医典籍第一次被译为外文。

各种工艺也渐渐全球化。蒙古征服花剌子模后，将中亚的十万名工匠迁到东亚。河北张家口的一个叫荨麻林的地方，就安置了三千户中亚工匠，专门负责制造一种叫作"纳失失"的纺织品。"纳失失"又叫织金锦，是用金线和丝线纺织而成的，极其华贵。蒙古帝国的"纳失失"远销欧洲。当时的法国国王腓力五世（Philippe V，1316—1322 年在位）就有一件。欧洲贵族紧跟时尚，竞相购买蒙古帝国的最新款时装。

棉花，是近年来全球史研究中的一个热点，以后我们也会谈到棉花的全球史。而蒙古帝国对棉花在全球的传播也有功劳。正是在蒙古时代，棉花才在中国逐渐普及。棉花原产于印度，蒙古时代之前，在中国只有零星种植。元朝发现，棉服物美价廉，尤其利于御寒，用棉服制造军装，叫作"胖袄"。在官方推动下，棉花一跃成为中国衣服纤维的最重要原料。元末，棉花更从中国向东传入朝鲜半岛。

青花瓷，则是元代景德镇首创的。生产青花瓷的关键，是制瓷技术和钴青染色法。伊朗早已使用钴青染色法，但没有掌握制瓷技术。伊朗出产的钴矿物，运输到中国，才制造出青花瓷。青花瓷大量用于外销，景德镇接了大批海外订单，所以今天世界上收藏青花瓷数量最多的是伊朗和土耳其。中国工艺师在大瓷盘上描绘中东艺术题材、阿拉伯语铭文的时候，大概并不懂这些字母的含义。不仅青花瓷，当时中国的各式瓷器都销往世界各地。金帐汗国的工匠开始大量仿制中国瓷器，当然仿制出来的"山寨产品"，比中国的正品还差得远。

蒙古时代也带来世界艺术的交流。波斯艺术达到一个高峰，很大程度上是因为波斯、西方、中国传统艺术的结合。在大不里士的拉施特镇，东西方艺术家会聚一堂，不仅绘画传统的波斯主题，也结合中国艺术、中亚佛教艺术、拜占庭圣像艺术，以及意大利的锡耶纳（Siena）艺术。波斯细密画大量采用中国山水画技法。如果去掉细密画中的波斯人物，有时候看上去简直就是一幅中国山水画。

在文艺复兴前夜，意大利的艺术作品中，越来越多地出现东亚的面孔。描绘蒙古人的形象也成为一种时尚。马可·波罗回威尼斯时，随身带着一件蒙古贵族女性头饰"罟罟冠"，后来作为遗产留给他女儿。这件装饰着珍珠的华丽的女性头饰，确实引人遐思：它对于马可·波罗而言仅仅是一件商品吗？难道代表着他在蒙古帝国的一段特殊回忆？马可·波罗等旅行家带来的新知识，也同样推动欧洲地理学与地图学的进步。欧洲人第一次知道，中国地域广大，物产丰富，人民富庶，从此心中便埋下对东方的无限神往。

而寻找东方，正是大航海时代开启的原动力。

4. 蒙古帝国"大交换"的问题

蒙古时代的"大交换"推动全球文明的交流，但是也给世界带来新的问题。让我们看两个方面：一是奴隶贸易，二是疾病传播。

奴隶贸易，直到现代才消失，而蒙古时代奴隶是普遍存在的。蒙古人建立横跨欧亚的帝国，但没有想到蒙古人竟然也会被押上海船，卖为奴隶。这是一系列国际奴隶贸易的结果。阿拉伯有奴隶兵制度，购买北高加索的钦察人做奴隶，让他们上阵作战。后来，一群钦察奴隶兵在埃及翻身做主，建立马穆鲁克帝国，但奴隶兵制度仍然保留着。只不过反过来，统治者是钦察人，如果还买钦察人当奴隶，就很不方便。商人转而寻找其他游牧民族，就渡过印度洋来到元朝，盯上一些底层蒙古人。这种奴隶贸易兴盛起来，元朝可不干了。这些人虽然穷，但好歹也是蒙古人，而且蒙古人口本来就少，哪里禁得起卖？于是颁布法令，禁止蒙古男女出海。从中国到埃及建立奴隶贸易，算是"海上丝路"的一个黑暗面。

说到疾病传播，在欧洲历史上，14世纪中期的黑死病是绝不能不提的。这场影响世界的大瘟疫，夺走欧洲三分之一的人口，对宗教、社会、文化各方面造成巨大冲击，也改变欧洲文明的发展方向。有学者认为，黑死病正是沿着丝绸之路从东向西传播的。目前能确认的最东边的地点，是中亚吉尔吉斯斯坦的伊塞克湖畔。那里有一个古代墓园，从墓碑可知，大批居民在 14 世纪前中期死于瘟疫。此后墓园荒废，大概附近没有人住了，而那里正是丝绸之路的交通枢纽。

也有学者认为，黑死病的来源，可能还在吉尔吉斯斯坦的伊塞克湖畔的东边。目前学术界正利用科技手段，追寻黑死病的确切起源地。无论如何，蒙古帝国在建立发达的驿站系统时，肯定没有想到这条畅通无阻的道路竟然可能为传染病的传播提供便利。我们在第五季中，还会仔细讨论疾病的全球传播，这里就先打住。

5. 小结

我们从商品贸易、国际都市、科技文化，乃至奴隶贸易、疾病传播等方面，讲了蒙古时代"世界体系"的特点。有很多现象，在那个时代是很超前的。到了蒙古帝国衰亡后，欧亚大陆的联结大幅倒退，世界又出现"东是东，西是西"的局面，直到大航海时代到来才逐渐恢复。

蒙古帝国对全球的影响，恐怕还需要深入思考和研究。

（马晓林）

结　语

1. 历史上的交融，如此复杂、丰富和立体

我们在谈及地图和认识世界的时候，讲到过大海上往来的普通人。在广州的南海神庙里有一座塑像，是位黑皮肤的外国友人，叫达奚司空。传说，他是印度人，也有人说是暹罗人。他跟着商船来到广州，结果因为贪玩误了回国的船，只好站在珠江边上日日张望。

前段时间，我去广州特意去看看这位达奚司空。南海神庙在广州东边的黄埔庙头，游人很少。我在达奚司空塑像前流连半天，感觉非常亲切。晚餐时，中山大学历史系李丹婕老师告诉我，原来达奚这个姓氏不是杜撰的，在中古中国本来就有，而且影响还不小。但是，它不是什么南边的印度或者暹罗的姓氏，而是北边鲜卑的大族。

前面在讲成吉思汗的时候，也讲过他打散草原上原本血缘纽带的部落，用千户制重组本来分属于各个部落的人。其实，更早

的北魏也做过类似的事儿，史书上叫作"离散部落"或者"离散诸部"，只不过不是很彻底，没有蒙古这么成功。根据《魏书·官氏志》的记载，北魏献文帝拓跋弘的时候，大概是465到471年，把鲜卑人分成七个部分，由献文帝的七个兄弟分别统领，其中他的五弟所统的部分就是达奚氏。后来达奚氏改成奚氏，不过达奚氏在历史上还是延续下来，很多达奚氏后人就成了中原人士，他们是北魏孝文帝迁都洛阳以后，从代北跟到中原的。在唐代记载姓氏源流的《元和姓纂》里就有达奚氏，是北人八族之一。南北朝和隋唐史料里，姓达奚的人相当不少。在南京附近的句容，一直到明代都还有一座达奚将军庙，传说本来是北魏将领，战死在这里，所以当地人立庙祭祀他。

一个从代北草原移民到中原地区的马上名门世家，怎么成了来自南亚的肤色黝黑的海商了呢？暨南大学王元林教授写过一篇文章，叫《宋南海神庙〈侯之记〉碑考》，他认为唐代有一位大理寺官员叫达奚弘通，他在760至761年通过海路出使海外，去过马来西亚、阿拉伯半岛，据说到过三十六个国家，写了一本书叫《西南海诸蕃行记》。很可能，就是这位达奚弘通因为出使过海外，在某种机缘下被附会成航海的保护神，成了南海神的下属。

那怎么又变成黑人脸了呢？因为达奚名字里有个达字，宋朝人就传说他是达摩的弟弟。达摩是印度人，所以达奚肯定也是印度人；达摩是航海来的，所以达奚肯定也是航海来的。那时候印象中，印度人肤色很黑，所以就变成现在这样的尊容，而且成了航海而来的海商。其实，南宋确实有很多航海来的商人定居在中国，比如有名的泉州蒲氏家族，还加速了南宋的灭亡。达奚司空传说的转变，可能还有这些人的影子。后来附会越来越多，各种说法就层出不穷了。写《牡丹亭》的汤显祖，曾经到过南海神庙，还专门写了一首长诗给达奚司空，说他"司空暹罗人，面手黑如漆"，那就跟现在的传说差不多了。

这个故事告诉我们什么呢？第一，从中国出发的全球史，需要全面了解其来龙去脉，不然就会错过如此漫长的铺垫和戏剧性逆转；第二，历史上真实存在的交融，甚至比传说还要更加复杂、丰富和立体。

2. 战争与移民：对全球史的意义

我们这一季的主题，是"帝国、战争与移民"。不知道大家同不同意，"移民"这个中文词语其实有一个陷阱，就是它会误导人，好像人类最早都是固定在某个地区，只不过因为某种特殊原因才发生长距离的迁徙，所以才变成移民。这种看法，其实是定居社会才会产生的典型观念，因为在定居社会里，人们第一要依赖农业，第二要服从国家。无论是从生产秩序来说，还是从政治秩序来说，移动和迁徙都不是常态。但是，对于另外一些人来说，情况可能刚好相反，移动是常态，而定居很少见。游牧民族也好，从事贸易的中亚绿洲国家的商人也好，他们都有很强烈的"移动"特征。

其实，仅仅在中国，移民也是一个太常见太频繁的历史现象。引起人群移动的，除了战争，饥荒年代求生存，宗教传播和朝圣，长途贸易，加上政府有意识地组织的屯田、驻防和开发，都会引起大规模的人群移动。中国人常常说起的，像"走西口""闯关东""湖广填四川"，都是人群移动，至于"下南洋"更是重要的远距离跨境移民。当然，导致移民最重要的还是战争，在战争中人们不得不"逃难""避寇",所以中国才有"背井离乡""流离失所"这类词语,也才会让人记住像"南渡""北归""西进""东来"这样的故事。由于战争,在中古中国就有北方胡人南下,中原汉人再南下,造成北方汉人逐渐胡化,胡人也不断汉化,南方不断汉化,南方夷人不断汉化,汉人在南方不断夷化的交错。历史上,中原的汉人不断超越"仙霞岭"、超越"五岭"这些本来"分野中峰变,阴晴众壑殊"(王维《终南山》)的地方,也不断越过过去"胡汉悬隔"的长城去开拓新地区,由此重新定义中国的族群与文化地理。而在全球史上,更是由于各个时期帝国争霸、宗教冲突、互相争战,引起多次史无前例的大规模人群移动,这些人群移动把全球渐渐连成一片。所以,在这一季里,我们特别挑选了由于战争引起的三个时期的人群移动,来谈谈战争与移民对全球史的意义。

在第一讲里,我们先从马这种战争动物的驯化讲起,讲到欧亚大陆游牧民族的战争能力,一直讲到北匈奴西迁。这一讲主要涉及的,是公元前后几个世纪汉朝与罗马帝国东西并立时期。我们在这一季的导言中说到,这一时期,东是东,西是西,王不见王,但这不等于说东西方没有关系,只不过双方的联系很多是通过欧亚大草原上的游牧民族来实现的。这些游牧民族东边跟汉朝打仗,西边跟罗马帝国打仗,有点像多米诺骨牌。某一个地方军事力量消长,族群不得不移动,一波才动万波随,一点一点荡漾开去,有时候能引起遥远大陆另一端的局势变化。

在第二讲里,我们讲的是全球史上一个重要的三大帝国时代。我们说起唐太宗的昭陵六骏——这也是马,以及太宗陵墓前的石像,那是亚洲大陆上各个政权的统治者;讲到突厥,讲到粟特人和摩尼教。这一讲主要涉及的,是唐朝与大食帝国、拜占庭帝国东西中对峙的时期，也是基督教文明、伊斯兰文明和华夏文明鼎立的时期。这个时期，东西方不再只是间接联系，开始有了大规模的直接接触。我们也讲到唐朝和阿拉伯帝国之间的怛罗斯之战，还讲到在丝绸之路上从事商业贸易的粟特人，他们不仅是商人，而且发起影响巨大的政治和军事行动，改变整个亚洲大陆的历史。

在第三讲里，我们从 12 世纪成吉思汗的崛起讲起，当然他也是"马"上得天下，讲到蒙古帝国的形成和它的统治模式。这个时期，欧亚大陆不再是两个或几个大帝国，东西方不仅有了密切的、频繁的、直接的联系，大部分土地甚至直接从属于同一个巨型帝国。人类历史上第一次出现大批在大西洋与太平洋之间长途旅行的人，人员和物资都有机会直接在东西方之间流通，而不像以前那样要经过中间环节——比如说匈奴人或粟特人——的中转。促成这种局面的蒙古人，本来也是游牧民族。

最近一些年，国际历史学界的一个明显潮流，就是比以往更加关注定居社会或农业国家以外的历史，比如游牧民，比如长途贩运的商人，比如在海上讨生活的人群。形成这种新潮流的原因比较复杂，但其中最重要的一条，是为了更好地观察历史上的联系与交流。我们常说要"去中心化"，去这个中心那个中心，那么过去的历史书往往以定居社会或农业国家为中心，这个也是我们应该保持清醒认识的。刚刚去世的日本学者杉山正明（1952—2022）写过一本《游牧民的世界史》（遊牧民から見た世界史），历史人类学家王明珂写过一本《游牧者的抉择：面对汉帝国的北亚游牧部族》，还有一本日本学者小岛毅监修、羽田正编集的《从海洋看历史：东亚海域交流 300 年》（海から見た歴史：東アジア海域た漕ぎたす），这本出了中译本。白桂思（Christopher I.

Beckwith）的《丝绸之路上的帝国：青铜时代至今的中央欧亚史》（*Empires of the Silk Road: A History of Central Eurasia from the Bronze Age to the Present*）也出版了中译本。相信大家读过之后，可以对以往的历史视角有所反思。

3. 真正全球化之前的人类交往

我们回到达奚司空。

达奚氏这些鲜卑人，本来发源于呼伦贝尔地区，后来他们的根据地在山西内蒙古交界的地方，就在我们这一季第一讲里讲到过的代地，北魏本来就叫代国。前面我们也讲到过赵武灵王胡服骑射，讲到他放弃王位，自称"主父"之后，就生活在代地，学习游牧民族的战争技术，摩拳擦掌，一心想要征服草原。后来的鲜卑拓跋氏则是从代地出发，征服北方中原的农业地区。如此这般之后，达奚氏的后人才做了唐朝的官。那位出使外洋的达奚弘通，后来做了唐州刺史，唐州就是今天河南南阳的一部分。达奚氏就属于我们在导言里讲的，从呼伦贝尔到新加坡之间移民链条中的一环。只不过，他们从代北进入中原，这是真实的历史，从南亚来到广州，却是附会的传说。

那么，达奚氏的移民史，就不只是游牧民族策马奔腾那么单纯的长距离移动，也是游牧民转变为定居居民的历史。而之所以能大规模地发生这样的转变，它的历史背景则是容纳多种人类生态、横跨游牧和农耕经济带的国家的出现，北魏可以说是这种国家的一个雏形。

说到这里我们插一句，农耕跟农耕也不一样。像中国腹心地带这种大面积的平原农业，可以维持一个大一统王朝的存在，但是像从河西走廊一直到西域，它的经济形态，就主要以绿洲农业为主，而它的政治形式大部分情况下就只能是小规模的城市国家。在我们这一季所讲的三个时段里，涉及的五个大帝国：东边的汉朝、唐朝，西边的罗马、大食，以及横跨东西的蒙古帝国，统治区域都或多或少地包括平原农业、绿洲农业和游牧这三种经济形式，而且一个时代比一个时代更多元，特别是蒙古帝国，几乎是空前绝后地容纳多样的人类生态。其实，在学术术语里，"帝国"这个概念的原本含义，就是皇帝用不同制度和方式统治不同民族、不同风俗文化和不同经济形态的大型国家。所以，我们所讲的联系和交流，指的不仅是个人、社群或者国家间的连接，更强调不同人类生态之间的互动、交融乃至转化。比如，我们所提及的帝国间的战争，往往就是不同人类生态之间的战争，而在战争的历史中我们特别关注军事技术，因为技术的异同背后往往是文明的差异。移民也一样，我们更关注异文化之间的人口迁移，比如住在长安的突厥人，住在广州的阿拉伯人，还有跨越整个亚洲大陆的粟特人等。

在真正的全球时代到来之前，顺便插一句，这里为什么说"真正的全球时代"呢？因为15世纪大航海，也就是地理大发现之后，原本住在美洲、大洋洲还有南部非洲的一些人才跟世界重新发生密切的联系，所以在前面说的那些历史时期，恐怕世界历史的主要舞台还是在欧亚北非的大陆上。经过这一季我们讲的这三个时代，可以说欧亚北非大陆已经先实现局部的全球化。接下来，我们就该讲真正全球连成一体的大历史。

最后，让我们再回顾一下前面说的历史。在第一季里，我们从头说起，讲了人类起源、青铜时代，讲了人类怎样逐渐认识世界，也讲了人类获取食物和发明文字的历史。那个时代，虽然人类之间也互相影响、互相学习，不过这种联系往往是间接的、断断续续的。到了第二季，讲到帝国、战争和移民，随着时间的推移，经历罗马帝国、匈奴与汉朝的时代，经历拜占庭、伊斯兰大食和唐朝鼎立的时代，经历把欧亚大陆几乎连成一片的蒙古时代，这种联系越来越密切，也越来越容易观察到。

不过，这一季讲的内容，主要还是围绕着政治和军事的领域，其实这也许只是一个历史大框架。比起这些大帝国、大人物、大事件，现在的全球史更关心人们的日常生活。其实，即便是平平常常的衣食住行和所思所想，背后也一样有非常复杂和遥远的源头，这些更能体现人类之间的联系和互动。接下来的几季里，我们将进入物质的交流、宗教的传播和环境与疾病等话题。所以，第三季的主题是"商品、贸易与物质交换"，我们会选择六种商品，分别是丝绸、瓷器、香料、茶叶、糖、纸张，一种商品一个单元。第四季，我们将谈到精神性内容，主要是宗教与信仰。我们会谈到佛教、天主教和基督教、伊斯兰教这三个世界性大宗教。第五季，我们要谈谈环境变迁和疾病传播，看看生存的环境、流行的疾病在全球史下如何影响人类影响历史。讲完物质、讲完精神、讲完环境之后，我们就会进入真正的全球时代，看看真正彼此联系和互动的全球历史。

（段志强）

番　外

一　改变命运的四场战争：7—8世纪世界帝国的兴衰

当你阅读到这一篇番外的时候，有一个概念相信我们已经很清楚了，这就是世界在很久以来就是一个相互关联的整体——一只南美洲亚马孙河流域热带雨林里的蝴蝶扇动翅膀，就可以在两个星期以后引起美国得克萨斯州的一场龙卷风，这就是我们所说的"蝴蝶效应"。记得还在高中读书的时候，我就在构思一个以世界为舞台的电脑游戏，虽然这个游戏最终没能完成，但我在做背景设计的时候，也是从"世界的各个部分、不同的文明之间存在着相互影响"这个角度出发的。

下面我们来讨论一下，对于各文明间的相互关联应该怎样理解，特别是针对有朋友提出的问题："能不能讲一讲导致民族迁徙或者消亡的重要战争及其影响，特别是有关怛罗斯战役的情况？"那么，下面我们就讲讲，对于这一季的主题"帝国、战争与移民"来说，7—8世纪之间，包括怛罗斯之战在内，发生哪些改变世界命运的战争，出现什么样的人员流动？

在这一个世纪里，标志性的战役大概有下面四个：首先是 7 世纪上半叶的唐灭东突厥之战，接着是同时期发生在欧亚大陆西部的卡迪西亚之战，第三场是 732 年的普瓦提埃之战，以及最后是 751 年的怛罗斯之战。

1. 唐灭东突厥之战

我们先来聊聊唐灭东突厥之战，这可以说是奠定唐朝霸主地位的一战。

我们曾经提到过，唐朝的建立者李渊父子最初起兵的时候，迫于草原霸主突厥可汗的强大，曾经通过比如改变旗帜颜色、接受突厥封号等各种手段向突厥人称臣。然而，等到李世民在"玄武门之变"后登上皇位，一个复仇雪耻的计划就已经在酝酿之中。恰巧，东突厥正遭受着霜冻干旱和属部反叛的双重打击，不但用于作战的马匹以及用来供应衣食所需的羊群纷纷饿死，原本属于突厥的北方各族也群起反抗，并且团结在另外一支草原部族的旗帜下，公开和突厥人唱起对台戏——他们的首领也称可汗，还接受唐朝的册封。

就在东突厥陷入内外交困的时候，进击的唐军出现在草原的地平线上。

史书记载，贞观三年（629）年底，李世民下诏兵分六路讨平突厥，而率领这六支军队的将领可以说是唐朝最璀璨的将星——他们当中包括曾经在唐朝开国征战中立下赫赫战功的徐世勣（594—669），这个人就是《兴唐传》里足智多谋的军师徐茂功的原型；李世民的姐夫，被赞誉为"矫健有力"的名将柴绍（588—638）；李唐宗室中最杰出的战将，被称赞说具有古代名将之风的任城王李道宗（600—653）；还有以武勇闻名隋唐时期的薛氏一门的老大薛万淑；而作为总指挥的则是被称为在用兵之术上超越韩信、白起的一代军神李靖（571—649），总计兵力达到十几万人。

李靖并不急于和东突厥进行决战，而是通过高速行军占领有利地形，把突厥可汗（609—619 年在位）一步步逼退；同时，又不断派出情报人员，离间其部众，连可汗倚仗为心腹的粟特人大将都挟持在突厥可汗那里避难的隋炀帝皇后等一行人投降唐军。可汗在撤退中，先后与唐军的分支发生遭遇战又被截击，人马损失非常惨重，还没等到和李靖率领的主力正面对决，就已经难以支撑。

于是，可汗就派遣使者向太宗李世民请罪，但其实心里打算的是要保存实力，等待东山再起。这种小聪明当然瞒不过李靖和徐世勣。李靖亲自率领精兵冒雪前进，徐世勣则率领主力紧随其后。另一边，突厥可汗以为缓兵之计奏效，根本没料到唐军已经近在咫尺。最终，李靖派遣手下得力干将苏定方（592—667）率领装配弓弩的二百名骑兵，在浓雾掩盖之下突袭可汗大营。可汗本人仓皇逃窜，紧随其后的李靖率军趁势发动总攻，共歼灭突厥军队万余人，俘虏十来万人。可汗也在逃往西域的途中，被唐军的分支部队擒获，送到首都长安。

通过这一战，三年前还曾经统帅大军逼近长安的东突厥可汗势力被彻底消灭，唐朝的崛起开始让周边各地区政权刮目相看。也就是在东突厥灭亡后的同一年，雄踞在丝绸之路上的高昌国王麴文泰（？—640）也忙不迭地前来朝见，而这可是隋朝走向衰落以来几十年都没有过的新鲜事。获得胜利的李世民并没有残酷地对待归降和俘虏的突厥人，而且史书还记载说，东突厥灭亡以后前来归降的各部落首领都被授予官职，官居五品以上的有一百多人，几乎与唐朝原有的五品以上的官员人数相同。李世民还积极地使用藩将，也就是让周边部族的首领作为将领，带兵打仗。唐朝就这样在成为世界帝国的道路上稳步迈进着。

2. 卡迪西亚之战

就在唐朝战胜东突厥的同一年，伊斯兰教的创立者穆罕默德也终于兵不血刃地进入麦加城。他下令捣毁一切麦加人原先崇拜的偶像，并且使他们皈依伊斯兰教，这是穆斯林的事业在阿拉伯半岛上所取得的"里程碑"式成就。六年后，他们的势力就已经达到伊拉克，并在卡迪西亚和波斯帝国展开一场生死存亡的大战。

在卡迪西亚战役发生之前，阿拉伯人的大食帝国与波斯已经交手好几次，不但波斯人控制下的叙利亚被大食征服，波斯帝国都城所在的美索不达米亚平原也已经完全向对手敞开胸怀。

大食军队的总指挥叫赛尔德（Sa'd ben Abi Waqqas），他是穆罕默德十大弟子之一，擅长射箭和骑术，曾经参加过穆罕默德所领导的历次战役，并且因为在其中一次战斗中挺身捍卫穆罕默德，作战勇猛，而被誉为"雄狮"。这头"雄狮"带领六千人前往伊拉克战场，他沿途不断募集兵源，各部落的战士们闻风而来，等到他到达目的地的时候，大食军队的人数已经扩张到三万多人，士气极盛。与此相反，当时的波斯人屡打败仗，士气非常低落，而且由于波斯帝国晚期严重的地方分权，导致人心离散，人们并不真心想为波斯统治者卖命。虽然波斯军队的人数是大食人的一倍，并且武器装备等也远比对方精良，但统帅大军的波斯宰相却并不急于和对方交战，而是想要等待时机，以逸待劳，再找机会击溃大食人。

这时大食人就使出一招激将计，向波斯宫廷派出使者，让他们皈依伊斯兰教。本身就作为拜火教最高祭司的波斯国王，当然不可能改宗这个在当时还名不见经传的新宗教。相反，他被大食人的举动彻底激怒，下令宰相立即出兵。

636 年 11 月，波斯军队渡过阿提克河，在卡迪西亚向大食人发起总攻。除了步兵和骑兵，波斯人战斗行列的最前方还有三十三头体型硕大的战象。这在当时的战争中，可以说是犹如坦克一般的存在，仅凭其在战场上的身影就足以震慑敌军。然而，在双方交战之后，胜利的天平并没有向波斯人一方倾斜。波斯战象虽然刀枪难近，但只要战象背上的人被拉下来，大象就会像无头苍蝇一样到处乱窜。大食人正是这么做的。

在波斯人失去战象优势后的一天，双方战斗力的差异立即显现出来，伤亡的人数比更是达到一比五。战斗进入到第三天，双方的增援部队都赶到战场，波斯国王孤注一掷，甚至派出自己的皇家卫队，双方激烈交战，从天亮一直战斗到天黑也难分胜负。到了第四天的清晨，与大部队失散的波斯宰相被大食军队发现并处死，这一消息的散布导致波斯军队的总崩溃，士兵们纷纷逃跑，而大食人也已精疲力竭，甚至没有办法派出追击部队。

无论如何，卡迪西亚之战作为大食帝国兴起之初一场以少胜多的战役，打开大食人征服波斯的道路。没过多久，美索不达米亚的各个城市，包括波斯帝国的首都在内，都被大食人收入囊中。

波斯国王则再也不敢与大食人正面交锋，不断向东逃窜，最后在木鹿城也就是今天的土库曼斯坦被当地的贵族杀死。而波斯的王子逃得更远，出现在万里之外的唐朝首都长安，苦苦哀求唐朝皇帝派兵援助他收复失地。当然，在版图横跨亚非欧三洲的大食帝国面前，这位王子的复仇记，也就只能是黄粱美梦罢了。

3. 普瓦提埃之战与大食帝国在欧洲的挫败

大食人用了十多年的时间吞并波斯帝国的疆土，与此同时又占领埃及，并将目标对准以君士坦丁堡为首都的拜占庭帝国。虽然他们是来自阿拉伯半岛的游牧人，可是为了征服拜占庭的这个宏伟大业，竟然打造出一支强大的海军。但由于拜占庭掌握着先进的海战武器"希腊火"——这是一种可以在水上燃烧的液态化学武器，大食人的舰队三次进攻君士坦丁堡，都只能望洋兴叹。

既然向北扩张的道路遭遇阻碍，大食人就从南道也就是北非向西进军。到了 8 世纪初，整个北非也成为大食帝国领土的一部分。在北非当地人的帮助下，大食又在很短的时间内消灭西班牙的哥特人王国。到了 732 年，大食人的军队就已经翻越比利牛斯山，浩浩荡荡地向高卢也就是现在的法国境内挺进。当时的高卢由法兰克王国统治着，而实权则掌握在王国的宫相查理（Charles Martel，688—741）的手里。

查理在与大食人交手之前，非常重视搜集有关大食人作战方式的情报，并且从之前曾被大食击败的地方贵族的士兵那里，得到很多有价值的情报。大食军队的统帅则因为此前所取得的胜利而扬扬自得，来到高卢南部的普瓦提埃城（Poitiers）后，甚至在没有任何重型攻城器械的情况下就开始攻城，遭到挫败后留下一支围城部队，又率主力包围北方的图尔城（Tours）。这些情报源源不断地传到查理那儿，他一方面不断地派出小股部队骚扰大食人，另一方面又派遣一支骑兵切断大食人的后勤补给，这就导致大食军主力不得不从图尔城下撤退。由于殿后的部队不断地被法兰克人消灭，当大食人退却到普瓦提埃城的时候，不得不寻求与查理的军队决战。

对大食人而言，前有查理的军队，身后则是普瓦提埃城内随时可能杀出的士兵。当然，这也是查理早就计划好的。在法兰克重甲骑兵的突击和弩炮的夹击之下，已经精疲力竭的大食人很快就全面崩溃，大食军队的统帅最后也死于乱军之中。

从此，大食人在欧洲的陆上扩张几乎停止，而击败大食人的查理则获得查理·马特，也就是铁锤查理的称号。他的孙子也叫查理，不过更以另外一个名字为人所熟知——那就是"查理曼大帝"（Charlemagne，742—814）。

4. 怛罗斯之战与欧亚东部政治局势的变化

大食人在西欧受挫，大体奠定穆斯林帝国与欧洲基督教帝国的对峙格局。但在此后不久，大食却在东方意外地击败唐朝，从而引发欧亚东部政治局势的变化。

这是怎么回事呢？

首先，在东方和唐朝军队交手的大食军队，并非出自派遣军队征服欧洲的白衣大食（伍麦叶王朝，Umayyad dynasty），而是从伊朗和中亚起家的黑衣大食（阿拔斯王朝，Abbasid dynasty）。

他们在 750 年取得除了西班牙所有原来被白衣大食所统治的土地。唐军于 751 年所遭遇的，正是这个新兴政权的精兵锐卒。其次，是唐军的统帅——安西节度使高仙芝——的战略错误。怛罗斯之战的前一年，高仙芝先后攻打了素来对唐朝持恭顺态度的石国和突骑施人——不但俘虏石国的国王和突骑施可汗，还从在石国避难的粟特商人那里抢劫大量财物。他的所作所为，一方面是相当于自废耳目，使唐军对大食军队的动向等有关情报失去掌握；另一方面，也失去当地百姓的民心，石国王子就在父亲被唐玄宗下令处斩后彻底投靠黑衣大食，并联合唐朝西部边陲的各部落，企图进攻高仙芝所统辖的安西四镇。而高仙芝则决定先发制人，攻向大食。最后，则是唐军在战术上的失误。高仙芝从安西节度使的驻扎地——位于新疆南部的库车，长途跋涉来到现在哈萨克斯坦东南的怛罗斯，在未经充分休整的情况下，就与大食军队发生遭遇战。而且，唐军中还有大量的蕃兵，也就是在从属于唐朝的游牧部落中征召的士兵，这些人的忠诚度很可疑，特别是在高仙芝又做出种种有失民心的举措之后就更是如此。

终于，在双方对峙五天之后，高仙芝部队里的葛逻禄人率先叛变，和大食人一起夹攻唐军，使得唐朝军队土崩瓦解，甚至几乎连退路都被堵塞。最终高仙芝带着几千人的残部逃离战场，而战斗前他的部队人数可是有三万之多。这场战争是唐玄宗李隆基的"天宝之治"走向衰落的标志。唐朝战败之后，就开始在一蹶不振的道路上一路狂奔起来。就像"皮鲁斯的胜利"在英文中具有"得不偿失"的引申意义那样，"怛罗斯之战"在中文里现在也具有"两巨头对抗中落败的一方急速走向衰落"的特殊含义。随着 755 年"安史之乱"的爆发，安西都护府的主力部队调回中原，无力再掌控西域局势,这片土地很快就变成大食人、吐蕃人以及回鹘人纵横称霸的舞台。远距离的陆上丝路贸易也随之告一段落,而大量的阿拉伯商人正从海上满载着财富和香料驶向中国东南部的各大港口。

（尹磊）

二　科举:隋唐王朝赠给世界的制度瑰宝

这一期番外,我们要跟大家聊一聊 7 世纪中国发明的一种制度,这种制度不但持续了一千三百年之久,而且还影响到周边许多国家,以至于被誉为中国的"第五大发明"。那么,这究竟是什么样的一种制度呢?

1.科举制的诞生与发展

让我们先从一个故事开始讲起。

西晋的时候,有个卓有才华的文人叫左思(约250—305),他的父亲从小吏起家,兢兢业业了一辈子才做到从七品下的小官。左思受到父亲的激励,从小发奋勤学,在很年轻的时候,就写出中国文学史上的名篇《三都赋》——用富于文采、重视韵律的笔法,对魏、蜀、吴三国都城的壮丽和富庶进行生动的描绘。

据说当时著名的贵族文人陆机(261—303)正好在洛阳,也想以此为主题写一篇赋,当他听说左思竟然在着手创作同名作品,就非常轻视地加以嘲笑，还在写给弟弟陆云（262—303）的信里说："听说此地有一个北方粗鄙之人，也要写《三都赋》，等到他写成的时候，大概文稿只能用来盖在酒坛子上当作盖子吧。"结果，等到左思的作品完成后，陆机读了非常佩服，认为就算连自己也没法写得更精彩，于是就辍笔不再写了。经过陆机等人的赞扬，左思的《三都赋》在首都流行开来，由于印刷术还没有发明，有权势的人家都竞相抄写，以至洛阳城里用于书写的纸张价格都一下子腾贵起来，这也就是成语"洛阳纸贵"的来源。

虽然左思写出如此著名的作品，但他的仕途并不顺利，甚至可以说在官场上根本没有希望。这是为什么呢？还得从三国时候魏国创立的九品中正制说起。

这一制度的初衷，本来是鉴于当时天下大乱，很多人流离失所，州、郡的长官不再能够稳定地掌握其治下居民的状况，进而向中央政府举荐贤能之士的时代背景。于是就以州、郡中的杰出人士担任中正官，不拘一格地推荐人才。但是，这个最初的设计逐渐变了味，因为杰出人士本身就是长期在朝廷中做高官的一群人，他们当然倾向于援引、提拔自己的同类。因此，在乡品之中获得比较高品级的，多半也是在朝中担任高官的。于是乎，乡品的评判标准就逐渐从品德的高下转变成官位的大小，从而形成某种意义上的贵族垄断。比如说，被中正评定为二品的，起步就可以做五品官；但如果在中正的评定中达不到二品的，最高也就只能做到五品官，故有"上品无寒门，下品无势族"的说法。在这种情况下，左思想要以学识获得相应的官位，可谓难如登天。以致他在激愤之中，写下著名的"咏史"诗篇《涧底松》，诗歌里说道："世胄蹑高位，英俊沉下僚。地势使之然，由来非一朝。"

　　"英俊沉下僚"这样的情况，什么时候发生改变呢？这就得说到我们这里讨论的时代——7世纪——了。

　　7世纪初的时候，处于隋炀帝的统治之下，在后世的评价中，他被当作无道之君的代表。但从长时段看，隋炀帝的各种举措对中国后世都发生深远的影响，其中当然有贯通南北至今仍在发挥作用的大运河；此外，就是我们这里的主题——科举制。目前学术界普遍认为，科举制创立于炀帝大业元年（605）。史书记载，隋炀帝即位后，"又变前法，设进士等科"，开创通过"进士科"考试来选拔人才的制度。无论什么人，只要通过吏部的考试之后，考生就可以获得做官的资格，从而大大增强社会上不同阶层人士的流动性。

　　唐朝建立后，继续使用科举作为选拔人才的重要手段，各地的读书人为了通过科举考试，皓首穷经，钻研典籍，以至于再没有人跳出来和李唐皇室争夺天下。唐朝人甚至在诗歌中发出这样的感慨——"太宗皇帝真长策，赚得英雄尽白头"，由此也可以看出科举制作为读书人实现"修身齐家治国平天下"的理想抱负的途径所发挥的重要作用。到了武则天统治时期，她甚至亲自出面向考生提问，从而产生殿试的雏形。科举考试中用来挑选优秀武官的武举，也是在武则天的推动下产生的。唐玄宗登基后，诗词歌赋成为进士科考试的主要内容。

　　唐代人对科举特别是"进士科"的痴迷，达到什么程度呢？当时流传着这样的说法，大臣就算是官居一品，位居宰相，然而如果不是通过考中进士科踏上仕途的话，人们也不认为这算得上有什么好。可是，进士科的竞争有多强呢？有人统计，唐朝开国将近三百年，一共举行了二百六十四次进士科考试，通过考试的进士总共还不到七千人，也就是说平均每次的录取人数也就二十多人，无怪乎唐朝人把进士及第的人称为"白衣卿相"即候补宰相的人选。

2. 包容的世界性国家与知名的外国进士

正如我们在这里反复提到的，唐朝是具有高度包容性和开放性的世界性国家，它所创立的制度，对周边国家特别是东亚国家产生极强的吸引力。各国纷纷派遣留学生赴唐学习，其中当然也有不少人在掌握汉文典籍中的知识后摩拳擦掌地想来搏一搏功名。这其中主要以来自日本以及朝鲜半岛上新罗的留学生为主，他们当中还确实有不少人高中进士，其中最著名的就是大诗人李白（701—762）的日本朋友晁衡（698—770）。

晁衡的原名叫阿倍仲麻吕，出生于日本的一个贵族家庭，十九岁参加遣唐使的队伍前往长安，在太学里学习四书五经等儒家经典。他十分好学，因此很快就从同辈中脱颖而出，并且顺利地通过进士科考试，先后被任命为东都洛阳和太子宫中负责古籍整理的官员。晁衡担任的官职，又反过来促使他对汉文典籍和中华文化产生更加深刻的理解。他开始进入长安的文化圈中，和不少著名的文人成为朋友。当他在来华的三十七年后，第一次搭乘遣唐使返回日本的船只准备回国的时候，可以说已经是知交满天下。

不幸的是，船只并没有如愿顺利返回日本，而是遭遇风暴，漂流到越南。同船的绝大多数人被当地的土著杀害，只有晁衡在内的少数人幸免于难。晁衡在中国的朋友，很长时间都没有得到他的音信，再加上船只遇难的消息传来，大家就认为他一定已经去世。这时，包括李白、王维等人在内的许多大诗人，都写下深沉感人的诗篇来哀悼他，没想到晁衡最后竟然奇迹般回到长安，出现在朋友们的面前。之后，他经历"安史之乱"爆发后的动荡局面，并随同玄宗前往成都避难。乱平后他回到长安，在七十二岁那年寿终正寝，此生再也没能回到他出生的东瀛。

另一个很有名的宾贡进士，也就是所谓的外国人进士，是来自新罗国的崔致远（857—？）。他也是唐代知名度很高的留学生，十二岁的时候就辞别亲人，来到中国求学。因为他天资聪颖，再加上勤奋努力，十八岁就已经金榜题名，并先后在现在南京的溧水和淮南节度使的幕府中为官。比起终生未能回到故乡的晁衡，崔致远显然更加幸运，不但二十八岁那年回到新罗，受到国王的赏识和重用，而且还因为过人的文学才能和身后留下的著作，被誉为韩国汉文学的开山鼻祖，世人尊称他为"东国儒宗"。

此外，还有很多大食人、波斯人的后裔也参加进士考试。其中，著名的有大食人李彦升，据说当时的宣武军节度使卢钧（778—864）偶然发现其人，虽说来自阿拉伯世界，但却精通汉文典籍，就向皇帝"贡"上此人。当时的皇帝唐宣宗（847—859年在位）就下令礼部安排李彦升参加考试，结果他一举夺魁，成为有史以来第一位在科举考试中取得功名的阿拉伯人。

3. 东亚他国对科举制度的借鉴

不但欧亚大陆上的其他民族之中，不乏以个人身份参加唐朝举行的科举考试之人，而且还有不少国家借鉴科举制度来选拔人才，像日本、朝鲜、越南和琉球都是如此。

其中，最早学习并采用科举制的还要数日本。早在701年，日本就颁布律令推行科举，参加考试的学生主要包括由地方上送来的贡人和大学寮所选拔出来的举人这两类。考试的内容则与唐朝相同，主要来自《周礼》《左传》《孝经》《论语》等儒家经典。不过，由于日本的朝政主要被几家大贵族垄断，强调公平选材、公正考试的科举制没能在日本维持长久，很快便流于形式。到10世纪以后，进士科就已经废绝，我们只有在江户时代的"学问吟味"也就是幕府组织面向武士阶层的学术考试中，还依稀可见来自中国影响的流风余韵。

朝鲜和越南借鉴科举制的时间，比起日本要晚不少，朝鲜在10世纪、越南在11世纪分别采用科举，但这两国和中国一样，在实行科举制之后便一直延续不断，朝鲜实行科举的时间长达九百三十六年，越南更是作为东亚最后一个废除科举制的国家，直到1919年才为科举制画上休止符。

现在越南和朝鲜、韩国所保存的汉文典籍，除了佛经，大多数不是儒家经典，就是参加科举考试的士人所撰写的著作。这些，可以被看成东亚汉籍流通圈里的共有财富。

4. 科举制的后续发展及历史意义

科举制对社会流动的促进作用，导致就算在唐朝灭亡后的五代十国时期，各政权也继续举行科举考试。拥有进士身份的人才，在各国之中也得到特别尊重。

再往后到了宋元时期，不但科举制度的运作模式日趋完备，甚至有学者认为，波斯伊利汗国的医官考试制度也受到中国科举考试的影响。至于伊利汗国是个怎样的国家，它和同时期的元朝又是怎样的关系，也许我们接下来的节目中会说到。

（尹磊）

三　曾经的蒙古帝国：若干问题的回答

这一季关于蒙古帝国的部分播出之后，有不少朋友提出问题，下面我就选择一些重要的问题进行回答。

1. 四等人制

有朋友问，蒙古在汉族地区的四等人制度具体是怎么一回事？这个问题非常好，其实最近几年我经常被问及这个问题。我相信，很多朋友当年在中小学的历史课本里会见到"四等人制"这个词，也就是元朝把人分成蒙古、色目、汉人、南人四等，但实际上它在最近的学术研究中，已经遭到非常强烈的反对。

首先，四等人制的"制"是一种制度，必须有一个制度化的东西存在。而我们在元朝法律制度中、任何法律条文中，都没有见到一个明文规定说全国的人要分成四等，实际上并不存在这样的规定。其次，我们看看所谓的"等"，这个"等"也不对。所谓四等人制，我们学到的是蒙古、色目、汉人、南人，南就是南方的南，这是四等。但是，这四等实际上是不太对的。比如说色目人，当然色目并不是只说眼睛有颜色的人，色目指的是各种非汉族人，各种各样名目、各种各样种类的人。这个词具体指的范围实际上非常含糊，也有点随意。我们在文献里看到，所谓色目人，有时候包括蒙古人有时候不包括蒙古人，有时候包括汉人有时候不包括汉人，所以说它有很大的随意性，随意的东西不可能是制度性的。现在的学者研究，就认为色目人并不是一个非常官方的说法，可能是当时一个比较随意的用法。又比如，四等人制的"四"其实也不对，因为我们看元朝，对人群的划分其实分成很多个，并不是四个。实际上除了蒙古人、汉人、南人，还包括比如说女真、契丹、回回等各种各样的人，还有渤海人等，所以"四"也是不准确的。

那么，四等人制既然不准确，这个词从哪儿来的？实际上我们研究发现，这是 20 世纪初中国学者和日本学者做研究的时候给归纳总结出来的，在当时的研究条件还不太好、资料也不够丰富的情况下得出这样一个印象，实际上后来影响很多人，一直影响到今天。北京大学张帆教授是元史专家，其参与修订的最新版本的中小学课本，已经把四等人制这个说法剔除。因为这不符合历史事实，所以必须要剔除一个现代人总结的不准确的概念。

2. 汗位之争

其次一个问题，是关于忽必烈和阿里不哥的汗位之争。

蒙哥汗死于钓鱼城下跟宋军打仗的时候，他有三个弟弟，是汗位最强力的竞争者，一个是忽必烈，一个是旭烈兀，还有一个是阿里不哥。旭烈兀当时正在西征，所以是回不来的。阿里不哥跟忽必烈两个人就争起汗位。以往，有些书把忽必烈和阿里不哥之间的汗位争夺理解为蒙古和汉之间的冲突，两种理念的冲突，实际上这种观点也不是特别准确，这种观点带有一定合理性，但是不是特别全面。实际上，蒙古任何一次内部的争夺，都是一次现实利益的冲突，像是兄弟之间在争夺家产。忽必烈恰好住在接近华北这边儿，阿里不哥在草原那边。当然，阿里不哥当时得到宗亲诸王的支持比较多，忽必烈得到的支持比较少。但是，两个人在政治实力和政治能力方面的差别还是很大的。忽必烈依靠强大的个人政治能力赢得这场争夺，最终得到汗位。

忽必烈和阿里不哥之争造成一个结果，就是导致当年支持阿里不哥的那些蒙古诸王觉得忽必烈赢了，但是因为他们支持阿里不哥，他们仍然对忽必烈不满，所以还是会发动一些叛乱。

3. 黑死病

下一个问题，究竟是不是蒙古大军把黑死病带到欧洲的？如果是，那为什么蒙古人没有被黑死病困扰？

黑死病是当今世界上非常关注的一个话题，学术界也非常关注这个问题，我们"从中国出发的全球史"这个节目将在第五季仔细讲述。可这个问题，实际上来自一条欧洲的记载，说蒙古人在克里米亚半岛上的殖民城市卡法城作战的时候，曾经把得黑死病死掉的人的尸体放在抛石机上抛进城里，整座城就开始蔓延这种疾病。蒙古人就这样打下这座城。

但是，大家要知道，这并不是蒙古扩张时期的战争，它发生在 14 世纪中期，实际上已经是蒙古帝国快要崩溃之前的一场战争。这次战争是一次局部地域的小冲突，跟蒙古扩张时期的战争是完全不一样的。

我相信，黑死病是逐步传播过去的，恰好当时在这场战争中有人得这个病死掉了，恰好出现在卡法城攻城战当中。黑死病当然是草原上有可能出现的，因为土拨鼠会传播这种疾病。但是直到现在，游牧民也有这种说法：有经验的游牧民知道，哪些土拨鼠是有病的，他不会去接触这些土拨鼠，这样就不会患病。所以说，当时黑死病传播到欧洲，我觉得可能是在当时丝绸之路畅通的条件下，疾病自身在这种有利环境下能够传播得比较迅速。

4. 马穆鲁克

有另一位朋友问，能讲讲打败蒙古的马穆鲁克是怎么回事吗？马穆鲁克人，是钦察人。马穆鲁克，这个词本身是奴隶的意思。这拨人原来是在钦察草原的钦察人，他们被卖到埃及地区当奴隶，后来翻身做主人，建立马穆鲁克王朝。

钦察人本身是说突厥语的，从历史史料中可见，在 8 世纪也就是突厥汗国时期，钦察人就已经出现。当时的钦察人，一直到后来，在史料中都能见到他们广泛地分布在西伯利亚、中亚、里海、黑海那些草原地带。这是很庞大的游牧民族，内部是比较复杂的，分成很多个部落，总体上说突厥语。但是，我们也看到，其中包括有一个比较大的部落，是相当于在辽代的时候从东部草原一直迁徙到西部去的。

在蒙古时期，他们被蒙古征服之后又迁徙回来，在蒙古部落中有一个跟其名称完全相同的部落。他们原来有可能是同一个祖先，这是很有趣的一点。那个时候，部落迁徙非常普遍，有往东迁的，也有往西迁的。游牧民族因为移动能力很强，所以迁徙的幅度非常大。

5. 蒙古对中亚、西亚、东欧的大规模影响

又有朋友问，能不能再深入讲讲蒙古四大汗国对中亚、西亚、东欧这些地方现代格局的影响？这个问题说来话长，因为涉及的地理范围太大，内容特别多。我就简单说几句。

我们知道，在蒙古时代，中亚地区主要是察合台汗国，当然也有少部分是伊利汗国控制的。在察合台汗国之后，也有帖木儿帝国。在中亚的西部、西北部这些地区，是受金帐汗国控制的，所以在后来出现的各个中亚政权都受到这几个蒙古汗国的影响，而后来到明清的各个中亚政权，直到今天，基本上都要把自己的历史追溯到蒙古时代。

举个简单例子来说。在今天的乌兹别克斯坦，它有乌兹别克人建立的最早政权，而乌兹别克这个词的意思，就是金帐汗国一个特别有名的统治者叫月即别汗，月即别就是乌兹别。乌兹别克民族就认为，自己的祖先是月即别汗，他们认为自己是从金帐汗国延续过来的。再比如说哈萨克斯坦，这个哈萨克跟俄国的哥萨克实际上是一个词。从历史上看哈萨克人，大概是 15 世纪开始出现在今天哈萨克斯坦草原上的。一直到今天的哈萨克斯坦，很多人宣称自己是成吉思汗的后代，甚至哈萨克斯坦就有一个倾向，说这个国家最早应该追溯到成吉思汗。但是，这个事儿到底是不是真的呢？今天学术界仍然有争议。

下面说说西亚。西亚当然主要是受到伊利汗国的影响，在伊

利汗国之后，当时的军事贵族建立一些王朝。伊利汗国对中东地区的几大影响，我觉得可以说说两个方面。第一个方面是在伊利汗国时期，波斯文化得到复兴。原来整个中东和中亚越来越阿拉伯化，越来越伊斯兰化，这个时候波斯文化得到复兴。第二个方面是波斯的这些什叶派穆斯林得到庇护，什叶派也得到发展。直到今天，还对伊朗有大的影响：一方面，伊朗强调自己来自波斯，是一个非常重要的波斯文化的传承人；另一方面，伊朗强调自己是什叶派大本营，这就导致伊朗虽然也是伊斯兰国家，但伊朗跟其他阿拉伯国家有较大的区别，成了一个在中东比较独特的势力。当然，今天的伊朗人一般不太强调蒙古给自己带来什么好的遗产，但实际上我们知道，波斯文化复兴以及什叶派的发展都是蒙古时代带来的。

再说一说奥斯曼土耳其。其实奥斯曼土耳其早期就用了很多蒙古制度，但是随着它的扩张，它还学习并吸纳了希腊文化、阿拉伯文化等。

最后说说东欧这边，其实主要是指俄罗斯。金帐汗国统治东欧的时间很长，一直到 1502 年才结束。之后又形成的几个汗国，基本上还是金帐汗国的后裔，或者说是当年金帐汗国的那些大将军所建立的。他们建立的这些汗国，包括喀山、克里米亚、阿斯特拉罕等，今天都变成地名了。还有一些其他汗国，也包括我们前面提到的乌兹别克、哈萨克，它们都是从金帐汗国的境内发展出来的。

这些对后来俄罗斯的历史有很大的影响，俄罗斯就是逐渐把这些汗国吞并以后才真正形成、兴起的。今天的俄罗斯在 20 世纪的时候，他们对成吉思汗的评价并不高。因为他们觉得俄国在近代发展过程中，一直不如西欧，一个很大的原因就是被金帐汗国所统治。实际上，这只是他们自己的一种观点。在我们今天看来，历史上的一个帝国对这个区域的影响，它当然有正面的也有负面的，怎样去评价它就是见仁见智，需要学者进行认真的研究。

6.元朝时期的华夏文化

有一位朋友提出一个问题，说很疑惑在元朝时期如何寻找华夏文化的存在。这个问题恰恰也是我们"从中国出发的全球史"所要探讨的，很多朋友都会问这样的问题。实际上，我们也提到，不光中国人，也有很多人对蒙古时代有一种纠结的感情，就是不知道当今的文化跟当年的文化到底是怎样一种关系。

具体到这个问题来说，我们要说说"中华"，或者"华夏"，或者"中国"，这里具体应该指的是一个文化概念。我们知道，在历史上文化永远是不断地变动、不断地融合的，所以我们在定义"中华"的时候，我们要定义哪个时代的中华，也要知道它是一直不断变动和融合的。其实，在元朝，很多汉文化始终是延续的，比如儒家文化、科举制度、宗族伦理，就连蒙古人、阿拉伯人、中亚西域人也接受这些汉文化，历史学家陈垣（1880—1971）的名著《元西域人华化考》就是研究这方面的；同时，也有很多蒙古文化，在华夏地区甚至高丽地区也影响很深，所以在明代初期官方曾经特别下大力气祛除蒙古遗留的一些风俗，如穿蒙古服装、实行收继婚（也就是子收父妾，侄收叔伯母，弟收兄嫂，兄收弟妇）、火葬，等等。

7. 蒙古的部落联盟与欧洲的封建制度

还有一位朋友问，蒙古的部落联盟是不是类似于欧洲中世纪的封建制度？我认为，它们有一定的相似性，但是不完全一样，还是有很大差别。部落联盟主要是适应游牧民族的一种形式，而且在制度层面的发展程度上没有中世纪封建制度那么丰富、那么完善。总体上，它在制度层面是比较粗疏的，是一种约定俗成的东西，是一些部落相互结合起来形成的。

所以，比起欧洲中世纪的封建制度，它更加松散，因为封建制度总体上还是跟土地有关，人们占据这片土地，就和这片土地连在一起，而且差不多是定居的。可是，部落联盟是跟人有关，这拨人跟那拨人合到一块儿就形成一个联盟，大家结个义，结拜一下。这拨人天天地迁徙，有时候可能几年不见面，互相就不承认了。因此，历史上经常会出现这样的现象：通过部落联盟建立起来的很庞大的帝国，像匈奴、突厥，说崩溃就崩溃，就是跟它松散的性质很有关系。

另外，就是它不像欧洲封建制度那样在文化上强调教宗、强调宗教。在这些方面，部落联盟的意识形态更加松散一些。

8. 蒙古帝国崩溃之后

有一位朋友问了一个很长的问题。他看到有人说，在蒙古帝国崩溃之后，蒙古带来的全球化就分崩离析了。那么，蒙古崩溃之后，欧亚大陆的发展是不是就倒退了？蒙古帝国作为一个帝国给世界带来的影响，对于我们理解全球化有什么意义？还有，蒙古帝国的扩张是不是帝国主义（imperialism）的一种呢？

我来简单回答一下。首先，第一个问题，确实有这样的情况，就是丝绸之路的大畅通在蒙古帝国崩溃之后有一个倒退的状态。但是欧亚大陆发展的倒退，不能总体上就这么说，因为每个地域、每个地区都有自己的区域发展。这条路走不通，就走那一条。蒙古帝国崩溃之后，欧洲逐渐发展起来，正是因为中间丝绸之路不畅通，因为要跟东方联系起来，所以他们就想办法从海上走，大航海就是这样探索、开启起来的。所以说这条路不通之后，从侧面又刺激这些人去寻找另一条路，这促成后来的全球化趋向。至于对全球化的理解，我们在最后一期节目里已经提到一些，这里就不多说。之所以对蒙古用"帝国"这个词，是因为那个时代蒙古始终在扩张。大家都知道，当今世界上研究帝国史，就是要看看历史上的帝国，因为你发现历史上的帝国很大，比如说蒙古帝国、罗马帝国、大英帝国、清朝都是特别大的国家：一个是疆土很大；另外一个是文化很多元，民族也非常众多。现在学术界特别关注的是，在这么复杂的文化背景下，它是怎样形成、怎样维持这么大的疆域的？

蒙古帝国在扩张中与其他宗教一定有所交流，蒙古怎样处理宗教关系？蒙古信仰的宗教在这种碰撞交流中有没有发生改变？这也是东西方学者特别关注的问题。总体上，我们认为作为一个内部千差万别的帝国，蒙古帝国对宗教非常宽容，各种宗教在蒙古帝国的统治下都得到繁荣发展。蒙古人没有单独的一种宗教，也没有单独信一种宗教而排斥其他宗教。

如果我们问蒙古人的信仰是什么，我们说蒙古人的信仰就是长生天。长生天是什么？当然是蒙古人原来的一种信仰，是比较原始、天然的一种信仰。有人说这叫萨满教，但萨满教是一种原始宗教，它不是一个特别体系性、特别制度化的宗教。在元代的文献里，我们经常看到这样一个词，叫作告天祝寿。这就是蒙古人给所有的宗教人士，包括佛教、道教、基督教甚至包括伊斯兰教在内，给他们的任务就叫告天祝寿——你只要帮我们告天祝寿祈福，我们就保护你。蒙古人还给出一个比喻，说长生天就像手掌一样，其他所有宗教就像手指一样。而蒙古人的一些宗教信仰，经过整个蒙古时代之后，也没有发生本质性的变化。

但是，我们看元朝，比如忽必烈，他很尊崇藏传佛教，但这是他比较个人化的一面，跟他的意识形态其实不一样。忽必烈以及他的子孙们比较喜欢去修炼一些藏传佛教的法术，很喜欢仁波切，但是在意识形态和统治国家方面，他们仍然是信仰长生天，并没有完全倾向于藏传佛教而排斥其他宗教。蒙古这个民族只有在明末清初的时候，才彻底地皈依藏传佛教，所以在今天我们看蒙古民族绝大多数人是信仰藏传佛教的。蒙古地区也有自己的活佛，这种情况在蒙古帝国很繁盛、很强大的时代是不会出现的。

一个帝国最强大的时期，应该有一种气度，对各种不同的文化都有一种能接受、能宽容的心态。既保持自己固有的一些东西，同时也保持开放的一个心态，这可能就是"帝国"的意义吧。

补充说一句，我们这里用"帝国"这个词是历史意义上的，不含褒贬，不是后来我们说的总是侵略他国的"帝国主义"。

（马晓林）

推荐书目

简·伯班克、弗雷德里克·库柏，《世界帝国史：权力与差异政治》，柴彬译，商务印书馆，2018。

约翰·达尔文，《全球帝国史：帖木儿之后帝国的兴与衰》，陆伟芳等译，大象出版社，2015。

冈田英弘，《世界史的诞生：蒙古帝国的文明意义》，陈心慧译，北京出版社，2016。

葛剑雄等，《中国移民史》（第5卷），福建人民出版社，1997。

约翰·基根，《战争史》，林华译，中信出版社，2018。

孔飞力，《他者中的华人：中国近现代移民史》，李明欢译，江苏人民出版社，2016。

加布里埃尔·马丁内斯—格罗斯，《历史上的大帝国：2000年暴力与和平的全球简史》，陈煜等译，中信出版社，2020。

帕特里克·曼宁，《世界历史上的移民》，李腾译，商务印书馆，2015。

梅天穆，《世界历史上的蒙古征服》，马晓林等译，民主与建设出版社，2017。

杰弗里·帕克等，《剑桥插图战争史》，傅景川译，山东画报出版社，2004。

托马斯·索维尔，《移民与文化》，刘学军译，中信出版社，2020。

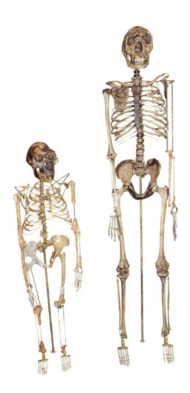

左：南方古猿露西；右：图尔卡纳男孩

三个山顶洞人头骨

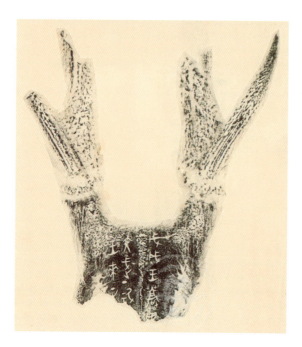

殷墟安阳小屯出土的商代后期甲骨文拓片，卜辞是刻在鹿头骨上，内容是关于商王的田猎

最早的城市尼普尔的神庙考古挖掘现场，摄于 1893 年

小河墓地，上百根木柱是它最显著的标志

陶寺遗址出土铜铃

三星堆戴冠纵目面具，出自三星堆遗址二号坑

何尊，西周早期，出土于宝鸡县。现藏于宝鸡青铜器博物院

何尊铭文，其中有"宅兹中国"四个字，是"中国"这个名词最早的出处

下维斯特尼采的维纳斯，公元前29000 年—公元前 25000 年。现藏于捷克布尔诺

被有些人视为匈奴人的青铜人像牌，出土于鄂尔多斯一带，公元前 1 世纪。现藏于大英博物馆

描绘玛雅祭司在吸烟的浮雕，出土于墨西哥帕伦克的一座神庙

澳大利亚卡卡杜国家公园乌比尔的岩画（一）

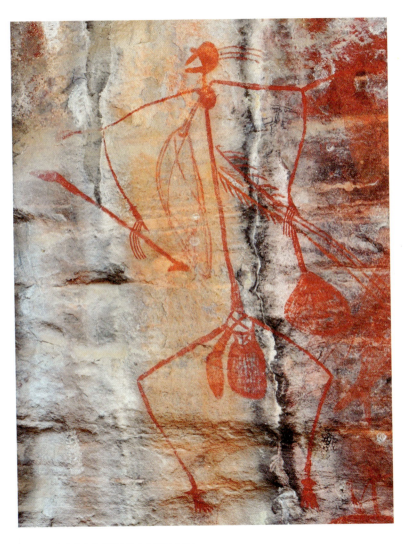

澳大利亚卡卡杜国家公园乌比尔的岩画（二）

商博良以罗塞塔石碑为基础所撰写的解读埃及文字圣书体（象形文字）的笔记，出自他1822年写给法兰西文学院秘书邦—约瑟夫·达西耶（Bon-Joseph Dacier）的信

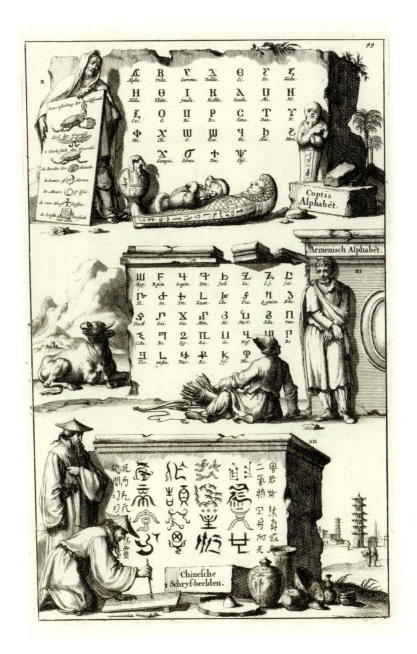

简·吕肯（Jan Luyken）的《亚美尼亚与中国字母》（中国字母来自景教石刻，1690），图上另有科普特字母和亚美尼亚字母

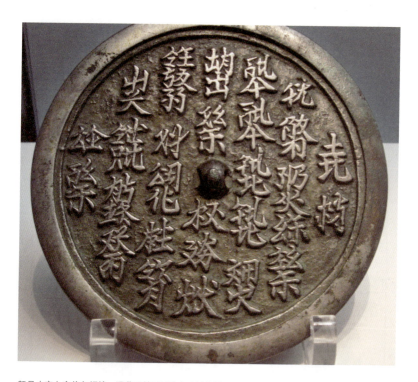

契丹小字七言绝句铜镜。现藏于韩国国立中央博物馆

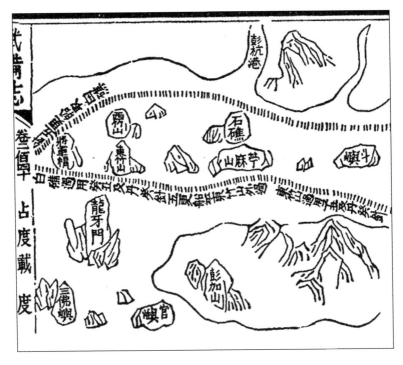

原名《自宝船厂开船从龙江关出水直抵外国诸番图》的《郑和航海图》局部，显示马来西亚东海岸部分地区。地图上标注的将军帽岛是今丁宜岛（Pulau Tinggi），东竹山和西竹山是今奥尔岛（Pulau Aur）、彭杭港是今刁曼岛（Pulau Tioman）

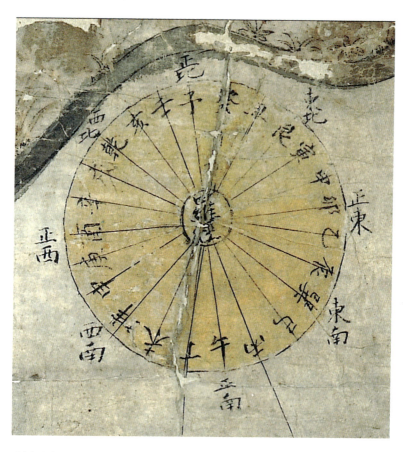

《塞尔登先生的中国地图》里欧洲地图风格的罗盘

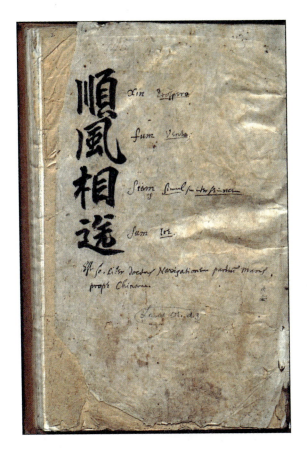

记载东海、南海的海上航线的《顺风相送》，牛津大学博德利图书馆于1638年受赠的抄本封面

苏美尔文物"吾珥之旗"上描绘的四轮马车。现藏于大英博物馆

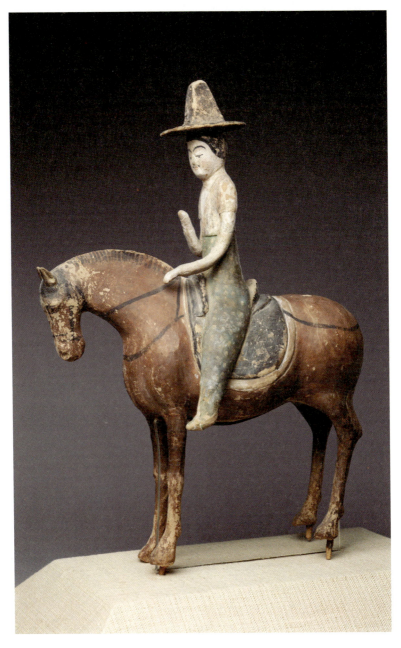

骑马的女性。这尊 7 世纪的彩绘泥塑骑马仕女俑可能来自新疆阿斯塔纳，反映了唐朝向中亚扩张的政治影响。现藏于美国大都会博物馆

北周粟特人安伽墓中围屏石榻局部：安伽正在接受舞者和乐师的款待（上半）；戴着白色纱帽的安伽正在英勇地杀狮子（下半）。现藏于陕西省考古研究院（右侧线描图为该研究院所绘）

穆罕默德在巴德尔战役（Battle of Badr）中派遣骑兵作战的插图，出自成书于 1388 年左右的《先知的一生》（*Siyer-i Nebi*）

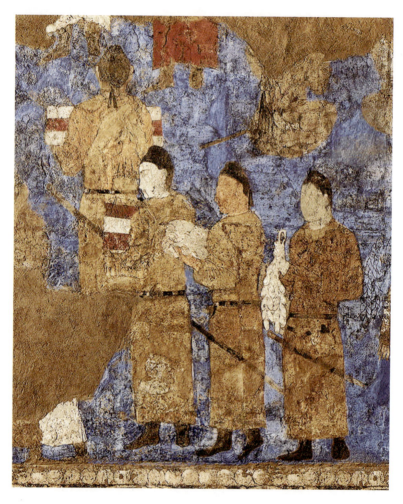

在撒马尔罕粟特君主（康国国王）拂呼缦的宫廷中的唐朝使节，后者还带着丝绸和一串蚕茧，此壁画绘于648—651年，在撒马尔罕阿弗拉西亚布（Afrasiab）

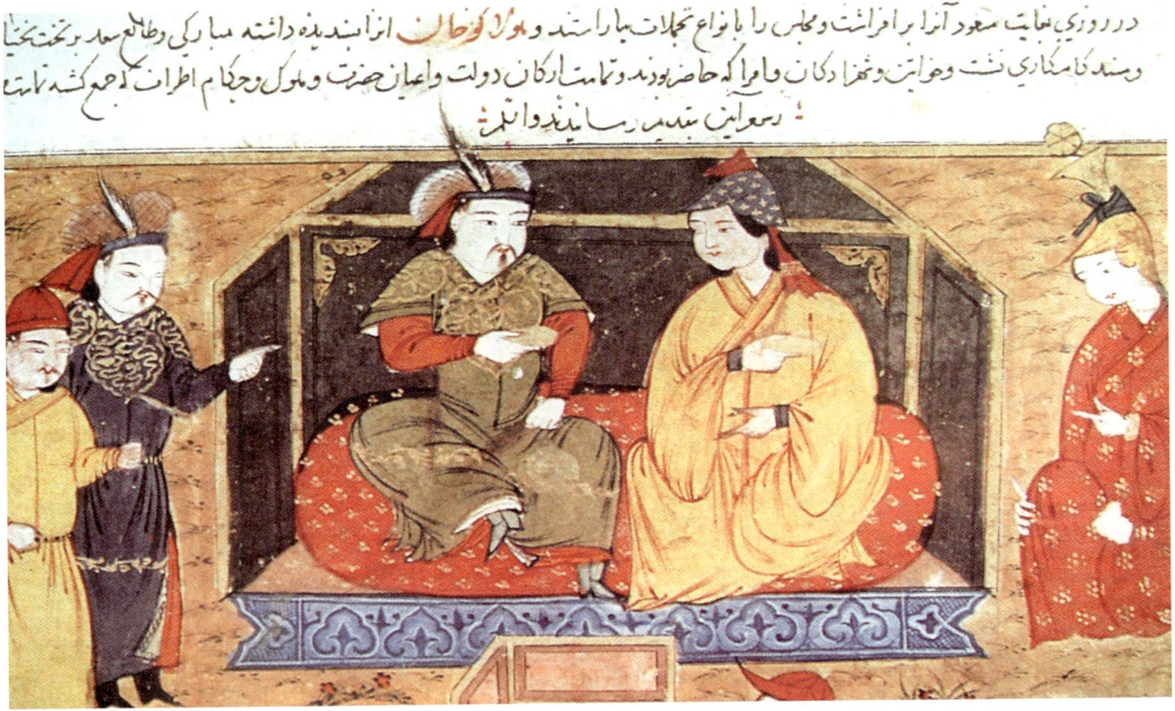

伊利汗国的创建者旭烈兀及其妻脱古思可敦，绘于 14 世纪

1258 年蒙古人征服巴格达。14 世纪的双页插图。现藏于德国柏林国会图书馆

在普瓦提埃之战奋勇抗敌的"铁锤查理",出自《法兰西编年史》(首度编纂于 13 世纪的手抄本)

1353 年皮埃尔特·杜·蒂尔特(Pierart dou Tielt)的绘画,描绘图尔奈(Tournai,位于今比利时)居民埋葬黑死病死者的场景

穆罕默德进入麦加并摧毁偶像，在画面中，穆罕默德的形象是一团火焰。这份名为《穆罕默德生平记述》（*Bâzil, Hamla-i haydarî*）的手稿于 1808 年在克什米尔被发现。现藏于法国国家图书馆

第一次十字军东征时的安条克之围（1097—1098），出自法国塞巴斯蒂安·马梅罗（Sebastien Mamerot）于1472—1475年汇编的泥金抄本《海外远征》（*Les Passages d'Outremer*）中，由彩饰师让·科伦布（Jean Colombe）所绘制的微缩画。现藏于法国国家图书馆

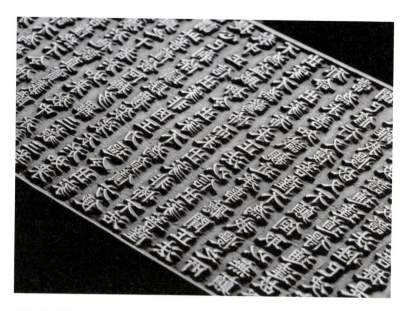

《高丽大藏经》经板，为13世纪高丽王朝时代刻印《大藏经》所使用的经板，共八万余块传世，故又称"八万大藏经"。现藏于韩国海印寺

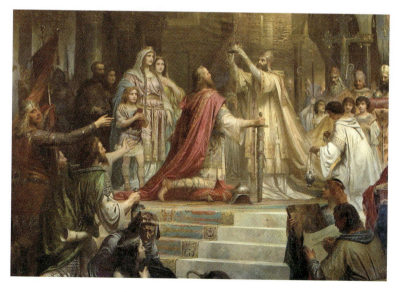

《查理曼加冕》，由弗里德里希·考尔巴赫（Friedrich Kaulbach）于1861年创作，描绘教宗利奥三世于800年12月25日为查理曼加冕为神圣罗马帝国皇帝。现藏于慕尼黑马克西米利安纪念馆

犍陀罗立佛，约 3—4 世纪。佛像的右手已损坏，原先应该是作无畏印。佛像虽身着僧袍，但额头上的白毫（urna）和延伸的耳垂表明了他的佛陀身份。雕塑底座上是未来佛弥勒的坐像，供奉他的是一对男女，可能就是这尊佛像的供养人。现藏于纽约大都会博物馆

敦煌莫高窟第 323 窟北壁的壁画，描绘了张骞出使西域的场景，右上角则是汉武帝礼拜两尊小金人（佛像）的场面

印度长篇叙事史诗《摩诃婆罗多》里俱卢族与盘陀族为争夺王位而发动的俱卢之战场景，画面左侧白伞下站着俱卢族的首领毗湿摩，与他及其军队对峙的是盘陀族，领军的黑天和阿周那吹响海螺代表战事即将开始。这幅饰以金箔的水彩画创作于印度梅瓦尔（Mewar），约1700年

阿富汗境内"黄金之丘"四号墓出土的金币，上面是早期的佛陀像：一个行走的人，双手推着转动的轮子，旁边铭文写着"转法轮者"。现藏于阿富汗国家博物馆

这是一张 1617 年纪念德国宗教改革一百周年的宣传画，当时教宗正呼吁天主教国家团结起来铲除新教势力，新教徒亟需一个权威象征来号召支持者，而萨克森州的新教领袖意识到一百年前的马丁·路德发表了《九十五条论纲》，公然挑战教宗权威，这正是他们需要的领军人物。木刻画的左侧显示路德用一支巨大的鹅毛笔写出"Vom Ablass"（论豁免权）字样，笔一直延伸到画面中央标示着"罗马"的城市，径直穿过了身上写着"教宗利奥十世"字样的狮子的脑袋，再戳去了人类教宗头上的冠冕。而因为古腾堡印刷术，这张宣传画得以低价地大量印刷并广为流传。现藏于大英博物馆

古腾堡印刷机（复制品）

1508 年的木版画，描绘了巴黎出版商若多克斯·巴迪乌斯·阿桑修斯（Jodocus Badius Ascensius，1462—1535）的印刷机。印刷机通过转动螺纹支柱，将水平的墨版压在纸上。然后将纸张晾干，待油墨干透后再将其汇编成册。印刷机的机头上写着公司的名称：阿桑修斯印刷（Prelum Ascensianum）。两侧是四件手工工具：剪刀、刷子、一对隔板和一个 Y 形工具

制糖厂里的甘蔗加工，可能是在西印度群岛，一名白人监工正在鞭策当地人工作，出自 1749 年伦敦的《环球杂志》（*Universal Magazine*）

因贸易而繁荣的威尼斯，出自约 1400 年的《马可·波罗行纪》抄本。当时威尼斯商人作为贩售全球奢侈品比如胡椒的中间商而获得大量财富。现藏于牛津大学博德利图书馆

TRAITÉS NOVVEAVX & CVRIEVX DV
CAFÉ DV THÉ ET DV CHOCOLATE
Composez
Par Philippe, Syluestre Dufour

法国商人菲利普·西尔韦斯特·迪富尔（Philippe Sylvestre Dufour）于 1685 年出版的
《关于咖啡、茶和巧克力的新奇论文》（Traitez nouveaux & curieux du café、du thé et du
chocolate）书中插图。三种新近引入欧洲的饮品——咖啡、茶和巧克力——由最早生产这些饮
品的地区的人物来代表，也就是阿拉伯人、中国人和阿兹特克人。每个人都拿着各自的饮料，
并手持咖啡壶、茶壶、巧克力罐及巧克力搅拌器这些制作饮料的工具。现藏于美国布朗大学约
翰·卡特·布朗图书馆

这幅 15 世纪的画作表现的是来自遥远东方的香料被运往西方，而画中人物正在贩售这些香料，展现了欧洲商人与全球贸易网络的联系程度。这幅作品被收录在马可·波罗和鲁斯蒂凯（Rustichello）的《马可·波罗行纪》中

1617 年荷兰绘图师、雕刻师、出版商克拉斯·扬斯·菲斯海尔（Claes Jansz Visscher）绘制的一幅香料地图

收藏在东京静嘉堂文库美术馆的曜变天目茶碗，是南宋 12—13 世纪建窑的黑釉茶碗。在日本仅存三件曜变天目茶碗，皆被指定为国宝

粟特人仿照唐朝开元通宝的式样铸造的粟特青铜钱，约铸造于 700—800 年，出土于乌兹别克斯坦明铁佩遗址（Ming Tepe Hillfort）。正面有粟特文写的 "Nanaiabiat Samidanian" 字样，表明铜钱的铸造地为城镇萨米坦（Samitan），而当地统治者是纳奈阿比特（Nanaiabiat）

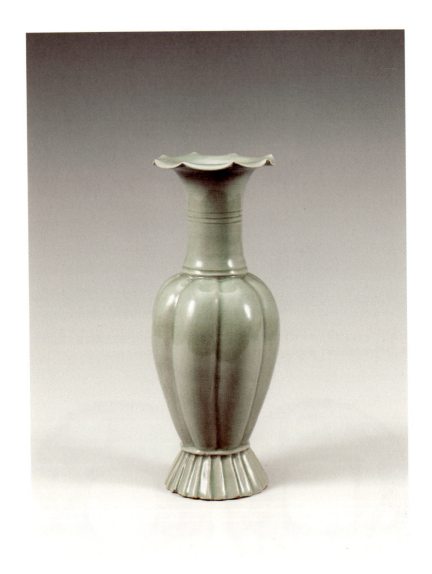

高丽青瓷瓜形瓶，据说出土于高丽王朝第十七任国王仁宗（1122—1146年在位）的陵墓长陵，是没有任何纹样、色彩和装饰的纯青瓷，为韩国国宝94号。现藏于韩国国立中央博物馆

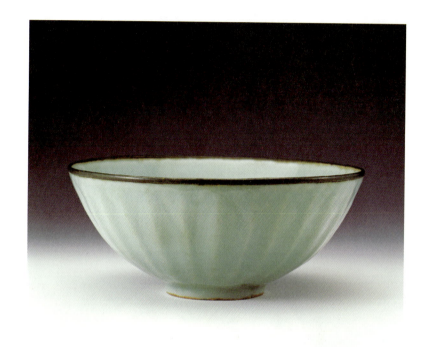

南宋龙泉窑的青瓷莲瓣碗，其外壁装饰的莲瓣纹，是以人工双斜刀切削而成，因此瓣脊微微凸起，中间凸起的棱线稍稍泛白，与两侧较深的粉绿釉叶片对照，形成深浅层次的变化。现藏于中国台北故宫博物院

"黑石号"沉船里发现的唐代长沙铜官窑瓷碗,这些瓷碗装船时被堆叠成圆柱状,以稻草捆扎或装在存储罐内。这些瓷碗表面有阿拉伯风格纹样,以配合海外市场的口味。现藏于新加坡亚洲文明博物馆的邱德拔艺术馆

"黑石号"沉船里还发现河南巩县窑的蓝花白釉浅碟,证明唐代已可烧造青花瓷并进行出口,图案是花草纹样,符合伊斯兰教的宗教需求。现藏于新加坡亚洲文明博物馆的邱德拔艺术馆

大威德金刚曼荼罗，元代皇家缂丝织物。图案中心是水牛头、蓝皮肤的大威德金刚，底部两端从左到右依次是赞助人的肖像：元文宗图帖睦尔、元明宗和世㻋、文宗皇后卜答失里、明宗皇后八不沙。现藏于纽约大都会博物馆

新疆吐鲁番阿斯塔那北区唐墓出土的联珠对马纹锦，由大小基本相等的二十颗圆珠联接排列成圆环形状，由红、白、藏青三色显花而成，四个圆环交接处则饰以唐花和唐草纹。圆圈中间的对马有翅膀，称为"天马"，天马图样和联珠纹都是受到波斯萨珊王朝的影响。现藏于新疆维吾尔自治区博物馆

典型的萨珊风格的 7 世纪丝绸纹样，中心为一棵树，两侧对称分布着人物和狮子、猎豹、鹰隼等动物。图案四周有圆形边框，饰以珍珠和花卉图案。现藏于梵蒂冈博物馆

粟特萨保史君的石椁西侧石刻局部，描绘了行进中的粟特商队：两位骑马的男子，后面跟着两头驮载着丝绸等货物的骆驼，再后是一位头戴船形帽、手举着望筒瞭望远方的骑马男子，驼队另一侧则是一位手持皮鞭、驱赶着两匹马和一头驴的男子

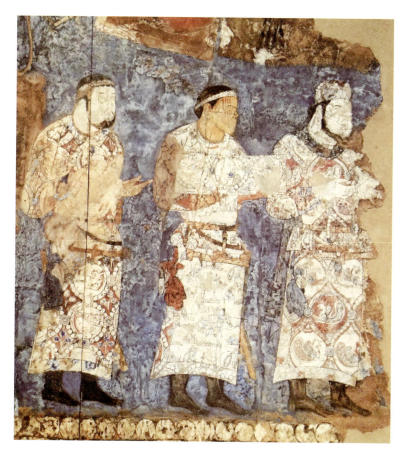

石汗那（Chaganian）的使者（中心人物）和石国（Chach）的使者前往觐见康国国王拂呼缦，这些使者身着饰有萨珊风格纹样的丝绸长袍。出自撒马尔罕阿弗拉西亚布的康国宫殿遗址（又被称为"大使厅"）的西墙壁画局部，648—651 年。现藏于乌兹别克斯坦撒马尔罕阿弗拉西亚布博物馆

中国公主传蚕种图，出土于新疆和田丹丹乌里克遗址（Dandan Oilik）的木板画，7—8世纪。其上描绘一位中国公主偷偷将蚕卵和桑树种子藏于帽子里，西传至于阗国的故事。现藏于大英博物馆

身着丝绸长袍、正在为伊卡洛斯之死而哭泣的宁芙，为 1 世纪庞贝"皇家别墅"（Villa Imperiale）里的罗马壁画《伊卡洛斯的坠落》局部。庞贝古城多处壁画中的人物皆身着丝绸织物，可见丝绸在罗马帝国的盛行

螺钿紫檀五弦琵琶的正面（左）和背面（右），8世纪。琴身由紫檀木和独立的木腹板制成，通体饰有螺钿装饰，而面板中下部的玳瑁组成了琵琶正面的主要装饰，背面则以螺钿饰有大宝相花、含绶鸟、飞云等纹样，花心叶心间涂以红碧粉彩，其上覆琥珀、玳瑁。器身承接拨子的部分有一个骑骆驼、弹琵琶的胡人人物，象征着这是通过丝绸之路从遥远的西域传来的异国音乐。现藏于日本京都东大寺正仓院

平螺钿背八角镜，8世纪。这面八角镜为青铜所铸，以红色琥珀作为花心，施以螺钿花纹，用玳瑁、贝壳镶嵌出宝相纹等花鸟纹样，其间还镶嵌着小块的绿松石和青金石。唐代螺钿工艺发展成熟，开始将螺钿用于铜镜装饰，此镜被认为是由唐朝传至日本，由圣武天皇（701—756）收藏。现藏于日本京都东大寺正仓院

板渡尺牍，为禅宗和尚无准师范于南宋淳祐二年（1242）写给其日本弟子圆尔辨圆的感谢信，圆尔辨圆当时在博多的承天寺。无准师范在信中恳切地提及对圆尔辨圆创建承天寺感到欣喜，并告知收到捐赠的木材数目及表达谢意，也期许圆尔辨圆致力于日本禅宗的发展。现藏于东京国立博物馆

京都建仁寺的三门，又称"望阙楼"，据说是仿照宁波天童山千佛阁所修建的。建仁寺是由镰仓幕府第二代将军源赖家于建仁二年（1202）所建，临济宗的荣西禅师为开山祖师

imaginist

想象另一种可能

理
想
国
imaginist

从中国出发的

全球史

葛兆光 主编

云南人民出版社

目　录

第三季　商品、贸易与物质交换

第四季　宗教与信仰

第三季

商品、贸易与物质交换

导　言

第三季的话题，从上一季全球的帝国、战争与移民，转向全球的物质、生活和消费，讲一讲全球的商品、贸易与物质交换的历史。

在日本上野公园附近，有著名的东京国立博物馆。说到东京国立博物馆，说到商品贸易和物质交流，我就想起这个博物馆收藏的八九百年前的一封信，南宋的禅宗和尚无准师范（约1178—1249）给他的日本弟子圆尔辨圆（1202—1280）写的感谢信。南宋理宗淳祐二年（1242），所谓"禅宗五山"第一山的径山寺突然发生火灾。当时径山寺住持就是写信的这位无准师范禅师。他从十年前就任住持，可运气不太好，当住持的第二年就发生火灾，经过三年刚刚修复，可没过几年又发生火灾。

可是不幸中的万幸，在他重建径山寺的时候，得到他的这个日本弟子即前一年刚从中国回去的圆尔辨圆的帮助，这个日本和尚从日本运送了一千块椤木大板来帮助重建。无准师范给圆尔辨圆的感谢信，至今都保存在东京国立博物馆里，日本称这封信叫"板

渡尺牍"。"板渡"就是渡海运送大木料。在无准师范和圆尔辨圆之间帮助运输这一千块榉木大板，而且来回传信的人是谁呢？原来，是一个名叫谢国明的中国贸易船的"纲首"，也就是船长，他从1233年就住在日本福冈，他住宅的遗址就在现在福冈的冷泉公园附近。

这些商人在海上很活跃，宋代的中日禅宗交流频繁，海上贸易船的中国人可能就是当年最重要的牵线人。

1. 僧侣与海商：中日之间的木材贸易

这样的事儿还不止一次。比这还早几十年，日本禅宗临济宗的开创者荣西禅师（1141—1215），也曾运木头支援宁波天童山千佛阁的重建。据说，一个叫虚庵怀敞的禅师，从天台山来主持天童山，但原来宏伟的千佛阁已经衰败不堪，都快要倒塌。这时正在虚庵怀敞门下学习的荣西禅师就表示，他回国后要从日本运木材来帮助重建。过了两年，回到日本的荣西果然收集若干巨大的木头，用大船漂洋过海送来。当时宁波动员成百上千的人，车载船运，费了好大力气才运到天童山。绍熙四年（1193）千佛阁终于完工，据说它上面三层，有七间楼阁，楼阁下面开三个八丈四尺高的门，非常雄伟。有机会可以去看看日本京都荣西所在建仁寺的三门，现在还在，据说也是仿照千佛阁修建的，这大概就能感受到当年千佛阁的宏伟风格。

不过，这里我想说的不是中日之间的禅宗交流，我想说的是，现代人想象不到，古代各国之间物质交流有多么频繁。说起来，木材就是当时中日贸易的重要商品，在宋代文献里可以看到中国

对日本木材很看重。南宋末《诸蕃志》这本书里说，日本来的木材，长十四五丈，直径四尺，大概总得有三个人合抱那么粗，木头太大，所以当地人要把它锯开，然后用大船运送到中国。据说，一个叫吴潜（1195—1262）的宁波官员还曾经给宋理宗（1224—1264 年在位）上书，提到"倭商"最重要的出口商品之一就是"倭板"。南宋人很喜欢日本木材，13 世纪上半叶的一本地方志《宝庆四明志》里就说，日本输入的木材"文细密，如刷丝而莹洁，最上品也"。据说，湖州景德寺大殿用椤木，几百年都不会倒塌。就连南宋著名的大诗人陆游（1125—1210）死后，用的棺材都是花三十贯买来的"倭板"。

从这些小小的事例可以看出，十二三世纪中日之间的贸易往来就很频繁，运输的各种商品庞大的数量超出想象，船只的数量和规模也比今天所能想象的都要大。

2. 早期全球贸易和"物"的交流史

其实，中日之间的木材贸易，只是古代世界物质和商品流通的很小部分。古代世界物质和商品的来来往往，实在是太多太多。前面我们说到，各种谷物像麦子，各种驯化动物像马羊，各种金属像青铜，都是经过漫长岁月，经由遥远路途，从西到东，从北到南，成为全球共享的物质。还有学者说，殷商用来占卜的龟甲，可能就是从遥远的东南亚来的，而东南亚也曾经出土过来自早期罗马帝国的金币。世界各地的物质流通和商品贸易的时代比我们想象的早得多。中国史书记载，黄支国也就是南印度的人，乘船到过西汉时的中国；而大秦就是古罗马帝国，《后汉书》记载了它

的皇帝安敦遣使一事。安敦，即罗马皇帝安东尼·庇护（Antoninus Pius, 138—161 年在位）或其继任者马可·奥勒留·安东尼（Marcus Aurelius Antoninus, 161—180 年在位），以时间来看，当时在位的是马可·奥勒留·安东尼，但也可能安东尼·庇护在位时就派出使者了，因路途遥远而多年后才到。166 年，安敦派遣的使者经过当时还属于汉朝的日南郡，到达东汉首都洛阳。从那个时候起，中国的丝绸往西，罗马的玻璃往东，南海的香料往北，很多物质就互相流通了。

后来，物质流通和商品贸易越来越多，比如陆地上的丝绸之路、海洋上的瓷器往来。有报道说，在 13 世纪（也就是宋元之际）冲绳遗址发现罗马的钱币。那个时候，欧洲人从没来过这里，几千千米距离，波浪滔天的茫茫大海，这些东西怎么来的？更不要说大航海之后的那些红薯、玉米、烟草等。如果读过劳费尔那本著名的《中国伊朗编》，读过薛爱华那本著名的《撒马尔罕的金桃》，就一定知道，原来我们习以为常的很多东西，吃的、穿的、用的，其实可能来自遥远的地方，并不是"自古以来"就有的。

特别是，当人类有意识地开始商品贸易，有些东西就开始在商人商队的贩运下成为商品，满足各等人的各种需求，有的是生活必需品，有的是奢侈品。历史上的物质流通往往都是这样。有需要就有供应，要供应就得运输，要运输就得有长途跋涉的车船或马匹、骆驼。当然还得有人，就是商人。古代世界上，最能推动商品贸易的商人，前面我们讲过，早先就是粟特人、波斯人、大食人，在这里我们还会看到他们的身影；大航海之后则是欧洲人。传统中国也许不那么重视商人，这是古代中国的问题。但古代中国也有另一面，《诗经》里就有"氓之蚩蚩，抱布贸丝"！古人也

佩服像范蠡那样最终四海云游的男商人，或者巴寡妇清这样能赚钱的女商人。在汉唐这样气度开放的王朝里，中国也曾经大度地接纳各国的商人，他们不仅懂得"人弃我取，人取我弃"的生意之道，也促进了全球范围的商品贸易和物质交换。

当然，并不是流通的所有商品和物质，在全球史中都要涉及。对于全球史来说，叙述不同地区的贸易和交换，并不仅仅是为了谈论贸易和交换。很多东西，在古代就有流通，但它未必都值得写进历史。像一些奢侈品，它可能只是满足皇帝贵族的欲望，对历史也好，对民生也好，并没有那么大的意义。甚至一些当时的高科技产品，像清朝皇宫里收藏的西洋钟表，它也只是满足宫里那些人的好奇和逗乐，还被当时知识人斥为"奇技淫巧"，并没有刺激出对新知识和新技术的好奇与探索。我的理解是，全球史叙述物质，从东到西，从西到东，更重要的是要呈现历史，也就是它怎样促进全球知识和技术的变化，它怎样满足不同地区民众的生活需求，它怎样引起不同族群与地区的互相关注。

总的说来，就是这些商品贸易和物质流通，使得全球不同地区成为一个历史世界。只有成了一个历史世界，才能讲我们现在要讲的全球史。

3. 丝绸、瓷器、香料、茶叶、糖与纸张：影响全球史的商品

在这一季里，我们只挑选若干对世界历史影响很深的商品，比如丝绸、瓷器、香料、茶叶、糖以及纸张，分别介绍这些物质的全球流通，重点是讲它们给历史带来什么影响。

丝绸，就不消说了。德国地理学家李希霍芬给东西方之间的

贸易通道命名为丝绸之路，就说明丝绸贸易的重要性，也说明欧亚大陆两端通过粟特人、阿拉伯人进行的历史悠久的物质交换，不光刺激某些人的享受和欲望，而且也使得两端不曾见面的人们互相想象，让这些不同的人群彼此相连。瓷器也不消多说，你只要看看一千二百年前在爪哇附近沉没的"黑石号"上面那么多的唐代瓷器，就知道瓷器在波斯和大食多么受欢迎，当然也使得中国拥有与瓷器同样的名称。如果大家有空看看英国人埃德蒙·德瓦尔（Edmund de Waal）的《白瓷之路：穿越东西方的朝圣之旅》（*The White Road: A Pilgrimage of Sorts*）这本书，就可以了解为什么说"瓷器就是中国，瓷器就是前往中国之路"。

至于糖，今天的人们可能没有觉得它多么重要，它不就是一种"甜甜"的东西吗？可是，如果你看英国学者西敏司（Sidney W. Mintz，1922—2015）在《甜与权力：糖在近代历史上的地位》（*Sweetness and Power: The Place of Sugar in Modern History*）这本书里指出的，西印度群岛的廉价糖，怎样提供英国工人阶级的热能需要，从而促进工业革命，你就能体会到糖这种商品其实意义不小。明清中国沿海的商船，每年数百次远航日本长崎，主要携带的就是每船十几万斤白糖和冰糖：乾隆四十四年（1779）去日本长崎的"元顺号"就装了十六万五千斤白砂糖、一万两千斤冰糖；乾隆五十四年去长崎的"安利船"，也装了十六万五千斤白砂糖、一万九千五百斤冰糖。说到这些，你就会明白已经过世的北京大学季羡林先生，为什么到了八十岁的时候，还特意写出两大卷的《蔗糖史》。你再想一想，1895 年《马关条约》签订之后，日本为什么要迫使台湾种植甘蔗以榨糖，原因也很可以琢磨。难怪，最近还有一个西方学者写了一本很风靡的通俗书，这就是马克·阿伦

森（Marc Aronson）和玛丽娜·布德霍斯（Marina Budhos）合著的《糖改变了世界：一个关于香料、奴隶制、自由和科学的神奇故事》（*Sugar Changed the World: A Story of Magic, Spice, Slavery, Freedom, and Science*）。

而说到茶叶这个东西，虽然在生活世界未必有什么顶级意义，但中国人把它列在开门七件事"柴、米、油、盐、酱、醋、茶"之一，说明了它在中国生活世界里的重要性，自从禅宗和尚把它当作修习禅定时抵抗睡意的饮料以来，在中国生活世界它就很流行了。唐代还有个叫陆羽（约733—约804）的人，专门写了一本《茶经》。而欧洲人呢？茶的流行虽然晚了一些，不过，自从1606年荷兰人第一次把茶叶从爪哇万丹运到欧洲之后，即出现风靡的饮茶之风，就连葡萄牙公主凯瑟琳（Catherine of Braganza，1638—1705）都有了一个"饮茶王后"之称，大概是她特爱饮茶的缘故。这种需求使得中国、印度、欧洲的茶叶贸易量大增，你可以知道它的意义也非同小可。至于纸张的西传，我们并不特别要提醒人们，这是中国几大发明之一，更重要的是提醒人们，在欧洲历史上，廉价的、方便的、便于印刷的纸张，对思想的传播、知识的普及以及文艺复兴和民族国家的形成有何等重大的作用。

当然，并不是只有这几样东西重要，同样重要甚至更加重要的，比如棉花、火炮与火枪、鸦片、火轮船，再比如前面第一季就讲过的玉米、红薯和辣椒，每一样东西都可以写出一部串联全球的全球史，它们在近代世界的意义绝对不小。不过，因为它们的巨大影响主要发生在近代，所以这些东西让我们放在最后一季，也就是全球进入近代那一季再说。

4. 物质流通和商品贸易的意义

在全球史里，我们谈论了物质流通和商品贸易，其实这与各个专门研究物质史和经济史的论著有一点点不一样。前面我们说过，全球史不仅谈论"人"，也谈论"物"。可我们在谈论"物"的时候，更想说明的是，这些物质流通和商品贸易，怎样使得不同地区的人联成一个世界；这个共同的世界对这些"物"，怎样能够共同享用；而这些"物"的共同拥有，又怎样让全球民众的价值观念、生活品质和物质条件逐渐趋向同一，从而使世界变成一体。

我一直在想象，《鲁滨孙漂流记》（*The Adventures of Robinson Crusoe*）里那个跟着主人生活在孤岛的随从星期五，他如果一直在与世隔绝的荒岛上，他会知道丝绸有多润滑、白糖有多么甜、瓷器有多易碎吗？他能像如今的人们那样，了解人类生活的快乐吗？没有物质的流通、没有商品的贸易、没有穿越戈壁的旅人和漂洋过海的商人，世界会怎么样？古代的世界，汉人骑的是西域的马，日本人弹的琵琶来自长安，大食人爱穿的是中国丝绸，波斯人拿着长沙窑的碗。现在的世界上，坦桑尼亚人开着丰田汽车，法国人穿着越南生产的衣服，澳大利亚人手里拿着美国苹果手机，中国人吃的是美国大豆。谁能关起门来，拒绝这些来自全球的物质和商品？

以前，有个日本和尚写过一首诗："人有赤黄兼黑白，道无南北与西东。不信乞看天上月，清光透彻太虚空。"写诗的人叫释宗演（1859—1919），他的一个学生很有名，就是号称"世界禅者"的铃木大拙（1870—1966）。这首诗的意思很好，人类无论是黄种

人、白种人还是黑种人，他们都是人，都有能力领悟到深刻的"道"的真谛，也都有权利得到平等的"人"的地位，同时也都有机会得到共同的"物"的生活。那么，怎么才能让人间的好东西分享给大家呢？贸易和流通就是必要的，物质流通和商品贸易，虽然说本意可能是生存所需，就是古人说的"通有无之利"，也可能是盈利赚钱，也就是古人说的"逐十一之利"，但是它的意义，却并不只是生存或盈利，它也是把世上的好东西给全球的人们共同分享。

（葛兆光）

第一讲

丝绸与欧亚大陆的交通

第一节　东方来的丝绸

　　现在，我们将要讲大家都熟悉的古代一种手工业制品——丝绸。大家都知道，丝绸又轻又软，穿在身上细滑舒适，而且可以织出漂亮的花纹。它虽不像食物那样，关系到生死存亡，可是它和中国人乃至亚欧大陆各民族的生活息息相关。丝绸是冠冕服饰的主要原料，装点居室中的幔帐床褥、寺庙中的佛像金身。它既是古代国家重要的赋税收入，又呈现众多的宗教、文学、艺术和民俗内涵，更重要的它曾经是风靡欧亚大陆的商品。

1. 西汉向匈奴输出丝绸，到底意味着什么？

　　让我们从头说起。

　　公元前一、二世纪，有一种既危险又令人痴迷的商品，在亚欧大陆的两端徘徊。这种商品叫丝绸，来自中国。

　　说起这个时代，人们多半会想起欧亚大陆两端两座伟大的城市长安和罗马，或者想起那两大辉煌的汉朝和罗马帝国。不过，在第二季中我们已经谈到，在东部亚欧大陆的北边，与刘邦建立的汉朝分庭抗礼的，还有强大的草原政权匈奴。

　　公元前3世纪末，也就是秦亡、汉兴之际，长城以外的北方草原，迅速崛起一个强大的草原部落联盟。这个联盟或者说游牧帝国的首领名叫冒顿（？—前174）。冒顿是头曼单于（？—前209）之子，为了巩固自己的继承权，他训练了一批忠心耿耿的骑士。冒顿还采用一种特殊方法来考验这些部下的忠诚。草原民族有一种用兽骨或者木头制造的飞行时会发出呼啸声的箭镞，称为鸣镝。冒顿下令，自己用鸣镝射击的一切事物，这些骑士也必须随之射箭。为了培养忠诚度，冒顿试探着用鸣镝射击过自己心爱的坐骑、妻子，甚至是父亲头曼单于的坐骑。最后，在一次狩猎中，他将鸣镝指向老单于，杀死父亲，夺取权位。

　　就这样，匈奴有了一位英勇、凶狠而且狡诈的领袖，他兼并东胡，驱逐月氏，"引弓之民，并为一家"，建成了和新兴的汉朝对峙在长城两边儿的强大政权。公元前200年，刚刚建立汉王朝没几年的汉高祖刘邦（前202—前195年在位），本来志得意满想趁机收拾北边儿的宿敌匈奴，没想到倒被匈奴人围困在平城白登整整七天，就连吕后也收到冒顿措辞傲慢的书信。如果没有刘邦手下"多阴谋"的陈平用了诡计，汉朝皇帝汉高祖还真不知道能不能全身而退。但是，据说这样强大的草原政权，后来却因为一种来自汉朝的商品而受到威胁。

　　这是怎么回事儿呢？原来，经过汉高祖和冒顿的这一仗以后，尽管汉王朝对匈奴耿耿于怀，但汉王朝一时没有办法打赢匈奴。

所以在很长一段时间，汉王朝只得采取"和亲"方法，用宗室女、公主嫁给匈奴单于。后来一直到汉文帝、汉景帝都采取这个妥协的方法，据说汉文帝还对匈奴单于说"长城以北，引弓之国，受命单于；长城以内，冠带之室，朕亦制之"，也就是互不侵犯。双方约定，汉朝每年向匈奴赠送一定数额的丝绸、酒、谷物等。匈奴单于和汉朝皇帝也彼此交换礼物。来自单于的礼物通常包括：一峰骆驼、两匹骏马、四匹驾车的辕马；而汉朝皇帝的回赠礼物呢？常常是丝绸的衣服、黄金的马具、腰带和各色锦缎。

可是，从汉朝输入的丝绸，实在是太精美华贵，远胜于匈奴原有的那些粗糙的皮毛衣物，在匈奴贵族中很受青睐，这也引起匈奴内部的一些忧虑。叛逃至匈奴的西汉宦者中行说告诉冒顿的继承者老上单于（？—前161）：从汉朝输入的丝绸和饮食，其实都是削弱匈奴力量的危险物品。为什么呢？本来，匈奴全国人口加起来，还赶不上汉朝一个郡，但是如果我们的衣食能自给自足，就可以对汉朝造成威胁。如今可好，单于得到汉朝的丝绸，可是想要在草原荆棘的环境里纵马奔驰，"衣裤皆裂敝"，衣服都会破裂损坏，哪能像匈奴原有的皮毛衣物那么适合骑射呢？一旦举国追捧华美的丝绸，匈奴必然成为汉朝的附属，轻薄华美的丝绸，可不就是令人目盲、令人发狂的危险品吗？

在亚欧大陆的另一端，罗马城内的元老院成员，对中行说的这番雄辩一定感觉心有戚戚焉。

2. 丝绸，为什么它既充满诱惑又带来危险？

西边的罗马人接触丝绸，远在匈奴人之后。

公元前 1 世纪，强大的罗马帝国向东扩张，与同样强大的邻国安息发生冲突。那个时代，从西到东是四大国家：欧洲地中海的罗马帝国，西亚也就是今天伊朗一带的安息帝国或者叫帕提亚帝国，跨中亚、南亚的贵霜帝国，最后当然是东亚的汉朝。公元前 53 年，罗马的叙利亚总督，与凯撒齐名的"前三巨头"之一的克拉苏将军，贸然带领七个罗马军团越过弗利剌河（即今伊拉克之幼发拉底河），与安息军队发生大战。这次大战被称为卡莱战役，安息的将军是名将苏雷纳（Surena），这场战役以罗马军团的惨败告终。战役中被安息人夺取的罗马军团军旗，等到奥古斯都（Gaius Julius Caesar Augustus，前 27—14 年在位）统治时期才从安息人手中和平收回。卡莱战役的具体经过，已经在前面讲过。这里我们只需强调，据罗马历史学家弗罗鲁斯（Lucius Annaeus Florus，约 74—约 130）说，在这场大战的关键时刻，安息军队展开的绣金的、色彩斑斓的军旗，据说就是罗马人第一次见到的丝绸制品。

不过，打仗归打仗，通过与安息帝国的交往，丝绸很快流入罗马帝国。丝绸的魅力很大，和匈奴人一样，罗马权贵也开始追逐丝绸，能穿着这种从遥远的东方来的轻软丝滑的衣服是很有体面的事儿。据说在一次凯旋仪式上，凯撒大帝也趁机向罗马臣民夸耀手下将领进献的一批丝绸，令在场的人啧啧称奇。

不过，这些丝绸不能只靠打仗去抢，主要是靠商人长途贩运。丝绸，罗马人把它叫作"赛里斯布"，这是要用真金白银靠商人从遥远的外国购买的。在罗马人大量购入丝绸的同时，财富迅速外流到异国商人手中。著名的《自然史》作者老普林尼就哀叹道，运到罗马的丝绸价格比实际成本高出百倍，在这种东方奢侈品上，罗马的贵人仕女一年要花掉一亿赛斯特斯（Sestertius）！这个数额，

竟然接近罗马帝国一年铸币量的一半。

一贯保守而警惕的罗马元老院，发现丝绸不但消耗帝国的财富，而且还动摇社会的道德基石，因为这诱使人们追求华丽和放纵欲望。塞内卡（Lucius Annaeus Seneca，约前4—65）是元老院的成员之一，也是著名的斯多葛派哲学家。他倡导生活要简单而充满德性，赞美自己的母亲"绝不让化妆品污染你，也不曾穿过暴露的裙子"。很自然，当穿丝绸成为时尚时，麻烦就来了。在塞内卡看来，罗马女性穿上轻薄柔软的丝绸，她们若隐若现的身体无时无刻不在诱惑男子。这种异国的色情物品，自然应该严厉禁绝。于是，14年，就在奥古斯都驾崩前的几个月，罗马元老院通过法令规定，男性罗马人不得穿戴丝绸，妇女穿戴丝绸也要受到各种条条框框的限制。

我们讲这些，足以证明丝绸这种危险而充满诱惑力的奢侈品，早已风靡整个欧亚大陆。时至今日，历史上这条贯通欧亚的交通和贸易线路，仍然被称为"丝绸之路"。

3　追溯"丝绸之路"一词的来历

那么，"丝绸之路"这个词，是怎么来的呢？

这个名字比起这条路来晚得多了。据说要到19世纪，德国历史地理学家李希霍芬最先提出这个词。在他的著作《中国：亲身旅行和据此所作研究的成果》（*China: The Results of My Travels and the Studies Based Thereon*）中，李希霍芬将中国与河中地区以及中国和印度之间的贸易路线，称为"Seidenstrassen"。Seiden，就是德文"丝绸"的复数，后面再加上"道路"这个词的复数形

式 strassen，就构成"丝绸之路"这个词。这也说明，"丝绸之路"从一开始就不是只有一条。

这个词，经过各国历史学家和汉学家的沿用，特别是瑞典大探险家斯文·赫定的《丝绸之路》（*The Silk Road*），逐渐成为横贯欧亚大陆的交通—贸易圈的代名词。甚至可以说，丝绸之路意味着数千年来人类文明的交流，直到今天，它还是世界史和全球史最重要的象征。

穿过"丝绸之路"流动的，当然不仅是丝绸，还有香料、瓷器、皮毛、珠宝和药材等千奇百怪的商品。因此，人们总是想为"丝绸之路"寻找一个更恰当的替代描述，例如香料之路或者瓷器之路等。通过丝绸之路的，除了商品，还有各类物种，加上运输和贩卖这些物品的人。这些大规模的流动人群，也带着他们的语言、宗教信仰、生活经验和技术知识，当然还有病菌，这一切连接起横贯欧亚大陆这条路上的各个国家和文明。

顺便推荐一本书，英国学者彼得·弗兰科潘（Peter Frankopan）的《丝绸之路：一部全新的世界史》（*The Silk Roads: A New History of the World*）。在这本书里，作者力图通过各个章节，展现丝绸之路的全部面相，包括抽象的和具体的。它可以是信仰之路、基督之路、变革之路、和睦之路、皮毛之路、奴隶之路、天堂之路、铁蹄之路、重生之路、黄金之路、白银之路、西欧之路、帝国之路、危机之路、战争之路、黑金之路……不过，尽管如此，彼得·弗兰科潘这本新书还是用了斯文·赫定的那个古老名称"the Silk Road"（丝绸之路）。这从一个侧面说明，在古代东西方文化大交流中，丝绸的重要地位似乎是无法取代的。

这就是丝绸。丝绸和其他商品，比如瓷器、香料等一样，它

们能够长期风靡亚欧大陆，除了强劲持久的消费需求，还要有容许丝绸流通的商道，还有那些甘冒风险、千里输贩的商人。这些商人来自各个地区，也许最重要的就是前面提到的粟特人……

接下来，就为大家一一讲述，丝绸在亚欧大陆上的生产、运输、消费和繁衍的历史。

第二节　养蚕缫丝：一个简要的历史

古希腊有一则流传甚广的传说。在战神阿瑞斯（Ares）神圣树林的深处，有一棵圣树，树上挂着一张金色的羊皮。羊皮来自一头长着金色羊毛的羊。它是诸神的使者赫尔墨斯（Hermes）送给乌云女神的礼物，女神把它派到人间去拯救自己的儿子。事成之后，它被当成祭品献给众神之王宙斯（Zeus），而它身上的金羊毛安静地挂在树林的深处，归一头昼夜都不合眼的喷火恶龙看守。特洛伊战争（约前 1194—约前 1184）爆发前几十年，以伊阿宋（Easun）为首的众多希腊英雄搭乘一艘名叫"阿尔戈"（*Argo*）的快船，发起夺取金羊毛的伟大远征。"阿尔戈英雄纪"就成了后世无数希腊诗人歌咏的题材。

1. 西方人对丝绸的神秘想象

无独有偶，希腊人也相信，轻薄华美的丝绸来自东方某个叫作"赛里斯"（Seres 的意思就是丝国）的国度，并且用来纺织丝绸的丝也是一种树上长的珍稀"羊毛"。公元前 1 世纪，也就是丝

绸刚刚传到罗马不久，古罗马大诗人，也就是那个写有著名诗篇《埃涅阿斯纪》（*Aeneis*）、《牧歌》（*The Eclogues*）的维吉尔（Publius Vergilius Maro，前70—前19），在他的《农事诗》（*Georgics*）就曾咏叹：

> 叫我怎么说呢？赛里斯人从他们那里的树叶上，采集下了非常纤细的羊毛。

差不多一个世纪以后，老普林尼，就是号称博学多闻的那一位，也相信这个传说，他在《自然史》中向罗马公众介绍：

> 人们在那里所遇到的第一批人是赛里斯人。这一民族以森林里产出的羊毛而闻名遐迩。他们向树木喷水，把树叶上的白色绒毛冲刷下来。然后，他们的妻子就把这些羊毛纺成线，织成布。由于在遥远的地区有人完成了如此复杂的劳动，罗马的贵妇人才能够穿上透明的衣衫而出现于大庭广众之中。

毕竟，那个时候的汉朝和罗马帝国相距遥远，中间隔着沙漠、雪山、戈壁，隔着不同族群和不同国家，用古话说是要"重译而至"（《三国志·乌丸鲜卑东夷传》），否则就要冒着滔天波浪渡过茫茫大海，从印度洋绕过来。所以，丝绸真正的产地、桑蚕和缫丝的真正方法以及丝绸的染色法和编织法，欧洲人花很长时间，十几个世纪后，才慢慢搞清楚。可是，在这种被误以为"羊毛"的丝绸原产地，它一点也不神秘。尽管中国民间传说认为，蚕桑之术是黄帝的正妃嫘祖发明的，但是古代中国人必然很早就接触到广

泛分布的桑树和野蚕，观察到野蚕吃桑叶还会吐丝结茧。人们可以从蚕茧中抽出蚕丝，将野蚕驯化成家蚕，再用早已成熟的纺织技术加工蚕丝，便可制作出轻薄柔软而且漂亮华丽的丝绸。

2. 中国丝绸的早期历史

让我们回到中国看丝绸的历史。

1926 年，我国考古学者在山西夏县西阴村找到半颗蚕茧。蚕茧长约 1.36 厘米，幅度约 1.04 厘米，似乎是被刀割去了一半，留下的切口非常平直。而这半颗蚕茧出土的遗址，竟然属于五千多年前的仰韶文化时期。1958 年，考古学家又在浙江湖州钱山漾地区发掘出一竹筐的丝麻织品，其中就有用生丝制成的绢片和丝带，距今约 4750 年。1980 年，河南郑州青石村又发现一批桑蚕丝的纺织品残片，时代也和前两个发现相近。从这些证据看，大概在五千年前，中国的先民就能够养蚕和纺丝了。

早期资料并不多，我们不知道从那个时候起，养蚕、缫丝和丝绸纺织的技术是怎样一步一步越来越发达的。不过，根据考古发现，我们知道到了公元前 3 世纪末，也就是秦汉之际，大概技术已经非常先进。有一个很有名的例子，西汉初马王堆墓葬里那个著名的轪侯之妻辛追夫人尸体上，就有非常好的丝绸衣服。同时，出土的还有一件薄如蝉翼的轻纱，据说团起来没有一个拳头大，一手就可以握住。20 世纪 80 年代考古学家曾经非常惊叹，想方设法恢复工艺来仿制，但据说都很难仿制出来，真不知道西汉那个时候的工匠是怎么造出来的。

古代希腊罗马世界接触到的丝绸，主要就来自秦汉时期的中

国。汉朝的桑蚕丝织业极为发达，中原地区丝织业的中心在三河地区，也就是河东、河南、河内的襄邑和东海之滨的齐郡。这两个地方，大约是今天河南省的睢县和山东省的临淄，都盛产丝绸，不像现在丝绸的主要产地在江南，那个时候是在河南、山东。东汉王充在《论衡·程材篇》中形容说："齐郡世刺绣，恒女无不能。襄邑俗织锦，钝妇无不巧。"就是说在这两个地方，连普通人家的妇女，甚至不需要高超的纺织技术，也能织出灿若云霞的锦缎来。这些丝绸，在中国并不是罗马帝国特权阶层才能享用的奢侈品，而是"常民"也就是普通人可以穿戴的服饰。《汉书·贾谊传》记载，甚至在汉朝市场上买卖童仆的人，都会给童仆全身上下穿上"绣衣丝履"。

3. 欧洲人探寻丝绸的真相

前面说到，亚历山大远征和张骞出使西域，开辟了东西方的商道。来自中国的丝绸，经过大夏、粟特、安息商人之手，从海路和陆路源源不断地运抵欧洲。然而，在西方人眼中，银白的羊毛和金羊毛一样，依然美丽而神秘。

为了探寻白色羊毛的直接产地"赛里斯国"，罗马人继承阿尔戈英雄的探险精神，向东方派出一拨又一拨的使节和商人。《后汉书》记载，东汉桓帝延熹九年（166），一位宣称自己受"大秦王安敦"派遣来"进贡"象牙、犀角的罗马人，从越南半岛来到汉朝。

据说"大秦王安敦"就是罗马皇帝马可·奥勒留·安东尼（也有人认为是指他的前一任皇帝安东尼·庇护），一位著名的哲学家皇帝，他著有《沉思录》（*Meditations*）。大概直到他的统治时期，

罗马人才开始了解到一点丝绸制造的真相。帕萨尼亚斯(Pausanias，约生活在 2 世纪) 在《希腊志》(*Hélládos Periégēsis*) 中介绍道：

> 在赛里斯国内，有一种小动物，希腊人称为"赛儿"……这种小动物比最大的金甲虫还要大两倍，在其他特点方面，则与树上织网的蜘蛛相似……赛里斯人制造了冬夏咸宜的小笼来饲养这些动物。这些动物造出一种缠绕在它们足上的细丝。

可是，欧洲人彻底明白丝绸制造的真相，甚至输入源于中国的丝绸生产技术，则要到三百年后的东罗马帝国时期。当时，东罗马帝国的皇帝查士丁尼渴望打破波斯中间商对丝绸贸易的垄断。一些来自印度的僧人听到这个消息，便求见皇帝。他们自称曾在一个叫作赛林达 (Serinda) 的地方居住过，这个地方位于印度以北。

查士丁尼大喜，向他们求教丝绸的织造方法。僧人告诉他，丝是某种小虫所造，虽然不可能从赛林达运来活虫，却可以搞到虫卵。这种虫子产卵后，人们用厩肥把卵覆盖起来，加热一段时间，虫子便破卵而出。听说有希望在本国种桑养蚕，查士丁尼当即许诺，如果僧人能够带来蚕种和织造技术，一定会得到特别的厚待恩宠。这些僧人真的返回赛林达，从那里带回蚕卵，还成功地孵化出幼蚕。从那时候开始，罗马人才加入丝绸生产的世界体系。

那么，印度僧人的种桑养蚕之术，又是从哪里得到的呢？赛林达究竟是个什么地方？学者认为，赛林达是赛里斯 (Seres) 加上印度 (India)，也就是中国和印度之间的地方，中国古代习称"西域"。

4. 种桑养蚕技术传入西域的故事

种桑养蚕技术从中国传入西域，又有一番精彩的故事。

原来，最先成功引入桑蚕业的是西域的于阗国，位于今天的新疆和田。唐贞观十八年（644），玄奘从印度东归的途中，经过于阗。于阗当时叫作"瞿萨旦那"，是佛教传播的重镇。玄奘在当地看到一座寺庙，叫麻射寺。于阗人告诉他，这座庙是祭祀"先蚕"，也就是蚕祖宗的。

传说，于阗之前并不知道种桑养蚕。于阗国王很希望输入汉地的桑蚕丝织技术，于是他派使者向汉地的皇帝请教种桑养蚕的技术。但是，中国当时几乎垄断着丝绸的生产，出口丝绸每年都会带来巨额财富。生产丝绸的秘密，显然不可能随意透露给外国。于阗国王一计不成，并没有罢休。他想出一个巧妙的办法，准备了丰厚的彩礼，恭恭敬敬地再次派遣使者，向汉地的皇帝求亲，希望迎娶中国的公主。据说，当时的皇帝"有怀远之志"，便答应了求亲。

于阗国王又派使者早早前去迎亲，让使者转告他未来的王后：我们于阗从来没有种桑养蚕的技术，如果你嫁到我国，还想穿华贵的丝绸，就请从汉地带来桑树种子和蚕卵，自己缫丝制作衣裳吧！所以，公主悄悄地让人找来桑树种子和蚕卵，把它们藏到帽子里。出关的时候，把守关卡的官吏将迎亲队伍一行人上上下下的行李搜了个遍，唯独不敢触碰公主的帽子。于是，公主一行人顺利来到后来修建麻射寺的这个地方，把桑树种子和蚕卵留在当地，开始种桑养蚕。没过多久，当地就"桑树连荫"，蚕蛾漫天。公主还劝说国王刻石立碑，下令于阗百姓不得捕杀这种新奇的飞

虫，否则将遭天谴。

这时候，于阗终于成功掌握当时欧洲人还在孜孜不倦追寻的奥秘。养蚕、缫丝的技术和方法从中国传入西域，从西域传入东罗马帝国。显然，丝绸之路上流动的不只是丝绸，还有知识和技术。真正从"赛里斯国"的巨龙看守着的圣树上采下银白色"羊毛"的，是那些不曾留下姓名的使节、僧侣和公主。

第三节　丝绸贸易中的商人和商队

前面我们讲到金羊毛的传说，这个传说一直被传颂，不仅因为金羊毛本身很珍贵，还因为有众多的"阿尔戈英雄"前赴后继，力图从恶龙的看守下夺取金羊毛。我们在前面还讲过另一种"羊毛"，也就是用来纺织丝绸的丝的故事。现在，我们来看看在广袤的亚欧大陆上贩运丝绸的"阿尔戈英雄"。

丝绸的历史很漫长。虽然中国以外的人，渐渐学会养蚕、缫丝、织锦缎，但是毕竟经历漫长的岁月。就算他们也学会这些技术，但是很长时间里，中亚也好，西亚也好，欧洲也好，都不如中国的丝绸又多又好。所以，在很长的历史中，丝绸在遥远的西亚欧洲，还是主要靠与中国的贸易，还是要依赖商人和商队。

那么，中古时代的贩运丝绸的商人或商队，到底是什么模样？

1. 丝绸之路上的粟特人商队

2003 年，考古学家在西安市北郊发现一座大型斜坡土洞墓，

墓中出土的汉文和粟特文的双语墓志铭，揭示出墓主人史君的特殊身份：他出身粟特史国，是粟特人在凉州地区的聚落首领"萨保"（saba，又译萨宝、萨薄、萨甫）。史君石椁的四壁装饰着石刻图画，展现墓主人一生经历的不同阶段。其中，西侧的一幅图画，刻画了一支行进中的粟特商队：打头的是两位骑马的男子，其中一位腰间悬挂箭袋，接着是两头驮载着丝绸等货物的骆驼，再往后是一位头戴船形帽的骑马男子，右手举着望筒瞭望远方。在驼队一侧，还有一位男子手持皮鞭，驱赶着两匹马和一头驴负重前行。

　　无独有偶，2000 年在西安市北郊发现的另一座粟特人墓——"萨保"安伽墓，和史君墓一样也出土了刻绘着粟特商队形象的石屏。这是一幅描绘商队在长途跋涉之后稍事休憩的图画：三个身穿长袍的胡人，其中一个背负包裹，一个手持胡瓶，他们身后是两头驴，背上驮着包袱，一峰骆驼在跪地休息，背上有着沉重的货物。

　　除了新发现的这些粟特墓葬，很早就有人注意到，敦煌莫高窟第四百二十窟有一幅《观世音菩萨普门品》壁画。这幅壁画大约绘制于隋代，也展现了那个时代，一支中亚粟特商队赶着一队骆驼和毛驴，驮载丝绸等各种货物，穿行在沙漠。

　　在丝绸之路东边留下众多身影的这群粟特人，是属于伊朗系统的中亚古族，原来居住在中亚阿姆河和锡尔河之间，形成大小不一的绿洲城邦，在中国史籍中称为"昭武九姓"。我们以后还会反复讲他们的历史，以及他们在东西文明交流史上的作用。粟特人先后臣属于波斯阿契美尼德王朝、亚历山大帝国、塞琉古王朝、康居国、大月氏部、贵霜帝国、嚈哒国。在这些强大政权的庇护

下，粟特人发展成为掌控陆上丝绸之路的商业民族。在3至8世纪，粟特人沿陆上丝绸之路往来贸易，还有许多人就此移居到中国。

粟特人往来东西之间，往往组成大大小小的商队，由萨保率领，结伙而行，少则数十人，多则数百人。史君墓和安伽墓保存的图画，只是粟特商队的一个缩影。历史记载，6世纪中叶，西魏凉州刺史俘获的一个商队，就有粟特"商胡二百四十人，驼骡六百头，杂彩丝绢以万计"。"杂彩丝绢"就是丝绸，可见丝绸就是当时的大宗买卖。这些粟特人还在丝绸之路上的一些地方，主要是便于贸易和居住的地方留居下来，建立自己的殖民聚落。

2. 丝绸之路上的阿拉伯商人

在上千年的时间里，这些大大小小的商队，就这样穿行在城市、绿洲、戈壁、沙漠，迎着风沙雨雪，用各种各样的物品，通过陆上丝绸之路把东西方世界连在一起。在丝绸之路的千年贸易兴衰史中，粟特人只是商人中的一群。在粟特商人衰落后，往返欧亚大陆贩运丝绸的主要是阿拉伯帝国兴起后的穆斯林商人。

9世纪，也就是中国唐代晚期，阿拉伯商人苏莱曼（Sulayman）从波斯湾启程前往东方，并将自己的见闻写成游记。这部游记经过另一位阿拉伯人哈桑·西拉菲（Abū Zaid Hassan al-Sīrā-fī）的增补，成为《中国印度见闻录》（al-Kitāb al-thānī min Akhbār al-Sīn wa'l-Hind）一书。这部书里提到："当时从伊拉克去中国和印度的商人络绎不绝"。黄巢起义军攻克广府（广州）后，由于这里是"阿拉伯人荟萃的城市"，在城中经商的穆斯林、犹太教教徒、基督教教徒和拜火教教徒，据说有十二万人遇害，波斯

湾到中国的航运也因此而中断。不仅如此,《中国印度见闻录》
还记载说:

> 黄巢还把那里的桑树和其他树木全都砍光了。我们特意
> 提起桑树,是因为中国人用桑树的叶子喂蚕,一直喂到蚕把
> 自己包裹起来为止。因此,这一事件,就是阿拉伯各国失去
> 货源,特别是失去丝绸的原因。

不过,穆斯林商业帝国并没有随着唐朝的衰亡而衰亡。宋辽
金时期,虽然陆路贸易没有那么方便,只能通过北方契丹、西夏
等转手,但是大宗贸易开始转向海洋,东南沿海地区日益兴盛的
海上贸易仍然把大量的中国丝绸等通过南海、马六甲、印度洋转
运到波斯和阿拉伯,再流散到欧洲。当时的广州和泉州等港口城
市,有很多波斯人、回回人在做生意。北宋仁宗景祐二年(1035),
有个广东官员郑载就说,"广州每年多有蕃客带妻儿过广州居
住",这大概一直到南宋还是这样。像前面我们提到有名的蒲寿
庚家族,就是好几代在广州和泉州垄断海上贸易的商人。20 世纪
70 年代,在加里曼丹岛(Kalimantan Island,又称婆罗洲)的文
莱,还在回教徒墓地出土过南宋时代的蒲氏墓碑。这些蒲氏可能
和蒲寿庚一样都是阿拉伯商人,这说明那个时代的阿拉伯商人,
就像近代欧洲殖民者一样很懂得在沿海港口建立据点,以利于控
制海上的商品交易和商船补充。14 世纪——那时已经是中国的元
朝——来华的摩洛哥旅行家伊本·白图泰描述中国的贸易港口泉
州,当时称为"刺桐",他说:

> 这是一巨大城市，此地织造的锦缎和绸缎，也以刺桐命名。该城的港口是世界大港之一，甚至是最大的港口。我看到港内停有大艚克（junks）约百艘，小船多得无数。这个港口是一个伸入陆地的巨大港湾，以至与大江汇合。该城花园很多，房舍位于花园中央……穆斯林单住一城。

他重点关注泉州的还是"锦缎和绸缎"。后来，还有不少记载保存了穆斯林商人的形象。这里只为读者介绍一种吧，明代小说"三言二拍"的《初刻拍案惊奇》有一回叫作"转运汉遇巧洞庭红，波斯胡指破鼍龙壳"。这篇小说里出现的善于鉴宝、能从大乌龟壳里找到夜明珠的波斯胡商，就是久居中国的穆斯林商人。小说形容他"是个波斯国里人，姓个古怪姓，是玛瑙的'玛'字，叫名玛宝哈，专一与海客兑换珍宝货物，不知有多少万数本钱"，由于"住得在中华久了，衣服言动都与中华不大分别。只是剃眉剪须，深眼高鼻，有些古怪"。

据说，玛宝哈住的地方是在"闹市中间，一所好大房子。门前正中是个铺子，旁有一弄，走进转个弯，是两扇大石板门。门内大天井，上面一所大厅，厅上有一匾，题曰'来琛堂'。堂旁有两楹侧屋，屋内三面有橱，橱内都是绫罗各色缎匹"。来访的文若虚暗道："得此为住居，王侯之家不过如此矣。况又有缎铺营生，利息无尽，便做了这里客人罢了，还思想家里做甚？"

3. 亚欧商道联网而成的丝绸之路

丝绸之路上的商业生涯，既有车马轻裘、荣华富贵，也有车

旅劳顿，乃至凶险万分，因为丝绸之路实在太过漫长和复杂。陆路呢，它以亚欧大陆东端的长安（今西安）为起点，穿越河西走廊的武威、张掖、酒泉、敦煌，西出阳关后分为南道、北道和中道：南道沿昆仑山北麓和塔克拉玛干沙漠南缘，西越葱岭，经大月氏入阿富汗、印度和波斯湾；中道沿天山南麓和塔克拉玛干沙漠北缘，西行经过龟兹、姑墨（今新疆阿克苏）、温宿（今乌什），越过葱岭，到达中亚，从此便可进入波斯和罗马帝国；北道出玉门关，沿莫贺延碛，经过伊吾（今哈密）、蒲类（今巴里坤）等地，渡伊犁河至碎叶、怛罗斯，沿锡尔河东岸、咸海东北岸西行，到达黑海和君士坦丁堡。而丝绸之路在海上，也有三条主要线路：东洋航路由中国沿海东至朝鲜、日本，南洋航路由中国沿海至东南亚诸国，西洋航线经过马六甲海峡，远至南亚、阿拉伯和东非沿海地区。

可见，所谓的丝绸之路，实际上是由一系列游移不定的亚欧商道联网而成，陆路蜿蜒穿越亚洲的高山和荒漠，海路要经历茫茫大海的滔滔风浪。贩运丝绸的商队要途经许多危险的自然地区，有贪婪好战的游牧民族占据的草原，也有野心勃勃的定居社会建立的帝国和都市。法国学者布尔努瓦（Luce Boulnois，1931—2009）对这番场景有一段生动的想象，让我们听一听他是怎么说的：

　　　　有时为了翻越艰险的山口，则要肩挑人扛货物，驮兽竭力随后跟行。有时，人们还要从山涧巨浪中细长而又窄小的木桥上渡过，桥上只有几根老朽的和摇摇晃晃的树干，被坚冰覆盖的或翻腾咆哮的河流在桥下三十多尺的地方淌过。那

些驮兽们则必须长途绕道，被迫选择可能的渡口渡过急流湍滩。在深山密林中，马匹和人员一样忍受饥渴……人员完全是靠步行，以免加重驮兽的负担。他们在空气稀薄的地方步步残喘地前进，由于高山病的反应，他们双耳震鸣，胸部憋气……有时在半山腰被风雪所阻，过路人经常冒着把双脚冻坏和染得雪盲症的危险，这尚且不提途中所患的感冒病和肺炎等……等到最终下山之后，面前所呈现的又是一望无际的戈壁沙漠。

这种艰苦的经历，大概有些像唐僧师徒遭遇的"九九八十一难"吧。历史上真正的高僧玄奘对丝路商人的苦楚，其实感同身受。当年，玄奘西行途中，来到葱岭北麓的凌山脚下，这里是东西贸易交通的孔道，但险峻异常，常年积雪，很难通行。玄奘在《大唐西域记》中形容此地"寒风惨栗"，气候变化无常，动辄"暴风奋发，飞沙雨石"。玄奘的传记《大慈恩寺三藏法师传》也说，在这个地方，找不到一块干燥地面以供歇脚，灶也垒不起来，要把锅吊起来，底下点上柴火，才能做饭，睡觉时也只能躺在冰上。这样七天七夜，玄奘一行人才穿过这片地区。最后，"十有三四"的旅伴都丧生在这段旅程中，有很多就是同行的商人。

正是有了这些丝绸之路上的商人，中国的丝绸才源源不断地销往域外各国，香料、珠宝、药物、金银器皿等"番货"也日益流布于中国。

第四节 世界丝绸家族

前面,我们提到9世纪阿拉伯商人苏莱曼的《中国印度见闻录》。这部书里有很多有趣的故事。他告诉我们,在唐末的中国高官显贵穿着奢华的丝绸衣料。这类丝绸价格奇高,而且未经官府允许,是不许运到阿拉伯各国去的。紧接着,这部书还讲述了一则有趣的故事:

> 某天,一个阿拉伯大商人去拜访奉旨监管广州市舶的宦官。主客寒暄落座后,阿拉伯大商人一眼看见,这位宦官胸口长着一颗黑痣,这颗黑痣透过宦官身穿的丝绸衣服,还是十分醒目。商人暗自推测,他至少穿了两件衣服。
>
> 主人很快就注意到客人诧异的眼神,于是问他:"你好像老是盯着我的胸口,这是为什么呢?"阿拉伯商人老实回答说:"透过这件衣服,居然可以看到一颗黑痣,我觉得匪夷所思。"宦官听了哈哈大笑,干脆把胳膊伸给商人看,请他仔细数数自己究竟穿了几件衣服。商人一层层数过,这才发现,宦官贴身的衣服,有五层之多,尽管如此,黑痣依然清晰可见。

作者苏莱曼接着大发感慨:"这类上佳的丝绸,是未经漂白的生丝,而总督穿的衣服,比这还要精美,还要出色!"我们前面说过,马王堆汉墓出土过薄如蝉翼的丝织衣裳,其实早在这之前一千年中国已经有这么精致的丝织品。

1. 波斯对中国西北丝绸艺术的影响

从这个故事里我们不难看出，在古代和中世纪欧亚大陆的商人和民众眼中，产自中国本土的丝绸在长达千年的贸易史中，似乎始终保持着世界级的领先水平，往往被视为最奇特和最珍贵的商品。

不过，在前面我们还说到，最初在丝绸之路上流通的只是作为中国商品的丝绸。好东西谁都想自己能做，所以对丝绸的狂热爱好，紧接着推动了与丝绸有关的知识和技术渐渐地由东往西传播。不少国家和地区在掌握了丝绸的奥秘以后，居然也开发出独特的丝绸织造技术和纹样，说来让人吃惊，有些甚至反哺到丝绸的故乡中国。

较早对中国丝绸加以创新改造的，是地处东西贸易轴心的波斯萨珊王朝。典型的萨珊风格的丝绸纹样，是以一棵树或者一座火神祭坛为中心，两侧对称分布着人物或动物，例如狮子、猎豹、鹰隼、雨燕、大象以及狩猎骑士。中心图案四周往往环绕着圆形边框，饰有珍珠或者花卉图案。技术的传播也像接力赛，一棒接一棒地传播，波斯这种风格，又被更西边的拜占庭丝绸制造业继承。不过，在伊斯兰教兴起并且建立大食帝国后，由于伊斯兰教教义禁止采用人物或动物形象作为装饰，伊斯兰风格的丝绸纹样多是几何、花卉和经文书法。但是，伊斯兰教兴起之前的萨珊风格还是得到延续，美丽的东西总是无法彻底禁止的。

有意思的是，萨珊波斯的丝绸艺术还反过来向东传播。在新疆的阿斯塔那古墓，曾经出土一批年代属于初唐的织锦。这批织锦的纹样，主要是联珠团窠动物。所谓团窠，就是纹样的骨架是

圆形或者椭圆形，近似鸟巢，故名"窠"。这种丝绸纹样一般由醒目的圆珠形状连缀，中间填充着鹿、鸟、狩猎骑士等各种形象。而吐鲁番出土的织锦也有着狩猎纹样，描绘着高鼻深目的异国骑士，骑在伸出双翼的天马背上，转身射杀狮子。

这些图案具有典型的萨珊波斯风格。

2. 波斯对中原地区丝绸艺术的影响

考古发现，总是一个接一个。在 20 世纪 80 年代发现的青海都兰县的吐蕃墓，也出土了一批具有中亚风格的织锦，年代比新疆阿斯塔那古墓的发现晚一些，大概属于中唐。从颜色上看，这批织锦分为以青、绿、黄为主的冷色系列和以红、黄、藏青为主的暖色系列。纹样也分为两类，其中一类是以花卉或变形的连珠纹（Pearl Roundel）作为团窠（包括月桂、桃形、花瓣），中间填充动物形象，包括鸟、狮、鹿、马和鹰。都兰出土的织锦，其来历迄今还存在争议。远在比利时的辉伊大教堂中，还收藏着一件对鹿纹锦，上面有一行墨书，写着"坦赞尼奇"。坦赞尼奇是布哈拉（Bukhara）附近的一个村落，长期以织造闻名。有些学者认为，这件对鹿纹锦是中亚粟特地区织造的"粟特锦"的典范，而都兰织锦正好和它相仿，应当也属于"粟特锦"。不过值得注意的是，都兰的吐蕃墓还出土了另一件织锦，上面有古波斯文"王，伟大的王"字样和相似的团窠图案。所以也有学者认为，都兰织锦属于波斯锦，应当是使用波斯文的中亚工匠生产的。

波斯的丝绸艺术，不仅影响到唐代中国西北边陲的丝绸织造，中原地区也吸收大量的外来元素，与本土艺术风格糅合。史书记

载，粟特工匠何稠在隋文帝时期，也就是 6 世纪末，曾担任太府丞。当时，波斯国曾经进献一件织造华丽的金绵锦袍，隋文帝就让何稠仿制。据说，他仿制出的锦袍，比波斯的还要精美。到了隋朝灭亡，何稠又在唐朝出任负责工程营造的将作少匠。唐朝制造的丝绸，也同样融合异域风格。今天日本法隆寺收藏的一件"四天王狩狮"纹锦，据说就是 7 世纪的遣唐使带回日本的。纹样的主题图案，是骑着飞马的骑士，骑士头戴装饰有日月纹的皇冠，唐代风格与波斯风格在这上面可以说是珠联璧合。

3. 元代的丝绸之路

从"安史之乱"直到宋辽时期，陆上丝绸之路虽说一度因战乱和割据局面陷入萧条，不过丝绸贸易从陆地转向了海洋。到了 13 世纪，蒙古兴起于漠北草原，席卷欧亚，不仅扫除交通阻隔，还极力扶持和推动长途贸易。前面我们讲到过蒙古帝国对欧亚之间物质流通的作用，陆上和海上的丝绸之路又重新繁荣起来。元代时期丝绸的代表是织金锦，也就是在织物的丝线中加入金线，使其看起来金碧辉煌，华美异常。

元代时期的织金锦有两种：一种是传统工艺的金缎子，另一种叫作"纳石失"。"纳石失"（又叫纳赤思、纳失失），就是波斯语 nasish，也就是"织金锦"的音译。据元代人说，纳石失的制作工艺，关键在于"缕皮傅金为织纹"，也就是说将切成细长条的金箔织到丝线中，或者将金箔搓捻成的金线与丝线交织。

元代负责织造纳石失的机构，主要是直属中央的官府局院。其中，著名的别失八里局，就设在元大都（今北京），工匠主要来

自高昌回鹘的都城别失八里。另外，设在弘州（今河北阳原）和荨麻林（今河北张家口西）的两所纳石失局，也主要由来自西域的工匠管理。

华夏原来的丝绸纹样色彩，现在再叠加上异域风格，纳石失的纹样一方面具有浓郁的西域—伊斯兰风格，还常以波斯文或阿拉伯文织出工匠的姓名；另一方面，又采用大量中原传统的装饰元素。现在世界一些博物馆，都收藏了一些漂亮的纳石失。德国柏林的工艺美术博物馆收藏了一件黑地对鹦鹉纹的纳石失，鹦鹉翅膀上就织有波斯文字样。而这件纳石失的主纹和结构，与俄罗斯圣彼得堡艾尔米塔什博物馆（Hermitage Museum）收藏的叙利亚丝绸，还有西亚陶器上的图案，都非常相似。不过，这件纳石失的辅纹，却是中国风格的盘龙。同样，英国伦敦的维多利亚和阿尔伯特博物馆（Victoria and Albert Museum）收藏的双狮戏球纳石失，虽然整体上属伊斯兰风格，也织有阿拉伯文的工匠姓名，但是大家都知道，主图案双狮戏球这种图样却完全是中国特色。

4. 元代缂丝的工艺制作和艺术风格

元代时期还有一种特殊的丝绸制品，那就是采用缂丝工艺制作的元朝帝后肖像，又称"御容"，用这种缂丝工艺制作的还有佛像。什么是缂丝？缂丝就是以本色生丝为经线，各色彩丝为纬线，采用通经断纬的方法织造而成的丝织品。这里着重向读者介绍一件收藏于美国纽约大都会艺术博物馆（Metropolitan Museum of Art）的缂丝曼荼罗。佛教所谓曼荼罗的意思是"坛场""聚集"，原指佛教徒供奉佛、菩萨诸天的土坛，或指诵经修法时画一个圆

形或方形的修法场所。后来，密宗把佛或菩萨像画在纸上或绢帛上，或制成立体模型，也称"曼荼罗"。大都会艺术博物馆收藏的这件著名曼荼罗，叫作大威德金刚曼荼罗。

大威德金刚曼荼罗是目前唯一可认定的元代皇家丝绸实物，也是现存尺幅最大的元代缂丝作品。它长245.5厘米，宽209厘米，共织出142个人物。图案的中心，是黑色大威德金刚，周围的图案，按内圆外方布列，属于藏传佛教艺术的典型构图。在画面下方的两端，还织出四位供养人的形象。他们的身份十分特殊，分别是元文宗图帖睦尔（1304—1332）、元明宗和世㻋（1300—1329），以及元文宗皇后卜答失里（1305—1340）、元明宗皇后八不沙（1307—1330）。

这件大威德金刚曼荼罗之所以奇特，更在于这四位供养人，特别是男性供养人元文宗和元明宗这对兄弟的恩怨和悲剧。

致和元年（1328）七月，元朝泰定帝（1293—1328）驾崩，留下遗诏传位给自己最小的儿子阿剌吉八（1320—1328，又译阿里吉八、阿速吉八）。这引起兄弟之间激烈的皇位争夺战，这个阿剌吉八只当了几十天皇帝。元武宗（1281—1311）的长子和次子，也就是后来的元明宗和元文宗，先后登上皇位。但率先进入大都当皇帝的是弟弟元文宗，他说天下不可一日无主，自己暂且先登皇位，等流亡在外的哥哥一到就奉还大位。后来，元明宗在漠北即位，元文宗果然让人把玉玺送去，表示承认哥哥的皇位。不多久，兄弟二人在一个叫作王忽察都的地方（今河北张北附近）欢聚。但不到四天，突然传出元明宗"暴崩"的消息。据说，他是被元文宗及其党羽燕帖木儿（1285—1333）毒杀的，只当了几个月的皇帝。

这件大威德金刚曼荼罗的藏文题记，还把元明宗称作"皇子"，大概就是文宗已经登基而明宗即将归来的时候，也就是王忽察都的悲剧还没上演的时候制作的，并被送到吐蕃的萨迦寺供养。曼荼罗中的文宗形象，与台北故宫博物院藏的文宗画册十分相似，明宗的形象更是仅此一见。可以说，这件缂丝曼荼罗，不仅是历史上一件重大事件的见证，也是唯一的元代皇家缂丝传世作品，展现元代缂丝的风格和水准。

5. 丝绸之路是不同族群和文化的交融史

丝绸是中国的，但也是世界的。在漫长的历史中，商人把丝绸以及丝绸的制作技术、丝绸的艺术风格带到世界各地，世界各地不同的族群和文化又把自己的审美、想象和喜好融入丝绸，使得丝绸呈现出多种多样的风格。应当说，不论是波斯锦、粟特锦、中西合璧的纳石失，还是将蒙古、西藏与汉地的风格巧妙地融汇在一起的缂丝曼荼罗，都在书写丝绸的世界史。

第五节　早期全球化时代的丝绸

15世纪末，西班牙航海家哥伦布发现美洲新大陆，葡萄牙航海家达·伽马发现从西欧出发绕过非洲好望角到达亚洲的航路。这些地理大发现，彻底改写人们之前熟悉的世界地图，世界历史也进入所谓的"大航海时代"。人类发现欧洲通往美洲和亚洲的海上新航路，从而真正将东西方在经济上更加紧密地联系在一起。

随着新航路的开辟，以西班牙和葡萄牙为先驱的一批西欧国家陆续走上海外扩张的道路。

因此，到了 16 世纪，大致相当于中国明代晚期，全球格局出现前所未见的巨大变化。这次历史性大变局，有人称为"早期经济全球化"，也彻底改变丝绸之路的面貌。

1. 葡萄牙人麦哲伦的环球航行

1521 年 3 月，菲律宾群岛的宿务岛（Island of Cebu）外，出现一支由三艘大帆船组成的船队。这支船队由西班牙国王卡洛斯一世（Carlos I，1516—1556 年在位；他的另一个身份是神圣罗马帝国皇帝查理五世）资助，而率领这支船队的是一个葡萄牙破落贵族的后代——麦哲伦。

指挥帆船向宿务岛靠拢的时候，麦哲伦已经完成让他名垂后世的事业。两年前（1519）的秋天，他率领船队离开西班牙的塞维利亚港（Puerto de Sevilla），驶向南美洲，当时他们还有五艘大船。船队先抵达巴西，接着沿着南美大陆海岸向南航行。第二年 10 月，经过艰苦的探索，麦哲伦在火地岛（Tierra del Fuego）和大陆之间找到向西的海峡出口，进入太平洋。后来，这个海峡就被命名为"麦哲伦海峡"（Strait of Magellan）。

在浩瀚无边的太平洋上，麦哲伦和他的船员经历三个多月的连续航行。由于缺少淡水和食物，他们一度被迫以牛皮和木头锯末充饥，大批船员得了坏血病死去。经历风暴、饥饿和死亡的重重考验之后，在这批幸存者眼前，菲律宾群岛如今遥遥在望。

麦哲伦大概没有想到，这里竟会是他本人航程的终点。麦哲

伦在宿务岛登陆后，说服当地的土著酋长归顺西班牙，从而介入宿务岛与邻近的马克坦岛（Mactan Island，又译麦克坦岛）部落的纠纷。在马克坦岛，他受到当地土著的袭击，身中毒箭，继而在刀砍矛刺之下当场身亡。此后，他的船队经历千辛万苦，绕过好望角，返回西班牙时，只剩下十八名船员。

据说，麦哲伦在宿务岛上，曾经亲眼见过土著使用产自中国的漆器和丝织头巾。但是，他肯定预料不到，自己葬身的这片凶险岛屿，在西班牙殖民者的经营之下，短短半个世纪内，就发展成美洲—中国之间的跨太平洋贸易的轴心，也成了中国丝绸运往美洲和欧洲的新据点。

2. 马尼拉：亚洲、美洲和欧洲贸易的中转站

在麦哲伦之后，1565 年——这时距离麦哲伦去世已经四十多年——西班牙海军上将黎牙实比（Miguel López de Legazpi，1502—1572）占领宿务岛，接着又占领吕宋岛，并在那里建立一个贸易据点，这就是后来的马尼拉。此后不久，西班牙的大帆船就定期从马尼拉出发，花费五六个月的时间横渡太平洋，将中国的生丝、绸缎、瓷器和香料装船，运达西班牙的美洲殖民地——墨西哥的阿卡普尔科（Acapulco de Juárez）。

在太平洋的西端马尼拉，来自福建月港（又名月泉港）和澳门等地的中国商船，源源不断地输入生丝、绸缎、瓷器和铁器等商品，"贸其银钱，满载而归，往往致富"。月港一度还博得"小苏杭"的美名，马尼拉也成为众多中国商人聚居的繁荣的港口都市。据统计，1574—1644 年，在马尼拉入港的 1320 艘商船中，大

都来自中国沿海，光是月港的就有 1013 艘，来自澳门的也有 60 艘。1619—1631 年，输入马尼拉的商品中，来自中国的商品就几乎占一半。

在太平洋的东端墨西哥的阿卡普尔科，每当大帆船入港，当地都会举办盛大的集市。据说大帆船带来的货物，总是以丝绸为最多。据统计，帆船上装载的中国丝绸，1636 年以前每艘为三百至五百箱。不过到了 1636 年，一艘船登记载运的丝织品已经超过一千箱，另一艘则多达一千二百箱，两艘合计能达到近五十万斤。物美价廉的中国丝绸，吸引美洲土著、墨西哥和秘鲁的商人，他们慕名远道而来。大帆船在当地逗留三个月，然后满载美洲银矿出产的白银，再度扬帆出海，回到马尼拉。

太平洋虽然浩渺宽阔，但就是这样，被来自大西洋彼岸的欧洲人，用商船和商品把两岸逐渐连成一个世界。往返菲律宾和美洲的帆船贸易，其实就是中国的丝绸流向菲律宾和美洲，美洲的白银经由菲律宾流向中国这样一个大交易过程，而马尼拉正是这个大交易之间的中转站。就这样，到了 16 世纪末，中国的丝绸和棉布就在太平洋对岸的南美市场，在横渡大西洋的西班牙国内市场，占据了极大的优势。不仅如此，墨西哥丝织工厂的原料，也主要是加工产自中国的生丝。不过到了 17 世纪，墨西哥本土的蚕桑丝织业，实际上已经在中国的竞争下完全衰败。

有买就得有卖，一手交货就得一手交钱，就算是物物交换，你也得有东西。中国有丝绸，但是中国需要白银，为了购买中国的丝织品，西班牙及其殖民地代理人，不得不支付货真价实的银锭或银币。早在 1584 年，马尼拉殖民政府的法官达发洛斯就向西班牙诉苦，说"中国人每年把所有的金银都弄走了，而我们除了

里尔（银币），却没有别的货物交易"。有人估计，1570—1649 年，经由马尼拉流入中国的白银，累计高达 6322.8 万两。好在西班牙在美洲的殖民地盛产白银。据学者的估计，每年有十五吨白银从阿卡普尔科通过大帆船运到马尼拉，绝大多数从马尼拉流入中国。

丝绸与白银，横亘亚洲、美洲和欧洲的贸易，构成 16 至 17 世纪全球历史的一道风景。

3. 明清时期中国丝绸业的繁荣

换回巨额白银的丝绸，主要来自中国的南方。

当时的葡萄牙人这样描述中国输出的丝织品："大宗商品为本色生丝，数量甚巨；大量散装的彩色丝绸；各种颜色的缎子；五颜六色带格子图案的'恩罗拉多斯'锦缎；塔夫绸与薄如蝉翼的'纱'，以及其他各种五色缤纷的丝绸……这些商品的产地如下：本色生丝产自常州，彩色丝绸产自交趾支那，锦缎、花缎、织锦、纱、罗产自南京与侯官。"跨太平的洲际丝绸贸易，正是以江南桑蚕业的极大繁荣为前提和保障的。

原来，从 15 世纪初开始，有"天下粮仓"之称的江浙地区，大规模种植桑、棉等经济作物，纺纱织布，行销国内外市场，原有的耕地面积因而大大缩减，需要仰给江西、湖广的稻米输入。

同时，在江南特别是太湖周边，兴起一批特色十足的"丝绸市镇"。这些市镇，或成为蚕丝的生产集散地，"蚕丝入市，客商云集"；或者成为中心，"接屋连檐，机声盈耳"。质量上乘的生丝和丝织品，从江浙地区不断流入全国市场和国际市场。从全球史角度看，明清的江南丝织业，不仅催生亚洲和美洲之间的丝绸——

白银大交换，在早期经济全球化的背景下，在遥远的亚欧大陆西端也产生持续的回响。

1536年，那还是中国明代中期，两名来自意大利的商人得到法国国王的特许，在法国里昂创办私营丝织业。丝织工人最初从意大利的热那亚迁移过来，必须终身定居里昂。以此为代价，里昂垄断法国所有生丝进口和交易的专营权。尽管桑蚕和丝织业在里昂逐渐发达起来，在1770—1784年的鼎盛时期，里昂平均有一万两千架织机进行生产。不过，里昂生产的丝织品，不但在风格上大量仿制中国的纹样，其原料还严重依靠进口。当时，无论是法国、意大利还是欧洲其他国家，在生丝的生产上都无法与明清时期的江南地区竞争。即使到了1850—1900年，欧洲每年需要的生丝，仍然有半数需要从中国进口，中国每年出口的差不多七万一千包生丝，有将近一半是销往里昂的。

4. 传统中国丝绸业在新时代的衰微

最后，我们曲终奏雅，附带说一说传统中国丝绸事业的衰微。

法国的丝绸之都里昂的兴盛，见证19世纪的中国桑蚕业因为技术停滞和社会动荡而逐渐衰败。当时，里昂商会曾经专门派出考察团考察四川地区的丝绸生产。考察团的报告指出，四川省的省会成都拥有大约七千架织机，堪称中国的里昂，不过他们多数还是土办法，传统工艺的产量不高，质量也差。在里昂考察团看来，中国本地的缫丝工具相当原始，不仅费料太多，纺出来的丝线也不均匀。所以，法国的丝绸专家认为，当地的丝织技术水平可以大大改进，他们还打算在四川省设立一个欧洲式的纺织厂。此外，

和当时清代中国在 19 世纪的逐渐衰败同步，丝绸生产由于未能在防止蚕病和遴选蚕种上取得技术进步，所以中国在丝绸的质量和产量方面开始落后于其他国家。

到了 20 世纪初，欧洲从中国采购的生丝，迅速下降到 19 世纪的一半；到了 1905 年，又下降到 19 世纪的四分之一不到。到了抗日战争期间，共有 133 499 公顷的桑树遭到毁灭，江、浙、沪、鲁等重点丝绸产地的纺织工厂，或毁于战火，或被日本侵略军侵占，掠走机器设备。中国最大的纺织中心上海，曾经一度拥有 106 家纺织厂，2.5 万个纱锭不停运转，最后仅有两家纺织厂幸存下来，加起来只有 348 个纱锭。太平洋战争爆发后，上海的丝绸生产和出口也彻底中断。

雪上加霜的是，第二次世界大战结束后，尼龙和其他合成纤维的发明，进一步降低传统丝绸的消费需求。延续两千多年的丝绸贸易，终于走入一片完全不同的天地，而以"丝绸"名字定义的国际交通贸易圈，也将以另一种方式获得新生。

（周思成）

瓷器与海路贸易

第一节 从"黑石号"说起

在前近代的全球贸易和物质交换中，瓷器是将中国与世界紧密联系在一起的另一种商品。瓷器在中外物质和文化交流史上的地位绝不逊色于丝绸，但是它大规模进入全球贸易的时间远比丝绸要晚，是八九世纪的事情，相当于中国唐朝晚期。这也是为什么我们把瓷器安排在丝绸之后来讲述的一点原因。

关于瓷器的故事，让我们从一艘沉船的发现说起吧。

1. 发现"黑石号"沉船

20 世纪 90 年代，在印尼苏门答腊（Sumatra）附近的勿里洞岛（Belitung Island）周边，有渔民发现在撒网捕捞的时候，渔网常常会带上一些瓷器残片。这样的事儿多了，当地人就传说，说很久以前有一艘古代中国的商船就在这片海域沉没，船

上满载的珍宝就被埋在海底，要不然捞上来的瓷片又是哪里来的呢？

1998 年，德国商人蒂尔曼·沃特方（Tilman Walterfang）经营的打捞公司闻风而至。这位德国人原本只是一家水泥厂老板，有一次他和工厂里的印尼工人闲聊，偶然听到这个传说。对方信誓旦旦地说，勿里洞岛的人经常捞上来一些东西，恐怕沉船宝藏的传说八成是真的。沃特方这才决定冒险来印尼海域寻找传说中的沉船和宝藏。

着实令人意外，勿里洞岛的沉船传说居然是真的！在短短三年内，沃特方就连续发现三艘不同时期的古代沉船，明代的"鹰潭号"沉船（Intan Wreck）、宋代的"马热尼号"沉船（Bakau Wreck），还有最后一艘就是让他在世界考古界和收藏界蜚声遐迩的"黑石号"沉船。

"黑石号"沉船发现的位置距离勿里洞岛海岸约三千米，附近有块巨大的黑色礁石。这船可能是触礁才沉没的，所以就取名"黑石号"。这艘船在海底沉没一千多年，可是木质船体还有船上的货物保存得相当完好。从 1998 年秋天开始，沃特方的公司用了一年时间，陆续打捞出六万多件文物，有珍贵的金银、玻璃，还有最多的陶瓷器物，种类十分丰富。特别是有一件考定为长沙窑烧制的瓷碗，带有"宝历二年七月十六日"的题记。考古学家结合其他证据认为，这很可能就标志着"黑石号"的大致沉船年代。宝历二年是唐敬宗李湛在位（824—827 年在位）的最后一年，即826—827 年。这一年十二月初八（827 年 1 月 9 日），一生宴乐无度的唐敬宗被宦官刘克明杀害，年仅十八岁。他的经历反映宦官专权、朋党纷争、藩镇割据的晚唐乱象。不过，可能也就是在同一时期，

中国瓷器开始大踏步走向海外。

　　"黑石号"就是一个具体而微的绝妙例证。

2. 瓷器小史和长沙窑的特点

　　回过头来，让我们先说一点瓷器的基本历史。

　　瓷器最早出现在什么时候，还有一些争议。有人说商周时期就有了，那是在陶器基础上改良原料和窑炉温度，烧制出的一种带青色釉的原始瓷器，外形上很像当时的青铜器。再经过一千多年的不断摸索和进步，到汉魏时期瓷和陶不再合窑烧制，出现比较成熟的瓷器。瓷器整体有比较均匀的上色，胎体和釉色层结合紧密，色彩光亮透明，随着工艺的发展又逐渐出现青瓷、黑瓷、白瓷、黄瓷等。其中，青瓷工艺出现最早，也最成熟。

　　不过，要精准地烧制出瓷器的不同颜色，要有类似于今天的化学经验，要懂得在涂于烧制的泥坯表面的釉中掺入什么原料。瓷器的青色来自氧化亚铁。所以，你得知道上釉的时候釉里要有铁，人们控制瓷窑里的空气、温度，再人为地制造一氧化碳，把铁还原成氧化亚铁，才能形成天青色。多一点、少一点，就泛黄或者变黑，当然，这也可以用来做黑釉瓷。而北方的白瓷就是反过来，从原料到烧制过程都要控制含铁量，避免氧化，瓷器最后就是雪白的。后来，人们还烧制青白瓷，青色里透着白色，白色里还得透着青色，显然对工艺的要求就更高了。

　　长话短说。到了唐代，河北邢州窑率先烧制出高质量的白瓷，才大致发展出"南青北白"的格局，也就是说南方各窑口烧的瓷器多是釉色为青色的瓷器，而北方各窑口的产品多是光洁明亮的

白瓷。由于窑场取用的原料和采用的工艺，往往因地理区域而存在差异，烧造出的瓷器外观也就非常不同，所以习惯上哪里生产的瓷器就以哪个地方来命名。比如，唐代越州地区烧造的瓷器（也就是今天的浙江上虞、宁波一带）就称为越窑瓷器。这种瓷器釉色淡青，冠绝全国。唐代诗人陆龟蒙（？—约881）的诗《秘色越器》里说："九秋风露越窑开，夺得千峰翠色来。"唐代诗人许浑（约791—约858）的诗《晨起二首》里，也提到"越瓶秋水澄"，意思是越窑烧造的瓷瓶颜色仿佛秋水一般澄碧。唐代"茶圣"陆羽在泡茶之余，也很注重泡茶的器具。他在《茶经》里就说，"邢瓷类银，越瓷类玉""若邢瓷类雪，则越瓷类冰""邢瓷白而茶色丹，越瓷青而茶色绿"。除去陆羽自己对越州瓷器的偏爱，不难想见这两种名瓷在全国乃至海外市场受追捧的程度。

说回"黑石号"。从"黑石号"上打捞出水的瓷器，林林总总，有二百件越窑青瓷、二百件白釉绿彩陶、三百五十件邢窑和巩县窑白瓷、三件巩县窑青花瓷。其中，比较精致的，考古学者推测应该是用于外交的礼品，所以"黑石号"恐怕不是一艘简单的商贸船。不过，让人最惊叹的是，上面数量最多的是五万多件长沙窑瓷器，这引起大家对长沙窑的关注。

长沙窑又称铜官窑，在今天湖南省境内，也是晚唐时期享有盛名的瓷器产地。国内外有很多地方都出土过长沙窑瓷器，国内扬州、宁波和广东出土的比较多，恰恰这些地方都是外贸海运比较重要的地区。海外呢，近的有朝鲜、日本、泰国、菲律宾，远的有伊拉克、沙特，还有非洲的肯尼亚和坦桑尼亚。其中，伊朗出土的数量很大，包括它的港口城市西拉夫（Siraf），当年许多阿

拉伯和波斯商船都是从这个波斯湾东岸重要港口启航前往东方的。说起来，最早发现西拉夫的长沙窑瓷器残片的，还是那位多次来过西域的考古学家斯坦因（Marc Aurel Stein，1862—1943）。

长沙窑的主打产品是日常生活用器，"黑石号"上有大量的碗、盏、壶一类；也有文具用品，包括镇纸、砚滴、笔洗、砚台，还有各类的瓷质玩具。长沙窑主要用来出口的瓷器，除了种类繁多，商人还非常懂得为了海外市场而灵活调整制造工艺和风格，而且还善于配合海外消费，在形制、装饰和风格上迎合异域人的口味。比如，"黑石号"上的长沙窑瓷碗，有的在碗底写着阿拉伯文的"真主"，还有歌颂真主伟大的抽象符号！前面我们讲过丝绸样式连珠纹，移植到瓷器上也是流行的装饰。一个碗上还写着"湖南道草市石渚盂子有名樊家记"，这是商家为自己的字号打广告，与现在某咖啡店的杯子上大写着自己的品牌名、印着美人鱼的 logo 是一个道理。

有趣的是，很多瓷器上还有民间流行的小诗，比如传唱很广的"君生我未生，我生君已老。君恨我生迟，我恨君生早"。这首诗歌最早就是在长沙窑的诗文壶上发现的，连《全唐诗》里都没有。

3. 探寻"黑石号"海船的行程

我们再说说"黑石号"海船和它的遭遇。

瓷器的对外出口，可不是一件简单的事情。和丝绸不一样，瓷器很重又易碎，虽然也可以通过陆路运输，但非常不方便。单是打包就很费工夫，可能先要用黏土把瓷器包裹起来压实，再用好几件瓷器合起来制成一块大黏土，等干燥压实，然后用稻草捆扎，

以便缓冲长途运输过程中的颠簸碰撞。等到达目的地后，便将黏土放入水中融化，取出瓷器。这样笨重的运输方法，显然会给穿越亚欧大陆腹地的驼队造成沉重的负担，而一旦瓷器半途意外破碎，商人便可能血本无归。相比而言，走海路运输瓷器就好很多，起码一次性运输量就很不少。所以，瓷器能在八九世纪走向海外市场，其实是与唐代以来海上贸易的繁荣密不可分的。

我们前面讲过，中国的港口比较有名的有广州和泉州，那"黑石号"究竟是从哪个港口满载这些瓷器、扬帆出海的？学者认为，有三个可能的港口：扬州、广州和巨港。扬州最为可信。

首先，唐代扬州不光丝织业发达，交通上也是四通八达，是唐代内地的水陆交通枢纽、繁华的商业中心和外销港口。如果你在当时的扬州，可以去的地方就太多太方便了。从扬州经长江出海，可横渡东海，直通日本；也可东出长江口，经明州（今宁波）、广州，与大食、波斯等西亚各国进行贸易往来；还可以沿着京杭大运河北上，经楚州，出淮口，抵达高丽、新罗。除了交通便利，当时的扬州也是国内外瓷器销售的集散地，像长沙窑这样主要是为了出口的瓷器应该主要从扬州离境，登上来自印度、波斯和阿拉伯而在扬州港口聚集的商船。所以说，"黑石号"很有可能先在扬州装载一批长沙窑瓷器，然后沿着海岸线抵达明州、广州等地停靠，再装载一批越窑瓷器，继而踏上南海航线，最后在勿里洞岛附近遇难沉没。

第二种可能性是在广州。我们在前面说过，广州是海上丝绸之路的重要港口，这里不多说。第三个可能性呢？还有学者推测，"黑石号"上的瓷器，是分别从不同途径被运到室利佛逝（音译自梵文 Sri Vijaya，647—1397）的中转贸易港巨港（Palembang，原

称旧港，又称巴邻旁），而"黑石号"可能是在巨港装载全部货物然后出海的。那么，室利佛逝是哪儿呢？"黑石号"沉没的地方，也就是勿里洞岛，在唐代属于室利佛逝，一个从唐代南海地区的大国，首都在今天印度尼西亚苏门答腊的占碑（Jambi）。这个国家，北控马六甲海峡，南扼巽地海峡（Sunda Strait），7 至 13 世纪是南海的交通枢纽。中国、印度、阿拉伯和南海诸国的海舶，无不汇聚于此。"黑石号"上的越窑青瓷、长沙窑和广东窑瓷器，也在室利佛逝国内出土过。

那么，满载货物的"黑石号"要驶向何方呢？唐贞元年间（785—805），宰相贾耽（730—805）整理过一份唐朝至周边国家的行程记录《皇华四达记》。从唐朝出发，通往各邻国的主要路线有七条，其中，有一条叫作"广州通海夷道"，记载了从广州出发前往南洋和波斯湾的海上航路。这条航路显示，从马六甲海峡，经过罗越国也就是今马来半岛南端及新加坡一带，以及室利佛逝国也就是苏门答腊东南部，往东继续航行四五天，就到了今天的爪哇，而往西北航行，取道尼科巴群岛（Nicobar Islands）和斯里兰卡，穿过孟加拉湾，就抵达南亚半岛南端。沿着南亚半岛的西岸上行，便可穿过霍尔木兹海峡（Hormuz Strait），抵达波斯湾。再往西走，就可以抵达当时大食国首都巴格达。有意思的是，1984 年出土过一块唐代石碑，记载一个叫杨良瑶（736—806）的唐朝官方使者，他在贞元元年（785）10 月，就是从广州出海，出使黑衣大食，很可能到过现在伊拉克的巴格达。在唐代史料里，巴格达叫作"缚达"，就是《皇华四达记》里"广州通海夷道"的终点。

巴格达，哈里发的驻跸之地，阿拉伯帝国的首都，伊斯兰世

界最繁华美丽的城市，或许就是"黑石号"上琳琅满目的金银瓷器的目的地。

4. 继续"黑石号"未完成的旅程

不过，"黑石号"显然没走完剩下的旅程便遇难沉没，很可能是撞上附近那块黑色的大礁石。据考古学家推测，"黑石号"应该是一艘在阿拉伯或者印度地区制造的船，因为船身的木料来自印度，而船体构件的连接方式更为奇特，不是用铁钉，而是采用穿孔缝合的形式。这是波斯湾地区特有的造船技术。不用铁钉这个事情，有一种解释说，阿拉伯人相信海底有磁铁，会把铁钉吸走，船就会分崩离析了，听起来这好像是对海底磁场（submarine magnetic field）有什么误解。

后来，马可·波罗在行纪中曾经仔细地描述过自己在伊朗忽鲁谟斯（Hormuz，即霍尔木兹，又译和尔木斯）亲眼见到的这种缝合船。从 13 世纪的航海民族威尼斯人的角度看，"这类船舶非常粗劣，常常沉没"，显然他们不是很看好这种船，主要是因为"这个国家不用铁钉，而是用线来缝系船舶。他们用所谓'印度胡桃'，也就是椰子树的树皮，捣成线，就像马鬃一样。然后用这种线把船板缝起来，就算海水浸泡，也不会腐烂，但是不能抵御风暴……所以乘坐这种船，非常危险，沉没的情况很多。因为在印度海中，有时风暴极大"。

马可·波罗说的只是一家之言。不过，我们不妨想象一下，当年这艘满载中国瓷器的阿拉伯商船，从扬州放洋，胡商、船主和水手都憧憬着摩肩接踵、举袖成云的伊斯兰市集。不料，这艘

船在苏门答腊的勿里洞岛附近的海面遇上大风暴，撞在一块大黑石礁上，从此消失在南海与波斯湾之间的航路上。

不过"黑石号"虽然沉没了，方兴未艾的海上丝绸之路，西至埃及、东至日本，还是一片"沉舟侧畔千帆过"的繁荣景象。

第二节 "南海一号"的故事

1987年，英国一家海洋公司向中国政府提出申请，希望合作搜寻和打捞一艘属于荷兰东印度公司的商船。这艘船据说是在17世纪的时候，在中国南海沉没的。参与搜寻打捞的英方工作人员，并没有水下考古的专业背景，租来的驳船上也仅有一台声呐仪。一旦这台仪器在海底扫描出可疑的物体，船上便会伸出一只一吨多重的大抓斗，探入海底乱抓一通。可是，十几天搜寻过去，荷兰沉船依旧不见踪迹，就在打算放弃的时候，声呐仪突兀地传来一组信号：海床上有可疑物体！协同打捞的广东省救捞局潜水员潜入水下，在昏暗的光线中他们依稀分辨出层层的淤泥中有一根两米多长的桅杆——看来，确实是一条古老的沉船。

迫不及待的英国人马上放下抓斗，探入海底，甚至一下子抓断沉船的桅杆。广东省救捞局当即阻止英方继续作业，并将发现沉船的消息上报中国国家文物局。这时候，原本计划中要打捞的那艘失踪荷兰商船，大概已经没人再关注。因为，这次抓斗随随便便带上来的二百多件遗物，包括瓷器、金器、银锭、锡壶和铜钱，统统显示出宋代文物的典型特征，单是瓷器就琳琅满目：双耳及四耳白釉印花小罐、青釉划花碗、白釉葫芦瓶、绿釉花瓣口小碟、

绿釉长颈小瓶、白釉圆形小粉盒、白釉瓜菱形粉盒等。

此后的水下考古显示，这艘意外发现的宋代沉船是一艘大木船，船头朝西南方向，也许是驶向东南亚或者经马六甲海峡再往印度、中东、非洲一带。船体经过八百余年的岁月，早已覆盖上厚厚的海底淤泥。它沉没在珠江口以西，离广东省阳江市东平港以南约二十海里。1989年，这艘宋代的沉船被命名为"南海一号"。

2007年12月，距离沉船发现整整二十年后，经过中国水下考古队的不懈努力，这艘原来长近三十米、宽近十米的商船"南海一号"被整体打捞出水。沉船与船上的物品一起，被移入广东海上丝绸之路博物馆进行展示。

1. 宋代瓷器的生产盛况

和我们前面提及的晚唐"黑石号"相似，宋代沉船"南海一号"上装载的大宗商品，除了一些铁锭，也还是瓷器。当年进入沉船内部的考古人员，在不足几平方米的小舱内就发现数千件瓷器，大家知道宋代的瓷器现在每一件都价值不菲。特别是这批瓷器保存得还相当完好，釉色鲜亮，丝毫看不出被海水浸泡的痕迹。据说，连当初捆绑瓷器的草绳，尽管经过数百年浸泡居然也残存下来。这多亏沉船被埋在海面二十三米以下的淤泥中，船体被淤泥层层覆盖，阻隔了各种腐蚀。

考古学家认定，"南海一号"上的瓷器大多来自宋代的南方名窑，包括江西景德镇窑、浙江龙泉窑，以及福建德化窑、磁灶窑。这些应该都是向海外市场输出的外销瓷器，它的数量和质量都远远高于"黑石号"上装载的唐代瓷器。这就要说到宋代瓷器

生产的水平提升和高度繁荣。了解宋代历史的人都知道，宋代商品经济很活跃，城市也越来越繁荣，贸易使得各地手工业彼此竞争。而为了争夺市场，不同地区的窑口要不断研究技术、推陈出新，不同地区的瓷器也就形成各自的特色。比如定窑、磁州、耀州、龙泉、景德镇，这些都是不同的瓷系，不同地方的瓷器也有不同风格。而且，宋代人喜欢饮茶，上层人士还流行斗茶，斗茶追求名贵的茶具，也刺激了瓷器越来越精致。总的来说，宋代瓷器大大超越前代，无论是烧制技术、产量、质量，还是瓷窑的数量和规模。

同时，外销瓷器的产地也发生变化。和晚唐时代"黑石号"有长沙窑、邢窑、巩县窑的瓷器不同，宋代以后南方的经济和文化越来越繁荣，南方的江西景德镇和浙江龙泉成为外销瓷器的主要来源地。另外，在福建还出现专为外销生产瓷器的窑场，"南海一号"上发现的大量瓷器就来源于福建德化窑。

南方瓷器是怎么崛起，并且成了出口主力的呢？我们一点一点来讲。

景德镇生产的青白瓷，在北宋初就逐渐闻名全国，景德就是当时北宋第三位皇帝宋真宗（997—1022年在位）的年号。青白瓷，是在晚唐五代的青瓷和白瓷基础上发展出的，也叫影青瓷器。宋代景德镇的青白瓷，通过泉州和广州行销国外，风靡一时。在日本和朝鲜发现的宋瓷，很多都是景德镇的。后来的法国传教士殷弘绪（François Xavier d'Entrecolles，1664—1741）就说，"景德镇一地，独挑运瓷器到全世界之大梁"。到了元代，景德镇瓷器进一步销往南亚、西亚、中东乃至东非沿岸，那时候最受欢迎的是青花瓷。

　　国内很多窑口看到青白瓷受欢迎，就开始跟风仿制，福建德化窑就是仿制得比较好的窑口，而且它靠近宋元第一大港泉州。德化的青白瓷也就成了宋元外销瓷器的主力之一。顺便说一句，到了明朝，德化白瓷还作为第一批进入欧洲市场的瓷器，曾推动欧洲制瓷业的起步。到过元大都的马可·波罗曾经专门描述过福建的德化窑，他说："刺桐城（也就是泉州）附近，另外有一座城，名叫迪云州（Tiunguy/Tin-gui），制造碗和瓷器，数量多且精美……制造瓷器的方法，是从石矿中取一种土，风吹日晒经过三四十年，等到这种土成为细土，就可以用来制造瓷器了，表面涂上色，随心所欲做成各种形状，然后放入窑中烧制。父辈留下的瓷土，只有到子侄辈才能用。在这座城市中，贩卖瓷器的市场很多，威尼斯钱币一枚，就可以轻松入手八个瓷盘。"马可·波罗在这里提到的迪云州，大概就是德化。据说，在马可·波罗的遗产中还有一只中国瓷罐，现藏威尼斯圣马可教堂，又称"马可·波罗罐"。传说，这只瓷罐就是他从元朝带回威尼斯的德化瓷器。而在"南海一号"出水的德化瓷器中，有大批的南宋青白釉瓷罐，与"马可·波罗罐"的造型非常相似。

　　宋代另一个生产出口型瓷器的浙江龙泉窑，主要烧制青瓷。龙泉的青瓷，上承越瓷，就是我们前面提到"九秋风露越窑开，夺得千峰翠色来"那个唐代越瓷。龙泉青瓷是青碧色的，光泽柔和，晶莹滋润，比较像翡翠。更重要的是它便宜，在宋代以后，长期成为外销瓷器的大宗。西域人格外喜欢蓝色、绿色，元代以后龙泉青瓷大量销往中亚伊斯兰世界。除了"南海一号"，在水下考古发现的各处沉船遗址中都有龙泉青瓷的身影，时代可以从北宋晚期一直延续到元代晚期。据说，16世纪后半，那时已经是全球航

道贯通的"大航海时代"了。当龙泉青瓷出现在欧洲市场上的时候，巴黎正在热演歌剧《牧羊女亚司泰来》（*L'Astrée*），剧中主人公雪拉同（Celadon）身穿华贵的碧青色衣服，让人不禁想起龙泉青瓷的流青滴翠。在法语中，青瓷尤其是龙泉青瓷就被称为"雪拉同"。

2. 宋元对外贸易繁荣的原因

正如马可·波罗对德化窑的观察，宋元外销瓷器的产地多在南方沿海，可谓近水楼台先得月，想要出口也非常方便。所以说，宋元瓷器外销的极大繁荣，不仅仅是因为当时制瓷业的繁荣，还因为海上对外贸易在发展，包括贸易制度和航海技术。

在贸易制度上，宋元政府对海外贸易基本采取提倡的态度。北宋建国之初，就在广州、杭州、宁波等地设置市舶司，专门负责对外贸易，还常常派遣使臣出海，开拓海外贸易。到了南宋，形势转为"背海立国"，南宋面临耕地有限和人口增长的冲突，农耕不能完全满足需求，政府只好进一步转向海外贸易，通过外贸关税来增加财政收入，所以各个港口很繁荣，比如明州、泉州、温州等。龙泉青瓷的出口就主要通过瓯江前往温州，这也是龙泉窑发展的重要原因之一。元代也延续宋代制度，中间虽有过几次"禁商下海"的短暂时期，但蒙古人对贸易管理宽松，海外贸易依旧蓬勃发展。

那么，在航海技术上呢？宋元时期的航海技术也得到大发展。中国航海家对西太平洋—北印度洋地区的气象、季风和水文，已经相当熟悉，掌握全天候的磁罗盘导航技术，摆脱只能"望日月星宿而进"的天文导航，再加上已经有比较丰富的航海经验，形成一定的"针路"。"针路"就是一种用罗盘推算和修正方向的航

海指南。海船制造的工艺技术也进步明显。南宋人吴自牧写的《梦粱录》里说，南宋海船能装五千料，乘五六百人。很多专业学者认为，这个说法有些夸张，但从考古发现的各种沉船来推测看，宋代海船大概能载货物一千到三千料即约三百吨，乘坐二三百人，这是可以相信的。特别是，宋元海船的船体结构得到改进，船板用层叠方式，厚度为二十至二十五厘米，船体使用铁钉连接，设有水密舱，更耐风浪。

"南海一号"应该就是一艘南宋时期建造的"福船"。福建的福，指的就是主要在南宋福建地区建造的海船。当时海外贸易兴盛，自然推动港口及周边造船业的发展。前面说到，"南海一号"长三十米左右，所以在远航贸易上还是要沿着海岸线航行，以便随时补给。就是这样规模的商船，也可以运载如此大量的瓷器等各类商品！古代海洋贸易的体量，真是现代人想象不到的。可以说，正是有了这样的海船和航海技术，宋元瓷器才能源源不断地经由南海，行销东南亚、南亚、西亚、北非乃至东非。

北宋地理学家朱彧写的《萍洲可谈》一书，就描述了宋代海船装载陶瓷、出海贸易的情景："船舶深阔各数十丈，商人分占贮货，人得数尺许，下以贮货，夜卧其上。货多陶器，大小相套，无少隙地。"海上商船上的瓷器，不仅捆扎得很紧，码得整整齐齐，还利用形状互相扣牢，很不容易摇晃松动，能让瓷器经长途运输仍然完好。你如果去阳江参观"南海一号"，看看出水后仍然码得整整齐齐的小瓷瓶，你就会对外销瓷器的"大小相套"深有体会。

当年的"南海一号"，就是这样满载着宋代的瓷器，从泉州、宁波或广州扬帆出海的。

3. 宋元瓷器的对外贸易

宋代商船出海航线，可能比唐代更为多元而遥远，在"南海一号"可能取道的南海航线上，处处有欢迎瓷器商人的市集。南宋赵汝适（1170—1231）写的《诸蕃志》里，记录了五十八个国家和地区，其中有十五个和宋朝进行陶瓷贸易。元代汪大渊（约1311—？）写的《岛夷志略》中，记录的国家和地区增加到九十九个，其中有四十四个国家进口元代中国的瓷器。

这些书的记载是相当可信的。证据是什么呢？就是分布在这条航线上的各国，都发现过埋藏宋元瓷器的遗址。比如，20 世纪80 年代，印度学者在一个名为贝里耶伯蒂讷姆（Periyapattinam）的小村庄里，就发现一千多块中国瓷器碎片，其中龙泉青瓷占35%，福建青瓷占 25%，德化白瓷占 10%，景德镇白瓷占 5%，景德镇青花瓷占 10%。这个小村庄就坐落在与斯里兰卡曼泰(Mantai)半岛相对的印度南端海滨，正是南海航线的必经之路，而"贝里耶伯蒂讷姆"的意思就是"大港市"。

中国与阿拉伯之间的陶瓷贸易，也有很多实证。在伊拉克巴格达以北的萨马拉（Samarra），考古学家发现晚唐五代和宋代的陶瓷碎片。巴格达以南的古城遗址，也发现过宋元时期的龙泉青瓷碎片。最令人吃惊的，还是埃及的福斯塔特（Al-Fusṭāṭ，即旧开罗城），是 9 至 12 世纪著名的陶瓷集散地，从 20 世纪初就受到世界各地学者的关注。日本东京大学著名教授三上次男（1907—1987），就曾经去埃及发掘福斯塔特出土的瓷器。在这处遗址中，陶瓷碎片堆积如山，其中宋瓷碎片多来自龙泉青瓷、景德镇及其他南方窑口。而且这些瓷器碎片是广泛地分布在大部分的房屋里，

可见在当时开罗附近的普通家庭也可以使用中国瓷器，当地居民的富裕程度和生活水平也许远超现代人的想象。

再远一点，在坦桑尼亚沿海的四十多处遗址中也发现宋元瓷器：基尔瓦岛遗址就出土过唐末到宋初的越窑青瓷、白瓷碗，以及元代描绘凤凰蔓草花纹的青花瓷、素地雕花的白瓷，还有数量众多的青瓷。据说，在东非沿岸的一些遗址，甚至可以整铲整铲地挖出来自中国的瓷片。

总之，一方面宋元时代借航海之利，中国瓷器大规模销往海外，而另一方面中外交通交流的活跃，也反过来刺激中国瓷器出现新的风格变化。

第三节　瓷器在东北亚：新安沉船

前面我们说了唐宋元时期中国瓷器怎样往南通过南中国海，流通到东南亚、中亚、西亚甚至北非。到了蒙古帝国西征亚欧、南下南海，把亚欧世界连成一片，瓷器贸易更是海陆并进，非常发达。陆陆续续的考古发现很多，在中国，比如闽江口的"白礁一号"沉船（出土两千六百七十八件瓷器，以黑釉碗、青白瓷碗为主）、平潭大练岛的沉船（出土六百多件瓷器，以龙泉窑青瓷为主）等，上面装载的主要就是南方中国的各种瓷器。这个时期经由南海出口的瓷器，主要是来自德化、龙泉、景德镇的青瓷、白瓷或青白瓷。而在海外，比如印尼印度教时代的满者伯夷王国（Majapahit，1293—1478/1527）首都遗址出土的中国陶瓷，就包括福建的（33%）、德化窑的（4%）、龙泉窑的

（29%）、景德镇的（2%）。而印度图格鲁克王朝（1320—1413）建立的德里宫殿，后来被帖木儿军攻陷，遗址中出土的七十二件来自中国的瓷器，其中有四十四件青花盘、二十二件青花碗、四件青瓷盘、一件青瓷碗。你可以看到，13 至 14 世纪，元朝的中国瓷器曾经漂洋过海，传遍南海海域周边，也经由马六甲海峡，进入印度、中东甚至非洲东岸。其实，在这之外，从中国往东往北还有一条航线，就是经由东海通往朝鲜半岛和日本列岛，它的繁荣程度丝毫不逊于南海。

中国和朝鲜、日本的商贸往来，当然历史很悠久。在唐宋时期，中国和朝鲜、日本的海上贸易，主要通过两个沿海港口进行，就是扬州和宁波。宁波在唐宋时期称为明州，元代称为庆元。每当春夏季风时节，商船从宁波出发，既可以到朝鲜半岛的釜山、济州再转往日本，也可以直接到达日本九州。当时中国出口的商品，主要是丝绸、瓷器、香料。

其中，瓷器贸易最重要，这一点可以从一艘沉船的发现得到绝佳的证明。

1975 年，韩国渔民在韩国全罗南道光州市西部的新安郡海域捕捞时，从水下二十米处无意间捞上来五件古代青瓷。这一发现立即引起韩国政府文化部门的重视。第二年的秋天，韩国政府组织"新安海底遗物发掘调查团"，在海军的协助下进行水下发掘，初步确定瓷器出水的地方有一艘古代沉没的木质商船。到了 1984 年，韩国考古人员先后进行十次水下探查。在第七次发掘中，考古人员发现一支木签，上面的墨书题记仍然很清晰："至治三年六月一日"。至治是元英宗（1320—1323 年在位）的年号，至治三年是 1323 年。另外，出水瓷器里还有一件青瓷盘，有"使司帅府公用"

等文字。所谓"使司帅府"，指的就是元朝设置的浙东道宣慰使司都元帅府，治所就在庆元（即今宁波），这件瓷器很可能就是元朝宣慰使司都元帅府定制的瓷器。这些证据说明，这就是一艘元代沉船。研究者推测，这艘商船是从东海航线的西端起点，也就是元代的庆元港，满载瓷器、铜钱和香料，扬帆出海，目的地可能是日本九州。

不料，当它航行到朝鲜半岛西南角，也就是今天韩国新安郡的外海时，突然遭遇风暴，最终连船带货一同沉没海底，六百余年后才重见天日。

1. 大有来头的"高丽青瓷"

新安沉船上，除了历代铜钱等少量文物，一共出水了各类瓷器两万两千多件，包括青瓷一万两千多件、白瓷五千三百多件、黑瓷五百多件、杂色釉瓷器两千三百多件。船上的青瓷主要来自龙泉窑口，白瓷多为定窑系产品，其余瓷器分别来自江西吉州窑、河北磁州窑和福建建窑各系。这些窑口，我们前面大都介绍过，而这里特别引起注意的倒不是这些中国本土的瓷器，而是另外的三件青瓷和少量日本瓷器。

这三件青瓷，出自当时朝鲜半岛的高丽王朝统治地区，也就是"高丽青瓷"，可以说大有来头。

朝鲜半岛与中国山水相连，历史上往来就很密切，瓷器的烧制技术也很早就传入朝鲜半岛，而当地的青瓷则是在唐代越窑瓷器和宋代汝窑瓷器影响下发展起来的。早期的高丽青瓷，造型和纹饰多直接仿照同时期的中国青瓷，纹饰有菊花纹、唐草纹、波

涛纹、鹦鹉纹，也有阴刻、阳刻、铁画、堆花、印花等工艺，遗憾的是在釉色上朝鲜长期无法仿制出中国青瓷那样纯正的颜色，就是所谓的"秘色"。不过到了后来，当地工匠终于成功解决釉色不正的技术难题，烧制出真正意义上的青色釉。据说，这种青翠的釉色，十分接近翡翠。北宋使臣徐兢（1091—1153）曾经在北宋和高丽恢复外交时奉命出使朝鲜半岛。他在《宣和奉使高丽图经》中就提到，"陶器色之青者，丽人谓之翡色。近年以来，制作工巧，色泽尤佳"。

到了高丽王朝（918—1392）后期，也就是相当于中国南宋和元朝时期，高丽青瓷的造型、纹饰、釉色和烧制工艺水平已经相当高，不仅出现很多精品，名声也传遍整个东亚，就连盛产瓷器的南宋人也很重视。南宋太平老人的《袖中锦》就将"高丽秘色"也就是高丽出产的青瓷，与当时东亚世界的各大名物，包括"端砚""洛阳花""建州茶""蜀锦""定瓷""浙漆""吴纸"，还有辽朝出产的鞍具、西夏出产的铁剑等，一起评为"天下第一"。

研究新安沉船的学者一般认为，沉船上的那三件青瓷虽然产自高丽，却是在中国装船的。那么，这可能意味着中国当时也进口高丽青瓷，或者是从高丽得到作为礼物的高丽青瓷。毕竟在宋代，高丽青瓷和中国定窑瓷器，都属于冠绝天下的名品。在今安徽滁县、浙江杭州和北京的古代墓葬中，都出土过高丽青瓷。另外，装载这批青瓷的木箱，压在另外三个木箱的下方。这也可以佐证，这三件瓷器中途才在高丽装船的可能性很小，而是一开始就从中国装船，作为名贵瓷器准备运到日本待价而沽的。

2. 曜变天目、日本茶道与瓷器风格

既然提到高丽青瓷，我们不能不讲讲日本。

新安沉船上装载的瓷器，有一部分是福建建州窑出产的瓷器。这个窑口我们前面没有详细介绍过，在这里简单讲一讲。建窑瓷器始于唐代，在两宋时期达到鼎盛，元末时它的重要性才被我们前面提到的德化窑取代。建窑一系主要是黑瓷和青瓷，也有少量的青白瓷。建窑在中国瓷器史上的地位，是由它创制的几种结晶釉奠定的。这类结晶釉又称"天目釉"，具有浑厚凝重、黑中泛青的独特面貌。尤其是"天目釉"中的"曜变天目"，烧制出来更是神奇——墨黑的底色上，散布着蓝色的星点，星点四周还有红、天蓝、绿各色图案。这种"曜变"，并非出窑后外力干预所能造成的效果，而是黑釉在烧制过程中，在特殊温度和操作方法影响下，自然形成的一层膜。要烧制几十万个茶碗，才能出现极少数这类珍品。

那么，为什么新安沉船上会载有建州窑的瓷器呢？这要说到日本茶道。日本茶道文化中，茶色贵白，黑釉的茶盏被认为最适合观察茶色。后来足利义政（1436—1490）时期日本开始盛行茶道文化，喝茶用的茶碗主要就是从中国进口的青瓷和建窑出产的黑色茶碗。这相当于中国宋元时代，日本的青瓷中有不少是高丽青瓷，而留存下来的中国建窑茶碗有很多已经被当作国宝。比如，南宋时期日本僧人从中国带回的曜变天目茶碗，现在收藏在日本静嘉堂文库美术馆。你可以欣赏一下这件茶碗，它釉色纯黑，但光洁明亮，碗的内壁布满"曜变"的斑片，宛如满天星斗，被称为"碗中宇宙"。值得一提的是，静嘉堂文库美术馆是三菱社长岩

崎弥之助（1851—1908）、岩崎小弥太（1879—1945）父子在20世纪40年代创立的。这只曜变天目茶碗就是静嘉堂文库美术馆的第一号藏品，也被视为瓷器中的日本头号国宝。据说，收藏者当年得到这件珍宝后，从来不忍心用它来喝茶。

不过后来，大概在日本天正年间（1573—1592），从织田信长（1534—1582）到丰臣秀吉（1537—1598）的时期，朝鲜半岛生产的朝鲜茶碗开始流行。朝鲜茶碗和高丽青瓷完全不一样，是相当朴素甚至粗糙的瓷器。这主要是日本的茶道风格改变了，茶道和禅风一样追求朴素和自然，人们对茶碗的审美偏向也随之变化。

到了16世纪90年代，丰臣秀吉调集十五万大军渡海入侵朝鲜，最终在朝鲜与明朝的联合抗击下失败而归，这就是壬辰之役（1592—1598）。正是在这次日本、朝鲜和明朝卷入的大战中，日军俘虏了一批朝鲜工匠，其中有几百名陶工，被丰臣秀吉带回去制作茶碗。比如朝鲜茶碗中被认为是最高等级的"井户茶碗"，有一个说法就是，因为它是从朝鲜来的一个叫井户若狭守的人烧制的，所以叫"井户"。当然，"井户"这个名字，已经不是朝鲜人姓名而是日本人名字了。

3. 东海瓷器贸易圈

有人指出，壬辰之役之后乃是日本本土瓷器大批量烧制的开端。被日本人俘虏回去的朝鲜陶工李参平，到日本后，参与日本瓷器的烧制。他在日本各地寻找可以烧制出高质量瓷器的瓷土，最终在肥前国的有田也就是今天佐贺县有田町附近的泉山发现理想的瓷土，这才真正启动日本本土的瓷器烧制事业。佐贺后来号

称日本"秘窑之乡"，有田也被誉为日本"景德镇"。这就是日本著名外销瓷器代表"有田烧"的起源。

还有一个传说是，早在明正德年间（1506—1521）也就是16世纪初，那时壬辰之役还没开打，一位叫五良大辅的日本人就来景德镇学习瓷器制造，他还取了个中国名字叫吴祥瑞。五良大辅带了一些烧造瓷器的原料回到日本，在有田居住下来，仿造景德镇的青花瓷器。由于他在日本没找到合适的瓷土，在消耗完中国带来的原料后只好放弃。也许，他做梦也没有想到，有田这个地方不但有合适的瓷土，百余年后还成为日本近代陶瓷的发源地，结束了日本依靠进口瓷器的历史。

到了17世纪中叶，从明末中国进口的大量彩绘瓷器流入日本，刺激了江户日本的瓷器生产，日本涌现出一批烧制优良彩绘瓷器和青花瓷的本土窑口。以有田烧为典型代表，有田瓷器最初模仿景德镇窑、吉州窑、磁州窑，还有彩绘瓷器，但是也发展出自身风格，逐渐形成后来著名的"古伊万里样式""柿右卫门样式""锅岛样式"三大样式。其中，"柿右卫门样式"是有田创新出的一种独特的乳白色瓷胎，也叫"浊手"，比中国的白瓷更偏乳白色，纹饰从中国特色的花鸟逐渐转向日本特色的红叶、秋草、松竹梅，纹饰的色彩主要是柿子红彩，就像熟透的柿子红，所以这个样式门派就叫"柿右卫门"。可见，日本也不是单纯复制中国的瓷器，也有了自己的创新发展。

特别要说的是，日本瓷器的崛起正好处在一个关键风口上。17世纪中叶，正好中国处在明清易代的动荡之中，这时候欧洲人大规模往东亚海域来。老话说："覆巢之下，安有完卵？"景德镇瓷器外销，在明清之交受到影响。特别是清初，在台湾还没有收复、

郑成功还横行海上的时候，清朝又是禁海令又是迁界令，禁止海上贸易，中国瓷器既然没有办法满足国际市场的需求，荷兰东印度公司就不得不寻求新的瓷器供应商，于是这时就找到日本。有了广大的国外市场需求，国内生产才能进一步蓬勃发展，因此以有田烧为代表的日本瓷器取代景德镇，开始成为荷兰东印度公司出口东南亚和欧洲的主要瓷器品种。等到"三藩之乱"结束（1681）、台湾收复（1683），再度想要开发国际市场的时候，中国还不得不模仿日本的"伊万里瓷器"，烧制中国"伊万里"，最后以更高的质量和更便宜的价格重新占有市场，这真是一段曲折的故事。

好的艺术品有时是好的消费者刺激出来的。日本为了迎合西方消费者追捧中国瓷器的嗜好，有田烧最初曾经着力模仿明代后期的五彩瓷器，融入当时欧洲流行的巴洛克艺术元素，富丽繁复，色彩缤纷，被称为"锦染手"。"染手"，其实就是中文"青花"的意思。此后，有田烧又模仿景德镇嘉靖、万历时期的金彩瓷器，追求绚丽的富贵感，在"锦染手"基础上再施以金彩绘纹样，称为"金襕手"，这些都属于前面提到的"古伊万里样式"。因为外销的有田瓷器，多从日本伊万里港运出，所以有"古伊万里样式"这个名称，有田烧也同时被称为"伊万里瓷"。除了纹样，在瓷器的形状上，有田瓷器也大多根据欧洲订货商提供的模型来制作，包括啤酒杯、大口水壶和芥末瓶等，甚至还点缀了欧洲风格的花卉、纹章和图样，比如郁金香。

如果说新安沉船上的三件高丽瓷器，从一个侧面证明中国、朝鲜半岛和日本很早就形成一个东海瓷器贸易圈，不论是产自中国的龙泉青瓷，还是高丽仿制的青瓷，都是这个贸易圈中广受追捧的商品和普遍流通的艺术品。那么有田烧的历史则形象地说明，

这个海上的瓷器贸易圈，也是一个活跃上千年的文化和艺术交流圈，来自中国、朝鲜半岛和日本三地的知识、技术和文化，甚至包括后来来自欧洲的商品需要、生活习惯和艺术口味，共同使得这个文化交流圈不断陶冶、融合，并获得新的生命力。

第四节　青花瓷和珐琅彩

前面，我们追寻古瓷的全球遗迹，由碧波浩渺的南海到苍茫无边的非洲海岸，从中国浙江的宁波到韩国光州的新安、日本九州的佐贺有田，回溯古代中国海外贸易的历史印记，从海底打捞的陶瓷发现贯穿全球的尘封历史。瓷器，这种泥土烧制的器物在长达千年的全球史中，不但造成华夏共同体一个影响范围最广的称谓，而且成为东方商品行走世界最具代表性的名片。

不过，器物的"中国性"并不是恒常不变的。从中国出发的瓷器，也同样受到全球物质和文化交换的影响，演化出多样的形态。不论是青花瓷，还是珐琅彩，其实都有着中西文化碰撞的痕迹。

1."鬼谷子下山图"大罐之谜

2005 年，一件元代青花瓷器——"鬼谷子下山图"大罐，在英国伦敦国王街佳士得拍卖行（Christie's）亮相，吸引全世界的目光。一位神秘的电话买家一掷千金，以 1568.8 万英镑的价格成交，创造当时中国瓷器的最高成交记录，也带动古董收藏界的青花瓷热潮。这件"鬼谷子下山图"大罐，最初由一位荷兰的赫默

特男爵收藏。第一次世界大战期间，赫默特男爵派驻北京，担任荷兰使节护卫司令。爱好瓷器的赫默特男爵在北京收购大量瓷器，其中就包括这件青花大罐。因为它重量太大，有十千克，运输回国时颇费一番周折。除了超常的重量，大罐的纹饰也相当丰富厚重，上面的青花纹饰就有四层，以青色钴料描绘的人物画像，在白中闪青的釉色铺垫下鲜活生动。

　　这样的青花，来头可不一般。普通青花瓷的原料，用的是一种天然钴料，研磨调制成水墨状态，再用毛笔蘸着在白色瓷胎上描绘纹饰，最后罩上一层透明的釉，放入窑中烧制而成，便能够透出国画般的笔致和韵味。唐代就能烧制早期的青花瓷，然而元青花为什么最独特最珍贵？因为它率先采用一种呈色效果很特殊的青色钴料。与国产青料相比，这种钴料所含锰元素低而铁元素高，元代文献《饮膳正要》称之为"回回青"，明代称之为"苏麻离青"或"苏泥勃青"。根据历史学者考证，它主要是从西亚波斯地区进口的。早期的元青花，不仅钴料来源于伊斯兰世界，并且许多造型如独特的扁壶和梨形瓶等，也都十分类似伊斯兰世界常用的金属器皿和陶器。

　　除了是元代冠绝前后的青花瓷，这件"鬼谷子下山图"大罐还为什么如此珍贵呢？这是因为元代青花瓷器上有绘画故事的已经不多见，现今大概只有八个。而且这件大罐上的故事也很特殊，其他七件瓷罐上的人物故事都可以在元杂剧里找到，说的大多是汉至唐的人物故事。比如"昭君出塞"罐，取自马致远（约1250—1321/1324）《破幽梦孤雁汉宫秋》杂剧；"三顾茅庐"罐，取自王晔《卧龙岗》杂剧；"西厢记焚香"罐，出自王实甫（1260—1336）《崔莺莺待月西厢记》杂剧。而"鬼谷子下山图"大罐讲述

了战国时期"乐毅图齐"的故事，好像没有元杂剧和它对应，倒是可以在元代流行话本中找到。它说的是战国时期燕齐两国交战，燕国拜乐毅为将攻打齐国，连下七十城。后来，齐国军师孙膑使反间之计，最终击败燕军，收复失地。这件元青花"鬼谷子下山图"大罐中，只展现了鬼谷子救徒的一个片段，如果大家有兴趣，可以参看流行于元代的话本《新刊全相平话·七国春秋后集》。

2. 土耳其托普卡帕皇宫的藏品

在今天的艺术家和收藏家看来，元青花瓷的珍贵几乎是不言而喻的，然而元代青花瓷一开始并不那么特别受青睐。它的缘分，同它的钴料和器型一样，乃在海舶重洋之外。

在蒙古统治者看来，青花瓷虽然美观，却太容易碎，并不适合草原马背的生活，所以在宫廷中并不常用。而在民间看来，青花瓷的进口钴料昂贵，普通人用不起，而且元青花的色彩构图也并不那么符合传统的士大夫审美。元明之际的曹昭，从父辈起就爱好古玩，精于鉴定，算是江南地区颇有名望的文物收藏大家。曹昭在《格古要论》一书记述"古饶器"的部分，就公开表达过不喜欢青花瓷的原因，就是"有青色及五色花者，且俗甚矣"。这种顽固的审美姿态甚至一直坚持到明朝末年，大画家文徵明（1470—1559）的曾孙文震亨（1585—1645）在《长物志》这部很有名的记录生活艺术的书中，仍然表示"以纯为贵"，还是崇尚复古，也就是唐宋的单色瓷之美。

不过，蓝白相间的青花瓷，虽在初创之际不受汉族士大夫文化圈的欢迎，却另辟蹊径走向出口外销的广阔市场。元朝刚刚征

服江南的 1278 年，那时南宋还没完全覆亡，在景德镇民窑首先烧制青花瓷后不久，元朝朝廷就在景德镇设立浮梁瓷局，除完成皇家贡品的烧制工作，还将青花瓷作为外销瓷器大量生产。那时候，在宽阔的欧亚大陆上，蒙古人南征北战，曾经建立起空前绝后的巨大帝国，拉开文明间大规模交流的序幕。因此，蒙古帝国也为繁荣的青花瓷外销提供历史机遇。1331 年，大旅行家伊本·白图泰在安纳托利亚游历，受到毕尔克苏丹赐宴款待。在那本著名的《伊本·白图泰游记》中，他特别写下宴席上所用餐具是中国瓷器。可见，随着蒙古帝国的扩张，以及元朝青花瓷贸易的开展，中国瓷器已经大量进入西亚地区。

到了 1453 年，在中国已经是明代景泰年间（1450—1457），二十一岁的奥斯曼土耳其苏丹穆罕默德二世（Mehmed II，1444—1481 年在位）率军攻占君士坦丁堡，拜占庭帝国灭亡，他把君士坦丁堡改称伊斯坦布尔，作为新都城。城里金碧辉煌的托普卡帕皇宫（Topkapi Palace）就是穆罕默德二世建都之后前后历时四百年建造的。如果你去看这座皇宫，几乎处处都可感受到这位奥斯曼帝国雄主的遗风。宫中悬挂的一幅记录贵族生活的细密画尤其惹人注意。原画没有名字，只能根据它的内容称为《奥斯曼苏丹穆罕默德二世宴请外国使节》。在这幅画中，主角穆罕默德二世端坐于中心位置，与穿戴着蒙古风格衣帽的使臣共同进餐，而他们用的很多就是东方的瓷餐具。今天，我们仍然能在托普卡帕皇宫看到画中的瓷器。而宫中用于陈列布置中国瓷器的展厅，前身刚好就是宫廷御膳房。你可以看到，在这场国宴中主宾所用瓷器都是中国青花瓷器，十二人的大桌中央摆放着尺寸超大的青花瓷盘，除了大盘，再无小碗小碟。土耳其托普卡帕皇宫和伊朗阿德比尔

(Ardebil) 神庙收藏的大肚深腹的罐瓮、带边柄的大口水壶、葫芦形瓶、玫瑰水喷头、深碟等，在瓷器造型和风格上体现和中国本土饮食文化不同的设计感。很明显，这些颇具异域风格的巨无霸瓷器，应该就是景德镇为伊斯兰市场专门定制的产品。

中西亚的传统饮食方式，与中国大不一样。以族众聚食共饮的方式进餐，需要阔盘、深盆、大口壶。此外，中西亚民族也不似中国人坐在椅上、饭菜置于桌上，而是直接坐在地上或铺有毯席的地面，因此必须以盘架加高到方便取食的高度。在制作过程中，中国工匠模仿埃及、叙利亚和波斯等地的金属器皿的造型，也许有些样本原来就是穆斯林商人特意送到中国，向瓷器制造者定制的，也许有的样本则是泉州、广州当地的穆斯林家庭提供的。前面说过，在"南海一号"沉船中，已经出现很多带有异域风格的瓷器，可见根据客户需求进行"来样加工"在宋代就初现雏形。

奥斯曼土耳其人钟爱的元青花，也吸引西边的威尼斯人。西方绘画大师也在作品中记录中国瓷器。中国瓷器入画的经典，要数乔瓦尼·贝利尼（Giovanni Bellini，1430—1516）的名作《诸神的宴会》（*Il festino degli dei*）。这一次，瓷器已经不是凡人饭桌上的餐具，而成了众神欢宴的"神器"。

3. 对珐琅彩瓷器的追捧

成熟的元青花开启近世中国青花瓷器的盛行与繁荣。到明朝永乐年间（1403—1424），青花瓷器不仅在国外热销，在中国本土也渐渐成为瓷器的重要流派，相比于明代一部分人的鄙薄，另一部分人开始欣赏青花瓷器。明末文人张应文（约1524—1585）在《清

秘藏》中，就盛赞明宣德青花瓷说："我朝宣庙窑器质料细厚，隐隐橘皮纹，起冰裂鳝血纹者，几与官、汝窑敌。即暗花者、红花者、青花者，皆发古未有，为一代绝品。"这时候，中国陶瓷匠和鉴赏家又开始拥抱明亮丰富的色彩，迎接单色瓷之外的多元风格。明清时期的彩瓷更是独领风骚，为另一种瓷器的出现奠定艺术基调，那就是珐琅彩。

14 世纪后期，蒙古帝国衰退之后，欧亚商路虽颇多梗阻，但中西交通和文化交流却并未中断。到了明朝中后期，欧洲传教士又敲开中国大门，然而明清以来的统治者对外来的宗教信仰并不认同。传教事业虽然艰难，但是传教士和商人带来的天文历法、音乐、绘画，还有各类工艺品，比如望远镜、钟表等，明清统治者却来者不拒，其中最受欢迎的就是华丽的画珐琅器。

据说，近代画珐琅技法起源于15世纪的法国，又经过两个世纪，法国工匠发明画珐琅的新方法。这种画法是在一种较软的玻璃料内，加上不同的金属氧化物作为呈色剂，并用油调和，做出珐琅料。用珐琅料装饰的器物，表面的色泽效果和油画一样。珐琅料可以装饰在金属、玻璃、瓷器这些不同质地的器物上面。那么，把珐琅工艺用在瓷器上的技术，就叫画珐琅，也就是我们熟知的"珐琅彩"。

珐琅工艺最早进入中国是在明朝，至于它是从什么途径来的，现在还不是很清楚。其实，赫赫有名的景泰蓝，就是明朝工匠利用进口的珐琅料，在金属器上装饰烧制成的一种珐琅器具，又叫掐丝铜胎珐琅。当然，景泰蓝并不属于瓷器，它是一种金属制品，主要是铜做的。还有，清代开始流行鼻烟壶，有钱的上层人喜欢用鼻烟壶攀比，其中一种就是用珐琅工艺，在玻璃制的鼻烟壶上

绘画玻璃胎珐琅彩。

瓷器珐琅彩的高峰时期，是在清朝。据说，1687年，也就是康熙二十六年，由法国来传教的耶稣会士向康熙皇帝（1662—1722年在位）进献了几件产自法国利摩日（Limoges，又译里蒙日、里蒙）的铜胎珐琅器。康熙得到后非常喜欢，传旨把珐琅画在瓷器上，由此带动延续康雍乾三朝的珐琅彩热潮。清廷瓷胎画珐琅的造办处，从康熙二十七年立项，办事处甚至就设在皇帝处理朝政的养心殿。画珐琅造办处的画师，主要是远渡重洋的欧洲传教士。本来指望能在天朝广传福音的传教士，结果往往变成内廷画院皇帝的私人画师。意大利神父马国贤（Matteo Ripa，1682—1746），从北京的畅春园写信回国说："（皇帝）对我们欧洲的珐琅彩太着迷了，他命令我和郎世宁（Giuseppe Castiglione，1688—1766）彩绘，在拥挤的作坊里从早工作到晚，真是一件不能忍受的苦差事。"

为了满足瓷胎画珐琅的颜色要求，康熙帝还不断从国外进口珐琅材料，模仿铜胎画珐琅的技法，在景德镇直供的瓷胎上描画无数次，到了康熙五十九年才研发成功。就在康熙逝世前，这位帝王仍要求法国传教士返回欧洲时，替他物色经过专门训练的最优秀的画珐琅技师。而在北京宫廷中烧制珐琅彩瓷器，直到乾隆帝（1735—1795年在位）统治的中后期才停止。原因可能是御窑厂主管乏人，无法持续提供上好的素胎以供画珐琅选用。乾隆中后期，国力开始下降，财政上也很难再负担大量进口的珐琅原料。另外，稍早些的雍正时期，以玻璃白打底的粉彩瓷器开始崭露头角，效果并不逊色于画珐琅，并且造价较低，可以在景德镇大批烧制。于是，画珐琅工艺以及昂贵珍秘的画珐琅瓷器，就逐渐被粉彩瓷

器取代，在宫廷中渐渐流失，只是在历史上见证西洋工艺与中国瓷器令人惊叹的结合。

4. 小结：仿制、创新与中外交流

中国古话说：他山之石，可以攻玉。这正可用来形容本土瓷器对外来元素的借用和改良。在前面，我们讲到中国的元青花和清代画珐琅这两个最典型的例子。此外在中国之外，无论是日本、朝鲜、中亚，还是欧洲，都有许多专精覃思的巧匠，以中国外销的商品瓷为基础，仿制和创新出令人惊叹不已的瓷种。这些故事，也许不像沉船遗珍重见天日那样让人激动，却同样是瓷器在全球物质和文化交流中的流光溢彩。

（周思成）

第三讲

来自异域：香料

第一节　中古粟特人的香料生意

前面讲了丝绸和瓷器。陆地和海洋的丝绸与瓷器贸易之路，可谓古代世界商品和物资大交换中非常重要的通道。有买就有卖，总不能只去不来，那么丝绸和瓷器之路上的贸易额又是如何平衡的呢？这是学界一直思考的问题。换句话说，中国向西域、南海各国输出丝绸，那么西域、南海各国输入中国的主要是什么呢？很早以前，中国经济史学家全汉昇（1912—2001）先生就注意到，西域、南海各国输往华夏的主要商品应该是珠宝和香药。因为国际贸易的商品无论是由外国输入还是向外输出，都须远涉戈壁大洋，不仅商品要能赚钱，赚的钱还得包括巨额运费，而这一大笔运费只有用价值大重量小的奢侈品才能赚回来。所以，很长时间里尤其是中古时代，珠宝、香料、贵重药品是输入中国的主要商品。

在这几种东西里，比利时历史学家亨利·皮雷纳（Henri Pirenne，1862—1935）特别强调香料的重要性。他认为，香料是

中世纪远程贸易的首要商品。一直到近世，香料所占的重要地位始终未变。也就是说，香料贸易和丝绸贸易同等重要甚至更加重要，它们都是丝绸和瓷器之路上最重要的商品。

那么，香料贸易是如何进行的？是谁把香料贩卖到了中国？香料在中国的销路怎么样？香料贸易的规模怎么样？能获得的利润如何？香料对中国社会产生哪些影响？接下来，我们将逐一为大家解答这些问题。

1. 从粟特文的信札来看香料

1907 年，英国考古学家斯坦因在敦煌西北长城的烽燧遗址中发现八封粟特文书写的信札，其中一封信里写道："最后一位天子，据他们说，因为饥馑逃离洛阳。有人在宫殿和城市里放了火，宫殿被付之一炬，城市也遭到毁灭。洛阳已不复存在，邺城也不复存在。而且匈奴人他们占据长安……当他们到达洛阳，那里的印度人、粟特人都死于饥荒。"

英国伊朗学家亨宁（W. B. Henning, 1908—1967）根据匈奴人烧毁洛阳城、皇帝因为饥馑而逃离洛阳等历史背景，认为该信写于 313 年，信中提到的天子是西晋晋怀帝（284—313）。从信中所写内容来看，洛阳局势非常糟糕，粟特人面临战争与饥饿的双重风险，随时有可能丢掉性命。那么究竟是什么力量，吸引他们远离自己故乡撒马尔罕（今乌兹别克斯坦撒马尔罕城以北），不远万里，冒着危险来到中国呢？

据《旧唐书·康国传》记载，粟特人的信念是"利之所在，无所不到"。只要能获得高额利润，粟特人就不惧艰险、不畏路

远。粟特男子长到二十岁左右，就来往于各国之间从事贸易活动。中国因为是丝绸故乡，所以更是粟特人东来的主要目的地。那么，粟特人究竟给中国人带来什么神奇商品，从而换走中国巧夺天工的丝绸呢？

粟特文古信札中的 V 号信，或许可以为我们揭秘。这封信是粟特在华的商务代理发黎呼到（Frī-khwatāw）写给其商队首领萨般达（Aspandhāt）的，其中提到在姑臧（即凉州城古称，今武威）有四包"白货"等待分发。关于"白货"是什么，不同学者有不同主张。法国学者葛乐耐（F. Grenet）、魏义天（É. de la Vaissière）认为"白货"是白铅粉（胡粉），日本学者吉田丰则认为"白货"可能是白檀香。毕竟从传世文献来看，檀香从汉代开始就已经是胡商输入中国的主要商品。

此外，V 号信还提到：姑臧还有两千五百枚的荜拨等待分发。荜拨就是长胡椒，这就是香料在中国贩卖开来的一个证据。粟特人贩卖的荜拨，主要用作饮食中的调味品。《齐民要术》记载，北朝人制作胡炮肉时，要使用胡椒、荜拨等香料，放进羊肚中缝合，再埋入土坑中火烧，味道香美，绝非煮羊、烤羊能比。除了用作食品调味料，胡椒、荜拨等香料，也被人认为有药用价值。北朝的胡炮肉也不只是好吃，孙思邈（541—643/682）就认为它对五劳七伤即肺结核病之类有奇效，可以解热退烧、缓解咳嗽。在印度，胡椒、荜拨、生姜也被称为三辛药（或三热药），具有温中下气、驱寒暖体的功效，而罗马人则认为胡椒是治疗各种疼痛及其他疾病的万灵丹。如果有人咳嗽、发烧或遭毒蛇咬伤而产生毒素，据说常见的疗法就是喝掺有少量胡椒的药水或擦胡椒药膏。

不过，据传世文献记载，中国最早出现的外来香料，不是粟

特人而是月氏人带来的。如果传为东方朔（前154—前93）《海内十洲记》可信的话，里面就说到西汉征和三年（前90）西域月氏国王曾派遣使臣向汉武帝献香四两。后来，长安城内发生瘟疫，病者数千人，点燃月氏神香，起到很好的防治瘟疫的作用。《太平御览》中收录班固写给弟弟班超的书信，其中提到东汉的侍中窦宪（？—92）一次性就出价七百匹杂彩，委托西域都护班超帮忙购买月氏的苏合香。这些都是对中国与西域之间的香料贸易比较早的记载。

后来，粟特商人渐渐地控制丝绸之路，他们向西贩卖中国的丝绸，向东贩卖西域的香料。在《中亚文明史》第三卷里记载，粟特人所在的索格底亚那（Sogdiana）原来比南面或西面的邻国落后，但是在3至8世纪成了最先进的国家之一，甚至是整个中亚河中地区的领袖，主要就是因为在丝绸和香料贸易上的大大成功。

2. 西晋贵族对香料的酷爱

粟特人贩卖的香料，在中国的销路如何呢？据史料记载，西晋贵族聚敛无度，生活奢侈铺张。《晋书·何曾传》里说，晋武帝（236—290）的宰相、太傅何曾（199—279），生活奢侈，家中膳食所费超过帝王，日食万钱，还说没有下筷子的地方。西晋贵族奢侈豪华的生活，成了粟特胡商输入外来香料的重要商机。

当然，有需求才能刺激供应，西晋皇室与贵族对异域香料的酷爱也是毫无疑问的。《晋书·贾谧传》就记载这样一个故事：西晋太尉贾充（217—282）的小女儿贾午（260—300，即晋惠帝[259—307]皇后贾南风[257—300]的妹妹），与贾充的下属韩寿（？—

300）私订终身，并将西域进贡的奇香从家里偷出来赠予韩寿。该香异常珍贵，连晋武帝都非常珍惜，仅赏赐给贾充和大司马陈骞（201—281），非寻常人能获得。韩寿得此奇香之后，因为体味芳香酷烈，非寻常香料可比，所以偷香的事情很快被贾充得知，韩寿和贾午的私情也就很快败露。贾充为了女儿的名声考虑，只好秘而不宣，还将女儿贾午嫁给韩寿为妻。故事里所谓的"西域进贡"，可能就是粟特人以朝贡的名义与西晋王朝进行的贸易往来。

西晋贵族石崇（249—300）也是奢侈使用香料的代表人物。据《晋书·王敦传》记载，石崇在家中厕所里放置甲煎粉、沉香汁等香料。甲煎粉是把沉香、甲香、麝香等各种香料切成豆片大小的碎片，采用蜜和、酒水渍、油煎等方式炼制的香品。甲煎粉焚燃时，香味浓烈张扬，可以掩盖厕所的味道，改善如厕环境，而沉香汁则是如厕完毕后洗手用的。

面对石崇家里奢华的厕所，相传各位来访的贵宾如厕后反应不一。大将军王敦（266—324）神态自若，在厕所内当着石崇的婢女脱旧衣，换新衣，旁若无人。这并非王敦有多强的心理素质，而是王敦所娶的妻子是晋武帝的女儿襄城公主，他对厕所内的顶级奢华早有体验。传说新婚之夜，王敦由于不懂皇家如厕的规矩，把塞鼻子的干枣吃了，还把琉璃碗中盛放的洗手用的澡豆（用大豆、小豆以及各种香料制作的洗手香粉）倒进盛水的金澡盘里喝了，闹了许多笑话。但是家境贫困、从未经历过如此场面的尚书刘寔（220—310），见到石崇家里奢华的厕所一下就晕了。看见厕所内帷帐被褥极其艳丽，又有两个婢女手持香囊，焚燃着甲煎粉，香雾缭绕，以为自己走错，误闯石崇的卧室。

西晋贵族对进口香料的喜爱，由此可见一斑。

3. 粟特人在三角贸易中的地位

有了大量的需求，粟特人到东方交易的香料数量自然不会小。

让我们再回到粟特文古信札，其中Ⅱ号信里提到：粟特在姑臧的商务代理娜娜槃陀（Nanai-vandak）在中国境内购买了32袋麝香，经由敦煌寄给撒马尔罕的大商主拔槎迦（Varzakk）。Ⅵ号信中出现的商品，以前被误译为樟脑，后来有学者指出应该是龙脑香。Ⅵ号信的发信人被要求去楼兰时，要在中国购买丝织品，若未能找到丝织品，就买龙脑香作为替代品。这都说明，早在4世纪初期，香料就是粟特人所经营的主要商品，而且种类丰富、数量巨大。

粟特人所经营的香料里，我们已经提到的，包括麝香、白檀香、龙脑香、荜拨等，经手的数量巨大、价格昂贵。从Ⅱ号信来看，凉州的商务代理一次性就从中国购买了32袋麝香，若每袋按30斤估算，32袋麝香为960斤。据吐鲁番出土的大谷文书记载，直到唐代天宝年间（742—755），麝香的价格仍然极高。上等麝香的价格，一分为120文，一斤为64分，则每斤上等麝香的价格为7680文。32袋麝香的价值应该高达7372 800文，即7372.8贯，那么娜娜槃陀购买的这些麝香就算得上是价值连城的商品。

此外，粟特人经手的香料来源广泛：我们提到的白檀香、荜拨这种进口香料来自印度；龙脑香原产于东南亚苏门答腊等地，从海上丝绸之路进入中国后，一路向西北，被贩卖到楼兰，再由粟特人运出中国，转输到中亚甚至更远的地方。而且丝绸之路上的香料贸易，一开始就是双向的，也有出口的香料，比如凉州代理大量购买的麝香来自吐蕃，也就是现在中国西藏，再一路贩卖

到中亚去。

总的来说，粟特人不仅是中亚与中国之间贸易的中间人，还是印度与中国之间贸易的中间人。从喀喇昆仑山的岩石铭文来判断，粟特商人当时主宰了从中亚到印度河谷地的南路。在《吐鲁番出土文书》第三册里，收录一件麹氏高昌王国时期（501/502—640）定名为《高昌内藏奏得称价钱账》的文书，其中涉及香料交易的一共有八笔，买卖双方共十六人，其中六人姓名缺载或不完整；姓名完整的十个人中，九个是昭武九姓也就是粟特人，其中有六个康国人，两个安国人，一个何国人。可见，康姓、安姓、何姓等粟特胡商，在6至7世纪中期香料贸易中居垄断地位，也说明中古时期粟特人在西亚中亚、中国、印度这个三角贸易中，承担了主要的贸易任务。

4. 粟特胡商是香料贸易的主要担当者

西晋末年战火连天，而粟特人仍然坚持不懈地在中国从事香料贸易，获利必定是丰厚的。

前面提到的，可以替代丝织品的龙脑香，它一斤的价格就在二百到四百贯之间，这比麝香还要贵得多！西晋驸马都尉傅玄（217—278），在他的《拟四愁诗》里面说："佳人赠我苏合香，何以要之翠鸳鸯。"就是说，美女送给我苏合香，我接受这样贵重的礼物，用什么礼物回赠才好呢？只有翡翠雕刻的鸳鸯恐怕才是价值相当的礼物。众所周知，翡翠的价值是所有玉石中最高的，人称"玉中之王"，傅玄认为能与进口的苏合香比肩的礼物是翡翠雕刻的鸳鸯，可见原产于小亚细亚的苏合香在中国价格极为高昂。

从事香料中间贸易的粟特人必定获取了丰厚的利润。

Ⅱ号信中的粟特商务代理对撒马尔罕的大商主说：当你需要现金时，你可从所有钱中取出一千或两千个斯塔特（Stater，是古希腊的金币单位）。这或许就是他们从事香料贸易的部分利润。

可是，粟特人使用的为什么是古希腊的金币呢？《中亚文明史》（*History of Civilizations of Central Asia*）第三卷解释说，直到5世纪粟特内部贸易和货币关系还处在"沐猴而冠"的阶段。一个世纪接着一个世纪，粟特地区的钱币都是仿制公元前3至前2世纪各个希腊统治者的钱币。到了5世纪，仿制钱币的质量已经极其低劣，弓箭手像已经模糊，只剩下一个轮廓，钱币的重量也大为减轻。到6世纪时，这种钱币停止铸造，这标志着沐猴而冠地仿造阶段的结束，一个发展贸易和货币关系新阶段的开始，这个新阶段与一种方孔青铜铸币的广泛流通有关。粟特人仿照唐朝开元通宝钱的式样铸造大量的粟特青铜钱，成了他们日常使用的货币。据弗鲁姆金（Grégoire Frumkin，1895—1981）《苏联中亚考古》（*Archaeology in Soviet Central Asia*）记载，这类铜钱出土数量非常多，在圣彼得堡艾尔米塔什博物馆藏有六千枚以上仿中国式样的粟特钱币，多数铸造于撒马尔罕。此外在片治肯特（Panjikent，今吉尔吉斯斯坦西部）也发现超过一千五百枚的粟特钱币。这都反映唐朝对中亚地区的深刻影响，也反映粟特与中国之间商业贸易的繁荣。

回到香料，除了高昂的价格，香料贸易更是全年无休的好生意。从前面提到的《高昌内藏奏得称价钱账》文书来看，香料交易发生的时间，正月、六月、八月、十二月都有，并无明显的淡旺季之分，是不受季节限制的全年不断的交易。相比而言，丝绸之路

上重要的生丝交易季节性很强，主要集中在春季的四五月间，过后交易便趋于平淡。香料由于容易保存，不易败坏，所以全年的交易都很繁忙。该件文书中，香料的总交易量高达 2933 斤，而生丝的总交易量才 150 斤，香料的交易量远远超过生丝与其他所有商品的交易量而位居榜首。这足以证明香料贸易在丝绸之路贸易份额中确实占有举足轻重的地位，而粟特胡商正是 4 至 7 世纪陆上丝绸之路香料贸易的主要担当者。

在中国、西域与印度之外，香料贸易的网络同样深入世界其他角落。下面，我们先从鉴真东渡开始来看中日之间的香料之路。

第二节　唐代香料与东部亚洲

1. 鉴真东渡对日本的影响：佛法、香料

鉴真（688—763）东渡日本是大家都知道的故事。《唐大和上东征传》（又名《过海大师东征传》《鉴真和尚东征传》等，撰于 779 年）记载，日本天武天皇（672—686 年在位）的孙子长屋王（约 684—729）崇尚佛法，在执政时期制造了千领袈裟，委托遣唐使带到中国，布施给德高望重的僧人。千领袈裟的边缘上绣着四句诗："山川异域，风月同天。寄诸佛子，共结来缘。"这真是非常美好的愿景。这件事给鉴真大师留下深刻印象，也成为他日后历经艰险、东渡日本的初衷。

东渡日本的鉴真，带去的不仅是佛法，还带去大量的香料药物。具体有多少呢？天宝二年（743），鉴真准备第二次东渡日本，

出资八十贯钱，买了一艘军船，用来运载他在扬州置办的各种物品，其中包括多达一千一百多斤的香药。这些香料药物种类很多，比如麝香、沉香、甲香、甘松香、龙脑香、檀香、安息香、笺香、零陵香、青木香、薰陆香等，差不多六百斤，还有荜拨、诃梨勒（harītakī，又译诃黎勒）、胡椒、阿魏、石蜜、蔗糖等各类物品五百余斤。到了天宝七年，鉴真准备第五次东渡，还是造船买香药。鉴真前后六次东渡，前五次都失败了，但是他每次远航都置办了同样的香料药物。那么，鉴真为什么要带这么多的香料药物去日本呢？

首先，有助于他在日本传播佛法。鉴真是佛教僧人，却擅长医术。754 年，光明皇太后（701—760）生病，鉴真所献的药物极为灵验，皇太后久治不愈的疾病被根除。756 年，圣武上皇（701—756）病重，先后召集了一百二十六名御医参加诊治，鉴真的医术被认为最佳，得到天皇的褒奖。因此，鉴真得到朝野信赖，甚至被授予日本僧官系统中最高的职位大僧正，朝廷还在东大寺专门建了唐禅院给他居住，并且赐给他水田一百町，大概有一百个足球场那么大。鉴真为天皇和皇太后治病所用的药物，可能就是他东渡时携带的香料和药物。救人一命，功德无量。历史上的宗教传播总是跟疾病和治疗等人命关天的事情连在一起，拯救心灵也要拯救生命，才能唤起人们的信仰之心。鉴真带去的这些香料与药物，帮了很多当时的日本人，也让鉴真赢得很多信仰者。鉴真的弟子丰安提到，鉴真曾设立无遮大会，亲自调制药物，给普通民众治病。

鉴真所携带的香料，大多有很好的药效，比如我们前面提到的胡椒，所以那个时候香料也常被称为香药。根据玄奘《大唐西域记》的记载，檀香树有大蛇守护，所以印度檀香木性凉，能治

各种热病。印度的荜拨和牛奶一起煎汤，曾经治好唐太宗久治不愈的痢疾。苏门答腊所产的龙脑香，能治疗各种眼病；而越南中南部所产的沉香，则能温中降气，治疗脘腹胀痛、霍乱呕吐；至于熏陆香，也叫乳香，是治疗跌打损伤等外科病的良药。

除了香药，据日本史籍记载，鉴真曾用鼻子闻味儿的方法，把日本正仓院所藏的药物一一辨正，并说明每种药物的用途。当时，中国医药典籍虽然已经陆续传到日本，但日本可能还没有鉴别真伪、优劣的经验。鉴真虽然双目失明，但他利用鼻子的嗅觉、舌头的味觉、手指的触觉，将有关药物鉴定的知识传到日本，同时把药物收集、储存、炮炙、使用的经验也传给日本同道。日本的古书目中有《鉴上人秘方》，就是日本汉方受到鉴真影响的证据。江户时代（1603—1867）以前，日本的药商都奉鉴真为始祖。据日本医史学家富士川游（1865—1940）说，日本古代名医虽多，得到民众祭祀其塑像的仅有鉴真与田代三喜（1465—1537）二人而已。

鉴真的香料药物还用于供奉佛陀与菩萨。他带到日本的部分香料药物，就以"奉卢舍那佛种种药"的名义，先送到东大寺，后被保存在正仓院。其中有荜拨、木香、丁香、沉香，还有产于印度的三果药，即诃梨勒、庵摩勒（Amalaka）、毗梨勒（vibhitaka），一听这名字就可以猜到是印度风格的药名。在印度，三果药被认为有神奇功效，可以治疗各种疾病。据日本最早的医书，10 世纪的《医心方》记载，鉴真传入日本的医方中就有诃梨勒丸。在印度梵文医典中，诃黎勒被认为是诸仙饮用的不死之药——它是甘露滴到地上长出来的药物，主疗百病，延年益寿。诃黎勒和糖蜜合用，可以治疗疑难病和慢性病；经常食用诃黎勒，被认为可以长命百岁、青春永驻。

759 年，也就是唐朝"安史之乱"发生之后的几年，在鉴真的主持与规划下，日本在奈良建造了唐招提寺，寺内塑造的佛像，也有香料的印记。因为这些佛像采用鉴真传授的干漆法，也就是先用泥塑成胎，后用漆把麻布贴在泥胎外面，再用香料的粉末和漆调成糊料，润饰细部，最后把泥胎取空，因此又有脱空像之称。这种方法塑造的佛像分量轻、成本低，被称为唐招提寺造像派，对后世日本佛像制作艺术影响很大。

鉴真携带的檀香，更是雕刻佛像的绝佳材料。《大唐西域记》记载，佛教传说中第一尊佛像，就是用檀香雕刻的。玄奘大师从印度归来时，随身携带着四尊檀香雕刻的佛像。奢侈崇佛的唐懿宗（859—873 年在位）也曾经雕刻檀香佛像一千尊。当代在法门寺遗址出土的佛像中，也有檀香雕刻的佛像。佛经里说，佛的庄严国土应该是"十方佛世界，周遍有妙香"。若是欲界，臭气熏蒸，诸天神便不能降临，所以必须遍布栴檀香，使气味芬芳。檀香与佛教有着极深的渊源，乃至佛的名号有栴檀香佛，菩萨的名号有栴檀香菩萨。

鉴真携带的檀香、沉香，就是佛教礼拜仪式中常用的香料。佛教传说中的香严童子，就是因为闻到沉香的香气而悟道的。可见檀香、沉香都是有助于消除疾病困惑、生发清净心的香料。

2. 唐代海外贸易集散地：扬州与广州

鉴真东渡，为什么每次都在扬州采购香料药物呢？《资治通鉴》说，扬州富庶甲天下，时称"扬一益二"，就是说城市的繁荣富庶，扬州排第一，益州排第二。益州就是现在的成都。早就有人说，"腰

缠十万贯，骑鹤上扬州"。到了唐代，扬州的丝织业和瓷器出口都相当发达，《新唐书·高骈传》就说过"扬州雄富冠天下"，位于长江和运河交叉点上的扬州，在唐代中后期已经成为最繁荣的城市。从海外各国输入唐朝的香料，从广州上岸，然后沿着北江、赣江、长江北上，集中在南北交通要冲的扬州，然后才能利用运河，输入北方的洛阳、长安等地。扬州因为地处南北交通要道，自然成为进口香料药物的重要集散地。

扬州城里也居住着很多外国商人，像波斯人和大食人。《旧唐书·田神功传》记载说，唐肃宗上元元年（760）扬州长史邓景山（？—762）请平卢节度都知兵马使田神功（？—774）来平定叛乱，结果田神功到扬州大肆掠夺商人资产，波斯（伊朗）、大食（阿拉伯）等国的商人被杀害的达数千人。这一时期主宰海上生意的波斯胡商，正是唐代香料贸易的重要中间商。长庆四年（824），向唐敬宗（824—827 年在位）进献沉香亭子材的大商人，就是波斯人李苏沙。我国第一部外来香药专著《海药本草》的作者李珣（约855—约 930），也是波斯人后裔。据《茅亭客话》记载，李珣的弟弟李玹就是香药商人。在南海诸国拥有强大势力的波斯商人，被南方人称为舶主，即海商头领。

除了强大的海上势力，波斯本身出产香料吗？据《隋书·波斯国传》记载，波斯出产薰陆香（乳香）、郁金香、苏合香、青木香，也出产胡椒、荜拨、石蜜、附子、诃黎勒。不过事实上，乳香是阿拉伯半岛的特产，苏合香产自小亚细亚，青木香的产地在阿拉伯与南海诸国，而胡椒、荜拨、诃黎勒更是来自印度。那史书上为什么说这些都是波斯的商品呢？德国汉学家夏德（Friedrich Hirth，1845—1927）认为，从 4 世纪末到 7 世纪初，也就是东晋

到唐初左右，中国历代王朝的史料把交趾半岛（越南北部）、锡兰（Ceylon，1972年更名为斯里兰卡）、印度、大食（阿拉伯）以及非洲东海岸等地的产品，统统称为"波斯货"，因为把这些产品输入中国的进口商人绝大部分是波斯人，大概当时波斯是这些香料的集散地。

除了扬州，唐代广州的海上贸易，也是以香药、珍宝等奢侈品为主。唐代的海上贸易，除了与东北方面的日本，主要就是与东南方面也就是环南海海域诸国。著名的阿拉伯人马苏第《黄金草原》一书里，描述南海诸岛盛产香料说，"这些岛上输出樟脑、芦荟、丁子香、檀木、槟榔果、肉豆蔻、小豆蔻、荜澄茄以及我们说不出的产品"，而这些产品通过南海运往中国，第一个也是最重要的港口就是广州。据《唐大和上东征传》记载，广州江中停靠着印度、波斯、南海诸国前来贸易的海舶，不计其数。海舶都是六七丈深的航海大船，上面满载着香药、珍宝，堆积如山。香药排在珍宝的前面，可见在唐人心目中，广州对外贸易是以香药贸易为首的，其贸易量极大。

唐穆宗长庆元年（821），工部尚书郑权（？—824）任广州刺史、岭南节度使，著名诗人王建（765—830）写了一首《送郑权尚书南海》，诗里说"戍头龙脑铺，关口象牙堆。……市喧山贼破，金贱海船来"。广州港口海舶喧闹、交易繁荣，你可以想象出龙脑香、象牙堆积如山的景象。

3. 唐人痴迷香料的盛况

进口的名贵香料从广州入关后，一路北上，在扬州集散，之

后经由大运河运到唐朝的心脏——洛阳与长安。长安的皇室成员对外来香料极其喜爱，龙脑香更是唐朝帝王身份的象征。唐朝皇帝在行幸后宫时，红绣毯上要撒满龙脑香、郁金香，场面极为奢华。《玉堂闲话》里记载一个传说，说民间有个诈骗犯用龙脑香熏衣后，假扮唐懿宗进入安国寺。安国寺的僧人因为熟知龙脑香是皇帝的象征，所以并未怀疑，结果被骗走寄存在安国寺的一千匹高档丝织品。

还有一个故事。晚唐人段成式的《酉阳杂俎》里说，相传杨贵妃佩戴的领巾是用交趾进贡的龙脑香熏过的。据波斯胡商说，这种外形如蚕蝉的龙脑香，只有树龄极老的龙脑香树的结节里才有，极其珍贵，宫中称为瑞龙脑。唐玄宗仅仅赏赐给杨贵妃十枚。有一次，唐玄宗和人下棋，琴师贺怀智弹琵琶助兴，杨贵妃在一旁观看。突然，一阵微风把杨贵妃的领巾吹落在贺怀智头上。贺怀智回家后，闻到自己幞头上芳香浓郁，于是找了个锦囊，把幞头装了进去。"安史之乱"平息后，唐玄宗作为太上皇回到长安，极其思念死于马嵬之变的杨贵妃。贺怀智为了缓解太上皇的思念之情，献上锦囊，里面的幞头上仍然留有贵妃昔日所戴领巾的香味，物是人非，唐玄宗不禁老泪纵横。杨贵妃在马嵬之变身亡后，匆匆埋葬，临终的随身遗物只有一枚旧日使用的香囊。"安史之乱"平定后，唐玄宗命人取回香囊，睹物思人，朝夕落泪。该香囊曾被埋于地下，历经岁月而没有腐坏，应该是类似于西安何家村出土的银镂空香囊，或扶风法门寺出土的银镀金香囊。顺便可以说，何家村和法门寺的香囊出土，也证明唐代是一个熏香鼎盛的时代。

除了龙脑香，在唐代龙涎香也是皇室地位的象征。龙涎香产于非洲索马里，能够转输到中国，大概经由波斯和大食商人的海

上商船。唐代使用龙涎香的，只有同昌公主（849—870）一人。同昌公主是唐懿宗最宠爱的女儿，其出嫁时，皇帝倾尽内库珍宝，给同昌公主陪嫁。传说，同昌公主在广化里的宅邸大宴夫婿韦保衡（？—873）一族，因为天气太热，暑气蒸人，同昌公主便命人取来澄水帛挂在南面的窗户上，结果满座的宾客都感到寒冷，甚至想穿棉衣。据说这种澄水帛，长八九尺，质地轻薄，比布细密，因为其中浸染着龙涎香，所以夏天能消暑。此外，龙涎香还是高级定香剂，用龙涎香调制龙脑香与麝香之后，香气能保持数十年不变。

外来的香料不仅有用而且珍贵，这使得唐代长安贵族官僚对它很痴迷，甚至还有斗香，也就是香料比赛的活动。《清异录》记载，唐中宗（656—710）时，武则天（624—705）的侄子武三思（？—707）还有当朝的大臣宗楚客、纪处讷、韦温四个人常常举办斗香雅会。斗香的规则是：各自携带名贵香料，比试香气的优劣，优胜者获得香魁。传说韦温拿着椒涂所赐的香参加香会，常常能获得香魁。这里的椒涂，指的是唐中宗的韦后（？—710）。椒房殿是皇后的殿室，故椒房、椒涂也成了皇后的代称。韦温是中宗韦皇后的堂哥。韦后赏赐给韦温的香料，应该就是经由海外贸易获得的奇香。当然，这几个人斗香也是在搞密室政治。宗楚客、纪处讷、韦温都是武三思的党羽，武三思每次让韦温在斗香时获魁，也许是巴结韦后、讨好韦氏一族。这些人结党营私，通过斗香的形式私下密谋，轮流做宰相当政。到了中宗驾崩，韦后让韦温总知内外兵马，守卫宫掖。那时的韦氏一族权势滔天，堪比过去的武氏。你看，小小的香料，居然和大大的政治紧密相关，斗香的背后是武三思一党的政治阴谋。

当然，香料也走进长安普通市民的日常生活。唐代女子化妆所用的口红大多是用檀香制作的，所以以美女之唇常被形容为檀口。据小说《莺莺传》记载，张生到了长安后，从长安市场上给崔莺莺买了口脂五寸寄回蒲州，说明檀香制作的口红也是唐代情人们之间赠送的时髦礼品。

到了宋代，随着西北契丹、党项、女真相继崛起，政治重心不得不偏移，也就是所谓"背海立国"，海上贸易越来越发达，通过南海的香料贸易，更是上了一个台阶。元朝诗人方回（1227—1305）有一部《桐江集》，里面说到宋代泉州的蒲氏家族掌控海上贸易三十年，在他们看来唐朝宰相元载（713—777）号称拥有胡椒八百斛在那时可能算很富豪，但在宋代根本就微不足道。

那么，宋代蒲家香业的规模究竟有多大？宋代泉州香料贸易的规模有多大？宋代广州的香料贸易如何？宋代香料对平民生活有何影响？

第三节　自海上来：宋元的香料贸易

前面说到元朝诗人方回的《桐江集》，里面记载："泉之诸蒲，为贩舶作三十年，岁一千万而五其息，每以胡椒八百斛为不足道。"

那么，宋代蒲家香料事业的规模到底有多大？

胡椒八百斛大概就是八万斤，蒲氏家族认为"胡椒八百斛为不足道"，可见蒲家所经手的胡椒贸易量远远在八万斤以上。胡椒原产于印度的马拉巴尔海岸（Malabar Coast）以及东南亚苏门答腊等地，可见蒲寿庚家族是中国与南亚、东南亚胡椒贸易的重要

中间商。

关于蒲氏家族，大家也许还有印象。日本学者桑原骘藏（1871—1931）的名著《蒲寿庚考》研究得很详细很深入。蒲寿庚的先世不是中国人，因为管理诸蕃互市，居于广州。到了蒲寿庚的父亲蒲开宗，全家迁移到泉州。德国汉学家夏德认为，中国记录之蒲姓外国人，其蒲字为阿拉伯人的普通人名 Abu(阿布)的音译。可见，蒲寿庚家族就是侨居中国的阿拉伯人。岳飞（1103—1142）的孙子岳珂（1183—1243）所著《桯史》也记载过蒲寿庚家族的事情，蒲氏家族先从阿拉伯迁到占城（今越南中南部），又从占城迁到广州，再从广州迁到泉州，成了泉州的商贸大户。《桯史》记载说，蒲寿庚家族在广州的宅邸非常豪华："宏丽奇伟，益张而大，富盛甲一时。"而这豪宅的梁柱大多采用芬芳馥郁的沉香木，廊庑下也堆着许多贵重的沉香木。沉香的原产地在占城等东南亚诸国，说明蒲氏家族在中国与东南亚之间的沉香贸易中占有重要地位。《宋史》曾经记载，蒲寿庚"提举泉州舶司，擅蕃舶利者三十年"。这话是有根据的，因为 20 世纪 70 年代在文莱就曾发现一块南宋景定五年（1264）的"泉州判院蒲公之墓"石碑。这是南海海域最早的一块汉文石碑，它位于众多的回教徒墓地之中，可见不只是蒲寿庚，这个信仰伊斯兰教的阿拉伯人蒲氏家族"擅蕃舶利"，曾经垄断南海上的香料贸易。

蒲寿庚家族垄断香料贸易有什么证据呢？1974 年，在泉州湾后渚港发现一艘宋代沉船，清晰地揭示了泉州与东南亚诸国的香料贸易状况。这是一艘从东南亚归来的中国船，共有十三个船舱，船上出土的遗物很丰富，其中以香料木最多，胡椒次之，总重量达四千七百多斤。经过初步鉴定，船上有降真香、檀香、沉香等。

胡椒出于船舱底部的黄色泥渣中，已收集的有五升左右。此外，还有乳香、龙涎香等香料。参与过这艘海船发掘研究的庄为玑（1909—1991）先生认为，这艘船可能是蒲氏家族贩运香料的私船。主要依据就是这艘泉州宋船存留大量南海出产的香料，而蒲氏家族世代经营香料，据说到现在蒲家后裔在泉州还在经营香业。

1. 宋元香料贸易的规模：以泉州与广州为例

那么，宋代泉州香料贸易的规模有多大？

《宋会要辑稿》说，阿拉伯商人蒲啰辛（又写作蒲罗薪、蒲罗暹）——还是蒲氏家族的人——载着一船乳香，到泉州市舶司来售卖，据说总价值高达三十万贯。若按第一等瓶香每斤三贯八百文计算，蒲啰辛此次所载乳香，约合 78 947 斤，这是相当大数量的乳香买卖。据学者林天蔚（1925—2005）研究，当时的海舶载重量最大的约为三十万斤。蒲啰辛因为所贩乳香数额巨大，曾被南宋王朝任命为承信郎。

南宋时期，政治中心移到杭州，泉州因为与杭州同为东南沿海城市，所以对外贸易越来越发达。前面说到，在丝绸和瓷器的贸易史上，泉州是非常重要的生产、交易中心之一，香料贸易也不例外，南宋的泉州异常繁荣。南宋人赵汝适从嘉定年间（1208—1224）至宝庆年间（1225—1227）担任福建路市舶提举，兼管理泉州市舶。他以任内采访所得资料写成的一部书叫《诸蕃志》。这部书不仅专门记载了各种舶来物品，主要就是香料，像来自勃泥（今加里曼丹）的脑子（即龙脑香）、产自大食（阿拉伯）的乳香、来自麻啰抹国（今也门）的没药、来自真腊（今柬埔寨）的金颜香、

来自三佛齐（今苏门答腊）的安息香等，也记载了与泉州有贸易往来的五十多个国家与地区的详细情况。这些国家大多出产香料，与泉州有密切的香料贸易往来关系。比如，产于东南亚诸国的沉香，就是输入泉州交易的大宗香料，类别最多。据说沉香长期泡在水里，"朽烂而心节独在，置水中则沉，故名曰沉香"。根据含油量不同（或者密度不同），其可分为五个等级，名叫沉香、笺香、速暂香、黄熟香、生香。输入泉州的香料中，还有一些来自大食（阿拉伯），包括乳香、没药、木香、栀子花、蔷薇水、阿魏、苏合香油。

13世纪后半，南宋亡于蒙古人。蒙古人建立横跨欧亚的庞大帝国，他们是陆海并进，虽然东西向的陆路交通恢复通畅，但南北向的海上交通也依然兴盛，甚至不亚于宋代。元代的香料贸易还是和宋代一样，主要通过南海海上贸易。元代人汪大渊（约1311年生）从泉州出发，曾两次随船经南海到印度洋。他在《岛夷志略》里记载了海上诸国的物产，就特别重点记载这边需要的商品香料，像真腊产沉速香、苏木，三佛齐产梅花片脑、中等降真香，旧港的黄熟香头、金颜香，尤其是爪哇"胡椒每岁万斤"，以及喃巫哩"降真香冠于诸番"。从他的书里可以想象，元代泉州通过南海的贸易中香料仍然是大宗。

泉州之外，宋元时期广州的香料贸易仍然很兴盛，广州的香料贸易的规模有多大呢？《中书备对》说，北宋宋神宗时期（1068—1085），从明州、杭州、广州三大市舶司所博买（"博买"属于官市的另一种，属于强制性收购）的乳香数量，每年达三十五万斤以上。其中，仅广州市舶司就达三十四万斤以上，占到乳香博买总量的98%，可见那时广州市舶司的地位。宋代乳香的专卖收入也是非常可观的。《中书备对》说，三大市舶司将买到的乳香出售，

每年可获得二十五万到三十二万贯的收入。

泉州、广州都是以海运贸易为主，不过，顺便也要提及宋代陆路的香料贸易。当西北路通的时候，像于阗国在宋神宗时期，就曾经非常密集地向宋朝进贡乳香，而且数额不小。熙宁五年（1072）进贡乳香三万一千斤，元丰三年（1080）进贡乳香杂物达十万余斤。此外，宋代朝贡贸易中的香料，也值得一提。与唐代相比，宋代朝贡贸易中的香料数量有多少增长呢？唐代朝贡贸易中的香料数量有限，一般在三十斤左右。朝贡量最大的一次，是波斯大商李苏沙向唐敬宗进献沉香亭子材，总价值为一千八百贯，约合四百五十斤。而宋代朝贡中的乳香，单次在一万斤以上的就有很多次，甚至有超过十万斤的超大规模朝贡。比如天禧二年（1018）与绍兴二十六年（1156），三佛齐朝贡的香料总量达二十四万斤以上。其实应当说明，所谓朝贡礼物，有时就是商品贸易。

2. 香料在平民生活中：以乳香为例

说了这么多，如此大量的香料，比如乳香之类，都是用来做什么的呢？这些经由朝贡或贸易而来的乳香，渐渐也由京师及各地官方机构销售给民众。和唐代香料主要为贵族官僚享用不同，宋代乳香的消费者主要是平民。最末等的乳香，每斤才三百文，应当是平民能够享用的香料，也是日常生活中离不了的香料。

这里，我们要讲一讲宋元时代普通民众的生活。从事体力劳动的人，在劳动中经常会有从高处坠落、意外扭伤或磕碰等外伤，据说通过服用乳香饮，很快就会治愈。所以到了宋代，乳香并不仅仅是前面提到的唐朝那些贵族或有钱人享受的香料，而是治疗

跌打损伤的特效药，也是平民生活中的常备药。把乳香和没药作为外科必用良药，是受到波斯、阿拉伯医药学的影响。波斯后裔李珣所著的《海药本草》已经提到，没药可以主治折伤坠马等伤科疾病，乳香主治中风失语、妇产科疾病等。

在宋代，香料进入普通民众的饮食之中。传为孟元老的《东京梦华录》里就说，人们可以从市面上买到各种加了香料的食品，如香药木瓜、香糖果子。据《武林旧事》记载，宋代的加香饮食还有砌香果子、砌香樱桃、砌香葡萄、香药藤花等。宋人还把水果与香料，很巧妙地结合在一起，创造出很多美食。张世南（约1225年前后在世）《游宦纪闻》里说，四川人把榠楂，现在也叫"木梨"的果子，切去顶，剜去心，中间放进檀香、沉香、麝香少许，再把顶盖上，放进蒸笼里蒸烂，拿出来冷却后，捣成泥状，放入少许龙脑香，然后搅匀，放进小饼里烧，味道极其香美。据说，这甚至能媲美价值连城的龙涎香。

在宋代酒楼的茶饮里，也加有各种蜜煎香药。加入茉莉香花的茶被称作"香片"，现在还是这么叫的；加入龙脑香的茶，被称作"龙凤茶"。蔡襄（1012—1067）《茶录》里提到，宋人在茶里加入龙脑香，烹点茶的时候，又加入珍果、香草。当然从现在人看来，它味道虽美，但容易失去茶的原味。那时也有很多官员独创的香茶秘方流传在市面上，如叶庭珪的"经进龙麝香茶"，茶里面就放入白豆蔻、白檀香、麝香、沉香、龙脑等香药。

3. 香料在医疗里的应用

最后，再讲讲香料在医疗里的应用。我们前面提过，乳香的

药用是受到波斯、阿拉伯医药学的影响。其实，这种波斯、阿拉伯的外来影响相当大，不只是元朝时期很多回回人进入汉地，其实在元朝之前这种影响就相当深入。我们这里举一个蔷薇水和蒸馏法的例子。

北宋蔡絛（1096—1162）《铁围山丛谈》记载，阿拉伯人采集蔷薇花，用蒸馏法制作香水。因为阿拉伯的蔷薇花芳香馥郁，所以阿拉伯制作的蔷薇香水香气浓烈，留香持久。据希提（Philip Khuri Hitti, 1886—1978）《阿拉伯通史》（History of the Arabs）里说，蔷薇香水在阿拔斯王朝（黑衣大食）时代是阿拉伯的著名特产；而朱尔（位于今伊朗设拉子 [Shiraz] 附近）出产的蔷薇水，大量出口，远销到东方的中国和西方的日落之地马格里布（Maghrib）。宋代《册府元龟》里也提到，五代后周显德五年（958），占城王（越南中南部）曾经派遣阿拉伯使臣蒲诃散（在《册府元龟》中被误写成萧诃散）向周世宗（954—959 年在位）进贡了十五个琉璃瓶的蔷薇水。该蔷薇香水主要是洒在衣服上，使衣服能够持久留香。另外，《宋史》也提到，雍熙元年（984），阿拉伯人向宋太宗（976—997 年在位）进献过蔷薇水。

随着蔷薇香水输入中国，用蒸馏法制作露剂的方法也传入中国。《铁围山丛谈》就说，广州人用蒸馏法仿造蔷薇香水，但是效果总是没有阿拉伯原产地的好。南宋人张世南《游宦纪闻》也说，永嘉（温州）一带的人曾经用柑花进行水汽蒸馏制作柑花香露，这种蒸馏方法也是受到外来启发的。更早一些，北宋人田锡（940—1004）《麹本草》率先记载用蒸馏法制作的烧酒，可见从阿拉伯传入的蒸馏法也许对中国做烧酒（蒸馏酒）、做香露的影响都很大。不过顺便要说的是，后来这种方法又由西洋人第二次

传来。医史学家范行准（1906—1998）就说，明朝万历年间（1573—1620），意大利传教士熊三拔（Sabbatino de Ursis，1575—1620）曾经把西方炼制药露的方法传入中国。熊三拔和徐光启合作翻译的《泰西水法》里，就曾经记载"药露"法，里面提到凡是草木果蔬有水性的都可以用蒸馏法得水，称之为"露"，过去的蔷薇水就是用蔷薇花蒸馏所得。大家如果看过《红楼梦》，可以注意第三十四回。这一回中说宝玉挨打后，王夫人拿给袭人两瓶药露用于治疗宝玉的外伤，一瓶为"木樨清露"（其实就是桂花露），一瓶为"玫瑰清露"，两个琉璃小瓶只有三寸大小，瓶盖为螺丝银盖，盖子上系着鹅黄笺，大概都是进贡给皇帝的贡品，也可能是贾元春带给家里人的。据说，玫瑰露具有活血化瘀、和血平肝的功效，而木樨露则对筋骨疼痛、腰痛有效。也许是宝玉伤得太严重，王夫人才把这样贵重的药露拿出来给儿子服用。当然，《红楼梦》是清代作品，清代有关香料和蒸馏法制药的事儿还是放在以后再说。

接下来我们要说到郑和下西洋（1405—1433）了。郑和下西洋是大家都熟悉的历史事件，但是郑和为何下西洋？学者们却众说纷纭。郑和下西洋是否与香料贸易有关？郑和前三次航海的目的地为何都是古里（印度西海岸的卡利卡特 [Calicut]）？郑和七次航海为何都要经过古里？古里究竟有怎样的魅力，让郑和如此魂牵梦萦呢？郑和下西洋之后，对明朝的香料贸易产生怎样的影响呢？

这是我们下一节要讨论的话题。

第四节　明代香料：从郑和下西洋说起

郑和为何要下西洋？关于这个问题，很长时间里学者们众说纷纭。有的人说，郑和下西洋是为了去寻找建文帝朱允炆（1398—1402 年在位）。因为靖难之役（1399—1402）中，建文帝放了一把火，烧了皇宫，然后就失踪了。有人怀疑，建文帝是逃到海外去了，明成祖（1402—1424 年在位）派郑和下西洋就是去寻找建文帝。还有的人说，这是明成祖好大喜功，偏批评的说法是他为了宣扬国威建立朝贡体系，偏表扬的说法是他为了明朝和海外重建友好关系。

就算是重建友好关系，那为什么偏偏是下西洋呢？有一种说法，是因为洪武三十年（1397），外国使臣已经不来朝贡中国，中外交流一度中断，朝贡贸易也陷入困境。众所周知，朱元璋（1368—1398 年在位）实行的是重农国策，走的是过分倚重土地资源的老路，在对外贸易方面推行的是闭关锁国的海禁政策。明初曾命令，"寸板不许下海"。洪武七年，罢了泉州、明州、广州三处市舶司，彻底抛弃唐宋元以来面向海洋的市舶贸易传统，只剩下朝贡贸易的形式与各国维持最低限度的官方贸易往来。

之后，朱元璋又制定勘合制度，对明初的朝贡贸易加以严格限定。像日本，十年才允许进贡一次，人数限定为二百人，船只限定为两艘。洪武二十七年，甚至禁止民间贩卖与使用外国香料、外国货物，这导致洪武三十年中外交流的中断。有人就说，明清时期的闭关自守政策，其实把中国搞贫穷了，闭关当然只是后来逐渐贫穷的原因之一，但确实汉唐对外交流很活跃，宋元也是对外贸易的黄金时代，只是到了明朝，到了朱元璋统治时期，中国

才出现闭关现象。

明成祖也就是永乐皇帝，和他父亲不一样。一方面，他抱负很大，据说他的楷模不是建立明朝的父亲明太祖，倒是被推翻的元朝的开国皇帝忽必烈，这是日本学者宫崎市定（1901—1995）的看法。15 世纪初，他刚刚登基，就开始外向的政策，不仅五次北征蒙古残余，南下远征安南，而且还想打破洪武朝的僵局，重启海外通道。另一方面，据说也是因为自己发动"靖难之役"，使用武力抢了侄子的皇位强行登基，激起国内一些人极大不满。为了皇权的合法性，他需要用更为显赫的外交成果吸引万国来朝。这就有了浩浩荡荡的郑和多次下西洋。

不过，除了政治、军事、外交的考虑，恐怕也有经济上的原因。很多学者认为，郑和下西洋也可能是为了寻找海外香料来满足国内需求，因为明朝皇室和社会上层在宗教活动与日常生活中也急需海外香料，比如皇家频繁的斋醮礼佛活动就需要大肆靡费进口香料。

什么是斋醮礼佛呢？其实就是做法事。明朝历代皇帝都信佛信道，比如《明史·食货志》记载，嘉靖皇帝明世宗（1521—1567 年在位）就特别崇奉道教，为了营建斋醮仪式，采购沉香、降真香、海漆香等十余万斤，又分道采购龙涎香。这还不够，据《明实录》记载，嘉靖二十九年（1550）又让户部采买"沉香七千斤、大柱降真香六万斤、沉速香一万二千斤、速香三万斤、海漆香一万斤、黄速香三万斤"，作为御用香品。搞得户部只好上书说，能不能少买一点？因为这些香料的产地，大多在南海诸国，还有的甚至远在非洲，如龙涎香。可见，明朝只有与海外各国建立贸易往来关系，稀缺的这些香料才有望得到满足。

此外，还有我们讲过的皇室象征——龙涎香，明朝皇帝的需求也非常迫切。明世宗多次下令户部采买龙涎香，结果十多年都买不到货。据曾经跟随郑和下西洋的费信所著《星槎胜览》记载，苏门答腊国以西有龙涎屿，出产龙涎香，价格极贵。一斤龙涎香，值该国金钱一百九十二个，相当于中国铜钱四十贯之多，转运到中国境内，价格肯定更高。更要紧的问题是长期缺货，如果明朝能与龙涎香的产地——非洲索马里，或者龙涎香的集散地——苏门答腊，建立贸易往来关系的话，明朝境内龙涎香奇缺的状况也许就有望得到缓解。

郑和后四次下西洋，造访的地区扩展到波斯湾、阿拉伯半岛、东非索马里等地，这些船就带回来自阿拉伯半岛的乳香和没药，还有东非索马里的龙涎香。

1. 胡椒的原产地古里国

郑和前三次航海的目的地，为什么都是古里国（印度西海岸的卡利卡特），这一点非常值得琢磨。据曾经跟随郑和下西洋的巩珍在《西洋番国志》里记载，古里国王和两个管事的头目都是"回回人"，而且"多奉其教"，不过，大概民间是另一回事，所以他又记这个地方"信佛教，敬象及牛"。可为什么郑和下西洋要去古里呢？大半还是为了香料，准确地说是为了胡椒。

古里国就是胡椒原产地，而胡椒对明朝人的生活来说恰恰又越来越重要。明朝人在肉食烹调的过程中，喜欢使用胡椒，可以去腥、提鲜、增香、开胃。《西游记》第四十一回里，孙悟空、猪八戒遭遇牛魔王的儿子红孩儿。红孩儿的杀手锏，就是口中能喷

出三昧真火，这把猪八戒吓得要死，赶忙和孙悟空说："哥哥快走，用不了一会儿，这小妖的大火就能把我老猪囫囵个烧了，再加上香料（这里就是指胡椒），归他享用。"可见，明朝人烧烤猪肉的时候，胡椒是必备的香料。此外，胡椒还可以杀灭食品的毒性，比如肉类、鱼、鳖、菌菇类。明朝人高濂撰写的《遵生八笺》，是我国古代养生学的重要文献之一，里边提到加工螃蟹的时候要放入胡椒粉，制作鲫鱼的时候也要放胡椒粉。据说不仅美味，还可以起到解毒的作用。

上好的胡椒来自印度的古里国。巩珍的《西洋番国志》还记载，古里国的山里大都种植胡椒，甚至有成熟的胡椒园。十月的时候，胡椒成熟，采摘晒干后，有富商进山里来收购胡椒，然后送进古里国的仓库，由古里国官方售卖胡椒。每一播荷（计量单位，相当于明朝的官秤三百二十斤）胡椒，卖金钱二百个。而且，古里国是马拉巴尔沿岸的最大港口。马拉巴尔就是印度著名的胡椒海岸，也是日后达·伽马远航的目标。写过《香料传奇》（*Spice: The History of a Temptation*）一书的杰克·特纳（Jack Turner）就认为，胡椒是马拉巴尔得以繁荣的基石，那时的胡椒对马拉巴尔来说正像今天的石油对波斯湾的意义。古里国是胡椒的产地，所以说郑和对古里国的钟情，大概和明朝的胡椒进口贸易密切相关。

此外，郑和对东南亚胡椒的另一产地苏门答腊也极为关注，七次下西洋的航程都必然经过苏门答腊。还是据巩珍《西洋番国志》记载，苏门答腊国的山里人也大多种植胡椒，也有胡椒园。此处所产的胡椒颗粒大而且饱满。每官秤一百斤胡椒，卖金钱八个，值银子一两。1598年，英国杰出的领航员约翰·戴维斯

（John Davis，约 1550—1605）就这样描述说，苏门答腊北部到处是胡椒。胡椒贸易在之后的 17 世纪进入鼎盛时期，苏门答腊的胡椒园几乎遍布全岛，成为全世界最大的胡椒供应地。

2. 明代的胡椒贸易

郑和下西洋，为中国的胡椒市场带来巨大改变。郑和之前，胡椒在中国，物以稀为贵，一直是奢侈品。郑和下西洋之后，中国的胡椒多了起来。到了正德年间，锦衣卫指挥使、掌南镇抚司、掌锦衣卫事的钱宁（？—1521）被抄家后，搜出胡椒数千石。这是前面说到唐代元载贪污胡椒数量的好几倍，不过，以唐代和明代的胡椒价格相比，未必钱宁就比元载贪污得多，毕竟明代胡椒进口比起唐代已经容易多了，当然钱宁收藏那么多的胡椒也够值钱的。1955 年，范·勒尔（J. C. Van Leur，1908—1942）写过一本《印度尼西亚的贸易与社会》（*Indonesian Trade and Society*），据他估算，15 至 16 世纪中国在东南亚地区收购的胡椒年达五万包或二百五十万斤。

在明朝前期，准确地说是隆庆以前，朝廷曾经规定除朝贡贸易，民间不得从事海外贸易，尽管民间始终有私下的海外贸易，但制度上并不允许。明朝政府通过胡椒专卖制度，获得的利润是丰厚的。前面提到过，在苏门答腊，一斤胡椒的价格为银子一两。等到运回明朝的仓库之后，价格难以想象地暴增。从永乐时期开始，京官的薪水分为本色俸禄、折色俸禄。其中，折色俸禄就常用胡椒支付。据《大明会典》记载，永乐二十二年在京文武官员的折色俸禄，胡椒每斤折合宝钞十六贯，等于

白银十六两。运到明朝仓库的胡椒，一斤的价格就高达银子十六两，与原产地的价格相比是一千六百倍的差价。洪熙元年（1425），折色俸禄的胡椒还涨价了，每斤折合宝钞一百贯。

胡椒不光可以当官员的薪水，有时候朝廷还用来支付建造北京城的军民夫匠的工钱，甚至赏赐督工的文武官员。这样，原本在内库的胡椒，就通过支付京官俸禄以及赏赐的方式流入官员、军人以及庶民之家。这些家庭用不了这么多的胡椒，自然就有多余的胡椒，一再地流入市场，所以明代的胡椒就渐渐"飞入寻常百姓家"，市场上胡椒的价格一降再降。到了万历十七年（1589），每斤胡椒只要一钱二分五厘。

为什么呢？这是因为在明朝中叶，民间海上贸易开始兴盛。特别是隆庆元年（1567）明朝政府宣布开放海禁，允许民间与海外贸易，史称"隆庆开关"。读过明代小说的人就知道，小说里开始出现广州、福建、杭州、武昌等地买卖胡椒的事儿就在这一时期。明代方汝浩《禅真后史》就记载，长州（今浙江省长兴县）的阳埠镇上有一个穷苦后生叫桃有华，打小没了爹娘，后来娶了一个富婆，给桃有华带来一地窖的财物。桃有华将财物变卖后，得了几百两银子，便购买了胡椒、苏方木，到湖北武昌去贩卖。从桃有华的买卖路线来看，明朝的浙江与湖北武昌，胡椒的需求量都很大，是热门而且稳赚的生意。明代陆人龙编撰的《三刻拍案惊奇》（由《型世言》改纂而成）也记载，杭州有一家世代经营走广生意（来往于杭州—广州两地做生意）的商家，老板叫张二官。新婚之后不久，张二官就南下广州做生意去了。有个光棍就欺骗张二官的妻子，说张二官在广州把银子都购买了胡椒、苏木、铜货，身上没钱，所以向他们借了回家的盘缠。可见，

海外进口的胡椒在广州集散后，有的被运到杭州贩卖，杭州对胡椒的需求也极其旺盛。

明代李时珍（1518—1593）在《本草纲目》里提到，昔日珍品胡椒已成为日用之物，在中国食品中到处可见胡椒。昔日王公贵族才能使用的调味香料，如今走进千家万户的餐桌。

3. 香料的贸易和使用

应当说，香料在中国古代生活世界里扮演相当重要的角色，这一点现代人大概体会不那么深。所以，让我们再次放下明代，重新往上，再追溯一下香料的历史。

如果你翻阅唐代的医方书籍、宋代以后的香谱香方著作，你就会发现古代的许多美容、化妆、洗涤用品里都含有大量的香料。从洗脸用的澡豆，护肤用的面脂、面膏，美白用的香粉，到护唇用的口脂（口红），护发用的香泽、香膏，都使用外来香料。口红里使用的外来香料尤其繁多。唐宋以后女性娇美的容颜背后，其实有一个陆地和海上香料贸易的背景在。从唐代开始，女子的脂粉钱是很大一笔数量。洛阳龙门石窟的卢舍那大佛，传说就是当时身为皇后的武则天用自己的脂粉钱两万贯助修的。唐玄宗赏赐给杨贵妃姐妹们的脂粉钱，一年达到一千贯以上。唐玄宗对归化的突厥可敦（可汗之妻），每年也要赏赐二百贯的脂粉钱。就连平民女子，也要设法购买化妆品。《法苑珠林》记载，长安东市卖笔的笔生赵太的女儿为了买脂粉，甚至偷她父母的钱。

从唐代以后，都曾经使用外来香料治疗各种疾病，包括传染

病、消化病、外伤、精神病等。这些我们前面都提到过，应当补充说的是，香料还用来制酒饮酒。西晋张华（232—300）《博物志》记载，西晋人就已经开始使用进口香料胡椒、荜拨制作酒，称为荜拨酒、和酒等。到了十六国时期（304—439），随着五胡民族像潮水一样涌入中原王朝，胡人的饮酒方式也极大地影响汉人。胡人爱喝酒，卖香料的粟特人、波斯人尤其爱喝酒，经常在道路上酣歌醉舞。陈寅恪（1890—1969）先生认为，从汉到唐，我国产名酒的地方大多是中亚胡人聚居之地。荣新江教授根据安伽墓等石棺床上的图像史料，指出粟特聚落中的宴饮分为居家宴饮、园林宴饮、会客宴饮、野地宴饮几种，其中有些宴饮还配有胡腾舞。波斯人更爱喝酒，在波斯的古典诗歌中，美酒与美色常常是并提的。酒馆是诗人们的得意去处，这里也有香料的事儿。李肇著的《国史补》说，唐代最负盛名的美酒之一就是波斯人制作的三勒浆，使用的原料就是我们前面提到的三果药（诃梨勒、庵摩勒、毗梨勒）。其中的诃梨勒，被认为是天神饮用的甘露，所以三勒浆被认为能延年益寿、永葆青春。

还有一种郁金香酒。李白的《客中行》写道："兰陵美酒郁金香，玉碗盛来琥珀光。"这里的郁金香，就是我们前面讲到的藏红花。藏红花的花朵中辛辣的金色柱头很名贵，在很长时期里藏红花贵于同重量的黄金，直到今天仍然是世界上最贵重的香料之一。据说 0.45 千克藏红花香料，需要七万五千朵花。美国汉学家薛爱华说，罗马人喜欢用郁金香来调配甜酒。然而酒类中调入郁金香无疑在波斯更为普遍，毕竟波斯是郁金香的故乡。

关于明代的香料贸易和使用，关于香料在中国古代生活中的作用，先讲到这里。我们在前面就说过，丝绸之路上的香料贸易

从一开始就是双向的，既有东来的，也有西往的。那么，产于印度、中国、东南亚诸国、阿拉伯帝国这些亚洲国家的香料被运到欧洲之后，对欧洲的经济与社会又产生哪些影响呢？

第五节　香料贸易与威尼斯

1. 香料和胡椒贸易改变了欧洲

欧洲文明是围绕地中海诞生的，商人们凭借地中海互通有无。然而，7 世纪之后伊斯兰教的扩张改变了这一切，阿拉伯人征服地中海的东、西、南三面。在地中海沿岸地区，形成互相对峙的新月世界（伊斯兰教）与十字世界（基督教）。于是，从 8 世纪中叶起，随着阿拔斯王朝的建立，经济活动的中心转向巴格达。阿拔斯王朝的领袖曼苏尔（Mansur，707—775）在选都城的时候，说："这个地方（就是巴格达）是一个优良的营地。此外，这里有底格里斯河，可以把我们和遥远的中国联系起来。"阿拉伯也的确和中国建立起长时间的商贸往来，像我们前面提到的蒲氏家族，就是很好的证明。但是，阿拉伯的兴盛，却带来地中海商业的衰败。从 9 至 11 世纪，西方实际上被封锁着。地中海西部的航运多半停顿，商业活动也陷入停滞中。有人甚至说，西欧退回到纯粹的农业社会，贸易与商品流通降到最低限度，商人阶级消失。

那么，究竟是什么神奇力量，把欧洲拖出商业停顿的中世纪呢？亨利·皮雷纳认为就是香料贸易，他说香料是中世纪远程贸易的首要商品。香料不仅创造威尼斯的财富，也创造地中海西部

所有大商埠的财富。11世纪欧洲的商业复兴，是在威尼斯的影响下开始的。威尼斯毗邻地中海，是欧亚两洲交流的通道，而那里首先是香料贸易的交通要道。

什么是香料呢？英文里Spice即香料这个词，来自拉丁文Spicies（品质），而Spicies和Special是同根词，有"独特的、无可替代的"含义。因此从语言上看，香料就是特殊。那么，香料为什么特殊呢？其实，欧洲本土也生产像百里香、牛至、月桂叶、风轮菜、茴香、芫荽、大蒜等，但是这些都不能称为香料，只能算辛香佐料。

能被称为香料的，都有前提条件。比如从产地来说，香料必须是来自地中海东岸地区名声显赫的商品。意大利著名经济史学家卡洛·奇波拉（Carlo M. Cipolla）认为，香料象征"迷人的东方"的全部意义，包含所有异国的物品和风味。另外，当代一个专门研究过欧洲烹饪的学者海德伦·梅克勒（Heidrun Merkle）也在《飨宴的历史》（*Tafelfreuden*）里说，中世纪欧洲平民根本没有可能享用"来自东方昂贵的调味料，如胡椒、肉豆蔻、姜、小豆蔻、番红花、丁香、肉桂和香草"，而这些东西在当时的欧洲象征着"有品位"，而"有品位"却"自古以来就是一种与社会地位有关又价值不菲的才能"。可见，产自迷人的东方、遥远的异域，象征着稀罕和珍贵，才是香料的首要特征。欧洲本土的芳香植物，因为在贸易活动中的地位无关紧要，所以根本不能被称为香料，因为它们不特殊，没有异域风情。此外，香料还应该有昂贵的价格，能为商人提供巨大的利润，也就是本身能对欧洲贸易的复活作出特殊贡献。比如印度的胡椒，还有亚洲的其他香料。1561年，威尼斯帆船"卡罗塞号"从亚洲返航，这艘能载五百四十吨货物的商船，满载着

印度的胡椒、印度尼西亚马鲁古群岛（Maluku）的肉豆蔻、阿拉伯半岛的乳香、印度与东南亚的檀香、中国的生姜与桂皮，这些才是贵重的香料。

说到生姜，你没听错，生姜也是香料。生姜的原产地在中国。在丝绸之路畅通的时代，波斯人从中国获得大批生姜，然后再转销于拜占庭人、阿拉伯人、拉丁人。欧洲中世纪的制药业，要消费大量的生姜，烹饪中对它的需求就如同胡椒一样多。中世纪的波斯医药学家认为，生姜可以治疗由于受寒而引起的肠胃病、肠梗阻。英国人还用生姜做生姜葡萄酒、生姜米酒，真是驱寒保暖的好东西。中国生姜更是以各种不同形式向西方出口，磨成粉、做成罐头、晒成干姜，后来中国可以制作冰糖，又有了冰糖生姜饯。同样产自中国的，还有桂皮，穆斯林用阿拉伯文 darsini 称呼肉桂或桂皮，出自萨珊王朝的波斯文 dar-tchini，意思是"中国的药"。英文的桂皮 Cinnamon，从辞源学上来讲，也就是"中国的桂皮"之意。中国的高品质桂皮是以金价出售的，比其他桂皮要贵十五至二十倍。当然了，就像我们讲到的大部分香料，桂皮也有药用价值，比如开胃、化痰、治疗鼻炎，还可以解毒、增强视力。桂皮和三果药之一诃梨勒（诃子）合用，可以大大增强人的记忆力，当然这都是历史传说。

还是回到胡椒。在众多的香料中，胡椒之所以能脱颖而出，与欧洲人长期以来的饮食习惯有关。早在 1 世纪，胡椒开始流行于罗马，以至于《自然史》的作者老普林尼愤慨地评论说：

> 胡椒的使用成为一种潮流，实在让人很惊讶。的确，我们用别的香料要么因为它的味道，要么因为它的样子。但胡

椒不具备任何一种水果或浆果能起的作用，它唯一的特征就是刺激性。就因为这一点，我们还得从遥远的印度进口。

在罗马，胡椒有多流行呢？2 世纪建立的图拉真集市（Mercati di Traiano）附近，有一条街的胡椒生意很有名，从而得名"胡椒街"。当时一升（327 克）胡椒的价格，四至十五个古罗马银币不等；而同时期一升油才两至三个古罗马银币。古罗马著名的美食家阿皮基乌斯（Marcus Gavius Apicius），留下四百七十多道食谱，每一道都要用到胡椒。最后罗马发展到有专用的胡椒仓库。等到蛮族入侵，410 年西哥特国王阿拉里克一世（Alaricus，395—约 410 年在位）率军攻陷罗马，大肆劫掠，他们的战利品中据说就有五千磅（1 磅合 0.4536 千克）胡椒。

西方世界完美继承罗马人对胡椒与香料的嗜好。到了 12 世纪，西欧对东方香料趋之若狂，并为之消耗不少贵金属。这与中世纪欧洲的肉食充裕也有关，那时西欧的上层社会无肉不欢。美国作家玛乔丽·谢弗（Marjorie Shaffer）的《胡椒的全球史》（*Pepper：A History of the World's Most Influential Spice*）里有生动的记载。1309 年，坎特伯雷（Canterbury）庆祝某个修道院院长就任，在宴会上吃掉大约一千只鹅、二十四只天鹅、二百头乳猪、二百只羊、三十头牛；为了烹调这些肉食，使用了大量的香料，最后算一算，据说光是香料钱就占了很大比重。由于中世纪糖的使用还不普及，西欧人制作甜辣味的食物，依靠的就是大量的胡椒、肉桂和肉豆蔻。

除了吃，胡椒在西欧社会备受推崇，也和它奢侈品的身份有关。胡椒是西欧社会显贵阶层彰显身份地位、财富魅力的手段，就和唐代那个炫耀自己有八百斛胡椒的宰相元载一样。1468 年，法

国勃艮第公爵（Dukes of Burgundy）为了得到英格兰的支持，娶了英王爱德华四世（Edward IV, 1461—1483 年在位）的妹妹为第三任妻子。在举行盛大的婚礼晚宴的时候，订购三百八十磅胡椒，天知道这几百斤的胡椒要怎么吃。1526 年，葡萄牙的伊莎贝拉公主嫁给西班牙国王，她的哥哥葡萄牙国王若昂三世（João III, 1521—1557 年在位，又译约翰三世）给她准备的嫁妆就是胡椒。还有学者统计说，在 1231—1341 的一百一十年间，伦敦市长中居然有九位是胡椒商人出身。

对中世纪的欧洲人而言，胡椒在饮食史上占有特殊地位。今天我们已经把它看成一种普通调料，但几个世纪之前，当香料还是西欧与环地中海地区贸易的主要商品时，胡椒被视作香料，而那个时候还有句俗语就叫"贵如胡椒"（Cher comme poivre）。这是一句法国谚语，足以证明在中世纪欧洲人的观念中，胡椒是远比黄金、宝石更能彰显稀有与昂贵的存在，而胡椒对欧洲的意义远比现代人想象和认识的大。正如玛乔丽·谢弗所说，不过是表皮皱皱的一颗小小香料，却把欧洲拖出发展迟缓的中世纪，带进国际化的印度洋贸易网。

2. 威尼斯发达的商品贸易

"物以稀为贵"，这是真的。在地理大发现之前，胡椒因为稀有而昂贵。黑胡椒甚至被称为"黑色黄金"，白胡椒倒是没有白色黄金的说法。不过，其实两种都是胡椒，只不过采收时节不一样，白胡椒采收时间比较晚。从印度到欧洲，由于路途遥远，运费高昂，所以运到欧洲的胡椒价格很高。一千克胡椒在产地印度价格

为一至两克白银，可是在运送过程中价格会呈阶梯式上升。在埃及亚历山大港（Alexandria）价格是十至十四克，威尼斯达到十四至十八克，等到卖给欧洲各国则已经达到二十至三十克，是原产地价格的十至三十倍。这就是典型的中间商赚差价。中世纪有一个俗语 Pfeffer sack（胡椒麻袋），就是称呼靠买卖胡椒赚大钱的商人。

远程贸易简直是超额利润，也是推动资本积累与资金流通无与伦比的动力，而威尼斯就是这种资本积累的极大受益者。

想必很多读者看过莎士比亚的《威尼斯商人》，就会对里面唯利是图的商人夏洛克印象很深。其实，威尼斯的历任总督全都经商，最早的贵族也全部从商。经商是威尼斯人的天赋，他们知道一切赚钱的途径，通晓所有来钱的门路。威尼斯人说："金钱是我们的另一种血液。"有一位游客在 1494 年写道："好像全世界都聚集到了威尼斯，全人类都在倾尽全力做生意。"法国历史学家布罗代尔将 1500 年的威尼斯描绘为世界经济的中心，而威尼斯的中心则是里奥托桥（Rialto Bridge）。从亚历山大港返回的威尼斯商船在海关大楼处登陆（圣马可湾），交税通关之后再经由大运河到达里奥托桥。在 15 世纪，里奥托桥是河上唯一的渡口，也是威尼斯的第二海关大楼。所有通过意大利内河运输的货物都要经过这里，可谓世界贸易的轴心与转盘。这里的商品令人眼花缭乱，其中生姜、乳香、胡椒等不计其数。在这里，每天的香料价格都会被编纂起来，整理成表格，分发到许多商人手中，无论是本地商人还是外地商人。通过里奥托桥，威尼斯控制着从莱茵河谷到黎凡特（Levant，又译累范特）的贸易轴心，影响了从瑞典到中国的贸易，运输着整个世界的货物。

　　就在 15 世纪初，威尼斯商人通过掌控香料等东方奢侈品贸易，从中获取巨额利润。这一时期，伦巴第（Lombardia，又译伦巴底）各城市通过威尼斯的进口货物，单就胡椒一项，价值就达三十万杜卡特（Ducat）。这个世纪是威尼斯的全盛时期，胡椒在所有运往西方的香料中占比高达 80%。欧洲消费的胡椒和其他香料，大约要用六万五千千克白银换取。这是什么概念？这么多白银可以买三十万吨黑麦，养活一百五十万人。据估算，威尼斯每年通过远程贸易所获得的商业收入高达四百万杜卡特，占到威尼斯总收入的四分之一至二分之一。威尼斯政府的财政收入也很可观。15 世纪初，威尼斯的财政收入高达七十五万至八十万杜卡特，和西班牙平起平坐，与英格兰不相上下，远远超过米兰、佛罗伦萨、热那亚等城市。如果再加上威尼西亚共和国（Kingdom of Venetia）与海外领地的收入，威尼斯的富有几乎可以占据欧洲首位。

3. 香料贸易与威尼斯的大繁荣

　　有了巨额的香料贸易收入，威尼斯铺上石子路面，运河上的木桥和木板码头一律换成石块的，商人们在运河沿岸建造许多华丽的建筑。

　　如果你看过《追忆似水年华》（À la recherche du temps perdu），你就会看到作者普鲁斯特（Marcel Proust，1871—1922）在书里的回忆。他说，当他站在威尼斯圣马可教堂两块不平坦的铺路石上，这一瞬间的景象带给他铺天盖地的幸福感，以一种和谐之音消弭过去与现在的时间与空间。威尼斯的石头为他带来喜悦，使他看淡生死。

可以说，威尼斯是一座石头城，或者说是一座石头王国，石头是这座城市的生命。但事实上，威尼斯不产天然的石头，这些石头大多数是从外国进口的。比如大理石来自意大利的卡拉拉（Carrara）、希腊爱琴海的帕罗斯岛（Paros），粉红色的花岗岩与斑岩是从埃及进口的，也有许多石头来自伊斯特拉半岛（Istiran Peninsula）。圣马可教堂有超过五十种不同的石头，有色彩多样的大理石石柱，闪耀着金光的马赛克镶嵌画，尖顶拱门上还有色彩斑斓的大理石镶嵌细工，整个教堂就像是一座珍贵的首饰盒。圣马可教堂的正门，是13—14世纪的建筑，完美融合了蓝色与金色的装饰，其中蓝色装饰用的是一种来自阿富汗进口的宝石，青金石的粉末。据说，东罗马皇宫大殿的柱子是用青金石制作的，可见建筑中使用青金石是何等奢侈！威尼斯在建筑中使用青金石应当是受到东罗马的影响。威尼斯无疑是一座美丽的水上都市，但是建造它也消耗极其高昂的费用，正是刚才说的香料贸易给威尼斯提供巨大的财力支持。

这里多说一点题外话。中国古代也从阿富汗大量进口青金石，当时叫瑟瑟。青金石在中国古代运用广泛，《谭宾录》说唐玄宗在华清宫的温泉池中，用瑟瑟与檀香木建造了形似昆仑仙境、东海仙山一般具有梦幻感的假山，还制作了白檀香的木船，与杨贵妃一起在温泉中穿行。敦煌壁画中的青金石颜料也是来自阿富汗地区。从北朝（420—589）到隋代，都可以看到青金石在壁画中的大面积使用。唐代景教教徒经常把瑟瑟输入中国，用来装饰景教的教堂大秦寺。在吐蕃，官员手臂上佩戴瑟瑟串，表示最高官职。瑟瑟制作的珠子，一颗就能换一匹良马，因此青金石还有"马价珠"之称。这些也都是全球物质流通的一部分。

第六节　香料贸易与葡萄牙

上文，我们讲了香料贸易与威尼斯的大繁荣。不过，这座城市的好运气并没有持续太久。在威尼斯大繁荣的时代，西班牙人、葡萄牙人也在探索发财的新途径，因此有了新航路的开辟，导致大航海时代的到来。

大航海时代的到来，给世界范围内的香料贸易带来一次大洗牌。

1. 新航路的开辟只是为了寻找香料吗？

哥伦布、麦哲伦他们开启的大航海时代，是全球史上超级重要的事。关于开辟新航路的原因，历来有多种说法，有的说是为了寻找黄金，有的说是为了传播基督教的福音。真实的原因究竟是什么呢？要知道远洋航行是危险的，麦哲伦的船队开始横渡太平洋不久，淡水就喝完了，只能用变质有味的水泡饼干吃。饼干也吃完了，只能把皮革泡在海水里嚼。由于吃不上新鲜的水果和蔬菜，很多人都得了坏血病。船队出发时带了二百八十名水手，回来时仅剩十八名。

既然远洋航行九死一生，哥伦布、达·伽马为什么要冒着生命危险开辟新航路呢？据殉道士彼得《新世界》记载，哥伦布远航的目标是去探索印度沿岸的群岛，希望找到"多得想象不到的珍珠、香料和金子"。你看，香料是排在黄金前面的。据说，哥伦布每次远航都随船携带胡椒、桂皮等主要香料的样本，把它们拿给当地人察看，以便带领他们找到真正的香料。可见寻找香料，也是哥伦布远航的重要目标。而稍后的达·伽马远航，目的之一

也是为了寻找香料。与达·伽马同行的船员记载："1497年葡萄牙国王曼努埃尔一世（Manuel I，1495—1521年在位）派遣四艘船出航，意在搜寻香料。为首者为瓦斯科·达·伽马及其兄保罗和尼柯拉·克尔伯。"

据杰克·特纳《香料传奇》说，香料就是开辟新航线的催化剂，葡萄牙、英国、荷兰为了寻找胡椒、桂皮、丁香、肉豆蔻才冒险远航。玛乔丽·谢弗更是将胡椒比作植物界的美女海伦，因为有众多船只为了它起航，为了它战争。显然，新航路的开辟无疑是全球史最重要的事件之一，而最初的动因居然与小小的香料相关。

哥伦布与达·伽马为什么要如此执着地寻找香料呢？我们前面讲了，15世纪的威尼斯通过香料贸易获得巨额财富，葡萄牙、西班牙这些西欧国家看到威尼斯的成功垂涎不已。15世纪中叶，庞大的奥斯曼帝国控制东西方之间的商路，使得西欧与东方之间的贸易更加艰难。如果能找到一条直通胡椒产地印度马拉巴尔的航线，就可以甩开控制香料贸易的伊斯兰国家和威尼斯商人的盘剥，赚取天价利润。哥伦布、达·伽马都想通过开辟新航线，找到各种香料的原产地印度，开通西欧与印度之间的直接贸易。

2. 葡萄牙在香料贸易上的成功

达·伽马率领的船队经过十个月的航行，终于到达印度马拉巴尔海岸，在南印度最大的港口卡利卡特上岸。也许读者注意到了，这个卡利卡特就是我们前面讲过的明朝郑和下西洋的目的地之一——古里。1499年9月，达·伽马的船队满载着用黄金换来的胡椒、生姜、肉桂等回到葡萄牙，获得丰厚的利润。这船货的

价值，据说相当于整个船队费用的六十倍。

达·伽马从印度返航的消息，像晴天霹雳一样震撼威尼斯，可怕的预感笼罩石头城。当时威尼斯商人普留利所写的日记中说："以我的智慧，无法理解这一切。收到此消息的时候，整个城市的人……都目瞪口呆，最聪明的人都认为，这是他们听过的最坏的消息。他们明白，威尼斯取得如今的名声与财富，靠的就是海上贸易，靠的是买进大量的香料，再倒卖给来自各地的外国人。从这些外国人那里，从贸易中，威尼斯获得巨大的利益。而现在，印度的香料可以通过新航路直接输送到里斯本，匈牙利人、德意志人、佛兰德人和法兰西人都能去那里购买，而且价格更便宜。"

田汝英博士的研究显示，1502—1503 年，达·伽马第二次远航带回三万五千多英担香料，合一千八百吨左右，其中大部分是胡椒，大致相当于威尼斯一年的香料进口量，出售后所得利润高达百分之四百。葡萄牙由此取得胡椒贸易大战的胜利，威尼斯的地位从此一落千丈。16 世纪初的 1504 年，威尼斯的商船在埃及亚历山大港居然找不到一袋胡椒。

这么多胡椒都卖到哪里了呢？法国历史学家布罗代尔指出，胡椒与香料的消费者多数在北欧，所占的比例也许达到十分之九，所以 1501 年葡萄牙人要把胡椒运到现在比利时的安特卫普（Antwerp）分销。为什么呢？因为以胡椒为首的大多数香料可以祛风驱寒，北欧这些寒冷国家的人自然嗜好香料，这和潮湿的云贵川地区的人后来喜欢吃辣是一个道理。此外，北欧盛产各种鱼，在食物烹调里也少不了胡椒等香料。中世纪以来，欧洲人在鱼肉、汤等烹调过程中，都要掺入香料。毕竟谁也不敢违背杜埃·达西在 16 世纪初推荐的做法，那就是"要趁热加胡椒"。自然而然，

香料集散市场，就从威尼斯转移到安特卫普。

1508 年，葡萄牙国王成立"佛兰德"货栈，作为里斯本"印度商行"在安特卫普的分支。安特卫普由此成为葡萄牙向欧洲西北部地区销售香料的经济中心。售卖胡椒所得大批的银和铜不再运往威尼斯，而是送到里斯本。据尼德兰政府的官方统计，取道安特卫普转运到里斯本的白银，1508 年约为六万马克，导致西欧一时为之空虚。可以说，1501—1521 年，安特卫普的繁荣，是由葡萄牙推动的，而胡椒贸易是安特卫普城市繁荣的引擎。

以胡椒为首的香料贸易，为葡萄牙人带来丰厚的收入。据估算，在 1515 年前后，葡萄牙靠香料贸易赚得约一百万金币，相当于来自教会的总税收，也是黄金与各种金属贸易额的两倍。不过，在 16 世纪下半叶，欧洲对亚洲香料的需求又成倍增长，价格大幅飙升为原来的三倍。一方面是奥斯曼帝国对南亚、东南亚香料需求的增长，导致输入欧洲的香料相对减少，价格陡增。另一方面是某些特殊的年份，返回里斯本的葡萄牙船只减少，导致香料价格飙升。在绝大多数情况下，葡萄牙运回的胡椒还是能满足欧洲的市场需求。此外，葡萄牙政府也推出一些刺激香料贸易的政策，到了 1570 年之后，葡萄牙打破之前由王室主宰香料贸易的局面，把一些国际航线出售给商业资本家。此后，控制香料贸易的就不再是王室，而是韦尔泽家族、福格尔家族、康拉德·罗特、罗韦拉斯卡等这些商业资本家。这也是欧洲历史上一个影响深远的重要变化。

这一时期，胡椒依然是进口香料的大宗。美国历史学家沃勒斯坦（Immanuel Wallerstein，1930—2019）指出：香料贸易在葡萄牙的财政中占据重要地位，"西非的黄金，加上亚洲的胡椒和香料，实际上到 1506 年已经构成葡萄牙国家收入的一半以上。此后，

随着亚洲贸易比重不断增长，它就组成了帝国经济的基础"。正是因为葡萄牙在香料贸易上的巨大成功，大大重塑了葡萄牙的国际地位，它不再被欧洲各国认为是一个蕞尔小国，来自香料贸易的利润使葡萄牙加快殖民扩张的步伐。从 1506 年开始，葡萄牙先后占领印度港口卡利卡特和果阿（Goa），挺进马六甲海峡，控制马鲁古群岛，登陆中国澳门，封锁霍尔木兹海峡。在 16 世纪上半叶，也就是中国明代中期，葡萄牙帝国的辐射力横跨一百四十个经度，纵贯七十个纬度，印度洋、阿拉伯海、南洋一带仿佛成了葡萄牙的内海。

香料贸易，也使葡萄牙从欧洲经济的边缘一跃成为欧洲最富裕的国家之一。葡萄牙国王曼努埃尔一世成为欧洲自罗马帝国以来最穷奢极欲、挥金如土的君主，他的名字被认为是"富足"的同义词。当时的诗人以葡萄牙帝国的名义在诗中写道："我是最伟大的人，把地球踩在脚下！我财大气粗，拥有无限的权势；我是权杖、王冠和王位，能使大地和海洋颤抖！我的威名远扬，家喻户晓。归根结底，我就是葡萄牙，我比整个世界都大。"来自香料贸易的巨额利润，使得葡萄牙刮起奢靡之风。几乎在一夜之间变成富翁的葡萄牙人，开始挥霍享受。购买外国的奢侈品成为时尚的标志，法国的水晶玻璃器皿、中国澳门的瓷器、匈牙利的茉莉花油和香水，在葡萄牙都备受青睐。葡萄牙人吃的生肉是从英国进口的，白菜是从比斯开湾（Bay of Biscay）进口的。产自葡萄牙本国的服装、本地的商品则被看作"乡巴佬"的标志。葡萄牙政府最后被迫颁布法令，禁止穿戴过分华贵的服装，限制黄金与白银首饰方面的高消费。甚至早在 16 世纪就有葡萄牙人指出，香料贸易不是拯救了葡萄牙，而是毁灭了葡萄牙，因为巨额的财富使得葡萄牙人不思进取、好逸恶劳、贪图享受、奢靡成风。

3. 近代香料贸易的衰落

香料贸易的风光并没有持续太久。布罗代尔认为，这与胡椒正在由奢侈品转向日用品有关，大凡物不稀就不贵。自从达·伽马开辟新航线，香料来货激增，价格就下降了，出现在家家户户的餐桌上，使用香料不再是身份与地位的象征。这导致香料的财富意义减少，以胡椒为代表的香料终于完成从奢侈品到日用品的身份转变，融入民众的日常生活中。另外，随着海外来源的激增，欧洲市场的香料也出现饱和。荷兰人"有时把大量胡椒、肉豆蔻烧毁或投入大海，以保证价格不跌"。此后，另一些新的奢侈品开始流行，如茶叶、咖啡、巧克力、烟草等。尽管17世纪中期，胡椒贸易在荷兰阿姆斯特丹的东印度公司贸易中仍然占据首位，但是到了18世纪末期，胡椒已经降为第四位，低于纺织品、茶叶与咖啡。特别是，由于马拉巴尔（印度西南部沿海地区）出产胡椒，从16世纪开始葡萄牙人、荷兰人、法国人、英国人先后在印度建立殖民据点，1757年之后印度沦为英国殖民地。胡椒退出奢侈品行列后，英国东印度公司紧接着促进印度生产茶叶、咖啡等新型奢侈品。

除了日趋饱和的供应，香料在社会上的应用也发生大规模的改变。前面我们说过，过去欧洲餐桌上大量使用香料炮制肉类，曾经是一种炫耀财富的时尚。有一本书曾经记载，如果你宴请四十位客人，那么准备的佳肴，可以加入一盎司胡椒、一盎司肉桂、一盎司姜、八分之一盎司丁香和四分之一盎司番红花。可是，这种炫富式的烹饪方式，后来渐渐发生变化。

首先，随着新品种蔬菜的增多，肉类消费的减少，导致对香料的需求降低。西方餐桌上，相继出现各种新品种蔬菜，比如

芦笋、菠菜、菜花、豌豆、西红柿等，这些蔬菜大多来自欧洲本土，特别是意大利的菜园，也有一些原产美洲。蔬菜的增多，使得法国人的饮食趋于简单、回归自然，对香料的需求减少，甚至反对过多使用香料。1666 年，法国诗人布瓦洛（Nicolas Boileau Despréaux，1636—1711）在《怪异的饭菜》一书中，尖刻地批评旧有的烹饪方式，反对滥用香料，主张恢复食品的真味。这使得东方香料在厨房里渐渐失势，香料贸易也随之衰落。中世纪以来一直出口生姜、桂皮的中国，只好逐渐加大新型奢侈品茶叶的出口，茶叶转而成为中国出口量最大的商品。

此外，近代以来香料在医药上的使用也日渐衰落。香料作为具有芬芳香味的药物，长期被认为可以驱除毒气，减少传染病的流行。但 17 世纪后期，古希腊名医盖伦（Claudius Galenus，129—199）的嗅觉理论受到批判，这使得凭借芳香气味立足的香料的医药学基础被削弱。1873 年，法国著名的微生物学家路易斯·巴斯德（Louis Pasteur，1822—1895）用实验证明传染病的真正致病原因是微生物。这使得"瘴气说"即毒气致病的说法被确定为错误理论，这对香料药用功效的打击是致命的。微生物学的诞生，注定香料在医药学使用中的式微。顺便可以说到，在近代中国，随着西方医药学的传入，也对中国传统医药学造成极大的冲击。民国十七年（1928），汪精卫（1883—1944）到处演说改良维新，鼓吹废止中医。后来，褚民谊（1884—1946）甚至亲自出面推动召集中央卫生委员会的会议，通过一个议案，就是逐渐淘汰中医。香料作为中药的一个重要部分，同样受到西药的极大冲击，走向式微。同时，香料在洗涤、美容、化妆等方面的使用也日渐衰落。这与 19 世纪以来化学合成香料的发展有关。比如，天然麝

香贸易在中国古代至少已经持续十五个世纪以上，可是化学合成麝香的诞生，宣告天然麝香注定退出历史舞台。这当然是后话了。

还有一个因素需要指出，在欧洲一些原产于东方的香料被成功移植。16世纪，西班牙人把原产于中国的生姜与肉桂移植到他们在中美洲的殖民地。因为葡萄牙人在亚洲的殖民地被荷兰人夺走，整个18世纪葡萄牙人都在试图将丁香、肉桂、肉豆蔻、胡椒移植到自然环境相似的巴西。同样，法国也力求打破荷兰东印度公司对丁香、肉豆蔻等香料贸易的垄断，1770年，法国人皮埃尔·普瓦夫尔在荷兰人的严密监控下，从摩鹿加群岛（即印尼的马鲁古群岛，号称香料群岛）偷出两万株肉豆蔻的幼苗以及三百株丁香的幼苗，栽种在法兰西岛的"国王花园"，其中少数得以成活。后来，法国的丁香被移植到非洲的毛里求斯、马达加斯加、奔巴岛、桑给巴尔（Zanzibar）等地，长势意外地好。如今奔巴岛就以盛产丁香而闻名，号称"香岛"。丁香的原产地印尼，反而成了丁香的进口国。香料种植业的垄断被打破了。香料昔日的稀有、贵重身份，也不复存在，这进一步加剧全球性香料贸易的衰落。

总之，16至17世纪，可以说是全球香料贸易的鼎盛时期。17世纪之后，茶叶、咖啡、烟草、糖这四种商品的贸易量逐渐有了增长。可以说，以胡椒、生姜、肉桂为代表的香料，应该是地理大发现时代以来全球化的第一类商品。前面，我们叙述了从4世纪陆上丝绸之路香料贸易的兴盛，到19世纪近代香料贸易衰落这样一个"香料的全球史"。在这个漫长的历史过程中，香料通过商旅、朝贡、战争等各种渠道，在全球各地不断流通，最后香料贸易逐渐衰落，历史终于走到我们现在的世界。

（温翠芳）

第四讲

茶叶的故事：从中国、东亚到全球

第一节　茶饮在中国的简史：煎茶、点茶与泡茶

茶叶是一种饮料，虽然有不发酵的绿茶、发酵的红茶、半发酵的乌龙茶等不同，但它们都是全世界都喜欢的饮料。这大家都知道。

不过，茶叶风靡全球，与咖啡和可可并列为世界三大饮料，它的历史可不一定人人都知道。如今，很多国家都把茶当成"国饮"，比如日本和英国，他们把民族的风格和精神都融进饮茶里，形成很特别的饮茶文化；而印度、土耳其、摩洛哥、俄罗斯、美国，现在也都有了饮茶习惯，也是茶叶消费大国。可是，历史上这些爱喝茶的国家大多不产茶，他们之所以能养成喝茶的习惯，还是因为茶叶曾经是全球贸易中最重要的商品。那么，茶是如何成为饮料的？它是怎样进入全球贸易的？为什么源于中国的茶，到了日本、英国，形成完全不同的饮茶文化？这与唐宋到明清的饮茶方式大转变，到底有什么关联？

想回答这些问题，让我们先从茶是如何成为中国国饮开始讲起。

1. 茶成了风行整个帝国的饮料

茶起源于中国南方，早在战国时期就有关于茶的记载。到了魏晋南北朝，茶在南方已经进入民众的生活，据说在市场上也很容易买到。可是在北方，情况却截然不同。也许是因为那个时代南北分裂，北方是非汉族王朝；也许是因为南北方本来生活习惯就不一样；那时的北方，并没把茶当成日常饮品，甚至它只是药物。有笔记小说记载，隋文帝小时候经常头痛，需要喝茶才能痊愈，所以有人就抢着进献茶叶，希望能因此获得赏赐。这说明一直到隋朝，北方仍然不太喝茶。即使到了唐代，茶也不是马上就普及成为举国之饮的，事实上在唐朝的前一百年，喝茶在北方都没什么明显的发展。

可是，到了开元年间（713—741），在北方喝茶突然风靡起来。这就奇怪了。如果从战国开始，算到开元之前，茶在北方中国至少也已经有了上千年，就算魏晋时南方已经饮茶成风，北方人仍然不感兴趣，那又怎么会突然之间喝茶之风就流行起来呢？如果要找原因，那肯定很多，比如国家统一、交通发达、经济发展，像历史学家说的唐朝在文化上"南方化"，又或者是这些量变积累起来终于导致质变。这当然都有可能，可是在各种原因中，最重要的应该还是某种特别的生活方式推动对饮茶的需求。

那么，又是什么特别的生活方式，导致开元年间北方人对茶的兴趣突然大涨呢？关于这个问题，我们或许可以在唐朝人封演

的《封氏闻见记》中找到答案。

开元年间，在泰山灵岩寺，有一位降魔藏禅师向弟子传授禅法。大家知道，佛教习禅时，需要保持清醒，不能打瞌睡，而且不能吃晚餐，只允许喝茶。这就很重要。喝茶本来就可以提神醒脑，而且当时的喝茶，就好像是吃茶，是把茶叶粉碎，加入调料一起煮了吃，就像喝粥一样。也许这种方式的喝茶真能缓解饥饿感，并且保持清醒，这为饮茶的流行提供契机。

我们都知道，禅宗信仰者修禅，是为了追求在世俗世界不受世俗欲望诱惑，努力保持心性清净，追求自由无碍的超越境界。从盛唐到中唐，无论是南宗还是北宗，这种通过明心见性、觉悟成佛的禅宗简便法门，都给士大夫和民众带来解脱和自由的感觉，所以禅宗很快就被大众接受并且流行开来。而茶饮作为坐禅时提神醒脑、聚精会神、让心灵暂时抛开烦恼的方法，也就随同禅宗一起在北方盛行起来。由此可见，有时候一种东西成为流行，其实跟生活实践和文化观念有很大的关系，这种宗教生活对茶叶饮用习惯有很大的影响。其实，在茶叶东传日本的过程当中，禅宗也同样起到最关键的作用。

也许就这样，茶渐渐地成为整个国家风行的饮料。不过接下来，这种饮茶习惯也要向更高的层次发展，而这就需要一个提升品位和内涵的契机，这个契机就是陆羽和他的《茶经》。

2. 茶之圣者：陆羽和《茶经》

唐代开元年间的某一天，在湖北竟陵县，也就是今天的湖北天门，一位法号智积的禅师收养了一个弃婴。这个婴孩随智积禅

师的俗姓姓陆。在他成年后，由《易经·渐卦》卦辞"鸿渐于陆，其羽可用为仪"，得名羽，字鸿渐。据说，陆羽一直在天门生活了二十多年，当过俳优（地方戏艺人），也会写诗，还对书法很有研究，相当地多才多艺。至于陆羽的茶艺，那就更不用说了，收养他的智积禅师特别爱茶。陆羽从小耳濡目染，煎茶手艺高超，还很有自己的见解。

宋代金石书画鉴赏家董逌在《广川画跋》中讲了这么一个故事。智积禅师爱喝茶，而且只喝陆羽煎的茶，其他都不喝。陆羽出去游历江湖的四五年间，智积竟然没有再喝过茶。有一次，唐代宗（762—779 年在位）召他进宫，让宫里的茶艺大师给他煎茶，结果智积只尝了一口，就觉得不如陆羽的手艺，不再继续喝。代宗心想，陆羽哪有这么神，他不会是蒙我吧？于是，偷偷把陆羽召来，煎茶给智积喝。结果智积开心得不行，一饮而尽。代宗纳闷了，这回你咋喝了呢？智积就说，因为这茶是陆羽煎的！

我们虽然不确定董逌讲的这个故事是真是假，但至少能说明，陆羽的茶艺造诣肯定很高。二十三四岁时，陆羽为了躲避"安史之乱"，移居江南，几年后又到了苕溪也就是浙江湖州，并且在湖州隐居期间，写下举世闻名的《茶经》。

陆羽生活的年代，正好是我们之前提到佛教带动饮茶风气的时代。这时，南北茶叶贸易开始迅速发展。当时，对茶叶贩卖的盛况，有这样的描写"茶自江淮而来，舟车相继……"，"……数千里不绝于道路"。喝茶的人多了，喝茶的体会积攒多了，一定会有人出来总结经验，提升品质，把它变得更讲究更高雅，就会出现介绍饮茶的著作。这时候，陆羽的《茶经》就应时而出，他也因为写了《茶经》，被人当成"茶圣""茶仙""茶神"。要知道，这些称

号可不是我们现代人的评价,而是在陆羽那个时代就有了。比如"一生为墨客,几世作茶仙"这句,就是来自唐朝人耿沣的"同行评议"。到唐代后期,传说江南茶库里还有供奉陆羽像的,连卖茶的商贩也会供上一尊,祈求生意兴隆。有的商贩还会准备一些瓷做的陆羽像,买几十个茶杯送一个陆羽像,要是赶上生意不好,就用热水浇灌解气。

陆羽都封神了,那么《茶经》的影响力又大到什么程度呢?《新唐书》的评价是,《茶经》一出,而"天下益知饮茶矣"。这就相当于在回答我们开篇的那个问题:茶成为国饮是从什么时候开始的呢?没错,或许就是《茶经》问世的时候。

3. 精致与高雅:饮茶方式上的讲究

前面我们说了,古代中国真正在喝茶上开始讲究起来,还是从《茶经》开始的。在《茶经》之前,不说北方,就是在南方,喝茶和煮菜喝汤也差不太多,要在茶汤里加入葱、姜、橘子皮和盐等调料一起煮,没有讲究的形式,更谈不上高雅。而《茶经》之后,人们不光懂得怎么喝茶才高雅,甚至已经开始懂得收藏整套茶具。官方也开始有了专门督造贡茶的机构,给皇家监制茶叶,在江苏常州与浙江湖州交界处的顾渚山就有一处,这是为了采办唐代名茶阳羡茶(也叫紫笋茶),而紫笋茶之所以能成为贡茶,据说还是陆羽建议的。

《茶经》记载的饮茶方式有多讲究呢?陆羽提倡的煎茶,其实跟我们刚才提到的煮菜喝汤很像,可是他不再加那么多调料,而是更关注茶汤本身。陆羽为煎茶,专门配置茶具多达二十八种,

从生火、取水，到碾茶、煮茶，再到盛盐、清洁，一应俱全。单是看茶具的数量，就知道煎茶形式多么严格和烦琐。好在陆羽记述详细，学者分析透彻，再加上当代陕西扶风法门寺地宫刚好出土一套晚唐时的宫廷御用茶器，让我们能在一千二百年后的今天，还原唐代煎茶之法。

唐代流行的是饼茶，就是把茶树鲜叶蒸熟后捣碎，再拍压成形，然后焙干，有点类似现在的普洱茶饼。整块的茶饼，当然不能直接放入水中煎煮，于是煎茶的第一步，就是要把茶饼碾碎，再把茶过筛，变成适合水煮的粉末状态。接下来是煎茶。煎茶最重火候，所以在一种无盖、敞口、带耳的容器中进行，称为"茶鍑"，外形很像大口锅。这种无盖、敞口的设计，正是为了便于观察水和茶汤的沸腾状态。

煎茶一共要经历三次沸腾，然后把煎好的茶汤舀到茶碗里，称为"酌茶"。舀出的第一瓢茶汤，可是有姓有名的，叫"隽永"。你看这个词就明白了，这一瓢滋味最好，但居然不喝，而是用来抑制沸腾，孕育沫饽。沫饽也就是茶汤煮沸时产生的泡沫，被视为茶之精华，这一点大家想想后来日本的抹茶就明白了。"隽永"之后，才能将茶汤依次酌入茶碗，通常煮一升水可以酌五碗茶汤，其中前三碗滋味最好，但也不如"隽永"，到第四、第五碗，就不值得喝了。费了那么大劲，最后只能喝三碗茶。不过，中唐诗人卢仝（约795—835）写的著名茶诗《走笔谢孟谏议寄新茶》却说要喝七碗茶，喝到第七碗，才能感觉到"两腋习习清风生"，真的成神仙了。

这时候的饮茶，除了不再加葱姜一类调味料，仍然跟民间的煮菜喝汤有些类似。不过，从形式上看，煎茶更加讲究，规矩也

更加烦琐。就连演示茶艺时应该穿便服还是更考究的衣服都能成为讨论的话题，显然饮茶仪式化了，也越来越郑重其事。可以说，正是这种仪式感，提升饮茶的修养和品位。人们愿意把一些难以言表的感受和哲理放在里面，在三碗与三沸、隽永与沫饽、质朴与华丽之间，不只是饮茶，也是探索感受与文化。这就像陆羽的好友僧皎然（约 720—约 795）在诗中所说的"熟知茶道全尔真，唯有丹丘得如此"。丹丘可是诗仙李白的朋友，大大的有道之士。

4. 饮茶方式的士大夫化

饮茶接下来的发展，可以说是越来越士大夫化。无论在技术上还是在审美上，都越发趋向极致的艺术化。茶饼要更精致，茶沫要更细腻，用水要更讲究，沫饽要更丰富，就连茶碗的形制与颜色也要与茶汤更相配。于是，从茶具到技巧，全都换了模样，唐代流行的煎茶，到了宋代就变成风靡各个社会阶层的点茶。

不过，无论是唐代煎茶，还是宋代点茶，用的都是经过拍压成形的饼茶，共同的特点就是连同磨碎的茶沫一起喝。像后来大大有名的宋代龙团，就是在福建建安专门给皇家进贡的，那种刻有龙凤图案的茶饼也还是饼茶。据文献记载，一般宋代饼茶的制作，承袭的还是唐代传统，但是给皇家的贡茶可不一样，贡茶要增加一道研茶工序，就是把仍然保持叶状形态的茶研磨成极其细腻的茶沫，研磨的过程被称为"研膏"。贡茶对研茶的要求非常高，茶饼的尺寸越来越小，研膏越来越细致，原料越来越嫩。据说，这种龙团茶贵得不得了，不要说皇家直供的，就是后来著名的书法家兼官僚蔡襄创制的小龙团茶也一斤"直金二两"。

宋代流行的喝茶方式，叫作"点茶"。点茶的主要方法，是往盛有茶沫的茶盏注水，并且不断搅动茶汤。同时，为了方便注水，煮水的容器就变成高肩长流的汤瓶。搅动茶汤时，用的是竹制的茶筅。至于茶盏，则以建窑的黑釉兔毫盏为最佳选择，这是因为龙团茶的茶汤颜色泛白。宋人崇尚这种白色，也就是蔡襄在《茶录》中说的"茶色贵白"，而且越白越好，必须纯白才是"上真"。而黑釉盏是青黑色的，刚好能衬出茶汤的颜色，视觉效果完美。

说到这里，大家可能联想到，黑盏、茶筅、茶沫，这种组合有没有点儿似曾相识？会不会想到日本茶道？没错，宋代点茶与日本茶道确实渊源匪浅，这一点我们后面再讲。

5. 制茶技术和饮茶习惯的变化

宋代的"点茶"，还是连茶沫带茶汤一起喝的，可是我们现在喝茶是不吃茶叶的，那么这种转变又是从什么时候开始的呢？

其实，除了饼茶，唐宋时期就已经有类似我们现在喝的那种芽茶、叶茶。这种茶不用压成形，制作工艺更加简单，所以成本也更低，价格上也普遍低于饼茶，喝起来也更随意。芽茶好像各方面都不如饼茶，可偏偏是这种简化的茶，既得到茶叶生产者的认同，又符合消费者的需求。因此，芽茶在南宋中后期，逐渐成为茶叶市场上的畅销产品，是当时平民阶层饮用的主要茶类。也就是说，早在南宋末，中国的茶类生产，就基本上完成由饼茶到芽茶的转变。

只是，皇家喝茶不只关乎口味，还涉及形式和制度，所以精致而高贵的饼茶仍是唐宋以来一直延续的，直到元代饼茶的制作工艺和饮用方式，仍然还保留着。比如说，在内蒙古赤峰发现的

元代墓葬中，壁画描绘的点茶场景，仍然与宋代一模一样。可是，这里又出现了矛盾。芽茶取代饼茶，这是明代以后的事情。直到明清时期，喝茶才从唐煎宋点变成直接冲泡。可是，既然芽茶早在宋末就开始流行，那么明清时期制茶技术的变革和发展又从何谈起呢？

这个问题，或许可以从朱元璋谈起。据说，明太祖朱元璋是劳苦大众出身，特别节俭，不习惯饼茶这种奢华饮品，这一点不知道是真的还是假的。不管怎么说，反正在洪武二十四年（1391），他就以饼茶太劳民伤财为由，下达"罢造龙团，惟采茶芽以进"的诏令，而且要求各地都要严格执行，而龙团原来就属于皇家顶级定制款茶饼。

如果说南宋和元代，饼茶向芽茶转换一直很慢，多多少少与皇家的喜好和制度有关。可朱元璋的诏令下达后，饼茶在人们的心目中便很快失去残存的最后一束光彩。饼的加工本来就费时费力，成本高昂，而且制作中的水浸和榨汁等工序会损失茶香。而芽茶特别是经过锅炒杀青的炒青芽茶，像西湖龙井、洞庭碧螺春这些都是炒青茶，炒出来的茶不会像制作饼茶时那样损失茶香，反而会尽量发挥茶叶天然的色香味。于是，这类茶迅速占据茶叶市场的主导地位，并且更加快速地发展起来。

当然，从饼茶到芽茶的变化，也和文人士大夫审美趣味的变化有关。元明之后的文化人，在理想上是越来越追求天然，尽量不要雕饰和繁复，越接近自然越好，这也许影响了文人士大夫的饮茶习惯。当然更重要的是，随着炒青茶制作技术的发展和完善，饮茶方式自然也发生相应的变化。从唐代煎茶，经宋元点茶，最终变成明清时期的泡茶，并且一直延续至今。

从唐宋到明清，我们不仅能清楚看到制茶技术和饮茶习惯的变化，而且还能看到这一转变，对不同时代引进茶叶种植和饮茶习惯的国家在饮茶方式上所产生的不同影响。

第二节 "吃茶去"与"平常心"：日本的茶道

前面我们提到，日本茶道和宋代点茶有很深的渊源。可为什么一定是宋代的点茶，而不是唐代的煎茶，或者明清的泡茶呢？

怎么说呢？这跟文化传播的时代有关。关于文化传播，日本人有两个词儿，一个叫"受容"，一个叫"变容"。受容就是接受外来文化，变容就是对外来文化加以改造和变化。其中，受容的时代性很重要。在唐代接受的文化就给日本带来浓郁的唐朝风格，而在宋代传来的文化则给日本带来清新的宋代色彩。

大家都知道，日本与中国的交流很早，虽然中国文献有关中日往来的正式记载要到西晋人陈寿（233—297）写的《三国志》才有，但实际上的交往很早就开始，中国的稻作栽培技术大概就是在公元前4世纪传入日本的。所以，当饮茶在唐代流行起来之后，向东传入日本也是顺理成章的事。那时候日本为了学习中国文化，频繁派出遣唐使，想把唐朝文化完整复制回去。制度、技术、艺术、风俗，什么都学，当时流行的佛教就更重要，而与佛教息息相关的茶当然受到遣唐僧人的格外关注。在9世纪40年代成书的《日本后纪》中，就郑重地记载永忠和尚（？—816）为嵯峨天皇（809—823年在位）煎茶的事。

这个永忠和尚在唐朝中期长安的西明寺生活了近三十年，非

常了解唐代的中国文化。西明寺又是研习佛法的名寺，藏有很多佛教经典，特别有意思的是，现在还出土了唐代煎茶必备的石茶碾。这些似乎在告诉我们，那个时候喝茶也和修习佛法一样，是寺中的日常生活。而且，当时的西明寺还有些与众不同，它有点像官方指定的外宾招待所，凡是到长安留学的外国僧人，都要先在那里停留一段时间，然后再去其他寺院学习。也就是说，所有在西明寺停留过的僧侣，恐怕都曾经在那儿饮过茶，当然也深知饮茶的方法。

永忠和尚在西明寺多年，恐怕也精通唐代煎茶方法。只是，他为天皇煎茶的事发生在 815 年，从时间上看是在他回到日本的十年之后。那时，饮茶在日本并没有像在中国那样普及，顶多也就是在贵族和僧侣中流行。永忠的煎茶能坚持十年，并且在天皇面前展示，抛开饮茶习惯与佛教信仰密不可分的联系不说，只从永忠的坚持和天皇的重视也许就能看出饮茶这件事情，在当时日本社会是既神圣又神秘。

这位嵯峨天皇对唐朝文化非常喜爱，在他周围也聚集着一批热衷华夏文化的贵族。他们像中国文人那样，把写诗、习字、喝茶作为日常生活的重要内容，也作为贵族的教养。而天皇自己就是一位唐风书法家，他在日本书法史上很有名，曾被尊称为"平安三笔"之一。这"三笔"中还有另一笔，也是日本茶史上举足轻重的人物，就是著名的僧人空海。他就是在唐朝长安青龙寺学过密宗并撰有《文镜秘府论》的那一位。

1. 空海和尚：唐代茶风对日本的影响

空海又名"遍照金刚"。804 年 7 月，空海和其他遣唐使团人

员一起登上开往中国的海船，开启到唐朝取经的旅程。他们计划的目的地，当然应该是都城长安，不过由于季风的关系，当时的航海技术还没那么成熟，大约一个月之后空海搭乘的船在福州登陆，又几经辗转最后才终于抵达长安。一开始空海也住在西明寺，而且就住在永忠之前住过的禅院，后来通过西明寺的僧侣介绍去了青龙寺，跟随惠果（746—805）学习密宗。空海在长安生活了两年，之后他带着大量佛经典籍和唐朝文物回到日本，开创日本的密宗也就是真言宗，圆寂后被谥为"弘法大师"，是日本佛教的一代宗师。

空海得到嵯峨天皇的赏识，经常出入宫廷，与天皇讲经论法，喝茶聊天。天皇还为空海写过诗《与海公饮茶送归山》，一看标题就是茶诗。虽然他没有专门为茶著书立说，但长安两年的留学生活，早已让佛教茶礼和世俗茶道成了他的习惯。茶和饮茶，频繁地出现在空海的社交生活中。在弘扬佛法的同时，他也有意无意地传播着唐朝的饮茶文化。

9世纪，从皇室、贵族到佛寺，日本"唐风"热度空前，或许是为了更全面地模仿，嵯峨天皇在接受永忠献茶之后没多久，就下令在大阪、京都以及奈良、和歌山、滋贺这些地方种植茶树，而且也把茶叶作为每年的贡品。上行下效，有天皇亲自示范，日本自然形成一股茶文化热潮，很多茶诗、有关茶的文献也在这一时期涌现。这些文献中记载的春茶采摘，对茶饼的烤炙干燥以及如何投放盐甚至贵族的茶会，都和唐代一模一样，几乎是完美复制。因为嵯峨天皇的年号是"弘仁"，所以这股热潮也被称作"弘仁茶风"。

可惜，弘仁茶风仅波及日本的贵族阶层，因为这一时期日本

的武士和庶民文化还没有发展起来。遣唐僧人带回来的唐代饮茶习俗，过于精致奢华，也过于仪式化，所以仅仅影响上层社会，没能普及到民间。而且很快，日本茶史上第一个发展波峰，便随着遣唐使的中止和唐朝的终结而沉入波谷。

这一沉寂，就是近三百年。

2. 荣西禅师：传入日本的宋代茶风

唐代的饮茶风习，在平安时代的日本没有延续下来。在日本真正兴起的，倒是来自宋代的饮茶风尚。

12 世纪末，日本进入镰仓时代（1192—1333），这个时候"公家"也就是天皇势力衰落，而"武家"也就是掌控武力的将军崛起。那些将军掌握政权之后，逐渐追求文化上的风雅，也迫切想要学习华夏文化。这一波文化交流不再由天皇和贵族推动，而是更多地依靠民间，尤其是禅宗僧人往来。所以有人说镰仓时代的日本文化深受南宋文化的熏染，追求精致和高雅。这个时候，点茶，特别是掺进典雅形式和文化内涵的饮茶习惯，正在宋朝上下风靡，这种饮茶文化再一次随着入宋禅僧的回国传入日本。

这一次，它在日本留下来了。

其实，与唐代流行的煎茶相比，宋代的点茶无论形式上还是内涵上都更加复杂。可是，由天皇亲自带动的"弘仁茶风"都没能让煎茶融入日本社会，将军武士们又是如何做到的呢？这大概部分要归功于茶叶最原始的功效。根据文献记载，茶有药用价值和保健功效，此外还能醒酒。这就有意思了。有一次，镰仓幕府的第三代大将军源实朝（1203—1219 年在位）喝多了，一个叫荣

西（1141—1215，又译容西）的禅师劝他喝茶汤。将军被茶的解酒功效震惊，荣西就趁机推销他自己的书，书名叫《吃茶养生记》。这是日本的第一部茶书，在日本茶史上的地位堪比陆羽《茶经》。

荣西是日本开创临济宗的禅宗祖师，曾经两次进入南宋，到南宋的中心也是禅宗鼎盛的浙江学习。南宋的首都临安就是现在的杭州，文化兴盛，市场繁荣，而且那里佛教也很兴盛，有著名的"五山十刹"。在南宋学习之后，他把茶籽带回日本种植，不遗余力地宣传佛教和饮茶。他推荐给源实朝的《吃茶养生记》，一开篇就讲茶的功效，说茶是养生的仙药，是延年益寿的灵丹，在中国、印度都特别流行，咱们日本可不能不重视！

把养生作为切入点，听起来朴实，但效果特别好，对于武士阶层来说，解酒还能长寿。这简直是直击心灵的广告。而且从宋朝学来的斗茶，既豪华、热闹、高雅，又能争奇斗胜、一赌输赢，这完美契合上层人士的兴趣。于是这一次，点茶以寺院为中心，以药用为卖点，在幕府将军和武士阶层的推动下，随着禅宗的流行普及到民间。这时候，茶叶也像丝绸、香料、瓷器一样，成为日本最喜欢的唐货，其实是宋风，只是可能在数量上不及前面几样，也没什么确切的文字记载。不过，我们知道当时茶碗倒是卖得很好，这也可以证明那个时代日本饮茶之风是很兴盛的。

虽然，日本社会上饮茶的娱乐性和仪式性遮盖了原本荣西期待的佛教信仰，但是点茶这一形式终于在日本社会扎下根来。

3."平常心"：饮茶中的精神性

饮茶既作为一种生活内容，又作为一种娱乐形式，在日本一

直持续到 15 世纪后半叶。这个时候，日本进入战争不断的战国时代（1467—1573）。频繁的战乱让武士们提心吊胆，时时刻刻都在面对死亡。对于他们来说，纵乐与享受只能带来短暂的心理安慰，怎样才能在这种瞬息万变、动荡不定的时代，获得心灵平静和理性清明呢？这种叫作"平常心"的境界，自然无法从纵乐和享受中获得，于是，提倡"平常心"和"吃茶去"的禅宗精神，就被人们重新重视起来。

饮茶本来就象征着平淡和朴素的生活，所以饮茶也是"素业"。陆羽在《茶经》中说"茶性俭"，又说饮茶"最宜精行俭德之人"，加上喝茶本来就是禅宗那儿兴起来的，这与佛教去除"贪、嗔、痴"也就是抑制欲望的思路是相通的。唐代禅宗有名的赵州和尚就说，求佛法就在"吃茶去"中，"酽茶三五碗"与佛祖"拈花一笑"一样，好像都蕴含无可言说的智慧。日本茶文化与佛教禅宗一起发展而来，虽然曾一度淡化佛教内涵，成为世俗社会的嗜好，但饮茶的初衷仍然与佛教暗地相连，两者都可以作为清静平淡境界的追求。正如日本茶道之祖村田珠光（1423—1502）对茶道的阐释所说，"愿作心师，不师于心"。

饮茶的精神性逐渐从娱乐性中剥离出来，去除赌博游戏、饮酒取乐的内容，变成一种寻求平淡生活和清净心灵的活动。茶具也从奢华的漆器和青瓷，逐渐换成质朴粗糙的茶碗。前面我们说瓷器的时候曾经提及，日本茶具的朴素是如何取代精致。而饮茶的场所，也渐渐缩小到四叠半，就是四个半榻榻米的面积。这种建立在佛教基础上注重精神调节意味的茶道，正好迎合那个时代出于残酷战争之中的武士阶层对平常心的追求，成为他们寻求精神安宁的寄托。

4. 与丰臣秀吉分道扬镳：千利休的茶道境界

谁能想到，极尽奢靡追求精致的宋代点茶，在明清时的中国逐渐被偏爱自然的文人变成追求清雅的泡茶，而到了日本竟然在禅宗信仰的助推下，被好胜斗勇的武士转化成清净朴素的茶道呢？到了16世纪，日本战国时代的政治家丰臣秀吉，甚至将茶道当成兵法来用。他宠信的千利休（1522—1591）就是日本茶道的集大成者。他通过举办茶会，来安抚身处战乱的民众，同时向庶民展示权威。他还把茶道打造成政治活动，通过举办盛大的茶会来笼络人心，专门定做茶道具，在茶会上亲自点茶侍奉天皇。据说，他举办的最大的茶道活动（北野大茶汤），有八百个茶席，规模盛大空前。

丰臣秀吉与千利休的合作非常成功，丰臣秀吉获得地位和名望，千利休的茶道境界也在不断提升，可是他们之间的理念却逐渐对立起来。千利休出身于商人家庭，年轻时醉心于茶道，师从武野绍鸥（1502—1555）。绍鸥也算是日本茶道的创始人之一，继村田珠光（1422/1423—1502）之后，进一步发展茶道。千利休在十八九岁时，开始跟随绍鸥学习茶道，后来成名，在五十八岁时（1579）成为织田信长的茶师。信长于1582年死后，他又成为丰臣秀吉的茶师，然后开始作为"天下第一"的茶汤宗匠活跃在社会上。千利休一方面帮助秀吉，把茶道转化为文化权力；另一方面他也在提升有审美境界的茶道。比如，他开始用特别狭小朴素的"草庵茶室"，推广返璞归真的"乐茶碗"，确立以"和敬清寂"为宗旨的茶道思想。可是，偏偏迷信武力的丰臣秀吉，喜欢的是那种北野大茶汤式的盛大和铺张，于是二人逐渐产生嫌隙。后来

千利休为了父亲的法事，在大德寺捐建山门，还在山门上安置自己的立像，当然可能还有一些其他缘故，最终在 1591 年千利休被丰臣秀吉逼迫切腹自杀。

临死前，千利休留下一首偈语："人生七十，力围希咄。吾这宝剑，祖佛共杀。"这首偈语表达的就是《临济录》里"逢佛杀佛，逢祖杀祖"，也就是自由自在、没有任何牵绊的禅宗境界。

5. 自成体系：日本的茶道

从 15 世纪后半开始，持续一百多年的战国时代，让整个日本处于战争和动荡中。无论是为了政治目的，还是精神需求，生活在乱世的各阶层民众也都与武士们一样，需要借助茶道获得心灵安慰。也许，这就是茶道在日本战国时代得以形成的原因。

佛教内涵加上点茶形式，从镰仓时代就已经在日本社会扎下根。从将军到武士到民众，成了传统就很难改变，即使明代中国开始盛行泡茶方式，但明日之间交往远不如唐宋时期的中日，文化影响更不能和唐宋相比。因此明代的饮茶风气无法影响早已自成体系的日本茶道。而且，这时的中国已经不再生产沫茶，在茶叶上甚至连之前那一点有限的对日本出口都没有了。如今，茶道在日本仍然被视为是日本文化的特色，也是日本民众一个重要的文化修养，而以茶筅击拂、搅拌茶汤这种原来源自宋代点茶的形式，也终于与日本茶道一起延续至今。

在日本茶道与明代饮茶，沿着各自不同路径发展成熟的同时，茶叶对于欧洲来说，还是一种来自东方的神秘草药汁液。那么，它又是如何开启欧洲市场的呢？

第三节 茶叶在欧洲的历史

现在，让我们从东方转向西方，看看茶叶是怎样进入欧洲，并且饮茶怎样成为风靡一时的时尚，还发展出与中国、日本都不一样的饮茶风格。

据说，是阿拉伯人哈只·马合木最先告诉威尼斯人中国人饮茶的事情，后来到中国来的传教士也曾传回有关中国人饮茶的消息。16世纪，率先进入东海、南海的葡萄牙人，则在进行香料贸易的时候把茶带回欧洲，而在欧洲最先出现饮茶风气的，则是稍后进入东部亚洲的荷兰人和英国人。据说，17世纪荷兰东印度公司和英国东印度公司都曾经购买过中国茶叶，不过最开始茶也曾经是被当作药物在药店里出售的，价格比较贵，每磅的售价在六十先令以上。到了17世纪中叶，伦敦一个商人开始在咖啡馆里卖茶，这以后才渐渐成了欧洲人的饮料。

不过，饮茶能成为风气，与咖啡、可可同样成为流行饮料，不仅与大航海时代之后全球贸易的蓬勃发展有关，也和嫁给英国国王查理二世的葡萄牙公主凯瑟琳的倡导有关。这是一段很有趣的历史。

1. 澳门：从葡萄牙"茶"发音"chai"的由来说起

让我们先从"茶"这个词的欧洲名称说起。

如果大家有兴趣，可以考察一下"茶"在各国语言中的发音，就会发现一个很有意思的规律，一部分国家的发音类似于英语的tea，而另一部分国家就直接读成chai。你可能会说，这不就是英

语和中文的区别吗？发 tea 音的，当然就是受到英国影响，毕竟东印度公司掌控茶叶贸易专卖权达一百多年，影响力遍及欧美各国。至于发 chai 音，那一定是原产中国的发音，这不是很普通的吗？这连想都不用想。可实际上，这两个发音既不是普通的中国官话，也跟英语没关系，而是来自两种方言。

　　tea 这个发音，来源于闽南话 té。那些最早通过海路获得茶叶的国家，大多用这个发音，比如荷兰和英国。荷兰东印度公司最初是在爪哇万丹（Banten），也就是现在印度尼西亚的市场上，看到茶这种中国商品。当时，运到爪哇的茶主要由厦门商人经营，所以荷兰人也就参照闽南话的发音。而英国东印度公司，最初也是在爪哇万丹买到的茶叶。随后他们第一次直接到中国买茶，到的就是厦门，所以英国人也一直用茶的闽南话发音。

　　至于 chai 这个发音呢？其实，它是来自粤语，官话也是这个发音。茶叶最早是经过陆路或者从北方传入的那些国家，大多都是用 chai 这个发音，或者接近 chai 这个发音，比如日本、波斯、土耳其、俄罗斯。威尼斯学者拉穆西奥（Giovanni Battista Ramusio，1485—1557）写过一本叫《中国茶》（*Chai Catai*）的书，其中茶字的拼写就是 Chai，因为他就是从波斯人那里知道茶的。不过，葡萄牙是个例外。葡萄牙来华走的是海路，按规律应该跟荷兰和英国一样，发 tea 这个音，可是并没有，他们发粤语 chai 的读音。为什么葡萄牙特别呢？其中缘由说来话长。

　　说到葡萄牙，人们就会想到澳门。葡萄牙人大概是最早由海路到达中国的欧洲人，比荷兰和英国都要早，时间在 16 世纪初。他们原本想在广东沿海登陆，参与广州的贸易活动。可是他们太小看明朝了，以为自己既然可以用武力占领果阿和马六甲，那么

也可以用武力占领广东和福建。于是，他们一到大陆沿海，就开始频繁侵扰广东沿海和广州，而且还在 1521 年和 1522 年，相继发动屯门海战和西草湾海战。不过两次都被明朝军队击败，被驱逐出广东。

明朝政府本来就严防来自海上的侵扰，曾经一度严令禁止沿海居民出海贸易，但是严厉的禁令也给国家的经济发展和上层的物质享受带来一定的负面影响。比如前面讲到的香料，还有珍珠、玳瑁和珍奇异兽，仍然要靠海外供输。明朝人黄省曾写的《西洋朝贡典录》里就说，"明月之珠，鸦鹘之石，沉南龙速之香，麟狮孔翠之奇，梅脑薇露之珍，珊瑚瑶琨之美，皆充舶而归"。所以，基于多方面考虑，明朝政府决定只开放安南（越南）、暹罗（泰国）、爪哇这些东南亚国家到广州，进行带有朝贡性质的贡舶贸易。结果，被葡萄牙这样一闹，不仅葡国自己没了朝贡贸易的机会，明朝政府还暂停东南亚各国与广州的贸易活动，好像又回到海禁状态。不过这样一来，之前那些闭关锁国造成的问题就又出来了，所以最后还得重开海禁。但为了防止葡萄牙人再闯入广州，明朝政府规定，凡是到广州的东南亚商船一律不能进广州，只能在珠江口附近的海澳贸易。

珠江口附近有很多海澳，包括浪白澳（今珠海市南水镇）、濠镜（蚝镜）澳、屯门澳等。在这些海澳中浪白澳的规模最大，也最先成为贸易商品的集散地。但是，浪白澳的自然条件没那么好，交通也不够便利，而且没有居住的房屋，生活补给品也供应不足，所以外国商人就把驻歇地点逐渐转移到条件更合适的濠镜澳。濠镜澳距离广州不算远，而且附近有很多村庄，商人可以很方便地买到生活补给品，再加上广州官府也能从濠镜澳的外商那里得到

实惠（贿赂），所以濠镜澳就逐渐成了最繁荣的交易地点。

葡萄牙人也看上濠镜澳，这回他们知道武力强占肯定没戏，于是换了个说谎话的套路。他们假托要晾晒贡物，登陆濠镜澳的海滩之后又用上各种手段，最后终于作为租客（1557）在濠镜澳住下来。之后他们开始大兴土木，仅仅二十年的时间，濠镜澳就达到一千多户、上万外国人的规模，变成一个带有欧洲色彩的东方国际商港。这就是我们熟悉的澳门，和葡萄牙人做生意的日本人也把它叫作"天川"。澳门人也说广东话，所以葡萄牙人其实是受澳门当地人的影响把"茶"就叫作"chai"。

澳门本来是作为广州的外港发展起来的，毕竟从明代至清初时常有禁海、迁海等禁令，广州虽然是中国对外贸易的中心，但禁海期间贸易活动只能通过澳门这个中介进行。这让澳门发展成一个繁荣程度甚至超过广州的中国对外贸易的副中心。

2. 荷兰人来了：全球茶叶贸易的开端

葡萄牙人以澳门为起点，开辟了三条贸易航线：一条是由南海转向西，经印度果阿到达里斯本；一条是向东到菲律宾的马尼拉，然后再通过西班牙人把货物从马尼拉卖到墨西哥；还有一条航线往东北，经东海直达日本长崎。当然，澳门到东南亚各岛的传统贸易航线，他们也都参与。他们把中国的生丝、瓷器运到欧洲，回来路过果阿的时候，还会买些胡椒、象牙运到澳门。通过倒卖各地特产，那个时候葡萄牙人赚得盆满钵满。当时畅销的中国特产，主要还是生丝和丝织品，至于茶叶应该也有。至少在东南亚、南亚这些地方的商港，茶叶应该是比较常见的商品，只是在欧洲还

没打开市场，所以葡萄牙人并没有热衷于贩卖茶叶。

可是到 16 世纪末，荷兰人来了。当这些"海上马车夫"在爪哇万丹的市场上第一次看到各式各样的中国特产时，马上就对中国市场和中国商品产生浓厚的兴趣，然后就开始尝试直接与澳门贸易。这明摆着是要抢生意，葡萄牙人当然不会那么大方，于是百般阻挠，甚至以暴力驱逐。荷兰人虽然怀恨在心，但是报仇可待来日，赚钱必须当时，所以不再浪费时间跟葡萄牙人抢澳门，而是直接在爪哇发展。他们在 1602 年组建荷兰东印度公司，公司一开业，马上就派了十四艘商船到中国，相当迫不及待。

也许是荷兰人深谋远虑有远见，也许只是单纯地想开发一些新商品，所以他们虽然比葡萄牙人晚了几十年，却更早一步把茶叶输入欧洲。1606 年，荷兰人由澳门将茶运销到爪哇万丹，然后又在 1610 年运到欧洲，早于其他任何港口的记录。荷兰这一举动，可以看作拉开中欧茶叶贸易的序幕，也是全球茶叶贸易的开端。随后，荷兰把东印度公司的总部设在巴达维亚（Batavia），就是被他们改名字的雅加达（Jakarta），然后集中力量开展对华贸易。荷兰人设法把中国商船吸引到他们的港口，同时还不忘报仇，在攻占马六甲海峡以后专门袭击从澳门驶往果阿的葡萄牙商船。其中他们在马六甲扣押葡萄牙人的"圣卡塔琳娜号"（Santa Catarina）商船。这件事情引出后来影响深远的格劳秀斯《海洋自由论》，与近代世界的海洋法以及全球化的海上贸易有很大关系，以后我们还会提到，这里先按下不表。后来，荷兰人又直接开辟巴达维亚与澳门之间的贸易线路。在荷兰人的经营下，茶叶逐渐开始出现在欧洲市场上。

除了茶叶，荷兰人还会买茶具。比如 1637 年，荷兰东印度公

司的斯文汀勋爵在写给巴达维亚总督的信函中不仅让他采购茶叶，而且还要他采购喝茶的瓷杯、瓷壶。

不过，尽管茶叶与茶具已经一起进入欧洲，可是对于当时的欧洲人来说，茶叶依然是相当陌生的舶来品。

3. 药食之分：欧洲人对茶的认识史

中国茶文化界一直有一种争论：有人认为，茶要先经过食用和药用，然后才发展成饮用。也有人认为，食用、药用、饮用应该不分先后。毕竟中国人总说"万食皆药，药食同源"，很难分得清楚。可是放在欧洲，思路却非常清晰，茶最先被接受的，就是它的药用价值。

我们再回到前面提到的那位写《中国茶》的威尼斯学者拉穆西奥，他还写了另外一本书《航海与旅行记》（*Navigatione et Viaggi*），跟之前那本一样也是 16 世纪 60 年代的书。在这本书中，有一段关于茶的描写。他提到，大秦国有一种植物，叶片可以饮用，人们都称之为"中国茶"，是一种非常珍贵的食品。这种茶生长在四川嘉州府（就是今天的乐山一带）。把茶的鲜叶或者干叶，用水煮沸，得到一两杯汤汁，空腹喝下，可以治疗发烧和各种疼痛，比如头痛、胃痛、腰痛、关节痛，而且汤汁越热越好。除了这些症状，对于其他疾病，用茶治疗也很有效，比如吃得太多，胃里积食，喝一些茶汤，很快就能消化。所以大家都觉得茶叶很珍贵，是旅行家的必备物品。

拉穆西奥的这本书，大概是欧洲最早记载茶叶的文献，但是很明显书里主要还是在介绍茶叶的药用价值。这说明在 16 世纪，

有些欧洲人虽然已经知道"茶"这种饮料，但也只是把它当成一种神秘的"草药汁液"。例如一位在 1560 年前后访问中国的葡萄牙传教士的描述："茶呈红色，有苦味，是一种作为药物的饮料。"

1610 年茶叶被荷兰人输入欧洲之后，一开始仍然被当成药物。英国第一个有记录的评论就说，茶叶是被所有医生都称赞的中国饮料。1660 年，第一位在伦敦公开销售茶叶的零售商托马斯·加维（Thomas Garway，1632—1704）在一篇文章中写道：茶能让人充满活力，精力充沛，它对治疗头痛、晕眩也很有效，甚至还能帮你驱逐噩梦，放松心情，增强记忆力。

到了 17 世纪，饮茶文化在中国已经发展得相当成熟，可是当它进入欧洲又重新回到原始的药用阶段，然后才向饮用发展。那么，饮茶在欧洲又是如何普及，茶叶又是如何成为英国的国民饮料呢？这就要说到一开始我们提到的那位凯瑟琳公主或凯瑟琳王后。

第四节　茶叶的全球贸易

如果你在伦敦，在这个拥挤忙碌的都市中，一杯红茶加牛奶为主角的英式下午茶，似乎成了优雅英式生活的代名词。如果再配上华丽的骨瓷茶具，和名字里都藏着历史故事的精致甜点，那就更能显出与众不同的格调。

可是你知道吗？茶叶、瓷器这些优雅格调的核心元素都源自三百年前开始的中英茶叶贸易。

1."饮茶王后"带动英国饮茶习俗

茶叶刚进入英国的时候，被当成一种昂贵的奢侈品。可即使是奢侈品，也并没有配套的奢侈品专柜。人们只是把它当成一种新兴的中国饮料，放在咖啡馆里出售。虽然有得卖，但却没人知道怎么喝。有的商贩会把泡好的茶水装进木桶里，就跟卖啤酒一样，客人需要时再倒出来加热。当时的报纸还刊登过，说有个贵妇收到一包朋友送的茶叶，然后她就加上胡椒、盐一锅煮了，用来招待那些性情怪僻或者心情忧郁的客人。可见，就算是见过世面的贵妇，也不知道这种来自东方既神秘又昂贵的饮料到底该怎么喝。

不过，茶叶在英国这种不被了解的状态，很快就被"饮茶王后"改变。这位饮茶王后，名叫凯瑟琳，是葡萄牙国王若昂四世（João IV，1640—1656 年在位）的女儿。1662 年，也就是中国的康熙元年，她嫁给英国国王查理二世（Charles II，1660—1685 年在位）。凯瑟琳公主特别喜欢喝茶，在她的嫁妆中就有二百二十一磅的中国红茶和精美的中国茶具。二百二十一磅，差不多一百千克。什么概念呢？英国东印度公司董事部曾经两次购买茶叶献给查理二世和凯瑟琳，两次加在一起也就只有 24 磅，勉强是人家嫁妆的十分之一。虽然有些拿不出手，但毕竟当时中英茶叶贸易还没开始，茶叶既昂贵又难买，也算情有可原吧。

成为王后的凯瑟琳经常在王宫中招待贵族喝茶，而且她的喝法很特别，就是用小巧的杯子小口小口地啜茶。对比一下，把茶水装进酒桶，或者加胡椒煮汤的各种迷惑行为。凯瑟琳这种喝法简直太清新脱俗，于是贵族们争相效仿。饮茶很快就在贵族社交活动中流行起来。

凯瑟琳凭借一己之力，带动英国贵族的饮茶潮流。当时还有诗人特意写了一首诗来歌颂，说爱神的美德和太阳神的荣耀都比不上凯瑟琳和她带来的茶。茶可以激发艺术想象，可以令人神清气爽，可以使心灵的殿堂宁静安详。所以凯瑟琳这个"饮茶王后"的称号真是当之无愧。

到了 17 世纪晚期，英国王室的饮茶习俗已经完全"中国化"。在宫廷举办的茶会上，经常会用带有中国元素的屏风、茶具来渲染氛围。茶叶仍然是昂贵的奢侈品，所以饮茶自然也就成了一种身份的象征和炫富的方式。当时，英国名媛淑女们的腰间都藏着一把镶金嵌玉的小钥匙。这把精致的钥匙就是专门用来开启茶叶箱的，当然茶叶箱也是特制的。而且为了谨慎起见，泡茶这项工作也是女主人亲自主持，因为害怕仆人会偷茶叶。

对于不同种类茶叶的冲泡方法，英国贵族也已经有了一定认识，知道绿茶可以不加糖或者加少量的糖，而味道比较浓的红茶就必须加入比较多的糖。这种认识当然是出于口味上的喜好，但其中也免不了炫富的嫌疑。因为当时葡萄牙独霸巴西的蔗糖生产，英国的砂糖还需仰赖进口，昂贵程度可想而知。所以在昂贵的茶中加入昂贵的糖，也可以说是皇家奢华气度的一种表现。我们后面还会讲到，那个时代，糖作为另外一种奢侈品在欧洲生活中的地位。这里先按下不表。现在只需要知道糖加上茶叶，在当时是奢侈品中的奢侈品，加奶也是如此。据说，用英国茶具沏茶时，茶杯会因为不耐高温而爆裂。所以要在茶杯中先倒一些牛奶，然后才能倒入热茶。而有钱人家为了炫耀自己昂贵、正宗的中国瓷器，会故意先把滚烫的茶水倒入茶杯，然后才加入牛奶，所以"先茶后奶"就比"先奶后茶"显得更高级、更讲究。

饮茶在英国接下来的发展，也遵循追时尚也就是"社会群体总是效仿更高社会阶层行为"的这一模式，由上层阶级的"小传统"逐渐转化成一种民众的"大传统"。而饮茶之所以能够大众化，则要归功于18世纪开始的大规模茶叶贸易。茶和糖一样，当它不再"物以稀为贵"的时候，就从奢侈品变成消费品，而茶饮也就是奢华的仪式性品鉴和炫耀，也成了民众日常生活的一部分。

2. 中英之间的茶叶贸易

中国是茶的原产地，也是当时唯一能生产茶叶的国家。随着英国境内对茶的需求越来越大，英国东印度公司就迫不及待地想跟中国建立贸易联系。一方面是为了直接供应本国市场——他们之前一直是从爪哇万丹或者印度的港口买茶，经过转口的茶叶价格非常高，毕竟荷兰、葡萄牙这些中间商要赚差价；另一方面，也是更重要的目的，他们自己也想赚这个差价。

经过不懈努力，在1700年也就是17世纪最后一年，或者另一种算法是18世纪的第一年，英国东印度公司的商船"麦士里菲尔德号"（Maxelefield）装载了160担（8000千克）安徽产的最优等的松萝茶离开广州，终于拉开中英茶叶贸易的序幕。从这以后，在东印度公司每年的投资计划中，购买茶叶的数量都在不断增加，简直可以用飞速来形容。1712年，1361担（68 050千克）；1723年，8600担（43万千克）；1729年，1万担（50万千克）；1739年，超过2万担；到了1800年，一百年间，已经超过20万担。据说，他们每个贸易季度的预算，都有50%以上用来买茶叶，有的时候还会超过90%。19世纪以后，茶叶几乎成了东印度公司到中国购

买的唯一商品。

这还只是英国东印度公司一家的购买量，从法国、荷兰、瑞典、丹麦、美国、意大利来的商船还没算，走私茶叶的数量也没算。这么多国家的商船来买茶，竞争自然是异常激烈。即使都是在广州买茶，最早来的商船和最晚来的商船，所买到的茶叶的价格差也经常被哄抬到 50% 以上，但是这依然不影响欧洲商人的购买情绪。相比价格高，大家更担心的是买不到。

会买不到吗？当然会。怎么办？那就预订！外商们已经等不及在茶叶上市之后才去广州采购，而是在上一个贸易季度结束时就会跟清政府指定的贸易机构（行商）提前签约，签订下一个贸易季度要买的茶叶数量、等级、价格，再支付一定数额的预付款。他们也顾不上第二年拿到的货到底合不合要求，反正先买个心安再说。

如此大的购买量，既意味着欧洲市场对茶叶的巨大需求，也意味着茶叶贸易中的巨大利润。英国东印度公司本来就是由议会核准、法律承认的国企，公司的运营情况直接关系到政府的财政收入。从 18 至 19 世纪下半叶，东印度公司与广州的茶叶贸易是英国最重要的收入来源。换句话说英国财政收入的多寡，在很大程度上取决于茶叶贸易。

当然，茶叶大规模进入英国市场，就像前面讲的意味着茶不再是珍稀、昂贵的奢侈品，而是逐渐变成普通家庭的日常消费品。17 世纪 60 年代饮茶王后喝的茶，每磅能卖到六十先令；18 世纪初，价格降到二十至三十先令；到 18 世纪末，只要两先令就能买到一磅品质良好的武夷红茶。当时的英国普通人家，一家人一个星期喝茶的花费，也用不了一先令。茶叶成了英国实实在在的国民饮料。

3. 英国与中国竞争：茶叶贸易

那么，为什么现在供应国际市场的红茶都产自印度、锡兰（斯里兰卡）呢？英国又是为什么不再买中国茶叶了？

长期以来，在中国和西方的贸易中，中国发达的农业、手工业以及庞大的国内市场使中国可以不需要进口外国商品。这就导致欧洲商家们不能用本国商品，而只能用白银来换取他们想要的茶叶。这样一来，全球的白银都随着茶叶的出口而进入中国，欧洲因此爆发严重的白银危机，出现严重的贸易逆差。

为了平衡白银外流导致的贸易逆差，东印度公司开始用本国生产的棉纺织品去印度换鸦片，再把鸦片走私到中国从而把白银赚回去。这样做的确解决了英国的贸易逆差问题，但是结果想必大家也都猜到了：林则徐虎门销烟，紧接着就是鸦片战争。英国人这种解决贸易逆差的举动，成了中国历史改变的一大契机。鸦片战争客观上打破了中国与世界的隔绝状态，不仅影响中国接下来的发展道路，而且还会对英国并且通过英国对欧洲产生影响。这正是马克思（Karl H. Marx，1818—1883）在《中国革命与欧洲革命》（"Revolution in China and in Europe"）中讨论的内容。

战争引发中国市场的恐慌，导致茶叶价格上涨，刚刚开始接受棉毛制品的中国市场也大大收缩。可茶叶早已成为英国社会的必需品，而生活必需品的涨价再加上出口市场的缩小，将会给英国带来普遍的金融危机。只要中国还是世界上唯一能生产茶叶的国家，英国的这一担忧就始终无解，所以拥有茶叶生产能力、掌控主动权更显得尤为重要。于是，欧洲国家开始在自己的南亚殖民地种植茶树，生产茶叶。英国在印度和锡兰种，荷兰在印尼爪

哇种。他们的策略都是派人到中国考察，研究茶树栽培技术和茶叶加工方法，同时把茶籽、茶树和茶工带到殖民地去。

其实，早在乾隆末年，马戛尔尼（George Macartney，1737—1806）使团访问中国（1793）时，就特别注意搜集茶树的移栽技术，还把茶树的树根带回印度试种。这种行为往好听了说是考察学习，其实这就等于在商业竞争中盗取竞争对手的核心技术。当时的中国也相当戒备，生怕洋人把制作茶叶的技术偷走，所以对茶叶制作的技术加以保密。可是，这仍然禁不住英国人的千方百计。后来的罗伯特·福琼（Robert Fortune，1812—1880，又译罗伯特·福特尼、罗伯特·福钧）就更夸张了。他受英国政府和东印度公司委派，乔装打扮深入茶区，几年间向加尔各答（Kolkata）运送了数以万计的茶树和茶籽，还有他精心挑选的中国茶工，是名副其实的茶叶大盗。1808 年伦敦出版的一幅版画上就绘有中国人制作茶叶的场面，这说明 19 世纪初之前茶叶制作技术已经被英国人学会了。

印度、锡兰、爪哇这些地方的自然条件，本来就适宜茶树生长，再加上多年的考察、学习、研制，做出来的茶叶品质也算相当不错。比如印度茶，1839 年第一次在伦敦公开拍卖的三箱阿萨姆小种和五箱阿萨姆白毫（共计三百五十磅），就拍出很高的价格。当时就有评价说，阿萨姆茶即使不能超过中国茶叶，也会与中国茶叶相等；不仅可满足英国的需求，而且可满足全世界的需求。

现实当然没有预想的顺利，毕竟想要保持稳定的茶叶品质和产量也不是容易的事。印度经历过茶园凋敝、茶产业崩溃。爪哇也经历过茶叶品质低下，未能引起伦敦市场的反响，甚至在阿姆斯特丹的市场上，卖得都不如印度茶。这番折腾一直持续到 19

世纪后半叶，殖民地的茶产业才终于走上正轨。虽然探索的时间用了近百年，可是接下来抢占世界茶叶市场的时间，只用了不到三十年。19世纪60年代，在英国消费的茶叶中，印度茶比重还不到5%，其他都是中国茶；到了19世纪80年代，印度茶已经与中国茶持平。茶商只要能买到印度茶，就不会要中国茶，中国茶的出口量急转直下。到了19世纪90年代，印度茶和锡兰茶已经占到世界茶叶销量的90%。到20世纪初，国际茶叶市场已经几乎完全被印度茶和锡兰茶占领。

4. 茶叶与饮茶：从中国史、东亚史到全球史

以上说的，是一个关于茶叶与饮茶的全球史。

唐代以来兴起的饮茶之风，原本它的历史只是在中国范围之内，随着佛教禅宗与饮茶之风传到日本，它便成为东亚史中的话题。明清时期，华人下南洋移民，则把饮茶之风传遍东南亚。到了17世纪之后，随着西人东来，中国茶远销欧洲以及由此引起的印度红茶与日本绿茶的出口竞争。茶叶与茶饮成了一个全球史的话题，特别是随着中英茶叶贸易中的顺差与逆差，导致鸦片贩卖，它更成为世界历史大转折的一个契机。同时，我们也看到在这种逆转中，一方面，英国工业革命带来的技术发展，又与制茶产业无缝对接，正如马克思所说："以手工劳动为基础的中国工业，竞争不过机器工业。"在巨大、高效的制茶设备面前，盛极一时的中国茶，在19世纪中叶以后，只能暂时退出世界茶叶贸易的舞台。另一方面，太平天国时代的动乱，中国茶叶粗放的手工业制作方式，加上缺乏组织的自相竞争与洋商的伺机压价，导致19世纪中叶以后中

国茶叶在国际市场上节节败退，尤其在欧洲市场份额逐渐被印度取代。

所以有人就说，19世纪中叶中国茶在国际市场上的败退，其实是传统中国在世界上危机的一个象征。从茶叶与茶饮的历史中，我们看到了全球盛衰与变化，真是令人感慨万分。

（刘馨秋）

糖，绝不只是甜

第一节　煞割令与 Sugar

　　一百多年前，英国人斯坦因、法国人伯希和（Paul Pelliot，1878—1945）分别从敦煌藏经洞带走一大批卷子，这就是后来敦煌学的源头之一。唐代的边陲，纸张大概还相当稀缺，所以很多敦煌卷子正反两面都用来写字。季羡林先生在众多的法藏敦煌卷子里挑出一份，编号是 p.3303。这份卷子正面是佛经，背面抄写了一段话，有几百个字。于是，这份敦煌卷子就成为我们今天研究蔗糖历史的关键线索。

　　这份卷子里，很明确地提到"甘蔗"，介绍甘蔗的种类、种植方法。而且它还说，我们可以用甘蔗来制造"煞割令"，甚至还详细描述了这个"煞割令"的制造方法。原来，煞割令就是"糖"，季羡林先生就从这个词联想到世界各国语言中"糖"的发音都和"煞割令"相近，因此历史上各地的植蔗制糖也一定有某种微妙联系。我们都知道，糖在今天的英语里叫 sugar，法文、德文、俄

文里的发音也与之相似，但它们都来自梵文 sarkara。煞割令就是
sarkara，也就是俗称的砂糖，sarkara 在早期梵文中的意思就是沙
状的颗粒。从这里开始，季羡林先生写了两大本《蔗糖史》，分成
"国内编"和"国际编"来叙述中国和世界植蔗制糖的历史，以及
这种知识和技术的全球传播。季羡林先生的研究极为详细，这里
只能长话短说。这份敦煌卷子说明，唐朝末年吐蕃统治敦煌的时候，
当时敦煌百姓就习惯以糖来布施僧伽，请他们念经超度。但问题是，
敦煌地区是半沙漠地区，不可能生产甘蔗，糖从哪里来的？

让我们从头说起。

1. 从饴、饧说起

据生物学家说，所有的哺乳动物都喜欢甜味。人类的乳汁有
甜味，所以人永远迷恋这种味道。自古以来，人类一直在寻找各
种甜味剂，最常见的甜味剂有水果、蜂蜜等。不同地区有不同的
甜味来源，比如中东地区有椰枣，又叫波斯枣，《圣经》里有多处
记载。到了唐代，中国广东也有移植。又比如，西亚地区有甜菜，
又叫甜萝卜，大约也是唐代传入中国。而中业地区最早流行的甜
味剂叫作"甘露蜜"，可以分成很多种，一般是从某些植物或者树
上直接收集提取的甜味物质。《隋书》里记载过一种甘露蜜，在高
昌有一种植物叫"羊刺"，上面可以提取甘露蜜。劳费尔的《中国
伊朗编》里提到另一种甘露蜜，叫骆驼刺，也就是一种骆驼的牧草，
但上面也可以提取甘露蜜。

而在古代中国，用得最广泛的甜味剂恐怕还是"饴"。饴这个
字，根据《说文解字》的解释，就是"用芽米熬煎成为的东西"。

麦芽富含淀粉，淀粉又会水解成麦芽糖。麦芽糖不太容易结晶，但很容易制成胶状物质，这就是中国古代最早制作出的甜味剂。《诗经·大雅·绵》里有"周原膴膴，堇荼如饴"的句子，意思是"周原土地条件好啊，种出来的苦菜味道都像麦芽糖"。《礼记·内则》中也有"子事父母，枣栗饴蜜以甘之"的记载，"子女对待父母，应该像用麦芽糖腌过枣子栗子一样"。这就说明，中国人已经很熟练地用麦芽糖来加工食物了。

不过，中国古代并没有"糖"这个字，只有"饧"这个字。北方人把"饴"又称作饧。据季羡林先生的研究，饴一般指软一点、稀一点的甜东西，而饧一般指硬一点、干一点的甜东西，但它们都是用大麦或者小麦制成的。北魏末期，也就是6世纪上半叶，贾思勰的《齐民要术》就详细记载了制作麦芽糖的工艺手段，从发芽、浸米、蒸米、糖化、过滤、煮饧、搅拌到加工，技术已经很成熟。直到今天，麦芽糖仍然是中国人生活中常用的甜味剂之一。

2."石蜜"：印度甘蔗与糖传入汉地

但是，上面提到的所有甜味剂，都还不够甜，不够过瘾。有一种植物，含糖量极高，堪称甜味之王，那就是甘蔗。甘蔗原产于东南亚和南亚。关于野生甘蔗的原产地，学界还有一些争议。有人认为甘蔗原产于新几内亚，但那里的人只是把它当水果吃，未必真正领悟甘蔗的妙处。真正懂得利用甘蔗来生产蔗糖的，就是古代印度人。

季羡林先生曾利用佛教典籍，来推断制糖技术在印度的发展历程。公元前3世纪的《本生经》里，就已有多处提及甘蔗和"石

蜜"。"石蜜"也就是我们今天熟悉的蔗糖。另有资料记载，公元前 325 年，亚历山大大帝东征到印度河流域，他的手下就在这里看到过甘蔗。所以，可以推断在印度孔雀王朝（Maurya Empire，约前 321—约前 185）时期，印度人一定已经开始有目的地种植甘蔗，并且生产蔗糖。而且，古印度种植甘蔗的规模，看来不会太小。佛典里经常提到甘蔗田，形容甘蔗就像稻子、麦子那样广泛种植。有一部佛典里说，释迦牟尼在天宫中选择地上诞生地点的时候，一定要选择"有甘蔗、粳米、大麦、小麦、黄牛、水牛，家家充满"的地方。因为在印度，甘蔗和石蜜不仅是甜食，而且是药品。在《摩诃僧祇律》里，也记载僧人如果得到甘蔗，一时吃不完就榨作浆晚上吃，再有剩余就"煎作石蜜，七日受"，如果"石蜜不尽，烧作灰，终生受"。由此可见，甘蔗在古印度民众以及佛教僧侣心目中的重要地位。

甘蔗的种类很多，也许古代中国也有甘蔗。季羡林先生说，"柘"也就是潭柘寺的"柘"字，可能就是古代的"蔗"的另一种写法。不过，早期甘蔗大多在南方，而且在北方人看来很名贵，并没有能走入寻常百姓家。但是，印度的甘蔗和石蜜大约在汉代传入中国。众所周知，丝绸之路有南北两路，南方是海路。西汉的时候，印度南方的黄支国就和广州有海上联系；北方是陆路，经由中亚西域，也早就和中原有联系。甘蔗传入中国的过程，当然也可以从南北两路分头来看。不过因为甘蔗种植需要比较高的土壤和气候条件，一定要足够热，光照强烈，同时又需要大量的水，才能提高糖分含量。所以要说种植条件的话，还是中国南方比较适合种甘蔗。因此在汉代，广东地区就已经有甘蔗，基本可以推断它是从印度通过柬埔寨、越南等地一路传播过来的。不过，当时的南方人

只是把甘蔗当水果，拿来直接嚼，或者用它榨汁，然后把它暴晒成浓度比较高的糖浆，并没有把它进一步提炼成固体结晶。

《汉书·礼乐志》里曾引用司马相如（约前179—前118）所作的"郊祀歌"，其中有两句"百末旨酒布兰生，泰尊柘浆析朝酲"，这里说的"柘浆"就是甘蔗糖浆。所以汉代人认为甘蔗汁可以解酒，这是它最主要的功能。但我们知道，甘蔗汁也是可以用来酿酒的，古印度就有甘蔗酒。后来用甘蔗汁酿造出的朗姆酒成为大航海时代海上最流行的饮料。

既能解酒，又能酿酒，这非常有趣。原来，一种物质传播过程中，也会有这种相反又相成的结果。

3. 印度植蔗制糖技术的全球传播

在唐代以前的中国北方，很少有机会见到甘蔗。北方种不了甘蔗，所以大家主要通过进口的蔗糖来认识这种植物。固体蔗糖，在当时有另一种称呼就是石蜜。石蜜是棕色的粗糖，也就是今天俗称的红糖。在明代中国人发明提纯粗糖技术、把粗糖变成白砂糖之前，大家使用的都是粗糖。粗糖毕竟与液态糖浆不同。中国人把它称为石蜜，就是说它是块状的蜂蜜。当然也有人沿用过去称呼麦芽糖的饧来称呼这种罕见的外国进口甜味剂，后来就演变成为"糖"。

《后汉书·西域传》里最早提到这种来自西域的石蜜，说"又有细布、好毾㲪、诸香、石蜜、胡椒、姜、黑盐。和帝时，数遣使贡献，后西域反畔，乃绝"。在后来的一些文献里，也多次提到石蜜，但都说它产自西域，要么是南天竺国，要么是波斯国，肯

定不是中国本土出产。由于石蜜都产自西域，所以也有的书里又把它叫作西极石蜜。

前面提到过，在佛教典籍中石蜜出现的频率非常高。在印度，石蜜既是一种食材，也是一种药品，尤其是治疗热病的药。《弥沙塞部和醯五分律》里就说："时诸比丘得风热病，佛言，听以酥、油、蜜、石蜜等四种为药。"之前我们介绍香料时讨论过神奇的印度三果药：诃梨勒、庵摩勒、毗梨勒。这是三种果子，印度人懂得，如果把它们直接作为药物久存的话，可能会变质，但是把它们和石蜜混合，这样一来就可以久存。

印度的甘蔗和石蜜，不仅向东传播，同时也逐渐向西传播。据一些资料记载，5世纪的时候，波斯的伊律麦斯（Elymais）地区就有广泛的甘蔗种植。伊律麦斯在波斯西南沿海地区，与印度有非常密切的往来。大家相信，甘蔗就是从印度传过来的。波斯萨珊王朝在库思老一世（Khosrau I, 531—579年在位，又译霍斯劳）时达到鼎盛，库思老一世不仅扩张帝国版图，也广泛鼓励文化和医学的传播。国际象棋就是在库思老一世时期从印度传入波斯的，同时很多重要的印度医书也在那个时期被翻译成波斯文。石蜜也是一种重要的药物，所以甘蔗和石蜜在库思老一世时期的波斯获得更广泛的传播。当时有一个传说被记录下来，后来还被收入《一千零一夜》。据说，库思老一世带兵打仗，经过一个花园，库思老那时候还不认识甘蔗。他离开队伍，向花园里的一位少女讨水喝。少女给他一杯冰过的甘蔗汁，库思老喝了觉得非常可口，忍不住问少女这是什么做的。少女告诉他，这里有一种植物，用手挤就能挤出甜美的汁水。少女去取甘蔗汁时，库思老就在想，我要赶走这里的人，霸占甘蔗园。这时少女哭着回来了，说我们的国王

动了不良的念头，所以甘蔗再也挤不出水。库思老非常羞愧，放弃自己的想法，再让少女去取甘蔗汁，这时甘蔗又重新能挤出汁水。这个民间故事，说明波斯人是多么热爱甘蔗。

627 年，罗马皇帝希拉克略（Heraclius，610—641 年在位）攻占库思老二世（Khosrau II，589—628 年在位）在巴格达附近的行宫。他在这里抢到糖，也就是石蜜。他把糖与沉香、丝绸、胡椒和生姜，并列为源自印度的奢侈品。这条记录可以证明，波斯湾地区在这个时期已经掌握种植甘蔗和生产石蜜的技术。后来，在 7 至 8 世纪，随着大食攻灭波斯，植蔗制糖技术传遍阿拉伯半岛，接着 8 世纪也传入埃及和北非。最后，在十字军东征时，欧洲人接触到这种神奇的甜味剂，甘蔗和石蜜从此也进入欧洲。

中国北方是什么时候懂得植蔗制糖的呢？今天我们很难确认中国北方人具体什么时候掌握制作蔗糖的技术，西晋有本书叫《南方草木状》，里面就提到"笮取其汁，曝数日成饴，入口消释，彼人谓之石蜜"。但这本书的作者和年代，还存在一些疑问。综合学界现有研究，我们大致可以推断，在南北朝时期南方已经初步掌握将甘蔗汁浓缩成固体石蜜的技术。但是，这些石蜜的含水量还是比较高，口感也不是太好。中国北方人看不上南方产的石蜜，认为真正高质量的石蜜必须是西方进口。到了 6 至 7 世纪，印度与波斯提炼石蜜的技术都已经很完善，并且可以大量出口。中国与印度、波斯一直保持着密切的贸易往来。很多来到中国弘法的佛教僧人，不是天竺人、中亚人就是波斯人。姓竺的僧人来自印度，而姓安的僧人如安世高、安玄等往往就是波斯人，姓康的僧人则来自中亚，而中国从印度、中亚、波斯进口的或辗转而来的物资中，石蜜一直是非常重要的一项。

前面我们提到过北魏的贾思勰，他在《齐民要术》里讨论甜味剂的时候，主要介绍的是麦芽糖，还介绍怎么用"饴"来腌制螃蟹，也就是糖蟹。不过，他也在"异物志"里提到石蜜。贾思勰是北方人，既然他把石蜜归入"异物志"里，就说明这些物品在北方比较稀罕，一般要从国外进口，日常生活中也不会太普及。从甘蔗汁到固体石蜜，看似只有一步之遥，但技术上却有一些重大挑战，并不那么容易超越。

所以到了唐代，唐太宗李世民专门派人去天竺的摩揭陀国学习先进制糖技术，这才极大地加速中国制糖业的发展。

第二节 糖霜与白砂糖

隋唐时期，中国南方已有种植甘蔗的记录，也已经学会榨取甘蔗汁和炼取石蜜，但技术水平一直不高。从唐代到明代，中国人用糖的历史，经历了一个由液体糖浆逐渐向固体糖块转变的过程。很长一段时间里，中国人都是糖浆、糖块并用。在这个过程中，中国人制糖的技术也在不断提高。

1. 唐朝引进印度的炼糖技术

据《新唐书》记载，贞观二十一年（647），东印度的摩揭陀国派遣使者到唐朝面见天子李世民，献上热带特产波罗蜜，同时也献上石蜜。李世民品尝之下，非常高兴，表示从未品尝过如此好的石蜜。李世民希望中国也能有高品质的石蜜，于是就派出一

批人跟这些使者回印度，专门学习制糖技术。

　　没过多久，派出去的人学成归国。李世民知道扬州产甘蔗，就下令从扬州运一批甘蔗到长安来，让这些留学回来的技工用印度炼糖术来炼糖。结果，在大家的共同努力下，果然炼出高品质的石蜜，质量不亚于进口货。中国的炼糖技术原本不如西域，但在引进印度炼糖术之后，中国糖的品质就逐渐提升。

　　制糖是个技术活，基本方法就是逐渐减少糖浆里的水分，最终提取出结晶态固体糖块，但要实现这个目标可不容易。第一步是把砍伐下来的甘蔗榨汁，甘蔗一旦砍下来，必须要在四十八小时内处理榨汁。因为甘蔗很容易发酵，一旦发酵，甘蔗就不能用来榨汁炼糖。在 19 世纪冷藏技术和铁路运输发明之前，甘蔗一般都只能就近处理，经不起放。榨汁也有讲究，一般是用环状杵臼式压榨机压榨，还得用畜力来推动，而且不能把甘蔗榨到全干，因为如果这样，汁里可能混进渣滓。如果只是当饮料喝，问题还不大。但要是用它来制糖，里面的渣滓就会妨碍结晶。所以榨甘蔗需要有人看着，随时取出甘蔗渣，换上新甘蔗。可是榨汁以后，甘蔗汁更容易发酵，必须马上将其煮开。甘蔗汁里不免混有其他杂质，所以煮的同时还要加入其他物质来吸附杂质。中国人研究了很多年，最终选择加石灰作为吸附剂。甘蔗汁煮沸，杂质都浮于表面，捞去以后就可以熬糖。

　　不过，用甘蔗汁熬糖，温度必须精心控制：一方面要蒸发水分，让甘蔗汁越来越浓，最终使得糖能顺利析出；另一方面温度也不能太高，因为蔗糖在高温下会分解，变成其他非结晶形式的糖。再热的话，糖还会变成焦糖，就没用了。所以控制炼糖的温度、火候，需要丰富的经验。接近饱和的糖浆，还要不断搅拌击打，这样有

助于把糖的结晶与液态的糖蜜分离。下一步是把结晶糖捞出，再把其中液态部分的糖蜜过滤掉，得到接近固体的结晶糖。这还没完，捞出的结晶糖，还必须置于通风处晾晒，最终才能成为我们熟悉的石蜜或者糖。

炼糖有那么多环节，每个环节都有时间和技术要求，还需要不少劳动力和各种机械设备以及至少一头牛，所以炼糖不是小农家庭可以完成的工作。

在唐代，甘蔗、石蜜都是奢侈品。甘蔗只生于南方，北方人喜欢吃，却不可多得。像著名的大将郭子仪（697—781）曾经因为驻守在外，战功卓著，才被唐代宗特别赐予甘蔗二十条。由此可见，甘蔗在北方很珍贵。也正因如此，李世民才要派人去印度学习炼糖技术。直到晚唐，敦煌僧侣还把炼糖的技术要领记在纸上，说明这项技术很重要。

2. 糖霜生产在中国的发展

南宋的时候，四川人王灼（？—约1160）写了一本《糖霜谱》。这是中国最早介绍和总结制糖技术的专著，也明确地把石蜜叫作糖霜。"糖霜"这个名字在北宋时就有，苏东坡的诗《送金山乡僧归蜀开堂》里也说："冰盘荐琥珀，何似糖霜美。"不过到了南宋，糖霜的名称慢慢普及开来，逐渐取代石蜜的说法。

王灼是四川遂宁人。他是近水楼台先得月，系统接触制糖技术，才写出《糖霜谱》。为什么？因为中国南方有很多地区都可以产糖，像福建、浙江、广东都有，但最有名的还是四川。王灼近距离观察制糖过程，所以写出《糖霜谱》。这本书在南宋就已经很有名。

他的同代人，有名的学者洪迈（1123—1202）在《容斋随笔》中，也介绍了这本书。

有关糖霜，我们还要多说几句。糖霜是指糖这种产品经历结晶的过程，近似自然界中的结霜。糖霜的形态并不是今天的糖粉，而是大大小小的不规则团块，所以宋代人又把糖霜称为"糖冰"或"冰糖"。糖霜不是白色的，有时是深琥珀色，有时是浅黄色。提炼技术好，颜色就会偏淡，但绝不可能做到纯白色。明代以前，还不能生产出今天这样纯白色的白砂糖。

在《糖霜谱》里，王灼讲了一个传奇故事，介绍糖霜的起源。糖霜历史并不长，唐代以前中国人都不大会生产固体糖。到了中唐的大历年间（766—779），四川遂宁发生一件奇事。不知从哪儿来了一个僧人，自称"邹和尚"，喜欢骑一头白驴。邹和尚在遂宁结庐而居，平时所需用品就随手写在一张纸上，拿一个包袱装上钱，让白驴背着跑到市场上。大家都认识这头白驴，就取价值相当的货物挂在鞍上，让白驴自行归山。有一天，白驴踩坏山下黄氏家的甘蔗苗，黄氏找到邹和尚要求赔偿。邹和尚说：可惜你不明白把甘蔗水凝结为糖霜的方法，否则可以获利十倍。这样吧，我私下传授你这种方法，用来赔偿你的损失，你看可以吗？黄氏答应了。她按照和尚教的方法尝试，一试之下，果然得到糖霜。黄氏从此依法炼糖，发了大财。糖霜的制法从此也在四川流传开来。

但那时的糖霜生产者，技术都比较简单，质量和产量都不稳定。从耕地种甘蔗到收取晒好的糖霜，历时长达一年半。糖霜结霜的过程也难以把握，最终一缸有可能出几十斤乃至上百斤糖霜，但也可能完全没有糖霜。北宋宣和（1119—1125）初年，朝廷曾要求遂宁地区每年进贡上千斤糖霜，但是遂宁根本没法保证。

唐宋时期，糖霜主要在庄园、坞堡或者寺院里生产。根据王灼的传说，那个教农妇炼糖霜的"邹和尚"其实就是文殊菩萨下凡，所以制糖业与佛教存在密切联系。这倒不是无凭无据。糖霜和佛教都从西域传来，佛经里也经常出现石蜜、糖霜。唐朝初年，信仰佛教的南诏国国王派使者来长安，献演一个舞蹈，名字就叫作"甘蔗国王"。这个舞蹈包含佛教含义，"佛陀对众生的开示，一如甘蔗，众生皆享其甜润"。

除此之外，糖霜还用于佛教的公开仪式，比如"浴佛"。在唐代，每年四月初八"佛诞节"，很多地方都会用糖水来浇灌佛像，然后向大众分发糖水。可以想象，这些行为都将消耗大量的糖。直到宋代，孟元老的《东京梦华录》还记载了这种传统："四月八日，佛生日，十大禅院各有浴佛斋会，煎香药、糖水相馈，名曰浴佛水。"

大家知道，唐代长安是国际大都会，有大量西域人乃至波斯人、大食人来到长安。波斯人和大食人都非常喜欢用糖作为调味品，他们带动吃蜜饯果品、喝酸甜饮料的饮食风气。唐朝中国人在他们的影响下，也开始制作"蜜笋""蜜姜"之类的食品，那时候甜味还是一种带有异国风情的时髦口味。到了宋代，尤其是南宋，甜味开始普及。吴自牧的《梦粱录》里说，在临安城里每个人都能买到蜂蜜蛋糕、十色糖果、花形糖果、甜米粥、棉花糖、风味糖酱、麝香糖、蜜饯等。临安夜市里，至少就有七家糖的专卖店。而元代名医、"金元四大家"之一的朱震亨（1281—1358），甚至已经注意到，糖可以使牙齿腐烂，并且容易滋生寄生虫。

不过，这是在大都市，在远离都市的农村吃糖仍然没有那么普遍。《梦粱录》里说："盖人家每日不可阙者，柴米油盐酒酱醋茶。"这是八个不可或缺的东西，后来人把里面的酒去掉，变成"开

门七件事"。但无论怎么排,茶都在里面,而糖不在里面。由此可见,那时候的糖,对大多数中国人而言,始终还是属于奢侈品,而不是必需品。

到了元代,情况有一些变化。蒙古人虽然来自北方,对甘蔗不熟悉,也不会生产蔗糖,但是他们却很爱吃糖。汉人称蒙古人"食最喜甘,衣最喜锦"。忽必烈时期,蒙古人从中东招募很多制糖技师,到中国专门来生产蔗糖。马可·波罗在游历东方的时候,在福建就见识过蔗糖的生产过程。他形容自己看到的糖块都是"黑色糊状"的东西,比起苏东坡赞誉的糖霜似乎大有不如。不过没隔几年,伊本·白图泰也来到中国,同样来到福建,同样记录当地的糖。白图泰倒是认为,"中国的糖和埃及的糖一样好,事实上更好"。难得的是,《马可·波罗游记》记录了一个重要的蔗糖生产细节:"蔗浆里有许多杂质妨碍糖分结晶,适量加入石灰,可以使杂质沉淀并中和酸性物质。"

所以,往糖浆里加入石灰去除杂质这种技艺,到了元代已经逐渐为中国人所掌握。

3. 欧洲人对糖的认识

我们现在回头去看西方,在8至9世纪,也就是相当于中国唐代中期,随着阿拉伯帝国四处征战,甘蔗从中东逐渐传播到地中海地区,也传播到北非、塞浦路斯、罗德岛、西西里岛等地。阿拉伯帝国培养出大量精明能干的商界精英,他们在地中海沿岸种植甘蔗、提炼蔗糖并加以销售,于是欧洲人也开始了解蔗糖。十字军东征,更是加深欧洲人对蔗糖的认识。到了中世纪后期,

威尼斯成为欧洲最重要的蔗糖转运港，将蔗糖分装运载至欧洲各地，也从中赚取巨大的利润。

糖在欧洲受到追捧，一方面是从 13 世纪开始，蔗糖在欧洲一直被认为是治病良药，没有一个处方里会少了糖，一家没有糖的药店就算不上真正的药店。另一方面，由于蔗糖价格昂贵，贵族会用精美的甜食和糖雕，也就是用糖做的雕塑来显示自己的富有和尊贵。这种风气一直延续到 16 世纪，崛起的商人们也开始用糖这种奢侈品来显示自己逐渐提高的社会身份。

不过，欧洲的气候和环境并不太适合种甘蔗，所以 1420 年葡萄牙人把甘蔗带到大西洋上新发现的马德拉群岛（Madeira Islands），并继续传播到加纳利群岛（Canary Islands）、亚速尔群岛（Archipelago of the Azores）和西非。1460 年，也就是明代中期，马德拉已经成为世界最大的蔗糖产地，因为它既有适合蔗糖生长的理想气候，又能很方便地从非洲西海岸获得大量奴隶。到了 1478 年，在哥伦布探索新大陆十多年前，哥伦布就曾经从马德拉往热内亚运糖，因为他岳母的家族在马德拉群岛就产糖。这也为日后新大陆和加勒比海地区转变成世界产糖中心埋下伏笔。

4. 中国蔗糖生产技术的进步

16 至 17 世纪，在欧洲酝酿蔗糖生产模式的巨大转变之际，中国也取得蔗糖生产技术的巨大进步。中国人发明黄泥水淋脱色法，从此可以生产出高质量的白砂糖。《天工开物》等著作里都曾提及这种技术，就是在提炼结晶糖的时候，先用细腻的黄土加以覆盖，过滤一次。黄土具有很强的吸附作用，可以进一步吸附糖块里的

杂质，最终就能得到洁白如雪的白砂糖。

中国的制糖水平，本来只是一般。但发明了这种提炼白砂糖的技术之后，中国白砂糖在国际市场上大受欢迎，反而开始做出口生意。在孟加拉语中，白砂糖的名称叫作 cini，意思就是中国的。不过，明清中国的蔗糖消费水平一直较低，中国生产的蔗糖主要用于出口，而不是自用。

可是，这几百年里，西方的糖消费急剧增加。这种糖的消费大量增加会给历史带来什么影响？

第三节　种植园与三角贸易

1. 西班牙、葡萄牙的全球化制糖业

甘蔗与制糖技术发源于印度，向东西两端同时传播。我们前面已经讲过向东传播的历史，其实糖在向西传播的过程中产生了更大的影响。在地理大发现之前，葡萄牙人已经在马德拉、加纳利、圣多美（Sao Tome）这些与欧洲大陆分离的大西洋岛屿上种植甘蔗、生产蔗糖。这些海岛距离西非很近，当时就有种植园主买来不少黑奴，在岛上做苦力。"有砂糖的地方，就有奴隶"，这是一句流传很广的名言，而这种罪恶的贩奴现象从这时候就开始了。

马德拉岛上曾经覆盖大片的原始森林，马德拉这个名字的原意就是"森林之岛"。但是，自从葡萄牙人开始在岛上制糖，生态环境就开始改变。炼糖的一个关键环节是用火熬糖浆，所以马德拉群岛的制糖业每年要砍伐五百公顷的森林来当燃料。到了 16 世

纪初，马德拉群岛的蔗糖产量达到高峰。但好景不长。高峰后不过三十年时间，马德拉群岛所有熬糖浆的炉子都熄了火，因为岛上的树木已被砍光。出于成本考虑，种植园主不可能从欧洲大陆运来燃料继续熬糖。所以马德拉群岛的制糖业经历半个多世纪的辉煌，终于崩溃，而马德拉岛也变成一个光秃秃的岛。

1492 年 10 月，热那亚人哥伦布率领西班牙船队发现美洲新大陆。哥伦布本来就与马德拉的蔗糖业有姻亲关系，非常熟悉甘蔗。所以，哥伦布 1493 年第二次远航美洲时，随船携带了甘蔗根儿。他把甘蔗种到伊斯帕尼奥拉岛（Hispaniola，又译西班牙岛），也就是后来的海地岛。哥伦布等不及甘蔗成熟就离开了。事实上，甘蔗在这些加勒比海岛屿上长得非常好，长得比其他地方都要更好。

光有得天独厚的自然条件还不够，甘蔗不能自动变成糖。制糖过程需要大量的资本和劳动力。正好，原先产糖的马德拉、加纳利等岛屿已不能满足欧洲人对糖的需求，所以西班牙人和葡萄牙人就开始在美洲新大陆和加勒比海岛屿这些全新的土地上发展制糖业。

西班牙国王卡洛斯一世（也就是神圣罗马帝国皇帝查理五世）下令，从加纳利群岛聘请擅长制糖的技术人员前往伊斯帕尼奥拉，以国家资本在这个岛上投资建设糖厂，同时从西非购买更多奴隶用于劳动。到 16 世纪 30 年代，这座小岛上就已有四十三座厂房，蔗糖成为这个岛上最重要的产业。再过几十年，到 16 世纪下半叶，整个美洲大陆几乎都被西班牙殖民者征服。只要有炎热阳光与充足雨水，西班牙人都要想方设法种甘蔗。到 17 世纪初，巴拉圭亚森松一地的糖厂已经多达二百座。那么多糖厂，导致西班牙帝国糖满为患。一位神父写道："全宇宙之内，没有任何一个地区能消

耗这么多糖，还有这么多运糖船正驶向西班牙。"

看到蔗糖的巨大利益，葡萄牙人也不甘落后。1494年正式划定的"教宗子午线"（Papal Meridian）把地球分为两半，当时称霸海上的西班牙和葡萄牙各管一半。巴西东北部划给葡萄牙。葡萄牙人知道这里有砍伐不尽的原始森林，所以就又开始在巴西发展制糖业。葡萄牙人从西非购买黑奴来砍伐森林、种植甘蔗、建造糖厂，技术都是现成的。1526年，巴西开始出产蔗糖，运糖的船源源不断驶向里斯本。

巴西很快就成为当时世界最大的甘蔗基地和蔗糖产地。到了1610年，巴西共有四百座糖厂，年产五万七千吨蔗糖。民间流传俗语说："糖是讲葡萄牙语的。"在欧洲，蔗糖一直是一种炫富手段。1513年，葡萄牙国王献给教宗一尊真人大小的教宗像。为了炫富，教宗像、四周围绕的十二名枢机主教以及周围三百根一米二高的蜡烛，全部都用蔗糖制成。

就这样，新大陆的蔗糖产业集合了亚洲植物、欧洲资本、非洲奴隶和美洲土壤，成为一种不折不扣的国际性商品。

2. 欧洲、非洲和美洲的三角贸易

前面介绍过蔗糖的生产过程，整个过程很复杂，需要大量劳动力进行严密的合作。甘蔗成熟必须立即收割，否则糖分就会降低；而甘蔗一旦砍下，就必须马上进行加工，后面每一个环节都要争分夺秒，不可耽搁，也不能犯错。任何一个环节出错，产量和质量都会受影响。在蔗糖生产中，工厂和农场必须紧密结合在一起，粗放的田间劳动和专业化的加工都必不可少。所以，制糖产业很

快形成劳动分工。黑人奴隶被分成专门的种植队、除草队、收割队。收割甘蔗和榨汁都有严格的时间要求，收割队必须与糖厂的工人同步协作。工人负责往巨大的碾压机里放甘蔗，驱动五六头公牛带动碾压机，榨出甘蔗汁，再由工人把榨出的甘蔗汁运去熬糖。

糖浆一旦开始进行蒸煮，在"熬出精华"之前不能被冷却。奴隶每周工作六天，所有男女工人都以轮班的方式从早到晚持续劳动，保持锅炉火热，只有星期六晚上到星期一早上才可以休息一下。这个系统让所有人都沦为大型系统里一个又一个的机械零件，死亡率非常高。有人描述说，就连把甘蔗从地里运到碾压厂房的骡子都变成机器，麻木地在两地往返，根本不需要人来牵引。在 17 世纪，通常一座制糖厂需要两百个以上的人力。他们要负责运输甘蔗，共同维护压榨机、蒸煮室、加工处理室以及管理仓库。这不仅需要用到当时最先进的技术、大量的人力，还需要投入巨大的资金。所以，制糖业从一开始就和近代大工业、近代大资本联系在一起。

从全球史上看，新大陆蔗糖产业的兴起，正是大西洋"三角贸易"的一个重要组成部分。所谓"三角贸易"，就是通过大西洋上的帆船，把欧洲工业品如朗姆酒和枪支等贩运到非洲，再把从非洲各地的黑人奴隶贩运到美洲殖民地，最后再把蔗糖从美洲运回欧洲。三角贸易和风向、水流等自然因素有关，大西洋有一系列暖流组成三角形的环流，为三角贸易提供有利的航运条件，使得奴隶贩子在初程、中程、归程这三段航线里都顺风顺水，奴隶贸易的速度因此加快。美洲有合适的气候条件可以种植甘蔗、咖啡、可可，又有丰富的金银矿产资源，使种植园和采矿业迅速发展，产出巨额利润，这是三角贸易的主要动力。而种植园的经济残酷

而致命，奴隶死亡的速度大大超过奴隶儿童出生的速度，这也刺激了长期持续的奴隶买卖。

在美洲所有产业中，制糖业可能是体力劳动最繁重的一行。每年年初直到夏天雨季到来，制糖厂都必须连续运作，收割、榨汁、蒸煮、熬炼同时进行。美洲多变的天气状况一直备受关注。人们首先担心收割季节之初发生旱情，因为雨水不足会减少甘蔗中的糖分，当然甘蔗成长期间就更不能缺水。到了春季之后，人们又开始担心暴雨，因为暴雨会使甘蔗倒伏，倒伏就会导致甘蔗腐烂，影响收成。

比较而言，新大陆的甘蔗种植园，由于使用奴隶，采取比较粗放的模式。与之相比，中国农民种植甘蔗，要精细得多。南宋王灼的《糖霜谱》以及后来的《农桑辑要》《农政全书》等，都记录大量种甘蔗技巧。中国人种植甘蔗之前要反复犁地，育苗时要先把甘蔗种在苗圃里，然后像水稻插秧一样移植到地里，甘蔗生长过程中还要不断施肥浇水，雨季要把甘蔗绑在一起防止倒伏，这样才能保证较高的产量。但新大陆的种植园主为节省成本，故意采用粗放的生产模式，靠天吃饭。种甘蔗非常伤地，如果不对土壤进行维护，最多四十年就会荒废。但种植园主不在乎，新大陆有的是森林空地。甘蔗产量下降后，换一片土地就是。所以，甘蔗园迅速吞噬巴西东北部原有的大片原始森林。

美洲和加勒比海地区虽然出产大量粗糖，但制糖厂很少在当地进一步精炼这些粗糖。它们一般被运回欧洲，在安特卫普、威尼斯、阿姆斯特丹、伦敦这些大城市精炼。粗糖通过精炼，可以细分成不同的品类。尤其是粗糖里还可以提炼出糖蜜，糖蜜可用于酿造朗姆酒。所以，欧洲糖厂获得的收益，几乎与新大陆生产

粗糖的糖厂收益相当。

　　沾了制糖业的光，制糖副产品朗姆酒也成为风靡一时的商品。大航海时代，船上的淡水无法保持洁净，所以船上水手更愿意喝朗姆酒。慢慢地，朗姆酒变成海船上的标配。水手离不开朗姆酒，海盗离不开朗姆酒，就连后来的英国海军也有朗姆酒配给制度。1808 年，澳大利亚新南威尔士总督威廉·布莱（William Bligh，1754—1817）禁止士兵用朗姆酒交换日用品，结果引发当地军团哗变，史称"朗姆酒叛乱"。

　　其实，新大陆的种植园主并不喜欢欧洲商人来瓜分利润。他们也希望尽可能在当地完成一切精炼粗糖的工序。但是，蔗糖的市场都在欧洲，只有欧洲大城市的中间商才知道应该把糖卖到哪里。新大陆产糖区的繁荣，除了得天独厚的自然条件外，归根到底，还是靠残酷使用非洲奴隶，而且因为新大陆距离欧洲比较近，运输成本相对较低，而蔗糖又非常适合长途贸易，尤其适合与棉花或烟草同船，因为棉花和烟草体积大而重量轻，而蔗糖的重量大，正好可以作为压舱物。

3."食物革命"：糖从奢侈品变成日用品

　　在中国明清交替的 17 世纪中叶以后，崛起的英国在加勒比海地区先后获得巴巴多斯（Barbados）和牙买加（Jamaica）等新殖民地。英国人立刻加入植蔗制糖的竞争行列，在那里建起许多甘蔗园。巴巴多斯岛仅四百三十平方千米，但先后开辟出九百多个甘蔗种植园。在整个18世纪，巴巴多斯接收了二十五万名非洲奴隶，牙买加则接收了六十六万名。英国殖民者把种植与加工一体化的

水平又提高到一个新台阶，很多最新的技术也都被运用到制糖业。比如，英国的制铁业发展起来以后，就先把榨甘蔗的碾子换成铸铁的；蒸汽机发展起来以后，又把榨汁的动力换成蒸汽机。这些新技术使得英国成为蔗糖贸易中获利最大的国家，而所谓的"工业革命"那时还没有到来。

一个世纪以后的1750年，蔗糖成了新旧大陆贸易中最有价值的商品。据统计，1714至1773年，英国从西印度群岛殖民地进口价值一亿英镑的货物，主要就是蔗糖。在18世纪的英国，五个家庭里就有一个依靠贸易为生。英格兰西部的很多大家族，他们的财富最初几乎都是来自蔗糖贸易。

我们知道，大量美洲白银持续输入欧洲，导致一场价格革命。那么大量美洲蔗糖持续输入欧洲，是否也导致欧洲兴起一场"食物革命"？关于这个问题，学界还有争议。不过，我们看到，糖的价格在1630到1680年降低了一半，而英格兰蔗糖消费增长了四倍，之后的几十年里又翻了两番。1700年，英国每人年均食用四磅糖；1800年，年均食用十八磅糖；到了1900年，增加到九十磅。有一份1797年的英国家庭账单显示，一户人家每周需要用两英镑来买糖，一年的花费多达一百英镑。据说，在1750年，即使最贫困的英国农夫的妻子，也会在自己的茶杯里加入糖。一个神父感慨说，从前只有药铺里卖糖，专供病人服用。可到了今天，人们一馋就吃糖。以前的药品，现在变成食品。

法国年鉴学派史学大师布罗代尔对"食物革命"这个说法持怀疑态度。虽然欧洲人很早就开始迷恋甜味，但是总体来看，蔗糖的普及速度可能没那么快，直到19世纪仍不能说当时家家户户餐桌上都有糖。到了1800年前后，蔗糖在法国农村，也还是比较

奢侈的商品。很多农户都是这样使用糖的：在餐桌上方悬挂一块圆锥形的糖，每次泡了饮料，就把杯子靠近糖块，让糖在水里溶解片刻。这样做，一块糖就可以使用比较长的时间。可是，人类学家西敏司根据英国的调查指出，1750 年前，糖的最大消费群体是富人；但 1850 年以后，糖的最大消费群体则变成穷人。这样的转变标志着糖从奢侈品转化成为日常用品，从而给英国民众提供廉价的热能来源。因此糖不仅是一种食品、调味品，而且深深地影响到新的生产关系。

是不是这样呢？有关糖的这些话题，我们后面再接着说。

第四节　竞争：土糖与洋糖

1. 明清时期中国蔗糖业的发展

在西印度群岛，西方列强已经将蔗糖与近代工业生产方式密切联系在一起。在三角贸易中，蔗糖的产地是西印度群岛，消费市场都在欧洲，蔗糖总是单方向地向着欧洲流动。然而，在同时期的东方，情况要复杂一些。明代中国，沿海很多地方都已有甘蔗种植，"黄泥水淋脱色法"也使得中国的制糖技术达到世界领先水平。但是，中国国内糖的需求始终不大，所以种甘蔗和制糖主要都还保持着小农经营的业态。

明代中期以后，中国制糖就以福建、广东为盛。福建地区山地比较多，种地谋生太难，地理环境适合种甘蔗，获利要比种地丰厚得多；广州一带更是"蔗田几与禾田等"，甘蔗田几乎与水稻

田的面积差不多。根据明末学者宋应星（1587—？）在《天工开物》中估计，福建、广东的制糖可能占中国糖产量的十分之九。广州的制糖业向周边传播，番禺、东莞、增城等县都有种甘蔗，尤其是罗定州糖厂林立，成为区域的制糖中心。

明末，荷兰人占据台湾南部。此时福建的制糖技术已经传到台湾，台湾的自然环境也特别适合种植甘蔗。荷兰人了解蔗糖在欧洲的行情，所以就把台湾作为他们在亚洲发展糖业的基地。他们有一招特别灵活，就是提供金融手段，允许农户贷款买牛、贷款种甘蔗，农户炼出糖以后，再由荷兰东印度公司统一收购，贩往波斯以及西欧地区。如此一来，制糖业在台湾大盛，浊水溪以南可谓遍布蔗田。

顺治十八年（1661），郑成功（1624—1662）赶走荷兰人，夺回台湾。郑成功家族多年来经营海上贸易，深知蔗糖价值。所以，他仍旧鼓励百姓种蔗炼糖，还特地派人从福建带回甘蔗苗给农民种植。但是，荷兰人被赶走以后，通往波斯、西欧的商路就断了，需求不足，糖的产量就开始下降。面对这个挑战，郑成功努力开辟新市场，开始尝试把台湾糖卖到日本和菲律宾。原本台湾和日本之间的贸易以生丝为主，郑成功取得台湾以后，蔗糖在贸易中的比重就快速上升，解决了市场问题。但没过多少年，清政府平定台湾，台湾和日本之间的贸易关系又被打断了。清政府倒是继续鼓励台湾农民制糖，而且鼓励商人把台湾糖贩运回大陆，所以台湾制糖业在清代仍能保持稳定发展。

乾隆时期，特别准许商人使用一种装载量很大的"横洋船"来进行贸易，从台湾直驶天津。当时人们就把这种船称作"糖船"，又叫透北船。此外，台糖还通过厦门运销东南各地。《台湾通志》说：

"色赤而松者，于苏州发卖；若糖湿色黑，于上海、宁波、镇江诸处行销。"如果台糖运输受阻，中国市场上的糖价就会出现大幅波动。康熙末年，台湾发生朱一贵（1689—1722）起义事件；嘉庆初年，台湾又发生蔡牵（1761—1809）起义事件。海运受阻，商人往来不便，中国糖价都出现猛涨。

乾隆时期，台湾每年大约可以产糖八十万担。这是什么概念？为了生产出那么多糖，台湾种甘蔗的土地要有十七万亩以上。当时台湾总耕地面积是六十万亩，那么甘蔗田要占到耕地总面积的30% 左右。这种现象在西印度群岛也很常见，大多数土地用以种甘蔗，以至于这些地方没法生产足够的粮食自给自足，欧洲殖民者不得不每年向西印度群岛输送大量粮食，才能使得当地人安心制糖。台湾的制糖厂，还有一个特别的名称叫"廍"。据连横（1878—1936）《台湾通史》里的描述，台湾的熬糖厂谓之廍。廍还可以分为三类：第一类叫公司廍，是有钱人出资合股而设；第二类叫头家廍，头家在闽南话里是老板的意思，所以这是老板独资所设；第三类叫牛犇廍，是由广大蔗农合作开设。每犇由三头牛、九甲地构成，一甲地大概就是 14.5 亩地。一廍又由九犇构成，其中六犇运蔗，三犇碾蔗，大家轮流照看蔗田，通力合作。这是一种比较合理的组织方式，各乡各镇于是都模仿这种方式。

2. 日本的蔗糖贸易

日本历来都是中国重要的贸易伙伴，它的食糖史也值得探讨。今天的日本人很爱吃糖，也有各种高水平的甜品。但曾担任驻日参赞、写过《日本国志》的黄遵宪（1848—1905）说，日本古代

没有糖。如果想吃甜味的东西，就用酥油和麦芽糖调和的"饴"。后来，日本人终于学会制糖、用糖，一大半是从中国人那里得来，还有一小半是从西方人那里得来的。

早在唐代鉴真东渡的时候，鉴真携带的东西里就有石蜜。石蜜和印度三果药一样，都只是被当作药物。明朝万历年间，有流落中国的日本人返日，携带了甘蔗苗。日本人开始尝试制糖，但不得其法。直到乾隆初年，萨摩藩也就是现在的鹿儿岛人从琉球取得甘蔗苗，移植于萨摩，但仍制不出固体的糖。一直到18世纪中期（乾隆中期），日本赞岐国也就是现在日本香川县的人才学会制糖术。所以，日本在明治维新以前，不得不从国外进口蔗糖。白砂糖和冰糖的主要来源就是中国东南地区。

让我们说远一点儿。在明朝初年，中国与日本的贸易，一方面靠日本使节前来中国朝贡时进行的"贡市贸易"；一方面是得到明朝朝廷批准，发给"勘合"也就是合法贸易凭证才可以来华，所以规模不大。1550年之后，随着东亚海域海盗以及走私活动的兴盛，明朝重新加强海禁，停止朝贡贸易。直到隆庆时期（1567—1572）才解除海禁，明朝方允许国人出海贸易，但还是严禁船只前往日本。不过，朝廷的禁令不可能完全阻止逐利的商人，但对交易规模还是有限制的作用。1592年，丰臣秀吉出兵入侵朝鲜（朝鲜叫"壬辰倭乱"，日本叫"文禄之役"），明朝和日本的关系彻底破裂，官方贸易彻底停止，海上贸易主要靠商人维持。1609年7月，有十多艘中国商船开到萨摩，停泊在鹿儿岛和坊津，船只所载的货物中就有白砂糖和黑糖（即精炼之糖和粗糖）。据说，这是中国糖首次见于输入日本的商品目录。

顺便再说一下，整个德川幕府时期，日本的国际贸易主要依

靠朱印船、葡萄牙船、荷兰船以及中国船这四种途径开展。德川初期，曾特许一些日本商人进行海外贸易，并向这些船只颁发朱印状作为许可证，所以这些商船又被称作"朱印船"。朱印状总共发过三百多次，涉及十九个国家和地区，输入日本的主要商品中就包括蔗糖。朱印船的出发地及返航地均被限定于长崎，所以即使到了今天，长崎也是全日本在饮食习惯上吃得最甜的地方。

这个时候，欧洲人也加入"糖"的贸易中。葡萄牙人以及后来的荷兰人，都从中国大量购买商品，然后运往日本贩卖。这些贸易从16世纪后期就已经开始，输入品以生丝为主，也包括蔗糖。葡萄牙人与荷兰人自然不会自己制糖，输入日本的糖基本都是从中国或东南亚购买的。据当时葡萄牙人的报告，16世纪末他们在中国收购蔗糖，一百斤白砂糖需白银一两半，贩到日本可卖三至四两。而红糖在中国更便宜，每百斤只需半两，而在日本却可以卖得更贵，卖到五两上下，一来一回获利十倍。不过，17世纪中叶以后，经历明清鼎革、清朝收复台湾、逐渐解除海禁，在双方政府默许下，海上贸易很快恢复。有人甚至说这是一个"互市时代"，主要由商人进行的贸易活动范围是从中国沿海到日本长崎，这种贸易一直延续到19世纪下半叶德川幕府终结。中国商人在日本就被称为"唐人"，海上的这种贸易也被称为"唐船贸易"。而唐船上装载的主要货物，就是白砂糖和冰糖。比如，乾隆四十四年（1779）沈敬瞻当船主的南京船"元顺号"，船上装了十六万五千斤白砂糖、一万两千斤冰糖；乾隆五十四年朱心如当船主的安利船，也是十六万五千斤白砂糖装了一千四百二十包，冰糖一万九千五百斤装了一百桶。

这个时候，荷兰失去台湾这个甘蔗种植基地，也一直在寻找

替代台湾的制糖基地。制糖不仅需要气候环境适宜，也需要有一定的劳动力支持。经过多年经营，荷兰在爪哇岛巴达维亚即今天的雅加达一带，又逐渐发展起制糖业。1690年以后，已有大量华人在巴达维亚定居，并且在制糖业中占据主导地位。1710年的一份统计表明，当时巴达维亚有八十四家糖厂，其中有七十九家老板是华人，雇用的劳动力也以华人为主。但是，这些糖厂老板都接受荷兰人的管理，而不是华人领袖来管理。荷兰东印度公司与这些华人糖厂老板合作，以很低的价格收购蔗糖，继续把糖贩卖到波斯与西欧。

3. 中、日、英的蔗糖生产与贸易改变了什么？

与欧洲主导的这些蔗糖生产相比，中国本土福建、广东等地的蔗糖生产还是以小农经营为主。清初的广东诗人屈大均（1630—1696）曾说，"广人饮馔多用糖，糖户家家晒糖"，所以当时还是以农民家庭自己煎制为主。美国学者穆素洁（Sucheta Mazumdar）在《中国：糖与社会（农民、技术和世界市场）》（*Suger and Society in China：Peasants, Technology and the World Market*，1998）中就描述过东南中国乡村植蔗制糖的情况。

但是到了清中期，广东出现一些头脑灵活的商人，通过预购、贷款等方式控制蔗农的家庭制糖，再把广东糖运输到江南以及北方。广东把糖厂称为"糖寮"，与台湾的糖廍类似，规模都在不断扩大。在广东各府县里，潮州地区的蔗糖最为出名，被称为"潮糖"。据《澄海县志》里的描述，潮州这一带的富商巨贾在甘蔗正在快速成长的时候，就携带巨款前往各乡各镇去买糖。他们有的

就把预付款存在糖寮，到时候来提货；还有些准备长途贩运的商人，要等三四月起东南风的时候，才租船装运糖包，走海路北上苏州、天津等地进行贩卖。到了秋天，东北风起，他们又贩运棉花、棉布回广东，可以运到雷州府、琼州府等地，一来一回获利几倍，靠这种贸易发家致富的人为数不少。

所以，潮州地区的揭阳、潮阳、海阳等县都种蔗榨糖。所产的糖，或是由各海港出口，或是溯韩江而上，销往江西等地。糖业的发展，也促进文化交流，促进人口流动。一方面，在潮州蔗糖生产基地，来自雷州、琼州等府的煮糖佣工非常多，他们"春天出门，年末回家，依靠为糖寮打工赚钱"，与今天的民工流动相仿。另一方面，潮州人也勇敢地走出广东，北上南下，成为东南亚贸易圈中一支非常重要的力量。

当时的潮商自称，他们行业"以蔗糖、夏布为大宗"，兼营杂货业。潮商经营的传统是"重贩运，轻实业"。后来逐步繁荣的上海，为潮人提供广阔的市场，但大宗商品的需求并未能推动潮汕地区民间手工业的大幅度发展，也未能形成供产销结合的经营体系。所以潮糖后来在国际竞争中逐渐退出市场，这是潮汕经济发展过程中非常可惜的事。不过，很多潮汕中小商人聚居上海，潮糖杂货业成为在沪潮人的一个行业。上海的潮糖杂货业同业公会，既是同乡团体，又是同业团体，具有不小的影响力。而中小商人的资金较少，大都经营一些投资风险小而利润高的行业，所以他们必须对市场行情有特别敏锐的掌握。上海有"潮州门槛"的说法，意思是潮州人特别精明，这是在沪潮商的另一个特点。

到了19世纪中叶，中国和日本先后被迫打开国门，亚洲的国际贸易格局就发生了剧烈的变化。中国糖虽然可以进一步进入国

际市场，但同时也面临国际市场的竞争。台湾是中国最大的制糖基地，外销市场扩大至大洋洲、西欧、北美甚至南美。中国台湾糖原本主要面向中国大陆，但是，随着外国市场扩大，1880 年以后售至大陆的糖降至 30% 以下。日本大规模进口中国台湾糖，尤其喜欢"打狗糖"，也就是高雄产的糖。但由于世界制糖业技术进步很快，成本迅速降低，爪哇糖比中国台湾糖更便宜，1890 年以后，爪哇糖逐渐夺走中国台湾糖的市场份额。

所以，植蔗制糖是一个涉及地理环境、金融资本、劳动力以及工业技术的复杂产业。"糖"不仅改变很多地区的生态环境、经济结构，也改变政治制度。这当然是后话了。

第五节　在甘蔗与甜菜之间

1. 蔗糖业关乎美洲的种植园经济

蔗糖在西方受到追捧，与它最初高昂的价格有关。早期，蔗糖在全世界都曾被视作一种药品。阿拉伯医学家阿维森纳曾断言，糖是万能药。有名的神学家托马斯·阿奎纳（St. Thomas Aquinas，约 1225—1274）也讨论过，在宗教性断食期间吃糖算不算破戒。他认为，糖虽然有养分，但吃糖的目的是保持健康，而不是为了吸收养分，跟吃药的性质一样，所以吃糖不算破戒。

前面说过，17 世纪的英国，一开始蔗糖和茶叶一样，都在药店里出售，被当成治疗感冒、健忘症、坏血病、头痛、胆结石等病症的药物。因为蔗糖很贵，所以吃糖是一种"身份和地位的象

征"，只有贵族、绅士、富商这些人才会在没病的情况下也食用它。当时英国菜肴流行加入各种香料，原因也是如此。香料昂贵，吃饭时加入香料就可以摆阔。尤其是詹姆斯一世（James I，1603—1625 年在位）制定的按照身份等级进行消费的规定被废止后，富裕的商人也可以随便吃糖，竞争就更为激烈。

欧洲消费蔗糖的数量，由于来自美洲殖民地植蔗制糖业的大发展，在 17、18 世纪翻了好几番，蔗糖价格也迅速下降。但是，由于蔗糖生产伴随着西印度群岛甘蔗种植园以及非洲奴隶贸易带来的廉价劳动力，欧洲有识之士认识到真相后，在道德上产生愧疚，开始对这种经济模式进行反思。有人这样写道："我们消费这些商品的行为，与它们带来的人间悲剧密不可分。因此，每吃一磅糖，就等于吸两盎司的人血。"据一些学者估算，从 1500 到 1840 年，总共有一千一百七十万名非洲人从非洲被绑架到美洲。当然，在同一个时间段，也有大约三百四十万名欧洲人移民到美洲。也就是说，每当一个欧洲人来到美洲，同时就有三名非洲人被抓上奴隶贩子的船。这些被贩运到美洲的黑奴，绝大多数被卖到甘蔗园工作。而欧洲人都是自由人，或者就是种植园主。

拿以前法国殖民地海地为例。海地不仅是一个大型甘蔗种植园，也可以说是加勒比海最大的奴隶监狱，岛上有三万名白人和四十八万名奴隶。海地这么一个小岛，进口的黑奴数量是美国进口黑奴的两倍还要多。众多奴隶成就了海地"糖岛"的美名。1767 年，海地向欧洲出口了七千二百万磅粗糖和五千二百万磅白糖，不仅提供欧洲市场上 40% 的蔗糖，还供应 60% 的咖啡。在美洲种植园工作的欧洲人，平均收入要比他们国内同胞的收入高出十倍以上。尤其是那些种植园主，他们的计划都是在殖民地发财后，

带着孩子和财富返回欧洲，从此过上梦寐以求的贵族生活。确实，有不少靠蔗糖致富的种植园主，后来都过着堪与国王比肩的奢靡生活。

种植园主为了保证获利，对种植园和劳动力采取严密的控制。他们铲除岛上其他农作物，只种甘蔗。这种单一经济会产生规模效益，收益会更大，同时这也是一种有效的管理方式。因为岛上不种粮食，日常所需粮食都由种植园主从外国进口而来，种植园主控制了粮食，就控制了奴隶和其他工人。假使有奴隶造反或者逃走，他们在外面根本找不到粮食，所以也坚持不了多久。奴隶被迫在恶劣环境下每天工作十多个小时，监工随时拿着鞭子在旁边看着，再加上热带病流行，营养不良，奴隶的平均劳动寿命只有七年。种植园主一般不愿意花钱给生病的奴隶治病，他们情愿引进一些新的奴隶。这样一来，生病的奴隶就只能自生自灭。

随着英国从殖民地进口的蔗糖数量不断增加，英国议会于1733 年通过《糖蜜法》（Molasses Act），1764 年又制定《糖法》（Sugar Act）。这些法律都规定要向试图对英国出口蔗糖的商人征收非常高的关税，只有英殖民地生产的糖才能享受较低关税，这样就能防止外国糖轻易流入。但是，《糖法》又规定凡是从北美殖民地销往英国的蔗糖，也被当作外国糖处理，也要缴纳高额关税。因为英国担心有些北美商人会从西印度地区等其他国家的殖民地买糖，然后冒充英国殖民地产的糖运回英国，浑水摸鱼。但这个做法让许多经营蔗糖的北美居民深感不满，纷纷抗税。美国最终爆发独立战争（1775—1783）的直接导火线是茶，但间接导火线是蔗糖。

在经历七年的独立战争后，美国终于独立。独立后的美国，

必须处理与英属加勒比海殖民地断绝贸易往来的问题。原本美国
从这些贸易中获取很大的利益，现在这些贸易中断，糖的来源没
有了。当然，英属殖民地也要从美国购买粮食，因此禁止贸易往
来对英属殖民地同样也是打击。为此，美国不得不加强与法属殖
民地的联系，尤其增加与制糖业发达的海地之间的贸易，促进这
个大岛的开发，也使其成为英属殖民地的有力竞争对手。同时，
在失去美国后，英国国内也在反思殖民地经济模式。英属殖民地
在 1807 年废止奴隶贸易，但毕竟贪恋用奴隶生产出来的便宜糖，
直到 1833 年才正式废除黑奴制度。正如特立尼达和多巴哥共和国
（Republic of Trinidad and Tobago）前总理、历史学家埃里克·威
廉斯（Eric E. Williams，1911—1981）所说：“哪里有糖，哪里就
有奴隶。”

在英国废除奴隶制之后，英属殖民地的甘蔗种植园主从英国
政府那里领到一定数额的补偿金。但从此以后，种植园主只能对
黑人称呼“徒弟”，不能再把他们当作“奴隶”。如果有兴趣，不
妨看一看最近出版的一部畅销书，马克·阿伦森和玛丽娜·布德
霍斯的《糖改变了世界：一个关于香料、奴隶制、自由和科学
的神奇故事》（*Sugar Changed the World: A Story of Magic, Spice,
Slavery, Freedom, and Science*），他们就指出，糖的生产与消费一
方面导致大量的奴隶贸易，一方面也带去“革命的种子”。为什么
呢？因为糖、贸易、奴隶，也刺激美国、海地和法国殖民地奴隶
对自由的追求。获得自由的黑人，再也不愿意继续在种植园里打
工了。种植园主只能另辟蹊径，开始雇用印度人、中国人、印尼人、
日本人等亚洲来的“契约劳工”，制糖成本也比以前要高很多。

2. 蔗糖业与夏威夷并入美国

看到美国独立，其他加勒比海殖民地也纷纷开始谋求独立。1789 年，法国大革命爆发，法国国内极度混乱。随后又是拿破仑战争，法国政府自顾不暇，无力关注地球另一端加勒比海殖民地问题。海地的穆拉托人（Mulatto）即黑人和白人的混血儿，在大革命精神的鼓舞下，利用这个时机向法国提出废除奴隶制的诉求。

当时法国的革命人士革的命并不彻底，他们只愿意把选举权从白人扩大到穆拉托人，而不愿意彻底废除奴隶制。因为制糖业和奴隶制紧密联系在一起，蔗糖对法国财政的影响很大。海地的"黑人雅各宾派"决定自己解放自己，发动世界上第一场种族战争，从 1791 年打到 1804 年。海地在 1804 年取得独立，所有奴隶都获得解放，没来得及逃走的白人几乎都遭到屠杀。据说，有十万人在这场浩劫中丧生，一百八十多座甘蔗种植园和糖厂被彻底摧毁。

白人被赶走之后，黑人农民把原本的大种植园分割成小块土地，不再生产蔗糖。但是，蔗糖业的没落，使得海地突然发现国际贸易中不再有自己的位置。海地在政治、经济、社会和生态等各方面均陷入混乱。海地人发现自己缺少资本，缺少政治经验，农民的教育程度极低。除了糖，他们找不到任何可以替代的贸易产品。从此，海地经济一蹶不振，不断陷入各种政治动乱的泥潭之中。

奴隶制被证明是最有效率的生产蔗糖的组织形式，但是它与人道主义相悖。19 世纪，世界各国都逐渐废除奴隶贸易与奴隶制度，而摆脱奴隶制地区的制糖业，也都迅速失去竞争力。古巴为了制糖，把奴隶制维持到 1880 年；巴西也维持到 1888 年。不过，

脱离奴隶制的制糖业，仍然在以其他方式影响着世界上很多地区。夏威夷就是其中一例。

夏威夷群岛原本人烟稀少，1853 年的时候，本地原住民才七万多人，外来人口不过两千人。随后，夏威夷开始发展自己的制糖业，大量引入契约劳工，很多日本人、华人和葡萄牙人就是这时候开始移民夏威夷。有意思的是，当年葡萄牙人作为殖民者进入美洲，几百年过去后，很多葡萄牙人只能作为契约劳工进入夏威夷。制糖业很快成为夏威夷王国的支柱产业。1876 年，夏威夷国王卡拉考阿（David Kalākaua，1871—1891 年在位）与美国签署贸易互惠条约，约定夏威夷蔗糖在美国市场上享有特殊地位。接下来，夏威夷的蔗糖产量猛增二十倍，全部出口到美国。但是，在这过程中，本地人并没有获得多少切实的利益。国王卡拉考阿非常信任宫廷大臣斯普雷克斯，甘蔗园和炼糖厂都在他的控制之下建设起来。斯普雷克斯与美国保持密切的联系，帮助美国人控制了夏威夷 80% 的种植园。

不过，最终国王与斯普雷克斯闹翻。不断有人建议夏威夷并入美国，国王意识到潜在危机，着手削弱美国的影响力，但为时已晚。1891 年，民族意识强烈的末代女王利留卡拉尼（Līliʻuokalani，1891—1917 年在位）即位，坚决反对夏威夷并入美国。而占有夏威夷大部分财富的种植园主则非常担心夏威夷与美国关系崩溃，因为这会严重损害他们的经济利益。这些被叫作"兼并派"的人在选举上无法占优势，所以他们与美国合谋，在 1893 年发动政变。美国海军陆战队登陆夏威夷，协助兼并派推翻女王统治，建立由兼并派掌权的夏威夷共和国。

1898 年，在夏威夷兼并派的不懈运作下，美国国会终于批准

将夏威夷并入美国版图，夏威夷王国就此亡国。而这一切，追根溯源，都是由夏威夷发展蔗糖业而引发。

3. 甜菜糖和甘蔗糖的竞争

蔗糖一直背负着道德原罪，而欧洲人又离不开蔗糖，这是一个棘手问题。欧洲一直在研究甘蔗的替代品。到了19世纪初，人们终于发现甜菜是一种很好的替代品。甜菜适宜在较冷的地区种植，可选择的余地更广。而且从甜菜中提取糖浆的时候，只需要用水提取渗出汁，不像甘蔗那样需要大力压榨。德国没有多少海外殖民地，最早开始研制甜菜制糖，技术很快传遍欧洲。1840年，甜菜糖的产量大概只占全世界糖产量的5%。此后大多数国家都开始种甜菜，甜菜糖的比例不断攀升，几乎与甘蔗糖分庭抗礼。到19世纪末，英国所有进口的糖中，甜菜糖已经占到75%。

甜菜糖和甘蔗糖之间的竞争，归根到底是近代科学技术与已有生产方式间的竞争。甘蔗是非常适宜制糖的作物，产糖效率高，但是甘蔗制糖需要大量劳动力的艰苦劳动。而甜菜对劳动力的要求没那么高，但甜菜制糖的成本也不低，需要大规模的初始资本投入。所以，欧洲生产甜菜糖，一般都由政府在背后支持。

甘蔗没有那么容易退出市场。加勒比海地区、南美洲和夏威夷的制糖业不再有奴隶制的支持，但他们转而雇用亚洲移民作为劳动力。这个替代方案使得制糖业恢复得不错。大洋洲和印度也纷纷开辟出新的甘蔗种植园，加入竞争。直到今天，巴西、印度，包括中国，都还在使用甘蔗制糖。甘蔗糖又逐渐压过甜菜糖，现在每年生产的甘蔗糖又占到全世界糖产量中80%的份额。

4.小结：从"物"观"史"

以上，就是"糖"的全球史。在这部糖的历史中，我们看到植蔗制糖，它的生产、加工、消费、贸易，在印度、中国、欧洲、非洲和美洲的情况。其中，不仅有不同区域间的文化、知识和技术的传播与交流，有世界市场中的三角贸易，有殖民事业、奴隶贩卖以及追求自由与独立，也有近代工业化的刺激，甚至还有糖加上咖啡与茶形成的聚会与交流场所，在欧洲形成的近代"公共领域"。

从"物"观"史"，这里面真是非常奇妙。

（梁捷）

第六讲

纸张、印刷书及其他

第一节　纸张：出现与传播

我们现在要谈的，是纸张的全球史。

当我们谈纸张的全球史，那么第一个问题就是：纸是怎么来的？大家可能都知道一个常识，是中国的蔡伦（？—121）在105年前后向皇帝报告造纸的事情，因此算是发明了造纸术，并被后世称为中国的"四大发明"之一。不过，传统上总是习惯把功劳算在在历史上留名的人，特别是皇帝、官僚或名人身上。其实，如果从考古学的角度来说，也许还有另外的说法。另外，我还想说第二个问题，如果从物质文化史的角度来看，纸不仅仅是四大发明之一，而应该是之二！为什么？因为另一项发明——印刷术，从某种意义上来看也是由纸而生，纸为印刷提供物质载体，是印刷术产生的基础。造纸术和印刷术的出现，大大提高知识和信息传递的效率与稳定，促进不同地区文化的交流、传承与发展。因此，美国科普作家麦克·哈特（Michael H. Hart）在他的《影响

人类历史进程的 100 名人排行榜》(*The 100: A Ranking of the Most Influential Persons in History*) 中，将造纸术的发明人蔡伦排在第七位，另一个进前十位的中国人是孔子。

1. 造纸术的传播

有关蔡伦发明造纸术，在史籍《东观汉记》和《后汉书》中都有详细记载，尤其是《东观汉记》，成书时间仅比蔡伦晚了几十年，应该说可信度还是比较高的。不过从 20 世纪以来，考古工作者先后在西北地区的一些西汉墓中，发现几件比蔡伦还早的古纸，比较著名的像灞桥纸、放马滩纸、金关纸等。于是，历史学者推测，在蔡伦之前，民间可能已经出现造纸，蔡伦只是它的改良者。他得到汉和帝（88—105 年在位）和官方的认可，就成了发明造纸者的象征。

不过，纸的源起至今还是有很多争议。也有一些学者认为，出土的几种蔡伦以前的纸，在定性和断代上或多或少都存在漏洞。有的经过分析根本不是纸，有的断代证据链不牢靠，不足以推翻史料的记载。各种意见你来我往，争论了好几十年，谁都没办法说服对方。所以，对于这一问题，我们就不站队了，留待后人分解吧。

不论蔡伦发明造纸术还是改良造纸术，至少从 1 或 2 世纪开始，纸张作为书写材料就进入历史，并且开始走向全世界。它在 3 世纪向南传至越南；4 世纪往东传到朝鲜半岛，并在 7 世纪由昙征和尚（579—631）带入日本；8 世纪传入中亚到达波斯和阿拉伯；造纸术被波斯和阿拉伯人垄断四百余年后，终于在 12 世纪，经由西亚、

北非传入西班牙；16 世纪由西班牙传至墨西哥；17 世纪到达美国；
19 世纪传至澳大利亚。

历经一千七百余年的环球旅行，纸最终传遍五大洲。

2. 纸发明以前主要的书写材料

那么，不起眼的纸张究竟有什么用处，能够在这样长的历史
中被需要它的人带到世界的每一个角落？简单来说，纸主要是用
来书写和印刷文字的。在纸张发明以前，人类曾经使用过各种各
样的书写材料：简牍、缣帛、贝叶、泥板、莎草纸、羊皮卷，不
一而足。

在中国，纸发明以前主要的书写材料，最早当然是甲骨，接
下来是简牍和缣帛，所以以前有句话叫"书之竹帛"。简就是竹木
削成的片，比较窄的是简，多用竹片制成，也叫竹简。牍比简要
宽一些，多为木质，称为木牍。竹简用绳子编在一起称为一篇，
篇字的竹字头就是这么来的。竹片并不能砍下来就直接写字，新
竹水分大，易生虫，要把它放在火上烤干，去掉表层的青皮，这
个过程叫作"杀青"。今天所说写作结束叫作杀青，取的就是这个
意思。

使用竹简书写，最大的问题是笨重，不方便携带。传说东方
朔一封自荐信，就写了三千竹简，要两个人合伙抬，实在是费事儿。
倘若他再阔绰一些，或许会考虑另一种书写材料——缣帛。缣帛
由蚕丝纺织而成，属于丝绸，主要用途是服装。用来书写的缣帛，
一般用生丝织成，不经染色，洁白轻薄。"尺素"一词最初说的就
是缣帛。用缣帛写字，称为帛书，比竹简要轻便得多。鱼传尺素，

把帛书塞进鱼肚子里；鸿雁传书，绑在大雁腿上传递书信，体现的就是缣帛轻便的优势。缣帛不仅能写字，还能画画，称之为"帛画"。著名的长沙马王堆汉墓，就出土过大量精美的帛书帛画：有现存最早版本的《道德经》；还有一套养生图谱《导引图》，这大概是现存最早的功夫秘籍了。

不过，缣帛虽然轻便，但用丝绸写字画画，普通人还真是用不起。

3. 人类发明和使用过的各种书写材料

与我们邻近的印度，则使用一种棕榈科的贝多罗树叶（梵语 pattra 之音译）来书写。在这种树叶上抄写的经典，被称为"贝叶经"。贝多罗树的蒲扇叶叶片巨大，能裁出不少长条形的薄片，经过加工处理之后，就能用来书写文字，能让人们用铁笔在上面刻画文字。我们看影视剧中，唐僧西天取经，取回一本本的纸质经书，这个肯定是不对的。唐僧取回来的应该是贝叶经。我们一些寺院至今还珍藏着唐宋时期古印度传来的贝叶经。相传济公和尚（1148？—1209）出家的杭州灵隐寺，在 2004 年就曾发现四十二片宋代的梵文贝叶经，非常珍贵。贝叶经不仅传到中原，还从印度直接传到吐蕃。今天在西藏地区仍然保存着大量古印度的梵文贝叶经。这种棕榈类植物的叶子非常结实，制成的贝叶经轻便而又不怕水湿，坚韧耐用。不过缺点也很明显，在经过长时间的自然老化之后，贝叶会变得非常酥脆，怎么保护和加固这些珍贵的文献，成为一个世界性难题。

从印度往西到达两河流域，季节性的河水泛滥，带来大量细

腻的淤泥和黏土，生活在这里的苏美尔人就用黏土制成泥板，用削尖的芦苇秆在泥板上压出一个个楔形的笔画。这就是大名鼎鼎的楔形文字。写成的泥板晒干或烤干之后，坚硬如砖石，因此泥板也被称为"泥砖"。跟其他书写材料相比，这个泥板砖实在过于笨重，既占地方又不便携带，而且很容易碎。在苏美尔人的课堂上，一页课文就是一块两斤重的泥板，按顺序放在木架上，学习哪一块就把哪一块从架子上搬下来，实在太不方便。不过，和其他书写材料比起来，泥板没有老化降解的问题，在干燥稳定的环境中，泥板的保存寿命特别长。今天世界上的许多博物馆里，还收藏有公元前20世纪的泥板文书，字迹清晰可辨。通过破解这些文字帮助我们深入了解几千年前苏美尔人的生活状况。

再往西，我们到达尼罗河流域，古老的埃及人从河下游肥沃的沼泽中发现他们自己的书写材料。这里盛产一种高大的莎草。他们将莎草的茎秆切成薄片，纵横两层铺叠在一起，用石块不断捶打，直到粘连成片，晒干后就成为一张可以书写的莎草片，也称莎草纸。一张张莎草纸粘成长条，再用木棍卷起来，称为一卷。这跟中国古代的卷轴装的做法不谋而合。古埃及人不仅自己使用莎草纸，留下大量珍贵的文化遗产，而且这种方法还输出到西亚、欧洲等地。莎草纸曾是古希腊、古罗马及阿拉伯世界重要的书写材料。从东地中海到两河流域，不论是埃及的《亡灵书》、希伯来文的《圣经》，还是欧几里得（Euclid，约前330—前275）的《几何原本》、阿基米德（Archimedes，前287—前212）的大量手稿，都是书写在莎草纸上。莎草纸虽由野草制成，轻薄便携，但制作过程烦琐，产地单一，自然形成垄断，价格居高不下。莎草纸的贸易，曾经为古埃及换回大量财富。有学者这样说："精巧的花瓶、

莎草片，大量生产，以供输出，早在公元前 3000 年，埃及已经得到欧洲金矿采出的金子。"

莎草纸高昂的价格，也为后来被纸张取代埋下伏笔。当然，不仅仅是因为莎草纸贵，也因为莎草纸的质地粗糙脆硬，无法折叠，卷起之后很难自然展开，阅读的时候必须两手抻着，而且这种纸卷一压就碎，很不方便。前些年，我托朋友带回两张莎草纸，觉得卷着不便存放，就请国家图书馆古籍修复组的同事帮我用专业的压书机压平。一般来说，纸张在稍稍润湿后，压个三五天就平整如初了。这两张莎草纸愣是压了半个多月，仍能自然回卷，没办法只好就这么卷着摆在那里。

莎草纸与纸张有些相像，都是用植物纤维制成，因此前些年有人提出莎草纸才是造纸术的起源。后来，经过学者的广泛讨论，认为莎草纸和纸张还是有本质区别的。从制作过程上来看，莎草纸没有将植物纤维完全打碎分散后再重新聚合（这个过程被认为是造纸术的核心），因此莎草纸不具备纸张的物理特征，它的纤维没有经过提纯和无序重排。另外，莎草纸出自埃及，而今天全世界所用的纸则起源于中国。在造纸术传入西方之后，莎草纸很快被取代，二者不存在传承关系，因此不能混为一谈。

从埃及跨过地中海到达欧洲，在 12 世纪以前，这里的人们除了用埃及的莎草纸书写，还用过另一种珍贵的书写材料，那就是羊皮纸。顾名思义，羊皮纸主要由羊皮制成，跟今天我们用的皮革有所不同，制作羊皮纸不经过鞣制，只需将使用石灰水脱脂后的羊皮去毛刮净，绷在木框架上强力拉伸，晾干后就成为一张羊皮纸。羊皮纸最初并非产自欧洲，而是起源于小亚细亚的帕加马城，羊皮纸英文单词 Parchment 便由此而来。在公元前 2 世纪末，埃及

的托勒密王朝（Ptolemaic Dynasty，前305—前30）曾下令中断小亚细亚地区的莎草纸供应。为了缓解书写材料的危机，帕加马城开始大量生产羊皮纸。此后很长一段时间，帕加马城都是世界羊皮纸的主产地，到了5世纪后欧洲人开始学会使用羊皮纸，并逐渐替代易折易碎的莎草纸。

跟莎草纸相比，羊皮纸质地洁白古雅，坚韧耐折叠，很适合书写，深得欧洲贵族和教会的喜爱。羊皮纸出现之后，欧洲的书籍装帧也因此改进，逐渐从卷子演变为册页，跟今天书籍的样子已经非常接近，阅读起来更加方便。不过，问题是羊皮纸成本高昂，普通人根本消费不起，书籍也因此成为奢侈品。一部《圣经》所用羊皮竟达三百多张。许多书籍封面常以金银宝石镶嵌，将奢华进行到底。那时候，欧洲一些教堂和图书馆，为了防止书籍丢失，要用铁链将书锁在架子上。这种有趣的铁链式图书架也成为羊皮纸不接地气的生动注解。

4. 书写材料背后：人类的习惯和审美

我们今天回顾了这些人类曾经发明和使用过的书写材料，从东方到西方，无论是简牍、缣帛、莎草纸、羊皮纸，还是泥板、贝叶、纸张，为了记录信息，传播文化，人们因地制宜，尝试和发明各种材料，使其便于书写，适于阅读。在印刷术发明之前的几千年中，人类使用这些材料一笔一画书写下辉煌而灿烂的文明。

为了寻找更好用、更轻便、更经济的书写材料，东西方的书写介质也都经历过一些更替：中国人以纸张取代笨重的简牍和昂贵的缣帛，阿拉伯人用莎草纸和羊皮纸淘汰苏美尔人的泥板，欧

洲人则用质感更好的羊皮纸替代一部分莎草纸。造纸术西传之后，莎草纸、羊皮纸又全都被纸张所替代。

有趣的是，每一次材料的更替，新材料也常常会留下旧材料的烙印。

发现于敦煌藏经洞里的佛经，基本都以卷轴的方式装帧，将多张纸粘连成长卷，再卷在一根木杆上，这种样式正是源自古老的简帛。甚至于更晚一些的经折装古籍，其折页方式和前后的夹板也是由贝叶经演化而来。魏晋南北朝之际，纸张开始有了繁复的表面处理，涂蜡上胶，使其平整坚滑不渗墨，不过是为了延续竹片的书写手感。重要场合使用的纸张还需专门染成黄色，同样可能是竹简遗留下来的审美习惯。这种熟纸的使用习惯直到宋代以后才慢慢淡化。同样的，纸张在传入欧洲之初，也略有几分羊皮纸的韵味，西方手工纸曾越做越厚实，除了技术上的因素，羊皮纸的标杆也或多或少在发挥着影响。

尽管材料发生更替，但人类曾经的习惯和审美却顽强地传承着，向我们诠释着千年之前地球先民的生活方式。

与此同时，新的材料也在不断进步，蔡伦的纸、日本的纸、欧洲的纸，还有我们熟悉的中国宣纸，它们之间的差异因何而起？

第二节　什么是最好的纸？

1. 从《凡尔赛和约》谈手工和纸

1919 年 5 月，"一战"刚刚结束，持续近半年的巴黎和会（Paris

Peace Conference）终于谈成一份协议。因为开会地点在凡尔赛宫，协议名称就叫《凡尔赛和约》(*Treaty of Versailles*)。正式签订之前，围绕合约定本选用什么纸张发生一场争论。毕竟这是一场重要的大会，一场载入史册的大会，签合约的纸张自然要非常讲究，要经得起时间考验。不过，比起协议的内容，这显然只是一件细枝小事。所以很快有了结果，这份《凡尔赛和约》最终签在日本产的手工纸上。需要说明的是，这里讲的手工纸，指的是采用传统手工方法制作的纸张，并不是现在日常使用的机器纸。从蔡伦发明造纸术，到后来东传日本，西传欧洲，一直到 18 世纪末，纸张生产都处在手工制作的阶段。这里讨论纸张的全球史，更多的还是讲手工纸时代的历史。

巴黎和会选择日本纸并非孤例。近些年日本产的手工纸在西方博物馆和图书馆界很受欢迎，主要用在纸质文物、字画、古籍的装裱和修复上，甚至一些来自中国的敦煌遗书也是用日本纸来修复。从市面上手工纸的整体质量来看，日本纸大多精工细作，质量稳定。

日本手工纸真的比中国手工纸好吗？纸质的高下对比，并不是我们要探讨的话题。从纸张发展传播的历史来看，日本纸和中国纸的差异在千年以前早已注定。不过，要弄清这个纸质差异问题，我们还得从古代造纸的原料和技术变迁说起，谈谈造纸术从蔡伦时期到后来的变迁、升级和进阶之路。

2. 中国造纸原料和技术的发展

在造纸术发明之初，主要原料有旧麻布、破渔网和树皮。用

这些原料制成的纸张，既轻便又廉价易得，按理说很快就能替代竹简。不过历史并非如此，从纸张出现到最终替代简帛，历时竟达三百年之久。纸张发明初期，质量尚有待提升。早期纸张制作工艺比较简单，质感粗松，用毛笔书写，手感还是远不及致密平滑的竹简。

造纸术的第一次升级，据说是从一个叫左伯的山东人开始的。左伯是汉灵帝时期的书法家兼造纸家。宋代苏易简（958—997）在《文房四谱》中，形容他的纸"研妙辉光，一点如漆"，这需要将纸研磨、砑光，使表面出现光泽。这个过程就是纸张的二次加工，只有把粗松的新纸砑得致密、紧实，墨汁不易扩散，才能呈现一点如漆的效果。从左伯以后，纸张的加工技术不断升级，染上颜色、加入植物胶甚至在表面涂刷矿物粉末。这一过程类似刷墙，毛坯墙太粗糙，得刷浆，抹腻子，弄平整，想要再漂亮还可以刷漆、贴装饰。所有这些方法，在改善书写效果的同时，也提升纸张的颜值。随着造纸术的广泛传播，纸张逐步替代竹简。到5世纪初，曾经是东晋大将军又篡位自称皇帝的桓玄（369—404），颁布了"以纸代简令"，里面说"今诸用简者，皆以黄纸代之"。

这宣告了纸本时代的正式开启。

造纸技术的升级，也依赖开发新原料。早期纸张以麻纸居多，原料主要来自废旧的麻布。不过，旧麻布总归有限，随着需求日益增加，用树皮造纸开始增多。跟粗硬的麻纸相比，皮纸细腻绵韧，平滑、洁白、有光泽，无论是手感，还是颜值，都更有优势。到隋唐以后，社会上用的主要就是皮纸。特别是在南方，各种树皮来源丰富，出产名纸众多。在浙江嵊州的剡溪一带，也就是王羲之（303—361）的隐居之地，两岸山林中生长着大量藤蔓，是上

好的造纸原料，制成的藤皮纸细腻莹润，在当时有"剡溪藤纸甲天下"的说法。

除了原料创新，唐人还发挥聪明才智，开发新的纸张加工技术，造出很多外观精致、样式新颖的笺纸，供文人雅士题诗作画、书写名帖之用。著名的流沙笺、云蓝笺、金花笺、十色笺等，都在这时出现。还有人自己动手制作笺纸以显巧思，居住在成都浣花溪畔的女诗人薛涛（约768—832），曾以当地特产的木芙蓉造纸，并用芙蓉花汁染成桃红色，制成小幅彩笺，题诗赠友，后世称之为"薛涛笺"。

同时，唐代佛教的传播、文化的普及也带动雕版印刷，现在发现最早的纸质印刷品都是佛教的宣传品，或者是朝廷颁发的历书。印刷的发展，使得纸张需求随之增长。从五代到两宋，印刷用纸又逐渐成为市场主流。印刷用纸追求平整、绵软、吸墨好，成本低廉才能大量使用。这时候的纸张制作，从晋唐以来的浓妆艳抹开始转向清水出芙蓉的素颜，纸张要更加洁白光滑、细腻匀整。于是，这个时候皮纸制作技术不断精进。南唐后主李煜（937—978）御制的澄心堂纸，以及宋时四川生产的玉版纸，都是这一时期名垂千古的精品。造纸和印刷的携手共进。也造就了书籍史上的经典即所谓"宋版书"。我们今天在博物馆看到一些浙江、四川等地雕印的宋代古籍，很多人第一眼看到都不敢相信是真的。很难想象这是近千年以前的书籍，居然历时如此之久，还是墨色如新、纸白如玉。

不过，皮纸有皮纸的问题，楮树（也叫构树）、桑树的树枝至少要三年以上才能造纸，而且只能用树皮。那该怎么办呢？当然是要找更好的原料。于是从宋代开始，一种革命性造纸原料闪亮

登场。这就是竹子。竹子生长较快，南方很多地方漫山遍野，产量巨大。到了宋代，随着技术的进步，竹纸开始流行。竹纸感觉细匀，书写流畅，印刷吸墨性好，还加工简易。正好符合当时大量的用纸需求。竹纸很快就收获一大批爱好者。其中最著名的就是米芾（1051—1107），米芾许多作品是用竹纸书写的。像他的《珊瑚帖》，仔细看纸面还能发现竹纸特有的竹筋。他还喜欢总结各个地方纸张的优劣，弄了个排行榜。他在《评纸帖》中就说，绍兴的竹纸比杭州的藤纸还要好。要知道藤纸当年可是被誉为"甲天下"的，米芾的这个评价可以说相当高了。自从竹纸盛行，造纸业就迈上康庄大道。明清时期，南方竹纸产量剧增，并依托发达的水路销往全国各地，书籍印刷业也随之繁荣起来。我们现存的明清古籍中，十有八九都是竹纸。而明清时期的皮纸呢？它逐渐往高端纸的方向发展，上好的皮纸细白光洁、如丝如棉，后世专门给它取了个新名字叫"白棉纸"。

皮纸和竹纸各有所长，如果把它们混搭起来，又会怎么样呢？这个主意，宋代就有人想到了。后来人们发现，长纤维的树皮和短纤维的竹、草混合，能够将皮纸的韧性和竹草纸的细腻合二为一。比如，江西产的楮皮、毛竹混料纸，安徽宣城出产的青檀皮、稻草混料纸。后者就是如今大名鼎鼎的"宣纸"。

关于宣纸，这里不妨多说两句。宣纸大约出现于明代。这种纸制作过程繁复而精细，长短两种纤维搭配，能够显出墨色和墨韵。随着文人写意画逐渐兴起，宣纸在写意画上的优势不断放大。特别是民国以来洋纸流行，皮纸和竹纸的市场急剧萎缩，宣纸才因此一枝独秀。时至今日，宣纸已经成为传统手工纸的代名词。许多朋友甚至将所有手工纸统称为"宣纸"，实在是不对的。

3. 撒马尔罕纸、高丽纸和日本纸

前面这些，就是中国古代造纸的历史。我们首先要列出这样一个技术史上的坐标系，有了这个坐标系作为参照，才有助于从历史的角度来审视撒马尔罕纸、高丽纸和日本纸的位置，可以厘清更多的枝节。

首先讲传往西方的撒马尔罕纸，包括后来一路传入欧洲的造纸术，一直都用破麻布造纸，这跟我们多种原料并用明显不同。从史料记载来看，唐代南方的皮纸比较普遍，而麻纸大多在北方。传说中，因为唐朝与大食在怛罗斯之战（751）中失利，一大批唐朝军人被俘，其中有不少工匠。而把造纸术带到中亚的造纸工匠很可能是北方人，所以传过去的是用破麻布造纸的方法，而且还缺了一项核心技术——纸药。纸药指的是抄纸时加到纸浆中的植物黏液。譬如造宣纸，一般要加猕猴桃藤的汁液，不仅能让纸更均匀，而且湿纸摞一块不会粘连，能一张张揭开。正是因为少了这个秘方，西方人不得不用毛毯把湿纸一张张隔开，效率低了不少。一直到18世纪，法国派传教士来中国学习竹子造纸，终于解锁新的技能。当然，他们后来又多走了一步，发明树干造纸的技术。这就是我们现在常见的木浆纸。

接着再看日本和朝鲜的造纸。造纸术传入朝鲜半岛和日本，要比经由中亚到西方更早。4世纪末，东晋高僧摩罗难陀到百济传播佛法，据说就顺便教会当地人造纸。后来，打败百济和高句丽统一半岛的新罗王朝，又专门派留学生到唐朝学习造纸技术。由于朝鲜半岛盛产楮树、桑树，他们就专心琢磨怎么造好皮纸。到了宋代，高丽纸进入黄金时期，甚至在中国也成为一时特产，一

直到明清时代，来北京向中央王朝朝贡的贺礼中也总是有高丽纸或朝鲜纸。由于高丽纸做得比较厚，非常结实，跟当时细薄绵韧的国产皮纸相比，显得非常独特。明人称它"色白如绫，坚韧如帛"。不过，这种厚实的皮纸其实用途很窄，写字问题不大，印刷就显得有些厚重甚至粗糙。所以，到了清代，虽然高丽纸还是有名的好纸，但由于那时候好纸太多，它又比较厚，往往被用来糊墙、糊窗户，这实在是有些奢侈。

日本的造纸术，传说是 7 世纪初由昙征和尚从高句丽传过去的，他将这一技术献给当时的摄政大臣圣德太子（574—622）。圣德太子是日本文化史上非常重要的一位政治家，曾派遣隋使到中国系统学习种楮、造楮皮纸的技术。后世为了纪念圣德太子的贡献，尊他为"和纸之神"。唐代时，大批遣唐使频繁来往，两国的文化交流到达顶峰。与民间传播不同，这一时期的中日交流由官方直接组织和推动，关注的对象也以上层文化为主。我们今天看奈良正仓院收藏的唐代文物，每一件都精美绝伦，没有一点草根气息。如果说，经由撒马尔罕逐渐传入阿拉伯和欧洲的造纸术，是底层工匠的残缺手艺，那日本人学的则都是唐朝的精华。从这一点来看，日本纸的起点就非常高。

此后，日本纸和中国纸就走上各自发展的道路。由于印刷术的普及，中国在宋元之后逐渐转向高产的竹纸，后来又发展出宣纸等各种不同的品类。日本却因为竹子少，一直以楮皮、三桠皮和雁皮造纸。树皮纤维本身就非常漂亮，再辅以日本人的精工细作，纸张的颜值自然突出。反过来看中国，国内皮纸虽然不占主流，但精品皮纸在民间一直还是有生产的。如果将同类的国产精品皮纸跟日本的纸相比较，其实也难分伯仲，只不过实在太小众，了

解的人非常少。

至于很多人关心究竟是皮纸好还是竹纸、宣纸好，我想这个问题是没有办法给出统一答案的，关键在于你将做何用。如果我们修复一卷佛经，可能皮纸更加合适；但要是画一幅写意山水，那大概没有比宣纸更好的选择了；如果你能穿越到明清，准备刷印一部畅销的小说，竹纸肯定是不二之选。我有一位抄写佛经的朋友，因为写小楷特别挑纸，他花了几年时间试遍各种纸张，最后发现云南有种包茶叶的构皮纸，经过砑光之后，最接近古人的书写效果。一张纸，并不分好坏，关键要看用在何处。

经过撒马尔罕传至西方的造纸术，虽然只是个残缺的版本，质量和技术水平都比不过东传的日朝纸，但一路西行，波澜壮阔，却给世界文明带来更深远的影响。

第三节 纸：一路向西

1. 怛罗斯之战与造纸术的西传

前面曾经提到怛罗斯之战，发生在唐朝天宝十年（751）。安西节度使高仙芝在西北打败吐蕃，为了多凑些战功，又顺便栽赃了几个附属小国，再派兵入侵，赶在正月入朝领赏，被加封河西节度使。虽然自己升了官，但这种行为大大败坏唐朝的威望，几个西域小邦倒向西边的大食，也就是阿拉伯帝国。因为担心对方合力反扑，高仙芝决定主动出击，率兵两万深入大食，与大食阿拔斯王朝的艾布·穆斯林（《新唐书》译为并波悉林）率领的呼罗

珊军团在怛罗斯遭遇，激战五日。高仙芝战败，兵马损失大半。

对唐朝而言，这场战争的胜败并不影响大局，只是退出对中亚的争夺。不过，战争中的一件小事却给中亚、西亚和欧洲文明造成深远的影响。根据波斯学者伊本·胡尔达兹比赫（Ibn Khurdādhbih，约820—912）所著《道里邦国志》（*Kitāb al-Masālik wa'l-Mamālik*，又称《省道记》《道程与郡国志》）记载，在怛罗斯之战俘获的唐军士兵里有懂得造纸术的工匠。战争结束以后，撒马尔罕开设了第一家造纸厂，由中国工匠指导，用旧麻布来生产纸张。这些纸张质地优良，不仅供应当地使用，还很快成为撒马尔罕远近闻名的大宗商品。

造纸术由战俘传入西方的说法流传甚广，人们一度深信不疑。不过，近些年的考古发现又让这一问题出现争议，在中亚发现的一些怛罗斯之战以前的纸质文书，如塔吉克斯坦的《穆格山文书》（Mount Mug Document），其中虽有不少纸张来自中国，但也有一些更像是当地生产。此外，怛罗斯之战的另一名战俘杜环（又称杜还），在西亚、北非漂泊了十多年，后来坐船回国，写了一本《经行记》。这部书虽然已经失传，但是有些片段还保存在中唐杜佑的《通典》里。他的书中提到不少唐代工匠，但并不包括造纸匠，这也成为学者质疑的一个理由。

不管是不是怛罗斯之战的结果，造纸技术在8世纪已经传到中亚。这是造纸术西传迈出的第一步。当然，在迈出这一步之前，纸张早就沿丝绸之路传到中亚甚至更远。1907年，英国人斯坦因在敦煌古长城的废墟中发现过几封粟特文书信，前面我们讲香料的那部分里曾提到过，这是粟特商人托人捎给远在撒马尔罕和布哈拉亲属的家书。这些纸质书信写于西晋末年，不仅折叠整齐，

而且有的还有收件人的地址。欧洲学者用显微镜观看，发现这些纸张是用大麻布废料制成的。可以想见，在当时的丝绸之路上有不少书信靠商队往来传递，中亚人很早就通过这种途径见过或者用过来自中国的纸张。

另外，文献资料中还提到一件事：西晋太康五年（284），罗马人来中国通商，途经越南，买了三万张蜜香纸，献给中国朝廷。既然选择买纸进献，说明罗马商人对纸应该有一定了解，而且足够认可。那么反过来，他们会不会再买些纸带回去呢？我想这个可能性是非常大的。在造纸术迈出第一步之前，纸张的足迹究竟延伸多远，值得我们进一步研究。

2. 造纸术在西亚和北非的传播

随着撒马尔罕第一家造纸厂的建成，这里很快就成为中亚远近闻名的纸张产地。从地理位置上看，撒马尔罕处在中国、印度和波斯的丁字路口，是各种商品贸易的中心，波斯以及阿拉伯辽阔的疆域为纸张的贸易传播创造良好的条件。在此后很长一段时间，"撒马尔罕纸"是与中国纸齐名的重要商品，在中亚和西亚有极高的声誉。即便在今天，波斯语仍然习惯地将传统的手工纸称之为"撒马尔罕纸"。阿拉伯地理学家穆卡达西（al-Maqdisī 或 al-Muqaddasī）曾在其名著《各地区知识之最佳分述》里说："花剌子模的弓箭，石国的陶盘，撒马尔罕的纸张，均可谓举世无匹。"

不同于中国纸张替代竹简的漫漫长路，纸张在波斯和阿拉伯的传播与普及速度非常快。在这之前，这里的人们主要用莎草纸和羊皮纸书写。前面说过，莎草纸产自尼罗河三角洲，山高路远，

巨大的运输成本让它几乎跟羊皮纸一样昂贵。在价格的限制之下，自由书写对普通人而言都是奢望。但是，纸张就不存在这些问题，只要有破麻布就行，产地不受限制，便宜又轻便，很快就获得波斯人和阿拉伯人的认可。

793 年，也就是怛罗斯之战四十多年以后，在阿拉伯帝国第五任哈里发哈伦·拉希德（Harun Rashid，786—809 年在位）的支持下，在新的都城巴格达建立阿拉伯帝国第二家造纸厂，由撒马尔罕的纸厂提供技术支持，并且规定政府公文必须用纸张书写。这无异于阿拉伯版本的"以纸代简令"。两年以后，大马士革以及幼发拉底河畔小城班毕的造纸厂也相继建成，这两座城市临近地中海沿岸，地理位置优越，可通过水路与欧洲贸易。在此后的三百多年中，欧洲的纸张几乎全由这里提供。有趣的是，由于拉丁语中棉花的发音跟班毕非常像，班毕纸竟被误传为棉花纸。很长一段时间，欧洲人都以为阿拉伯的纸张是用棉花做的，这仿佛为阿拉伯垄断造纸术摆了个迷魂阵。

造纸术在西亚迅速传播之时，阿拔斯王朝的翻译运动也正蓄势待发。纸张的普及促使各类书籍广泛传播，在政府的主导下，阿拉伯人大量搜集古希腊、波斯、印度的古籍，并运往巴格达，全部翻译成阿拉伯文，进入文化大繁荣的时代。哈伦·拉希德去世之后，他的儿子马蒙（Ma'mūn，786—833）击败自己的哥哥，成为阿拔斯王朝新的统治者。这更是一位文化知识的热烈爱好者。830 年，马蒙在宫廷翻译局和皇家图书馆的基础上创建智慧宫，集图书馆、研究院与翻译局于一体，成为伊斯兰世界的最高学府、闻名世界的学术中心。亚里士多德、柏拉图（Plato，前 427—前 347）、希波克拉底（Hippocrates，前 460—前 370）、盖伦、欧几里得、

托勒密、老普林尼等希腊著名的哲学家、医学家、数学家、天文学家的著作在这里被翻译和出版。据说，马蒙支付给翻译者的酬劳，是跟译稿相同重量的黄金，这可能是世界上最高昂的稿费。这场历时两百多年轰轰烈烈的翻译运动，不仅促进文化的交融与发展，也让阿拉伯帝国进入鼎盛时期。更为重要的是，当时欧洲正处于黑暗的中世纪，许多古希腊的文化典籍风雨飘摇，濒临湮灭。这次翻译运动也因此使得巴格达乃至整个阿拔斯王朝，成为西方古代文明幸免毁灭的"诺亚方舟"。

随着阿拉伯帝国疆域的不断扩展，造纸术也一路进入北非。900 年前后，开罗建立非洲第一家造纸厂，埃及莎草纸迅速被替代。学者发现，写在莎草纸上最后一件纪元文书的年代是 936 年，从此之后有着两千五百多年使用历史的莎草纸，正式结束它的使命。纸张对莎草纸的替代是如此迅速和彻底，以至于出土的两封 9 世纪末的阿拉伯文书信中，竟不约而同附有这样一句话："此信用莎草纸书写，请原谅。"因为没能用纸来书写而表示歉意，可见纸在当时的盛行程度。

两百年后的 1100 年，非洲第二家造纸厂在摩洛哥首都菲斯（Fez）建立，这是波斯和阿拉伯世界的第六个造纸产区。随着帝国疆域的拓展，造纸术一路由中亚传到西亚、北非，由于纸张贸易为阿拉伯人带来巨大的经济利益，他们对这项技术严密封锁，人为垄断长达四百多年。

3. 意大利造纸业对欧洲文艺复兴的影响

不过，造纸术并未因垄断而止步，最终在阿拉伯内部完成新

的跨越。

由于伊比利亚半岛南部曾经被阿拉伯人统治，造纸术便由摩洛哥传到西班牙。1129 年，阿拉伯人在巴伦西亚（Valencia）一个叫克萨蒂瓦（Xàtiva）的小镇上，建成欧洲第一家手工纸厂，这里盛产亚麻而且邻近水源，是欧洲本土造纸的开端。不久之后，西班牙人又在靠近法国的维达隆建立欧洲第二家造纸厂，紧接着法国南部的埃罗也出现造纸厂。不过受制于地缘因素，这里生产的纸产量不大。

造纸术传到欧洲，还有另一条更重要的路线。这条路线沿着纸张贸易的商路，由埃及开罗传至西西里岛，再从西西里岛传往意大利。从 11 世纪开始，阿拉伯世界的纸张就源源不断销往意大利，并由意大利转运到欧洲各国。对纸张的传入，欧洲最初并不像阿拉伯世界那样愉快地接纳。为了抵制倾销，统治者曾经下令禁止使用纸张书写官方文件，但该禁令并没有能阻止纸张贸易的增长，大量金币仍源源不断地流向阿拉伯。

那么，意大利人究竟是怎么学会造纸术的？至今仍众说纷纭。一种常见的说法是与"十字军东征"有关。东罗马教廷对阿拉伯世界发动的一波又一波进攻，让大马士革、开罗都曾陷入战火。在十字军从开罗抓获的俘虏中，碰巧也有一些造纸工匠。历史总是惊人地相似，跟怛罗斯之战的剧情一样，这些战俘教会意大利人造纸术。到 1276 年，意大利第一家造纸厂在法布里亚诺（Fabriano）小镇率先建立，使用回收的旧麻布生产麻纸。

跟他们先前使用的精美细腻的羊皮纸相比，麻纸略显粗糙。为了改善书写效果，意大利人还对原来的造纸技术加以改良，使用金属打浆设备增加冲击力，把原料打得更细腻；将添加到纸上

的植物胶，改成效果更好的动物胶；还在抄纸的铜网上编制精美的图案，造出带有水印的纸张。意大利人把他们的审美品位融入造纸当中，大大提升纸张的颜值和使用性能。即便在今天，这些技术在造纸工业中仍然被广泛使用，不得不说他们为造纸术的现代化做出重要的贡献。

法国年鉴学派著名的历史学家费夫贺（Lucien Febvre，1878—1956）和马尔坦（Henri-Jean Martin，1924—2007）在其名著《印刷书的诞生》（L'apparition du livre）里，生动地描写了当时欧洲人接受纸张的过程。他们说，纸张不如羊皮，比较脆、比较容易撕裂，也不利于保存，最初只是被当作劣质的羊皮替代物；甚至西西里王国的罗杰二世（Ruggero II，1130—1154 年在位）在1145 年，神圣罗马帝国的腓特烈二世（Frederick II，1220—1250 年在位）在1231 年，都下令重要文件不许用纸书写。但是，尽管如此，它在某些方面还是很有优势，特别是用来书写不需要长期保存的文件，暂时记下以便再次誊录的草稿，所以欧洲一些人甚至一些官署也开始使用纸张，因此纸张仍然不可遏制地流行开来。而欧洲大量使用纸张，也得益于意大利发达的商业贸易，造纸业在这里蓬勃发展，法布里亚诺、热那亚、威尼斯、伦巴第等多个造纸中心逐渐形成。到 14 世纪，意大利的纸张产量和质量，超过大马士革和西班牙，成为欧洲造纸的重镇。意大利人还跟德国人合作，在德国的印刷中心纽伦堡建立造纸厂，这是德国的第一家造纸厂。15 世纪以后，造纸术以德国为中心，逐渐传向欧洲其他国家。

伴随着文艺复兴运动的兴起，纸张产量在 14 世纪末期急剧增加。除了富人仍然使用羊皮纸，用旧麻布制作的纸张逐渐成为

当时通行的书写材料。纸张的普及打破教会和贵族对知识的垄断，普通平民开始有机会学习知识和文化，新兴的知识阶层逐渐出现。与此同时，大量古希腊、古罗马时期的艺术珍品和学术典籍流回西欧，借助平价的纸张得以广泛传播。实现书写绘画自由的欧洲人，尽情地在纸上发挥他们的想象力，小说、戏剧、诗集和美术作品的创作日渐繁荣。

所以，英国著名作家威尔斯（H. G. Wells, 1866—1946）在其《世界史纲》（*The Outline of History*）中说："谓欧洲文艺复兴之得力于纸，亦不为过。"

4. 全球史的视角：造纸术对文化的影响

最后，我们不妨从全球史的视角，重新回顾造纸术自发明以来所经之处在文化上引发的连锁反应。

在中国，纸张取代简帛之后，两晋南北朝的著书之风逐渐兴起，出现一波明显的学术高峰。《三国志》《水经注》《文选》《文心雕龙》《齐民要术》，乃至于钟、王的书法，佛教、道教的兴盛和广泛传播，都在这一时期集中出现。到了唐宋之际，刻书印书的大量出现，一方面改变写本时代文献在传抄过程中不可避免的讹漏改删，使得古代典籍能原原本本地流传；一方面大量复制式印刷的书籍，也使得传统文化更容易向四周传播与向基层渗透，对同质的文化圈形成起了很大作用。

在波斯和阿拉伯，尽管是战俘带来的残缺版的造纸术，但并不妨碍翻译运动的蓬勃发展，波斯、印度、希腊、罗马，犹太教、基督教、摩尼教……多元的文化和宗教在这里汇合，犹如海纳百

川，不仅丰富了阿拉伯伊斯兰文化的内涵，更让欧洲文明的火种在这里备份，阿拉伯帝国也在这一时期进入鼎盛。日本学者宫崎市定甚至认为，最早的"文艺复兴"其实应当出现在阿拉伯世界，然后出现在宋代中国，最后才出现在欧洲，只不过欧洲的文艺复兴最终由于大航海后欧洲的崛起而影响最大罢了。

在西欧，就像前面我们引述的费夫贺、马尔坦《印刷书的诞生》所说，造纸与印刷是"变革的推手"。平价的纸张为文艺复兴提供广阔的舞台，古希腊、古罗马的文化典籍得以大量回流。印刷术的发明促成图书的爆发，据说1500年以前问世的印刷书，版本多达三万到三万五千种，到了16世纪仅仅在巴黎出版的书就超过两万五千种。在那个时代，先后出现文学三杰（但丁 [Dante Alighieri，1265—1321]、彼特拉克 [Francesco Petrarca，1304—1374] 和薄伽丘 [Giovanni Boccaccio，1313—1375]）、美术三杰（达·芬奇 [Leonardo da Vinci，1452—1519]、米开朗基罗 [Michelangelo Buonarroti，1475—1564] 和拉斐尔 [Raffaello Santi，1483—1520]），以及莎士比亚（William Shakespeare，1564—1616）等，各种文艺巨星熠熠生辉。基督教之外的各种文学、艺术与思想，随着廉价而方便的纸张，加上印刷术的推动，使得欧洲人冲破神权的桎梏，逐渐走出中世纪，揭开近代欧洲文明的序幕。

造纸术对欧洲文艺复兴的影响，还与另一种源自中国的印刷技术密不可分，下面我们再一起探讨。

第四节 印刷传递文明

1. 造纸和印刷：它与文艺复兴的关系

1999 年元旦，在新千年即将到来之际，英国广播公司推出一个节目，叫作"BBC 听众评选千年英国名人"。在这个由大众投票评选的排行榜上，莎士比亚以微弱优势超过丘吉尔（Winston L. S. Churchill，1874—1965），摘得桂冠。而击败达尔文（Charles R. Darwin，1809—1882）、牛顿（Isaac Newton，1643—1727）、克伦威尔（Oliver Cromwell，1599—1658）等一众名人，荣膺探花之位的，却是一位国人非常陌生的印刷商威廉·卡克斯顿（William Caxton，1422—1491）。他是一位了不起的出版商，一生出版过一百多种书，包括《坎特伯雷故事集》等。因为在英国语言文学方面的巨大贡献和影响力，卡克斯顿被认为是英国文艺复兴时期"文学繁荣的助产士"。一位印刷商人能够获得这么高的荣誉，实在出乎意料。这也印证英国学者李约瑟（J. T. M. Needham，1900—1995）的一个观点：来自中国的造纸术和印刷术，为欧洲的文艺复兴铺平道路，并推动其蓬勃发展。

造纸和印刷总是连在一起的，那么造纸术和印刷术是怎样在欧洲发展起来的呢？

前面我们提到，造纸术在 13 世纪后期从开罗传入意大利，意大利的第一家造纸厂就建在意大利中部马尔凯大区（Marche）一个叫法布里亚诺的小镇上。这里临近欧洲和阿拉伯贸易的必经之地安科纳港口（Ancona），交通便利，水源充足，具备造纸生产的各项条件，很快就发展为欧洲造纸中心，一度拥有几百家造纸作坊。

为了与羊皮纸媲美，意大利人对阿拉伯的造纸工艺进行改良，让造出的纸张更加好用。15世纪，这里生产的画纸得到大画家米开朗基罗的青睐，令他赞不绝口。时至今日，法布里亚诺仍然是世界著名的水彩纸和钞票纸产区。

在当时，生产纸张的原料主要是周边地区收购来的旧麻布，经过浸泡软化之后，用河水驱动的打浆机捣碎成为纸浆，并在铜丝网上抄成纸。相较于昂贵的羊皮纸，废麻布制成的纸张廉价易得，很快成为中产阶级和普通市民日常使用的书写材料。跟许多手工作坊一样，法布里亚诺也制定严格的法令，禁止将造纸的秘诀传授外人，违者将会被放逐，财产充公。不过，对新技术的追逐和利润的竞争，使得技术保密没那么容易，连法令也似乎并没有起到太大作用。发达的商业贸易还是让造纸术迅速扩散。随着热那亚、威尼斯、伦巴第（Lombardia，又译伦巴底）等多个造纸产区逐渐成形，意大利成为欧洲最重要的造纸中心。

纸张的大量生产，让更多的人有机会获取知识、学习文化。在过去，读书写字是高级神职人员和极少数贵族才有的特权，使用羊皮纸制作的图书成本高昂，普通民众根本没有接触图书的机会。据说在中世纪，一部手抄的羊皮纸《圣经》，竟抵得上一座葡萄园的价格，甚至还会用黄金、象牙与宝石装饰，那谁能买得起？就连许多图书馆的藏书量，也仅仅只有两三百册而已。可是，纸张普及之后，图书价格大幅度下降，普通的中产阶级甚至是中下层的市民开始有机会读书写字，获取知识和信息。正如一个欧洲学者所说，知识和思想都是通过抄写、阅读和注释延续下来的。纸张所带来的这种改变，打破中世纪神权对知识的垄断。在欧洲许多城市，读书、识字的人群不断增加，知识阶层的崛起让文化、

艺术和思想能够百花齐放、百家争鸣。一大批文艺巨匠在这种大环境下脱颖而出，前面我们提到，比如诗人但丁、彼特拉克，画家达·芬奇、米开朗基罗，文学家莎士比亚等。就像有人说的，文学和艺术从来都是站在新思想和新文化一边的，他们的作品向人们传递人文主义的思想，纸张在这时恰好提供广阔的阵地。

"启蒙时代的基本概念，都通过文字确立"，而文字需要纸张和印刷，这就是现在欧洲新文化史学者特别注意研究印刷书和文艺复兴之间关系的缘故。

2. 约翰内斯·古腾堡所带来的革命

前面说到，造纸术和印刷术总是连在一起的。造纸术的传入，为知识的传播提供绝佳的载体。但更大的影响和变革，还需要来自另一项中国的伟大发明，这就是印刷术。

从 13 世纪开始，随着蒙古帝国疆域的急剧扩张，几乎整个亚欧大陆都处在统一的王朝，东西方的商贸往来变得非常便捷。有人猜测，元朝的法定货币是纸币，也许中国的印刷品就借由这种方式传播到西方，不知道是否如此。不过确实，这个时候中国的纸牌、版画和印刷书籍也相继传入欧洲。到了 14 世纪后半叶，纽伦堡（Nuremberg）和威尼斯的印刷业逐渐兴起，印出大量精美的宗教版画和圣像图。印刷业的发展，又带动纸张需求迅速增加。意大利人敏锐地发现这一商机，在 1390 年将造纸术带到纽伦堡，建立德国第一家造纸厂，德国的造纸业由此兴起。

这里要说到一个重要人物，那就是德国人约翰内斯·古腾堡（Johannes Gutenberg，1398—1468）。在德国人从意大利学来造纸

术的半个多世纪以后，古腾堡开始筹划用活字的方法来印刷一部《圣经》。他用铅锡合金来铸造活字，配制出适合铅字的油墨，又发明一整套的印刷机械设备，这套设备的主体是一台手摇印刷机。使用这套印刷机，一分钟能印出三四页纸，非常简单而且高效。虽然整个发明过程让他债台高筑，但这项系统而巧妙的活字印刷技术很快变成实业并且传播开来，他所在的美因茨（Mainz）开设了大量的印刷坊。随后，由于宗教争端引发的骚乱，美因茨的印刷坊又纷纷关闭，工人们带上设备和技术，迁往其他国家和城市。古腾堡的印刷术就这样传遍欧洲，并迅速流行起来。

现在，虽然我们觉得发明活字印刷的中国人毕昇（972—1051）很了不起，但问题是他没有把活字印刷普及开来，也没有促使它成为一个产业，更没有因为它刺激出一个思想文化的新时代。然而，古腾堡则成了欧洲印刷甚至现代印刷技术的象征，有人甚至还写了一本书《古腾堡革命》（*The Gutenberg Revolution*），说世界历史上第三次大变化就是从古腾堡开始的。也有人写了另外一本书《从古腾堡到比尔·盖茨》（*The Makers of the Modern World from Gutenberg to Gates*），则是把印刷术和微软系统连在一起来说明世界知识史中从近代到现代的创新偶像。

为什么？因为欧洲的造纸术逐渐让人们实现书写的物质自由，而印刷术则将缓慢的书写和复写速度提升到极致。二者的完美结合，不仅极大提高知识和信息的创造、复制和传播速度，也避免写本时代手抄过程中的错误。在古腾堡发明印刷机之后，他的合伙人弗斯特曾一次携带十几部印刷本《圣经》到巴黎大学售卖，竟然被人认为有魔鬼相助而被举报到警察局，差点蹲了监狱。仅仅十几部《圣经》，就超出人工所能的范围，显见印刷术所带来的

效率完全是革命性的。

更重要的是，它还引起欧洲文化的大变化。这一点，我们在后面还要多次讲到。

3. 图书出版的爆发促使人文思想的传播

回到欧洲的造纸和印刷，这就该说到出版业。

纸张和印刷的兴起，促成欧洲近代出版业的诞生。1469 年，尼古拉·詹森（Nicolas Jenson，约 1420—1480）从德国美因茨学成之后，在意大利的威尼斯开设第一家印刷厂，还设计一种叫罗马体的字形。十年之后，意大利的印刷厂增加到五十家。到 15 世纪末，仅威尼斯就有四百多家印刷厂。这个法国人詹森也成为当时欧洲最大的出版商，他请人修订大量拉丁文、希腊文和希伯来文的手稿，这些人文主义的经典在当时极为畅销。他们还把这些畅销书制作成廉价的小开本口袋书，尽量让每个人都买得起，在普通民众中受到广泛欢迎。

印刷和出版的兴盛，直接引发这一时期图书的爆发。1453 年，东罗马的君士坦丁堡被奥斯曼帝国攻陷，许多拜占庭学者携带大量古希腊、古罗马时期的文化典籍向西欧回流。威尼斯的圣马克图书馆就收藏了拜占庭学者贝萨隆捐赠的大量希腊语手稿，佛罗伦萨的美第奇（Medici）家族还曾委派专人前往拜占庭收集古代手稿和典籍。另外，阿拉伯的百年翻译运动留存下来的古代典籍，也恰好在这一时期涌入西欧。这些典籍中的人文主义思想和科学观念，正好迎合当时新知识阶层的文化需求。这个时候，刚刚兴起的造纸和印刷技术，帮助许多人文主义的图书大量出版，向人

们传递新的思想和理念。

14 世纪欧洲最著名的畅销书当属薄伽丘的《十日谈》
（Decameron）。这本书借着讲故事，赞扬商人，讽刺教会、贵族甚
至国王，显然是不合时宜的作品，可是正是因为它不合时宜，大
家就爱看。它刚一问世，就立即被人们如饥似渴地传抄、传阅，
先睹为快。但在印刷机出现之前，整个欧洲的手抄本《十日谈》
也不过两千本左右。可半个世纪以后，随着上千个印刷工坊如雨
后春笋般遍布欧洲，整个欧洲的图书量竟达两千万册。随着印刷
书籍数量的迅猛增长，馆藏丰富的大型图书馆开始涌现。1571 年，
美第奇家族的罗伦佐图书馆（Lorenzo Library）开始向公众开放，
原先一些图书馆中常见的铁链式图书，也就是用铁链拴住不让人
轻易触碰的珍贵图书逐渐消失。这一时期的图书爆发，让普通民
众获得读书的自由，人文主义的思想以前所未有的速度传播到前
所未有的人群中。

第五节　纸张、印刷与出版：改变世界

1. 印刷对宗教传播的影响

罗马教宗庇护二世（Pius II，1458—1464 年在位），原名皮科
洛米尼（A. S. Piccolomini）。1454 年 10 月，当他还是一名主教时，
有一天他来到繁忙的法兰克福市场，看到有人在街上售卖一种非
常漂亮的《圣经》散页，这引起他极大的兴趣。卖书的人告诉他，
这些散页由机器印刷而成，每一页都非常工整、精致、美观，便

于阅读。尽管皮科洛米尼见多识广，但还是对眼前所见感到震惊。据卖书人讲，他们一共印了一百八十本这样的《圣经》。在当时这绝对是一个天文数字，甚至比得上一座图书馆的藏书量。有学者猜想，这个卖书人很可能就是古腾堡，皮科洛米尼见到的正是世界上首批印刷而成的《圣经》。五个月以后，他在写给朋友的一封信中这样说道："那个人和他做的事情非常了不起，书上的字迹非常准确、清晰，没有错误，阁下可以不用戴眼镜阅读了。"

我们不知道庇护二世的震惊当中，是否预见到这项新技术在不久的将来对宗教产生的巨大冲击。十年之后，古腾堡的印刷技术很快从美因茨传播到欧洲各地，大量的印刷品由此产生。

在中世纪的欧洲，昂贵的手抄图书绝大多数是《圣经》，古腾堡最具影响力的印刷书也是《圣经》。在手工抄写的时代，书籍属于奢侈品，普通教徒很难有机会阅读《圣经》。他们对于宗教的认识全部来自神职人员的转述。信息的不对称在这时就被无限放大，那些教宗和主教可以随心所欲地按照自己认同的理解、神学主张甚至是利益来解释《圣经》。在虔诚的下层民众面前，他们几乎就像上帝一样。可是，当纸张和印刷不断普及，普通的教徒能有机会读到《圣经》原文的时候，他们突然发现书中的说法跟他们敬畏的主教的说法完全不是一码事。教廷的权威从这一刻开始崩塌，尤其是随着人文主义的兴起，对神权的质疑越来越普遍，一场宗教改革开始在欧洲酝酿。

1499 年，荷兰神父伊拉斯谟（Desiderius Erasmus，1466—1536）访问英国，见了一众政要，顺便到牛津念了希腊文，随后又去意大利的都灵大学读了神学博士。他返回英国后，写了一本《愚人颂》（*Moriae Encomium*），严厉批判贵族和教会的腐败，讽刺教

廷的权威和君主制度。如果在手抄本时代，这本书或许不会有几个读者，但随着印刷技术的普及，这本诙谐幽默、妙趣横生的小册子一下子成了畅销书。书中所主张的教会改革和人文精神在教徒当中引发强烈共鸣。著名的德国宗教改革家马丁·路德（Martin Luther，1483—1546），据说正是受了这本书的启发开始他的宗教改革之路。

此时的罗马教廷，为了兴建圣彼得大教堂，大肆发行"赎罪券"，搜刮教众。教廷的做法点燃民众的怒火。1517 年，马丁·路德站了出来。他将自己撰写的《九十五条论纲》（Ninety-five Theses，原名《关于赎罪券效能的辩论》）张贴在卡斯特教堂的大门上，痛斥赎罪券的做法，号召教徒通过《圣经》直接跟上帝对话，不必再听从罗马教廷，认为只要"信仰耶稣即可得救"。因为有印刷术，《九十五条论纲》的主张很快就变成德语和各种民族语言的印刷品，甚至还有人绘制大量通俗易懂的宣传画。在《九十五条论纲》提出之后的三十年中，新教出版了大约六百万册的印刷品。根据当时的人口计算，每个识字的人手中平均拥有二十二本新教的宣传册。这绝对是一个非常惊人的数字，大量的宣传册通过印刷术发行，有时还会配上一幅马丁·路德的头像。随着这些印刷品传遍整个德意志和欧洲各国，马丁·路德因此成为新教领袖。在经过一系列的矛盾甚至战争之后，1555 年，本来因为信仰问题而争战不休的神圣罗马帝国的皇帝和诸侯终于签订影响重大的《奥格斯堡和约》（Peace of Augsburg），确立"教随国立"的原则，才使得路德新教和天主教可以合法共存于德意志地区。对于印刷术在新教改革中的作用，怎么估量也不过分。马丁·路德曾经说："上帝至高无上的恩赐，使得福音更能传扬。"但正是在纸张和印刷术的推动

下，新教的主张才成为一场波及全欧洲的改革运动。这场运动冲破神权的桎梏，瓦解中世纪的封建结构，让宗教自由盛行于欧洲。

当然，不仅仅是西方，东方的雕版印刷术的诞生也是直接源于宗教的需要。最初，这种技术被用来印刷佛像，相较于高难度的手工绘画，印刷不仅简便易行，最重要的是可以大量发行。唐末五代的时候，有本叫《云仙散录》（又名《云仙杂记》）的书里提到，贞观十九年（645）唐玄奘从印度回来，"以回锋纸印普贤像，施于四众，每岁五驮无余"。佛像有了纸，有了雕版印刷，更容易被普通民众亲近和接受，也让佛法描绘的世界更加具体。随着雕版印刷技术的应用，大规模的印经活动也开始出现，不仅有印量巨大的《陀罗尼经》，还包括后来规模宏大的《大藏经》，甚至连道教徒也刊印了《道藏》。

这些宗教典籍，篇幅巨大，流传广远，依靠印刷技术大量复制，成为宗教传播的重要载体。

2. 印刷对知识普及和文化传播的影响

当然，不单单是宗教，印刷术的影响更多还是在知识普及和文化传播上。书籍采用印刷替代手抄，不仅大大提高产量，还降低成本。这样就能让更多的人获得读书的机会。唐代纥干泉雕印《刘弘传》，一次就印了几千本，手抄几乎不可能有这样的大手笔。那时候，一卷手抄书的价格大约是一千文，不论是唐太宗民间征书的报酬，还是敦煌藏经洞里记载的工价，基本都是这个数，可以说相当稳定。可是，等到开成三年（838），日本和尚圆仁在扬州买了一部印刷的佛经注疏，每卷仅一百一十文，差不多只有手

抄本价格的十分之一。有学者将历代雕版书的书价和大米进行折算，发现一册雕版书的价格大约相当于十来斤大米。对普通民众而言，这个价格应该是可望也可及的。

很多学者都同意，宋代曾经出现很有近代意味的文化繁荣，印刷术的普遍应用就是宋代文化复兴和学术繁荣的重要推手。这一时期整理、解释儒家经典的新书大量出版，理学的兴盛也是在这种环境中应运而生。同时，书籍的普及也引发学校和书院的繁荣。在宋代，虽然中央政府的印书事业由国子监负责，但一些地方、学校和书院也大量印书，甚至还出现像南宋的杭州人陈起这样以书商身份成为文学领袖的特别现象。这在过去是不可想象的。特别是，在科举考试制度的指引下，教育因为印刷之便蓬勃发展，读书人大量增加。据一些地方志统计，宋代大约85%的进士出自江浙、福建、江西、四川、安徽等印书重镇。印刷术对教育普及和学术发展的影响显而易见。

印刷术的另一个特点在于文本变得稳定，在写本时代，手抄书常常发生错漏，可在雕版印刷术发明两三百年之后，代表官方文化的儒家经典开始借这项技术复制，文学作品也靠这种印刷术传播。跟写本相比，雕版印刷的图书规范统一，能够最大限度减少人为错误。一些校勘精良的版本，被历代读书人奉为圭臬。我们在中学语文课堂上背诵范仲淹（989—1052）的《岳阳楼记》，标准文本就出自北宋时刊印的《范文正公文集》。这本书由范仲淹的儿子在他去世之后整理而成。印刷技术提供的文本稳定性，可以让历代读书人乃至今天中学生读到的《岳阳楼记》，始终都保持着范氏的原汁原味。

回过头来，再看欧洲。古腾堡的印刷术发明之前，人文主义

的兴起已经带动图书数量增加，不过只靠人工抄写，速度肯定跟
不上。为了提高速度，欧洲人把繁复的哥特字体改成流畅的手写
草体，尽管这种改良具有一定效果，但还是远远不够。书写依然
是图书制作过程中最耗时的环节。

　　到了印刷机出现之后，这种情况终于彻底改观。文艺复兴是
一个迷恋文本的时代，通过阅读人们从经典中获取知识和真理，
打开一个全新多彩的世界。印刷机所提供的平价图书，就成为通
往新世界的钥匙。除了常见的宗教典籍，一些历史、哲学和科学
方面的图书也非常畅销。

　　特别要注意的是，16 世纪的欧洲，世俗王权开始膨胀，早期
的民族国家逐渐形成。各个国家开始推动自己的"方言"成为"国
语"，改变过去中世纪主要是拉丁文书写书籍的传统。这是近代国
家形成的重要环节。而正好在这个时候，迅速发展的印刷出版业
为了逐利，也顺应这种需要，开始大量出版各种"方言"，也就是
各国语文的书籍。据说，1530 年以后这种趋势越来越明显，"愈
来愈多的一般民众与非专业人士，从那时起开始加入阅读的行列，
当中有颇多是妇女与生意人，不少人几乎不识拉丁文"。那个时代
的宗教改革者、人文主义者，开始用当地语言撰写宣传品与书籍。
前面提到像马丁·路德就用很有文学气息的德语撰写新教的宣传
品，而各地的书商为了销路也乐意出版这些书籍。为了方便人们
阅读，扩大读者市场，越来越多的人开始使用各民族自己的语言
文字写作和出版，毕竟学习读写自己的母语要比学拉丁文来得容
易。曾经的国际语言也就是拉丁文逐渐式微，各国的"国语"在
这一过程中得到巩固。以前胡适就说过，欧洲文艺复兴的一个极
其重要的现象，就是形成意大利、法国、德国和英国的"国语"，

而形成"国语"则对形成这些现代"民族国家"的意识非常重要。所以，他把欧洲的拉丁文与中国的文言文并列，而把意大利语、法语等现代国家语言（国语）和中国宋代的语录、元代的小说以及民众口语相提并论，认为这就是普及国民文化、提升国民意识、形成现代国家的重要因素。而无论是欧洲各国的"国语"，还是中国流行的禅宗语录、小说戏曲，都因为大量的印刷品才能流行。这种现象当然刺激了各国"国语"的统合与普及，推动了后来所谓与启蒙相关的"大众文化"的形成，也促进了近代民族国家的形成与发展。

跟宋朝逐渐兴盛的书院一样，欧洲的大学也因为印刷书的发展开始欣欣向荣。知识阶层的崛起，让人们更加关注社会教育。以往欧洲的学院全部是教会主办，教授的自然也是相关的神学知识，但这时许多非宗教性的世俗学校开始出现，教授的内容也不再仅限于神学以及与宗教相关的学问，逻辑、数学、天文、医学等方面的内容大规模进入课堂。这些大学集中在意大利、法国、德国和英国，所在城市往往是印刷和出版业的中心。印刷为教育提供廉价的教科书，教育的普及又催生更多的阅读者，教育和出版的互动由此开始。而新文化和新思想也就是在教育和出版中，逐渐普及和扩大，从而改变这个世界的面貌。

3. 纸张、印刷与出版也推动了科技的进步

纸张和印刷带来的便利，同样也带动其他科技的进步。

据说，古希腊欧几里得的《几何原本》，在当时成为除了《圣经》，印刷数量最多的一本书。这种建立在公理和逻辑之上的思维方式，对当时人而言无异于一场知识革命。以此为基础，帕乔利（Luca

Pacioli,约 1445—1517,又译帕西奥里）出版了他的《数学大全》，其中的"阿拉伯数字"和"复式记账"为商业发展提供很大的帮助。有学者甚至指出，美第奇家族的成功正是得益于这种记账方式。而美第奇家族对米开朗基罗、达·芬奇等艺术家的大力资助，也成为文艺复兴重要的物质基础。

文艺复兴时期的科学家，正是以这种方式站在古代先贤的肩膀上。大量科学著作和学术刊物的出版，不仅促进科学研究的深入，也让科学交流和传播更加便捷。马基雅维利（Niccolò Machiavelli，1469—1527）的新政治学、哥白尼（Nicolaus Copernicus，1473—1543）的新天文学、维萨里（Andreas Vesalius，1514—1564）的新解剖学、伽利略（Galileo Galilei，1564—1642）的物理学等，这些伟大的思想和作品，借助于印刷术的稳定性和可靠性广泛传播，成为文艺复兴时期社会进步和繁荣的巨大推动力。

有的历史学家把"文艺复兴"视作中古与近代的分界线。20世纪理论家马歇尔·麦克卢汉（Marshall McLuhan，1911—1980）则直接将人类历史分为两段：一段是古腾堡之前，一段是古腾堡之后。雨果（Victor Hugo，1802—1885）在《巴黎圣母院》（*Notre-Dame de Paris*）中这么说："从本质上看，印刷是所有变革之母。印刷而成的思想，是插上双翅准备高飞的思想，无处不在，无坚不摧，像群鸟一样翱翔四方。"

4. 关于纸张、印刷和图书对人类社会的影响的小结

请看，在前面讲到的造纸术、印刷术和出版中，你遇到了"宗教改革""文艺复兴""启蒙运动""民族国家""科学技术"等铸

造现代世界的关键词，而这些也正是造纸术和印刷术在欧洲近代的最大意义。在这一部分即将结束前，让我们再总结几句。

总而言之，纸张的出现、印刷术的发明以及图书的普及，引发文化、教育、宗教、商业等各个领域的变革，这些变革影响到整个世界，竟然是如此深远，无处不在。正因为如此，马克思把印刷术视为世界上最伟大的发明，是现代文明的播种机。纸张、印刷术和出版，像一个巨大的杠杆，借助现代化的生产力，推动人类社会不断向前发展，而在这一方面，既有中国的贡献，有阿拉伯人的贡献，也有欧洲的贡献。

（易晓辉）

结　语

1. 如何看待"逆全球化"这种潮流?

　　过去，全球史也许总是在过多地描述全球文明的联系如何发生、如何紧密、如何深化、如何源远流长，但 2020 年新冠疫情发生以来，我们亲历历史，起码我们听到两点警告：第一，全球史的进程，似乎正在遭遇巨大挫折，好像很多国家越来越"自我"，要把原来打开的国门再关起来；第二，全球越来越紧密地联系，未必都是好事，这次的新冠感染就是有史以来传播最快的全球性传染病，这和越来越新的交通技术和越来越密的经贸往来有关。对这两个问题，我们到底应该怎么看呢？

　　其实，正如许多人观察到的，所谓"逆全球化"的暗潮汹涌，也许早几年前就已经开始。这次的新冠疫情，只不过是加深互不信任的情绪，特别是我们从中国出发来看全球史，这种感觉就更加明显。事实上，如何应对这种猜疑、敌意和对抗，正是我们写作本书的背景，所以当我看到一位朋友的留言，就特别有感触。

他是这样说的：

> 《从中国出发的全球史》用了大量篇幅向我们介绍几千年
> 来的全球化进程……但是回看历史，我们会发现开放或者变
> 得更加开放，并不是历史的全部面相，总有一些时代或者地区、
> 国家发生更封闭的情况。在如今的语境下，我们常常会把这
> 种情况，评价为"开历史的倒车"。潜台词似乎是说，拒绝开
> 放就是某种错误或者倒退。而这种所谓"倒行逆施"也会发
> 生在那些明明在开放中获利良多的群体上。难道是当时的领
> 袖都傻了吗？还是因为有不为人知的苦衷，或者当时这种去
> 全球化政策能带来的各种好处？抑或当时的人们有着更加长
> 远、深邃的考虑？
>
> 　今时今日，"去全球化"思想已然抬头，世界上某些国家
> 的政策也逐渐封闭。我想，因此同时讲述一些去全球化的历
> 史，也许能让我们更辩证地理解这个时代……毕竟"去全球化"
> 也应该是"全球史"的一部分。

对这段话，大家觉得怎么样？

2. 当我们说"全球史"，我们到底在说什么？

历史学解决不了"怎么办"的问题，不过对于"怎么看"也
许能提供一点自己的观点。特别是就"商品、贸易与物质交换"
这一季主题而言，那么在国际贸易遇到双重打击——"逆全球化"
是一重，"新冠疫情"又是一重——的时候，究竟该怎么理解这

件事呢？

　　策划人之一的梁文道曾这样说，全球史并不是全球化的历史，全球史所代表的是一种看待历史的方法、视野和角度。这是什么意思呢？就是说，全球化历史，关注的是一个发展"过程"，全球的联系从不那么紧密到慢慢变得越来越紧密，这时候我们就说世界"全球化"了。但是，这种意义上的全球化概念，有它的先天不足。它先假设本来全球各部分之间不太有联系，或者联系不那么多，后来随着历史的发展、技术的进步等，大家越来越一体化，到大航海时代发现美洲、大洋洲，资本主义、殖民主义大行其道，全球化时代终于降临。这是全球化历史的常见模式。

　　这并不是没有道理，但这种历史图景也遭遇很多挑战。第一个挑战，是说在大航海时代之前，人类就已经有过几次全球化的浪潮，唯一的区别就是没发现美洲、大洋洲而已。所以有"青铜时代全球化""丝绸之路全球化""蒙古时期全球化"等各种说法。其实，我们说得极端一点，如果按照智人单一起源于东非的理论，那大家本来就都是同一伙人，别说互相有联系了，根本就是亲戚，十万年前是一家。所以"全球化"并不是新鲜事，第一个全球化时代就应该是智人走出非洲遍布全球。第二个挑战，就像刚才引用的这位朋友说的，不能把全球化想象成一个单线前进的过程，事实上人类之间的分裂乃至撕裂，也是历史的常态，比如蒙古时代欧亚大陆连成一片，很多人说蒙古时代就是世界史的开端。但是 1405 年跛子帖木儿之死，世界又变成东是东、西是西，好长一段时间，欧洲、西亚、中亚和东亚还是分裂成几个不同秩序的国家。所以千万不要把不断发展的全球化看成是节节上升永不回头的进化历史，要看到挫折、曲折甚至倒退，其实它也是全球史的

组成部分。如果说全球史包含联系，那么也包含断裂，这才是一个真正的历史。我们节目的另一个策划人葛兆光有一次谈到历史教材的写作，曾提到一部英文世界史教科书，叫 *Worlds Together, Worlds Apart*。他觉得这个书名很好，有 together，也有 apart，有离有合，逐渐越来越分不开，这才是历史的真面目。

可能，全球史的确是谈 together 多了一点，谈 apart 少了一点。其实，人类之间撕裂的历史，那些导致人与人之间、人群与人群之间、国家与国家之间发生矛盾乃至冲突，或者发生遗忘、忽视、歧视的因素，可能同样值得研究，同样也是全球史。因为，如果你承认人类之间的互相需要而彼此联系是自然而然的事情，必须接着也承认由于国家、政治和利益造成的互相隔绝也是自然而然的事情。当然，因为自然地理或者技术的原因产生的隔绝不算在内。可是，这种二分法，联系和隔绝的二分法也有缺陷，其实隔绝有时候也是一种深刻的联系，而联系中也有尔疆我界、你买我卖的隔绝。全球史的真正问题，不是你写不写联系之外的隔绝，而是如何把这些隔绝也放在全球背景下审视。全球化的真正问题，不是你在不在全球联系中的问题，而是不同国家、不同人群、不同个人在全球的位置问题。说到底，即使是那些不喜欢全球化的人，大部分也不是反对人们之间应该加强联系，而是反对现在全球联系的方式和结构，反对各类不同角色特别是自己所处的位置。

那么，究竟是什么造就今天全球联系的方式和结构呢？原因有很多，政治的、文化的、意识形态的因素都有。但其中最重要的就是我们第三季的主题：商品、贸易与物质交换。

3. 跟中国都密切相关的六种全球性商品

这一季里，我们讲了六种商品:丝绸、瓷器、香料、糖、茶叶、纸张。为什么选择这六种呢? 除了它们是全球性商品，还希望它们跟中国关系密切，更希望它们真的对全球的生活、观念和文化有影响。所以，另外有一些虽然也是全球性商品，比如咖啡、棉花、橡胶等，我们就很少谈及，但这并不意味着它们不重要。

可能大家还会发现，在这些商品的历史中，都不是单纯的贸易和交换。每一种商品在它的实用价值背后，都有其他政治、社会与文化元素。造成全球联系的所谓"结构性"原因，往往在你买我卖的交易和这些商品实际的用途之外。

丝绸，毫无疑问是起源于中国。匈奴人、罗马人，早在公元前就已经接触到它，不过主要是从中国输入。输入不是问题，问题是匈奴人和罗马人都曾经把丝绸当成伤风败俗的商品。匈奴人觉得，丝绸不适合骑马生活，又贵又不实用，那是汉朝送来削弱他们国力的;罗马人比较道学家一点，他们觉得女性穿着丝绸衣服，简直是伤风败俗，花大量金钱购买这种奢靡之物，等于自甘堕落。那么，匈奴人和罗马人到底喜不喜欢丝绸的全球化呢? 起码有人极力反对。可见商品也有道德属性，关键是这种道德判断，在多大程度上会影响它的贸易与享用。

瓷器跟丝绸差不多，也是原产于中国，但是烧制瓷器的技术传播出去以后，在不同的地方都形成新的风格。我们提到过朝鲜半岛的高丽青瓷、日本的有田烧，也提到中国文人最初不太喜欢但是却风靡伊斯兰地区的青花瓷，以及结合欧洲技法的珐琅彩。这些产品背后是不同的文化、不同的审美在交融激荡。你说，明

清时期景德镇的瓷器制造者，会喜欢瓷器的全球化吗？或者说，是希望由中国一家垄断、单方面输出的全球化，还是百花齐放、各显其能的全球化？恐怕没有简单的答案。

香料，跟丝绸瓷器不一样，它的主要产地不在中国，而在西亚、南亚、东南亚，中国主要是消费国、进口国。香料体积小、价格高，还便于运输，是商人逐利的最好对象。宋元时期的中国，有大量的阿拉伯商人贩运香料，欧洲威尼斯也靠香料贸易积累了大量财富，成为商业中心。为了避免中间商赚差价，欧洲人开辟了直接到达印度的新航路，但香料的彻底全球化却直接导致这个行业的衰落，胡椒变成日用品，价格大跌，风光不再。香料的全球化给生产者、贩运者、消费者带来的影响很不一样。

糖对中国来说，本来是一种进口的高级货。唐太宗派人到印度去学习过制作技术，到了明代终于发明黄泥水淋脱色法，制造出洁白的白砂糖，实现制糖技术的逆袭。但是，中国的制糖业始终停留在手工作坊的层面，跟欧洲殖民者在美洲搞的事情大不一样。殖民者发明高度分工的制糖流程，劳动力需求催生出罪恶的奴隶贸易。那些在运奴船里呻吟的奴隶，会喜欢糖的全球化吗？

茶叶，一种源自中国的树叶作为饮料，坐禅的僧人用它来提神，慢慢变成国民饮料。唐代的煎茶、宋代的点茶、明清的泡茶，不同时段饮茶风气传到东瀛，影响日本的饮茶风尚。而茶叶作为一种商品，从中国贩卖出去，风靡欧洲，然而茶被英国人引种到印度，又根本改变全球的茶叶市场。我们提到茶叶大盗，提到阿萨姆红茶，也提到波士顿倾茶事件。作为一种物种茶树的茶叶、作为一种商品的茶叶、作为一种生活习惯的饮茶，这三种东西虽然紧密相连，但是各有各的历史。武夷山的茶农、阿萨姆的茶商、波士顿的

茶党，他们对于茶叶的全球化，肯定也各有各的态度。

纸张，这也是中国人发明的。可能是很偶然的一个机会，造纸技术传到中亚，最后传遍全世界。它促成的不仅是思想和文化传播的范围和效率，同时也促进知识和艺术的生产与普及。如果没有这种廉价的书写材料，很多书和艺术品根本就不会被创作出来，甚至文艺复兴也许都不会是现在我们看到的这个样子。不过，因为纸张的原材料随处可得，所以它的传播主要是技术的传播以及刺激出来的近代印刷与出版，而近代印刷与出版又推动文化和思想的巨变。本身作为商品的纸张贸易，在历史上当然也有，但好像不占主流。相比起来，好像纸的历史更符合我们对全球化的想象，什么自由传播，什么普惠民众，什么超越国界等。但是，造纸也带来过严重的环境问题，森林砍伐、排污等，这也是全球性的，全球史应当怎样来叙述它呢？

4. 人类的全球联系是客观存在的

我们简单回顾这一季的内容后，你可能会发现，无论是"全球化"还是"全球史"，真是一言难尽。全球联系改变每一个人的生活，同时并不是所有人都从全球联系中获益。所以，我们首先强调的一个事实是，不管喜欢还是不喜欢，人类的全球联系是客观存在的，而且这种存在不是生活的点缀，它本身就构成我们生活的大背景。全球史当然要客观地对待这个过程，无论是正面还是反面，无论是合还是分，都需要进行冷静的、历史的叙述。

法国历史学家布罗代尔有一部名著《15 至 18 世纪的物质文明、经济和资本主义》（*Civilisation materielle, economie et capitalisme,*

XVe-XVIIIe siecle）。这部书里，他把当时的经济活动分成三个层面。

第一个层面，他称之为"物质文明"，指的主要是衣食住行，自给自足地生产和消费。第二个层面是"市场经济"。这个跟现在常说的市场经济不太一样，他指的是交换机制、摆摊儿、店铺、作坊，乃至大市场、交易所。第三个层面是资本主义，包括资本家、银行信贷、垄断等。很显然，这三个层面有一种时间上的递进关系。现代资本主义就是在物质文明的土壤中，经过市场经济的缓慢培育，才一步步产生出来的。公司的出现，就是在市场经济这个层次产生但又对资本主义极为重要的一种制度发明。

这三个层次的递进关系，比较符合我们的一般看法，就是人类之间的经济联系是从小范围到全球化，从基础层次到所有层次，从初级到高级，这么逐渐发展的。但是，如果我们用全球史的眼光来看，就会发现其实所有这些层次里都包含着人类的全球联系。我们的全球史花了大量篇幅讲衣食住行，就是为了强调全球联系不是人为制造出来的，不是全球化的意识刻意催化出来的，是几千年的历史积存下来的。今天无论是支持还是反对全球化的人，他们支持或反对的，并不是全球联系本身，而是某种特定的全球化秩序。那些所谓的"去全球化"政策，在大部分情况下只不过是想从全球联系中获益更多而已。

只要我们不把全球史看成全球化的历史，不把人类的全球联系想象成一个进化的单向进程，那就不用担心所谓"逆全球化""去全球化"是在"开历史倒车"。历史其实既有正向开的车，也有逆向开的车，如果都是一二一齐步走，那才怪了。所以全球史并不是在简单描述全球化趋向，而是要叙述全球一体与全球分离这两个相反相成力量互相撕扯的复杂过程。

　　不过说到底，人类之间的全球联系，特别是经济联系，已经是构成这个世界的基本要素，也是大势所趋。它不仅存在于国与国之间的贸易协定以及国际资本市场的大起大落等之中，更存在于日常生活里每一次小小的交易之中。它可能琐碎、重复、微不足道，但背后往往是遍布全球的生产与贩运网络，就像本季导言中所说的"谁还能关起门来，拒绝来自全球的物质和商品"呢？

　　就在我写这段结语的时候，看到另一位朋友的提问，他想知道历史上是否有影响深远的阻碍全球互联的事件。这个问题跟开头我引述的那位朋友的留言有些相通，看来这是大家都比较关心的问题。要说阻碍全球互联的事，那简直太多了，比如国界的出现、政治制度的差异、争夺利益的战争，包括今天为传染病而封关也是如此。按照有些学者像美国已故学者亨廷顿的说法，在冷战结束后，取代意识形态之争的将会是不同文明的冲突，而文明的核心是什么呢？就是不同的宗教。我们"从中国出发的全球史"第四季的主题是宗教与信仰，正是关注这个话题。

（段志强）

番 外

一 香料与瘟疫：药物全球史的一个侧面

在中国古代，香料往往被叫作香药，它本身就是一类药物。这种观念恐怕全世界都一样，药不一定是香料，但所有的香料都是药。比如说，我们提到中国的生姜，也曾经被西方人看成珍贵的香料。原因之一，按照以"四根说"和"体液理论"为基础的西方传统医学的看法，生姜是唯一同时具有热和湿这两种属性的东方香料。热可以催情，湿可以提高生育力，所以广受欢迎。又比如说，生活在相当于中国北宋早期的阿拉伯医学家阿维森纳用香料来治疗抑郁症，听上去也是很有道理的样子。当然，植物药本来就是各种传统医药的主体，香料作为有特殊芳香气味的树皮、树叶、种子、树脂等植物产品，被用作药物那是再自然不过的事情。

不过，我们首先得说，"香料"并不是一个固定概念。在欧洲，不仅生姜、大蒜、红枣、橘子、杏仁、樟脑，还有糖，都曾

经被当作香料。但是随着时代的变迁，只有那些没办法在本地生产、只能依靠进口的贵重的芳香物品，才在香料名单中保留下来，包括胡椒、丁香、豆蔻、桂皮、乳香等。说起来，英文的 spice 和中文的"香药"这两个词，都暗示一种"舶来品"的色彩。我们也说过，本地产的东西再香也不能算香料，这是在历史当中慢慢形成的一种文化印象。

所以，香料作为药材来看的话，不但是药，而且是进口神药。

1. 为什么用香料对付瘟疫？

无论中外，历史上各种各样的瘟疫很多。那么，为什么香料会被用来对付瘟疫呢？这背后有一套病因学的理论。且不论这套理论在现代是否正确，在古代它自有一番道理。

无论是东方、西方，还是中亚、西亚，在现代医学产生之前，对瘟疫病因的认识都有一个惊人的共通之处。那就是很多人都认为，瘟疫是某种不干净的空气造成的。这在中医里就叫作"疫气"或"瘴气"。据说，东汉末曾经瘟疫流行，七步成诗的诗人曹植就写过《说疫气》，感慨瘟疫来了之后，"家家有僵尸之痛，室室有号泣之哀"。因为对于当时的人来说，不用空气就没办法解释为什么许多人同时得病。

那问题来了，怎么才能改善空气呢？答案顺理成章，就是用香料。熏香、佩戴香囊、洒香水等，背后的推动力都有祛病防疫这一条。

不过，用香料来对付瘟疫并不是自古就有的想法。古希腊的医生经常使用肉桂、小豆蔻和藏红花给病人开处方，但可靠的记

载里似乎很少见到用香料应对瘟疫。公元前430年雅典发生瘟疫，当时正值伯罗奔尼撒战争。被称作"医学之父"的希波克拉底给出的建议不是用香料，而是赶紧走，走得越远越好，别着急回来，主要还是躲避。

到古罗马时代，香料广泛应用于厨房，它们的医学应用才越来越多。丁香、桂皮、胡椒都用来应对瘟疫。进入中世纪，类似的记载非常多。比如有个教会学者说，用香料来抵抗瘟疫，就像用教士的著作来抵制异端那么有效。当然，后来的历史也可以证明他的话是对的，因为这两者都只能产生一些模模糊糊的、治标不治本的效果。

最有名的一次瘟疫，14世纪40年代的黑死病当中，著名的"鸟嘴医生"——他们戴着一副巨大的鸟嘴型的面具——所戴的面具里面就有香料，用来改善空气。医生对普通人给出的建议是，走路要慢，同时要通过一种过滤装置吸气，要么是用香料浸泡过的海绵，要么是做一个药材包。什么药材？檀香、琥珀，其他有香味的草药。巴黎大学医学系的推荐配方是：安息香、没药、沉香木、龙涎香、肉豆蔻皮、檀香。显然这是给上层阶级的人准备的，但是上层的上层，法国国王，就不用这么复杂，用大量的龙涎香就行。那穷人怎么办呢？穷人没钱，折腾不出来香味，就反其道而行之，折腾臭味。有的人在地下埋大蒜，有的人在自己家里烧破旧的鞋子，有的人把臭袜子挂脸上，还有的人把自己吊在臭水坑上面，好像形成一种臭味屏障，瘟疫也进不来。

在当时人的观念里，香料几乎可以包治百病，特别是胡椒，简直就是万应灵丹。我想起小时候，不管什么头疼脑热，家里老人一律是发发汗吧！弄点老姜、红糖、香菜，煮一碗姜汤，喝完

躺下，用被子捂起来发汗，到第二天好像还真就好了。胡椒大概也是这么用的。

2. 香料、瘟疫在中国

这时说到中国了。中国什么时候开始用香料对付瘟疫呢？

署名东方朔的《海内十洲记》记载说，汉武帝的时候就用了大月氏献来的香料，成功应对过瘟疫。这个故事可靠不可靠呢？恐怕很成问题。原文里说，西海之中有大山，山上有大树，叫作返魂树。把树根的心放在锅里煮，最后得到黑色的膏状物，这就是所谓的神香。香气飘散数百里，让死人闻了可以复活。后来长安发生瘟疫，汉武帝命人在城里烧这个香，结果凡是死去不满三个月的都复活了，香气三月不绝。

要是真有这样的香就好了！可是，故事是假的，观念却是真的。《海内十洲记》的形成年代距离汉代不远，说明当时已经有了很明确的香料可以应对瘟疫的想法。不过总的来说，唐代以前香料在防治瘟疫中用得很少，原因很简单，外来香料的普及率还很低。晋代葛洪（283—363）的《肘后备急方》中有一个对付瘟疫的方子叫老君神明白散，用的是白术、附子、乌头、桔梗、细辛这些。其他像雄黄之类，也比较常用，还不大有香料的身影。

到了明代，李时珍在《本草纲目》中说把沉香、蜜香、檀香、降真香、苏合香、安息香、樟脑、皂荚等一起燃烧，可以防治瘟疫。这就是以香料为主了，但这个成本未免太高。还有一种奇怪的方法，说每年腊月二十四这一天五更，取水井里打出来的第一桶水浸泡乳香，到正月初一五更把这个水温热，从小孩到大人，每人嚼一

块乳香，喝三口水，能管一年不染瘟疫。

不过，这些药方从唐代以后就层出不穷，大概是唐代东西方交流密切，胡商常常会做香料贸易吧。因为前面已经讲到，这里我们就不多啰嗦了。

3. 香料真的有用吗？

问题是，香料对瘟疫是不是真的有用呢？有用，但是也有限。其实，根据医学史专家的看法，在人类发现微生物之前，在现代防疫体系还没有建立的时候，任何传统医学，不管是东方还是西方，对瘟疫的预防和治疗效果都是很有限的。

香料在中药比例中的上升，背后的历史当然就是我们所描述的这样一个进程：外来香料逐渐进入中国，并且从奢侈品渐渐变成日用品。不过物品的流通，一定不只是跟它的实用价值有关，还有一定复杂的文化因素在。比如说我们提到过很多次的诃黎勒，别名诃子。诃子在印度是很常见的药物，最早完成汉译的佛经《四十二章经》里，佛祖说"视大千界，如一诃子"，意思就是很小、很微不足道、平淡无奇的东西。不过，很多佛经里也都说过，诃黎勒可以预防瘟疫，还有种种药效。李珣的《海药本草》说，波斯人出海就常带着诃子，算是常备药。传说，唐代的名将高仙芝——他是高句丽人，所以姓高，他的军功主要是在西域——在大食得到一个巨大的诃子，常常带在身上，结果又是腹痛又是腹泻。他向大食国长老请教，长老说：没关系，这是你身上的邪毒被诃子逼出来而已。

在佛教视野中，诃子就是药中之王。大家感兴趣的话可以看

看唐卡里画的药师佛，一般都是左手托着一个钵盂，钵盂里放的就是诃子，右手拿着一根诃子树树枝，树枝上结了三个诃子果。药师佛手里拿着诃子，可见它在医药体系中的地位。《唐大和上东征传》记载鉴真和尚在广州见到大云寺内"有诃黎勒树二株，子如大枣"。这个大云寺就是今天的光孝寺，上次我去光孝寺看到寺里还有一棵诃黎勒树，据传说是三国时候的古树。它可能就是鉴真看到过的两棵中的一棵。为什么鉴真要特地注意到寺庙里的诃子树呢？还是因为诃子跟佛教的密切关系。

所以，我们也可以想象，为什么外来香料、香药，集中传入中国的时期是在中古，就是汉代以后到唐代，实际上它和佛教从南亚传入中国以及后来伊斯兰教在西亚、中亚的扩张有关系。就像现代医药的传播背后是科学观念、医学知识的传播一样，香料的传播背后也有宗教的、文化的和知识的因素。

有一件很有名的吐鲁番文书，叫作《唐天宝二年交河郡市估案》，现今收藏在日本龙谷大学图书馆内。它记录的是当时交河郡——今天的吐鲁番，大家如果有机会去交河，千万记得去看交河故城，非常震撼的一座古代遗址——在743年的商品和物价，其中有一百二十种以上的药材，包括郁金花（藏红花）、麝香、丁香、沉香、白檀香、庵摩勒、诃黎勒这样的香料。中山大学姚崇新教授研究后就说，这些药材来自天南海北，来源遍布亚洲，说明当时这里有一个非常繁荣的国际药材贸易市场。其实，就像西域是世界各个宗教交会杂处的地方一样，这里也是各类香料、药物汇聚之所。

所以，香料的全球史，很大程度上也是药物的全球史。而我们现在也很有体会，药物在某些时候甚至比食物还重要。我们"从

中国出发的全球史"这档节目讲到食物、丝绸、瓷器等，将来到第五季的时候还会专门谈到疾病，但是没有药物的全球史。其实，药物在全球范围内的流传是很有意思的，比如后面我们会提到治疗疟疾的神药金鸡纳霜，也就是奎宁。它就可以说是第一种真正意义上的全球史药物，因为它原产在美洲，很快流传到全球，甚至进入清代的宫廷。

香料这一讲，勉强可以算是一点药物的全球史吧。

（段志强）

二　十三行与美国独立：近代世界的茶叶贸易

今天制糖技术已经和过去有极大不同。例如，如何分离蔗糖晶体与液体糖蜜，古人一直深感困难；而今天很容易，上离心机就可以。又比如，如何把深色蔗糖脱色，获得洁白晶莹的砂糖？古人经过多年研究才发明了黄泥水淋脱色法；今天更容易，直接用二氧化硫漂白。思路完全不一样了。

但是，前面有关茶的部分还有些意犹未尽，所以想利用这个机会跟大家继续聊聊茶的故事。

1. 从绿茶到红茶

1745 年 9 月 12 日早晨，瑞典东印度公司巨型商船"哥德堡号"（Göteborg）在远航中国三十个月后，满载茶叶、丝绸、瓷器

回国。就在离码头只有九百米的距离时，"哥德堡号"在欢迎人群的注视下，撞上海底暗礁，沉入茫茫大海。当时船上有两千多个茶箱，装了近三百七十吨茶叶。多年以后，这些茶箱被打捞出水。由于密封得当，有些茶还能冲泡。经过研究，这里绝大多数都是安徽休宁的松萝茶，典型的绿茶。

再来看另一个故事。1773 年 12 月 16 日，波士顿数十名革命者在塞缪尔·亚当斯（Samuel Adams，1722—1803）带领下，化装成印第安人，将英国东印度公司三条船上的三百四十二箱茶叶全部倾倒入海，史称"波士顿倾茶事件"。他们倾倒的都是些什么茶？好在东印度公司有记录，倒掉的大多数都是一类名为 Bohea 的茶，翻译成中文就是武夷。武夷茶有可能是乌龙茶，也有可能是红茶，但肯定不是绿茶。

为什么 1745 年瑞典人从广州买茶，买的主要是绿茶。几十年过去，英国人买茶就变成主要是乌龙茶或红茶？这背后涉及一段重要的茶叶发展史。

绿茶是不发酵茶。茶叶采摘下来，简单摊晾以后就直接杀青，用高温让茶叶停止发酵，从而最大程度保留茶叶风味。绿茶的特点是鲜嫩。直到今天，中国产量最大的茶叶品类还是绿茶。所以明代以来，中国人喝茶的主流品位就是绿茶导向，追求时令，追求鲜嫩。明末清初以前，中国也没有出现过半发酵的乌龙茶，更不用说全发酵的红茶。不管什么虎丘茶、天池茶、阳羡茶、六安茶、龙井茶、天目茶，一律都是绿茶。

今天以生产岩茶为主的闽西北的武夷山地区，在宋代曾大规模生产"北苑贡茶"。北苑贡茶也算是绿茶，而不是半发酵的岩茶。到了清初，17 世纪 60 年代以后，欧洲人尤其英国人开始喝茶，而

他们最初接触到的也都是绿茶。当时名气最响的绿茶有松萝和熙春，熙春更贵一些。松萝茶在明代出现，它有重大的意义，因为它是最早用"炒青"方法杀青的绿茶。在此之前，人们一般用蒸气的方法给茶叶杀青，称为"蒸青"。实践表明，炒青比蒸青能够更好地激发茶叶的色香味，就像炒菜比蒸菜更香。所以到了今天，绝大多数绿茶都是炒青。

松萝主要产于安徽，但其他地方也有制作。顺治年间的周亮工（1612—1672）在《闽小记》中记载，武夷山在北苑贡茶传统衰落后，崇安县的县令特意从安徽黄山招来制茶僧人，传授炒青之法。所以，当时武夷山主要生产的也是松萝绿茶。

让我们看看作为商品，茶在欧洲的贸易史。1658年，伦敦的咖啡馆开始卖茶，当时的茶可能还是从葡萄牙人那里买来的。1664年，英国东印度公司正式开始从中国进口茶叶。1685年，康熙皇帝下令在东南沿海建立海关，并且把贸易地逐渐集中到广州。所以，英国人开始喜欢上茶以后，就不得不从广州购买产自安徽和福建的绿茶。

绿茶有一个问题，就是不方便保存。我们不妨为前蒸汽机时代的英国东印度公司算笔账。船一般在1月离开英国，绕过非洲好望角，顺着东南季风航行，在9月左右到达中国。那时候，茶叶已经收获，正在运往广州的路上。可清政府有规定，不许洋人在广州过年。如果英国人运气好，茶叶在11月运到广州并通过验收，他们就能在12月满载茶叶启程回国。回程时，这些船必须沿着迂回曲折的路线航行，一切都取决于风向。如果一切顺利，他们可能会在次年9月到达英国。如有耽误，延迟三个月或大半年也是很常见的事。所以，英国人最终喝到的绿茶，必定是一年前甚至

两年前的茶，品质也必然大受影响。

武夷山地区何时出现最早的乌龙茶以及红茶，这一点已经很难考证，只留下各种传说。乌龙茶是半发酵茶，就是在茶叶进入炒锅杀青之前，多一个揉捻发酵的过程。茶叶叶片被一定程度地揉捻，汁水流出，有一些发酵，然后再杀青，得到的就是乌龙茶。如果更进一步，把叶片完全揉捻，完全发酵，杀青得到的茶叶就是红茶。发酵程度越深，叶片和茶汤的颜色也越深，口味则从鲜嫩逐步转为醇厚。

绿茶在长时间运输中，风味会大打折扣。而乌龙茶和红茶正好相反，在长途运输过程中，正好褪去火气，转化出更好的风味，而且乌龙茶和红茶的价格也要低很多。这种技术最早从武夷一带流出，西方人就把它称之为 Bohea，与其他传统绿茶相区分。

在武夷茶中，质量比较好的称为工夫，质量最好的称为小种。但即使是质量最好的小种，价格也只能与普通的松萝茶齐平。东印度公司的商人，在买不到优质绿茶的时候，才会考虑买一点武夷茶。武夷茶的产生，原本是制茶过程中的意外。但是，它的发展是被巨大出口需求所推动的，中国人在很长时间里是不屑喝的。18 世纪初，武夷茶开始进入欧洲人的视野，但份额一直很低，不是主流茶，英国人自己还是更喜欢绿茶。所以，"歌德堡号"装满松萝茶回国也不令人意外。瑞典人不怎么喝茶，"歌德堡号"的茶，最终一定还是流入到英国市场上。

而随着时间推移，武夷茶在茶叶出口中的份额逐渐提高，其中有好几个原因。除了耐保存和价格低这两大优势，还有一点就是武夷茶更容易买到。

2. 十三行与茶叶贸易

乾隆二十二年（1757），皇帝下令所有的欧洲商人都只能通过广州进行贸易，也就是俗称的"一口通商"。而且，欧洲商人的贸易都必须通过指定的商行也就是"十三行"进行交易。

十三行垄断了向欧洲商人的出口贸易权，从中获取惊人的利润。十三行也取代扬州盐商，成为皇帝的私人钱包。但是，十三行的生意需要承担很大的风险。就以茶叶生意为例，欧洲商人来买茶，会通过中间人也就是俗称的"大班"提前跟十三行预定，签合同、付定金。十三行也需要跟安徽、江西、福建的茶叶商人订货，敲定数量、价格和交货时间，这样才能保证欧洲商船一来就能装货。因此，有很多安徽、福建的茶商就在广州买房置业，两地跑。清末工程师詹天佑（1861—1919）祖籍安徽婺源，祖上就是因为做茶叶生意才来到广州的。而十三行里后来最出名的行商伍秉鉴（1769—1843），西方人叫他伍浩官，祖上就在福建做茶叶生意，后来家族搬到广州，并成功地从茶商转型为行商。到了伍秉鉴这一代，通过茶叶生意致富，有人估计，在鸦片战争以前伍秉鉴一度曾是世界首富。

可茶叶生意并不好做。十三行为了订茶叶，需要向茶商垫付不少定金。有些行商希望赚得更多，就主动派人去安徽、福建收茶。这样，这种茶叶就可以贴牌，变成十三行自己的品牌。但那样一来，投入的资金就更多。茶叶生意需要大量的现金，茶农需要现金，运输需要现金，仓储需要现金。而当时中国南方的金融手段不发达，银号非常少，票号更没有出现。十三行派出去采买茶叶的人，随身携带巨额现金，既不方便也不安全，所以大多数行商还是通过

向茶行订货的方法来买茶。

问题在于，茶叶价格时有波动。行商有时会跟茶商签订长期合同，但是茶叶价格一波动，就会导致损失。而且欧洲商船一两年才能来一次，经常因为季风或其他原因失约。如果欧洲商船失约，十三行又不能及时把大量茶叶出手，那么损失也很惊人。因此，十三行破产的例子也屡见不鲜。

3. 英美与中国茶叶贸易之关系

在所有欧洲商船里，英国东印度公司对茶的要求最高，也最稳定。在伦敦拍卖市场上，他们已经给中国茶分出二十一个等级，中国人自己恐怕也分不出来。

英国人离不开茶，所以他们很少会失约，多年习惯保持下来，都预订了最好的松萝、熙春等绿茶。而其他欧洲商船的要求就没那么高，有什么茶就收什么茶，反正最后也是卖给英国人。而以武夷命名的乌龙茶和红茶，价格便宜，又能久放，风险最低，就成为其他国家商人非常喜欢购买的茶叶。

18 世纪的北美洲，主要都是英国移民，自然也喜欢喝茶，但他们喝的主要是走私茶。在"波士顿倾茶事件"前后，北美消费武夷茶的数量已经超过绿茶。在美国独立以后，为了凸显自己与英国人的区别，所以他们开始喝咖啡，不喝茶。与此同时，巴西的甘蔗种植园正好开始衰落，咖啡种植园开始兴起。巴西距离美国最近，正好为美国提供大量的廉价咖啡豆。从此，美国人越来越多地消费咖啡，很快成为全世界最大的咖啡消费国，与茶叶的关系变得越来越弱。

　　然而，英国则在减税的路上越走越远。1784 年，英国通过《折抵法案》，把茶叶的关税进一步下调。原来低价的武夷茶，关税是127.5%；高价的熙春绿茶，关税是 76%。而《折抵法案》一出来，不管什么茶，统统 12.5%。武夷茶本来就是低价茶，关税降得又多，一下就显得无比便宜，而松萝、熙春这些绿茶就显得偏贵了。于是，英国消费茶叶数量越来越多，武夷茶所占比例也越来越高，就成为英国人觉得很亲切的茶。

　　那么，《折抵法案》所导致的英国关税损失怎么办？没关系，英国有一种非常著名的税叫作"窗户税"，就是根据一幢楼房有多少窗户来征税，窗户越多，要缴的税也越多。窗户税的税率可以灵活调整，英国政府在茶叶上损失了一些税，提高窗户税就可以折抵回来，《折抵法案》的名称就是这么来的。很多中产阶级为了逃避窗户税，情愿主动把窗户堵上。虽然窗户税早就被废除，但今天我们在英国仍能看到不少大楼的窗户被堵上，就是窗户税的残留痕迹。

4. 茶叶贸易对中国经济地理的重要影响

　　在鸦片战争以前，为了给英国东印度公司保质保量地提供茶叶，中国国内形成完善的供应链。所有的松萝、熙春等绿茶，都先统一运输到安徽最南部的婺源集中，然后通过水路，由婺源运到南昌。而武夷茶的运输要更辛苦，一般先用竹筏运到崇安，然后由挑夫挑过山岭到达江西的铅（yán）山，再通过水运辗转到达南昌。所有茶叶到了南昌以后，就可以顺着赣江南下，一直运到江西最南部的大庾岭。船到这里无法继续前行，必须改为陆运。

这里有一条著名的道路叫"梅关古道"。挑夫穿过梅关古道，到了南雄，进入广东境内，这时才能将茶叶继续装船，沿北江运到广州。所以，据统计，茶叶从福建运到广州，中间至少得换七次船，在三处税关缴税，一路上有无数的危险。

茶叶的价格里，运输成本就要占到三分之一以上。所以，鸦片战争之后，英国开出的五口通商条件里就必须包括福州。武夷山茶叶运到福州的成本，可比运到广州要低得多。原来那条完美的供应链，在1842年《南京条约》签订后快速崩溃。

其中原因很多。最主要的是，五口通商以后，广州失去垄断地位，英国人可以在福州、上海等地买到更便宜的茶叶；而英国人福琼经历磨难，在19世纪40年代从中国取得优质茶树苗，成功移植到印度。印度东北的阿萨姆、大吉岭地区，还有斯里兰卡，都很快成为重要的茶叶生产基地。茶叶生产需要大量吃苦耐劳的劳动力，而印度在这一点上与中国拥有类似的资源。特别是太平天国运动成为压垮中英茶叶贸易的最后一根稻草。长江航运被阻断，英国很难继续获得安徽、福建的优质茶叶，这使得他们把目光完全投向印度。原本那么繁荣的中英茶叶贸易从此逐渐冷却下来。

（梁捷）

三 说一说纸张全球史中的本土化

前几期关于纸的话题，主要围绕着造纸术"从中国出发的全

球史"展开，其实，在纸张传遍世界的历程中，也同样伴随着各个产区的本土化，或者说叫作因地制宜。道理很简单，人们往往更倾向于使用当地易于获取的原材料，选择更加顺手的工具，用更加便捷可行的流程来生产纸张。这种因地制宜的本地化造就了丰富多彩的纸张品种。

在造纸术波澜壮阔的环球旅行中，各个地方的本土化就成为纸张全球史的另一个侧面。在前面讲到造纸术升级进阶时，也大致提到过这方面的内容，不过当时并没有详细展开。在这里，我们不妨仔细聊聊这个话题，看看一张纸如何在世界各地变得千纸千面。

1. 偷不走的造纸技术

许多关心中国传统技艺的朋友，可能听说过这样一个故事：中国手工纸中最著名的宣纸，曾经在 20 世纪 80 年代被日本人偷走核心技术，以至于后来生产的日本纸在国际上大量抢占中国宣纸的市场，让我们遭受巨大的损失。日本人真的偷走了中国宣纸的技术吗？要弄清这个问题，还要从宣纸的特殊性能说起。

在所有的手工纸当中，产自安徽宣城的宣纸是当之无愧的翘楚和标杆。它的生产过程繁复而精细，纸质洁白莹润、细腻绵软，具有独特的墨色和墨韵，尤其擅长表现中国写意画的审美和意境。举个简单的例子。两根木棍上下交叉着码在一起，如果我们想画出这两根木棍上下的层次关系，就必须在二者交叉的部位只画出上面那根，下面那根被遮挡的部分不能画出来。如果按照一般画法，这部分的处理就必须非常仔细，尤其在两部分笔画接触到的地方，

要交代清楚层次关系。

但是如果用宣纸水墨，这个过程就变得非常简单。只需交叉画上两笔，第二笔的墨液在经过前一笔的笔画时，会自动隐身，不会对前一笔有明显影响，而且还会在二者接触的地方形成浅色的水线，呈现出非常清晰的层次感和立体感，这就是宣纸最神奇的地方。

尽管宣纸的强度总体上不及日本的皮纸，但它的书画表现力确实独树一帜，所以一直以来日本就有人对中国宣纸生产技术非常感兴趣。早在光绪九年（1883），日本内阁印刷局造纸部就曾派遣一个叫作楢原陈政（1862—1900）的人到中国考察。此人化装成广东潮州大埔县何子峨太史的侄子，潜入泾县暗访造纸工艺。何子峨即我国第一任驻日公使何如璋（字子峨，1838—1891），是早期杰出的外交家。楢原陈政在泾县待了两个月，回去之后发表许多关于宣纸制作技术的日记。到光绪三十二年，又有一个叫作内山弥左卫门的日本人，从南京多次进入泾县考察，记录大量宣纸生产工序的资料。

抗战时期，他们还曾不远万里，把青檀树运往日本栽种。怎奈这种青檀不太配合，去了东瀛水土不服，让他们白忙活了一场。说到这个青檀树，其实它不光在日本长不好，在国内也特别挑地方，虽然在南方很多地方都能种，但能造好纸的却不多。即便是在宣城隔壁的铜陵，纤维质量也会明显下降，似乎它就认准泾县附近那块风水宝地。到了1986年，日本人又组织"造纸工业考察团"到泾县访问，当时中国正处于"改革开放"初期，技术保密意识不强，别人来学就非常热情的接待，而且倾囊相授。

据说，日本后来也生产出跟宣纸近似的书画纸。不过，在很

多专业的书画家看来，日本纸跟中国宣纸的笔墨效果，依然无法相提并论。这个也很好理解，毕竟从造纸的原材料、当地的水质、自然环境到工匠的经验和习惯等诸多因素，都不可能完美复制。所以，日本人偷走宣纸制作技术的说法，其实并不成立。

我们举这个例子，并不是要论个孰是孰非，先进的技术肯定谁都想掌握；只是借这个例子来说明，造纸术虽然远播全世界，但本土化的纸张品种却无法远走他乡。它们不仅需要这个地方的环境、气候、水源和物产，也同样需要这个地方人的传统与工艺。

这就像"橘逾淮为枳"说的道理一样。

2. 纷繁多彩的造纸原料

其实从造纸术发明之初，"因地制宜"这个理念就深入其中，相传蔡伦造纸使用的原材料旧麻布、破渔网和楮树皮，都是身边十分容易获得的纤维原料。

早期使用比较多的主要还是旧麻布，废物回收，二次利用。穿破的旧麻布纤维纯净，结构松散，简单处理就能变成纸浆，是造纸的首选。在中原地区，麻布比较常用的是苎麻，再往西北，大麻和亚麻开始出现。大麻在西北有野生；亚麻大家都知道，是张骞从西域带回来的。这里需要补充说明的是，世界上的大麻主要有两类，一类是纤用，一类是毒品。我国西北分布的是纤用大麻，基本没有毒性，常被称为"火麻"或者"汉麻"。

魏晋时期，造纸术向各地传播，更多的原料也被纳入其中。楮树皮能造纸，那跟楮树同属桑科的桑树自然也没有问题。在一些桑蚕产区，撸过桑叶的枝条，还能再扒下树皮制作桑皮纸，也

算是物尽其用了。随着桑蚕技术的传播，桑树皮造纸也由中原传到西域。敦煌藏经洞里的经卷，纸张原料绝大部分是麻、构树皮或者桑树皮。

树皮造纸技术传到南方以后，各个地方的人们开始发挥当地的物产优势，因地制宜。在浙江剡溪一带的山里生长着大量的古藤，有紫藤、葛藤、青藤之类，人们采集藤皮制作藤纸。由于这些藤类的纤维比较细软，造出的藤纸细白绵韧，深得文人雅士喜爱，成为一时之冠。米芾写道："台藤背书，滑无毛，天下第一，余莫及"，说的就是藤纸。不过藤纸的悲剧也因此而起，由于大家实在太喜欢这种纸，导致山里的野藤被滥砍滥伐。到宋代时，野藤竟然生生地被砍光，闻名一时的藤纸也因此绝迹，实在是可惜。

除了藤，南方人还在特产植物中找到另外一大类绝佳的树皮原料。在植物分类上它们都属于瑞香科，我们一般统称为瑞香类原料。比较著名的像东罗马人从越南买来献给东晋朝廷的蜜香纸，原料用的就是沉香树皮。拿沉香树皮造纸，古人似乎是相当奢侈。

瑞香类原料比较常见的，是一种叫作结香的灌木。其枝条柔软，纤维丰富，用来造纸质感细腻匀滑，墨色黑亮，很适合书写。在湖南、浙江一些地方，至今还有用结香皮造纸的纸坊。用瑞香类造纸更多的，还是云南和西藏一些地方。在云南腾冲，人们在当地发现另一种更加高大的结香——滇结香，它的树皮同样也被用来造纸。

在丽江的香格里拉，纳西族人民则在周边的山林里发现两种灌木可以造纸。他们称其为"弯呆"，中文学名叫澜沧荛花和丽江荛花，同样是瑞香科植物。用"弯呆"树皮做出来的纸，就是纳西族著名的东巴纸。而在西藏，中原地区常见的麻和桑都无法生长，

高山野生的各种瑞香类植物则被人们做成种类不同的藏纸，比如丝毛瑞香、橙花瑞香、长瓣瑞香等。可能还有朋友们都听说过的狼毒草，狼毒草同样也是瑞香科植物，所不同的是，造纸用的是它根部的韧皮。狼毒草纤维太过细软，容易打结，做成的纸疙疙瘩瘩，没有前面几种漂亮。在藏区民间有藏纸七等的说法，著名的狼毒藏纸大概只能屈居第六等，前面几等更好的纸都是用各种瑞香枝条的韧皮做成的。这些纸一般都比较厚实，经过砑光之后表面平整光滑，写出来的字跃然纸上，特别有立体感。这些用树皮做成的纸张一般都比较漂亮，非常结实，缺点是产量都不会很高。

等到印刷术出现以后，光靠这些麻纸和皮纸就不够用了。后来随着技术的进步，开始用竹子和草造纸。竹子和草其实都属于茎秆原料，竹子本质上就是一种个头比较大的草。竹纸咱们在第二讲曾经提过一些。它同样有非常明显的地方特征，不同产区天然生长的竹子品种不同，古时比较常见的有毛竹、苦竹、石竹、白夹竹等。

各个地方造竹纸的流程套路也千差万别，有的繁复精细，有的比较简单粗糙，这就形成各式各样的纸张品种。著名的麻纱纸、连史纸、官堆纸、元书纸、关山纸、贡川纸、太史连纸等，都是不同地方出产的竹纸品类。用草类造纸，同样是中国人的发明。收割完毕的稻麦草用来造纸，也算是物尽其用。由于草类纤维比较短，杂质含量高，大部分草纸都不太上档次。不过也有一个例外，就是稻草。按照现代造纸学的观点，稻草的纤维细碎，杂细胞特别多，根本没法用。但古人却发现稻草有一个巨大的优势——润墨性好，跟青檀皮混合抄成的宣纸，优秀的润墨性有相当一部分是稻草的功劳。

3. 全球化历程中的因地制宜

随着中国造纸术走向世界，这种因地制宜带来的本土化，也同样伴随其中。

隋唐时，麻纸和皮纸制作技术传入日本，但日本人似乎更钟情于高颜值的皮纸，和纸的主打原料就是楮皮、三桠皮和雁皮。楮皮基本等同于构皮，三桠和雁皮则属于瑞香类原料，三桠就是咱们前面提到的结香，因为枝条一般分三个岔，日本人把它叫三桠。雁皮则是日语"ガンピ"（ganpi）的音译，在中国叫荛花，云南纳西族东巴纸的原料就是这一类。在造纸技术上，日本纸也发展出自己的特色，通过添加更多的纸药，使滤水速度变慢，纤维能够分布得更加均匀。配合他们发明的"流漉"式抄纸法，在经过重复多次的打浪以后，将浮在上层的尘埃和纤维束倒掉，使抄出来的纸张更加洁净。

使用树皮造的纸本来就漂亮又结实，在精工细作、精益求精的加持下，和纸常常被做得晶莹匀净、绵韧如绸。特别是它的帘纹，往往比较宽大整齐，纤维分布均匀。这也成为和纸跟中国皮纸在质感上的主要差异。此外，日本人还发挥自己的巧思，创造出很多独具特色而且精美繁复的加工纸，不仅可以用来书写绘画，还可以装饰居室，做成很多生活用品和工艺品，大大拓展手工纸的用途。

而在另外一个方向，传入西方的造纸术则走上截然不同的风格。在第二节中，我们形容它是底层工匠的残缺版本。其原料来源单一，一直都是用破麻布，而且不用纸药，造出的纸普遍比较厚实，质感略显粗糙，纸幅也不大，跟东方纸的轻薄绵软有明显区别。

在原料的多样性上，西传诸国似乎并不太开窍。从 8 到 18 世纪，他们一直没有走出破麻布的圈圈，唯一的变化也只在大麻布和亚麻布之间徘徊，以至于在印刷术出现之后，巨大的用纸需求曾经引发破麻布的严重短缺，甚至还导致过一些冲突。

在开罗，有人四处盗掘古代墓葬，仅仅是为了获得木乃伊身上的裹尸布，然后把它卖给造纸厂。英国在缺布严重的时候，政府直接颁布法令，禁止用裹尸布包裹死者埋葬，以便节省布料。一些僧侣必须奋起抗争，才能保住他们手中的书籍。那些拾荒者几乎像着了魔一样，想方设法把所有能造纸的东西都弄到纸坊换钱。法语中表示激烈争吵，常常会说"像拾荒者一样打作一团"，说的就是这些争抢破布的人。

在 18 世纪的法国阿尔萨斯，由于邻近的德国和瑞士对破布开出高价，省长不得不颁布禁令，禁止走私破布。据说当时一个人只要被逮到身上背着大包袱，就可能被处以高额罚款。最后，还是法国财政大臣杜尔果（Turgot，1727—1781）写信给供职于清廷的传教士蒋友仁（Michel Benoist，1715—1774），后者命人绘制了一套《中国造纸艺术画谱》（*Art de faire le papier à la Chine*），以写实的方式完整记录了竹纸制造的整个过程。1775 年，这套画谱在巴黎出版。至此，欧洲人终于明白，原来植物茎秆也可以造纸。于是他们仿佛被打通了任督二脉，发现更多的茎秆原料，比如后来的西班牙草，还有现代造纸的木浆。木浆其实就来自各种木材的茎秆，它的产量巨大，一举解决了纸张原料短缺的难题。

尽管欧洲人在原料的因地制宜方面开窍得比较晚，但他们对造纸术的贡献同样功不可没，他们更多的是将心思花在改良造纸工艺上。比如第三节中我们提到意大利人发明了金属打浆设备，

把植物胶改成动物胶，用结实而细密的铜网抄纸，还在铜网上编制水印。这些工艺上的改良，都将造纸术一步步向着现代化推进。

最终，造纸技术的飞跃也是在欧洲完成的。最先是由荷兰人在17世纪末发明打浆机，替代传统的水碓。之后，又由法国人路易—尼古拉·罗贝尔（Louis-Nicolas Robert，1761—1828）在1798年发明世界上第一台造纸机。两年之后，英国人开始用合成的纯碱替代石灰处理纸浆。没过几年，长网造纸机、圆网造纸机和蒸汽烘缸都相继诞生，在前后二十年的时间里，一整套的机械化造纸技术逐渐完备。自此，延续了一千七百多年的手工造纸技术开始步入机器化时代。

在被原料问题困扰了几百年之后，欧洲人终于将古老的造纸术引入到机器革命的大潮当中。此后源源不断的机器纸被生产出来，很快就开始倾销到造纸术的故乡中国。随着洋纸的进入和机器造纸厂的建立，中国传统的手工造纸逐渐衰落，最终不得不踏上艰难的现代化造纸之路。

我们回顾造纸术发展的整个历程，这项古老的技术从洛阳出发，一路走向世界。每到一地，人们都在掌握这项技术的同时，又尽可能利用身边容易获取的原料、顺手的工具，并按照各自的理解不断优化和改良造纸的流程，以便能够造出质量更好、有各自特色的纸张。这一路的因地制宜，不仅造就纷繁多彩的纸张品种，也促进造纸术的创新和进步。

最终，一张粗糙不匀的废麻薄片，进化成今天品类上万种，涉及我们每个人生活方方面面的精美纸张。

（易晓辉）

推荐书目

埃利克·奥森纳，《一张纸铺开的人类文明史》，林盛译，鹭江出版社，2017。

劳伦斯·贝尔格林，《黄金、香料与殖民地：转动人类历史的麦哲伦航海史》，李文远译，新世界出版社，2019。

斯文·贝克特，《棉花帝国：一部资本主义全球史》，徐轶杰、杨燕译，民主与建设出版社，2019。

埃德蒙·德瓦尔，《白瓷之路：穿越东西方的朝圣之旅》，梁卿译，广西师范大学出版社，2017。

费夫贺、马尔坦，《印刷书的诞生》，李鸿志译，广西师范大学出版社，2006。

彼得·弗兰科潘，《丝绸之路：一部全新的世界史》，邵旭东等译，浙江大学出版社，2016。

季羡林，《蔗糖史》，中国海关出版社，2009。

劳费尔，《中国伊朗编：中国对古代伊朗文明史的贡献》，林筠因译，商务印书馆，2001。

乔吉奥·列略，《棉的全球史》，刘媺译，上海人民出版社，2018。

简·T.梅里特，《茶叶里的全球贸易史》，李小霞译，中国科学技术出版社，2022。

加里·保罗·纳卜汉，《香料漂流记》，吕奕欣译，天地出版社，2019。

潘吉星，《中国的造纸术》，中国国际广播出版社，2010。

罗德里希·普塔克，《海上丝绸之路》，史敏岳译，中国友谊出版公司，2019。

杰克·特纳，《香料传奇：一部由诱惑衍生的历史》，周子平译，生活·读书·新知三联书店，2007。

温翠芳，《中古中国外来香药研究》，科学出版社，2016。

吴芳思，《丝绸之路2000年（修订版）》，赵学工译，上海辞书出版社，2016。

西敏司，《甜与权力：糖在近代历史上的地位》，朱健刚、王超译，商务印书馆，
　　2010。

玛乔丽·谢弗，《胡椒的全球史：财富、冒险与殖民》，顾淑馨译，上海三联书店，
　　2019。

谢明良，《贸易陶瓷与文化史》，生活·读书·新知三联书店，2019。

薛爱华，《撒马尔罕的金桃：唐代舶来品研究》，吴玉贵译，社会科学文献出版社，
　　2016。

仲伟民，《茶叶与鸦片：十九世纪经济全球化中的中国》，生活·读书·新知三联书店，
　　2010。

第四季

宗教与信仰

导 言

今天开始的"从中国出发的全球史"第四季，讲的是宗教与信仰的全球史，就是各种宗教在全球的传播过程。

1. 从一块唐代石碑说到宗教的全球性传播

让我先从一个大家都熟悉的故事开始讲起。

17 世纪上半叶，也就是明朝天启年间（1621—1627），有人在西安发现一块唐代石碑，叫作"大秦景教流行中国碑"，正面是汉文，旁边还有古叙利亚文，记载景教在中国传播的历史过程，撰写碑文的人叫景净。当时，在中国传教的欧洲耶稣会士卜弥格（Michel Boym，1612—1659）把碑文抄录并翻译出来，派人送到罗马教廷。罗马一位语言学家翻译碑文里的古体叙利亚文，加上卜弥格对中文碑文的翻译，公之于众，这块石碑一下子在欧洲非常轰动。为什么呢？因为这块石碑告诉人们，原来是基督教聂斯托利派（也有人认为不是基督教的聂斯托利派，而是亚速东方教会）的教徒

阿罗本（Alopen Abraham），早在当时传教士之前一千年，也就是唐太宗贞观九年（635）就到达长安，受到官方的隆重接待。著名的大学者，当然也是大官儿房玄龄（579—648），还把他迎接到西郊的迎宾馆去住。

这石碑是真的吗？这事儿是真的吗？如果是真的，那么基督教不要等到明代传教士出现，早在 7 世纪就传到中国。这可是基督教全球化的一大步。后来在各种文献中发现，这事儿还真是有，而且这个景净也是实有其人。从石碑上的古叙利亚文可知，他是中国教区主教兼长老亚当（Adam）。在中文佛教文献里也有一段资料，记载在贞元年间（785—804）景净还曾经试图参与佛经的翻译。这下厉害了，原来那么早，中国就有个洋名叫亚当的基督教主教。这真是一大发现。后来学者又发现，景教进入中国之后，曾经翻译不少经典，现在还可以看到出自敦煌的唐写本。更令人惊讶的是，2006 年 5 月，竟然在洛阳就是唐朝的东都又发现唐代景教经幢残体，上面刻有景教经典。

遥远的基督徒，在一千四百多年前就从西方来到东方，那么其他宗教呢？佛教呢？印度教呢？祆教呢？伊斯兰教呢？还有摩尼教呢？如今世界上的宗教版图，特别是所谓三大世界性宗教基督教、佛教和伊斯兰教的格局，究竟是怎么形成的呢？

2. 草蛇灰线的信仰传播

让我先说一点儿题外话。

有时候，我们可能不大容易想到，宗教、信仰以及各种巫术的传播和交流范围有多大。我总觉得，宗教、信仰和巫术之类都

来自人类心灵的某些恐惧，因为人类都有共同的恐惧、共同的愿望，所以无论在哪里都会有一些共同的信仰方式，在各个地方传来传去。

我先给大家举一个"十二支"的例子。大家都知道中国人信属相，就是十二生肖，这种十二生肖和十二地支（子、丑、寅、卯等）相配，比如亥年生的属猪，午年生的属马，丑年生的属牛，然后每个属相又都有神祇对应。这十二位神祇的来源也很早，很多中国中古墓葬里还有它们的塑像。这种信仰是怎么来的？是汉族中国特别的信仰吗？很早就有人讨论，以前中国有个叫章卷益的学者讨论过，山东大学著名学者童书业（1908—1968）和陕西师大的黄永年（1925—2007）也考证过。而日本人呢？更早就注意到了，比如有名的学者内藤湖南就研究过十二支神像。而另一个有名的学者西嶋定生，就是提出"东亚文化圈"的那位。他写过一篇长文，非常仔细地讨论中古墓葬中的十二支像在新罗、日本和中国的流传和变化，说明先是在墓志石上有兽身兽首的十二支像，这从隋代就开始出现。到了唐天宝年间，人身兽首的十二支像出现了；到了晚唐9世纪的时候，人身人首的十二支像又出现了。而且这种十二支的变化，陆续影响到新罗、高丽、契丹、日本，它们都出现相应的十二支神像。

可是，这种十二支信仰仅仅是中国，或者更大一点说是东亚的吗？事情没那么简单。如果你再看更早的法国学者沙畹（Emmanuel-èdouard Chavannes，1865—1918），他有一篇《突厥十二生肖》文章就说，这种信仰实际上不只在东亚流传，甚至还传到吐蕃。宋仁宗时期（1022—1063）就由出使的官员传到唃斯罗（也就是吐蕃之一部），也逐渐波及东南亚，元代传到柬埔寨和

暹罗，那里的十二生肖名称是从汉语转译的安南语；可是他又说，其实早在唐代，中亚、北亚的骑马民族，就已经知道十二生肖并用来纪年。沙畹甚至还觉得，可能是突厥人发明的十二生肖，在公元初年传到中国，他说"在掌握更多的情况之前，应将十二生肖的发明归功于突厥人"，这就更麻烦了。

让我再讲一个例子。20 世纪 50 年代，在哈佛教书的杨联陞先生（1914—1990）和胡适先生（1891—1962）通过书信往来，讨论古代的道教和佛教。杨联陞发现，佛教和道教都有些很奇怪的信仰方式，就是为了表现自己信仰的坚定和虔诚，要经历很多苦难，要把自己绑起来几天几夜在泥水里，还要自己打自己的耳光，打自己的胸口，道教叫"自搏"，佛教叫"自扑"。可是，这种方式只是佛教和道教吗？胡适就说，其实哪个宗教都有，把自己的身体缚系在柱上或石上，是中古基督教苦修的圣徒常有的事。中国道教的涂炭斋，也是"以罪囚自居，泥面自缚，都只是表示这个'悔'字，这也是中国宗教的一个老信仰"。其实，你看全球宗教，远不止胡适说的这些，现代伊朗的什叶派教徒也有用鞭子抽打自己来表现信仰的。连基督教地区也有人模仿耶稣（Jesus）受难，血淋淋地把自己钉在十字架上展示。所以，教徒为了表示忏悔的心情，都会用这种方法。这种方法之所以互相传播互相影响，也可能只是不约而同，因为"人同此心，心同此理"。

所以我们看，宗教信仰往往是超越国家或王朝的。从全球史的角度来说，之所以有这种超越国家的信仰，其实是因为"东海西海，心同理同"。因为人类有共同的恐惧，所以会采取差不多的信仰，或者是差不多的方法，"心有灵犀一点通"，这些信仰和方法就会互相传播，各自发展。

　　我记得有人说，宗教信仰是用自己的苦难和奉献换得神祇的同情和教士的帮助，换回对未来幸福的许诺。大家都这么想，于是这些信仰方式就彼此传染，移形换位，很容易在广大范围里流传和共享。

3. 宗教的全球史

　　不能不说，信仰的力量的确伟大，我们应当佩服宗教徒的意志。大凡有宗教信仰的人，不仅虔诚，而且坚韧，不怕吃苦，也不怕牺牲。特别是这些信仰有了团体，成了宗教，为了把宗教理想扩展到更远的地方，为了宗教理想要追随伟大的先知，走向远方就成了坚定的信念。古代的世界没有飞机、火车、汽车。7 世纪的景教教徒阿罗本来中国，大概要靠徒步行走，最多有骆驼或马匹。可是，从波斯、中亚、于阗，再经过甘肃到长安，一路上又是雪山又是戈壁，加上沙漠，大家还记得唐代诗人岑参（约 715—770）的诗吧，"北风卷地白草折，胡天八月即飞雪"（《白雪歌送武判官归京》），"一川碎石大如斗，随风满地石乱走"（《走马川行奉送出师西征》），那真是不容易。我想，这些宗教信仰者才真是跨越疆界、刺激全球联系的人。如果说商品是无脚走天下，最能越过千山万水，那么宗教徒大概是有脚走天下，没有什么人比宗教徒更能跋山涉水。就拿古代中国来说，只要提到唐玄奘西天取经，元代伊斯兰教教徒麦加朝圣，明清耶稣会士梯航九万里来华，你就知道了，更不要说 2 世纪中叶的佛教教徒支娄迦谶和安世高，他们从中亚不远万里来到中国。

　　犹太教、基督教从中东崛起，3 世纪逐渐蔓延到罗马帝国，然

后随着罗马帝国疆域的扩张成了整个欧洲的宗教。公元前5世纪，佛教在印度形成，几百年后逐渐向北经中亚西域进入中国（1世纪），然后传入朝鲜、日本、越南（3—7世纪），又越过喜马拉雅进入中国西藏地区、蒙古（7—8世纪）；更早在公元前3世纪，就渡海南下到了斯里兰卡，后来又从斯里兰卡向西，陆续进入东南亚的缅甸、泰国、柬埔寨。伊斯兰教虽然最后崛起，但是7世纪以后，不仅在阿拉伯地区兴起，随着大食帝国的扩张还笼罩了波斯、渗透到欧洲，进入中亚，也进入印度，甚至沿着海洋进入东南亚的马来西亚、印度尼西亚。两三千年历史里，各个宗教之间开始交锋和渗透。它们的全球传播，就像你看动态的卫星云图。冷锋一波又一波袭来，与同样一波一波的暖锋，在某个地方相遇交战，高气压不断移动，与低气压互相挤压。时而成风，时而降雨。有时候这块地方被伊斯兰教覆盖，有时候那个地方成了基督教的地盘，也有时候佛教徒成了这个地方的主人。当然，也有的地方，被各种不同的宗教，撕裂成大块小块。

一开始我给大家说"大秦景教流行中国碑"这个故事，主要想说的就是，全球史要讨论的不仅是各个宗教本身的历史，而且更重要的是各种宗教在全球传播、影响和变异的过程。

4. 宗教在全球的相遇

其实，世界上很多宗教，彼此间就有一些说不清道不明的瓜葛。据说，印度早期的吠陀和伊朗的琐罗亚斯德（前628—前551）可能都与三千多年前雅利安人东进波斯和南下印度有关，所以在印度教的吠陀文献和琐罗亚斯德教的经典《阿维斯陀》（*Avesta*）之

间就有一些微妙关联。而基督教和犹太教之间，就更有明显的先后承袭关系，西亚的希伯来人中产生犹太教，而基督教就借用犹太教的《希伯来圣经》（Hebrew Bible）和犹太教的观念与词汇，还把《希伯来圣经》的教义融入《新约圣经》中。就连看起来很"日本"的神道教，我认识的日本学者就认为它虽然起源于日本早期万物有灵的神祇信仰，但也吸收很多中国的道教元素。而伊斯兰教，你怎么可能把它和那里更早流行的犹太教和基督教割断？有学者指出，伊斯兰教其实吸取犹太教、基督教的不少思想，特别是基督教的聂斯托利派（Nestorius）。在 5 世纪末，聂斯托利派受到迫害，流亡波斯、阿拉伯半岛，更是影响到这个区域，也间接影响穆罕默德创建的伊斯兰教。至于原来也在那地方起源的犹太教，你看伊斯兰教的一些习俗，比如斋戒等饮食禁忌、以律法作为教团的基础，是不是很像犹太教？大家注意，只是各个宗教在教团成型、教义成熟、各自独立之后，为了强调各自的唯一性，总是把自己的出身神话化。其实，你仔细追究，很多宗教都有千丝万缕的联系，你中有我、我中有你。

各种宗教成熟成型之后，在历史上仍然会互相碰撞、互相融合、互相吸收。一般说来，各种宗教的传播和相遇不外乎几种模式：一种是蔓延与覆盖，一种是冲突与挤压，一种是融合与变异。这三种模式还可能互相交叉。我们各举两个例子来看。

第一种是蔓延与覆盖。比如，古代罗马帝国原本也有自己的文化，就是其继承的希腊文化，你看希腊神话大概就知道。可是，从 1 世纪开始，基督教在罗马帝国的犹太省，也就是现在的以色列和巴勒斯坦地区开始，逐渐蔓延到罗马帝国。在罗马帝国，最初基督教被当邪教压抑，可两三个世纪之后，四处蔓延的基督教

已是罗马帝国的最大宗教。世俗王权和神圣宗教之间，风助火起，火仗风势，总是会互相联盟的。313年，大概相当于中国的西晋时候，罗马皇帝君士坦丁一世（Constantinus I Magnus，272/274—337）发布米兰诏令（Edict of Milan），宣布基督教合法，并发还没收的财产，这下火仗风势，基督教开始大发展；到了380年，狄奥多西大帝（Theodosius I，约346—395）更是宣布基督教为罗马帝国国教。这个时候，从犹太省蔓延到整个罗马帝国的基督教，就覆盖了原来希腊罗马文化地区。到了496年，克洛维斯一世（Clovis I，466—511）把原来信仰多神教的法兰克王国与罗马教会联系起来，接受罗马教会大主教兰斯（Reims）的洗礼，更使得整个欧洲基督教化。再看一个例子。也有的地方，随着历史变迁，外来宗教会像考古上的地层关系一样，一层覆盖一层。像印度尼西亚，先是印度教和佛教，在2—4世纪陆续传入苏门答腊、爪哇、巴利。7世纪中国的义净和尚就说，"南海诸洲，咸多敬信"，而且"所有寻读，乃与中国不殊"，他看到那儿的佛教很兴盛。这种佛教和印度教并行不悖的状况，在那儿延续了好几个世纪，一直到13—14世纪满者伯夷王国（Madjapahit）时期。如今世界上最大的佛塔遗迹婆罗浮屠，就是由爪哇夏连特拉王国（Wangsa Syailendra，约752—约832）建造的，差不多同时还有印度教的寺院遗迹普兰巴南（Prambanan Temple）。可是，自从14世纪伊斯兰教来了之后，就逐渐覆盖整个印度尼西亚，几乎把佛教和印度教都覆盖了，现在印度尼西亚已经是世界上穆斯林人口最多的国家。

　　第二种是冲突与挤压。如果说前一种模式尽管也蛮严厉，但还算不那么激烈，那么这一种宗教传播模式，就不免有点儿血与火的味道。假如一种宗教，刚好崛起在另一宗教的地盘，而且两

种宗教都具有排他性，都觉得自己是绝对的神圣，那么"卧榻之侧，岂容他人鼾睡"，也许就要引起冲突。而冲突的结果呢？除了世俗政权更替，宗教也会更替。最有名的事情就是所谓"十字对新月"，虽然也有历史学家认为，"十字军东征"的根本原因是经济，是因为伊斯兰帝国阻断了欧洲与东方的商品交流，才引起了这场战争，但不可忽视的直接导火线，还是宗教冲突。11世纪初，法蒂玛哈里发哈基姆（al-Hakim，985—1021）下令拆毁耶路撒冷的基督教和犹太教的教堂。对非穆斯林进行压制，引起基督教的不满，特别是基督徒去耶路撒冷朝圣的路径被封锁，加上此后突厥系塞尔柱人占领耶路撒冷。他们对基督徒更加冷酷，因此引起长达近两百年的"十字军东征"。在宗教战争中，伴随着血与火、枪与剑，也造成宗教在这些地区的传播与替代。又比如，17世纪的莫卧儿帝国，由于第六代皇帝奥朗则布（Aurangzeb，1618—1707）改变过去帝国的宗教宽容政策，极力推动伊斯兰化，不仅处死锡克教祖师，毁坏印度教庙宇和神像，而且在政府中还驱除印度教徒。虽然最终使得印度伊斯兰化，但也引起内部四分五裂。最终的代价就是莫卧儿帝国逐渐衰落，被欧洲殖民者乘虚而入。

　　第三种是融合与变异。这种方式是最和平的，外来的宗教进入一个新的文化区域，对原有文化并不采取绝对和排他的态度，反而逐渐接纳并且融合，于是使得这个外来宗教本地化，同时也使得本地宗教发生转化。以前日本有名的学者丸山真男（1914—1996）说文化有执拗的"低音"和"古层"，其实"低音"和"古层"也许并不那么执拗。我们看佛教在中国和日本的传播，大概就是这样的。我曾经在《中国思想史》里说过，1世纪以后，不是佛教征服了中国，而是中国改造了佛教。在没有大规模宗教冲

突的情况下，渐渐地，原来佛教里那种"不拜君亲"、宗教第一的立场、神秘的修行方法、极端的与世隔绝、复杂烦琐的概念分析，在中国社会与文化环境里都发生变化，而中国的信仰世界也发生转化。而日本呢？自从百济和新罗不断向日本送去佛像、佛典以后，虽然有短暂的禁止佛教的举动，但在崇尚佛教的苏我氏掌权之后，佛教就在日本开始生根。而且，在日本的佛教很快就和原来相信"万物有灵"的神祇信仰融合，出现最具古代日本色彩的"神佛习合"。佛寺里供奉神，神社里也有佛菩萨。本来是日本本土的神道的神，居然可以被置于佛教六道中"天"的范畴，作为佛教护法神；本来是供奉天神的神社，居然也可以在旁建立神宫寺以供奉佛像与读佛经。按照古代日本的说法，神道教就是佛教，佛的法身（本身）随时应机说法，而神道的神灵就是佛或菩萨的化身（应身），像所谓比叡山的"山王"就是释迦牟尼的化身（垂迹）。尽管从中国、朝鲜那里传来佛教，但是在日本佛教真的很日本化。

5. 万国宗教？文明冲突？

我们前面说到全球宗教的相遇，现在我们放眼看看如今世界的宗教格局。

经过几千年，斗转星移，沧海桑田，逐渐形成如今全球的宗教版图。现在，我们就要给大家讲几个世界性宗教——佛教、基督教、伊斯兰教的来龙去脉。当然，除了这三大世界性宗教外，全球还有好多不同的区域性宗教。如果你把各个宗教几千年在全球的传播制作成一个动态的地图，你就会看到几千年里它们之间的互相挤压和碰撞。小时候，我特爱看科普杂志，还特别着迷有

关地球的"板块漂移说"。据说，如果你打量全球几大洲的边缘，似乎可以感觉到，它们原来好像牙对牙、齿对齿，可以互相嵌合成一块，科学家说它们曾经互相撕裂，又互相挤压。据说，喜马拉雅山脉就是在板块的互相挤压下耸起的。如果我们看全球宗教几千年的历史，好像也一样，互相联系、互相融合、互相碰撞、互相挤压，终于形成现在的世界宗教版图。顺便说一句，20世纪90年代，美国学者亨廷顿（Samuel P. Huntington，1927—2008）在《文明的冲突与世界秩序的重建》这本书里预言说，冷战结束后，取代它的是文明冲突。而在他看来，文明的核心就是宗教，那么将来全球宗教真的会继续冲突，而且会改变我们这个世界文明的版图吗？大家不妨想一想。

在世界跨入现代门槛的时候，就有人期待全球宗教和解的美好前景。1893年，在美国芝加哥就是现在密歇根湖边有名的芝加哥美术馆和"世界博览会"一道，召开了一次"万国宗教大会"。这是全球宗教第一次面对面。在开幕式上敲了十声钟声，据说这是象征世界十大宗教，即儒教、道教、佛教、神道教、印度教、耆那教、拜火教、犹太教、基督教和伊斯兰教的和平共处。人们希望通过这次大会不同宗教的交流来寻找共同的人类之爱，以达成世界享有共同的信仰。

可是，这种愿望会实现吗？

（葛兆光）

第一讲

佛　教

第一节　佛教之前的印度

一提到佛教，也许我们很多人都会想到佛教的发源地印度，想到佛教最基本的教义"轮回转生"，想到西行求法的唐三藏师徒，想到托钵化缘的僧人。但是，佛教为什么会起源于印度？为什么会有"轮回转生"的教义？僧人为什么要化缘？当然在有些人的想象中，古代印度和古代中国一样，佛教都非常盛行，但事实上，恰恰相反，佛教在它的发源地南亚次大陆，始终没有成为主流的宗教，甚至在中世纪就几乎消失。所以，到宋代以后中国就很少有僧人前往印度求法。

从印度的历史来看，早期占主流地位的宗教是婆罗门教。今天，我们就先从比佛教对印度影响更广泛、更深远的婆罗门教说起。

1. 婆罗门：雅利安人的宗教

婆罗门教最早是雅利安人的宗教。

据说，雅利安人原本生活在俄罗斯乌拉尔山脉南部草原上，是个古老的游牧民族，后来几经迁徙，一支进入现在的伊朗，一支入侵并征服印度次大陆。在雅利安人到来之前，是达罗毗荼人（Dravidians）等创造印度最初的灿烂文明——哈拉帕文明。达罗毗荼人在大约公元前2500年建造了当时伟大的城市摩亨佐·达罗，据说这个城市的建设非常先进，是"古代印度河流域的大都市"，也被很多现代学者称为"青铜时代的曼哈顿"。就是这样的一个非常发达的文明，后来消亡，所以它也有一个名字叫"死亡之丘"。

关于它的消亡，20世纪40年代，英国学者莫蒂默·惠勒（Mortimer Wheeler，1890—1976）最先就怪到雅利安人的入侵上。

这个解释很快得到很多人的支持。因为雅利安人在自己的史诗中，就大肆宣扬过对达罗毗荼人的征服：战神因陀罗（Indra）是"城市的摧毁者"，他"割下敌人的头颅，踩在脚下；摧毁城堡，夷平屋舍"。同时，在一些考古遗址里也发现很多村落被烧毁的痕迹，并且关键的是还发现青铜剑等武器。这让考古学家更坚定地认为哈拉帕文明灭亡于外来的入侵者。

但后来随着考古的不断发现，一些学者逐渐意识到，以摩亨佐·达罗为代表的文明消亡的时间是在公元前1900年以前，而雅利安人的大入侵是在公元前1500前后。这就意味着在印度最初的哈拉帕文明和雅利安人文明之间有三四百年的暗昧时代，也意味着达罗毗荼人在文明衰落后仍然留在印度，只是在衰落期他们才遇到当时世界上最具战斗力的征服者雅利安人。

　　当然，如果不考虑考古发现，而只从古典文献出发，在雅利安人之前印度大地之上也许就已经有其他外来者。这一点可以从记录印度早期历史的古老文献《吠陀》(Veda)中找到一些线索。《吠陀》里和"提婆"(Devas)抗争的魔鬼的名字是"阿修罗"(Asuras)。这个名字我们应该都熟悉，恶魔的代名词。而这个名字来自哪里呢？芬兰赫尔辛基大学的印度学家阿斯科·帕尔波拉(Asko Parpola)教授就认为，它是来自伊朗高原的最重要的宗教——琐罗亚斯德教，对应的是"阿胡拉"(Ahura)。有意思的是，在琐罗亚斯德教中，"阿胡拉"是他们所尊奉的至高之神。也就是说，本来是伊朗高原地区宗教的主神，到了雅利安人这里却成为罪恶的邪神。这种有趣的转换，表面上是说雅利安人的主神征服琐罗亚斯德教的主神，但实际上暗示在雅利安人到达印度半岛之前，来自伊朗高原的部落可能就已经到过印度半岛，但在之后的历史中他们却被雅利安人征服。

2. 种姓制度：另一种四民社会

　　来自北方的雅利安人本是游牧部落，他们在印度半岛征服的是农耕文明。那么，为何更先进的农耕文明会被看似落后的游牧文明征服呢？其实，战争胜负与社会文明的进步和落后没有必然联系，倒是和双方的生存处境、战争意志和军事技术有关。很多学者都说，雅利安人能征服印度半岛，与游牧部落的军事技术有直接联系。

　　在"战争与移民"中，我们花了很长时间讲马，曾讲到"马作为一种战争动物，它的降临彻底催化人类文明的进程"。北方的游牧部落掌握军事性骑乘技术，他们能够向更广阔的地理空间挺

进，同时对不会骑马作战的定居部落就形成决定性军事优势。雅利安人便是一群这样站在马拉战车上的部族。马拉战车改变亚欧大陆原有的族群生活格局，打乱各地区本来的发展进程，但也在刀与血的战争中融合出新的文明。

雅利安人征服印度之后，印度慢慢形成一种历史上最严格的社会等级制度，即种姓制度。雅利安人高高在上，被征服者沦落为贱民。不过，历史的必然总是藏在历史的偶然中，最初印度历史是存在多种可能性的。根据古老的史诗《梨俱吠陀》（*Rigveda*），一些学者发现最初印度有两个强大的雅利安人部落：俱卢族和盘陀族。

在雅利安人征服达罗毗荼人之后，俱卢族的一些领袖为了安抚他们，娶了达罗毗荼人的公主，这样的举措确实赢得达罗毗荼人的支持。但是，印度另一部长篇叙事史诗《摩诃婆罗多》记载，后来俱卢族与盘陀族之间发生战争，俱卢族惨败，开始往中东和欧洲流亡，这使得达罗毗荼人又成了盘陀族的战俘。《摩诃婆罗多》中记载达罗毗荼王子黑天"神"率整个部族归降盘陀族，据说反映的就是这段历史。

雅利安人很崇尚祭祀。这一时期，神权和王权虽然同时存在，但神权高高在上，王权只是神权的维护者和意志的执行者。这也许是人类社会早期的普遍现象。中国早期文明或许也是如此，只不过到殷商时期，中国的神权和王权就集中到王一人身上，商王同时代表神权和王权。但需要注意的是，在中国古代的思想中有这样的话，"天授神权，神授王权"，所以王权名义上也要在神权之下。这一点，我们只要想一想"天子"这个词儿就明白。所谓"天子"，就是代表"天"也就是中国的神权来治理天下的人。印度的神权厉害，给神的祭祀也就很重要。

我们再说回种姓制度。在逐渐形成的种姓制度中，掌握对神的祭祀权的"祭司"阶层，成为社会最顶端，叫婆罗门（Brahmin）。掌握王权的贵族，成为次一级的阶层，叫刹帝利（Kshatriya）。雅利安人中的普通民众被称为吠舍（Vaishya），过去被征服的土著则被蔑称为首陀罗（Shudra）。当然，这不是全部，随着社会尤其是城市的发展，印度社会中又出现专门清理垃圾的人群。因为他们接触肮脏的东西，所以又被制造这些垃圾的市民或者村民视为肮脏的、不可接触的贱民，而在他们自己看来自己是"被压迫的人"，也就是"达利特"（Dalit）。

种族制度的背后，有一个宗教逻辑。婆罗门利用创世神话，为这种等级森严的秩序建构一套宗教说辞。婆罗门教里有位神叫"原人"，宣称是不朽的主宰。原人创生万物，他从头上生出婆罗门，从肩上生出刹帝利，从腿上生出吠舍，从脚上生出首陀罗。出身决定一切。他们在社会中的地位和职业，与生俱来、不可改变。比如，婆罗门负责宗教和文化、刹帝利负责政治和军事、吠舍负责供养上层种姓，而首陀罗要当牛做马。至于达利特人，甚至不是原人身体所化，只能从事最卑贱的工作。不同的种姓之间壁垒森严，彼此不能通婚，跨种姓婚姻不但不会提升种姓，反而可能会被打入"贱民"的行列；各自职业也永久性固定，甚至在语言上也有等级之分；上层社会使用的是梵语（Sanskrit），也称为雅语，而下层民众只能使用俗语（Prakrit）。

如果有人想鱼跃龙门，他就必须严守婆罗门教义，安分守己，供养婆罗门贵族，才能在"来世"提高种姓，这一世反正是没救了；或者他也可以进行苦修，比如通过长期食素、忍饥挨饿来改变自己。也许人们已经想到，婆罗门宣扬的这种转世、苦修等，其实也成

了后世佛教重要的教义和实践。至于婆罗门教和佛教的关系，我们稍后讲。不过，佛教等教派倡导众生平等，曾经对这种种姓之间的不平等进行过猛烈攻击。但从历史上看，印度虽然经过具有不同文化的希腊人、阿拉伯人、蒙古人乃至英国人的占领和统治，但外来文化始终没有改变传统，反而是一次次地被卷进种姓制度。比如，从 8 世纪起，特别是 12 到 16 世纪，穆斯林征服印度带来伊斯兰教，伊斯兰教渐渐地成了印度新国教。伊斯兰教宣扬教内平等，最初很多印度人就是因为种姓制度，纷纷成为穆斯林以追求平等。可是，在穆斯林莫卧儿帝国，贱民加入伊斯兰教后，在社会地位上并没有明显提高，反而成了伊斯兰教的贱民。

3. 吠陀时代：外来文化与本土文化

这就是印度早期文化状况，也是后来各种印度宗教的历史大背景。

我们前面提到，了解印度早期历史有一种文献叫《吠陀》，所以印度也有一段很长的时间叫"吠陀时代"。

最早的吠陀时代离现在有三千多年，大概是公元前 12 世纪到公元前 9 世纪。原本，在雅利安人自己建构的众神殿中，雅利安人自己的天神无疑是主导。在他们自己的史诗里，战神因陀罗身驾两匹战马在空中快速奔驰，是英勇武士的形象。而被征服部落的神阿修罗，是一种非神、非鬼、非人，还是极端丑恶的怪物，真是太惨了。但在历史中，深厚的"古层"始终存在，各种执拗的"低音"总是要修饰主旋律，让它不断本土化。所以当本土文化渗透进来，就使得雅利安人的诸神顺序逐渐变化，大神沦为小神，

小神则成了大神。比如，现在的印度教中，身为三大主神之一的毗湿奴（Vishnu）在《梨俱吠陀》中并不起眼，可在后世的《往世书》（Puranas）中却逐渐拥有十个化身，成为维持宇宙秩序的主神。又如，我们之前提到过的战神因陀罗也被称为"帝释天"（Śakra），号称是"能够为天界诸神的主宰者"。但在佛教的体系中，他被描述为有七情六欲、居于忉利天（Trāyastriṃśa）的天神，只是佛教的护法之一。

　　本来生活在北方草原地带的游牧部落雅利安人，征服了南方热带地区的农耕文明，但在漫长的历史里也逐渐反过来被南方文明征服。在漫长的吠陀时代，印度出现很多离群索居的思想家，他们被称为"仙人"。之所以会出现这样的群体，学者认为，这大概和南亚的环境与气候有关，处于热带的印度，食物容易腐败，如果有剩余大都要丢弃。所以很多家庭都会将多余的食物施舍给仙人。即便离群索居、巡门乞食，也可以得到食物上的保障。在很多文献里，我们可以经常看到，很多施舍者无所不施，甚至都可以将贴身衣物施舍，成为裸体修行者（空衣派）。这和热带气候也脱不了关系。试想，如果换在寒冷的北方，谁敢赤身裸体在风雪中修行。

　　而印度早期的这种巡门乞食和乐于施舍的传统，正是后世佛教僧众出家和化缘生活方式的源头。

4. 仙人与沙门，外道与佛陀

　　印度最开始出现的那种离群索居、乞讨为生的"仙人"群体，也被称为"沙门"，本来他们也属于婆罗门种姓。但是这些人开始质疑吠陀祭祀的正统地位，深入思考一些诸如宇宙这样的哲学问题。而且沙门从年轻时代开始禁欲生活，有的在森林中修习冥想，

也就是所谓的"瑜伽";有的进行艰苦的头陀苦行,希望从苦难中领悟人生真理,得到精神的解脱。这群沙门堪称婆罗门教的异端,却对后来的佛教、耆那教都产生重要影响。比如,耆那教特别重视苦修,强调禁欲,希望克服身体的束缚,即肉体的欲望和本能,而得到心灵的解脱和自由。这些教理和知识颇具特色,有些教典则一直流传至今。

随着印度社会的发展,到了公元前 6 世纪,社会上出现越来越多的像沙门一样反对婆罗门传统的教派,在佛教典籍里统称为"九十六外道"。"九十六外道"纷纷对各种问题提出自己的思考,印度出现空前的思想大发展。因为几乎同时,西方的希腊和东方的中国也出现同样的思想活跃现象,所以德国历史哲学家雅斯贝斯(Karl Theodor Jaspers,1883—1969)就曾将这个时代称为"轴心时代"(Axial period)。

正是在这个轴心时代,中印度地区迦毗罗卫国的释迦族,有一位名叫悉达多·乔达摩(Siddhārtha Gautama,约前 563/ 前 480—约前 483/ 前 400)的王子,在这个思想大碰撞的时代创立对后世影响异常广泛和深远的佛教。悉达多·乔达摩是"释迦族的圣人",也就是我们所熟知的"释迦牟尼"。

第二节　佛教的形成与分裂

1. 天上地下,唯我独尊:佛陀的降生

现在,大家都相信佛教的创始人是释迦牟尼,他确实是公元

前 5 世纪前后的历史人物。但如果我们回到 19 世纪,很多人并不这么看,为什么呢? 因为佛教经典里关于佛陀的记载太过神奇,反而让学者心生怀疑。其实现在看来,那些过于神异甚至荒诞的佛陀传说,也是后来慢慢添油加醋累积起来的。现代学者在一些最古老的佛典中,找到一些关于佛陀生平的片段,这些记载中并没有非常不可思议的情节。所以推测说,佛陀传记最开始时就是零星片段。只不过后来,崇拜佛陀的人越来越多地前往佛陀生活过的地方去朝圣,相当于我们今天参观名人故居,在这个过程中就产生了朝圣者的民间传说 (pilgrim folklore)。如此这般,散落的故事被这些到各地朝圣的人搜集汇总起来,在人们的口中逐渐被串联,不断得到渲染,就出现我们现在看到的非常系统的、充满神异色彩的佛传故事。这有点儿像顾颉刚所说的"层层积累的古史"吧。

随着学术研究的进步,学者不断研究佛陀传记,剥离掉神奇的传说,留下真实的记载,这就更容易理解那些神话内容是怎么出现的。

2. 有关佛陀的传说与历史

后来的佛陀传记变得相当丰富,我们这里只选择几点来讲。

传说中,释迦牟尼在出生之前,是住在兜率天宫的一位善慧菩萨。他决定投生人间,成佛度化众生,于是选择投胎到中印度迦毗罗卫国的国王净饭王家中。投胎过程很神异,说释迦牟尼乘着六牙白象投入净饭王王妃摩耶夫人 (Mahamaya,?—约前 563) 的胎里。为什么是"六牙白象"呢,因为白象在印度是权力的象征。

后来的佛教曾经传说，世上有四大天子，在北方是统治大月氏的马主，在西方为统治大秦（也就是古罗马帝国）的宝主（也就是珠宝之主），在东方为统治中国的人主，而在南方就是统治印度的象主。佛教传记里讲佛陀诞生，用了象征着世俗权力的白象，和释迦牟尼的王族出身也是相符的。因为出身王族，所以释迦牟尼属于刹帝利阶层。

接下来在传记里说，佛陀降生时身体发光，以至于"极佛境界，莫不大明"，也就是说身上发光并且照亮整个世界。这个说法和佛陀传记里那么多神异的描写相比，其实不算什么，但是对中国历史的影响却很突出。这里我们要展开来讲讲，因为它关涉中国古代最主要的两大宗教——佛教和道教——之间争论的一个核心问题："化胡说"。

所谓"化胡"，说的是道教教主老子，曾经为了教化西域民众而西游，化身佛陀，传布佛教教法。这个"化胡说"本是道教编造出来压制佛教的，大概在东晋才出现。在这个说法里，佛教只不过是道教的支脉，道教明显高过佛教一等。佛教僧众当然不能接受，所以对当时的信徒而言，到底是佛陀诞生在前，还是老子出世更早，是十分关键的问题。为了反驳道教徒，佛教僧众做了很多工作。老子的出生年代争议很少，因为中国史书明确记载他是东周时期的人。虽然佛陀的出生年代没有明确记载，但前面我们提到的佛陀降生时的情节，给佛教徒提供了附会中国历史的可能性。佛教僧众把佛陀诞生对接到《左传》鲁庄公七年（前687）四月"恒星不见"的记载。他们解释说，之所以出现"恒星不见"，就是因为佛陀出生时照亮天空，以至于掩盖住恒星的光芒，所以才看不到恒星。而恒星不见的那一年是鲁庄公七年，即东周庄王

十年，这就比老子要早了。这就是"化胡说"这个问题。

在传说里，佛陀出生了，又说佛陀刚落地就会行走，而且是"步步生莲"，每走一步脚下会生出莲花。在印度信仰里，莲花代表洁净，这里就用来暗示佛陀的洁净。不久之后，又飞来九条龙，从空中喷水，给出生的佛陀洗浴，佛典中称为"九龙灌顶"。其实"灌顶"是一种国王的登基仪式，起源于西亚和近东，后来才传入印度。这里用九龙灌顶，是把佛陀诞生比附国王登基。据《圣经》记载，耶稣也曾接受过与灌顶类似的洗礼仪式，然后才成为先知。

年轻时期的佛陀在各方面都得到当时最好的教育，但可能也受到当时社会风潮的影响。他追求宗教生活、探讨彼岸真理，对人的生老病死和人生意义产生怀疑。二十九岁时，他不顾父亲净饭王的反对，毅然放弃王位的继承，出家修道。

这些当然都是传说。佛经也说，刚开始他也按照传统方法修道，比如苦行。据说他曾连续六年修"一麻一米"，就是一天中除了一粒芝麻和一粒大米外，断绝一切食物。结果，释迦牟尼眼窝凹入，骨骸露现，腹与背几乎要贴在一起。后来，他对传统的修道方法进行长时间的反思，认为苦修无益，并在一次连续七天七夜的冥思后宣称悟道成佛。那一年他三十五岁，卝始被人称为"佛陀"或者"佛"。这一称号，其实当时印度的其他宗教比如耆那教等也有使用，只不过后来随着佛教的影响日益扩大，就成了佛教领袖的专用名。据说，佛陀本是觉者、智者的意思。按照佛教的说法，人类有三种"觉"：一是"自觉"（自我有充分认识的能力），二是"觉他"（使其他众生也得到觉悟），三是"觉行圆满"（智慧与能力都圆满）。其中，罗汉有"自觉"，可以通过聆听教诲，获得机缘而解脱；菩萨有"自觉"也能"觉他"，可以在世俗社

会拯救众生脱出苦海；只有佛陀则三种"觉"都有。当然，凡人三种都没有，不能觉悟，所以又叫"有情众生"，只能等待佛、法、僧的拯救。

吸收了婆罗门的祭祀观念、瑜伽的技术与知识以及耆那教的轮回与苦行，甚至外道的种种思想，佛陀以对人生之"苦"的反思为中心，总结出"十二因缘""四圣谛""戒定慧三学"等思想，创造一个伟大的宗教体系。佛陀在各处传教四十五年，虽然遭到很多教派的攻击，但还是取得成功，收获很多信徒。比如，中国佛教徒所熟知的佛陀大弟子迦叶，本来是拜火教（也就是中亚传来的琐罗亚斯德教）的教徒，但在佛陀的教化下，最终率领他的信众全体归信佛教。

不过，对佛教帮助最大的，可能还是要数当时各国的国王和富商。佛陀宣布证悟之后不久，便带着信徒前往当年印度最强大的摩揭陀国都城王舍城。在那里，国王频婆娑罗王不只表达对佛陀的赞美，还为教团建立历史上第一座佛教寺院——竹林精舍。

3. 八万四千塔：佛教的阿育王时代

佛陀在世的时代，佛教的发展固然受到王权的影响，其实后来几乎佛教的每一次兴衰也都与王权有密切关系。在它早期的传播过程中，有一位君主尤为重要，甚至可以说正是在他的统治时期，佛教才逐渐成为世界性佛教。他就是印度孔雀王朝的阿育王（Ashoka，约前 268—前 232 年在位）。

阿育王主要生活在公元前 3 世纪，和秦始皇差不多是同时代的人。在中国差不多统一的同时，阿育王也在历史上第一次完成

印度的统一，所以他也被视为印度最伟大的君主之一。阿育王最初成功靠的是铁与血，但是大规模的杀戮给他本人的心理状态造成很大冲击。根据近代考古发现的一些刻在岩壁上的阿育王铭文，我们知道阿育王征服劲敌羯陵伽（Kalinga），因为目睹大量屠杀场面，他深感痛悔，于是决定皈依佛教，改变统治策略，用佛法代替暴力来进行统治。阿育王在治国方略上的转向，虽然被有些学者认为是孔雀王朝随后衰落的诱因，但对佛教的兴盛和传播却有着决定性的意义。

阿育王不仅亲自巡礼佛陀和佛弟子圣迹，还将自己的法令铭刻在石柱上。我们今天在孟加拉国、尼泊尔、巴基斯坦、阿富汗等很广阔的地域范围内，都发现了镌刻阿育王法敕的石柱或摩崖。其中，光是阿育王石柱，就已经发现三十三座，一般高达十多米，重量可达五十吨。在印度鹿野苑出土的阿育王石柱特别具有代表性。石柱柱头上雕刻四只背靠背、面向四方的狮子，每只脚下踩着一个象征佛法的"法轮"。1950年印度制定宪法时，就选择阿育王石柱柱头狮子的图案作为国徽。而石柱图案中的法轮，则画在印度国旗居中的位置，可见阿育王在印度历史上的地位。

阿育王还大力兴寺建塔，据说在大卜厂建八万四千座佛塔。在南北朝、隋唐时期，中国僧人曾认为阿育王兴建的塔有十九座在中国。虽然阿育王传法传到中国是无稽之谈，但派使者到邻国传播佛教的确是事实。根据研究，阿育王的使者曾经到过叙利亚、埃及、马其顿、施勒尼（Cyrene，北非古国，又译昔兰尼）和伊庇鲁斯（Epirus，古希腊邻国）传达他的敬意和佛的使命。此外，使者也到过中亚、西亚、缅甸和暹罗（即今天的泰国）等。另外，阿育王还派他的儿子摩哂陀（Mahendra）和女儿僧伽蜜多

（Sanghamitra，前 282—前 203）到南方的锡兰（即今天的斯里兰卡）传教。

可以说，佛教是在阿育王时期第一次大规模向外传播，也正是从这一时期开始逐渐成为对世界历史产生巨大影响的宗教。

4. 结集与分裂：佛陀之后的印度佛教

不过，佛教的发展并非一直顺利，中间甚至出现过多次分裂。

佛陀在世时，佛教就已经有了裂痕。当时佛陀的堂兄弟提婆达多（Devadatta），本来跟随佛陀出家修行，而且在僧团内部拥有很高威望。不过，提婆达多在修行方法上推崇苦行，也就是我们前面提到过的佛陀坚持了六年却最终认为毫无益处的那种修行方法，这和佛陀产生分歧。于是，提婆达多就率领信众离开佛陀，并自称"大师"。以他为核心的教派，就被称为"提婆达多派"。这一教派在印度影响颇大，存在时间也很长。东晋法显、唐代玄奘西行求法时，都还在印度看到过这个仍然活跃的教派。

佛陀之后，教团失去统一的教主，便再次出现分裂的迹象。据记载，佛陀圆寂后，就有佛教僧众认为可以在某种程度上改变佛陀的教法。有感于此，佛陀的弟子迦叶召集僧团代表（号称五百罗汉）在王舍城外的七叶窟举行结集，规范教团，维护正法，史称第一次结集。所谓"结集"，就是佛陀弟子们集会回忆和讨论佛陀的教导。据说，这第一次结集是由大迦叶（摩诃迦叶，Mahākāśyapa）主持；由号称"持律第一"（也就是戒律守得最完整精严的弟子）的优婆离背诵佛陀生前说过的种种关于佛教徒应当遵守的戒律，这叫"毗奈耶"（Vinaya）；而由号称"多闻第一"

（也就是听闻佛陀教法最多的弟子）的阿难（Ānanda）背诵佛陀生前说过的种种道理，这叫"达磨"（Dharma）；众弟子则负责确认他们背诵得对不对。这些佛陀关于人生、社会、宇宙的思想与道理，也就是"达磨"，就是后来的"经"；而佛陀关于比丘、比丘尼生活方式的规定，对于教团组织的纪律，就是后来的"律"；至于后来越来越多的对佛陀思想理论的解释和阐发，也有很多论著，那叫"阿毗达磨"（Abhidharma，或译为阿毗达摩），也就是"论"。不过，"论"是后出的，和这一次结集无关。"经""律""论"加在一起，就是佛教的"三藏"。据一种说法，"藏"（Pitaka）的原意是指运土用的笼筐或竹篾，常常是用来传递，所以用它来象征不断传递下去的真理；另一个意思，说这是指笼筐或竹篾，可以把所有的东西装进来，所以用来象征全部真理都容纳进来。

第一次结集虽号称有五百名罗汉参与，但并未得到当时大多数僧众的同意。传说，第一次结集结束后，佛陀的另一弟子富楼那才从南方赶到，公开认为迦叶领导的这次结集没有将他听到的全部佛法收入。这种分歧，一方面反映教团内部可能出现的争夺领导权的斗争，另一方面也是佛教不断发展的必然结果。因为随着信众越来越多，信仰的地域越来越广，对佛法的理解特别是对戒律的遵守都必然受到客观环境的影响。最初也正是因为对戒律的看法不同，僧团才逐渐分裂为多个部派。

在佛陀入灭百余年后，生活在印度东部毗舍离的僧团跟生活在印度西部的僧团，在一些戒律内容上就产生巨大分歧。为了统一认识，这一次在僧团上座（也就是长老）主持下，大约有七百名僧众举行结集，史称第二次结集，也称"七百人结集"或"上座部结集"。但毗舍离一带占多数的比丘并不认可这次结集，于是

另起炉灶也搞了一次结集。据说有万人参加，规模甚大，所以又称为"大结集"。由此，佛教出现历史上最大的分裂，形成对立的两派：一派因为坚持上座领导下的结集成果，而被称为"上座部"；一派认同后来新结集的僧团，由于他们人数众多，所以这一派也被称为"大众部"。以后的几百年间佛教教团继续分裂，但新的部派，基本上都是从上座部和大众部分裂出来，所以这次分裂也被称为"根本分裂"。

此后又过了若干年，到了伟大的阿育王时期，佛教流布范围更广，僧团人数激增，但是人一多就会鱼龙混杂，也带来新的问题。于是，在阿育王的支持下，大概在公元前250年，约有千名僧众举行新的结集，这就是"第三次结集"。但这次结集并没能实现教团的大统一。这之后，阿育王分派上座去各地弘扬佛教，所到一处，自成一派。僧团进一步分裂，相传共有十八部。

如果说，对戒律认知的分歧造成佛教分裂成上座部和大众部等部派，那么教义上的分歧，则造成教团的更大分裂。这种分裂最重要的一个结果，便是我们所熟知的大乘佛教的出现。"大乘"的"乘"是指车，"大乘"的意思就是大的车。这一派别的僧众将自己称为"大乘"，就是认为可以普度众生，不论僧俗，所有人都能成佛，目标更为宏大。他们将旧有部派佛教贬称为"小乘"，说他们只能自己解脱，并不能"觉他"，也就是不能启迪和帮助广大信仰者一起觉悟。

佛教最初传入中国时，是大乘、小乘同时传入的，但后来大乘佛教占据主流。所以汉传佛教主要都是大乘，比如《西游记》中的佛菩萨形象，其实都属于大乘佛教。今天包括中国、朝鲜半岛、日本在内的东亚世界，流行的就是大乘佛教。但被贬称为小乘的

佛教，仍然在世界上其他地方流行，诸如南亚的斯里兰卡、东南亚的缅甸等。

第三节 佛教传入中国

前面我们讲的，主要是早期佛教在印度的情况，接下来让我们离开印度，看一看佛教在中亚和中国的传播。

1. 白马驮经：佛教的东传

让我们从一幅非常著名的壁画开始说起。

这幅壁画在敦煌莫高窟第 323 窟的北壁，创作时间是隋代。画的内容大家都很熟悉，就是张骞出使西域。但如果我们仔细观看这幅画，又会觉得它和我们所熟知的张骞故事有很多不同。比如，壁画中描述张骞出使西域的背景，是汉朝击败匈奴后缴获匈奴的两尊金人像，但却不知道该怎么称呼这金人，为此派了张骞往大夏国求问名号。讲到这里，也许有人已经意识到有问题了。是的，历史上张骞出使西域，其实不是为了寻求金人名号，而是为了沟通大月氏，和西汉联合夹击匈奴。但这幅画的内容也不是当时画师自己向壁虚构的，因为我们在比这幅画更早的官修史书《魏书》中找到和它一模一样的情节。这说明，壁画里讲述的故事在当时其实流传很广，甚至还得到官方认可。

那么，这个故事和我们要讲的佛教，又有什么关系呢？关系大得很，因为在中古的某种传说中：首先，画中"金人"就是"佛"；

其次，中国佛教最初的来源地就是画中提到的"大夏"；最后，整幅画虽然是在讲张骞出使西域，但主题却是佛教东传。

关于佛教传来的故事，在历史文献中除了张骞出使西域，还有不少。根据著名的佛教史专家汤用彤（1893—1964）的研究，至少有十一种不同的说法，比如孔子时代传入、秦始皇时代传入，甚至还有更早的伯益时代传入的说法。这些故事大多荒诞不经，其中最接近历史事实的一种传说，是大约在西汉末年哀帝时（公元前后）佛教由大月氏人传给中国人。据说，当时大月氏王曾派遣使者伊存向中国使者口授《浮屠经》，因为"浮屠"是"佛"的另一种音译，所以"浮屠经"也就是佛经的意思。

虽然这种说法相对可信，但它却不是最广为人知的。历史上有关佛教传来的故事中，传播最广的是"汉明感梦"和"白马驮经"。"汉明"就是指东汉的第二位皇帝汉明帝（57—75 年在位）。据说有一天，他在梦里见到金人飞行，就问朝臣金人是怎么回事。朝臣说，梦里的金人是天竺的得道者，名号为"佛"。于是明帝赶紧派人到大月氏国抄写佛经，并用一匹白马驮回洛阳。此后，明帝又颁诏在洛阳城西建立白马寺。今天河南洛阳东北的白马寺，便号称是东汉明帝时期建的，是中国最早的佛寺。

这个传说绘声绘色，不过记载这个传说的，都是 4 世纪以后的文献，不好用作直接证据。尽管如此，汉明帝时期有中国人知晓佛教，恐怕不是向壁虚造，空穴来风。根据《后汉书》记载，汉明帝在 67 年颁布诏书，其中提到彭城（即今江苏徐州）的楚王刘英（？—71），平时"诵黄老之微言，尚浮屠之仁祠"，意思就是说，刘英在信仰老子等中国传统神明圣贤的同时也礼拜佛陀。这份诏书一方面说明包括汉明帝以及楚王等汉朝最高阶层的贵族

对佛教已经有所了解，甚至有了佛教信仰；另一方面也说明，佛教在汉朝的都城洛阳以及彭城等地已经传播开来。

20 世纪 90 年代，敦煌附近的悬泉置，出土了两千多枚汉代简牍，其中一支简特别引人注目。这支简的年代在 51 至 108 年之间，内容是一位名为谭堂的人，邀请他的朋友喝酒。有意思的是，他们约定的地点叫作"小浮屠里"。正如我们前面提到过的，浮屠是佛的另一种音译，但在古时候也可以用来指称佛塔。我们今天不是常说"救人一命，胜造七级浮屠"吗？这里的浮屠指的就是佛塔。所以，学者认为那支简牍中"小浮屠里"的存在，说明当地可能已经有佛塔了。也就是说大致在 1 世纪中后期，无论是处于汉朝中心地带的洛阳和徐州，还是处于汉朝边境的敦煌，佛教都已经传入。

当然，敦煌地处西域和内地之间，作为佛教往东传播要冲，恐怕会更早接触佛教。

2. 犍陀罗：佛教的飞翔之地

说到佛教进入中国的路径，学术界有许多讨论，出现过"海道传入说"（也就是经由南方海域传入）、"滇缅道传入说"（也就是从印度经缅甸进入云南，然后传入内地）和"陆路传入说"（也就是自中亚经西域传入）三种说法。但是，东南亚地区包括缅甸的佛教考古告诉我们，佛教传入这些地方的时间可能比较晚，中国内地佛教的出现反而早一些，那就不大可能是从滇缅道传入；而中国南方沿海地区发现的早期佛教文物，又都要晚至 2 世纪中叶以后。所以，这三种学说里，还是最传统的"陆路传入说"相

对可靠也比较明确，不仅有史书记载，还有考古文物的支持。

为什么呢？史书上记载的佛教东传最为流行的几种说法，虽然内容多有不同，但却也有一个共同点，就是中国佛教的直接来源是中亚西域，而不是直接来自印度。只不过因为不同时期控制这里的族群与势力不同，所以不同时期传说中用来称呼这些地区的名字也有变化。之所以会这样，一方面是因为佛教逐步从印度向外扩展，另一方面也是因为印度国内政治演变。

阿育王去世之后，没过多久，孔雀帝国便被巽伽王朝（Shunga Dynasty，约前 187—约前 75）取代。新王朝一反阿育王的做法，大力支持婆罗门教而反对佛教，许多佛寺被毁，大批僧人逃出印度。其中，很多僧人就逃到古代印度西北的犍陀罗地区（Gandhara），相当于今天的阿富汗东部和巴基斯坦西北。当时统治这片地区的是希腊人王国，中国史籍中的"大夏"，也就是前面提到的那幅敦煌壁画中张骞要去的那个地方。早在公元前 4 世纪，这批希腊人就随亚历山大大帝东征来到这里，甚至在整个亚历山大帝国瓦解之后，仍然在这里继续统治了几个世纪。

在犍陀罗，佛教得到王权的大力支持。有一部佛经《那先比丘经》，有的版本也叫《弥兰陀王问经》。这部佛经主要讲的就是当时大夏国国王弥兰陀（Milinda）向一位名为那先的高僧询问佛法。这里面就提到，弥兰陀国王出生于"大秦国"，这个国家又有另一个名字"阿荔散"。大秦国是东汉中国人对现今欧洲地区的统称，而阿荔散其实是亚历山大的音译。弥兰陀国王的身份和来历就明确了。弥兰陀这个名字也是音译，现在更多的是翻译成米兰德，一个非常希腊化的名字。整部佛经还有着柏拉图对话录式的行文风格，所以也有一些学者曾猜测，它很可能是改编自一个最初用

希腊文写成的文本。

当印度佛教遇到犍陀罗人，佛教面貌有了很大的转变。

比如说佛经的改变。就像前面所讲的，在佛教诞生以及传播之初，靠的都是口耳相传，不用文字记录，那几次大结集的结果，也全是口述。但是，犍陀罗的希腊统治者有自己的传统习惯，鼓励把佛经写下来，所以在这里大量口耳相传的佛经第一次被正式写下来。据说，这种犍陀罗语，是一种古代印度—雅利安语派生出来的方言俗语，而中国最早翻译的佛经，就是从犍陀罗语翻译过来的。1994 年，在阿富汗哈达地区发现目前保存最早的佛经，是一部用犍陀罗语写成的《法句经》，年代大致在公元 10 至 30 年。

佛教的转变，也体现在佛像的变化上。印度本土的佛教信仰本来不会直接描述佛长什么样子，古印度没有给圣人塑像的传统。在当时的佛教徒看来，无论是什么样的形象，都不足以描述超越轮回、获得最终解脱的佛陀。而且根据典籍，佛陀本人甚至曾经禁止弟子给他造像。如果为了方便传教，非要在图像中展示佛的存在，一般就会使用一些象征性的符号。比如，早在阿育王时代就开始修建的桑奇大塔（Great Stupa at Sanchi），上面虽然雕刻大量佛陀故事，但居然没有任何佛的样貌，取而代之的是他的脚印、法轮、宝座、菩提树等这些可以象征他存在的意象。

可是，古希腊人和印度人不一样。古希腊人相信神和人有同样的形体和性格。所以，他们会参照人的形象来塑造神，赋予神像更理想、更完美的艺术形式，比如《断臂的维纳斯》（*Venus de Milo*，又称《米洛的维纳斯》）、《萨莫色雷斯的胜利女神》（*the*

Winged Victory of Samothrace）这些都是。所以，随着亚历山大大帝的东征，希腊人的观念和审美、雕刻人像的技术，也一并传到东方，随之进入佛教文化。我们所能看到的最早佛像，正是出现在希腊人统治的犍陀罗。

1978 年，苏联和阿富汗联合考古队，在阿富汗境内发掘一个叫"黄金之丘"（Tillya Tepe）的地方，挖出六座墓葬，出土多达两万件的金器和其他文物。这些文物的年代大致在公元前后。六座墓葬中的 4 号墓出土一些金币，金币上表现的是一个正在行走的人，双手推着一个转动的轮子，旁边用佉卢文铭文写着："转法轮者。"这个转法轮的人，自然就是佛陀。金币上面居然出现佛陀形象，引起广泛的关注。但遗憾的是，这种形象再也没有被发现过。有学者认为，这也许是佛像早期的一种尝试，只不过这种尝试并不成功，流传不广罢了。

后世主流的佛像，出现于大约一百年之后的 1 世纪。最初的蓝本可能是希腊的太阳神阿波罗（Apollo），因为最早的佛像上佛的头部都带背光，而这个背光的传统就来自阿波罗塑像。早期的佛像在面貌上、雕刻手法上都很有希腊风格。这种风格的雕像，便被称为"犍陀罗艺术"，是今天世界上很多博物馆的重要馆藏和文物收藏家的珍品。

在中国，无论是北方还是南方，最早佛像的艺术风格，都曾受到犍陀罗艺术的影响。就从这一点也能看出，中国早期佛教应该来源于犍陀罗，这也和文献记载的佛教来自中亚地区的月氏相契合，因为希腊人王国大夏后来向大月氏称臣。

如果说，最先推动佛教走向印度之外的世界的是阿育王，那么真正走向世界的第一个高潮就是在犍陀罗。今天，我们一般对

中亚西域这片地方的认识总是离不开伊斯兰教，但在那个时期它却是佛教重镇，甚至有学者称犍陀罗为佛教的飞翔之地。

到了 2 世纪，东汉渐渐失去对西域的控制。犍陀罗地区迎来后来的征服者月氏人。在月氏人创建的贵霜帝国时期（Kushan Empire，30—375），犍陀罗达到极盛，也成了佛教的中心。贵霜帝国的迦腻色迦王（Kanishka），继续实施保护佛教的政策，以佛教治国。他广建寺院，把大批杰出的佛教高僧招揽到身边，其中就有马鸣（Aśvaghoṣa）、龙树（Nagarjuna，约 150—约 250）这些在佛教史上名垂千古的思想家。传说，迦腻色迦王还主持佛教史上的第四次大结集。也正是在他统治的时期，佛教的传播形成高潮。比如，安世高、支娄迦谶等最早来华的弘法僧，就都是在这一时期经由西域来到中国的。而现在新疆的龟兹等地，也就是当时从犍陀罗到中国内地沿线的西域绿洲国家，后来也都陆续接受佛教。

说到这里，也许有人感到奇怪，既然佛教最早是沿陆上丝绸之路传播到中国的，那为什么中国内地接触佛教的时间，反而要比西域很多绿洲国家更早呢？因为佛教的传播，实际上往往是僧团的迁移。维持僧团的运营，对当地的经济有比较高的要求，而西域绿洲经济发展到足以供养大规模僧团的程度，要到 2 世纪以后，这已经比较晚了。所以，有学者将佛教早期传入中国的方式称之为"长途传播"，认为最早前往中国传法的僧人，不是来自所谓"西域"的绿洲，而是直接来自中亚西部犍陀罗地区。他们很可能是坐在骆驼和大马车上，穿越浩瀚的新疆中空地带，直至交通线的另一端——中国，方才停住脚步。

3. 康僧会游江南：江南佛教的肇始

东汉时期佛教在中国虽然零零星星有了一些据点，但古代中国人对佛教的最初认知仍然非常有限。1971 年，在内蒙古和林格尔的一个东汉墓葬的前室顶部，考古学家就发现了一幅有趣的壁画：一个神人身着红色衣服，坐着一头白象，旁边有毛笔用墨写着"仙人骑白象"。这显然是佛教的事情，描述的是佛乘六牙白象进入摩耶夫人胎中的故事！可是，这个佛是被叫作"仙人"，而且安放在地下墓葬当中，整个墓室的壁画最主要的又是中国传统墓葬壁画的内容，比如东王公、西王母、青龙、白虎、朱雀、玄武等。这说明在墓主人心里，佛和中国传统的神灵没什么区别。其实，佛教刚刚传入中国的时候，中国人的普遍信仰形态就是如此。如果大家留心的话，我们前面提到的楚王刘英，也是既学黄老又礼拜佛。

后来，来华传法的僧人多了，翻译的佛经也多了，人们对佛教的理解，也就慢慢变得更深了。大约到了三国时期，中国北方，像洛阳，就出现多个佛教中心，而南方也出现以吴国都城建业（即今天的南京）为中心的佛教团体。根据佛教史籍的记载，南方佛教的发展和吴国一位重要僧人康僧会（？—280）有密切的关系。

虽然史书上说，康僧会的家族世居天竺，但实际上康姓属于粟特人的昭武九姓（汉唐之间中亚粟特地区来到中原的粟特人或其后裔），所以他应该是粟特人。康僧会的父辈，因为经商移居交趾（约相当于今天的越南北部）。后来，康僧会出家为僧，247 年来到吴国首都建业。《高僧传》里说，康僧会通过展现神通和讲说道理使得吴主叹服，在建业建立江南第一所寺院——建初寺。据

记载，吴主孙皓曾经问康僧会，佛教所说的善恶报应等道理究竟有什么新的地方？康僧会给他解释了一番，但是还没有说服孙皓，他颇不以为然地说，这些道理周公、孔子不是已经说过了吗？那么要佛教有什么用？这时，康僧会说了一段很重要的话，指出传统中国的周公、孔子说的，只是表面的道理，而佛教则讲到深处。为什么呢？佛教告诉世人，"行恶则有地狱长苦，修善则有天宫永乐"，有了这种善恶报应来规范伦理，因而天天只会讲礼乐而没有地狱天堂惩罚的周公、孔子之教比起佛教差远了。这个故事是否可靠，还不清楚。但在中古非常流行，连远在西北的莫高窟323窟也绘有康僧会和建初寺的壁画，在韩国和日本也有康僧会的传说。在东亚佛教史上，康僧会到江南、汉明帝感梦和白马驮经，都是被津津乐道的大事件。

当然，东汉、三国还是佛教传播的初级阶段，佛教在中国仍只是星星之火，那么这点星星之火是如何在中古中国渐渐形成燎原之势，并从中国传播到朝鲜半岛和日本的呢？

第四节　佛教在中国的发展

前面我们讲了东汉时期，来自中亚主要是犍陀罗地区的人，给中国带来佛教。三国时代以后，我们在历史文献中看到，越来越多的域外僧人来到中国传法，也有越来越多的中国僧众前往中亚和印度求法。你来我往，在彼此交错的努力下，佛教信仰在中国逐渐传播开来。

1. 九九八十一难：传法与取经

很多人都看过《西游记》。《西游记》里的唐三藏西天求法，尽管有白龙马，有神通广大的孙悟空、猪八戒和沙和尚陪伴，但还是要历经九九八十一难，方才能到达西天佛国。这当然是神话故事，但历史上的东来传法人或西行求法人如法显、玄奘等，确实也曾经历种种磨难，甚至多次险些命丧途中。

从印度经由西域转向中原，或是从中原经过西域转向印度，途中都要经过沙漠、戈壁和雪山，像今天甘肃和新疆境内的库木塔格沙漠和塔克拉玛干沙漠，而雪山就是古代的葱岭。求法路上最危险的，就是这些沙漠、戈壁和雪山。4世纪末至5世纪初，前往西天取经的僧人法显说，那一路上茫茫沙海，看不见任何生物，也找不到任何道路，只能根据太阳辨别方向，只能沿着死人的枯骨前进。穿越沙漠九死一生，翻越大雪山也异常凶险。山的海拔很高，终年积雪，并且四季有大风。古代人还认为，雪山中有毒龙。当毒龙不高兴时就会口吐狂风，飞沙走石，危害人间。如果有人遇到大风，便生死难料。有时还要攀岩走壁，而所使用的工具仅仅是"傍梯"。说是"梯子"，实际上是镶嵌在岩壁上的木锥子。攀登使用这样的"傍梯"和我们今天的攀岩运动已经非常相似。在一些路段，甚至要自己携带这些木锥子。有一位名叫昙无竭的僧人曾用四个木锥子攀岩，每攀登一步，就要弯腰把脚下的一支木锥子拔出插到上面的岩壁，然后再往上攀登。双脚踏在木锥子上时，下面是悬空的，身体靠木锥子支撑，一旦体力不支或木锥子断裂，就很容易坠入深渊，危险程度可想而知。所以，要通过这种山路，不仅需要足够的体力和胆量，还需要相应的技能和经

验。和法显一样，7 世纪的玄奘远赴印度，就曾经在沙漠中迷失道路，最可怕的是他还打翻了水袋，以至于四天五夜未曾饮用一滴水，最后陷入昏迷，濒临死亡。当时，他只能口念观世音菩萨求救，幸好最后还是找到了水源，方才得救。

我们常常感叹法显、玄奘等求法僧的坚忍不拔，宁可向西而死，不愿向东而生。但却常常忘记了，其实从印度或西域来中国走的也是同一条道，那些最早到中国传法的僧人也往往是九死一生。比如南北朝的时候，有一位叫阇那崛多（Jñānagupta，约 523—约 600）的高僧，起初和他一起东行来华的有十个人，最后到达西魏时只剩下四人。来华路上，阇那崛多为了度过困难境遇，甚至一度还不得不舍戒还俗。

陆路求法和传法，固然非常艰辛，可在海上，一样也很凶险。海上经常有大风暴，古人称为"黑风暴雨"，并且一旦粮食不足，淡水用尽，就很麻烦了。法显乘海船回国时，就曾遇到风暴。同船的婆罗门教信徒甚至污蔑是佛教徒法显引发风暴，要求把他扔下船去。好在最后有其他人的保护，他才免遭厄运。

当然，也并不是所有来往于陆地和海洋东西交通之路上的僧人，都会经过这样的磨难。也有幸运的，比如大名鼎鼎的鸠摩罗什（Kumārajīva，344—413）就是后秦苻坚（357—385 年在位）派军队迎入中国的。不过能有这般待遇的僧人毕竟不多。

2. 中古中国：南北佛教之兴盛

前面我们说到，佛教是从反思人生的苦难出发，建立自己的救赎、解脱和超越之道的。按照佛教的说法，人生是痛苦的，是

一个不断循环流转的苦难历程。从生到死，从死到生，处于"生生不息"的"轮回"之中的"人"，好像没有办法逃出这种苦难的缠绕。所以，有人说西方宗教的基础是"罪"，来自神话和传说，好像基督教的根本基础是和伊甸园有关的。人有原初的"罪"，人类从一开始就经受不了诱惑，生下来就犯了错误。所以，他要忏悔、礼拜、祷告，在人生道路上也要不断地向主的代表牧师告解，领取圣餐，感受主的存在，乞求主的宽恕，因此才能坚定信心，永远相信上帝。而佛教则不同，佛教观察人生和社会，得出的看法是人生皆"苦"，不仅活着的时候苦，而且"三世因果"，就是说人的生命在这三世（前世、现世、来世）中连续不断，始终在"六道"（地狱道、饿鬼道、畜生道、阿修罗道、人道、天道）中轮回。因为这种"苦"，所以人要摆脱苦难，就要修行佛法，超越尘世，拯救自己的精神。因此，他们相信佛教，也是因为他们觉得佛、法、僧三宝可以带领自己走出六道轮回，得到苦难消失的"超升"。

这种教义对混乱时代深陷苦难中的人们很有吸引力。佛教在魏晋南北朝时期，渐渐在中国越来越普及。一方面是因为北方的非汉族统治者没有那么深的儒家传统，虽然有人攻击佛教来自外国，中国皇帝不应当信奉，但是非汉族统治者可不管这些。后赵皇帝石虎（334—349 年在位）就说，我就来自"边壤"，就应当遵守"本俗"，而"佛是戎神，正所应奉"。他的意思就是，我是胡人所以要信奉胡神。这就突破原来汉族和儒家的防线，把宗教信仰的华夷之分给破了。另一方面，东晋以后很多汉族士大夫，比如郗超（336—378）、殷浩（约 303—356）、孙绰（约 314—371）这些人，渐渐对这种深刻的宗教信仰有兴趣，觉得它讲了很多"周孔之所不言"的人生道理，而且要比儒家深刻得多。其实最早，

像前面我们提到,康僧会面对三国吴国的皇帝孙皓时就说过,周公、孔子所说的只是粗略浅近的道理,可是佛教却给大家讲更远更深的道理。什么道理?就是六道轮回、善恶报应。

早期佛教传入中国,最重要的一方面是小乘禅学,一方面是大乘般若学。前面提到,147、148 年,两个中亚来的僧人支娄迦谶(简称"支谶")和安世高分别到达洛阳,各自传来佛教的不同知识。大月氏人支谶先译了《阿閦佛国经》,后来又译了《道行般若经》,他的弟子支亮和弟子支谦更译出很重要的《首楞严经》《维摩诘经》,把大乘般若学说引进中国;安息来的安世高则译出三十五部佛经,其中包括小乘禅法的《安般守意经》,他与周围的安玄、康僧会、严佛调(又称严浮调)等,一道把小乘禅学引进中国。这两方面的结合和混融,其实对中国后来的佛教产生很大的影响。

4 世纪末至 5 世纪初,经过南方的慧远(334—416)和北方的鸠摩罗什,以及他们弟子的努力,佛教在南北都得到皇权的支持。到了 5 世纪下半叶,渐渐地,佛教传播得越来越广,佛教的道理也越讲越深入,出现很多高僧。这些高僧往来南北,互相交流。到了五六世纪之交,般若系经典与《妙法莲华经》《维摩诘经》《大般涅槃经》以及《大智度论》《中论》《百论》《十二门论》等越来越盛行,各种戒律也被翻译过来,僧团的组织也越来越严密,各种道理反复辩论分析。这时候出现佛教的大繁荣。大家看北方有那么多巨大的石窟,而南方呢?"南朝四百八十寺,多少楼台烟雨中。"(杜牧《江南春》)随着佛教的兴盛,也带来对经典的不同解释、不同的修行方式、佛门弟子的不同归属,于是中国就出现很多不同的佛教门派,比如三论宗、法华宗、俱舍宗、地论宗、禅宗等。

那么，谁是佛教的正宗？谁是佛教的正脉？最准确最根本的教义是什么？于是，中国佛教徒也要正本清源，这就出现玄奘去印度取经的事情。

3. 历尽万难取经回

贞观十九年（645），西行求法十七年的玄奘，回到唐朝首都长安。跟他一同到达长安的，还有多达二十匹的马队，这规模已经赶上丝绸之路上的一个商队。二十匹马上驮的除了精美的塑像和画像，更为重要的是多达657部的梵文佛典。翻译这些梵文佛典，也成为玄奘余生夜以继日的伟大事业。

其实，除了玄奘，数百年间大批西行求法的僧人回国时都会或多或少地带回一些佛典。就历史上的真实情况来说，南北朝中后期以后，中印佛教交流非常频繁，发展保持大致的平衡。但很多中国信众仍然相信中国所取得的佛经，只不过是印度佛经总数的很少一部分。在敦煌藏经洞中，便发现两份唐代人写的佛经总目，上面列出中国已经翻译过来的佛经数目为1898卷，而尚保存在印度的佛经总数多达57 062卷。也就是说，在他们看来，中国所取得的佛经数量只占印度佛经总数的3%，这当然是唐代信众的自我想象，但这一说法直到明代都仍有影响。《西游记》就记载说唐僧师徒到达西天雷音寺后，佛祖让他们进入藏经阁观看，唐僧看到西天有佛经15 105卷，而当时东土唐朝有经5048卷，只占了佛经总数的33%。尽管这一比例已经比唐代人的想象高了很多，但中国的佛经总数仍然很少。这种想象，加上"原教旨"也就是寻求根本的、原汁原味的佛教信仰，就成了求法僧前赴后继西行求法的重要动力。

　　历史上求法僧获取写经的过程并不轻松，他们需要自己一字一字地进行抄录。可能跟中国很早就形成的重视文字记录的传统有关，中国的求法僧前往西方求法时，往往会携带很多纸张、毛笔等书写工具，方便他们找到经典时抄写下来。我们在唐代义净写的《大唐西域求法高僧传》中就看到，到达印度的唐代僧人，几乎都有抄写佛经的活动。大和尚义净为了便于抄写梵文佛经，甚至还曾专门写信回广州，要求国内给他提供大量的墨和纸张以及善于抄写佛经的写手。

　　与中国求法僧不一样，南北朝时期来华传法的僧人往往并不携带经书。那么，他们怎么翻译经典呢？他们会利用中国求法僧带回的经卷，但更主要的还是依靠他们自己记忆和背诵出来的经典。这样做的原因有很多。比如，尽管经过犍陀罗鼓励文字写经，但当时印度和西域用文字记录的佛经还不是很多。又比如，当时文字写在桦树皮或贝叶上，重量很重。而且很多来华僧人其实都是逃难或者四处游学，路上自然不会携带很多佛经。中国和日本都保存一些古代行脚僧的画像，他们多是一个人行走，身背经箧，经箧中清晰可见一卷卷经书。其实，这样的经箧是放不了多少古代的桦树皮或贝叶经的。

　　古代印度历史上之所以没有书写传统，是因为他们觉得书写不是有教养的知识分子应该做的事情，甚至在印度著名史诗《摩诃婆罗多》中就有"书写吠陀者入地狱"这样的诅咒。"吠陀"是印度最重要的史诗，相当于希腊的"荷马史诗"。他们认为吠陀的诗歌发音非常复杂，当时的文字根本无法完全标记清楚。所以，7世纪末义净和尚到达印度时，仍然见到印度婆罗门在口头传诵经典。发源于印度的佛教当然也是如此。我们今天能看到的梵文写本，

绝大部分是以后才抄写下来的。

对口传的极度依赖，也训练出佛教僧人非常出色的记忆能力。五胡十六国的后秦统治时期，来自西域的佛陀耶舍的记忆力便非常出色。据说他可以"诵大小乘经数百万言"，也就是可以背诵数百万字的经典。起初后秦皇帝姚兴（394—416年在位）不相信这个佛陀耶舍有如此强大的记忆力，就想测试他。姚兴准备了很多记载人口信息的户籍册和药方等让佛陀耶舍临时识记。这些内容，尤其是药方，内容上没有规律而且零碎，总字数又很大，可能有几万字，但佛陀耶舍仅仅用了一天，便记住全部文字，据说甚至"不误一字"。这当然有夸张之处，但也说明僧人的记忆力确实惊人。

4. 边地与中心：中国本土佛教中心的兴起

佛教起源于印度，所以在中国佛教信众心目中，印度自然是信仰中心，中国处于边缘地带。当一个虔诚的信徒踏上他日夜念诵的"佛国净土"，往往会激动不已吧。据说，当初玄奘到达迦阇山（即羯阇尸利沙山），就是佛陀顿悟成佛的地方，他兴奋异常，激动的同时也有一种自卑感，以至于不知不觉间竟然昏过去。还有很多求法僧到了印度，就选择不再回国。唐代初年一位名叫道宣（596—667）的大和尚甚至还曾专门写过一篇文章，从地理、人文等五个角度论证印度就是世界中心而唐朝处于边缘的观点。

不过，信仰还是随着国家政治的影响而变化。随着中国的发展，尤其是在隋唐时期达到鼎盛，向来自认为是天之中的中国，相信自己在亚洲乃至世界的格局中是处于中心位置。这逼得佛教方面也不

得不默认中国和印度一样也是世界中心之一，而且在佛教传播上也出现与之一致的倾向：一方面，成群结队的僧人从印度半岛和中亚奔赴唐朝；另一方面，中国本土僧人也越来越多地有了宗教信仰上的自信。8世纪中后期，中国甚至出现这样的传说，有印度僧人对中国佛教极其仰慕，认为中国佛教最正统，并且殷切希望能将中国的佛教著作译成梵语在印度流通。中国僧人对这则故事津津乐道，背后彰显的是对中国佛教的自信，认为中国佛教已经不输印度。

除了宣扬中国佛教在教义上的优越，中国信徒甚至还将佛经中描绘的佛教圣地移植到中国，其中最广为人知的就是"四大菩萨道场"，也就是文殊菩萨居住的五台山（在今天山西省）、普贤菩萨居住的峨眉山（在今天四川省）、观音菩萨居住的普陀山（在今天浙江省）以及地藏菩萨居住的九华山（在今天安徽省）。这些地方至今仍然是大家熟知和敬奉的道场，并且这四位菩萨都是大乘佛教信仰体系中最著名的菩萨。在中国信众的叙述中，本是印度的菩萨成了居住在中国的菩萨，这无疑极大地增强中国信众的信仰自信。

到了9世纪，五台山已经成为唐朝最重要的佛教信仰中心，前往五台山礼拜的信徒络绎不绝，甚至影响到中亚和西域。从敦煌莫高窟墙壁上留下的回鹘文等文字题记，我们可以了解到10世纪时有中亚地区的僧人就希望到五台山礼拜。在敦煌藏经洞，甚至找到一份印度僧人普化大师的行程日记。上面详细地记录着他在五代后唐时期，不远万里从印度来到中国，以及在五台山瞻仰文殊圣迹的全过程，为了亲眼看见文殊菩萨的灵迹，他昼夜未眠，一直诵经念咒。

前往五台山礼拜的众多异域信众中，除了从西方来的僧众，更多的是来自东方的朝鲜和日本的僧人。我们至今能从朝鲜和日

本文献中，看到两国僧众当年来到中国礼拜的大量记载。那么，他们的佛教信仰从何而来，又与中国以及印度等地有什么关系呢？

第五节　佛教传入朝鲜

明朝永乐二年（1404），一位明朝使者前往朝鲜。朝鲜李氏王朝（1392—1910）是当时朝鲜半岛的统治王朝。明朝使者和当时的朝鲜国王太宗（1400—1418 年在位）说，他想去看看金刚山。太宗就问："你为什么要去金刚山呢？"使者说，自己在国内时就曾听说过一句谚语"愿生高丽国，亲见金刚山"，所以很想一睹金刚山的真容。这个故事记载在朝鲜史料《太宗实录》里。

这位使者是谁，现在已不可考。他提到的谚语在中国史籍中鲜有记载，但是很奇怪，在现在的朝鲜半岛非常流行。如果你现在去金刚山旅游，无论是旅行社的宣传册，还是导游的解说词，都会引用这句谚语。半岛媒体甚至认为这句谚语出自苏东坡，这当然是无稽之谈。不过经过学者的考证，它应该出现在元末明初的时候。

金刚山这个名字，一看就和佛教有极大的关联。在《华严经》中昙无竭菩萨居住的道场就在金刚山。那么，它怎么会和朝鲜半岛有所关联呢？这就需要从朝鲜半岛的佛教信仰开始讲起。

1. 月送孤帆：朝鲜半岛来的僧人

亚洲东部的朝鲜半岛和佛教发源地南亚的印度之间相隔甚远，

但是朝鲜半岛和中国山水相连。古代的国家分分合合，汉朝的疆域就曾深入半岛，而高句丽的控制范围也曾深入到东北，彼此山川犬牙交错，中古时期很难说清边界是哪儿跟哪儿。在中国三国时代，为躲避战乱，不少汉人就迁徙到朝鲜半岛，中原的文化，包括外来的佛教，很容易从这里传播到那里。不过，学术界根据文献记载，一般判定佛教最初传到半岛，大约在4世纪中叶。那时候，半岛上有三个国家，占据半岛北部的高句丽、占据半岛西南部的百济和占据半岛东南隅的新罗，所以这一时期的朝鲜半岛也叫三国时代。

有文献记载，372年，前秦苻坚就以佛教僧人顺道为使节，到达高句丽，并送去佛像和佛经；两年之后（374），高句丽僧人阿道（约343—400）也从南方的东晋回国，稍后在高句丽建立伊弗兰寺和省门寺；十年之后，半岛上的另一个国家百济，迎来一个胡僧摩罗难陀。据说百济枕流王（384—385年在位）在汉江之南的汉山郡，为他建立寺院并且剃度十个僧人。最后是新罗，在第十九代王纳祇王时代（417—457年在位），从高句丽迎来一个叫墨胡子的僧人，墨胡子给他讲了"三宝"（佛、法、僧）的道理。不过，新罗要到更晚的二十三代王法兴王时代（514—540年在位），大概是6世纪初才开始大兴佛教。

不过，7世纪新罗在唐朝帮助之下，打败高句丽和百济，逐渐统一半岛。新罗和唐王朝关系密切，在各方面都学习唐朝，大批新罗僧入唐求法，这大大推动了新罗佛教的发展。史籍记载说，唐代从新罗入唐求法的僧人，有名有姓的就多达一百七十余人，实际人数应该更多。很多入唐僧人往往聚集一处，为了安置他们，中国很多寺院都要专门开辟出独立的院落，这样独立的院落就被

称为"新罗院""新罗庵"等。比如，山东登州也就是今天的威海，就有一个叫"法华院"的新罗院，常年居住的新罗僧多达三四十人。入华求法僧的足迹几乎遍及中国大江南北，北边可到代北一带（今天山西北部），南边到广州沿海地区，西边到帕米尔高原，东至于海。当然他们足迹最多的还是在隋唐的两京地区，就是长安和洛阳。

从 7 世纪起，新罗人就在唐朝寻佛觅祖，甚至成了唐朝高僧。像成都净众寺有名的禅师，法名叫无相的金和尚（648—742），据说就是新罗王子。大家知道敦煌莫高窟的 61 窟西壁规模巨大的《五台山图》吗？五台山是唐代佛教圣地，这幅壁画对五台山形胜描绘得非常细致。在这幅画里就有一处"新罗王子塔"，大概是新罗王子去世后埋葬骨灰的塔。这大概不是禅宗金和尚，因为来中国自称新罗王子的人蛮多，但没有一位死后埋葬在五台山。尽管如此，新罗王子与五台山的故事，在敦煌文献中却有多处记载，甚至还被写进歌里被时人传唱。歌的内容是这样的："滔滔海水无边畔，新罗王子泛舟来。不辞白骨离乡远，万里将身（一作持心）礼五台。"

不过，在唐朝的新罗僧人取得很大成就的，除了前面提到的禅宗金和尚，还有唯识宗大名鼎鼎的圆测（613—696）。他来到中国后，跟随的老师就是从西天取经归来的玄奘。圆测天资甚高，据说，有一次玄奘单独给他最得意的弟子窥基（632—682）讲解《唯识论》，其他人都不允许听。圆测偷偷地趴在门外听，听完之后，理解得比窥基还要透彻。圆测自己偷听也就罢了，他还鸣钟召集寺内僧众，当众讲说自己听到的内容。窥基听闻此事后，十分恼火却又无计可施。玄奘为了安慰窥基，只好说圆测虽然懂了《唯识论》，但我还没给他讲过因明学，那才是更高级的呢。于是，玄

奘就把因明学理论讲给窥基。

有人认为，这是后人编造的故事。真伪暂且不论，单就圆测所取得的成就，在当时也是可以和窥基比肩的。不过，最后圆测没有回到新罗，在洛阳就圆寂了。

2. 也去天竺：慧超和他的《往五天竺国传》

新罗僧人不仅大量入唐求法，还有不少人不远万里赶赴西域和印度求法。7 世纪下半叶，唐朝大和尚义净到达印度时，就见到了六位新罗僧。根据义净的记载，这些新罗僧有些甚至取了梵文名字，一直生活在印度。只有一位玄太法师，曾经回到了唐朝，但最后可能也没回新罗。在这之后，还有不少新罗僧人继续西行求法，最著名的一位叫慧超（704—787）。

723 年，二十岁的慧超来到中国，南下广州乘船，泛海西行前往印度。游历印度几年之后，他从陆路返回，727 年到达唐朝都城长安。他行程多达十万多千米，据说最西面甚至到过阿拉伯半岛，所以他很了解那边的事情。根据自己的见闻，归来的慧超写成《往五天竺国传》。有意思的是，慧超的这本书在历史上已经亡逸，可是幸运的是，它有一个剩了六千字的残本，刚好保存在敦煌藏经洞里。法国人伯希和 20 世纪初发现了它，但不知道它是什么书。中国学者罗振玉刚好发现古代中国佛教编的《一切经音义》里，有一段文字和它一样，证明它就是慧超的《往五天竺国传》，这样它才重见天日，一下子就很引人关注。

要知道，慧超西游的年代，是世界格局尤其是亚洲内陆秩序剧烈转变的年代。传统的波斯和突厥仍然存在，但已走向衰落，

印度也四分五裂。不过东边的唐朝正是盛世，西边的大食帝国逐渐崛起。远行的慧超意识到这种格局的变化，他在书中多次描述了阿拉伯帝国的历史以及崛起。他说，大食原来为波斯的"牧驼户"，后来背叛波斯，杀波斯王，吞并其国，并同时向西向东两个方向扩张。向西攻打的是当时的拜占庭帝国，也就是东罗马帝国。他到达阿拉伯帝国的时候，正赶上帝国哈里发出征，不在首都。当时的阿拉伯帝国向东扩张，则占领了中亚和印度的大片领土。随着一手拿剑、一手拿《古兰经》的阿拉伯帝国铁骑的东进，东西方两个大国的较量已经势不可免。的确，二十多年后，在阿拉伯帝国控制的怛罗斯，就爆发了那场著名的大食与唐朝的遭遇之战。

慧超的《往五天竺国传》被称为朝鲜的"大唐西域记"，也是我们今天了解 8 世纪中亚和印度的重要资料。不过，和他的同胞前辈一样，慧超最后也没有返回新罗。这些高僧未能返国，对半岛佛教发展来说，当然是不小的损失。所以，几个世纪之后仍有人感叹"几回月送孤帆去，未见云随一杖还"。

3. 王即刹帝利种：新罗佛教的本土化

不过，说是那么说，还是有不少新罗僧人回到朝鲜半岛，而且他们吸收中国"不依国主，法事难立"的思路，很快和朝鲜半岛的王权结合，推动佛教在那里的兴盛。

前面说到，新罗本来是半岛三国里最晚一个接受佛教的，然而由于它依赖唐朝，深刻地唐朝化，所以对佛教的接受却是最彻底的。新罗最开始推行佛法的君主，是 6 世纪的法兴王。法兴是他的谥号，这就可以看出他对佛教的态度。法兴王不仅在全国各

地大兴寺院，还曾亲自到寺院修行。后世的史书，甚至把法兴王视为高僧而收入《高僧传》。

法兴王之后的真兴王（540—576年在位）等几位国王，在崇佛方面有过之而无不及。真兴王不仅自己在晚年出家为僧，自己的王妃也剃度出家为比丘尼。作为一国之君，像真兴王一样真正出家的人，当然不会很多。而王子众多，自然不会人人都能继位，所以在浓厚的佛教信仰氛围下，就有很多新罗王子出家为僧，并且不少人取得比较大的成就，在后世有很大影响。比如我们前面提到的偷听玄奘讲法的圆测，又比如前面提到的鼎鼎有名的无相禅师。最广为人知的，可能还是金乔觉（696—794）。听他的名字，可能有点陌生，但你如果对佛教稍有些了解的话，应该知道今天安徽的九华山是地藏菩萨的道场，是四大菩萨道场之一。九华山被人们称为"地藏菩萨道场"，正是从金乔觉开始的，金乔觉也被后人视为地藏菩萨的化身。

在很多崇信佛法的新罗王看来，佛教不仅仅是个人的精神信仰，还可以成为治理国家的工具。我们刚才讲到的真兴王，就曾经试图用佛教神化自己的统治。他给自己的太子起名"铜轮"，次子起名"金轮"，这是佛教的四大转轮王中铜轮王和金轮王的简称。在佛教观念中，轮王出现说明当时世界非常兴盛，不同的轮王也对应着不同的兴盛程度。佛教想象中的世界，分为四大部洲，铁轮王可以统治一大部洲，铜轮王可以统治两大部洲，银轮王可以统治三大部洲，金轮王则可以统治所有四大部洲，在他的统治下，世界也就达到最鼎盛的时期。单从诸位王子的名字来看，也可以知晓真兴王的心理。和他一样的，还有他的孙子真平王（？—632）。真平王名白净（伯净），他的王妃号为"摩耶夫人"。在佛

教中，白净是释迦牟尼佛之父，而摩耶是释迦牟尼佛之母。新罗王族用这样的名号，也是试图利用佛教把自己的统治神圣化。

为了迎合国王的心理，很多高僧也大力赞许王族与佛教之间的关系。比如唐初曾入唐求法的高僧慈藏回国后，就曾向新罗国王汇报，说自己在五台山见到文殊菩萨，文殊菩萨跟他说"我国（这里指新罗）的国王乃是天竺刹帝利种，并且得到了佛的认可，以后可以成佛"。为了让更多的人相信新罗就是佛国净土，从慈藏和尚开始，一些高僧宣扬新罗有很多地方就是菩萨居所。说到这里，也许有人会意识到，这个方法是学自中国的。是的，隋唐时期，很多中国僧众就将佛经中的圣山附会到中国某座山上，其中最著名的就是四大菩萨道场。新罗僧人就是从唐朝获得这一灵感，慈藏回到新罗后，就将自己修行的地方称为"五台山"，后来这里也真的慢慢地成了半岛的信仰圣地。

一开始我们提到的金刚山，大概就是这么想象和创造出来的。从 7 世纪后半叶开始，新罗信众就宣扬此山是佛经中昙无竭菩萨的道场。虽然昙无竭菩萨在大乘佛教中本来并不出名，但随着不断有著名的高僧大德到此修行，越来越多的人也开始相信并传颂金刚山昙无竭菩萨显灵的故事。口耳相传，昙无竭也逐渐成了著名的大菩萨，在朝鲜半岛的影响力和中国的四大菩萨差不多。金刚山的声名日渐传播，渐渐被半岛上的人们奉为"海东第一名山"。

4. 海东佛国：半岛佛教的贡献

朝鲜半岛的佛教虽然主要受中国影响，但是自身也有特色，甚至反过来对中国乃至整个东亚的佛教发展也多有推动。

就拿佛经翻译来说。历史上翻译佛经的僧人，主要是来华的印度僧人、西域僧人以及像玄奘这样通晓各种语言的中国僧人。不过他们也有翻译助手，当中就有很多新罗僧人。有人说，唐代新罗僧人参与翻译的佛经，占到当时翻译佛经总量的很大一部分。除了佛经翻译，一些新罗僧的著述，对中国也很有影响。比如新罗佛教史上最著名的僧人之一元晓（617—686），他在朝鲜半岛的知名度不比玄奘在中国的知名度低。他博学宏识，著述丰富，尤其对中国佛教的华严思想研究非常精深。中国佛教华严宗的宗师法藏和尚（643—712）就受到元晓的很大影响。

包括佛教典籍在内的中国典籍，在历史上遭遇过很多厄难，不少典籍都佚失了。但幸运的是，很多书籍被来华的朝鲜使者和僧人带回到半岛，所以历史上就经常出现中国典籍从半岛反向传回中国的现象，而且在朝鲜半岛刻印的佛教经藏也相当完整。其中最重要的要数《高丽藏》。《高丽藏》是 13 世纪高丽王朝时期雕刻的一套大藏经，依据的底本是宋太祖开宝年间（968—976）中国雕刻的《开宝藏》。《开宝藏》所用雕版多达十三万块，但后来全部毁于战火。印刷的佛经，在中国也仅有零星残卷传世。《开宝藏》的不幸，成就了《高丽藏》的美名。因为《高丽藏》最初就是完全按照《开宝藏》覆刻的。虽然《高丽藏》最初的雕版也毁于战火，但再次雕刻的印版仍然沿用《开宝藏》作为底本，并加入其他版本的校勘，经文内容更加精审。《高丽藏》几乎完好保存至今，成为现今世界上历史最久、内容最丰富的佛教雕版大藏经之一。它的雕版也保存至今，被韩国奉为国宝。保存《高丽藏》的韩国海印寺，也在 1995 年被联合国教科文组织列入《世界遗产名录》。

关心禅宗史的人，也许还记得一个例子。五代时期中国禅宗

撰写的最重要最丰富的禅史文献《祖堂集》，也是由于保存在朝鲜半岛，最终于 20 世纪重见天日，使得禅宗史研究旧貌换新颜。因为它比我们通常使用的禅史文献《景德传灯录》不仅早了很多年，而且还保存了很多原始资料。可见，半岛佛教对东亚佛教流传的贡献真是很多，更何况与半岛隔海相望的日本，最早接触的佛教也是来自百济和新罗，半岛成为中国与日本之间佛教传播的中转站。

关于这个话题，下一节我们再详细介绍。

第六节　佛教传入日本

1. 大倭国的释尊：圣德太子

佛教从中国传到朝鲜半岛之后，我们再顺着这条路线，来说一说下一个佛教落脚地——日本。

最近流传很广的"山川异域，风月同天"这句话，是唐代高僧鉴真所说的。鉴真六次东渡日本的故事，想来大家都听说过。鉴真最终成功到日本是在 754 年，也就是唐朝发生"安史之乱"的前一年。不过，在鉴真东渡之前，佛教在日本其实已经传播了两个多世纪。根据《日本书纪》的记载，日本佛教是从朝鲜半岛的百济传来的。当时百济和日本关系好极了，百济向日本赠送许多佛像和佛经。有案可查的最早一次是 552 年，那时候日本是钦明天皇时代（539—571 年在位），百济是圣王明襛时代（523—554年在位）。而中国的南方是梁代（502—557），正好是"侯景之乱"（548—552）的时候；北方是北魏（386—534），不过那时候北魏

的黄金时代已经过去。

中国人很早就已经知道日本，日本和中国当然也早有往来。考古学家在日本发现与战国时期燕国货币非常相近的刀币，说明那个时候也许已经有中国物品传至日本，且不管是谁带去的。日本九州岛发现的很有名的"汉委奴国王"金印，也说明中国的汉代和日本至少是九州岛就有官方往来。此后，漂流到日本的所谓"渡来人"更多了。有人说在 3 至 6 世纪，可能有百万人迁移到日本，是不是这样，我们并不很清楚。不过，这么多大陆过去的移民，肯定带去很多中国文化和宗教，这其中也许就包括佛教。20 世纪在日本曾发现 4 世纪左右的铸有佛像的青铜镜，学界认为，这些青铜镜或许是从中国南朝去到日本的工匠制作的。或许 4 世纪，也就是佛教在两晋之际刚刚开始兴盛的时候，已经有中国人把零零星星的佛教知识带到日本。

不过，这种零零星星的传播，未必有根本性的影响。中古中国著名的和尚道安说得好，"不依国主，则法事难立"。佛教在日本上层的传播，最初并不顺利。有权力的日本贵族中，有的比较守旧，就在百济最早送来佛像、佛经不久，钦明天皇手下的两大派中，较为开明的苏我氏虽然主张接受佛教与大陆义化，但是较为保守的物部氏就反对。佛像一度被焚烧，新建的寺院也被拆毁。不过，这种现象没有持续多久。593 年，日本著名的圣德太子开始执政，执政的第二年他就发出兴隆佛教的诏书。《日本书纪》记载，圣德太子不仅修建至今仍是日本著名寺院的法隆寺、四天王寺等，还亲自讲解《胜鬘经》《法华经》等佛典。圣德太子也成为日本佛教史上著名的护教法王，从 8 世纪开始，就被日本民众称为"大倭国的释迦牟尼"。

现在日本还保存有三种经疏,即《法华经疏》《维摩经疏》和《胜鬘经义疏》,也被称为"三经义疏",有人认为可能是圣德太子亲手所写。这个看法在 8 世纪就已经出现,所以这三种经疏也是圣德太子佛教信仰的象征,很大程度上甚至是日本文化的象征。不过有意思的是,20 世纪 80 年代,学者从中国敦煌藏经洞发现北魏时期抄写的《胜鬘经义疏》。日本四天王寺大学的学者古泉圆顺对它进行详细研究,竟然发现内容和之前认为是圣德太子撰写的《胜鬘经义疏》内容重合度高达 80% 以上。那么,圣德太子注疏是改编的,还是自己创造的?这一发现在日本引起轩然大波,也激怒很多日本信众。古泉所在的学校隶属于四天王寺,最早正是圣德太子主持修建的,四天王寺的僧众对圣德太子的感情可想而知。由于这个研究触及日本佛教的自尊心,后来学校居然把古泉解聘了。

2. 忘身死命为真经:遣唐使与留学僧

6 世纪末到 7 世纪初,日本佛教史上发生了这样几件特别重要的事情:第一,在圣德太子时代颁布的《宪法十七条》,其中有"笃敬三宝"一条,在政治上确立佛教的合法性;第二,那个时代建立日本最早的几座佛寺,592 年在首都奈良建立法兴寺(飞鸟寺),593 年在难波(今大阪)建立四天王寺以及在京都建立法观寺(即八坂寺),594 年在京都建立寂光院,603 年在奈良建立葛野寺(后为蜂岗寺或广隆寺),606 年在奈良建立金刚寺(坂田寺)和著名的橘寺等,说明佛教有了自己的传教空间;第三,佛教僧侣日益增多,据《日本书纪》的记载,到推古天皇三十二年(624),日本已经有僧 816 人、尼 569 人,这还不包括佛教的信仰者。

对于日本佛教发展，经由朝鲜半岛的路线固然重要，但更重要的是，此后日本直接向中国派出好多官方使团，也就是我们熟知的"遣隋使"和"遣唐使"。这些使者九死一生，远渡重洋，可以说每一次出使都生死难料。不过即便如此，该去学习还是要学习。来往中日之间的遣隋使和遣唐使，依然络绎不绝。因为出海不易，每一次出使中国，日本都要提前准备，主要准备的就是两件事情。

首先是挑选人才。每批使团大致有数百人，除去外交使节和水手外，最主要的人员就是留学生和留学僧。其中，选出来的留学僧，绝对是当时日本最精英的人士，像后来有名的最澄（767—822）、空海、圆仁、圆珍（814—891），真可以说是群星璀璨，几乎每一位都被载入日本史册。其次是详细规划目标。因为大约二十年时间，日本才会派遣一次使团，所以每次入唐需要尽可能学到日本缺失的、必要的东西。接到遣唐任务之后，日本佛教界的最高权威机构僧纲所，便会要求全国各地寺院汇总各寺的需求，制定《未度来书》和《未决文义》。所谓《未度来书》，就是国内寺院缺少的还没传来的典籍，相当于阙经目录，这样遣唐使才能有目的地从中国购买或抄写经典。所谓《未决文义》，就是日本佛教界在研读佛典和修行时所产生的疑惑。这些疑惑在日本国内解决不了，就要向水平更高的中国宗师请教。

留学僧在中国除了搜集典籍、寻师问道，还有一项重要的任务，就是邀请中国高僧到日本去传教。鉴真就是受到邀请的一位。

3. 山川异域，风月同天：鉴真东渡

为了能从中国请到高僧，日本国内做了很多准备。比如当时

日本国内的大人物长屋王（约 684—729）曾让人制作一千件名贵袈裟，绣上前面说的那几句诗："山川异域，风月同天；寄诸佛子，共结来缘。"这些袈裟由遣唐使带去，分送给中国僧众，诗句虽短，但真诚向佛之心也让许多中国高僧动容。

每次遣唐使来华都是带有特定目的的，对高僧的邀请，当然也是经过特别选择的。鉴真时代，遣唐使的主要目的就是邀请精通戒律的僧人，到日本传播戒律，建立完整的传戒体系。在佛教中，戒律被视为佛教的根本，任何人想要成为僧人，都必须严格按照戒律规定受戒，否则就是野和尚。

大家也许会奇怪，日本和中国交流这么久，并且每次遣唐使规模都那么庞大，从中国取走那么多书籍和佛经，怎么还没有学习戒律呢？其实不需要那么惊讶，看一下我们中国的佛教史也可以理解。中国佛教的传入是在公元前后，而中国僧众正式在中国受戒要晚得多，在 3 世纪中叶以后才有；女性出家人，也就是比丘尼，她们的受戒更晚，要到 5 世纪中叶。原因很多，其中一个最主要的原因，就是传戒也需要一个正规团队，所谓的"三师七证"。简单说，所谓"三师"就是三位负责传戒的和尚，"七证"就是七位见证人。日本虽然很早就有僧人，但他们都没有经过正式受戒，所以从建立僧尼规范、追求正统合法的角度来看，他们都不合格。

宗教徒很有意思，越是兴盛，越想原汁原味，越想整齐正规。和中国佛教交往越密切，日本建立正规传戒制度的愿望越迫切。733 年，正是属于中国唐玄宗时代，日本的荣叡（？—749）等留学僧到中国后，就开始招募僧人，很快在洛阳说服道璿（702—760）和印度僧人菩提仙那（704—760）。他们跟遣唐使到日本后，菩提仙那被安置在东大寺。东大寺在当时是日本最大的寺院，也

是日本所有官方寺院的总寺。当时东大寺还铸造一座大佛，也就是我们今天去东大寺所看到的那尊大佛。大佛高 14.7 米，用铜约 500 吨，表面镀金用了黄金 4187 两！大佛的铸造到 749 年已经基本完成，但在宣告成功之前还需要经历一道非常重要的仪式，大佛开眼，也就是为佛像点睛。主持仪式的，就是从中国请去的洋和尚菩提仙那。

不过，道璿和菩提仙那虽然为日本作出很大贡献，但还是没有建立完整的传戒体系。所以，荣叡等人继续在中国寻找传戒高僧，这就是日本邀请鉴真东渡的原因。鉴真是江南地区的佛教领袖，曾给四万余人传戒，被誉为"江淮之间，独为化主"。除此之外，鉴真对建筑、医药等也有造诣。鉴真曾经路过崖州（今海南三亚），当地官员就邀请鉴真主持重建当地的寺院。后来鉴真到达日本后，也亲自规划建设唐招提寺。所以，鉴真成为荣叡等人心目中的最理想人选。

鉴真的日本之行，充满周折和苦难。但也许还有人不知道鉴真东渡日本，其实并没有获得官方的批准，实际上鉴真是偷渡出去的。唐律规定，私自出关者至少要拘禁一年。鉴真虽然是先后六次尝试东渡，但其中有三次都是身边的徒弟等人告密，根本没出海。荣叡等人也被扔进监狱，最后还是假装有病快死了，才被放来；而购置的物品，也全部被没收。关于鉴真东渡准备的物资之庞大丰富，我们前面讲香料的时候已经提到过。在第六次东渡前，为了顺利请来鉴真，新一批遣唐使还专门在唐玄宗那里进行禀报，本来都已经得到玄宗的同意，但最后还是失败了。因为推崇道教的玄宗在同意鉴真东去的同时，也要求日本必须允许道士到日本传教，那时唐朝已经派遣道士到新罗。但日本和新罗不同，

日本已经把佛教奉为国教，并不那么需要道教，所以当时的遣唐使婉拒玄宗的要求。虽然为了避免激怒玄宗，遣唐使提出一些变通方法，比如要留下几名日本人，让他们在中国学习道教。不过，一向高傲的唐朝皇帝还是被激怒，当时便下旨禁止鉴真出国。

鉴真所在的寺院为了防止鉴真偷渡，也在寺院内外部署严密的防护措施。在层层严守之下，鉴真无计可施。这样的僵局可能持续了数月之久，也许是由于寺院某一天防护松懈，鉴真在其他人的帮助下，才偷偷跑出寺院，坐上日本遣唐使的大船。

4. 食肉娶妻、神佛习合和葬式佛教：佛教的日本化

754 年，唐朝与大食伊斯兰帝国发生"怛罗斯之战"的四年之后，也是唐朝发生"安史之乱"的一年之前，坚持"为法事也，何惜身命"信念的鉴真终于抵达日本。

鉴真的东渡，最澄、空海和圆仁的西来，许许多多中日佛教徒的海上往来，使得日本佛教不再仅仅经由朝鲜半岛，而是直接从唐朝引入佛教。这个时候恰好是唐代佛教各个宗派逐渐形成并且各显神通的时候，在中国佛教的影响下，日本佛教经历奈良、平安、镰仓时代，陆续形成自己的南都六宗（法相宗、俱舍宗、三论宗、成实宗、华严宗、律宗）、平安二宗（天台宗和真言宗），也发展出净土宗以及兴盛程度远超中国的禅宗。如果说奈良时代的佛教也就是南都六宗大体上还是学派的意思，主要还是遵奉经典与思想的差异，那么平安时代就不一样了。由最澄开创的天台宗，不仅建立比叡山上的延历寺，建立大乘戒坛，培养好多弟子，而且通过有关"佛性"的论争，真正形成一个大流派；而空海也和

最澄同样，从唐朝学习佛教密宗之后，在高野山建立日本的密宗（真言宗），把口诵真言、身结契印、心住三昧，也就是心口意"三密相印"的密宗引进日本。在中国的密宗很快衰落，倒是在东邻日本开花结果。而在后来的镰仓时代传去的中国禅宗，更是在日本发展得繁花似锦。如果你去看镰仓的五山，特别是建长寺和圆觉寺，你就能想象那个时代禅宗的机智话语和文采风流。而那个时候，镰仓各个禅宗寺庙中，主持者既有日本到南宋学习归来的僧人，也有南宋漂海来到日本的中国僧人。

不过，就像中国古籍中所说的，"橘生淮南则为橘，生于淮北则为枳"。尽管日本也曾经亦步亦趋学习中国佛教，不过深厚而执拗的日本传统始终在影响着这些外来文化的面容。我们这里就讲三个最重要的方面。

第一个有关戒律。尽管鉴真向日本僧侣传授完整的律仪，各种汉译律藏典籍也传到日本，但日本毕竟不像中国，佛教对戒律也始终不那么严格。9 世纪的日本佛教界就认为，僧人只需要遵守"大乘戒律"，不需要遵守"小乘戒"。可是依照大乘戒律，在家信徒与出家僧侣在戒律上并没有特别的区别。严格和正规的戒律在日本文化风俗的影响下，好像大水浸泡之下泥土的堤坝逐渐坍塌。比如"饮酒""食肉"的禁忌，这在中国佛教是自梁武帝就开始的规矩。但日本僧人却始终有饮酒和食肉风气。10 世纪以后，寺院酿造的"僧坊酒"甚至成为日本名酒的代表。"饮酒""食肉"给佛教修行带来一些困扰，以至于很多试图严守戒律的寺院，开始在山门处设立"不许荤酒入山门"的石碑。你到日本很多寺院都可以看到这种石碑，可是这似乎挡不住与生俱来的对欲望的放纵。对佛教戒律冲击更大的是娶妻生子。佛教是一种追求出世的宗教，

僧人之所以被称作"出家人"，就是要断绝爱欲。但在日本影响力甚大的净土真宗领袖亲鸾上人（1173—1262），却公开娶妻。虽然当时日本僧人对戒律，尤其是对小乘戒的遵守，要求并不太严格，但公然娶妻还是引起轩然大波。这种日本佛教的变化趋势，一直到明治政府颁布法令，准许僧人自由娶妻、食肉，终于将亲鸾的主张推行到全国，这实际上是废除部分戒律。这是佛教在日本的一个变化。

第二个是"神佛习合"。虽然汉传佛教的各种典籍和宗派，在唐宋时期陆陆续续都传入日本，日本也接着建立天台宗、净土宗、真言宗以及禅宗等各种佛教宗派，但在日本流行神灵崇拜的文化土壤中，很多佛教寺院并不能保持原汁原味，也不可能在教义上做到"原教旨主义"，更不可能把佛寺关起门来隔绝与世俗的联系。于是，日本原本极有影响的神道崇拜，就开始和佛教结合，出现最具古代日本宗教色彩的"神佛习合"。什么是神佛习合呢？就是佛寺里供奉神，神社里也有佛教菩萨。本来是日本原产的神，可以被当作佛教的"天"，作为佛教护法神；本来是供奉天神的神社，也可以在旁边建立神宫寺，供奉佛像与诵读佛经。按照古代日本的说法，神道教就是佛教，佛的法身（本身）随时应机说法，而神道的神灵就是佛或菩萨的化身（应身），像所谓比叡山的"山王"就是释迦牟尼的化身（垂迹）。这种现象无论在中国、朝鲜和越南都没有，真是日本文化的一大特色。最后，也是到明治维新之初，试图为天皇强化神圣性，政府强烈要求"神佛分离"，这种"神佛习合"的现象才结束。

第三个就是葬式佛教。本来，在佛教教义中，信仰者是要舍弃家庭，也是要超越轮回的。所以，对于人的死后，虽然也总是

在渲染十殿冥王的审判，也总是在念经超度亡魂，但是对具体的安葬并不那么关心，也许是因为儒家从一开始就垄断丧礼。可是，佛教在日本，却越来越看重替世俗民众祈祷、念经、安葬。如果大家到日本去看，就可以看到佛寺旁往往有大片墓地，密密麻麻都是墓碑。据日本学者说，这个传统是很早就开始的。如果说平安时代还是贵族才能让佛教诵经建塔，那么到了镰仓时代，随着佛教的普及，一般民众也进入佛教的服务范围。到了十五六世纪的江户时代，由于"檀家制度"的形成，每个信众都隶属于某个寺院，寺院与信众家庭结成一对一的紧密关系，每家民众都承担某个寺院的奉养，这个寺院也要帮助这些信众家庭祈福禳灾。因此，寺院垄断整个日本的安葬和超度，也拥有很大数量的信众。这大概和中国、朝鲜都不太一样。

一个佛教，各自发展。从全球史的角度看，佛教在移动中变化，也在变化中移动。尽管从中国、朝鲜那里传来印度佛教，但是在东瀛佛教真的很日本化。

第七节　佛教在南亚、东南亚的传播

如果把我们前面涉及的地区在一张世界地图上——标出，就会发现我们过去所讲的佛教传播大多是向北再向东，以陆路为主轴展开的。先是印度本土的佛教，然后向北到中亚，从中亚转投向东到中国，接着是再往东到朝鲜半岛，最后才跨海到最东边儿的日本。这被称为佛教的北传路线。不过，就像这一季的导言里讲的，宗教最能跨越千山万水，信仰不会只走一个方向。佛教的

传播就是如此。

我们之前讲阿育王的时候就提到，当时在王权的支持下，佛教开始走向世界。根据现在学界的研究，佛教也曾经试图向西走，在伊朗高原的东部也曾获得过成功，只不过在和当地琐罗亚斯德教等宗教的竞争中最终失败。西方不亮东方亮，向西碰了壁，佛教传播除了向北向东，也向南向东南，而这条南传路线的成绩并不逊于北传路线。

这条路线上传播出去的佛教，也被称为南传佛教，现在还是斯里兰卡、缅甸、泰国、老挝和柬埔寨等国家的主要宗教，同时它也在印度、孟加拉国、尼泊尔甚至我国云南等部分地区（如西双版纳）流传。一说到这些地方的佛教，大部分中国人总是习惯地把它叫作小乘佛教，其实这是一个相对于大乘佛教而且带有贬义的称呼。而南传佛教信徒自己，就喜欢把自己信仰的佛教称为上座部佛教。前面，我们曾提到过佛教历史上的根本分裂，所谓上座部就是当时分裂出来的两大派之一，被认为是在戒律上比较保守也比较传统的一派。然而今天的南传佛教，是否真的就是当年那群长老比较固守的原汁原味的上座派呢？这就不好说了。

宗教史研究中，一个比较麻烦的地方在于大部分相关的史料，都来自宗教徒自己的叙述，而他们依赖这些材料所写成的文献和历史，以及由此而来的传说和认识，也往往带着他们自己的倾向。北传佛教的信徒根据自己的理解，认定南传佛教是比较自利的小乘佛教；南传佛教的信徒，则自认为自己继承了当年的上座部，反过来批判北传的大乘佛教不够正宗。这种分歧，有时候甚至到了一个就连对彼此的命名也都很难避免歧见的地步。所以，我们依照佛教在地理上流传的路线，把它们区分为北传和南传。

1. 印度洋上的狮子国，佛教走向世界的第一站

要说南传佛教，不能不从斯里兰卡谈起。

现在的斯里兰卡，早些时候又叫细兰或锡兰，更早则叫狮子国或狮子洲，人称"印度洋明珠"，是一个岛国，和印度隔海相望且不远，所以它是印度本土之外最早接受佛教的地方。据说，公元前3世纪，支持佛教的阿育王，曾派他的儿子摩哂陀（也有记载说是阿育王的弟弟）渡海来到狮子国传播佛教。这是佛教在斯里兰卡的开端。

不过，当地的记载说得更早，传说佛陀本人曾先后三次亲自到狮子国传教，但这一传说不太可信，只是狮子国传入佛教确实相当早。所以，据后来到过那里的唐代高僧义净说，那里的佛教"皆并上座，而大众斥焉"，流传的都是早期佛教上座部的思想、仪轨与典籍。有趣的是，据说这里还有很多跟佛陀相关的圣物，最有名的就是"佛牙"。5世纪初，中国高僧法显曾到狮子国，看到民众供养佛牙的盛况。据义净《大唐西域求法高僧传》说，那里的民众相信，如果失去了佛牙，国家就会被罗刹饿鬼吞没。所以，佛牙是至高无上的国宝。据义净的观察，当时佛牙"置高楼上，几闭重关，锁钥泥封，五官共印。若开一户，则响彻城郭"，就是说佛牙被安放在高楼上，几重门紧锁着。这些大门的钥匙平时被封存起来，只有经过五位高官的共同批准才能进入，并且每打开一道大门，开门之声就响彻整个城市。

把佛牙带回中国，大概是很多中国佛教徒都想做的事儿。据说，佛牙后来还真的到了中国，那是明朝的事儿。根据明成祖朱棣的一份诏书，七下西洋的郑和曾经征服锡兰，并且带回佛牙。这到

底是真的还是假的？这事当然只能姑妄听之。

话说回来，原产地印度的佛教在历史上几经变迁，断断续续，可两千多年来斯里兰卡的佛教却基本上没有中断，并且多半时间是这里的主流宗教。所以，那里的佛教出现得早，保存得好，水平也高，就成了古代东方僧人必去的求法之地。尤其是隋唐时期，随着海路往来的兴盛，越来越多的东方求法僧选择从海路前往印度，位于东西海上交通十字路口的这个狮子国，也就越来越成为求法僧的驻足处。前面提到的唐代义净《大唐西域求法高僧传》中，就记载了十多位求法僧曾到这里，甚至像玄游这样本来是随游的世俗之人，到了这里就受到佛教感召，出家为僧。有名的取经和尚玄奘，虽然因为当时内乱未能亲自前往，但他在印度还是找到从狮子国流散的僧人，从他们那里了解当地的佛教，和他们讨论佛教教义。有趣的是，玄奘在《大唐西域记》这本书里如此介绍斯里兰卡的佛教，说他们"遵行大乘上座部法"。佛教传来两百年后，还分成两派：一派是摩诃毗诃罗住部，也叫大寺派，排斥大乘；一派叫作阿跋耶祇厘住部，也叫无畏山寺派，兼学大小二乘。

其实，不仅唐朝、新罗等东亚区域的僧人要去求法，甚至印度的许多高僧也要到狮子国游学，其中就有5世纪中叶的觉音（Buddhaghosa）。他到狮子国寻找一些印度本土失传的经典，跟随玄奘提到的"大寺派"长老学习。结果这一学习下来，他不但完成了南传佛教当中最重要的论著《清静道论》，据说，还把当地流传的全套佛典三藏，都从本地人使用的僧迦罗语（Sinhala/Sinhalese）翻译成了巴利文（Pāḷi），并一一编整、注释。他的这些工作，不仅为排斥大乘的"大寺派"后来统一狮子国佛教奠定基础，更彻底改变整个南传佛教的面目。今天南传佛教和北传佛

教最大的区别之一，就是前者以巴利文圣典为正宗，宣扬巴利文才是释迦牟尼本人当年使用的语言（不过请注意，今天几乎所有学院的学者都不赞成这种讲法），而后者则推崇梵文。因此，南传佛教又叫作巴利佛教。

同时，以这两套文字记载的佛典三藏，在收录的范围和原则上也很不一样。例如，中国人熟悉的大乘经典《华严经》和《金刚经》，在南传佛教徒看来都不能算数，因为他们认为这全是释迦牟尼逝世之后才有的经籍。当然，这又牵涉非常复杂的教理争议。举个简单的例子，如果释迦牟尼的肉身已经不在世上，他是否还有可能在另一个世界说法？又或者他还活在世上的时候，有没有可能也常常会飞升到另外一些不同的世界说法？他在这个世界上的那些弟子，没有办法听到这些教法，难道就不能把它们列入之前结集的三藏吗？

所以，我们最好还是跳过这些佛教信仰者内部的教义之争，回到历史中，接着介绍佛教在东南亚其他地区的传布。

2. 南洋佛国：古代东南亚地区的佛教

就像刚才所说的，印度洋上的岛国斯里兰卡，是一个佛教传播的中转地。我们今天所知的南传佛教，从那里开始，经由海上航线不断向外传播，主要的影响区域就是今天的东南亚，这些地区的佛教和北传路线的佛教大不一样。

有学者认为，东南亚地区最早的佛教，可能是直接从印度本土经过陆路传来的。据说公元前3世纪时，阿育王曾派出九个僧团到各地传播佛教，其中第八个僧团到过一个叫作"金山"的地方。

有些学者认为，所谓"金地"就是现在的缅甸。大家如果看亚洲地图就知道，从印度到缅甸其实并不远。但是这个故事的证据不足，因为从考古发现来说，缅甸地区最早的佛教遗迹，比传说中的阿育王时代要晚很多，大致是2世纪。所以，学界小心翼翼地认为，佛教在缅甸这些东南亚高地的明显传播，恐怕要在公元前后，而东南亚的其他地区，佛教传播的时间就更晚了。

倒是佛教经由海上传播的证据要早一些，1世纪在湄公河三角洲建国的扶南国，在今越南南部安江省的澳盖遗址中，考古人员在这里发现了2世纪的罗马钱币、青铜佛像和印度教神像，还有刻着梵文的小锡板。可见在东南亚，佛教虽然有可能从陆路传入，但海洋传播还是占据主流。大家知道，古代海上远航必须依靠季风，而南海和印度洋上，冬季为东北风，夏季为西南风。如果从天竺和狮子国东行，就必须全部依靠西南风。所以，佛教徒往往夏季从天竺或狮子国东行，经过数月，到达东南亚时已是冬季。如果还要继续东行，则需要停留几个月，等待夏季季风再次吹起。这就是为什么从印度出发的很多僧人，到达中国的时间往往是在夏季。从中国西行则正好相反，必须依靠东北风，所以中国求法僧都会选择在冬季从广州出海。到达东南亚之后已是春夏之交，也必须停留几个月以待东风。这样使得东南亚，尤其是一些海港和岛屿，成了东来西往的僧侣聚集地，印度尼西亚群岛的佛教就这样迅速发展起来。比如，南北朝时期的诃陵国，在今天印度尼西亚的爪哇岛，这个地方本来没有佛教，正是因为从斯里兰卡而来的高僧求那跋摩（Guṇavarman，367—431），"一国皆从受戒"，皈依了佛教。到7世纪以后，印度的婆罗门教和佛教同时出现一种"密教化"趋势，并且一度对斯里兰卡也起到很大的影响，甚至整片

东南亚地区的密宗信仰都非常兴盛。室利佛逝（今苏门答腊）的密宗信仰，在佛教世界的影响甚至超过印度本土。

在中国的隋朝时期，也就是南传巴利佛教广为流传之前，东南亚地区的很多国家保存了大量梵文写经。据记载，隋炀帝的时候，隋王朝攻破位于今天越南南部的林邑国，从它的都城搜集到564夹（梵文佛经的一个计量单位），共计1350多部佛经。根据当时僧人的估算，如果都要翻译成汉文，可能要有2200多卷。这其中就有大量中国之前从未翻译过的经典。要知道，中国从东汉开始，经过数百年的翻译，到隋代时总共才翻译了2500多卷，其中还有不少重复翻译的经典，由此可见东南亚地区佛典的丰富程度。

东南亚地区保存的大量佛经，有的是在当地抄写的，但也有不少是从印度或者斯里兰卡传来的，当然也有的是中国求法僧带来的。比如唐初，一位从濮州（今河南濮阳）来的玄律师，曾在印度搜集上千卷的梵文佛经，但后来回国时都留在室利佛逝。我们之前多次提到过的义净，在他返回中国之前，也曾在室利佛逝停留，并且长达六年之久，滞留的一个目的，就是要翻译岛上大量的梵文佛经。

3. 佛教渗透的生活世界

中国有儒家学说作为主流；朝鲜半岛受到中国影响，佛教也不能垄断生活世界；日本还有神道教，在不断改变与修饰佛教。但是，佛教对原本本土文化并不坚强的斯里兰卡和东南亚的影响却相当深刻，在几个国家甚至享有法定国教的地位，佛教几乎覆盖和渗透到生活世界的方方面面，这一点恐怕超过东亚各国。包

括世界观、生活习俗、政治制度以及艺术，你都能看到佛教的深
刻影响。

　　举个例子，比如古代东南亚的音乐就有浓郁的佛教特色。据说，
唐德宗贞元十八年（802），骠国（在今天的缅甸）王子率领一支
五六十人的歌舞团队，千里迢迢赶赴长安表演。当时总共是十二
曲音乐，包括佛印、禅定、甘蔗王、孔雀王等。这些音乐从名字
上看，就具有强烈的佛教色彩。当时的人也是这么记载的，说骠
国音乐"皆演释氏经纶之词意"，意思就是"骠国音乐表现的都是
佛教经典中的意思"。骠国的歌舞给唐朝君臣留下深刻的印象，著
名诗人白居易就写诗赞美，他说"玉螺一吹椎髻耸，铜鼓千击文身
踊。珠缨炫转星宿摇，花鬘斗薮龙蛇动"（《骠国乐》），这就是描
绘当时表演的场面。

　　在东南亚，佛教的影响一直延续到现在。凡是去过泰国、柬
埔寨、缅甸、老挝等地旅行的游客，肯定看到过无数金光闪闪的
佛寺和佛像，也都在街上见过出家的比丘。那种佛寺和僧侣的密
度，是今天大部分北传佛教流行的地区比不上的。当然要留意一点，
你在街上见到的那些出家人，其中有很多只不过是短期出家罢了。
原来在这些国家，男子出家就和某些奉行征兵制的国家要求所有
男人都要服兵役似的，几乎是每一个男子的义务。就算没有国家
的强制规定，绝大部分男性也会遵守这种习俗，不过时间有长有短。
在泰国，尤其是被视为首要护法的国王，更是一定要有出家的经历，
才能具备登基的资格。这种短期出家的传统，在那些地方恐怕在
中国中古时代就已经形成了。《旧唐书·南蛮西南蛮列传》里记载，
在这些地方，"男女七岁则落发，止寺舍，依桑门，至二十不悟佛
理，乃复长发为居人"。这里可以顺带说到的是，在泰国唯一见到

国王而不需要礼拜的，也就只有出家人了，反倒是国王遇到高僧，却要合掌跪拜，这跟古代中国经过"沙门不敬王者"的争论，最终在制度上要求沙门要拜君亲，刚好相反。

除此之外，早起的游客大概也有可能会在这些地方的街上，看见一排排的信徒跪在地上等着供养托钵而至的出家人。这又是南传佛教国家的一大特点，理论上讲，当地佛教寺院不能拥有自己的田产，它不像北传佛教，像中国的禅宗从中唐起就提倡自己耕种，"不作不食"，而唐宋的佛寺更是有大量田产、磨坊，甚至还有经营典当的长生库。这里的寺院僧众必须完全依赖在家人的供养。在东南亚，对于佛教信徒来说，能够供养出家人乃是一种殊胜的福报。而出家人他们能够回报给一般在家人的，主要就是传授佛法，以及提供各种各样的社会服务。

所谓宗教的社会服务，在前现代时期，那可真是生老病死等全方位的照顾。小孩出生，固然要到寺院得到僧侣的祝福。有人去世，那就更要僧侣安排佛教葬仪。结婚请僧侣主持见证，那简直就不用提了。很多时候，寺院还承担了医院的功能，不少出家人要懂得给人看病开药。他们甚至会给人占星算命，选择盖房子的合适地点、良辰吉时；遇到恶鬼作祟，更要出来驱邪洒净。

为什么出家人能够做这么多不同的事情？那是因为传统上在佛教兴盛的地区，出家人往往是受过教育的知识分子，除了佛法，他们还要学习各种门类的科学与实用知识。不只南传佛教流行的地方如此，当年玄奘求法的印度那烂陀寺，也曾开设大量数学、医学和天文学的课程。这种情况，有一点儿像欧洲中世纪的天主教修道院，宗教机构成了社会上最重要的知识中心和教育部门，凡是有志求学的青少年，都必须进入修道院或者寺院接受

系统的教育。在中世纪的欧洲，许多教会开设原本是要训练神职人员的学院，后来都成了世俗化大学和中学的前身。而在东南亚和斯里兰卡，寺院几乎就是西方殖民帝国到来之前所有人识字读书的地方。

这是东南亚和东北亚不一样的传统，也可能是南传佛教和北传佛教有点儿不一样的传统。同一个佛教，有多种传统，这就是宗教在不同族群和文化地区传播的普遍现象吧。

（武绍卫）

第二讲
景教、天主教与基督教

第一节 起源于两河流域的基督教

一般来说，人们会觉得基督教是西方世界尤其是欧洲的宗教。但真的是这样吗？我要说，这不对，基督教的起源在两河流域，按照现在的地理观念，恰恰是属于亚洲。当然，亚洲、欧洲都是后来的观念，那个时候并没有亚洲、欧洲或非洲的称谓，基督教起源的地区正好在现在的欧亚非之间。所以，我们说不要简单地把基督教看成是欧洲宗教，尽管后来它和欧洲的关系最深。

作为当今世界最大的宗教，基督教的历史，就起源于两河流域一个弱小的亚伯拉罕家族。我们对基督教的讲解，就从亚伯拉罕（Abraham）开始。

1. 基督教的起源和犹太民族的早期历史

亚伯拉罕是一个什么样的人呢？传说中，他生活的时代，大

概离我们有四千多年，大致相当于中国尧舜禹的时代。有人说他大概生于公元前 2000 年，这都是学者们推算的，不必太当真。

《圣经·创世记》详细讲述了亚伯拉罕的生平。说起来，亚伯拉罕的一生都"在路上"，他的人生就是从一次迁居开始。亚伯拉罕的行程起源于吾珥。吾珥在哪里呢？它是在两河流域，也就是幼发拉底河和底格里斯河的下游，今天的伊拉克境内。亚伯拉罕跟着他的父亲，从吾珥迁居到哈兰（Haran），也就是幼发拉底河的上游。据说在哈兰，亚伯拉罕听到上帝对他的召唤，要他前往迦南（Canaan），也就是今天地中海东岸的巴勒斯坦地区。于是，他就举家迁往巴勒斯坦地区，后来由于饥荒，他又前往埃及逃难，就像中国人"闯关东"一样。等到饥荒结束，他又回到迦南，带着他的家族继续过着半游牧的生活。

为什么要这么详细地讲亚伯拉罕这个人的迁居路线呢？

第一个原因是，亚伯拉罕所走过的地方，在世界文明史上太重要了。亚伯拉罕生活的地区正处于世界文明史的上古时期，他所走过的这片区域，正是人类文明的发祥地之一，就是我们前面讲到的"新月地带"。这片区域包含着由幼发拉底河、底格里斯河组成的两河流域文明，由尼罗河构成的古代埃及文明，以及将这两个古代文明连接起来的迦南文明。亚伯拉罕的足迹，等于连缀起当时世界的几大古代文明。

第二个原因是，亚伯拉罕所走过的这条路线，正是整个犹太民族的历史缩影。在这个意义上，亚伯拉罕不仅是一个个人，他还象征了整个犹太民族的理想人格。他的一生都在迁居，在两河流域、迦南、埃及之间进进出出。也就是说，一代一代的犹太人在讲述关于亚伯拉罕的记忆时，不仅是复述一个个人的故事，而

且是把整个民族的生活经验以及族群的使命与本质、恐惧与希望都融入其中。所以，亚伯拉罕及其家族的故事，反映着整个犹太民族对自己命运的理解。

顺带讲一下犹太人的历史。很有意思的是，犹太人的《圣经》就是犹太民族的历史书。这很像中国所谓的"六经皆史"。犹太人以自己民族的历史来讲述上帝对世界的安排、人性的本质、人类的归宿。一方面，《圣经》上的很多内容是用来说理的，让一代一代的读经人从中建立宗教信仰，其中的人物与事件不容易得到确定的验证；另一方面，《圣经》中的犹太历史又可以与19世纪之后的圣地考古相对照，埃及史、亚述史和叙利亚史上的重大事件，可以作为《圣经》历史的基本背景。所以，历史学家从《圣经》中可以还原出犹太人的一个基本古史框架。

亚伯拉罕和他的儿子以撒（Isaac）、孙子雅各（Jacob），都只是一个小家族，生活在现在的巴勒斯坦地区。为了逃避饥荒，这个家族在雅各的时代，前往埃及避难。在埃及，犹太人逐渐发展壮大，成为一个人数众多的民族。但是埃及法老要把他们当奴隶对待，所以在摩西（Moses）的带领下，犹太人经历了著名的"出埃及"，摆脱奴役，跨越红海，来到应许之地迦南建立自己的国家，也就是大卫（David）和所罗门（Solomon）的统一王朝。大卫挑选耶路撒冷（Jerusalem）作为王国的首都，随后他的儿子所罗门又在耶路撒冷建起圣殿（Temple）。这是耶路撒冷被称为"圣城"的开始，在历史上这一段就被称为"第一圣殿时期"。这是以色列民族的黄金时代。

但到了公元前9世纪，相当于中国的西周时代，两河流域开始崛起世界性的大帝国亚述。当时，犹太人的国家分裂成南北两

国，北国称"以色列"，南国称为"犹大"。亚述东征西讨时，也征服了以色列国，把以色列人流放到两河流域的上游地区。随后，巴比伦帝国又打败了亚述，成为新的世界霸主。在公元前586年，也就是中国的东周定王末年，巴比伦攻陷了耶路撒冷，摧毁所罗门修建的圣殿，第一圣殿时期结束。剩下的犹太人又被流放到两河流域的下游，也就是亚伯拉罕出发的吾珥地区。犹太人在两河流域下游又生活了半个世纪左右。当波斯帝国崛起，居鲁士大帝于公元前538年命令犹太人回归耶路撒冷，并且重新修建圣殿，但规模要比过去小得多，这就是犹太人的第二圣殿时期。

简单说来，犹太民族的历史就是在埃及、两河流域、巴勒斯坦地区之间进进出出，时时被放逐在异乡，却又时时回望迦南的历史。亚伯拉罕家族的迁居路线，仿佛就是犹太民族的历史过程。

2. 基督教是两河流域文化的继承者

我们这样讲亚伯拉罕的生活以及犹太民族的历史轨迹，是要说明什么呢？

我想要说明，犹太文明作为基督教的根源，它并不局限于某个地方、某个族群的文明。犹太人在古代两河流域穿梭流动，所以《希伯来圣经》不只属于古代犹太文明的创造，而是对两河流域文明的继承和发展。要注意，我们这里所讲的《希伯来圣经》，就是基督教的《旧约》。它后来被基督教全盘接受，但为了与耶稣基督在上帝与人之间建立的"新约"相对照，《希伯来圣经》就被称为《旧约》。

文明常常超越民族或国家的存亡。两河流域的那些古代国家

后来都消失了，但它们文化中的许多重要元素，却被犹太民族所吸纳，并通过《圣经》而延续在人类文明之中。古代巴比伦的创世神话，被改编成《创世记》的故事，用来解释世界的起源、人类与自然的关系；世界第一部成文法典《汉穆拉比法典》，在"摩西五经"的律法系统中延续下来，成为犹太人的法律；迦南文化中的创世之神，被改造为《圣经》中以耶和华为名字的独一上帝，这也是世界上一神信仰的最初起源；古代两河流域的祭祀礼仪，也成为犹太人祭祀制度的组成部分。

到了1世纪，也就是中国的东汉时期，基督教开始建立，继承和发展了两河流域文明的犹太经典，也就是耶稣及他的弟子们所熟悉的经书。当耶稣和他的弟子们引用"经上的话"时，他们引用的不是后来才有的《新约》，而是犹太人的这本《希伯来圣经》。这样，我们就知道基督教的文化根源在哪里。在其根源处，我们看到基督教通过接受犹太人的经书，继承和更新了两河流域的古老文明。耶稣所讲的话，在犹太文化背景下才可能理解它的意义；耶稣所做的事，也只有结合《旧约》的整个祭祀体系，才能得到准确理解。

所以，从根本而言，基督教的文化之根，深深地扎在两河流域文明里。

3. 基督教文明的深层结构

那么，我们说基督教来源于犹太文明、继承了两河流域文明，这有什么意义呢？

首先，这说明基督教有深刻的流动性，这是它能够成为世界宗教的一个缘由。

犹太人的先祖过的是半游牧生活，这种生活方式影响了精神生活的表达，强调要离开故土、前往未知的世界。我们前面提到，《圣经》里记载，亚伯拉罕听到上帝对他的召唤，要他前往迦南，于是他就拖家带口前往巴勒斯坦。上帝召唤亚伯拉罕的第一个词，就是"离开"故土，前往上帝为他准备的地方。这使犹太基督教文化始终带有一种游牧文化的特点。它不以地方、国族作为精神的支点，而是以人与上帝之间的神圣契约来建立精神世界。

这种游牧文化的深层特质，在犹太人后来的历史经验中再次被强化。犹太民族一直被西亚的世界帝国欺压，常被流放，散居于世界各地。所以，犹太民族的信仰经典，常常将精神生活的核心放置在一个无国无土的坐标上。犹太教和基督教都奉为权威经典的"摩西五经"，是《圣经》的基础，也是决定基督教精神气质的至上权威。这其中，几乎看不到国家的影子。"摩西五经"的后四卷，从《出埃及记》至《申命记》，都以出埃及这个历史事件为背景。犹太人已经离开埃及，但还没有进入迦南——上帝的选民永远"在路上"。在这样一种"在路上"的状态之中，上帝与以色列人相遇，与他们立约。犹太人作为一个族群得以成立的精神要素，从上帝那里接受的启示，包括伦理体系、生活法则、祭祀礼仪等，都是在出埃及的流浪状态中确立起来的。事实上，它回应了一个根本问题，即一个族群，没有政治国家，没有独立的生活空间，仍然可以靠着对上帝的信仰和自成体系的伦理生活，建立并延续下来。而在犹太文明的根基上生长出来的基督教，也注定了具有深刻的流动性、强劲的传播力。基督教原本不追求政治上的权力，无意于建立世俗意义上的国家，它追求的只是在既有的社会中，建立以信仰为核心的团体，也就是教会。它采取的是一种散播于

民间的路线，无意于与政权发生直接冲突。所以，在后来的发展中，基督教能够在所有的政治制度内、不同的文化环境下都能广泛传播，成为全球性的宗教。

其次，犹太基督教传统继承了两河流域的古代文明，使得基督教又具有完整的系统性。

古代巴比伦文明、亚述文明等，都是成熟的文明，具有宏伟的宇宙观、普遍性的伦理准则、涵盖社会生活各方面的法律体系、贯通人类的历史观，并强调以庄严的祭礼制度来沟通天人。通过完整地接纳犹太的经典，基督教把这些重要的世界文明元素都继承了下来。比如"摩西五经"中的十诫，前半部分处理人与上帝的关系，要人"敬天"；后半部分处理人与人、人与自然之间的关系，要人"爱人"。它既确立人与宇宙主宰的关系，又为此世生活奠定基本准则。虽然十诫只有短短十句话，却以公理奠定了文明的原则。可以说，在深受基督教影响的文明地区，社会制定的所有法律，都被认为是对十诫的注释。后来，耶稣完全接纳十诫，进一步归纳为"爱神爱人"，奠定了基督教对人类生活的总原则。

再比如，任何成熟的文明都有一个宇宙论，回答人从何处来、将归何处、人在宇宙中处在什么样的位置等这些基本问题。犹人文明也一样，它吸收了两河流域文明的要素，提出这样一个基本的宇宙论结构：上帝创造世界，并将派遣自己的使者，也就是弥赛亚（Messiah），将世界带入新天新地。为了把人类引领到未来的新天新地之中，上帝在这个世界里创造了一个"新世界"；人只有进入这个新世界，才能在最后获得一个完满的归宿。对犹太民族来说，这个新世界就是以圣殿为中心的耶路撒冷。人进入圣殿，通过大祭司向上帝进献祭品、参加大祭司主持的宗教礼仪，才能

进入与天相合的境界，找到自己在宇宙中的归宿。这样的宇宙论，被基督教继承和改造。耶稣基督的身体取代了圣殿，围绕着耶稣而建立的教会成为"新耶路撒冷"，人可以在教会里回归生命的本源。这也是基督教以教会为中心，整合各种文明元素的基础。

大约三百年后，当基督教在罗马帝国境内站稳脚跟，它所继承的犹太文明、两河流域文明就展现出它的力量。基督教为整个地中海世界提供了精细的思想体系、伦理观念和礼仪制度。后来的西方文明体系，就是在基督教提供的这个基础上建立起来的。

4. 面向全球：《使徒行传》的三个方向

基督教是一种在欧亚非之间核心区域崛起的文明。早期教会在耶路撒冷建立后不久，便踏上了向外传播的道路。耶路撒冷处于欧亚非的交界处，教会的使徒也分别向这三个方向出发。这种从三个方向走向世界的思想，一直延续很久，如果你看过古代流传下来的 TO 形地图，就知道他们心目中，耶路撒冷是世界中心，上面左右两侧分别是叶片形的欧洲和亚洲，下面叶片形的是非洲，基督教的传教方向和他们对世界的想象是相同的。《使徒行传》里面就说：腓力（Philip）通过迦萨（Gaza），也就是我们常在新闻中听到的加沙地带，前往非洲；两个无名弟子前往地中海东岸的海港城市凯撒利亚（Caesarea），准备航海前往欧洲；保罗（Paul）通过大马士革（Damascus），要前往亚洲。所以从一开始，基督教就是这样面向全球的。

往欧洲发展的路线，由于彼得、保罗的参与，以及《新约》文书中的欧洲名称，成为人们印象中基督教发展的主要路线。但

实际上，基督教也迅速在亚洲地区传播开来，两河流域上游的一些城邦国家，在 1 至 3 世纪便以基督教作为他们的主流信仰。亚洲的亚美尼亚王国，更是在 301 年就把基督教作为国教，比罗马帝国还早，是世界上第一个将基督教奉为国教的国家。

考虑到当时丝绸之路的情景，在很早的时候，起码早于有文献可证的 7 世纪景教到达中国之前，基督教就有可能沿着丝绸之路进入中国了。古人的旅行能力实际上超出我们的想象，就像我们在前面所说的，中国青铜时代的物品甚至也可能有西亚和中亚的起源。人们常说小亚细亚地区的安提阿（Antioch）是丝绸之路的最西端，但我们不要忘记，安提阿正是使徒保罗的母会所在地，也是基督徒这个名字被叫响的第一个地方。在教会史上，流传着一个著名的说法，耶稣十二门徒之一的多马（St. Thomas）曾前往印度、中国传教，流亡到印度的犹太人基督徒就在印度建立起自己的教会。在过去，人们倾向于把它视为一个虚构的传说。但随着人们对 1 世纪前后的交通路线有了更加准确的考古认识，基督教在很早的时期（尽管未必是多马本人）到达中国或东亚、南亚，被学者认为是有可能的事情。

刚刚建立起来的基督教，先是在罗马帝国境内发展，与罗马文明结合，逐渐在欧洲发展出完整的教团组织和信仰体系。

第二节　耶路撒冷、罗马：基督教在地中海世界的传播

前面我们讲述了基督教是犹太文明和两河流域文明的继承者。但是，基督教也是一种从传统里脱胎换骨了的新信仰，建立新信

仰的核心人物就是耶稣。

所以，我们先来看耶稣是一个怎样的人，他如何转变了犹太教的核心思想，如何发展了耶路撒冷精神。然后，看看他的弟子们又是如何使基督教脱离犹太人的小圈子，与罗马文明相结合，从而在地中海世界建立起广泛的大公教会。

1. 耶稣的简要生平

耶稣及其领导的新信仰运动，最初人很少，很边缘，并不为当时人们所注意，在犹太人及罗马人的历史材料中只有一些零星的记载。我们对耶稣及其生平的了解，只能通过基督教自己的经典，也就是《新约》中的福音书。但是要注意，福音书的作者都是耶稣的门徒，他们讲故事时总是有信仰的，是为了向基督徒群体进行教育的。

据福音书说，耶稣在世上公开传道，前后也就三年。这三年时间，主要是在巴勒斯坦北部的加利利（Galilee）。他基本是旅行布道，传福音、行神迹。加利利在巴勒斯坦的北部，地势平坦，是东西交通要道，商业较为发达，人口也多于南部的犹大山地。不过他们的民族成份也很复杂，和罗马帝国的关系也更深。从古代犹太教的传统来说，由于北部地区受先知传统的浓厚影响，所以耶稣就像先知一样传达上帝的话语，显示先知身份。

耶稣的家乡在拿撒勒（Nazareth），但他在家乡并不受欢迎。于是，他来到加利利湖边，据考古发现这里本来有十二座小城。耶稣旅行布道，就在湖边这些小城之间来来回回，其中的一个叫作迦百农（Capernaum）的城市更是他活动的基地。他在北部医治

疾病，与社会基层的人们进行交往，对当时巴勒斯坦地区的人群与文化，包括希腊人、罗马人等，都有一定的了解。他的主要活动形式有三种：一是通过讲解犹太《圣经》来教导人；二是传天国的福音，也就是引人进入信仰；三是医治人们的疾病。

很多宗教包括中国早期宗教都是这样的，既治疗身体的疾病，也安顿精神的信仰，也告诉人们神的旨意。这三种形式，也就成为后来基督教会的主要活动方式即教育、宣教和医疗事业。

2. 耶稣为何被钉死：基督教与犹太教的核心分歧

在北部以加利利海为中心的活动中，耶稣主要是以宣讲者的身份出现的。如果只以这一部分来看，那么耶稣只是一个犹太教的传统先知，一个伦理教师。但是，按照基督教的信仰，耶稣不仅是基督教的创始人，而且他本身就是信仰的对象。他本人就是上帝之子，是三位一体中的一位。这个信仰，是由他在耶路撒冷的死亡和复活建立起来的。

在耶路撒冷的最后一周，耶稣骑着一头小驴，在儿童的欢呼声中进入耶路撒冷。基督教以这种故事说明，耶稣是一位救世主，但他又不像世俗君王或将领，只有心地谦卑如同儿童的人才能接受他。在接下来的几天，耶稣在城里行神迹救治那些残疾和弱小的人，并教导犹太人关于信仰与道德的知识。其中，最著名的一幕，是他来到耶路撒冷的圣殿，发现里面不是祈祷的人，而是被做生意的人盘踞，于是他将那些兑换钱币、卖祭物的人都驱逐出去，让圣殿清洁。

据说，耶稣生命的最后一天，也就是在周四的晚上，他知道

保守的犹太人要来抓他，并将他处死。于是，他与门徒一起吃最后的晚餐。当着众弟子的面，他指出一个叫犹大（Judas）的弟子会出卖他。但耶稣不认为自己是被人杀死，而是主动地做出牺牲，用自己的生命补偿人类的原罪。所以在晚餐上，他设立流传后世的圣餐礼仪，也就是以酒作为他所流的血，以饼作为他的身体，在吃饼、喝酒中，人的罪恶被赦免，进入与上帝和好的关系之中。

在客西马尼园（Gethsemane）的橄榄园里祷告时，耶稣被叛徒犹大带来的人抓捕。他被押往城里，在犹太人的大祭司该亚法（Caiaphas）面前受审。但是，犹太人受罗马人的管辖，他们没有判决死刑的权力，因此他们又把耶稣押去见罗马巡抚彼拉多（Pilate）。这个人是一个典型的官僚，他知道耶稣没有被判死罪的理由，但他又不愿得罪犹太人，于是不情愿地判处耶稣死刑。耶稣被押往耶路撒冷城外的各各他山（Golgatha）上，被钉死在十字架上。在基督教传统中，这条从彼拉多官邸到耶稣最后被埋葬的路，被称为"苦路"，一路上有十四站。今天很多的教堂里，常以画像的方式描述这十四站，使进入教堂的人体会耶稣为救世而承受的痛苦以及上帝救人的博爱情怀。

犹太人为何要处死耶稣？除了他们认为耶稣似乎对犹太人圣殿不敬，不彻底遵守犹太人的律法，更重要的原因，是耶稣自称是上帝之子，宣称自己与上帝本为一体。按照犹太教的信仰，上帝无形无相，任何人都不能自称上帝，所以耶稣自称上帝之子便触犯了犹太教最深的信条，是渎神之罪。但在基督教来说，这又是最不可动摇的教义，耶稣这个身份卑微还被人钉死在十字架上的人，就是上帝之子。这正是使得基督教既来源于犹太教，又与犹太教相决裂的根本原因。

福音书里，耶稣的最后一幕是他的复活。据说，耶稣于周五被钉死在十字架上，第三天也就是周日，他从坟墓中复活，并显现给他的门徒看。这标志着他能战胜死亡，掌握生命。他在地上与门徒们又生活了四十天之后，升天而去。这也是基督教所说的新纪元的开始。

所以，对基督教来说，耶稣不仅是信仰学说的倡导者，还是新世界的开启者。因为他不像一般人那样从出生到死亡，复活使他具有开放的、朝向未来的结尾。所以，耶稣个人的历史，也就是整个世界的历史。

3. 第一代门徒带来的突破

我们当然知道，福音书的记载，有实也有虚，宗教经典对于圣人从来都是这样记载的。耶稣的言语与行动，是基督教信仰的基础，但作为历史上的基督教而言，它的真正开始是在"五旬节"，也就是耶稣被钉在十字架上后的第五十天。据《使徒行传》记载，耶稣的门徒彼得受圣灵的鼓舞，也开始传讲福音。据说，有三千人受洗，他们一起遵守使徒的教训，建立共同生活团体，举行圣餐等宗教仪式，在一起祈祷等。这大概就是最早建立的基督教会，时间在 36 年左右。

基督教从建立伊始，就有几个特点。第一，它是一种注重向外传教的信仰，努力传播是教徒们的信条；第二，它具有很强的社会性，基督信仰不是一种孤零零的个人私事，而是一种群体性的生活方式；第三，它具有强烈的国际性，基督教从一开始就不在乎信徒的民族或阶级身份，第一批基督徒几乎涵盖了当时地中

海世界的所有族群；第四，由于坚持信仰耶稣基督就是上帝之子，所以与犹太教有着巨大的冲突，而犹太人的迫害也进一步推动了早期基督教向非犹太人传播。

但是，基督教要传播到更广的地区，它先要克服一个障碍，就是犹太人的生活方式。耶稣是犹太人，弟子们也都是犹太人，而犹太人是一个纪律很强的族群。他们用严格的生活方式，来保证自己不被其他民族同化。在他们看来，遵守"摩西五经"上的规定生活，是一个人能被称为文明人的底线。但是，由于纪律性过强，他们也难以接受外人的加入。因此，在主要是犹太人的早期基督徒团体中，就有一个争论：那些愿意加入基督教的人，要不要先接受割礼？所谓"割礼"就是割去男性生殖器的前端包皮，早期可能是为了卫生的考虑，但犹太教将它礼仪化，于是就具有深刻的宗教含义。割礼被认为是与上帝立约的标记，只有实行割礼的人才算是犹太人。如果这个障碍不解决，基督教就只能在犹太人内部发展。所以 50 年左右，各地教会在耶路撒冷开会，讨论这个难题。据说会议决定，非犹太人只需要遵守最基本的道德法则和规范，就可以成为基督徒。对于早期基督教来讲，这是一个重大的突破，意味着基督教不仅在信仰体系、信众来源上，而且在生活方式上，也彻底与犹太教分道扬镳，成为一个完全独立的系统。

这为他们接下来进入罗马帝国，铺平了道路。

4. 耶路撒冷与罗马的相遇：从边缘到主流

进入地中海世界后，基督教面临的问题，已经不再是和犹太教的关系，而是与罗马帝国、希腊罗马文化的关系。基督教对于

罗马政府的态度，最初是友善而顺服的，保罗在写给罗马基督徒的信中就说，要顺服掌权者，因为没有权柄不是出于上帝的，凡掌权的都是上帝所命的。这和佛教进入中国时，深刻地意识到"不依国主，则法事难立"一样。但罗马宗教、政治、文化和基督教之间的差异，却渐渐使它们走向冲突和对立。

现在罗马史料中，最早谈到基督徒的，是在 51 年，也就是耶稣死后二十年左右，当时罗马的皇帝是克劳狄一世（Claudius I，41—54 年在位），据说"由于基督徒们在犹太人中引起的骚乱，他决定将犹太人逐出罗马"。更著名的事件是，64 年，罗马皇帝尼禄（Nero，54—68 年在位）在罗马城大火后，把责任推到基督徒身上，对他们展开捕杀。此后，罗马帝国要求基督徒放弃信仰，否则就加以迫害。原因之一是，罗马帝国是一种类似于政教一体的体制。宗教在政治上必须忠诚于罗马帝国，反过来，政治的忠诚又以忠诚于罗马的传统宗教为标准。罗马帝国的保护神乃至于皇帝，是罗马所有臣民必须崇拜的偶像。然而，基督教是严格的一神信仰，反对崇拜任何其他的神祇，于是要求信徒远离这样的帝国宗教。因此，这被视为公开的政治挑衅。原因之二是，在罗马的公众场合，普遍布置罗马宗教的神像，所以基督徒不能在这样的公共场合举行崇拜，而转到私人场所举行聚会，于是罗马政府怀疑他们在密谋颠覆造反。原因之三是，早期基督教的和平主义，要求凡是基督徒不参加军队，这对于以军事立国的罗马来说难以容忍。原因之四是，民间谣言的伤害，由于罗马人不了解基督教，谣传基督教的"彼此相爱"是乱伦，会颠覆罗马人的家庭价值观，而基督徒举行圣餐，也被罗马人谣传为"吃人肉，喝人血"。

　　所以在历史上，很多基督徒因为坚持信仰被砍头，或被拉到斗兽场被猛兽撕碎而殉道。但是，基督教在罗马帝国的逼迫之下，不仅没有消失，反而全面发展。一方面是因为基督教的应对策略理性而有效；另一方面是由于罗马帝国幅员辽阔，东方不亮西方亮。特别是，不同的罗马皇帝对基督教的态度松紧不一。于是，从1到4世纪，经过漫长的岁月，基督教在罗马帝国内逐渐发展起来。在文化思想上，通过将希腊文化的"学园"和犹太人的"家学"结合，基督教形成了自己的学院或教义学校，在著名的埃及亚历山大里亚教理学院（Catechetical School of Alexandria）与叙利亚的安条克教理学院（Catechetical School of Antioch，又译为安提阿），出现了一批用希腊和拉丁语言宣讲基督教的思想家。在教会体制上，基督教开始建立一个以主教为核心的专业化、层级化的管理制度。他们仿照罗马帝国的行政体制，也以城市为中心，向乡村外延，将乡村教会置于城市主教的监管之下，到3世纪形成遍布罗马的教区制。这种人才培育和组织体系，使得基督教能在帝国压迫下继续存在。

　　到了4世纪早期，基督教与罗马帝国的关系就需要调整了。对于罗马帝国来说，是继续用强力迫使教会屈服并粉碎其力量，还是承认它的存在并与之结盟，甚至利用它维护罗马治下的和平？这就是君士坦丁（Constantinus I，306—337年在位）等人在313年前后，不再迫害基督教徒，而决心把它接纳为帝国宗教的基本背景。

　　基督教在罗马帝国取得合法地位，还因为一场战争。传说，312年10月，处于劣势的君士坦丁在罗马城郊外会战对手，这场战争将决定谁能取得西部罗马的最高统治权。决战前日，当君士

坦丁祈祷时，他在天空中看见一个奇怪的字符；晚上睡觉做梦的时候，也看到耶稣基督带着同一个符号向他显现，并要他以此符号克敌制胜。这个符号就是 P 插在 X 上，也就是希腊文"基督"的头两个字母。君士坦丁命令他的士兵在盔甲上画上此符号。第二天，君士坦丁获胜，终于成为西部最高统治者。一年后的 313 年，君士坦丁与东部统帅李锡尼（Licinius，263—325）在米兰会盟，颁布《米兰敕令》（Edict of Milan），同意给予基督教完全的自由，让基督教与其他宗教具有完全同等的法律地位。此后，基督教渐渐成为与政治关系密切的罗马主流宗教。

到了 392 年，罗马皇帝狄奥多西一世（Theodosius I，379—395 年在位）以帝国法令的形式，最终确定基督教作为国家宗教，非基督教的一切崇拜皆为非法，基督教正式成为罗马帝国的国教。

5. 基督教对罗马文明的吸收与转化

基督教的文化根源，是耶路撒冷所代表的犹太文明，但经过三百多年的摩擦激荡，尤其是在成为罗马帝国的主流信仰之后，基督教吸收罗马的法律、文化、制度等因素，成为与罗马帝国相匹配，并且能配合其统治的思想文化体系。

首先，基督教中有一些基本的信仰纲领，叫作"信经"，你可以把它理解为基督教信仰的"宪法"。但早期教会对于这个"宪法"有什么内容，这个具体的文字该怎么表达，存在较大的分歧，不同的地方都有自己的信经。为了统一罗马境内的基督教信仰，罗马皇帝君士坦丁于 325 年，召集境内各地的主教一起在尼西亚地区（Region of Nicaea）讨论信经，最后确定标准的《尼西亚信经》

(Nicene Creed)。因为这个会议是由各地主教聚在一起召开，代表全天下的教会，所以称为"大公会议"，相当于基督教的"制宪会议"。《尼西亚信经》的内容，归纳总结了原来流传于各地的地方性信经，又经过严谨讨论，代表了基督教对自己三百多年历史的总结。信仰有了"宪法"，纲举而目张，原来分散的基督教便在地中海世界以统一的面貌呈现出来了。

其次，是基督教有了统一的礼仪规范。有了统一的基督教信仰，罗马帝国又统一了基督教的礼仪崇拜。最初，为避免罗马公共场所中的偶像崇拜，并躲避罗马帝国的逼迫，基督徒通常在信徒的家中举行崇拜礼仪。随着基督教的合法化，信徒越来越多，需要有一个公共场合集会。罗马"大会堂"，原本是政治的集会场所，逐渐成为基督教举行礼仪的理想场所。教会在大会堂里敬拜上帝、讲经布道、举行隆重的圣礼，所以大会堂便成了大教堂，作为象征性的公共建筑，成为一个城市或区域的中心。有这样一个大型的集会空间，基督教原先简单的仪式也变得富丽堂皇，程序也越来越严谨和正式。为了配合礼仪的实施，罗马帝国修改历法，采用基督纪元，也就是我们所用的公元纪年。按照耶稣的生平事迹来确定节日，如耶稣的诞生就是圣诞节、耶稣的复活是复活节等。一套完整的礼仪年历制定出来，按上帝创世的七日为一周，第七日为主日，五十二周为一年，中间则是纪念耶稣生平的重要节期。这样标准化的礼仪制度与时间秩序，使得各个地区更容易整合到基督教这个大系统里。

再次，是基督教的学习和传播制度。罗马人建立了系统的修道院制度，为基督教的建立与发展输送人才。在英文里面，修道的意思就是"一个人独居"。一个人独居，使人面对自我，战胜

自我。早在古代犹太文化中，先知就有进入旷野修道的传统。按照《希伯来圣经》，摩西就是一个人在旷野时听到了上帝对他的召唤。最著名的例子是耶稣，他在接受洗礼之后，立即就进入旷野，接受魔鬼的试探。所以，当基督教开始在亚洲与非洲地区传播时，一些宗教精英就前往沙漠或旷野地区，以独居的方式来实现精神上的自我超越。但是，罗马人却将一个人独居的修道运动，发展为群体性的宗教修炼。一群人为了宗教理想而共同生活，这就是群体修道。6 世纪的罗马人本笃（Benedict of Nursia，480—547），制定出详细的"本笃会规"，使松散的个人修道成为纲领清晰、组织严密、传承有序的群体活动。他确定修道院的三个原则：绝财、绝色、绝意，也就是不存财产、不近异性、杜绝杂念。在修道院里，除了祈祷，还进行体力劳动。本笃有名言说：人生就是工作与祈祷。这样，修道院还常常发展成为地方性的种植或养殖中心，直到今天欧洲都还有很多著名的酒庄与啤酒厂是来自历史悠久的修道院。更重要的是，罗马人将古典的人文教育融入宗教的修道制度，在修道院里开设系统的语法、修辞、逻辑、哲学等科目，所以修道院还为教会提供众多的高素质人才，又对世俗社会产生持久的文化影响。

　　早期基督教，在某种意义上就是耶路撒冷与罗马之间的相遇和对话。在公元前后到 400 年左右这段时间，基督教成为整个地中海世界的文明根基。不过，由于罗马帝国疆域辽阔，内部包含的族群与文化又丰富多样，基督教如何能够在这么广阔的区域里传播，并征服了各式各样的族群与文化，使环地中海都成为基督教文明世界呢？

第三节　教会的历史：一体而多元

在关于耶稣传教的故事中，一个经典主题就是耶稣拣选十二个门徒，而对早期基督教来说，一个门徒就是一个地方的信仰团体代表。这些地方性团体，会把自己的起源追溯到某一个门徒的身上。他们都是由耶稣亲自拣选为门徒，具有平等的身份，进而表明各地的教会也具有平等的身份。

早期基督教对于地方性、多样性的尊重，反映在它们经典内部的多样性上。比如，描写耶稣生平的福音书就有四部，分别是《马太福音》《马可福音》《路加福音》《约翰福音》。其中，马太和约翰直接是耶稣的门徒，而马可是彼得的助手，路加是保罗的助手，他们两分别代表彼得与保罗。虽然这些福音书都以这些门徒个人的名字命名，但它们的作者更可能是分散在各地的信仰团体。这些团体对于耶稣的言行形成不同的记忆，发展出不同的信仰理解，所以写出不同的福音书。然而，这些福音书都能进入《新约》，表明在广泛的地中海世界内，各地教会都平等地认可这些内容不同、来源不同的福音书。在它们之间并没有真假或高下之分，它们是整个教会共同的经典。

前面我们说了，基督教诞生在地中海东岸的耶路撒冷，处于亚洲、非洲和欧洲之间的枢纽位置。它的信仰核心是对一个超越于万事万物之上的上帝的信仰，不以某个特定的社会阶级作为它的传教对象，也不把别的民族称为"蛮夷"。它具有发展成为全球性宗教的潜质，但将这种全球性质从可能性转化为现实性，就在于基督教发展之初，并没有一个坚强的领导核心，也不主张组织上的整齐划一，它的统一性只表现在核心信仰和基本礼

仪方面。所以，它在进入不同地区、不同文化时，常常能做到因地制宜，适应传入地的不同社会文化，对自身做出调整。靠着这样的地方化，基督教才成为全球性的宗教。我们可以把这条道路称为"全球地方化"。

1. 主教与教区制的产生

在基督教《新约圣经》里，将近一半的作品是以古代城市的名字命名，比如说《罗马书》《哥林多书》《帖撒罗尼迦书》等。这其实反映早期基督教传播的一个基本事实，那就是早期教会以城市为中心。福音先在城市里传播，然后再扩散到周围的乡村地区，所以早期基督教自然而然地以若干重要城市为中心，形成地方性教区。

最初，教区负责人并没有一个明确的称呼，有时被称为"长老"，有时被称为"监督"。这表明他们是一个综合性的领袖，既要进行灵性和神学上的指引，又要负责具体的经济社会事务。在早期基督教的发展过程中，涌现出各种思想和派别，这可以说是早期教会的"试错"过程，其中有些错误的思想和派别就被称为异端。比如有一种诺斯替主义（Gnosticism），认为人不是靠着对历史真实人物耶稣的信仰，而是通过接受一种神秘的知识得救。它甚至认为耶稣不是真实的人，而只是一个虚幻的影子。还有一种叫孟他努主义（Montanism），认为《旧约》是圣父时代，《新约》是圣子时代，当下则是圣灵时代。每个人都能从圣灵那里接受灵感，解释《圣经》和信仰，所以不需要建立制度化和层级化教会。

在这种种争论当中，教会领导人的核心地位就不断强化了。他们是信仰的权威。这些权威既要善于辨别信仰的正统与异端，

又要能对信仰做出生动、系统的诠释，还能够建立各司其职、层级化的管理团队。这样的权威逐渐地就有了一个固定的职务头衔，也就是"主教"。主教是整个教会管理团队的代表，他本人负责信仰的核心事务，而信仰团体其他大量的经济及世俗事务，则是主教任命的执事来管理。

这样，以主教为核心的教区制，就成为基督教的基本组织结构。教区的划分，很有可能是遵循罗马帝国的行政区划，也可能按照教会自身发展的实际情况。在2世纪初，维护主教的权威就成为一个突出的现象。一个流行的说法是，主教在哪里，教会就在哪里，主教被称为教会生活的基础与标准。信徒要服从主教，就像耶稣基督服从圣父上帝一样。

以主教为中心的教区制，是我们理解基督教在古代地中海世界传播、建立的一个基本出发点。我们可以把它称为早期基督教的邦联制。一方面，主教对于某一地区的教会事务全权负责，不受别人制约；另一方面，由于共同的信仰，主教与其他教区的负责人，要保持一种松散的联盟关系。这种邦联制的教会联合体，可见于最古老的教会形态。例如，在罗马帝国的东部四个主要城市如君士坦丁堡、安提阿、耶路撒冷和亚历山大里亚，教区就互不隶属，各自具有完全的主权。从3世纪开始，基督教就发展出清晰的主教自主的观念，一位名叫西普里安（Cyprien）的主教说："我们中间无人可将自己封为主教们的主教，也不能用专横的威胁逼迫别的主教必须服从自己，因为每一位主教在其自由和职权范围以内，都有自己正当的审判权力，他不能审判别的主教，别的主教也不能审判他。"

从这种体制中，发展出"自主教会"的概念，也就是说在教会这个统一名义之下，所有自主教会均不受其他教会的管辖。

2.基督教：从邦联到联邦

不过，在几股力量的推动下，若干地区的基督教也会从邦联制，发展成更紧密一些的联邦制。

首先，主教们也有主教会议，面对教会内部出现的思想潮流，进行教理教义上的裁决。一些具有共同语言文化背景的主教会议，就可能发展成制度性的权威中心。例如，在伊斯兰教崛起之前，北非属于基督教文化圈，但它与欧洲的民族和文化又存在着相当的张力，所以北非各地的主教们聚集在一起，便形成一个地区性的联盟，常在亚历山大里亚或迦太基召开主教会议。通过主教会议，它们以大会决议、共同宣言之类的约法形式，统一为一个更具约束力的联盟。其次，礼仪上的推动。一般来说，主教由教职人员和信徒代表选举产生，但是，为了在宗教礼仪上强调它与其他教区的一体关系，它要邀请其他教区的主教来为新主教举行按立仪式。通过这样的礼仪实践，若干具有共同文化与神学倾向的教区也就形成更紧密的联盟关系。最后，顺应罗马帝国的行政区划，某些属于同一个都市文化圈或同一个行政大区的教区，也更容易地联合为一个整体。

联邦制的集中体现，就是"主教团"的形成。多个教区的主教聚集在一起，组成一个主教团，教会的统一体现为主教团的统一。主教团的决议对于每个教区都是有效的，但是主教团也并不是主教的上级，每一位主教都分享着主教团的权威。

联邦制的教会体制，可以使一些历史悠久、文化深厚、在政治或经济上重要的城市突显出来，在一片广阔的区域内成为教会中心。例如，古代地中海世界的亚历山大里亚、耶路撒冷、安提

阿等，就成为地区性的教会中心。它们在更高的层级上，将广大区域内的宗教与社会力量组合起来，成为一个权威中心，甚至可以拒绝罗马皇帝对教会内部事务的干涉。例如，前面提及的君士坦丁皇帝将基督教合法化之后，常要求教会按照他的意愿决定信仰事务。他在一次会上说："我将让他们明白，应该把什么样的崇拜献给上帝。作为一个君王，还有什么比澄清和抑制错误的见解，使人们以真正的宗教、诚实的心灵和恰当的崇拜敬献至高上帝更为崇高的职责呢？"但是，由于教会通过联邦制已经联结成团体，形成有效的权威，一些有代表性的主教就大胆地对皇帝的干预提出挑战。一位名为阿萨内修斯（Athanasius）的主教就顶撞他说："什么时候教会的裁决，要从君王那里得到支持？教会早先开过那么多的会议，通过那么多的决议，但教会的领袖从来没有去征得君王的同意，尽管他自己想多管点教会的事。"

这是一个水到渠成的大趋势，当教会在更大范围内、以更紧密的形式联结在一起时，就会从联邦制走向集权制，形成一个平行于世俗政权的权威中心。这也就是中世纪欧洲政教之间紧张关系的根源所在。

3. 罗马首席权与中央制教会

在基督教发展的最初阶段，罗马虽然重要，但和东部的亚历山大里亚、安提阿、耶路撒冷等城市没什么不同，地位平等。但是，2世纪之后，由于一些新的历史因素的加入，罗马开始稳步上升。

俗话说"条条大道通罗马"，居于整个地中海世界中心位置的罗马，在政治、经济和文化资源的分配上，都占据便利条件。在

基督教世界里，很早就出现了富有教会接济和资助贫穷教会的习惯，罗马在经济上的富裕地位，推升了它在各个教会中的话语权。

罗马在教会内的地位不断攀升，与此同时，东部那些历史悠久的教会中心却越来越走下坡路。在 70 年和 135 年，爆发犹太人反抗罗马统治的两次起义，犹太人被罗马军队镇压，耶路撒冷城几乎成为废墟，在教会里很难发挥实际的影响力。其他的东部城市，如安提阿属于叙利亚语言文化区，亚历山大里亚属于希腊文化区域，在文化上具有不同的倾向，在神学思想上也形成两个不同派别，互相不服气，难以形成一个整体，属于现在的亚洲和非洲地区的这些传统基督教中心城市地位逐渐下降。而罗马在西部地中海却有着天然的领袖地位，所以在整个基督教世界里地位越来越重要。到四五世纪时，在批判异端的主教会议上，常会邀请罗马主教发布讲话，作为大会的基调。

罗马主教地位的上升，还借助了一个论证自己合法性的方式，就是"使徒统绪"。"使徒统绪"就是确认神职人员拥有从耶稣基督那里来的宗教权力。按照这种论证，耶稣把教会的权柄授予使徒们，使徒们又把权柄授予主教们，主教的权威便来自最早的十二门徒。但在十二门徒中，两个最重要的人物分别是彼得与保罗。出于他们两人名下的作品，合在一起，占了《新约》将近四分之三的内容。而这两位使徒都与罗马相关，都在罗马传教，建立教会，并最后殉道于罗马。使徒地位的整体提升，也带动彼得与保罗两位使徒地位的提升，进而带动罗马在整个基督教世界地位的提升。

罗马主教以"首席权"来表明自己与众不同的地位。简单地说，就是彼得是十二门徒之首。彼得开创了罗马教会，所以罗马也应该是整个教会之首，罗马主教比其他地区的主教也要更高一级。

这时，在《新约圣经》当中流传的耶稣亲口所说的一句话，就被突显出来，按照《马太福音》第16章，彼得是第一个宣认耶稣弥赛亚身份的弟子，因此耶稣授予他特别的权柄，并对他说，"你是彼得，我要把我的教会建造在这磐石上，阴间的权柄不能胜过他。我要把天国的钥匙给你，凡你在地上所捆绑的，在天上也要捆绑；凡你在地上所释放的，在天上也要释放"（16：18—19）。彼得被称为教会的"磐石"，掌握"天国的钥匙"，居于教会的首位。而所有的罗马主教都是彼得的继承者，也自然就继承了彼得这份特别的权力。

罗马主教首席权的正式确立，就是罗马主教拥有了一个正式头衔：教宗（Papa）。Papa这个词本义是"父亲"，早期信徒普遍用来称呼神职人员。但是，罗马主教把这个名号变成了自己的专属头衔，声称他对所有的教会都拥有裁判权。这样，以罗马教宗为中心，整个教会带有了中央集权的性质。罗马教会的这个说法，在地中海世界的西部得到广泛的认可，并得以实施。但是在东部，人们仍然保持着邦联制或者联邦制的组织体系。这也造成了今天西部天主教世界与东部东正教世界的差别。

4. 基督教的"全球地方化"

上述情况就形成了基督教的"全球地方化"。基督教既在全球发展，又按照各地的社会与文化实际，采用不同的组织方式，实现充分的地方化。邦联制、联邦制和中央制，构成当今基督教世界多种多样的组织方式。

在亚洲和非洲的众多东方教会，如亚述东方教会、印度多马

教会、亚美尼亚使徒教会等，它们采用邦联制，几乎保持完全的独立性，只以松散联盟的方式保持与其他教会的联系。亚述东方教会是一个非常古老的教会，相传由圣多马所创立。3世纪，两河流域上游的亚述民族开始皈依基督教，为了表示他们的悔改之意，他们将公元前7世纪从以色列所掠夺的宗教圣物归还到圣地。亚述东方教会在丝绸之路上有广泛传播，但过去人们错误地认为，他们是一个著名的所谓异端教派"聂斯托利派"，唐代到中国的景教就来自这一派。但实际上，他们与其他任何教会都没有共融关系。他们自己的正式用语中，从来不用类似于"正确的信条"或"正统的教义"等词语，所以也并非东正教的一个分支。他们自己最高的教会领袖就自称为"教宗"。虽然人数很少，在中东地区常受主流民族和宗教的逼迫，但他们确实历史悠久，而且自成体系。

独立于任何教会联盟之外的著名教会，还有亚美尼亚使徒教会。相传耶稣十二门徒之一的巴多罗买（Bartholomew）将福音书带到亚美尼亚，建立了教会，但在最初阶段，基督教也被亚美尼亚王朝所逼迫。直到301年，亚美尼亚国王梯里达底三世（Tyritudes III，约287—330年在位）受一位名为圣启蒙者格列高利（Gregory the Illuminator，约257—约328）的人影响，改信基督教，并以之为国教。所以，事实上早在罗马帝国之先，亚美尼亚是第一个以基督教为国教的国家。405年，传教士圣梅斯罗布（Mesrop，361/362—440）创立了亚美尼亚字母，并翻译出亚美尼亚文的《圣经》。所以5世纪之后，亚美尼亚教会就一直保持独立，不从属于任何基督教派别。

在欧洲的东部和南部地区，还有众多的东正教派别，如俄罗斯东正教会、希腊东正教会、罗马尼亚东正教会等。他们承认君

士坦丁堡牧首的名义元首地位，组成一个松散的联邦。可是，中央制的天主教系统则等级森严，遵守梵蒂冈的垂直领导，不仅主教的任命要得到教宗的许可，在礼仪制度、教理教义上也要接受梵蒂冈的指导。

到了 16 世纪的马丁·路德之后，新教产生，不同教派涌现出来。教派数量可能有上千之众。到了 20 世纪，在普世运动的推动之下，大体而言它们也采用邦联制，保持一种松散的协商、合作的关系。这当然是后话了。

5. 一个基督，多个派别

在这里，我们以"全球地方化"这个概念，介绍了基督教各个宗派的大致关系。这些派别都认为，他们源出于一，同属于基督教，一起构成"基督的身体"。但是在思想观念、礼仪制度和组织结构上却千差万别，这使得基督教有着复杂的多样性。

如果说，在最初四百年里，基督教主要还是在罗马帝国，在环地中海世界发展。但是，当罗马帝国在 5 世纪被所谓的北部蛮族所灭，欧洲的样貌开始完整地呈现出来。这时候基督教就发挥了它的文化整合能力，使整个欧洲都经历基督教化。

第四节　从地中海变成全欧洲的基督教

大致上和中国所谓"五胡乱华"的时代相近，欧洲历史上被认为是天崩地裂的大事件，就是所谓"蛮族入侵"。后来有人把它

视为古代转入中世纪的标志性事件。但也有人认为，"蛮族入侵"导致历史大变动，不过只是一个"比附"，就像草船借箭一样，把各种历史因素都附着在这些事情上，以便怪罪欧洲历史大动荡都是由于野蛮人的入侵引起的。他们质疑说，这种常识的形成，首先表现了史学的懒惰和无所作为，屈服于传统的"照本宣科"；其次表现了对"入侵的外族人"的陌生和厌恶，其实是一种无端傲慢。事实上，所谓"蛮族入侵"只不过是开始于 3 世纪中期的一两次小族群的入侵，倒是"人口迁徙"这个术语更接近历史事实。

我们不去评论这两种历史观察的是与非，不过，从基督教历史上看，所谓"蛮族入侵"还真是一个历史变动的契机。

1. 日耳曼蛮族入侵

地中海可以说是罗马帝国的内海。帝国的北边，则由两条河也就是莱茵河和多瑙河将欧洲一分为二。在 4 到 5 世纪之前，这两条河的作用就像中国的长城，北部是游牧民族，南部是定居的农业民族。罗马帝国就在这两条河的南部，自称是文明区域，而对于两条河北边的游牧民族，罗马人则称他们是"蛮族"。"蛮族"这个称呼后来被沿用下来，但它实际上就是广义的日耳曼民族。而日耳曼民族包括很多的族群，像西哥特人、东哥特人、法兰克人、汪达尔人、勃艮第人等，都算是它的分支。

为了防止蛮族大举入侵，罗马曾在边境设军。不少皇帝原来就是镇守边疆的将军。不过，对立中也有交往。在北部的日耳曼蛮族与南部的罗马人之间，实际上存在较为密切的交流。日耳曼蛮族甚至是罗马军队的重要兵源。到了 4 世纪，罗马人与蛮族之

间的平衡被打破。有人推测，很可能是遥远的汉朝与匈奴之间的战事，使得一部分北匈奴人不断西迁，就像地球的板块移动一样，引起了西边遥远的欧洲历史变动。关于这段历史，我们在前面有过比较详细的论述，这里就不多说了。

376年，东西哥特人向罗马政府交纳一大笔赋税之后，得到皇帝瓦伦斯（Valens，364—378年在位）批准，在黑海、爱琴海和马尔马拉海之间的色雷斯（Thrace）一带居住。可是后来，哥特人大批涌入，罗马试图阻击，但在两年后的亚德里亚堡战役中遭到惨败。于是，哥特人长期定居帝国东部，要求分配土地、提供钱粮。由于要求得不到满足，他们又进一步西进，进攻希腊和意大利。401年，哥特人直逼罗马，西罗马皇帝不得不逃往意大利东北部的军事重镇拉文纳（Ravenna，又译拉韦纳），把它当作陪都。人们感叹说："一个只知攻陷别人城池的伟城，自己也被别人攻陷了。"几乎同时，北部的日耳曼人，像汪达尔人、苏尔比人、勃艮第人也开始突破防线，越过结冰的莱茵河，进入高卢、西班牙和意大利北部。

有人说，这场变乱永久地改变了欧洲的文化和政治格局，就像4世纪中国的"五胡乱华"，使得中国结束了汉朝盛世，进入分裂的中古时代一样。为什么这么说呢？有三点值得提出来：第一，在此之前，南部的罗马帝国被视为文明区域，北部被视为非文明区域。但随着蛮族的进入，文明与非文明的界线被彻底打破，罗马不再是文明的主体，欧洲的概念开始出现。第二，罗马皇帝消失了，统治整个地中海世界的罗马帝国消失了，人们开始以族群为单位，在欧洲建立各个分散的王国。皇帝不再有，国王却无数。帝国的概念与实践，仅保留在以君士坦丁堡为中心的东罗马地区。

第三，也正是我们主要来展开讲的一点，就是日耳曼民族王国与基督教的结合，成为欧洲的一种文化底色。

在蛮族入侵之前，欧洲历史实际上局限在环地中海地区。蛮族入侵才使得今天意义上的欧洲成为一个完整的文明空间与历史世界，而且也由于7世纪后伊斯兰教占领西亚和北非，在这个"他者"的对应下，终于成了一个自成一体的文化单元。

历史的变化，有时候就像古话说的"一波才动万波随"，开始时小小的波动，造成后来大大的涟漪。所以，无论"蛮族入侵"这件事情本身有多大，它作为一个"契机"，确实引起了后来的连锁变化，并且会激活各种明显的和潜在的因素，加入并塑造历史。而基督教正是抓住了这个机会，在信仰上使入侵的蛮族皈依，在思想意识上使基督教观念渗透到各种文化体制之中。它还通过各种社会制度的发明，使基督教成为欧洲文明的基础和底色。

2. 日耳曼民族的基督教化

从军事和政治上来看，日耳曼人征服了罗马；从信仰和思想上来看，则是罗马的基督教征服了日耳曼人。在他们入侵罗马帝国时，基督教已经在罗马社会中站稳了脚跟。前面讲到，君士坦丁皇帝签署《米兰诏令》，授予教会有权拥有、接收或转让自己的土地和财产，并带头给教会捐赠房产宫殿，而罗马贵族也纷纷捐献。后来的一系列法律，又授予基督教会免税权，还让它拥有自己的法律和法庭。

这时，帝国虽然灭亡，可是以罗马为中心的西部教会，反而凸显出它在政治和文化上的重要性。

以罗马主教为首的教会接续了原来政府的许多功能。它的财产收入不仅用来维持自己的运作，还供应战乱中人民的需要。它提供食物，修建孤儿院、医院，或者支付赎金赎回被掳掠为奴隶的罗马人。所以，罗马主教成了一个重要的政治人物。主教还代表罗马人与蛮族领袖谈判，例如教宗利奥一世（Leo I，440—461 年在位）将匈奴人逼退到多瑙河；格拉修斯教宗（Gelasius I，492—496 年在位）与东哥特国王狄奥多里克一世（Theodoric I，493—526 年在位）进行政治交涉。592 年，当伦巴德人控制了意大利北部，侵扰罗马，格列高利教宗发挥军事领袖的角色，组织罗马人抵抗。达成和平协议之后，他取得了罗马统治权，并兼任行政长官，教权政权合而为一。

同时，罗马主教又派遣传教士前往欧洲各地传教。当时英格兰的肯特国王埃塞尔伯特（Ethelbert）要娶一位法兰克的基督徒公主为妻，罗马教宗格列高利就在 596 年派遣一位名叫奥古斯丁的传教士，带领一个传教团去英国，劝化英国的盎格鲁—撒克逊人。他们居然还真的成功了。597 年，肯特国王皈依基督教。于是，传教士奥古斯丁被任命为英国大主教，并在英格兰设立十二个主教治理英国。

后来，罗马教宗又不断派遣传教士进入东欧和中欧等地，将这些地方纳入罗马教会的管理范围。到了 1000 年左右，他们以德国汉堡为基地，向北方的丹麦和挪威等地派遣传教士，于是最北部的欧洲也成了基督教文化圈的一部分。所以，面对着一个具有深厚文明底蕴又具有社会整合力的基督教，日耳曼人普遍经历了一场皈依基督教的历程。

首先是政治层面的皈依，我们可以把它叫作"王室基督教"。

它的代表就是法兰克王国。法兰克人占领罗马的高卢地区，5世纪在国王克洛维一世（Clovis I，465—511）的带领下开始崛起。据说，在496年的一次战争中，他本来要被击败，但他向耶稣基督祈祷后反败为胜。于是，他率领士兵在兰斯大教堂受洗，成了教徒。当时，部落首领的宗教就是整个部落的宗教。克洛维一世皈信后，就要求所有法兰克人都得接受正统基督教信仰。

克洛维一世这么做，是为了更好地促进日耳曼征服者与原本的罗马居民之间的宗教融合。如果法兰克人皈依了，那法兰克人和罗马人就有了共同的信仰，可以结成更紧密的政治军事同盟。而且，法兰克人皈依罗马大公教会之后，很快也继承了从前罗马采用的政治与宗教合作的治理办法。511年，克洛维一世在奥尔良召开第一次宗教会议，会上通过的法律调整了政治与宗教的关系。所以，它既是宗教法，又是国家法。在549年的会议上，它要求法国的主教选举必须得到神职人员、教区信徒以及国王三方的同意。这就意味着，教会成了法国政治架构的组成部分。后来，宗教与政治之间的结盟关系被长期延续下来，法国教会甚至因此被称为"大公教会的长女"。

经历了这么多，基督教从一个地中海宗教变成全欧洲的宗教，欧洲的基督教自此形成。它是三重因素的结合，即日耳曼的、罗马的、基督教的。

它们之间的结合，可以完美体现在一个代表性的事件上。800年，法兰克人的国王查理曼，在圣诞节前往罗马的圣彼得大教堂祈祷，罗马主教也就是西部教会的最高领袖，把罗马皇帝的冠冕加在他的头上，并授予他罗马帝国皇帝奥古斯都（Augustus）的称号。一个日耳曼人，在基督教的圣诞节，在西部教会的首席教堂，

被教宗授予了古罗马皇帝的称号。这个举动的意义太丰富了，有三点需要格外注意：

首先，一个蛮族国王居然开始拥有罗马皇帝的头衔，在西罗马帝国灭亡三百多年之后，首位得到教宗认可的皇帝出现了。

其次，它表明西部教会正式摆脱东罗马帝国的控制，以西欧的皇帝作为自己的世俗保护人。

最后，它建立起西欧的政教关系模式，也就是说，不是由皇帝担任教会的最高首脑，而是由教宗将世俗权力授予皇帝。它强调教会与国家的关系，像是同一枚硬币的两面，政府引领人们得到现世的幸福，教会则引领人们得到永生的幸福。教宗以自己作为基督在尘世代表的身份，授予君王统治的权力，而君王则用刀剑保护教会的安全。

所以，发生在 800 年的这个加冕事件，常被当作是"神圣罗马帝国"的开始。查理曼的统治，开启了后来一系列文学、艺术、建筑、法律和建筑的兴盛，迎来"欧洲的第一次觉醒"。

3. 基督教成为欧洲的文化精神

不过，基督教的传播，还需要在上下两个层面齐头并进。所谓"王室基督教"，只是在高层完成权力与宗教的结合，但是在广大民众那里，还得靠广大的修士来把日耳曼人基督教化，这就是所谓"修士基督教"。修士，就是专职修道的人。他们与普通的神职人员不同，因为一般神职人员要教导广大信众，有一大堆社会经济事务要处理。修士专职传教，当然也有人专门祈祷冥想、研究基督教的学问。

基督教传教策略相当灵活。在以罗马为中心的大公教会之外，早期基督教在爱尔兰及大不列颠地区，发展出了独特的修道院基督教。爱尔兰当地实行部落酋长制，基督教为了发展，与爱尔兰的部落酋长制结合，往往干脆让酋长担任修道院院长。当然，修士在教会和社会上也有很高的参与度，有些修士传教看起来很有办法，甚至法兰克王国在 7—8 世纪时，还邀请不列颠岛上的修士到欧陆来传教，好让欧洲中部的盎格鲁—撒克逊人也接受基督教。果然，他们成功使得德语地区皈依基督教，并通过加强修道院的制度和文化建设，使修道院成为这片地区的学术中心和教职人员培养中心。在这个过程中，基督教的修士们逐渐远离了最初"独自修道"的意思，采用群体修道的方法，建立修会，以教团的组织形式推进了欧洲的基督教化。

要知道基督教内部有各种各样的修士团体，但基本上都采用了一个共同的会规。这个会规的最初模板，是一个叫本笃的修士在 6 世纪制定出来的，故称为"本笃会规"。本笃出生在意大利努西亚（Nursia）的一个罗马贵族家庭。但他在二十岁左右，就领悟到贵族子弟放荡不羁的生活没什么意思，于是离开大城市，到山洞里隐修三年。经过三年独居，本笃无论是思想还是性格都成熟了起来。由于他的名声远扬在外，于是有一个修道院请他去主持院务。但他定下的院规非常严厉，据说有不满的修士想要谋害他，给他一杯毒酒。在饮下毒酒之前，本笃抬手在杯上画十字圣号祝福，这个酒杯当场破裂粉碎。于是，他回到自己的老家，开始建立起自己的修会团体。

本笃创造了一种在教会之外服务于教会并且非常完整而系统地培养精英人才的生活方式。他将罗马文化对社会组织的强调，

与基督教对人性的深刻理解作了完美的结合。它的精髓是强调集体生活，认为组织大于个人，教会只有远离世俗才能改变世俗。他认为，不能由着修士的性子来，如果修士为了生存而在外面游荡，只会对他们自己和教会都不利。所以，在他看来，修会要提供一种与世俗生活隔绝、自给自足的集体宗教修行。它应该要有一切生活所需的东西，所以修会实际上是一个独立的、纯粹的"小社会"。

他一方面倡导在修会成员之间兄弟般的情谊；另一方面又把修道院院长视为会规的化身，大家对他要绝对服从。本笃有句名言：工作就是祈祷。工作既包括实际劳动，也包括知识训练。他认为修士生活的三个中心是：崇拜、学习和劳作。基本上，这三个方面，覆盖了我们今天所讲的德、智、体。在崇拜中，宗教情感得以塑造；在阅读中，修士继承古典文明，思考哲学和神学；在劳作中，锻炼修士的体魄，同时发展修道院的农庄经济。熟悉中国宗教史的人可以发现，这和中国禅宗史上百丈怀海制定《百丈清规》，以及提倡"一日不作，一日不食"，是非常相似的，都是维护心灵中坚定信仰和建立相对独立的宗教组织的有效方式。

本笃修会通过培养、组织宗教精英的方式，为欧洲的深度基督教化提供人才保障。多数修会系统都在内部采用这套会规，增强修士的宗教情感和学识。到了中世纪后期，修道院系统不仅为教会服务，而且直接进入社会，通过慈善、教育、传教推动基督教理念进入社会文化的各个层面。其中，有两个杰出的代表，就是方济各（Saint Francis of Assisi，1182—1226）会和多明我（St. Dominic，1170—1221）会。这两个修会都是分别以创会者的名字命名的。

其中最有名的是圣方济各，他被今天的天主教徒认为是生态

环境的保护圣人。他主要活跃在13世纪初。据说，有一次他去家乡阿西西（Assisi）的教堂里祈祷，听到基督圣像对他说："重建我的教堂吧！因为它已经快要倾倒了。"于是，他到处募捐，将家乡的教堂修建起来。但他逐步意识到，基督召唤他修建的不仅是一座教堂，而是整个教会。于是，他开始建立方济各会，通过传道、慈善和教育来复兴基督教。

他的思想非常独特。他认为，万物都是人的兄弟姐妹，称呼太阳、风、火为兄弟，称呼月亮、星辰、水为自己的姐妹，称大地为母亲。在旅途上，他看到了道路两边树上有很多鸟，就告诉同伴说："等等我，我要去对我的姊妹传教。"方济各对它们说："我的鸟姊妹，你们受助于上主太多了，所以你们一定要随时随地感谢上主。你们不用耕种、不用收割，上主就喂养了你们，给你们河流和泉水止渴，给你们山谷遮阴，给你们高树筑巢。你们虽不知道如何编织，上主帮你和你后代制好了衣服。你们要永远赞美天主。"据说，在他传教的时候，鸟儿都围着他，没有一只飞走。

方济各会和多明我会这两个修会在13世纪兴起，成为罗马大公教会中最有影响力、组织力的修会，它们有三个突出的特点。

首先，以往的修道运动强调要远离世俗，到荒原建立灵性中心，做"沙漠中的信仰绿洲"。但从13世纪开始，欧洲的城市崛起了，城市人口持续上升，教会要发挥影响，就不能躲避社会，而是要主动地进入世俗，成为社会当中发挥作用的组织。这两个修会就做到了这一点。

其次，中世纪后期的知识生产方式发生改变，基督教神学也发展得越来越精细。这些修会在城市巡游动化，取代了在荒野离

群索居的修行；在大学中传道授业，取代了在修道院中的抄经冥思。修会开始具备强烈的入世精神，教育、济贫和传教成了它们活动的主要内容。

最后，面向世界的传教也成为这些修会的主要活动。中世纪后期，由于我们后面还会提到的十字军东征、阿拉伯语翻译的希腊文献回传欧洲，开阔了人们的视野，大家意识到欧洲之外原来还有一个广阔的文明世界，向非基督教地区传教便成了修会的一个新目标。方济各本人就曾前往阿拉伯地区传教，而明末清初来到中国传教的传教士，也有一大批属于这两个修会。

这些修会一直存在至今，被称为世界上最古老的组织之一。它们从多方面对欧洲的基督教化产生了深远影响。第一，修会的会规往往蕴含了强大的组织力量。方济各会会规的第一条就是："我们的会规就是生活之道：遵行耶稣基督的神圣福音，以顺服、贫穷和贞洁为准则。"这使得修会类似于现代政党，个人服从组织，在社会中推行基督教理念。第二，它们一方面培养更纯粹更专注的宗教精英，独立于教会体制之外，甚至批评教会过于世俗化；但另一方面却又协助教会传播信仰、生产知识、提供社会服务等各种工作。第三，它们专注的这些工作领域，正好是教会与社会的交叉地带，是基督教得以进一步推广的前沿阵地。所以，我们可以看到，后来欧洲大多数大学都由这两个修会创办，中世纪著名的学问家也多半来自它们。甚至在进了中国之后，它们也创立了一批大学，比如说辅仁大学就是本笃修会创办的。

在这里，我们看到基督教越过罗马帝国的原有边界，使日耳曼民族皈依基督教，在西欧催生了一个犹太基督教、罗马文化与日耳曼民族的综合体。随着基督教不断深化，文化欧洲得以形成。

但是，由于西欧与东欧各自走上了不同的历史道路，基督教在这两个地区的文化适应也就大相径庭，乃至于分裂。西部是天主教世界，而东部则是东正教世界。

接下来，我们就来看这两个教派的不同道路，如何决定了地中海世界的宗教格局，甚至构成了今天我们所说的"文明冲突"的历史背景。

第五节　东西部教会的分裂与交流

接近千年的深度基督教化，使得基督教成了欧洲文化的根基。

但欧洲并非铁板一块，当西欧完成日耳曼、罗马与基督教三重因素的交错与融合，形成西部大公教会体系的同时，东罗马帝国仍然屹立在欧洲的东部。由于东罗马的首都君士坦丁堡在古代被叫作拜占庭，所以东罗马帝国也常常被称为拜占庭帝国。

东部基督教的政教关系，大致延续了君士坦丁大帝时代的模式，以政治控制宗教，政教合作，基督教从而与斯拉夫民族有了密切的关联。必须注意的是，东西之间的历史文化差异，也会影响到基督教的发展形态。于是，东西教会逐渐分道扬镳，并在11世纪彻底决裂。因此，环地中海世界便出现了三种宗教，即西部天主教、东部东正教、南部伊斯兰教鼎立的格局。

而11到13世纪的十字军东征，既反映了文明冲突的现实，实际上又是将这三大区域联结起来的重要纽带。

1. 教宗革命与西部天主教世界的形成

先来看西部教会走过的历史道路。

1077 年 1 月 25 日，意大利北部一个小城卡诺莎城外，正是冬季时分，大雪纷飞，城门外站着赤足的神圣罗马帝国皇帝亨利四世（Heinrich Ⅳ，1084—1105 年在位）。城门内是卡诺莎城堡（Canossa Castle）的女主人，女修会的院长玛蒂尔拉（Matilda），以及她所庇护的罗马教宗格列高利七世（Gregory Ⅶ，1073—1085 年在位）。

亨利四世赤足站在门外的雪地，以向格列高利七世表示忏悔，请求格列高利七世解除对他的绝罚令。所谓绝罚令，就是亨利四世被开除教籍，不再被视为教会的一员，更意味着他的臣民也可以不再效忠于他，能够起来造反。据说，亨利四世就这样赤脚站在雪地达三天之久。三天之后，亨利四世的绝罚令终于被撤销了，他对德国的统治才能继续下去。

这件事情非常戏剧性，常被人们用来说明中世纪欧洲王权在教权面前的弱势。但是，这不过是个个案，并非中世纪政教关系的常态。

亨利四世在卡诺莎城堡面前赤足忏悔的实际内涵，比它表面情况要复杂得多。因为格列高利七世避入卡诺莎城堡，实际上是躲避亨利四世可能的武力威胁，毕竟教宗没有一支强大的军队。而亨利四世站在卡诺莎城堡之外，对格列高利七世来说更是一个难题。按照基督教的悔罪理论，神职人员应当接受罪人的悔罪。然而，要是教宗真的接受悔罪，撤回绝罚，亨利四世就能获得新的机会。因此，卡诺莎事件其实是亨利四世在政治上的胜利，他

既使得格列高利七世解除绝罚令，又让德国反对他的贵族对手陷
入混乱。历史事实也确实朝着有利于亨利四世的方向发展。三年
后的 1080 年，亨利四世重整力量，宣布废黜格列高利七世，并操
纵另一个人来当教宗。然后他还挥师南下意大利，在 1084 年攻入
罗马。格列高利七世不得不逃亡，在途中凄惨去世。

不过，我们也得承认，在人类历史上，西欧的政教关系确实
最为独特。这体现在两方面：一是基督教在西欧基本上争取了独
立的地位，也就是主教的任命不受王权支配；二是在王权较为衰
弱的时候，教权还能占据上风。

卡诺莎城堡发生的事件是欧洲基督教在 11 世纪重大转型的突
出例子。对于基督教在欧洲的发展来说，11 世纪是个根本的转折
点。在此之前，在人们的观念里，国王只有一个，而主教却有很多，
罗马教宗只是众多主教中的一个。但 11 世纪之后，这个观念却被
颠倒过来，人们开始认为，只有一个教宗，而国王却不少。这样
的转变，是由一个持续百年、革命性的运动所造成的，这个运动
被称为"教宗革命"。因为它的核心就是形成以罗马教宗为首的中
央集权体制。它真正地奠定了今天意义上的政教分离，也就是宗
教事务不受政治权力支配的格局。

教宗革命的核心之一，就是改革教宗的选举办法。11 世纪另
一位教宗利奥九世（Leo IX，1049—1054 年在位），对教宗的选举
团也就是枢机主教团的产生作了一番改革。大家可能也听说过"红
衣主教"这个名称，那是因为只有枢机主教才能穿鲜艳的红色大袍，
所以才有这个俗称。在选教宗的时候，这些红衣主教既有选举权，
也有被选举权，所以是教会领导层的核心。

由于教宗实质上就是罗马主教，按照教会法，他的产生也应

由罗马城附近的主教、神职人员和信众代表推选产生。这种方式导致了一个严重的问题，那就是如果这些教区职位被当地贵族控制，那么教宗的选任与废黜就等于让罗马贵族来掌握了。教宗利奥九世却把罗马教区的神职头衔，授予欧洲各地的神职人员，交由他们来选举教宗。这样一来，西欧各地的主教就都有了推举罗马教宗的权利，他们所代表的就不仅是罗马这一个地区，而是整个西部教会了。显然，这是个非常重大的改革，它相当于把西部教会真正地组成一个整体，而罗马主教就是这个整体的代表。那些既有选举权又有被选举权的红衣主教，由罗马教宗来任命。这就使人形成了"国王众多，教宗却只有一个"的观念。宗教不只摆脱了政治的束缚，甚至反过来还可以制约世俗的政治权力。

11世纪的教宗革命是使得欧洲深度基督教化的一个转折点。这之前，教会分散于欧洲各个封建公国，而此后西部教会统一于罗马教宗之下。基督教的神职人员，在西欧第一次成了跨地区、跨部落、跨封地和跨国家的"阶级"，在政治、法律和行政体制上都实现了统一。

这个过程通过了古代教规和法令的汇编，基督教还产生了一个教会法体系，也就是基于"天下为公"的原则，超越于各个国家之上，管理整个教会的法律体系。教会法又跟世俗法紧密结合，例如对婚姻、亲属关系、财产继承等权利的规定，所以教会法基本上就相当于民法。然而，它还超越世俗法，因为它不以国家为界线，因此也可以说是第一套国际法。这个成熟规范的教会法体系，实际上便成了欧洲各国建立近代法律体系的模板。

2. 东部基督教的成型

　　蛮族入侵主要发生在罗马帝国的西部。而在东部的东罗马帝国，帝国则仍然延续，基督教仍在帝国的社会文化体系里发挥作用。

　　东罗马帝国的教会与教士是整个国家行政系统的一部分。由于皇权没有像西部那样受到彻底打击，因此皇帝对教会有极强的控制力。皇帝拥有"祭司与君王"的双重身份，被认为是基督的"第十三个使徒"，是教会的保护人，控制了上层教职的任命权。神职人员很容易就被卷入皇室或贵族内部的权力斗争，所以主教尤其是君士坦丁堡大主教，常常得小心翼翼。尽管教会是整个国家管理体系的一部分，社会地位超然，担当了精神领袖的角色，为社会和文化的发展指引大方向，但它没有无所不包的管辖力。

　　这和西部的情形很不同，因为在西部，蛮族的入侵彻底摧毁了西罗马的政治体系，教会要填补社会管理的真空。主教既是宗教领袖，也是世俗和社会领袖，常常扮演世俗领导人的角色。当罗马主教的权威逐渐抬升成为整个西部教会的教宗之后，更形成了笼罩西欧的教会体制。教会是既在世俗政权之中，又在其外，甚至在其上的权威。加上西欧封建制度，皇帝与附庸时常争斗，使得教宗对皇帝的加冕权成了一种很要紧的权力。

　　东罗马帝国也受过北部斯拉夫蛮族的入侵，但这些斯拉夫人从来没有获得大规模的彻底胜利。在东罗马帝国与斯拉夫蛮族的斗争与交流中，基督教便逐渐传入蛮族。尤其是从 9 世纪后半期开始，当斯拉夫民族的政治体制日益成熟，开始从部落制演变成君主制，他们就需要选择一种适合扩展君主权力的宗教。这时，东罗马帝国式的政治主导、政教合作的体制，对他们就具有强烈

的吸引力了。他们逐渐接受东部基督教会的模式，为后来以斯拉夫民族为主体的东正教做好了准备。

东欧这些斯拉夫部落对基督教的政治需要，与东罗马帝国向外派遣传教士的运动，刚好接上了榫，形成一种融合的力量。9世纪后半期，斯拉夫人开始皈信基督教，其中最著名的传教士叫西里尔（Cyril，827—869）。863年，西里尔和他的同伴接受摩拉维亚王公拉斯迪斯拉夫（Rostyslav，846—870年在位）的邀请来到宫廷。这些传教士开始以希腊字母为原型，创制斯拉夫字母，使斯拉夫人第一次拥有书写文字，就叫作西里尔字母。后来，东欧的一些民族和俄罗斯又以西里尔字母为主体，创造出各自的民族文字。

865年，保加利亚国王伯利斯一世（Boris I，852—889年在位）受洗皈依。在决定国家教会体制的时候，他在罗马和君士坦丁堡之间，选择了后者，因为后者承认保加利亚教会的自治权，不像罗马大公教会那样要他们服从罗马主教。这种保持民族教会自治的模式，后来又延续到乌克兰、俄罗斯和白俄罗斯人那里。在宗教上，他们承认君士坦丁堡在名义上的首席地位，但各个民族教会享有完全自治，地位平等。这是东部教会有别于西部的基本架构，是他们独有的教会体制。

出于神学总体气质与政教关系格局的差异，加上罗马主教与君士坦丁堡主教长期互争高下，引起不和，东部与西部教会之间的矛盾越来越深。到了11世纪，在意大利南部西西里教区的归属上，东西双方再生龃龉。1054年，罗马教宗利奥九世派遣特使前往君士坦丁堡，声称开除大牧首及其所有追随者的教籍。君士坦丁堡牧首也召集东部主教会议，反过来开除罗马教宗的教籍。于是，东西教会正式分裂（East-West Schism）。东部教会声称自己

完整延续了使徒以来的正统，是为"正教"，所以中文翻译为东正教（Eastern Orthodox），至今在世界上还有数亿信徒。但是，因为它没在中国大规模传教，所以在中国也很难见到东正教的痕迹。

3. 十字军东征

东西教会分裂四十年后，1095 年 3 月，正是中国北宋的哲宗绍圣二年（契丹辽的寿昌元年），一个从拜占庭皇室派出的使节，来到意大利的皮亚琴察（Piacenza），向当时的罗马教宗吾珥班二世（Urban Ⅱ，1088—1099 年在位）递交拜占庭皇帝阿历克塞一世·科穆宁（Alexios I Komnenos，约 1081—1118 年在位）的国书。当时属于突厥民族的塞尔柱人，攻取了尼西亚，逼近君士坦丁堡。阿历克塞一世担忧敌军进犯，于是遣使前往西部的基督教弟兄那里求助。一直觊觎东方，试图向东拓展权力的吾珥班二世答应了这个请求，开始在西欧动员，而各地诸侯也从各种信息中获知东方令人艳羡的富庶。于是，吾珥班在这一年 11 月召开宗教会议，决定出兵拯救东部兄弟。没想到，这下子就拉开了持续将近二百年的十字军东征。所谓"十字军"得名于士兵穿戴衣帽上的十字标志，其道义基础是西部各国对东部基督徒弟兄的援助。但从历史上看，其实它反映了当时地中海世界三大文明综合体，即西部的天主教、东部的东正教、南部的伊斯兰教之间的复杂关系，既有基督教与伊斯兰教的外部冲突，也有东西部基督教的内部矛盾。它是我们今天理解世界文明冲突的一个基本背景。

让我们先看一下当时地中海世界是怎样的一个基本格局。

自 7 世纪开始，穆罕默德创建的伊斯兰教就依靠武力迅速扩张。

到了 8 世纪，西亚和北非等传统上属于基督教文化圈的区域都很快被穆斯林占领。随后，他们又进入西欧的伊比利亚半岛，甚至跨越比利牛斯山，威胁西欧心脏地区。在东部，它占领了小亚细亚，对拜占庭形成包围。

到了 11 世纪，信奉伊斯兰教的塞尔柱突厥人在小亚细亚崛起后，切断基督徒的朝圣路线，进攻东罗马帝国，这更加深了欧洲人对伊斯兰教的恐惧。对中世纪欧洲人来说，朝圣是圣功中最重要的一项，是人能得到上帝拯救的一项保证。这些圣地包括那些著名使徒在西欧的墓地，但最重要的圣地当然还是基督降生、传道、受死并埋葬的巴勒斯坦地区。因此，打通前往巴勒斯坦地区的朝圣通道，成为动员十字军的最有力口号。

1097 年，西欧的封建贵族组建了三支队伍，前往圣地征战。但是，很难说他们是军队，因为他们没有明确的首领，内部也没有纪律，教宗只派了一个代表。但凑巧的是，当时的伊斯兰军队同样十分涣散，因此在惨重的代价下，十字军还是取得了胜利，陆续攻下尼西亚、埃德萨（Edessa）、安提阿，并在 1099 年拿下了耶路撒冷。由于当时的拜占庭和伊斯兰都相对虚弱，十字军在圣地的战果就逐渐发展成小公国。按照欧洲的封建制度，分别建立起几个王国，比如耶路撒冷国、埃德萨伯国、安提阿国、特里波利国（Tripoli）等。

十字军引发的战争，并不局限在基督教世界与伊斯兰世界之间，在基督教内部也同样发生冲突。下面几次就很典型。1144 年的第二次十字军东征，本来是由于塞尔柱突厥人逼近第一次十字军东征建立的耶路撒冷王国。为了响应耶路撒冷王国的请求，路易七世和康拉德三世率领军队从欧洲出发东征。但就是在这次十

字军东征中，西西里的诺曼人趁机攻击希腊的雅典、哥林多等地，这纯粹是基督教的内部斗争。而 1202—1204 年的第四次远征，更是西部教会对东部拜占庭帝国的掠夺。当时十字军本来是打算进攻埃及，为此接受了威尼斯人的交换条件——那就是为他们打下匈牙利的扎拉（Zala），好冲抵威尼斯船队运送十字军前往埃及的旅费。这些十字军后来到了君士坦丁堡，又卷入拜占庭帝国的皇位争夺，废黜当政皇帝，激起君士坦丁堡人的暴动。十字军便伙同威尼斯人，烧杀掠夺。于是十字军首领成了东部的君主，君士坦丁堡藏有的宝物也流散到西欧各地。直到 1261 年，东部才重新夺回君士坦丁堡。

所以，与其说十字军东征对伊斯兰世界造成了巨大伤害，还不如说这些东征也同样削弱了拜占庭，加深了西部与东部教会之间的仇怨。再后来四次远征，那更是与十字军的最初理想和精神渐行渐远，在军事上又不怎么成功。终于到了 1291 年，十字军在地中海东岸建立的最后一个城堡埃克失守，标志着十字军东征的彻底结束。

十字军东征原本的理念是恢复朝圣路线、夺取圣地，但实际上它却没有统一指挥，参加人员散漫而且参差不齐。它以假想的伊斯兰世界为敌，实际上却伤害了东部教会。当然，从长时段的历史来看，十字军对欧洲造成的客观影响也是十分深远的。它开阔了欧洲人眼界，沟通了东西方文明。它使西欧深入接触到另一个发展水平更高更丰富的文明，并从中学习受益。可以说，十字军东征，既是宗教之间、宗教之内及各个族群、各个帝国之间的混战，使得生灵涂炭，也是催生中世纪晚期智力觉醒的重要因素。而在经济上，十字军东征也动摇了中世纪欧洲的封建制度。为了参与东征，许多小地主捐献土地和财产，许多农奴成为自由民。

东征结束后，他们只能进入城镇，成为新的市民阶层，为后来的文艺复兴和人文主义运动铺开了一片土壤。

第六节　丝绸之路上的基督教：景教

这一季一开始的导言中，我们就提到了 17 世纪发现的唐代"大秦景教流行中国碑"，这块石碑解开了尘封多年的一段历史。

唐贞观九年（635），那时玄奘法师还在印度那烂陀寺留学，有一位基督教的主教带领传教团到了长安西郊，太宗皇帝特地派遣宰相房玄龄把他迎接到宫里会面。这位主教的名字叫阿罗本（Alopen），是基督教东方亚述教会使节。这一派教会在后来的中国历史书里常常被提到，它就是"景教"。如果你回忆一下故事的年代，你会发现，景教在中国的历史甚至要比很多东欧和北欧国家的基督教史还要古老。可是，还有更神奇的故事。据说早在景教之前，基督教就传到中国，而这种说法竟然是从印度流传开来的。

印度流传的故事是这样的：多马是耶稣的十二门徒之一，传说中他曾经跟随在红海与印度洋之间的贸易船队，在 52 年登陆印度西海岸，建立了七个教会团体。随后，他又去了印度东海岸的马德拉斯（Madras），在那里被人用长矛刺死。直到今天，马德拉斯还有一座圣多马山，被认为是他的殉道地。且不论这一传说是真是假，按照现有资料，印度的基督教史非常悠久。文献记录与考古发现，还有当地古老的犹太社群，都能证明西亚和印度之间的联系确实很早，基督教在发展初期传入印度的可能性是相当大的。但是，按照古老的印度马兰卡拉（Malankara）东方教

会传说，多马在印度建立教团后，就经过马六甲海峡去了中国，从中国回来之后才被刺殉道。印度基督徒为了纪念他，创建了"圣多马日"。

在这一天的晚祷词中，有这样的一句话："通过圣多马，中国人和埃塞俄比亚人皈依了真理。通过圣多马，天国降临于中国。"可见，多马前往中国传教，在当地是一个悠久的历史故事。当然这是传说。要说 1 世纪基督教就传到了中国，恐怕还是没有强有力的考古和文献证据。真能使人确信基督教传到中国的，始终是沿着丝绸之路抵达唐朝的景教。

1. 景教应该是亚述东方教会在中国的流传

基督教沿着古代丝绸之路传到中国，在中文文献中自称"景教"。"景"在中文里的意思是"太阳""日光"或"大光明"。这与基督教所相信的上帝为光、基督出自真光是一样的意思。

前面我们说过，早期基督教开始向三个方向拓展，其中一条重要的传播路径就是往东，在包括亚述、巴比伦和波斯等地区的西亚与中亚，基督教的传播都非常兴旺。在 7 世纪伊斯兰教崛起之前，带有西亚文化特点的东方基督教会，是丝绸之路上的重要宗教。前面也提到，高加索地区的亚美尼亚王国，在 301 年就将基督教定为国教。325 年，两河流域的教会就聚集在当时波斯萨珊王朝的首都塞琉西亚－泰西封（Seleucia-Ctesiphon/Taysifun），也就是今天巴格达东南的底格里斯河上，举行主教会议，解决不同地区的主教管辖权问题。410 年，两河流域及东方其他地区的主教再度在此开会，宣布与安提阿以及更西方的教会断绝联系，认

定自己才是大公教会。由于他们的信奉者大多属于亚述民族，所以又被人叫作亚述东方教会。他们把自己的使徒道统，一直向前追溯到前面提过的多马身边的两位执事：阿代与马睿。

亚述东方教会向全球传教的倾向非常强烈。据传8世纪末，提摩太一世（Timothy I，约727—823）担任主教长，开始奠定他们在中世纪跨越亚洲大陆的基础。为使亚述东方教会保持内部稳定，又能积极向外传播，他设立了内外两个大主教，一个负责内部事务，一个专职向外传教。这个对外传教的大主教，常驻扎于外地，以灵活应对所在地区的挑战。不只是中国唐代，一直到后来的蒙古统治时期，亚述东方教会还沿着丝绸之路设立了五个大主教驻地，著名的就有撒马尔罕、喀什噶尔河等地。所以，从7到14世纪，陆上东西交通还没有被海上航线取代的时候，亚述东方教会在亚洲都有广泛的影响。

亚述东方教会用圣咏、诗歌、讲道集以及经文注解等实践类作品而非理论性的论述，作为它们独特的神学表达方式。相对于西欧教会的拉丁文、东部欧洲的希腊文，亚述东方教会多以叙利亚语为礼仪用语。以颂歌而非论文来阐述教义、以叙利亚语作为礼仪语言，正是景教的鲜明特点。景教中一些专门词语，采取了音译的方式。这些音译也只有参照叙利亚语读音的还原，才能明白它们的原初含义。"大秦景教流行中国碑"上的十字架样式，也正是亚述东方教会的十字架。

今天的中东以及北美地区，仍然有亚述东方教会的信仰团体，他们所用的十字架及礼仪经文与景教文献中的描述十分接近。这些都说明中国的景教就是亚述东方教会在中国的流传。但直到今天，人们通常还会把景教和基督教的异端聂斯托利派混为一谈，

认为景教是聂斯托利派被驱逐到东方乃至于中国的结果。

但是我们要看到，君士坦丁堡的大主教聂斯托利431年才在以弗所会议上被定为异端，而亚述东方教会早在聂斯托利派之前在亚洲就广泛存在了。他们尊崇两位思想大师，其中，一位是圣厄弗冷（Ephraem Syrus，306—373），另一位是圣狄奥多罗（San Diodoro，350—428），都要早于聂斯托利。所以，即便有一部分追随聂斯托利的基督徒被驱逐到东方，进入亚述东方教会，也绝对不是主流。后来将聂斯托利派与亚述东方教会混为一谈，也许是站在欧洲教会立场的偏见。这个偏见或者误会大概起于《马可·波罗游记》。马可·波罗来到元朝时的中国，他惊讶地发现原来中国还有基督徒，甚至还有他们自己的教堂。但是，马可·波罗从西欧人的角度，想当然地认为这就是5世纪被驱逐到东方的聂斯托利派异端。由于《马可·波罗游记》在塑造西方世界的东方观中发挥了重要作用，而且在伊斯兰教崛起而隔离了欧洲和东亚之后，西方世界对东亚世界也不了解。所以，西方也就习惯性地用聂斯托利派来指称中国乃至整片东亚的基督徒。

人们对景教和它在中国的情况有更深入的了解，是从明朝天启五年（1625）开始的。这一年，西安出土了一块石碑，就是前面说的"大秦景教流行中国碑"。全碑主要由汉字写成，另外还有数十个叙利亚文字。碑文可以分成三部分：第一是总结基督教教义，第二是描述景教在中国从635年到781年间的历史，第三则是颂赞信仰。这块碑的底部和两侧都有一列叙利亚文，写的是长安景教有关人等的名字。刚好，这些记载和中国文献《唐会要》能够对上，说明它记载的是真的历史。明代末年的传教士们把有关这块碑的资讯传回欧洲，引起大轰动。人们才了解到，原来基督教

那么早就已经来到东亚地区了。特别是到了 20 世纪初，敦煌文献重见天日，一批古代写本或印本开始为人所知，里面也有些不少景教文献。传说阿罗本带来三十五种经，其中有三十种曾经由景净翻译为汉文，敦煌发现的就是景教的经典。现在还可以看到的，如《景教三威蒙度赞》《宣元（至）本经》《志玄安乐经》《序听迷诗所经》等。但令人惊讶的是，2006 年 5 月，在洛阳竟然又发现了唐代景教经幢残体，原来就是《大唐景教宣元至本经》。这一下子刚好与敦煌卷子本互相对证，给景教东传的历史增加了新文献和新证据。

于是，人们逐渐明白了景教的教义以及它在中国传播的历史。当我们从这些文献记录出发，并且用全球视角来看待亚洲的基督教传播，才知道不能把景教与聂斯托利派等同。当然，文化误读是常见现象。即使在唐朝，景教教堂最初也被称为"波斯寺"，认为它是一个来自波斯国的宗教。直到 745 年，唐玄宗专门下了一道诏书要改掉波斯寺的名字，诏书曰："波斯经教，出自大秦，传习而来，久行中国。爰初建寺，因以为名，将欲示人，必修其本。其两京波斯寺宜改为大秦寺。天下诸府郡置者，亦准此。"

景教在中国传播了百余年之后，唐朝人才认识到景教的源头，是在地中海东岸的大秦，而非中东西亚的波斯。

2. 景教在中国的流传

那么，当时信仰景教的中国人，都是些什么样的人呢？我们可以分别从三种资料入手，试着了解这个问题。

第一种资料就是"大秦景教流行中国碑"。根据碑文，景教刚

刚来到中国就受到了唐太宗的欢迎，此后在贵族中还发展得挺快。我们开头所说到的阿罗本，在唐高宗时被封为"镇国大法主"，准许他们在各州建景教寺。后来，唐玄宗邀请景教教士到兴庆宫讲道，他又命令亲王到景教寺礼拜，并且专设场所举行礼仪。755年，"安史之乱"爆发，景教徒伊斯更曾经协助郭子仪平乱，被赐紫衣袈裟。据学者考察，"大秦景教流行中国碑"的形制在唐朝是三品大员才能使用，可能就是这位伊斯所建。有意思的是，写作"大秦景教流行中国碑"的人，是一个叫作景净的教士。他很可能是当年中国景教的长老、副主教，也是一个融通基督教与中国传统文化的思想家。可能由于他通晓中亚地区语言的关系，他甚至参与过佛经的翻译。《大唐贞元续开元释教录》中就记载景净和北天竺迦毕试国（又译罽宾国）法师般若三藏合译佛经《六波罗密经》的事。

事实上，景教的文献，当它被翻译成中文的时候，无论在文风还是在用词上都与当时被翻译过来的佛教典籍相近，借用佛教思想与语言。这也表明景教进入中国之后试着融入当时流行的宗教和文化传统中。

第二种资料是2006年在洛阳出土的一块八角形的经幢，上刻景教经书《大秦景教宣元至本经》。这种八角形的经幢，其实也是一种佛教的形制，用来传递祝福给每一个遇见它的人。经幢上的刻文显示，它是由景教教士清素的哥哥所修建的。他们为母亲安夫人在洛阳买了一块地来做墓地。这个"安"就是安禄山的安，是当时居住在中国的中亚粟特人的一个姓氏。他们按当时流行的汉人习惯，在沿着墓地的神道上竖起经幢，刻上《大秦景教宣元至本经》。后来过了十多年，他们又把墓迁走了。

这块经幢仔细讲述了购买土地、埋葬、迁墓的过程，向我们展示唐朝景教教徒如何在日常生活里实践信仰，又如何将基督教本土化的历史。

第三种资料，就是过去这些年陆续挖掘出来的唐代景教教徒墓志。比如说，1957年，西安出土了一个叫作米继芬的人的墓志《唐神策军散府将游骑将军守武卫大将军兼试太常卿上柱国米继芬墓志铭》，上面谈到他的一个儿子在大秦景教寺当教士。这个"米"姓，也是"昭武九姓"即粟特人姓氏之一，而这个米继芬则是中亚"米国"为了表示亲善派来唐朝的王族后裔。又比如，还有一块墓志《李素墓志》，属于一个叫作李素的人。他来自波斯，他四个儿子的名字里都含有"景"字。值得注意的是，李素的字是"文贞"，而李文贞这个名字就曾出现在"大秦景教流行中国碑"上。

这些材料表明，可能当时的景教教徒，多半是来自中亚和西亚的胡人。通过上面这些材料，我们可以推测中国景教教徒有三重身份：在信仰上接受从地中海东岸传过来的东方基督教，在民族身份上是波斯或中亚人，而在文化上则已经使用中国语言并且接受了中国文化。

景教在中国的消亡，可能是由于845年唐武宗会昌年间（841—846）爆发的灭佛浪潮。虽然会昌灭佛主要针对的是佛教，但也波及了其他宗教，包括三夷教即外来宗教景教、祆教和摩尼教。景教之所以在中国很快消亡，除了唐武宗会昌灭佛这一直接原因，可能还有两个间接原因：一是景教主要是在中国的胡人中间传播，在汉人中没有影响；二是景教传播依赖的是帝王和贵族的庇护，一旦上层风向变化，景教随即衰败。

3. 景教的思想成就

景教沿着丝绸之路进入中国，传教士在传教过程中，也都很有创造性地试着把基督教与中国文化结合起来，于是产生了非常有趣的思想和文化成果。

首先，阿罗本与景净等传教士第一次运用汉语词汇来表达基督教的核心概念，实现了汉语思想与基督教神学的会通。除了前面提到的和佛教典籍相似的文风与用词，他们也用了道家思想里的"否定性术语"来表述上帝。例如"无元无言"，它的意思是上帝不依赖于别的事物而存在，上帝本身也是不可言说的。又如"妙有非有"，意思是上帝是一种奥秘的存在，所以是"妙有"；但上帝又不是一种人们熟悉的经验性存在，所以是"非有"。通过阅读景教文献，可以发现，"无"和"非"这两个字出现的次数非常高。这既与基督教上帝本身的超越性有关，又表明景教的思想家可以娴熟地运用中国道家的核心术语。

其次，他们恰当地建立了基督教在中国应该遵循的政教关系。在"大秦景教流行中国碑"里，他们提出"道非圣不弘，圣非道不大，道圣符契，天下文明"这样的政教合作模式。它这里所讲的"道"就是宗教，"圣"就是指君主。景教意识到中国和西亚的政治文化传统不同，中央集权的君主制是中国政治的核心。景教不是简单地认为宗教必须依附政治，而是认为宗教可以帮助政治实现教化和治理，同时宗教也需要政治在发展空间上的支持。这就是它所主张的"道圣符契"。也就是说，它既反对宗教放弃自己的独立性而依附于政治，也反对简单地在政治与宗教之间分离。

再次，景教还将基督教的社会慈善传统引入中国。源于耶稣

的教导，以"七善工"为核心的社会慈善，也体现在景教传教士的活动中。他们主张："馁者来而饭之，寒者来而衣之，病者疗而起之，死者葬而安之。"简单来说，就是给饥饿的人吃饭、给寒冷的人衣穿、治疗有病的人、安葬死去的人。传教士中有不少人擅长医术，例如：为唐高宗刺头出血、治愈目疾的御医秦鸣鹤，为宁王李宪（679—742）治疗疾病的崇一，还有在汾阳王郭子仪军中效命的伊斯。按"大秦景教流行中国碑"所载，景教教徒伊斯"艺博十全"，具备了"十治十愈"的高超医术。

最后，无论是"大秦景教流行中国碑"，还是洛阳经幢，也都有很高的艺术水准。这不是基督教传统的艺术形式，而是入乡随俗，他们借用了飞天来表达基督教的天使，借用莲花来表达圣洁与高贵，把东西双方的宗教宣传艺术结合起来。这也是一种创造。有人说，在景教的艺术品中大量使用莲花，反映了基督教在中国向佛教靠拢的倾向，这也许是误解。因为莲花在印度是圣洁之花，是一个普遍的文化符号，不仅仅属于佛教。而景教艺术中也用莲花，或许透露了景教在进入中国之前，已经与印度文化有过深度结合，因为印度的圣多马教会就曾经大量使用莲花来表示圣洁。

4. 元朝的景教及知名传教士

7至8世纪，在较为开放的唐朝，景教自西徂东，进入中国。唐代景教衰亡之后，到13世纪横跨欧亚的蒙古时代，基督教在中国又有过一次普遍传播。促成这次基督教在华传播的背景，可以说是上下两方面的合力。一方面，自从元太宗窝阔台派遣拔都西征欧洲，基督教教宗决定派遣使节东来，与蒙古联络，希望能够

以宗教感化蒙古，并借助蒙古的力量对抗伊斯兰教。因此，13世纪先后有几个教廷使者到达和林即上都。到了元世祖忽必烈时代，教宗尼古拉斯四世更是派遣意大利人若望·孟高维诺（John Monte Corvino，1247—1328）等，从波斯出发，在至元二十八年（1291）来到大都，建立教堂，并且开始吸引信众受洗。另一方面，是大量的西亚和中亚人随着蒙古大军来到中国，使得中国的景教教徒人数上升。蒙古的克烈、汪古、乃蛮三个部族皆曾信奉景教，还有一些突厥遗民，可能也是景教信徒。而阿拉伯人、波斯人、中亚各民族中的基督徒，也继续沿着丝绸之路将基督教信仰带到中国。

那时的基督教在中国有多得意呢？中国历史学家陈垣曾经指出，当时也里可温教教徒在元朝朝廷庇护下，不仅可以"军籍之停止，徭役之蠲除，租税之豁免"，而且还专门设立了崇福司，以从二品秩的官员管理也里可温教，等级虽然比不上宣政院，但是和集贤院相同。基督教即也里可温教之所以能在元朝时期流行，按照学者罗香林的分析，除了上面讲的上下合力，还有一个很重要的原因，那就是当时的统治者蒙古人本来就缺乏强有力的宗教与文化体系，"故易以接受外来宗教"。

根据马可·波罗的报告，当时的北京、大同、敦煌、肃州（今酒泉）、甘州（今张掖）、凉州（今武威）、宁夏、喀什噶尔、叶尔羌（今莎车）、伊犁，以及扬州、镇江、杭州、温州、泉州，都有景教教徒和景教寺。而近年来出土的墓碑，也显示这些来自西亚和中亚地区的基督徒来到中国，在多元复杂的社会背景下，创造出一些融合中西特征的艺术作品。比如，1975年，泉州出土了一件元代的景教四翼天使墓碑石，是用泉州当地出产的辉绿岩制作的。碑

面浮雕着一位男性天使趺坐于云彩上，头戴三尖冠，两耳垂肩，脸庞丰盈如满月，披着云肩，颈饰璎珞，手捧莲花十字架在腹际，背后两对展开的羽翼饱满有力，两条飘带从胁下而出，绕过羽翼向上扬起。这种四翼天使的造型，反映了基督教融合丝绸之路文化元素的努力。

在西部传统的基督教中，天使多半是我们熟悉的双翼婴儿。而四翼天使的形象，则能追溯到古老的亚述传统。在两河流域的亚述文明，四翼守护精灵被认为比其他守护精灵更具神性，往往用于守护王宫。这种四翼形象，后来又被波斯文化吸收。当基督教在丝绸之路上传播时，它一路吸纳古希腊、亚述和波斯元素，合并了有翼神像与基督教的天使。这尊泉州天使却又具有典型的中国特征：比如飘带是中国飞天的典型特征；他所披戴的云肩，是元朝贵族妇女的时尚披饰；他趺坐的云彩，造型是当时流行的如意卷云。

可见，源于西亚的基督教，其实很早就传到了中国。如果以635年的景教入华开始计算，基督教在中国的历史反而要比大多数的欧洲国家还要久远。所以景教是全球基督教的一个突出个案，是第一次在基督教与中华文明之间建立起直接的对话与融通。但是，由于景教主要是在中国的胡人及其后裔中发展，才使它未能产生持久影响。只有到了大航海时代，基督教更广泛地在亚洲、非洲和美洲传播，一批批的传教士来到中国，才掀起基督教与华夏文明交流的又一波高潮。

这就要说到明末清初来到东亚地区的天主教传教士了。

第七节　基督教在大航海时代的全球传播

据说，耶稣出来传道的时候，就认为福音应该传给"万民"。他鼓励门徒前往"地极"，也就是最远的地方传教。但是，11世纪东西部教会分裂之后，地中海世界的局势却限制了西欧基督教向更远传播的可能性。让我们看一下当时的政治和宗教地图。在欧洲东部，以拜占庭为中心的东正教已完成对境内各民族的基督教化；在欧洲南部，崛起的伊斯兰世界，则阻碍了基督教通往亚洲和非洲的道路。为了打通基督教前往发源地巴勒斯坦圣地的路线，欧洲基督教还不得不通过十字军东征来实现，但它最后也没能成功突破伊斯兰世界的屏障。

1219年，圣方济各跟随第五次东征的十字军来到埃及传教。在他的心目中，人类一切问题都能在福音的光照下得到解决，因此他主张要向所有的人，包括穆斯林宣讲福音书。他试图阻止十字军在埃及向穆斯林进攻，因为他主张宣教应该在"没有争执和纷扰"的状况下进行。但是，军队并不听他的建议，于是他穿过交战的前线，见到了当时的埃及卡米尔苏丹（Sultan Al-Kamil，1218—1238年在位）。方济各与苏丹就基督教与伊斯兰教的信仰展开了一场对话，意识到他们的信仰有着共同的根源。此后，方济各又和苏丹的苏菲导师展开了一段长达二十多天的跨信仰对话。遗憾的是，在传教之事上方济各并没有取得什么大进展。

可见，伊斯兰教在北非和西亚的崛起，使得西方基督教的传播主要局限在地中海以北的欧洲，难以进入亚洲和非洲。只有在远航海外的新动力和新技术的推动下，到了16世纪，基督教才得以突破政治、宗教和地理的障碍，进入更大范围的全球传播。

1. 大航海时代与基督教的全球化

15 世纪末至 16 世纪初的大航海探险以及殖民扩张，使人们发现了旧世界之外的"新世界"。在内外力量的推动下，基督教开始向全球传播，真正成为"世界宗教"。在这个过程中，"新世界"像亚非拉各个地区的政治文化差异很大，而欧洲内部也开始受到新教改革的冲击，从欧洲传出的基督教宗派各不相同，世界范围内的基督教，因此呈现出极大的差异性和丰富性。美洲因素、亚洲因素、非洲因素与欧洲因素一起，共同制造出现代基督教的复杂光谱。

先是葡萄牙人于 1434 年绕过非洲西北的博哈多尔角（Cape Bojador），于 1487 年绕过非洲南端的好望角，被北非伊斯兰世界所拦阻的南部非洲就呈现在葡萄牙人眼前。1490 年，刚果帝国国王皈依基督教，几年后葡萄牙人建立起莫桑比克殖民地。接着，在 1492 年西班牙女王伊莎贝拉一世（Isabel I la Católica，1451—1504）资助哥伦布远航，到达加勒比地区和美洲大陆。1497 年，葡萄牙人达·伽马率队到达印度，在西南部的果阿建立葡萄牙殖民地，果阿自然成了罗马天主教在印度的中心。当时，印度由穆斯林的莫卧儿王朝执政，奉行宗教宽容的政策，葡萄牙人的天主教在那里与伊斯兰教、印度教、祆教等和平共处。

到了 1519 年，麦哲伦在西班牙王室的支持下，沿南美洲南下，绕过南美洲最南端的一段海峡（后被命名为麦哲伦海峡）进入太平洋，一直往西直到在菲律宾建立起殖民地。1529 年，在神圣罗马帝国皇帝兼西班牙国王查理五世的资助下，皮萨罗征服印加帝国（Imperio Inca，约 1200—1572），建立利马（今天的秘

鲁) 殖民地。另外,他还往北征服阿兹特克帝国(Imperio Azteca, 1372—1520),建立墨西哥殖民地。

大航海时期,主导的国家是葡萄牙和西班牙,这我们都知道。但为什么是葡萄牙和西班牙?一方面,当然是地理因素。这两个国家位于欧洲西南角的伊比利亚半岛,它们三面环海,具有先天的航海条件。不过,同时,宗教文化的因素也不可忽略。伊比利亚半岛长期处于欧洲天主教力量和伊斯兰教力量交锋的最前沿,在和信奉伊斯兰教的摩尔人的斗争中,天主教发挥了精神和文化动员的作用,帮助葡萄牙和西班牙成为欧洲第一批中央集权的国家。强大的中央王朝有意愿、有能力去推动第一批航海家开拓未知的海洋。另一方面,在与伊斯兰文化的接触中,葡萄牙人与西班牙人都从穆斯林那里学习到了最先进的天文和航海技术,要知道穆斯林素有远程航海贸易的传统,又从中国人那里学会使用罗盘等导航技术。这些新学到的技术,后来便有助于第一批的航海家开拓航线。

由于罗马天主教在西班牙和葡萄牙有着主导性的影响力,所以当西班牙和葡萄牙殖民统治拉丁美洲时也就自然地把罗马天主教带去,作为这些殖民地的主导宗教。

2. 新教改革对基督教全球传播的影响

差不多在同一时期,欧洲中部发生了一件看起来并不显眼的教义争论,没想到这场争论却动摇了罗马天主教在欧洲的地位,也推动了基督信仰日后在新世界的传播,成为现代基督教最重大的事件。

　　1517年，一个叫马丁·路德的修士在德国维腾贝格（Wittenberg）教堂的大门上贴出《九十五条论纲》，批判罗马教会，这便是宗教改革运动的开始。本来路德只是想对罗马教会的一些理论与实践展开一场论辩，并不想创立新的教派，更不想使欧洲的教会陷于分裂。但是在神学争论的过程中，却不断地触及罗马教会的若干根本性问题，这终于导致了基督教甚至是欧洲历史上影响深远的一场大变动。

　　关于这次宗教改革，我们在第六季还要仔细介绍，这里就长话短说。路德对教会的权威形成了极大的冲击，他认为教宗的权威不可以超越世俗统治者，更不可以超越《圣经》。他在神学上提出"一切信徒皆祭司"，也就是说神职人员并不在灵性上高于普通俗人，而且人人有权阅读《圣经》，教宗也不能垄断对《圣经》的解释权。又由于信徒就是祭司，因此世俗统治者不仅可以，而且应当由他们来召集"真正自由的大公会议"。

　　路德的这些主张，不只是一种理论争辩，它还有着巨大的政治号召力。当时罗马天主教和神圣罗马帝国结盟，意图统一欧洲，而路德的主张意味着各地的封建贵族有责任来打破一个教会一个帝国相结盟的格局。所以，德国那些具有自主意识的贵族支持这场改革，并且运用政治军事的力量保护路德，使他免受教会或帝国的伤害。这些贵族还结盟组成新教政治力量，抗击维护罗马天主教会的政治联盟，最终引发了新教联盟与天主教联盟之间的长期斗争。

　　这场斗争延续了很多年，在1555年9月25日，双方终于坐到一起，签署了《奥格斯堡和约》（全称《奥格斯堡国家及宗教和约》[Augsburger Reichs-und Religionsfrieden]）。这一和约确定领

地教会的原则，也就是在谁的领地信仰谁的宗教。罗马公教与路德派享有平等权利，但其他教派的权利还没有得到承认。每一位世俗统治者在罗马公教与路德派之间，选择一种作为自己领地内的信仰，而臣民则没有权利选择，只能接受官方的信仰。如果有人不愿意接受，那也可以在一定前提的情况下自由迁出，但也要变卖财产。在这场新教改革里，路德建立了信义宗。他的宗教改革精神，在瑞士得到加尔文（Jean Calvin, 1509—1564）的系统发展，又建立了改革宗。在英国则有国王亨利八世（Henry VIII, 1509—1547 年在位）发动自上而下的改革，建立了圣公会，或称英国国教会。很多新教的小派别也接续涌现，例如再洗礼派、门诺派等，使得欧洲基督教走向多样化。

新教对于西方文明的重要影响，我们后面再详细展开讲。这里强调的一点是，新教改革使得罗马天主教面对失去传统领地的危机，反而推动罗马天主教会更积极地向大航海所发现的新世界传教。这时一个新修会的创立，使得基督教的全球传播进入一个崭新阶段。这就是依纳爵（San Ignacio de Loyola, 1491—1556）和他创立的耶稣会（Society of Jesus）。

3. 耶稣会的兴起

耶稣会的创办人依纳爵·罗耀拉出生于西班牙，比路德晚八年。

16 世纪初西班牙全国统一，击退了穆斯林在伊比利亚半岛的统治，罗马公教在西班牙复兴。所以，在当时的西班牙，罗马天主教和爱国主义简直是一块硬币的两面。在浓厚的天主教氛围下，身为军人的依纳爵在 1521 年的一场战斗中受伤，然后就趁着疗养

大量阅读了关于耶稣基督、方济各、多明我等圣徒的传记，从此立志要做一名"为基督和圣母征战的骑士"。

两年之后，他进入修道院静修，并初步写成《神操》一书。这不是本神学著作，而是实践性的人生手册，就是教人效法耶稣基督的生活。后来它成为耶稣会士人人必读的手册，是他们信仰生活的基本指南。我们在利玛窦这些在中国传教的耶稣会士身上，就能看到这本书的影响。从修道院出来后，依纳爵潜心向学，三十三岁时到萨拉曼卡大学（University of Salamanca）和巴黎大学进修。他聚集了一批身边密友，包括后来前往印度和中国传教的沙勿略（St. Francis Xavier，1506—1552）。他们共同在1534年发愿，要前往耶路撒冷为教会和人类服务，还要向穆斯林传教。他们决定向教宗申请成立修会，立志将其建成"耶稣的连队"，以服从、坚忍的精神操练来拓展上帝在人间的国度。1540年，他们获得保罗三世（Paul III，1534—1549年在位）批准，成立"耶稣会"。耶稣会强调对组织的绝对服从，但又坚持在信仰基础上灵活机动的原则。传统上修士必须穿特别的会服，而耶稣会放弃这样的要求，修道中也不用体罚，不用每日唱颂圣礼。而在扩展教会的过程中，他们也主张因人而异，因地制宜，总是深入调查，再制定恰当的策略。

后来像利玛窦等耶稣会士在中国的活动，就实践了这样的策略。1582年，利玛窦来到中国，先到广东肇庆，觉得修士出家修行的方式与佛教的和尚较为接近，便穿起僧服。但通过一段时间的观察，他发现僧人当时在中国社会并不受人尊敬，于是在1595年左右，在江西南昌又改穿儒服，以儒家士大夫的面貌出现，与中国人交往。他发现中国士大夫特别注重朋友关系，于是他第一

本写作的汉文著作就是将西方文化中对于友谊的论述摘编成册，取名《交友论》，很受中国知识分子的欢迎。

除了这种因地制宜的传教策略，耶稣会还非常强调广博的知识。耶稣会将人文主义和文艺复兴之后的科学理念融入对修士的培养之中。在训练耶稣会士时，除了传统的神学，他们还特别强调人文、科学知识的训练。所以，前往世界各地的耶稣会士普遍表现得知识渊博、随方设教。晚明时期来到中国的耶稣会士，几乎每个人都精通某一门自然或人文学科。利玛窦把当时最新的世界地图带到中国，也将《几何原本》等数学知识介绍给徐光启；南怀仁（Ferdinand Verbiest，1623—1688）精通天文历法、铸炮、机械、地理等学科，在清初他受命设计和监造了赤道经纬仪等六架新的天文仪，代表了当时天文历法的最高成就；郎世宁为乾隆设计圆明园，为乾隆及其嫔妃进行人物肖像画以及大量山水动物的艺术创作。这都使得天主教在中国的传播，不仅是传教那么简单，更是科学文化交流的高峰。关于天主教在东亚传播，我们下面还要详说。

总之，耶稣会的出现，正好符合大航海时代对基督教传教士的要求，推动基督信仰在亚洲、非洲和拉丁美洲的深入发展。

4. 基督教在美洲的传播

就像我们在前面所说的，在西班牙和葡萄牙王室的支持下，在美洲首先传播的是罗马天主教。他们在美洲建立教区，各种修会如多明我会、方济各会、耶稣会等则积极参与使美洲的本土居民皈依公教的工作。例如，16世纪上半叶，方济各会到委内瑞拉、

墨西哥、秘鲁、阿根廷等地传教，下半叶在新墨西哥、得克萨斯及加州等地传教。多明我会在墨西哥、哥伦比亚、委内瑞拉和秘鲁等中美洲国家发挥着相当大的影响力，而耶稣会在巴西、哥伦比亚、巴拉圭等南美国家的传教活动也颇有成效。同时，它们在北美的加拿大和密西西比河地区也建立起罗马天主教的广泛影响。

新教在美洲的传播就比较晚了。新教在英国，与亨利八世在英国发动的宗教改革紧密相关。本来，亨利八世并不支持路德的宗教改革。但是，他的王后阿拉贡的凯瑟琳（Catherine of Aragon，1485—1536）未能生下男性继承人，亨利八世想要和她离婚。可当时的罗马教宗克雷芒七世（Clement VII，1523—1534 年在位）不愿意批准他的离婚。于是，亨利八世于 1533 年开始支持宗教改革，拒绝罗马教宗的权威，脱离罗马大公教会。因此，英国的宗教改革从一开始就有点投机，很不彻底。亨利八世死后，他的儿子爱德华六世(Edward VI, 1547—1553 年在位)执政时也坚持新教，但这之后由玛丽一世（Mary I，1553—1558 年在位）执政，又回到了天主教，残酷镇压新教徒。这么下来，英国宗教改革的产物，英国国教教会就有了浓厚的妥协、混合，以及保守的性格。这使得它与那些要求更激进的宗教改革者，即史称"清教徒"的团体，产生了激烈的矛盾，甚至以国家教会的名义镇压这些清教徒。

这时，正好美洲的发现，为这些不堪逼迫的英国清教徒提供了一个避难所。1620 年，一批清教徒就坐上了非常有名的"五月花号"（Mayflower）抵达北美。应当注意的是，这些人是出于坚持新教的信仰自由而来到北美，与此前葡萄牙人和西班牙人来到北美的动机有很大不同。葡萄牙人和西班牙人在各自王室的支持之下，消灭了拉丁美洲原有的帝国，掠夺它们的金银财宝。这些

殖民者在欧洲多半都是贵族或骑士。而新教徒的殖民者，却主要出于避难或者谋生，他们原本主要是手工业者或者农民。这些人后来形成了美国的主流族群，按照民族和宗教身份，常被称为"白人盎格鲁—撒克逊新教徒"。从历史上看，基督新教也就成了美国的主导宗教和精神文化。

16 至 17 世纪罗马天主教的海外传教，在全球史上有很重要的意义，因为它奠定了当今世界宗教的基本格局。基督教成为前面所说的那些地区的支配性宗教，基督教文化也更深层地进入到当地居民的生活。即便这些地区后来摆脱掉了欧洲的宗主国纷纷独立，但在宗教和文化上，却仍然离不开基督教。时至今日，基督教在亚非拉的信徒人数以及所占人口比例，居然已经超过欧洲和北美。

下面，让我们回到中国，看看景教衰微之后，随着大航海来到中国的第二波基督教的故事。

第八节　基督教在东亚的传播

大航海时代真正将基督教带向全球。基督教的传教士不再仅仅通过陆地上的丝绸之路，还通过海上新发现的航道进入东部亚洲以及中国。此时的中国，正是晚明时期。基督教在晚明中国的传播，不仅使它在中国扎根，也多层次地把中国文化呈现在西方人面前，冲击了欧洲人对信仰和文化的理解。所以，与其说是基督教传入中国，不如说是基督教与中国在相互观照对方，彼此试着相互理解，在这种观看与理解中形成新的世界文明。

1. 耶稣会来到亚洲

前面我们讲到耶稣会的兴起。耶稣会在诞生之初，就以向世界传播福音为己任，消除新教改革在欧洲给天主教带来的危机感。与依纳爵一起创立耶稣会的人当中，有一个叫沙勿略的耶稣会传教士。1541 年，他与另外两个人沿着葡萄牙开辟的东方航海路线，前往印度、日本、中国等地传教。先是在印度，他们的传教取得了一定成功。沙勿略写信向总部报告他的传教经过，他说：

> 在一个月之内，被我施洗的超过一万人。
>
> 我的方法是：当我来到那些要皈依基督的外教人的村庄时，我把所有的男人和小孩子都聚集在同一个地方，以宣呼天主圣父、圣子和圣神的圣名为开始，并让他们做三次十字圣号，呼求天主圣三之名，承认只有一位天主。接着，我们诵念《悔罪经》《信经》《天主十诫》《天主经》《圣母经》《赞颂圣母经》。在两年之内，我把这些祈祷经文都译成他们的语言，我自己也会背诵。慢慢地，大人小孩都会重复诵念这些经文。
>
> 祈祷完毕，我给他们解释《信经》各信条和《天主十诫》的意义。然后，我要他们公开为自己过去的生活请求天主宽恕。讲道结束，我问他们是否真正相信《信经》各信条的内容，众人异口同声回答相信；于是，我高声诵念每个信条，每念完一个信条，我便问他们是否相信；他们则双手交叉作十字状，放在胸前，齐声回答相信。就这样，我便给他们施洗，用笔写下并交给每人一个圣名。

男人领洗后，回到家里，又叫他们的妻子和家人到我这里来。我用同样的方式给他们施洗。当大家都受了洗，我便吩咐他们把庙宇和偶像全都毁掉。

可能，沙勿略在信里有意地回避了最初传教的困难，而只报告成功的一面，但从中还是可以看出他的一些基本传教策略。首先，基督教有一个明确的信仰身份。它不是一种模糊的宗教情绪，而是有着清晰的崇拜对象。基督教以历史悠久的经文构成信仰的基本内容。它还用群体聚集的方式，要求每个人都对信仰加以确认。但同时，沙勿略也非常重视宗教本地化。他把基督教信仰的基本经文都翻译成印度人自己的语言。然后，就像信里写到的，他先让男人受洗，然后把他们的妻子和家人叫来一同受洗，也就是说，家庭里男主人的信仰就是整个家庭的信仰。这样，宗教就与家庭紧密结合。宗教信仰依靠亚洲文化中的家族主义进行传播。

此后，沙勿略在两个助手的陪同下，经马六甲海峡前往日本，最后抵达日本南部九州岛的鹿儿岛，成为第一位踏上日本国土的近代传教士。也正是在日本，沙勿略发现不能用简单植入的方式，将基督教信仰移植到日本社会。他必须深入地学习日本语言，研究日本的哲学与文化，采用日本人的风俗习惯。这是现代基督教在全球扩张过程中，尊重本土文化并以文化适应的方式来进行宗教传播的第一次严肃尝试。耶稣会在亚洲和中国的传播策略，大体上沿袭了沙勿略的原则。1549 年 8 月 15 日，沙勿略从鹿儿岛登陆日本，在九州岛、中国地方（本州岛西部）、近畿等地区传教，开启了天主教在日本的发展。虽然当时东西方交通不便，还是有耶稣会、方济各会、多明我会、奥斯定会等修会陆续到日本传教。

除了传教事业，这些传教士也成立学校与医疗机构，引进当时西方的技术与思想。当时人数最多的是耶稣会传教士。他们主动学习日语、结合教义与日本传统的风土民情。这样的不懈努力，使得日本天主教会快速发展。根据 1614 年的统计，当时的日本就已经有一百五十名神职人员以及超过六十五万名信徒；而天主教信仰也深入日本统治阶层，一些幕府的官僚与地方大名，皆领洗成了天主教徒。

这一基督教信仰也被带到了朝鲜。1593 年年底，一位名叫赛斯佩代斯（Gregorio de Cespedes）的葡萄牙耶稣会士随同丰臣秀吉的军队到达半岛的釜山。他主要是在日本军人中宣教，也在被日军俘虏的朝鲜人中传教，当然具体成效不是很清楚。而朝鲜基督教的真正开端，还是来自中国。1610 年，朝鲜赴明使节从北京带回《坤舆万国全图》等西学书籍。随后，在中国流传的欧洲天文、历算、地理及物理的书籍也被入华使节带回朝鲜，其中就包括利玛窦的《天主实义》（又名《天学实录》）。朝鲜知识分子中的实学派逐渐对此产生浓厚兴趣，决定派代表到北京实地考察。

他们找到出使北京的一个官员的儿子李承薰，这是朝鲜基督教的第一个奠基人物。1784 年，李承薰前往北京天主教北堂，拜访了耶稣会士顾拉茂（Jean de Grammont，1736—1812，又作甘若翰），了解天主教教义，还请他给自己施洗，取圣名"伯多禄"。同年，李承薰带着十字架以及基督教礼仪书籍等回到朝鲜，之后又与一批朝鲜知识分子开始建立小型的天主教聚会点。天主教在朝鲜正式建立。到了 1792 年，朝鲜教会被纳入北京教区的管理范围。由于缺乏神职人员，北京教区的主教汤士选（Alexandre de Gouveia，1751—1808）还派遣神父周文谟（1752—1801）前

往朝鲜。

不过，基督教在东亚的传播并非一帆风顺。由于高度集权的政治体制、强烈的民族主义情绪、儒家对意识形态的垄断以及本土宗教信仰的抵制等，天主教在日本、朝鲜等地后来都遭到朝廷的怀疑和逼迫。在日本，丰臣秀吉于 1587 年发布禁教令。外国传教士被驱逐出境，日本籍的神职人员和信徒遭受迫害。1597 年，二十六名天主教徒在长崎殉道，史称"日本二十六圣人"。在江户时代，江户幕府又多次发布禁教令，导致多起殉道事件。就像我们在好莱坞电影《沉默》中曾经看到的那样，日本在迫害天主教徒的过程中，还发明了一种叫作"踏绘"的方法。他们要求信徒踩踏在绘有耶稣圣像的画板或十字架上，表明他们放弃自己的基督教信仰，否则就施以酷刑处死。而在朝鲜，在天主教兴盛并且深入到王室与社会上层之后，李氏朝鲜当局就开始查抄、捉拿天主教徒，闯入李承薰等人聚会的地方，收缴耶稣圣像及基督教书册。天主教在朝鲜最初的一百年里，先后就遭受了四次全国范围内的大规模迫害。在 1801 年发生的"辛酉教难"中，不仅很多朝鲜教徒死亡，从中国被派去的神父周文谟也以身殉道。

即便如此，基督教信仰仍然以各种形式继续在日本、朝鲜保存下去。在日本，就出现了"隐匿基督徒"的现象，就是把圣像雕刻成佛像的样式来举行礼仪表达崇拜。比如长崎的天主教徒，在遭受严厉的迫害之后，仍然借用中国的白瓷观音像代替圣母像进行崇拜，有的信徒甚至逃避到偏远的山村或沿海地区，继续实践他们的信仰，形成独特的家族—乡村—宗教相结合的共同体。

2. 基督教进入中国

　　沙勿略在日本了解到中国对日本的深刻影响，于是试图前往中国，但当时明朝奉行闭关锁国，要进入中国并不容易。一开始，沙勿略组织了一个葡萄牙使团，要去觐见明朝皇帝，可惜没能成功。随后他又计划偷渡入境。1552 年，他来到离广东很近的上川岛（今属台山），请中国商人帮他偷渡。结果中国商人没有如约出现，计划失败。这一年，沙勿略在上川岛去世。

　　很巧的是，也就是在这一年，著名传教士利玛窦在意大利的马切拉塔（Macerata）出生。三十年后的 1582 年，利玛窦到达澳门并从那里进入广东到达肇庆。这才完成了沙勿略没能实现的入华梦想。

　　利玛窦十九岁就加入了耶稣会，在罗马接受一个耶稣会士该有的全面训练。他学习了哲学和神学，研习数学和天文，同时还学会了西班牙语和葡萄牙语以及古典语言中的拉丁文和希腊文。这些人文和科学的素养，使他在与中国知识分子的交往中，表现出博学敏捷的才能，有助于他进入中国知识界上层。特别是，利玛窦采取尊重并学习中国文化的"调适"原则，这个取向在他来到中国之前就显露出来。在到达中国之前，他先在印度待了四年。这四年的印度经验对他后来对中国文化的态度也许有很深刻的影响。1578 年利玛窦到达果阿，当时果阿是葡萄牙在亚洲最重要的殖民地。1580 年利玛窦在果阿晋铎为神父。通过与印度人相处，他意识到，使本地人成为神职人员或教会领袖，对地方教会的发展极其重要。他曾经写信给耶稣会总部说："如果阻挠当地人通过做学问而出人头地，将会使当地人憎恨我们。这样，我们耶稣会

在印度的主要目的，即感化他们，使他们皈依我们神圣信仰的使命，也将无法实现。"

对本土文化或风俗的尊重，注意培养本地人担任教会领袖，这些经验也延续到利玛窦后来与中国士大夫的交往中。利玛窦到了澳门之后，首先就学汉语。他是怎么学汉语的呢？幸好有前人的经验。在他之前，传教士罗明坚（Michele Ruggieri，1543—1607）已经学过汉语，并且可能在中国助手协助下，出版了葡萄牙语和汉语的字典《汉葡字典》以及第一部汉语神学作品《天主圣教实录》。作为外国人，他们比较准确地把握了汉字的图像特征。据说，罗明坚就是以画图的方式学习汉语。利玛窦在罗明坚的基础上，有了两个发展：一是用罗马字给汉字注音，他写了四篇文章，编成一本书叫《西字奇迹》（*Wonder of Western Writin*），在历史上第一次提出用罗马字母给汉字拼音的方案；二是运用当时西方的记忆法来记汉字。据说，利玛窦曾经向中国士大夫展示自己对儒学经典的熟悉程度，把它们顺着背一遍，再把它们倒着背一遍。他运用的是一种记忆术，你可能也听过，首先在脑子中想象一个大宫殿，宫里有很多房间，每个房间里放置一件事件，想要回忆某个事件，就去特定的房间把它拿出来。利玛窦背诵儒学经典，就把某组汉字与某个房间相匹配，放进脑海中的这个房间里。这样，很快就能背诵中文文献了。他可能也是用这种办法，把汉字拆成众多部首，以部首的不同组合来记忆汉字。

关于这方面，可以看刚刚去世的美国著名学者史景迁（Jonathan Spence，1936—2021）那本精彩的《利玛窦的记忆宫殿》（*The Memory Palace of Matteo Ricci*）。

3. 利玛窦规矩

1583 年，利玛窦获准入居广东肇庆，并获得肇庆知府和两广总督的接见。

他先以介绍西方科学的方式，来跟中国士大夫接触，向他们介绍当时欧洲科技发展的最新成果，如自鸣钟、欧洲乐器等。熟悉之后，他再向他们讲解基督教的信仰知识。他还将大航海时代欧洲人形成的世界地图知识，重新绘制了《山海舆地图》介绍给中国人。这对习惯把中国想象为世界中央，而且是唯一大国的中国人来讲，肯定觉得十分新奇。

利玛窦和传教士一开始穿的是佛教僧人的衣服，他原本以为，宗教人士在中国会受到在欧洲一样的尊敬。没想到，当时的中国人并不那么敬重僧人，反而更尊重儒士。于是从 1594 年起，利玛窦开始蓄发留须，穿起儒士服装。同时，他还从西方的古典思想中摘录名句典范，写成一部《交友论》，里面的内容正好对应了中国儒家传统五伦之一的朋友，受到士人欢迎。他以交友的方式，推进基督教与中华文明的交流，而不是以一种居高临下宣讲的姿态，这使他自如地与士大夫群体相处。在南昌期间，他更是受到当地儒士领袖章潢（1527—1608）的邀请，前往中国最古老的儒家书院白鹿洞书院讲学。

对中国文化和社会有了具体体验之后，利玛窦确定下了向晚明中国讲述基督教的基本策略"排佛补儒"，也就是强烈批判中国民间的佛教、道教，对儒家则采纳"合儒补儒"的理性态度。他认为，古代中国人就拥有类似于基督教的人格——一神论的信仰，这尤其反映在儒家文化的古代经典"五经"当中。因此，在 1595 年，

他开始写作中文的基督教教理著作，他想到的方法，就是像中国士人一样，在儒家的"四书五经"中引经据典，证明儒家经典早已隐含了中国圣贤对于"天主"的信仰，只是后来的儒士忘了这样的信仰。所以，他在《天主实义》中多次引用了儒家经典《易经》《尚书》《论语》等。这种方式，当然使作为阅读者和听讲者的中国士大夫感到贴切和舒适。

除了思想沟通，基督教该如何看待儒家的生活礼仪呢？利玛窦也抱着一种宽容态度。按照基督教的传统信仰，不能敬拜偶像。但儒家伦理的基本原则之一就是"敬天法祖"，而且尊孔子为至圣先师。为了避免文化冲突，利玛窦认为，人们对祖先的孝敬，只是在表达一种情感，并非将死去的先人当成神灵来崇拜；敬拜孔子，也只是尊重他所开创的人文教化体系，而不是把孔子当神，这是很聪明的策略。为此，他还提出"儒家非宗教论"，也就是说儒家只是一个人文伦理体系，不是一个宗教信仰。这样，一个儒家士大夫即使皈依天主教，也仍然可以参与儒家的全部礼仪活动。因为基督教与儒家并非两种不同的宗教，基督教是信仰体系，儒家是伦理系统。两者可以同时存在，并不相互排斥。

利玛窦这种传教策略，可以归纳为文化包容或者文化接纳。从基督教的角度来说，是将基督教融入本地文化。这使得晚明中国基督徒可以具有双重身份，既是完全的儒家，又是完全的基督徒。这使得基督教在进入中国社会时，不容易造成身份上的紧张和文化上的冲突。因此，利玛窦既受到普通儒家士大夫的欢迎，也得到执政者的认可。在世界范围内，这也是基督教全球传播中的一条新路线。

利玛窦去世后，明亡清兴，朝代变更，但清初的两位皇帝顺

治和康熙还是都对基督教有持续的好感。康熙甚至从信仰的角度来赞叹基督教。他曾为北京的西什库教堂题写"万有真原"匾额，意思是，基督教信仰的上帝是一切事物的真实本原。他还写了一副巧妙概括基督教信仰的对联："无始无终，先作形声真主宰；宣仁宣义，聿昭拯济大权衡。"意思是说，上帝没有开始也没有终结，他用圣言将一切有形事物创造出来，是世间真正的主宰；基督来到世上宣讲上帝的仁爱，实现上帝的正义，向人们展示救赎之道，是人类命运最伟大的掌管者。这副对联现在仍然挂在中国很多的天主教堂内。

然而，由利玛窦开始的适应中国文化的传教策略，却在不同的传教士群体中引起激烈争议。在耶稣会之外，方济各会和多明我会也相继来到中国传教。他们对于信仰与文化之间关系的理解，并不像耶稣会那样灵活。在多明我会看来，无论是祭天，还是祭孔和祭祖，都不仅仅是一种伦理态度、情感纪念和文化习俗，而且是一种宗教崇拜。因此这些生活礼仪与天主教信仰不能兼容。这样一来，就在基督教内部挑起了所谓的"礼仪之争"。

这一场争论，先是由传教团体引起，但随即上升到两个权力中心的斗争。罗马教廷有时倾向于耶稣会，但更多时候却支持多明我会。按照后者的说法，也就是中国的基督徒不能参与传统的祭孔祭祖活动，因为这些活动带有宗教内涵。可是，康熙皇帝等中国的统治阶层人士则认为，如果传教士要继续在中国传播信仰，就必须遵守"利玛窦规矩"，不能在基督教信仰与中国文化传统之间制造矛盾。

这场"礼仪之争"前后持续了一百多年。最后，双方都做出了强硬表态。1704 年 11 月 20 日，罗马教宗克雷芒十一世（Clement

XI，1700—1721 年在位）规定，中国天主教徒不得参与祭孔、不可以向亡者遗像或坟前行礼、不能放置祖先牌位、不能在牌位上标记"灵位在此"等字眼；如果要立牌位，只能写亡者姓名，并在牌位旁注明遵守天主教孝敬父母之道等。这就与中国传统发生了激烈冲突，清朝的回应很干脆，雍正皇帝在 1724 年下诏，将全国的西方传教士统统驱逐到澳门，各地教堂、修道院，有的被改为祠堂、书院或粮仓；有的则被拆毁，并勒令大批教徒退教。此后，天主教在中国便处于非法境地，虽然在某些偏远地区还有零星发展，但基本上陷于停顿。

最后我们多说几句。大航海时代开启了现代世界的第一次全球化浪潮，基督教既是先锋，又是承载者。基督教在中国被禁止，意味着基督教失去了在中国发展的机会，但也可能使清朝时期的中国与这一次全球化失之交臂。应该说，不同的时代，有着不同的全球现实和全球观念。基督教刚起源的时候，地中海世界就是它的"全球"，基督教内在的普世动力，使它成为地中海的主导宗教，但也通过丝绸之路的纽带隐秘地与亚洲发生关联，早在 7 世纪就已来到中国。到了大航海时代，地理意义上的全球完全实现，基督教也随之再度来到中国。在某种意义上，基督教全球传教的历史，就意味着在全球化时代若干主要文明之间的对话与互观，基督教文明与华夏文明始终是其中的两个主角。

（游斌）

第三讲

伊斯兰教

第一节　阿拉伯的传说与伊斯兰教诞生前的概况

在北京广安门内牛街，有一座清真寺，就是牛街礼拜寺。它始建于辽代，距今已有一千余年了。从外观上看，牛街礼拜寺是典型的汉式传统建筑形式，礼拜殿、梆克楼（又称唤醒楼、邦歌楼）、望月楼和碑亭等，乍一看跟一般的汉式传统建筑并无不同。但当你看到这里的阿拉伯文的时候，或许就会感到一些不同。从牛街清真寺向南，在附近的南横西街上，你会看到一座有浓郁的阿拉伯特点的建筑，这就是中国伊斯兰教经学院。它的主楼由五个绿色圆包构成，据说中间大圆顶象征着圆际天穹，四个小绿包象征东西南北、四方归一，大绿圆顶顶部镶有一弯新月，这就是伊斯兰教的象征。

在牛街走上一圈儿，如果不了解伊斯兰教，不了解中国回民的历史，那么你大概只能留下一些肤浅印象：绿色、穹顶、白帽子、黑纱巾、牛羊肉的味道、悠扬的唤礼声……不过，这些颜色、形状、

味道和声音，都跟伊斯兰教有关系。大家都知道，伊斯兰教在中国是外来宗教，不过千百年来伊斯兰文明和中华文明之间的交流互动一直没有断过。牛街礼拜寺里，有两位著名筛海的拱北，"筛海"是阿拉伯语音译（Shaykh，又译谢赫），就是"长老"的意思，"拱北"是中国穆斯林对重要学者或贤人陵墓的称呼。牛街礼拜寺的筛海，是宋末元初两位远道来中国布教的伊斯兰学者，他们一个是阿富汗人，另一个是布哈拉（今属乌兹别克斯坦）人，分别在1280、1283年去世，那时正是元朝初年。两位长老的古墓碑文是阿拉伯文写的，从中我们可以了解中国与伊斯兰教的历史关系。

提起伊斯兰教，也许人们还会联想到留着大胡子、穿白袍的男人，还有骆驼、石油、冲突等。这些是被僵化和符号化了的认识，如果没有全面了解和历史知识，也许会被这些肤浅刻板的印象影响。其实，在中国有两千多万名穆斯林，在世界范围内更有十六七亿名穆斯林，走向世界，就会遇到穆斯林，就会碰到伊斯兰教，所以我们有必要认识和了解伊斯兰教的教义、人民、文化与文明。

1. 阿拉伯人的起源与传说

要想了解伊斯兰教的历史，先要了解阿拉伯人。

阿拉伯人在今天有三亿多人，有二十二个阿拉伯国家，遍布中东、北非地区。他们的起源地是阿拉伯半岛。阿拉伯半岛是世界上最大的半岛，西南角的也门地区土地肥沃，宜于耕种，素有"阿拉伯乐园"之称。但半岛的平原和部分高原被沙砾覆盖，沙漠占了三分之一，酷热干燥，温度经常达到四五十摄氏度，农业和生

活很不容易，饮水主要靠地下水。所以，阿拉伯人无论男女常常是白袍和头巾，为的是适应沙漠干燥炎热的气候，大白袍有利于抗热护身，头巾也有利于遮挡风沙。中东地区女性的罩袍和头巾最初当然也有适应自然环境的因素，不过很早就有了道德和宗教的含义，到伊斯兰教出现后，规定就更为具体了。由于这样的自然环境，阿拉伯半岛除了南部地区，大多是放牧牛、羊、马、骆驼。阿拉伯半岛的游牧民和游牧生活是沙漠游牧，跟我们中国人熟悉的草原游牧不太一样，沙漠游牧的生活比草原游牧更艰苦，住在帐篷里，逐水草而居，生活简单。因为游牧，所以他们擅长骑射，往往是冷兵器时代最好的战士。大家都知道，游牧和农耕之间的战争、贸易、征服，一直是世界历史尤其是内陆亚洲—西南亚—北非地区的重要主题，直到近代火器大规模使用后，才使得游牧骑兵的优势丧失。这些历史主题，是理解中国古代历史的重要维度，对于理解后来阿拉伯人的征服也有重要意义，同时也是理解阿拉伯人征服之后蒙古人、突厥人在世界史上崛起的一个思路。14世纪的阿拉伯著名学者伊本·赫勒敦（Ibn Khaldun，1332—1406）就认为，历史进程取决于游牧文明和定居文明两股力量的消长与均衡。他认为游牧人生活简朴，性格坚毅，容易成就伟业，一旦变成了定居民尤其是城镇人，锦衣玉食的生活就会使他们堕落。赫勒敦相信，每一个部落、国家都在苦难、匮乏、战争中逐渐壮大，而奢侈、贪图享乐只能使其慢慢走向衰败。赫勒敦的观点对穆斯林和西方都影响很大，从不同立场观察问题，结论也会不同。他的看法和主要站在农耕社会角度的古代中国总是把游牧人视为野蛮的观点颇不一样。

　　一个族群或者一个文明，为了认同，总有追溯根源的习惯，

阿拉伯人也有自己的来源传说。其实，犹太教、基督教和伊斯兰教都发源于中东地区，都有神圣的经典，在某种意义上可以说它们是同源的。要讲阿拉伯人的传说，也首先需要在普世的《圣经》叙事传统中寻找。大家都知道挪亚方舟的故事，撇开末世与信仰的复杂问题不说，我们单讲故事后来的发展。《圣经》和《古兰经》都记载了大洪水毁灭人类的故事，尽管细节上略有差别，但通过大洪水之后保留少数"义人"（或信奉上帝／真主之人）这个故事，他们都把自己的祖先追溯到挪亚及其三个儿子——闪（Shem）、含（Ham）和雅弗（Japheth）。

根据宗教经典的说法，阿拉伯人和以色列人都是一个叫亚伯拉罕的人的后裔，伊斯兰教的经典《古兰经》称之为易卜拉欣（Ibrahim）。关于《圣经》和亚伯拉罕的故事，在前面基督教的部分已经说过。这里，我们主要讲讲阿拉伯人的传说中的不同之处。当然，亚伯拉罕这个传说人物是否真的存在还有争议，但根据考证，亚伯拉罕出生在两河流域的下游，后来随父亲穿越沙漠西迁到迦南（Canaan，今巴勒斯坦）。所以，阿拉伯人可能是他们西迁过程中，途径阿拉伯半岛时留下的一支后裔。后来的阿拉伯人，就把亚伯拉罕奉为本民族的始祖。《圣经》上说，亚伯拉罕是闪的第九世孙，也就是挪亚的第十世孙。根据《圣经》记载的年代推算，亚伯拉罕是出生于大洪水之后的第291年。无论是在《古兰经》还是在《圣经》当中，亚伯拉罕都享有崇高的威望，被奉为先知。

据说，亚伯拉罕的妻子撒拉（Sarah）很漂亮，但一直没能生育。撒拉于是劝说丈夫纳自己的使女哈泽尔（Hazer，即《圣经》中的夏甲 [Hagar]）为妾。之后，哈泽尔生下一子易司马仪（Ismail，即《圣经》中的以实玛利 [Ishmael]）。母以子贵，生了儿子的哈泽尔就骄

傲起来,并经常和撒拉吵架。亚伯拉罕为此很苦恼。在神的启示下,亚伯拉罕就把哈泽尔母子迁到了麦加河谷,而自己又回到巴勒斯坦与撒拉同住。回到家后,伤心的亚伯拉罕再次向神求子。结果年老的撒拉竟真的生下一个儿子,这就是伊斯哈格(Ishaq,即《圣经》中的以撒 [Isaac])。伊斯哈格有两个儿子以扫(Esau)和雅各(Jacob):雅各继承了家业,后来改名为以色列 (Israel),他就是以色列人的祖先;传说,雅各的后裔后来迁入埃及,直至摩西带领以色列人逃离埃及,摆脱法老的统治。

　　我们接着说在麦加河谷的哈泽尔母子。根据《古兰经》的记载,麦加河谷本来是不毛之地,哈泽尔带着易司马仪到麦加时曾奔走在赛法与麦尔卧两山之间寻找水源,神出于怜悯,在麦加克尔白圣殿 (al-Kaʿbah) 附近放出了清泉,后称渗渗泉 (zamzam)。今天到麦加朝觐的穆斯林,必须在克尔白附近的赛法与麦尔卧两座山之间疾行七次,疾行之后再饮渗渗泉水,就是为了表达对古圣先贤的怀念和对神的感恩。在麦加周围游牧的主尔胡姆人得知有泉水出现后,纷纷赶来,以牲畜换得对渗渗泉的使用权。哈泽尔母子于是在麦加河谷安顿下来。易司马仪长大后娶了一个主尔胡姆族姑娘为妻,他们的后裔就发展成为今天的阿拉伯人。当然,这个故事与《圣经》有出入。根据《圣经》,以撒(《古兰经》中的伊斯哈格)的长子以扫是阿拉伯人的祖先,次子雅各是犹太人的祖先,而以实玛利也就是易司马仪流亡埃及不知所终。但不管怎么说,根据经典,今天彼此矛盾的犹太人和阿拉伯人在起源上是很接近的。

　　传说毕竟只能提供隐约的线索,或许我们还要从历史语言学角度来看一些称呼的意思。首先是"阿拉伯"这个词,最早是出

现在公元前 853 年亚述的文献中；公元前 530 年的波斯楔形文字中出现"阿拉比亚"，也就是阿拉伯。当然这并不意味着形成了阿拉伯民族。"阿拉伯"这个词在闪米特文（Semitic）中只是"沙漠或其居民"的意思。在伊斯兰教产生之前，它指的其实是半岛上游牧的贝都因人（Bedouin），他们被认为是血统、语言比较纯粹的"闪族人"代表。"贝都因"的阿文意思是"荒漠中的游牧人"。可见，阿拉伯、贝都因反映的都是生活方式。半岛上的居民自称"阿拉伯人"，则是从南部的也门人先开始的；4 世纪以后，在半岛北部也出现了"阿拉伯人"一词。

中世纪至近代早期，欧洲人习惯称阿拉伯人为"萨拉森人"，其实源自阿拉伯文的"东方人"这个词。在早期的罗马帝国时代，萨拉森人主要是指称西奈半岛上的游牧民族，后来的东罗马帝国用之称呼所有阿拉伯人。伊斯兰教兴起后，特别是十字军东征之后，欧洲人更普遍用"萨拉森"来称呼所有位于亚洲与北非的穆斯林。

2. 伊斯兰教诞生前阿拉伯半岛的状况

我们先来说一下阿拉伯人。

古代阿拉伯人以沙漠游牧生活为主，因此也形成了他们的传统，这些传统是随着族群历史的形成而形成的。我们千万不要用现代的眼光和价值观去武断地评价它的是非，也不要说文化有高低，这会导致把族群分成文明人和野蛮人。那么，阿拉伯人的文化传统是什么呢？我们大概可以简单归纳为五点：一是崇尚"个人主义"，游牧人不喜欢被约束，强调自由，喜欢野外。有人说，这是阿拉伯人的特点，自尊心强，不喜压迫，好反抗。二是强调

部落感情、重血缘，是一个部落—氏族—家庭社会。在阿拉伯人中，每顶帐篷代表一个家庭，每块宿营地代表一个氏族。氏族由上溯五代有共同祖先的人组成，是军事单位；部落由四到五个氏族组成，是政治单位。为了加强势力，部落还会联合成部落联盟，至今阿拉伯国家的部落传统依然发达。也正因为这一点，阿拉伯社会极端重视血缘关系，氏族部落的酋长称"谢赫"，负责仲裁纠纷、寻找牧场和保护水源。对阿拉伯人来说，最可怕的事情是失去部落保护，没有部落保护个人就处于危险之中。三是有劫掠的传统。古代阿拉伯人劫掠是常态，以劫掠致富被视为光荣而高贵的职业。贸易和劫掠被视为向城镇居民索取生活资料的手段。这一点，对于理解后面我们讲的先知穆罕默德迁徙到麦地那后穆斯林与麦加人之间的关系具有重要意义。四是非常好客，去那里草原地区旅游的人，都会说那里的人好客。贝都因人也以好客闻名，若有沙漠旅人叩门，他们必定毫不吝啬、不求回报地招待旅人及随从、牲畜。主人乐于彰显自己的热忱和对宾客的尊崇。五是歧视女性，例如古代存在活埋女婴的现象。值得注意的是，这类现象在伊斯兰教出现后被禁止了。这个也是我们后面讲述和理解伊斯兰教女性观念的重要背景。关于伊斯兰教对女性的态度，好多人也许有误解，其实有一些观点值得我们注意。美国女权主义学者邓尼斯·卡莫迪（Denise Carmody）曾说："穆罕默德的启示对妇女来说，给她们带来了相当大的好处，因为伊斯兰教产生之前，阿拉伯妇女几乎还没有任何权利。"也有人指出《古兰经》曾谴责当时人们鄙视女性，正如一位学者所说："禁止活埋女婴也反映了伊斯兰教的人道主义色彩，这是伊斯兰教的一大进步。"

　　接着我们说一下那个时代半岛的政治与社会状况。在伊斯兰

教兴起前，阿拉伯半岛上也曾建立一些大大小小的政权。在 6 世纪末 7 世纪初，也就是大约相当于中国南北朝末期与隋朝时期，半岛西北部的叙利亚、北部的小亚细亚、西南部的埃及和埃塞俄比亚，属于拜占庭的势力范围；东部伊拉克是波斯的势力范围。拜占庭与波斯两大帝国长期争雄。波斯扶植袄教，对付马兹达克派起义，并趁机夺取也门，于 575 年将埃塞俄比亚人驱逐出去，拜占庭从此失去对红海出海口的控制。到了 7 世纪，局势更加混乱，波斯帝国攻占叙利亚和埃及，进逼小亚细亚，拜占庭东部沦陷。不过，后来拜占庭又收复西亚和埃及失地，而波斯方面则因连年征战和宫廷政变，已无力对外发动战争。

　　战乱归战乱，生意总是要做的，商业贸易对当时的波斯、拜占庭以及阿拉伯人来说都至关重要。当时有两条重要的商路：一条在东线，沿波斯湾，经底格里斯河，穿越叙利亚沙漠到巴勒斯坦；一条在西线的红海海岸。商贸给荒凉的沙漠赋予了勃勃生机，由于波斯人和拜占庭人之间的战争，红海东岸的汉志（Hejaz，又译希贾兹）商道发展起来。麦加奉行中立政策，地位上升，成为控制汉志商道的国际贸易枢纽。先知穆罕默德所属哈希姆家族(Hashemite)，最初就是靠组织阿拉伯部落建立"商业联盟"而起家的。两个帝国的敌对，使阿拉伯人在某种程度上得益了。

　　那么，当地的宗教情况又如何呢？在伊斯兰教诞生前，阿拉伯人的信仰是多神崇拜和拜物教。每个部落都有自己崇拜的偶像，麦加禁寺（大清真寺）有各部落的偶像三百六十尊，每年举行盛大的典礼和祭祀，半岛各地的人多来朝拜。可见朝觐在伊斯兰教之前就是阿拉伯人重要的宗教事务。尤其是朝拜天房克尔白，墙上有黑色陨石（玄石），伊斯兰教兴起后禁止偶像崇拜，但保留了

玄石，至今仍为圣物。中国《旧唐书》里提到大食，也说到"其王移穴中黑石置之于国"的事。巴勒斯坦的犹太教、罗马和埃塞俄比亚的基督教、波斯的拜火教，都曾给这个地方带来了不同形式的一神观念，但未能在广大阿拉伯人中扎根。大部分阿拉伯人一直信奉拜物教，只有很少人接受了基督教。

直到今天，麦加都是伊斯兰教最重要的圣地。5 世纪中叶，麦加人还主要过着游牧生活。不过，城镇生活也在发展，贸易的兴盛使得麦加成为通往也门、叙利亚和内志（Nejd，又称中央高原）的枢纽。当时的麦加人生活富足，吃喝玩乐，但也有明显的"堕落"迹象，比如有人围着天房喝酒，更不用说到处都是偶像。麦加人还阻止用人之外的犹太教徒和基督徒进入，更不允许人非议自己的宗教和信条，反对亵渎偶像者。当时，各个部落是独立的，过着独立的生活。不过，商业和信仰环境已经使麦加具备了超越部落的条件。当然，这对部落而言是危险的。通过周边影响以及经商活动，有些麦加人还是了解了一些一神教信仰的观念。

这个时候，麦加已经处于等待先知引领的状态，这个即将出现的人就是伊斯兰教的先知和圣人穆罕默德（Muḥammad，约570—632），他将协调不同宗教的不同理念。

3. 阿拉伯—穆斯林的崛起

7 世纪前期，也就是中国的隋末唐初，先知穆罕默德通过创立伊斯兰教，初步完成阿拉伯半岛的统一。团结起来的阿拉伯人，释放出激情与活力，对财富的追求在宗教名义下也变成实现信仰的行为。穆罕默德去世之后，阿拉伯人以摧枯拉朽之势对外展开

征服，建立规模庞大的帝国，雄踞古代近东历史数百年。随着阿拉伯—穆斯林的对外征服与帝国崛起，半岛之外也加速伊斯兰化与阿拉伯化的进程。

阿拉伯—穆斯林的崛起，对世界历史产生了重要影响。单就欧亚大陆来说，在罗马帝国之后，欧洲再也没有出现那么强大的帝国，最终发展出民族国家体系。欧洲作为民族国家发展模式的起点，其历史走向可能有着更悠久的渊源。历史学家威廉·罗森（William Rosen，1955—2016）认为，东罗马帝国在查士丁尼时期进入黄金时代，收复意大利和北非，颁布法典，小亚细亚和黎凡特地区也出现繁荣的弗里敦市（Freetown）。但这一切都在 6 世纪多次瘟疫中被毁灭，欧洲损失两千五百万人口，罗马帝国再也没有恢复元气，古典文明随之衰落。而在欧亚大陆的东边，几乎同时进行的是中国隋唐王朝的统一运动，盛唐成功地建立疆域广阔的统一帝国，奠定此后中国历史发展的基础。罗森进一步指出，除了自然原因，对欧洲来说，紧接着的伊斯兰文明的崛起及其挑战，一直延续到 1453 年奥斯曼土耳其人攻陷君士坦丁堡，这一挑战达到巅峰。正是在这样的背景下，欧洲才不得已产生威斯特伐利亚体系（Westphalia System）。

4. 什么是"查希里叶"时代？

到此为止，我们讲了伊斯兰教出现之前的一些基本情况。那么，从伊斯兰教的视角看，如何评价这个前伊斯兰教时代的状况呢？这就需要我们讨论"查希里叶"这个概念。

这是伊斯兰教思想史上一个非常重要的概念，也是我们理解

穆斯林自己如何看之前时代的入口。"查希里叶"在阿拉伯语中的意思是"无知、野蛮","查希里叶时代"（al-Jāhiliyyah，又译贾希利叶时代）可意译为"蒙昧时代"或"野蛮时代"。在《古兰经》中多次出现了这个词，说的就是对"真正的宗教"无知，缺乏正确的行为规范和生活态度。在伊斯兰教中，"蒙昧时代"在广义上指的是人类诞生到穆罕默德传教前；狭义上的"蒙昧时代"指伊斯兰教兴起前的（拜物教）时代，也就是阿拉伯人（北部的贝都因人）没有天命、先知和天启经典的时期；引申义指的是人类尚未皈依真主的状态。中古伊斯兰学者伊本·泰米叶（Ibn Taymiyah，1263—1328）可能是首先以"蒙昧时代"一词形容当时穆斯林社会的人。20世纪印度的伊斯兰作家毛杜迪（Sayyid Abul Ala Mawdudi，1903—1979）也赋予这个词这一用法。而赛义德·库特布（Sayyid Qutb，1906—1966）极具影响力的著作《路标》（*Ma'alim fial-Tariq*，1964）使"蒙昧时代"一词大为流行，库特布对现代社会的批判，成为当代激进主义的重要思想武器。

通过以上的讲解，我们已经了解了阿拉伯民族的起源传说、民族特性、生活方式、社会和信仰状况，下面我们就可以开始讨论伊斯兰教的诞生了。

第二节　先知与使徒的时代

一般认为，中国穆斯林会过三大节日，分别是开斋节、宰牲节（古尔邦节）和圣纪节。非穆斯林可能会听说过前两个，也就是开斋节和宰牲节，但知道圣纪节的可能就比较少了。圣纪节的

阿拉伯语音译是"冒路德"（Mawlid）。顾名思义，圣纪节是为了纪念圣人的，也就是伊斯兰的圣人、先知穆罕默德，中国穆斯林所说的"穆圣"。

通常在每年伊斯兰历3月12日这一天，这个日子主要是就多数派（逊尼派 [Ahl al-Sunnah]）而言的，少数派（什叶派 [Ahl al-Shi'ah]）是3月17日，多数穆斯林会举行隆重的集会。相传伊斯兰教的先知穆罕默德的诞辰和逝世都在伊斯兰历的3月12日。所以，对国内的穆斯林来说，圣纪节既是纪念的"纪"，也是忌日的"忌"或者祭奠的"祭"，而对国外的穆斯林来说，主要就纪念先知的诞辰。

细心的人，或许会注意到我在前面用上了"多数穆斯林"这样的字眼，因为也有个别思想激进的基本教义派反对过圣纪节，认为这可能有个人崇拜的倾向。的确，穆罕默德是先知、使者、圣人和伟人，但却是人，而非神，不可以神化，不可以被崇拜。伊斯兰教强调的是"认主独一"，也就是非常严格的一神信仰。但至少你明白了一点，那就是先知穆罕默德对于穆斯林的重要性，是怎么说都不过分的，这种重要性不只是历史的，也是现实的。

那么，先知穆罕默德到底是一个什么样的人呢？

1. 先知的家庭、出身与伊斯兰教的诞生

由于资料匮乏、信仰等原因，我们已经很难在现代史学的意义上，获得对先知穆罕默德生平的完整认知。

这不奇怪。对中国人来说，要去认识孔子这样的往圣先贤，可以被称为同时代的一手史料也是非常少的。《论语》或许是最重

要的史料，但那也只是根据孔子弟子及再传弟子，记录孔子及其弟子言行而编成的语录集，而且经过秦始皇焚书坑儒，大部分有关文献也都失传了。从汉武帝独尊儒术到 20 世纪初，两千多年的中国历史上，孔子甚至被封圣封王。所以，一方面添油加醋，层层积累，他的故事好像越来越丰富；另一方面，因为他地位崇高，神圣之极，过去完全从史实上探究他的历史，尚有很多禁忌。

从历史学的角度了解伊斯兰教的先知穆罕默德，情况要比孔圣人更复杂。阿拉伯人长期没有书写传统，而口传和诗歌发达。下面我们要讲的内容，是穆斯林社会普遍接受的版本，而来自历代非穆斯林的西方人的不同观点，我们就先不说了。相传，穆罕默德约 570 年出生在麦加。当时的麦加是阿拉伯半岛上重要的运输贸易枢纽，信息比较发达，信仰多元，当地部落过着以定居为主的生活，周围则是人数更多的游牧部落。麦加当时地位最高、最有影响力的部落就是古莱什（Quraysh）部落。古莱什人是过着定居生活的城镇人，他们主要经营从也门到叙利亚的驼队，也跟游牧的贝都因人做生意。古莱什人又负责管理麦加的克尔白圣殿，这也是他们的收入来源之一。先知穆罕默德，就属于古莱什部落中的哈希姆家族。

在穆罕默德出生之前，麦加的商业发展和信仰环境，已经使它具备了超越部落社会的条件。通过与周围文明的接触以及经商活动，有些麦加人了解到一些一神教信仰，它给人一种信念：救赎（salvation）是可能的。这是一个有吸引力的想法。当时，麦加就出现了传闻，说要有先知出现。古莱什人很担心，他们的首领艾布·苏富扬（Abu Sufyan，576—652）尤其警惕。他说，修道士需要先知在宗教上开导、启迪他们，但我们是靠偶像接近神的人，

因此不需要什么先知。但是，根据后来成书的先知传记，大概麦加已经处于等待先知引领的浓厚氛围中。

穆罕默德的祖父阿卜杜勒·穆塔里布（'Abd-al-Muṭṭalib，约500—579），是哈希姆家族的族长。他的父亲阿卜杜拉（'Abdullāh，544—570）早年经商，家境一般，后来在经商途中染病，在麦地那去世。这个时候先知还没有出生，所以，先知是遗腹子。在母亲怀上先知之前以及期间，根据传记记载，有一些"奇迹"发生，比如他的母亲曾在晚上梦见声音说："你怀的是子民的主……你要给他起名为'最受赞美的'（也就是穆罕默德这个名字的意思）。"还有就是他的母亲有时候似乎看到，从自己腹部发出的光芒照亮了远在叙利亚的城堡。在先知出生的时候，他的母亲还看到有星星从天空坠入大地。读者一定会联想到，这和古代中国每个新王朝的开创者出生的时候往往有神迹显现是一样的。

从普通人的视角看，先知的童年是不幸的。作为一个遗腹子，他六岁丧母，交由祖父抚养。两年后，也就是八岁的时候，祖父也去世了。祖父便托孤给他的伯父艾布·塔利卜（Abū Ṭālib，540—620），由伯父抚养长大。根据传记，先知虽然是普通人，但被赋予了"崇高的灵魂、聪颖的天资、敏锐的洞察力和良好的记忆力"。在青少年时代，穆罕默德曾给自己家族和麦加的富户做雇工，主要是放羊。他还经常在麦加附近听到不同的演讲或布道，包括基督徒和犹太教徒的讲述。他年轻时曾参加古莱什部落与邻近部落的战争，得到了历练。伯父也曾带他去叙利亚经商。到了二十五岁那一年，先知穆罕默德与麦加当地数一数二的富孀赫蒂彻（Khadijah，约555—620）结婚，开启了新的人生，为人夫，为人父。两人婚后生了六个孩子，是二男四女，但两个男孩都不幸夭折。

随着地位的提升，他得以与麦加的长辈交往，参与克尔白事务管理。随着财富的增多，他也不再需要事事亲躬，有了更多时间用于沉思和宗教冥想。他对麦加的宗教状况日渐不满，这里的腐化和堕落，让穆罕默德感到愤怒，比如说虔诚与获利不分，宗教偶像被当成商品出售，甚至到处都是醉鬼和赌徒。据说，先知穆罕默德时常到麦加以北十多千米处的希拉山洞祈祷、沉思。610年，也就是在先知穆罕默德四十岁的时候，那时还在斋月中，他独处希拉山洞。这时天使到来，天启降示了……

据说，穆罕默德得到最初的启示，就是《古兰经》第九六章第1—5节的内容：

> 1. 你应当奉你的创造主的名义而宣读，2. 他曾用血块创造人。3. 你应当宣读，你的主是最尊严的，4. 他曾教人用笔写字，5. 他曾教人知道自己所不知道的东西。

遇到了这样神奇的事情，先知感到有些恐惧，他回家之后，把遭遇告诉了妻子赫蒂彻，但她坚信丈夫所言属实，并且成为穆罕默德的第一个追随者。

从一般历史的角度讲，伊斯兰教自此诞生了。但从伊斯兰教的视角来说，先知穆罕默德却不是伊斯兰教的创立者而是复兴者。这个问题，我们留待以后再详细讲。

2. 伊斯兰教的传播与阿拉伯半岛的统一

穆罕默德最初的追随者，主要是自己的亲属，除了妻子赫蒂

彻，还有先知的仆人载德（Zeid）。他随后获得自由，穆罕默德待之如亲子。据说，他十岁的堂弟阿里（'Ali，约600—661）也很快就跟随了他。但是，家族长辈都不太支持穆罕默德带来的新信仰，因为他们认为这会动摇部落秩序和当时社会稳定的根基。有一个叫艾布·伯克尔（Abū Bakr al-Ṣiddiq，573—634）的商人，为人豪爽，他后来成了先知的岳父以及先知的第一个继承人，他也带动了一些人的皈依。

反正在麦加期间，伊斯兰教的进展速度很慢。最初三年，人数还不到四十个，多数是年轻人、朋友和奴隶。他们成了一个小圈子，共同祈祷，听穆罕默德布道，这就是最早的一批穆斯林。他们到处宣教，树敌颇多。古莱什部落的首领越来越不满意穆罕默德及其追随者，而穆罕默德及其追随者又跟当地崇拜传统偶像的人发生冲突。穆罕默德的伯父虽然不赞同穆罕默德，但也还是保护了他。总而言之，他们在麦加的处境很糟糕，被人迫害。

这时，穆罕默德又经历了人生极大的不幸，一个是伯父的去世，另一个是他的爱妻赫蒂彻也归真了（"归真"就是穆斯林对逝世的说法）。失去了伯父的保护以及爱妻的支持，麦加人对他的攻击又日甚一日，这使穆罕默德发现自己到了危急关头。经过一番考虑，穆罕默德决定在622年7月16日，带领全部穆斯林迁徙到麦地那。后世把这一天确定为伊斯兰纪元的开始（那一年就是伊斯兰纪元的元年），把这一天叫作"希吉拉"（Hegira），意思是"迁徙""新局面""新开端"。

这次"迁徙"事件很重要，是伊斯兰教的一个历史转折点。后世有些极端主义者捆绑了"迁徙"和"圣战"，作出一些歪曲和极端化的解释。但根据学者研究，"迁徙"和"圣战"是当时特定

历史条件下的产物，既不是教义规定，更不必充斥暴力。事实上，穆罕默德就留下"圣训"说："光复麦加后，迁徙不再是必须的。"更重要的是，"迁徙"到麦地那的穆斯林群众与当地不同民族、不同肤色、不同信仰的族群建立了很好的关系，与基督教、犹太教在信仰上更是相互尊重、和谐共存。

迁徙到麦地那后，穆罕默德致力于解决当地的纠纷，虽然对内在宗教问题上绝不妥协，但对外在世俗事务却灵活处理。穆罕默德为人平和，生活简朴。他说自己的骆驼停在哪里，就在哪里建立住房。他憎恶卖弄，鄙视浮华奢侈。他站着讲道，在太阳暴晒的时候，宁肯自己面对太阳，让众人背对太阳。但一开始，穆罕默德在麦地那，还是要面对很多压力，尤其是那些顽固的多神教徒。值得注意的是，麦地那有很多犹太教徒，他们人数多而且富有。穆罕默德敬重犹太人的一神崇拜，认为犹太人和穆斯林之间，只是神的名字不一样，穆罕默德不仅把穆斯林的聚礼日（Gathering Day）定在周五（犹太人的安息日），还一度下令穆斯林朝耶路撒冷礼拜。

伊斯兰教的历史流传了很多穆罕默德优待犹太人的故事，比如有一个犹太人经常到穆罕默德门口辱骂他，可穆罕默德从不还口。有一天这个犹太人没来，穆罕默德还打听那人怎么了，听说原来病了，他还跑去探望。关于这一点，其实最重要的历史文献是《麦地那宪章》。这是穆罕默德代表"迁士"和"辅士"与犹太人定下的盟书。"迁士"指的是从麦加跟随先知迁往麦地那的穆斯林，"辅士"则是来自麦地那当地的追随者。《麦地那宪章》确立了不同信仰的群体和平共处、互相尊重的原则，成为后世穆斯林处理不同宗教关系的典范文本。

在麦地那，穆罕默德还面临另一个棘手的问题，也就是"迁士"的生存问题，他们一直靠"辅士"接济生活，但这并非长久之计。穆罕默德早有打算——袭击麦加商队，这在当时不算什么，乃是我们前面曾经提到的劫掠传统。不过，最初穆斯林所获甚微，因为他们只遇到了四个麦加人，但这仍然惊动了麦加。此后，穆罕默德索性宣布不再与多神教徒来往经商——这就等于是明确宣战了。不久之后，他们又发动了三百人袭击富裕的麦加商队。商队绕道求援，从麦加来的援兵人数是穆斯林的两倍多。但在穆罕默德亲自指挥下，袭击行动最终取得了胜利。他优待俘虏，只收了赎金，史称"白德尔之战"（Battle of Badr，624 年）。后面还有几次和麦加之间的战役，各有胜负。不过，现在看来这些战役其实都只是小规模的冲突，死亡人数很少，因为阿拉伯半岛以劫掠为目的的冲突，本来就很少杀戮。

穆罕默德最终在麦地那成为宗教领袖、公正的仲裁者，还兼具军事首领和政治领袖的身份，可以说他就是麦地那之王，并且把朝拜的方向转向麦加。而穆罕默德在麦地那的统治，则被后世穆斯林视为最理想的状态。

随着伊斯兰教的胜利以及穆罕默德威望的增长，他已有几千名勇敢的忠诚的穆斯林，军力大增。据说，628 年，穆罕默德致函这些大国统治者：阿比西尼亚（今埃塞俄比亚）国王、波斯的库思老二世、君士坦丁堡的东罗马皇帝希拉克略，要求他们皈依伊斯兰教。波斯国王大怒，撕毁信件；东罗马皇帝虽是接下了信函，但完全无视；东罗马的埃及总督，为了维持与阿拉伯部落的关系，就赠给穆罕默德一匹白骡和两个年轻的女仆。而阿拉伯半岛的酋长们，若是不愿皈依，他就动用军队征战。当时的穆斯林针对偶

像崇拜者、不信教者以及"有经人"（也就是犹太教徒和基督徒等有《圣经》的信徒），分别给出了三种选择：皈依、死亡或交特别税。大部分被征服的人都选择缴纳特别税。从经济上看，这对穆斯林也是最有利的。

随着自己实力的增长，穆罕默德也日益思念故乡麦加。628年，他率领一千五百人以朝觐的名义，经过两天跋涉到达麦加城外。麦加人出城迎战，穆罕默德不敢贸然进城，于是诉诸外交手段。双方在麦加边上的侯代比亚订约《侯代比亚和约》（Sulḥ al-Ḥudaybiyyah），决定休战十年；从第二年开始，穆斯林可以每年访问麦加一次，一次可以待三天。其实，穆罕默德并不满足于上述结果。回到麦地那后，利用休战，他加速招兵买马，共有几千名贝都因人归附。一年后，穆罕默德依约再次来访麦加。入城之后，他践行传统礼拜仪式，实行魅力攻势。他举止虔诚；向克尔白的管理者保证，日后如果他来统治麦加，朝觐将一如既往。他还向麦加军事首领展示自己的力量，折服了对麦加政权不满的大将——哈立德（Khālid ben al-Walid，592—642）。这个人后来是早期穆斯林历史上重要的军事将领，被称为"伊斯兰之剑"。

结果古莱什人首先撕毁和平协议，进攻了穆罕默德保护的一个部落。穆罕默德便率领一万大军反击，进逼麦加。古莱什首领面对强大的穆斯林，只好屈服，献出麦加。穆斯林兵不血刃，取得麦加。穆罕默德骑着八年前出走时骑的骆驼，以胜利者姿态入城。入城后，他先拜了克尔白圣殿。但没要圣殿的钥匙，仍然把它交给旧人管理。不过，穆斯林进入圣殿，捣毁了全部的偶像。穆罕默德只处死了三四个死敌，赦免了其他所有敌人，对愿意皈依者则保证生命财产安全。

随后几年，周围的部落集团纷纷投靠皈依。实力大增的穆罕默德，最多曾统帅三万大军。后来，穆罕默德北伐东罗马属地，到达叙利亚边境。可以说，到穆罕默德在 632 年 6 月 8 日不幸归真的时候，阿拉伯半岛基本上已经完成统一。

3. 后世对先知穆罕默德的评价

穆罕默德是伊斯兰教的先知、使者和圣人。他从真主那里接受的启示，就是以阿拉伯语书写下来的"古兰"经，"古兰"就是诵念的意思。而"伊斯兰"的意思就是"顺从"，"穆斯林"指的就是顺从（真主）的人。

他不只是一个历史人物，更是一个对现实有着重要意义和影响的人。这是由伊斯兰教的一些特性所决定的。我们一方面可能会抱怨一手史料的缺乏；但另一方面却也可以说，与世界历史上的众多先知和圣人相比，穆罕默德可能留下了最多的记录。他的传记和记录其言行的"圣训"，几乎事无巨细地记载了穆罕默德的众多生活细节，包括他如何洗手、洗脸、待客，等等。按照历史学家的看法，这可能是近东历史上模仿圣人传统的一种延续。我们要注意，伊斯兰教主流十分强调严格的一神崇拜，穆斯林只崇拜神，绝不会崇拜穆罕默德，但穆罕默德是穆斯林身份与共同体的象征。在穆斯林日常的"清真言"中有"穆罕默德是真主的使者"这句话，他的一生都被视为如何践行神的命令的典范。所以，穆斯林要从各个方面模仿先知，比如说他如何礼拜、斋戒、处理人际关系、解决纠纷，甚至他一些日常生活的习惯，例如他剪指甲的方式。

对穆斯林来说，《古兰经》深奥难解，先知的做法就成了践行伊斯兰教教义的榜样，这样实践信仰就容易了。因此，要理解和学习复杂且神秘的《古兰经》，就必须总是求助于先知的圣行——逊奈（al-Sunnah）。逊奈可以被视为《古兰经》的补充，两者必须一起学习。另外，还有 8 世纪早期开始汇编，由第二代穆斯林完成的哈迪斯（al-Ḥadith），也就是"圣训"。它汇集了先知言行，地位仅次于《古兰经》。

在穆罕默德去世一个世纪之后，历史学家伊本·伊斯哈克（Ibn Isḥāq，704—768）开始编纂先知的传记，之后又被伊本·希沙姆（Ibn Hishām，约 701—828）进一步编辑，原则就是把作者认为不好的删掉，只保留一个完美的先知形象。这成为后世多种版本传记的蓝本。当然，这不是纯粹的历史人物传记，而是为了适应作者生活时代的需求，比如在不同的传记中，穆罕默德与周边其他一神教教徒的论辩就有一些矛盾之处。但笼统地说，在先知的传记里，我们看到穆罕默德的形象是自信的、近乎完美的、强大的。随着伊斯兰教实力日渐强大，传记就越来越强调先知的完美，甚至还有一些奇迹：比如没有影子、不留废物以及夜能视物等。这一切都更加确立了先知永远正确、先知无过失的原则。

总而言之，从穆斯林的角度来讲，对先知的冒犯是对伊斯兰教的重大侮辱。因为就像我们前面所说的，先知是伊斯兰教的根本，对他的攻击就是对穆斯林秩序的攻击。穆斯林会将这样的攻击视为针对每个穆斯林个人，那是因为通过持续不断地模仿先知，先知已经成为穆斯林个人内在的一部分。同时，穆罕默德的形象又往往服务于穆斯林社会的现实需求。就拿现当代来说，20 世纪 60年代，殖民主义终结，新国家建立，穆罕默德就被视为理想的政

治家，是政治领袖的典范，这反映了穆斯林对自己国家新领导人的期待。之后，女性主义兴起，穆罕默德又被视为性别关系的模范，有人会把他当成一个提倡性别平等的人而祝祷（例如他平等对待自己所有妻子）。在 1979 年伊朗伊斯兰革命时，由于人民对世俗生活不再抱有幻想，穆罕默德又被当成一个反抗专制与压迫的领袖和英雄。

而这一切都让我们更加了解，想要单纯从历史学的角度去认识先知穆罕默德，是件多么不容易的事。

第三节　先知的教谕

前面我们讲了伊斯兰教先知穆罕默德，尤其强调和解释了他对伊斯兰教和穆斯林的特殊与重要。实际上，这也是伊斯兰教的独特之处，具体来说，有两个方面。

第一个方面，是先知圣行对穆斯林的意义。因为我们很难想象，孔圣人、佛祖或者耶稣基督对各自的信徒会具有类似穆罕默德在穆斯林中的那种角色。先知的传统（Sunnah）不只被详细记录下来，而且还要不断被模仿，这是今天各大宗教中伊斯兰教比较独特的一面，它也反映了以先知为主线的伊斯兰历史对穆斯林的独特意义。

第二个方面，也跟先知穆罕默德有关。我们看到，他在麦加的经历，还是一个比较有传统色彩的宗教先知和传教者的角色，包括先知本人和他的追随者所遭到的各种误解和挫折。这也是一种新的宗教出现时通常会遇到的情况。但当穆斯林迁徙到麦地那

之后，情况就发生了重要的变化——先知不只是在扮演宗教家的角色了。他成为我们说的"麦地那之王"，集宗教、政治、司法和军事领导人等多重角色于一身。

这也是伊斯兰教早期历史比较独特的地方，当我们学习和了解伊斯兰教历史的时候，这些地方是需要格外注意的。在这里，我们会介绍更多宗教方面的内容。我们的问题意识比较简单，那就是伊斯兰教有哪些特点以及成为一个穆斯林意味着什么。

1. 古代中国对伊斯兰教的理解

对于不是穆斯林的读者来说，尽管也可能从各种渠道了解到伊斯兰教的常识，但恐怕并不是所有人都知道中国早期与伊斯兰教的接触。

一般认为，在唐高宗永徽二年（651），先知穆罕默德过世还不到二十年，这时候就有一位阿拉伯使者到访了唐朝。当时，正是我们后面还要说到的四大哈里发时代的第三任哈里发奥斯曼（Uthmanibn Affan）在位（644—656）的时期。这一年后来多被认为是伊斯兰教正式传入中国的时间点。

这种说法是 20 世纪 20 年代由著名历史学家陈垣提出来的。他根据《旧唐书·大食传》的记载说："永徽二年，始遣使朝贡……自云有国已三十四年，历三主矣。"尽管这能不能算作伊斯兰教正式传入中国，或许还有争议，但至少可以说这是中国与阿拉伯正式通使的开始。《旧唐书·大食传》中有一段，还记载了之后阿拉伯人多次通使朝贡的情况。开元初年，使者进献特产之后，发生了某种礼仪之争。大食使者"平立不拜"，唐朝官员要纠正他，中

书令说："大食殊俗，慕义远来，不可置罪。"意思就是说，人家跟咱们习俗不同，因为仰慕我们远道而来，还是不要怪罪他们为好。皇上特许使者不拜。不久，从大食又来了个使者，这次介绍了一点伊斯兰教信仰的情况，"自云在本国惟拜天神，虽见王亦无致拜之法"。唐朝有关官员多次"诘责"他，结果是阿拉伯使者最终妥协，依据唐朝的礼法拜了皇帝。而唐朝人这个时候应该也知道了大食国的辽阔，"其时西域康国、石国之类，皆臣属之，其境东西万里"。

唐朝初年，中国人对伊斯兰教的了解应该还是很少的，而之后随着接触的深入，应该就了解得多了。最应该提到的，是 8 世纪中叶的怛罗斯之战，这是阿拉伯帝国与唐朝的正式对抗，结果是唐朝战败。在这里，我们先来了解它在文化史上的意义。

当时唐朝战败，有近万人被俘虏，被俘的人里可能还包括不少工匠，比如懂得造纸的匠人。这样一来，造纸术就传到阿拉伯，或者至少是提升当地的造纸水平。另外，它也促进汉人对伊斯兰世界深入和全面的了解。这就要说到我们前面讲到的那个叫杜环的人了，他是《通典》的作者、著名史家杜佑的族侄。作为随军书记官，杜环参加怛罗斯战役，被俘之后受到优待。在阿拉伯游历了十多年才返回唐朝，他甚至可能还到过非洲。

杜环回国后，根据亲身经历和所见所闻写成了《经行记》，可惜原书很早就遗失了。杜环的叔叔杜佑在《通典》卷一百九十三《边防九》中摘引了一部分，虽然只有大约一千五百字，但却具有很重要的史料价值。杜环写的《经行记》被认为是中国记载伊斯兰教最早的汉文典籍，杜环也成为第一位准确理解伊斯兰教的中国人。他对伊斯兰教的信仰、礼拜、斋戒以及行为规范、饮食、衣饰、

禁忌等都作了记载。

杜环对伊斯兰教是这么记载的：" 无问贵贱，一日五时礼天。食肉作斋，以杀生为功德……又有礼堂，容数万人。每七日，王出礼拜，登高座为众说法，曰：' 人生甚难，天道不易，奸非劫窃，细行谩言，安己危人，欺贫虐贱，有一于此，罪莫大焉。凡有征战，为敌所戮，必得生天，杀其敌人，获福无量。'" 杜环还记载说：" 其大食法者，以弟子亲戚而作判典，纵有微过，不至相累。不食猪、狗、驴、马等肉，不拜国王、父母之尊，不信鬼神，祀天而已。其俗每七日一假，不买卖，不出纳，唯饮酒谑浪终日。"

这些文绉绉的话，说的就是伊斯兰教信仰的一些内容。我们来解释一下：穆斯林要一天做五次礼拜（五时礼天）；每年有一个斋月，斋月的时候只有在日落和日出之间可以进食，夜间可以吃肉。而每年穆斯林还会过宰牲节（古尔邦节），这些都被杜环记载了下来。他还提到了礼拜的场所，即很大的清真寺（礼堂）。为主道而战死者，能够直接进入天堂，这是伊斯兰教圣战思想的基础；不食猪、狗、驴、马等肉，这是伊斯兰教对饮食的禁忌；不信鬼神，只崇拜真主（祀天），这就是伊斯兰教认主独一，只崇拜真主的表现，甚至连国王、父母这样的最尊贵的人也不被崇拜。另外，每七天有一次聚礼，不用工作，是休息日。不过，这里提到了饮酒，这很可能是一些皈依了伊斯兰教的民族，在当时还保留着本民族的传统和习俗，而不是说穆斯林的普遍情况。

由此可以看出，杜环已经把伊斯兰教信仰的一些基本情况弄明白了。他对一天五次礼拜和斋戒都有记载，这就是通常所说伊斯兰"五功"中的两项，其他三"功"是念（就是念清真言）、课（要交纳天课，现在一般理解为有一定资产的人缴纳的宗教税）、朝（也

就是有条件的人一生至少去麦加朝觐一次）。念、礼、斋、课、朝，就是穆斯林的"五功"，也被称为"五根柱子"。

杜环之后，还有人带回来过有关伊斯兰教的知识。近年发现的一块石碑，记载了一个叫作杨良瑶的唐朝官方使臣，他还曾经代表唐朝，从广州出发，经由海路出使大食。据说他到过巴格达，而且还在两年后平安返回唐朝。可见，在八九世纪的时候，人们对伊斯兰教的认识是不断加深的。不过，汉文记载肯定也有一些中国特色掺在里面，这就是后世所谓的"以儒释伊"，即用儒家的观念和概念来阐述伊斯兰教，这也是某种伊斯兰教中国化的意思。

这是宗教与文化传播中难免的事情。在杜环之后七百多年，也就是明朝嘉靖七年（1528），山东济南清真南大寺的世袭掌教陈思，撰写了著名的《来复铭》。陈思是一位阿訇，陈思的先人陈英，在明初曾三次出使西域，供职光禄寺，后退隐济南。陈思出身很好，对伊斯兰教宗教知识和儒家思想都有较深的了解。他写的这篇《来复铭》才一百五十五个字，但高度凝练地概括了伊斯兰教的思想。他全文用的是儒家哲学里的天、道、心、性、理、器等基本概念和术语。

之后，中国的南京、苏州等地相继出现一批回族伊斯兰教学者，相继开展了丰富而深入的著述活动，像王岱舆（约1584—1670）、刘智（约1655—1745）等著名学者，成为后世"以儒诠经"的著名代表人物，对伊斯兰教中国化以及儒伊会通作出了重要贡献。

2. 一神观念：它的历史来源

通过上面的叙述，大家可能对伊斯兰教的一些基本原理有所

了解了。下面我们要更深入地讨论其中一些主题。

首先就是一神教观念。一神教其实并不是特别容易被人理解，甚至可以说，它有着高度的抽象和理性因素。你想想看，对大部分人而言，有很多个神各司其职，这似乎是很自然的逻辑，因为它很容易从现实世界的官僚统治结构来联想和理解。就算有一个最高等级的神，比如希腊神话或中国神话中有宙斯或玉皇大帝这样的角色，但也绝不能说，只有宙斯或玉皇大帝才是神，其他的就不是神了。所以，多神观念比较容易理解，而一神教那种唯一真神的观念，反而是不容易被理解的，因为它过于抽象。所以，在一神教观念刚出现的时候，很可能会被误解为某种无神论。

这里我们不去探讨一神观念是怎么出现，又是怎么传播的。在伊斯兰教出现的时代，一神观念早就不是什么新鲜事物了，而伊斯兰教又的确是非常强调严格的一神信仰的宗教，这在伊斯兰教里被称为"讨黑德"（这是一个阿拉伯语的音译，意思是认主独一，对真主的唯一崇拜和绝对服从）。如果你还记得关于基督教的历史，你肯定知道伊斯兰教在各大一神教中比较年轻。当610年也就是先知穆罕默德开始接受天启的时候，犹太教、基督教都已经是成熟的一神教了，而从源头上说伊斯兰教与犹太教和基督教甚至是同源的。

那么，这里就会出现一个很有意思的问题：在伊斯兰教看来，它自身与之前的一神教之间是什么关系呢？

从历史学的角度来说，这当然有某种文明交融的成分，但这种说法还是有些不妥，因为它们既不是各自独立出现，也不是平行发展的不同文明，然后在某一个时间点上遭遇，发生交流或交

融。如果说有这种事情，那也应该是发生在中华文明和伊斯兰文明遭遇的情况当中。而对于伊斯兰教以及它之前的一神教来说，非常重要的一点是，它们不仅在开始的时候就有某种前后相继的关系，而且还在不断地进行论辩甚至冲突，这才是它们之间关系的常态。

不管我们阅读《圣经》还是《古兰经》，都可以发现，后来出现的宗教总要不断地与前面的宗教进行对话和论辩。这当然是后来者赢取自身地位的一种方式。这就是我们现在要谈到的一个内容，那就是伊斯兰教到底如何看待或面对之前的一神教，也就是它的宗教史观。

3."亚伯拉罕宗教"

伊斯兰教当然是有上帝创世内容的宗教，我们在前面说到阿拉伯传说的时候，引用了犹太教和基督教的《圣经》以及《古兰经》的内容。由此可见，它们都共同认可亚伯拉罕（在《古兰经》中，亚伯拉罕又叫易卜拉欣）的地位。因此有一种说法叫"亚伯拉罕宗教"，指的其实就是三大一神教——犹太教、基督教和伊斯兰教。

顺便提一下，前任美国总统特朗普（Donald Trump）曾牵线搭桥，让巴林、阿联酋和以色列共同签署了一个和平协议，这个协议的名字就叫《亚伯拉罕协议》（Abraham Accords）。这个名字其实别有深意，因为美国、以色列和阿拉伯国家的主流宗教，正好代表了"亚伯拉罕宗教"中的每一个。这件事也给我们这些并不信仰三大一神教中任何一派的人提出了一个有趣的问题，既然

三大一神教关系如此密切，还有共同认可的远祖先知，那为什么它们还要分这么多的宗教或教派呢？

如果要最简单地概括我们之前所介绍的两大宗教，我想基督教的本质就是相信三位一体，相信耶稣基督为人类死在了十字架上，然后复活，这大概是基督教不同教派都认可的。而佛教呢，它的本质就是教育人们相信此世是痛苦的，痛苦的源头来自人的欲望，佛教就是要教人摆脱欲望带来的痛苦，这可能是佛教的一个重要特点。那么，伊斯兰教呢？伊斯兰教的本质特点，其实就在清真言中，所谓清真言就是这两句话："万物非主，唯有真主，穆罕默德是真主的使者。"也就是说，一个穆斯林，不管他或她是什么样的人，作为一个穆斯林的首要条件，就是相信这两句话，即认主独一以及承认穆罕默德是真主的使者。听起来似乎很简单，但对很多人来说，却又绝不是那么容易的事。

我们看几个例子就容易明白了。

首先，《古兰经》中有二十五个先知。他们的名字，除了穆罕默德，在《圣经》中都可以找到。也就是说，伊斯兰教承认诺亚、亚伯拉罕、摩西、耶稣等人的先知地位。那你可能会问，这跟基督教有什么区别呢？信仰上的区别是容易列举的，比如伊斯兰教不承认耶稣复活，不承认三位一体。但在别的方面呢？实际上，伊斯兰教在别的方面是认可基督教的，尤其承认耶稣。从伊斯兰教的视野来看，神爱人类，并且不断地派遣使者传递他的信息，也就是关于如何实现人类救赎的信息。

一神教都是有创世和末世的，这一点三大一神教没有本质的区别。但按照伊斯兰教的观念，由于人为的种种，摩西和耶稣从神那里最初接纳的正确的神的信息，最终都"腐化"了。所以，

神才又选择了穆罕默德作为"他"的使者，目的是要再次传递神的信息，以便于使人们不要陷入迷途。所以，我们看《古兰经》第一章有这样的话：

> 1. 奉至仁至慈的真主之名
>
> 2. 一切赞颂，全归真主，众世界的主，3. 至仁至慈的主，4. 报应日的主。5. 我们只崇拜你，只求你佑助，6. 求你引导我们上正路，7. 你所佑助者的路，不是受谴怒者的路，也不是迷误者的路。

可以看得出来，这里面有很丰富的信息。首先，一切都是奉真主之名，因为他是自有自在的。他养育，而不被养，是全世界的主。他是最仁慈的，而且最终要在报应日，也就是末日审判我们。人类，只能崇拜真主，并向真主求助，这里说的也就是一神观念。

求助什么呢？走上正路！这正路是什么样的路呢？那就是被真主所佑助者的路，而不是受谴责的或迷误者的路。那谁是这些迷误者呢？在某种意义上讲，伊斯兰教认为基督教徒和犹太人就是迷误者。为什么呢？这就是伊斯兰教的宗教史观，认为上帝或真主曾经给了他们正确的信息，但被他们破坏了。哪些方面被破坏了呢？那就是伊斯兰不承认的一些想法，比如耶稣复活、三位一体等。从伊斯兰教的视角看，这是真正的上帝信息最终被破坏或污损的重要表现。

那接下来该怎么办呢？于是便有了穆罕默德的使命，那就是要把神——上帝或真主——的信息再传递一次，告诉他们不要再坚持错误的观念了。我们再看一段《古兰经》的经文，它是这么

说的：“2. 这部经，其中毫无可疑，是敬畏者的向导。3. 他们确信幽玄，谨守拜功，并分舍我所给与他们的。4. 他们确信降示你的经典，和在你以前降示的经典，并且笃信后世。5. 这等人，是遵守他们的主的正道的；这等人，确是成功的。”（第二章第2—5节）在这里，我们可以清楚看到，真主说“他们确信降示你的经典，和在你以前降示的经典”，这里显然是说，以往也曾派遣使者来给人类传递信息——“经典”，这里所谓的经典，当然就包括了摩西和耶稣所得到的启示或天启。在《古兰经》里，类似这样的话有很多处。我们可以直接地了解伊斯兰教对以前宗教的观点和态度。

所以，在这个意义上，穆罕默德不是“创立”了伊斯兰教，而是“复兴”了它。我们之前说过，伊斯兰就是“顺从”的意思，顺从的当然是真主。伊斯兰教讲创世，跟《圣经》基本一样，只有细节的区别。第一个被造出来的人是亚当，第一个顺从真主的人当然也是亚当，亚当因此就是第一位穆斯林，也就是顺从真主的人。于是亚当的子孙，后来的亚伯拉罕自然也是穆斯林了。

所以，如果我们不从一般历史学的角度，而是从伊斯兰宗教内部视角来看，会有种非常不一样的历史观念。《古兰经》里明确说过，麦加的天房就是亚伯拉罕和他的儿子所建造的，是为了崇拜和敬畏真主，是真主在大地上的居所。但后来多神教教徒占据和玷污了这个地方，先知穆罕默德要做的事情就是“拨乱反正”，重新建立对真主的信仰和崇拜，也就是复兴伊斯兰教。

说到这里，我想读者对伊斯兰教的基本教义和宗教史观念应该有最基本的了解了。下面，要讲的是先知穆罕默德去世之后穆斯林共同体的发展。

第四节 伊斯兰教的扩张及其原因

前面我们讲了伊斯兰教的基本教义和原理，包括穆斯林的"五功"，认主独一的严格一神信仰，以及伊斯兰教的宗教历史观念，也就是它对以前的一神教的认知与态度。当然，我们的讲述并非单纯介绍一般知识，还要特别从中国出发，关注古代中国人了解这些知识的过程。

我们知道，和佛教、基督教一样，伊斯兰教是一个世界性宗教。从北非经西亚到中亚，这是伊斯兰教的核心区。那么，伊斯兰文明和势力是如何到达这些地区的呢？这就不得不提到早期伊斯兰教的扩张过程了。我们现在就来谈一下先知穆罕默德去世后，主要是"四大哈里发时代"（632—661）与倭马亚王朝时期（661—750，又译伍麦叶王朝），差不多一百二十年的时间里，伊斯兰教的扩张以及它背后的原因和影响。

1. 从一封求救信说起

《册府元龟》是北宋编的四部大书之一，抄录了有关政事和历史的各种资料，在第九九九卷中，记载了一封中亚的康国也就是今天乌兹别克斯坦撒马尔罕一带的国王乌勒伽给唐朝皇帝的求救信。据考证，这封信发出的年份是 711 年，也就是唐睿宗景云二年。这封信言辞恳切，读之令人动容。他说，大食（也就是阿拉伯人）正在围攻康国，大食的将领是屈底波（Qutaybah ibn Muslim，670—715），他们用抛石车攻城，康国危在旦夕，希望唐朝能够派一些士兵去救援，他们有信心在唐朝的帮助下击败大食。然而，

大概是路途太远的缘故，唐朝并没有出兵去救援康国。

这说明，自先知开始接受天启百年后，阿拉伯穆斯林的扩张已经到了中亚地区，也就是迫近当时唐朝的势力范围了。今天，人们说起中亚，基本都知道是穆斯林的世界，但回溯历史来看，他们当时被阿拉伯穆斯林征服的时候，却是向中国唐王朝求救。当然，唐王朝最终也没有办法改变当地伊斯兰化的趋势。那么，阿拉伯穆斯林究竟是怎么扩张？又为什么能够取得如此巨大的成功？

2. 伊斯兰教扩张的大致经过

唐太宗贞观六年（632），也就是唐玄奘西行取经的第二年，当时他已经抵达印度。也就是在这一年，伯克尔在先知去世后，被推举为第一任哈里发（哈里发即继承人之意）。自伯克尔开始，伊斯兰教就进入所谓"四大哈里发"时代。穆罕默德去世后，各地纷纷叛乱，穆斯林共同体受到极大威胁。这是因为当时很多部落的归附，被他们的领导人按照传统，视为与穆罕默德个人缔结的契约。现在先知去世了，他们认为也就再没有必要继续守约。在这种情况下，伯克尔力挽狂澜，采用武力，很快就实现了重新统一。不过，阿拉伯半岛穆斯林政权内部依然危机重重。伯克尔就以对外征服来转移内部矛盾，开始了对今伊拉克和叙利亚地区的征服。

但伯克尔执政的时间仅有两年。唐太宗贞观八年，伯尔克去世前选中了欧麦尔（Umar ibn al-Khattab，584—644）做接班人。欧麦尔时期，阿拉伯人的征服业绩显赫，他们攻下伊拉克、沙姆、巴勒斯坦、波斯、埃及。欧麦尔先是大举向半岛以外的波斯和拜

占庭两大帝国的属地进攻。635—642 年（贞观九至十六年），他命令兵分东西两路同时出击，东线打击波斯帝国，西线打击拜占庭帝国，阿拉伯人先后征服了叙利亚、耶路撒冷、伊拉克、波斯和埃及等地区，建立了幅员广阔的哈里发国家。

644 年 11 月（伊斯兰历 23 年 12 月，唐太宗贞观十八年，此时玄奘应该还在从印度返回长安的路上），欧麦尔被刺身亡，已经年过七旬的奥斯曼被选举为第三任哈里发。奥斯曼时代，穆斯林的军事继续扩张。在东线，他任命欧麦尔之子为巴士拉总督，继续在波斯推进至呼罗珊地区（Khurasan），也就是今天伊朗东北、土库曼斯坦和阿富汗一带的中亚地区；650 年，出兵至里海南部；另一支部队则扩张到了阿富汗北部，这就算是进入到唐朝影响力笼罩的范围。同时，在北线，叙利亚总督穆阿维叶（Muʿāwiyah，约 600—680）组建海军，以海军征服了塞浦路斯和罗德岛；陆上则进入小亚细亚、亚美尼亚、第比利斯；655 年，在土耳其东南部海域大败东罗马海军；在西线一度扩张到苏丹北部。

"四大哈里发"的最后一位阿里·本·艾比·塔利卜（约 600—661），接替被刺杀身亡的奥斯曼，但只当了五年统治者也被刺杀而去世。661 年，倭马亚王朝时代开始，但是穆斯林继续延续过去扩张的大趋势，奠定此后伊斯兰帝国的基本版图。特别值得注意的是 670 年，阿拉伯军队打下突尼斯。此后一路西进，到 711—718 年，他们扩展到了非洲西北部。这一过程使当地原住民柏柏尔人（barbari）迅速伊斯兰化，并成为阿拉伯帝国的主力部队。穆斯林军队还越过直布罗陀海峡，征服了西班牙，威胁到高卢的法兰克王国。直到 732 年，穆斯林在西线遇到对手。当穆斯林军队穿越比利牛斯山，进攻法兰克王国时，在普瓦提埃（Poitiers）

战役中被法兰克人查理·马特（Charles Martel，688—741）率领的军队击败。这场著名战役又叫图尔战役（Battle of Tours）。它往往被认为是欧洲的基督教文明对战阿拉伯伊斯兰文明的战役，在西方历史上它被大书特书。因为图尔战役的获胜使得伊斯兰文明没有办法深入欧洲，在某种程度上使欧洲维系其基督教文明特色，对后来查理曼王朝统一西欧也产生很大影响。

差不多同时，在东线，除了阿拉伯军队向中亚进军，还有另一支阿拉伯军队致力于远征印度,在711年迅速征服了信德(Sindh)和旁遮普（Punjab）地区，标志着伊斯兰教在印度扎根的开始。而在北方，阿拉伯军队又曾分别于674、717、718年三次进攻君士坦丁堡，由于拜占庭拥有君士坦丁堡天险和秘密武器"希腊火"（一种火焰喷射器），阿拉伯人未能攻下君士坦丁堡。对穆斯林来说，拿下君士坦丁堡这一自先知时代就梦寐以求的事业，要到七百多年后由奥斯曼—土耳其人来完成。

到8世纪前半叶，倭马亚王朝覆灭之前，它已经成为地跨欧亚非三大洲的帝国，也是当时世界上领土最广大的帝国。一些世界史的研究者就把当时世界上三足鼎立的唐朝、拜占庭和伊斯兰大食，比作世界史上的"三国时代"。在这个时候，不仅是遥远的唐朝，近处的中世纪西欧也深切感受到这个阿拉伯帝国的强大。

随着领土的迅速扩张，民众的陆续皈依，伊斯兰教终于发展成了世界性的宗教。

3. 伊斯兰教迅速扩张的原因

阿拉伯人扩张得如此迅猛，他们无疑获得了巨大的军事成功。

按理说，当时的阿拉伯穆斯林作为初生政权，应该没法跟拜占庭和波斯这样的大帝国抗衡。那么，为什么是阿拉伯人赢了呢？我觉得有四个原因值得注意。

首先，早期的穆斯林战士受到新信仰的强烈感召。而统治者也有意识地为了转移内部矛盾，引导穆斯林向外扩展，打了胜仗还能获得丰富的战利品和高官厚禄。因此，这批战士确实具有非常强的战斗精神和能力。其次，阿拉伯穆斯林崛起的时候，拜占庭帝国和波斯萨珊王朝因为长期的冲突和竞争，都已经疲惫不堪，各自内部还爆发了农民起义和少数群体的内乱。这实在是阿拉伯人崛起的一个好机遇。再次，基督教内部的教派分裂也给了穆斯林空间。拜占庭的叙利亚和埃及居民大部分都是基督徒，但是他们对耶稣基督根本性质的神学理解却和拜占庭官方教会的主张很不一样，于是拜占庭宣布这个地区所信仰的基督教是非法的、异端的，当地人民自然非常不满。而初生的伊斯兰教，在这片地区的基督徒看来，反而还跟他们的信仰更加亲近，更何况穆斯林还接受并且尊重他们的信仰。最后，我们在前面就提到过，在穆斯林崛起之前，拜占庭帝国遭遇到鼠疫的重创，就是541—542年地中海世界暴发的大规模鼠疫。随后的几十年里，又有六次以上的间歇性发作，使拜占庭帝国损失了至少四分之一到三分之一的人口，重创了它的经济，人民生活受到严重破坏，从而导致劳动力和兵力锐减。到了7世纪初，拜占庭人已经很难派出一支超过万人的部队了。可以说，这场瘟疫对拜占庭帝国、地中海、欧洲的历史都产生了深远影响。

4. 从中国视角看阿拉伯人在中亚的扩张

最后，让我们从中国的视角，来回看一下当时的中亚。

就像我们前面说的，倭马亚王朝还没建立，阿拉伯人就攻占波斯，使得他们开始接近唐朝的势力范围，所以倭马亚王朝一开始就确定与唐为敌的基本国策。不过，阿拉伯人在相当长的一段时间内，并没能把势力范围越过乌浒水（又译缚刍水），也就是今天中亚的阿姆河（Amul）。这条河是 7 世纪中叶之后，唐朝与阿拉伯人势力范围的分界线，再具体点说，这里就是唐朝安西（大）都护府与大食呼罗珊总督府之间的接触面。

唐朝在 7 世纪 60 年代就确立它在中亚的宗主权，当地各小王国纷纷成为唐朝安西（大）都护府治下的羁縻州或羁縻府。这可能跟当地各个王国面临阿拉伯人威胁、急于寻求唐朝庇护有关。根据《旧唐书》记载，波斯末代帝王伊嗣俟三世（Yazdegerd III，632—651 年在位）和卑路斯（Pirooz，636—679）父子，曾多次向唐朝要求援助，但都被拒绝。其中一个原因可能是距离太远。另一个，也是更重要的原因，是唐朝在前期主要忙着处理与突厥的关系。唐朝在 630、657 年分别彻底击败东西突厥。这之后，唐朝才得以在中亚短暂地确立自己的宗主国地位，而此时却已经是阿拉伯人四大哈里发的阿里时期（656—661）。

根据这个情况推测，之前我们提到的 651 年阿拉伯人派使臣到唐朝来，很可能是交涉波斯事务，也就是通知唐朝波斯已经是阿拉伯人的领地。所谓"朝贡"无非是唐朝单方面的说辞。失败的波斯王室沿着丝绸之路一路东逃，到了今天的阿富汗和巴基斯坦北部。654 年，他们再次遣使向唐朝求援，唐高宗仍然婉言拒绝

出兵。661 年，萨珊末代王卑路斯再次向唐朝求援，这次唐高宗派部将在波斯疾陵城（今伊朗扎博勒）设波斯都督府，任命卑路斯为都督，隶属安西（大）都护府。下一年（662），唐又册封卑路斯为波斯王。这应该算是唐朝政府公开表态支持波斯萨珊王朝的复国斗争，但这种支持只能是口头的。因为这个时候，唐朝运气不好，吐蕃又强大起来。在 661 年，虽然唐朝刚刚建立了在中亚的羁縻州府，但吐蕃的进攻阻断了唐朝派军援助中亚各国反抗大食的可能性，因此波斯复国谈何容易！到了 674 年，复国无望的卑路斯，被迫流亡唐都长安，唐高宗授予他右武卫将军。三年后的 677 年，卑路斯在长安去世。第二年，唐朝册立卑路斯之子泥涅师（Narsie，？—707）为继任波斯王，任命裴行俭（619—682）为册立波斯王暨安抚大食使，武装护送泥涅师返回吐火罗萨珊王朝复国基地。两年内，唐朝重新打开葱岭东西交通，并将波斯王泥涅师安全地护送到吐火罗（位于阿富汗北部今阿姆河上游地区）。波斯王被唐朝送回后，引发当地反抗阿拉伯人的多次起义，对倭马亚冲击很大。不过，恰好由于倭马亚陷入内乱，在中亚的扩张暂时停顿。

在唐高宗永隆二年（681），大食国也就是倭马亚王朝的哈里发耶济德（680—683 年在位）派遣使臣来长安，进献马及其他特产。这说明唐朝支持波斯复国对遏制倭马亚王朝在中亚的扩张，可能起到作用。690 年，武则天自立为帝，唐朝内政趋于稳定，但在西域仍与吐蕃激烈争夺，而倭马亚忙于内政问题。到了 696 年，吐蕃退出西域的争夺，武则天力图重建在中亚的宗主权。这一年，倭马亚国王麦利克（'Abd al-Malik，685—705 年在位）重新控制了呼罗珊，并再次向唐朝派遣使节。倭马亚的使者进献了狮子，

但被武则天拒绝。

两年后的 698 年，阿拉伯人又继续进攻中亚。进入 8 世纪后，阿拉伯人的入侵更加频繁。中亚各小王国由于没有得到唐朝的实际军事援助，只能勉力支撑。长安三年，也就是 703 年，倭马亚朝廷又派使臣向唐朝进献良马。705 年，屈底波主政呼罗珊，这一年武则天建立的周朝也结束了，唐中宗复位。这时候形势大变，阿拉伯人攻势凌厉，迅速镇压了波斯复国运动。710—712 年，阿拉伯人先后征服中亚最重要的布哈拉、撒马尔罕和花剌子模等地。之后几十年，唐与倭马亚在中亚地区处于拉锯状态，互有胜负。直到 751 年著名的怛罗斯之战，阿拉伯人战胜了唐朝，大中亚地区从此进入伊斯兰化的通道，这个大趋势一直延续到今天。

随着阿拉伯帝国的扩张，唐朝与倭马亚的接触越来越密切，对彼此的了解应该是日益增多了。汉文史料记载中的很多言辞，看上去好像是大食人谦卑而恭敬地来唐朝朝贡，这很可能并不真实。因为当时唐与大食的关系是两个大国之间的竞争，尤其是在中亚地区双方的角力非常激烈，但实际上整体的局面对唐朝是越来越不利，特别是"安史之乱"使得唐朝遭受沉重的打击之后。

这里，我们讨论了阿拉伯人东西两个方向上的扩张。下面，我们就要讲讲伊斯兰教教派分裂的由来。

第五节 伊斯兰教教派问题的历史根源

前面，我们从宗教与军事双重扩张的历史中，讨论了 7 世纪以来新生的穆斯林—阿拉伯政权的成功，以及他们能够迅速扩张，

形成与唐朝、拜占庭三足鼎立的伊斯兰大帝国的原因。接下来这一节，我们就要进入当时穆斯林社会内部，讨论它后来出现的政治和教派分裂，这一历史其实关系到今天我们可能听说过的很多问题。

1. 从什叶派说开去

大家可能都听说过伊斯兰教有逊尼派和什叶派，这可是了解伊斯兰文明无法回避的重要主题。在当今世界上大约十八亿位穆斯林当中，逊尼派占了绝大多数，超过80%，其余的主要就是什叶派，属于少数派。穆斯林分出这两大教派以及这两大派的形成，当然是一个漫长的过程，足足经历了好几个世纪。

现在，世界上逊尼派人口众多，但却没有一个领头国家。像印度尼西亚、尼日利亚、埃及、巴基斯坦、土耳其、沙特等穆斯林大国，都是以逊尼派为主的国家，但说不上哪一个特别突出。什叶派的情况就不同了，什叶派占人口多数的国家有伊朗、伊拉克、巴林和阿塞拜疆。此外，在黎巴嫩、也门、土耳其、沙特、阿联酋、科威特、叙利亚、阿富汗、印度和巴基斯坦等国也有一定数量。只不过，土耳其的"什叶派"并不愿意承认自己的什叶派属性。在这些国家中，只有一个非常突出，甚至可以说，是唯一一个什叶派大国，那就是伊朗。此外，大家可能常常听说一些组织或集团，比如黎巴嫩真主党、也门胡塞武装，它们也都是什叶派。在逊尼派的萨达姆（Saddam Hussein，1937—2006）政权被推翻后，伊拉克现在也是什叶派占据统治地位。就连近年来危机四伏的叙利亚领导人阿萨德（Bashar al-Assad）

也是什叶派的，只是什叶派在叙利亚是少数派，只占总人口的两成。我们在地图上，如果把刚才说过的黎巴嫩、叙利亚、伊拉克、伊朗连起来，称之为"什叶派之弧"或"什叶派新月地带"，那么这其中的主导者当然就是伊朗了。

顺便说说中国，在两千多万名中国穆斯林里，绝大多数也是逊尼派，什叶派占比很小，但是新疆的塔吉克族大约有五万多人，他们就是主要的什叶派穆斯林。据了解，塔吉克什叶派穆斯林在做礼拜时，会念："穆罕默德我念着你！阿里我念着你！"光从这句话，我们就可以看出，对什叶派来讲，阿里这个人很重要，仅次于先知本人。

所以，下面我们要讲什叶派和逊尼派究竟是怎么来的，特别重点讲讲阿里这个人。

2. 阿里与什叶派形成的根源

先让我们回到 632 年，也就是唐太宗贞观六年，玄奘法师已经抵达印度两年了。在这一年，先知穆罕默德去世。先知穆罕默德的去世，对很多人来说是个意外。一般认为，他并没有指定继承人。但是什叶派，也就是当时追随阿里的这一派，则坚持认为，先知穆罕默德指定了阿里作为继承人，但这个事情被逊尼派所隐匿和抹杀了。那么，阿里是谁？

我们之前提到，先知是遗腹子，先是被祖父抚养，祖父去世，又被送给伯父抚养，阿里就是这位伯父的儿子。所以，他和先知穆罕默德是堂兄弟关系。年龄上，阿里出生在 600 年，这么看，他是比先知要小三十多岁的堂弟，年龄差距还是很大的。当先知

穆罕默德开始接受真主启示的时候，也就是 610 年，阿里才十岁。阿里思维敏捷，聪慧过人。一般认为，阿里是最早皈依伊斯兰教的人之一。622 年，当穆斯林被迫从麦加迁徙到麦地那的时候，阿里发挥了保护先知穆罕默德的重要作用。

阿里和先知穆罕默德还有一层更为特殊的关系。那就是，他还是先知的女婿，而且这也是后世更常提及的关系。先知穆罕默德和第一任妻子赫蒂彻所生的女儿当中，有一个叫法蒂玛（Fāṭimah al-Zahrā'，605—632）的，嫁给了阿里。这在当时的历史条件下，并非不可理解，我们不必以中国的伦理道德观念予以评论。后来，阿里和法蒂玛生了两个男孩，分别叫哈桑（624—670）、侯赛因（625—685）作为外孙，他们也是先知穆罕默德最重要和最亲近的男性后裔。先知在 632 年去世后不久，因为悲伤过度，法蒂玛也去世了。

以上就是阿里的大概情况。对一个政治与宗教共同体来说，最重要的事情就是最高权力的过渡。解决不好这个问题，共同体往往面临分裂或流血冲突。初生的穆斯林共同体，遇上先知去世，立刻就面临一场严重的危机。可先知穆罕默德没有安排后事，那么谁能成为先知的继任者（哈里发）呢？简单地说，先知去世时，穆斯林中有几支重要力量最值得重视。

一、迁士派，顾名思义就是从麦加迁徙到麦地那的这批人，他们以艾布·伯克尔等圣门弟子中的元老为代表。他们大多数属于古莱什部落的哈希姆家族，与穆罕默德是同族。这一派认为，是他们最早承认穆圣的"先知"和"使者"地位的。因此，继承人应该从他们中间选定。

二、辅士派，顾名思义他们是"辅助者"，指的是麦地那当地

的穆斯林，与"迁士"对称。他们认为，如果没有他们在危难之际支持先知和麦加穆斯林，就不会有穆斯林的今天。因此，他们主张先知的继承人应从他们中间选出。

三、"合法派"，以阿里为代表。在他们看来，阿里是穆圣的堂弟和女婿，来自先知的家族，又是最早的穆斯林之一，因此他拥有神圣而合法的继承权。且不论先知穆罕默德去世是否指定了继承人，先知毕竟没有直系的男性继承人，那个时候三十二岁的阿里，应该就是与先知关系最近的人。所以，阿里的追随者（也就是后来的什叶派）主张阿里的继承权，这也有其道理。

四、倭马亚派，就是麦加古莱什部落中的倭马亚家族，是麦加的传统望族。自从先知穆罕默德传教以来，一直遭到倭马亚家族首领艾布·苏福扬的反对，后来迫于穆斯林处于明显优势的情况，他们才皈依了伊斯兰教。倭马亚家族在经济和政治上具有相当大的影响，也有丰富的管理经验。第三任哈里发奥斯曼，就是来自倭马亚家族。四大哈里发之后，第一个阿拉伯穆斯林帝国倭马亚王朝，也是这个家族的人建立的。

历史的进程并没有按照阿里追随者的想法发展。第一和第二任哈里发，也就是先知的继承人，分别是伯克尔与欧麦尔，他俩都是先知的岳父，来自古莱什部落的其他家族；伯克尔是被推举为哈里发的，欧麦尔是伯克尔去世前指定的继承人，很像是中国历史上提到的"禅让"。第三任哈里发是奥斯曼，来自倭马亚家族，他是先知的女婿；阿里一直等到奥斯曼被杀身亡，才成为哈里发，也就是四大哈里发中的最后一任，而且只任了五年（656—661）。

第三任哈里发奥斯曼被叛军杀死后，麦地那笼罩在惊恐之中。复仇的情绪传到叙利亚的总督穆阿维叶那里，他是倭马亚家族的

重要人物。当时，很多德高望重的人士都去世了，最具竞争力的阿里也年过半百。阿里尽管之前一直期望能够成为哈里发，但至此已经失去了三次机会。不过，先知去世时，其他元老都比较年长，如果年轻的阿里一开始就当上终身制的哈里发，其他人可能都没有机会了，其后的历史一定会出现重大变化。有人支持阿里，但以先知的遗孀阿依莎（'Ā'ishah，613—678，又译阿伊莎等）为代表的势力反对，也有一些元老和大人物犹豫、不表态。倭马亚家族大多数人支持同族的叙利亚总督穆阿维叶，而穆阿维叶本人则反对阿里。

最后由于叛军的威胁和朋友的恳求，阿里当上了第四任哈里发。阿里上台后，首先就要面临先知遗孀阿依莎代表的势力反对。阿依莎是艾布·伯克尔的女儿。她与阿里之间因为宿怨，向来不合。阿依莎反对阿里担任哈里发，不过，阿依莎的势力最终被阿里击败。这是伊斯兰教历史上的第一次内争（fitna）。到了657年，发生了隋芬之战，这是阿里与穆阿维叶之间的斗争。当时的情况是穆阿维叶在军事上失利，埃及总督阿慕尔（'Amr ben al-'Āṣ，？—664）给他出了一个主意，就让士兵把多本《古兰经》挑在枪尖上或挂在马颈上，高呼"让安拉裁决"，要求停止战斗，举行和谈。《古兰经》是神圣的，这个主意一下子便阿里营垒内分为主战和主和两派。主战派占少数，大部分人主和，阿里不得不接受这个办法。这引起主战派的极端不满。随后发生的裁决，就是双方各派代表来协商解决矛盾和问题。由于穆阿维叶一方的诡计，仲裁结果竟然是免除阿里和穆阿维叶所担任的职务，不承认阿里的哈里发地位。这就等于是阿里输了。阿里的手下在他接受和谈的时候，就有一部分人被他的忠厚激怒，愤而离开出走，被称为"哈瓦利吉派"（al-Khawārij），即"出走派"或"脱离派"。这些人之后成为阿里

的对手，不过阿里很快就将他们击败，而阿里也拿穆阿维叶没办法了。最后，阿里只好在伊拉克落寞地当着他的哈里发。被阿里击败的哈瓦利吉派，派出杀手，分头刺杀穆阿维叶和阿里，穆阿维叶只是受伤，但阿里却在 661 年被刺身亡。

阿里去世标志着"四大哈里发"时代的结束。这个时代被后人认为是伊斯兰教历史上的辉煌时代，但同时也是一个充满斗争和悲剧的时期。而圣门弟子之间的恩怨是非，则一直被视作穆斯林讨论的禁区。

阿里去世之后，长子哈桑（al-Ḥasan，624—670）被伊拉克人拥戴为哈里发。不过，他胸无大志，经过穆阿维叶的要挟利诱就放弃了哈里发职位，把它"禅让"给穆阿维叶。后来，哈桑隐居麦地那，670 年遭毒害去世。阿里与赫蒂彻的另一个小儿子侯赛因，于是就潜在地成了倭马亚家族穆阿维叶的对手。倭马亚家族出身的穆阿维叶，建立了第一个世袭君主制的阿拉伯帝国，也就是倭马亚王朝，中国史书称之为"白衣大食"。

穆阿维叶当上哈里发后，决心让哈里发职位变成世袭。他首先是让各地总督同意他以后可以传位给儿子耶济德，然后就准备清除他重要的对手——阿里派。不过在任务没有完成之前，他就在 680 年病逝了。这时候，阿里派趁机拥立侯赛因。但是在 680年，侯赛因在前往库法途中经过伊拉克的卡尔巴拉时，遭遇穆阿维叶的继承人耶济德的军队。因为兵力悬殊，侯赛因怀抱儿子战败，被虐杀惨死。倭马亚家族从此就背上了杀害圣裔的恶名。阿里及其儿子与倭马亚家族的斗争是伊斯兰教历史上的第二次内争。

这就是什叶派出现的重要根源了。"什叶"就是"派"和"党人"的意思。更准确的称呼，什叶派其实应该是"阿里党人"。

3."什叶派"的特征

不管后面如何发展演化，什叶派都只承认阿里和他的后裔具有继承先知的资格。什叶派始终作为少数派和反对派，长期受到迫害。一些人就转而从事学术和宗教的研究，使什叶派的思想日益精深，建立了独立的思想体系，终于形成一个仅次于逊尼派的大派。不过，它的内部因为主张和经历的不同，又细分成了好几派。

那么整体来讲，什叶派有哪些主要特征呢？

伊玛目教义（al-Imāmah）是什叶派与逊尼派在宗教教义上的最大区别。除了共同相信安拉、《古兰经》和先知穆罕默德这些伊斯兰教的信条，信仰伊玛目是什叶派的基本特点，并被定为信条之一。"伊玛目"一词在阿拉伯文里，原来只是指祈祷的主持人，在逊尼派中现在仍然如此。可是，到了什叶派这里，却有极为重要的意义，伊玛目代表真主和世人之间的中介，具有半神半人的地位。什叶派认为，伊玛目是继穆罕默德之后的伊斯兰教世界领袖，伊玛目的权力应属且只属于阿里及其后裔。但在伊玛目的神性大小以及数目多寡等问题上，什叶派内部见解不一。

由于什叶派信仰并尊崇伊玛目，且有几位伊玛目是被政敌杀害或暗害的，所以他们认为这些伊玛目既是超凡领袖又是以身殉道的先烈，因此十分敬重他们的陵墓，经常前往参谒吊祭，缅怀他们的功绩，哀悼他们的殉难，并为自己求取福泽。大家可能在电视上看到过伊朗人过阿舒拉节（Day of Ashura），其间会有一些男子赤裸上身，用铁链鞭打自己，以致浑身是血，这是什叶派穆斯林为了纪念侯赛因的遇难。可以这么说，什叶派有比较强的悲情主义情结，常常表现出很强的宗教热情。

什叶派还有一个重要的塔基亚原则（Taqiyyah），汉字也可以音译为"他欺也"。"塔基亚"是《古兰经》确认的一个原则，就是当穆斯林在受到迫害时，可以隐讳自己的宗教信仰。塔基亚原则指的是穆斯林在迫于外界压力下，可以否认信仰以及打破教规来维持他的真正信仰。塔基亚原则强调主动地"说谎，隐藏"，该原则在不同的教派中均有体现，但在什叶派却成了重要原则之一。什叶派在长期受压制的情况下，为了保存自己采取这种自我掩护手段，也就是允许该派穆斯林在遇到难以抗拒的压力时可以隐瞒自己的信仰，而且还要在外表上承认流行的宗教以免遭受迫害而作无谓的牺牲。

此外，什叶派与逊尼派的圣训集也不同，什叶派有自己的圣训集。什叶派甚至还有不同于逊尼派的宗教学者等级制度。伊玛目崇拜使得什叶派具有个人崇拜的特征，但同时由于伊玛目掌握了教义解释权，使得什叶派在教义解释方面比逊尼派更灵活，这个特点对伊朗文化有深刻的影响。

什叶派和逊尼派的教义在神学上的具体差异，我们没法详细讨论。但需要强调的是，两大派的共性应该大于差异，毕竟他们都是穆斯林，拥有同一部《古兰经》、同一个先知，都要践行我们提到过的"五功"，这是联系所有穆斯林的纽带。他们在源头上的分歧主要是政治性的，后来什叶派发展了自己的教义体系，才对《古兰经》做出了有利于自身的解释。什叶派虽然是少数派，但在伊斯兰教历史上具有重要地位，他们在神学教义上提出的挑战刺激了正统派的发展。什叶派大多数时候是作为少数派和反对派存在的，在8世纪中叶推翻倭马亚王朝统治的过程中，什叶派就发挥了重要作用。9至10世纪，什叶派也多次起义并在起义中发展壮大，

其中一派更在埃及建立了法蒂玛王朝（909—1171）。这个法蒂玛就是前面提到的先知的女儿，阿里的夫人，该王朝以她的名字来命名，这就很能看出其倾向了。因为这个王朝的旗帜和服饰崇尚绿色，所以中国史书称其为"绿衣大食"。16世纪初，相当于中国的明朝中叶，伊朗兴起了萨法维王朝（Safavid Dynasty，1501—1736），什叶派更是复兴和壮大，什叶派成为这个王朝的国教，与奥斯曼帝国长期抗衡。

前面，我们讲述了什叶派出现的根源。下面就来讲讲阿拉伯帝国的历史，也就是倭马亚和阿拔斯这两个王朝。

第六节　倭马亚王朝—阿拔斯王朝

前面，我们分别讨论了阿拉伯—穆斯林政权的扩张，以及伊斯兰教的教派问题，各位读者对从"四大哈里发"到"倭马亚王朝"的历史应该有了一些大致的认识和了解。

下面，我们来讨论一下阿拉伯帝国的政权更迭问题。

1. 从唐朝与阿拉伯帝国之间的怛罗斯之战说起

人们常常习惯通过熟悉的来认识陌生的，所以我们通过与中国有关的历史故事来切入我们的讲述。

在前面我们提到，在唐玄宗天宝十年（751）发生了一件大事，也就是在中亚地区爆发了唐朝与阿拉伯帝国之间的怛罗斯战役。一般认为，战役发生的地方在距今天哈萨克斯坦塔拉兹市（Taraz）

不远的地方。一些世界史著作（尤其是西方人写的史书）往往认为，这是中亚和西域地区伊斯兰化的原因，并将此战看成是伊斯兰文明和中华文明在西域力量逆转的标志。事情真的是这样吗？

唐朝极盛的年代，政治文化的辐射力覆盖了广大中亚地区。但这些地方距离唐朝中心很遥远，只好实行羁縻政策，也就是当地人名义上接受唐朝的宗主地位，但内部仍然自行管理。不过，随着阿拉伯穆斯林的崛起，处在唐朝与阿拉伯帝国之间的西域小国，就不得不选择怎么站队了。另外需要考虑的是，中亚地区是历史上各大文明—政治体的边缘，离中国核心区域有一大段距离，离亚历山大帝国和阿拉伯帝国的中心也并不近。在 751 年之前，尽管唐朝知道了一些阿拉伯的情况，但由于当时还有其他棘手的问题，比如突厥问题、吐蕃问题，当然还有从高宗到武则天时代的种种内部问题，所以大食也就是阿拉伯问题并没有引起足够的重视。到 8 世纪中叶的时候，唐朝达到了鼎盛，但唐玄宗李隆基日益沉湎于酒色，而掌握重兵的非汉族藩镇与将领也雄心勃勃或骄奢淫逸，实际上酝酿着多重危机。

怛罗斯战役前，吐蕃和唐朝时不时对抗，这期间有一些西域小国投靠了吐蕃。747 年（天宝六年），名将高仙芝（他是高句丽人）被唐玄宗派去平定西域。开始的时候，高仙芝的军队作战神勇，取得了重大胜利，使得唐军在西域很有威慑力，高仙芝也被提拔为安西节度使，在中亚地区大权独揽。高仙芝想扩大战果，于是向西攻灭了中亚的石国，也就是今天的乌兹别克斯坦首都塔什干。但石国的一个王子跑掉了，到阿拉伯人那里诉苦，请求他们帮助。大食借机打算进攻唐朝的安西四镇，也就是龟兹、焉耆、于阗、疏勒。高仙芝决定先发制人，率唐军长途奔袭，深入七百里。这时候的

阿拉伯是阿拔斯帝国，于是高仙芝的军队在怛罗斯遭遇到了阿拔斯帝国的军队（主力应该是波斯人）。

一般认为，唐军及其附属军队总共有三万人。唐军连续进攻怛罗斯，但五天都没有打下，已经人困马乏。这时阿拔斯派来了数万名援军，还有一种说法是有十万人（其实这也是不同力量的联军）。与高仙芝联合作战的葛逻禄部（突厥人的一支）见势不妙，竟然临阵退却，导致高仙芝带领的唐军在前后夹击的情况下失败。据说，高仙芝最终被迫带领几千名唐军退回安西，其余的唐军战死和被俘的大约各有一半。被俘的人里面，就有前面提到的撰写了《经行记》的杜环。

曾经研究过怛罗斯之战的学者王小甫教授认为，怛罗斯之战是唐朝与大食之间的遭遇战，不宜夸大这场战役对唐朝的影响。至少在一段时间里，唐朝在中亚的势力没有受到很大影响，而且当时阿拔斯帝国也有自己的问题。最终迫使唐朝退出中亚争夺的其实是 755 年的"安史之乱"，也就是唐朝自己内部遇到了大问题，这才是它退出中亚的根本原因。

所以说，怛罗斯之战，恐怕象征意义大于实际意义。因为后来的历史学家要找一个唐朝与大食在中亚角逐的标志性事件，以便说明世界史在那个时代的变化，因此怛罗斯之战可能成了最突出也是最方便的事情。

2. 从倭马亚王朝到阿拔斯王朝

不管怛罗斯之战的历史意义如何，毕竟是阿拉伯人取胜了，而且是在一个很特殊的时间点。在怛罗斯之战前不久的 750 年，

倭马亚王朝被阿拔斯王朝取代，所以与唐朝对决的不是倭马亚人，而是阿拔斯人。胜利的阿拔斯人为什么没有乘胜追击扩大战果？除了可能对唐朝的强大有所忌惮，还有一点是阿拔斯王朝毕竟刚刚建立，他们或许更希望集中精力稳定内部。因此，我们也就看到，怛罗斯之战后，阿拔斯人和唐朝迅速恢复了外交，而且使臣来往还挺频繁的。

说完了战争和外交，我们来关注一下阿拉伯帝国内部的变化。首先就需要讲一讲，这个阿拔斯王朝是怎么来的？简单来说，倭马亚王朝是被内部起义推翻的。起义有多重力量，但主要力量有三股：波斯人、什叶派以及要恢复先知家族统治的集团。从661年算起来的话，到750年被推翻，倭马亚王朝还不到一百年。

倭马亚王朝何以成了一个短命王朝？根据我们之前的讲述，什叶派反对倭马亚王朝，完全可以理解，两者是世仇。但是，单凭什叶派，没有这个力量。倭马亚王朝发展和延续了一个很有问题的体制，那就是所谓的"阿拉伯至上主义"。简单来说，就是建立了一个以阿拉伯穆斯林为最高等级的种族体制。非阿拉伯人，就算是皈依了伊斯兰教，成了穆斯林，其地位也比阿拉伯人的地位低很多。阿拉伯出身的穆斯林在这个体制里成为一个封闭的特权阶层，其他人当然不满意。可是在这个时候，阿拉伯帝国还是以沙漠出身的征服者阿拉伯人的统治为基础的。阿拉伯征服者在征服每一个省区后，都在沙漠和农业的交界处建立一系列的城堡或军镇，或利用原有的城市作为统治的据点，他们按照部落分片住在各个城区里。他们是特权的统治阶级，既占有土地，又领取丰厚的年金。财富使这些地方很快发展成了城市。尽管非阿拉伯人也可以皈依伊斯兰教，但在帝国内的地位还是低于阿拉伯穆斯

林，甚至出现了非阿拉伯人有义务无权利的情况。他们当然非常不满，尤其是文明程度比较高的波斯人。

波斯地处阿拉伯帝国的边缘，但那里文明程度高，他们也自视甚高，不太容易接受阿拉伯人的统治。当阿里党人也就是什叶派遇到波斯人的时候，他们几乎可以说是一拍即合。应该说，主要是阿里党人与伊朗人的结合，最终推翻了倭马亚王朝。另外，还有一些势力对倭马亚人不满意。他们看到倭马亚人的统治很世俗，而且已经摆脱了原先先知时代的那种朴素风格，这难免被斥责为堕落。这样，倭马亚人的一些旧账，就难免经常被翻出来，这些也削弱了他们的合法性。

比如，当年倭马亚人皈依伊斯兰教比较晚，而且对先知穆罕默德和穆斯林进行过迫害。当年的代表人物就是麦加的头人苏富扬，他就是倭马亚人，他们是等到穆罕默德势力壮大以后才不得不归顺的。从这个角度看，人们容易质疑倭马亚的虔诚。再比如，他们杀害圣裔的事情，这也就是我们前面讲过的，680年先知的外孙侯赛因（阿里与法蒂玛的次子）在卡尔巴拉（Karbala）被倭马亚家族的第二任哈里发耶济德一世（680—683年在位）虐杀的问题。倭马亚双手沾满圣裔的鲜血。也许还有一件事，也是倭马亚人的污点，这件事情也是耶济德干的，就是他曾带兵出击一个反对派，为此还曾经围攻麦加，引起克尔白圣殿的大火。对于这个问题，攻守双方互相指责，但一般认为倭马亚的嫌疑最大，这也引起了很多人的怀疑，说他们必然会受到诅咒。结果，克尔白圣殿起火后不久，耶济德就猝死，继位的第三任倭马亚哈里发穆阿维叶二世（683—684年在位）在两个月后也猝死，第四任哈里发麦尔旺一世（684—685年在位）在位也不到两年就死了，这似乎应验了

倭马亚家族被诅咒的传言。这导致人心不稳、叛乱频发，倭马亚王朝岌岌可危。幸亏第五任哈里发阿卜杜勒·麦利克在位二十年，比较英明能干。他镇压叛乱，打败割据势力，加强行政管理和中央集权，维系国家的统一与安定，最终从颓势中挽救倭马亚王朝。但倭马亚原来的那种做法，还是令虔诚的穆斯林心存疑虑。

　　不过，在 750 年也就是怛罗斯之战前打败了倭马亚后，权力最终并没有落到什叶派和波斯人的手里。这是为什么呢？这里面还有一个人值得讲一下，他叫艾布·穆斯林，怛罗斯之战中阿拉伯方面的负责人就是他。不过这是个化名，其具体身份不可考。他很可能出身于波斯的呼罗珊地区，受到什叶派的影响，同时也在朝觐时与伊拉克的阿拔斯族人建立联系。阿拔斯这一支源于先知穆罕默德的一个名叫阿拔斯的叔父，他们属于一个团体。这个团体的使命之一，就是要推翻堕落的倭马亚的统治，恢复先知家族的统治。艾布·穆斯林很可能就是在以上思潮的影响下，回到呼罗珊，开展反对倭马亚的"革命事业"。他就像那个年代的职业革命家，在波斯呼罗珊地区，在组织什叶派和波斯人的反抗运动上厥功至伟，可以说是他打下了阿拔斯人的天下。由于艾布·穆斯林这一派人崇尚黑色，穿着黑色服饰，甚至连武器都要涂成黑色，他们建立的王朝才被称为"黑衣大食"。

　　艾布·穆斯林最初可能想扶植阿拔斯家族的一个傀儡，不过阿拔斯家族的其他人可不想当傀儡。在第二任哈里发曼苏尔（Mansur，754—775 年在位）的时候，755 年也就是"安史之乱"爆发的那年，曼苏尔通过"鸿门宴"消灭了艾布·穆斯林的力量。艾布·穆斯林的死，主要是因为"功高震主"，他的影响力和力量太大了。他的追随者在他死后，曾在呼罗珊地区发动多次起义，

但都被镇压下去。呼罗珊地区本来是建立阿拔斯帝国主要力量的所在区，最终又沦为帝国最不稳定的地方，与建都巴格达的阿拔斯朝廷充满张力。阿拉伯帝国内部发生的这些事情，对需要喘息的唐朝来说是一个机遇。有趣的是，这两大帝国遇到的是相似的问题，都可以说是边疆地区的藩镇问题。

能够看得出来，在阿拔斯王朝的建立中，最重要的力量是波斯人，而且是波斯的呼罗珊人。这个地方的人，一直是在帝国的东部地区，负责帝国在东部的扩张。所以在怛罗斯之战中与唐军对垒的，应该是阿拔斯的部队。那么，话说回来，参与共同事业的什叶派怎么样了呢？阿拔斯最初也是为了利用而讨好阿里派，但在政权稳固后却倒向逊尼派，镇压了什叶派。阿拔斯王朝开始建构自身的谱系和意识形态，继续宣扬哈希姆家族的地位，也包括阿里和先知的叔父阿拔斯，并认为先知的叔父阿拔斯比法蒂玛这一系还重要。因为阿里的问题在于，阿里的父亲（也就是收养先知穆罕默德的那位叔父）没有公开宣布皈依伊斯兰教。这样，阿拔斯王朝就宣称圣裔应属于阿拔斯一系。这样，什叶派再次回归反对派的地位。

阿拔斯王朝是一个守成帝国，在开疆拓土方面没有什么战略和政策。人们很可能会关心怛罗斯之战之后，中亚地区是不是就伊斯兰化了？其实，这是一个很漫长的过程，怛罗斯之战没有那么大的意义。就中亚地区来说，在阿拔斯王朝的大部分时间里（阿拔斯王朝名义上一直存在到1258年，最终是蒙古人攻陷了巴格达），这里也并不是阿拔斯人能够控制的地方。9世纪后期乃至整个10世纪，也就是中国的唐宋之际，中亚地区最强大的力量是萨曼王朝（Samanid Dynasty，874—999），这是一个波斯—伊斯兰政权，

其领土以今天的乌兹别克斯坦为中心。9 世纪中期，中亚还曾经兴起了一个讲突厥语的喀喇汗王朝（Qara Khanid，840—1212）。960年也就是北宋建立的那一年，伊斯兰教被宣布为喀喇汗国的国教，喀喇汗王朝成为第一个突厥语民族伊斯兰王朝，它对中亚的伊斯兰化起了重要推动作用。

以上，我们讲了阿拉伯帝国政权更迭的原因，也就是从倭马亚王朝到阿拔斯王朝的转变，我们还重点讲述了与唐朝有关的怛罗斯之战。下面，我们要讲述的是阿拉伯帝国时代伊斯兰文明与其他文明的交往与交融。

第七节　伊斯兰文明的发展

下面，我们要介绍伊斯兰文明的成就，让我们从一个欧洲城市说起。

早在 8 世纪初，欧洲的西班牙地区就落入以北非柏柏尔人为主的穆斯林征服者手中。到了 750 年，统治阿拉伯帝国的倭马亚王朝覆灭，阿拔斯帝国建立。有一支倭马亚人的后裔逃到西班牙，又在这里继续统治了数百年。在来自阿拉伯与北非的穆斯林统治期间，西班牙被叫作"安达卢斯"，这个词来自阿拉伯语，意思是"汪达尔人的土地"。所谓"汪达尔人"，指的就是之前我们介绍基督教史时提到过的日耳曼蛮族的一支，他们曾经常年控制伊比利亚半岛甚至北非。此时，这片"汪达尔人"的故地，成了在穆斯林治下繁荣百年的安达卢斯。而他们的首都科尔多瓦（Córdoba），则是中世纪最发达的城市之一。

1. 伊斯兰教文明的至高地位

这时候，科尔多瓦在穆斯林统治之下，被阿拉伯伊斯兰文化影响。

854 年，科尔多瓦的基督教大主教曾经发出过这样的感慨："我的基督教兄弟们从阿拉伯人的诗歌和爱情故事中获得享受，读穆斯林神学家和哲人们的书。他们的目的不是为了拒绝，而是为了能说一口纯正、优雅的阿拉伯语。今天，能读得懂我们自己的拉丁语经文的人，除了在教堂，在哪里还能找得到？还有谁在读《圣经》《福音书》《使徒信经》？可悲啊！基督教优秀的青年们除了阿拉伯语，根本就不知道还有其他语言和文学。他们以极大的专注和激情阅读阿拉伯文的书籍，花费很多的钱去买这些书，还到处颂扬阿拉伯文化。"这番话，颇像后世的某种民族主义话语。在中世纪，以阿拉伯语为载体的伊斯兰文明，毫无疑问是极为先进和发达的，以至于基督教的精英们会发出上面那种感慨。他所说的那种人们对阿拉伯语的追求，难道不是很像今天一些家长让孩子从小努力学习英语吗？

安达卢斯的倭马亚人拒绝承认阿拔斯王朝，并在 10 世纪初自称哈里发。在 10 世纪，科尔多瓦拥有超过十六千米的公共照明道路，并有免费的伊斯兰教学校、著名的大清真寺和藏有四十万册图书的大图书馆。在安达卢斯，伊斯兰教学校成为当地基督徒和犹太教家庭的首选，就跟今天中国大城市里的国际学校一样，只要有条件家长们就会趋之若鹜。对基督徒和犹太人来说，选择穆斯林的学校是为了让自己的孩子能够接受更好的教育，而当时的阿拉伯语则是科学和学术的通用语言，非穆斯林的大学者能用阿拉伯

语写作的并不少见。由此可见，当年伊斯兰文明的学术发展何等繁荣。其实，除了倭马亚人控制的安达卢斯地区，在广大的伊斯兰世界，知识一样受到尊重，各种学术研究可谓欣欣向荣。举一个例子，在 999 年，相当于北宋真宗的时代，中亚地区二十七岁的比鲁尼（Biruni，973—1048），与才十九岁的伊本·西那（Ibn-Sīna，980—1037）建立通信联系。这两位青年都是赫赫有名的穆斯林学者，他们当时相距大约四百千米。本来，一般消息可以通过信鸽，但由于他们讨论的学术内容过于复杂，需要邮寄的信件太重，竟然没法用信鸽传达。

这就是当时伊斯兰文明活跃、繁荣且充满创造性的写照。当然，需要提醒的是，这里我们所说的伊斯兰文明，并不拘泥于和伊斯兰教直接相关的学问，还包括科学与人文社科学术的一些成就。这些成就出现在阿拉伯—伊斯兰帝国的领土上，是多种文明互动、交流和融合的成果。所以，我们在这里使用"伊斯兰文明"这种说法，主要是为了强调它发生在伊斯兰帝国的领土上，并受到伊斯兰的深刻影响，并非用狭隘的概念去定义它。

那么，在阿拉伯帝国时代，伊斯兰文明到底有哪些具体成就呢？

2. 伊斯兰文明的成就：宗教

说到伊斯兰文明的成就，首先当然还是要说宗教。在伊斯兰的语境里，信仰需要体现在日常行为当中，内化在每天的生活里。由于《古兰经》深奥难懂，无法直接指导穆斯林的言行。于是，先知的存在就使得"如何做好一个穆斯林"的标准变得比较具体了。从 8 世纪起，穆斯林就开始书写先知传记，然后发展出先知的"圣

训"。这段历史，就是伊斯兰宗教的发展过程。也就是说，除了《古兰经》，开始有了别的被书写下来的重要文献。当然，这个书写或编纂过程，本身便是一种伊斯兰学问，也就是"圣训学"。但毕竟距离先知的时代已经过去一百多年，圣训有了不同版本，一定会产生争议，使人想要去辨别真伪。

同时，随着帝国版图扩大与穆斯林群体的增长，如何清晰地、统一地、系统化地处理穆斯林事务，如何尽快发展出一套伊斯兰教法学的需求，就变得日益紧迫了。这套伊斯兰法学，需要给出对日常生活中具体问题的解释，尤其是对行为规范的要求和对突发问题的说明与裁决。它的基础当然还是《古兰经》和"圣训"。教法学家们既懂得教义，又了解罗马法和波斯人法律的传统，从他们当中诞生了教法官。到阿拔斯帝国建立的750年，也就是先知去世大约一百二十年后，伊斯兰教法学体系便已经形成了。伊斯兰教法学现在还是非常复杂的体系，《古兰经》中是有很多规定，但并非涉及所有方面，主要还是婚姻、继承、债务等方面的问题，而"圣训"就更为具体和宽泛了。经过上百年的努力，逊尼派和什叶派都编出了各自的"圣训集"。

此外，四大哈里发的传统以及教法学家们的意见，也逐渐成了教法学的内容。就逊尼派来说，8至9世纪的时候，就形成了四大教法学派，它们有的相对宽松，有的则比较严格，但都有基本原则。而对什叶派来说，伊玛目个人的判断和看法就比较重要。当然，就跟我们说教派的时候一样，我们首先要注意的，是这两派的共性要大于差异。

理论的成熟伴随着制度的发展，在清真寺中就出现了专门培养不同教法学派的专家或法官的机构。学生们获得导师颁发的证

书，就相当于得到了毕业证，可以从事这个老师所教授的某个教法门类的职业了。如果不能当教法官，他们可以当司法顾问（即穆夫提 [Mufti，意为教法解说人]，跟今天的律师有点相似，但差别还是很大，至少穆夫提不负责代理打官司）。与伊斯兰教有关的这些体制的发展，使伊斯兰帝国的管理日趋规范。阿拉伯人的伊斯兰帝国，继承了拜占庭和波斯的很多政治传统，同时又使得这些传统更加适应伊斯兰教的原则。从倭马亚王朝到阿拔斯王朝，教法学日渐成熟，对人们日常生活的影响越来越大，以至于统治者也不能忽视教法的规范。

我们需要注意的一点是，在四大哈里发之后，也就是在阿拉伯帝国，无论是倭马亚王朝还是阿拔斯王朝，它们的统治者虽然都叫哈里发，也就是先知的继承人，但帝国时代的哈里发已经没有了当初那种宗教权威，而主要是世俗统治者。宗教权威都掌握在宗教学者和专家的手里，哈里发必须任命教法官来执行法律。其实，早在第二个哈里发欧麦尔时代，就已经有了这种先例。只是到了帝国时代，这种做法就更加成熟了。我们之所以把具有世俗特性的哈里发帝国称为伊斯兰帝国，很重要的一个原因是，帝国自上到下都要宣称尊重伊斯兰教法，不管是统治者倾向于哪个教法学派的意见，他都不能公然挑战教法。就算哈里发大权旁落了，那些掌握权力的王公贵胄或者异族统治者，往往也会尊重这个传统，借助于日益成熟的伊斯兰教法体系来统治。

而一般的伊斯兰知识分子，也就是进入伊斯兰教育体系而获得相应学历资格的人，就相当于帝国的"士大夫"阶层。不过，与中国的情况不太一样，国家没有"科举"之类的体制来垄断知识分子，很多伊斯兰知识分子具有相对于国家的一定程度的独立

性，这可能更接近基督教社会的情况。穆斯林知识分子还经常根据自己的知识背景对现实问题提出批判，比如批评帝王的不轨之举。有一些对倭马亚王朝和阿拔斯王朝的奢华与腐败感到不满的穆斯林，则选择了苦修，成为我们前面提到过的"苏菲"，其实这也是一种对现实的批判方式。

以上大概就是伊斯兰作为宗教在帝国时代的发展概况。

3. 伊斯兰文明的成就：科学与学术

除了宗教发展，这个时期伊斯兰世界出现的科学和学术成就也很令人瞩目，甚至用辉煌二字去形容都不为过。

你可能听说过"百年翻译运动"，这是发生在 9 至 10 世纪的阿拔斯帝国时代的文化运动。这个时期，很多人把西方古希腊以及其他东方典籍翻译成阿拉伯语。想想看，当初倭马亚王朝建都大马士革，那里本来不就曾是拜占庭帝国的重镇吗？于是，倭马亚人翻译一些希腊语作品，也就是很自然的事了。只是到了阿拔斯王朝，哈里发实行开放的文化政策，更加大力倡导和赞助，将古希腊、罗马、波斯、印度等国的学术典籍译为阿拉伯语，好吸取先进文化遗产。以至于日本的著名历史学家宫崎市定认为，最早的"文艺复兴"不是欧洲，而是这个时候的波斯–伊斯兰世界，"在定都于巴格达的阿拔斯王朝教主统治之下，波斯文化以及希腊的古典文化复兴起来了"，所以那个时候"波斯–伊斯兰世界已经具有显著的近世的特征了"。

阿拔斯王朝在哈伦·拉希德（Hārūn al-Rashid，786—809 年在位）和麦蒙（al-Ma'mūn，813—833 年在位，又译马蒙）时代，

达到了鼎盛。哈伦·拉希德健全行政体制，完善司法制度，设驿站，实行新税制，发展农业、手工业、商业和对外贸易，国库充盈，经济繁荣，重视文化和艺术，支持艺术家和作家。首都巴格达在这个时代成为拥有数十万人的繁华都市，使巴格达成为当时世上最重要的政治、经济和文化中心之一。后来的哈里发麦蒙，更是一位知识分子型的君主，他热衷学术和艺术，对宗教也非常虔诚。在位期间，他积极奖励学术，鼓励研究新知，他在巴格达建立了全国性的综合学术机构，叫作"智慧宫"（Bayt al-Ḥikmah）。本来，他的前任就已经建立了宫廷翻译研究机构和皇家图书馆。但"智慧宫"除了翻译机构和庞大的图书馆，还设有多所学校以及天文观测台。麦蒙又向很多地方，包括向遥远的西西里岛和君士坦丁堡派遣使者，搜集"智慧宫"所需的手稿。他提倡翻译外国典籍，把很多用希腊语、波斯语写成的科学和哲学典籍翻译为阿拉伯语，促进了伊斯兰帝国的科学与哲学。可以说，这是伊斯兰帝国文化的"黄金时代"。

　　参与这些学术活动的，并不只是穆斯林，还有帝国内的不同族群。比如，把亚里士多德的作品翻译成阿拉伯语的，就是叙利亚的基督徒。这些作品对后来的穆斯林思想家产生了很深刻的影响。尽管穆斯林对印度教和佛教百般挑剔，但对印度的科学成绩却交口称赞、积极吸纳，特别是数学。当初阿拉伯人征服印度，就发现这儿的数学很先进，后来有些印度的数学家被抓到巴格达，阿拉伯人便让他们教授印度式的数学符号和体系。到9世纪时，阿拉伯人就全面采纳了这套先进体系，因为它对商人尤其方便。后来，这套数字体系又被带进倭马亚人控制的安达卢斯，这是欧洲最早使用这套数字体系的地方。到了13世纪，意大利大数学家

列奥纳多·斐波那契（Leonardo Fibonacci，约 1175—1250）才把阿拉伯数字介绍给基督教欧洲。由于欧洲人只知道阿拉伯人用这套系统，故称为"阿拉伯数字"。可惜那时没能大力推广，罗马数字依然是正统，要到 16 世纪西欧才终于普遍使用阿拉伯数字。有趣的是，这些阿拉伯数字传入我国，是 13 到 14 世纪，但也一直没有推广开来，直到 20 世纪才逐渐普及。

　　一方面接引印度数学和科学；另一方面则吸收古希腊的哲学和思想，使得那个年代的伊斯兰文明中出现了不少大家。例如，活跃于 11 世纪前期的伊本·西那（西方人称之为"阿维森纳"，意思是"医生之父"），出生于中亚布哈拉地区，是个塔吉克人。他在哲学、自然科学、医学和音乐方面都有了不起的贡献，一生写了两百多种著作，其中最著名的是他的《医典》。早在 12 世纪，他的包括《医典》在内的一些作品，就有了拉丁文译本，深刻影响了中世纪的基督教经院哲学。而在医学领域，《医典》甚至直到 17 世纪都还是欧洲医学院的教科书。又比如，12 世纪的伊本·路世德（Ibn Rushd，1126—1198，西方人称之为"阿威罗伊"），出生于我们前面讲的安达卢斯的科尔瓦多。他有家学渊源，精通医学、天文学和数学，在伊斯兰教法、伊斯兰哲学、希腊哲学、阿拉伯文学、逻辑学等方面都有很深的造诣。他曾奉哈里发之命翻译并注释了亚里士多德的全部哲学著作。他又融合了伊斯兰与古希腊哲学，尤其是亚里士多德的哲学，形成自己的哲学体系，可以称得上是中世纪阿拉伯—伊斯兰哲学的集大成者。他在欧洲的名气非常大，你甚至可以在拉斐尔那幅著名的画作《雅典学院》当中找到他的身影。

　　因为这批学者的作用，这时期出现了运用逻辑来论证信仰的理性学派神学，它深受希腊哲学影响，引发了巨大的争议和辩论。

不过，理性学派最终还是走向了衰落。13 世纪以后，希腊哲学不再受到穆斯林学者和神学家的推崇，他们更多地转向了《古兰经》的文本解读以及苏菲神秘主义。

总之，阿拉伯帝国保存了柏拉图、亚里士多德等古希腊思想家的大量著作与思想。从 11 世纪开始，阿拉伯文的科学和哲学作品也被翻译成拉丁语，通过安达卢斯这个伊斯兰文明的欧洲窗口传回西方。于是，伊斯兰的思想和文化就连带地影响了欧洲。欧洲人先是通过阿拉伯文了解古希腊作品，而著名的穆斯林哲学家也一样被欧洲人热烈探讨。中古基督教最伟大的神学家和哲学家托马斯·阿奎纳，在其著作中提到阿维森纳和阿威罗伊多达两百多次。毫不夸张地说，伊斯兰文明为后来十六七世纪的欧洲文艺复兴和科学革命奠定了基础。而穆斯林的教育机构形式，也影响了欧洲的学院和大学体系。

最后，我们顺便讲一点阿拉伯人对中国的认知。阿拉伯人最早一本关于中国的著作，是写于 9 世纪中期的《苏莱曼东游记》，这个苏莱曼是唐代来华的阿拉伯商人，这本书与日本圆仁的《入唐求法巡礼行记》时代差不多，比著名的《马可·波罗游记》要早四个半世纪左右。这部书写到了唐朝的政治、经济、文化和风俗人情，也提到了中国的国土辽阔、人民勤劳，京城长安的繁华，丝绸和陶瓷工艺的精湛，乃至于尊重穆斯林的风俗习惯。

让我们简单总结一下，这个时期的伊斯兰帝国，在数学、医学、天文学、地理学等领域都非常发达，这一历史说明最伟大的文明成就往往是文明交流互鉴的结果。中世纪的伊斯兰文明就是多种文化融合的典范，而伊斯兰世界则是当时人类最伟大和最具有创造力的地方。

第八节 伊斯兰教在中国

前面，我们讨论了伊斯兰文明的兴盛。接下来，我们谈谈伊斯兰文明在东方的拓展，主要介绍与中国伊斯兰教历史相关的内容。我们中国有两千多万名穆斯林，那么，当初穆斯林是怎样来到中国，中国的回族又是怎么形成的呢？

1."西域"的伊斯兰化

从中国来看，伊斯兰的文明和政治力量主要是从西边过来的，今天中国的穆斯林也主要分布在西部地区，所以让我们先讲一下伊斯兰文明在西域的发展。大家可能会关心，怛罗斯之战之后，中亚地区是不是就伊斯兰化了？当然不是，我们曾说过，伊斯兰化是一个很漫长的过程。

就中亚西域地区来说，它处于多个文明的交叉地带。在伊斯兰化之前，在中亚有影响力的是琐罗亚斯德教、萨满教、摩尼教、佛教等。比如在中国的隋唐时期，按照新旧《唐书》和《通典》的说法，属于佛教国家的有龟兹、罽宾，属于祆教国家的除了粟特人即昭武九姓，还有疏勒、焉耆，在这两者之间摇摆的，还有于阗、高昌和康国，而后来崛起的回鹘则信奉摩尼教。一直要到阿拉伯帝国扩张和统治的时期，中亚地区的人民才开始改信伊斯兰教。但根据巴托尔德（Bartold，1869—1930）的观点，中亚到了13世纪才算完成了伊斯兰化，如果把现在的中亚五国周边加起来作为大中亚的话，这里的伊斯兰化的完成还要更晚。

中亚伊斯兰化具有世界史的意义，伊斯兰化使这里的文化发

生了重大变化，文化认同的方向也变了。阿拉伯人是在亚历山大之后，从西方侵入中亚的第一个民族，在伊斯兰教到来之前，中亚是东西方两个大国扩张的终点与极限。无论是亚历山大帝国还是汉朝、唐朝，都在中亚达到了它们对外用兵的终点。此前的东西方两个大国都没有真正地在文化上彻底征服中亚。唯有来自中东的伊斯兰文化比较彻底地改造了西域，并且延续一千多年。就算俄罗斯人在近代的到来，曾对中亚政治和文化造成了深刻影响，但今天的中亚毫无疑问仍是伊斯兰文明的一部分。

2. 为什么伊斯兰文明能够在中亚西域胜出?

那么，从全球史角度看，伊斯兰文明为什么能够在中亚胜出?它为什么能够内化到西域文明的骨髓与血液里? 这里我介绍一些以往学者的见解。

首先，从生产力角度来说。有学者指出，阿拉伯人大规模使用骆驼，使得在帕米尔以西地区，骆驼代替马车成为当时最方便、最高效的交通运输工具。这在当时是适合当地情况，也是更先进的。想想看，当年汉代的李广利（? —前 89）远征费尔干纳（Fergana），是用牛作为运输工具的。但到了近代的左宗棠（1812—1885），他对阿拉伯征服中亚这段历史很熟悉，于是他的军队就使用了包括骆驼在内的多种运输工具。

其次，也是更加重要的，就是文明拓展的路径。为什么希腊、波斯和汉唐文化这些古代文明的伟大代表，都纷纷退出了中亚地区的历史舞台? 而代表伊斯兰文化的阿拉伯帝国，统治中亚不过短短两三个世纪，却最终使中亚走向了伊斯兰化呢? 比较来看，

历史上的伊斯兰文明具有普世性和吸引力，而中亚地区的文化长期都是周边大文明体的"附庸"。在中亚地区，希腊、波斯和中华文化当然也是先进文明的投射，但它们的进取性弱于伊斯兰文明。而伊斯兰文明既与相对年轻的一神教关系紧密，又在实践上是一种生活方式，因此就成了可以覆盖整个地区的体制。而中华文明既不是一神教（甚至很难说是宗教），也没有实行过积极的文化扩张，其政策与体制更是明显不同于伊斯兰的政教体制。

再次，从横向联系的形势来看。在阿拉伯帝国崛起之后，刚好周边其他的大的文明都处于收缩状态，不仅拜占庭帝国当时处于混乱和衰落，而且唐朝同样因为"安史之乱"而变弱。到了宋代控制范围更是收缩到传统汉族地区，而不同的穆斯林政权及其文明这时候却处于生机勃勃的状态，没有遇到强大的竞争对手。这就促进了伊斯兰文化在当地的生根与成长。我们提到过，10 世纪后，波斯人的伊斯兰国家萨曼王朝与突厥人喀喇汗王朝，曾经长期竞争。但结果是喀喇汗王朝皈依了伊斯兰教，并以此作为与萨曼人斗争的武器，这就化解了萨曼人的"圣战"。也就是说，讲突厥语的本地民族也接受了伊斯兰教，这就更推动了伊斯兰教在大中亚地区（乃至西亚）的拓展。比如，喀喇汗王朝枏南疆于阗佛教王国便曾长期对抗，到了 11 世纪初（北宋景德年间），于阗佛教王国最终覆灭在讲突厥语的喀喇汗人手上。

讲突厥语的不同民族，成了亚欧大陆上伊斯兰文明的旗手，尤其是在阿拉伯帝国被蒙古人灭亡后，突厥语各族在军事和政治上曾对世界史产生重要影响。光是他们建立过的大型王朝 / 帝国，就有：以伊朗为中心的塞尔柱王朝（Seljuq Empire，1037—1194）；作为雇佣军进入阿拉伯帝国的核心，并在埃及建立的马穆

鲁克王朝（Mamluk Sultanate，1250—1517）；突厥化的蒙古人帖木儿创造的帝国（Timurid Dynasty，1370—1507），以及帖木儿后代创建的印度莫卧儿帝国（Mughal Empire，1526—1857）；还有伊朗的萨法维帝国，小亚细亚的奥斯曼帝国（Ottoman Empire，1299—1923）。

这些突厥人帝国几乎都是以伊斯兰教作为国教的。

3. 伊斯兰文明与中国

伊斯兰文明在中亚西域的扩张和向东传播，使得两大不同文明相遇：那就是比较世俗的儒家，与一神信仰的伊斯兰。对传统华夏的中原王朝来说，它所遭遇的第一个大型神圣宗教文明—政治体，其实不是近代基督教的西方诸国，而是来自中东的伊斯兰教。

一般来说，"伊斯兰教之传入中国，始于唐而盛于元"。生活在中国西部尤其是西北部地区的民族，最初信的是萨满教。8世纪中，摩尼教传入中国，由于回鹘强盛，一度影响很大。到北宋初年，西域流行摩尼教的同时，也有传统的祆教也就是拜火教以及来自汉地和吐蕃的佛教，而在有的地方则佛教、景教和摩尼教多种宗教并存。后来，佛教势力逐渐增大，高昌、甘州、龟兹、于阗等地的佛教逐渐取代了其他宗教，成为占统治地位的宗教。但由于喀喇汗王朝的胜出，推动了伊斯兰教在南疆地区的发展。14世纪中叶，蒙古察合台王朝的后裔统治新疆，也大力推行伊斯兰教。到了18世纪，由于乾隆移回部于天山北路，伊斯兰教便在新疆北部也得到了发展。

这脉络当然太简单，下面稍微详细展开。在唐朝，长安已经有不少西域穆斯林商人往来定居，也有很多大食人和波斯人开的店铺。西亚及非洲的象牙、犀角、香料、珠宝不断进入长安，中国盛产的丝帛、瓷器、茶叶则远销阿拉伯帝国。除了长安，那时今天甘肃各地也有来华的西亚穆斯林定居下来，而扬州、泉州、广州等南方地区也有很多经由海上来经商的大食人，想来他们也是穆斯林。根据史籍记载，唐肃宗上元元年（760），"安史之乱"还没结束，曾有人对扬州进行劫掠，造成扬州数千名波斯、大食商人的死亡。有人认为，这是富裕的穆斯林商人成了唐朝衰落的替罪羊。不管如何，可见当时留居中国的穆斯林商人之多。有的人还已改从汉姓，比如唐朝进士李彦升就是一位大食人。这些穆斯林商人，当时被称作"蕃客"，他们住的地方被称"蕃坊"，里面包括清真寺。经过政府认可，他们还可以自我管理，难怪有人说"蕃坊"就是一个"穆斯林侨民村"。当然，随着商人而来的还有宗教人士，其中不乏大贤，这对伊斯兰教的传播起到了重要作用。

到宋代，阿拉伯商人依然活跃在中国南方，由于宋代疆域收缩，不得不"背海立国"，所以海上贸易越来越重要。官方设了几个市舶司，而来华的阿拉伯人就在市舶司任职，在海上贸易中成了重要角色。像日本学术名著《蒲寿庚考》里考证的蒲寿庚，他的家族就是一个垄断广州和泉州与海外贸易的大家族，可能他们分布在环南海地区，至今在文莱还有蒲氏墓地。他们的信仰是否会在中国产生影响呢？现在当然资料不足，很难判断。但是，到了蒙古人统治的元朝，则肯定是伊斯兰文明在西域及中原发展的重要时期。

蒙古人征服西域各国后，大量穆斯林归附蒙古。随着蒙古军

队西征，中亚陆路畅通无阻，被征服的中亚有不少被称为"色目人"的被派到中原各地开荒、屯田，也有不少穆斯林军士和工匠东来，充当炮手或工程技术人员和天文学专家，还有少数人到中原出任政府高官。这些信仰伊斯兰教的中亚各族人（当时也被称作"回回"）在中国定居下来，分布全国各处。这当中许多人娶汉女为妻，或同其他民族通婚，生息繁衍，人口日渐繁盛。所以，《明史·西域传》说："元时回回遍天下，及是居甘肃者尚多……"

蒙古人入主中原，为了统治汉人和南人，不能不借助文明水平很高的色目人（主要为穆斯林）帮助，元代色目人的地位因此仅次于蒙古人，而在汉人之上。另外，因为伊斯兰文化程度远高于蒙古，所以被伊斯兰文明同化的蒙古人也越来越多。到了明代，这些人的居住地域稳定下来，经济上有了发展，通用汉语言文字，吸收汉族文化，充实自身，生活习俗也已经定型，这就形成了新的民族——回族。明代虽以种族之别立国，强调华夏与夷狄之分，但明朝建国得到了回民的很多帮助，所以伊斯兰教在明代也很受礼敬。像下西洋的郑和，就是出身于云南的回族。

到了清代，清朝统治者在政治上借重于蒙、藏佛教势力，又自命为中国道统的继承者。所以，伊斯兰教的地位无法与儒、佛、道相比。不过，清政府自始至终都没有禁止过伊斯兰教，尤其是清前期的皇帝还是比较尊重伊斯兰教的。只是到了乾隆中期，才发生了由宽容利用到残酷镇压的转变，但这个转变的内容和原因是复杂的，其中一个重要因素是伊斯兰教内部发生了新老教派之争，回、汉矛盾也长期累积，而这些又都被清朝统治者利用。至此，一个讲汉语的、信仰伊斯兰教的回回民族出现了，这是伊斯兰文明与华夏文明相遇的结果。美国学者李普曼（Jonathan

N. Lipman）主要研究中亚和中国伊斯兰教历史，他归纳了"回民"在中国历史和中国社会中的地位演变，说他们是非常特别的：他们既是中国社会不可分割但又是不完整的部分，既是土著又是外来者，既是正常（使用汉语）却又不同（信仰外来宗教）。李普曼用了一个词来形容说，回民对中国来说是语言—宗教双重认同所塑造的"熟悉的陌生人"（familiar strangers）；李普曼还注意到"回民"在宗教派别、政治、阶级、性别以及地域等差异下，也分裂为多重板块。

历史上，中国非穆斯林大规模皈依伊斯兰教的情况非常罕见，回族早期是以西域移民为主，其扩大则是通过生育、收养、通婚等实现的，后来则逐渐在语言和文化上"华化"，取汉姓。这种文化交融，体现在宗教文本上，就是我们前面所说到过的"以儒释伊"，用儒家文化概念阐述伊斯兰教的理念。学者认为，"以儒释伊"是在中国文化史上一种独特的创造，是华夏传统文化与外来阿拉伯—伊斯兰文化的融合，有的学者甚至将其视为文明对话的典范。

毫无疑问，上面讲的伊斯兰文明与中国的关系，是高度简化的。纽约大学兹维·柏尼特（Zvi Ben-Dor Benite）教授研究了中国穆斯林在非穆斯林王朝下面临的复杂局面，并通过在清朝流传的《回回原来》这本通俗读物，探讨了回民对他们与王朝关系的理解。《回回原来》叙述了唐太宗李世民的一个梦，说李世民在梦中被一个缠头的异域人士（暗指穆斯林）拯救，故事甚至还提到先知穆罕默德曾应李世民的请求，派遣三千名穆斯林士兵来帮助中国，这些士兵应唐太宗要求留下定居，繁衍生息。这个传说，一方面借助历史塑造中国穆斯林自身合法性，另一方面也反映出回回民族

在形成过程中建构自身与王朝政权关系的努力。此外，穆斯林士人还想象了许多其他中国帝王与穆斯林的关系，这些传说的共同特征是，穆斯林服从中国皇帝的统治，中国皇帝也尊重和保护穆斯林。

最后，说一个有意思的小故事。乾隆年间（1736—1796），北京紫禁城附近建有一座回回营清真寺，传说是乾隆为香妃所造。这里有一个特殊之处，回回营清真寺竟是坐南朝北，不同于普通清真寺坐东朝西、必须朝向麦加的格局。兹维·柏尼特指出，乾隆的这个做法打破了穆斯林所理解和建构的王朝政权关系，穆斯林其实很难认可这种布局。当然，这个故事的微妙之处，可能既反映了传统中国皇帝对所有宗教的居高临下态度，也反映了我们前面提到的乾隆中后期官方对回民的态度与政策的转变。

（昝涛）

结　语

　　我们这一季的主题是"宗教与信仰",讲述了佛教、基督教和伊斯兰教三大全球性宗教的来龙去脉。这个课题特别不好讲,我知道,很多人也一定还有很多关于宗教信仰的疑问没有得到解答。比如说,佛教的"轮回"到底是怎么回事?基督教所说的"罪",到底跟我们今天所说的犯罪有什么不同?去麦加朝圣对于穆斯林既然是那么重要的一件大事,那些实在没有能力到沙特阿拉伯亲自朝拜的穆斯林又该怎么办呢?但是我想说明,这里讲述的,并不是一个宗教知识入门。我们关注的,始终是在全球史的框架下,去了解这三大宗教如何流传变异,终于塑造了今日世界文明和宗教版图的基础。在这个漫长的过程里,宗教的信仰和实践本身固然不断跨越边界,但它们同时也是其他观念和事物流动的触媒。

　　例如,你已经听过的基督教新教革命,就和印刷术的大规模使用脱不了干系;没有新教革命,古腾堡的印刷术可能就不会被推广得那么快;但是,没有活字印刷术的发明,新教革命也一样

不可能蔓延得那么迅速。由此可见，宗教确实是全球史上一股非常强大的力量。

1. 宗教退场了吗？世俗化是什么？

但是，宗教在我们这个时代，是否依然还有过去那样重要的地位呢？

我们知道，全球大部分传统节日，多半都离不开宗教，比如说，你我应该都非常熟悉的"圣诞节"，伊斯兰国家的"开斋节"，还有传统佛教地区的"佛诞日"。就算我们中国汉人特别重视的"清明节"与"重阳节"，在某种程度上其实也都和一些信仰习俗相关。可是现在呢？就拿"双十一"这个日子来说，当代中国人大概都晓得，这是一个以消费为主的新兴节日，完全是当代的市场营销，和传统宗教一点关系都没有；除非你说，我们今天的宗教就是消费，而我们崇拜的就是商品。

且让我们想象一个中古时代欧洲城市人的日常生活，你就会发现，这个世界已经发生了多么巨大的变化。中古时代这个欧洲人每天早上起床，很有可能是被大教堂传来的钟声唤醒。因为在那个年代，整个城市的生活节奏和时间安排，都离不开教堂所掌控的大钟。那么，为什么一座城市最主要的报时工具要放在教堂呢？那是因为每一个人生活上的时间安排，都必须遵循教会的礼仪秩序，而大教堂恰好又总是坐落在城市中心，钟声可以平均传播到各个角落。比方说，早上醒来听到钟声，就知道是早祷的时间到了。假如某个人家生了小孩，这小孩子出生没多久就要送到教堂受洗，获得一个教名，否则这个小孩就还不算是这个社会的

正式成员。这就好比他当年结婚，必须要在教堂得到神职人员的祝福和认证一样。其实，当年绝大部分的欧洲人，从摇篮到墓地，一辈子几乎都离不开宗教。不光个人，国家也一样，国王当然手握大权，但他绝对不能为所欲为，比如说改变婚姻法则，让他土地上的男性国民三妻四妾，因为这违反了教会的伦理规定。事实上，当年他登基为王，给他加冕的，说不定就是天主教教宗。这充分说明，王权也必须得到教会的认可，因为教会是上帝在人间的代表。

可是，这个人要是穿越时光隧道，来到我们今天这个世界，最让他震惊的发现会是什么？那应该就是，以宗教为核心的整套神圣秩序不见了。有学者认为，至少从 16 世纪开始，欧洲就率先进入了一段漫长的过程，宗教渐渐退场，取而代之的是另外一些对世界的解释模型以及组织世界的秩序。这个过程，被社会学一代宗师马克斯·韦伯（Max Weber，1864—1920）所代表的学者称为"世俗化"。

尽管在过去一百多年来，不同领域、不同专业的学者都分别对"世俗化"这个说法产生过许多讨论，他们觉得这个过程未必是那么一帆风顺，也未必是那么通行全球，甚至这个概念本身也都还有点模糊。但是，根据以研究"世俗化"著称的当代哲学家查尔斯·泰勒（Charles Taylor），我们还是可以为"世俗化"总结出至少三个特征：第一是政教分离，这点非常清楚。因为在大部分地区，宗教都脱离了政府的建制，而政府的权力来源以及运作规则也都不再仰赖宗教的指导。第二是宗教在公共领域的隐退，无论是经济、文化、消闲以及教育，我们也都无须在宗教的基础上来从事相关的活动，以及评估这些活动的表现。比如说办学校，可不是为了教出一个好信徒。评论一部电影，也不可能只是看它

究竟有没有违反教义。更重要的是经济，纯粹就以牟利为目标，没有人会认为一家公司好，是好在它荣耀了上帝。第三，则是我们个体的安身立命之道，也不再必然和宗教相关。对于以前的人来讲，信不信上帝，这并不是一种选择。但是，对于现代人而言，我人生的意义可不一定要寄托在某个宗教所设定的目标上。

2. 亨廷顿与文明的冲突

这么听下来，你会不会觉得这一切都很顺理成章，认为宗教的衰退也就表明"世俗化"是一种不可逆转的历史趋势？然而，政治学大师塞缪尔·亨廷顿却有完全不同的看法。他在 1996 年写了一本影响力非常巨大的专著《文明的冲突与世界秩序的重建》（*The Clash of Civilizations and the Remaking of World Order*）。亨廷顿认为，当年冷战时期那种两大政治意识形态的冲突也许是结束了，但这并不表示自此之后普世文明就能轻易地一统天下。相反，他认为人类会走进一个崭新的多元文明时代，而且这些文明可能还会因为不能彼此共容，引爆出激烈而持久的冲突。他把全世界的格局分成几个不同的文明区域，其中包括中华文明、日本文明、印度文明、佛教文明、东正教文明、西方文明以及伊斯兰文明。这些文明全都源远流长，而它们所覆盖的人群，也都对各自的文明有高度认同，不易变更。更麻烦的是，人的天性就是喜爱同类，厌恶异己的他者。当世界各地随着全球化不断拉近距离，几个文明短兵交接，冲突岂非不可避免？

你大概能发现，亨廷顿所分别列出的这几大文明，多半都和某种宗教相关，可见宗教真的是一个文明的重要基础。

那么，为什么宗教会有这么强大的力量呢？其中一个最主要的原因，就是它能回应人类的"终极关怀"。简单地讲，假如人必有一死，那我们此生所作所为，岂不全都没了下落？那么，到了最后，人活着又是为了什么？人生这一辈子有没有什么意义？这大概是我们每一个人迟早都要碰到的问题，也极有可能是最让我们揪心的问题。然而，世界上几个主要宗教都对这个问题提出自己的答案，给出一个人生的目标，以及达到这个目标的路径和方法。由于这个终极关怀对人而言太过重要，所以能够处理终极关怀的宗教，自然就会成为一个人身份认同的关键。不只如此，我们这里所介绍的三大宗教，不仅各自提出一整套世界观，还提供解决终极问题的行为规范，而这些行为规范又都能配上某种社会规则甚至政治制度。所以，这三大宗教可说是三观具备，都有自己一套。

也许你会觉得疑惑。我们前面不是讲这个世界已经"世俗化"了吗？宗教信仰现在是个人选择的事情，怎么可能还会对社会生活以及政治制度的安排有那么大的影响呢？亨廷顿觉得，这种讲法太过简单，我们大概低估了传统宗教的遗产，忘记了被这些宗教长期塑造的文明，会使得身处其中的成员深受熏染，不知不觉地接受了传统宗教所留下来的价值观和生活方式。有一点，亨廷顿说得非常准确，"世俗化"这套总结自欧洲经验的历史描述，并不适用于世界上所有地方，也并非所有人都能认同。比如，伊斯兰世界还有很多地方坚持伊斯兰教法，而非来自任何俗世根源的法律；西方许多反堕胎的政治人物，也都认为堕胎主要的问题在于违反了基督教的戒条。

在亨廷顿这本书出版后的 2001 年，发生了震惊全球的"9·11"恐怖袭击事件，以及接下来一连串的战争。很多人就开始赞同亨

廷顿的主张，觉得他的预言太准确了，历史果然还没有抵达终点，接下来将要左右全球格局的就是以不同宗教为基础的文明之间的冲突。时至今日，这套说法更进入大众舆论的领域，很多人都会使用这套讲法，去解释眼下发生在我们周边的事件。例如，前不久，法国的巴黎和奥地利的维也纳，就分别发生涉及激进教徒的恐怖袭击；而伊斯兰世界也出现一波针对法国政府的示威和抗议。于是，网上就有不少人重新提起"文明冲突"，认定这就是以基督教为基础的西方文明与伊斯兰文明之间的另一轮冲撞。

然而，就像任何一套学说一样，亨廷顿的"文明冲突论"也不可能不受到挑战。在林林总总的质疑当中，最值得注意的是来自一向关注事实细节和历史复杂性的历史研究。针对亨廷顿的名言"伊斯兰世界到处是流血的边界"，许多学者就从伊斯兰文明的历史提出反驳，指出事实并非如此简单。

3. 安达卢斯的和平与繁荣

如果你听过乐曲 Oh Andaluces，也许你会知道，这首歌曲唱诵的，就是我们在介绍伊斯兰文明的时候所提到的安达卢斯（Al-Andalus），也就是当年倭马亚王朝治下的西班牙。而演唱这首歌曲的，是今天摩洛哥一位非常著名的演唱家 Amina Alaoui，这位歌手擅长"阿拉伯—安达卢斯古典音乐"。这是一种在北非地区特别受到推崇的音乐。

为什么今天在北非地区流行的音乐类型，居然叫作安达卢斯古典音乐呢？那是因为当地人认为这种音乐起源于当年穆斯林统治时期的安达卢斯，是他们的祖先从被天主教王朝重新征服的西

班牙放逐出来之后带到北非的传统音乐。事实上，就像这首曲子所表达的，直到今天，北非的穆斯林也都还在怀念那段已经逝去的黄金时代。根据土耳其的诺贝尔文学奖得主奥尔罕·帕慕克（F. Orhan Pumuk）所说，他小时候甚至见过伊斯坦布尔一些老犹太人家庭会在家里挂着一串生满了铁锈的古老金属钥匙，说那是当年他们的祖先逃离西班牙时带出来的老家钥匙，期望将来有天回去还能用得上。

究竟这个被地中海东西两岸一些穆斯林和犹太人念念不忘的安达卢斯，是个什么样的地方呢？已故的玛利亚·罗莎·梅诺卡尔（María Rosa Menocal，1953—2012），曾是耶鲁大学的斯特林（John W. Sterling）讲座教授，中古西班牙史的专家。她的著作《世界的装饰品》（*The Ornament of the World：How Muslims, Jews and Christians Created a Culture of Tolerance in Medieval Spain*）就是试图研究这个课题，其实这本书的副标题更能说明她的看法，那就是"穆斯林、犹太人和基督徒，他们如何在中古西班牙创造了一个宽容的文化"。

你应该还记得我们所说的那段历史，穆斯林治下的安达卢斯乃是当时欧洲大陆上著名的文明中心，也该记得历代伊斯兰王朝如何处理非穆斯林的手法。梅诺卡尔教授以及后续其他学者的研究，就替我们展现出了一幅充满更多细节的璀璨图景。首先，和我们今天大部分人的印象不同，欧洲并非自始至终都是基督教文明的世界，伊比利亚半岛至少就有七百多年是伊斯兰文明的辖地。其次，比起当年还非常落后的欧洲其他地区，这里的城市有着完善的公共供水系统以及照明系统，阿拉伯式的庭园当中流水淙淙，街道的路灯能够照亮整座城市。更重要的是，不同的宗教文明和

族群不但没有发生激烈的冲突，反而还有基督徒当上王朝的首相，犹太富商出身的银行家主管国家的财政。因为如此一来，各个宗教族群里的精英分子都能各展所长，同时又被体制吸纳，有助于伊斯兰政权的稳定。而这片地区的学校，更有不少来自西欧基督教世界的学生，他们想在这里学习欧洲其他地方所学不到的知识。其中最有名的，就是后来当上天主教教宗的西尔维斯特二世（Pope Sylvester II，946—1003）。他其实是一个数学家和天文学家，曾经在安达卢斯钻研阿拉伯数学，更把早在西欧失传的希腊算盘以及星盘引进到基督教世界。

只看安达卢斯这段历史以及阿拔斯王朝时期巴格达的历史，我们实在很难想象伊斯兰文明会是一片"到处是流血的边界"的世界。反倒是 1492 年，西班牙王国的斐迪南二世（Fernando II Católico，1452—1516）与伊莎贝拉一世攻陷格拉纳达（Granada）之后，逐步推进整片地区的天主教化，不愿改宗的穆斯林与犹太人，不是被迫流亡到北非或者新兴的奥斯曼帝国，就是受到迫害。同样是在这个时期，著名的"异端宗教裁判所"出现了，宗教法庭和秘密警察负责调查和迫害各种各样的异端，甚至包括基督教教内的非主流思想。

正好也就是这一年，哥伦布扬帆出海，开启了西班牙人征服美洲新大陆的帝国扩张。虽然殖民者有各种各样的利益考虑，传教有时候只是一个借口，但是宗教到底是殖民事业中的一个重要角色。几年前去秘鲁旅行，我看见圣城库斯科（Cusco）附近很多山峰峰顶都竖立了巨大的十字架。当地一位考古学者告诉我，这些地方以前都是印加人的圣地，那些十字架底下往往能够挖出一些祭坛遗址，殖民者是故意在上面插上十字架，好显示自己的征

服力量以及文明的优越。从这种角度看，当年的西班牙天主教徒，简直就有点像是我们今天所说的狂热圣战分子了。

当然，当这种对安达卢斯的认识渐渐流行（甚至进入网络游戏《刺客信条》等主流文化娱乐）之后，也有很多人认为，这种关于伊斯兰文化黄金时代的图像未免也太过浪漫。前两年，就有另一位研究安达卢斯时代的学者埃里克·卡尔德伍德（Eric Calderwood），出版了《殖民时期的安达卢斯：西班牙与现代摩洛哥文化的形成》（Colonial al-Andalus：Spain and the Making of Modern Moroccan Culture），指出我们今天对安达卢斯的看法以及相关的史料依据，其实多半出自19世纪后期才开始的记忆建构。特别是在西班牙独裁者佛朗哥（Francisco Franco，1892—1975）元帅统治的时期，为了替西班牙殖民摩洛哥等北非地区提供历史依据，在既存的历史材料上加油添醋，大量推出了安达卢斯那种不同宗教和平共存的神话。

这两种对历史上的安达卢斯的判断，哪一个更接近真实？历史上的事情，不像小葱拌豆腐那样，很难简单论说。但是，伊斯兰文明是一片"到处是流血的边界"的世界，这个说法并不是全部历史。

4. 宗教文明的共存与冲突

在安达卢斯的历史中，我们大概可以发现，就算是一神教也不必然在本质上就要排他。往往是在遇到了其他政治目标、经济利益以及社会趋势的时候，宗教就成了一种非常有效的黏合剂。因为就像我们之前所说的，宗教关乎人们的终极关怀，是一个人

身份认同的重要构成，所以往往能够唤起热烈的感情，形成巨大的动员力量。不同人群出于不同目的所引发的冲突，要是用宗教去涵盖这些冲突的原因，就总是能对支持者形成最大的号召作用。

事实上，倭马亚王朝和阿拔斯王朝的宗教宽容政策，有利于阿拉伯人以少数统御多数，促进自己经济和文明知识的发展。而西班牙王国的宗教狂热，则有利于他们的征服和拓展。与宗教相关的策略总是特别好用。如果我们都像亨廷顿那样用宗教文明的冲突去解释世界，就得小心这会不会成为一种自我实现的预言。因为当我们忽略了各种地缘政治的复杂现实，以及背后各种利益的犬牙交错，只把宗教文明当成理解矛盾的简单标尺，往往就会弄假成真，导致宗教差异真的成了一种加剧冲突的助燃剂。请注意，宗教在这里也并不总是那么无辜地被利用，它当然会被利用，但是有时候它也会是一种主动的推力。

最后，我想再给你一个非常特殊的案例。我们在讲佛教的时候，简单提到过斯里兰卡佛教复兴与当地殖民经验之间的关系。在斯里兰卡后来脱离英国殖民的抗争当中，佛教确实起到了非常大的作用。信奉南传佛教的多数族群僧伽罗人，把佛教当成他们民族文化的核心，作为区别英国殖民者与自身文明的重要标签。直到成功独立，佛教也依然是国家建设以及各种政策背后的驱动力量，僧团甚至成为政党的基础，替他们在农村收割大量选票。在这个过程中，佛教和僧伽罗人的民族主义相互缠绕，不可分割，终于在国家大政的层面上，推出了各种有利于僧伽罗人与佛教徒的政策。到了冷战时期，甚至出现了一种特殊的政治意识形态，认为资本主义和共产主义都不符合斯里兰卡的国情，斯里兰卡应该走出一条自己的道路，从僧迦罗语的经典以及佛教教义当中提炼出

自己的文明精髓以及相应的政治制度。

但是，以印度教为主的少数族群泰米尔人以及部分穆斯林，难免就要被矮化，得到比较不公正的对待。这既为后来长达二十五年的内战埋下火种，也在战前和战后引发不断的争执。例如所罗门·班达拉奈克（S. W. R. D. Bandaranaike，1899—1959），这位创建了左倾的"斯里兰卡自由党"的总理，虽然也是一位僧伽罗民族主义者，但是为了避免大规模的暴力冲突的爆发，还是在 1957 年 4 月与代表泰米尔人的政党首领签署协议，暂缓以僧伽罗语为唯一官方语言的立法程序，同时下放部分地方自治权力给泰米尔人。结果，这个协议还是没有办法满足双方的激进派，围绕着官方语言的争议持续不断。终于，到了 1959 年 9 月 25 日，有一位叫作托杜文·索马拉马（Talduwe Somarama）的激进僧侣，到访班达拉奈克的官邸，趁着总理按照习俗向他顶礼致敬的时候，在僧袍底下抽出一把左轮手枪，开枪行刺。虽经医生抢救，班达拉奈克还是在第二天伤重不治。

在我们一般人眼中，佛教总是显得与世无争。在我们所介绍的三大世界性宗教里，佛教也好像没有参与过什么宗教战争。但是，尽管身为南传佛教的信徒，我也必须老实地说，这种印象恐怕不尽符合事实。即便是斯里兰卡的内战结束了，现在也还是有一个叫作"佛陀军"的极端组织，参与过针对穆斯林的骚乱。上面这个故事，虽然是历史上一个比较戏剧性的案例，但大概也能从侧面说明，再和平的宗教在牵涉敏感的族群问题时，也能够爆发惊人的能量。说到底，宗教的教义虽然是超越性的，但信奉它的到底是人；而维续和传扬教义的，也是由人所构成的组织。教义可以十分抽象，因此对于教义的解释也就能够变得多彩多姿，甚至

能在某些时刻生出一些引发冲突的解释。

　　好了，我们在这里以非常有限的篇幅，简单地介绍了世界三大宗教在全球史上的基本样貌。但是我们希望能够为你带来的，却是并不简单的思考。

（梁文道）

番　外

一　东西之间的东南亚：多种文化的交融

在有关佛教的这部分里，我们最后讲到了东南亚。现在，我接着这个话题，再多讲几句。

东南亚处于东西方交通要道，自然也就成为东西方文化的交汇点。东南亚国家和地区在传送各种文化的同时，它们自身也成为各种文化的容纳地。早期，有印度佛教文化和中国儒家文化的面对面，稍后有伊斯兰文化和佛教文化的彼此交错，再往后还有亚洲文化与欧洲基督教文化的冲突。虽然我们这一讲，主要围绕佛教展开，而且无论是在历史上还是在今天，这些地区的佛教也确实都非常兴盛，但这并不意味着在东南亚区域佛教从来都是一枝独秀。海上交通的便利，也带来各种文化的碰撞、融合甚至冲突。

1. 斯里兰卡：佛教与基督教的交错

先让我们回到斯里兰卡，这座形成后世南传佛教的重要岛屿，正好也是这整片区域里最早承受西方殖民力量冲击波的地方。一方面，从 1505 年登岛的葡萄牙人开始，它经历了荷兰东印度公司的控制，最后更全面成为大英帝国的殖民地。在这四百年之间，我们前面所说的那种佛教全面渗透的社会形态，自然受到了极大的冲击。特别是在英国殖民阶段，没有了王权支持，僧侣在政治和社会的地位固然大不如前；由佛教主导的各种社会服务（特别是教育），更是几乎全面让位给了殖民政府以及基督教会。到了 19 世纪中叶之后，尽管佛教依然存在，但在很多受过西式教育的城市精英看来，佛教似乎已经等同于迷信的传统和落后的乡村。

可是另一方面，恰恰是因为长达四个世纪的西方殖民，斯里兰卡的南传佛教反而成了西方人最早接触到的佛教传统，吸引到许多学者的注意。恰好在斯里兰卡本土佛教衰微的 19 世纪末叶，正经历着叔本华、尼采哲学和弗洛伊德学说冲击的西方知识界，那里有一批人开始寻找令他们感到厌倦的基督教之外的心灵出路，带着一种"东方主义"的想象。他们居然把目光投向印度和斯里兰卡等地，想要在那里找到一种更合乎现代世界需要的精神资源。这其中最重要的一个组织，就是 1875 年成立于纽约的"神智学协会"（Theosophical Society）。它的主席亨利·斯太尔·奥尔科特（Henry Steel Olcott，1832—1907）和几位志同道合的成员，亲自来到斯里兰卡追寻佛教的足迹，后来更和当地能够与基督徒在逻辑论辩上相抗衡的少数高僧，以及年轻一代的佛教知识分子如达摩波罗（Anagarika Dharmapala，1864—1933），共同推动佛教的复兴。

有趣的是，他们一方面沿袭了很多基督教新教传教的办法，比如说大量印发《教义问答》这种简单明了的小手册，像基督徒"主日崇拜"一样在星期天聚会。而奥尔科特这名美国人，甚至设计出了今天在佛教世界普遍被采用的佛教旗帜。当然，更重要的是广办学校，完全采取西式的教学模式，只是把指导精神从基督教换成了佛教。另一方面，他们则试图整理佛法，在传统上只供出家人遵守的戒律当中，找出合乎现代一般人生活场景的伦理规范；在佛教经论当中，提炼出一些经得住理性分析、贴近当时科学知识的教义。这场复兴佛教的运动，后来被学者称为"新教式佛教"，因为它确实有点像新教，使这场发生于宗教传统当中的革命，不只全面振兴了斯里兰卡的佛教，其影响甚至波及印度以及其他南传佛教地区。今天有很多人，以为南传佛教好像没有太多传统宗教的那种超自然色彩，比较朴素，更像是哲学。其实，可以说这都是与基督教以及现代西方遭遇的结果。

正好也是在 19 世纪后半叶，英国殖民的缅甸以及虽然没有被殖民统治但却对殖民力量深感焦虑的泰国，也都有过类似的南传佛教复兴运动。我们再把视野放大一点来看，还会发现日本、中国以及中国的西藏地区，先后都在 19 世纪末和 20 世纪初涌现了相近的趋势，觉得真正的佛教本源，已经在漫长的历史中被遮蔽住了，而且无法在眼下抗击基督教和西方的影响。所以他们都想在知识上追溯佛教教理的核心，抹擦后来被覆盖在上面的杂质，并且在组织上发动改革，好让佛教更加适应现代社会。如果比较一下，我们后面还会讲到的基督教新教运动以及现代伊斯兰运动，你大概会疑惑：这是不是宗教史上常见的现象？通常在某个宗教发展到了一个非常普及也非常世俗化的时代，又或者是遇到了很

多外来新挑战的关头，就会有一批精英站出来，力图恢复这个宗教的所谓本色正统，可他们干的却是替这个宗教改头换面的大事。而出现在斯里兰卡和缅甸等地的佛教复兴运动，比较特别的一点，是它们正好都碰上了殖民帝国，于是它们又成了后来摆脱殖民、争取独立的政治运动的一部分。所以，直到今天，佛教在这些地方，特别是在斯里兰卡，也依然是一股非常重要的政治力量。

尽管如此，上面所说的这种想让佛教变得更加理性、更加纯净的运动，始终还是一种很精英化的东西。也许今天南传佛教地区一些学院训练出来的僧侣会告诉你，任何消灾祈福的法事都比不上自己的修行管用；有的甚至还会同意，佛教是一种"无神论宗教"。但是对于一般信徒而言，能够应付日常生活问题以及不测命运的一种超自然力量，可能才是他们的寄望。所以我们在泰国，会见到很多佛教徒在脖子和车子里的后视镜上，系一块号称具有神奇法力的佛牌；在缅甸的寺庙，则会看到信徒排队等着洗浴主管自己生肖的神佛，祈求平安。知识分子能够接受的佛教和成为民间习俗一部分的佛教这两者，到底哪一种才是真正的佛教呢？我想，这大概是所有宗教都会遇到的问题。撇开教徒对教义的争论，单从历史特别是社会史的角度来讲，我们或者可以说它们都是佛教。

2. 从吴哥窟看：印度教与佛教的交错

值得留意的是，在南传佛教主导的国家，许多不入所谓正统法眼的民间习俗，其实都有着比佛教更加古老的宗教源流。公元前三四世纪，也就是佛教传入斯里兰卡之前，印度的婆罗门教就

已先佛教一步传到这里以及缅甸等地区。

这里顺便说一句，婆罗门教和后来的印度教当然有所不同，但本质上一脉相承，都信奉梵天、毗湿奴、湿婆三大神，都宣扬善恶有报、人生轮回，所以也有人把印度教称为"新婆罗门教"。在东南亚一些国家的历史上，婆罗门教经常占据上风，甚至压倒佛教。就拿全球游客心目中的圣地，柬埔寨的吴哥来讲好了。那里有享誉世界的佛教造像，最著名者就是巴戎寺（Bayon）中四十九座巨大的四面佛雕像。因为佛像为典型的高棉人面容，个个面带笑容，所以被世人称为"高棉的微笑"。可是，吴哥也有大量的婆罗门教建筑，甚至"吴哥窟"最初的名字就是"毗湿奴之殿"，也显示出它的最初规划就是为了供奉婆罗门教的主神"毗湿奴"。除此之外，吴哥窟中规模最大的浮雕展现的也并不是佛教故事，而是婆罗门教的两大史诗《罗摩衍那》和《摩诃婆罗多》。

虽然后来佛教在很多国家和地区占据了绝对主流的地位，但婆罗门教的影响却一直延续至今。比如，泰国至今仍然是一个佛教占绝对主流的国家，95% 的民众信仰佛教。但如果我们去泰国转一转，就会发现几乎在泰国最奢华、最现代的购物中心门口，都会摆放着印度教神灵，供奉这些神灵的香火甚至要超过普通的泰国佛寺。其中最有名的，莫过于华人俗称为"四面佛"的梵天。又比如泰国国王加冕即位仪式，整个仪式当中就有很多婆罗门教元素，比如国王头上戴着的重达 7.3 千克、高有 9 层的金冠，它源于婆罗门教中的华盖伞。当然，最为突出的婆罗门教元素，还要数整个加冕仪式的主导者，因为他是一位婆罗门教祭司。

3. 东南亚：伊斯兰教与佛教的分布

现在的东南亚，婆罗门教教徒并不多，它的影响也更多的是隐含在文化里。相比之下，除了我们前面提到的基督教，伊斯兰教更是在很多地区成功取代了佛教的主流地位。比如隋唐时期一度成为佛教中心地区的印度尼西亚，如今佛教信徒只占总人口的1%，而穆斯林占总人口的比例却高达86.9%。非常有意思的是，如果我们拿着地图去观察如今东南亚地区的宗教分布，会很直观地看到，佛教在泰国、缅甸、柬埔寨、越南、老挝等占据绝对主流地位，而这些国家都位于中南半岛之上。伊斯兰教和基督教则在印度尼西亚、菲律宾等海岛国家占据绝对主流地位。

为什么出现这样的现状？这就要讲到伊斯兰教和基督教的传播了。关于它们的传播故事，让我们在下一个单元仔细叙说。至于佛教，我知道很多朋友都还想了解得更多，特别是我们没有讲到的藏传佛教。但要是这么一说，可就说来话长了，我们还是留待将来有机会再另外跟大家探讨吧。

（梁文道）

二　基督教拥抱南方

今天，我们来讲一讲有关"基督教拥抱南方"。

什么是我们说的"南方"呢？就是亚洲、非洲和拉丁美洲。我们前面讲到大航海时代，基督教如何在全球广泛传播，在拉美、

非洲和亚洲地区都有广泛影响。到今天，基督教在亚非拉的信徒和它所占人口的比例，已经超过了欧洲和北美。基督教不断地进入亚洲、非洲和拉丁美洲的这种情况，我们把它称为"基督教拥抱南方"。

1. 新教成为基督教全球传播的主要力量

在大航海的第一阶段，新教在基督教的全球传播中，没有发挥显著作用，这有几个方面的原因。

第一，几个天主教国家如西班牙、葡萄牙，走在大航海发现的最前列。因此，天主教在美洲的传播要早于新教，而且影响力也要大得多；第二，相对于罗马公教而言，新教没有那种大规模失去传统教区带来的危机感，不像罗马公教那样有那么大传播的动力；第三，由于在地理位置上处于欧洲的中部，与非基督教区域缺少接触，再加上新教各派别相互指责，缺少整齐划一的领导。因此，新教一开始并没有广泛而热烈的异域传教活动。

随着国际形势发生变化，西班牙、葡萄牙等传统罗马公教的国家力量变得衰微。从19世纪末开始，新教的荷兰、英国、德国开始成为欧洲的主导性力量，美国也在崛起。再加上在新教内部兴起福音运动，出现大量以传教为中心的草根型信仰团体，使得新教的全球传播以群众运动的方式表现出来。新教的全球传教逐渐步入正轨。

新教的传播路线，与天主教在第一阶段的全球传播有一个巨大差异：新教在全球的传播，主要依靠的不是国家力量，而是民间社会的推动。这是因为新教比较注重普通信徒对教会进行管理

的体制，倾向于民间自治，这些新教团体反对设立国家教会。

1592 年，一个名叫罗伯特·布朗的牧师就提出要建立独立于国家教会的独立教会，主张地方教会一律平等，不设立统管各教会的上级领导机构。这是一种类似于原子式的教会体制，任何超越地方教会的组织都只是一种联谊性的机构。在独立教会的内部，全体信徒对教会事务行使平等权利，由信徒选举执事或长老，聘任神职人员。在欧洲和北美，这种教会体制逐渐成为新教的主流，它鼓励普通信徒投身于基督教的全球传播之中。

基督教在全球范围内传播，不断地进入亚洲、非洲和拉丁美洲，成为当地的重要宗教力量，基督教的传教士参与甚至引发许多国家的现代化进程。以中国为例，传教士丁韪良在 19 世纪 60 年代翻译了《万国公法》。这是介绍到中国的第一部国际法，为中国处理外交事务和维护主权提供帮助。此书创造了很多新的中文词汇，如权利、主权、法院、人民、国体、自治、章程、政治、选举、司法、国会、制宪、领事等，使中国人开始了解当时的国际社会，懂得诸如民主、平等、自由、权利、法治、选举等政治制度和法律观念。1868 年 9 月 5 日，林乐知（Young John Allen，1836—1907）等人在上海创办《万国公报》，前后发行三十四年，是一份对中国近代发展影响巨大而深远的刊物。从康有为、梁启超到李鸿章、张之洞，包括后来的孙中山，都受到这份杂志的深远影响，这推动了中国现代化的进程。

总体而言，在这一个过程中，基督教发挥自己作为民间性的文化与社会组织的角色，与亚非拉的信徒群体一起，运用和借助自身的社会文化资源，参与到反对西方殖民主义的运动之中。这使得基督教在亚非拉等第三世界国家，仍然被当地人所信仰，并

为他们的心灵和道德建设发挥重要的作用。时至今日，基督教人数中的 60% 分布在第三世界。欧洲基督徒的人数要远比亚非拉的基督徒人数少。

2013 年当选的罗马教宗方济各，是第一位来自拉丁美洲的主教。梵蒂冈的高级神职人员中，也有不少来自亚洲和非洲的神父。例如，圣礼部部长阿林斯（Francis Arinze）是一位尼日利亚黑人，而信理部秘书长韩大辉是一位香港的华人等。

在此意义上，基督教今天已可称得上"第三世界人民的宗教"。

2. 在第三世界的传播路径

新教向亚非拉地区传教，没有与国家或王朝结合在一起，它更倾向于采取民间传播的方式。民间传播的路径有哪几条呢？

第一条路径是教育、文化和医疗等社会事业。基督教在欧洲走过的历史道路，使宗教与教育之间存在着密切的关系。中世纪时期的大学，就是在教会和修道院里发展出来的。新教在脱离天主教的过程中，也注重以教育的方式来进行信仰培育。新教内部的福音运动，促使教会把教育下移，通过主日学、中小学教育、文化出版、社会慈善工作等方式推广信仰。例如，在英国有一个宗派，名为循道卫理公会，其创始人约翰·卫斯理（John Wesley，1703—1791）便擅于这种民间推广信仰的方式。他在各地建立由信徒组成的"会社"，发动平信徒从事布道和教会管理的事务。

1742 年，他又发明了"班会"的组织方式。当地会员被分成若干个班，每班二十人，各由一名班长领导，由他负责每周向每一会员征收一分钱捐款。他将布道区划分为"巡回布道区"，由巡

回布道师往来于各区传道，又在每一巡回布道区设置"监督"，负责该区会务。他还编辑"基督教丛书"（Christian Library），提高这些平信徒布道员的知识水平。这种以平信徒为中心的传教方式，对基督教在亚非拉地区的传播也起到了巨大的促进作用。

当新教来到亚非拉等第三世界之后，他们延续在欧洲母国的做法，以平信徒为中心，采用建立出版社、建立学校、建立医院或从事医疗服务等方式，以此发展信徒，建立教会。

第二条路径是《圣经》翻译与语言文化交流的工作。新教改革的一个基本原则是"唯独《圣经》"，基督教被称为一个"圣书宗教"，它的整个信仰系统就是建立在《圣经》的基础之上。因此，当基督教来到亚非拉地区传播时，首先要做的一个工作就是翻译《圣经》。

这就产生两个方面的问题。第一，对于那些尚未有文字系统的民族来说，翻译《圣经》之前，先要创造一个文字系统。所以，在非洲、太平洋岛国等众多区域，基督教的传播与文字的创制是结合在一起的。据统计，全世界现有各种语言的《圣经》译本3312 种，其中大部分是少数民族的语言。在保护世界语言的多样性方面，《圣经》翻译起到了重要的作用。第二，对于那些具有悠久文明历史的民族来说，需要经过非常认真的研究，才能从本土语言中找到恰当的词汇来翻译《圣经》上的宗教概念。因此，《圣经》翻译又常常和字典的编制结合在一起。第一个来到中国的新教传教士马礼逊，就一边翻译《圣经》一边编制第一本《华英字典》，也就是我们今天所用的英汉字典的前身。

事实上，当基督教传教士到达印度、中国等地时，他们既在这些国家传播基督教，又把他们所了解的印度文明、中国文化等

介绍给欧洲，实际上从事的是文化交流工作。所以，欧洲大学的最初一批东方学家，常常就是那些来到东方的传教士。牛津大学的第一个汉学教授理雅各（James Legge，1815—1897），就是一名在中国传教数十年的基督教传教士。这些传教士把异域见闻传回欧洲国内，更激起了人们的传教热情。

3. 南方基督教的本土化

当今时代，第三世界的基督教有什么突出的特点？

第一个特点，就是第三世界基督教的民族化、本土化。自第二次世界大战之后，第三世界的民族自决运动产生了一批独立国家，它们在政治上主张"去殖民化"。这反映在宗教上，就是强调基督教神学应该植根于本国的民族文化传统中，与当前政治社会处境相结合。在礼仪和宗教活动中，它们都比较注意吸收本民族的传统艺术形式，如在礼拜中以民族音乐伴唱圣诗、自编赞美诗与圣歌、以民间艺术绘制圣像，甚至出现以香蕉代替面包作为圣餐、用黑人或亚洲人的形象来描绘耶稣和早期门徒等。

在教会管理体制上也实现了民族化，第三世界的教会已基本实现了自选自圣神职人员，自己管理教会。即使在教阶制比较森严、权力集中的罗马天主教，民族化、本土化也是非常显见的潮流。这一点在非洲教会中表现得尤为突出，由于非洲的部族文化传统深厚，基督教在礼仪崇拜等方面吸纳了相当程度的非洲传统部族文化，非洲教会甚至被认为是"为基督找到的一个新故乡"。

第二个特点，由于第三世界长期受西方殖民统治，生存环境相对恶劣，政治上集权、经济上落后，基督教在这些地区的发展

必须面对这些社会问题。因此，第三世界的基督教普遍发展出一种带有政治向度的基督教神学。例如，韩国的民众神学就主张以基督的牺牲精神，反对专制与暴政，为"民众"即受压迫的、柔弱的、卑微的下层百姓谋福利。

罗马天主教也运用自己的社会资源，注意组织下层百姓，与社会不公与罪恶作斗争，例如拉美的"解放神学"、菲律宾的"斗争神学"等。尤其是在中美洲，罗马天主教信徒占有极高的比例，有的几乎全民属于罗马天主教。以古斯塔·古铁雷斯（Gustavo Gutiérrez Merino）为代表的神学家提出"解放神学"，试图将马克思主义的阶级分析、社会革命的观点与基督教的传统信仰甚至对《圣经》的解释结合起来，认为教会不应以"信徒—非信徒"而应以"剥削者—被剥削者"的眼光看待人们，教会的任务是将被剥削、被压迫的人们解救出来。在非洲，人们提出一种"乌贾马"（Ujamaa）的神学。乌贾马是一个斯瓦希里语词汇，就是指"共同生活、集体劳动和共享劳动成果的传统氏族家庭"，相当于我们汉语中所说的公社。这些非洲神学家认为，人要在上帝面前得解放，先要在具体生活中享受平等、正义。因此，基督教的信仰与非洲传统的乌贾马理念是一致的，教会应该帮助那些从事个体劳动的农民组织起来，建立乌贾马村，走上集体化道路，建设一种社会主义的人道主义。

第三个特点，与西方的教派间关系相比，第三世界的基督教教派彼此之间没有什么历史包袱，宗派差异与分歧也较小。因此，它们更容易和谐相处，也能产生实质性的联合。例如南印度的圣公会、长老会、循道宗和公理会，早在1947年就制定了"联合计划"，遵守共同的教义、组织和礼仪，合并而为"南印度教会"，是较彻

底的合一行动。

第四个特点，是 20 世纪下半叶第三世界的基督教深受"灵恩运动"的影响，也就是注重情感、经验在信仰中的作用，在教会生活中强调自发性和灵活性。在基督教两千年来的发展中，强调三位一体中的圣灵，追求受圣灵而重生的经验，是基督教历史中古老的传统。但在基督教理论化和制度化的过程中，教义（信条）、组织与制度成为主流。在宗教改革之后，尤其在民间层面，追求重生、受圣灵的洗、痛哭悔改、以圣灵驱邪赶鬼等神秘体验，现代"灵恩运动"得以从中产生。

灵恩运动既产生独立的教会，也在教义、组织和礼仪上影响其他制度内的教派，甚至在罗马公教这样组织严密的教会中，灵恩运动也蔚然成势，被称为"灵恩更新"。在第三世界，尤其是在拉美和非洲，灵恩运动与基督教的本土化、民间化和民族化的潮流结合在一起，将基督教信仰与这些民族传统的自然崇拜、万物有灵论、巫的传统相融合，影响尤为深远。

经过两千多年的传播，基督教从一个地中海东岸的小教派发展成为今天拥有二十多亿名信众的世界宗教，其内在的精神力量和组织力量都是巨大的。在基督教向全球传播的过程中，它深度地参与不同地区的历史，与丰富的本土文化相结合，产生众多的不同教派。有时，基督教派别之间的差异，并不比基督教与别的宗教之间的差异小。

但是，正是在这样本土化的过程中，成就了基督教的全球化。

（游斌）

三　欧洲人想象并接受的东方

在这里，我们来讲一下基督教带来的中西文明交流，尤其是在明末清初之际。

1. 来华欧洲传教士带来的新技术和新知识

利玛窦等人是第一批沿着海上丝绸之路来到中国的传教士，他们是欧洲抗击宗教改革运动的中坚力量——耶稣会的成员。耶稣会的一个主要宗旨，就是将近代人文科学运动的成果与基督教的传教精神相结合，以社会中上层为对象，塑造基督教的现代知识人。因此，这些传教士来华，不仅传播教义，还广交中国官员和社会名流，传播当时欧洲的天文、数学、地理等科学技术知识。这些文化交流涵盖了科技、器物（商品）和社会制度等各个方面。

先说天文。比利时人南怀仁在清初来到中国传教，他精通天文历法、铸炮、机械以及地理。康熙年间，他受命设计和监造了赤道经纬仪等六架新的天文仪，是当时天文历法的最高成就。当时担任天文台台长（即钦天监监正）的，其实是德国传教士汤若望（Johann Adam Schall von Bell，1592—1666），但南怀仁却是业务上的最高负责人。南怀仁监制的火炮，也在清朝平定三藩之乱中立功。他本人更是康熙的科学启蒙老师，讲授几何学和天文学，使康熙对自然科学产生了浓厚兴趣。

再说地理。明末清初的中国人，仍然以为天圆地方、地分九州。而传教士带着欧洲最先进的地理学知识和地图制作技术来到中国，绘制《坤舆万国全图》，直观呈现中国之外的广阔世界，开启了中

华文明的新"世界观"和新"天下观"。

　　当然，我们不能忽略利玛窦的重要弟子徐光启。他跟随利玛窦系统接触西方数学，先是在1607年与利玛窦合译出了《几何原本》《测量法义》，后来又自己写成了《测量异同》与《勾股义》这两本书。徐光启还用西方科学方法，整理中国传统的农学思想与实践，留下很多著作。其中，最重要的有《甘薯疏》，这本书总结了他在上海试种甘薯的经验，推广这种当年从美洲传过来的新物种，为中国人找到替代主粮，不只克服饥荒，还间接促成中国人口的增长。

2. 东西方之间：艺术与思想

　　除了科学技术，在进入中国的传教士中，还有一批精通艺术的成了宫廷画师，甚至是皇帝的御用画家。他们将西方的绘画技艺传入中国，又把中国画介绍给西方。意大利的耶稣会士郎世宁曾参与建设圆明园，为乾隆平定准噶尔叛乱创作了武功画，替乾隆和他的嫔妃画人物肖像，而且还留下大量山水动物画。郎世宁也跟当时的画家如年希尧（1671—1738）、张照（1691—1745）、于敏中（1714—1780）、吴历（1632—1718）等人来往，切磋艺术。像他这样的耶稣会士画家，既保持信仰又学习中国的绘画技术。反过来，像吴历那样的传统文人和画家，则透过交往，一边创作中国传统绘画，另一边却成了天主教徒甚至神父。而且还要注意，中国的艺术图像也是通过传教士传入欧洲，那些图像甚至是17至18世纪欧洲艺术中的一个突出主题。

　　在思想观念和社会制度上，双方的关系就比较复杂而有趣了。就拿婚姻制度来说，明末清初的传教士明确主张"一夫一妻"，

但中国传统却盛行妻妾制度。这在一开始就引发了中西文化和社会之间的激烈冲突。在最根本的思想上，就像我们前面所说的，利玛窦等耶稣会士试图用文化接纳的方法来传教，难免要碰到最根本的思想差异，比如说当年一般中国人比较陌生的最高一神观念。

于是，利玛窦从中国典籍中寻找现成的名词如"上帝"或"天"来翻译基督教的最高神 Deus，又按中国的孝文化称上帝为"大父母"。他认为，人对基督教上帝的爱与信仰，是儒家所倡导的仁爱之根基"仁者先自真爱天主，转以天主之爱爱人"，也就是说，要成为儒家的仁者，首先要仁爱上天主宰，然后再把上天的普遍仁爱转移到他人身上。在他们的影响下，一种"无差等的爱"（类似于以往墨家的博爱），便重新进入中国知识界的讨论。

明末基督徒王徵就说："不论人认主与否，感恩与否，而惟以爱心普给之。人盍是则是效，以广其惠爱。"也就是说，不论他人是否同样相信基督，也不论他们是否有感恩之心，人都应该以爱心普遍相对。人们追随这样的原则，效法这样的做法，自然就能推广基督的恩惠博爱。

3. 传教士影响下的欧洲中国观

值得注意的是，此时来到中国的传教士，适逢中西之间的社会经济文化差距尚未拉开之际。中国社会与文化在他们的笔下，远非一个封闭、落后与僵化的文明体，而是一个有着内在丰富内涵、对基督教欧洲可以形成深刻启发的对话伙伴。所以，他们可谓最早一批促使"中华文化走出去"的使者，他们既向西方一般性介

绍中华文化，又以中华文化中的某些优良传统如人文主义等为镜鉴，呼吁欧洲自身的改良。中国文化成为欧洲人"想象并接受的东方"，间接地影响了欧洲文明的发展轨迹。

传统中国社会与文化，很早就形成自己的独特内涵，生活的具体表现形态也与欧洲有很大差异。如波兰传教士卜弥格，他第一个向西方介绍中医，节译《黄帝内经》《脉经》等中医理论著作，并撰写中医学术著作《耶稣会在中国的传教士卜弥格认识中国脉诊理论的一把医学的钥匙》，开启了西方对中医的研究。同时，他也推动中草药的西传，为后来外国人对中医的重视起了很大的作用。再如，法国传教士殷弘绪译注中国经典书籍，对《尚书》和《春秋》中有关中国人的宗教信仰进行考察、解释，并在中国历史等领域进行研究和写作。他还节译了康熙三十六年（1697）出版的《长生》一书，对《本草纲目》进行节译，翻译李时珍所著《濒湖脉学》的中医脉学理论，同时将有关人参、茶叶、中药片剂等方面的知识介绍西方。殷弘绪还向西方详细地介绍了中国的植物，如佛手、柿子、扫帚草、樟树、荔枝、柳絮、竹子等，让西方人了解中国的这些植物。

重要的是，这些来华传教士还把中国文化介绍给欧洲社会，将中国经典翻译成欧洲语言文字，从而在16—18世纪的欧洲形成一股"中国热"的风潮。

据说，利玛窦曾将"四书"译成拉丁文寄回意大利，金尼阁于1626年将"五经"译成拉丁文，但这些译稿未能流传下来。意大利耶稣会士殷铎泽（Prospero Intorcetta，1626—1696）和葡萄牙耶稣会士郭纳爵（Ignatius da Costa，1599—1666）合作，将《大学》译成拉丁文，以《中国的智慧》为名于1662年出版。1687年，柏

应理（Philippus Couplet，1623—1693）、殷铎泽等人出版《孔夫子：中国哲学家》一书。殷铎泽还翻译了《中庸》，为之取名《中国的政治道德学》，再如巴多明（Dominique Parrenin，1663—1741）著《六经注释》、钱德明（Joseph-Marie Amiot，1718—1793）著《孔子传》和《孔门弟子传略》等。

　　到 18 世纪，共有大大小小数十种中国经典译本在欧洲流行。这些译本与注释，使欧洲人对中国经典与文化体系有了较深入的了解。在耶稣会士的介绍之下，孔子与儒家主要被呈现为一种人文主义思想，中国被描述为一个无宗教的社会。中国的这一形象传到欧洲之后，被当时的人文主义和理性主义思想家所注意，便利用中国为他们的理想社会或政治哲学进行辩护，对西方思想家如莱布尼茨（Gottfried Wilhelm Leibniz，1646—1716）、伏尔泰（Voltaire，1694—1778）等人的启蒙运动产生了重要的影响。

　　例如，德国学者莱布尼茨就根据这些传教士的译著，感叹道：中国有令人赞叹的道德，还有自然神论的哲学学说……这种极富权威的哲学体系创立于三千年之前，远在希腊人的哲学很久以前。他在《论中国哲学》一书中，予中国传统文化以极高的评价，说道："我们从前谁也不相信，在这世界上还有比我们的伦理更完善、立身处世之道更进步的民族存在，现在东方的中国竟使我们觉醒了。"而法国启蒙运动的重要人物伏尔泰，出于反法国天主教教会的现实需要，将中国的历史和哲学树为榜样，对中国的伦理道德给予高度赞扬，认为中国"在伦理道德和治国理政方面，堪称首屈一指"。他大力颂扬孔子所说的"己所不欲，勿施于人"，甚至挂上孔子的画像，朝夕膜拜。他还出于反专制的需要，赞美中国的政治制度。在他看来，中国的行政组织各部分互相联系，官吏是经过"科举"

的严格考试产生出来的。加上中国设有谏议制度，皇帝虽然高高在上，却并非擅自专制。所以，他说："他们帝国（中国）的组织，是世界上最好的"，"中国是地球上人口最多、管理最好，而且最优秀、最古老也是最广博的王国"。

当然，这一批启蒙思想家都是出于自己的政治目的来赞美中国文化，但在中国的传教士对中国文化的翻译与介绍，却毫无疑问为他们提供了理论和现实的依据。总之，基督教在明末来到中国，带来了中西间文明交流的一个高峰。这一时期，中西文明是平等的互视，把对方当作深度学习的对象。可以说，这是一个文明互鉴的典范。

（游斌）

四　奥斯曼——最后一个伊斯兰帝国

在这一期番外里，我想和大家聊一下世界历史上最后一个伊斯兰帝国——奥斯曼帝国，当然，我们在第六季还会谈到奥斯曼帝国，不过，奥斯曼帝国的历史很长，延续了六百多年（1299—1922），基本上相当于中国的元、明、清三个朝代，还要加上一小段民国时期。自秦始皇统一中国，我们根本找不到一个朝代能够这么"长寿"。所以，我们还是要仔细讲讲它。当然，这篇番外不可能面面俱到，只能主要关注奥斯曼帝国与伊斯兰有关的部分。

1. 从圣索菲亚的命运说起

2020 年 7 月，在土耳其的最大城市伊斯坦布尔，发生了一件让全世界（尤其是基督徒和穆斯林）瞩目的事情，就是八十多年来一直以博物馆状态存在的圣索菲亚博物馆，又被变成了清真寺。为了这件事，土耳其总统埃尔多安（Recep Tayyip Erdogan）亲自全程参与了一个在圣索菲亚举行的盛大仪式，甚至还亲自诵读《古兰经》的部分章节。当时在圣索菲亚外面应该至少有十万人参加，而且这还是在疫情期间。

土耳其这个举动令世界舆论哗然，有人批评这些年来土耳其在保守化、宗教化的道路上越走越远，说土耳其是在开历史的倒车。希腊人更是非常激动，对土耳其不断谴责，强调圣索菲亚是不同宗教的共同历史遗产。而在土耳其，倒是绝大多数人和政党支持这件事情，显然这个举措是有民意基础的。至于说宗教化，那倒还是有争议，更准确地说应该是政治对宗教的利用。这种做法在世界范围内，其实屡见不鲜。但需要问的是，为什么是圣索菲亚？一般不都是说圣索菲亚大教堂吗？怎么一会儿是圣索菲亚博物馆，一会儿又是圣索菲亚清真寺呢？

这就得说到奥斯曼帝国了。一般说起奥斯曼帝国，你会想到什么呢？我想，一般人应该会先想到伊斯坦布尔吧，在土耳其人于 1453 年征服这里之前，这个地方还叫作君士坦丁堡。而且直到近现代，还有很多西方人继续称呼这座城市为君士坦丁堡。1453 年，这是一个非常重要的年份，因为在这一年 5 月，土耳其人最终攻陷君士坦丁堡，灭掉东罗马帝国，可以说是实现了穆斯林自先知时代开始就一直梦想的事情。

奥斯曼帝国当时的领导者是苏丹穆罕默德二世，那年才二十一岁，此后他因此获得了一个称号"征服者"（Fatih）。土耳其人在征服君士坦丁堡之后，做了一件非常有象征意义的事情，那就是把东正教最伟大的建筑圣索菲亚大教堂变成清真寺，直到1935年。在那之后，新兴的土耳其共和国为了缓和与西方的关系，决定把圣索菲亚清真寺改成显得中立的博物馆。

1453年，征服了君士坦丁堡之后，土耳其人主导建立的奥斯曼国家也成为真正意义上的帝国。此后，奥斯曼帝国不断开疆拓土，在16世纪达到巅峰，发展成地跨欧亚非三大洲的帝国，并分别在1529年和1683年两次围攻中欧的维也纳。单从以上说到的这几个方面，我们就能感觉到奥斯曼帝国很了不起，它在一定程度上甚至超过以前的阿拉伯帝国，是伊斯兰帝国中的佼佼者。

所以，我们有必要了解一下奥斯曼帝国的历史。

2. 奥斯曼帝国：接过阿拔斯帝国的大旗？

我们谈论伊斯兰教的那一讲里，涉及政治史的部分不多，主要是围绕阿拉伯人的政权来讲的，从先知到阿拔斯王朝，主角差不多都是阿拉伯人，而且都是没有离开麦加的古莱什部落。不过，到阿拔斯王朝中后期，阿拉伯人的地位开始衰退。11世纪初之后，来自中亚地区的塞尔柱突厥人崛起，他们控制了哈里发，又获得"苏丹"这个头衔。而阿拔斯王朝的哈里发，能直接控制的也就是首都巴格达了。南宋理宗宝祐六年（1258），蒙古人攻陷巴格达，阿拔斯王朝才算正式灭亡。

对中东地区的穆斯林来说，蒙古征服带来的后果是场灾难，

哀鸿遍野，人们对未来感到幻灭，觉得伊斯兰文明没有希望了。但短短半个世纪之后，在拜占庭和蒙古人的小亚细亚地区的边疆地带，信奉伊斯兰教的奥斯曼国家崛起了。对穆斯林来说，奥斯曼土耳其人因此一度被看成伊斯兰事业的拯救者，他们恢复了伊斯兰教的光荣，并且继续推动伊斯兰的扩张。

我们先简单说一下奥斯曼人的来历。从空间上说，奥斯曼起源于今天小亚细亚的西部，也就是土耳其西部。时间上，大致可以说是13世纪后期。小亚细亚这个地方，长期是拜占庭帝国的领土，主要由希腊人定居，东部还有亚美尼亚人和库尔德人。小亚细亚一直没有被阿拉伯帝国征服，但在1071年的时候发生一件具有重要历史意义的事情，那就是讲突厥语的一支游牧人——塞尔柱人，在今天土耳其东部的曼齐克尔特这个地方打败东罗马帝国的军队，还俘虏他们的皇帝。塞尔柱人是来自中亚北部草原地区的游牧民族，他们曾有一个领导人叫塞尔柱，这就是这个集团名字的由来。又因为讲的是突厥语，塞尔柱人有时也被叫作塞尔柱突厥人。塞尔柱人先后卷入我们之前提到过的中亚萨曼王朝、喀喇汗王朝等政权的相互攻伐，在这个过程中逐渐发展壮大起来。

打败拜占庭之后，塞尔柱人开启了小亚细亚地区伊斯兰化和突厥语化进程，大批讲突厥语的游牧民族西迁涌入，最终导致这片地区脱离基督教世界，成为伊斯兰世界的一部分。这个过程也是土耳其民族的发端，在两百年的时间里，与中亚草原环境相仿的安纳托利亚成了塞尔柱突厥人安身立命之根，他们与周围的希腊人、斯拉夫人逐渐融合，小亚细亚地区的人种、语言逐渐突厥化，成为近代土耳其民族和语言的前身。11世纪末至12世纪初，塞尔柱帝国分裂，其中的一个罗姆苏丹国（Sultanate of Rum, 1077—

1308），以今天土耳其中南部的科尼亚（Konya）为中心。在它控制的地区最终发展出了奥斯曼帝国。

　　奥斯曼人的起源，其实并无可靠的史实支撑，大致上说，他们是不断向西迁徙的、来自内陆亚洲、讲突厥语的游牧部落成员。他们自称与塞尔柱人同属传说中的乌古斯一支，后来也皈信了逊尼派伊斯兰教。其实，来自内陆亚洲的游牧部落，早在 11 世纪就扩散到了小亚细亚半岛，这些游牧民一度受到塞尔柱王朝的节制。蒙古人的到来，给小亚细亚地区带来巨大动荡，讲突厥语的游牧民族向西迁移得更加频繁。就在这个过程中，奥斯曼人趁机崛起，他们混合了流民、游牧部落和宗教狂热等多种元素，从一个边疆地区的公国发展为一个规模巨大的中东帝国。从这个意义上说，奥斯曼人接过阿拔斯王朝的大旗，并且举得更高。

　　奥斯曼人凭什么能够崛起呢？你或许还记得，阿拉伯人的兴起部分得益于有利的外部环境。同样的，外部环境对奥斯曼人也是有利的。当奥斯曼人崛起的时候，一样是讲突厥语的塞尔柱王朝，已经衰落消亡。奥斯曼人暂时承认以伊朗为中心的伊尔汗王朝的宗主权。与此同时，欧洲又正好处于衰落和分裂，14 世纪的黑死病使欧洲人口锐减；1337—1453 年的百年战争耗尽英法两国的精力；意大利长期存在威尼斯和热那亚之争；巴尔干地区更是因为宗教和政治而陷入纷乱；基督教王国的农民不堪重负而心怀怨愤，日益失去抵抗穆斯林的热情。这些条件都有利于奥斯曼土耳其人的扩张。

3. 16 世纪：征服与辉煌

　　征服君士坦丁堡之后，奥斯曼帝国的另一个征服高潮是 16 世

纪初期。那时，苏丹塞利姆一世（Selim I，1512—1520 年在位，又作谢里姆一世）发动了伊斯兰世界的领土兼并。

1514 年，奥斯曼人的军队先在小亚细亚东部的卡尔迪兰重创什叶派的萨法维王朝的军队，又在 1516、1517 年，先后征服叙利亚和埃及。当时控制埃及的本来是苟延残喘的马穆鲁克王朝，它的统治者与奥斯曼土耳其人有着相近的内陆亚洲起源。奥斯曼帝国征服了传统上被视为地中海粮仓的埃及，获得稳定的税收和丰富的粮食供给。此外，征服埃及还有另外一个重要的历史意义，那就是奥斯曼帝国的统治者终于从马穆鲁克统治者那里接收了哈里发的称号（也就是先知的继承人）。从此之后，帝国皇帝一人兼具双重身份，既是政治上的最高权威苏丹，又是宗教上的最高权威哈里发。

不过，和之前的哈里发国家相似，奥斯曼帝国的实际宗教权威也不在哈里发的手中，而是被宗教学者阶层垄断。但征服马穆鲁克王朝，还是使得奥斯曼统治者增强了自身统治的合法性，因为他一并也把穆斯林的圣城——麦加和麦地那纳入自己的控制之下。所以，在埃及被征服的 1517 年，麦加的"谢里夫"（阿里的后裔所享有的称号）也承认奥斯曼苏丹的哈里发地位，奥斯曼帝国使得统治者获得"两座圣城之仆"的头衔，阿拉伯半岛的汉志地区正式成为奥斯曼帝国的一部分。自此之后，麦加的"谢里夫"开始接受奥斯曼皇帝的册封，一直延续到帝国末期。控制了阿拉伯地区，越来越多的正统穆斯林精英由此进入帝国统治中心，使帝国经历一次"再伊斯兰化"的过程。再强调一次，皇帝虽然在理论上具有无限权力，但宗教传统和称作"沙里亚"（al-Shari'ah，原意为通往水泉之路，意指应该遵循的正道和常道）的伊斯兰教

法对苏丹权力还是具有某种程度的制约作用。

奥斯曼帝国在16世纪初已成为地跨欧亚非三大洲的大帝国，这个世纪也堪称"奥斯曼帝国的黄金时代"。随着帝国版图的迅速扩大，人口总数也从1500年的九百万人增至1600年的两千八百万人。不过，到了17世纪之后，随着帝国领土面积的缩小，人口才又下降到两千四百万人，这种情况一直持续到19世纪晚期。

伊斯坦布尔作为帝国首都，成为帝国最壮观的城市。征服君士坦丁堡之后，穆罕默德二世将著名的圣索菲亚大教堂变成清真寺。历任统治者都支持宏伟的建设方案，赞助学者、诗人和艺术家，想在伊斯坦布尔城市史与伊斯兰文化史上留下自己的印记。伊斯兰细密画的画师们在皇宫内外的工作室里进行创作。伟大的建筑家锡南（Mimar Sinān，1489—1588）及其弟子也生活在这个时期，伊斯坦布尔许多地标性建筑都出自锡南之手，比如为苏莱曼大帝（Suleiman the Magnificent，1520—1566年在位）建造的苏莱曼尼耶清真寺（Süleymaniye Mosque），气势恢宏，立于伊斯坦布尔最高处。锡南又为苏丹塞利姆二世（Selim II，1566—1574年在位，又作谢里姆二世）在埃迪尔内（Edirne）设计建造了塞利米耶清真寺（Selimiye Mosque），该寺被视为他的代表性杰作，在伊斯兰建筑史上的地位特别崇高。伊朗名城伊斯法罕（Iṣfahān）的重要建筑，甚至印度的泰姬陵也都跟锡南的弟子有关，他们后来还在17世纪初建造了土耳其著名的蓝色清真寺。

4. 伊斯兰的角色

奥斯曼帝国是一个伊斯兰帝国，信奉的是正统派——逊尼派。

伊斯兰对奥斯曼帝国意味着什么？我们先看一个典型奥斯曼官僚的样子。

麦莱克·艾赫迈德帕夏（Melek Ahmed Pasha，1588—1622）是一位典型的奥斯曼绅士。他从不说谎，通常沉默寡言，时而热泪盈眶，极少大笑。他主持的会议上，从不允许闲谈或蜚短流长。不过，当他听到雅致的妙语时，也会咧着嘴笑。他衣着考究，只穿伊斯兰教教法允许的衣服……他干净、整洁、优雅，衣服的下摆比其同僚的衣领还要干净。实际上，麦莱克帕夏在各个方面都很贞洁、纯粹。他正直而虔诚，在宗教上非常博学，积极践行宗教的要求。他贞洁而又有节制；他是一个完美的加齐（gazi/Ghazis，字面意思是为信仰而战的骑士／圣战者，这是一个称号）、勇敢的大臣……他弓马娴熟——这是先知的教导；在标枪、击剑、狼牙棒和矛等方面技艺精湛……作为一个强壮而勇敢的战士，他在摔跤方面也罕有对手……极少有人能让他背部着地……他也不会纵欲过度。他在语法学方面博览群书；在法律方面也无出其右者，尤其是继承法。他能牢记八百多个教法案例以及一千多条圣训；他能够背诵数千句苏菲派韵文，还熟知波斯语和突厥语的颂歌，并能在适当的场合吟唱。他在书法方面也出类拔萃，苏丹穆拉德四世（Murad IV，1623—1640 年在位）曾命其设计皇家签名章……他廉洁奉公，从不受贿，也不允许别人这么做；也不会为升职而行贿……当然，他曾将自己辖区内的特产和良马作为礼物送给苏丹以及其他的大臣和官员。

显然，这是一个奥斯曼帝国的精英。在奥斯曼帝国，宗教是日常生活的一部分，对身处官场的精英人物来说尤其如此。不过，奥斯曼帝国还有大量非穆斯林人口，主要是希腊正教、亚美尼亚

教派以及犹太人。在对非穆斯林的管理上，奥斯曼国家尊重被征服地区的传统秩序，但又用伊斯兰传统改造它们。传统上，伊斯兰帝国对"异教徒"有一套有效的统治方式。伊斯兰教把世人划分为"信仰者"（即穆斯林）与"不信者"（即非穆斯林），对于后者又具体划分为"有经人"（即犹太教徒和基督徒等）和"无经人"。"有经人"无须改宗，只要缴纳一定数量的人头税，即可享有较高的自治权。根据伊斯兰教法，征集人头税的目的是免除纳税人的军事义务，并获得穆斯林的保护。包括奥斯曼帝国在内的大多数伊斯兰帝国，都在某种程度上遵循了这种多元化的统治方法。

但伊斯兰教毕竟是奥斯曼帝国的国教，所有事情都还是需要具有伊斯兰教法解释的合法性。当然，这些解释往往比较灵活。它们主要针对的是穆斯林与非穆斯林之间的分别，非穆斯林穿戴的服饰和交纳的税都不一样。在名义上，各个非穆斯林宗教共同体都享有较大的自治权；但在实践中，伊斯兰教法法庭明显有更高的裁判权，虽然它并不会主动对非穆斯林行使司法管辖权。简单地讲，穆斯林之外的其他臣民虽然被包容，但只有"二等公民"的地位。直到 19 世纪的近代化改革，奥斯曼帝国的非穆斯林才开始被视为与穆斯林一样，是平等的公民。不过这种改革来得太晚，那时帝国中的基督徒群体已经兴起民族主义，加上欧洲列强的干涉，基督徒就逐渐脱离奥斯曼帝国。到了 1918 年奥斯曼帝国在第一次世界大战中战败，这个帝国很快就解体了。1923 年，经过艰苦的民族运动，才建立起现代的民族国家土耳其共和国。

奥斯曼帝国曾经控制广阔领土，掌管伊斯兰教的圣城，地理位置非常重要，它不仅与广大伊斯兰世界维系着持续关系，还积极参与欧洲事务。作为最后一个伊斯兰帝国，奥斯曼帝国为今天

的中东和巴尔干地区留下丰厚遗产。所以，这里简单地介绍奥斯曼帝国的历史，希望有助于各位了解现在中东地区复杂局势的由来。

（昝涛）

五　文明的兴衰与宗教

这一期番外，是想回答一些朋友提出的问题。一个比较集中讨论的问题，就是近代以来，伊斯兰文明衰落，西欧崛起并征服和宰制全世界，原来产生过伟大文明成就的中东、南亚、东亚地区却相对衰落，这是为什么？

这其实是学习全球史的时候，每一个人都会遇到的问题，可以说这是非常老的问题。但至今也没有什么特别好的解答。历史上，提出和回答这些问题的说法很多，包括种族论、文化决定论、启蒙—现代化理论、"大分流"、伊斯兰主义等，这些理论都尝试回答过这个问题，但似乎也没有特别令人信服。

种族论者强调了某个种族（尤其是近代以来的白人男性）的优越性，否认其他种族或民族的创造能力，这当然不成立。"大分流"把1750—1900年看成是世界"大分流"时期，经过发生在政治和经济领域的革命，欧美国家进入现代社会，东西方差距急剧拉大。不过，它也强调某种偶然性，比如英国和中国长江流域是很相似的，但唯一不同的是，中国江南地区没有英国那么好的运气与条件，因为我们的煤矿离江南太远，不容易出现蒸汽革命。这个说法很有争议。而伊斯兰主义呢，整体上把是否遵循伊斯兰"正道"作

为标准来论述成败。这也不见得符合历史，因为它可能把"伊斯兰文明"理解得太狭隘了。

下面，让我们从"伊斯兰文明"说起。

1. 所谓"伊斯兰文明"，不是一个狭隘概念

从倭马亚到阿拔斯时代，阿拉伯帝国领土上出现的文明，当然是多种文明互动、交流和融合的成就。所以，我们虽然使用了约定俗成的"伊斯兰文明"这个概念，主要是指它发生在伊斯兰帝国的领土上，受到伊斯兰的深刻影响。但这不是一个狭隘的概念，相反，它应当是一个宽泛的范畴。

我们或许可以打一个不太恰当的比方。这就像很多人说，在美国出现了世界上最多的一流大学、最多的科学技术的创新。但我们是否有必要去质疑，这些文化和科学成就是不是由"真正的美国人"独立发明和创造的？而我们是否可以把"真正的美国人"定义为 WASP（White Anglo-Saxon Protestant）呢？显然是不可以的。非 WASP 的贡献，只要发生在美国，还是会被视为美国文明的成就。这个比方，或许可以有利于我们理解"伊斯兰文明"。

如果说 9—10 世纪的时候出现了伟大的伊斯兰文明的巅峰，穆斯林政权对这片土地的统治和管理，至少也经历了两百年。在这两百年里，那些创造了辉煌文明成就的出类拔萃之辈，难道不是长期生活在伊斯兰土地上的人们及其后代？有时候，欧洲人因为面对伊斯兰文明的挑战而发展出来一种伊斯兰观念，即把伊斯兰教／穆斯林与伊斯兰文明剥离。其实，这种做法，就跟把伊斯兰教／穆斯林与伊斯兰文明画等号一样都是很有误导性的，因为它不

符合我们说过的历史上文明交流共融的那种状况。

不过，这种伊斯兰观念在今天的西方以及深受其思维影响的人群中，仍然是很普遍的。这也是我们提出这样一些"大问题"的原因。

而这里又会出现一个问题，那就是伊斯兰文明真的衰落了吗？是否可以做出这样的判断？如果就宗教本身来说，其实我们很难说伊斯兰衰落了。现在还有一种观念认为伊斯兰一直在扩大；而就综合性的文明成就来讲，我们是否可以说伊斯兰文明的衰落与西方文明的崛起？这样的"大话"，在很大程度上往往也是非历史的判断。为什么这么说呢？既然我们已经说过，文明的发展往往都是交流、交融和互鉴的结果，那么在这个世界上就不存在本质主义上的某个文明。某某文明的划分，往往是过分简化历史的做法。如果我们承认存在共同的叠加的交错的人类文明，那么在某个时间、某个地域出现某种文明形态，而在其他的地方没有出现，是不是就意味着出现此文明形态的地方是某个文明的崛起，其他地方就是相对的衰落呢？其实也很难说。

你回头看历史，7世纪之后形成的伊斯兰教区域与传统的基督教区域，在千余年来就始终有那么多的互相冲突和密切交错，既然伊斯兰帝国的文明与欧洲存在那么多互动，那么在中东伊斯兰帝国的文明之发展、繁荣和停滞与欧洲中世纪所经历的漫长的黑暗、复兴与崛起，是不是应该被看成一个共同的历史进程？或者说，是一个漫长的和综合的历史的共同部分，而不是截然分开的两不相干的事物？从这个意义上来说，讨论历史的时候，我们一方面需要摆脱传统的那种机械的经济决定论，另一方面更要摆脱宗教决定论。也就是说，当我们说一个宗教阻碍或促进了文明发展的

时候，我们是不是过于武断，或者是断章取义地截取了历史的其中一段来说明一个整体？

因为，同样一个宗教，怎么可能既促进又阻碍文明的发展呢？应该说，我们既要长时段地来看历史，又要结合多因素来分析历史，而不能把宗教作为一个单一因素，尤其是不能把它当作决定性的唯一因素来看。

2.《智慧宫》的历史观

让我们来看一本书，这本书是从英文翻译过来的，书名是《智慧宫》（*The House of Wisdom*），这书还有一个副标题，就是"阿拉伯人如何改变了西方文明"（*How the Arabs Transformed Western Civilization*）。

这本书的主题，大家应该比较容易理解。讨论伊斯兰文明的时候，这本书叙述了中世纪时阿拉伯或伊斯兰科学的伟大成就，以及它如何进入到欧洲—拉丁世界。而当时的欧洲还被认为是一个不够开化的社会，是在这些伊斯兰科学成就的帮助下，欧洲才成为文明社会。这一段历史被认为是被抹杀或被掩埋的历史，这本书也被认为是能够帮助我们改变对伊斯兰文明认识的一本经典，它会告诉我们要重新理解伊斯兰与欧洲的关系。

我有两点很重要的阅读体会，在这里向各位报告一下。第一，是作者描述了中世纪欧洲人在来到或接触到伊斯兰帝国的时候，惊异地发现了伊斯兰文明、政治、法律和社会的发达、强盛与先进，这是非常真实的感受；第二，是作者提到阿拔斯帝国的统治者所建立的智慧宫里所发生的学术进步，其实这里也一直蕴含着一个

重大冲突，就是信仰与理性之间的紧张。

在伊斯兰帝国，生活着很多非穆斯林，尤其是基督徒、拜火教教徒和犹太教教徒。他们的宗教体系早就成熟了，都很擅长宗教辩论，新生的伊斯兰教也必须与他们辩论。这是引入亚里士多德辩证法的原因，也就是说它要帮助穆斯林神学家进行神学辩论，但随着更多（主要是古希腊的）知识和智慧的引入，信仰／天启与理性之间的矛盾就出现了。最初，穆斯林的神学家还有人坚持认为，探求知识的宗教般的热情能让人更接近神，但越来越多的神学家跟当时的基督教和犹太教的神学家看法是一样的，也就是人类了解甚至控制其周围世界的任何愿望似乎和传统的"神是万能的"这样一种宗教思想相违背。所以说，这是很重要的一种思想冲突，近代欧洲所发生的思想冲突，其实也主要是在这一点。

另外一个问题是，在《智慧宫》这本书里，作者多次提到，神学家质疑科学家或哲学家的时候，是阿拉伯世界的当权者或地方统治者，尤其突出的就是著名的哈里发马蒙，为早期的科学家提供了保护。伊斯兰帝国的科学家或哲学家（当时，这两个词几乎是同义），非常推崇希腊，甚至证明希腊人和阿拉伯人有共同的祖先，以此来论证学习古希腊的正当性。同时，他们也谴责基督教对古希腊文明的摧残。而在中世纪的欧洲，追求新知也不断地遭到教会的禁止，因为"阿拉伯人的学问"也被认为是危险的。

这本书的主题，尽管是要强调阿拉伯—穆斯林文明的伟大以及欧洲人在多大程度上受到它的影响，或者说提醒欧洲人不能"忘本"，但我更愿意强调的是：在读书过程中涌现出来的另一个感受是，这些伟大科学与哲学成就，其实在阿拉伯—伊斯兰世界也好，在欧洲基督教世界也罢，都曾遭受相似的命运，或者并行，或者

前后相继。

如果你读过黎巴嫩裔法国小说家、历史学家阿敏·马卢夫(Amin Maalouf)的《撒马尔罕》(*Samarkand*),你就应该还记得"哲学家"(小说里的代表人物就是波斯人海亚姆)受到神学家的多大压力,以及他们为什么要谨言慎行。在《智慧宫》这本书里,作者提到很多类似的情况。所以,我们一方面要看到基督教或者伊斯兰教的伟大成就;另一方面也要看到在这种成就的背后,信仰与理性的冲突仍然是不断进行的,很多时候要靠着统治者的支持。

这是一个很重要的历史特征,佛教、基督教、伊斯兰教以及中国的儒家,概莫能外。

3. 人类文明的大概念

让我们回到伊斯兰世界。阿拔斯王朝先是出现文化与科学的繁荣,但后期也出现分裂与停滞。1258 年,蒙古人灭掉阿拔斯王朝的时候,这个王朝早就不是一个统一的帝国。

伊斯兰教的神学体系早在 10 世纪后,已经被认为足够完备。对于逊尼派来说,创制之门甚至被认为是关闭了(当然,这不是人为使然,而更多的是教法学体系发展的某种自然结果)。在阿拔斯帝国之后,奥斯曼帝国接过传统的伊斯兰帝国的旗帜,又延续了很长的时间。

对比来看,欧洲也有它自身的问题。欧洲长期以来不断吸收伊斯兰文明的成果。所谓中世纪的黑暗,其实是不完全正确的,欧洲并没有关闭开放的大门。不过,欧洲在罗马帝国之后,再也没有出现过强大的帝国。欧洲的分裂和封建斗争是一个很独有的

特征，但阿拔斯帝国之后有奥斯曼帝国、萨法维帝国、莫卧儿帝国，在伊斯兰世界里还是有较长时间的统一和强大帝国的。欧洲没有这个现象，欧洲是小君主国的模式，而且这些国家之间竞争很激烈。

经历过 14 世纪比较长时间的黑死病大流行的欧洲，在文艺复兴时代就无法维持其封建传统了，欧洲进入一个列国竞争激烈同时创造性很高的时期，之所以会这样，也许是某种程度上，神权与王权的缝隙中，更容易萌生新的思想和新的知识。到了 16 世纪，当奥斯曼帝国达到巅峰，萨法维王朝和莫卧儿王朝崛起的时候，欧洲更进一步分裂。在基督教内部，马丁·路德的宗教改革出现，宗教战争随之而来。在各个区域的你争我夺中，民族国家逐渐形成。直到 1648 年，欧洲人才总算结束这个漫长的内斗时代，确立现在仍适用的现代国际体系。

尽管欧亚大陆的核心地带主要被穆斯林所控制，但欧洲也在寻找出路，比如大航海就是一个很了不起的举动，不但开拓欧洲人的视野，更获得新的能量，包括商品、土地、货币等财富。这之后，非洲的黑奴又被贩卖到美洲。这是欧洲人开启一个全球性紧密联系的新时代。然而，这些都没有发生在伊斯兰国家，或者至少说主要不是在伊斯兰帝国发生的。东部亚洲同样如此，郑和下西洋之后的中国，也最终成为一个较为保守的内陆／大陆型帝国。即使明朝最后被清朝取代，但文化上仍然是保守的。虽然伊斯兰帝国雄踞欧亚非大陆，坐拥传统丝绸之路贸易的财富，但这个时期，欧洲列国是作为海洋（文明）的开拓者，是另一个颇为不同的状态。

虽然这时的欧洲，还不能跟传统的大陆帝国相比，但这时发展起来的欧洲已经蕴含制度和思想发展的不同形态与路径。欧洲列国的竞争，也使他们关注获取更多的财富和技术，这是欧洲最

终能够胜出的一个重要因素。这可以被看成劣势者的突围。回头来看伊斯兰区域，奥斯曼帝国虽然庞大，但内囊却有点尽了。举个例子，他们长期从欧洲购买武器。在 17 世纪，奥斯曼人还能够从欧洲购买军火，但是自己却不造。这样，更新迭代也跟不上，结果连自己的造船厂都关闭了，之后就一直靠进口。这种此消彼长，决定后来全球历史的走向。

再补充说一点，欧洲出现印刷革命后，在伊斯兰世界这基本上是长期不被允许的。保守派一直不让印刷土耳其语和阿拉伯语书籍，这可能也妨碍了文化的传播与发展。近代的思想开放、科学进步、制度发展，都出现在西欧，可是一样也没有发生在奥斯曼帝国，同样也没有发生在东亚。所以，整体上说，的确可以看到，西欧这个地方的近代文明崛起了，以及其他地区相对衰落了，尤其是在工业革命之后。

如果嫌我们分析的时间跨度不够大，那么我们可以从现在倒回去看过去几百年的历史，你看到这里既有欧洲的崛起和中国的衰落，也有中国近年来的重新崛起。那么，你会不会问，既然中国能够崛起，那为什么伊斯兰世界没有崛起？我觉得这个问题也不是很好回答。

首先，必须承认从 18 世纪以来，伊斯兰世界也一直在探索，但特殊的地缘政治结构，使中东穆斯林地区长期面临新兴列强的威胁，最终分崩离析。尤其是阿拉伯人，出现了二十多个国家，欧洲人的“东方问题”是被解决了，但中东地区再也没有建立起强大的统一大国／帝国。唯一保持其历史规模的可能就是伊朗，但伊朗的现代化也在 20 世纪出现了极大的问题，尤其是严重的不平等。最终，1979 年巴列维国王（1919—1980）被推翻，伊朗发生

伊斯兰革命，现在还被美国制裁。在 20 世纪前期，当中国人对自己的未来还不是很自信的时候，当时的中国精英还非常推崇凯末尔（Mustafa Kemal Atatürk，1881—1938）革命的土耳其模式。但一百多年来，在伊斯兰世界，的确没有一个体量上能够跟中国相比的国家。

就现代化进程来说，各个国家的发展都是不均衡的。中国的现代化也还在进行中，现在中国还是一个最大的发展中国家，所以不能因为一时之高低强弱而倒推历史，这才应该是我们可取的态度。出了问题，找某个单一的原因，尤其是文化或宗教的原因，是一种智识上的懒惰，因为把当下的责任推给古人，让传统的宗教或文化当替罪羊，那样做最容易也最方便，也最容易陷入悲观的宿命论或种族主义。我想，不管是哪个地区在综合性文明成就方面的崛起或者衰落，应该都是共同的人类文明的一部分。出现在欧洲的现代文明，并非欧洲所专有，而是包括伊斯兰文明在内的人类共同的文明，并不只是欧洲人对其做出了贡献，伊斯兰文明对其尤其贡献巨大。

当然，欧洲人自己会把它的文明成就，追溯到希腊—罗马文明，认为这是古代希腊—罗马，以及基督教之"因"上的"果"。我们可以接受欧洲人的一些历史解释，但我们不能简单迷信这种单一因果论的说法。我跟大家啰里啰嗦讲这些，其实都是我很不成熟的想法，这些宏大的问题一直在引导着历史学者深入研究。而他们的思考，让我们追寻历史真相，但并没有确定的和完备的终极答案。

这或许也正是历史的魅力所在吧。

（昝涛）

推荐书目

查尔斯·埃利奥特，《印度教与佛教史纲》，李荣熙译，商务印书馆，1982。

艾哈迈德·爱敏，《阿拉伯—伊斯兰文化史》（八卷），纳忠等译，商务印书馆，2001—2007。

胡斯都·冈察雷斯，《基督教思想史》，陈泽民等译，译林出版社，2010。

罗伯特·霍伊兰，《真主大道上：阿拉伯大军征服与伊斯兰帝国的创立》，周莉莉译，广场出版社，2016。

李富华等，《佛教学》，当代世界出版社，2000。

吕澂，《印度佛学源流略讲》，上海人民出版社，1979。

G. F. 穆尔，《基督教简史》，福建师范大学外语系译，商务印书馆，1981。

萨义德·侯赛因·纳速尔，《伊斯兰教：世界宗教入门》，王建平译，上海古籍出版社，2008。

平川彰，《印度佛教史》，庄昆木译，北京联合出版公司，2018。

渥德尔，《印度佛教史》，王世安译，商务印书馆，1987。

威利斯顿·沃尔克，《基督教会史》，孙善玲等译，中国社会科学出版社，1991。

贝塔妮·休斯，《伊斯坦布尔三城记》，黄煜文译，上海三联书店，2019。

布鲁斯·雪莱，《基督教会史》，刘平译，北京大学出版社，2004。

米尔恰·伊利亚德，《宗教思想史》（三卷），晏可佳等译，上海社会科学出版社，2004。

游斌，《基督教史纲》，北京大学出版社，2010。

昝涛，《从巴格达到伊斯坦布尔：历史视野下的中东大变局》，中信出版社，2022。

张锡模，《圣战与文明：伊斯兰与西方的永恒冲突》，生活·读书·新知三联书店，2016。

imaginist

想象另一种可能

理想国
imaginist

从中国出发的

全球史

葛兆光　主编

云南人民出版社

目　录

第五季　疾病、气候与环境

第六季　大航海之后：交错的全球史

第五季

疾病、气候与环境

导　言

这一季里，我们要和大家谈一谈全球史中的疾病、气候与环境，算是这一季的导言。在新冠疫情还在全球——请注意是在"全球"——肆虐，已经有几千万人染病，每天还有数以万计的人感染的时候，我来讲这篇导言，心情真是很复杂。有人预言，新冠病毒大流行，将改变人类的历史。几百年来的全球化进程将中止，日益淡化的国别意识将卷土重来，民主、自由、平等的普遍价值将会受到挑战。

那么，历史将往什么方向转？疾病、气候与环境真的能改变历史走向吗？

1. 重提《瘟疫与人》：全球化下的疫情与人

面对这个因为疫情而越来越难以确定的世界，不能不让人想到全球史的开拓者之一威廉·麦克尼尔（William H. McNeill, 1917—2016）在《瘟疫与人》（*Plagues and Peoples*）那本书里说的几句话。

　　1976 年，五十九岁的麦克尼尔在他的新著《瘟疫与人》里说，人类与疾病相互影响的历史，是一个历史研究的新领域，当传染病肆无忌惮地入侵对它毫无抵抗力的人类时，它就会造成巨大的影响，甚至改变历史的走向。他在书中特别提到 13 至 15 世纪席卷欧亚大陆的鼠疫、15 至 17 世纪欧洲人到达美洲后给新大陆带去的传染病，是怎样影响历史和人类的。从麦克尼尔以后的四十年里，历史学家尤其是全球史学家越来越关注病菌和疾病是如何改变人类历史走向的。很不幸，对过去的关注实在无法帮到当下。2020 年，历史好像魔咒，重新上演，当新冠病毒这个潘多拉盒子被打开，全球都被搅得手忙脚乱。尽管幕布还没有拉上，我们无法预知历史将走向何方，但是我们心里已经隐隐预感到，麦克尼尔提到的那些"疾病改变历史"的历史，恐怕将在我们这个时代再上演一次。这与过去马克思所说的第一次是悲剧第二次是喜剧不一样，这回第一次是悲剧，第二次是悲剧，第三次恐怕还是悲剧。

　　历史研究者关注到人类生存的自然环境，这是全球史和传统的世界史的一个不同之处。如果说传统的历史就像看舞台剧的观众，始终关注"人"，看他们纵横捭阖，看他们喜怒哀乐，看他们走马灯一样来来去去，上演不同的剧目，那么现在的全球史就好像在提醒观众，你要看的不只是历史上的"人"，还有历史的"舞台"。没有了舞台，"人"就好像是在透明玻璃箱里手舞足蹈，观众看了不知所云。这个"舞台"，除了政治、经济、军事这些过去人们都熟悉的背景，还有全球史家常说的"生存圈"，这个生存圈有大有小。小的就是病菌和疾病，它无声无息地侵入人体，有史以来人类就在和它搏斗。一部人类为了健康和生存的历史，不仅包括食物、衣服之类，也包括如何与病毒角逐，在疾病中存活。大的就是自然环境，人被自然环境包裹着，气候变冷与变暖，地震海啸的侵害，水灾、旱灾和蝗灾，人在自然面前常常束手无策，只能听天由命。

偏偏，无论小的还是大的，无论是细菌和疾病，还是气候和环境，它不分国界，不分种族，不分男女，不分贫富，它就是全球性的，就像今天我们所看到的那样。2020 年，新冠病毒肆虐全球，南非的蝗灾入侵中亚、南亚，厄尔尼诺（El Nino）异常气候导致各种灾难。它影响的不是个别国家而是全球，所以全球史不能不超越国家来关注过去的这些疾病、气候与环境，看看它们是怎样影响历史的。

2. 明清易代：气候、环境和疫情对历史走向的影响

全球史从一开始就特别关注疾病流行和人类生活的内容。

大家可能都熟悉，除了前面提到的麦克尼尔的《瘟疫与人》，更早的有汉斯·辛瑟尔（Hans Zinsser，1878—1940）的《老鼠、虱子和历史：一部全新的人类命运史》（*Rats, Lice and History: A Chronicle of Pestilence and Plagues*），还有后来的艾尔弗雷德·W. 克罗斯比（Alfred W. Crosby Jr.，1931—2018）的《哥伦布大交换：1492 年以后的生物影响和文化冲击》（*The Columbian Exchange: Biological and Cultural Consequences of 1492*），贾雷德·戴蒙德（Jared M. Diamond）的《枪炮、病菌与钢铁：人类社会的命运》（*Guns, Germs, and Steel: The Fates of Human Societies*），这些都是影响很大的有关疾病的全球史著作。

好多书都会提及 14 世纪有名的黑死病。据一种说法，说黑

死病是由中国、印度和缅甸交界地区发源的鼠疫杆菌（yersinia pestis）引起的。麦克尼尔推测，这种病菌1252年经由蒙古大军带入草原，又随着蒙古大军西征，于14世纪被带到欧洲，导致欧洲几乎一半人口（估计死亡人口的数字，低的是30%，高的是60%），差不多几千万人死亡，并且改变了中世纪欧洲的宗教与社会状况。小小的病菌不分国别，改变了大大的世界。

也许你会问，这些名著中，大多数的例证来自欧洲和美洲，既然我们讲"从中国出发的全球史"，那么能不能举几个亚洲特别是东亚或者中国在这方面的故事呢？

让我们以明清易代为例。大家都知道，明清易代是东亚也是全球史上的一件大事，由于清朝取代了明朝，这就引起了三大世界意义上的巨变。一是习惯了汉文明的东亚各国像日本、朝鲜、越南等，觉得中国由华变夷，各国自我中心的意识越来越强烈，东亚从此不再是一个文化圈，这导致了东亚诸国各走各的路；二是由于清朝的崛起，清朝统治者对北方和西方也就是蒙古、新疆、西藏的管理方式，与明朝大不一样，促成了17、18世纪以中亚为焦点，各个旧帝国和新帝国的角逐；三是清朝统治时期，正好遭遇欧洲新帝国的崛起和殖民帝国的扩张，中国被卷入这种殖民与现代交错的新时代，逐渐走向落后。那么，这一影响全球历史的明清易代是怎么来的？过去都是说，这一变化是政治原因，因为统治阶级残酷压迫，农民被迫起义；明朝又遭遇南倭北寇，内外交困，于是在李自成农民军和满洲后金军队的夹击下崩溃；吴三桂开门纳敌，清军入关，直接造成了明清易代。这也许没错，可是现在的历史学者却指出"生存环境"的问题：第一，16世纪晚期气候转冷，华北粮食减产，迫使明朝政府向北方大规模转运军粮，造成财政危机；第二，17世纪30年代末长达十余年的北方大旱，也就是所谓"崇祯大旱"，民不聊生，使得灾区民众不得不起而抗之，尤其是陕西和山西；第三，由于气候变冷，北方草原的老鼠南下觅食，引起崇祯年间（1628—1644）从山西开始的大规模瘟疫，也就是肺鼠疫的流行。文献记载说，当时瘟疫大流行，有疙瘩瘟、羊毛瘟、探头瘟、瓜瓢瘟等。像疙瘩瘟，"病者先于腋下、股间生一核，或吐淡血即死，不受药饵。虽亲友不敢吊，有阖门死绝无人收葬者"。学者指出，这种鼠疫不仅造成人口大量死亡，民不聊生，动乱不止，而且严重削弱明朝的财政，动摇了明朝的根基。可见，病菌的流行和气候的变迁，真的能决定中国、波及东亚甚至影响到世界历史的走向。

　　其实，不只是明清易代，也不只是病菌传染，古往今来，气候和环境也同样是导致人类进程发生变化的重要因素，特别是依赖气候与环境的游牧族群。有人追问：整个隋朝时期，突厥强大得不得了，河北群雄都争先恐后和突厥拉关系，连唐高祖李渊也乖乖地俯首称臣。《新唐书》说，那时颉利可汗（620—630年在位）仗着兵强马壮，对唐朝很傲慢，"直出百蛮上，视中国为不足与"，文书语言也很无礼。可唐朝怎么能在不到十年之后，一下子打败突厥，成为世界大帝国呢？这个历史关节点正在唐太宗时期，贞观元年虽然还是突厥强大的颉利可汗时代，可"是岁大雪，羊马多冻死，人饥"；接着第二年，又气候异常，夏天降霜，三个月不下雨，"六畜多死"，突厥内部就开始内乱，颉利可汗和突利可汗（603—631）分裂。这就成就了唐太宗"天可汗"的事业，也造就了唐朝在东亚的强盛。我们虽说唐太宗很了不起，但唐朝的胜利没有老天帮忙吗？

气候这个因素对于历史很重要。我常常讲，如果用简化的方式讲中国大历史，可以说，古代中国北方游牧族群不断南下，使得中国北方逐渐"胡化"，而北方中原汉人一拨一拨地不断被迫南迁，造成中国南方特别是南方山地的民众不断"汉化"，可中国南方被逐渐"汉化"的同时，这些南迁的汉人族群也在不断被南方化或"蛮化"。这种"胡化""汉化""蛮化"的过程，其实就是中国在文化和地理上不断被再定义的历史，日本学者宫崎市定曾经把它叫作"文明主义社会与朴素主义民族的永恒冲突"，而我把它看成"中国"逐渐形成的简化版大历史。

但是，这难道没有气候和环境的影响吗？北方游牧民族的南下，往往是因为气候变迁，草原水草不足，冬季牛羊冻死，导致食物短缺，不得不屡屡南下，向食物来源相对稳定的农耕地区索求，这才有一拨又一拨的"南下"再"南下"的移民潮。

3.《大象的退却》: 人类生存与自然环境的互动

十几年前（2004），美国学者伊懋可（Mark Elvin, 1938—2023）写了一部关于中国环境的历史，他给这本书起了一个很有深意的书名《大象的退却》(*The Retreat of the Elephants*)。在该书第二章里，他说到三千年前，大象还在北京附近生活，可是三千年之后大象已经退到西南部和缅甸接壤的云南。他追问这是为什么？他说，一方面可能是气候变冷的缘故，但是另一方面则是定居农耕区域的扩大和强化，农耕区域已经不能容忍大象的出没。前些天，我曾经请教动物考古学专家袁靖，他也说现在华北出土过很多大象和犀牛的骨骸，这些生活在我们叫作"热带"地区的

动物，古代其实普遍存在于北方中国这个如今需要用暖气才能过
冬的地带。

　　自然和人类，两方面的交互作用使得环境发生变化。自然环
境发生变化，人类的生存方式也就随之变化；人类的生存方式发
生变化，历史也同样随之变化。全球史就在这个意义上，总是要
描述"生存圈"，也就是气候、环境与疾病。这种不仅注意"人"
也注意人的生存"舞台"的历史学传统，至少有一半来自法国年
鉴学派。那个了不起的学者布罗代尔提出了"长时段""中时段"
和"短时段"的概念。所谓"长时段"就是自然环境与人类之间
微妙的互相影响，这是一个几乎察觉不到而重复发生的历史；所
谓"中时段"就是社会、地域和大趋势，这是结构性的、缓慢移
动的历史变化；所谓"短时段"就是人们注意到的各种事件，用
布罗代尔的话说，就是"表面的喧嚣，由于历史大潮在汹涌时飞
溅的水花"。这说明了自然环境对于人类历史有缓慢但至关重要的
影响，他在《文明史纲》（*Le monde actuel-histoire et civilisations*）
里进一步说明，"讨论文明，便是讨论空间、陆地及其轮廓、气候、
植物、动物等有利的自然条件"。他晚年写的那本《法兰西的特性》
（*L'identité de la France*），实际上是一部法国史。他就在法国历史
的叙述中，实践这一理论，这部书第一册的标题就叫"空间和历
史"。所谓空间，讨论的就是法国的气候、地理、城市、城镇、河流、
边界等，通过这些描述讨论法兰西的多样性为什么可以统一，通
过地区的网络和边界讨论法国统一的外部因素，这以后才在第二
册、第三册里讨论到正题"法兰西的诞生""法兰西的命运"。这样，
历史的背景就变得深远了，历史的视野就被扩大了。

　　布罗代尔说，长时段是历史的逻辑性，中时段是历史的必然

性，短时段是历史的偶然性。这个理论对全球史的重要性就在于，你写全球史，就要描述人们生存的自然环境如何缓慢变化，还要说明这些环境的缓慢变化如何影响了具体的历史。这样一来，历史学者不得不扩大视野。我们说要探寻"大历史"，什么是"大历史"？就是历史研究从政治的"人"开始，渐渐注意到社会、经济和文化，然后再注意到人所处的"环境"，就像大卫·克里斯蒂安（David Christian）在《时间地图》（*Maps of Time*）中说的，"从人类社会，到动物、植物以及我们周围的环境，再到地球、月球、天空甚至整个宇宙"。

4. 历史的变迁：气候、环境、疾病与人

其实，关注历史中的气候与环境的，并不全是欧美、日本的历史学者。早在 1925 年，中国科学家竺可桢（1890—1974）就写了一篇《中国历史上气候之变迁》，根据物候来调查气温的变化，以及根据历史文献统计两千多年以来的水灾、旱灾。在前一年，他写了一篇《南宋时代我国气候之揣测》，说明 12 至 13 世纪的中国和欧洲，"寒凉温热，不无连带之关系"。他根据南宋一百三十多年的降雪记录，指出那个时代由于日中黑子众多，地球上温度普遍降低，甚至春天下雪也推迟。这种自然环境的变化，究竟与历史有什么关系？他显然有一些自己的看法。不过，他是严谨的自然科学家，他描述了历史上气候、环境、季风等变化作为人类历史的大背景，并没有直接说明这两者之间的因果关系。

近年来，讨论气候、环境和疾病的历史学著作也多了起来，对于历史变迁的原因，用疾病、气候和环境直接解释的做法流行

起来，好像这是一个时尚，不过似乎也有些疑问。以中国史研究为例，我 2020 年在日本访问，看到有位学者讨论中国史，他就猜测说 4 世纪中国五胡十六国的混乱以及北方游牧民族的南下，和气候变冷有很大关系；9 世纪漠北回鹘西迁，形成西州回鹘和高昌回鹘，又和气候变暖有很大关系；甚至唐宋之间的大变革，也和"能源革命"有关系，因为这个时候开始利用煤，能够生产更多的金属，制造武器与工具，农业生产力得到提高等。这些和过去传统说法很不一样的匪夷所思的说法对吗？我们不好判断，也许他们太受这种强调"生存圈"的全球史趋向影响。

我总觉得，历史因果关系太复杂，疾病、气候和环境确实是历史解释的一个重要背景，有很多历史解释的钥匙可能就在这里。但是，如果只用一种单线的因果关系来解释历史变迁，恐怕也太简单粗暴了，我不相信所谓"铁的历史规律"，因为历史有太多"突然""偶然""或然"，却很少有"当然"和"必然"。原来，有的历史学者把一切归结到政治、军事和经济的因素，是太相信历史中"人"的作用；现在，有的历史学者又把一切归结到病菌、气候和环境，那恐怕也是太迷信"物"的作用。我们在这里，讲疾病、气候和环境以及它们在全球史中的影响，并不等于我们相信一切都是自然环境的塑造，在历史中毕竟还有人。

5. 改造自然：这是人类文明的胜利吗？

回到那本《大象的退却》，让我讲一点感慨。三千年前，华北平原上有大象、犀牛，也有很多虎豹狼鹿。看甲骨文资料就知道，商代王室打猎，所获猎物动辄就是成百上千。可是，随着气候的变化，随着人类的开发，大自然里的森林、草地、沼泽越来越少，大象、犀牛、虎豹不断退却，大象从华北退却到西南一隅，犀牛在中国已经绝迹。老虎也渐渐成了稀罕的物种，只有在兴安岭靠近俄罗斯的地区才会偶尔出现，一旦偶尔出现就会引起阵阵欢呼。最近，我偶然翻看宋代文献，发现一直到八九百年前的宋代，老虎还是很多，湖北江陵、安陆，四川南充、忠州，安徽宣城，甚至浙江钱塘、江苏扬州，都有老虎为患的记录。老虎公然白天入市，弄得上到朝廷下到州县，不是求神灵城隍驱赶老虎就是找猎户"药矢窝弓，罟获陷阱"，有人在二十年间居然打了百余头老虎。直到南宋末年，老虎的频繁出没，还被称为"虎患"，连朝廷都头疼。可是渐渐地，人扩大了自己的生存圈，侵蚀了虎的生存圈，就连百兽之王也只好黯然远遁。同样，猿猴也不例外，荷兰有名的学者高罗佩（Robert Hans van Gulik，1910—1967）写了一本《长臂猿考》（*The Gibbon in China*），也只能感叹唐代三峡"两岸猿声啼不住""风急天高猿啸哀"的现象在后世消失，连猿猴也只能从深山躲进更深的深山。

沧海三变桑田。原本的沼泽森林、草原湖泊、鸟兽出没、蝉噪林静，渐渐被井田阡陌、工厂烟囱、高楼大厦、机器轰鸣所替代，这是人类的胜利吗？是文明的胜利吗？恐怕没那么简单。正如克罗斯比《哥伦布大交换》里所说的，所谓文明的西班牙人来到所谓未开化的美洲，既给这片新大陆带来近代文明，也带来了致命的疾病，它导致当地土著和帝国的毁灭性灾难；也正如辛瑟尔《老鼠、虱子和历史》中所说，城市化时代的人们密集居住，共用下水道和饮用水，产生大量垃圾，这使得老鼠遍地，虱子在传染，疾病在滋生。在漫长的历史中，看上去人类逐渐改造了自然，但实际上自然也在不断报复人类。无论是小的病菌，像天花、鼠疫、禽流感、肺结核，以及我们今天遭遇的新冠疫情，还是大的灾难，像气候变暖或变冷、飓风、地震与海啸，都可能改变或者扭转历史的方向，让人类急速的脚步停顿，让人类发热的头脑冷静。其实，正是在人和自然始终不停地彼此角逐中，构成了一部全球的历史。

所以，全球史不仅要讲人，也要讲生存圈，在人类还不能揪着自己的头发离开地球的时代，我们就不能不关注疾病、气候与环境。

（葛兆光）

第一讲

当病菌肆虐全球

第一节　疾病、战争与文明兴衰

这一季主要讲的是疾病、自然环境和全球历史的变迁。我们首先想和大家讨论，历史上的疾病流行与传播是怎样影响全球的。

在这里，让我们先从古希腊历史上的一件大事开始讲起。

1. 雅典大瘟疫

1994 年，考古学家在雅典凯拉米克斯（Kerameikos）墓区发现了一处墓葬坑，里面大约有一百五十具遗骨。这个墓葬坑有 1.6 米深，形状很不规则。遗骨被杂乱无序地丢在墓葬坑内，大约堆了五层。除了三十个小花瓶，坑内也没有发现任何随葬品。很明显，这个墓葬坑的挖掘和填埋都很匆忙，埋葬的死者也都是一般的平民。在古希腊，群体的合葬墓是很罕见的，这里草草埋葬的，似乎是某种灾难事件中一道丧生的人。通过对随葬花瓶的检测，考古学家确定这个墓葬坑填埋的时间大概在公元前 430 年到前 420 年，也就是中国的战国初期。而这个时间段正对应着古希腊历史上的一件大事：雅典大瘟疫（Plague of Athens，前 430—前 426）。在此，人类历史记载最早的大瘟疫，找到了考古学上的证据。

　　这场大瘟疫发生在著名的伯罗奔尼撒战争中。战争在以雅典为首的提洛同盟（Delian League）和以斯巴达为首的伯罗奔尼撒同盟（Peloponnesian League）之间发生，持续了二十多年。最终雅典战败，这也成为古希腊文明由盛转衰的转折点。雅典战败的原因是什么？有学者认为，就是这场突如其来降临在雅典境内的大瘟疫。据记载，双方交战的第二年，雅典境内突发瘟疫。著名的希腊史学家修昔底德（Thucydides，约前 460—约前 400）的《伯罗奔尼撒战争史》（History of the Peloponnesian War）这样记载道：

> 　　身体完全健康的人突然开始头部发烧，眼睛变红、发炎；口内从喉中和舌上出血，呼吸不自然、不舒服。其次的病征就是打喷嚏、嗓子变哑；不久后，胸部开始疼痛，接着就咳嗽。之后会肚子痛，并呕吐出各种胆汁……大部分时间是干呕，产生强烈的抽筋……皮肤带着红色和土色，出现小脓包和烂疮……这种疾病的情景不是语言文字所能描写得出的，至于个人的痛苦，它似乎不是人所能忍受的。

　　这场瘟疫如此突然，雅典人措手不及。从历史记载中可以发现，这场疫情的暴发是有迹可循的。类似的传染病首先出现在非洲的埃塞俄比亚，并通过埃及和利比亚传到地中海地区，最远抵达波斯。但是，没有任何一个地方传染病的流行程度和造成的伤害，可与雅典相比。当时的医生面对瘟疫束手无策。据估计，在瘟疫流行的五年间，雅典共有七万五千到十万人因病而死，大约占了整个雅典人口的四分之一。

为何瘟疫会突然降临雅典？为何他们的敌人斯巴达却没有受到瘟疫的影响？

这与雅典和斯巴达的环境密切相关。斯巴达地处平原，以农业为主，注重军事，有强大的陆军。而东南沿海的雅典由于海上交通便利，工商业发达，虽然有着强大的海军，但陆地作战明显不是斯巴达的对手。因此，雅典最初采取固守城池的策略，同时利用海军袭扰斯巴达的部队。这个看似完美的计划却产生了意想不到的后果，那就是大批的民众涌入雅典城内。这场瘟疫最早从当时雅典最重要的港口比雷埃夫斯港（Port of Piraeus）传入，战争期间，几乎所有城内的食物和补给都从这个港口运来。但是，随之而来的还有致命的病菌，雅典城内拥挤的人口、恶劣的卫生环境都促成传染病的迅速传播。

当时的一位名医，后来被称为"医学之父"的希波克拉底赶到雅典城。据说，他通过调查发现雅典城内只有铁匠没有感染瘟疫。他认为铁匠整日与火打交道，而火有着净化空气的作用，因此他教雅典居民用火控制疫情的蔓延。当然，这个故事很可能只是一个传说，不过它也确实符合希波克拉底的理论。他认为传染病是由污秽的空气导致的，因此用火来净化空气的说法也讲得通。但在现实中，疫情并不是靠火控制住的。在雅典城内居民大批死亡之后，拥挤的环境得到改善，加之城内的军队也陆续出征，瘟疫才终于自然消退。

这场瘟疫在西方历史上影响深远，后世的历史学家也一直在寻找导致这场瘟疫的元凶。关于瘟疫的性质有着很多不同的观点，最早有人认为是鼠疫，但目前已经很少有人同意，因为雅典瘟疫的各项特点与后来的黑死病有很多不同。目前比较主流的观点包括斑疹伤寒、伤寒热、天花、麻疹、猩红热。前些年，埃博拉病毒在非洲暴发，一些医学史家发现雅典瘟疫的症状居然和埃博拉非常相似，因此也有人怀疑导致雅典瘟疫的是一种类似的病毒性出血热。虽然修昔底德对患病者的症状进行了详细的描述，但当代医学家仍然很难通过这些记载确定当时疾病的类型。

也有研究者认为，雅典瘟疫是由立克次体引起的斑疹伤寒。首先，这场瘟疫发生在战争期间，人员密集和环境污染很容易导致老鼠和蚊虫滋生，而斑疹伤寒正是以虱子为媒介在人群之间传播的。历史上，这种疾病非常容易在军营和难民营中流行，在拿破仑征服战争以及第二次世界大战中都曾有过斑疹伤寒的流行。甚至有人认为，将拿破仑部队击垮的正是一场斑疹伤寒疫情。其次，雅典瘟疫的死亡率在 20% 左右，大多数患者会在七天左右死亡，患者手指和脚趾上也会产生坏疽，这些都和斑疹伤寒的特点类似。当然，也有人指出，修昔底德描写的症状，好像与斑疹伤寒并不相符。

让我们回到开始提到的那个墓葬坑，一位雅典大学的研究者在遗骨中检测出了与伤寒杆菌类似的基因片段，因此他认为雅典瘟疫是由伤寒杆菌引起的伤寒热。虽然名字类似，但它与斑疹伤寒是两种完全不同的疾病。不过，还是有人对这个结论持怀疑态度，他们认为这些遗骨中的样本遭到污染，因而检测结果并不准确。即使检测是准确的，伤寒热在古希腊也是一种很常见的地方病，在遗骨中检测出伤寒杆菌并不能证明它就是雅典大瘟疫的元凶。

雅典大瘟疫对历史的影响是很大的。一方面，民众对瘟疫束手无策，陷入绝望，放弃抵抗；另一方面，瘟疫也导致社会失序，人们丧失对神的敬畏和法律的约束。雅典领袖伯里克利（Perikles，前495—前429）也在瘟疫中丧生。尽管战争在瘟疫之后仍断断续续地持续了二十多年，但雅典在瘟疫中损失惨重，导致战争的失败，因此人们往往将伯罗奔尼撒战争当作古希腊文明由盛转衰的转折点。

确实，瘟疫导致的人口损失、社会失序与信仰的衰落，或许更加深刻地影响希腊文明后续的走向。我们虽然不能过分夸大瘟疫的作用，但瘟疫无疑是战争和文明进程中不可忽略的因素。

2. 中国的瘟疫

说完了希腊，我们再来看看中国。

中国历史记录中的瘟疫并不少见，但还没有哪一场瘟疫的知名度可以比得上雅典大瘟疫。这或多或少与传统中国史学更加重视政治制度和历史人物有关。疾病作为一种历史的偶然因素，似乎难以为史学家总结历史规律带来多少益处。但事实真的是这样吗？在微观层面，某一场瘟疫的暴发，确实有很大的偶然性，但在宏观层面来讲，疾病却与历史进程息息相关。下面我要讲述的，就是中国历史上一个瘟疫流行的年代。

大多数人都知道，中医有一部经典《伤寒杂病论》。这部书的作者是张仲景（约150—约219），也被后人称为"医圣"。中国古代所说的"伤寒"，和我们之前在雅典大瘟疫中提到的伤寒不同，它指的是由于寒邪入侵引起的疾病。张仲景生活在东汉末年，那时候正是社会动荡、战乱频仍、瘟疫流行的时代。他在《伤寒杂病论》的序言中说，他的整个家族共二百多人，从建安元年（196）开始不到十年，已经有三分之二的人去世了，其中有十分之七的人死因是伤寒。不仅仅是张仲景一家，因为当时疫病大流行，按照曹植的说法，"家家有僵尸之痛，室室有号泣之哀，或阖门而殪，或覆族而丧"（《说疫气》）。东汉末年之后，中国历史上更出现了一段长达三百多年的分裂时期，而这三百多年也恰恰是瘟疫频发的年代。根据历史记载来统计，魏晋南北朝时期的中国至少有七十六次瘟疫暴发。我们都说，中国王朝历史是分久必合合久必分，那么在这分分合合之间有没有瘟疫的作用呢？魏晋南北朝时期的社会动荡、政权更替，与瘟疫暴发之间是否存在着内在的联系呢？

著名的科学家竺可桢在《中国历史上气候之变迁》中，讨论了中国历史上各个时期的气候变化。他发现魏晋南北朝时期是一个显著的寒冷期，相比于其前后的秦汉与隋唐，此时中国的气温明显经历了低谷。气候变迁与历史的关系，是后面要讲述的内容。不过，在此我们也能发现一些气候与疾病流行之间有趣的联系。大约在同一时期，西方的罗马帝国也深受政治动荡和瘟疫流行的困扰。那么，气候真的会影响瘟疫流行吗？或许冬季的寒冷天气更利于病毒存活和传播？当然，事实要比这复杂得多。

一般来说，古代人口密度不高，因此较少出现大规模传播的瘟疫。但有两种情况会加速传染病的传播：一种就是自然灾害，另一种就是战争。这很容易理解，在雅典大瘟疫中我们就讲到了，战争时军队集结，人员密集的军营很容易成为病菌传播的温床。自然灾害与战争都可能造成大量人口流离失所，人口的群体流动也为瘟疫的大传播创造条件。此外还有非常重要的一点，在大航海时代之前，世界各地虽然存在着贸易往来，但相对来说各个地区之间的接触还是有限的。在这时，最为重要的全球化事件，实际上就是各大文明与帝国之间不断的战争和冲突。如果我们进行一下东西方历史的比较，这时中国有所谓"五胡乱华"，罗马帝国也面临着所谓"蛮族入侵"。历史学家对这种巧合做出的一个解释是，这一时期全球气温降低，导致北方草原发生大规模的灾荒，游牧民族迫于生存压力开始南迁，因此与中国的中原王朝和欧洲的罗马帝国发生冲突。那么，瘟疫又在这里扮演什么样的角色？

前面我们提到过，在东汉时期，北匈奴开始西迁。有学者说，他们先到乌孙（伊犁河流域），再到康居（锡尔河上游，哈萨克斯坦），然后到阿兰国（今顿河流域），最后到了顿河西、多瑙河东。大约同时，西方记载，正好有一支游牧部落出现在里海沿岸，并在 4 世纪迁到欧洲东部，他们被称为"匈人"。有历史学家就认为，这支游牧部落可能和北匈奴有关，也许是他们将中亚大草原上的鼠疫杆菌带到欧洲，由此才引发后来的查士丁尼大瘟疫（Plague of Justinian，541—542）。匈人和匈奴人的关系，目前没有确切答案。但这提示我们思考，从东汉到南北朝时期的瘟疫，是否跟北方少数民族南迁有关？这在以往的历史中找不到确切的答案。不过，仔细考察还是有一些蛛丝马迹。葛洪在他的《肘后备急方》中记载了一种传染病叫"虏疮"，它的症状类似现在的天花。据说，这种虏疮是"虏"也就是和中原政权作战的北方少数民族传来的。现代基因学研究显示，中亚大草原是鼠疫的重要疫源地，北方游牧民族的南迁，确实有可能将鼠疫带到中原地区。除了北方游牧民族与中原政权的接触，南北方政权之间的战争也会导致传染病的流行。在我们熟悉的赤壁之战中，曹操军队中曾流行瘟疫。有人后来感叹道，"至于赤壁之败，盖有运数。实由疾疫大兴，以损凌厉之锋"，也就是说，正是因为军中瘟疫流行，才让周瑜占了便宜，最终奠定了天下三分的局面。

在谈论魏晋南北朝的历史时，我们经常提到这一时期的民族战争与融合，但在不同地区的人群交战与接触中，也存在着病菌传播的影响因素，而这一点是以往历史中被忽视的。

3. 微寄生物和巨寄生物

回过头来，我们再看同一时期欧亚大陆上另一个强大的帝国罗马。大约在 2 世纪开始，罗马帝国也经历了一系列的政治动荡、蛮族入侵与瘟疫流行，严重威胁帝国的统治根基。165 到 180 年，罗马暴发安东尼大瘟疫（Antonine Plague），最严重的时候罗马城内一天便有两千余人死亡，当时共同统治罗马帝国的两位皇帝之一的路奇乌斯·维鲁斯（Lucius Verus，161—169 年在位）也因为染疫而死。

现代学者怀疑引起这场瘟疫的是天花或麻疹，很可能是罗马帝国在近东地区作战的军队带来的。巧合的是，在安东尼大瘟疫中也出现一位西方医学的奠基人盖伦（Galen，129—约216）。顺便说一句，人类遭遇疾病大流传的时代，才产生为了对抗病疫而生成的智慧，才出现大医学家，前面说到的"医学之父"希波克拉底，这里提到的"西方医学奠基人"盖伦都是如此。而盖伦和古代中国的大医学家张仲景差不多同时代，他们身后的遭遇也有着很多的相似性。盖伦的著作在欧洲中世纪逐渐散佚，却在阿拉伯世界广泛传播，直到文艺复兴时期，他的作品才被欧洲人"重新发现"。而张仲景的作品在完成后一直影响不大，也是到了北宋年间，校正医书局将他的作品重新整理出版，这才慢慢被尊为"经典"。

有历史学家发现一条有趣的材料，并且做了大胆的猜测。在《后汉书》中记载，大秦王安敦（也就是罗马皇帝安东尼·庇护或其继任者马可·奥勒留·安东尼）派遣使者经过海路来到汉朝，并献上象牙、犀角等礼物。到达中国的这一年已经是东汉桓帝延熹九年（166），而安东尼大瘟疫正是在165年开始在罗马帝国暴发的。这位历史学家认为，罗马使者来到汉朝很可能意味着双方在当时已经有了海上的贸易接触，而安东尼大瘟疫也有可能随着海路传到东汉，导致东汉末年的瘟疫流行。当然，这一说法仍然只是推测，但在东汉到魏晋南北朝的瘟疫中确实有着类似天花的传染病。

2017年，美国人凯尔·哈珀（Kyle Harper）教授出版了一本书《罗马的命运：气候、疾病和帝国的终结》（*The Fate of Rome: Climate, Disease, and the End of an Empire*）。他的核心观点是，罗马帝国的命运不仅仅是由皇帝、士兵和野蛮人决定的，也是由火山爆发、太阳周期、不稳定气候以及致命病菌决定的。罗马瘟疫的来源，和中国瘟疫的来源相似，不是来自南，就是来自北。在欧洲，南方就是非洲。现在学界普遍认为，现代人类是从非洲起源的，而非洲热带雨林同样也存在着多种微生物。在人类社会早期产生重要影响的传染病，有很多起源于非洲，其中最重要的一种就是疟疾，在当时也被称为"罗马热"。而北方呢，则是随着陆陆续续的蛮族入侵带来的鼠疫。罗马帝国时期反复的瘟疫暴发，严重削弱罗马国力，最终在蛮族入侵中走向分裂和覆灭。

可以看出，伴随着战争爆发和人口流动，一些我们肉眼看不到的病菌也在全球扩散，并对人类社会和历史产生不可忽视的影响。该书导言里提到的威廉·麦克尼尔，是第一个对人类和传染病关系进行严肃思考的学者。作为一位全球史专家，他在1976年出版的《瘟疫与人》，至今仍然是相关领域的必读书目。这本书提出一对很有趣的概念：微寄生物（microparasites）和巨寄生物（macroparasites）。所谓微寄生物，是那些微小的细菌、病菌和人类的相互关系；而巨寄生物，既包括人类捕食来摄取营养的动物，也包括人类进入文明社会后，人类统治者奴役和压榨的其他人类。麦克尼尔认为，就像人类文明社会中人与人或人与动物的关系终究要形成平衡一样，人和病菌之间最终也会形成一种稳定平衡。如果病菌导致人类大量死亡，那它就会自行消失。因此，在疾病与医疗的反复较量中，这些微生物也逐步趋向于和人类形成稳定平衡的关系。而人类的历史，既在人与人之间延续，也在人与病菌之间延续。

当然，在人类历史中，也有一些情况会打破这种平衡。一种是人类生产生活方式的转变，比如从捕猎采集到农业定居的变迁，人类便遇到从未接触过的新型病菌，导致大规模的瘟疫流行。比如，鼠疫杆菌就是人类走向农业生产和定居生活后遇到的新敌人。本来，鼠疫杆菌在跳蚤和老鼠之间已经形成一种稳定的寄生关系，但人类定居生活之后进入这一传播链条，却缺乏相应的免疫力，因此鼠疫成为人类农业文明史中一大梦魇。另一种是帝国扩张和商业贸易导致的全球化。全球化使得不同地区的人群开始互相接触，相互之间也发生微生物的意外交换，因此瘟疫暴发往往与全球交流加速有关。第一个节点，是2至4世纪罗马帝国的扩张，带来帝国境内的瘟疫流行。第二个节点，是13世纪蒙古帝国的征服战争，打破亚欧大陆维持数百年的疾病生态平衡。第三个节点，则是从 1492 年开始的所谓"哥伦布大交换"，欧洲人"发现"美洲，后来又环绕世界航行，新旧大陆之间发生一场影响深远的人口、物种与疾病的交流。

前面，我们已经讲了第一个节点，下面我们将讲述第二个节点，蒙古的征服战争与鼠疫在欧亚大陆的大流行。

第二节　黑死病：鼠疫与人类历史的千年纠葛

现在，我们先从全球史里最引人注意的 14 世纪欧洲黑死病大流行说起。

并不是说在 14 世纪之前，疾病就没有大流行，疾病就没有影响人类历史变化，其实从人类历史早期，疾病以及气候、环境等就在影响历史。其实历史学家一直在追问，公元前 5 世纪伯罗奔尼撒战争中，雅典大瘟疫是决定胜负的因素吗？ 4 世纪"五胡乱华"的中国北方混乱，是因为一场鼠疫吗？ 15 世纪之后，美洲原住民的大量死亡以及印加帝国的灭亡，哥伦布应当为此负责吗？

对于全球史来说，14 世纪欧洲流行的黑死病，确实最为重要，因为那个时候恰好蒙古大军横扫欧亚大陆，而蒙古建立横跨欧亚的帝国才真正把"全球"连成一片，所以这个蒙古时代被称为"世界史的开端"。当全球开始连成一片，人群大规模互动，疾病大流行也就成了全球史的重要现象。

所以，让我们先从"黑死病"开始说起吧。

1. 亚欧非大陆的三场瘟疫

金朝开兴元年（1232）初，蒙古大军的先锋部队南下，直达金朝最后的都城汴京，也就是过去北宋的都城（今河南开封）。当时的汴京城里挤满黄河以北来的难民，加上败退的金朝守军，一时人口暴涨。蒙古铁骑与金朝守军对峙半月，仍然没有攻破城池，最终在 4 月份暂时退兵。汴京官民这才松了一口气，可是正在汴京人欢天喜地地庆幸的时候，一场大瘟疫却突然降临。当时的名医李杲（1180—1251）在城内目睹这场瘟疫的惨状。当时汴京城有十二个城门，每天从每个城门运出的病人尸体"多者二千，少者不下一千"，这样的情况一直持续将近三个月。李杲也记下这次瘟疫的主要症状：发热、痰结、咳嗽、咳血、胸腹胀痛、呕吐。有人猜测，蒙古人在 4 月份退兵，很可能是因为军中有不少人染上疾病。

《金史》记载，这次疾疫使得九十余万人死亡，很多人因为贫穷而无法下葬，只能草草掩埋。而当时的医生，大多将瘟疫当作外感伤寒来医治，但效果很差。李杲原本也是一位伤寒学说的支持者，但这场大瘟疫却使他有了不同想法。对于瘟疫，古代中国人大多从"四时不正之气"的角度解释，也就是说因为四周邪气入侵才导致人们普遍染病。但李杲怀疑，怎么可能这么多人都被邪气所伤呢？因此他抛弃旧说，认为在汴京围城中居民饮食不规律，又被劳役所伤，因而导致胃气受损，再加上医生又用错了药，这才导致这么多人死亡。当然，李杲的判断可能也不全对，这场大疫毫无疑问是传染病，根据后来学者的推测，由于战争中大量军人与民众死亡，尸体得不到处理，成了病菌传播的基础，尸体的腐败又污染了土地、水源和食物，这使得传染病大规模地流行。但李杲的记载说，"遂至嗽血，骨涎逆涌，咯吐不止，肌肉干枯"，熬不过十天就死亡，这也证明这场大疫是一种前所未有的疾病，以往的疗法都无效。

与此同时，蒙古铁骑不仅向东，也在向西，并在13世纪中叶，将帝国疆域扩展到东欧。到了14世纪中叶，和汴京一样，一场史无前例的瘟疫席卷欧洲，给欧洲带来重创，据估计死亡人数超过五千万。大部分历史学家都认为，这场大瘟疫就是淋巴腺鼠疫。因为患者身上往往有淋巴结肿大和病理性黑斑，因此得名"黑死病"。绝望中的欧洲人也不知道是什么导致这场大瘟疫，很多人认为这是上帝给人间的惩罚。而当时欧洲的医生，也像中国的医生一样，更多的人相信所谓的瘴气学说，认为是环境中有毒的瘴气导致瘟疫。不过，他们虽然还没有传染的概念，但也有了将病人与正常人隔离开的做法。

历史上，大概没有任何一种瘟疫的影响力能比得上"黑死病"。不过，任何事情都是"危"与"机"并存。黑死病带来的，当然是人类的惨重损失，但同时也带来欧洲的巨变。在黑死病结束后，文艺复兴运动从意大利北部扩散到整个西欧，带来一场影响深远的政治、思想、文化变革。以往对文艺复兴起源的解释，往往会追溯到社会、政治、经济和宗教的影响，也会讨论到商品经济发展、资本主义兴起。但最近也有人发现，这些变革居然与黑死病也有着千丝万缕的关系。

黑死病给欧洲带来最直接的改变，是人口减少。相应的，人均土地面积增加，人力成为稀缺资源，工资开始上涨。这就让欧洲人开始探索节约劳动力的生产方式，其中一个比较重要的变化是畜牧业的兴起。传统的谷物种植业是劳动密集型，而畜牧业相对而言，需要劳动力较少。现在，流行一个词叫"内卷"(involution)，其实这个概念最初就是用在分析谷物种植业上的。比如明清中国的小农经济，就是一个内卷的典型代表：人力投入越来越高，生产效率却没有本质的提升。而西欧由于黑死病带来的人口锐减，反而让他们避免农业内卷化的出现。另外，农民收入的增长，也降低他们对封建领主的依附关系，社会流动性逐渐增强，也为商业活动的兴起创造条件。

黑死病也导致教会势力的衰落。有人猜测，得了黑死病的人祈求上帝无效，会降低宗教的权威性，实际上这种说法是不准确的。在黑死病暴发的年代，人们对宗教的信仰实际上是上升的。一方面，大家都认为这是上帝的末日审判到来了，只有信奉上帝，才能在这场灾难中存活；另一方面，在面对亲人的死亡，人们往往需要宗教信仰的慰藉。但是，大量的天主教神父也在黑死病中死掉了，为了弥补神职人员的空缺，教会大量招募很多新神父，但这些人的素质没那么高，教会变得越来越腐败无能，这才让人们的信仰开始动摇。

其实，黑死病并不只是在亚洲和欧洲出现，也同样在非洲北部的埃及出现，那个时候现在的埃及、叙利亚、中东一带是马穆鲁克王朝统治。1347 年秋天，和西西里几乎同时，埃及的地中海港口城市亚历山大也出现黑死病。不到一年时间，黑死病就传播到尼罗河下游，又向东南进入布海拉地区（Al Buhayrah），接着就大规模传播开来，传遍整个埃及，也波及地中海东岸的叙利亚以及今天整个的中东地区，以至于马穆鲁克王朝无法正常收缴赋税，大量土地荒芜，很多人和畜生死亡。当时记录黑死病死亡人数，常常通过葬礼、棺木和税收人头来计算，但当时的资料记载说，死亡的人太多以至于无法统计清楚。有名的阿拉伯旅行家作家伊本·白图泰在他的游记中就记载1348年的大马士革，说那里虽然死亡人数已渐渐降低，但是每天也有两千四百人。他还记载，听说开罗流行瘟疫的时候，每天要死两万多人。

黑死病不仅14世纪中叶在北非肆虐，而且在15世纪（1429、1460）甚至16世纪初（1513），还反复侵扰马穆鲁克王朝，这一传染病的传播被阿拉伯历史学家称为"巨大的毁灭"。黑死病暴发前，常常遭遇干旱和潮湿交替、忽冷忽热的气候，而黑死病暴发之后则带来大饥荒。有学者指出，黑死病在非洲的流行，对当地政治、经济和社会的影响很深：一方面使得马穆鲁克王朝的军队兵员不足，直接影响王朝军队的战斗力；另一方面使得工匠奇缺，导致各种工匠的薪酬上涨，而农业人口不断减少。在黑死病反复流行中，马穆鲁克王朝逐渐衰落，最终被奥斯曼帝国灭亡。当时的人们在无可奈何的心情之下，只好把这种疾病归咎为真主的惩罚或者上天的怪罪。

很多西方历史学家研究黑死病，是因为它对欧洲史产生深远的影响。但相对而言，鼠疫在中国史、非洲史上的作用，却较少被人提及。在这里，为什么要将这三场大瘟疫放在一起讲述呢？到底是什么导致亚欧非大陆两端的瘟疫呢？现在大家都知道"黑死病"就是鼠疫。而根据现代医学史的研究，导致汴京大疫的元凶也可能是鼠疫杆菌。当时的李杲记载下来的症状，有很多符合现代肺鼠疫的临床症状，而且这场瘟疫在当时并不是一个孤立的现象。金朝末年，一种叫作"时疫疙瘩肿毒病"的瘟疫，就开始从岭北蔓延到中国北方，有的地方也叫"大头天行"。这种病的症状描述又和腺鼠疫类似。

　　既然这三场瘟疫的元凶相同，那它们是孤立的事件吗？如果不是，是什么将全球这么大的地方联系起来的呢？前面说了，在两场瘟疫发生之前，欧洲和金朝都面临着蒙古铁骑的威胁。

2. 回头侦破历史：人类如何发现鼠疫杆菌？

　　让我们把蒙古铁骑先放一放，来讲一讲有关鼠疫杆菌的发现，然后再回头看 13 至 14 世纪的历史。

　　历史上的鼠疫主要有两种：腺鼠疫和肺鼠疫，是同一种病菌引起，但症状和传播却有所区别。腺鼠疫主要通过跳蚤传播，而肺鼠疫可以通过空气飞沫人传人。我们现在说历史上某些瘟疫是鼠疫，似乎理所当然，但古代文献中并不存在"鼠疫"这一名称。对于历史学家来说，辨识历史文献记载中的传染病究竟是什么疾病，可不是一件简单的事。因此，我们先来了解一下，人类是如何发现鼠疫杆菌的。

　　1894 年 5 月 8 日，香港国家医院里一位华人雇员感染了一种奇怪的疾病。当时医院院长是英国人劳森（James A. Lowson，1866—1935）。他确认这种病就是 bubonic plague（黑死病）。两天后他去东华医院，在那里他发现二十个类似的患者。他联想起一周前在广州的瘟疫，意识到情况严重，当天就向英国殖民当局汇报。洁净局也就是现在的卫生局开会讨论后，宣布香港成为疫区。我们现在知道，这次瘟疫就是鼠疫，但那时不管中国还是西方医学界，都还不知道这场瘟疫的病原是什么。劳森把这次瘟疫叫作 bubonic plague，我们现在把它翻译成腺鼠疫，但其实英文原意是"淋巴结肿大的瘟疫"，当时的中文记录也只把它叫作"大疫""时疫"，而且人们也发现一种奇怪现象，就是大批老鼠也生病死了。

19世纪末，正好是西方细菌学说发展的高潮，很多传染病的病原菌被发现。香港的疫情为科学家提供一个研究机会。两位重要的科学家相继来到香港。第一位是日本人北里柴三郎（1852—1931），他在国际细菌学界已经颇有名气，他受日本政府委派而来。他通过解剖患者的尸体，在内脏血液里发现一种细菌，他认为这就是瘟疫的元凶。在一个多月后，他发表了研究成果，随即离开香港。另一位是法国人亚历山大·耶尔森（Alexandre Yersin，1863—1943），他晚来了十天左右，最终在患者肿大的淋巴结内发现大量细菌，但这种细菌和北里发现的完全不一样。两人的研究成果发表后，还一度引起争执，但最终越来越多的研究证明耶尔森的发现是正确的。为了纪念耶尔森的贡献，鼠疫杆菌也以他的名字命名为"耶尔森氏菌"。

这次香港鼠疫共计死亡约两千三四百人，虽然从人数上看并不算多，但是约有三分之一的居民因为瘟疫逃离香港，给当地的社会经济带来沉重打击。更重要的是，鼠疫杆菌通过英国商船传播到印度、欧洲、非洲和美洲，引发19世纪末到20世纪初鼠疫的又一次全球大流行。在这场全球大流行当中，印度损失最为惨重，约有一千万人死于鼠疫。

不过，尽管鼠疫杆菌在1894年就被发现，但当时的科学家还不清楚病菌的传播途径。一直到1905年，在印度孟买的鼠疫研究委员会，才最终发现从老鼠到跳蚤再到人的完整传播链条。

3. 三波鼠疫的全球大流行

现在回过头来讲历史。

历史学界普遍认为，历史上有三波鼠疫的全球大流行。第一波是 6 世纪发生在拜占庭帝国的查士丁尼大瘟疫。病毒在北非出现后，逐渐蔓延帝国全境，乃至北欧以及波斯地区。第二波就是前面所说的中世纪欧洲的黑死病。第三波是我们刚才说的，19 世纪末 20 世纪初的全球大流行。

那么问题来了，既然鼠疫杆菌直到 1894 年才被发现，我们怎么知道以前的瘟疫是鼠疫呢？不管是拜占庭帝国的查士丁尼大瘟疫，还是欧洲中世纪的黑死病，在历史上都叫"plague"，也就是大瘟疫、大灾难。理论上说，这些虽然都可以叫瘟疫，但每次种类可能不一样。欧洲历史上还有两次著名的大瘟疫，一个是修昔底德记录的雅典大瘟疫，还有就是上一讲提到的安东尼大瘟疫，它们也都叫作"plague"，但导致这两次瘟疫的元凶，在很长时间内众说纷纭。

历史学家怎么确定古代发生的疾病究竟是什么呢？这就涉及医学史上一个比较棘手的问题，叫作"回溯性诊断"，也就是用现代医学知识和疾病分类去给古人诊断疾病。可是，无论是历史学家还是医生，都不可能见到古代的病人，没有办法用现代先进的检查手段去确定他们具体得了什么病。我们能看到的，只是史料中对于身体症状的片段记载，据此作出的推测往往会像盲人摸象，所以现在有些医学史专家批评回溯性诊断。一方面，它做不到完全准确，比如中国史料中存在很多令人摸不着头脑的疾病名称，像大头瘟、羊毛瘟、烂喉痧，对于它们到底是什么传染病，当今学者仍然莫衷一是；而西方古代的记录也经常会有些文学化的描写，这也让人很难进行科学判断。另一方面，这种现代疾病分类对古人而言毫无意义，比如黑死病，古人也不知道他们感染了鼠疫杆菌。历史记载中，可能他们只认为这是上帝的惩罚或者吸入了瘴气。因此，研究古人对于疾病的思想和应对方式，反而在历史学上比较有意义，同时这也是思想史和社会史上不可或缺的内容。

但人们都是有好奇心的，在历史上这么重要的瘟疫，怎么能不知道它是什么呢？于是，历史学家也逐渐发展推断的方法。我们且以鼠疫为例，第一个常见的方法，就是像刚才所说的去分析历史记录中瘟疫的症状。腺鼠疫有一个非常突出的症状是大多数传染病所没有的，那就是在病人的腹股沟、脖子或者腋下会有淋巴结肿块出现，这类记载在查士丁尼大瘟疫和黑死病的历史记录多有出现。第二种方法是在历史记录中，寻找瘟疫期间大量老鼠死亡的证据。比如，清朝中期云南省的鼠疫，就是通过这种方式确定的。第三种是依靠基因技术，检测古人遗骨中细菌的基因片段。这种高科技的手段在近年来破解了很多古代瘟疫的谜团，比如古人类学家检测出查士丁尼大瘟疫和黑死病的病原都是鼠疫杆菌，而导致雅典大瘟疫的元凶很可能就是斑疹伤寒。

确定了古细菌的种类，科学家又对鼠疫杆菌的起源地产生兴趣。此前根据散落的史料记载，历史学家大概把鼠疫杆菌的起源地追溯到两个地方：中非草原和中亚草原。比如，我们前面提到的查士丁尼大瘟疫，导致瘟疫的病菌可能源自中非大草原。而黑死病的病菌，可能源自中亚草原，随着蒙古西征传到欧洲。

但是，科学家根据 DNA 的比对研究，发现事实上鼠疫杆菌也很可能源自青藏高原，是从一种致死率比较低的假结核耶尔森氏菌演化而来。如果这个结论准确的话，那我们就可以推测出两条鼠疫的早期传播路线：一条从印度沿着印度洋的商业网络传到北非，这很可能就是查士丁尼大瘟疫的源头。查士丁尼时代的拜占庭帝国持续征服战争数十年，无疑又把鼠疫杆菌传播到整个地中海世界，并进一步带到波斯。而另一条则沿着中亚的丝绸之路传播。不过，古代丝绸之路实际上往往会因为中亚地区战争和政权更迭而被切断，因而这条路线上的病菌传播往往没有那么迅速。但12至13世纪蒙古西征，打破了这种平衡，他们将原本潜伏在中亚草原上的鼠疫杆菌带到欧亚大陆的两端，因此金朝的汴京大疫和欧洲的黑死病，看起来相隔遥远，但它们很可能同样是蒙古横扫欧亚时带来的后果。

第三节　天花与种痘：人类与病毒的斗争

我们先从常在电视剧和小说中看到的一个故事说起。顺治十八年（1661），年仅二十四岁的顺治帝（1638—1661）去世。清廷对他突然去世的原因语焉不详，引发后来的种种猜测。其中流传最广的，是说顺治帝放弃帝位，皈依佛门，所以用驾崩的说法来掩盖事实。不过，根据历史学者孟森（1869—1937）的考证，顺治帝死因很可能是感染天花，所以也有人说玄烨（也就是后来的康熙）之所以会被选为皇位继承人，原因之一就是他出过天花，不必担心。这一段公案至今仍有争议。不过，天花与清朝皇室的纠葛确实很深。早在清朝入关之前，努尔哈赤（1559—1626）的两个儿子便因天花丧命，他的孙辈也至少有三人死于天花，难怪天花是清代皇室最重视的一种传染病。

天花不光是在东方，同样也在西方。清朝建立前一百多年，世界的另一边，欧洲人发现美洲，西班牙人身上的天花病毒帮助他们征服中美洲的阿兹特克帝国。接下来的一百多年，天花病毒导致数以千万计原来从未接触过天花病毒的美洲原住民死亡，整个印第安文明也随之衰落。到了18世纪，天花在欧洲卷土重来，据说因天花而死的人数达到每年四十万左右，有五个国家的君主都因天花而丧命。

1. 天花给人类历史留下的印记，为什么似乎不如鼠疫深刻？

天花这种病在历史上的角色比较独特，它毫无疑问是人类的一个重大威胁。但是，在16世纪之前，我们很难找到一次天花暴发引发大瘟疫的记录。那么问题来了，天花病毒已在世界范围流传了数千年，为何到了16世纪之后，才突然成了人类的一大威胁呢？它给人类历史留下的印记，为什么似乎不如鼠疫深刻？

这个问题需要在两个层面进行回答。首先，在人类传染病史上，天花与人类的互动模式，和鼠疫有很大的区别。其次，历史上不是没有天花引起的大瘟疫，可能是因为时间久远，如今很难辨识。

先说第一点。麦克尼尔在他的名著《瘟疫与人》中提到，如果某种病菌与人类有着长时间的接触，双方就会形成一种稳定模式，这种病菌大多只感染儿童，变成这一人群中的儿童病，患者一旦痊愈后，便获得终身免疫力。天花就是这样的，在公元前1100多年的古埃及法老拉美西斯五世（Ramesses V，前1149—前

1145 年在位）的木乃伊上，考古学家发现类似天花痊愈后留下的萎缩性瘢痕。这说明天花发生很早，在亚欧大陆已渐渐转化成一种儿童病。虽然在人类漫长的历史中，它也导致数以千万的人死亡，但它的传播模式已经稳定，在历史上或许会引发一些小规模的暴发，但很少像鼠疫那样，在短时间内导致人口的大量死亡。在中国，大概从宋代开始，痘疹这一医学分支更多被归在小儿科，这也说明那时候在中国，已经较少有成年人感染天花了。

再说第二点，历史上可能不是没有天花引起的大瘟疫，只是因为时间太久，现在很难辨识。现在已知最早的天花病毒，是从一具 17 世纪的干尸分离出来的。在此之前，历史学家只能依靠文献记载来作判断，这就有很大的不确定性，因为感染天花的症状包括高热、头痛、乏力、皮肤出现斑疹和脓包等，在古代记录中它和麻疹、斑疹伤寒这类传染病不容易区分。比如，前面提到过2 世纪罗马帝国暴发的安东尼大瘟疫，最严重的时候罗马城内一天便有两千余人死亡，当时罗马帝国皇帝也染疫而死。至于这场瘟疫的病原，到底是天花还是麻疹，如今也没有得出确切的结论。在古代中国，东晋时期的医学家葛洪在《肘后备急方》中，就记载了一种叫作"虏疮"的传染病，它的症状与如今的天花也很相似。"虏"在古代多指北方的游牧民族，也就是说，这种疾病可能是中原政权与游牧民族作战时传来的。到了唐高宗时期，这种瘟疫又来了，并且从西向东传播，遍布海内。

古代人对天花的认知很模糊。在 15 世纪欧洲人地理大发现之前，天花虽然已经在亚欧大陆和北非的大部分地区流行了上千年，但是很长时间内，人们把它和麻疹、水痘这些症状相似的病当成一种疾病。宋代的医书一直将麻疹、水痘、天花统称为"痘疹"，虽然也有医生观察到三者之间的区别，但大多把它当作同一种病。直到明代，才有医书将"痘疮"和"麻疹"区分对待。到了清朝中叶，民间才出现了"天花"这个俗名，但随着这个名称流传越来越广，反而替代了"痘"，成为这种疾病的正式名称。

2. 全球化进程中的天花流传

平衡与稳定，往往会被突然和冲击所打破，天花在人群中稳定的传播模式也会在某些情况下发生突变。

大家都知道，16 世纪可以说是全球化的开端，新大陆的发现、旧大陆的征服战争、逐步建立起来的全球贸易网络，都让天花病毒到达原来还没有侵入的地方。对于对天花没有抵抗力的人来说，这种病毒是致命的。美洲印第安人的悲剧就是最突出的例子。16 世纪初，位于中美洲的阿兹特克帝国正值强盛时期，西班牙征服者仅仅以六百多人就打败了它，这是相当不可思议的事情。其实，尽管西方殖民者有"坚船利炮"，但在那个时代欧洲的枪炮火器还远远达不到如此逆天的程度。不过，如果你用疾病史的视角来看，事情就很清楚了。

西班牙人给美洲带来天花病毒，瘟疫暴发产生一系列连锁反应。一方面，瘟疫带来的大量人口死亡不仅摧毁了阿兹特克军队的战斗力，也彻底打击了当地人抵抗西班牙人的意志。随着瘟疫而来的是大规模饥荒，被疾病折磨的人们已经无力再照顾田地。就这样，很短的时间内，曾经辉煌一时的文明就此一蹶不振。阿兹特克帝国灭亡十年后，另一支西班牙部队也来到南美洲的印加帝国，同样的剧情再次上演，甚至印加帝国的皇帝也因天花而暴毙。

天花在接下来的一两百年间，仍然在美洲土著人群中传播，北美洲的印第安人也未能幸免，美国的"西进运动"也把天花带给了美国西部土著居民。18 世纪末 19 世纪初，美国西海岸和中央大平原相继暴发的两次天花疫情，给当地印第安居民造成毁灭性的打击。

再看中国，由于历史上几乎没有大规模的天花病毒传播，因此北方游牧族群也没有形成对天花的抵抗力。当他们与中原政权往来中接触到天花的时候，也会带来相当严重的后果。有证据表明，在明朝与北方蒙古势力的交战中，天花也曾在蒙古军中流行。

回到清朝顺治皇帝的死亡故事。起源于中国东北地区的满族原本也很少接触到天花病毒，因此在入关前后，天花就成了他们的一大威胁。在立国之初，天花对清朝产生很大的影响。清朝皇室对天花一直如临大敌，因此发展出一套预防体系，即所谓"查痘"和"避痘"。在清军入关前，为防止天花在军队中大规模传播，统治者制定了非常严格的检查措施。他们甚至会让出过天花的将军负责与明朝军队打仗，而没有出过天花的将军负责守城。入关后，还专门设立"查痘章京"这个职位，负责检查京城内天花的流行情况，一旦发现患者，便立即将其隔离或迁出城外，以防疫情进一步传播。当然，这只是一种临时措施，施行起来也出现很多问题，后来随着满汉融合以及种痘术的普及，这个职位也就被取消了。另一种做法叫作"避痘"，这个很容易理解，只要到了天花流行的时节，皇帝都会有意避开。避痘的形式多种多样，有的皇帝会离开皇宫，到远郊的行宫居住；有的皇帝会外出行猎；再有就是免除王公大臣的朝贺、集会。

当然，天花病毒对清朝也不全是坏处，和欧洲人把天花病毒带到美洲一样，在西征准噶尔的战役中，随军而去的天花也帮助清朝取得胜利。清朝和准噶尔（Dzungar Khanate，1678—1757）的战争持续了七十余年，历经康雍乾三朝，清朝才最终彻底平定天山南北。以往历史学者往往从军事策略和武器技术的角度来解释，不过近来也有学者认为，给予准噶尔最沉重打击的反而是清军带去的天花病毒，死于天花的准噶尔部众远远大于战场上的伤亡。在1745年和1755年前后，准噶尔暴发了两次天花疫情。根据魏源在《圣武记》中的估测，当时准噶尔部大概有六十多万人口，"先痘死者十之四，继窜入俄罗斯、哈萨克者十之二，卒歼于大兵者十之三"，也就是说，准噶尔的十几万户人中，真正被清军歼灭的不过十分之三，而十分之四都先死于天花。相反，由于种痘术的普及，天花对清朝的西征部队反而没有太大威胁。正是在天花疫情之后，清朝最终取得决定性胜利，两位准噶尔的领袖噶尔丹策零（Galdan Tseren，1695—1745）、阿睦尔撒纳（Amursana，1723—1757）都因天花病逝。

顺便说明，这个噶尔丹策零并不是大多数人都熟悉的那位噶尔丹，而是那位噶尔丹的侄孙。他一度是清朝的劲敌，曾大败清军，让雍正皇帝十分头疼。然而在他染病去世后，准噶尔内部也因争夺汗位导致分裂，这也给清朝带来可乘之机。

3. 种痘的实践：中国、印度、奥斯曼以及欧洲

众所周知，到20世纪80年代，天花成为人类历史上唯一一个被根除的传染病，这当然得益于天花疫苗接种的普及。在明清时期，接种天花疫苗这种手段被称为"种痘"，也就是把天花患者身上的痘，接种到健康人身上，让接种者感染一次轻症的天花，

从此获得免疫力。因为这种疫苗是从人身上获取的，所以也叫"人痘"。当然，古人并不懂得免疫学的道理，这种方法的出现，有的是出自经验的积累，有的秉承"以毒攻毒"的理念。人痘是人类历史上出现的第一种疫苗，但它起源的时间仍然争议不断。大约在16、17世纪，世界上有三个地方出现了种痘的实践，分别是中国、印度和奥斯曼土耳其。

印度最初的种痘术是比较原始的，人们用铁针刺破天花患者身上的脓包，再将这个沾有痘浆的针在健康人身上刺几下，以达到接种的目的。奥斯曼土耳其的接种方法也大同小异，不过由于种痘普及范围广，发展时间较长，技术更加成熟。接种疫苗可以不通过医生，想要给自己孩子种痘的父母会向天花患者购买身上的痘痂或痘浆，并在健康的孩子皮肤上刺开一个小口，将痘接种进去。印度和土耳其最早的种痘记录，都是欧洲人留下的，在两国本土文献中很少有相关记载。18世纪正是欧洲天花流行的时候，一些到奥斯曼土耳其的欧洲学者和外交官记录下这一技术，并将它介绍到欧洲。至于这两个地方的种痘术是本土起源还是从外地传入，由于缺乏证据，目前还没有公认的结论。

中国对种痘术的记载非常翔实，最早有关种痘的记录，就在中国自己的史籍中。根据现代医学史专家考证，种痘术在中国的起源大概是明朝隆庆年间也就是16世纪中叶，有的说起源于宁国府也就是如今的安徽省境内，也有说出自江西。无论如何，到清朝初年，种痘术已经在这两个省份普及开来，并传到浙江、福建、广东和湖南。后来，康熙皇帝了解到南方流传的种痘术，他一方面聘请江西的种痘医师入京，另一方面派人前往江西学习技术，下旨让他们给自己的儿女和王公大臣子弟种痘。以此为契机，种痘术也渐渐传到北方。

明清的种痘法大致可分为四种：痘衣法、痘浆法、旱苗法、水苗法。第一种痘衣法，就是将天花患儿的衣服给健康的儿童穿上，以达到轻微感染的目的，不过这种方法成功率比较低。第二种痘浆法，用棉花蘸取患儿身上脓包中的浆液，并塞入接种儿童的鼻孔中。这种方法需要刺破患儿的脓包，患儿的家属多不能接受。第三种旱苗法，天花患儿痊愈后，身上的痘疮会结痂，医生会把痘痂搜集起来研成细末，用细管吹入接种者的鼻孔。当时人们对这种方法的评价不一，有人说它的效果太过猛烈，也有人说粉末吹进鼻子会刺激流鼻水，这样就把痘痂冲出来了。第四种是水苗法，也就是把痘痂粉末用水调和，再用棉花蘸取，塞入鼻中。这四种方法之中，前两种比较原始。到了清代，种痘主要以后两种为主，其中又以水苗法最优。

当种痘术在清朝逐步普及的时候，欧洲人也从奥斯曼土耳其学到这项技术。最初，种痘术在欧洲的推广并不顺利，毕竟这是一项外来的技术，人们充满各种疑虑。很多讲述欧洲种痘历史的人，都会提到一位英国贵族女性玛丽·沃特利·蒙塔古（Mary Wortley Montagu，1689—1762）夫人。她随丈夫出使伊斯坦布尔，并在那里听说奥斯曼土耳其民间流行的种痘术。她不仅为自己的儿女接种疫苗，回国后也在贵族圈子内极力推荐这种技术，甚至还在囚犯身上进行接种试验。在很多讲述欧洲天花历史的书籍中，玛丽夫人的故事都占据很长的篇幅。当然，我们不能否认这位女性的贡献，不过她也只影响到欧洲的上流社会。

真正让种痘术在欧洲普及的，却是当时民间的种痘医师，正是他们的经验和技术改进，让这项技术逐步被欧洲人接受。丹尼尔·萨顿（Daniel Sutton）是其中一个突出代表。他出身于医学世家，他的父亲罗伯特·萨顿也是一位出色的医生。罗伯特的一个儿子因种痘失败丢失性命，这刺激了罗伯特发明更为安全的人痘接种方法，并传给他的三个儿子。在几十年内，这项技术一直是一个家族秘密，他们家族也靠着这项种痘技术名声大噪，并在英国、欧洲大陆甚至北美都开办种痘诊所。丹尼尔·萨顿自己也不断在实践中观察总结经验，最终他在1796年将家族秘密公之于众。原来，他们只对接种方法进行了很小的改进：一是选择轻症患者身上的痘痂，二是接种疫苗时仅仅划开一个很浅的伤口。

就是这些小小的改动，极大地提高种痘术的安全性。

4. 种痘之后：天花与现代世界的历史

这项技术的发明和完善，甚至影响了后来的世界史。

我们这里不妨举一个例子，这就是美国独立战争。世界上第一次较大规模的人痘集中接种，就发生在美国独立战争期间。当时，天花瘟疫在波士顿暴发，并逐渐在东海岸传播。这场瘟疫本是英国军队带来的，但乔治·华盛顿（George Washington，1732—1799）领导的士兵大多是在北美殖民地成长起来的，他们此前并没有接触过天花病毒。在危急情形下，华盛顿命令他的部队全部都要接种人痘。可以说，这次及时的人痘接种，挽救了美国独立战争的胜利。

在丹尼尔·萨顿公布家族秘密的那一年，爱德华·琴纳（Edward Jenner，1749—1823）也开始实验接种牛痘。这个意义重大的发现，其实也来自他对民间习俗的观察。牛痘病毒和人类的天花病毒很相似，但它主要在牛群之间传播，如果人感染了牛痘病毒，只会出现轻微症状。这个原始经验最初只流传在挤奶女工之间。琴纳受到启发，通过严谨的实验，确定牛痘的有效性和安全性。因此，牛痘疫苗迅速在欧洲流行起来，取代原来的人痘疫苗。接种牛痘的技术也随着殖民者和传教士传到美洲、非洲和亚洲。牛痘术在19世纪初期传到广州，由于中国已经有很成熟的人痘接种存在，牛痘的推广也显得比较顺利。清朝的地方官和地方士绅对推广这项新技术有着很高的热情，到了光绪年间，全国很多地方都建立了专门负责接种的民间组织"牛痘局"。

不过，清朝宫廷还比较保守，对牛痘的兴趣似乎并不大。虽然从康熙年间开始清宫已经引入人痘术，但施种效果并不太理想，时不时还有皇室子弟患上天花，就连年轻的同治皇帝也在1874年年底感染上天花，于隔年不治身亡。《清史稿》说，"上疾大渐，崩于养心殿，年十九"。

第四节　蚊子与帝国：疟疾、金鸡纳树与殖民扩张

下面，我们再顺着时间线索，讲有关全球历史中的疾病，尤其是疟疾、金鸡纳树和殖民扩张的历史。也许这一节里，我们要串联传统时代和近代，把疾病的历史往下捋一捋。

1."耶稣树皮"治愈康熙的病

1693年6月13日，康熙皇帝突发高烧，宫中的太医束手无

策。当时在紫禁城内有几位欧洲来的传教士。其中，有一位叫作卢依道（Isidoro Lucci S. J., 1661—1719）的葡萄牙人，他通晓医术，大臣推荐他来给皇帝诊病。原来，康熙得的是疟疾，但他并没有治疗疟疾的药，因此只能搪塞过去，所幸在钦天监还有两位法国耶稣会的传教士张诚（Jean-François Gerbillon，1654—1707）和白晋（Joachim Bouvet，1656—1730）。他们在1684年受法王路易十四（Louis XIV，1643—1715年在位）选派来到中国传教。因为精通天文历法，两人被康熙召到京城留用，随身也带了一些法国的常用药。其中一种药，是路易十四为了得疟疾的法国穷人发放使用的。毫无起色的康熙不顾御医们的反对，服用了这种西药。没想到药效还不错，康熙当晚就退烧了。可是，他的病情不断反复，之后仍然有间歇低热的症状，而这正是患有疟疾的表现。

康熙皇帝是很幸运的。同一时间，另外两位法国传教士洪若翰（Jean de Fontaney，1643—1710）与刘应（Claude de Visdelou，1656—1737）也来到京城，他们随身带着一种树皮，声称是治疗疟疾的特效药。当然，这种外来的药物是不能贸然让皇帝尝试的，御医们首先安排了三个病人试用，把树皮研磨成药粉，效果显著。接下来，又有四位重臣主动要求以身试药，也没什么异常。就这样，康熙皇帝放心服下，几天后便彻底痊愈了。法国传教士携带的树皮，叫作金鸡纳（Cinchona calisaya Weddell）树皮，当时他们称之为"耶稣树皮"。而用树皮制作的特效药，我们现在知道就是治疗疟疾的金鸡纳霜。

被疟疾传染的历史名人，自然不仅康熙一位。大约在康熙患病的三十五年之前，亚欧大陆另一端的英国经过内战，进入短暂的共和国时期，年近六十岁的共和国领袖克伦威尔（Oliver

Cromwell，1599—1658）在 1658 年患上疟疾。当时，金鸡纳树皮制作的抗疟药，其实已经传到欧洲，但是克伦威尔拒绝使用这种从新大陆传来的"耶稣树皮"，他认为这是教宗试图除掉他的阴谋，最终因病在当年逝世。

历史上曾有很多重要人物罹患疟疾，不少人因此丧命，但如今很多人大概不会把疟疾看成一种重要的传染病。很多国家和地区都已经控制甚至消灭了疟疾，中国就是其中之一。但这种疾病仍然在非洲大陆肆虐，仅 2018 年一年便剥夺了四十多万人的生命，仍然是人类健康的主要威胁之一。疟疾也曾在全世界范围内广泛传播，被称为"疾病之王"，它对人类历史的进程，同样产生过广泛而不可忽视的影响。

2. 南方中国的"瘴疠之地"

引起疟疾的并不是细菌或者病毒，而是另外一种单细胞的微生物疟原虫。据科学家推测，疟原虫已经在地球上存在三千万年了，它最早出现在非洲大陆，主要通过蚊子在灵长类动物中传播。在新石器时代，人类走向农业定居社会，开始在非洲大陆上砍伐热带雨林，建立定居点。早期人类的村落、水塘和农田成了蚊子理想的栖息地，疟疾因此开始在人群中传播。感染人类的疟原虫主要有四种类型，其中只有一种有着较高的致死率。不过，感染疟疾的人会出现周期性发作的全身发冷、发热，足以让人丧失劳动力，让军队丧失战斗力。

疟疾在英文里叫 malaria，从词源学上看，这个词来自中世纪的意大利语，意思是"有害的空气"或者"瘴气"，因为古罗马人认为这种病是由沼泽中有害的气体导致的。那它在中文里，为什么叫"疟"呢？这个"疟"的繁体字"瘧"是"病"字框加一个"虐待"的"虐"字。从文字构造来看，这个"虐"字一方表音，另一方面说明这种病特别"暴虐"，也就是特别厉害。《说文解字》说，疟疾的症状是"寒热休作"，也就是说一会儿冷一会儿热。一般的病要么让人发冷，要么让人身体燥热，而这种病将这两个症状叠加起来，因此格外厉害。中国传统医学对于疟疾病因的解释较为复杂，但其中一种和古罗马的瘴气说相似，也认为疟疾是南方或者夏季湿热的瘴气导致。

作为中国古人最早认识的疾病之一，商代的甲骨文中就已经出现"瘧"这种疾病。在商代有一个重要的历史事件是盘庚迁殷，也就是大概在公元前13世纪前后，商代君主盘庚将都城迁到殷这个地方。有学者推测，迁都的重要原因之一，便是原来的都城发生大规模的疟疾流行。古代中国人对疟疾的认识，和古代罗马人相似，以前南方常常被称为"瘴疠之地"，就是说那里的空气中充满有害的瘴气，人在那种环境下就会生病。这里说的"瘴气"，是古人的朴素认知，它实际上包含很多种流行的传染性疾病，疟疾便是其中重要的一种。一位唐代的医学家甚至明确地说，"瘴"和"疟"，其实是一种病的两种名字，在北方叫作"疟"，南方就叫"瘴"。

这很容易理解，中国南方气候温暖潮湿，水网密布，蚊虫滋生，因而疟疾流行率更高。也正因如此，在宋代之前，中国北方地区往往比南方更发达，人口更稠密。在秦汉王朝向南扩张的战争中，疟疾曾带来很大的麻烦，军队在南方征伐的过程中，往往因为瘴气损失不少战斗力。汉武帝曾经派兵征服闽粤地区。当时的记载就说这个地方"瘴疠多作",还没有开始打仗便已经有两三成的士兵感染疾病死了。在东汉初年,中央政权也曾经派兵征伐交趾,也就是如今的越南北部,在那里甚至有四五成的部队因瘴气而死。汉末有个叫公孙瓒的人,给他即将去日南(今越南)任职的上司刘太守送行并祭祀祖先的时候,就说他"昔为人子,今为人臣,当诣日南。日南瘴气,或恐不还,与先人辞于此",可见瘴气是多么可怕。

关于中国古代南方的地方病,台湾学者萧璠做过很细致的研究。他也认为那些在文献中被称为"疟"或"瘴"的疾病,大部分可以对应为如今的疟疾。他还发现,从汉朝一直到宋朝,有很多中央政权的官兵在进入南方后,遭遇了疟或瘴,损失惨重。不过,随着中国古代王朝不断向南扩张,所谓"瘴疠之地"的范围也不断向南移动。这种"瘴疠之地"的说法,一方面是因为南方地区的逐步开发导致的居住环境改善,另一方面是也出于中原地区对于文明边陲地区的一种恐惧心理。所以,秦汉时期的"瘴疠之地"主要指长江流域,随着南方的开发,"瘴疠之地"渐渐往更南更远的地方移动。在唐代,一些到四川、湖南、广西的文人官僚曾受疟疾之苦,其中有杜甫、柳宗元、元稹等。到了宋代,这个"瘴疠之地"的范围又南移到了岭南;到了明清,瘴气流行的地方则到了云贵地区。我们都知道清朝有一项著名的治理措施叫"改土归流",就是在西南民族地区废除土司制度,改派中央政府任命的流官来管辖。但云南等边境地区的土司,始终没能顺利废除,其中很重要的一点,便是因为汉族官员对疟疾没有抵抗力,中央政府不得不依靠土司来维持间接统治。乾隆年间,清朝和缅甸在这一地区发生军事冲突,清军虽然最终获胜,但也因为疟疾、痢疾等传染病而损失惨重。

可以说，中原王朝对南方的拓展，和对传染病的克服是密切相关的。中国古代治疗疟疾的手段，在两个时期发展最快：第一个是南北朝时期，第二个是宋元时期。这种现象不难理解，因为南北朝和宋代都是中原汉族政权被迫南渡的时期。为了克服疟疾等传染病，人们陆续发现很多抗疟的中草药，包括常山、青蒿、鸦胆子、槟榔、雄黄等。这些药物的效力，在现代科学的研究中也得到确认。

3. 疟疾与金鸡纳，在欧洲、美洲和非洲的历史中

在西方历史中，疟疾同样扮演了重要角色。考古证据显示，疟疾在古埃及已经开始流行。凯尔·哈珀教授的《罗马的命运》一书的核心观点是：罗马帝国的命运不仅仅是由皇帝、士兵和野蛮人决定的，也是由火山爆发、太阳周期、不稳定的气候以及致命的病菌决定的。这些致命的病菌中，包括我们之前提到的鼠疫、天花，也包括疟疾。古罗马帝国流行一种叫作"罗马热"的传染病，现代学者认为它就是疟疾。

大约在古希腊兴盛的时代，北非有一个强大的国家迦太基（Carthage，约前814—前146）。古罗马崛起后，同迦太基爆发了三次大规模战争。虽然战争以罗马人胜利告终，但起源于非洲的疟疾也随之传到罗马。最初疟疾主要在亚平宁半岛的南部和罗马城周围流行，后来随着帝国的扩张，逐渐传播到欧洲北部。罗马帝国在4世纪末分裂为东西两部分，而西罗马帝国为什么在不到一百年的时间，就由于内部危机和蛮族入侵而灭亡呢？近年来，

也有很多学者认为，西罗马帝国的灭亡与疟疾有着很大的关系。疟疾，尤其是恶性疟在 5 世纪的流行，极大地损耗罗马帝国的人口和战力，最终导致它再也无力抵抗北方的蛮族入侵。

有人可能会问，既然疟疾在罗马地区流行了几个世纪，那么当地人难道没有获得一定程度的免疫力吗？为什么还会出现大规模的暴发？这就涉及疟疾的一个特性。虽然得过疟疾的人会获得一定程度的免疫力，但这种免疫力会在数月至数年内消失，而且在遇到不同类型的疟原虫时，原有的免疫力完全无效。只有持续暴露在疟疾环境下的人群，才会对疟疾有较强的免疫力。目前来看，由于非洲人长期生活在疟疾传播的环境，他们对疟疾的免疫力比其他人群要高。但在面对最厉害的恶性疟疾时，就是他们仅仅依靠自身的免疫力也很难抵挡。

疟疾再次显示它的威力，要到 15 世纪地理大发现开启的殖民时代。在欧洲殖民历史中，有一个值得注意的现象。最早欧洲殖民者占领瓜分的主要是美洲大陆，直到 19 世纪欧洲列强才加快了殖民非洲大陆的进程。按理说，非洲距离欧洲更近，欧洲人为何舍近求远呢？有人认为，还是因为疟疾。一直到欧洲人发现了对抗疟疾的特效药：金鸡纳树皮，这才使得殖民非洲大陆成为可能。

回到前面所说的治愈康熙疾病的"耶稣树皮"，也就是金鸡纳树皮，它的发现也是机缘巧合。这种树原产于南美洲，当地土著很早就用这种树皮来治疗各种发热性疾病。不过，美洲大陆原本是没有疟疾的，如同天花一样，疟疾也是欧洲殖民者带来的传染病。由于南美洲热带地区非常适合蚊子滋生，于是疟疾也渐渐在美洲大陆传播开来，这给欧洲殖民者带来很多困扰。当时，西班牙驻秘鲁总督的夫人也感染了疟疾。据说，一位当地的印第安姑娘给她送去金鸡纳树皮制作的粉末，总督夫人很快痊愈了。后来，西班牙传教士将这种树皮带到欧洲，所以金鸡纳树皮最早也被称为"秘鲁树皮"或者"耶稣树皮"。"金鸡纳"这个称呼，就是来自总督夫人的名字。到了1817年，两位法国药剂师成功从金鸡纳树皮中提取出有效成分奎宁，奎宁制成的药水比天然的树皮粉末效力更强。从此，奎宁成了欧洲殖民者的利器。有了这种特效药，疟疾不再是可怕的疾病，这才解决了欧洲人殖民热带地区的最大障碍。

19世纪，欧洲人逐步在非洲大陆、南亚和东南亚建立广阔的殖民地，奎宁就在其中起到至关重要的作用。

4. 后话：殖民历史与热带医学

让我们再往下，说一说殖民历史和热带医学。

欧洲人虽然在17世纪就已经有了治疗疟疾的特效药，但直到19世纪才最终明确疟疾的病原体和传播途径。这就要涉及欧洲医学的一个重要分支，即热带医学的建立，它与欧洲列强的殖民进程息息相关。当欧洲人殖民的步伐进入美洲的热带地区、印度、东南亚和非洲大陆时，他们一度受到极大的困扰：一方面他们不适应当地炎热的气候，另一方面还经常感染各种各样的传染病。因此，欧洲的科学家开始思考，是不是热带的气候和环境特别适合传染病的传播。

19世纪后半叶，欧洲细菌学和寄生虫学发展非常迅速。1880年，法国医生拉韦朗（Charles L. A. Laveran，1845—1922）首次在疟疾病人的血液中发现疟原虫。十七年后，一位在印度工作的英国医生罗斯（Ronald Ross，1857—1932）确定蚊子是传播疟疾的主要媒介。这两位医生也因此先后获得诺贝尔奖。不过，这一发现的过程还绕不开另一个人，他就是出身苏格兰的医生白文信（Sir Patrick Manson，1844—1922，又译孟生）。他首先发现象皮病的病原体丝虫是通过蚊子传播的，这也启发了很多欧洲研究者从相同的角度研究疟疾的传播途径。说起来，他还和中国渊源颇深，从 19 世纪 60 年代开始，他先后在台湾、厦门和香港工作，还担任过香港华人西医书院的首任院长。这个书院就是孙中山曾经求学的地方，也是现在香港大学医学院的前身。他回到英国后，积极倡导成立"热带医学"研究机构。

热带医学的性质是什么？过去曾经认为，是西方为热带地区带来现代医学和卫生制度，让这里的人们摆脱各种传染病的困扰；但目前越来越多的历史学家也认为，恰恰也是殖民主义的扩张，才导致了种种传染病的全球传播。这真是全球史上的一个悖论。

第五节　白色瘟疫：肺结核、细菌学说与卫生观念的传播

大家一定熟悉鲁迅笔下人血馒头的故事。在《药》这篇小说中，主人公华老栓为了给儿子华小栓治肺痨，到行刑的刽子手那里去买蘸过人血的馒头，因为当时的人们认为人血可以治肺痨。这篇小说当然有着更深刻的隐喻，但在这里我想给大家讲的却是华小栓的病：肺痨，也就是通称的肺结核。事实上，鲁迅后来自己也得了肺结核，最终在五十五岁去世。

说起肺结核，可能有的人认为，它不是什么厉害的传染病，在历史上也没听说过有什么因肺结核而暴发的大瘟疫。但它在全

球史中仍然不可小觑，在疾病与人类交织的历史中，肺结核几乎都会占据一席之地。有研究者认为，在人类历史上，肺结核是导致死亡人数最多的传染病。因为患者往往脸色苍白，由此得名"白色瘟疫"。然而这种可怕的疾病，却一度是文学作品中的宠儿。从中国《红楼梦》到西方《茶花女》，女主人公都有类似肺结核的症状，增添一种悲剧性的病态美。到了19世纪，这样一个曾经被浪漫色彩环绕的传染病，却成为一种严重的社会问题。这种转变是怎么发生的？它又与公共卫生政策的出现有着什么关系？

1. 古老的疾病

肺结核是一种相当古老的疾病，甚至有人认为它是人类最早感染的一种传染性疾病。虽然学术界对它的确切起源时间仍有争议，但毫无疑问，它已经与人类社会共存了数千年乃至上万年。一位斯坦福大学的研究者通过基因研究，曾提出一个结核杆菌起源与传播的模型。在前面我们曾经讲过，古人类学界目前有一个主流观点，认为人类起源于非洲。根据这种观点，距今七万年左右，人类开始走出非洲，向其他大陆迁徙。而基因研究显示，导致肺结核的结核杆菌最早也在非洲出现，并随着古人类的迁徙到达亚欧大陆。在漫长的历史过程中，肺结核在人类社会中扎根，并在三个人口集中的区域不断传播、演化。这三个地区就是欧洲、印度和中国。此后，随着帝国征服和全球贸易交流，结核杆菌传遍世界各个大陆。

有意思的是，十几年前，古人类学家在美索不达米亚地区发现一处距今约九千年的新石器时代遗址。他们在遗址里的遗骨中，检测到结核杆菌存在的证据。大家可能知道，虽然结核杆菌最常见的感染部位是肺部，但其他部位的感染也是有可能的。其中有一种叫作脊柱结核，就是结核杆菌感染了脊柱。在一些古人类的遗骨和埃及的木乃伊上，科学家都观察到这种脊柱病变，由此确认结核杆菌的存在。1972 年，在湖南长沙的马王堆汉墓中曾经出土过一具千年不腐的女尸，她是汉代长沙国丞相的妻子辛追（前217—前168）。经过解剖检测，研究人员发现她的肺部有钙化灶，这正是曾经患肺结核的表现。

最近，有几位生物学家提出一个有趣的观点：结核杆菌在人类社会出现，和古人类学会用火有着密切的关系。我们都知道，在人类进化史上，火的使用有着非常重大的意义。这项研究用了很多考古学和流行病学的数据来支撑自己的论点，但他们的结论倒是很容易理解。火的使用，导致古人类生活方式和身体状况的改变。一方面，火不仅仅是制作熟食的工具，同时也是古人类社会活动的中心。在夜晚或寒冷的天气下，人们往往会聚集在火的周围，宗教仪式和节庆也往往会围绕着火来举行。这样，古人类之间的接触更加频繁了，这也为病菌等微生物的传播创造条件。另一方面，虽然火对人类的发展有着很大的积极作用，但也会带来潜在的危害。火燃烧产生的烟尘会导致呼吸系统的慢性炎症，这会让人类的呼吸系统更加脆弱，难以抵抗结核杆菌的入侵。当然，结核杆菌传染人类本来是偶然性的，但人类用火，无疑为这个偶然创造必然条件。

2. 中世纪的肺痨和瘰疬病

在世界各处的古文明中，很早就出现类似肺结核症状的记录。

在中国古代，肺结核最常见的称呼是痨病或者肺痨。"痨"这个字是一个病字框，加上一个劳动的"劳"字。我们都说"积劳成疾"，这个字也体现出痨病的特点，得这种病的人往往像过度劳累一样，非常虚弱。"痨"还经常和"虚"连在一起，称为"虚痨"。在魏晋时期，它还有一个听起来有点儿可怕的名字叫"传尸痨"。根据医书记载，得了传尸痨的人会渐渐消瘦，在他去世后体内的尸气就会传给周围的人，因此经常有一家人陆续感染的情况。也有人说，是病死者体内的鬼气或者痨虫传染给了其他人。这大概是中国古代医学中对疾病可以"传染"的最早认识。在欧洲，肺结核也有多个不同的名字，古希腊人称它是 phthisis。古希腊大医学家希波克拉底对这种病有很多描述，在那个时代肺结核是常见病之一。古罗马人把它叫作 tabes。到了近代早期，肺结核最常见的称呼是 consumption。这几个词都与消耗、衰弱有关。这也说明，古代东西方对这种病的观察和感受是很相似的。

结核杆菌还会感染人的淋巴，在欧洲中世纪有一种流行病叫瘰疬病（scrofula）。患者的脖子和耳后往往会生出肿块，这些肿块是淋巴结炎症所致，甚至有可能会进一步溃烂，使得患者看上去面目丑陋。当时，民众想象中对瘰疬病有一种神奇的治疗方法，就是如果国王的手在患处摸一摸，病就可以痊愈。这种治疗仪式在英法两国一度流行，最晚在 13 世纪开始，一直持续到 18 世纪。后来法国大史学家马克·布洛赫（Marc Bloch，1886—1944）就根据这一历史写了名著《国王神迹》（*Les rois thaumaturges*），就是描述 18 世纪之前法国和英国的一种流行习俗，即相信国王的御触（royal touch）是可以治疗恶疾的。当然，他还指出在想象的治疗之外，这种国王神奇的能力还强化了世俗国王对抗宗教神权的权力。毫无疑问，这种仪式是不可能治好病的，但为什么在几百年里有这么多人相信国王碰触的治疗能力呢？有人从现代科学来分析，也许和瘰疬病的特点有关，因为即使不接受治疗，这个病也会出现一段缓解，很容易让人想象是国王触碰的结果。于是，在很长时间内，通过触碰治疗瘰疬病患者是英法国王的一项职责，同时也是神圣王权的象征，这种特殊的神权强化了国王在臣民心中的威望。这种仪式在 17 世纪英国斯图亚特王朝（House of Stuart，1371—1714）到达顶峰。当时英国王室在和议会派的内战中岌岌可危，英王查理一世（Charles I，1625—1649 年在位）成为阶下囚，但普通民众居然还是请愿，希望能够得到国王的触碰治疗。1660 年查理二世复辟，为了昭示他复辟的合法性，甚至在二十五年内给九万多人进行碰触仪式。

3. 浪漫化的疾病

从 17 世纪开始，城市发展，人口密集，欧洲肺结核的感染和死亡人数逐步增长。到了 18 世纪工业革命，大量工人到城市谋生，做着最辛苦的体力活，领着最微薄的工资，居住在拥挤肮脏的环境中，城市因此成了传染病的温床。肺结核的传染由此成为社会问题。

也正是在这一时期，"白色瘟疫"的称呼逐渐流行起来。不过，虽说是瘟疫，肺结核却和一般人对瘟疫的认知不太一样。虽然它最终会导致死亡，但这个过程却很缓慢，病人往往要经受长期病痛的折磨，病情也反反复复。正因为如此，肺结核不太符合古人对所谓"瘟疫"的认知。一般来说，瘟疫通常是在短时间内导致大量人口的死亡，而肺结核缓慢的病程则决定了它很难形成突然死亡率的暴发。这可能也是为什么它看上去与鼠疫这种"黑色瘟疫"不同，"白色瘟疫"似乎没有那么可怕，而且它一度还被看作一种"浪漫的疾病"。

当时欧洲很多文化名人都感染过肺结核，包括诗人雪莱（Percy Bysshe Shelley，1792—1822）、济慈（John Keats，1795—1821），钢琴家肖邦（Frédéric Chopin，1810—1849），小提琴家帕格尼尼（Niccolò Paganini，1782—1840），小说家契诃夫（Anton Chekhov，1860—1904）。除了雪莱，其他几个人的死都与肺结核脱不了关系。雪莱就在给朋友的信中说过，肺结核偏爱妙笔生花的诗人。患肺结核的人身形消瘦，因为持续的低烧而常常面色潮红，这在当时上流社会看来有一种病态而柔弱的美感。人们还认为，肺结核会让人的感官更加敏锐，可以带来非凡的灵感，而敏锐的感官和灵感可都是好艺术家必须有的特征。这些名人感染肺结核的例子，也让人们错误地认为肺结核是社会上层人士才会得的疾病，就像《红楼梦》里多愁多病的林黛玉。

肺结核之所以被称为"白色瘟疫"，实际上还有另外的文化含义。那便是它是一种白人疾病，来自非洲的黑人是不会感染的。这种种族偏见曾一度在美国很流行。当时一位美国南方的医生就说，肺结核是主人的疾病，而不是奴隶的疾病。因为主人有着高超的思维能力、丰富的想象力、不屈的意志以及对自由的向往，他们的大脑承受过多的血液，所以更容易感染肺结核，而黑奴的特质正好相反。在废奴运动逐渐兴起时，有人甚至说，解放黑奴，会让黑人在肺结核面前变得脆弱。

所以，身患肺结核而死，在当时有些艺术家看来，甚至是浪漫的死亡方式。那时很多文学作品都描写了这样的女主角，身体孱弱，面色绯红，不停地咳嗽，最终因为咳血和身体虚弱而死。肺结核甚至还导致审美观念的变化，很多人大概都看过欧洲文艺复兴时期的绘画，画中的女性往往体态丰腴。但在肺结核流行的18、19世纪，人们的审美情趣逐渐发生变化，一种瘦弱苍白、举止轻柔而略显病态的女性形象开始流行，并出现在很多艺术作品之中。

4. 疗养院的诞生

在很长时间里，治疗肺结核是没有特效药的。而且因为这种病让人越来越虚弱，当时的治疗也就以补充营养和休养为主。最初，人们对病因的解释，就是我们曾经提到过的瘴气学说，那么治疗的方法自然也就是摆脱这种生病的环境。因此，当时的主要疗法就是让病人远离拥挤而肮脏的城市，到人烟稀少、充满新鲜空气的地方去疗养。哪些地方最适合呢？那就是兼具凉爽和清新空气的山区，而这种观念推动了现代疗养院的诞生。

建立肺结核疗养院的想法，在19世纪中期就有人提出，不过它的推广要归功于德国医生赫尔曼·布雷默（Herman Bremer，1826—1889）。他原本从事的是植物学研究，在确诊肺结核后，医生按照当时最流行的观念，推荐他去一些环境良好、空气清洁的地方旅行。结果他干脆选择了喜马拉雅山，在治病的同时还继续自己的研究工作。旅行归来，他的肺结核神奇地痊愈了。他从此转向医学研究，并写了一篇论文，题目叫《肺结核是可被治愈的疾病》。1854年，他在苏台德山脉附近的一个小村庄上建立起第一座疗养院。这个村庄原属德国，现在它属于波兰，位于波兰和捷克的边境附近。他认为，治愈肺结核的三个灵丹妙药就是：户外清洁的空气、充分的休养以及良好的营养。在欧洲，最著名的疗养地是瑞士的达沃斯（Davos），就是那个举办世界经济论坛的地方。但在 19 世纪初，它还是一个知名度很低的乡镇，位于阿尔卑斯山区的一段谷地之中，通常人们把这个山谷看作东西阿尔卑斯山脉的分界线。一个叫亚历山大·斯宾格勒（Alexander Spengler，1827—1901）的人，1853 年来到这里担任乡村医生，凭着敏锐的洞察力，他发现小镇居民很少患有肺结核病。经过几年的观察研究，他认为这个地区的新鲜空气和温泉是治疗肺结核病的良方。在成功治疗了多位肺结核病人之后，达沃斯这个地方名声大噪。高山的空气成了健康的保障，生活在拥挤污秽的城市居民都开始来此地休养度假，甚至还有商人将阿尔卑斯山上的空气装到瓶子里，运到城市里出售。

在高山疗养的做法也传到北美。那时候，美国正处在西进运动（Westward Movement）中，美国东部的人口不断往西部开拓殖民。以往的历史作品，通常会强调美国人向西部移民，是为了更多的土地和财富。但另一个原因却很少有人提及，那就是为了探寻肺结核的治愈之路。19 世纪美国的城市化导致肺结核流行，肺结核成了美国人的第二大"杀手"。当时，一位女性旅行家在科罗拉多的落基山区旅行后，出版了一部畅销的游记，上面写道："科罗拉多是世界上最棒的疗养地，那里的气候是北美最好的，成百上千的病人来到这里疗养，他们身患肺结核、哮喘、胃病和神经衰弱。"一份 20 世纪初的报告也说到，科罗拉多 60% 的移民是为了治疗肺结核而来的。现在美国科罗拉多州的第二大城市科罗拉多斯普林斯（Colorado Springs），最早就是为肺结核病人建立的疗养地。除了科罗拉多，当时西部大多数的州都涌入大量的肺结核患者。1869 年，横跨美国的太平洋铁路修建完成，为了吸引旅客，铁路公司利用人们的这种心理，提出一个口号："到西部去！在那里就可以重新呼吸。"

5. 肺结核与公共卫生

　　再浪漫的形象，也难以弥合肺结核带来的严峻现实。自从黑死病的乌云从欧洲散去后，肺结核在 17 世纪便逐渐成为欧洲第一大死亡因素。据估计，18 世纪初，伦敦城内的死亡人口有七分之一的死因是结核病。五十年后，这一数字增长到五分之一，到了 19 世纪初，更是达到四分之一。

　　1834 年，一位德国医生发明 tuberculosis 这个词，它逐渐成为这种疾病的正式称呼。Tubercle 就是结节的意思，而 tuberculosis 描述的就是一种结节状的病变。这种现代名称相较于古代的命名，有了认识论上的区别，它不再是病人身体症状的体现，而是以身体部位病理性变化做出的定义。1865 年，一名法国军医让·安东尼·韦尔曼（Jean Antoine Villemin，1827—1892）首次用实验确证肺结核的传染性。而最终发现结核病"元凶"的，则是德国科学家罗伯特·科赫（Robert Koch，1843—1910），他是现代细菌学研究的领袖之一。我们在讲述鼠疫时，提到过日本细菌学之父北里柴三郎，他就是科赫的学生。科赫在 1882 年成功分离出结核分枝杆菌，并因此获得诺贝尔奖。这些科学发现让结核病的各种浪漫化想象渐渐烟消云散。患上传染病的病人不再是艺术和美感的化身，而成了疾病的传染源。这些发现也导致现代社会对疾病防治的重大转变。

虽然肺结核的元凶找到了，但当时医学界并没有有效的药物治疗。但人们起码找到一种行之有效的防御方法，那就是公共卫生。如今我们对"公共卫生"这个词并不陌生，我们能在城市中健康地生活，离不开公共卫生制度的建立。工业革命后，欧洲出现很严重的环境问题。但工业化导致的环境问题不仅仅是空气污染，还有大量的垃圾、污水，这些都是细菌滋生的温床，也进一步导致传染病的流行。在公共卫生政策出现之前，欧洲的大城市一度是很脏的。细菌学说出现后，医学家们意识到保持生活环境清洁的重要，他们认为，工人拥挤而不卫生的居住环境是导致肺结核传播的重要原因。当时，伦敦流行着各种各样的传染病，包括肺结核、霍乱、斑疹伤寒等。1848 年，英国议会通过全世界首个《公共卫生法案》，明确政府要有为城市居民提供清洁生活用水、清理下水道、保持街道干净卫生的责任。除了公共卫生的举措，欧洲和北美各国还纷纷立法推动个人卫生习惯的改善，尤其是禁止在公共场合吐痰。可以看出，我们目前习以为常的卫生习惯，实际上历史并不久远。

关于疾病的全球史，我们就讲到这里。有关现代世界对疾病、环境与卫生的问题，我们以后再接着讲。

（刘小朦）

第二讲

气候与环境

第一节　自然环境

让我先从十年前的一个经历说起。那一年，我因为转机第一次造访迪拜（Dubai），感到非常兴奋。但飞机降落时，高耸入云的哈利法塔（Burj Khalifa Tower），却让我很紧张。我感觉这座世界第一高塔塔尖好像很快会戳穿我乘坐的飞机，更让我不安是，除了塔尖几乎看不清任何地表的凸起物，因为刚好赶上一场沙尘暴。那时机舱里鸦雀无声，我们都清楚地听到机身被固体颗粒物撞得叮当作响。我一度很恐慌，不过有惊无险，几分钟后我就坐在富丽堂皇的机场候机区喝咖啡了。周围全是琳琅满目的免税商品，可窗外除了个别宏伟的建筑群，大地一片苍凉。我感觉这一切好像很不真实。其实，考古学家证明，这里在公元前5世纪就有人类活动，5世纪就有人类定居。但不久它消失在历史记录中，一直到19世纪初才重新出现村落。迪拜的纬度与中国南岭地区的接近，但历史进程迥然不同，这是为什么呢？

　　大家都知道，历史学家总是琢磨过去的事情，但他们都活在自己的时代。所以他们不仅要瞻前顾后，也要左顾右盼，他们和当世所有学者一样，要面对和思考所处社会与时代的重大问题。环境和气候问题作为目前整个人类社会面临的最重大的挑战之一，毫不意外也得到历史学家的关切。就像刚才我提到的迪拜，一个沙尘暴频仍的地方，又如何兴起为大都市呢？这里就涉及自然环境、气候与人类活动的关系了。

　　因此，我们下面就开始谈谈自然、环境和气候的全球史。

1. 什么时候人类开始关注全球的环境史？

　　最早关注不同地区的自然环境、气候与人类历史之间关系的人，可能是17、18世纪欧洲的那些地理学家。那个时候，正值世界交往大大发展，殖民扩张，贸易往来频繁。欧洲的殖民者、旅行家和博物学者们，全世界到处走，他们接触到陌生的、奇异的、变化无常的自然地理气候，看到各种生态下的生活样态，以及环境变迁对当地的影响，逐渐形成有关历史上自然环境、气候的学问。在很长时期里，这些人追问的是："地球环境的变化和改变究竟给人类带来什么？""文明，也包括全球扩张、资本主义带来了什么样的环境变化？""人在自然中的位置应该是怎样的？"特别是有一批学者，批评过去的历史学、地理学里过分的"人类中心主义"，要求把人类从中心位置挪开一点儿，也关注他们所依赖的生存舞台，给自然环境、气候以历史的主体地位，这才出现我们今天意义上的全球环境史。当然，并不是只有欧洲人关注自然环境。事实上，在晚清中国，知识分子像薛福成（1838—1894）等，就在游历世界的过程中也开始思考环境、气候、资源与历史和国家的关系。民国以后，更有学者以严肃的态度来思考环境，尤其是气候变化与中国历史进程的关系。特别值得提出来的学者就是竺可桢，这个前面已讲过。一直到"文革"中的1972年，他还在《考古学报》上发表了一篇《中国近五千年来气候变迁的初步研究》。根据历史和考古发掘材料，他认为我国在近五千年中，最初两千年年平均温度比现在高2℃左右，在这以后年平均温度有2℃—3℃的摆动。而从公元前1000多年的商朝末期、周朝初期开始，到明末清初，先后四次出现过寒冷时期。而历史上活力十足的汉唐两代，刚好处于比较温暖的时代，显示出气候变迁与历史之间有着微妙的关系。非常重要的是，竺可桢也意识到这种气候变迁是世界性的。他认为，气候变冷时，往往先从太平洋西岸开始，由日本、中国东部逐渐向西移到西欧，而温度回升时则相反，常常是自西向东行。

竺可桢不是历史学家，他研究的路径和目的，主要是想通过发掘中国丰富的史料，更好地解释气象科学中的问题。以当今科学技术研究的最新成果看，竺可桢的研究方法和结论都不乏可商榷之处。但是，他明确提示了环境、气候与历史变化之间存在有机联系，气候变化给人类带来直接影响。竺可桢的跨学科意识与实践，值得我们铭记。

2. 历史学讨论环境因素的立场

如果说作为科学家的竺可桢更关注的是一种"环境的历史"，即所谓"History of Environment"，那么我们历史学家说的"环境史"，它的核心问题则是历史中人与环境的关系如何变化，英文叫

"Environmental History"。它的研究对象是人，而不是环境要素本身。举个例子，火山爆发作为一种自然现象，亘古有之。但是，当它毁灭掉意大利庞贝（Pompeii）古城的时候，它就成为历史学叙事与思考的一部分。没有人类，自然灾害就只是"现象"而不叫"灾害"。汶川地震后，有人说汶川一带自古就是地震高发地区，古人也不可能一点儿没察觉，那为什么还要跑到那里定居呢？的确，地震灾害很严重，但大部分地震带上有人定居。可见人类并不是逃避，而是接受可能的风险，与风险共存。这就是一个很好的"环境史"问题。历史学家会去思考，人类为什么冒着可能的生命危险，去火山脚下定居，去地震带定居，去可能发生台风和海啸的地方定居？这一定是人类根据经验权衡利弊的结果。这也提醒我们注意一些更深层次的问题，那就是在许多时候，不管是哪里的人，心中有些事情恐怕比火山、地震、海啸还可怕。

显然，讨论环境与历史的关系，既不应该简单地以人为本，也不能反过来坚持环境决定论。专业的环境史学者绝对不会把复杂的人类社会变化，仅仅归结于自然环境的作用。任何用单一的直线的因果关系来解释历史的思路，都是非傻即坏。人类历史与环境的变化，不是谁主导谁的问题，而是如何相互适应和妥协。作为当代人的我们必须认识到，人类历史不仅仅是由人类创造推动的，也是由环境因素参与塑造的，就像舞台上的一出大戏，既有演员（人）在演出，也必须有舞台（环境）给他演出，舞台如何甚至直接影响到这出戏的成败。事实上，介入人类历史的气候和环境问题，不仅自古以来就一直存在，而且也是地球上所有人类文明都要面对的问题。

我们来讲个故事。中国各个省份都有简称，河南省被简称为

"豫"。根据这个字，大家都会不由自主地想，河南跟大象是否存在联系？尽管古文字学家和考古学家的研究已经显示，河南被称为"豫"未见得跟大象这种动物直接相关，但是根据生物学和考古学发掘的结果，晚至商朝，包括河南在内的黄河流域，确实有野生象群分布，甲骨文里就没少提到大象。可是大家知道，今天地球上仅存的两种大象，不管是非洲象还是亚洲象，基本都分布在热带地区，并不生存于今天的河南，所以我们也从没听说河南有什么大象的活动。这一季的导言里也提到，2004年美国学者伊懋可写了一本书《大象的退却》，这本书内容丰富而深刻，一经发布就引起中国史学界的关注。比如北京大学包茂红教授就专门写了长篇书评，随后在清华大学梅雪芹教授主持下翻译推出了中文版。《大象的退却》指出一个传统历史学很少专门思考的问题，那就是，为什么在过去四千年，中国的象群从曾经在北京附近游荡，到今日退缩到我国西南边陲，要一路不断向南撤退呢？是不是可能像竺可桢所提示的，河南地区的环境在几千年前，要比现在更适宜大象生存，是气候的逐渐变化让大象无法忍耐了？另外一个因素则是"人"，在农耕文明发展比较密集也比较活跃的黄河流域，持续的捕杀和土地开发，是不是使得当地的大象不仅数量萎缩，而且中原也早已失去足够的栖息地呢？

　　不光是大象，还有犀牛。犀牛，有人说，古代就是"兕"，《诗经·小雅·何草不黄》里面说"匪兕匪虎，率彼旷野"，可见古代中原一带有不少犀牛。考古学家在华北也发现犀牛的骨骸化石，古人还曾经按照它带独角的相貌铸造青铜器，叫作"兕觥"，可是它们现在哪儿去了呢？大象还在云南一带有点儿踪影，犀牛在全中国范围都消失了。

　　再说一下这一季导言里也说到的"帝国君子长臂猿"吧。2018 年，《科学》杂志发表了一篇文章，介绍陕西省考古研究院和英国动物学会等机构研究出土于西安市战国秦陵园大墓的长臂猿骨骼，确证这种长臂猿属于一个早已灭绝的全新长臂猿属种。葛洪的《抱朴子》里曾有记载说"君子为猿为鹤"，再加上这个出土墓葬可能是秦始皇祖母夏姬（前？—前 240）的陵园，所以中方的研究人员最后将其命名为"帝国君子长臂猿"。当地存在这种长臂猿，再次说明关中曾经是茂密湿润的林区，连长臂猿这种生活在深山老林里的动物都有。

　　不光是中国，外国也一样。过去几年，我先后参观过大英博物馆、法国卢浮宫以及希腊国家博物馆。这些博物馆都陈列了许多两河流域至地中海沿岸的古老文物，其中雄狮捕食或者人类捕猎雄狮的图样，被呈现在诸多浮雕、陶罐以及壁画当中，而各种狮身人面的造型更是令人印象深刻。这些艺术品显然说明，在西亚、北非及欧洲的古老文明世界里，狮子是非常常见的物种，而且与人多有互动，成为当地重要的文化符号。但是，今天的地中海沿岸及中东地区植被稀疏，几乎不可能支撑野生狮群生活。可以相信，与亚洲象的命运一样，气候变化与人类活动，同样造成"狮子的退却"，使它们最终只能生活在非洲热带草原。

　　除了强调自然与人类的互动作用，研究环境的全球史学家在思考气候与自然环境因素时，特别强调不能仅用人类中心主义的价值观思考。诚如《世界环境史：人类在地球生命中的角色转变》(*An Environmental History of the World, Humankind's Changing Role in the Community of Life*) 的作者，美国已故的环境史学家唐纳德·休斯（Donald J. Hughes, 1915—1960）所说，如今的环境史关注"作为自然一部分的人类，如何随着时间的变迁，在与自然其余部分互动的过程中生活、劳作与思考，从而推进对人类的理解"。

因此，我们不仅要关心气候、自然和物种的变化，也要关心人类围绕着这些变化而产生的政治和社会建构，更要关注与此相关的思想文化与意识形态。

3. 全球史中的环境

既然环境与历史的互动变化古已有之，那为什么直到现当代人们才特别关注两者的关系呢? 前面提到17、18世纪以来的地理大发现、殖民活动和博物学，还有一个现实的原因，就是现当代的环境问题空前明显和严峻，直接挑战我们的日常生活。特别是工业革命之后，人类干预自然的能力太强了，很多环境问题确实属于大自然对人类的报复，比如各种污染、酸雨以及臭氧层破坏等。

但是，可能还有一个原因，就是历史上尤其是中古之前，确实有太多自然因素的影响远远超越当时人类的认识范围和能力范围。不仅如此，环境变化的时间尺度，是以千年、万年为单位的，它超过人类个体寿命的极限以及文字社会连续观察记录所及的范围。比如，气候变化问题，所谓的"小冰河期"是这几年最受人关注的议题之一，但它可能要在几个世纪的大跨度内分析才能让人察觉出变动的趋势。虽然古人根据经验能总结出一些自然变化规律，但大多数情况下只能靠天吃饭。我们一定要理解，古代人类的自信，其实是被各种自然要素反反复复碾压的，甭管你黄头发蓝眼睛还是黑头发黄皮肤，不求宙斯、波塞冬，也得拜玉皇、妈祖、土地公。所以，对长时段、大空间的自然、环境和气候的历史研究，还是要到现当代才有可能。

我想特别提一下澳大利亚、新西兰和南太平洋岛屿的环境史，这也许是很少同行愿意研究的领域，毕竟那儿很多地方不是鸟不拉屎，就是拉满鸟屎。所以，你很有可能没听过接下来要讲的这一段故事。它充分说明人在不断经受自然施压和挑战的情况下，会产生何种特色的文化。

4. 一个例子：南太平洋海域的环境与文化

在距离欧亚大陆以及美洲大陆都非常遥远的南太平洋海域，住着一群被称作波利尼西亚人（Polynesians）的住民。波利尼西亚人属于南岛语族，分布于从马达加斯加（Madagascar）到智利复活节岛（Easter Island）在内的广大南半球海岛上，是真正太平洋上的弄潮儿。那南岛语族的来源又是哪里呢？语言学、考古学和体质人类学的证据显示，他们很可能来自包括台湾在内的环南中国海沿岸的百越人。波利尼西亚人的迁徙，延续了至少一万五千年以上，从欧亚大陆东部一直延伸到南太平洋深处，跨度也有一万五千千米。他们怎么能穿过那么风高浪急、水深波荡的太平洋呢？原来由于气候变化和海平面的起伏，中国到南太平洋之间曾经存在大片浅滩甚至陆桥。所以，古老的波利尼西亚人，就可以借助原始的船只远行，然后以岛屿为中转基地继续前进。独特的海洋条件，催生了一支以原始生产力维持强大航海能力的人群。

问题是，南太平洋岛屿陆地面积狭小，与世隔绝，物种也不丰富。假设你从福建出发，最终要定居此地，不要说支撑起密集的农耕社会，就连维持基本的群居生活都有困难，比如食物不够。更重要的是，一种叫作厄尔尼诺—南方涛动（El Niño-Southern Oscillation）的周期性变化的气候现象，深刻影响着南太平洋的气候和水文条件，岛屿上不断遭遇旱灾或者洪灾，什么人都没辙。所以，波利尼西亚人自然也苦不堪言，结果催生了一些外人看来令人费解的文化传统。比如以汤加人（Tonga）为代表的岛民，是以胖为美的。男女老少，越肥胖越有地位，越有面子。为什么呢？因为这里的饥荒常常导致人们忍饥挨饿，所以刨除一些疾病因素，能变成胖子就意味着你家有经济实力，一富遮百丑。国王及王室都曾经是超级大胖子，庆典时候穿着草裙戴着花环扭动腰肢，那叫一个魅力十足，让人叹为观止。

　　波利尼西亚人的另一个分支叫萨摩亚（Samoa），也有个口口相传的历史故事，叫"猪是怎么来到萨摩亚的"。说有一年大旱，椰子树枯死了，芋头也不生长了，近海的鱼群因为来了海怪也消失了。人们饥饿难耐，就人吃人了，尤其是易子而食。有一个姑娘晚上做梦，说有神给她托梦，她会在第二天晚上生下许多孩子，可以专门用来吃掉。而且这些孩子很好喂养，啥都吃，繁殖还很快。结果第二天，姑娘真怀孕产子了，可是生下来的都没人样，但是肉真好吃，留下几头，过阵子养大了，又产一窝崽子，又能吃。大家管这种孩子叫"猪"。这是一个相当深刻的可以说明自然环境影响文化的故事。很显然，萨摩亚群岛遭遇了厄尔尼诺现象的影响。陆地干旱，海水温度升高，近海浅水鱼群可能游离了，导致当地饥荒，出现人吃人的惨剧。而从岛外传来的猪，因为环境适应性强，缓解了当地食物不足引发的危机。

　　从波利尼西亚人的故事，我们可以发现什么呢？那就是在全球史的框架下理解环境与历史的关系，我们会得到更多新的感悟。

首先，地理上看起来异常遥远的南太平洋岛民，跟欧亚大陆东部的许多人居然存在着相当亲近的生理联系。人类本来就应该也确实是一家人，不管你今天生活在什么环境里，许多问题都是相通的。你怎么走向远方，你怎么解决吃饭问题，猪这样的物种怎么就散播到远方，又支撑了当地社会的延续？有太多的自然环境要素，它们根本无视人为的行政地理边界，根本不理会什么国境，比如海流、疾病、虫害和牲口；它们也根本不以人类社会进程中具有里程碑意义的历史事件为节点，比如厄尔尼诺—南方涛动现象，但它们都深深影响了人群的命运。

其次，太多类似的问题，需要用不同地域的经验来对比和参照。回到前面多次提到的竺可桢先生对气候变化的研究。一次气候变化，不仅会一波又一波地蔓延开来，而且它在不同地区的影响可能也不均衡，甚至互相矛盾。比如厄尔尼诺现象，以太平洋中东部海水温度升高为标志，它可能导致印度尼西亚发生天然森林大火，澳大利亚尘暴迭起，但同时却让中国南方洪涝成灾。由此可见，认识环境与历史的关系，永远是一个挑战历史学家知识深度和广度的问题。

（费晟）

第二节　环境与历史

不知道你是否去过大草原，我曾经去过呼伦贝尔的牙克石，那里是大兴安岭林区，山岭西侧就是有名的呼伦贝尔草原。那一年，接待我们的蒙古族朋友，驱车带我们进入草原深处，全速行驶了两个多钟头后，我们下车张望，眼前居然还是绿野茫茫。后来我才知道，呼伦贝尔草原有 1.49 亿亩，和浙江省面积差不多。我至今依然记得当年自己置身草海中，心里那种渺小孤寂和与世隔绝的感觉，不由得想到古人说的"天苍苍，野茫茫，风吹草低见牛羊"，无边无际，天地寥廓，那是我从未体会过的感觉。

不过，且不说现代生活在城市里的人不曾见过草原广袤，四野空旷。就在工业革命之前，无论中外，多数国家都离不开定居农业支撑，草原畜牧始终只是一种副业，这种空阔的视野和沉郁的心境，并不是大多数普通民众能有的经验。历史上所有的大帝国，或多或少会拥有繁华的城市，它们或许起源于权贵所在的城堡，或许起源自乡间交易的集市，但极少依托于流动的牧场。都市大都会密集地吞吐财富、人口与资源，成为一个帝国或王朝最重要的中心。你看《东京梦华录》和《清明上河图》里的汴京，便是北宋的象征，哪怕契丹和女真的阴影不时笼罩，而辽和金尽管起自北方辽阔的草原森林地带，最终也要以都城作为中心。相比之下，以畜牧为生，以骑兵横扫天下的游牧民族，就算常常战胜农夫组成的中原军队，一开始似乎不太在意建立都市，但是仅靠自身这种来自流动的游牧生活的经验和传统，也难以形成稳定的集权大国家，这又应该怎么理解呢？答案或许是：因为环境，环境使得他们不需要。定居农耕，终将养成一种安土重迁的文化。而在逐水草而居，唯有迁徙才有生机的无垠草原上，游牧民族反复告诉人们，念兹在兹地死守，不如轻装上阵地逗留。哪怕是成吉思汗，都没有想过要留下一个可以明确供后人祭奠的固定陵寝。

可是，那是在草原、森林生活，如果游牧族群成为统治者，进入不同自然环境的区域，选择什么国家体制和政治制度，就要重新考虑了。

1. 自然环境与制度选择

从历史上看，生活的自然环境，不仅影响到日常生活的习惯，也影响到政治制度的选择。蒙古人是中国史上第一个横扫欧亚，也南下亚热带甚至热带海洋的北方游牧民族，忽必烈曾经在征服南宋之后，派军队远征爪哇。虽然铁骑之锐，所向披靡，但他们的中原王朝元朝，仅仅存在了九十八年（1271—1368），与后来满族人建立的清朝（1636—1912）形成鲜明对比。学者们常常说，没能充分吸收中原王朝的制度和文化，建立与汉人占绝大多数的农耕人口的生活方式相匹配的帝国政治体制，也许是蒙古人最终失败，只好撤回漠北的根本原因之一。史书记载，有的蒙古征服者因为习惯漠北草原生活，不理解农耕文化的价值。1230 年，蒙古帝国大臣别迭等人，甚至建议窝阔台大汗（1229—1241 年在位），说"汉人无补于国，可悉空其人以为牧地"，意思就是把农田都变成牧场。实际上，从文化上看，游牧或农耕是自然环境和生产方式之差，未见得有高下之分。真正的问题是，无论在黄河中下游流域，还是长江流域，更不要说珠江流域，都难以天然维持适宜放牧的草原。越出了游牧草场的蒙古征服者，如果不愿因地制宜，那不仅会遭遇对手的反抗，大自然也不会包容你。

2. 从马扎尔人谈起游牧民族

再给大家讲一个与蒙古帝国不同但也是游牧民族的故事。如果你去匈牙利首都布达佩斯访问，当地历史地理学家会带你去参观、眺望全城最好的观景台——渔人堡（Halászbástya）。渔人堡位于地势较高的布达区，历经兴废，今日是由七座尖堡和连廊组成的建筑群。为什么是七座尖堡？因为在 895 年，差不多是中国的晚唐时代，来自中亚大草原的游牧民族马扎尔人（Magyars）的七个部落一路西迁，走到中欧的喀尔巴阡盆地（Carpathian Basin），最终在这里定居，并建立匈牙利国。这七个马扎尔人部落就是匈牙利人的祖先，七座尖堡就代表七个部落。

可能大家知道，中国曾有一种说法，说马扎尔人可能就是历史上的"匈人"，甚至就是"匈奴人"，他们不断向西迁徙，最终到了欧洲。这种说法，可能很多朋友听说过，其实它在全世界的专业史学界都是受到质疑的。匈牙利学者明确地表示，匈牙利的历史在 9 世纪之前不可考。换句话说，依托于传世文献证据的匈牙利历史研究，在更早的时候是说不清楚的。为什么没有传世文献呢？他们指出，游牧民族有历史，但可能没有兴趣也没有条件，持续地记录和保存文献。很多所谓历史，往往是后人根据蛛丝马迹和自己理解而重新编织的。你看渔人堡，还竖立了匈牙利第一个国王圣史蒂芬（St. Stephen，1000—1038 年在位）的骑马雕像。这个国王大概是 1000 年时登基的，我们之所以能知道他，是因为他明确皈依了基督教，教会有册封文献，才勉强证明他的存在。换句话说，今天所谓的匈牙利历史，只是后来作为中央集权国家的匈牙利的历史。

我刚到匈牙利时，根本感觉不到这里跟游牧民族有什么联系，但很快我也发现了端倪。在布达佩斯英雄广场背后的周末集市，我发现这里的牛都长着大大的盘角，明显不同于欧洲其他地方的同类。身着匈牙利传统袍装的人有点像藏民，只穿半边衣，露出一侧的肩膀和手臂。他们席地而坐，中间的篝火上架着大锅，锅里用整颗整颗的辣椒炖着大块的肉，旁边是明火烤着乳猪和洋葱。学者说，匈牙利著名的国宝菜古拉什浓汤（Goulash），可不只有土豆炖牛肉，其实常见的是牛杂汤、杂碎肠和血肠，这简直就是中国西北家常菜。游牧传统延续时间长不长、影响深不深，从食物上最能得到体现，不光是吃牛羊肉的问题，更关键是看有没有大量的乳制品，比如喝牛奶、吃奶酪。大家都知道，虽然中国食品的丰富和美味让我们自豪，但是偏偏汉人的奶制品却很少，口味也一般，甚至许多中国人的身体还存在乳糖不耐的问题。这几乎是具有古老农耕传统的人们共同的问题。

可是匈牙利却不同，1000 年前后才真正建国的匈牙利，在几百年的时间里就成为中欧最强大的国家之一，不仅曾经是抗拒奥斯曼土耳其帝国鲸吞欧洲的一大屏障，后来又成为哈布斯堡家族最重要的支柱，他们共同构建的奥匈双元帝国，直到第一次世界大战才崩坍。显然，以马扎尔人为代表的游牧民族，无论智力还是身体，都绝不逊色于任何农业民族，他们只是迟迟没有选择定居和农耕，才没有建立起强大的集权王朝，没有繁华不断的大都市，更没有留下古老的历史文献。

3. 为什么游牧民族不选择定居？

为什么他们就不能早一点定居下来，建立他们的王朝呢？

摊开今天的欧亚大陆地图，可以很快发现整个欧洲都处于相当高纬度的地区。哪怕南到地中海沿岸，这里的纬度也跟中国淮河差不多，而淮河在中国却已经是南北分界线了。布达佩斯已经处于北纬47°左右，在中国同等纬度，相当于哪里呢？那差不多是哈尔滨了。大家对哈尔滨是啥印象？一定是冰天雪地吧。大家知道，穿越华北通向西北的长城，大约在北纬40°，不仅仅是亚洲东部游牧和农耕地区的分界线，也是中国降雨量的分界线。那么，哈尔滨所在的纬度，岂不是妥妥的游牧民族腹地？对北纬40°以北的广大游牧民族来说，既然没有可以浇灌农业的充沛降雨量，那么逐水草而居就是一个再稀松平常不过的现实。他们从欧亚大陆纬度接近的东部起，一路到欧洲大平原，只要有吃有喝有奶有肉，又有什么必要定居种地、盖房子修城墙，搞出一个庞大的国家呢？

一方面，固然是这个纬度上降雨量本来就不多，越往内陆腹地，越无法保证，而密集农业所需的温度及雨水都相对不足，尤其是到了中亚一带，干旱、寒冷、气候变化无常。所以，就算真有某个部落领袖，比如回鹘的某个大汗突发奇想非要就地农耕定居，也是有心无力。另一方面，无论是中国还是欧洲历史上，大都会再繁华都得有城墙。为什么？要防止被别人劫掠。既然如此，对这些游牧民族而言，那还不如干脆就不建都会，不置固定资产，不建城墙死守好了。所以我们可以这样理解，游牧生活是在一种特定的自然环境下——比如草原地带——性价比更高的生产生活方式，因为建立起庞大的集权国家，对游牧人群而言是个巨大的经济负担。

显然，游牧文明未见得就像过去很多人以为的那样，一定要比农业文明落后。其实从环境适应性上看，它只是顺应自然，同样具有充分的合理性。

4. 所谓"蛮族入侵"

当然，游牧生活方式也有脆弱之处。很简单，仅仅依托草原畜牧提供的食物是相当低效的，用同样的土地面积种植粮食，借此提供人体所需的基本能量和碳水化合物，远远比用草饲养牲口，再依靠乳肉维生要高效。因此，这种生态承载瓶颈的存在，就使得一些游牧民族不太可能维持很高的人口总量和人口密度，除非他们能够不断大幅扩大占有的草场空间，也就是说，得不断地南征北战。特别是，在草原上游牧、逐水草而居，受到气候和环境的巨大影响，一旦冬天寒冷，草料不足，牛羊冻死，就像我们先前说的那样，匈奴也好、突厥也好、蒙古也好，他们就得南下温暖的农耕区域，要么改变生活生产方式，兼作农耕，要么四处占领土地掠夺食物，这就形成欧亚历史上常见的"蛮族入侵"。

欧洲历史上作为古代与中世纪分水岭的"蛮族入侵"事件，显然就和这一大背景有关。4世纪最后的二十五年，所谓的野蛮人的移动，就引发罗马帝国的危机。有历史学者指出，这些事件一定和一场影响深远的环境变化有关："北海地区发生疟疾，大草原出现新植物，冰河气候则在朝中国推进"，依赖游牧的族群不得不移动。而当地很多族群与难民遭到所谓"蛮族"的逼迫，越过多瑙河往南方与西方迁徙，这导致后来欧洲史上的一系列巨变。而在亚洲东部的中国呢？我们知道，如果极简化叙述，中国其实也历经过类似这样的历史。北方游牧族群不断南下，融入农耕地区不断汉化，原本在这里农耕的汉族则因此逐渐胡化；由于中原被游牧族群侵入，一部分汉人不断南下，逐渐将南方汉化；而南下的汉族本身也因此不断被南方生活逐渐蛮化，南方的族群则不断被汉化：这就是"中国"的形成与再形成。大家看到两晋之交、盛唐之后、北宋之末、明清之际，随着战争、移民和开发，人类学家巴菲尔德（Thomas J. Barfield）所说的北方匈奴、鲜卑、突厥、契丹、女真、蒙古、满洲等民族一拨一拨地南下，确实改变了中国历史，这背后肯定有环境与气候的因素在推动。

说到这里，有些人可能就会再联想到蒙古帝国的兴起。蒙古帝国横跨欧亚大陆，但是治理这种规模的帝国，要大大增加传统信息传递和官僚科层管理体系的负担。同时，因为蒙古本族人口终归有限，不得不依靠其他民族贡献体力、智力及财力，各种现实利益与文化冲突不可避免。显然，历史上没有出现过一个能维持数百年，还以游牧生产为主的集权帝国，这绝不是一种偶然。历史趋向与自然环境、生活方式的关系，确实密不可分。

但是，游牧生活是否可能自发转型呢？我们知道，游牧民族可能因为当地环境变化而迁徙，包括持续放牧导致草场退化。而气候变化，尤其是冻灾、旱灾带来的困境，更可能促使游牧民族扩大活动范围。最近，有学者特别指出，欧亚之间寒带、亚寒带针叶林—苔原地带之间，是一片幅员辽阔的内陆地区，这是影响近代以前世界史的一个中心区域。在这个区域里，生活了很多游牧族群。这些游牧民族如果往南方前进，就成了许多中原王朝历史记录中边境的"西患""北患"，而如果往西部走，比如马扎尔人就可能闯进相对开阔的欧洲平原。在大航海时代之前，欧洲生产力最高的地区，还是相对低纬度的地中海沿岸及西欧平原。喀尔巴阡盆地相对冷清，但这里对包括马扎尔人在内的风尘仆仆赶来的游牧民族而言，自然条件已经足够优越。这里以温带大陆性气候为主，也是温和的海洋性气候和地中海亚热带气候的交汇点，不像中国北方腹地及至中亚，因为远离海岸而降水量严重不足。尽管匈牙利雨水也不充裕，但年降水量还是达到七百毫米左右。这里草肥土深，同时又森林密布，还有著名的大河多瑙河。所以，哪怕马扎尔人抵达之初继续从事畜牧业，相对而言，密集定居的可能性也大大增加。

随着他们与欧洲历史更悠久的农耕人群的交流，以及欧亚大陆之间绵延不绝的物种与文化交流，马扎尔人最终也形成稳定的定居农业，作为一个集权国家的匈牙利便呼之欲出。世代积累财富的匈牙利人，和世界上许多人群一样，最终建立以布达佩斯为代表的繁华大都市，尽管这并不妨碍他们的锅里继续炖着老汤牛肉。

生活方式也许超过政治制度、国家形式和意识形态，它的延续可能更加深远和绵长。

5. "游牧"就是落后吗？

所以，从环境史的观念来看，其实不能简单地认为"游牧"就是落后，"农耕"就更先进。这里有一个环境适应性的问题，也有一个环境改造能力的问题。一群人进入新环境，只要愿意适应并且有效融入，落地生根就是顺其自然的结果。从中国历史来看，在生产力的发展上，定居农业的确更容易蓄积可传承的固定资产以及文字历史记录。这就是蒙古帝国虽然能在军事上打败南宋，挺进到长江以南，但是若不能适应定居农业的生产模式与生态体系，也不可能长期持续有效统治的原因。建立元朝的蒙古人不能或不愿意适应新环境，就会被新环境倒逼出去，这跟马扎尔人在匈牙利的历史可以互为对照。

但有关环境与历史的话题到此还没有结束，我还要给大家讲另一个故事。一个就算有适当的自然环境，也有定居农业，却未能建立起强大国家的例子，我们可以从美洲古老帝国印加的遗迹马丘比丘（Machu Picchu）开始讲起。

考古学家认为，位于今天秘鲁安第斯山深处的马丘比丘建于 15 世纪，就是印加帝国开始扩张的帕查库蒂（Pachacútec，约 1438—1471 年在位）统治时期。马丘比丘古城遗址，外围是层层梯田形成的农业区，城区则由二百座建筑和一百零九个连接山坡和城市的石梯组成。规划井然，北部宫阙神殿伫立，南部则是生产生活区。马丘比丘距离印加帝国的首都库斯科（Cuzco）只有七十五千米，并不遥远，属于帝国贵胄及核心人物聚集的统治区。而这里大面积的梯田分布，说明印加帝国在建立之初，就已经有丰富的农耕经验与技术，定居农业是帝国的主要生计方式。不过，印加帝国的统治范围，南北跨度可能达到四千千米，加上安第斯山的垂直海拔因素，于是这个帝国便包罗了多种特征迥异的生态，主要有干热少雨的沿海低地、相对寒冷的山区和谷地，以及潮湿的热带雨林。在此，以高原山区为起点的印加人，通过武力征服生活在不同生态体系中的人群，然后没收并重新分配所有的可再生资源，包括土地、牲畜、森林与水域。统治者通过互惠交换维持对不同民族的统治，又通过建设可靠的交通路线，将不同地区特产的物资进一步调配到有需要的地区，这既展现权力，又维持治理。不仅如此，帝国内的一切劳动，都由疆域内所有的壮劳力共同承担，出门服劳役也成为一种变相纳税的方式。在农忙季节，耕地的顺序还有讲究：首先耕种属于太阳神的土地，其次是寡妇、现役士兵等劳力不足家庭的土地，再次是普通农民家庭的土地，接着是地方酋长的土地，最后才是印加人的土地。印加人广泛种植玉米和马铃薯，能够维持相当规模的人口。

看上去，印加与世界上其他古老帝国一样，似乎也拥有高效的集权政府，治理体系完善，也能够征集人力资源去生产和征服，更有条件驱动技术改良和创新，应该非常强大。的确，印加人的历史可以追溯到 11 世纪，到了 15 世纪初它已经是南美大陆的头号帝国。但是，到了 16 世纪中期，西班牙征服者开始加速入侵时，印加帝国几乎在一夜之间就分崩离析。今天大家普遍已经了解，传染病对印加帝国的覆灭发挥比枪炮还厉害的作用。而且印加帝国哪怕是建立起马丘比丘这样的城市，但是要说有什么高度发展的生产力，也确实谈不上。比如最基本的一点，他们几乎没有利用人之外的动力，更没有利用铁器等能大幅提高生产效率的工具。由此可见，在工业革命之前，就算拥有稳定的定居农业，能够统合生态特征不同的地区，建立起集权的政治机器，也不见得能发展起长盛不衰的文明，更不要说历史上还有始料不及的各种因素，比如异族文明和外来力量的冲击与征服。

当然，这绝不意味着印加人在智力和文化上就低劣，他们的衰亡有着更复杂和让人类理性无奈的因素。恰如戴蒙德在《枪炮、病菌与钢铁》一书中所说的，地理环境也是一个影响历史的重要因素。与欧亚大陆不同，美洲大陆是一个南北轴远长于东西轴的地块，适应各自纬度上气候与环境的生物，很难在不同气候带迁徙交流。同时，在板块漂移、大陆分裂后，整个美洲大陆上存续下来可以被人类驯化的动物非常有限，尤其是缺乏能够充作畜力的大型反刍动物。同时，美洲在历史上又太早被两大洋包围，使其隔绝于其他大陆，尤其是欧亚大陆。所以，它难以保持对外的生物与文化交流，进而也很少有机会从外部补充有益于解放或提高生产力的物种、技术与思想，当然也包括原住民没有机会建立对许多致命微生物的免疫力。这并不是为欧洲的殖民行为开脱，一个不争的事实是，近代亚非拉古老帝国面对欧洲侵略者的冲击时，都不得不面临无力抵抗的痛苦，而包括印加帝国、阿兹特克帝国在内的美洲古老帝国，大航海时代之后所遭遇的更不啻一场毁灭性的打击。

所以，在思考全球历史进程的时候，如果多一些对自然环境、气候变动要素的关注，以及对人和环境互动内容的考量，我们就能够以一种更包容和更客观的态度去面对文明盛衰与帝国存亡。归根结底，我们要理解的，是漫长的历史中，地球上不同人类在千差万别的环境中，如何形成最适宜自己的生存方式。

（费晟）

第三节　水利、环境与文明史

前面我们讲的，侧重于自然环境和气候对人类历史的影响，不过人类自从进入历史以来，也并不总是被环境与气候所限制，他们也会想方设法改造和利用自然环境与气候条件。在这里，我们先从环境、水利和文明的关系说起。

1. 为什么是黄河中游?

如果你到中国文明的起源地之一黄河流域走一趟,从黄土高坡到中州大地,你就可以了解这一地区的自然环境,包括土壤、河流和气候,以及这里的人们为了适应这种环境逐渐形成的水利灌溉系统。你还可以知道,这种自然与人的关系是如何塑造制度和文明的。

大家可能知道,传统中国的水利与延续至今的华夏文明,主要并不是出现在黄河下游,而是出现于黄河中游。黄河中游的黄土比较松软,容易耕作,这使得黄河中游地区很适宜农业。当然,世界上各早期文明都出现在大河两岸,比如两河流域与尼罗河流域,这是因为河流给两岸沙漠和干旱地区带来的水源,使得这些地区有条件进行农耕,而农耕产生的剩余食物与财富又使得奠定早期国家文明的城市有可能形成。两河流域和尼罗河地区淤积地带和自然水流,也出现大规模的灌溉工程和早期国家文明,所以过去很多历史学家都注意到河流、灌溉和文明的关系。

我们集中讲历史上的中国。有学者认为,古代中国黄河中游地区的自然环境不像中东那样严酷,不像希腊那样贫瘠,也不像印度那么炎热。这里气候温暖,雨水相对充足,土地也松软易耕,很早就可能形成刀耕火种的农业。不过,这里说的是黄河中游,而黄河下游由于植物茂盛,如果没有金属农具,一般只能实行火耕和休耕,无法形成大型农耕来支持大规模的国家文明的形成。也有一些学者说,这就是古代中国国家和文明最早出现在黄河中游的原因,至少是原因之一。

不过,历史学家也猜测,在殷商时代农业可能还比较粗放,还有好多原始的刀耕火种。商代为什么经常迁都？就是因为刀耕火种需要一定规模的休耕地，不允许较大规模的人口在一个地方长期定居。当时的河南一带，降雨量较高，水源也充足，植被丰富，即使是火耕也可以支持一定规模的文明。然而，即使到了青铜器时代，青铜器比较昂贵，多用于礼仪，也未必能普遍用于农耕，而河南土壤的易耕性又明显低于黄土高原。相比较而言，黄土高原周族的农业环境无疑更好，也有利于进一步开发和小规模灌溉，可以支持大规模人群定居。所以，随着时间的推移，周文明有了某些优势，形成比较强大的经济实力，这可能是周族取代殷商共主地位的原因之一。

2. 水利灌溉与政治控制：整齐有序的毛细管

早期的灌溉系统是怎么来的？现在还不完全清楚。

据考古学家的考察，四川盆地很早已经有了田制相对完善的稻田，也有了某些小规模的稻作灌溉形态。而黄土高原地势，和四川地形高低曲折不同，这里的沟洫体系明显是与平坦的平原、较大的区域管理相结合的，依据古人的记载，这就是传说中描述的井田制。这里的农田，可以开挖整齐的沟洫，什么是沟洫呢？就是农田的分界和渠道。大概成书于战国时期的《周礼》里，就对早期的沟洫系统作过描述，这种描述当然有后世理想化的想象，但也有一定的根据。《周礼·地官司徒第二·遂人》里说："凡治野：夫间有遂，遂上有径；十夫有沟，沟上有畛；百夫有洫，洫上有涂；千夫有浍，浍上有道；万夫有川，川上有路，以达于畿。"这就是一种整齐有序的沟渠河道网络，沟洫河道再加上纵横的道路和田野的界限，就把土地整齐有序地规整起来。从大河分流到支河，同时配以封建分封体系下的权力与土地的分野。从最细的沟，达到川，而川达于畿，畿就是政治权力的中心。这种肥沃、整齐又有灌溉的土地，被掌控在王、公、侯、伯、子、男层层掌控的权力毛细管之下。古人想象中的王畿之外，五百里甸服、五百里侯服、五百里绥服、五百里要服、五百里荒服，这种方方正正的五服天下（《尚书·禹贡》），就是在这个基础上想象出来的。在古文献中，古人还想象那时候的地方上，还有传说中的遂人管理。遂人是周时管理乡野的官，而遂人的属官有管沟和径的夫。夫又分十夫、百夫、千夫、万夫。这些职官，按照沟洫及道路的级别、数量来设置。所以可以说，古代中国的农田水利工程，不仅是农业灌溉系统，也是一种权力网络系统。

古人就有诗歌赞美这种灌溉系统。《诗经·小雅·白华》中有"滮池北流，浸彼稻田"。滮池，是公侯的积水池，位于咸阳以南，滮水自南向北注入渭水。官方引滮池水"浸彼稻田"，形成水稻种植，为王侯提供丰富的美食。另外，《周礼》还记述了更详细的农田灌溉沟渠系统。据说，古代有"稻人，掌稼下地"，他们的职责是"以潴畜水，以防止水，以沟荡水，以遂均水，以列舍水，以浍泄水"。这是一种更为复杂的具有一定技术内容的小规模水利系统，其中有引水渠，有泄水渠和堤坝。在古人的观念中，这种整齐有序的田地沟渠也就象征着整齐有序的国家，而理想中有秩序的国家就建立在整齐的大地之上。

想象的和现实的，彼此纠缠也彼此影响。以黄河中游为中心的华夏区域，这种从水利灌溉延伸到政治控制的制度与文化，经过春秋战国逐渐发展成熟。有人指出，之所以秦汉能够建立高度统一的国家，它的基因就隐藏在这种自然环境和水利系统中。西方人比如思想家马克思提出的"亚细亚生产方式"——土地公有，国家组织大规模农田建设，在这基础上形成专制国家——这个理论的历史根据就在这里。而历史学者魏特夫很早也指出，这种水利与集权有相关性。他说，大规模的水利灌溉系统的建设和管理，必须有一个权力至高无上又遍及全国的组织，而古代为了组织、调配、平衡这种大型水利系统，必须让统治者拥有控制一切的至高无上的地位，而中国的君主专制便由此形成。

这个说法对不对，还需要讨论，事实上一直存在争论。不过要注意，这种自然环境、水利系统出现在黄河中游，确实塑造了古代中国这种超大型国家。在世界其他地方，自然环境不同，人类应对方式也不同。在两河流域、非洲北部以及地中海地区，情况就不一样，这些地区没有像黄河流域那样的大片黄土地，也没有条件形成大规模的灌溉沟渠。有的地区并不全靠农耕，也可以依赖贸易，那里往往形成一些城邦制国家，拥有强大军队和大量财富的城市。城市里居住着贵族、军人和工匠，他们控制着四周的农村。这也和自然环境有关，比如希腊，多山多石，没有平原，就像历史学之父希罗多德所说：希腊一出生就是被贫穷抚育大的，而它面向地中海，与北非、意大利、叙利亚、土耳其等地隔海相望，倒是孕育了航海能力，靠着海上贸易建立国家与文明，但这种国家也常常四分五裂，并不像华夏那样会形成庞大的国家。而罗马人认识到地中海的重要性，这里临近大海，与希腊、北非的港口和腹地往来频繁，环地中海有温和的气候，也有耕地，但是为什么不能形成秦汉那样内部同一性的国家，而总是形成要依赖差别性的管理方式，也就是或吞并或自治或殖民，在不同区域和族群用不同的方式统治国家呢？虽然后来在相当于中国汉朝的时候，罗马在整个欧洲、北非和中东一带形成方圆五百万平方千米的帝国，但他们主要依赖的是军事力量的征服，帝国的控制并不像古代中国尤其是秦汉。秦汉就像这种灌溉系统一样，可以通过四通八达的道路、上下有序的郡县，靠着"车同轨""书同文""行同伦"，政治权力就像沟渠的流水灌溉四处的农田，像毛细血管渗透到整个身体一样延伸到地方基层，使得国家核心地区逐渐成为一个制度、一个文化、一个族群、一种文字。

很多学者注意到，秦汉与罗马都是"帝国"，都是 empire，但也应当注意的是，正如西方学者所说，罗马帝国代表的是控制系统的"权力与差异性政治"，而秦汉则代表着另一种"权力与同一化制度"。说起来，与中国相比，世界上其他地区可能也有先进的水利设施，但由于自然条件和地理环境的限制，很少有国家能对大规模的水利灌溉有真正的掌控能力，因为掌控灌溉系统需要控制和调配整个上下游的地区。不是高度集权政治体制，也就无法对较大流域的灌溉系统形成专业、强制、统一的管理，古代中国秦汉以后国家的特点，也许就和文明从黄河中游出发的这种自然环境有一定关系。这一说法对不对，我们当然还可以再讨论。

从周秦、两汉到隋唐，为什么关中会成为中国文明的核心区域？如果你看看秦国的郑国渠、汉代的白公渠、唐代的三白渠，你也许会理解这一点。

3. 我们的江南水乡是从哪儿来的？

如果把目光从黄河中游转向长江流域，南方的自然环境和水利灌溉又是什么样子呢？这就要看江南的稻作农业。

长江流域广泛地分布着山地丘陵和低湿沼泽地，这些地区逐渐开发，形成中国古代稻作农业最发达的地区。但在唐代以前，即使是长江中下游为核心的江南地区，也还是"丈夫早夭""地广人稀"的地方。在北方中国人的眼中，这些地方是不适合人类居住的，这里气温高、多湿地，蚊虫极多，瘴疠横行。汉代北方士大夫，就以当时已经很发达的长江中下游之地为畏途。所以，《尚书·禹贡》中对扬州一带土地等级的评价是下下，而黄土高原的土地等级为最高。这当然讲的不只是土地本身，也包括自然环境。

长江中下游地区的农业，早期一般都是刀耕火种或者火耕水耨，在山地盛行砍烧式的农业，种植旱地作物；在低地或者平原，利用水利系统作稻作农业，而早期稻作农业区的灌溉体系是以引水灌溉为主的大型水利工程。早期的芍陂工程是灌溉水利，水从高地流向低地，形成一个灌溉区；后期的都江堰工程大致上也是这样，像北方的引流灌溉一样。只是这时江南的低地，还没有被大规模开发，只有在这种潜力大的低地沼泽地带被开发后，江南的稻作优势才会全面形成。从春秋战国起，长江中下游的低地稻作区还发展出一种大圩体制。这时，无论长江中游楚地的大圩，还是吴越地区太湖东部低地的大圩，都是相对孤立的，并没有与水道河网形成一体。因为形成一体，需要人力与物力的组织，但南方动员人力的规模，总是不能像北方黄河流域那样涉及那么大的范围。但是，由于西晋末年发生"永嘉之乱"，大量的北方士人移民南迁，落脚江南，这开启了外来人力对当地水土环境的改造；到了8世纪唐中期"安史之乱"以后，大量移民进入江南地区，战乱后的唐王朝不能直接控制北方很多粮食产区，国家对南方的依赖程度加大，这就进一步要求南方农业发展加速。

从此，通过移民渗透、文化改造、重塑农业，华夏国家逐渐把这些南方地区纳入其文明之中。原有的沼泽洼地和疾病盛行的印象开始消失。从中唐以后，长年青绿的景观和丰饶的鱼米之乡，江南的美好，越来越受到诗人的赞美。我们到今天还能通过古诗，感受到唐代诗人的"江南"。白居易《忆江南》说："江南好，风景旧曾谙。日出江花红胜火，春来江水绿如蓝。能不忆江南？"韦庄《菩萨蛮·人人尽说江南好》说："人人尽说江南好，游人只合江南老。春水碧于天，画船听雨眠。垆边人似月，皓腕凝霜雪。未老莫还乡，还乡须断肠。"特别是唐五代以后的宋代，面对北方的契丹和西夏，后来又面对女真和蒙古，只能背海立国，越来越倚重南方，这才逐步使得南方形成江南水乡特有的景观。比如王安石，他在《书湖阴先生壁》这首诗里，就把江南特有的水田风景用了《汉书》的典故写出来，"一水护田将绿绕，两山排闼送青来"。

这种水利活动推动江南农田环境的改变而"创造"的新景观一直持续到明清，江南经济越来越发达，成为中国文明的重要特色。

4. 环境决定文明吗？

两河流域以及欧洲的自然环境，催生贸易发达的城邦国家；黄河中游黄土地与水利灌溉系统，产生大规模的农耕文明，也催生华夏统一国家；欧亚大陆北方广袤的大草原，则孕育游牧族群，逐水草而居，以畜牧为业，他们养成强悍风气，习惯于作战；而亚洲南方如印度，则由于炎热与潮湿，发展出稻米种植，也发展出以沉思与冥想为特色的信仰。陆续涌入东南亚的大量移民与原住民，则依据三角洲平原、沿海港口和内部山地等不同自然环境，发展出各具特色的经济和文化。我们不是环境决定论者，不是地理决定论者，但我们也相信，全球变化多端的自然环境和地理条件，在某种程度上形塑，至少是影响了不同的文化、宗教与政治制度。

自然环境的变迁对文明史的影响，有长时段的、中时段的和短时段的。

一般来说，自然环境影响是长时段的，是不显山不露水的，需要长期观察才能察觉，但是它并不是不重要，正如法国历史学家布罗代尔所说，它才是历史变化决定性的根本因素。举一个例子，历史学家说，尼罗河流域为什么会形成一个早期人类文明？一个原因就是在六七千年前，非洲北部气候变迁，越来越炎热的气候使得大地越来越干旱，撒哈拉从适宜人居住的凉爽而湿润的草原变成人类与动物无法生存的沙漠。这使得一些人南下、一些人北上，这些北上的人类开始聚集在水源丰富的尼罗河流域，使得这里产生最早的农业和文明，就像希罗多德说的这是"尼罗河的赠礼"。

也有中时段的，我们也举一个例子。大家知道新疆的尼雅遗址吗？尼雅遗址位于塔克拉玛干沙漠的中心，在现在的民丰县北边，它就是古代所谓"西域三十六国"中的精绝国故地。在汉代，这里原本是绿洲，周围还有湖泊，考古发现那里曾经有房屋、场院、墓地、佛塔、佛寺、田地，可以想象那里的昔日繁荣，是从西亚、中亚到中国东来西往的商队常常路过的要冲。可是，经过几百年的自然环境的变迁，这里从绿洲变成沙漠，逐渐被人类废弃。被人类废弃的地方，也就没有了文明和历史，只剩下考古学家要去发掘的废墟和遗址。

当然，环境变迁有时候也有短时段的，也会有激烈而突然的影响，除了前面提到的气候寒冷、水灾和旱灾，火山、地震、海啸、飓风等也会造成历史的剧烈震荡。如果你去意大利庞贝遗址看看，就知道那个相当于中国春秋时代建立起来的古城，在79年就被地震和火山毁灭，两万人丧生，那里的食品商场、磨坊、酒店和剧院呈现的文明史从此隐没。

自然环境以及对付自然环境的人类活动，和全球各地的文明与历史是不是有着非常密切的关系呢？

（王建革）

第四节　全球危机导致中国改朝换代?

崇祯十七年（1644），这一年4月25日即阴历三月十九日，李自成（1606—1645）带兵攻入北京，崇祯皇帝（1628—1644年在位）于煤山自缢。三十二天以后，吴三桂（1612—1678）引清兵进入山海关，清兵只用了八天时间就占领北京。虽然当时很多人不相信明朝就这么灭亡、清朝就这么定鼎中原，但从后世看来，这无疑就是明清易代这出大戏中最具标志性的一幕。

在地球另一端的英国，国王军队正在与议会军队大战。就在多尔衮（1612—1650）进入北京的第二天，国王查理一世的军队兵临利物浦城下，几天后暂时从议会派手里夺回这座城市。可惜好景不长，二十多天以后，双方军队在约克城（York）以西的马斯顿荒原大战（Battle of Marston Moor，1644 年 7 月 2 日），克伦威尔指挥的议会派骑兵大获全胜，完全掌握英格兰北部，英国革命大局已定，国王再也无力回天。

在欧洲大陆上，"三十年战争"从 1618 年开始，到此时已经进行到第二十七个年头。据估计，这场战争中死亡的人数超过八百万人，作为主战场的日耳曼地区一片残破，男性减少将近一半，个别地区的整体人口死亡比例甚至超过 60%。到 1648 年战争结束的时候，欧洲的格局完全改变，荷兰成为新的霸主，西班牙则失去一等强国的地位。法国就在这一年爆发持续五年的投石党运动（Fronde，1648—1653），造成上百万人死亡，给少年路易十四留下深刻的阴影。

如果你穿越回到 1644 年，然后在欧亚大陆上空飞行，你看到的将是一个充满战火和混乱的世界。其实不只是这一年，在 17 世纪的大部分时间里，世界大部分人口都面临着巨大的挑战，许多国家都出现严重的问题。

著名的英国历史学家霍布斯鲍姆（Eric Hobsbawm，1917—2012）甚至专门发明一个词描述这种状况，这个词叫作"17 世纪的普遍危机"，你说吓人不吓人？

1. 何为"小冰期"？

那么，为什么这个时候会有这么普遍的危机？

一开始，大家从社会结构上找原因。霍布斯鲍姆本人是位马克思主义史学家，他说 17 世纪正是封建主义向资本主义过渡的关键阶段，是社会转型的关口，所以才出现这么复杂的问题。后来，还有学者从白银输入的减少等角度来解释，这个我们会在后面再提到。2013 年，美国史学家杰弗里·帕克（Geoffrey Parker）出版了一本书《全球危机：17 世纪的战争、气候变化与大灾难》（*Global Crisis: War, Climate Change and Catastrophe in the Seventeenth Century*）。他把 17 世纪的普遍危机与气候变化联系起来，具体地说，是与全球性的气候变冷也就是所谓小冰期联系起来，很快就成为这个领域广为接受的解释之一。其实在他之前，很多学者早已经提到 17 世纪频繁出现的灾荒，比如霍布斯鲍姆本人就提到当时的饥荒和瘟疫，但那是在六七十年前，当时的技术手段还不允许进行精确的气候研究。帕克的这本书利用古气候学的大量数据，更重要的是，他跳出欧洲视野，把亚洲、美洲、大洋洲、非洲等地也一起纳入研究，是研究小冰期全球历史的一部力作。

什么是小冰期呢？Little Ice Age（小冰期），有时候也翻译成小冰河时代或者小冰川期，指的是 16—18 世纪之间地球上出现的一段寒冷时期。在欧洲中世纪，曾经有过一个比较温暖的时期，这段时期结束以后，地球又进入一段比较寒冷的时期，这就是小冰期。在中国，小冰期相当于明朝后期到清朝中期，所以又叫明清小冰期。根据竺可桢等学者的研究，1600 年前后，又正好是小冰期中最为寒冷的时期。

不从事农业生产的人，很难想象气候的细微变化，对农业可能产生的巨大冲击。帕克指出，平均气温每下降一度，适合农作物生长的时间就减少三至四个星期，那也就意味着，要么出现大幅度的减产，要么干脆就颗粒无收。粮食减产、饥饿、物价上涨当然也就跟着来了。有资料显示，1646—1650 这五年间，伦敦的面包价格上涨了 100%—200%，而同一时期的工资只上涨了

15%—30%，这对生活的影响，不用想也能知道。17 世纪的法国，大的灾荒就发生了十一次，局部小的灾荒还不包括在内。17 世纪的最后十年，法国饥荒死了两百万人，芬兰饥荒死了几乎三分之一的人，爱沙尼亚饥荒死了五分之一的人，还有瑞典和英国。那十年的欧洲，可以说接近人间地狱。

所以，在很多历史学家的眼中，17 世纪的历史充满了饥荒、经济衰退、物价上涨、死亡率上升，当然更有遍布全球的革命、战争、政变、改朝换代。根据帕克《全球危机》这本书的不完全统计，仅在 1635—1666 这三十多年间，全世界大规模的叛乱与革命就发生了四十九次，其中二十七次发生在欧洲。还有学者估计，在 1640—1650 这短短的十年间，世界损失了三分之一的人。

这么巨量的人口损失，其中很大一部分来自中国，来自中国历史上最重要也是最不可思议的事件之一——明清易代。

2. 谁把明朝推向灭亡？

李伯重教授把明朝的灭亡形容为"不可能发生的事发生了"。表面看起来，明朝人口超过一亿，清朝八旗就算全民皆兵，八旗兵总数也不到二十万，体量悬殊如此之大，更别提双方在文化和政治上的差距。然而，明朝就是灭亡了，清朝就是入主中原了，可想而知，一定是明朝的社会自己出了巨大的问题。那么，是什么问题呢？

明朝自万历以后，各种自然灾害就史不绝书，干旱、洪涝、蝗灾等，可以说层出不穷。万历十七年（1589），江南地区由于连年干旱，甚至太湖都干涸成了陆地。山西灾荒严重，一百多里听不到鸡鸣，出现买卖人肉的市场，叫"人市"。就连位于社会最顶端的宗室，因饥饿和疾病而死的也有将近两百人。明末清初有一位史学家叫计六奇（1622—约1687），他亲身经历明清易代这段历史，写了两本书来记述这个时代：《明季北略》《明季南略》。关于明朝为什么灭亡，他有一个著名的说法。他说明朝就像一个病人，这个病人一共得了三种病：一种是腰背之患，大概等于外伤吧，这说的是外边的满洲人；一种是腹心之患，这是内伤，说的是张献忠（1606—1647）、李自成；第三种是伤寒湿热之患，那就是水灾、旱灾、蝗虫等自然灾害。很不幸，这个教科书级别的病人又赶上了庸医，这说的是明朝的文武官员，他大概不好意思直接说崇祯皇帝，最后等待他的，当然只有死路一条。关于这些水旱灾害，计六奇说，假如没有这些灾荒的话，那即便有人造反，普通老百姓贪生怕死，也不会跟着李自成、张献忠他们走。但现在灾荒遍地，老百姓不造反一样是死，还不如跟着去闹一闹，就算失败了，也能多活一阵儿。这就是所谓"兴，百姓苦；亡，百姓苦"。在兴亡之际，百姓那更是苦上加苦。

其实，计六奇只说对了一半，因为李自成、张献忠这些人之所以造反，是因为水灾、旱灾，也就是因为灾荒。李自成本来是陕北米脂县的一名驿卒，崇祯二年（1629）被裁了员。这时候陕北处于饥荒之中，第二年饥荒更加严重，李自成难以存活，这才参加起义军。当时，几乎所有的史料，不管是地方官写给皇帝的报告，还是地方志的记载，或者地方文人的记录，无一例外，都会反复强调，饥荒才是造成起义规模不断扩大的根本原因。陕西巡按御史李应期向皇帝报告：陕西从五月份一直到秋天都没有下雨，三伏天极为干旱，禾苗尽枯，白昼抢劫，弱肉强食，百姓与其坐以待毙，不如铤而走险。高迎祥（1591—1636）也好，李自成也好，张献忠也好，他们之所以能成气候，完全是特殊的自然气候所造成的。当时的官方说法，把他们视为"流寇"。的确，明末农民军转战九个省，确实是南征北战，东奔西突。流寇为什么流？一是为了补充兵员，哪里有饥荒，他们就到哪里去，一到这些地方，立刻就能裹挟大批新人加入进来，至少可以暂时不被饿死；二是这些发生饥荒的地方也很难支撑他们长期占据，没有粮食，没有资源，所以只能做流寇。

其实，明朝的民变，从万历年间（1573—1620）就开始了，一浪接着一浪。天启年间（1621—1627），山东有徐鸿儒（？—1622）起事，影响之大，连几十年以后成书的《聊斋志异》里面都记载了相关的故事。

崇祯皇帝命不好。他当皇帝一共十七年，明王朝跟农民军的战争就打了十七年，天下灾荒也持续了十七年。河南商丘有一位亲历者郑廉（1628—1710）写了一本《豫变纪略》，讲的是明末农民军在河南的历史。他非常有心，记下崇祯年间河南的灾荒，每一年要么是旱，要么是大旱，大部分年份是旱灾加蝗灾——这很自然，因为蝗灾一般就是由于旱灾引起的，古人就知道所谓"久旱必蝗"。崇祯七年（1634），有位退休官员——前兵部尚书吕维祺（1587—1641），实在忍不住给皇帝写了奏疏，里面说"村无吠犬，尚嚇催征之门"，村里人都饿死了，连狗叫声都听不到了，但是还能听到吭吭吭的敲门声，敲门干什么呢？收税来的。所以，后来有人说，"天之厌明久矣"，老天爷早就不支持明朝了，这么多灾荒就是证据。可惜他们不知道，老天爷不但不支持明朝，可能不支持的还是整个人类。比如说，就在李自成因为灾荒而起义的时候，印度德干高原上也发生大灾荒，到 1631 年底，据统计一共造成七百四十万人的死亡。这一年，李自成正在一位外号叫"不粘泥"的起义首领手下当一名小队长。

魏斐德（Frederic Wakeman, Jr, 1937—2006）研究明清易代的名著《洪业：清朝开国史》（*The Great Enterprise: The Manchu Reconstruction of Imperial Order in Seventeenth-Century China*）说，在 1585—1645 年这六十年间，也就是晚明到清朝入主中原，中国的人口可能减少了 40%。这个数字是非常惊人的，但是在 17 世纪全球史的背景下，又是可以理解的。

3. 小冰期的女真、朝鲜和日本

明朝饥荒遍地，是不是关外的女真人日子就好过一些呢？完全不是。

万历后期，明朝天灾人祸不断，东北也发生饥荒。当时崭露头角的努尔哈赤向明朝和朝鲜求援，借来粮食，不但自己度过饥荒，而且还趁机收服好几个部落，势力开始壮大。在朝鲜的史料里，北方的女真人经常发生饥荒，动不动就来借粮，他们的经济状况也是相当脆弱的。

饥荒不会仅仅袭击女真人，同在东北的蒙古人、驻守辽东的明朝人也一样受到影响。本来，长城以北的蒙古人如果遇到饥荒，常常会进入长城，寻求明朝的庇护，边关将领也会收留他们。这种情况，明朝本来就有很多人反对。进入崇祯时代后，崇祯皇帝是个精神紧张的人，他对这种事情比较谨慎，而且还取消针对蒙古的一些赏赐。这样饥荒一来，蒙古人不能向南，只能向东改投女真——这时候已经是后金。后金自己同样也面临粮食短缺，他们也只能另想办法。天聪元年（1627），后金发兵攻打朝鲜，逼迫朝鲜订立城下之盟。军队之后跟着的就是上万饥民，来干什么呢？来吃饭。两年后，蒙古人来投奔他们，他们再找朝鲜想办法，但朝鲜也是一样没办法，象征性地给了点，已经不容易了。这时候皇太极左看右看，只有一条出路，就是去打劫明朝这个庞大的邻居。这一次，一直打到北京附近，好在只是为了抢东西，抢完也就回去了。

此后，这种故事一再上演。皇太极统治的时代，也就在灾荒—吸纳人口—掠夺资源的循环中过去了，反正要么向西抢明朝，要么向南抢朝鲜。其实，那个时候，大家日子都不好过。有一部电影叫《南汉山城》，讲的是所谓"丙子胡乱"，也就是1636年底清朝军队入侵朝鲜的时候发生的故事。故事场景全都是冰天雪地，看上去就很冷，这是有历史根据的。韩国学者曾经发现过一部《丙子日记》，作者是一位六十多岁的女性南平曹氏，记录了当时逃难的艰难经历，其中大量记载了那一年的反常气候。比如说，1637年年初，朝鲜向清军投降，这年春天天气极其寒冷——我们顺便说一句，就在这年春天，明军和清军在皮岛（今椵岛，位于朝鲜西朝鲜湾中）爆发海战，结局是清军获胜，明朝的沿海防线全部崩溃。几乎在同一时间，荷兰的郁金香价格突然暴跌，那是世界上第一次泡沫经济破裂事件。我们还说回朝鲜，到这一年闰四月二十三日，也就是阳历的6月15日，江原道居然还在连日下雪。1640年甚至阴历七八月份就有地方下霜，导致农作物大面积死亡，实在可怕。所以作者评论说，你看敌人入侵，气候反常，这都是国家的不幸。

除了寒冷，反常的气候还有一种，就是忽冷忽热。1639 年 6 月中旬，日记记载当时是酷热难当，学者们对照《朝鲜实录》，发现就连国王也中暑了，不能正常处理政事。这年夏天当然就遇到前所未有的旱灾，"近古所无"这几个字，就是官方的文件里说的。这种时候，南平曹氏只能到处避难。而朝鲜面临亡国危机的时候，隔海相望的日本也不太平。1637 年 10 月，日本岛原藩（今天这个地方属于长崎）的一家农民交不起地租，领主就派人抓走他的妻子。为什么交不起地租，因为连年天灾，农民实在是非常穷苦。结果，这次事件变成一根导火索，最终导致震动日本的"岛原之乱"（1637 年 12 月 17 日至 1638 年 4 月 12 日）。

这次起义的规模很大，最后幕府动用十几万军队，起义军三万多人全部战死。起义的领袖天草时贞当时只有十六岁（约 1621—1638，通称四郎），是一名天主教徒，教名原为热罗姆，后改为弗朗西斯科。这次起义不仅有社会原因，还有天主教背景。幕府镇压了"岛原之乱"以后，强化锁国政策，严厉禁止天主教在日本传播。天主教在日本变成地下宗教，直到明治维新时期才改变这个政策。有一部电影叫《沉默》，讲的就是 17 世纪禁教令颁布之后长崎发生的故事。

4. 环境和我们的当下与未来

我们必须得说，气候异常是造成灾荒的直接诱因，但是环境的长期破坏，也放大气候变化的破坏作用。写作《天工开物》的宋应星也生活在这个时段，他说天下之大，除了江南、福建植被还可以，其他人烟密集的地方经常一望二三十里，连一棵能遮点阴凉、可以坐下来休息的树都没有，像这种状况，民生怎么能不困呢？"流寇"怎么能不多呢？

这种环境破坏的进程，可以说贯穿整个历史，特别是有农业以来的历史。大家知道，黄河以前不叫黄河，只叫"河"，所以《左传》里才有"河水不清"的说法，汉朝以后才有"黄河"这个名字。很可能，中游的农业开发，导致水土流失才是黄河变黄的原因。汉朝时候，黄河平均十六年出现一次大的决口，但是东汉明帝以后的五百多年中，文献记载的决口竟然只有四次。历史地理学家谭其骧（1911—1992）先生写过一篇非常有名的文章《何以黄河在东汉以后会出现一个长期安流的局面》。他认为东汉以后，西北地区被少数民族占据，他们不搞农业，水土保持得比较好，所以下游的水患就不明显。这个说法曾引起热烈的探讨，有些学者有不同的意见，但是土地利用方式与水患之间存在密切的因果关联那是肯定的，这个问题的本质，就是人与环境的互动——不但人作用于环境，环境也会作用于人。

更进一步，环境的不同因素之间，也会互相影响。比如说我们这里的两大主题——气候与疾病，往往就是相辅相生的关系。我们在疾病那里讲过，明末的背景是曾经暴发过瘟疫，李自成之所以能打进北京，跟这场瘟疫造成的明军减员有很大的关系。其实，跟瘟疫一起来的还有反常的气候，就在明朝灭亡的这一年春天，北京城刮起沙尘暴，飞沙走石，有时候两三天来一回，有时候一天能来两三回，北京城里的人们，心情可想而知。此外，水灾过后往往会发生瘟疫，所谓大灾之后必有大疫，就更为大家所熟知，在卫生条件落后的古代几乎是不可避免的。

我们无意把明朝灭亡完全归因于寒冷的气候。许多学者主张，气候波动在历史上并不罕见，但是它如何影响历史的进程，恐怕还得跟当时社会状况联系起来看。如果某个时代的社会比较健康，那么它抵抗气候变化的能力就更强，这种看法一点也不错。不过，从 17 世纪全球范围内出现的危机来看，似乎这次气候变化的强度之高，对大部分社会都产生巨大的冲击，也都引发深层次的改变。

所以，"17 世纪的普遍危机"能提醒我们的可能是：一方面我们应该始终善待这个社会，保持它处于较为正常的轨道，这样才有能力来应对随时可能出现的大型全球化"黑天鹅"事件（"Black Swan"incidents）；另一方面，当这个"黑天鹅"事件实在难以抵抗的时候，应当尽早认识到，它在实质上是一种全球性挑战，然后在互相理解与充分沟通的基础上，建立全球合作来实现危机中的幸存。

（段志强）

结　语

在这一季里，我们听到关于环境变化以及传染病散布如何影响历史的故事。其中有些故事，说不定大家也都知道。网络上流传的一些文章还配上耸人听闻的标题，比方说《崇祯太冤了！真正毁灭明朝的原来是它》，而这里的"它"，指的就是我们所说的"小冰期"。

这一类内容之所以大行其道，正好说明从环境和疾病或者生态角度去重新评估我们过去所知的历史，是当前流行的趋势。的确，我们以前在课堂上学到的往往都是"以人为本"的历史，现在碰到这些相对比较新的知识和信息，难免会感到既陌生又兴奋。不过，在这篇结语中，我们还是要提醒读者，千万不要简单地把一些重大历史事件的成因完全归之于生态背景。虽然舞台很重要，但舞台并不决定演出的好坏，毕竟还有演员，否则我们可能就会陷入"环境决定论"或者"生态决定论"的陷阱。

到底什么是"环境决定论"？为什么多数历史学者又总是小

心翼翼地要提防它？这里，让我们从一个曾经在历史上非常显赫，但最后却又颓落、崩溃的帝国开始说起。

1. 一个比长安还大十倍的城市

1295 年，也就是元朝元贞元年，有一个叫作周达观（约1266—1346）的温州人加入官方使团。他先是从海路出发，经过西沙群岛，来到中南半岛的占城（Champa），然后再沿着河道，进入中南半岛的第一大湖洞里萨湖（Tonlé Sap）。

从出发算起，他这一路足足走了五个多月，好不容易才终于在洞里萨湖东边一座大城上岸。他见到的这座城市非常富庶壮观，后来，他在《真腊风土记·城郭》写道：

> 州城周围可二十里，有五门，门各两重。惟东向开二门，余向皆一门。城之外皆巨濠，濠之外皆通衢大桥。桥之两傍共有石神五十四枚，如石将军之状，甚巨而狞，五门皆相似。桥之阑皆石为之，凿为蛇形，蛇皆九头。五十四神皆以手拔蛇，有不容其走逸之势。城门之上有大石佛头五，面向四方。中置其一，饰之以金。门之两旁，凿石为象形。城皆叠石为之，高可二丈。

这座城市就是如今举世闻名的吴哥（Angkor），曾经雄霸中南半岛的高棉帝国（Khmer Empire，802—1431）的都城。根据某些现代学者估算，极盛时期的吴哥面积接近一千平方千米，要比今天的上海还大，当年周达观看到的只是它的核心城区，而它的人口则多达一百万，无论人口还是面积，都算是当时全球最大的城市之一。

但是这个数字，我们听下来可能觉得有点古怪，因为幅员如此辽阔的一座城市，怎么可能就只住一百万人呢？即便放在以前没有摩天大楼的时代，这种人口面积比也是低得相当惊人。就拿武则天时代的长安来说，当时长安面积差不多是八十三平方千米，但已经能住上一百万人。而吴哥的面积比六百年前的长安的十倍还大，人口却居然差不多，这岂不是太过地广人疏？与其说这是一座城市，听起来更像是一大片旷原。

十年前，我曾经跟随任教于悉尼大学的著名考古学家罗兰·弗莱彻（Roland Fletcher），在吴哥古城的核心地带参观了两天。他是古代高棉帝国和吴哥古城研究的权威，也是近年相当受瞩目的"大吴哥计划"的一位负责人。这个计划最有名的特点，是组织一支跨国和跨学科的团队，用包括空中雷达遥感技术等各种现代手段，去勾勒出在丛林与阡陌间不容易被看到的吴哥面貌。经过细密勘察与烦琐计算之后，他们发现，吴哥既不是农村的集合，也不是一般认知的高密度城市，从高空往下望，它其实是一组在大地上平铺展开的"低密度城区"。弗莱彻教授带着我们穿越今天的吴哥古迹群，就是为了要让我们在地面上看清楚他们这个发现的证据。原来游客坐在车上匆忙路过，那些不以为意的道边田埂竟然是古代人工河道和水渠的堤岸；原来包括世界文化遗产吴哥窟在内，那一座座古代寺庙周边围绕的所谓"护城河"，也都能透过河底一些管道，连接现在早已干涸甚至被泥土覆盖的人工运河。而这么多纵横交错的水道，还都能接上城外山区流下来的三条主要河流，以及好几座柬埔寨语叫作"巴莱"的巨大水库。

　　这一切究竟意味着什么？首先，我们要知道这片地区有半年雨季、半年旱季。雨季几乎天天下雨，自然泛滥成灾；旱季则正好相反，会造成农作歉收。所以古代高棉人想到的办法，就是修筑非常庞大而缜密的水利工程，以水库、运河以及沟渠去储存和排放雨水。这些经过精密组织的水利工程要是画成图表，就更能看出一个阶层秩序。所有的农业以及生活用水，都是从几个主要的水道往下一个层级的水道输送，然后再逐层下放到最底层的水渠。而每一层中间都有一些可以升降的阀门，好控制供水或者排水的数量和时间。从城市中心最主要的河道和最大的水库开始，这些人工水脉就像人体的血管一样，一路渗透蔓延到城市最边缘的范围。弗莱彻教授那两天带着我们一行看的，就是这种古代工程的遗迹。对他和他的团队而言，那些现在毫不起眼的管道和矮坑，可能要比寺庙墙壁上最华丽的雕刻还有意思。它们是我们看不见的吴哥，其复杂程度和规划建设的难度，完全不下于那些夺目的寺庙和精美的神像。他还打了一个比方，要是当年有外星人从高空往下看，说不定他们看到的景象，还真像现在美国的洛杉矶，那几乎是一望无际的低矮住宅群，只不过今天洛杉矶的草坪在那时候的吴哥肯定是农田，马路要换成水道，而星罗棋布的游泳池则是大大小小的水库和水池。

　　其次，这么复杂的水利工程，一定要有人事先规划，再去动员所需的人力、物力和财力，经过漫长的时间才能逐步完成。那么，谁有这样的能力，可以调动这么多的物资？谁又有这样的权力，可以让那么多人来配合他的想法呢？结合碑铭和文献，现在可以推测，那应该就是高棉帝国的王朝政府以及在人民眼中半人半神的"神王"。这一点并不奇怪。早在 20 世纪 70 年代，法国学者贝尔纳·菲利浦·格罗利埃（Bernard-Philippe Groslier，1926—1986）就已经提出"水利国家"的想法，来解释高棉帝国的基本性质。他认为，这个以农立国的国家之所以兴起，靠的就是懂得充分利用周边的水资源，来调节对农耕而言不是那么有利的气候条件。高棉帝国政府最重要的工作，就是建设、维修以及管理牵涉百姓生命和生计的水利工程。

　　经过几十年的争论，这一猜想先是得到日本学者石泽良昭所率领的国际调查团的逐步发掘而推进，最近十多年又获得"大吴哥计划"研究成果的确证。不过，弗莱彻教授等学者所带领的"大吴哥计划"，还不只是想要发展和证明前人的主张，他们还试着进一步解释吴哥的衰落。

2. 吴哥为什么衰落？

　　曾经喧嚣繁华的吴哥，为什么后来隐身于茂密的丛林？这样庞大宏伟的都市系统，为什么最终会衰落？

　　透过树木年轮分析等今天环境史学者常用的手段，研究者发现，在13至14世纪之间，高棉帝国和吴哥城漫长的衰落时期，恰好也就是"中世纪温暖期"和"小冰期"之间的转变阶段。说到这里，我们要先补充一句，虽然一般历史学家特别关注前面我们提到的16至18世纪之间的小冰期也就是"蒙德极小期"（Maunder Minimum，太阳黑子异常稀少的时期），但是作为地质年代的整段"小冰期"，其实早在14世纪就已经开始。

　　在这段气候开始变化的时期，覆盖地球赤道地区的"热带辐合带"开始往南移动。按照近年考古学家的发现，当时中美洲和美索不达米亚地区的农业文明都受到巨大影响。而在中南半岛，这场剧变的表现就是季风的规律改变了，从吴哥早已适应的半年雨季、半年旱季，一下子因为剧烈的厄尔尼诺现象而变成持续长久的干旱。在这种环境下，不只原本储水量甚丰的水库干涸，就连人工开掘的运河以及堤岸也会在烈日之下土崩瓦解。前面我们说到，整个吴哥就是建立在这座繁杂而精巧的水利工程之上，此时它又怎能不遇到危机呢？

吴哥的消失，向来是个引人入胜的话题。吴哥衰落几百年后，当西方人第一次看见吴哥古迹的壮丽，都觉得不可思议，这么辉煌的文明怎么会就这样埋没在莽林之中？一度甚有人怀疑和猜想，它们是古代犹太移民的产物，因为在欧洲人眼里，落后蛮荒的柬埔寨人不可能有过这么高度的文明。更糟糕的是，就连当年处在殖民压力下非常衰弱的柬埔寨王国自己，好像也都不太了解这座城市的背景以及它被荒弃的原因。因为当地几乎没有任何关于吴哥和中古高棉王朝的文献留存，最主要的文字材料，除了后来考古学家发掘的宫庙碑铭，竟然主要就是中国人周达观回国之后所写的《真腊风土记》，当然还有零星的其他地方保留的一些记载。可是，尽管《真腊风土记》算是翔实细致地记下当时吴哥的情形，可它到底也不过是一个历史切片，只能刻画高棉帝国由盛转衰之前那最后一抹夕阳余晖。

那么，吴哥何以衰落？

在这些年和气候转变相关的研究出现之前，历史学家当然有过很多不同的解释，其中最常见的一种就是战争。14世纪，暹罗阿瑜陀耶王国（Anachak Ayutthaya，1351—1767）崛起，逐渐削弱高棉的势力，并且两度攻破吴哥大门。由于这座城市位于冲积平原，地势平坦，无险可守，所以到了 1431 年，在吴哥为阿瑜陀耶王国夺取后，高棉国王决定把国都迁移到金边（Phnom Penh）。自此之后，尽管吴哥仍然存在了一段时间，但最后还是渐渐消失在人们的视野之外。可是，这只能说明吴哥被放弃的直接原因，却不能说明它的背景。曾经支配大半个中南半岛的高棉帝国，为什么会被逼迫到这样一个地步？曾经养活大批人口以及军马的吴哥，又怎么会如此不堪一击？

于是，又有学者指出，吴哥以及高棉的衰败，可能是过度建设的结果。按照传统，历代国王上任之后，都要替自己修筑宫殿、寺院、水库以及"山庙"（也就是模仿印度传说中须弥山形状的寺庙，吴哥窟就是最典型的山庙，它们通常也是国王驾崩之后的陵墓）等一连串的大型土木工程。这些建设固然使得整座城市雄伟壮美，吸引现在的大批游客，然而大兴土木却要耗损人力和物力，长此以往，难免就要掏空国库。这种猜想，我们中国人多半不会陌生。传统上，不也有很多人认为隋朝的衰亡离不开隋炀帝的好大喜功，清朝的覆灭也和耗资修建颐和园相关吗？

但是这些工程，是不是真能掏空整个高棉国库呢？我们没有任何数字可以证明这一点，而且在吴哥还是首都的那最后一百多年，也早就没有什么太过让人瞩目的建设。其实，但凡新王登基就得为自己留下可观建筑的这种想法，是和他们的宗教传统相关的。在六百多年的历史里，高棉的主流信仰是密教化了的婆罗门教以及佛教。我们在前面讲到宗教史的时候，也曾经稍微介绍过这种宗教在整个东南亚和王权的关系。简单地说，国王在这样的传统里乃是半人半神的"神王"，他能够掌握至高无上的权力，得到万民崇仰，是因为他具有一定的"神格"。而修建寺院和山庙，就是他宗教合法性以及神威的彰显。问题是，13 世纪之后，这种信仰开始失去魅力，南传上座部佛教渐渐流行，透过个人修行得到解脱，要比信任一个至高无上的权威对人更有吸引力。周达观访问吴哥的时候，在位的因陀罗跋摩三世（Indravarman III，1295—1308 年在位）正式把上座部佛教定为国教。这么下去，王权的合法性当然要大打折扣，无论兴兵，还是建设，都再没有办法推动百姓心甘情愿地服从命令。

宗教的改变影响一个帝国的命运，这也是历史解释当中常常出现的一套模式。例如爱德华·吉本的不朽名著《罗马帝国衰亡史》(*The History of The Decline and Fall of the Roman Empire*)，就常常被人简化传播，认为他的看法是基督信仰的流行导致罗马帝国的衰亡。可是这种解释究竟还不算透彻，因为宗教信仰的转变并不是在真空的背景下发生的。一个社会主流宗教的改变，首先还是要有一定的土壤。我们当然可以说吴哥的百姓都已经改信上座部佛教，所以不再依赖国王的权威。但我们一样可以反过来追问，为什么王权以及支撑它的主流宗教会失去魅力，使得百姓开始自寻解脱呢？

经过这番讨论，我们就能发现为什么基于生态环境的历史解释会有这么大的吸引力。只要把近年关于气候变化的发现套上去，上面几种说法就能找到一个恰当的背景，并且形成一个有说服力的因果链条。

吴哥的建设真的导致它的衰败吗？是的。但真正的原因并不是它耗资太大，而是它那套水利体系太过细密繁复，高度依赖"中世纪温暖期"的惯性气候条件，一旦开始进入"小冰期"，整个气候条件就不同了，这套体系就适应不了。但更大的麻烦在于，对以前的统治模式早就形成惯性依赖的国王，面对常年干旱，只懂得发动更多工程来回应问题，结果在山区乱砍滥伐，造成水土流失，陷入恶性循环。财务吃紧，不过是这个过程的副作用罢了。从前，国王的神权离不开建设，而这些建设的一部分就是水利工程。高棉的体制，本来就是结合水利工程、政治合法性以及宗教信仰，三者不可缺一。吴哥窟以前一向被认为是国王的陵墓、宗教的圣所，但是近年的发掘却使部分学者怀疑它还是整座城市水利管道的总控制台。所以，既然国王名下的水利工程失效，就算盖了寺庙，举行更多的宗教仪式也都不管用。那么，他的权威自然也就大受影响，开始忍饥挨饿的百姓便只好自求多福。一度受到高棉帝国支配和影响的暹罗，在这样的前提下才能逐渐壮大，反过来威胁吴哥。强敌屡次压境，原来支撑整座城市运作的水利系统又不再运转，吴哥就只能被放弃了。

那么，我们可以说环境的变化是吴哥败落的唯一原因吗？当然不是，因为上面提到的几种因素都起到重大作用。气候条件的变化，或许是个很要紧的背景，可是我们如何回应这些变化，却是人类自己在某种程度上可以把握的事。

许多历史学家回避过于简化的"环境决定论"和"生态决定论"，并不是要否认环境和生态在人类历史进程中的作用，而是不能认同它们就是历史演变背后唯一的推动力。这一季导言曾经介绍过布罗代尔这位伟大的历史学家，以他为代表的法国"年鉴学派"时常被认为是环境史和全球史的先驱。他说过一句很有意思的话："我感兴趣的是几乎不动的历史，重复的历史，被波动和事件的表面覆盖着的历史。"如此说来，他是否认为最重要的历史，就是那个我们在表面上丝毫不觉其动静的地质年代呢？他格外关注的"长时段"，是否就只是人类活动得以发生的环境舞台呢？恐怕不是这么简单，因为面对给定的环境条件，人类的回应方式，同样也是"长时段"的一部分。而那个"几乎不动的历史"，无论是在布罗代尔还是后来其他年鉴学派成员那里，也应当包含人类的反应，而这些人类的反应也同时参与并影响历史过程。

所以，环境和生态的变化无法单独解释历史，对于任何以单一因果关系也就是决定论来解释历史的方式，我们都要小心。假如，我们抽走前面关涉吴哥衰亡的其中任何一条人为因素，吴哥的命运可能就会不一样。当然同样的，如果没有气候条件的转变，那些因素也不一定就会自然启动。

3. 对"环境决定论"的反思

在某种意义上，"环境决定论"并不新鲜。

古代西方"医学之父"希波克拉底，就曾经用环境差异解释亚洲和欧洲的区别。他认为亚洲气候条件好，物产又丰饶，所以亚洲人过得很舒服，难免好吃懒做，缺乏创造力和勇气；相反，欧洲因为寒冷贫瘠，所以住在那里的人就得吃苦耐劳，想方设法克服环境的局限，变得格外灵敏勇敢。到了近代，孟德斯鸠（Montesquieu，1689—1755）不只部分沿袭希波克拉底以来流传的想法，还进一步指出亚洲（尤其是中国）由于土地肥沃、平原辽阔，所以特别容易培养出懒惰而有奴性的人民，以及统治他们的专制政体；不像困处山海之间，而耕种面积狭小的欧洲人，他们"唯一值得保卫的，就是他们的自由"。再后来，黑格尔（G. W. F. Hegel，1770—1831）以及马克思，也都或多或少地沿着这条轴线，各自发展出有关"亚洲文明"及其生产模式特点的解释。我们前面提到过的德国学者魏特夫（他也为自己取了一个汉文名字——魏复古），便在这样的思想背景下，提出很有影响力但也引起无数争论的"东方专制主义"，以大型治水工程的需要来解释中国中央集权国家的形成。

听起来，他的理论和我们之前介绍的吴哥历史还颇有相通之处。有趣的是，这种思路不只在欧洲流行，清末民初甚至一直到了"五四"之后，梁漱溟（1893—1988）等众多中国思想家和学者也都多少受到影响，把地理和生态的特点当作文化差异的前提。然而，这类早期的"环境决定论"绝大部分比较粗糙，理论解释不够精细是一回事，史料和证据的缺乏才是最大的问题。就算当代一些影响力非常大的理论，甚至包括我们屡次提到的阿尔弗雷德·克罗斯比的"生态帝国主义"，也难免要遭到批评。有学者就认为，他在说明 1520 年墨西哥的天花大流行时，主要依赖的史料是一部当时欧洲传教士的著作，而那部著作不仅在史料上很不可靠，而且带着强烈的偏见，居然认为受灾的墨西哥人是受到上帝的惩罚。

没错，各式各样的偏见总是与上面这些"环境决定论"纠缠在一起。在希波克拉底那个年代，希腊人的最大对手是波斯，他对欧洲和亚洲区别对待的看法，就混杂了当年希腊人对波斯人的敌视。到了启蒙时期，欧洲思想家又把专制和自由的对立，分别安放在亚洲和欧洲的地理背景下予以说明。想想看，假如地理环境和气候条件决定一切，那按照他们的讲法，我们中国人岂不活该要接受一套专制政体？就算克罗斯比那套美洲文明毁于欧洲人带来的传染病的说法，虽然已经有了批评欧洲殖民者的意思，但也一样遭到类似非议。目前任教于英国华威大学（University of Warwick）的亚洲史及全球史学者大卫·阿诺德（David Arnold），就曾猛烈指责克罗斯比把帝国主义说成一种生物学现象，将殖民主义解释成自然的发展。他说："生态帝国主义抛弃孟德斯鸠与希波克拉底的旧环境决定论，取而代之以一种新的、更具侵略性的、殖民的环境主义。"

光是提出基于政治意识形态立场的评论，并没有太大的学术意义。"生态帝国主义"是不是站得住脚，恐怕还需要更多证据和学理上的讨论。大卫·阿诺德对克罗斯比的不满，并不是要否认传染病对美洲原住民的影响，而是无法接受后者小看了帝国主义殖民主义的作用。例如，西班牙人当时就把他们一套非常独特的畜牧方式带到中南美洲，强行加诸当地，结果彻底破坏原有的农业生产模式，这对美洲文明造成决定性伤害。再换一个角度来想，欧洲人进入印度洋地区和东南亚，面对霍乱和疟疾的时候，他们身上原有的免疫力可就没有什么作用，反而还大受其害，结果被迫发展出"热带医学"和相关的公共卫生政策。

可是，尽管面对陌生传染病的威胁，他们还是大致顺利地控制这片区域，形成庞大的殖民势力。这又是为什么呢？我们还可以进一步推想，为什么同样是难以抵御的传染病，天花会给美洲原住民带来无可挽回的后果，但14世纪中叶的黑死病肆虐欧洲，死了三分之一的人口之后，欧洲还能够重新恢复，甚至迎来"文艺复兴"呢？这是不是因为美洲原住民在暴虐的殖民统治底下，从来没有得到过休养生息的机会呢？

关于疾病、自然环境、气候的话题，就说到这里吧。我们"从中国出发的全球史"下一季，有一讲恰恰就是"文艺复兴"。我们这时候不妨先留个悬念，记住"文艺复兴"正好就发生在 14 世纪的黑死病之后。那么，为什么一段文化艺术繁荣、科学发现和技术突破频出甚至商贸经济达到革命阶段的时期，会在这样一个人口稀少、城市凋敝、传统社会肌理断裂的背景下产生？关于这一疑问，我们会在下面，接着给您解释。

（梁文道）

番 外

一 "卫生"的全球史

在这一讲里，我们了解了全球史上影响深远的几种传染病。当然，我们无法将历史上的所有传染病都一一列出，历史上的大疫，也有很多是没有解开的谜团。时至近代，全球性传染病席卷了世界各个角落。在全球化逐渐加速的过程中，疾病的流行不可避免，最为典型的就是 19 世纪初开始的全球霍乱流行以及 20 世纪初的"西班牙大流感"。关于霍乱，前面也已经有了介绍。在这里，我想进一步和大家分享一些人类历史上应对疾病的方式。

此前我们提到，"卫生"是现代社会处理传染病最重要的一个手段，而这个概念与全球史也是息息相关的。

1. 从"卫生餐台"说起

首先我要说一个大家肯定都见过的东西，就是在饭店常见的圆形餐桌。逢年过节，亲朋聚会，大家都围着一张圆形餐桌坐着。餐桌上往往有一个可以旋转的圆盘，服务员上菜时会把菜品摆在旋转的圆盘上，这样可以轮流把菜转到每一个人面前。这种餐桌在中国存在的时间，其实也大约只有一百年。它最初被称作"卫生餐台"，是为了改变中国人传统的共餐制而发明的。民国时期的公共卫生专家认为，共餐制会传播细菌，因此需要改革。当时卫生餐台的使用方法和我们如今类似，不过要在每个菜品旁边放置一双公筷，这样就避免了每个人都用自己的筷子接触菜品。

我们去西餐厅是见不到这种桌子的，那里都是一个个的小方桌，即使是大型的宴会，他们也只是把小方桌拼成大长桌。如果我们去看一看中国古代的绘画，从汉代到宋代，虽然筵席的形式发生很大变化，但方形的桌子却一直是主流，而且从早期的分食制逐步演化到我们现在熟悉的共餐制。直到清代康熙年间，圆桌才开始一步步流行起来，其中有着团圆的象征意思。但是到了近代，这种一家人一起吃饭的"共餐制"却成了一种"不卫生"的用餐形式。

为什么会出现这种变化呢？关于这一点，医疗史专家雷祥麟教授做过很精彩的解释。他说这种餐桌是民国时期防治肺结核的产物。前面，我们就说到欧洲的工业革命导致肺结核在城市中广泛流行。但问题是，当时的中国不像欧洲那样开始工业化和城市化，那肺结核怎么也成了一个大问题呢？当时的医学专家将原因归结到传统中国社会的生活方式和生活习惯上。当时一些公共卫生专家发现，传统中国人的大家庭都住在一起，睡一张炕，共享餐具，还随地吐痰，这便不可避免地会导致细菌在一家人之间传播。就这样，国民不良的卫生习惯成了民国时期公共卫生的重点。

可什么是"卫生"？这种卫生观念是怎么来的呢？这是一个

很有意思的话题。

"卫生"这个词在中国出现得很早,《庄子》中就说,有一个叫南荣趎的人向老子请教"卫生之经"。什么是"卫生之经"呢?其实就是保卫生命的道理。那时候的卫生和现在的卫生含义大不相同。古代保卫生命的手段非常多样,包括食物、药物、导引、修身养性等。明清时代流行的养生书籍中收录了一首诗歌,叫作《孙真人卫生歌》,孙真人就是孙思邈,但这首诗歌肯定不是孙思邈写的,不过是后人托名的作品,但从中我们也能看出明清时代人们说的"卫生"是什么意思。这首诗歌很长,我就给大家念几句:"世人欲知卫生道,喜乐有常嗔怒少。心诚意正思虑除,顺理修身去烦恼。"这首诗歌告诉大家,春夏秋冬都该干什么,日常的衣食住行应该注意什么。说到这里,可能大家都懂了,这里"卫生"和我们现在说的"养生"其实是差不多的。

2. 欧洲公共卫生的兴起

那"卫生"的含义是什么时候开始转变的呢?我在此稍微梳理一下。

前面我们讲了,现代公共卫生政策最早是在英国出现的。有两个英文单词和一个词组都可以被翻译成"卫生"或者"公共卫生":sanitation、hygiene、public health。但它们之间还是有一些区别的,简单地说:sanitation 这种卫生手段主要包括,合理处理人类排泄物、保持饮用水清洁;hygiene 则是保持生活环境和个人清洁,以预防疾病;public health 的含义最广泛,维护公共健康的所有手段都包含在内,除了以上两个单词包含的内容,还有接种疫苗、疾病监测、健康教育等。现代卫生的兴起有两个很重要的思想层面的转变。第一，随着科学的发展，人们认识到有些疾病是传染的，虽然我们暂时找不到有效的治疗药物，但是仍然可以依靠控制传播途径来预防疾病。第二，健康不再仅仅是个人问题，而是一个公共问题、政治问题，它关乎的是全体公民的健康，同时也需要国家公权力的介入。这两个转变在现在看来似乎是常识了，但在当时却是相当重要的。

现代卫生兴起于19世纪，但在这之前，欧洲已经有了隔离和检疫制度。隔离的做法可以追溯到14世纪的黑死病。当时人们害怕被这种病传染，政府就建立起一些隔离营把患者和密切接触者隔离起来，另外从疫区来的船只到达海港之后，也需要在港口隔离四十天。这种海港检疫的做法最早是在意大利的威尼斯开始的，所以现在英文中隔离检疫这个单词 quarantine 就是来自意大利语的 quaranta giorni，原本的意思就是"四十天"。

随着18、19世纪欧洲工业化和城市化浪潮，一些旧有的传染病开始重新流行，比如肺结核、天花、伤寒热，另外新型传染病也开始出现，威胁人们的健康，其中最具代表性的就是霍乱。这时人们发现，传染病不仅仅是外部传来的，同时也是在内部传播的，而隔离检疫的措施已经远远不能控制城市内部的疫情。前面我们说到，人们开始认识到城市里产业工人拥挤、肮脏的生活环境导致疾病的流行。因此，肮脏和污秽既成为疾病的原因，也是疾病的传播途径。要保持健康，最重要的就是要保持生活环境的清洁。后来人们把这一阶段称之为"卫生的大觉醒"。

吊诡的是，这种卫生的大觉醒最初建立在一个错误的理论上，那就是"瘴气理论"。这个理论我们在之前提到过很多次。从鼠疫到肺结核，在当时欧洲人的认知体系中，都是由空气中弥漫的瘴气传染的。那瘴气是从哪儿来的呢？就是从污水、沼泽等肮脏的地方来的。基于这种认为，欧洲城市加强了对污水、垃圾的处理，这种做法的确是有效的。直到19世纪后半叶，细菌学说大发展，公共卫生的背后才有了更坚实的科学理论基础。

对于19世纪的公共卫生而言，污水和粪秽的处理是非常重要的一环。19世纪中叶，美国有三位总统，包括哈里森（W. H. Harrison，1841年3—4月在任）、波尔克（J. K. Polk，1845—1849年在任）、泰勒（Z. Taylor，1849—1850年在任），先后在任期内或任期结束后不久去世了。虽然他们的死因有争议，但根据现代医学史专家的研究，他们很可能死于伤寒或霍乱，而这就和白宫的饮用水源不洁有着直接的关系。19世纪最初的五六十年，伦敦曾经暴发四次较大规模的霍乱，最初人们并不知道霍乱是如何传播的。根据瘴气理论，当时大多数人都认为是肮脏的泰晤士河水产生致病的瘴气。直到1858年夏天，伦敦发生史称"大恶臭"的事件。当时泰晤士河被生活污水和工业废水严重污染，在炎热的夏季，恶臭的气味从河边蔓延到整个城市。政府这才不得不下定决心整治伦敦的下水道系统，而这些疾病的蔓延和城市污染最终催生一系列公共卫生措施的出台。

细心的读者会发现，我们在肺结核那一节讲得更多的是保持环境清洁和个人卫生，这大概对应的是英文中的hygiene；而对于霍乱的防控，重点在于处理污水，这就是sanitation。目前这两个词在中文中都被翻译成"卫生"。原来，这个翻译的背后还有一段有趣的历史。

3. "卫生"的东传

在晚清时期，西方的 hygiene 由一些医学传教士传到中国，最早它被翻译成"保身"或者"养身"。清末有一位著名的英国传教士叫傅兰雅（John Fryer，1839—1928），他把一百多种西方的科学著作翻译成中文。1876 年他翻译出版了一本名为《儒门医学》(*A Medical Handbook*) 的作品，实际上介绍的是西方医学，在介绍卫生学说的时候，用的就是"保身"和"养身"这个说法。后来他又出版一系列标题中带有"卫生"的作品。总体来说，这一阶段他所谓的"保身"和"卫生"观念是很杂糅的，他也介绍一些西方的化学和营养学发展，其中很少涉及细菌学说和传染病。直到 1890 年，他又翻译出版另一本著作，叫《居宅卫生论》(*Sanitary Engineering to Cure the Poor*)。在这本书里，他才强调环境卫生对健康的重要意义，并着重提到国家和社会的责任。傅兰雅的作品无疑是中国人了解公共卫生最早的窗口。

在"卫生"东传的历史上，不得不提到一位日本人的贡献。1872 年，日本医官长与专斋（1838—1902）跟随日本的外交访问团游历欧洲和美国。他目睹欧美各国的公共卫生体系，其中尤其对德国的国家卫生管理体系印象深刻，这也正是追求现代化的日本所需要的。回国后，他计划推动日本明治政府建立一个类似的官方机构。为了兜售他的观点，他首先得为这种西方的事物想一个日文名称。他在欧洲学习到包括 sanitary、hygiene 在内的词汇，另外还有德文的 Gesundheitspflege。我们都知道，现在日文喜欢用音译来翻译外来词，但在那个时代并不是这样。当时日本的知识分子倾向于用一些典雅的词汇来翻译西方的外来事物，很多我们现代熟悉的学科名称其实最早都来源于日本人的翻译，比如科学、经济学、社会学等。长与专斋也不例外，他想要一个更加本土化的词汇。但在日文中他找不到一个现成的词汇来表达这种国家主导的卫生体系。最后他就想到《庄子》里"卫生"这个词，日文的读音就是 eisei。1887 年，清朝外交官傅云龙（1840—1901）访问日本，还去了卫生局考察，当时长与专斋还曾向他请教卫生这个翻译是否得当。就这样，"卫生"这个新词汇和新事物逐渐在明治时期的日本扎下根来。中国开始接受这种翻译的，一个重要的节点就是1894年的甲午战争。我们都知道，清朝在这场战争中惨败，这让很多中国有识之士开始重新审视这个东方邻居，也有很多留学生前往日本学习现代科学技术。就是在这种背景下，"卫生"开始被中国人广泛接受，在中国面临亡国灭种的危机时，这种外来的"卫生"也被赋予强国保种的重大意义。根据余新忠教授的研究，光绪三十一年（1905）清政府设立"卫生科"，这可以看作现代"卫生"进入中国国家体系的标志，并进一步促进这个新概念在普通人之间的普及。

当然，接受概念并不等于改变行为。当时的中国人是怎么认识到"卫生"的重要性的呢？简单地说，是因为西方人觉得中国人"不卫生"。在晚清，随着通商口岸的开放，很多欧洲人开始到中国经商、游历甚至定居，他们中很多人对当时中国的印象就是"脏乱差"。比如英国人麦高温（John MacGowan，1835—1922）、美国人卫三畏（S. W. Williams，1812—1884），他们都是当时著名的传教士。在他们看来，中国人的生活环境都处在一种"脏乱差"的状态，随处可见成堆的垃圾、粪便、污泥。一些日本的使团到达上海后，也说上海的道路又脏又臭，饮用水也不干净。当然，这一方面是事实，传统时期中国城市的卫生环境总是要比乡村差一些，由于人口较多，生活垃圾和污水的处理总有一些问题，加上中国城市往往使用明渠排水，居民倾倒垃圾会导致沟渠淤塞，因此会产生难闻的气味。另一方面，这种看法也是出于西方人的文化优越感，毕竟同一时期的伦敦可是面临着比中国城市更为严峻的环境卫生问题，我们刚刚就讲到 1858 年伦敦的"大恶臭"事件，而 19 世纪其他欧美的大城市，比如巴黎和纽约，也面临着人口暴涨，生活垃圾和污水处理成了一大难题。1880 年，巴黎同样也发生类似伦敦的"大恶臭"事件。我们应该认识到，那时中国城市环境问题与西方工业化城市的环境污染是无法同日而语的。随着晚清中国被卷入西方的贸易和殖民体系中，一些传染病也随之而来。1862 年，上海第一次暴发大规模的霍乱，瘟疫的暴发也让当时西方人将瘟疫流行与中国城市的"脏乱差"联系起来。为了自己能够更好地生活，西方人在租借地区开始建立公共卫生机构，改善生活环境。最初中国人对这些新措施是不太配合的，它干扰普通人的日常生活。不过，毕竟那个年代的中国国力不济，在列强的炮舰下经历多次失败，这也让知识分子的心态开始发生变化，"清洁"与"卫生"成了西方文明世界的象征。为了"强国保种"，中国本身不良的卫生习惯就成了需要改革的对象，它不仅关乎尊严，还关于民族存亡，加上当时中国也暴发多次霍乱、鼠疫，学习西方的卫生制度势在必行。

4. 古代的"卫生"与"不卫生"

近代卫生观念兴起后，西方人还有一个比较流行的偏见。他们认为古人是不卫生的，尤其是"黑暗"的中世纪，城市和个人卫生都很差。人们认为中世纪城市的普通家庭没有厕所，街道上充满垃圾和粪便，空气中弥漫着令人作呕的臭味。贵族们都很少洗澡，身上长满虱子，穷人就更别提了。当然，这些描述在一定程度上是事实，但毫无疑问是被夸大的。那么，这种夸大和偏见是如何产生的呢？

首先，和古希腊、罗马相比，学者发现，那时在城市中有成熟的供水体系和下水管道，而中世纪的城市在这方面似乎相形见绌。其次，古罗马人很喜欢洗澡，罗马时代也建有很多公共浴场，而中世纪这种做法逐渐式微。因此，19世纪的欧洲人觉得中世纪的人都很少洗澡，不爱干净。

不过，如今的研究对这些观点都进行了驳斥。古希腊、罗马的供水、排水体系固然令人赞叹，但也不能过分神化。中世纪欧洲的主要城市同样有着大型的水利设施，这也是人口众多的大城市不可或缺的。中世纪的欧洲人固然不能像现在这样方便洗澡，但个人的日常清洁仍然是很普遍的。这种古人不洗澡的印象实际上来自16、17世纪，那时候的欧洲人确实很少洗热水澡。在黑死病之后，欧洲人认为洗热水澡会让人的毛孔张开，这样瘴气更加容易进入人的体内。出于对疾病的恐惧，那时的人们开始用香水、香料代替热水来清洁身体，并频繁地更换衬衣。所以，人们不是不注意清洁，而是清洁的方式和如今不一样。

除此之外，我们还要重新反思一下对"干净"这个概念的理解，以现代卫生的标准，干净指的是没有秽物，没有细菌；而在中世纪，"干净"却是个宗教和道德的概念，一个人干净与否最重要的是他的精神，而非身体。我们现在看古代的公共浴场，想到的大概是多洗澡就能保持卫生和清洁，但在古代的人们看来，却是道德败坏、有伤风化的风月场所。

同样关于"卫生"，对古代的浪漫化甚至过度拔高也是不可取的。最近在新冠疫情期间，大家可能会在网络上看到很多类似的文章，讲古人的"抗疫"方式，还有古代的"公共卫生"手段。但把这些历史记载单独提取出来，就有些断章取义了，我们必须把它们放到历史情景中去理解。比如，中国端午节的插艾草和喝雄黄酒就是为了预防疾病，但这是建立在古人对疾病的认知之上。古人认为疾病是邪气或者鬼怪导致的，因此预防疾病的重点就在去驱邪，这和现代的公共卫生有着不一样的思想基础。在古代城市发展中，也有着清洁街道、处理生活垃圾和污水的措施，这些在古人看来并不是为了预防疾病。古代很多所谓的"卫生"措施，确实会有一定的客观效果，但总体而言比较零散且不持续。如果据此认为古代就有"公共卫生体系"，那确实有点儿言过其实。

（刘小朦）

二　从印度尼西亚的火山到《弗兰肯斯坦》

1. 玛丽·雪莱的小说《弗兰肯斯坦》

我曾经在"一千零一夜"这个读书节目中，介绍过一本非常经典的科幻小说，也可以说是一本非常经典的恐怖小说，那就是《弗兰肯斯坦》（*Frankenstein*），或者它更通行的名字——《科学怪人》。我在那一集节目里介绍了它的作者，大作家玛丽·雪莱（Mary Shelley，1797—1851）。她当初写这本书的缘起，那段故事其实在文学史上已经是个有名的典故了。

1816 年 5 月，玛丽·雪莱跟她的老公，大诗人珀西·雪莱，以及另一位大名鼎鼎的英国诗人拜伦（G. G. Byron，1788—1824）和他们的医生约翰·波里道利（John W. Polidori，1795—1821），一起来到瑞士日内瓦湖畔的科洛尼村（Cologny），租了一栋小别墅要在那里度假。这可是当年英国人很时尚的一种休闲方式，有机会就到欧洲，特别是到瑞士的山区里度假休息。

那个时候正好是夏天，日内瓦湖畔理应阳光灿烂，很适合游泳、钓鱼和散步。但是这一年的夏天非常奇怪，连续那么多天都是阴雨连绵，好像不怎么能够看见太阳。这几个文人作家就有点无聊了。于是他们晚上躲在小别墅里，就开始玩起轮流讲鬼故事的游戏，看看谁的鬼故事说得更好更精彩。

这么一说下来不得了，就产生了《弗兰肯斯坦》这部杰作。没错，玛丽·雪莱第一次有了《科学怪人》这个故事的念头，就是在那样一个非常异常的瑞士夏天。而在那一场聚会里，同时还诞生了另一本恐怖小说的经典之作，那就是约翰·威廉·波里道利这位医生写的短篇小说《吸血鬼》（The Vampyre），他是历史上一切吸血鬼小说的开创者。然后他把他当时讲的那些故事经过一段时间的修改，在 1819 年成功出版了历史上第一部现代吸血鬼故事，书的名字就叫《吸血鬼》。

同样是 1816 年，在欧亚大陆的另一端，也有一位诗人因为当时的天气反常所造成的现象写下一首诗。我要说的就是我们中国清朝嘉庆年间的诗人，当时在云南居住的刘大绅（1747—1828），他有这么一首诗，叫《和占亭苦饥吟》。诗里头是这么写的："儿饥知有母，母饥知有水，负儿如负石，一夕沉沉向湖底。"

这首诗他要写出来的那个感觉，跟我刚才说的《弗兰肯斯坦》和《吸血鬼》就截然不同了。它不是一个出于幻想的作品，而是一首相当写实的诗作，他写的是真实情况，是那时候他在昆明目睹的饥荒灾情。你想想看，小小孩儿他肚子饿了要找妈妈，而妈妈肚子饿了又怎么办呢？她只知道有湖水，就背起这个孩子像背一块石头一样，跳入湖水之中轻生自杀。

2. 清代中期的异常气候与云南大饥荒

怎么会走到这样的一个绝境呢？这就要说到嘉庆二十至二十二年（1815—1817）的云南大饥荒。云南大饥荒在清朝历史上也是一次非常重要的天灾。按照有记录的行政区域的档案显示，当时云南各行政区，包括钦州和县受灾的总数达到二十九个，那个灾情能够惨重到什么程度呢？有许多人就在路上饿死，有很多人就只能够吃草根泥土来充饥，最后活活撑死，也有很多人就逃到外省别的地方去避荒。据说这样子的严重饥荒，在和平时期的云南历史上从来没有先例。

为什么那几年云南会发生这么严重的饥荒呢？说起来也真巧，也是因为天气反常，玛丽·雪莱他们在瑞士见到一个反常的夏天，其实在云南当时这些灾民之所以挨饿，也是因为遇到反常的气候。

那几年云南出现夏天下大雪、六月飞霜、非常低温的罕见情景，而这种夏秋的低温就会造成水稻的大面积失收。云南的主要粮食在那个年代就已经是水稻，而我们知道水稻的成熟需要温暖的天气。如果你在夏天遇到寒冷的气温，水稻又怎么能不死呢？在云南山区，他们种的则是荞麦，而荞麦也是很容易受到低温的伤害。在这样的情况下，云南自然就出现大规模的饥荒。

刘大绅的弟子李于阳（1784—1826）是一位非常著名的白族诗人，当时也写了一首诗，叫作《米贵行》。这首诗是这么写的："瑟瑟酸风冷逼体，携筐入市籴升米。升米价增三十钱，今日迥非昨日比。去岁八月看年丰，忽然天气寒如冬。多稼连云尽枯槁，家家蹙额忧飧饔。"

李于阳当然还有另外一首更加有名的诗，叫作《卖儿叹》："三百钱买一升粟，一升粟饱三日腹。穷民赤手钱何来，携男提女街头卖。明知卖儿难救饥，忍被鬼伯同时录。得钱聊缓须臾饿，到口饔飧即儿肉。"

这是一首写得非常惨痛的诗，说明当时有很多人卖孩子，也有很多人自杀，甚至有很多人就把孩子丢弃在路边，这是那个时候云南灾情下很常见的一个境况。发生在云南的这样一种异常天气，与刚才我一开头所说的在瑞士的一群著名浪漫主义作家遇到的异常气候情况，它们之间有关系吗？

3. 印度尼西亚松巴哇岛的火山爆发

看起来是分隔在大陆两端的个别现象，但其实它们都跟一个非常重要的事件相关，这个事件则发生在离中国也好离瑞士也好都很遥远的地方，那就是印度尼西亚的松巴哇岛（Sumbawa）。

当时印度尼西亚属于荷兰殖民地，被荷兰东印度公司管辖。在松巴哇岛上面，1815 年 4 月 5 日到 12 日之间，一次人类有史以来最强烈的火山爆发发生了，那就是著名的坦博拉火山（Tambora）爆发。坦博拉火山在爆发的时候，据说当时离松巴哇岛一千二百多千米之外的雅加达，也就是当时的巴达维亚，都能够清晰地听见它的爆炸声。

短短几天之内，它爆发出来的火山灰烟柱，就已经遮盖住整个东南亚海域的上空。据后来的学者推算，坦博拉火山喷出的烟柱当时预计高达三万米，总共喷发出一千亿立方米的物质，这些物质主要就是火山灰。而这些物质直接抵达离地表四十四千米高处的高平流层。这高平流层，其实我们今天很多人都不陌生，因为高平流层的上半部就是今天关心全球气候问题的人都晓得的臭氧层。

这个高平流层或者平流层，听它的名字大概就知道，在这一个层面里的大气层，它的所有的大气是以水平方向流动的，而不是上下流动。所以当坦博拉火山的火山灰直接灌入到平流层之后，就开始沿着赤道缓缓地由东往西移动。它这一移动不得了，造成巨大的云层蔓延到整个地球，遮蔽地表上面的阳光照射，造成全球达三年之久的气候寒冷。

也就是说，我们今天开头所说的玛丽·雪莱所看到的那一个不寻常的瑞士夏天，以及那两三年云南所遭到的自然灾害，都可能跟坦博拉火山的爆发有关系。

关于坦博拉火山的爆发，以及当时全世界各地所能够观察到的异常气候现象，最近二十多年有许多学者去研究。很多人从世界上各个角落找到大量的材料，去重新发掘以前被人忘记的历史事实，又或者去重新解释一些以前我们没有办法找到确切答案的事件。例如，那两三年云南的饥荒事件。

我们要知道在1815年之后的那一年，整个平流层上面的这些火山喷发出来的物质，已经缓缓移动到整个美洲大陆的上方。于是那一年的美国、加拿大等地也出现一个极端寒冷的现象，整年好像都见不到夏天。于是就从美国新英格兰地区流行起一个讲法，叫作无夏之年，也就是 1816 年是一个没有夏天的年份。

由于这是一场全球的自然灾害，影响到世界各地要依赖农作物为生的老百姓，所以我们现在都没有办法估算，到底这一场火山爆发，它的受灾人数有多少。我们只知道当时离它最近的印度尼西亚附近几个岛屿上面，就有十万以上的人口丧生。至于到了欧洲，到了美洲，到了印度，到了中国，这几个不同的地方，受损的人命跟财物就更难以估计。

这一次火山爆发固然带来 19 世纪整个地球上最严重的饥荒，但同时它也可能意外地催生出一些延续现象。

例如，当时德国大发明家卡尔·德莱斯（Karl Drais，1785—1851）就是在那个时期发现，由于农作物的失收使得很多家畜死亡，就连平常大家用来当作交通工具的马也都死了不少，所以他就开始想办法寻找马以外的交通方式，于是他就发明了双轮跑动机，然后又在 1818 年拿到专利权。什么叫双轮跑动机呢？简单地讲，那就是自行车。

所以你也可以说，自行车这件事物要是没有这一次火山爆发，也许就不会在那一年那么快地发明出来。

4. 它与鸦片生产有关？

这场火山爆发带来的灾害还引出一些其他令人意外的后果，那就是云南的鸦片种植。我们过去读中国历史，都知道鸦片对我们中国人的毒害。在我们一般人的印象中，鸦片好像多数都是从外国特别是英国进口的，因此就有了后来的鸦片战争以及种种近代的历史耻辱。

可是你知道吗？鸦片在19世纪的时候就已经开始在中国内地种植，而且后来到了20世纪初的时候，几乎是全国各省都有人在种鸦片，而当时国内鸦片产量甚至达到一个基本上能够满足自己国民需求的地步，成为进口鸦片最大的竞争对手。

这一切又是怎么开始的呢？根据近代学者的考察，很可能是在19世纪20年代左右，就已经有人开始在云南试种鸦片。

为什么云南会成为中国最早有人种植鸦片的地方呢？有一些学者就认为这也跟坦博拉火山爆发所带来的云南饥荒有关。

嘉庆年间的云南大灾令很多农民发现，也许种稻并不是最能够维持生活的种植手段。平常他们种植稻米，如果在收成还不错的时候，也许可以把多余的收成拿去市场上交易，换回来一些钱，交税之余还能够在自己口袋里留下一些，但是这到底能有多少呢？那还不如种鸦片。倒不一定是要用鸦片完全替代稻米，而是可以同时种植。

鸦片这种东西是冬天种下三个月就可以有收成，所以鸦片大可以作为他们在种水稻之余的一种补充作物。但是到了20世纪初的时候，云南就已经有三分之一的耕地都成了种鸦片的罂粟田。

那个时候鸦片在中国内地的通行方式还非常奇特，云南的鸦片并不是直接进入中国其他地区，而是要绕个圈。很多时候是沿着红河先运到越南，再从越南经过海路迂回进入广东，从广东销往全国各省。

道光皇帝那时候当然也注意到云南开始有很多农民种鸦片，

一开始很多官员还收到命令，要去严禁各种鸦片种植。可是后来各个地方的官员发现，鸦片这种东西你与其彻底禁止它，还不如默许它，甚至是鼓励它生产。为什么呢？我们知道清政府苦于进口鸦片，主要还不是因为它毒害我们国民的身心，而是因为它使得我们大量的白银外流。假如我们国内也能够有相当质量的鸦片生产，岂不是能够阻止白银的进一步外流？

5. 火山、季风、霍乱：雪莱家友人说的故事

当然说到鸦片，我们都晓得进口的鸦片主要还是来自英国在南亚大陆上的殖民地。那么说到印度，在坦博拉火山爆发之后，它又受到什么影响呢？在这里我又要引回玛丽·雪莱这一家人。玛丽·雪莱的丈夫珀西·雪莱有一个很要好的朋友，其实是他的表哥托马斯·梅德文（Thomas Medwin，1788—1869），后来托马斯·梅德文还替珀西·雪莱写了非常有名的传记《珀西·雪莱传》（*The Life of Percy Bysshe Shelley*）。

话说托马斯·梅德文在坦博拉火山爆发的时期，正好在印度担任殖民地军队的军官。他回到伦敦之后，跟他的表弟珀西·雪莱回忆起那几年他的见闻，他提到这么一件事。他说，有一趟长征是我永远无法忘怀的，当时我正好在队伍的后方，直到半夜我们都还没有到达我们行进的终点，但这一路上我就看到我们至少留下八百人。他们或者已经死了，或者正在死去，就那么倒在路边，如此恐怖的景象是我永远都不会忘记的。在那一次旅途当中，我们几乎丧失整个部队。

1817 年，那个时候英国驻印度的总督是弗朗西斯·黑斯廷

斯（Francis Hastings，1813—1823 年在任）。他发起战争，带领英国殖民地和东印度公司的军队打了第三次英国—马拉塔帝国（Maratha Empire）战争（1817—1819）。通过这场决定性的战争，英国彻底压服马拉塔帝国的残余势力，从此稳稳地控制住整个南亚次大陆。但是没想到战争刚刚打完，跟各个土邦签下合约没多久，他们就遇到忽然而至的一场瘟疫，这场瘟疫使得他们在 1819 年 11 月 15 日到 20 日之间，就死了五千多人。再后来，瘟疫甚至能够让整个东印度公司的这一支部队完全覆灭。

这是场什么瘟疫呢？那就是霍乱。这就是 1817 到 1824 年的第一次霍乱大流行。刘小朦老师之前不是已经给我们介绍过，19 世纪初开始的霍乱流行改变了全球公共卫生体系甚至我们中国人的饮食方式吗？ 19 世纪初的第一场霍乱就是从印度开始流行的，当时最先对这场霍乱流行作了详尽记录的就是英国东印度公司，他们也是首当其冲。

为什么在 1817—1824 年之间，印度会发生这样一场霍乱呢？我们要知道，霍乱在孟加拉湾低地其实是一种风土病，每年会季节性出现一轮，但是从来没有造成大规模的流行，不像这一次最后蔓延到全球。为什么在 1817 年开始，霍乱能够顺利地摆脱孟加拉湾的地理限制，随着英国人以及印度教徒的朝圣路线散布到欧亚大陆，甚至是世界各地呢？主要的理由，其实也是跟我们刚刚所说的印度尼西亚的坦博拉火山爆发相关。刚才我们说到坦博拉火山爆发，使得全世界起码有两三年见不到夏天。这场火山爆发的确使得北半球许多地方陷入一个比较低温的状态，但是它在南亚次大陆所造成的影响却跟别的地方不太一样。

首先，我们知道南亚次大陆上有一个非常重要的气候现象，那就是周期性季风。印度洋季风的主要动力之一就是海陆温差，但是坦博拉火山爆发所产生的火山灰以及其他的物质到达孟加拉湾上空之后，它当然在短期内也使得这片地方降温了。但是，慢慢地它就破坏这个地方原有的热循环，破坏这个地方原有的海洋水蒸气的蒸发，使得这片地方的海陆温差不如往常明显，因此季风也就失去动力。可是，当季风不再发生作用，或者按照当地人当时的讲法，他们把那几年叫作没有季风的年代、没有季风的年头，也就没有季节性暴雨，因此也就少了雨季。如果没有雨季，那问题就来了，当地人平常饮用的水源不是河水，因为他们觉得河水已经被污染，靠的是什么呢？是井水以及由暴雨所形成的一些池塘里的水。由于没有雨水的补充，所以这些水井跟那些由雨水灌成的水池自然也就变得很干旱，甚至剩下的水也都变臭了。这已经是霍乱能够暴发的一个天然温床。

但是，在 1817 年之后，却又出现一个早到的雨季，这个气候的异常造成雨季比往年来得更早，早到的雨季又使得污水开始漫流出去，终于使得孟加拉湾原来的风土病霍乱变成一场比较大型的瘟疫传染病。

说到这里，你大概开始感觉到，原来传染病的流行、瘟疫的暴发也跟环境的变化有关系。没错，这是过去二十多年来，世界各地各种学科的学者越来越关注的现象。其中一个原因就是最近几年我们大家都非常关心全球气候暖化的问题。在这样的背景下，很多学者指出，随着全球气候的变迁，我们人类有可能会面对越来越多以前不曾遇到的传染病，或者是以前一些我们以为被人类克服的传染病又能够卷土重来了。

既然未来我们可能会面对这样的情况，历史上人类有没有经历过环境变迁造成的传染病流行呢？学者们就开始回头挖掘，这下子就找出各种各样的资料，我们用现代的眼光去重新说明，就能够发现一些新的联系，得到一些新的观点。例如，我们之前说到的黑死病，它的暴发和蔓延，原来也很可能跟气候的变迁相关。所以我们这一季的节目，虽然把环境史以及疾病史分成两个部分来谈，但事实上它们却是息息相关。放在今天，新冠肺炎仍然威胁着我们的时候，听这样的节目，想到这样的联系对我们是不是也有一些启示呢？

事实上，有一位非常著名的英国史学家，这几年随着一部《丝绸之路：一部全新的世界史》(*The Silk Roads: A New History of the World*) 也被国内读者所熟知，他的名字叫彼得·弗兰科潘 (Peter Frankopan)。他在 2019 年年底的时候就开始发表文章，最近这一两年还频频出现在各大媒体上。他就一再地重申，我们现在面对的新冠肺炎可能只是一个更大规模传染病的预演。如果我们觉得新冠肺炎已经严重地影响到世界的正常秩序，那么我们最好做好准备，迎接更大的变局。他为什么敢断定未来我们还会遇到更多的传染病呢？他的一个依据就是，我们现在环境气候的极端变化。当然这个讲法是不是有道理，有没有充分的根据呢？我们大家都还可以继续探讨，包括别的学者提出的各种论据和研究。

但是，现在我们至少要了解到人类的渺小。在人类历史上，很可能我们作为舞台背景的自然环境，以及舞台上最小的演员——这些病菌，它们对我们历史所造成的影响，要比我们人类自己的所作所为还要大。

（梁文道）

推荐书目

贾雷德·戴蒙德，《枪炮、病菌与钢铁：人类社会的命运》，谢延光译，上海译文出版社，
　　2014。

玛丽·道布森，《疾病图文史：影响世界历史的 7000 年》，苏静静译，金城出版社，
　　2016。

肯尼斯·基普尔，《剑桥世界人类疾病史》，张大庆译，上海科技教育出版社，2007。

艾尔弗雷德·克罗斯比，《哥伦布大交换：1492 年以后的生物影响和文化冲击》，郑明
　　萱译，中信出版社，2018。

梁其姿，《麻风：一种疾病的医疗社会史》，商务印书馆，2013。

马立博，《中国环境史：从史前到现在》，关永强等译，中国人民大学出版社，2015。

威廉·麦克尼尔，《瘟疫与人》，余新忠等译，中信出版社，2018。

梅雪芹，《环境史研究叙论》，中国环境科学出版社，2011。

弗兰克·斯诺登，《流行病与社会：从黑死病开始的瘟疫史》，季珊珊等译，中央编译
　　出版社，2022。

唐纳德·休斯，《什么是环境史》，梅雪芹译，光启书局，2022。

伊懋可，《大象的退却：一部中国环境史》，梅雪芹等译，江苏人民出版社，2014。

余新忠等，《医疗·社会与文化读本》，北京大学出版社，2013。

第六季

大航海之后：交错的全球史

导　言

在"从中国出发的全球史"第六季也就是最后一季里，我们就要开始叙述和今天生活的世界息息相关的近代全球历史进程了。应该说，从 15 世纪葡萄牙人、西班牙人开始的"大航海"起，原本在云遮雾罩下朦朦胧胧的世界，就好像被一阵风雨把云雾吹散，无论是轮廓还是细部都逐渐地清晰起来。这真是个惊天动地的大变化时代！我们可以想象大航海带来的震动。本来，明代中后期的中国人，乍一听欧洲人说原来有个"包含五大洲的世界"，"闻而大笑者十九，骇者十三，疑者十一，信之者百无一焉"。可是，当徐光启、李之藻（1565—1630）、杨廷筠（1557—1627）、瞿式耜（1593—？）这些比较开明、愿意学新知识的人，睁开眼睛看到利玛窦的《坤舆万国全图》，第一次知道全世界有五大洲，而中国只是一大洲之一隅，顿时对自己的渺小痛心疾首。

在这个新的世界地图上，人们渐渐看到在陆地上，有好多把欧洲和亚洲连在一起的道路，经过这些道路，满载丝绸、瓷器、香料等各种物质的车马驼队络绎不绝；也看到在海洋上，有横穿大洋连贯欧亚美非和大洋洲的航线，在太平洋、大西洋和印度洋上，有很多穿梭往来的远航船只。如果描绘这些陆地和海洋的世界地图能够活起来，可以看到车辆、人流和船只在这些连续不断的陆上道路和海上航线上活动。我们一下子就会发现，这些密密麻麻的线条，渐渐填满整个世界，终于让全球一道携手进入一个整体历史。

可能有人不同意。日本学者本田实信（1923—1999）、冈田英弘（1931—2017）、杉山正明他们就说，横跨欧亚大陆的蒙古时代已经是世界史的开端。的确，蒙古时代确实把欧亚连成一片，四个金帐汗国合起来几乎就是大半个世界。不过，通过驿站连接起来的蒙古帝国再大，毕竟只是欧亚大陆，还不能算是"全球"。蒙古人的铁蹄，毕竟不像海船能够横渡海洋，把美洲和非洲也囊括进世界历史。更何况1405年帖木儿去世之后，世界好像又"东是东、西是西"了。也可能有人还是不同意。有的中国学者会说，郑和下西洋就到了印度洋、到了非洲，这不也是世界史的开端吗？是的，他们是通过海洋乘船去的。可是千万记住，就像明朝人自己说的，郑和下西洋只是为了宣扬天朝威严，"使中国常尊，外夷永顺，固使者之职也"（严从简《殊域周咨录·题词》），所以有人认为，并没有在实质上促进全球文化的交融、知识的传播、商品的流动和人口的移动。

所以，尽管"大航海时代是全球化的开端"这个说法有点老旧，这个观念也有点儿保守，但我们还是不得不承认：15世纪，从葡萄牙、西班牙的一系列海上探险开始，真正意义上的、完整意义上的全球史开始出现。这些海上探险混合着各种各样的目的，比如绕过穆斯林的阻隔、通往亚洲市场、发现与掠夺新资源和新土地、传播基督教信仰等。这些不同动机的探险，确实可以叫作"地理大发现"，因为它把全球五大洲连在一起了。你说它是殖民主义掠夺也好，你说它展现了欧洲人的贪婪欲望也好，你说它表现了弱肉强食的丛林规则也好，它确实把此前已经存在，但只是自发的、断断续续的、点点滴滴的、不成规模的世界贸易和交换变成自觉的或被动的、实实在在的、大规模的贸易、交换和分配。于是，世界一体化、全球化之路从这时开始，近代欧洲霸权也从这里开始，原本是近代欧洲才萌发的地方性文明规则和价值观念也从这里开始，成为全球的、普遍的和强势的文明规则与价值观念。

从此，全球的历史变得越发交错、缠绕而不可分割。

1. 全球化引起文明冲突？

迪亚士（Bartolomeu Dias，1451—1500）、达·伽马、哥伦布、麦哲伦他们，怎样从地中海到大西洋，绕过好望角、发现新大陆、实现环球航行？大航海时代的意义究竟是什么？这些话题留在后面仔细讲。大航海之后，殖民与贸易给欧洲带来巨大财富，引起全球政治、经济和军事格局的重大变化。接踵而来影响世界的几件大事，是文艺复兴、宗教改革、工业革命，使得欧洲建立霸权。这些内容，当然是全球时代历史的重要内容，也请大家且听下面各讲分解。我在这个导言中，想和大家谈谈新帝国与旧帝国的角逐、全球政治地图的变化，以及当世界真正进入全球史时代时有关文明与文化的一些话题。

有一个叫平托（Fernão Mendes Pinto，1509—1583）的葡萄牙人，在1569年写了一本书，在他死后三十年的1614年在欧洲出版。

书里说，他到过中国，和中国打过仗，还当过俘虏被从南京带到北京。他也是欧洲第一个到达世界尽头日本岛的人，1543 年就到了日本，还把火药枪带到日本。他的记载可能有点儿吹牛，有人认为他不那么可靠。因为前一年，也就是 1542 年，葡萄牙商人安东尼奥·达·摩塔（António da Mota）和弗朗西斯·泽摩托（Francisco Zeimoto）就到过日本，这是有案可稽的。

我们先不管它的真伪。总之，从 16 世纪中叶起，欧洲人通过印度洋或太平洋来到亚洲东部，不光把美洲的白银、玉米、辣椒、红薯以及烟草源源不断地送到东亚，换回大量的瓷器、茶叶和丝绸；而且他们也陆续占领印度、东南亚的各个港口，使得各种物产和香料在世界范围内转运。欧洲人改进的精良的大炮、枪支，也在这时开始向东流传。更重要的是宗教、思想与文化，这个时代一些志在传播宗教与文化的欧洲人，陆陆续续到达日本和中国。16 世纪，据说是在平托的介绍下，一个叫沙勿略的西班牙传教士，先是到了印度的果阿，接着到了日本的鹿儿岛，然后到了中国的上川岛。从这时开始，欧洲人陆陆续续来到东方，开始把欧洲、美洲和亚洲连在一起，这引起文化的冲突和融合。我曾经在日本的下关，就是李鸿章签订《马关条约》的那个地方，看到沙勿略登陆的纪念碑。据说，在鹿儿岛也有他的纪念碑，日本人倒没有把他当作侵略者或殖民者，而是觉得他是来传播信仰的。尽管后来日本发起的禁教运动，以罕见的残酷手段压制天主教的传播，但是明治维新以后的日本人还是承认，这种东西方文化的交流与碰撞开启了日本文化史上的新篇。

我们知道，世界上各个地区、各个族群、各个国家，在真正全球化之前，都有自己的文化。你相信上帝，我崇拜孔子，他相信真主；你重视家族内外上下秩序，我重视四海之内皆兄弟，他相信每个人都应当独立；你相信山上有诸神，他相信万物皆有灵，我则"敬鬼神而远之"；你奉行政教合一的制度，他流行神权与君权双重统治，我的传统是君主独裁一人说了算。总之，政治、宗教和文化是五花八门，不可能齐刷刷地"一二一"齐步走。可是，15、16 世纪的早期全球化时代到来以后，一切都变了。

我很赞成一个观点，就是德国学者所说的，文化只是习惯和传统，本身没有高低，也不好说谁进步谁落后，但是文明却不同。大航海之后，全球交往越来越密切，不同的人类需要在一道生活，因此又必须建立共同规则和秩序，能塑造人们共同遵守的规则和秩序的就是文明，这文明是大家共享的。古代中国有古代中国的"文明"，古代中国人过去觉得，"三纲六纪"确定社会秩序，按照传统等级、衣冠礼乐建立这个秩序的"揖让礼敬"，就形成和谐社会，这就是应当遵循的普世文明。可是，伊斯兰区域则奉行"真主伟大"，君主之上还有宗教领袖，所有的民众都是真主的信徒，不是真主信徒就不是兄弟；而奉行基督教的区域，则有另外的秩序和伦理，教廷和国王双峰对峙互不相让，宗教信仰和政治认同在互相撕扯。

可是，偏偏世界上任何地方的人都有两个固执的心结。一是觉得我的文化就是最好的，因此我的地方文化应当就是普世文明；二是你的地方文化不符合我这个普世文明，我就要改造你。这就麻烦了，所以当全球各个不同的区域文化面对面的时候，就会引来文化之间的冲突。

这个冲突，简单地说，就是谁的地方文化应当是普世文明？

2. 新旧帝国之间的冲突

在通过贸易进行经济掠夺以及依赖武力进行海外殖民的同时，这种文化上的冲突也渐渐展开，并且激烈起来。

"精于航海之术的中国人开始有意回避海洋时，葡萄牙人和西班牙人却开始他们的远洋探险之旅，而其结果也最终会震惊世人。"澳大利亚历史学家布莱内（Geoffrey Blainey）在《世界简史》里这样说。确实，15、16 世纪，先是大西洋岸边的葡萄牙、西班牙崛起，因为它们曾是海上强国，而且它们面对大西洋和新大陆。不过，到了 17 世纪，运气转到荷兰、法国和英国。法国忙着在加拿大殖民，占据西印度群岛里的马提尼克（Martinique）和瓜德罗普（Guadeloupe），英国则在北美和西印度群岛一线的大西洋沿岸活动，荷兰人也在北美沿岸占据了好大一块地方，丹麦人也占据了维尔京群岛（Virgin Islands）。欧洲国家开始它们在全世界的殖民和掠夺之旅，这当然使得它们快速地膨胀起来。正是在这个时候，宗教改革运动沉重地打击教廷的神权，刺激世俗的政权。一个又一个新帝国开始成为全球历史的主角，一个又一个老帝国则逐渐边缘化，渐渐衰落，全球开始一轮又一轮的帝国竞争。

1592 年，日本丰臣秀吉入侵朝鲜，明朝为了保护自己的朝贡国，出兵朝鲜，在半岛上开始一场激烈的战争，这就是影响东亚秩序的"壬辰战争"（1592—1598）。延续数年的"壬辰战争"之后，朝鲜固然受到严重摧残，日本也损失惨重，不得不鸣金收兵，在德川幕府之后进入锁国时代；而明朝则元气大伤，这导致 17 世纪初的满族后金崛起，明朝在后金攻击下日益溃不成军。最后，在东亚崛起一个新的王朝清朝。比这场战争早几年（1588），英国打败一百三十二艘巨型舰船组成的西班牙"无敌舰队"，取得至关重要的海上霸权，随即英国开始进入亚洲东部。在 16 世纪的最后一年或者是 17 世纪的头一年，也就是 1600 年，英国东印度公司获得特许状，英国渐渐成为世界上最有力量的新帝国。也差不多同时，荷兰商船开始它的东方之旅（1595—1597），在爪哇建立基地，从东方获得大量财富。17 世纪初荷兰人也成立了荷兰东印度公司，并且在直布罗陀海峡歼灭西班牙舰队，这使得荷兰成为世界上崛起的新帝国。稍后几年的 1613 年，即明代万历四十一年，罗曼诺夫家族的米哈伊尔（Mikhail Romanov，1613—1645 年在位）被选为沙皇，俄罗斯开始罗曼诺夫王朝时代。俄罗斯先后打败瑞典和波兰，进入西伯利亚，逐渐强盛起来，后来逐渐在亚洲与清朝和莫卧儿帝国面对面。而 17 世纪 30 年代起，法兰西在陆地上打败神圣罗马皇帝，在海上打败西班牙，甚至在意大利占领都灵（Torino）。路易十四在 1643 年也就是大清进入京师（北京）的前一年即位，之后法国迅速繁荣强盛，使得神圣罗马皇帝的势力退出莱茵河中游；在"三十年战争"结束，标志着现代国际关系准则的《威斯特伐利亚条约》（Peace of Westphalia）签订（1648）之后，法兰西获得梅斯（Metz）、凡尔登（Verdun）、图勒（Toul）和部分阿尔萨斯等大片土地，逐渐成为世界新帝国。在欧洲，除了还在因为宗教改革后教派与选侯之间的矛盾而四分五裂的德意志，17 世纪的这些新帝国，无论是发展出宪政制度的英国与荷兰，还是成长为专制君主国家的法国、西班牙、俄国，它们和东方的奥斯曼、莫卧儿、萨菲、清朝、日本等一道，"你方唱罢我登场"。在对世界的角逐中，有的国家越来越强盛，占据越来越大的地盘，有的越来越衰落，疆域逐渐被侵蚀，还有的甚至被新帝国逐渐殖民，这形成了那个时代的全球历史版图。

"帝国争霸世界的时代开始了。"以后几个世纪的全球史，在某种意义上，就是逐渐崛起的新帝国与日益衰落的旧帝国，它们此消彼长的过程。新旧帝国互相挤压，抢占殖民地，对内发展贸易、经济与文化，对外开发与争夺原料和市场。可是，当海上贸易和帝国崛起，使得几大洲越来越紧密地连在一起的时候，不同文化的冲突也就开始并且越来越尖锐。

3. 17 世纪欧洲殖民者对当地文化的冲击

这种文化冲突，在 17 世纪的东亚就已经初露端倪。

先看日本。我曾经三次到长崎参观大浦天主堂。我特别感慨那个时代日本天主教徒在残酷的迫害之下，那种宗教信仰的坚定。17 世纪 20 年代，曾经让天主教迅速传播的日本开始禁教。幕府将军禁教的手段相当残酷：1622 年长崎的"元和大殉教"中，有二十五名天主教徒被处以火刑，三十人被斩首；所有信仰者都被要求去践踏十字架，表明自己与天主教没有关系；所有天主教堂以及圣像都被毁坏，幕府严禁各种天主教书籍的流传。但即便这样，长崎等地还是有人坚持信仰，他们偷偷地进行礼拜，还用从中国运来的德化白瓷观世音像代替圣母玛利亚来崇拜。而在中国，天主教虽然没有像日本那样遍地流传，但也开始产生影响。我也多次在北京参观过遗留下来的天主教堂，像王府井的东堂（1655）、宣武门的南堂（1605）、西直门的西堂（1723）和西什库的北堂（1703）。原本我以为，清朝鼎盛时期，也就是 17 至 18 世纪的康雍乾时代，天主教的影响不会太大，但实际上并不是这样。有一段时间我翻看朝鲜使者的《燕行录》，很惊讶原来有很多中国人受天主教影响，他们受过洗礼有过教名，甚至在满人贵族中间也有天主教信徒。一直到嘉庆十年（1805）意大利传教士德天赐（Adeodato di Sant'Agostino，1760—1821）私递西文书信和中国地图给中国教徒陈若望，朝廷才开始严厉禁止天主教的活动。天主教的传播，在朝鲜比在中国厉害多了。一个叫周文谟（1752—1801）的中国苏州人，作为传教士居然还进入朝鲜国内，甚至渗透到宫廷里。到了嘉庆六年（1801），朝鲜发生大规模残害天主教徒的"辛酉教难"，很多信仰天主教的人被杀害。至今在梵蒂冈保留下来的一份黄嗣永（1775—1801）帛书，就记载了那一场对天主教教徒屠杀的惨剧全过程。

这种外来文化对本地文化的冲击，不只在东亚，随着欧洲殖民者走向世界，也在世界范围内出现。全球化带来的历史后果之一，就是不同的文化与普遍的文明之间的冲突。前面说过，族群、国家、文化之间的接触，总是伴随着冲突与对抗。古代人甚至现代人，无论是东方人还是西方人，常常不自觉地有"非我族类，其心必异"的偏执，也常常会有"以夏变夷"的理想。人们总觉得，自己的习惯就是普遍文明，自己的地方就是世界中心，自己的文化就是价值优越。大航海时代之后，欧洲人强势崛起，他们在美洲殖民地就强行推行自己的宗教信仰、社会规范和价值观念。他们把这种宗教信仰、社会规范和价值观念的强行推进，叫作以文明改造野蛮。而英国、荷兰、法国等殖民者，把在南亚、东南亚和东亚，比如在印度、印度尼西亚、马来西亚、菲律宾、越南的文化移植，也看成对"未开化"或"半开化"地区的改造，他们说这是让"未开化"或"半开化"的区域和族群进入"文明开化"。

这个从欧洲（也包括后来的北美）新兴起来的今天叫作普世文明的东西，经历文艺复兴、宗教改革、工业革命之后，逐渐确立三大基础：第一，自由贸易和全球市场；第二，以1648年《威斯特伐利亚条约》订立之后的民族国家为基础的国际秩序；第三，启蒙主义影响下的法治原则、代议制政府，以及自由、民主、平等等价值观念。这确实是17世纪以后逐渐形成的"文明"和"秩序"。问题是，其他地区是否接受这三大基础呢？它们是好东西，问题是别人要不要？

大航海之后崛起的西方列强，凭着坚船利炮和商品贸易，给世界其他地方送来这个礼物，但是对其他地方的文化造成剧烈的冲击。这就引起所谓的"礼仪之争"以及后来中国和日本的"中体西用"还是"西体中用"、"和魂洋才"还是"和魂汉才"等话题。

4. 18 世纪：新旧帝国之间的冲突

历史进入关键的18世纪。

18世纪的前一年，也就是1699年，奥斯曼帝国的统治者穆斯塔法二世（Mustafa II，1695—1703年在位）与欧洲各国签订《卡尔洛维茨和约》（Treaty of Karlowitz），这是奥斯曼帝国第一次向欧洲各国让步。那个时候，奥斯曼帝国到处是饥荒、疾病和混乱，而奥地利人、俄罗斯人、波兰人则对奥斯曼帝国虎视眈眈，特别是彼得大帝统治的俄罗斯，占领了亚速，试图把黑海变成内湖。这个时候的奥斯曼帝国已经应对不了这个变化的世界，很多学者指出，这是奥斯曼帝国从盛转衰的转折点，标志着奥斯曼帝国退出欧洲，历史将发生巨大变化，世界将由新崛起的帝国执牛耳。

进入 18 世纪，世界发生剧烈变动，特别是英国工业革命、美国独立战争和法国大革命，改变了大历史方向。尽管这个时候，世界上庞大的传统帝国仍然还在维持着各自的统治，但是全球霸权的新老交替已经渐次出现。从东向西的清帝国、莫卧儿帝国、萨菲帝国、俄罗斯帝国、奥斯曼帝国以及哈布斯堡帝国，它们都支配着广袤的疆土，帝国内部都有不同的文化和族群，帝国依靠强有力的军队和不同的制度进行控制，也都有各自的正统性理念。但正如上面所讲的，奥斯曼帝国在《卡尔洛维茨和约》之后，已经显示出衰落的迹象；萨菲帝国在北方俄罗斯、南方莫卧儿、东方阿富汗的挤压下逐渐衰落到灭亡；莫卧儿帝国也不怎么走运，尽管此前的皇帝奥朗则布（Aurangzeb，1658—1707 年在位）希望通过伊斯兰化控制帝国，但没有什么作用，莫卧儿在 18 世纪不仅四分五裂，还逐渐被英国控制。大概只有东方的清朝，还有一点儿强大兴盛的样子，不仅控制了中原十八省，把蒙古、新疆、西藏纳入国家疆域，并且通过改土归流，把西南地区逐渐整编进全国的政治制度之中。

可是同样在 18 世纪，另一种"民族国家"形式的新帝国出现了，先是法兰西和英格兰，接着是美利坚。这些新帝国和老帝国不同，在国家主权、民族认同和国民身份等方面，都和老帝国不一样。日本羽田正教授用"荷包蛋"和"炒鸡蛋"这样的比喻，分别形容拥有庞大殖民地或附属国的新老帝国。那些老帝国由于帝国中心和边缘并没有非常清晰的边界，帝国内部也没有特别明确的族群统治阶层，就像炒鸡蛋一样，蛋黄和蛋白不加区别地炒在一起。

而那些新帝国本国内部是同一民族和国民，就像荷包蛋的蛋黄，而本国的外部则作为殖民地或者原料基地和商品市场，与本国不同，就像荷包蛋的蛋白。尽管旧帝国和新帝国可能形式不同，但是它们都具有不断扩张的性质。在这漫长的两三个世纪中，新帝国逐渐崛起，在世界范围压倒传统的老帝国，因此它们之间产生激烈的冲突。

5.18 世纪后，世界走向何方？

1793 年，清朝乾隆五十八年，英国使节马戛尔尼到达承德，谒见乾隆皇帝。后来，关于马戛尔尼谒见乾隆皇帝，是单腿跪下还是双膝着地跪下，是马戛尔尼维持了大英帝国的尊严还是英国外交使节屈从了清朝的压力，是西洋人挑战了自高自大的东方大皇帝还是这位十全武功的皇帝傲慢地拒绝了融入世界的机会，记载不一，争论好多。不过从整个全球史上看，我们还是赞成这样的说法，从此东方和西方，"世界最强大的新帝国"和"天下最悠久的老帝国"开始正面碰撞，就像法国学者佩雷菲特（Alain Peyrefitte，1925—1999）那部书的书名一样："停滞的帝国：两个世界的撞击"。这时候，新老帝国开始面对面，而全球的历史也从这里开始揭开新的一页。

18 世纪，说长也长，说短也短。如果说 1699 年《卡尔洛维茨和约》签订后，奥斯曼帝国的衰落开始了 18 世纪，那么整整一百年之后的 1799 年，已经退位的乾隆皇帝和已经卸任的总统华盛顿在这一年先后死去则结束了 18 世纪。也许，大家想象不到他们是同时代的人吧？乾隆的去世，象征着一个传统国家的衰落，而华盛顿的去世则预言着一个现代帝国的兴起，但他们的离去都象征着 18 世纪历史的终结。那么，此后的新世界和旧世界、新帝国和旧帝国、新制度和旧制度、新文化和旧文化，在 19 世纪和 20 世纪将会发生什么变化呢？

让我们一起去看看进入全球化时代后的全球史，会往哪里走吧。

（葛兆光）

大航海时代：全球开始连成一片

第一节　从达·伽马、哥伦布、麦哲伦说起

在印度西南部的沿海地区，有一座城市叫古里，也被称作卡利卡特或者科泽科德（Kozhikode）。如果你看过英国牛津大学博德利图书馆（Bodleian Library）所藏的《塞尔登中国地图》（东西洋航海图），你就知道那是明代中国商人海上贸易到达的最远港口之一。很多中国的商品，比如丝绸、瓷器都运到这里，然后再转到伊朗、中东甚至欧洲。所以，这个叫古里的地方非常有名也非常重要。但是，古里这个地方，东方人和西方人早就来过。这个地方和两位最著名的航海家有着密切的联系，这两位航海家分别来自东西方，相距将近一个世纪，但都曾到过这里，并且都在这里去世。而他们与古里的关系却恰恰相反：受古里欢迎的，是第一位航海家——郑和；不受古里欢迎的，是第二位航海家——达·伽马。两位航海家都看重这里，说明这座港口城市本身就是个很重要的地方。

为什么呢？首先，因为这座城市位于印度西南部的马拉巴尔海岸（Malabar Coast），是有名的胡椒和生姜产地。在中世纪，人们对这两种香料的需求量非常大，而古里就成了香料的重要出口地，甚至被誉为"香料之城"。这在我们节目的第三季里，已经有了详尽介绍。

其次，13世纪的时候，古里就被当作一个自由港进行建设，任何船只都可以来这里停泊、补给和进行贸易活动，尤其是往来的阿拉伯商人都从中受益。这推动了古里的迅速发展，而且它还处于印度洋，仿佛欧亚非世界的中心位置，所以是东西方商人都特别青睐的地方。

1. 郑和舰队和古里的贸易往来

郑和第一次来到古里，是在1405年，也就是中国明朝永乐三年。

大家都知道，三宝太监郑和，出生在昆明一个世代信仰伊斯兰教的家庭，一百年前云南出土他父亲的墓碑，碑文说明他的父亲和祖父可能去麦加朝觐过，所以叫"马哈只"。据说回教徒有资格叫"哈只"（Hajji）的，只有去过麦加朝圣的人。他率领明朝官方的大船，一面宣扬天朝的国威，一面也带来中国的瓷器、丝绸，和当地进行贸易。有意思的是，当时古里的国王虽然是佛教徒，但宰相是穆斯林，可能这也是为了更好地同往来的阿拉伯商人打交道，当然也可以看出穆斯林在古里的较高地位。而郑和的穆斯林身份，也使他很受古里国国王的信任。据说双方签订了贸易合同，约定了商品价格，成为长期贸易合作伙伴。远航的郑和跟他的船队在古里补充了淡水和食物，他觉得这里的地理位置非常重要，可以作为他的船队向西继续往阿拉伯和东非地区前行的基地。他与古里国王建立了很好的关系，古里国王也派遣使者到明朝宫廷通好，献上珍贵的特产。两国的所谓"朝贡关系"由此建立起来。

两年后，郑和再次下西洋来到古里时，还将明成祖朱棣封古里国王的诏书和印章等赐给古里国王，并且还在古里立碑纪念。大意是说，这里接受帝王教化，人民生活都很好，立下石碑作为永远的纪念。这一年，国王又派了使者去中国朝贡，甚至还献上一条镶嵌有珍贵宝石和珍珠的黄金腰带，深得明成祖喜爱。此后，定期朝贡和往来，成为古里和中国关系稳定的象征，明朝在这里宣扬了天朝的伟大，同时两国也建立了商品贸易关系。

郑和同古里的关系非常密切，几乎每次下西洋都要经过这里。他最后一次来到这里是在 1433 年 4 月。此时中国明朝永乐皇帝已经去世，继承他的洪熙皇帝即位不到一年也去世了，这时候在位的是宣德皇帝。已经差不多六十二岁的郑和由于操劳过度，在这个距离其出发地南京非常遥远的地方去世了。

当然，古里距离他的家乡云南，直线距离倒并不太远。

2. 古里和科钦、达·伽马之间的冲突

现在说说另一个与古里有密切关系的航海家，这就是葡萄牙人达·伽马，不过时间是在大半个世纪以后了。达·伽马出身贵族，他跟郑和不一样，他家的传统是航海探险，他爸爸和哥哥都善于航海，这是那个时代面向大西洋的葡萄牙人和西班牙人的特点。1498 年 5 月，达·伽马的船队绕过好望角，来到古里。与郑和不同，达·伽马在跟古里的统治者见面讨论贸易可能性的时候，立

刻就起了冲突。葡萄牙人跟中国人不一样，中国人带来丝绸、瓷器等很能吸引人的珍贵商品，还有朝贡体系下中央王朝的分封诏书，这些都是很值钱的。葡萄牙人却没有带来什么，他们好不容易越过好望角，希望能够大发横财，获得黄金和香料。此外更重要的是，葡萄牙人作为天主教徒，和古里的穆斯林也格格不入。

这是达·伽马和葡萄牙人首次越过好望角、进入印度洋，也是首次来到印度，对他们来说，一切都很新鲜，一切都很令人垂涎。但是，古里的统治者扎莫林（Zamorin，统治者头衔）不给他们机会。扎莫林派出上千人的舰队强迫达·伽马离开，达·伽马没有办法，只好离开这里。不久，他就返程回到里斯本。这次航行，足以让达·伽马在葡萄牙名垂青史，只是他没有搞定印度这座最富裕的城市。

三年之后，1502年达·伽马再次来到印度。只不过这次来的时候他率领二十多艘军舰，准备用武力开疆拓土。相比于几年前，达·伽马到古里时实力大增。他炮轰古里，还俘虏一艘阿拉伯商船，并且残忍地烧死船上的三百名乘客。当然更重要的是，他要建立葡萄牙人对印度西海岸的霸权，而古里就是最大的障碍，不拔掉这个刺头，就不可能巩固葡萄牙在印度洋地区的利益。要知道，欧洲人在大航海时期，最重要的海外探险者就是传教士、商人和殖民者：传教士宣扬信仰也传播新知；商人则进行贸易带回稀缺商品，赚取巨额利润；殖民者则以坚船利炮开疆拓土，建立殖民地。不过，有时候这三种身份互相交错，他们有时候既是传教士，也是商人，同时也是殖民者。达·伽马这时候的身份，就是一个天主教徒兼商人，同时又是殖民者。

这时候，葡萄牙人虽然有二十多艘炮舰，但是要建立殖民根据地，他们需要盟友。刚好，他们在当地找到了盟友。

在古里南边一百八十千米的地方，有一座条件不那么好的城市叫科钦（Cochin），长期以来一直受到古里的压制。古里的位置和环境都比科钦好很多，是印度西海岸上最重要的城市，人口、设施、财力、影响力等都远远超过科钦。科钦想要超越古里是很难的事情，所以当达·伽马选择打击古里的合作伙伴时，科钦毫不犹豫就同意了，双方简直是一拍即合，立刻结成盟友关系。当达·伽马返回葡萄牙时，在科钦留下五艘船和一队士兵。

这伙葡萄牙士兵利用科钦作为基地，不时地劫掠从古里进出的商船，这让古里国王扎莫林大为恼火。扎莫林决定彻底教训一下这群不老实的葡萄牙人，尤其是他们背后的科钦。由于葡萄牙人的船队每年夏天会到红海从事封锁任务，打击进出红海的商船，从而保证香料贸易被垄断在葡萄牙人手里，所以扎莫林决定利用夏季葡萄牙船队出航的机会，出兵教训科钦。

1503 年夏天，扎莫林率领几万人大军入侵科钦，将科钦打得惨败。科钦国王不得不逃亡，直到葡萄牙舰队返程后才敢回科钦。1504 年夏天，扎莫林继续率大军攻打科钦，数百艘船将科钦包围得严严实实，船上还带有许多新式火炮，而科钦一方只有几百名本地士兵、一百多名葡萄牙士兵和两三艘战船。古里希望通过这一次战役彻底将科钦和那些葡萄牙人置于死地。

3. 科钦取代古里的地位

可是，这场看似力量悬殊的战争，却持续了半年。

科钦的地理环境非常复杂，是由众多近海岛屿链组成的。若要进攻这里，需要经过曲折的水路，还有很多狭窄的海峡，有的地方只能容许一艘船通过。葡萄牙人就是利用这个地理条件，巧妙地展开同古里海军的战争。在古里舰队必须经过的一处狭窄的海峡，葡萄牙人大胆地用两三艘小型船只布防，并且设置栅栏和铁链，使得古里舰队无法通过。古里人向葡萄牙人发起几次进攻，但都失败了。这个一夫当关、万夫莫开的海峡对葡萄牙人帮助很大。而且古里的士兵并不太会操作新式火炮，射击也不精准，没法用优势火力来助攻。就在葡萄牙人全力防守这处关口时，后方传来危险求助，原来古里人分兵前去攻打科钦城，并且准备好火炮进行炮轰。葡萄牙人的两艘船只赶紧赶往科钦，这让古里人感到好像有援军出现，没敢轻举妄动，很快就撤退了。然后，这两艘船只又赶回海峡，及时地挡住古里舰队的又一次进攻。后来，当古里舰队试图从北边进攻科钦时，葡萄牙人还是同样死死封锁住一处狭窄的海峡，让古里人无法进入。通过这种方式，葡萄牙人竟然支撑了半年时间，最终等到葡萄牙舰队援军到达，才终于解围。新来的葡萄牙舰队为了报复，炮轰古里城。

就这样，在葡萄牙人的支持下，科钦的地位越来越高，而古里却每况愈下。之后，葡萄牙人同古里又发生了几次战争，基本上控制住这里。科钦被大力建设，享有"阿拉伯海的皇后"称号，从此成为葡萄牙人在印度洋从事贸易和军事活动的重要据点。

1524 年，已经五十五岁的达·伽马被任命为印度总督，时隔二十年再次去往印度。没料到，他到达之后不久就染病，当年年底就在古里去世。十多年后，他的遗骸被迁回葡萄牙，葬在里斯本的热罗尼姆斯修道院（Mosteiro dos Jerónimos）教堂里。达·伽马一生到过印度三次。第一次是在 1498 年，他于 1497 年 2 月从里斯本出发，历经十个月的时间才绕过好望角，进入印度洋。这是欧洲人第一次经过这条全新的航路进入印度洋。第二次是在1502 年，他率领二十多艘炮舰来到古里；而第三次就是这一次，他最终死在他要开拓的殖民地上。

在达·伽马之后，葡萄牙人绕过好望角，沿着东非的海岸一直北上到达印度。对于达·伽马和与他同行的葡萄牙人来说，在印度洋世界所见到的一切都很新奇。他们从未想过，自己能亲自到达传说中的东方，这里有充足的香料、巨额的财富，一切都只是在《马可·波罗游记》中才听说过。

4. 达·伽马与郑和的不同

尽管是在传统时代，世界各地还是自发地形成自成一体的贸易体系，不同地区间的分工非常明确，各地之间通过特产进行商业往来，互通有无。可是，葡萄牙人却空着两手来到这里，根本就难以进入这个圈子。葡萄牙人不仅没有具有比较优势的产品，还空有一腔宗教热情。他们本来是要找一个叫"约翰王"的东方基督教王国的国王，联手攻打穆斯林。但是没想到，印度洋世界占主导地位的商人大都是穆斯林。

譬如，达·伽马的船队到达今天肯尼亚沿海的蒙巴萨（Mombasa）时，就与当地的穆斯林关系迅速恶化，甚至出现武装冲突。同在印度西海岸一样，达·伽马在北边找到蒙巴萨的对手马林迪（Malindi），与之建立同盟，共同对付蒙巴萨。这种伎俩成为葡萄牙人进入印度洋贸易世界的惯常手法，令他们获益匪浅。不过，也正是在这个马林迪，达·伽马遇到一个阿拉伯领航员。在他的带领下，用了一个月的时间达·伽马就顺利抵达印度西南部最重要的港口城市古里。达·伽马的船队与这里的穆斯林势力发生矛盾，这才有了前面所说的那些战争。

使用武力，这是早期欧洲殖民者的做法。达·伽马在印度洋使用的就多是武力，他通过武力强行进入原有的贸易体系，从中获利。但明朝不一样，各国要里子。明朝开国时就列出十五个"不征之国"，希望建立一个以中国为中心的井然有序的世界秩序，能通过外交途径解决的就尽量不使用武力。当然，在必要的时候郑和也使用武力。但是，这些都与维护当时的朝贡体系有关，是基于中国传统的天下观，为了维持等级有序的天下秩序。当然，在下西洋的过程中，郑和船队也带有一些中国特有的商品，也进行贸易活动，甚至还有不计成本的厚往薄来。

所以，郑和并不像葡萄牙人那样有明显的掠夺和殖民的意图，他只是把目标放在宣示天朝声威上，然而，有掠夺和殖民意图的欧洲人，却通过全球的殖民行为和商品贸易，促成了后来的全球化时代。

第二节 哥伦布发现新大陆：那里不是印度，是美洲！

二十几年前，有一本叫《1421：中国发现世界》（*1421: The Year China Discovered the World*）的英文书出版，并很快被译介到国内。这本书的作者叫加文·孟席斯（Gavin Menzies），是一个退役的英国皇家海军军官。他凭借对历史的兴趣，四处收集材料，坚持认为最早发现美洲新大陆的是中国郑和，比哥伦布要早七十多年，正是在明成祖永乐十九年（1421）郑和船队环游了地球一周。

孟席斯利用一些航海古地图和航海专业知识进行一番论证，但是他毕竟是历史外行，最终还是遭到学术界的否定。

这里且不说他的动机，只说他的方法。这个海军军官孟席斯所犯的错误，是专业方面的问题，自有学术界的学者去讨论。但他挑战了一个共识，那就是长期以来人们普遍认为，美洲大陆是欧洲人发现的，1492 年哥伦布发现美洲是全球化的开始，也是新的世界体系的开端。

为什么这么说呢？让我们先来看看哥伦布做了哪些事情。

1. 哥伦布的前两次航行

前面讲到，达·伽马在 1497 年出发前往印度洋，这是来自葡萄牙人对西班牙人的竞争，因为在这之前，西班牙人哥伦布曾经两度前往新发现的美洲。西班牙和葡萄牙这两个国家都在伊比利亚半岛，在航海事业上一直处于你追我赶的竞争状态。

让我们从头说起。1492 年，西班牙终于统一。为了统一的这一年，西班牙经历了六七百年的斗争。6 月份，基督教君主收复异教徒位于西班牙南部的最后一座城市格拉纳达。国家统一后的基督教君主看到邻国葡萄牙早已在大航海事业上遥遥领先，决定也投入大航海。这时，西班牙女王伊莎贝拉找到哥伦布。这个四十一岁的热那亚人已经在西欧各王室游说十年，一直没有遇到愿意相信并资助他向大西洋那边探索的人。哥伦布坚信，一直向西航行，就能够到达中国，因为他深受地圆说影响，而且在年轻时就积累了航海的高超技术。但是，邻国葡萄牙当时的目标是向南沿着西非沿岸航行，然后转头向北向东进入印度洋，因为在三年前迪亚士发现了好望角。哥伦布一直怀才不遇，直到 1492 年，西班牙王室才愿意资助他，往葡萄牙人不愿意去的地方碰碰运气，而哥伦布也坚信自己能够找到东方，找到大量黄金。

1492 年 8 月 3 日，哥伦布带领女王给他的三艘帆船，从西班牙南部的巴罗斯港（Palos）出发，朝向浩渺的大西洋前进。这一走就是两个多月，其间大部分人经历了怀疑、反抗、绝望的心理过程。直到 10 月 12 日的凌晨，这群无助的海上漂泊者终于发现了陆地，他们把这里叫作圣萨尔瓦多，也就是救世主的意思。其实，这里也不是陆地，而是今天的巴哈马群岛。但是，10 月 12 日这一天的意义很重大，美洲十几个国家包括美国对哥伦布都有很深的感情，一直以来都有专门的纪念日。他们把每年 10 月的第二个星期一或者 10 月 12 日，叫作"哥伦布日"（Columbus Day）或"美洲发现日"。这几乎形成了一种集体记忆，代代相传，而西班牙更干脆把这一天定为国庆节。至于哥伦布，他把在这里见到的土著人称作印度人，也就是"印第安人"。

他们又航行了半个月，10 月 28 日到了古巴岛，哥伦布认为这里大概就是日本。接下来，他们又到了海地岛，也就是伊斯帕尼奥拉岛（Hispaniola），当时西班牙人称为"西班牙岛"，哥伦布和他的船员们曾在岛的北岸进行考察。这次航行一直延续到第二年春天来临，1493 年 3 月 15 日，他们返回西班牙。在返回途中，哥伦布途经葡萄牙，拜见了葡萄牙国王若奥二世（João II，1481—1495 年在位），让这位没有慧眼识英才的国王很是后悔。哥伦布还顺便会见了另一个地理发现者迪亚士，这次航行让前者充满了成就感，春风得意。当然，哥伦布并没有带回许诺的黄金，但是这次的发现总是一个好的开端。

不到半年，哥伦布决定第二次航行。1493 年 9 月 25 日，他率领十七艘船只和一千五百人从西班牙南部港口加的斯（Cádiz）出发，计划前去建立殖民地。但是到第二年年初，由于粮食短缺等原因大部分人返回了，只剩下三艘船绕过古巴岛和海地岛，继续向南边的水域探索。这次航行持续的时间更久，他们发现了更多的岛屿，像多米尼加岛（Dominica）、波多黎各岛（Puerto Rico）等，到 1496 年 6 月 11 日才返回西班牙。

可是，直到这时候，哥伦布都没有什么实质性的财富发现，他只找到了一些岛屿，并没有发现他想象中的大量黄金。这样的航行对西班牙王室来说，似乎成了赔本的生意。尤其是在 1497 年，葡萄牙有了关键的进展，达·伽马越过好望角，沿着东非海岸向北航行，进入印度洋贸易圈，标志着葡萄牙朝东方迈进了一大步。

就在达·伽马抵达印度古里之后的第十天，哥伦布开始第三次航行。

2. 哥伦布的后两次航行

1498 年 5 月 30 日，哥伦布率领六艘船和二百名船员从西班牙南部的塞维利亚出发。这次航行，哥伦布决定必须要有所突破，他要证实此前发现的那些岛屿的南边就是中国。哥伦布的船队航行了两个月，8 月 1 日抵达比之前更南边的地方，8 月 5 日抵达委内瑞拉。这是他第一次真正踏上南美洲大陆。考察进行了将近一个月之后，他又回到海地岛。这时候，很多西班牙人到王室那里控诉哥伦布专断独行，哥伦布只得被押送回国。虽然之后又被释放，但是他已经不再是西印度群岛领地的总督。成为他所发现的土地的总督，并且代代相传，这是当初他跟西班牙王室谈好的条件。但那个时候，这位四十九岁的老人（在那个年代，这个岁数已经算老了），已经经历了太多的磨难。

不过，哥伦布依然有雄心。他决定再度起航，这次的计划，是穿过已经发现的岛屿，直到印度，然后再环绕地球一周回到西班牙。1502 年 5 月，第四次航行开始了。可是，这次为期两年多的航行并没有达到预期目标，哥伦布一直航行到中美洲的巴拿马，始终没能找到通向另一边的海峡，于是只好回航。但是因为船只搁浅，他等了一年直到 1504 年 6 月底，才被救援船只送回海地岛。这一年 11 月，哥伦布和他的儿子、弟弟回到西班牙，他的探险生涯也到此画上句号。

一年半以后，哥伦布去世了。一直到死，他都坚信自己到过的地方就是亚洲，他最初发现的地方就是印度，发现的人就是印度人。直到后来，一个叫阿美利加的意大利航海家到过哥伦布发现的地方后，才以自己的名字给这个地方命名为阿美利加，这就是"美洲"的英文名。

3. 新时代的开始？争论与理解

受哥伦布发现美洲影响最深最直接的就是大西洋两岸，而流传至今的世界史大都是这两处地方的历史学家书写的，也就是西欧和北美的历史学家，他们把哥伦布发现新大陆视作新时代的开始。尤其是美国历史学家，将哥伦布发现美洲视作美洲与欧洲联系的源头，也是美国白人身份的来源。有意思的是，2020 年在美国多地出现了损坏哥伦布雕像的现象，这是因为深受种族冲突问题牵绊的少数族裔将哥伦布视作殖民主义的象征。这种来自不同立场的解读，为我们理解哥伦布增加了不少困难。

为什么近年来美国各地非白人群体对哥伦布做出了新解读呢？原因在于哥伦布带来的殖民主义。

哥伦布去世六年后，他的事业被继续推进。西班牙的美洲殖民地总督巴尔博亚（Balboa，1475—1519）率领船只抵达巴拿马地峡，在山顶往西看，还有一片大海，他们把它称作"大南海"。为了进入这片"大南海"，人们继续向南航行，直到阿根廷的拉普拉塔河口。又过了几年，才有一个叫作麦哲伦的人最终实现了绕过南美洲、进入太平洋的梦想。

哥伦布发现美洲之后，西班牙人就开始源源不断地进入这个新世界。这时西班牙有些地区经济并不是很好，许多人希望到新世界去碰一碰运气。尤其是西班牙西部的埃斯特雷马杜拉（Extremadura），这里最穷，早期到美洲去殖民的人大都来自这一地区。其中有两个最有名的人物，一个是科尔特斯（Hernán Cortés，1485—1547），一个是皮萨罗。他们分别征服了美洲土著的两个大帝国：阿兹特克帝国和印加帝国。

科尔特斯是在哥伦布最后返回西班牙的那一年到美洲的，他在海地岛住了下来。他参与征服古巴岛，成为古巴圣地亚哥市市长，但是并不满足于此。他听说中美洲大陆上有一座巨大的城市，拥有无数的财富。于是他在1519年纠集了一支队伍，入侵阿兹特克帝国。这个阿兹特克帝国就在今天的墨西哥，再往前就是玛雅文明。阿兹特克帝国是中美洲的霸主，而科尔特斯手下只有六百人，还有十几门大炮和十几匹战马，就这样在墨西哥东海岸登陆。现在想来，这么少人面对上百万人口的大帝国，岂不是飞蛾扑火？

但是，科尔特斯很聪明，他跟阿兹特克人的对手特拉斯卡拉人（Tlaxcala）结盟，一起对付共同的敌人。阿兹特克帝国皇帝蒙特祖玛二世（Moctezuma II，1502—1520 年在位）发现几次阻截不成功，就决定让西班牙人进入都城，跟他们谈判。但是没想到的是，科尔特斯用非常狡猾的手段，把蒙特祖玛二世囚禁起来，挟天子以令诸侯，进行统治。后来又经过几次战争，科尔特斯最终征服阿兹特克帝国的都城，把这个新征服的殖民地叫作"新西班牙"。在这个过程中，骑兵和大炮发挥很大的作用。科尔特斯本人也很有智谋，而且他跟当地人相处得还很不错，没有滥杀无辜，行为举止还都比较绅士。他也反对当地盛行的人祭，直到他晚年都还忏悔，质疑西班牙人将美洲原住民当成奴隶是否有道义上的合法性。

可是，他的老乡皮萨罗就不一样了。在当时的人看来，皮萨罗就是个无恶不作的恶棍。皮萨罗比科尔特斯年长十岁，但成功要晚得多。科尔特斯出身没落贵族，而皮萨罗出身底层平民，一字不识。他很早就到巴拿马定居，试图碰碰运气。当科尔特斯功成名就，征服了阿兹特克帝国时，年过半百的皮萨罗才受到鼓舞，决定要去南美征服印加帝国。

1526 年，皮萨罗率领着一百多名西班牙人，从巴拿马出发，在厄瓜多尔登陆。他们遭到印加帝国士兵的抵抗，皮萨罗立即派人回巴拿马求援，但遭到拒绝，愿意跟随他继续前进的只有十几人。这次出征无果而终。后来，皮萨罗得到科尔特斯的帮助，受到西班牙国王兼神圣罗马帝国皇帝查理五世的资助。皮萨罗成为西班牙征服秘鲁的代表。1531 年，已经五十六岁的皮萨罗率领一支不到二百人的队伍，再次从巴拿马出发，前去征服六百万人的印加帝国。他的晚辈科尔特斯曾经用六百人征服一千五百万人的阿兹特克帝国，所以皮萨罗还是很有信心的。

1532 年底，他率领军队抵达秘鲁内陆安第斯山脉的卡哈马卡城（Cajamarca）。当时的印加国王阿塔瓦尔帕（Atahualpa，约1502—1533）虽然有好几万人的军队驻扎在这座城市，但是对这些西班牙人没有进行任何抵抗。也许，他觉得对这支不到二百人的队伍没必要太重视，所以皮萨罗一行人简直非常轻易地就到了国王面前。这时候，皮萨罗抓住时机，对不带任何武器的印加人展开袭击。这场战斗只持续了一会儿，皮萨罗大开杀戒，然后俘虏国王，简直跟科尔特斯在墨西哥的做法如出一辙。

国王在印加帝国本是神的代表，应当所向无敌，所以当阿塔瓦尔帕成为皮萨罗的俘虏后，印加帝国差不多就解体了。国王给皮萨罗非常多的金银财宝赎身，但是皮萨罗背信弃义，收了赎金后却照样处死国王。接下来的一年（1533），皮萨罗占领印加帝国的都城库斯科，逐渐征服整个秘鲁。然后，他抛弃库斯科，在沿海地区建立一座新城，作为西班牙殖民地"秘鲁总督区"的首府，这就是秘鲁今天的首都利马。

4. 跨过大西洋，进入印度洋，横越太平洋：文化、殖民、病菌

16 世纪起，大量的西班牙人，还有欧洲其他地方的人都纷纷进入美洲。他们在寻找新的生存机会的同时，也把欧洲的文化、知识和制度带到了美洲。除了上面所说的欧洲人越过大西洋向美洲移民，哥伦布发现新大陆还带来了哪些影响？

首先是物种的流动，譬如我们日常食用的土豆、玉米、西红柿、

花生、南瓜等，都是哥伦布从美洲带到欧洲的，然后又从欧洲传播到亚洲，尤其是在中国西南地区扎根，为养育更多的人口提供了条件。明代中后期中国人口能够猛增，其实可以从美洲作物大量移植上找到原因。明代中后期中国对白银的需求猛增，而欧洲人恰恰在美洲开采银矿，大量白银开始源源不断地进入欧洲，并最终流入亚洲，尤其是中国，成了世界白银的"储水库"。

当然，发现美洲也不全是好事，除了殖民者对原住民实行殖民统治，各种疾病也开始在新旧大陆之间流动，给当地带来了浩劫。比如在著名的《哥伦布大交换》这本书里，作者克罗斯比就讲到随着哥伦布从旧大陆来到新大陆的还有各种微生物，比如天花病毒，大量美洲人因为这种新疾病而死亡。西班牙人以很少的人手就征服了偌大的美洲帝国，一个重要的秘密武器就是带来的病菌。旧大陆经历过黑死病等各种病菌侵袭，对天花的抵抗力已经逐渐增强，但是美洲印第安人土著与旧大陆隔绝千年，当面临旧大陆人们习以为常的病菌时，毫无招架之力。关于病菌在改变全球史中的作用，我们前面第五季当中已经详细讲过。在经历新冠疫情之后，相信人们都对这种跨国的病毒传播带来的危害有亲身感受。

随着哥伦布到达美洲，新旧大陆日益被连成一个整体，全球在政治、经济和文化之间的联系越来越紧密，整个世界的面貌从此也将出现重大的加速度变化。

第三节　梯航九万里

1552 年 4 月中旬，一个从欧洲来的传教士从印度西海岸的果阿出发，乘船前往中国。这艘船上，有一个印度仆人、一个中国仆人和一位西班牙籍传教士，他满怀希望能够将天主教传到这个东方大国。

那个时候，从葡萄牙绕过好望角到印度的果阿，已经是一条固定和成熟的航线，尽管非常艰难遥远。即使有好风，也得花上半年甚至一年时间，但每年还是有至少四五艘船往来欧洲和印度之间，运送欧洲需要的胡椒、肉桂等香料。但是，从印度再往东，绕过印度半岛，经由马六甲海峡，再转向北到达越南、菲律宾、中国和日本，船只就没有那么固定。这艘船在海上行驶了四个多月，终于在8月底抵达中国南方珠江口外面的一座小岛——上川岛。这位受到葡萄牙国王和教廷双重鼓励的西班牙籍传教士没法直接进入中国，因为当时的明朝政府不允许夷人随意进入中国，所以只能等待。但是，他万万没想到的是，他至死都没能进入中国内陆，当年就死在这座岛上。这个传教士就是耶稣会的创始人之一圣方济·沙勿略。现在这个小岛上还有沙勿略的墓地，一座小教堂孤零零地立在海边的峭壁上，正对着中国内陆，就像是一直想进入却没能成功的他自己。

事实上，沙勿略此前就已经来到过亚洲，甚至还到了比上川岛更遥远更靠东北的日本。让我们从头说起。1542年，受葡萄牙国王委派，沙勿略到达葡萄牙控制的印度果阿传教，三年以后到了马六甲，也就是现在马来西亚半岛的南端。他在那儿见到一个日本人，名字叫"弥次郎"。1549年，他和两个耶稣会会士一起，历经艰险到达弥次郎的家乡，日本九州岛的鹿儿岛。现在鹿儿岛上还有沙勿略的纪念碑，前面我们说过，在九州岛下关，就是后来1895年李鸿章签订《马关条约》的那个地方，也有"沙勿略下关登岸碑"。据说，他在日本传教似乎很有成效，没过多久，就有好几百人领洗入教，他还得到地方大名的默许，甚至还想亲自到京都去见天皇，争取得到在全日本传教的权利。他把在日本看到的听到的，写在书信里寄回欧洲，引起很大的震撼，使得欧洲人注意到东方的文化情况。

当然，相比起来，当时的明朝是亚洲最大最重要的国家。作为一个以在世界范围内普及天主教为己任的传教士，沙勿略当然想进入中国，但是明朝政府又为什么不允许他进入中国呢？

1. 16 世纪的世界：葡萄牙与中国

我们先看一下这个时期的全球形势。

16 世纪，随着大航海时代拉开序幕，葡萄牙和西班牙争先恐后地在世界各地抢占势力范围。虽然在教廷的协调之下，西班牙主要在美洲和东南亚的菲律宾活动，葡萄牙在欧洲向东直至菲律宾的区域活动。但是，这两个国家相互竞争，都想获得最大利益。葡萄牙无法在美洲跟西班牙竞争，但亚洲却是它的地盘，它希望能够在印度和东亚确立自己的霸主地位。而传教士虽然隶属于教廷，但也想趁此机会，乘坐葡萄牙的船只来到东方，把天主教信仰传遍世界，沙勿略就是其中的一个。

葡萄牙有一位很重要的航海家，叫阿方索·德·阿尔布克尔克(Afonso de Albuquerque，约 1453—1515)。他跟达·伽马同时代，出生时间和去世时间都差不多。他曾经担任葡萄牙驻印度的总督，负责对葡属印度洋地区的统治，对葡萄牙在东方的扩张和殖民相当重要。但是，他的知名度却远远不如达·伽马。实际上，达·伽马只是发现了印度，而真正在印度扩张和殖民的却是阿尔布克尔克。他被誉为"葡萄牙战神"，缔造了葡萄牙的海上殖民帝国。

阿尔布克尔克第一次到达印度的时间，相当于达·伽马第二次到印度，是在1503年。在其后的十余年中，他屡次率领战舰到印度洋，在东非、波斯湾等地骚扰当地商船，征服印度西海岸的果阿，并且逐步向东，在残酷的战斗中征服马六甲，尤其是他把果阿建成葡萄牙在印度最繁荣的一个殖民地，也是控制东方的一个中心。很多欧洲人都加入这一场殖民征服活动，像在征服马六甲的战争中，就有后来大名鼎鼎的费迪南德·麦哲伦。

然而，阿尔布克尔克对此并不满足，他还希望越过马六甲海峡，进一步向东探索。最早一位受委派的探险者叫乔治·欧维士（Jorge Álvares，？—1521），1513年5月他曾到达中国广东珠江口的屯门，成为第一个到达中国的葡萄牙人。他被当时的中国人称作"佛朗机"。今天在澳门还有欧维士的雕像，可以说欧维士一生都和中国有缘。他第一次到中国，儿子就因为水土不服死在屯门；1521年他第二次来中国时，自己也因病在屯门去世。

1517年，葡萄牙人率领四艘军舰来到屯门，在这里留下两艘军舰，然后继续向广州出发。他们受葡萄牙驻马六甲总督的委派，希望进入中国。军队中有个叫皮列士（Tomé Pires，约1465—1524/1540）的人，根据之前在印度和马六甲收集到的资料，以及听说到的有关中国的情况，他写了一本书《东方志》（*Suma Oriental*），是葡萄牙人撰写的第一部有关东方的百科全书。

2. 屯门之战：葡萄牙人进入中国受挫

葡萄牙人的船队在广州停留了很久，一直想要跟中国通商，但都没有获得准入许可证。而皮列士则想到一个好办法，他苦苦等候三年，通过贿赂皇帝的近臣江彬（？—1521）等人，得到了到南京觐见正德皇帝的机会，好不容易靠近中国的最高权力中枢。眼看着葡萄牙人跟明朝政府的通商就要谈成，没想到被一个戏剧性的事件给破坏了。据说，正德皇帝在江彬的蛊惑下，到南方寻欢作乐，结果掉进河里，得了肺炎死掉了。江彬立即被皇太后处死。葡萄牙特使皮列士也被驱逐出京，回到广州，立即被关进监狱。

为什么会这样呢？前面讲到的葡萄牙人船长的弟弟在华南地区为非作歹，就像在印度和马六甲时一样，对当地人飞扬跋扈。他在屯门经商时完全不遵守中国的风俗法律，劫掠货物，买卖人口，还在屯门建造堡垒，准备私占这里。他自以为有军舰作后台，在京城也有关系，就胡作非为，这引起了民愤。恰巧，当正德皇帝驾崩的时候，马六甲王派使者来控诉葡萄牙人在马六甲的所作所为。所以，皮列士就背上黑锅，他在广州成了囚犯。葡萄牙和明朝政府的关系立刻紧张起来。

当时在广东负责司法工作的是按察使汪鋐（1466—1536），他得到朝廷命令要他率军将屯门的葡萄牙人驱逐出去。汪鋐立即在南头设立指挥部，积极准备与葡萄牙人的战争。这个任务并不容易，因为葡萄牙人有坚船利炮，配有大口径的火绳枪，可以连续快速地开火，射程远，威力大，能把木头和石头击得粉碎。这种武器也被叫作佛朗机铳。汪鋐在跟葡萄牙人的第一回合较量中惨败，佛朗机铳的威力实在太大，明朝军队根本无法靠近。

汪铉是个很聪明的人，他想既然葡萄牙人的武器那么厉害，不如偷学过来，为己方所用。他派人偷偷接近葡萄牙人，策反了在葡萄牙船只上的两名中国人，按照他们对佛朗机铳的描述模仿制造。同时，他还模仿葡萄牙船只建造了许多小"蜈蚣船"。这种船船身狭长，两侧的船桨非常多，形状像蜈蚣。葡萄牙的这种战船速度快，船体结实，可装许多佛朗机铳。学到这两样秘密武器之后，汪铉再次与葡萄牙人对阵。这一次，明朝海军的战斗力大大提升，十几艘小蜈蚣船对葡萄牙人发起进攻，仿造的佛朗机铳一起开火，借着风势直接冲向葡萄牙的战船，与陆地上的炮兵配合，很快就全歼葡萄牙的船队，大获全胜。

这就是著名的屯门海战。此后几年，汪铉率领小蜈蚣船队，在珠江口不断巡视，保证葡萄牙人再也不敢前来。葡萄牙人与中国的关系也就这样被斩断。这时正值明朝嘉靖初年，朝廷下令采取海禁政策，中外商贸交流难以为继。

3. 传教士沙勿略的理想

殖民、传教、贸易和探险，是把全球连成一片的重要动力。如果不在价值意义上作评判，我们真得佩服那些传教士为了传播宗教信仰所具有的坚忍不拔、不畏艰险、持之以恒的精神。

这就是沙勿略在果阿、马六甲、日本传教之后，非要进入中国不可的原因，但当时的国际形势又是他很难进入中国的背景。1552 年，虽然距离汪铉打击葡萄牙人已经过去三十年，但是明朝政府对外国人的警惕始终没有放松，传教士没法进入中国。也许，这要怪当初的葡萄牙人没能与中国政府建立良好的关系。欧洲人远道而来，希望获得的是东方的香料、丝绸、瓷器，但是能给中国提供的东西真的很少，或许只有天主教了。可对于当时的中国皇帝、官僚和大多数士大夫而言，儒家、道教和佛教好像已经足够，天主教实在没法引起什么兴趣。

可是，沙勿略及其所属的"耶稣会"偏偏就是为了向中国传教，才"梯航九万里"，远道而来。耶稣会是在天主教自我维新改革的大背景下，由罗耀拉、沙勿略等一批教士成立的，他们希望恢复教廷的神圣性，所以特别强调信徒的神学知识修养和对教会的忠诚精神，也要求坚持个人操守和清贫生活，特别鼓励向年轻人、异族异国人传教。耶稣会的成员大多是道德和学问都非常好的精英学者，他们自愿到世界各地去传播天主教。其中，按照教宗的计划之一，就是要把被新教徒夺去的欧洲北部的损失，在亚非拉地区弥补回来。沙勿略三十六岁到达印度果阿，代表耶稣会在印度西海岸进行传教，后来到斯里兰卡、马六甲、日本。直到1552年，他决定进入中国，就是为了拓展天主教在中国的事业，他的梦想就是让中国皇帝皈依天主教。

但是，他最终都没能进入中国内陆，只能待在上川岛。这里位于澳门西南边，是葡萄牙人与中国商船进行贸易的地方。他在上川岛一直等待中国政府的许可，但是始终等不来。明朝对葡萄牙人的提防扩展到天主教徒身上。沙勿略只好在这座岛上等待机会。不幸的是，在等待的过程中他患了疟疾，结果当年年底就去世了，过了两年被葡萄牙人运到印度的果阿，葬在果阿的天主教堂。

4. 沙勿略之后：东方大门还是被打开了

可见，在 16 世纪早中期，中西方出现不同的发展。以葡萄牙为代表的欧洲，正极力想要向全世界扩张，以商业和宗教作为工具敲开东方各国的大门，而中国却开始紧紧闭上大门。嘉靖皇帝在位时期（1522—1566），不仅关闭海上门户，实行海禁，在郑和之后彻底撤出印度洋的航线，还在嘉靖十八年（1539）加固嘉峪关，并一直拒绝与蒙古人通商，从而关闭陆上通道。面对葡萄牙帝国咄咄逼人的攻势，中国坚持守势，希望将外国人挡在大门之外。

但是，这种防守的大门也没有那么牢不可破。就在沙勿略死后的第二年，葡萄牙人就通过贿赂广东的官员得以进入中国内陆。1553 年，他们撒谎说商船遭遇风暴，请求在上川岛旁边的澳门暂住，晾晒一下货物。广东海道副使汪柏（1513—？）接受了贿赂，默许这个行为。越来越多的葡萄牙人来到澳门聚居，同中国人进行贸易往来。当时的地方官员还提出可以让葡萄牙人缴纳一定的"租金"，也可以借助葡萄牙人的力量打击海盗。所以，从 1557 年开始，葡萄牙人用缴纳租金的方式，名正言顺地在澳门居住下来。这就是我们比较熟悉的故事。当然，葡萄牙人依然没能深入中国，而只是在距离贸易中心广州非常近的澳门定居下来，利用这个据点同中国展开贸易和文化的交流。

直到三十年后，真正进入中国的理想才被利玛窦等后续的传教士实现。

第四节　"无处非中"：一个有关地球的新观念

现在我们还能够看到的传统中国第一幅现代意义的世界地图，绘制于1602年。这幅地图原本分为六张，大概原来是贴在六扇屏风上的吧。这六幅图拼成一幅，就是鼎鼎有名的《坤舆万国全图》。它的原刻本保存在欧洲梵蒂冈和美国明尼苏达等地，现在南京博物院保存的一份是根据原本重新彩绘的。

这幅地图的作者，是意大利的耶稣会传教士利玛窦，他是历史上最有名的来华传教士。利玛窦本人在万历十二年（1584）刚刚到广东肇庆时，就在当地一个叫王泮的官员的支持下，绘制过叫《山海舆地图》的世界地图，只是现在已经看不到了。1601年，利玛窦被万历皇帝召到北京，现在保存下来的这幅《坤舆万国全图》，就是根据他的《山海舆地图》重新绘制的。据记载，是钱塘人张文焘负责制版，将该地图刻制在六块大型的木板上，再用棕墨将地图印制在桑皮纸上，六幅拼起来的地图高1.8米，长3.65米，规模很大。这是历史上第一幅中西合璧的世界地图，大体准确地向中国人展示了全球的几个大洲大洋，深深地震撼当时中国的知识阶层，让他们第一次感受到世界原来很大很大。

世界地图并不是利玛窦的独创，他是耶稣会传教士而不是地图学家，这只是他参考了许多前辈的作品制作出来的。有人研究过，说他绘制地图最重要的依据就是比利时人亚伯拉罕·奥特利乌斯（Abraham Ortelius，1527—1598，又译奥代理）的世界地图，当年印刷奥特利乌斯世界地图的工厂在比利时安特卫普。利玛窦万里远航来到中国的时候，很可能随身就携带了这一张地图。

应该说，地图特别是世界地图，很能呈现一个时代的世界认识，什么时候人们看到了更大的世界？什么时候人们意识到这个世界是一个球形？什么时候人们把全球看成一体？这可以从地图上看到。其实，在利玛窦之前的几百年中，亚洲和欧洲就不断有人试图制作整体的世界地图。不同时代的人们有不同的世界地图，这都反映了不同时代的世界认识和全球意识。

而现代意义上的全球意识和世界观念，就是从15、16世纪大航海之后形成的。

1. 世界上的不同地图，地图上的不同世界

中世纪早期欧洲的世界地图，一般是以教会的地图为代表。这种地图非常简单，一个圆形里有个T形，将世界分成三份，分别是亚洲、非洲和欧洲，这个世界的中心就是教会认定的圣城耶路撒冷。到中世纪中期，也就是相当于宋代的时候，地中海世界开始出现更详细的世界地图。譬如12世纪的时候，在地中海的西西里岛上，就有阿拉伯人绘制了比较现代的世界地图，体现了当时地理知识的发展。但是在15世纪之前，中国并没有出现过比较现代的世界地图，因为中国人的传统认为，脚下这片土地就是世界中心，其他地方都是边缘，这种思维定式很强大，使得中国难在世界地理观念上有所创新。像现在还能看到的宋代《地理图》《舆地图》，就总是把中国放在中间，很大很大，而周边世界在地图边缘，很小很小。

不过，不管是西方还是东方，对世界的认识其实也都有相似之处，一般都认为大地是平坦的地面。按照西方人的观念，这块平地上面是天堂，下面是地狱。12世纪的时候，由教会又加入一

个"炼狱"的概念,整个世界是一层层展开的。而中国呢? 则认为"天圆地方",天像一个圆圆的斗笠,大地像方方的棋盘,这同样也是一种平面的认知。但是,阿拉伯人早就知道不是这样的,一个叫札马鲁丁(Jamal ad-Din)的波斯人就在蒙古刚刚征服南宋后不久,在大都给元朝制作了一个地球仪。到 15、16 世纪地理大发现时,尤其是哥伦布和麦哲伦的航行之后,打破了人们以往的认知框架。世界不再是平的,而是一个球,沿着东西两个方向一直走下去,绕地球一周就一定能够回到原点。

所以,这种观念带来地图制作上的变化。对利玛窦产生影响最大的,就是比利时人亚伯拉罕·奥特利乌斯。

2. 大航海之后欧洲的世界地图

从亚伯拉罕这个名字上可以看出来,这大概是个犹太人。他生活在今天比利时一带,这里当时叫尼德兰,是西班牙帝国的领地。所以,完全可以猜得出,西班牙帝国的大航海历程和全球帝国扩张经验,给了奥特利乌斯看待这个世界的全新视角。他出生于 1527 年,距离麦哲伦环球航行不到十年,他就是伴随着西班牙人向世界扩张的脚步成长起来的。

奥特利乌斯将他的新世界观用地图的形式表现出来。他晚年被任命为西班牙国王腓力二世(Felipe II,1556—1598 年在位)的皇家地理学家。他一生当中并没有离开过欧洲,虽然在欧洲范围内有很多的旅行。所以,他的地图制作在信息来源上,其实也是受到其他前辈的影响。在地图制作方法上,他受到荷兰老乡墨卡托的影响。墨卡托发明了以他名字命名的投影法,对球体地图的制作具有决定意义。

1564 年，奥特利乌斯制作了他的第一幅世界地图，他又以签约的方式寻找地图绘制者，所绘制的地图都加入他的地图集中。1570 年，他的地图集在比利时印刷出版。一直到 1598 年他去世为止，这套地图集都不断被修订和更新，而且有很多语言的版本。这套地图集面世后需求量非常大，出了几十版，一直到 17 世纪初销量都很好。这套地图集中有一幅地图体现了世界全景，包括欧洲、亚洲、非洲、南美洲和北美洲。

利玛窦就是受到他的世界地图的启发，1584 年在广东肇庆画出《山海舆地图》。

3. 中国的世界地图：从《混一疆理历代国都之图》说起

不过，并不是说欧洲之外的人们，就对这个球形的世界一无所知。

让我们看一幅现在收藏在日本京都龙谷大学的《混一疆理历代国都之图》。这幅地图绘制于明建文帝四年（1402）也就是朝鲜太宗二年。这是朝鲜人金士衡、李茂根据来自中国的地图重新绘制的。但是很多学者都指出，这幅地图的世界知识却来自元代（1271—1368）的中国。它的底本是元代两个中国人的作品，也就是李泽民的《声教广被图》和天台僧清濬的《混一疆理图》。所以也可以说，这幅地图表现了元代中国有关世界的知识。

在这幅地图上，除了右边的朝鲜、中国，特别请大家注意的是，这幅地图的左边即西部的大部分地区，描绘的是今天中亚、西亚、非洲和欧洲部分。根据一些学者的研究，其中标志的很多地名，都说明当时中国人对这些地区已经有很清楚的认识，尤其是西亚、阿拉伯半岛，包括尼罗河的非洲北部，是出乎意料地准确和可靠。比如，在地图上有倒三角形的非洲，也可以辨别出流入波斯湾的幼发拉底河与底格里斯河，还可以看到河岸上一个叫"六合打"实际上是"八合打"的地方，也就是现在伊拉克首都巴格达，甚至还可以看到有罗马（麻鲁）和巴黎（法里昔）等地的地名。

这幅1402年的古地图给我们带来很多疑问。因为1402年这个时候，郑和还没有下西洋，迪亚士还没有绕过好望角，达·伽马还没有到达印度，那么谁会有这样的地理知识，中国人怎么知道从未有过记录的好望角，并绘出了非洲大陆的倒锥形状？是谁那么详细地标志出东起日本，经朝鲜、中国、中亚和西亚，一直到阿拉伯半岛及北非、南欧的各个地名？换句话说，问题就是：在欧洲人之前，亚洲人怎么会事先知道有关非洲的地理知识？为什么在元代能够画出这样的亚非欧洲地图？

可能的解释之一，这应当是波斯人或阿拉伯人在元代给东亚带来的礼物，是波斯、阿拉伯的天文地理知识在元代已经传入中国。在元代的历史文献中有一些很重要的波斯人或阿拉伯人值得注意，那个时候的中国史书上把他们叫"回回人"，他们带来很多天文地理的知识和仪器。其中最重要的一个是前面提到的波斯人札马鲁丁。《元史》中说，札马鲁丁不仅在元世祖至元四年（1267）进献了万年历，而且还给皇帝制造了各种各样的"西域仪象"。其中一个仪器，汉文记载为"苦来亦阿儿子"，就相当于现代的地球仪，"其制以木为圆球，七分为水，其色绿，三分为土地，其色白。画江河湖海，脉络贯穿其中。画作小方井，以计幅员之广袤，道里之远近"。此外，札马鲁丁在至元二十三年还主持了《元一统志》(即《大元大一统志》)的编纂。作为秘书监的官员,《秘书监志》记载他曾经向皇帝报告：我们的国家,是从太阳升起的地方到太阳落山的地方。我们不仅要编国家的历史地理书,而且要绘制一个有关元代的总地图,何况我们已经有了回回人的地图,所以可以画一幅总的世界地图。

这都说明,元代由于回回人带来的世界知识,人们所认识的世界已经很大,而且这些知识在明代也流传下来,传到朝鲜,传到日本,使得欧洲之外的人们也拥有很多关于西亚、阿拉伯半岛、非洲和欧洲的知识。所以这个疆域缩小了的明代中国,对于外部世界并不完全陌生。遗憾的是,这种笼罩欧亚、试图叙述"日头从东边出从西头落"的大世界的理想,在明代很快消退,人们关注的世界似乎又缩小了。

4. 利玛窦世界地图的意义

让我们回到亚伯拉罕·奥特利乌斯的世界地图。

在利玛窦生活的时代,这些世界地图在欧洲很流行,也可以想象它对利玛窦会有多大的影响。1570 年这套地图集出版时,利玛窦十八岁,正按照父亲的旨意在罗马学习法律。利玛窦在罗马并不安心学习法律,第二年就违背父亲的愿望,到耶稣会学习。耶稣会成立的宗旨在于到世界各地传教,所以他们对世界地图的最新进展应该是充分了解的。利玛窦在罗马耶稣会学校学习哲学和神学以及天文算术等,为了在葡萄牙和西班牙的广阔殖民地展开传教活动,他还学习了葡萄牙语和西班牙语。在罗马学习时,他遇到一个叫范礼安(Alessandro Valignano, 1539—1606)的老师。范礼安对基督教在中国的传播有非常大的兴趣，他有一个独特的观点，那就是学习好中国的语言和文化自然就能被中国人接受，也自然有利于传播基督教。利玛窦受到他的这位老师影响很大。

1577 年，利玛窦开始被派往东方传教，他在葡萄牙待了一段时间学习葡萄牙语和神学。然后，他经过半年的航行来到印度的果阿，就像他的前辈沙勿略一样，在这里传教了几年。1582 年，在他昔日的老师范礼安的推荐下，他到达中国澳门。这时候范礼安已经成为耶稣会在东方传教的总负责人。他鼓励利玛窦学习中文，为进入中国内陆传教做好充分的准备。在这之前，还没有人能够成功进入中国内陆传教。

经过澳门第一道大门后，利玛窦于 1583 年进入中国内陆。他的第一站是广东肇庆，在这里建立中国内陆第一个传教点。他在肇庆待了六年，其间逐渐进入当地中国官员和上层人士的圈子，将西方的各种新鲜事物展现给中国人，譬如欧几里得几何、星盘、西洋画、西洋音乐等，而最令人大开眼界的还是他展现的欧洲人制作的世界地图《山海舆地图》。这时候的世界地图，经过欧洲人百余年的航海探索，已经越来越完善了。当时利玛窦在自己屋子里的墙壁上挂了一幅世界地图，被前来拜访他的人看到，令一向自认为天朝上国的中国人颇为震惊。

到了 1601 年，利玛窦得到万历皇帝的接见，并且被准许常驻北京。万历皇帝非常喜欢利玛窦的地图，但是又觉得这幅地图比较粗糙，就让中国的地理学家和地图制作专家与利玛窦一道，绘制一幅规模更大、信息更准确的世界地图，这就有了《坤舆万国全图》。当时朝廷派了最优秀的人才参与制作地图。在地图的修订和制作过程中，利玛窦也增加了很多内容。明代著名地理学家李之藻为利玛窦提供了很多中国地理文献资料，从而有助于利玛窦获得其他欧洲地图制作者不能获取的资料，因而比同时期国外的世界地图更加准确。此外，利玛窦还把中国挪到地图的中心。奥特利乌斯的世界地图是以本初子午线作为中心轴线的，如果还是按照原图，那么中国就在右边的边缘处。利玛窦相当了解中国文化和中国人的心理，他很清楚中国人肯定接受不了将中国放在边缘的世界地图，这才做了这个改动，使世界地图在中国化的过程中更接地气，更容易被中国人所接受。

为了传播基督教教义，利玛窦还不顾几十年前哥白尼所提出的"日心说"理论，依然按照古希腊人托勒密的"地心说"，把地球当作宇宙的中心。这也迎合了中国人当时的信仰。果然，在地图的绘制过程中，李之藻这位中国学者就皈依了基督教。所以你看，传统上，不管是欧洲人还是中国人，在世界地图中都倾向于将自己所在的地方放在最中间，也认定自己的国家是世界中心。

5. 天不再圆，地不再方

在利玛窦之前，中国人对世界的想象主要体现在《山海经》《穆天子传》《十洲记》等一些古代文献中。这些书和欧洲人的《东方见闻录》有相似的地方，就是对于域外充满夸张的想象：把外国人都想象成非人类的奇怪样子，而对外国地理的认识也局限在"天下"和"四夷"；把中国当作天下之中，而其他国家都是四夷。四夷土地上的人，总是如同怪物一般，像什么狗国、小人国、无腹国、后眼国等，听起来就像奇幻小说。

直到利玛窦来华，世界地图被绘制出来以后，这种关于世界的看法才发生巨大的变化。利玛窦的中国助手李之藻，在接触利玛窦的世界观之后，非常惊讶，他说："地如此其大也，而在天中一粟耳；吾州吾乡，又一粟中之毫末。"就是说，世界那么大，但是天外有天，而我所在的这个地方，只是沧海一粟而已！由此可见利玛窦给中国传统士大夫带来的影响。利玛窦之后，传教士继续将这种新的世界图像传播给更多的士大夫。中国人逐渐抛弃那些传统的认识，而接受西方人传来的真实知识。到了清朝乾隆时期的《皇清职贡图》，图中已经完全看不到《山海经》中描述的那种世界的样子，而是被逼真的写真图所取代。中国以外的世界各国，也都标上它们自己的名字。

在利玛窦以前，中国人的世界地图一般是，最中心的是京城，往外分别是华夏、夷狄，以中国为中心层层向外。而利玛窦带来的影响就是，他让中国人认识到：中国不是世界中心，而只是亚洲的一部分；中国并不代表天下，它只是世界的一个很小部分；中国人所看不起的四夷，很可能也是一些文明的国度。这就与中国传统的世界观、天下观产生矛盾，也给中国的知识界带来前所未有的震撼。

6. 无处非中：世界变了

在利玛窦之后，另一位意大利传教士艾儒略也在中国写了一本介绍世界地理的科普书《职方外纪》。书里讲道："地既圆形，则无处非中；所谓东西南北之分，不过就人所居立名，初无定准。"也就是说，地球是圆的，那自然没有一个地方是中心。所谓东西南北的分别，也不过是看你这个人所站立的地方来判断的。

这也是近代早期全球化对不同区域造成的冲击。应该说，大航海所开启的全球化进程，客观上促进不同区域之间文化的交流。传统中国曾经有人努力想要拒绝与世界接触，但最终还是得开门接纳，而进入中国的思想也因地制宜地发生变化，就像将中国放在世界地图的中心一样，双方都有变化，这就是全球化的力量。而沙勿略、利玛窦、艾儒略就是这全球化当中的重要媒介，他们把同时期欧洲由于大航海所发展起来的新世界理念传播到东方，给中国带来深远的影响。

　　这就是全球化所带来的人、物、知识和思想的流动。在全球化织成的网络中，这些因素四处流动，改变着一切它们所到达的地方，将人们对这个世界乃至对宇宙的认识推向更新的高度。

第五节　殖民与贸易，荷兰人

　　在介绍荷兰之前，我们不妨先从一个中国人的故事讲起。这个人的名字叫李旦，是一个让人着迷却又难以定位的人物。我们不知道他准确的出生年份，但知道他应该是福建泉州人。就和当年中国东南沿海地区的一些居民一样，他参与了朝廷明令禁止的海外买卖，可以说他就像华南的海盗，同时兼具倭寇的身份。他曾经在西班牙控制的菲律宾经商，后来又得到日本江户幕府的"朱印状"，可以在日本从事合法的贸易生意。甚至有一种说法，他跟当年在日本执掌大权的幕府将军德川家康的私人关系也不错。明朝政府称之为"游棍"，但又认为他可以做埋伏在欧洲的间谍。郑成功的父亲郑芝龙，在接受天主教洗礼的时候认他为教父，自此成为他手下的重要一员，还有人认为他们发展出爱侣关系。他是天主教徒，但也跟东南沿海的居民一样崇拜妈祖，同时还信奉玄天上帝。他是 15 世纪末到 16 世纪初东亚海域上最有名的中国人，欧洲人管他叫"Captain China"（中国队长）。

在欧洲人到来之前，整个印度洋海域到西太平洋之间，无论是波斯、阿拉伯、印度、中南半岛还是印度尼西亚，其实自古以来都有李旦这类复杂的人物。他们的活动范围或许没有后来欧洲人那么广阔，但他们却在一座港口与另一座港口之间，由点成线、由线成面地串联起整片广大的海域。也就是说，当欧洲人穿过好望角之后，他们进入的这个世界并不是空白的，而是原来就有许多大大小小的地头蛇，控制不同的区域贸易网络，并且发展出自己的游戏规则。当欧洲人面对这套既存的贸易网络，他们是该彻底地压服它们，成为整片海域的主宰，还是想办法参与进去，在对抗与合作之间找到一个恰当的平衡？虽然晚到一步的荷兰人也跟之前的葡萄牙人一样，在很多地方采用非常铁腕的手段，以残酷暴力垄断区域的航线，可是他们却也懂得利用更加灵活的方法，协调这些人，好对抗更主要的对手。李旦就是他们在中国东南海面的合作对象，当荷兰人后来败走澳门，转移到澎湖一带发展又遇到明朝政府军队驱赶时，就是李旦出面当中间人，协助明朝政府劝说荷兰把基地搬到南台湾。他还在日本替荷兰造船，并且逐渐成为荷兰在东亚地区主要的贸易伙伴，间接协助荷兰取代西班牙和葡萄牙在这个区域的地位。

1. 荷兰航海事业的兴起

那么，荷兰的航海事业是怎么开始的呢？为什么它又要以西班牙和葡萄牙为主要对手？

长话短说。当时的荷兰和比利时都在西班牙哈布斯堡王朝的统治下，是这个庞大帝国底下的行省。其中，荷兰所在的地方，位于莱茵河的入海口，地势较低，所以也叫"尼德兰"，在荷兰语里是"低洼地带"的意思，因此也被叫作"低地地区"。这个地区位于北海南岸，当地人擅长造船和航海，很多人甚至是西班牙和葡萄牙远航船队上的重要成员。但是，在西班牙的高压统治下，有更多水手做了海盗。西班牙人既需要这里的财富，又看不起这里，所以就把这里鄙夷地称作"海上乞丐"。这个地方长年面对沉重的税赋，却又没有获得相应的政治权利，早就弥漫着一股"无代表，不纳税"的情绪。再加上宗教革命之后，荷兰迅速接受新教，便跟以天主教护卫者自居的哈布斯堡王朝产生剧烈冲突。在奥兰治亲王威廉一世（William I, Prince of Orange，1544—1584 年在位）领导下，荷兰独立战争终于在 1568 年爆发。中间经过十二年休战，这场史称"八十年战争"的漫长斗争结束于 1648 年。"荷兰共和国"这才成为一个被承认的独立国家。这是一场战火蔓延全球不同地区的大战，荷兰跟西班牙以及葡萄牙的东方争霸，也是这场独立战争的重要构成部分。荷兰人在 1595 年展开远航事业，他们的目标非常明确，既是为了开拓财源以支持战事，同时也是要切断对手的财政来源，所以他们和西班牙在全世界范围内争夺殖民地。最后，荷兰人不只成功地在大西洋的另一岸找到据点，而且还开辟了自己的东印度航线，逐步崛起成为世界上最强大的殖民帝国。紧跟着葡萄牙和西班牙，成为新一代的日不落帝国。

既然他们的主要对手是西班牙，那为什么又要在印度洋和西太平洋处处针对葡萄牙呢？除了看中葡萄牙透过东方香料贸易所获得的巨大利益，这更是因为"伊比利亚联盟"的诞生。话说葡萄牙和西班牙这两个伊比利亚半岛上的天主教王国，虽然以前也有人试图统一它们，但真正完成这个事业的却是哈布斯堡家族的腓力二世。1580 年，葡萄牙的恩里克一世（Henrique I，1578—1580 年在位）驾崩，后继无人，随即发生王位继承战争。由于西班牙腓力二世的妈妈是葡萄牙公主，因此他宣称自己也有继位的权利，趁机带兵入侵，把葡萄牙以及其海外属地也纳进哈布斯堡王朝的庞大领土中。这个最擅长透过联姻去扩大政治权力的家族，在当时真可说是地盘遍及五大洲，成为历史上第一个"日不落帝国"。既然葡萄牙也成了哈布斯堡王朝的一部分，那么他们当然也就是荷兰的敌人。

1606 年，荷兰人开始在东方和葡萄牙人开战。他们试图夺取马六甲和澳门，以直接获取香料。当时葡萄牙人已经彻底垄断马六甲，其他国家的船队想要通过马六甲海峡，就要重金购买葡萄牙人发放的"路牌"，留下这笔买路钱。这就逼得荷兰人不得不开战，来摆脱这个黑中介。更何况葡萄牙自从被西班牙合并之后，要转向为西班牙的大西洋和美洲殖民地服务，因此它的东方殖民地严重收缩，力量减弱不少，荷兰正好乘虚而入。

这一年，十一艘全副武装的荷兰远洋船组成的舰队开到马六甲附近，赤裸裸地挑衅葡萄牙人。最初，荷兰舰队没有直冲葡萄牙的主要据点马六甲，而是开到马六甲北边的柔佛苏丹国（Kesultanan Johor）。柔佛苏丹国是个伊斯兰国家。1511 年葡萄牙人占领这里之后，他们不仅垄断香料贸易，还积极传播天主教，与当地穆斯林产生激烈的冲突。荷兰人就不一样了，他们本来在欧洲就是新教徒，从天主教世界分裂出来，对基督教采取因信称义的态度。比起带着传教狂热的葡萄牙人，荷兰人务实得多，他们不在乎传教，只要能赚钱获取利润就行。所以，他们与柔佛苏丹一拍即合，准备一道进攻马六甲。但是，攻取马六甲的战争一直不太顺利，葡萄牙本土甚至派来解围的舰队。在吨级和火力方面处于劣势的荷兰，最终担心经不起消耗战，决定主动逃离战场。荷兰人虽然没能赢得战争，但它的实力还是展现给了柔佛苏丹。柔佛苏丹决定全力与荷兰人联合反抗葡萄牙。而葡萄牙舰队赢得战争后，很快就折返印度的总部果阿，荷兰人趁着马六甲守卫空虚，摧毁了十多艘停泊在当地的商船。由此可见，葡萄牙在殖民地的防务已经是捉襟见肘，而荷兰的船队开始越来越多地进入东方，而且赢得本土政权的支持。葡萄牙殖民帝国的弊端已经非常明显。

在马六甲几度碰了钉子之后，荷兰决定向海峡南边的印度尼西亚这个香料产地发展。对于中世纪和近代早期的欧洲人来说，印度尼西亚诸岛具有无法抵抗的魔力。多少人梦寐以求的香料，绝大部分就是从这里流向世界。香料在进入欧洲之前，要在各个区域之间多次转手，譬如印度尼西亚本地人、马六甲海峡附近的商人、阿拉伯商人、埃及和奥斯曼帝国的商人、威尼斯商人。等到香料抵达西欧，价格便已经成百倍地提升。所以，荷兰人到达亚洲以后，首要目标就是印度尼西亚的香料。

荷兰的东印度公司先是赶走葡萄牙人，夺取印度尼西亚盛产丁香的安汶岛（Ambon），在这里设立商站。安汶所在的群岛叫马鲁古群岛（Maluku），就是那个很出名的香料群岛，在印度尼西亚的东部。但是，接下来面对广阔复杂的印度尼西亚群岛，又有着许多不同的政权，下一个目标应该定在谁身上呢？荷兰人心里想的是印度尼西亚的中心爪哇岛。他们先试图和爪哇岛上西边的权力中心万丹合作。这座城市以前又称作"巽他"，向来以香料出口闻名，是东南亚海域上重要的港口。当年葡萄牙人抵达之前，这个地方才刚刚被归信伊斯兰教没多久的苏丹控制，变得更加注重商业发展。所以，荷兰人以这个地方为目标，是非常合理的。但是，在万丹经商的欧洲人可不单是葡萄牙人，还包括与荷兰同时起步远航事业的英国人以及法国人，甚至丹麦人。这几个欧洲国家之间的竞争，以及和当地统治者反复无常的关系，使得荷兰人必须把目光转向万丹东边的一个小领地雅加达，从头开拓自己的根据地。这个雅加达就是现在印度尼西亚的首都，这座特大城市的崛起，最初就是因为荷兰人的到来。

1619 年，在当时的荷兰东印度公司总督科恩（Jan Pieterszoon Coen，1587—1629）指挥下，十九艘战舰席卷雅加达，彻底赶走原本在此的万丹国势力，并且以"巴达维亚"来称呼这座新崛起的城市（这是罗马帝国时期荷兰的旧称）。就这样，巴达维亚成了荷兰人在东南亚的第二个根据地，也成为它在亚洲殖民的总部。以巴达维亚为据点，荷兰人逐渐占据整个爪哇岛，并进而将整个印度尼西亚都据为己有。在马六甲海峡南边的这个香料产地，从此成为荷兰的殖民地。印度尼西亚这个香料产地成了荷兰的摇钱树，自然也有其他国家虎视眈眈。没多久英国也来了，科恩又继续率领荷兰人抵抗，对在印度尼西亚经商的英国人大开杀戒，迫使英国退出印度尼西亚，从而保证荷兰的贸易垄断。为了独占香料群岛，科恩还对当地人进行了大屠杀，几乎灭绝了当地的土著。从此，从马六甲到香料群岛，都成为荷兰的势力范围。

2. 荷兰进入东亚（澳门、台湾）

荷兰下一步就是向中国进发。有意思的是，不管葡萄牙还是荷兰，来到东亚之后不论怎么转悠，最后总会将目光瞄准中国，而中国又总是一个最难实现的目标。

荷兰人最先看中葡萄牙人控制下的澳门，因为这里是葡萄牙殖民地马六甲和日本长崎之间的中转站，为了彻底打击葡萄牙人在东亚的势力，进入东亚的贸易圈，澳门是必争之地。而且如果有了澳门，荷兰就可以坐享其成，轻松占有葡萄牙人已经建立起来的商业网络。荷兰进攻澳门，前前后后一共有四次。前三次都没成功，1622年荷兰人决定再试一次。6月21日，还是那位总督科恩组织了十几艘战船和八百多名荷兰士兵，进攻澳门。当时澳门兵力不足，因为巧的是，这个时候已经到了明清易代的关键时刻。前一年也就是天启元年，后金入侵辽东，攻陷沈阳、辽阳，这一年又攻占广宁，迫使明军退守山海关。为了抵御后金的不断南侵，澳门的葡萄牙人军队被明朝政府借调去北方防御满人了，成了当时中国军队里的外国人雇佣兵。你可别小看澳门！明代末期为了抵抗后金，还专门派人到澳门采购西洋火炮、火铳，聘请葡萄牙炮手。

所以，这一年的澳门，在荷兰人的大兵压境下，能上战场的葡萄牙人也就一百名左右。荷兰战船向澳门的炮台猛烈开火，一天后开始登陆作战。虽然葡萄牙有防御，但是荷兰人一路上还是不断前行，直到靠近澳门的城墙时才遭到大炮台炮火的阻挡。这些大炮台也是后来才修建的，葡萄牙人最初占领澳门时，并没有军事设施，明朝政府也不允许。随着荷兰人的到来，葡萄牙人这才在澳门建造了几座炮台用于防御，明朝政府也默许了。眼看攻城无望，荷兰人决定改变进攻方向，去占领更高处的东望山炮台。这时候，澳门几乎全体被动员起来保护东望山炮台。所有的士兵、市民、商人、传教士、黑人奴隶都拿起武器上了战场，所有人都以死相拼，荷兰人最终被迫撤离，仓皇逃跑，还伤亡了好几百人。澳门之战以荷兰人的惨败结束。由于 6 月 24 日这一天的胜利，当日的主保圣人施洗约翰成为澳门的保护神，澳门也以 6 月 24 日为道路和广场命名，可见影响之大。

澳门拿不下来，荷兰人只好沿着中国东南沿海一路北上，去其他地方碰碰运气。他们沿途到了台湾海峡一带。1567 年，明朝隆庆皇帝（1567—1572 年在位）开关，闽南漳州的月港（今海澄）成了最重要的外贸港口，这里与马尼拉、美洲连接成全球性贸易网络。福建一带也随之富庶起来。当时，西班牙人已经控制菲律宾，以马尼拉为中心，他们掌控着太平洋两岸的贸易往来，所以台湾海峡经常有西班牙的大帆船往来运输。荷兰人想，既然拿不下澳门，那就以这里作为据点吧。于是就占领了海峡上的澎湖，想通过这里参与东亚的贸易。

但是明朝政府不同意，双方又开战。这场仗打了大半年，没有明显胜负。经过李旦的协调，明朝地方政府劝说荷兰人前往台湾发展，荷兰人也同意跟中方达成协议，撤离澎湖，转向台湾。1624 年，荷兰人在台湾岛西南沿海的地方建造了一座城市，以荷兰独立战争的领袖奥兰治亲王的名字命名叫“奥兰治城”。后来，荷兰人又用荷兰的一个省泽兰（Zeeland）的名字把这里改名为“热兰遮城”。这个城就在现在的台南安平，不过只剩下遗迹了。有一个热兰遮城博物馆，大家有机会可以去看看。从此，热兰遮城就成了荷兰人控制台湾岛和加入东亚贸易的枢纽。直到 1662 年，才由郑成功攻下这里，将荷兰人驱逐出台湾。当然，这是后话。

这时候，荷兰人还要面临跟西班牙人的竞争。荷兰人在台湾建立据点，让西班牙人如坐针毡。热兰遮城就在漳州的对面，而漳州与马尼拉的联系，是西班牙人赖以生存的贸易线。所以两年后，西班牙人就决定从菲律宾北上，入侵台湾北边的"鸡笼"也就是今天的"基隆"，在这里建造了两处堡垒：圣萨尔瓦多城和圣多明哥城，作为对抗荷兰人的阵地。但是，西班牙人占据的北部不如荷兰人占据的南部更靠近中国大陆那样拥有地理优势，而且荷兰人随时都可以切断马尼拉与福建的海上往来，更别提来自北方当地人的不断侵扰。在艰难地维系了十年统治之后，西班牙人决定撤离，将大部分军力撤回马尼拉。于是，荷兰人趁机北上，1641年 8 月，二百多名荷兰士兵和五百多名投靠来的台湾北部当地人，组成远征队攻打基隆，第二年完胜。自此，西班牙人彻底离开了台湾。此后，荷兰人又在这里统治了二十年，直到 1662 年郑成功收复台湾。

3."海上马车夫"：17 世纪上半叶的荷兰人

总之，在 17 世纪上半叶，新崛起的荷兰在环东部亚洲海域获得很大的发展，它从无到有，逐渐战胜昔日霸主，取代葡萄牙和西班牙的地位。同时，荷兰还在其他地区扩张，譬如 1638 年趁日本锁国赶走葡萄牙人之际，垄断了与日本的贸易，并且把西方的知识和学术传入日本，使得在后来很长一段时间内，西学在日本都叫作"兰学"。1652 年，荷兰又在南非的好望角取代葡萄牙，建立殖民地，这就是开普敦，从此荷兰新教徒大量移民南非，促进了南非的开发，这些移民就是后来与英帝国一决雌雄的布尔人的先祖。此外，荷兰在美洲也建立了非常多的据点，其中最有名的就是后来的纽约。1626 年，荷兰人明尼特（Peter Minuit，约 1580—1638）跟印第安人签约，买下这块地方，这份契约现在就收藏在阿姆斯特丹的海事博物馆。当时，这座城市的名字叫"新阿姆斯特丹"，是根据荷兰首都命名的。

由于迅速崛起和在世界范围的扩张，有着"海上马车夫"之称的荷兰获得大量财富，并得以进入欧洲列强的圈子，强大到 1688 年当英国爆发"光荣革命"后甚至入主英国。而荷兰与英国的战争，也左右了长达一个世纪的欧洲局面，荷兰的霸权直到一百多年后才被英国取代。

为什么之前曾经雄霸印度洋到东南亚海域的葡萄牙，会逐渐被荷兰取代？一个原因，我们之前提到过的，就是葡萄牙天主教的传教狂热，使它无法灵活处理当地关系，它和西班牙的合并，也令它必须分出精力服务于哈布斯堡王朝；另一个原因，就是本来便小国寡民的葡萄牙，实在很难不断输出人力新血以及大量的财政资源，来运作它透过一个又一个的港口去组织起来的"葡萄牙锁链"。到了 16 世纪中叶，葡萄牙人出售胡椒以及香料的利润，竟然大多数用在了维持殖民地和它所控制的航线上面，乃至于他们带到欧洲的这些商品的价格，竟然跟经过威尼斯的传统路线不相上下。这就涉及大航海事业以及庞大殖民帝国的组织和管理形式了。

荷兰以及最后崛起的英国，之所以能够后来居上，从 17 世纪初起在短短半个世纪的时间里完成日不落帝国的更新换代，其中一个秘诀就是成立"东印度公司"。

第六节　荷兰和英国：两个东印度公司

前面我们说了，荷兰有一个称呼叫"海上马车夫"，英国有一个称呼叫"日不落帝国"。它们是近代世界最成功的两个帝国，之所以这么成功，除了武力扩张，还有一个很重要的方面，那就是创建了公司制度。它们都建立了"东印度公司"，公司和军队合一，也就是资本和军事的密切合作，成了所向披靡的重要因素。

这种公司跟今天的可不一样，它最大特点就是拥有现代国家的职能，并不是单纯的外贸公司。荷兰政府拥有东印度公司的大量股份，当然也给了它很大的权力，在殖民地可以代表国家和政府，制定政策，裁决案件，甚至拥有自己的军队。反过来讲，这类公司的存在，也说明了当年对国家的理解跟现在不一样。所谓"在领土内垄断对暴力的正当使用"这种最常见的国家定义，是一个相当现代的概念。跟此前葡萄牙和西班牙那种纯粹靠王室支持，于是后来可能要面对财政问题的海外活动不同，荷兰和英国之所以成功，就在于利用公司制度，最大限度地调动了人们的积极性，在国内征募股份，由社会上的富商作为股东投入资本而获得启动资金，可以最大化地获得资本注入，这也是现代股份公司的前身。公司的力量，在荷兰东印度公司扩张和殖民的过程中，尤其体现得淋漓尽致。

1. 荷兰东印度公司

1602 年，荷兰前几年陆续成立起来的十几家与东印度进行贸易的公司，为了避免相互之间的竞争，联合成一家公司叫"联合东印度公司"。它简称"VOC"，就是其荷兰文全名（Vereenigde Oostindische Compagnie）的缩写。我们今天还能在印度洋沿岸和东南亚很多地方见到一些老建筑上刻着这个简称字样，但后来我们大家都管它叫"荷兰东印度公司"。

航海事业是高风险的，海难和人祸都不罕见；成本又特别高，一支有规模的船队，其投入放在今天就差不多是航母舰队，可它一旦获利，利润就非常巨大。荷兰本土工商业的发展，当时积累起大量资本，正好可以投入到海外贸易的探险中。这种合股公司也最大限度地降低风险，使荷兰人能够全身心投入到远洋贸易中，到广阔的世界与葡萄牙争锋，迎接英国后来的挑战。17 世纪上半叶，荷兰人战胜葡萄牙人，在东南亚地区占据主导地位，但是紧接着就面临英国的挑战和亚洲地方政权的反抗。如何面对这些挑战？荷兰人需要新的战略计划。

首先，就是我们前面说到的，荷兰人在亚洲铺开一张网络，在一些决定商业命脉的地方建立据点，从最西边的好望角，经由科伦坡（Colombo）、马六甲，一直到巴达维亚（也就是现在的雅加达），其中有不少是从葡萄牙人手里夺来的。到最后，葡萄牙人在印度尼西亚只剩下最东边的帝汶岛，到 1859 年又被荷兰分去一半，只剩下东帝汶。荷兰东印度公司在亚洲共有约三十五个据点。这些据点组成一张巨大的网络，将不同地区商品进行充分的流通和交易，而且这些商品流向的终点不再只是欧洲，更面向亚洲内部不同的市场，最终就确立了荷兰在亚洲贸易中的霸主地位。

其次，荷兰人调整了根据地。前面我们说到，17世纪中叶郑成功收复台湾，荷兰人失去在台湾的据点。这之后他们不得不退守印度尼西亚，加强对这个据点的控制。比如，为严厉打击香料走私贸易而发生的大屠杀事件，其实起因不过是班达岛上的居民没有得到他们许可，把肉豆蔻卖给荷兰人以外的商人。为了垄断和提升香料的价格，荷兰人把群岛上的香料植物大量烧毁，只留下少量控制在自己手中，从而可以给香料任意定价。但是，这也使东南亚的香料贸易走下坡路，在东非的桑给巴尔岛（Zanzibar）上就出现新的香料种植基地。后来，荷兰人又在印度尼西亚发展起甘蔗种植业和蔗糖产业，比如在爪哇岛上开发甘蔗种植园，用这里生产的蔗糖供应亚洲和欧洲，尤其是面向印度市场以获取巨额利润。就这样，荷兰人把马六甲与台湾中间的印度尼西亚作为基地精心培育，期望将这里发展成"新荷兰"，巴达维亚甚至是整个东印度公司的总部所在地。

为了印度尼西亚的发展，荷兰人开始引进大量劳工。他们认为华人要比当地人更加勤奋，而且善于经营；更重要的是身为外来人群，在异地他乡大概也更容易被人管理。于是，许多华人劳工就成了新的种植园劳动力。这时也恰逢清朝开放海禁，数以百万的华人涌入印度尼西亚，大都是来自中国东南沿海的潮汕人或客家人，他们组成当地的华人社区。这些华人依靠自己的辛勤聪明，擅长维持和管理社区秩序，在印度尼西亚形成自己的圈子。他们大都是在甘蔗、香料、咖啡的种植园，以及山区矿场里工作。除此之外，他们还负责荷兰与中国贸易之间的中介工作，甚至为人口日渐增长的殖民城市提供服务。但是这类合作并不完全顺利，因为在印度尼西亚，荷兰人的数量远远少于华人，为了牵制华人和有效统治，他们会在华人和当地人之间制造矛盾，甚至怂恿当地人屠杀华人，从而达到分而治之的效果。华人在当地不仅没有较高的社会地位，甚至出现过多次像"红溪惨案"那样的大屠杀。

这种风气一直延续到近代，构成印度尼西亚华人的悲惨经历。就这样，荷兰人通过残忍的武力和精明的算计，在亚洲获得建立在压榨劳工和土地利益之上的成功。我们也要承认，荷兰人的成功是因为它站在巨人的肩膀上。这个巨人，就是之前的葡萄牙人。荷兰大量参考了葡萄牙人在印度洋和东南亚的贸易经验，只是更进了一步，这就是通过公司制度，由商人群体参与商贸和军事活动，而不是完全由国家说了算。这比葡萄牙和西班牙都更能激起投股人的积极性，因为他们能从公司的海外活动中获得实实在在的利益。但是，荷兰东印度公司又有国家和政府的背景，能够雇用军队、发行货币、与他国签订条约，拥有很大的自主性。

这些特点是它能够最终胜过葡萄牙的原因所在。

2. 英国东印度公司

在荷兰东印度公司在亚洲建立霸业的同时，英国人也成立了东印度公司，在东方大肆扩张。当然，我们在这里所指的英国，其实就是英格兰，因为当年苏格兰和爱尔兰还没有并入英国。一开始，这两个新教国家都还有共同敌人，那就是哈布斯堡家族控制的西班牙和葡萄牙帝国，偶尔还协调作战。但很快，英国就以荷兰人为对手，争夺霸权。英国东印度公司与荷兰东印度公司，差不多是同时起步的。英国东印度公司成立于1600年，伊丽莎白一世女王授予它皇家许可证，准许它垄断在东印度地区的贸易特权，为期十五年。

英国与荷兰的相遇，最早是在17世纪20年代，双方都想获得印度尼西亚的香料群岛。前面我们讲过，荷兰如何在爪哇建立统治中心，统治整个印度尼西亚。不久，英国也紧随其后，企图争夺对印度尼西亚的控制权。两家公司之间的摩擦不断升级，荷兰为了逼迫英国彻底退出印度尼西亚，更是直接把十几个英国走私犯砍了头，彻底垄断了丁香的生产。英国人表现得相当克制，默默退出印度尼西亚转向印度。但是，英国对印度尼西亚这片地区的兴趣始终没有消失，直到一百多年后才继续在这里扩张。尤其是18世纪后期当美国独立以后，失去美洲殖民地的英国更是将战略重心转移到亚洲。它在印度尼西亚北边的马来半岛上占据槟榔屿（也就是今天的槟城的主要部分），这是1786年，恰好就在美国独立战争结束之后的第三年。

由于抢夺荷兰人的马六甲不成，英国人便于1819年在马六甲的南边建立新加坡殖民地。这种在眼皮底下争地盘的行为虽然惹怒荷兰人，但是英国已经今非昔比，成了老大帝国，所以荷兰没办法，只能在1824年跟英国签订《英荷条约》，双方划定势力范围，中间以马六甲海峡和新加坡海峡为界，甚至把马六甲都给了英国。这就形成后来的马来西亚和印度尼西亚，分别接受英国和荷兰的统治。这两个国家的民族和语言原本并无区别，但同时也都没有形成过统一的国家，而是各自有着盘踞不同岛屿或地点的苏丹王国。但是由于英荷的划分，后来就有了两个分别建立在两片殖民疆土上的独立国家。

除了在马来半岛南部建立包含新加坡、马六甲和槟城在内的"海峡殖民地"，英国还积极向东边的加里曼丹岛（Kalimantan Island）扩张。这是世界上第三大岛屿，尽管印度尼西亚今天仍然称它为加里曼丹，但我们更熟悉的名字可能是婆罗洲。它的东北方是苏禄苏丹国，往海外延伸就是苏禄群岛，这片区域正好紧接着西班牙所控制的菲律宾。要知道英国和西班牙本来就是宿敌：在16世纪时，两国就在大西洋一线不断发生海战；17、18世纪时，又在美洲进行竞争，英国在美洲的殖民地拓展，就是建立在对西班牙殖民地的侵吞之上的。在东亚，它们正面交锋的地方，便是马来西亚和菲律宾之间这块区域。1881年，英国占领加里曼丹岛东部的沙巴地区，这里一直是西边的文莱苏丹和东边的苏禄苏丹争夺的地方，而苏禄苏丹背后有西班牙人支持，所以英国与西班牙剑拔弩张。不过，西班牙人还是比较克制，他们像荷兰人一样，意识到英国的崛起不可阻挡，所以干脆也签订个条约，划定双方势力范围。1884年，双方签订条约，西班牙人承认沙巴地区属于英国，而英国则不再向东边扩张，保证西班牙人对整个菲律宾南部地区的控制。但在十几年后的1898年，西班牙人控制的整个菲律宾就被美国通过一场战争全部夺去。

就这样，英国东印度公司在东南亚地区站稳脚跟，与之前的霸主们都划定了界线，和平共处。为了与荷兰的印度尼西亚殖民地区分开来，英国东印度公司的势力范围着重在马来西亚和印度，尤其是印度成了英国在亚洲的统治中心。英国人建立的第一个贸易点，是1608年在印度西部古吉拉特（Gujarat）地区的苏拉特（Surat）。之后，英国又在孟加拉湾地区设立一个据点。初期的这些活动已经让东印度公司获利非常大，所以英国国王詹姆士一世（James I, 1603—1625年在位）给公司颁发的许可证就不再设期限，可以无限期地在亚洲进行垄断贸易。

在此之前，印度海岸地区曾经被葡萄牙人垄断，但主要是在印度南部的马拉巴尔海岸一带，而且这些葡萄牙人独断专横、处处传教，早就让这里的莫卧儿王朝看不顺眼了，莫卧儿皇帝很希望通过英国人与葡萄牙人对抗。英国人也意识到，如果能以印度为据点，会比之前那些建立在亚洲其他海岸地区的据点更稳固。所以，他们恳请英国国王出面同印度建立外交关系。詹姆士一世也很支持自家公司，立即派遣使者拜访莫卧儿皇帝贾汉吉尔（Jahangir，1605—1627 年在位）。该皇帝准许英国人在苏拉特等地区设立商站，作为回报，公司向皇帝供应欧洲商品。

有了政治保障和莫卧儿皇室的保护，英国东印度公司可以在印度大规模发展。它在苏拉特、金奈（Chennai，英国人叫它马德拉斯）、孟买、加尔各答都建立商站，基本上占据印度各个方向的主要港口。在这些港口，英国人还建造坚实的堡垒用以防御敌人。公司经营的商品主要是茶叶、丝绸、棉花、靛青、硝石等，都是印度及其内陆周边地区的特产。虽然不能向东越过马六甲，毕竟那还是荷兰的地盘，但是依靠印度这个沟通南北和东西的大国，英国东印度公司基本上能够获得亚洲的大部分商品，除了印度尼西亚的香料。

1670 年，英国国王查理二世授予东印度公司自主统治、铸造货币、拥有军队、签订条约，以及在统治区发起战争和主导司法的特权。有了国家的全力支持，东印度公司更是全力以赴地在亚洲扩展业务，壮大势力，尤其积极涉足中国贸易。但是，英中之间的这个贸易，英方又总是赚不了钱，为什么？因为英国总要进口中国的茶叶和丝绸，却提供不了什么有价值的产品。公司就想到了两个解决办法：一个是在印度栽种茶叶，这就是后来发展起来的红茶；还有一个就是在印度栽种鸦片，然后卖到中国去，以便打破贸易逆差。而这个鸦片所带来的19、20世纪的中国历史，就都是我们比较熟悉的历史了，我们后面还会仔细讲。

说回到印度。莫卧儿皇帝帮助英国人，虽然初衷是为了对抗葡萄牙人，但没想到这是养虎为患。到18世纪的时候，英国东印度公司就开始不断索要地盘，最终把整个印度都吞了下去，莫卧儿帝国宣告灭亡。关于这段历史，我们在这一季的第六讲里，也有更详细的介绍，这里就先放下。总之，在这一时期，英国在欧洲和亚洲的地位都急速上升，在欧洲与荷兰、法国斗争，成为欧洲霸主；而在亚洲，则以印度为中心，建立了世界霸主地位。七年战争中，英国失去美洲，只得把全部精力放在亚洲。从此，英国也进入所谓的"第二帝国"时期，它的重心也从西半球转移到东半球，从新大陆回到旧大陆，而亚洲就是它的霸权基础。

3. 海外华人的"公司"

说完全球史上这两家大名鼎鼎的公司，我们也不妨介绍一下华人的公司。

其实，华人当年在这片海域，也有一家带着部队、非常厉害的大"公司"。要了解这个问题，我们应该回头讨论一下"公司"这个中文词汇。虽然有各种凭着字面的附会，把它的历史推得十分久远，但严格地说，"公司"这个名词最早还是出现在清朝康熙年间。一份地方官上奏的报告，说是在厦门扣押了两艘台湾"明郑"政权的大船，里面有"公司货物"若干，也就是郑家集团旗下的商货。由此可见，汉语里面"公司"这个概念，从一开始就跟中国东南沿海和南洋一带活动的华人相关。而在那个年代，南洋华人所理解的"公司"，其实性质就和东印度公司一样，跟我们今天一般人对公司这种商业机构的认识很不同。

在那个年代，南洋华人所说的公司虽然也有一帮人合伙开办事业的意思，但它的应用场景却非常复杂。比如说同乡会和宗亲会，由于是来自同一个乡下的乡亲，又或者是同一个宗族的亲人共同组成，所以这种机构也叫作"公司"。例如，今天马来西亚槟城的名胜景点"邱公司"，便是来自福建邱姓一家的宗祠。它也可以是一种秘密会社，而且多半都跟"天地会"相关，例如新马一带非常著名的"海山公司"和"义兴公司"。在欧洲殖民者眼中，这种会收取保护费、经营各种灰色事业又武装强大的团体，无异于半地下组织，所以后来当地华人又管他们叫"私会党"，他们甚至还是今天海外一些华人黑社会的雏形或前身。除此之外，公司又可以是同业公会，例如开采锡矿的工人，为了大家的共同利益，可能就会组成公司来照顾彼此。当然这都只是概念上的分别，在现实当中，这几类公司的区别，往往不是那么鲜明，常常有一些成员多样、业务重叠的情况，难怪"明郑"政权也被清政府当作一家特大型的"公司"。但无论如何，这些公司都是华人背井离乡，远渡重洋，在异国他乡需要相互团结、彼此照应的前提下建立起来的。他们会周济孤苦，协办红白二事，还会把死去成员的遗物运回老家。更重要的是，他们会共同投资某项事业，经营运作汇款回乡以及老家与殖民地之间的货物贸易。后来，英国人的各种洋行，甚至汇丰银行，之所以能在中国拓展事业，也是基于这种华人公司的网络基础。

中国东南地区的老百姓移民海外，虽然早已有之，但真正大盛还是清朝之后的事情。欧洲殖民者吸引他们来东南亚开垦拓殖，这是股拉力；而更重要的，可能还是中国本土生计艰难，由此产生的推力。我们知道，在清代从顺治到道光这短短一百多年，人口增加了好几倍，从七千万成长到三亿多，是中国历史上罕见的人口暴增。其中一个原因，就是我们第一季节目介绍过的，从美洲间接引入的红薯和玉米的功劳。这些作物容易耕种，收成周期较短，热量又高，普及以后，能够养活的人自然也比从前多。同样大小的土地，人口多了不少，难怪清朝中叶会发生大规模的人口移动。从湖广地区前往四川的移民，就是我们后来所说的"填川"；从河北和山东等地流动到东北，叫作"闯关东"；从福建和广东出海南下，那就是"下南洋"。闽南和粤东"下南洋"成风，是因为这一带山地多平地少，好开垦的面积本就有限，而前往内陆其他地方的交通又不便，再加上这个区域原有的出海传统，于是往海外移民就是很自然的选择。讲起来这也很有意思，当初因为欧洲人的海外拓展，使中国得到一种新食粮；由于这种食粮的效能，又间接推动华人投入欧洲在亚洲殖民地的开发。

　　一开始，出海可能还是迫于无奈，既要养活自己，也要设法以海外收入周济家乡。但久经时日，下南洋就成了一种很寻常的生活选择，甚至生存策略。美国著名中国史学家魏斐德，用"海洋利益"的概念来总结情况。他说："源自土地稀缺与民众智慧的结合，为了应对人稠地狭的现实而衍生出一系列生存策略：他们通过种植经济作物、手工制作或佣工取酬，获得农业之外的补充性收入；他们以商助农，利用海上贸易之便，将商业与劳务扩展到移民能够有效利用的地区。"也就是说，海外侨居地也是这些人的生存空间，并与原乡结成一道稳定的迁移链条。

　　因此下南洋的人不再只是一些穷苦百姓，甚至还有一些家境不坏、志在四方的人，例如最近几十年成为传说的罗芳伯（1738—1795）。罗芳伯是乾隆年间广东嘉应的客家人，因为乡试落第，就跟一帮亲友渡海到了加里曼丹的东万律，在当地教书。从这个细节我们可以看出，18世纪末当地华人社会已经成长到了多么繁盛的地步，已经需要有人来教授子弟读书。当年南洋移民就是如此，互相连带，来自同一个籍贯的人，多半会移居到同一个城镇，甚至从事同一种行业。罗芳伯所在的社群，就以客家移民为主流，而且都在矿场工作。本来就习惯在山区开荒采矿的客家人，到了南洋还是矿场的主力。罗芳伯虽然是个教书先生，可一点也不文弱，反而有勇有谋。他曾率领乡亲参与大规模械斗，屡建奇功，于是就被公认为地方领袖。最后，他更和其他头目在1777年也就是乾隆四十二年，共同创建了一个同乡兼同业公会，叫"兰芳公司"。你如果在网上查，可能会发现有不少文章把这家公司称作"亚洲第一个民主共和国"，只比美国晚一年建国，而罗芳伯则被认为是这个国家的第一任大总统。不过，这种讲法多半源自香港史学家罗香林（1906—1978）的《罗芳伯所建婆罗洲坤甸兰芳大总制考》，听来非常刺激，但经不起推敲。实际上这只是一家典型的海外华人公司，不过特别大型，拥有自己的税收、自己的司法制度，当然还有自己的武装力量，统御一方。而那套所谓"大总制"，虽然也有某种程度的民主色彩，但其实就跟很多公司一样，每一任的头目都由大家公推，与今天我们所说的民主宪政下的总统制还是有很大的分别。

而且自罗芳伯死后，"兰芳公司"继任的领袖，还要在荷兰人那里得到一种叫作"甲太"的头衔。"甲太"就像今天仍在马来西亚颁授的"甲必丹"，但在荷兰人眼里，地位要比一般甲必丹高。所谓甲必丹，是自葡萄牙殖民以来，欧洲殖民者授予当地人和华人社群领袖的一种身份，意思就跟英文中的"Captain"差不多。我们前面讲过的李旦号称"中国队长"，其实严格来讲就是"中国人的甲必丹"的意思。从18世纪末到19世纪中叶，一方面是出于欧洲政治观念和殖民地管理制度的转变，另一方面是华人社群日益庞大，以前那种欧洲殖民者发动的屠杀华人事件已经很少见了。反过来，殖民者还要跟这些林林总总的华人公司打交道，有时候合作，有时候压制。而一些比较壮大的华人公司，还会参与南洋一些苏丹王国之间的战争，彼此血斗。在那个现代国家仍未完全成型的年代，欧洲殖民者的力量固然庞大，但苏丹王国的权威还在，而以公司为核心的华人社群又享有一定自治空间，三者互相制衡利用，形成一幅非常复杂的图景。而像罗芳伯这等人物，其实后来也有不少，例如创建吉隆坡城的客家人叶亚来（1837—1885），就是19世纪马来半岛上的一方豪强，吉隆坡如今还有一条马路以他命名。

虽然这些华人公司曾经如此繁盛，但和荷兰与英国的东印度公司始终不同。其中最主要的区别，就是前者背后没有国家的支持，所以这批海外华商又被称作"没有帝国的商人"。尽管没有帝国撑腰，它们却成就了欧洲人的海洋帝国，并且透过与大陆的清朝的联系，促成史上空前的贸易盛况。这个贸易网络到底在交易什么？又如何转变了世界的走向？

第七节　咖啡、橡胶和锡矿：如何改变了世界的面貌

加拿大学者卜正民有一本很有趣的书，叫《维米尔的帽子：17世纪和全球化世界的黎明》（*Vermeer's Hat: The Seventeenth*

Century and the Dawn of the Global World），这是他从荷兰大画家维米尔（Johannes Vermeer，1632—1675）的画作中得到的启示。维米尔生活在 17 世纪的荷兰代尔夫特（Delft），一生都没有离开过自己生活的这座城市，但是在他的油画中，你却可以看到很多充满异国情调的对象。譬如北美洲的海狸皮、南美洲的白银、中国的瓷器、非洲的黑奴男孩、世界地图和地球仪。为什么这座荷兰城市，会有这么多异国产物，足以使得维米尔画入作品中？这恰恰说明了当时全球贸易的兴盛。代尔夫特，正是我们前面所介绍过的荷兰东印度公司在荷兰本土的六大据点之一。而上面那些对象的背后，都是一个个早期全球化的人物和故事，它们共同串起了一部 16、17 世纪的全球史。

不过，其实我们知道，洲际的商品流动自古就有，而且还很繁荣。如果你听过我们全球史的第三季"商品、贸易与物质交换"，那你一定对全球范围内好些商品的贸易往来已经有了非常切实的体会。在大航海时代之前，丝绸、瓷器、香料、茶叶、糖和纸张等，这些与中国也与其他各国息息相关的好东西都已经在世界各地流通往来。曾经的丝绸之路，其贸易商道贯穿欧亚大陆，甚至远至非洲。在唐代，以广州为起点，途经东南亚、印度，远至阿拉伯海、波斯湾与巴格达的海上贸易之路就已经建立起来。到了宋元时代，更多的大宗贸易开始转向海洋，南海、马六甲、印度洋、东南亚和阿拉伯半岛，都一一经由各种航线和东北亚及中国连成一片，使得欧洲人趋之若鹜的香料就在这海洋上广泛流通。

但当大航海时代开启之后，葡萄牙人、西班牙人以及荷兰和英国的东印度公司纷纷加入，而且开辟了新的贸易网络，欧洲、亚洲和美洲之间的商品流动速度就上了一个新台阶，甚至改变了全球商品的生产区位，更进一步推动了人口分布以及环境巨变，世界各地之间也越来越紧密地联系在一起。

我们来观察和对比一下，到了这个全球化新时代，原有的商贸圈里什么新的商品开始出现，什么旧商品逐渐衰落。当然，关于新商品，你可能已经想到了白银和鸦片，关于它们我们以后再专门仔细讲。也许你也想到了茶叶和蔗糖，在第三季节目里，我们也已经做了不少介绍。所以，在这里我们来谈一谈之前没怎么讲过的物品，分别是咖啡、橡胶和锡矿，看看这三种东西，是如何改变世界面貌的。

1. 咖啡：为什么美洲成了咖啡产地？

我们知道，茶叶和咖啡是世界上两种重要饮品，而且是容易上瘾的饮品，在全世界都有非常大的需求。咖啡原产东非埃塞俄比亚，早期流通于红海两边，尤其是阿拉伯半岛，是阿拉伯人喜爱的饮品。沙特阿拉伯有一个位于红海的港口叫摩卡，以前就是重要的咖啡集散地。无论是作为一种咖啡的调配方法，还是作为一种咖啡品种，我们今天所说的"摩卡咖啡"都源于这个地名。

欧洲人喜欢喝咖啡的时期，其实很晚。据说要到17世纪中后期，奥斯曼土耳其围攻维也纳时撤兵留下的咖啡被当地人发现，他们这才喜欢上了咖啡。总之，大概要到18世纪，欧洲人才开始对咖啡上瘾，许多城市出现咖啡馆。这一下，咖啡就有了重要市场。一开始，欧洲的咖啡源头掌握在奥斯曼土耳其人手中。当时阿拉伯和埃及及其以南地区都是奥斯曼帝国的势力范围，欧洲人要获得咖啡就得通过土耳其人这个中间商，利润被削减了不少。于是，欧洲人就想，看看能不能另想办法替代，这就只能找其他适合种咖啡的地方。那时，美洲是欧洲人的殖民地，所以美洲就成了最主要的咖啡种植替代地。一开始是在圭亚那，先后有法国人和荷兰人开发咖啡种植园。到了 20 世纪的时候，巴西就已经是全世界咖啡生产的核心产区，在 1906 年它更占据了全世界 97% 的咖啡产量。

在此之前，巴西种的主要是甘蔗和橡胶，那么为什么巴西后来会成为这么重要的咖啡产地呢？巴西的咖啡产量暴增，其实跟美国市场的扩大有关。本来美国人一开始不怎么喝咖啡，他们喜欢喝茶，而且是跟随着英国习惯喝中国来的茶叶。但是，美国独立战争的导火索就是茶叶——波士顿倾茶事件，那是因为英国征收茶税太高，而且英国东印度公司又垄断了东亚茶叶贸易。后来，独立的美国人干脆放弃了英式饮茶习惯，开始转向喝咖啡，可以说是某种爱国心的表达，当时就有一句话"美洲人喝美洲人的饮品"。这种爱国心恰好为咖啡在美国的销售提供契机，也为巴西提供扩大咖啡种植的机会。而且咖啡的妙用，后来还不断被渲染延伸。南北战争期间，咖啡的销量又上了一个台阶，因为当时美国人认为咖啡可以提神和增加饱腹感，所以在军旅当中特别受欢迎。

无论如何，从美国建国以后的 18 世纪末起，美国的咖啡消费就急剧增加，远超茶叶。补充说一句，美洲的咖啡原本主要是由海地生产，但是这个地方受到法国大革命的影响，非洲裔人群发动革命，成为美洲大陆被欧洲人殖民后第一个独立的美洲国家，也是全世界第一个奴隶起义建立的现代国家。但这场战乱冲击了咖啡生产，也暂时中断了它和欧洲的贸易网络。于是，巴西抓住这个机会，将橡胶园改为更能赚钱的咖啡种植园。尽管 1726 年咖啡树才被引入巴西，但是到了 19 世纪中叶，它已经可以大量供给美国咖啡市场了。

2. 物种分布、奴隶贩卖与三角贸易：全球图景的改变

说到这里，你可能会注意到，我们这一讲所说的全球海洋贸易网络，至此已经发生了质的变化。之前，各种贸易都还是比较单纯的买卖，各地商人以及大规模的公司，都是把一个地方的商品运送到远方的市场，你有什么他就买什么。前面所说的荷兰东印度公司，虽然开始有规模地投入种植园工作，在它控制的几个印度尼西亚岛屿上面广植香料，但那也还是在香料的原产地附近扩大原有物种的生产规模而已。然而咖啡，和我们之前所说过的蔗糖，就不太一样了。以欧美国家为后盾的企业殖民力量，带着这些作物漂洋过海，移植到地球的另一边，在它们的非原产地上大规模种植，使得原来根本不产咖啡的中南美洲变得遍地都是星罗棋布的咖啡园。在我们讲第五季"疾病、气候与环境"的时候，也提过人类行为对自然环境的影响。这种殖民贸易，其实就是塑造后来全球物种再分布以及改变环境的重要力量。

但光是移植物种还不够，密集的种植庄园自然也需要密集的劳动力。美洲原住民经历了前面所说天花等欧亚大陆传过来的疾病的打击，又遭到西班牙和葡萄牙殖民者的无情劳役，剩下的人口实在已经不能应付这个时期的劳动力需要，于是这便开始了后来在历史上恶名昭彰的奴隶贸易。早在种植咖啡之前，欧洲几个殖民地帝国就已经在大西洋两岸形成一套奴隶贸易体系，从 16 世纪一直延续到 18 世纪。它大致的路线是先从欧洲港口出发，带着

枪械弹药和其他非洲地区需要的消费品，前往西非海岸，在当地
从事奴隶买卖的王国手中换取奴隶，然后再把这批奴隶运到中南
美洲，将他们丢到矿区和种植园劳动，最后再把中南美洲产出的
货品运回欧洲市场。这么来回，恰好就像在地图上画了一个三角形，
所以这种贸易又叫作"三角贸易"。北美殖民地和后来独立的美国
也加入这种买卖，便又形成一套往于北美、西非和中南美洲的"三
角贸易"。巴西的咖啡庄园，以及在那里劳动的非洲黑人，就是以
北美为出发点的这种三角贸易的产物。残酷而血腥的大西洋奴隶
贸易网络，不单单是那段时期白银、甘蔗、棉花、烟草、咖啡和
橡胶等各大商品流通的重要基础，还根本改变了世界人口的分布
和构成。我们今天在美洲看到的非洲裔黑人以及各种长年混血形
成的族群，主要就是在这个背景下出现的。

这种贸易模式，还使得巴西等中南美洲地区变成原材料和作
物的出口地，欧洲和北美部分地区则负责加工这些物料，利用它
们进行工业生产，同时又消费那些作物。它一方面在西欧和北美
推动了后面还会详细介绍的工业革命，另一方面则使得中南美洲
的经济长期依赖作物和原材料的出口。直到奴隶贸易废止，各个
殖民地独立建国之后，这种分工格局也依然没有得到很大的改变。
在马克思之后，先后在社会科学领域发挥重大影响的"依附理论"
以及"世界体系理论"，都曾对这个历史背景以及它所创造的世界
面貌有过深入的解析。

说回咖啡。它的种植在同是热带地区的东南亚也有所发展。
比如在 19 世纪，荷兰属下的爪哇就是有名的咖啡产地，而法国人
在中南半岛、美国人在菲律宾群岛上也都进行了咖啡种植的尝试。
英国人甚至在海峡殖民地也成功地开辟了咖啡种植园，留下独特

的咖啡文化，像马来西亚怡保（Ipoh）有名的白咖啡。如果你去曾被法国殖民的越南，还会发现街头的人们很喜欢喝咖啡，但大都是坐在路边摊喝，这是很有意思的景观。我们知道，锡兰（斯里兰卡）先后经历了葡萄牙、荷兰和英国的殖民统治。其实，锡兰除了茶叶，也曾经是咖啡的天堂，这很有可能就是荷兰人把咖啡从爪哇引进到锡兰。在拿破仑战争的影响下，英国短暂占有了爪哇一段时间，也就此对咖啡的生产和贸易产生兴趣，尤其是他们发现印度人也相当爱喝咖啡，于是也在自己的属地种植咖啡。锡兰岛和爪哇有相似的气候，又有丰厚土壤，果然适合咖啡生长。1812 年，锡兰出口的咖啡就达到十五万千克，在接下来的几十年中又翻了不止几十倍，1869 年甚至超过五千万千克，居然成了巴西在国际市场上的竞争对手。可惜的是，19 世纪末期，一种叫咖啡锈病的植物传染病彻底摧毁了锡兰的种植园，科伦坡政府也无可奈何。1900 年出产了最后一袋咖啡之后，锡兰就退出了这场咖啡竞争。

　　需要提醒读者的是，虽然咖啡很受欢迎，但是咖啡豆的种植对土壤的破坏是非常严重的，对地力的要求也很高。人们疯狂地种咖啡、卖咖啡，实际上牺牲的是土地。尤其是人们在发展这种经济作物的同时，扩大种植面积，对南美洲的原始森林造成巨大的破坏，这或许也是人类发展嗜瘾性作物所导致的共同后果。

3. 橡胶和锡矿

　　前面说到，在咖啡种植之前，巴西主要的作物是橡胶。其实，橡胶也是一个应用性很广的物品，例如车胎。1885 年，德国人本茨（Karl Benz，1844—1929）研制出第一辆内燃机汽车。同年，另一位德国发明家戴姆勒（Gottlieb Daimler，1834—1900）则发明了第一辆四轮汽车（他俩就是今日奔驰汽车的创办人）。到了1903年，美国福特汽车公司成立，开始大规模生产汽车。1888年，英国人邓禄普(John Boyd Dunlop，1840—1921)更发明了充气轮胎，这就使得橡胶的用途大大增加，人们对橡胶的需求量也急剧上升。一开始，橡胶的最大产地在巴西。葡萄牙人经营的这块殖民地，利用从非洲买来的黑奴作为劳动力，在亚马孙雨林从事橡胶生产，巴西橡胶的产量相当大，能供应世界市场。但是，这里的橡胶树零散生长，彼此相距很远，影响工人的采集效率。怎么能提高效率呢？一次有意的偷盗行为改变了这一切，并且改变了橡胶的种植地理。

1876年，英国人亨利·威克姆（Henry Wickham，1846—1928）冒了很大的风险将橡胶树的籽从巴西偷偷带到英国伦敦，种在皇家植物园中，由植物学家悉心培育，威克姆这种人就是当时典型的"植物猎人"。后来，英国殖民者再把它带到东南亚的殖民地英属马来亚，而且他们吸取巴西教训，在马来半岛上种植的橡胶树排列整齐，间距又小。为了寻找工人前来种植，英国人又引进大量华工、印度工人作为劳动力。东南亚丰富的人力资源和肥沃的土壤及日照，使得马来半岛在橡胶的生产效率和产量上都超过巴西种植园，成为向世界提供橡胶的重要产地，最终取代巴西橡胶业。这迫使巴西后来转向以咖啡种植为主的经济模式。

同样是在马来西亚，还有另一项重要的产出，那就是到了19世纪中叶开发的锡矿。这一新矿产对亚洲经济地理的影响非常大，而马来西亚的锡矿资源非常丰富，甚至被称作"锡的王国"，因白咖啡而知名的怡保就曾被誉为"世界锡都"。这里从马六甲苏丹国的时候就已经开始开发锡矿，但是直到19世纪中叶英国人到来，才大规模地推动这里的锡矿开采。

为什么锡很重要呢？因为在19世纪的时候，这种物资的应用范围很广，可以制作各种器具，尤其是包装茶叶的罐子，它能达到防潮的效果。锡制品还可以储存咖啡豆、香料、药材、新鲜干果等，正适合这些也在东南亚地区大规模种植和销售的货物。顺带说一说，这时候的茶叶生产也早已脱离了中国的垄断。英国在征服印度东北部的阿萨姆（Assam）地区，赶走这里的原住民之后，就着手开发茶叶种植园。19世纪80年代，这里开始增产，然后修筑铁路，将这里的茶叶运出山区，在近海的港口装船运到欧洲市场。于是，印度红茶就跟锡兰红茶一样，都成了英国突破中国茶叶垄断的替代商品。这些红茶被英国传入香港后，就发展出了香港风格的奶茶，而英国统治下的南非也有了当地风格的红茶。

因为茶叶，锡也成了炙手可热之物，并且大大地改变东南亚的经济地理面貌。物种、矿产、经济地理的变化，也带动人口的流动。比如，马来西亚的首都吉隆坡，直到19世纪初都还是一个无足轻重的小地方，这个地名的字面意思就是泥泞的河口。但是，到了19世纪中叶，它就已成为一个繁华大都市，因为它的港口是锡和劳工往来的重要枢纽。当时最多的外来劳工就是华人和印度人，这两个地方来的劳工，成为各个橡胶种植园、锡矿矿山最受欢迎的劳动人群，他们彻底改变了东南亚的社会构成。如果现在大家去新加坡，就会发现，它的老城区共有四个区域，分别是马来人、英国人、华人以及印度人区域，这种多元族群的面貌，正是那段历史遗留下来的。我们前面讲到清代大量华人劳工下南洋的历史，他们在南洋能立足，是建立在异常艰辛劳作的基础上的，其中一些更打出了一片天地。比如之前提过的，被誉为"吉隆坡王"的华人领袖叶亚来就是一例。叶亚来是惠州客家人，早年离开贫困的家乡，下南洋谋生计。1861年，年仅二十四岁的他在吉隆坡发展得风生水起，人气很旺，被任命为"甲必丹"，协助苏丹管理华人社区。他管理的锡矿业非常成功，是吉隆坡的开埠功臣，其产业遍布全城，推动了城市的迅速发展。

像这样移民到马来亚谋生的华人和印度人很多，他们的到来，大大增加了这个地方的粮食需求。为了解决人口增长带来的粮食问题，英国殖民当局选择在孟加拉湾东岸的缅甸发展水稻产业，供应英属印度和东南亚地区的殖民地，以养活这里越来越多的外来人口。于是，缅甸就成了东南亚地区的重要粮仓，粮田的开发也改变了缅甸的农业景观，使这里的生态环境也随之变化，影响深远。

前面讲了不少全球性的作物，这些作物的移植，给世界带来很大变化，而它们本身也被全球化推动着在全世界旅行。欧洲人一方面为了作物的贸易而出海，同时也为世界各地带来新的作物，并且改造了亚洲以及美洲的地理景观，正是这种错综复杂的合力，创造了后来的世界格局。我们用了这几个例子来介绍世界贸易的根本变化，重点要说的是贸易如何推动了物品的移植和生产，这种移植和生产又如何带动了人口的迁徙和定居，这种"物"与"人"的移动又如何重绘了全球的图景，使得大航海之后的全球历史发生根本变化。

下面，我们要讨论全球贸易网络中的重要节点，也就是海港城市的兴起。

第八节　全球港口城市的互联网：全球市场的形成

1500 年以后，随着葡萄牙和西班牙的海外殖民活动，新的贸易网络在全世界范围内铺开，人口、商品、金银甚至资讯都沿着网络在世界各地流通。特别是香料、茶叶、咖啡、橡胶、棉花和烟草等资源，不仅成为欧洲国家在全世界寻找的商品，更是改变了世界的经济和政治地图，也促进商业作物的移植和生态环境的变化。而在这个全球性商贸网络当中，城市特别是港口城市成为重要的节点，人和物都会经由这些节点流通。由于流通，这些城市变得越来越繁华，为世界增添一幅幅新的图景。

通过密集的航道，这些星罗棋布的港市，还构成一种新的帝国模式"海洋帝国"，它们奠立了我们今天所知的全球化世界的基础。

1. 海洋帝国的诞生

什么叫作"海洋帝国"？我们不妨从揭开大航海时代序幕的西班牙帝国说起。西班牙帝国进入所谓的新世界之后，先是在中美洲的岛屿上建造海地的圣多明各、古巴的圣地亚哥等据点，然后就迅速进入美洲大陆的内陆建立一系列重要的城市。这种城市和我们在印度洋及太平洋沿岸所见到的海港城市不同，多半是为了对腹地的拓展和统治以及天然资源的开掘。

例如，今天玻利维亚的波托西（Potosí），这座因为银矿而兴起的城市，在殖民时代人口曾经高达十五万，几乎算得上是美洲当时最大的城市。城中有大量的西班牙人和本土印第安人，他们来到这个深处内陆高原的地方就是为了银矿开采，而开采出来的白银则供给西班牙的全球市场。所以，在内陆开采到银矿之后，还得运到港口出海才行。墨西哥南部的阿卡普尔科，就是这样一座以银矿出口闻名的城市。如果你听过我们节目的第三季，应该还记得这座海港城市。它在今天并不出名，但是在16世纪，可是一座非常重要的城市。为什么呢？因为从1565年开始，满载亚洲产品的大帆船从菲律宾的马尼拉起航，运到阿卡普尔科，开辟出了连接亚洲和美洲的太平洋航线，也被称作马尼拉—阿卡普尔科的大帆船贸易。大帆船从亚洲来的时候，运载着中国、印度、日本生产的丝绸、瓷器、棉布，到达阿卡普尔科。一部分货物在美洲当地销售，换取波托西的白银，然后返程运回亚洲；还有一部分就通过巴拿马地峡运往欧洲。从大帆船开通的第三年起，明朝新登基的隆庆皇帝下令开关，闽南漳州一地凭借月港（明朝当时唯一的对外窗口）也成了横跨太平洋的国际贸易中的重要一环。你不妨想象一下明代中后期的一个苏州人，他拿着波托西生产的白银在中国市场上消费，你会不会感到匪夷所思？关于这种白银贸易，我们下一讲会专门介绍。

但我们在这里要注意的是，西班牙人和后来的荷兰人与英国人不太一样。荷兰与英国东印度公司的扩张，是以海岸城市为中心，并不太在意大陆内部的开拓。但是，西班牙人却要大片陆地，在内陆和河口建立许多城市。这种差异背后的原因非常复杂，我们没有办法在这里一一分析，然而这却让我们注意到一种崭新的帝国形态。在大航海时代以前，我们常常会看到唐朝和蒙古帝国这类领土庞大的大陆帝国。但是，荷兰和英国的思路却完全不同，它们起初并没有强烈的征服土地的意愿，只在意能不能掌握航线以及位置最好的港口。日本学者羽田正认为，这可能与两种帝国的财政汲取方式不同有关。传统大陆帝国占有土地和人民，然后依靠税收来维持运作。而这种新形态的海洋帝国，则是透过交易中间的差价以及垄断海洋贸易而获利。从它们的角度去看，开拓内陆，征服土地，既需要耗费大量的军力，还要增添管治成本，是一件非常不划算的事。

至于和西班牙同时起步的葡萄牙，虽然它在美洲的拓展类似于西班牙，占了巴西这一大片土地，但在欧亚大陆却率先开启了海洋帝国的路线。它不单单是控制印度洋沿岸的一连串据点，而且还试图垄断整片海洋的专营权。例如，胡椒和香辛料的传统贸易路线，是从印度西岸出发，经过红海和波斯湾，登陆西亚，再进入欧洲。葡萄牙人封锁了这条路线，迫使所有商品必须经过它所开拓的好望角航道，再循西非海岸前赴欧洲。可以说，葡萄牙这个新帝国想要做的，不再是大陆的主人，而是大海的主人。

问题是，除了葡萄牙人，后来的荷兰、英国、法国甚至德国和瑞典也都想要在大海上分一杯羹，于是就有了激烈的竞争甚至战争。在武力之外，它们是否也需要一些更高的价值原则使自己的主张合法化？而且，这时一个非常复杂的全球贸易网络已经开始铺建起来，这里的主角远远不只是这些欧洲人，还包括世界各地不同的文化和民族。大家交易的时候，是不是应该要有一些基本规则？这些问题便催生出一些我们今天十分熟悉的国际秩序。例如，1603 年荷兰人在新加坡附近劫持了一艘葡萄牙船，结果荷兰商人在欧洲被葡萄牙人指控为海盗，惹起一场法律争端。当时身为荷兰东印度公司律师的格劳秀斯（Hugo Grotius，1583—1645），就为此写下法学史上的经典之作《论海洋自由或荷兰参与东印度贸易的权利》（《海洋自由论》[*Mare Liberum*]），试图在法理上挑战葡萄牙人对海权的垄断。格劳秀斯的相关论著，被视为日后海洋法和国际法的基础。

我们先不管这些规则由谁创立，谁又有权力去解释这些规则；重点在于要是没有一套相应的规则，世界各地城市所组成的网络，就很难形成一个有效率的全球市场。

2. 全球都会的兴起

当我们在谈大航海时代的都市时，除了前面所谈到的印度洋和西太平洋沿岸港口，也绝对不能忽略作为航线起点的欧洲母港。透过贸易的繁盛，它们不但建立了现代都会的雏形，甚至还创造出全球市场必不可少的要素。

我们先回到东亚，看看中国的澳门。你知道吗？很多葡萄牙游客到了澳门，都会有一种既陌生又熟悉的感觉。像澳门的"直街""前地"，也就是道路和广场，好像都是里斯本的翻版，而且当时澳门的城市基本组织单位是"堂区"，其核心总是一座天主教教堂。这更是源自葡萄牙，是根据教会组织划分而来的。难怪后来总有一些澳门游客去了里斯本，觉得似曾相识。其实，除了澳门，印度的果阿，甚至非洲海岸上的一些城市，我们要是仔细观察，也会发现有一些共同点，那就是它们的城市规划都与里斯本非常像。比如：基本都是建在海边港口处，而且都会有一座上城、一座下城；上城是统治者居住的地方，下城是港口贸易区。每一座殖民城市似乎都有里斯本的基因。

去过里斯本的朋友就知道，这座城市位于塔霍河边，在滨河区域有一座非常漂亮的贝伦塔。塔身的建筑风格是混合式的，甚至还带点伊斯兰建筑的味道。这座塔建于 16 世纪初，是当时国王曼努埃尔一世（Manuel I，1495—1521 年在位）为纪念东方新航路和香料贸易而建造的。就在贝伦塔的附近，20 世纪中期还建造了一座"发现者纪念碑"，用来纪念五百年前的航海先驱们。纪念碑上面有很多人的雕像，为首的是"航海家"恩里克王子（Infante D. Henrique，1394—1460），正是从他开始，葡萄牙不断向南进行海上探索。纪念碑的周围还有一座风格豪华奢侈的修道院，达·伽马就葬在这里。16 世纪的葡萄牙相当富有，要知道葡萄牙绕开了威尼斯和埃及，经过好望角直接从东方获得香料，里斯本成为新的香料集散地，当时整个欧洲的财富都集中到这里。葡萄牙王室利用这些财富建造里斯本，河边码头区附近的王宫前面有一座极大的矩形广场，直到今天还令人赞叹。里斯本当时有一条被称作"新大街"的道路，路旁都是商人的店铺和住宅，来自全球各地的商品琳琅满目，街上还穿行着大量来自不同国度的人，把里斯本装点成一座国际大都市。

然而，就像我们之前所说的，葡萄牙的航海事业始终离不开王权。所以当年的里斯本再怎么繁华，毕竟也还不算是完全依靠市场力量形成的都会。与之相反，荷兰阿姆斯特丹就不一样了。那它和里斯本到底有什么不同呢？在这里，我们不要只盯着那些运河和堤坝，以及河岸两侧狭长又有趣的建筑，重点反而在一些肉眼可能看不到的地方。

话说 1644 年，崇祯皇帝在景山自缢，明朝覆灭。1650 年 7 月，阿姆斯特丹市面上的一份印刷品上就印了这么一段话，说东印度公司商船上的水手"证实了天才的中国的种种灾难"。这条报道中的"证实"二字，可以说明这里早就有相关传闻。可是，在报上证实小道传闻，要等五六年也未免太久了吧。但我们必须理解，在那个时代从中国前往欧洲，最快也得九个月，而且商船还得等待季风，一年才能往返一次。尽管如此，还是有学者认为，这条被印刷成文字的消息，是"早期近代世界的第一桩全球新闻事件"。之后一段时间，荷兰各个城市就有了大量的出版物，绘声绘色地描述明朝的灭亡。

为什么这条消息对荷兰人而言这么重要？想象一下，假如你是一个瓷器中间商，每年最主要的生意就是把在阿姆斯特丹卸货的瓷器辗转卖到日耳曼地区，你要不要担心瓷器原产地的动荡？又或者你手上有些东印度公司的股票，知道他们每年都能稳定地在中南半岛购得一批做明式家具用的上好硬木，又从摩鹿加群岛（印尼马鲁古群岛的旧称）拿到当作药材使用的香辛料，再把它们转售给中国人，你现在又会不会开始怀疑手上股票的价值？其实，何止直接从事国际贸易的生意人会关心这种消息，就连负责在港口集散各种货物的工人、管理码头仓库的管事也都有可能被地球另一端的巨变所波及。

从今天的角度来看，这简直就像是我们这个全球化时代的生活日常，但它在四百年前可就一点也不简单了。

首先，当年的阿姆斯特丹已经有了非常发达的出版和印刷事业，还有现代报纸的雏形，来自世界各地的消息全都成了可以沽售的商品。其实，商人自古以来就会关心市场环境的变动，尽量收集可以影响买卖的信息。而报纸或者类似的出版物，也并不是荷兰人发明的，至少在当年中国的南方就有许多人是透过"小报"和"大报"，才能确认李自成攻陷北京的传言。但阿姆斯特丹独特的地方在于，它的消息来源竟然遍及全球，还有这么多市民想要了解他们这辈子都不会踏足的地方。而它收集、整理和发送这些消息的办法又非常系统，形成惯性出版。这当然是因为荷兰已经搭建起一个非常复杂的世界贸易网络，整个城市的市民也都直接或者间接地被卷进这套网络当中。于是，阿姆斯特丹就成了当时全欧洲资讯和出版业最发达的城市之一。另外，也许一方面是因为新教信仰，另一方面则是当时荷兰并没有一个专制王权，加上为了确保市场的活络以及高效，所以他们并没有严厉的出版物审查制度，这巩固了阿姆斯特丹作为欧洲资讯中心的地位。它那印满了各种政治报道，以及市场行情甚至新发现和新发明的报刊，常常成为其他国家出版物翻译的对象。有了自由流通的大量信息和观念，反过来也就更加有利于荷兰的海上霸权。这是当时葡萄牙的里斯本和西班牙的马德里，都远远比不上的优势。

其次，我们说那时候有些人买了荷兰东印度公司的股票，并且关心它的价值，这便说明他们不只有了股份公司，还有可以买卖二手股份的渠道。没错，东印度公司于 1602 年创立的阿姆斯特丹证券交易所，一般被认为是全球第一个股票交易所。就像报纸不是荷兰人发明的一样，合股公司以及股票的交易，威尼斯早在两个世纪之前就已经都有了。但阿姆斯特丹却最早让股票的买卖公开而自由，并且每逢工作日定期开放一个固定场地来给人做交易，终于形成一个稳定且有秩序的证券买卖模式。除了股票，它的期货市场也相当发达，于是阿姆斯特丹吸纳大量来自欧洲各地的资本，这直接使得各个地方的商人加入一个全球市场，又让他们不得不关注从阿姆斯特丹传来的消息。

资讯加上资本的流通，让阿姆斯特丹成为早期全球化的第一个国际都会，是后来伦敦、纽约以及香港等全球城市的前辈。

3. 全球城市网络当中的区域节点

前面说过，荷兰人选择爪哇岛，1619 年在岛上建立巴达维亚（也就是今天的雅加达），以此作为荷兰在亚洲的总部。它被建成一个典型的殖民堡垒型城市，但它与在西班牙统治下、不同国家的人要隔离居住的马尼拉不同，巴达维亚的荷兰人与亚洲基督徒、中国华人生活在同一个城墙内的城市里，接受数量庞大的当地奴隶的服务。荷兰人将当地的马来人集中安排在不同村庄，以防他们对城市构成威胁，可一旦有需要，就把这些人征召进军队。荷兰人还在城市里复制了母国的市政制度，有政府、医院、法院、教堂和救济机构。而当地的中国人也有比较大的自治权，城里还有中国公堂、中医院、中国寺庙、中国墓地，荷兰人与华人高度合作。所以，这个城市既像荷兰的城市，又有中国的风格。荷兰学者包乐史（Leonard Blussé）有一本著作叫《看得见的城市：东亚三商港的盛衰浮沉录》（*Visible Cities: Canton, Nagasaki, and Batavia and the Coming of the Americans*），就展现了荷兰在巴达维亚、广州、长崎的建设，以及这三座城市之间的贸易关系。

为了加强这种贸易联系，荷兰人在台南建造热兰遮城，也在越南中部的会安（Hội An）和北部的东京（Đông Kinh，也就是今天的河内）建立商业据点，更在泰国阿瑜陀耶王朝的首都阿瑜陀耶（Ayutthaya，今天泰国的大城）建立商业会馆，就位于城南华人区的南边。除了东南亚，荷兰人也在日本长崎附近海上的出岛（Dejima）建立会馆，专门负责日本和中国以及东南亚之间的贸易。

既然提到这些港口城市以及连接起它们的贸易联系，就不能不先澄清几个常见的误解。

首先，很多人都以为整个大航海时代的贸易，就是来回把一批商品从东运到西，再把另一批商品从西运回东。但其实没有这么简单，许多贸易就发生在区域性的几个港口之间，并不一定都要穿越几片大洋。例如巨港（Palembang，原称巴邻旁）、井里汶（Cirebon）、北大年（Pattani）等大大小小的港市，除了输出及转运欧洲、中国和日本等市场所需要的物品，如烟草和棉花，同时也是稻米和奴隶的集散地。稻米和奴隶都不是为了供应欧洲和中国，而是为了巴达维亚等区域内的城市。除了这些，还有一些相当特别的区域性商品，例如中国人喜欢的海参，印度尼西亚苏拉威西岛上的望加锡（Makassar）就曾是一个海参集散重镇。它又为此连接一些更远也更小的港口，使得捕捉海参的范围能够远至澳大利亚西北部的海域。

其次，一个常见的误解，就是以为在整片海域上往来的商人都是欧洲人。其实我们前面也讲过，参与整个大航海贸易的，除了早就活跃在印度洋和东南亚的阿拉伯人、印度人以及华人，还有跟随欧洲人步伐散布到各大港口城市的其他民族。比方说亚美尼亚人，他们主要就是沿着英国人的路线，抵达远东各个港口。例如今天在香港非常著名的"九龙仓"和"置地公司"这两家大财团，它们的创办人就是亚美尼亚富商遮打爵士（Sir Catchick Paul Chater，1846—1926）。除此之外，当然还有一些在更小范围活动的原住民，比方说琉球人、武吉士人（Bugis），他们也是区域贸易里的重要成员。

最后，还有一个常见的误解，就是把所有这些城市以及贸易路线的发展，都理解为欧洲人单方面发动并且主导的殖民行为。没错，我们在前面已经讲过不少欧洲殖民商人和帝国的残暴行径。

可是，在遇到一些强大的王朝政权时，他们也必须妥协合作。比方说，前面提到的长崎出岛，荷兰人就只能留在这座只有两个足球场大小的人工岛上，不准踏足日本本土半步。此外，更有一些地方简直是张开双手，主动欢迎欧洲商人。例如波斯萨菲王朝的阿拔斯港，它就容许好几家东印度公司同时开设商馆。但最夸张的案例，还得数到阿瑜陀耶，这座湄南河（昭披耶河）边上的城市，可能是中南半岛史上最国际化的都会，光是华人和日本人的人数，就已经多到形成各自的区域。此外还有大量波斯人、印度人以及阿拉伯人。这个王朝甚至一度有过日本浪人组成的王宫禁卫军，担任财政大臣的法国人，以及当上宰相的希腊人。

当然，在这段漫长的期间，各个区域枢纽和大小港市，以及它们所组成的贸易网络，也都难免要受到时势的影响。例如，1683 年郑氏政权向清朝投降之后，康熙皇帝秉持"通商裕民"的宗旨，解除了清代私人贸易的禁令，期待以繁荣的海外贸易来充实国库。商旅们便以巴达维亚为中转站和集散地。每到季风季节，就有大量与中国进行贸易的商船往来两地，中国商品进入巴达维亚，再由荷兰商船运回欧洲销售。荷兰商人从中大发横财。但是过度依赖中国的政策，也使巴达维亚的商业生态变得脆弱。1717 年，当年迈的康熙皇帝再度颁布海外贸易禁令时，突然停止的贸易就成了巴达维亚的重大浩劫。而且，随着广州成为清政府的外贸垄断地，到了 1754 年荷兰东印度公司决定绕开巴达维亚，东西方商品和船只直接从马六甲海峡经过，往来于欧洲与东亚。

在全球贸易的这一系列变化中，巴达维亚自此衰落。

4. 英国北美洲殖民地的建立

既然讲到广州，你可能就会发现，我们好像还没仔细讨论中国的港口城市，以及和近代中国特别相关的英国。关于这一段历史，我们在后面还会专门探讨。但我们现在可以稍微远眺一点，回到开头的舞台美洲。

1626 年，荷兰人从当地的印第安人手中以极低价格买下北美哈德逊河口的一块地。二十多年后，这块曼哈顿岛成为殖民地的中心。在这个岛上，荷兰人建造了新阿姆斯特丹。它源于荷兰人在美洲的毛皮贸易，其中包括海狸、海獭、河狸等动物的皮毛，尤其是海狸皮，价钱最高。这些毛皮经由南北向的河流和陆路，被运输到大西洋沿岸的城市，再从这里运到大洋彼岸的欧洲，供应当时的贵族和富人阶层。河狸皮帽子从 16 世纪末起风靡一时，持续两个多世纪，欧洲大陆上的河狸就是因此被捕杀到所剩无几。河狸皮的流行使新阿姆斯特丹成为获取这种产品的重要地方，也吸引越来越多的欧洲人和印第安人来到这里。

此时的英国刚刚结束内战，国内局势稳定，就积极向外扩张殖民，同荷兰争夺北美殖民地。英国国王詹姆斯一世在 1606 年宣布，北美洲位于北纬 34° 至 45° 的地方都归其所有。不久，英国人就在弗吉尼亚以国王的名字，建立第一座定居点城市詹姆斯敦（Jamestown）。后来，约克公爵更派遣部队夺取曼哈顿岛，于是它的名字改成新约克，也就是我们后来所说的 New York——纽约。在这批先驱之后，英国人源源不断地到来。日益强大的英国在美洲建立庞大的殖民地，先后击败西班牙人、荷兰人、法国人，成为首屈一指的霸主。但是到了 18 世纪中后期，美国独立战争打响，英国就不得将战略重心转移到亚洲，在那里和其他欧洲老对手竞争了。

16、17 世纪的世界经济网络，造就一大批商业港口城市，也正是这批商业都市推动了早期的全球化。从葡萄牙、西班牙、荷兰、法国，一直到英国，这些新兴帝国后来开始把大面积的土地视作重要的生命线，殖民者们到亚非拉地区，不但为了贸易，更是为了攫取更多的资源。正是这些资源，推动了他们从海洋帝国到海陆帝国的转型，以及彼此之间加剧的竞争。

但是，在讲到那一大段历史之前，我们必须先来回顾使得中国也进入全球贸易网中的白银。

（朱明）

第二讲

白银的时代

第一节　从张献忠"江口沉银"的故事说起

这一讲，我们将从明末张献忠"江口沉银"的故事说起，一直讲到大航海时代之后，中国如何被拖入全球商品贸易的大网络之中，而其中对中国影响极大的一种商品就是白银。明代后期，由于中国以白银作为基本货币，可白银又紧张，欧洲殖民者乘机把美洲的大量白银运往中国，换回各种欧洲急需的商品，从而刺激了全球贸易的发展。

1. 有关"江口沉银"的来龙去脉

几百年来，四川地区一直流传着一个传说。据说明末张献忠占领这里时，曾经把大量的金银财宝埋在锦江下面。

在历史记载里，明末农民起义领袖张献忠的名声可能最恶劣。1644年，也就是明清易代的这一年，华北正在打仗，张献忠率领农民军攻下成都，自立为王，在四川建立大西政权（1644—1647）。张献忠与李自成都是陕西人，俩人都是在天启末年到崇祯初年的大饥荒中起兵造反的。但与攻下北京城、葬送明王朝的闯王李自成相比，往南方发展的张献忠好像乏善可陈，最出名的传言可能就是说他曾把四川人杀得没剩下多少。此外，传说中他还把很多金银秘密地埋藏在江底。

听到这里你可能想问，在当时的条件下，这是怎么做到的呢？《明史》《绥寇纪略》等史料记载了当年的施工过程，看上去大概和我们今天修建水电站差不多。张献忠命令部下先在锦江旁边挖一条支流，将原来的河道用堤坝拦腰截断，等河道里的水彻底干涸、河床全部露出来以后，再掘出深沟，把白银等财宝埋在里面，然后重新决堤放流。为了不让藏宝地泄露，最后他残忍地把参与工程的人全部杀掉灭口。这么周密的"水藏"之后，除了张献忠本人，就几乎没人知道这批宝藏在哪儿了。

这一传说名叫"锦江沉宝"，还有一个传说叫"江口沉银"。传说，张献忠当年搜刮了大量白银，将它们全部熔成银锭。他统治四川时，命人砍伐当地质地坚硬、耐腐蚀的大圆木，对半剖成两半，中间掏空，把银锭装在里头，再重新合上，用铁箍扎紧，名叫"银鞘"。顺治三年也就是1646年，张献忠被明朝将领杨展（1604—1649）击败后，仓皇逃窜时将不少银鞘抛入江中，大部分沉在今天眉山市彭山区江口镇。据说，每个"银鞘"大小都差不多，大概能装两千两银子。在清代的时候，偶尔还真的有人从江中打捞出银鞘，意外获财的好事儿虽然不太常见，但已经很让人眼红了。彭山当地有一首世代流传的民谣，说是"石牛对石鼓，银子万万五。有人识得破，买尽成都府"。说得够玄乎，而且还有一个版本说是"石龙对石虎，银子万万五"，这让人十分迷惑，沉下去的银子究竟在什么地方呢？两三百年里，很多人慕名来江里找银子，但都没找到。

最近的一次失败尝试，是在抗日战争期间，四川有个叫杨白鹿的前清贡生忽然站出来，声称自己手上有一幅藏宝图，交给了当地军阀。四川军阀很高兴，1939 年还成立了锦江淘江股份有限公司，准备寻宝。可是辛辛苦苦打捞了十个月，最后虽然挖出了一个石牛、一个石鼓，但却不见银子的踪影，只淘到几箩筐铜钱。

可是，这件事情到了 2005 年和 2011 年，居然有了惊人的大进展！人们在彭山江口挖出藏在银鞘里的银锭，分析上面的铭文，大致可以判断这确实是大西政权的东西。这时候人们才确信"江口沉银"的传说，还真不是无风生浪、捕风捉影的事。这些银锭大部分是明末官府铸造，是标准统一的官库银，大概是张献忠军队转战各地的战利品；小部分是大西政权自己铸造的。银锭上面往往刻有税银、饷银等字样，由此可见，无论是明末政府，还是大西政权，它们的财政都离不开白银。

为了彻底探明江底的文物，2017 年 1 月，四川彭山江口沉银考古发掘项目正式启动。2018 年第二期水下考古真的出水了文物一万两千多件，其中包括张献忠册封妃嫔的金册、印有"西王赏功"的金币，以及一枚"蜀世子宝"金印，这可是目前国内第一枚完整的明代藩王金印。在水下考古结束之后，2019 年 11 月考古人员开始对现场进行围堰，2020 年 1 至 4 月再次进行第三期考古发掘，共出水文物一万多件。这次仍然主要是金银器物，包括来自乐至、仁寿、乐山、德阳、广汉等地的大西政权银锭，这是当时大西政权统治范围内以白银为征税工具的证据。

2. 明朝的货币政策变迁

为什么明政权和大西政权，都选择白银为征税工具呢？为什么不用铜钱，或者用宋代已经发明、元代已经大规模使用的纸币呢？这就要说到明代的财政史了。以白银为通行货币，并不是一开始就确定下来的国家经济政策，明政府也是迫不得已到最后才接受这种贵金属货币的。

明朝建立之初，朱元璋在应天府（今南京市）设立宝源局，发行"大中通宝"铜钱，与历代铜钱混合使用。因为连年大战，铸钱用的铜不容易得到，中国本来铜就不多，明政府就要求民众把铜都捐出来，很多老百姓苦不堪言。但吃力不讨好的是，铜钱从一开始就不太受民众欢迎，尤其是明初商人，他们已经习惯使用元代轻便的纸币，对铜钱不怎么感兴趣。考虑到这些因素，洪武七年（1374），朱元璋在南京设立宝钞提举司，开始印制"大明宝钞"。明政府的构想是非常周全的，大明宝钞设定不同的面额，可以和铜钱等价使用。宝钞上面设计有精美的印刷图案，以达到防伪的效果，同时配以严刑峻法，禁止民间私造。

可是，因为滥造和屡次变更宝钞样式，明代纸币迅速贬值。从保值效果来看，明代人普遍认为，宝钞不如铜钱，铜钱不如白银，所以大家都喜欢白银。明英宗正统时期（1436—1449），商品经济快速发展，民间对货币的需求量猛增。更重要的是，正统年间明代漕运遇到很大的问题，而白银是解决这个问题的最好办法。

为什么呢？让我们长话短说。明代初年的国家税收，是以征收实物为主。洪武年间，南方地区普遍夏税征麦、秋税征米，一部分存留供养地方政府，另一部分通过漕运运往南京。只有偏远的云南地区，政府才特准以金、银、布、漆等代替麦、米。永乐年间，明政府基本维持这种实物税制度。永乐帝原是镇守北平的藩王，1402 年通过篡夺侄子建文帝的皇位登基，在南京一直过得不怎么自在。永乐十九年（1421），永乐帝决定将首都从南京迁到北平，如愿以偿回到了熟悉的北方。当然，迁都北平可能也有防御北方游牧民族的考虑。问题是，迁都以后，明朝政治中心北平与经济中心江南的距离骤然拉长，为了供养朝中百官，漕运成本随之翻倍。

正统元年（1436），明政府允许浙江、江西、湖广、福建等江南各省用"折色"也就是布、绢、白银来交税，不再征收"本色"即实物税。漕运的成本的确是降下来了，但也等于明政府不再禁止使用白银，这在历史上叫"弛用银之禁"，为之也就撕开了一个小口子。本来就千疮百孔的明代货币体系的堤坝，没过多久就这样迅速崩溃了。白银的普遍使用，加速了宝钞的贬值。到了明宪宗时期，也就是 1470 年前后，明建国差不多一百年时，一贯也就是四百文面值的宝钞居然只能兑换一文的铜钱。换句话说，纸币已经贬值到跟白纸差不多了。

明代的铜钱有洪武钱、永乐钱、宣德钱、弘治钱等。最开始用工还是很讲究的，有金背、火漆、镟边等复杂工艺，仿造的难度很大。但最大的问题是，铜币铸造的成本，居然比币值本身还要高，政府造一枚赔一枚，最终负担不起，只好放宽标准，往铜里掺杂铅和锡。随着铜钱的质量越来越差，民间仿造也越来越猖獗。据说，明代铜钱的质量最差的时候，连基本的样子都没有，即使拿张厚纸片，剪成外圆内方的形状放在一堆铜钱里，一眼也分辨不出来。不过，相对于纸质的宝钞，铜钱的耐用性毕竟还好一些，所以也就能苟延残喘到了明王朝终结之时。但整个明代，特别是中后期，就大致实行以白银交易为主、以铜钱交易为辅的货币双轨制。

3. 明代白银的极度短缺

前面这么说，好像有点抽象，让我们举个具体例子吧。

明朝人兰陵笑笑生写的《金瓶梅》，相信大家都听说过，这是一部世情小说，内容非常精彩。在小说前几回，武大郎听说潘金莲与西门庆有染，上门捉奸，反而被西门庆一脚踹中胸口，重伤躺在床上起不来。弟弟武松在外出差，武大郎只能恳求奸妇潘金莲拿了铜钱，去药店抓服药来救自己，答应以前的事一笔勾销。哪知道抓回来的却是一服砒霜，武大郎服完，一命呜呼。听说武大郎已死，西门庆赶紧上下疏通，光是打点清河县的皂隶，也就是没有编制的官府临时工李外传，就花了整整五两银子。武大郎每天在街上卖烧饼，是个流动商贩，所以每天接触的都是铜钱。而西门庆是开药铺的富商，腰缠万贯，所以一出手就是银子。至于在明朝实际社会生活中，人们用铜钱和用白银的比例，嘉靖年间有一位叫靳学颜（？—1571）的财政官员总结说："惟时天下之用钱者，曾不什一。而钱法一政，久矣其不举矣。钱益废则银益独行。"也就是说，全国用铜钱的情况不到十分之一，老百姓大部分情况下使用白银，这是非常惊人的现象。

可是，用白银作为基本货币，也有很多麻烦。明朝疆域内，银矿并不多，主要分布在浙江的温州、丽水，福建的尤溪、浦城等地，四川、山东也有少量分布。洪武十四年（1381）从元朝手中收复云南后，全国白银产量一度提高。但开采了一百多年，到 1500 年前后，各地官员纷纷反映，银矿已经快枯竭。明王朝境内的银矿，开采的边际效用日益递减，往往投入大量民力，产出也根本达不到预期。加上劳动条件恶劣，矿工的死亡率极高，明中后期的金银矿产区，往往演变成盗贼的高发地带。

可是，还是需要大量银子。这个时候市场经济商品贸易发展得很快，同时北方蒙古人又不断入侵，边防军费居高不下，民间和朝廷都急需用银。可中国每年的银产量还不到十万两，云南占了总量的一半，也不过五六万两而已。即使动员各省开足马力，全面开采银山，同时从藩属国朝鲜输入白银，还是根本不够用。正是因为白银严重短缺，明代的银价不断上涨。根据全汉昇《宋明间白银购买力的变动及其原因》一文的研究，在 1346 到 1475 年期间，金银比价从 1:10 降到了 1:4。也就是说相对于黄金的价格，白银价格一百多年涨到了原来的 2.5 倍。

这意味着，只要有人能从中国以外的地方得到白银，运回国内销售，就能获得巨额利润。

4. 世界各地白银输入明代中国

于是，明代中国犹如一个黑洞，或者像一个旋涡，把全世界各地的白银都吸收了过来。

前面讲到，大航海时代之后，欧洲人向西发现新大陆，向东找到通往印度、马六甲和中国的航线，于是全球贸易大大地发展起来。这时，为了换取中国的丝绸、瓷器，欧洲人急需购买丝绸等物质的货币，可是据当时墨西哥的文献说，中国人几乎不要黄金，也不要其他物品，只看得上白银（或者银币）。恰好这时欧洲人找到了白银。首先是 15 世纪后期到 16 世纪早期，波西米亚、匈牙利、瑞典等欧洲地区的白银开采量增加了四五倍，很多通过陆上、海上丝绸之路输入到中国。紧接着，随着美洲新大陆的发现，美洲白银开始通过各种渠道涌入。其中最重要的一条航线，是先从今天墨西哥西海岸起运，到达菲律宾的马尼拉，再通过马尼拉的交易活动，运往福建、广东等沿海地区，最后进入中国内陆。中国学者全汉昇曾指出，16 世纪末到 17 世纪初，也就是明代万历年前后，西班牙的大帆船往来于墨西哥的阿卡普尔科和菲律宾的马尼拉之间，而从墨西哥经过菲律宾来到中国的白银，差不多每年五万到八万千克。此外，还有日本的白银，逐渐从支流变为主流，也通过各种渠道来到中国，据说每年也有三万到四万千克。由于这些外来的白银，中国的丝绸、生丝、瓷器等也就不断地运往世界各地，一张全球贸易之网就这样渐渐织成。

总而言之，我们看到世界各地的银子就像白色血液一样，被源源不断地输入明王朝的机体，在它的内部反复流转、抽取、释放，以此维持经济的正常运转。直到这个极度依赖外界的输血过程被忽然切断，明代人这才意识到它蕴含的巨大风险。

第二节　东亚内的流动：白银也来自日本

前面我们说到，明代的中国就像一个黑洞或者旋涡，把全世界各地的白银都吸收了过来。其中，和欧洲、美洲的白银平行进口的，还有一条不能忽略的渠道，这就是来自我们近邻日本的白银。

过去，日本的白银产量是很低的，和中国一样需要进口。在宋代、元代以及明代嘉靖年间以前，金属货币的流向一直是白银和铜从中国流向日本，黄金从日本流向中国。

不过到了16世纪初，因为一次意外发现，这种供求关系发生逆转。

1. 日本石见银矿的发现

明朝嘉靖初年，也是日本的大永年间，差不多是1523年前后，有位日本九州岛的博多商人神谷寿祯在航海时经过本州岛北面，也就是现在鸟取县出云地区的海域。忽然间，他看到半山腰有东西在闪闪发光。他觉得事情有些蹊跷，于是在日本大永六年（1526）亲自带人回到这里，果然在闪闪发光的地方发现大量的露天银矿石，这就是著名的石见银山。七年后，朝鲜技师宋丹、桂寿来到石见银山，带来了亚洲大陆先进的精炼技术"考钵冶炼法"，或者更通俗地讲叫"灰吹法"。

什么是"考钵冶炼法"呢？这一技术在东汉时期的中国已经存在，而西亚地区在公元前就已经广泛使用。它的具体方法是先将银矿石和铅一起熔化，制成合金，然后把合金放在炭灰上加热。因为铅容易氧化，会迅速被炭灰吸收，而不易氧化的白银则在炭灰上凝成一团，冷却后就形成银块。考钵冶炼法被引进到日本之后，日本的白银产量自此大增，一举从白银进口国变成白银输出国。往哪儿输出呢，主要就是中国。

摇钱树一般的石见银山，自然让日本各地的大名垂涎欲滴。考钵冶炼法引进之后，银山在周防（今山口县）的大内氏和出云（今岛根县）的尼子氏之间几经易手，1562年终于落入毛利氏手中。

不久，被称为"战国三英杰"的第一位英雄织田信长崛起，势力席卷全国，长期分裂的日本开始出现统一的趋势。毛利辉元（1553—1625）始终不向织田信长屈服，顽抗到底，一直熬到1582年"本能寺之变"爆发，织田信长遇刺身亡为止。而毛利氏对抗织田信长的底气，很大程度上就来自石见银矿。

织田信长死后，"战国三英杰"第二位大人物丰臣秀吉登场。1584年，丰臣秀吉迫使毛利辉元投降，银山也落入丰臣氏的手中。在基本统一全日本以后，丰臣秀吉野心急剧膨胀，试图先攻下朝鲜，接着吞并明朝。从1592到1598年，丰臣秀吉两次发动朝鲜战争，这就是对后来东亚局势有重大影响的"万历朝鲜之役"。朝鲜学者把它叫作"壬辰倭乱"和"丁酉再乱"，日本学者则称之为"文禄·庆长之役"。两次侵略战争，日本都大量使用了石见银山出产的白银作为军饷。

可是，日本为什么要和中国做白银生意呢？在自己国家内部流通不是也很好吗？日本学者神木哲男、山村耕造研究发现，从15到17世纪初，日本国内的银价相对黄金价格，整体上是一路下跌的，这说明日本社会的消费中白银并不吃紧。相反，中国的白银相对黄金价格，却是一路上升，也就是说中国市场里白银紧缺。那个时代，中国需要日本的白银，而日本需要中国的铜钱，经济就是这样，双方你需要我、我需要你，一拍即合，中日白银贸易能给两国商人都带来好处。

2."嘉靖倭乱"时的真倭和假倭

不过，原本可能互惠互利的贸易关系，意外遭到明政府的阻挠，最终演变为延续几十年的"嘉靖倭乱"。

从很早很早以前，中国浙江、福建、广东等沿海区域，就一直和日本保持着密切的商品和人员往来。明朝建立以后，日本没有像朝鲜那样奉行"事大主义"，臣服于中国，虽然它偶尔也进贡，只不过时断时续，《明史》里也说日本是"叛服不常"。但是，毕竟日本国内对中国货物的需求量巨大，贵族和大名们都以享用"唐物"也就是中国制品为荣，民间也需要来自中国的东西。明朝有一本书叫《日本考》，里面就记载说，日本喜欢中国的丝、丝绵、棉布、铁锅、瓷器、漆器还有药材。据说来自中国的川芎一百斤可以卖六七十两银子，甘草一百斤也可以卖到二十两银子，所以日本还是得维持与明朝的勘合贸易。什么叫作"勘合"呢？就是明朝发给的贸易许可证，上面盖官印，分成两半，两个政府机构各执一半，交接时相互核对，可以防伪。永乐年间开始，发给日本方面的勘合，一次总共发放一百份。明政府保存着勘合的底簿，每隔十年，日本船队会持另一半勘合，以进贡为名来中国贸易。

不过，这只是两国之间官方批准的合法贸易，游离于法律灰色地带的民间贸易，实际上从未中断过。因为史料保存较少，民间贸易的很多细节今天已经不太清楚。但是，可以知道的是，到明代中期，长崎等日本港口已经出现被称作"大唐街"的华人聚居地，那里的绝大部分居民是中国商人。有些人后来还归化为日本人，但保留着中国人的姓，比如秦或刘，他们都被日本史学家称为"渡来人"。

嘉靖二年（1523），一向平安无事的勘合贸易出现一次严重纠纷。当时日本的大名细川氏和大内氏，都想以朝贡的名义到中国做生意。细川氏的进贡船以宁波人宋素卿（？—1525）为首，大内氏的进贡船以僧人谦道宗设为代表，可是这两个日本使团在宁波市舶司发生争执，最终演变为仇杀。宗设使团追杀宋素卿时，在浙江地区一路大肆破坏，当地卫所军官试图制止，结果明朝的都指挥、千户都被杀，还有百户沦为日本的俘虏。这一事件彻底暴露明代沿海军备的松弛，也让日本看清楚明朝的军事实力，从此不再把中国放在眼里。

"宁波之乱"的消息传到北京，嘉靖皇帝大怒，内阁大学士夏言（1482—1548）又在旁边煽风点火。他在奏疏里批评说，倭夷假借进贡，到处生事，沿海地方官平时既不能防御，有事又不能剿捕，常常迁就妥协，这怎么能是明朝的样子？于是朝廷决定废除福建、浙江、广东三省市舶司，同时加强海防，禁止中国渔民出远洋，同时降低日本朝贡船的频率，缩减朝贡人数。这下可就糟了，后来有人就指出，混乱并不在于"市舶"也就是朝贡贸易，而在于一旦禁止朝贡贸易，断了日本和中国之间的营利之道，"海上无宁日矣"。原本借了朝贡勘合进行的中日贸易大幅受限，沿海地区居民的生计和日本海商的利益大受影响，不久之后"倭寇之乱"就全面爆发。

如果我们仔细读一读嘉靖时期几个官员写给中央政府的奏疏，无论是朱纨（1494—1550）、王忬（1507—1560），还是胡宗宪（1512—1565），他们都非常清楚所谓的"倭寇"，其实有一大部分是中国籍海盗。为了加以区别，他们在奏疏里用"真倭"称呼日本籍海盗，用"伪倭"或"从倭"称呼中国籍海盗。那么，"真倭"和"伪倭"的比例究竟是多少呢？《明史·日本传》中说："大抵真倭十之三，从倭者十之七。"当时，苏州府昆山县有个叫郑若曾的人，好几次亲眼看到倭寇在自己家乡横行霸道，发愤编纂了一本书叫《筹海图编》。这本书收录抗倭期间很多官员的奏疏和书信，大多数官员非常肯定地说，中国人在倭寇中的比例至少达到十分之八九。

"真倭"和"伪倭"夹杂，给朝廷的剿倭工作带来巨大困难。最开始，明朝直接从北方沿边卫所调兵来东南沿海剿倭。比如山东长枪手、河南毛葫芦等，在中国北方，他们是连蒙古、女真骑兵都要忌惮几分的精兵。但有些出人意料的是，这些北方精兵来到南方后发现，倭寇远比他们熟悉地形，会利用自然条件伏击政府军，非常难对付。还有一些倭寇在登陆后，马上会得到当地居民的引导和掩护，行踪飘忽不定，北方精兵感到很头痛。一开始，明政府以为是这些北方精兵水土不服，不熟悉水战，就改变策略，直接从浙江、福建当地招募士兵，却发现南方士兵普遍消极怠慢，还经常出现情报离奇泄露的情况。

当然，也有学者认为，尽管嘉靖年间的真倭只占倭寇总数的十分之二三，但他们仍然是在日本大名等怂恿支持下，侵扰我国的日本海盗集团，日本武士和大名还是倭寇的主要基础，但这可能忽略了真正在背后刺激倭寇的是以白银为代表的经济力量。

3. 明朝时期的全球白银大流动

16 世纪的东亚，大航海开辟之后，国际形势相当复杂。夹杂在使团朝贡、商品贸易和物质往来中的，不只是日本人和中国人，那个时候来到东亚海域从事走私贸易的，还有西班牙人和葡萄牙人，周围也聚集了不少中国人，他们一概被明政府称为"倭寇"。先是葡萄牙人，他们也曾是中日贸易的重要中间商，他们以澳门为据点，每年大概能从日本出口十五万千克的白银，换取丝绸、瓷器、黄金等商品出售给日本。稍后是荷兰人，他们也参与进来，与葡萄牙人争夺利润。所以，所谓"倭寇"的成分实际上是非常复杂的，既有日本人，也有中国人，还有欧洲人。

我们换个角度，如果从全球白银贸易的角度来看嘉靖倭乱，就会发现明代倭乱本质上并不是前近代的反侵略战争，恐怕是明朝建立壁垒、禁止商品贸易、中国东南沿海官逼民反的叛乱。倭寇里当然有日本海盗，这是谁都不会否认的。但倭寇的产生，原因要复杂得多，它实际上也是中国国内对白银等海外物资的需求与政府禁止海外贸易的政策之间的一次全面冲突。

总而言之，嘉靖年间的海禁，不但没有达到效果，还弄得民穷财尽，天怒人怨。明世宗去世以后，明朝终于改弦更张。1566年明穆宗即位，次年改元隆庆，正式开放海禁，首先是放开东西二洋的互市。这里的东洋、西洋与我们今天的概念不同，明代的东洋指中国台湾、菲律宾方面海域，西洋是指越南、马六甲方面海域。不过，在开放东西洋海禁的同时，仍然禁止日本方面的贸易，尤其严禁可用于制造火药的硫黄以及铜的出口。实际上，明政府根本不可能追踪远洋船去了哪里，而且当时东南亚地区已有大量华人定居，完全可以以此作为中转站，所以中日贸易逐渐恢复正常。随着1560年安徽歙县出身的大倭寇头子王直（汪直）（？—1560）被捕杀，倭寇活动就自然而然地渐渐消失了，到1567年也就是隆庆元年，明朝朝廷批准开放了海禁。明代张燮（1574—1640）的《东西洋考》里说，福建巡抚涂泽民上疏，请开放海禁，准贩东西二洋，朝廷允准。

20世纪80年代中期，一个叫林仁川的学者写过一本书《明末清初私人海上贸易》，他认为所谓的"倭寇之乱"，其实就是"私人海上贸易商人反海禁的斗争"，这种提法是很有见地的。生活在中国东南沿海地区、从事中日贸易的商人，在没有海禁的时候是良民，在有海禁的时候就变成倭寇。无论是合法渠道还是非法渠道，通过他们输入的日本白银，对缓解明代的白银短缺都是至关重要的。日本的白银和美洲的白银，日本、中国和欧洲的商人与船只，构筑了那个时代全球白银的大流动。

4. "北虏南倭"与清王朝的建立

与"倭寇"类似，在明王朝的北方边疆，还存在一个团体叫作"板升"。"板升"这个词是蒙古语"房舍"的音译。2020 年，日本京都大学的岩井茂树教授出了一本书叫《朝贡·海禁·互市：近世东亚的贸易与秩序》，指出北方的"板升"与南方的"倭寇"大致同时兴起，有相似性质，可把它们联系起来讨论。板升是中国方面的称谓，指那些逃到蒙古人统治区修筑房舍，开垦土地，但维持原有农耕生活方式的汉人。有明代官员指出，"板升者，夷人之佃户也"，他们与内地汉人的最大区别就在于不向北京政权而向塞外游牧民族政权缴纳贡赋。卫所的武官非常忌惮板升，因为他们了解明朝的虚实，可能比蒙古人本身还要危险。

隆庆五年（1571），蒙古俺答汗（1507—1582）与明朝达成和议，北方大同、宣府前线重开马市，进行交易。明朝打的如意算盘是什么呢？就是用铁锅、绸缎、布匹、粮食等物资，从游牧民族手中交换目前急需的战马。但是，随着关内的平民和商人、关外的蒙古牧民和汉人板升纷纷加入其中，马市很快变成月市，从一开始政府制定的个别场所逐渐蔓延到西北至东北边境各个市镇，交易物品也远远不限于马匹，作为货币的白银也肯定在其中。

大家都知道，明朝末年对明朝最大的威胁就是"北虏南倭"，也就是北方蒙古、女真和南方的所谓倭寇。随着明朝人口大爆炸，在以白银为主要货币的经济力量的驱使下，越来越多的汉人或出洋加入倭寇，或出塞加入板升，甚至定居南洋，成为海外华人。总之，在16世纪，明朝的秩序逐渐由内而外分崩离析。生活在那个时代的郑晓（1499—1566）写了一本书叫《皇明四夷考》。这位浙江海盐县出身的历史学家发现，以前都是外夷入中华，现在反过来华人入外夷。北虏南倭，使得明朝周边纷扰不断，这些"由华入夷"的中国人也是重要因素之一。

到了16世纪中叶，中国东北兴起的女真人，以毛皮和人参贸易积累财富，吸引汉人来到关外开垦，不断积蓄实力，并编成满洲、蒙古、汉人八旗，接着趁明朝内部爆发农民起义、元气大伤的历史机遇一举南下，最终建立了一个多语种、多民族的国家——清朝。清朝的建立，当然有很多偶然性，但某种意义上说也是大势所趋。因为在一个多世纪前，以"板升"和"倭寇"为代表的、超越种族与语言差异的共同社会，已经在明朝的边缘形成。

而这种社会形成背后的诸多原因之一，也离不开白银在全球的流通。

第三节　全球贸易中白银流动的影响：欧洲与中国

正当明朝在东部亚洲崛起并强盛，又逐渐被北虏南倭弄得焦头烂额的时候，在另一边的欧洲，随着前面我们说的达·伽马开拓印度航线、哥伦布发现新大陆、麦哲伦完成环球航行，欧洲人的船队走向全球各大洲，全球化的帷幕已经正式拉开。

新的世界地图需要新的权力划分。1494 年，在教宗亚历山大六世（Alexander VI，1493—1503 年在位）的裁决下，西班牙、葡萄牙签订《托德西拉斯条约》（Treaty of Tordesillas），正式在全球划分势力范围。著名的"教宗子午线"是根据大西洋上的亚速尔群岛（Azores）和佛得角（Cape Verde）以西一百里格的位置画出的一条分界线：这条分界线以西，是西班牙的势力范围；这条分界线以东，则属于葡萄牙。且不论双方会不会认真遵守这一规定，这种势力划分法的根本问题在于：地球毕竟是圆的，即便西班牙、葡萄牙两国都严格遵守教宗子午线，背向而行，也迟早会在地球的某个地方相遇。

中国，正好处在这两个海洋霸权的相遇点上。

1. 西班牙通过美洲白银与中国发生贸易关系

往西边发展的西班牙，很快在美洲新大陆上建立起殖民地。前面我们说过，对美洲的土著居民而言，最危险的不是西班牙人手中的枪炮，而是他们从欧洲带来的烈性传染病。对天花、黄热病等没有任何免疫力的南美土著，刚与欧洲人接触就倒下，成批地染病死去，幸存者手握原始的冷兵器，根本无力抵抗外来者。西班牙人像西风扫落叶一样迅速推进，四处探索这片大陆。

1545 年，西班牙人在秘鲁的波托西发现一座银矿，储藏量在当时是世界第一。与此同时，他们在秘鲁的万卡韦利卡

(Huancavelica）又发现一座水银矿。由于用水银从矿砂中提炼白银的技术已经成熟，受到上天两次眷顾的西班牙，很快成为白银的大供应国。手握大量白银的它，很快在地球另一端，与渴求白银的中国发生联系。

在地球的这一端，16 世纪中叶的西班牙人已经占据菲律宾，1571 年把马尼拉定为首府。马尼拉成为连接美洲新大陆与中国的贸易中心，受白银的吸引，很多福建、广东的华人离开故土，下南洋闯荡。16 世纪马尼拉的华人数量从最初的四十人增长到 1588 年的一万人，再增长到 1603 年的三万人，此后还在不断增长。西班牙船队满载美洲白银，在马尼拉与华商交换中国的瓷器、丝织品和茶叶，再返回墨西哥，如此循环往复。它们被称为"财宝舰队"，让其他欧洲国家非常眼红，无时无刻不想取而代之。

欧美的历史学界，尤其以斯塔夫里阿诺斯（L. S. Stavrianos，1913—2004）为代表的主流观点坚持认为，西班牙的衰落是因为卷入了 16、17 世纪的宗教战争和王朝战争（《全球通史：从史前史到 21 世纪》[*A Global History: From Prehistory to the 21st Century*]）。但也有历史学家提出不同意见，认为西班牙的盛衰，其实与中国有关。具体来说，最开始中国对白银的需求抬高了白银的价格，从而增加西班牙的财富，后来由于美洲白银供过于求，在全球的整体价格暴跌，甚至低于生产和运输价格。西班牙政府的购买力急剧下跌，不得不加强对民间经济的压榨，终于导致帝国经济的崩溃。

这当然是后来的事情。

2. 葡萄牙、荷兰等与中国的白银贸易

在西班牙向西扩张时，葡萄牙也没闲着。

从 1503 至 1515 年，教宗子午线以东的几个主要港口，比如东非的莫桑比克、波斯湾的霍尔木兹、印度西海岸的果阿等，相继受到葡萄牙舰队的攻击。葡萄牙人在这些港口留下驻军，修建要塞，摇身一变成为主人，从此沿印度洋一带的航线由他们所独占。这是一个跨时代的变化，在此之前广袤的海洋从来就是自由航行的通道，但这个时候印度洋乃至全球的国际秩序开始天翻地覆。

在欧洲大陆，葡萄牙也只能说是个较小的国家，哪里来那么多军队在海外驻军呢？这就要提到葡萄牙特殊的地理位置。这个国家一面朝海，三面被西班牙环绕，不用担心其他国家的军事威胁，可以大胆地将大部分军队派往海外。借着印度、马六甲等跳板，他们很早就和中国的广州有往来，当时中国漳州的官员就说，葡萄牙人（他把葡萄牙人叫作"佛郎机"）用胡椒、苏木、象牙和各种香料跟沿海民众交易，"其价尤平"。不过，那些小规模交易渐渐满足不了葡萄牙人的胃口，他们就要拓展更大的渠道了。先是1524 到 1547 年，他们在宁波外海的双屿，不仅建造房子，还修建教堂；后来在 1553 年，他们更以船只触礁、需要上岸晾晒商品为由，连蒙骗带恐吓，从明政府那里获得澳门居住权；再后来一步步修建堡垒、居住区、教堂，渐渐将这里改造成自己的"根据地"。历史上第一次，欧洲人在中国人的家门口定居下来。

明代人将盘踞在澳门的葡萄牙人叫作"澳夷"，对他们的印象普遍不佳。在明代的大型文集《明经世文编》里，嘉靖年间主管海防的官员吴桂芳（1521—1578）在一篇奏议中写道，这些夷

人来广东,名义上说是进贡,其实无非是想贸易,"喜则人,怒则兽",高兴的时候还像人,生气的时候就变成野兽。他还补充了一句,"官兵莫敢谁何,沿海被其荼毒",也就是说明朝官军拿葡萄牙人没有任何办法,只能眼看着他们在沿海横行霸道。

葡萄牙人最初只对胡椒、肉桂等东南亚香料感兴趣,后来也开始销售白银,广泛收购中国的丝绸、瓷器、茶叶、黄金。他们很少出售欧洲商品,因为欧洲商品在中国几乎没有市场。无论是以马尼拉为据点的西班牙人,还是以澳门为据点的葡萄牙人,他们都需要用美洲白银来填补与中国的巨额贸易赤字。只有这样,马德里和里斯本的上流社会人士,才能继续穿中国丝绸、品中国红茶,按他们自己喜欢的样式订购精美的明朝瓷器。

到17世纪初,西班牙逐渐衰落,葡萄牙人的好日子也没持续多久。大概从明朝末年开始,西欧新崛起的荷兰人、英国人对葡萄牙在中国的贸易垄断不断发起挑战。荷兰人先占得上风,不过他们也没找到逆转中欧贸易逆差的好办法。白银贸易仍然是欧洲人在世界的主要甚至唯一业务。1615年荷兰东印度公司的出口货物中,实物只占其中的6%,剩下的94%全是黄金和白银。如果欧洲人不能在美洲持续获得廉价的白银,这种扭曲不平衡的贸易是无法持续的。

发色泛红、面目古怪的荷兰人,被明代人称为"红毛夷"。明代万历年间有个文人沈德符(1578—1642),原本是浙江嘉兴人,从小跟着当官的父亲住在北京城里,耳濡目染朝中典故,也爱读书,天文地理无所不知。他在明末百科全书一般的《万历野获编》里,留下一条名为"红毛夷"的简短笔记,可以代表当时明朝的精英——官僚士大夫们——对荷兰人的最初印象。沈德符首先承认,红毛夷以前是不通中国的，所以他们的祖国究竟叫什么名字，位于哪一个方位，他也弄不明白。唯一知道的是，红毛夷是在万历辛丑年（1601）出现在中国广东沿海，要求与明朝通商互市，还请求把澎湖列岛划给他们做基地。毫不意外，明政府拒绝了这些无礼要求。第二年，红毛夷再次来到福建沿海。这一次，宦官高寀正在福建当矿监税使，他网开一面，同意红毛夷的通商请求。一向与宦官势不两立的清流官员士大夫，岂能买账？他们很快提出反对意见，认为此举不成体统，明政府迫于舆论，又加以禁止。但海外贸易的大门一旦打开就难以合上，北京的一纸禁令根本无法阻止福建漳州等地海商与荷兰等其他欧洲国家继续展开私人贸易。就这么过了十几年，朝廷也就睁一只眼闭一只眼。有了嘉靖倭乱的前车之鉴，官员们都清楚，驱赶荷兰人无异于断了沿海地区民众的生计，这将导致非常严重的后果。在1598年的万历朝鲜战争结束之后，明王朝国库空虚，无法再承受东南沿海富庶省份的叛乱。

　　还有一个更无奈的理由，就是要驱赶东南沿海的荷兰人，明政府得付出很大的代价，双方武器方面的差距是显而易见的。据沈德符记载，一开始广东的海防官兵想阻止红毛夷进入中国海域，却发现双方的火炮根本不在一个档次上。中国舰船上装载的火器——其中最先进的是佛郎机，还是从荷兰人的手下败将葡萄牙人那里仿造的火炮——射程有限，根本没法击中荷兰人的船只。而当荷兰舰船缓缓掉转船头，开炮还击时，只见青烟一缕，明军海船已经千疮百孔，官军死伤无数。用沈德符的原话说，"海上惊怖"，海防官员们自此闻红毛夷色变，不敢再以武力加以阻拦。

　　虽然最终驱动白银在世界范围内大流动的是中国，但通过白银连接欧洲、亚洲、非洲、美洲全球贸易的却是欧洲人。

3.西北马市和东北互市对明朝经济的影响

欧洲的历史变迁，和中国既一样又不一样，也受到白银这个因素的影响。黄金、白银不断涌入欧洲的结果，就是被历史学家称作"价格革命"的事情最终在欧洲发生。具体来说，就是由于贵金属的大量输入，长时间供过于求，欧洲各国货币普遍贬值，物价相对上升。到16世纪末时，商品价格已经比一百年前翻了至少一倍，工资水平也相应地水涨船高。不过，由于通货膨胀，也带来大量的投资甚至投机的机会，这对欧洲新兴资本家而言，无疑是一大利好。与此同时，诸侯、骑士等旧式封建领主的财源，还是和中世纪差不多，主要来自出租土地所获得的租金。由于欧洲普遍存在的契约精神，土地契约一签就是几年甚至几十年，无法朝令夕改，当然跟不上物价上涨的速度。资本家和封建领主势力此消彼长，其结果就是价格革命加速欧洲旧秩序的崩溃，促进新秩序的形成。

那么问题来了，前面我们已经说过，欧洲人手中的白银有很大一部分通过海外贸易流向中国，为什么中国没有发生与欧洲类似的价格革命呢？一方面，当然是因为中国人口的快速增长，很大程度上稀释了白银的供应量。另一方面，很多白银没有在明朝内部充分流动，由于明中期开始的赋役征银改革，明朝每年从民间抽取大量白银，集中到朝廷手中，而这些白银又很快通过一个排水口排出去了。这个白银的排水口，就是明朝的北方边境，用明末士大夫的专业术语说就是"尾闾"。这个词大家可能不熟悉，根据《庄子》等先秦诸子记载，尾闾是位于大海底部的一个无底洞，可以源源不断地吸收海水，不论过了多少年，也永远不会被填满。

为什么有"尾闾"这个比喻呢？据万历年间进士陈懿典（1554—1638）《陈学士先生初集》卷二八的记载，自从隆庆五年（1571）大同、宣府等地重开与蒙古人的马市后，每年通过互市流往北方游牧民族的白银都以数百万两计，二十多年下来，总共流出不下两千万两白银。它们就像海水流进尾闾一般，永远都不会回来了，官民能不困穷吗？我们暂时不去讨论陈懿典这个统计数字的准确性，我们关心的是，汉族商人当时都从马市上买回什么东西。

从明代史料来看，马市上交易的绝不只是马匹，蒙古人和女真人还带来了骡、驴、牛、羊等牲畜，貂皮、熊皮、虎皮、水獭皮、鹿皮等各类兽皮，还有人参、黄蜡、珍珠等价格昂贵的中药材、奢侈品，这些都是市场经济飞速发展、奢侈之风演愈烈的明朝所急需的东西。因此，陈懿典等士大夫对于国内白银流失的危机感，绝不是杞人忧天。尤其到了16、17世纪之交，东北地区的互市逐渐超过西北的马市，女真人继续通过毛皮和人参贸易获得白银，那就等于有两个排水口。

明朝为何没有发生价格革命的问题很复杂，但北方军事压力和互市体制的长期存在，肯定是原因之一。

4. 白银贸易引发的结果是不一样的：中国和欧洲分道扬镳

就这样，中国和欧洲分道扬镳，走上完全不同的发展道路。关于这个历史分界点，美国学者彭慕兰（Kenneth Pomeranz）称之为"大分流"，英国学者伊懋可（Mark Elvin）则提出"高水平陷阱理论"。高水平陷阱理论认为，地理大发现所带来的南美作物与白银在全球大流动的结果，是明清时代的中国存在大量廉价劳动力，资本和粮食的价格则相对上升。由于劳动力过剩，农民和商人都没有动力去发明节约人力的新式机械，他们更倾向于在节约资本的同时，尽量发展劳动密集型产业。同样是种粮食，欧洲人会兼并土地，发展机械化大规模生产。中国人则在一小块水稻田里拔草施肥，精耕细作，即使多投入一倍人力，只能提升几成的收成。换句话说，就是不会在乎这种人力投入和收获量是不是成正比。

这就是我们最近几年经常听说的一个词"内卷化"（involution），也可以翻译成"过密化"。这个词由德国哲学家康德（Immanuel Kant，1724—1804）在 18 世纪最早提出，与"演化"相对。毛毛虫变成蝴蝶，古猿人直立行走，那叫作演化。但"内卷化"却不能发展出全新的形态，只能导致自身内部的不断复杂化。经过几代西方学者的发挥，20 世纪 60 年代美国人类学家格尔茨（Clifford Geertz，1926—2006）开始用这个词形容印度尼西亚的农业生产，描述当地稻作生产的不断复杂化、精细化，却没有带来技术革命或者政治变革。人力投入的增加没有提升效率，反而起到反效果。用"内卷化"这个词来描述明清时代的中国，也许也是有道理的。

为了解释为何偏偏欧洲逃脱了内卷化的魔咒，历史学家发明了很多理论。美国加州学派的代表人物彭慕兰特别强调自然条件，尤其是煤炭储存量和开采条件的不同，对中欧近代史走向的影响。由于西欧的煤炭储量相对丰富，易于开采，在 19 世纪中期就开始被当地人用煤炭作为木材的替代品。煤炭的开采和运输需要，又促进了蒸汽机与铁路等现代机械的发明，使西欧国家在现代能源生产中占得重要先机。和彭慕兰不同，伊懋可则更强调人口的作用，欧洲人愿意背井离乡，离开欧洲去新世界闯荡，本土的通货膨胀又极其严重，能一直将工人工资维持在较高水平。另一方面，海外扩张使资本更易获得，欧洲人更倾向于研发节约人力的机械设备，甚至彻底以机械取代人力。珍妮纺纱机、水力纺纱机、蒸汽机的发明，背后都是这种经济因素的考虑。

不管怎么样，可以肯定的是，白银贸易在世界各地引发的结果是不一样的，工业革命率先在欧洲而非中国发生，其背后存在某种必然的逻辑。至于工业革命到底发生了什么，有什么影响，在全球史中又处在什么样的位置，我们会在后面的一讲中再单独讨论。

第四节　从祁彪佳说起，17 世纪之后的白银短缺

如果你在 2019 年到过上海，会看到上海博物馆曾经办过一个叫"熠熠千年——中国货币史中的白银"的展览，在展出的一百三十件白银展品中，有明显起翘（两端上伸）的银铤、两端平整的银锭、束腰扁平的银锭，此外还有来自西班牙和荷兰的银币。在银锭中，明代的数量最多，有的明代银锭上还錾有文字，注明来源和身份，像嘉靖内府银作局用于赏赐的五两银锭，又比如有作为官方税收的草价银、茶税银、秋粮银、地亩银、铺行银等。显然，从明代开始，白银越来越重要，用途也越来越广泛。

关于白银流动和海上贸易，前面说了欧洲和中国的事儿。这里，我们先回到中国，从明朝末年一位叫祁彪佳（1603—1645）的读书人说起。

1. 明朝的福建和世界的福建同时存在

1603 年，祁彪佳出生在浙江绍兴府的一个官宦世家，是当地藏书家、澹生堂主人祁承爜（1563—1628）的第四个儿子。从小祁彪佳就被家人认为天赋异禀，果然在天启二年（1622）的会试中考上进士，当年他只有二十岁。科举考试每隔三年才举办一次，进士名额很少，那个时候竞争非常残酷，进士的平均年龄在四十岁以上，所以有人用"考试地狱"来形容它。我们之前提过《万历野获编》的作者沈德符，这位江南才子四十岁才艰难考上举人，第二年参加会试名落孙山，后来屡战屡败，到死都没拿到进士功名。一比就知道，祁彪佳二十岁考中进士，是非常了不起的。

明朝初年，官场还不是特别看重科举考试，地方吏员表现出色，也可以做到中央政府的大官。但到了明中期，科举考试变得越来越重要，尤其重视进士出身。官场渐渐形成一个无人不知、无人不晓的潜规则，就是六部尚书这个职位只有进士出身的人才有资格担任。举人在地方上当个知县没问题，尚书、侍郎这种大官就不要想了。换句话说，在那个时代考中进士，一只脚已经迈入中央精英官员的行列。考中进士次年，二十一岁的祁彪佳被任命为福建兴化府推官。到 1628 年父亲去世，祁彪佳回家丁忧为止，他前后在兴化府工作五年。这段时间，他的主要工作是审理当地各类司法案件，判词后来被集结成《莆阳谳牍》一书。1645 年清军攻下南京，南明弘光政权灭亡。不久，清军就打到绍兴府，邀请祁彪佳出来做清朝的官。四十三岁的他知道自己无法拒绝，就在家中花园的水池里自尽而死。

祁彪佳二十多岁时工作过的福建，是明代中国对外开放的前沿。隆庆元年（1567），明穆宗重开海禁时，开放的第一个港口就是福建漳州府的月港。兴化府离月港不太远，做海外贸易的人也非常多。祁彪佳在兴化府当推官的时候，自然不知道什么叫全球化，但他写的这些司法案件判词，无意间给我们留下当时中国卷入全球化的第一手记录。

兴化府从来就不是个好治理的地方，祁彪佳到任没多久就发现，这里的走私活动极其猖狂。沿海居民对此司空见惯，根本不认为这是什么了不起的事，用祁彪佳的原话说，"海滨之民，不恨贼而德贼；海上之将，不拒贼而通贼。此闽事之所以坏也"。意思就是说，福建沿海居民一点都不恨海贼，反而对他们有一些欣赏和钦佩；福建沿海的官员不但不抓捕海贼，还暗地里给他们通风报信。无论普通老百姓，还是海防官员，都觉得做海上贸易是件好事，都或多或少卷入海外走私活动中。从北京中央政府的立场来看，福建省内官民上下勾结，从头烂到尾，已经无法收拾。

祁彪佳毕竟是饱读"四书五经"的儒家知识分子，还带有一种年轻人特有的正义感，新官上任三把火，自然要下力气整顿一番。他在一件判词中揭露当地势力庞大的朱氏大家族，以朱廷起为首，他的亲哥哥、堂弟、堂侄子、岳父等，家族里将近十多个男性成员全部都是"剧贼"，也就是大走私商人。都说普天之下莫非王土、率土之滨莫非王臣，食毛践土的朱氏家族竟然在兴化府远离人烟的沿海地带建造房屋，拒绝加入政府的保甲组织，也不承担任何赋税差役，对于这种嚣张行径，当地官府竟然不闻不问！

除了朱氏家族，祁彪佳还发现兴化府里有很多人貌似平民，一查他们的底细，原来都是做海外走私贸易的。这个群体数量非常庞大，谁向官府举报他们，事后都会遭到打击报复，时间一长，根本就没有人敢动他们。透过祁彪佳的观察，我们发现，明末天启、万历年间其实有两个福建存在：一个是摆在台面上给中央政府看的，属于明朝的福建；另一个是隐藏在台面下，按当地社会的特殊逻辑运行，属于世界的福建。而福建卷入全球贸易的表现之一，就是"番钱乃漳人所时用"。前面我们讲，明代中国有各种银锭银铤，可是现在又有新的银币，这就是来自欧洲的银子做的钱币。那时候的漳州府，不光民众是"澄民习夷，什家而七"，当地人已经把荷兰、西班牙的欧洲银元当作钱币用于日常交易。在上海博物馆的展览中，能看到俗称"大马剑"的荷兰银币，当然这种正面有骑士持剑的银币是比较晚的。在东南沿海更早流通的欧洲银质货币还有不少，它们给明代中国尤其是东南沿海的经济、贸易和货币状况带来更大的变数。

从祁彪佳的《莆阳谳牍》中我们看到，东南沿海的贸易、海洋和社会，问题已经很严重了。最晚到天启末年，明朝已经完全控制不了民间的贸易活动。但祁彪佳在判词中没有告诉我们的是，在嘉靖大倭寇时代结束半个世纪后，东亚海域已经出现了一个新主人。

他就是郑芝龙（1604—1661）。

2. 郑氏父子控制东海海域的商品贸易

万历三十二年（1604），郑芝龙在泉州府南安县出生，他比祁彪佳小两岁，他出生地附近的安海港，本来就是海外贸易兴隆的港口。他小名叫一官，天启元年（1621）他去澳门，那里已经是葡萄牙人的地盘，他在那里受洗成为天主教徒，教名就叫尼古拉斯·一官（Nicholas Iquan）。

　　皈依天主教的第二年，郑芝龙出海，跟随往来于中国的福建、台湾、澳门，以及马尼拉、日本的商人李旦经商，在他的提携下，获得很大成功。李旦这个人，就是前面我们曾经提到过，被欧洲人叫作"中国队长"的海盗兼海商。郑芝龙在日本长崎平户岛居住时，得到当地武士的赏识，并将自己的女儿许配给他为妻。1624年，新婚妻子为郑家诞下一名男婴，取名郑成功。成为父亲后不久，郑芝龙开始在福建沿海地区开展大规模的武装贸易活动，逐一吞并海上的竞争对手，势力不断膨胀。1628年，也就是祁彪佳从兴化府离任，踏上回乡之路那年，郑芝龙率领七百余只战舰呼啸而来，一举占领厦门。明政府不但没有派兵围剿，反而就地招安郑芝龙，授予海防游击的头衔，让他负责海岸警备。郑芝龙摇身一变成为朝廷命官，名正言顺，从此他牢牢控制住东海的制海权。

　　手握官印、坐镇厦门的郑芝龙，向每艘东海上航行的商船征收两千两白银的牌饷，有效期一年。只要挂出郑氏的旗帜，商人就可以在海上安全航行。据英国学者博克瑟（C.R. Boxer）写的《尼古拉斯·一官兴衰记》（*The Rise and Fall of Nicholas Iquan*），从1640年起，也就是明清易代的那几年，荷兰人都要通过郑芝龙与日本通商。当时，在菲律宾马尼拉、中国泉州、日本长崎之间，往来的商业贸易船只每年都数以千计，从这一点就可以推知，明末中国对海外白银的需求量有多大。

　　不过，这种对海外白银的严重依赖，最终结出了恶果。

　　首先，在17世纪上半叶，或是由于矿脉枯竭，或是由于提炼白银所需水银的短缺，之前一直高产的墨西哥、秘鲁等美洲产银区的白银产量严重下降。雪上加霜的是，此时西班牙国王腓力四世（Felipe IV，1621—1665 年在位）下决心整治美洲新大陆、菲律宾、中国这条贸易路线上的严重腐败，1635 年他派出一个特别督察员到马尼拉监督海关税务。管制政策持续了很多年，导致贸易额急剧下跌。西班牙人买不到中国的商品，中国人也收不到白银。在 1639 年以后，马尼拉逐渐不复昔日繁华，经济日渐凋敝。西班牙殖民政府试图向当地华人居民多加征税收，以填补财政空缺，这自然引起华人的不满。双方的关系日益紧张，最终演变为成西班牙殖民者和当地华人移民的冲突。

郑芝龙和郑成功父子，在明清易代的那段时间，在很大程度上控制了东海海域的商品贸易，包括白银贸易，因此他们才能成为当时呼啸海上的大人物。同时，他们也因此成为新兴的清朝的心腹之患。

3. 日本贸易限制令对明朝的影响

美洲白银供应的逐渐中断，一开始并没有在中国引起大范围的财政危机，因为明朝晚期白银来源还有一个重要缓冲，那就是日本。但很快，日本这一条线也慢慢枯竭。

1603 年，"战国三英杰"的殿军德川家康（1543—1616）统一日本，漫长的战国时代宣告结束，进入承平的江户时代（1603—1868）。1637 年，在九州岛的岛原、天草等日本基督徒最集中的地区，发生了反抗江户幕府的叛乱，有两万多名日本基督徒参与，第二年被江户幕府军队镇压下去。叛乱平息后，江户幕府认为是葡萄牙人在背后煽动，于是幕府决定禁止葡萄牙人在日本和中国澳门之间进行贸易往来。

葡萄牙人被逐出东亚海域，这对中国的商人来说，无疑是天上掉馅饼，他们迅速填补了葡萄牙人在这一航线上的空缺。明末清初，日本主要从中国输入生丝，输出白银以及鱼翅、海参、鲍鱼等海产品。到日本贞享二年（1685）时，江户幕府意识到必须扭转白银外流，开始规定每艘中国船带出的白银总额不得超过六千贯。江户幕府也预计到大部分中国商人不会遵守规定，此后海上走私必将日益猖獗，就在1688年出台配套措施，中国商人到日本后必须在名为"唐人屋敷"的指定区域内居住。

所谓"唐人屋敷"是怎么样的一个地方呢？它位于长崎十善寺乡幕府御药园里，现在去长崎旅游还能见到。总面积九千四百坪，约三万平方米，相当于四个多足球场那么大，大概能容纳两千人居住。为了彻底断绝中国商人与普通日本人的接触，江户幕府在"唐人屋敷"的边界建起石墙，石墙外挖出深渠，水渠的另一边再用竹篱笆围起来，只留下出入口。住在这种无人身自由的"唐人屋敷"里，和蹲牢房基本也没什么区别。但这还没完，江户幕府接着又出台更严格的贸易限制令——信牌制。

信牌原本是明清时代中国地方衙门使用的一种下行文书，它的形成比较复杂。简单说，信牌是上级机关通知下级机关时用的一种公文。日本正德五年（1715），江户幕府正式开始执行"正德新令"，幕府向清国方面发放三十枚信牌，此后只有持信牌的商船，才被允许进入长崎港互市。怎么看这都有点像一种日本版的勘合制度，江户幕府是在以其人之道还治其人之身。

更令清朝官员感到不安的是，日本方面发放的信牌上用的居然不是康熙年号，而是日本天皇的年号！当时的浙江巡抚徐元梦（1655—1741）得知此消息，不敢怠慢，立即上奏北京，请求康熙帝定夺。出人意料的是，康熙帝批复徐元梦道，信牌只不过是一种买卖印记，主要是为了查验，无须反应过度。在强调华夷之辨的明代，这是不可想象的。从另一方面来看，由于全球白银产量的日益减少，清政府必须尽量保证中日贸易的顺畅，避免将江户幕府方面各项新规定政治化，在默许民间贸易的同时，把两国政府层面尤其最敏感的国际地位矛盾最小化。对此，前面提到岩井茂树在其著作《朝贡·海禁·互市》里，对此有一个很形象的概括，叫"沉默外交"。

与政府可以控制发行量的铜钱和纸币相比，白银是一种更自然、更便利、民间接受程度更高但也更难以驾驭的货币。它的产量飘忽不定，容易造成经济波动。白银短缺加上自然灾害，破坏性则会加倍。近几年环境史兴起，越来越多的历史学家聚焦气候、环境变化对历史发展的影响。正如我们前面提到过的加拿大学者卜正民在《哈佛中国史》中指出，13世纪小冰河期刚开始的时候，正是蒙古人大举入侵、灭亡南宋之时。而在元末，朱元璋重建汉人王朝明朝时，地球处于另一个小冰河期。至17世纪40年代，地球气温再度降至几百年来的低谷，极端天气造成的农业严重歉收，又加上白银短缺，最终摧垮了明王朝。

卜正民的这种观点，目前还存在不少争议。但我们确实可以看到，明朝的最后几十年旱灾频发，从1628到1644年，连年干旱，连全国最富庶的浙江省都出现饥荒。陕西的情况更为严峻，甚至出现人吃人的现象。张献忠、李自成两大农民起义领袖，就是出自陕西，转战全国，把明朝闹了个底朝天。粮食和白银问题已让明政府焦头烂额，这个时候还要在北方与日益强大的清朝军队周旋。延续了两百七十多年的明王朝最终灭亡，可以说是日暮途穷。

4. 不依赖白银，如果崇祯帝发行国债将会如何？

前段时间，经济学家陈志武提出过一个大胆假设，如果当时明王朝不是仅仅依赖白银，而是拥有发达的国债市场，历史的走向会不会发生变化？

要知道 16 世纪中期，明朝每年的财政赤字是四百万两白银，只占 GDP 的 1%，以现代国家的观点看，还是非常健康的，根本不足以把政权压垮。只要当时存在债券市场或长期借贷市场，崇祯帝完全可以选择发行三十年甚至一百年到期的国债，把财政赤字摊平，慢慢还、逐步还，避免单年突发性大额开支对社会的巨大冲击，也许明朝有可能安然度过 17 世纪中叶的危机。

但历史不允许假设存在，崇祯末年的实际情况是，明政府面对流民和北寇的双重危机：一方面不断加税，以筹集粮饷，搞得民怨沸腾；另一方面前线军费长期拖欠的状况始终没有得到改善，最终财政崩溃，军人倒戈，迫使崇祯帝走上煤山自尽。还没等满洲铁骑踏足山海关，明朝已亡于农民起义军手下，东亚终于出现了一个新的王朝清朝。

（尹敏志）

何为文艺复兴？

第一节　何为文艺复兴？

1917 年，胡适结束在美国的留学生涯，乘船回国。从他的日记里，我们看到他在回国途中特别仔细阅读了西奇尔（Edith Helen Sichel，1862—1914）有关欧洲文艺复兴的著作《文艺复兴》（*The Renaissance*）。在日记里，他详细抄录其中的内容，并且做了一些重要批注。值得注意的是，他把这部著作的内容也就是文艺复兴的历史意义归纳为"叙述欧洲各国国语之兴起"。从胡适日记和他后来的著作中可以看到，他显然最关注的是欧洲文艺复兴改变了中世纪文字著作都用拉丁文的传统，在各自"俗语"基础上形成意大利、法国、德国和英国的"国语"，而他认为形成"国语"对这些现代"国家"的诞生非常重要。这大概影响了他后来提倡"白话文"，把白话文作为普及国民文化、提升国民意识、形成现代国家的重要手段。

胡适对"文艺复兴"的理解对不对呢？让我们先来看看历史。

15、16 世纪，当伊比利亚半岛的葡萄牙人和西班牙人忙着征战和地理大发现的时候，意大利半岛上的人们正忙着进行一场伟大的文化运动：后人称之为"文艺复兴运动"。葡萄牙人和西班牙人之所以要从事地理探险，其中一个很重要的动机就是要打破意大利商人与东方贸易尤其是与中东贸易的垄断地位，他们想绕开意大利商人占优势的传统航线，开辟通往中东与财富之乡印度的新航路。

应该说，双方都取得了让人惊叹的成功！人们在阅读欧美人编写的"西方文明史"时，可能会注意到这样一个有趣的现象：编撰者总是倾向于把欧洲各国在不同时期最突出的成就编织在一起，给读者呈现一个光彩熠熠的西方文明史的大故事，其中"文艺复兴"就是这个大故事中不可缺少的一环。可是，假如读者有机会细读当时意大利人留下的文献，就会发现当时意大利人毫不含糊地把"文艺复兴"只当成他们自己的事情，他们常常以古罗马人后裔为傲，与此同时不忘狠狠地贬斥他们的北方邻居。在他们的眼里，这些北方邻居和他们的蛮族祖先一样，全身上下都散发着令人厌恶的野蛮气息！由此可见，看待文艺复兴可以有不同的角度，意大利人的角度、欧美人或西方人的角度，甚至还包括今天全球人的角度。

不管是过去的意大利人，还是当今的欧美人，对文艺复兴总是给予极高的评价，中国学者同样有这种看法。当然不错，从文化史的角度看，文艺复兴的确代表了意大利文明史和更广义的西方文明史的一个高峰，但是对于它高在何处，以往的学者和读者不免存在诸多误解。有时候，这些被视为定论的看法，往往来自"后见之明"，一代又一代人回看历史，用一代又一代的后见之明去评价，于是就形成所谓的"定论"。

所以，我们要做的第一件事情，就是回到那个时代去看文艺复兴，要说的第一个问题就是，什么才是文艺复兴?

1. 什么是文艺复兴?

其实，关于这个问题，欧美学者写了不少试图廓清这一概念的文章，佳作甚多，但谈论得最详细、最深入的当属加拿大学者华莱士·弗格森 (Wallace K. Ferguson，1902—1983) 的《文艺复兴：五百年的解释》(*The Renaissance in Historical Thought: Five Centuries of Interpretation*)，可惜该书尚未有中译本。所以，这里就不细说了，我们只说明一点，文艺复兴的概念、内涵和意义一直处于变动当中。大家知道，不论是国外还是国内，说起文艺复兴，几乎人人言必称布克哈特 (Jacob Burckhardt，1818—1897) 和他的那本名著《意大利文艺复兴时期的文化》(*Die Cultur der Renaissance in Italien*)，但是真正通读和读懂的人恐怕并不多。现在看来，这本名著其实结构比较松散，很像一个水果拼盘，读者很难抓住其"核心观点"。作为一本谈论文艺复兴时期文化的书，全书只字不提这一时期的艺术成就，也不谈这一时期的经济状况，这不免让人抓不住要领。

不过，要注意的是，布克哈特对文艺复兴做了一个黑格尔式的解释。通俗地说，他认为文艺复兴时期的意大利出现一个至关重要的东西，即"个体主义精神的觉醒"，正是这种觉醒导致意大利人的创造力如火山喷发。布克哈特笔下的意大利精英，个性鲜明，精力旺盛，摆脱了中世纪神学文化的桎梏，取得一项又一项耀眼的文化成就。比如说，现实主义政治思想，其典型代表就是马基雅维利和圭恰迪尼（Francesco Guicciardini，1483—1540），以及近代外交的兴起、古典文化的复兴、世俗伦理观念的高涨，还有中世纪宗教信仰的衰落。他认为，所有这一切成就归根结底都是文艺复兴时期的"时代精神"，即个体主义精神觉醒的各种外在表现而已，由此看来，布克哈特的《意大利文艺复兴时期的文化》的书名换成"意大利文艺复兴时期的精神"可能更贴切些。总而言之，用布克哈特形象的语言来说，文艺复兴时期的意大利是近代欧洲的长子，换句话说文艺复兴就是欧洲近代的开端！

布克哈特的这一看法在很长时间里被视为金科玉律，直接影响了对西方文明大故事的分期和相关教科书的编纂体例，几乎所有的著作都把"文艺复兴"作为西方近代的开始。在这种风气的影响下，人们总是先入为主地从"文艺复兴"里去寻找"现代性"的因素。但我想说的是，也许布克哈特对"文艺复兴"的过高评价会把许多读者引入歧途。那么，什么才是比较符合历史真相的"文艺复兴"呢？

还是让我们回到原始资料那里，从头开始叙述。

2. 回到历史：当时人对"文艺复兴"的看法

我们分别选择当时一位著名学者瓦拉（Lorenzo Valla，约1407—1457）和一名著名艺术家瓦萨里（Giorgio Vasari，1511—1574）的观点，来说明文艺复兴到底指的是什么。

瓦拉写了一本名叫《论拉丁语的优雅》（*Elegantiae linguae Latinae*）的书，在序言里有这样一段话："我不知道，为什么最接近自由学科的艺术——绘画、石雕、青铜雕塑以及建筑——一直处于如此漫长和昏昏沉沉的衰落之中，几乎连同文学本身一起灭绝了；我也不知道，为什么它们在这个时代被唤醒了和再度复活了；我也不知道，为何如今有如此多的优秀艺术家和优秀作家。"在瓦拉看来，他自己时代最突出的文化现象是出现了许多"优秀作家"和"优秀艺术家"，这正是"文艺复兴"一词的基本含义："文"和"艺"的复兴。只是不要误会，瓦拉所说的"文"，并不是被当时文人学者视为白话的"意大利文"，反而是高雅的拉丁语和拉丁文学。

瓦萨里用了十年的光阴，写了一部巨著《意大利艺苑名人传》（*Le Vite de' più eccellenti pittori, scultori, e architettori*），这部著作通常被视为第一部艺术史著作。该书把欧洲艺术的发展划分为三个阶段：辉煌的古代；蛮族入侵后导致艺术陷入漫长的衰落时代；从乔托开始，艺术开始复兴，并在米开朗基罗那里达到顶峰。瓦萨里专门造了"艺术的复兴"这个短语用来概括这三百年间意大利艺术发展史。瓦萨里相信，任何事物都有一个生命周期，文化运动也不例外，他把"艺术复兴"的过程，比作一个人的生命周期：童年、青壮年和老年。瓦萨里在书中记录了二百六十多位著名艺术家的生平及其作品，这成为今天人们研究这一时期艺术史的最重要原始资料之一。瓦萨里说，他写这本书，目的是为后世保存一份关于这一时期艺术成就的文化记忆，因为他担心由于某种原因这一时期在艺术上取得的巨大成就可能被毁灭（例如战争）或被人们遗忘。有了他的文化记录，后世的艺术家就能继续把艺术的事业发扬光大。

不论是瓦拉，还是瓦萨里，显然他们都认为，在拉丁文学和艺术领域，古人都取得无比辉煌的成就，他们是至高无上的权威，作为古罗马人的后裔，意大利人义不容辞地要以古人为师，重现古典文学和艺术的辉煌成就。由此可见，"文艺复兴"最基本的含义，就是一个复兴古典文化的运动，所以法语"文艺复兴"（renaissance）一词原本的意思就是"再生"。

伴随着古典"文学"和"艺术"再生的时代，西欧的人口恢复和国家建设也渐入佳境，人文主义者试图通过这种"再生"，提升民众的道德伦理和修养，强化国家治理的权力和能力。这种历史观察当然是对的。只是后人以后见之明看历史，也许在不断拔高这个运动，并且赋予它各种"伟大历史意义"，尤其是过分凸显文艺复兴里的现代性因素，反而让"文艺复兴"的真实面目变得越来越模糊。所以，20世纪的英国艺术史家恩斯特·贡布里希（Ernst Gombrich，1909—2001）和文化史家彼得·伯克（Peter Burke）有感于过去的学者把"文艺复兴"越说越乱的情况，做了正本清源的工作。

他们认为，"文艺复兴"有两个基本点：第一，文艺复兴是一个文化概念，它代表一个文化运动而非一个历史时期；第二，文艺复兴是一个以古人为师的运动，从精神气质上来说，是不那么激进的文化运动。一句话，文艺复兴就是一个创造性地复兴古典文化的运动，一个温故而知新的运动。

3. 一个还是多个"文艺复兴"？伊斯兰世界、中国、欧洲

在我看来，这是关于文艺复兴最基本、最准确的定义，也被大多数专业学者所接受。

当然，也有人认为，这个定义太狭窄了。人类学家杰克·古迪（Jack Goody，1919—2015）就认为，这种狭义的"文艺复兴"

观念暗含了"西方文明中心论"的味道。他写了一本书，叫《文艺复兴：一个还是多个？》（*Renaissances: The One or the Many?*）。他指出，如果以"古典文化复兴"作为文艺复兴的基本内涵，那么这样的文化运动并非只有意大利和欧洲才有，中国和阿拉伯世界也有，例如中国，宋代就有古学复兴运动，有新儒家。彼得·伯克也认为，不能假定意大利和欧洲的"文艺复兴"之文化就一定比中国或阿拉伯地区的文化优越。日本学者宫崎市定也早就说过类似的观点，甚至认为伊斯兰世界最早出现文艺复兴，中国的宋朝也是文艺复兴，而欧洲的文艺复兴反而是最晚的，只是它伴随着大航海之后欧洲的崛起而影响了全世界。我们不妨把这种文艺复兴观看成一种"广义的文艺复兴观"，它的确有一定的合理性，有助于纠正西方中心的文化优越感和傲慢感，此外也有助于提醒人们关注欧洲文艺复兴里的外来文化因素。不过，我们也要说明另一方面，这种"矫枉"的做法，也容易产生一种让人不安的"过正"倾向，好像意大利和欧洲的文艺复兴没啥了不起！

　　其实，单纯把"文艺复兴"说成"复古"也是不准确的，"文艺复兴"除了"复古"，还有"独创"。比如说，意大利人在绘画艺术上的成就，不是学习古人的结果，因为文艺复兴时期的意大利画家根本就看不到古代绘画，他们能看到货真价实的古代绘画那只是18世纪庞贝古城发现之后的事情。在没有古代画作可以参考的情况下，意大利的画家们只能凭借自己的努力进行创造。文艺复兴时期绘画最突出的透视画法，是古代画家根本不知道的东西，在同一时期的世界上也是独一无二的。因此，不能用一个简单的"古代文化复兴"就判定所有的"古代文化复兴运动"都是一样的！

　　再说了，即便各个地区都存在"古代文化复兴"，但是每次复兴的侧重点和对后世产生的影响也是大不一样的，所以广义的古代文艺复兴观的合理性也是有限的。

4. "走出中世纪"的文艺复兴运动

文艺复兴运动持续了约三百年的时间，粗略地说，就是从意大利诗人彼特拉克（"文学三杰"之一）、学者皮柯（Giovanni Pico della Mirandola，1463—1494）到科学家伽利略的时代。

佛罗伦萨的彼特拉克走遍欧洲，去搜寻古典希腊和罗马的稿本，他和其他的学者发现了很多被中世纪忽略的文献，这使得超越中世纪成为可能，这也就像中国老话说的"以复古为革新"。皮柯则表现了欧洲人文学者试图走向世界的热情，他试图融合古希腊思想和各种宗教包括天主教、犹太教、琐罗亚斯德教、伊斯兰教甚至其他神秘主义，这使得思想与信仰有了冲破壁垒的可能。而伽利略对哥白尼日心说关键性的支持和一系列科学见解，挑战了《圣经》，被称为"异端"。

显然，这个时代的文艺复兴，无论它本来动机是什么，都有了"走出中世纪"的意义。这一发生在意大利，影响欧洲甚至世界，大致相当于中国元朝后期和中国明朝早中期的运动，使得艺术、文学、建筑、宗教等领域都出现巨大的变化。

第二节　文艺复兴中的"新学术"和"新艺术"

前面说过，狭义的文艺复兴观，大概更接近历史上文艺复兴运动的本来面目。那么，按照这种定义，我们不妨把意大利的文艺复兴运动，分成两大部分来讲述，一个是"新学术"，一个是"新艺术"。从时间顺序上来说，新学术略早，而且对新艺术推波助澜，有着刺激性作用。

请大家原谅，研究历史的人总是追根溯源。过去在解说文艺复兴运动的时候，总免不了从各种背景去分析文艺复兴运动的起源，像政治、经济、宗教等原因，但这样的做法也有问题。一种蓬勃起来的文化，固然离不开各种背景，但有时候它一产生往往就自己独立发展；有时候又像火星溅到干草堆，偶然燃起之后就是燎原大火；还有时候甚至因为某个文化人的梦想和偏好，就刺激了一个文化运动的兴起、转向或衰落，就像胡适先生说过的一句名言："许多伟大的事业常常起源于少数人的梦想。"

文艺复兴运动的起源并不复杂，也不深奥，其实，就起源于少许意大利文人的梦想，尤其是彼特拉克的梦想，我们可以称之为"彼特拉克之梦"。

1. 彼特拉克之梦

彼特拉克出生于 14 世纪的佛罗伦萨，按籍贯是佛罗伦萨人，但他一生在佛罗伦萨的时间很短暂。他的父亲被佛罗伦萨政府驱逐流放，因此彼特拉克跟随父母辗转各地，童年和青年的大部分时光是在法国南部度过的。当时，教廷的驻地就在这里。彼特拉克从小就表现出强烈的文学偏好，他一心想做一名"文艺青年"，但是他的父亲是个讲求实际的人，他坚决不同意儿子的这一选择，强迫儿子学习法律。他可不想让儿子把未来的生计放在不实用的

"诗词歌赋"上，在当时最受追捧的是神学、法学和医学。

迫于父命，彼特拉克在大学里学习法律，但不久他的父亲去世，彼特拉克就决心从事文学创作。一个偶然的机会，他发现了古罗马作家西塞罗的《致阿提库斯的信》（*Epistulae ad Atticum*），这部作品以前并不为人所知，它的发现给彼特拉克巨大的震动。彼特拉克惊讶地发现，西塞罗的拉丁语是那样优雅动人，而相比之下，他自己时代的人们使用的教会拉丁语显得粗鄙不堪。作为一个爱好文学的人，他自然对文字表达有着超常的敏感。由此，他开始四处搜寻更多古罗马时期作家的手稿，他的头脑里渐渐地形成一个崭新的历史意识和文化观念：他认为意大利和欧洲的文化发生过一个明显的断裂，拉丁语和拉丁文学在古罗马时代曾无比辉煌，而随着蛮族进入罗马帝国并摧毁罗马帝国，原本纯洁和优雅的拉丁语开始退化，优雅的拉丁文学也渐渐消亡。彼特拉克决心复兴古代拉丁文学的辉煌传统。于是，他一边搜集古代拉丁作家的作品，一边模仿古代作家，创作了各种文体的拉丁语作品，包括对话、书信集、演说词、名人传，当然，最有名的是他模仿古罗马诗人维吉尔的史诗《阿非利加》（*Africa*），这是讴歌古罗马著名军事将领的长篇叙事诗。

史诗《阿非利加》的问世，使得彼特拉克声名鹊起。1341年，他在罗马卡皮托尔山（Campidoglio）上被加冕为桂冠诗人。和今天的诺贝尔文学奖一样，获奖人要发表一个获奖感言，彼特拉克在获奖演说中明确指出：他要为后世的人开辟一条"光明道路"。

他说的光明道路，就是要复兴古罗马灿烂的拉丁文学。

2. 彼特拉克的追随者们

彼特拉克的文学才能在意大利的许多城市里都吸引不少追随者。在佛罗伦萨，彼特拉克最热忱的追随者是薄伽丘和萨卢塔蒂（Coluccio Salutati，1331—1406）。一般人都知道，薄伽丘是《十日谈》的作者，是个讲故事的能手，尤其喜欢讲幽默和黄色故事。其实，这只是他的一面。薄伽丘和彼特拉克曾在佛罗伦萨会面，之后他就致力于研究古代神话，并用拉丁语写成了《神谱》。晚年的薄伽丘听说别人阅读他的《十日谈》，就急忙写信制止，看起来他在为过去创作那些不雅故事感到后悔。

不过，在复兴新拉丁文学的过程中，萨卢塔蒂的贡献则大得多，他爱好文学，是彼特拉克的铁杆追随者。1375年，相当于中国明朝刚刚建立不久的时候，他被佛罗伦萨共和国任命为共和国秘书长，主要任务是起草政府文件和外交信函。这一职位对萨卢塔蒂来说，简直就是天大的福音。一方面，他有了钱，生活无忧；另一方面，可以充分展示他驾驭优雅的古典拉丁语的才华。1390—1402年，佛罗伦萨共和国和米兰公国爆发战争，萨卢塔蒂代表佛罗伦萨写了很多痛骂米兰的宣传文章，他的拉丁文字铿锵有力，气势如虹，让挨骂的米兰公爵都不由得发出赞叹：此人的一篇文章低得上一千名骑兵！这有点儿像唐朝武则天看了骆宾王的《为徐敬业讨武曌檄》之后的感叹。

萨卢塔蒂可能并不是顶尖的作家，但他无疑是个出色的文化组织者，他利用共和国秘书长的职位，做了两件了不起的大事：一是网罗一批青年才俊学习古典文学，二是聘请拜占庭学者赫里索洛拉斯（Manuel Chrysoloras，约1350—1415）在佛罗伦萨大学讲授希腊语。萨卢塔蒂就像一位父亲一样呵护他的这些门徒，而他的这些门徒则尊称他为"我们的父亲"。当萨卢塔蒂已在1406年去世的时候，他身后的青年才俊纷纷崭露头角，形成一个文化圈，并且有了明确的"认同感"。他们专门造了一个拉丁短语"人文学"来表示他们的追求，按照美国文艺复兴思想史大师克里斯特勒（P. O. Kristeller，1905—1999）的研究，他们的"人文学"包括语法、诗歌、历史、修辞和伦理学五门学科。"人文学科"的总体目标，就是塑造有文化有情趣的自由人，而不是枯燥乏味的经院学者。后世学者常常把这些人称为"人文主义者"，而把他们的学术文化事业称为"人文主义"。这有点儿人为地提升或拔高，因为许多人以后见之明，把"人文主义"理解为"强调人的价值体系的哲学思潮"，这是莫大的误会。

其实，在15世纪的意大利并不存在"人文主义"这个词，有的只是"人文学"这个词。热衷于"人文学"的人，在15世纪通常被称为"诗人"或"演说家"，而在16世纪出现的"人文主义者"一词，在当时表示的是"在大学里讲授人文学的老师"，通俗地说，大致相当于现代大学里的文史两系的教授。

应该把"文艺复兴时期的人文主义者"称为"新拉丁文人"。这些新拉丁文人有这样一些共性：一是崇尚古人的权威，热衷于搜集、整理、翻译和注解古代的典籍；二是特别注重用优美的古典拉丁语写作；三是当他们写作的时候，总是模仿古代作家的文体、风格，并且喜欢引经据典。他们写诗就模仿维吉尔，写演说词就模仿西塞罗，写历史就模仿李维和萨鲁斯特等人。在这些作家的心目中，西塞罗的语言和文风是至高无上的榜样。当时佛罗伦萨的修士萨沃纳罗拉（Girolamo Savonarola，1452—1498）甚至批评佛罗伦萨的文人学者变成古人的囚徒!

3. 人文主义者：崇尚古典与新艺术革命

大家都同意陈寅恪说的，学者理想境界应该是"独立之精神，自由之思想"，但当时意大利人文学者谋生很艰难。在 15 世纪早期，佛罗伦萨共和国的秘书厅和罗马教廷的秘书厅，是最适合文人学者的地方。这两个地方聚集了最优秀的早期人文学者，如果不能在这两个地方谋得职位，那就麻烦了。1421 年，佛罗伦萨的布拉乔利尼（Poggio Braccciolini，1380—1459）给朋友的信里就这样哀叹："除了教男孩们读书识字，或为某个主人或暴君效力，我不知道我在罗马教廷之外能做什么。"

可见，当秘书和当老师，是多数人文学者的出路。文艺复兴时期，印刷术刚刚发明，正在逐步推广，还没有形成一个发达的出版市场，既然没有一个文化市场能养活自己，人文主义者就不得不依附于某个权力机构或某个大人物。一个人文主义者写成一部著作，通常要献给某个要人，希望得到提携，饭碗问题制约了文人学者的创造力！大多数人文主义者都是对权力和既有体制非常温顺的文人，他们很少敢于做独立的"公共知识人"！

所以，我们不要用后来的想象，把那个时代想得太理想。但是，这些古典文学爱好者，又的确在很大程度上改变了当时的文化和社会。在他们带动下，崇尚古典的风气弥漫开来，不但意大利城市社会的上层精英开始崇尚古代文化，更重要的是崇古之风影响了当时的艺术创作。

在 14 世纪之前，意大利人在艺术上并不突出。中世纪盛期最伟大的哥特式风格是由法国人发明并流传开来的。在乔托（Giotto di Bondone，约1266—1337）之前，意大利的视觉图像是以镶嵌画为主。大致从乔托时代开始，意大利的图像艺术发生两个大转变：一是从镶嵌画变成绘画；二是"意大利风格"开始逐渐凸显出来。为什么这个时代艺术会发生转变？简单地说，中世纪盛期意大利的商品经济走在欧洲前列，意大利人积累大量的财富，他们把相当一部分财富用于公共建筑，尤其是教堂，于是意大利的城市里就出现"教堂的大爆炸"！城市政府、教会、修会、行会纷纷雇用画家和雕塑家装饰教堂，壁画艺术和雕塑艺术跟着就兴盛起来。与昂贵、费时的镶嵌画相比，壁画更便宜，制作起来更省时间，壁画就渐渐地取代了镶嵌画。

那时的意大利画家并不擅长绘画，他们只好向拜占庭画家学习，所以说这一时期的意大利绘画被称为"意大利—拜占庭混合风格"。从乔托开始，他们有意识地想摆脱拜占庭画风，创造出自己的风格，这算得上是第一种名副其实的意大利绘画风格。与此同时，来自北方的一种绘画风格也在意大利流行，人们通常称之为"国际哥特式风格"，这是一种色彩绚丽的宫廷风格。这两种风格在15世纪被超越，很大程度上要归功于15世纪早期佛罗伦萨发生的艺术革命。

说起来很有趣，这场艺术革命始于15世纪早期的两场"艺术竞标"活动。15世纪20年代，佛罗伦萨的舶来羊毛加工行会决定为该城的洗礼堂铸造一座新的青铜门，这项任务该交给谁呢？主政者想到一个妙招：在全意大利公开竞标！主政者规定，参赛的艺术家需要呈交以《圣经》故事"献祭以撒"为主题的浮雕，然后由一个评奖委员会裁决。艺术家们听闻这个赚钱的大好机会，个个摩拳擦掌，准备大干一场。当时一些著名的艺术家都参与了竞标，包括雕塑家和金匠吉贝尔蒂（Lorenzo Ghiberti，1378—1455）、雕塑家和建筑师布鲁内莱斯基（Filippo Brunelleschi，1377—1446）。吉贝尔蒂和布鲁内莱斯基的参赛作品进入最后的角逐，吉贝尔蒂最终胜出！吉贝尔蒂制作的青铜门上十幅青铜浮雕，都出自《圣经》故事，浮雕中的人和物都栩栩如生，赢得人们的交口称赞。在 16 世纪，雕塑家米开朗基罗曾参观过这个青铜门，他评价说，把这个青铜门送往真正的天国都是合适的！于是乎，这个青铜门就有了一个绰号"天国之门"。

当吉贝尔蒂春风得意时，失利的布鲁内莱斯基一气之下放弃了雕塑，他和好友雕塑家多纳泰罗（Donatello，约 1386—1466）一同前往罗马钻研古代的雕塑和建筑作品，从此这两人迷上古典品位。布鲁内莱斯基需要一个东山再起的机会，他的命不错！机会真来了。当时，新佛罗伦萨大教堂的修建到了最关键的时刻：需要在主殿和耳堂相交的上方，修建一座无比巨大的穹顶。这个穹顶实在是太大了，没有先例可参考。于是，管事儿的人又想到竞标！这一次，竞争双方又是吉贝尔蒂和布鲁内莱斯基。根据瓦萨里在《意大利艺苑名人传》里的记载，竞标委员会出的题目竟然是"谁能让鸡蛋在桌子上站立"。参赛的艺术家纷纷手忙脚乱地摆放鸡蛋，但最后都以"滚蛋"收场，谁也无法让鸡蛋站立！最后轮到布鲁内莱斯基上场，只见他不慌不忙，抓起鸡蛋，往桌子上一碰，鸡蛋稳稳地站住了！其他的艺术家都不服气，纷纷说如果这也算数，我们都能做到！但布鲁内莱斯基反驳说，我早料到你们会这么说，但我对大教堂的大穹顶已胸有成竹，但我不想说出来，我怕我现在说出来，你们就剽窃。就这样，布鲁内莱斯基赢得竞标，吉贝尔蒂失败了！这个故事可能是传闻，不过，瓦萨里记录这个故事真正的用意，是突出布鲁内莱斯基的非凡才华！

布鲁内莱斯基的确是个天才，他设计的佛罗伦萨大教堂的大穹顶由里外两层构成，中间是空心的。他借鉴了哥特式建筑的肋拱技术，就像编鸟笼子一样，先做好里外两层的骨架，然后再填充砖石。经过二十多年的建设，这座大穹顶终于大功告成。它变成佛罗伦萨城市首屈一指的地标，它的巍峨壮观让佛罗伦萨人佩服得五体投地。同一时期的人文主义者和建筑理论家阿尔贝蒂（Leon Battista Alberti，1404—1472）尤其赞不绝口，他夸张地说，这个大穹顶的影子能把整个托斯卡纳地区的人们都笼罩了！

除了这个大穹顶，布鲁内莱斯基还在佛罗伦萨留下许多建筑作品，说他是文艺复兴时期建筑风格和品味的开创者，是丝毫不过分的。布鲁内莱斯基去世之后，他被安葬在佛罗伦萨大教堂里，这是了不起的荣誉。从前，建筑师、雕塑家和画家都被视为普通的匠人，社会地位低下，很少有机会能安葬在神圣的教堂里。布鲁内莱斯基享受的哀荣预示了艺术家地位的一个明显变化！

除了建筑才能，布鲁内莱斯基还有一项重要的成就，他发现了单点透视法原理。他把他的发现告诉他的两位好友，雕塑家多纳泰罗和画家马萨乔。二人分别把透视法运用于雕塑和绘画，完成前所未有的艺术创新。多纳泰罗运用透视法创作了《希律王的宴会》《圣母子》等浮雕作品，而马萨乔在佛罗伦萨的新圣玛利亚教堂的墙壁上绘制了第一幅单点透视法壁画《圣三位一体》。不论是浮雕还是壁画，都成功地实现了在二维平面上表现出三维立体的效果。

所以说，15世纪早期的艺术革命就是以布鲁内莱斯基为核心的一个小圈子完成的，他们身后很多艺术家纷纷效仿，形成了一个潮流。

4. 崇古：走出基督教艺术笼罩的时代

"以复古为革新"，这是东西方常见的一种文化现象。如果你去过巴黎的中世纪世界博物馆（又名克鲁尼美术馆 [Musée de Cluny]），你就会感觉到，欧洲中世纪的各种图像，几乎无一例外，是在反复叙述宗教故事。圣母、圣灵、十字架与殉道者，尽管多姿多彩，但总觉得它们表现的精神世界却相当同一，热烈中有盲目，虔诚中有麻木，敬畏中有恐惧，似乎生活世界都在《圣经》之中，无法越出半步。所以，"走出"这个时代，对精神领域非常重要。意大利早期的视觉艺术品基本上都是基督教题材，但随着崇古之风越刮越烈，画家和雕塑家也开始创作世俗题材的作品。最常见的有三类：一是历史，二是神话，三是现实生活中的人物。画家波提切利（Sandro Botticelli，约 1445—1510）创作了两幅著名的神话画《春》和《维纳斯的诞生》，现在是乌菲齐美术馆的"镇馆之宝"。

这说明，超越基督教题材的艺术品，开始受人欢迎。文艺复兴时期的绘画和雕塑在表现上越来越写实，描绘的人和事物越来越逼真。就连宗教题材的作品也开始充满人情味儿，像两件早期文艺复兴的作品，一是多纳泰罗的浮雕《帕齐圣母子》，一是菲利波·利皮（Filippo Lippi，约 1406—1469）的绘画《圣母子》，虽然是宗教题材，但浮雕和画中的圣母子充满了人间的温情，让人感动得只想掉眼泪！此外，画家和雕塑家破天荒地表现裸体人像，这一传统在米开朗基罗和文艺复兴晚期的威尼斯画家提香（Tiziano Vecelli，约 1488—1576）那里达到顶峰。当然，最终代表文艺复兴时期绘画和雕塑成就的还是肖像画和人像雕塑，拉斐尔是当之无愧的肖像画之王，而米开朗基罗的人像雕塑无人能敌！有趣的是，那时的建筑艺术，也在崇古和仿古的道路上狂奔，宫殿、别墅甚至教堂都古典化了，最终把从前的哥特式风格彻底边缘化了。

无意中，基督教笼罩的"中世纪"，在文学、艺术和建筑领域被渐渐走出。

5. 文艺复兴：成就和遗产

随着艺术家们创作出大量精美作品，意大利社会中的艺术和艺术家地位逐渐提高，达官显贵开始礼遇艺术家，艺术家的自信心也日渐高涨。他们开始宣扬他们从事的职业是自由而高雅的"艺术"，而不是卑下的"体力活"，他们不但要赚大钱，享受美好生活，还要青史留名。艺术家不但给显贵画像，他们也给自己画像或铸像章。

这可是不得了的历史变化。从前的艺术家完成作品，拿钱走人了事，更不会想到把自己的形象留给后人。这种意识在从前的意大利甚至整个欧洲都没有过，从此艺术家就和帝王将相一样，进入大写的历史，可以流传后世！所以说，文艺复兴时期的创举之一就是新的艺术和艺术家观念，他们不再是从前被人轻视的工匠，而是创造性的天才！最能反映这种变化的，莫过于瓦萨里的《意大利艺苑名人传》和1563年在佛罗伦萨成立的欧洲第一家艺术学院。文艺复兴时期的艺术家很幸运，他们的中世纪前辈，大多数人的名字都湮灭了，但是自从瓦萨里《意大利艺苑名人传》问世，欧洲出现许多类似瓦萨里的人物，记录了欧洲各国的艺术家和艺术史。这不能不说是意大利文艺复兴运动的一大功劳！

现在，让我们再来总结学术文化领域中的文艺复兴成就和遗产。可以说，文艺复兴时期人文学者的最大贡献是"整理古籍"。正是由于他们的努力，许多从前被人们遗忘的古典重见天日，这些古典给后人提供重新思考的宝贵资源；他们整理古籍的方法，则成了西方近代古典学的一部分；而他们搜集和研究古代的文物，这变成近代考古学的前身；他们模仿古代历史学家，撰写古典风格的历史著作，取代中世纪的编年史。人文学者在尊重既有的基督教信仰的前提下，也强调世俗生活的价值，他们赞美婚姻、家庭、财富和人世间的欢乐，他们宣扬真正的高贵不是出身、不是血统，而是美德和个人的成就！

正是这一点，渐渐开启了现代人的价值观。

第三节　意大利之外：欧洲、奥斯曼帝国和美洲

从古代寻找资源，让古人给现在背书，不只是 15、16 世纪佛罗伦萨和意大利文人、学者、艺术家的手段。"以复古为革新"，借古典或者经典的神圣，打破当代人的习惯和固执，其实在意大利之外也一样管用。如果说文艺复兴仅仅是意大利的文化运动，那么它就不会在全球史里这样重要，所以在谈论了狭义的文艺复兴，现在我们要谈一下广义的文艺复兴。这里说的"广义"的文艺复兴，一方面是在更大的时间和空间范围内看待文艺复兴，另一方面还要关注这一时期物质文化的交流。

也许，很多人都熟悉英国学者彼得·伯克，他是当代最有影响力的历史学家。他写了一本书《欧洲文艺复兴：中心与边缘》(*The*

European Renaissance: Centres and Peripheries），应该说这是从欧洲范围内谈论文艺复兴最好的一本书。不过，可惜的是，他对文艺复兴与伊斯兰世界的互动寥寥数语，一笔带过。倒是日本学者宫崎市定，一直在强调，"文艺复兴"不只在欧洲，在伊斯兰世界也有，在中国也有。而且在伊斯兰世界是最早发生的，在8世纪定都于巴格达的阿拔斯王朝就出现了；而中国则是紧跟其后，在10世纪以后的宋代，已经有类似文艺复兴的文化运动；相反，欧洲也就是意大利倒是最晚的，只是意大利的文艺复兴影响了欧洲，又随着欧洲的崛起影响了世界。最近，据说欧美学界在集体编写一套十二卷本的《意大利文艺复兴和欧洲》，目前出了前六卷，后六卷不知何时才能面世。其中，最后一卷就是《意大利之外的意大利文艺复兴》，我推测应该是从欧洲视野或全球视野来看待文艺复兴。

因为这本书还没面世，我就只能凭着现有的知识，简略地勾勒一下文艺复兴运动在更大的时间和空间里的情况。

1. 蒲公英种子的扩散：战争、移动和文艺复兴

文艺复兴运动虽然在意大利兴起，但它最终不局限于意大利。

15世纪的意大利，政局相对稳定，除了奥斯曼土耳其人时不时在意大利半岛的海滨地区捣乱，没有其他大的外患，但这种局面在1494年被打破了。这一年，野心勃勃的法国国王查理八世（Charles VIII，1483—1498年在位）带兵入侵意大利，从此意大利半岛就没有安宁的日子。西班牙国王，也就是后来神圣罗马帝国的皇帝查理五世也乘机浑水摸鱼，双方展开争霸战争，时断时续，

一直到 1559 年才消停。当时的意大利半岛在政治上四分五裂，无法联合一致对外，只能任由外国强敌欺负，搞得意大利的大小统治者个个灰头土脸，只能奴颜婢膝地讨好外国君主，而文人学者只能躲在家里不停地咒骂祸害意大利的"野蛮人"，以图出一口恶气罢了。

战争对意大利的民生和文化是一场大灾难，文艺复兴运动的中心在剑与火之中，就像多米诺骨牌一样一个接一个倒下。1494年，佛罗伦萨文艺复兴的黄金时代宣告结束。1527 年，神圣罗马帝国的军队洗劫了罗马城，罗马文艺复兴的黄金时代画上了句号。只有威尼斯艰难地维持自己的独立，所以文艺复兴这朵鲜花才在威尼斯最后凋谢。外敌入侵搅乱了意大利，不过，种瓜得豆，这也让意大利学者尤其是艺术家被迫远走他乡谋生。意大利艺术家就像蒲公英的种子，他们走到哪里，文艺复兴的文学和艺术就在哪里生根发芽。他们的足迹遍及波兰、匈牙利、西班牙、葡萄牙，甚至遥远的莫斯科和英国。

外国入侵者虽然蔑视意大利人，却对意大利的文化很着迷。意大利的艺术文化和精致的生活方式，让法国人大为倾倒，法国国王查理八世回国的时候，顺便带走大量的意大利艺术品和优秀艺术家为自己服务。法国国王弗朗索瓦一世（François I，1515—1547 年在位）更是个铁杆的意大利迷，他可以说是法国文艺复兴的最大资助者。他专门设立了"王家教师"的职位，资助这些人从事古典文化研究。与此同时，酷爱打猎的他在巴黎近郊修建了古典风格的行宫枫丹白露宫。意大利的建筑师、雕塑家、画家和法国本地的艺术家一起干活，这座宫殿体现了这种合作：它是意大利元素和法国元素的混合。随着时间的推移，哥特式的故乡，被意大利的古典风格征服，乃至于 17 世纪被称为法国的"古典时代"。

不止是法国。传统上德国的北部与南部，在地理和文化上差别比较大。德国南部因为靠近意大利，所以和意大利的交往就十分密切，威尼斯从德国引进哥特式艺术和印刷术，而德国从威尼斯引进文艺复兴艺术。当然了，当时德国人和意大利人对待艺术的态度大不一样。16 世纪早期的德国画家丢勒（Albrecht Dürer，1471—1528）几次来到威尼斯，面对威尼斯艺术家的崇高社会地位而感叹说："在家乡，我是一个可怜虫；在这里，我是一名绅士。"

文艺复兴的风尚继续向北和向东移动，匈牙利的国王和波兰的贵族尤其喜欢意大利人带来的新艺术。同样的，这种新艺术不是纯粹的，而是意大利文化元素和本地文化因素的结合。米开朗基罗少年时代当学徒时，有一个同门名叫托里加诺（Pietro Torrigiano，1472—1528），是个心胸狭窄之人，米开朗基罗的才华让他嫉妒得发狂。他故意找茬，痛打了米开朗基罗，把鼻梁骨都打断了！托里加诺担心受到惩罚，就一口气逃到了英国。英国国王亨利七世（Henry VII，1485—1509 年在位）的墓葬雕塑就是他做的，等于是他把意大利的艺术带到了英国。当然了，把英国文艺复兴的兴起全部归功于这个惹是生非的家伙显然是不对的。15、16 世纪有许多英国学生在意大利帕多瓦大学（Università di Padova）留学，此外，意大利学者和商人也常常踏上英国土地，这些人常常充当文化使者。从 16 世纪开始，越来越多的英国贵族前往意大利游学，英国人伊尼格·琼斯（Inigo Jones，1573—1652）率先把古典建筑风格引入英国。18 世纪的英国贵族，尤其喜欢 16 世纪威尼斯建筑师安德雷亚·帕拉迪奥（Andrea Palladio，

1508—1580）设计的别墅风格。财大气粗的英国人到意大利参观古迹文物，大肆收购古董和意大利艺术精品。罗马当地人开玩笑说，如果大斗兽场能带走的话，英国人也就买走了！

从 15 到 17 世纪，文艺复兴引起的古典之风，让欧洲上层精英的品位古典化了，这是塑造欧洲共同文化认同的一个重要因素。用彼得·伯克的话来说，文艺复兴运动促进了欧洲人的欧洲化！

2. 非基督教世界：进入伊斯兰世界的"文艺复兴"

以上说的是欧洲也就是基督教世界内部文艺复兴的故事，接下来要说一说文艺复兴运动在非基督教世界里的情况。

前面引用宫崎市定的说法，说 8 世纪阿拔斯王朝就有文艺复兴了。不过，我们要明白，日本学者的这个说法，一方面是反对欧洲文化中心主义，要为东方文化争一口气，一方面是把不同区域的文化、知识和科学的黄金时代都命名为"文艺复兴"，但这并不是严格意义上的 Renaissance。真正受到意大利文艺复兴影响而出现的文化现象，还是在 15、16 世纪之后。

15、16 世纪欧洲上空飘荡着一个幽灵，这个幽灵就是让欧洲人神经紧绷的异教徒敌人奥斯曼土耳其。从 15 世纪早期开始，感受到奥斯曼土耳其人巨大压力的拜占庭帝国，不断派使节到拉丁西方求援。1453 年，拜占庭帝国首都君士坦丁堡被土耳其人攻占。这一事件给欧洲带来了巨大震动，好几位教宗呼吁发起新的十字军运动，讨伐土耳其人。可是，意大利的各个邦国，还有欧洲各国的君王各有自己的小算盘，他们都三心二意，所以教宗的新十字军计划最终变成了空洞的口号！

到了 16 世纪，欧洲内部的分裂就更大了。法国和哈布斯堡西班牙为了争夺意大利半岛的控制权互相争斗，而宗教改革运动把统一的基督教世界撕成了两半：一些地区信仰新教，一些地区信仰旧教，双方势不两立。法国为了对付神圣罗马帝国，干脆与土耳其人结盟，而威尼斯人则私底下和土耳其人眉来眼去。俗话说，"攘外必须安内"，欧洲内部四分五裂，如何能有效地反击土耳其人呢？ 16 世纪，欧洲人反击土耳其人有两次大的胜利，一次是 1535 年神圣罗马帝国皇帝查理五世征服突尼斯，一次是 1571 年勒班托海战（Batalla de Lepanto）。不过，尽管土耳其人受了些挫折，但基本实力还在。1683 年，土耳其军队甚至一度包围维也纳城。可自那以后，奥斯曼土耳其帝国就开始走下坡路，它的衰亡故事与大多数东方帝国差不多：帝国政治的腐败、横征暴敛、经济危机、民不聊生等，总之，"帝国一天天烂下去了"。

基督教世界和奥斯曼帝国之间的对立，在很大程度上是宗教的对立，用今天的话来说，它们是不同文明的冲突。但应该说，奥斯曼帝国统治者的思想和策略要比基督教世界统治者的灵活得多，在文化上他们会积极学习对手的长处，完美地上演奥斯曼土耳其版的"师夷长技以制夷"，反倒是基督教世界的统治者很死板，不善于向对手学习。

所以说，虽然双方刀光剑影，但奥斯曼帝国也并不拒绝进行贸易和文化交流。奥斯曼苏丹穆罕默德二世，显然比晚了他半世纪的对手查理五世更善于学习，他让人给他讲解欧洲古典文化。当时，一个在佛罗伦萨的拜占庭学者名叫特拉比松的乔治（George of Trebizond，1395—1486），他似乎在意大利活得很不顺心。他索性写信给穆罕默德二世，表示愿意为其效劳，他好像忘记了亡国之痛,心里只想着多赚些银子。穆罕默德二世也喜欢意大利的艺术文化,他出大价钱招募意大利的工匠和艺术家。一些意大利的工匠和艺术家禁不住银子的诱惑,前往伊斯坦布尔为奥斯曼土耳其帝国效劳。还有一些欧洲基督徒干脆改信伊斯兰教,气急败坏的欧洲人咒骂这些人是"叛教者"。看来,有时候,财神比上帝的力量更大些!其中,有一个名叫科斯坦佐·达·费拉拉(Costanzo da Ferrara,1450—1524)的意大利艺术家为穆罕默德二世铸造了文艺复兴风格的像章,他还描绘了奥斯曼一个抄写员的画像。这幅栩栩如生的人像画,让当地的艺术家大开眼界,一位波斯画家就临摹了这幅画。

传统时代的政治,常常是现实的和妥协的,敌人和朋友并不是不可以做生意的。为了与奥斯曼土耳其缓和关系,威尼斯共和国也把画家真蒂莱·贝利尼(Gentile Bellini,约1429—1507)派往伊斯坦布尔,而他为穆罕默德二世画的肖像(约1480)流传至今。甚至大名鼎鼎的莱奥纳多·达·芬奇曾一度想去伊斯坦布尔碰碰运气,也想去竞标修建一座连接伊斯坦布尔和加拉达塔之间的桥梁,看能不能捞点真金白银!据说,他的竞标信,现在还收藏在伊斯坦布尔的考古博物馆里。

奥斯曼土耳其征服了拜占庭,占领了伊斯坦布尔,但是拜占庭文化也在一定程度上征服了奥斯曼土耳其!奥斯曼建筑大师米马尔·锡南在借鉴拜占庭帝国索菲亚大教堂的基础上,开创了拜占庭和帖木儿伊斯兰混合风格的清真寺!如果把锡南建造的伊斯兰风格的宣礼塔拆除,它们看上去更像索菲亚大教堂的复制品!

全球的历史总是风云变幻,有时候西风吹向东方世界,有时候东风也吹向西方世界。在文艺复兴之前，伊斯兰文化也渗入了欧洲。8 到 10 世纪，阿拉伯人控制了地中海，在意大利南部和西班牙南部长期存在，这些地区就自然地打上了伊斯兰文化的印记，尤其是伊斯兰建筑和装饰艺术。威尼斯人长期与中东开展贸易活动，因此威尼斯的文化中就多了些伊斯兰元素。例如，威尼斯的建筑风格就深受伊斯兰建筑和装饰风格的影响。威尼斯总督府的立面装饰、私人宫殿的尖拱等，都借鉴了阿拉伯伊斯兰风格。帕拉迪奥设计的一些教堂和别墅竟然采用了清真寺的宣礼塔！而在 16 世纪的时候，除了前面说到的达·芬奇以及文艺复兴中的著名人物丢勒、哥白尼对阿拉伯的知识很感兴趣，人文学者阿雷蒂诺（Pietro Aretino，1492—1556）也和前面提到的奥斯曼帝国"征服者苏莱曼"来往，并试图寻求他的资助。特别是，欧洲人对伊斯兰世界的装饰艺术格外垂青，在欧洲语言里还渐渐出现了两个新词：阿拉伯纹饰和土耳其纹饰。

由此看来，相互斗争和相互借鉴构成了这一时期基督教世界和非基督教世界交往的两个面相。

3. 余波：在遥远的新大陆

如果说，土耳其人是让欧洲人头痛的敌人，那么在遥远的美洲，欧洲人的探险和殖民活动所向披靡！一方面，欧洲人占据枪炮的优势，但更重要的一方面是，欧洲人带来了美洲大陆从未有过的病菌。这一点，我们在第五季中已经提到了。

经历漫长而残酷的殖民过程，欧洲人在美洲新大陆抢占了大片大片的殖民地，并按照自己的心意，毁灭或改造了当地的文化。

大量漂洋过海而来的移民，把欧洲的艺术风格带到当地，其中当然也包括一部分文艺复兴时期的文化和大量的巴洛克文化！受过文艺复兴运动洗礼的欧洲人，在不经意间也把文艺复兴之后的新学术、新艺术、新建筑带到了这片新大陆。

第四节 意大利文艺复兴与中国

说到文艺复兴与中国的历史缘分，大致上可以分为前后两段。明清之际，欧洲传教士来到中国，他们本来是来传播天主教信仰的。可是，他们有很渊博的知识，也用新知识、新技术以及新艺术吸引中国读书人和官员，所以无意中一些文艺复兴运动的成果就被传教士带入中国，这是第一段；到了19世纪末20世纪初的清末民初，随着坚船利炮带来西潮东渐，中国不得不打开大门改弦更张，文艺复兴之后形成的欧洲新文化、新知识和新艺术冲击着传统中国，而中国知识人本来就喜欢"借复古为革新"，于是开始主动理解和吸收文艺复兴的新知识和新观念，用以改造和重塑传统中国的文明，甚至用来重新解释和叙述中国的历史，这是第二段。

1.明代后期：传教士带来文艺复兴的新知识与新文化

第一段故事里，有两个关键词：一个是贸易，一个是宗教。

前面我们讲过，大航海之后，欧洲、美洲和亚洲形成庞大的贸易圈，各种物品东往西来。其中，中国的瓷器在15世纪中期前后，就开始大量到达意大利。你如果看了乔瓦尼·贝利尼绘制的《诸神的宴会》，就会看到里面有中国产的青花瓷。青花瓷器被特意画在画儿里，说明它既是意大利上层才能享有的奢侈品，又被视为珍贵而美丽的艺术品。当时意大利还没有能力制造瓷器，意大利人只能生产一种叫"马约里卡"（majorica）的彩釉陶器。16世纪后期，美第奇宫廷设立了一个仿造中国瓷器的宫廷瓷器作坊，这是欧洲制造瓷器的开始。美第奇宫廷瓷器作坊的产品早期水平低下，外观和质地都很差，如果不是它们的历史价值，估计送人都没有几个人想要！

但是，意大利文艺复兴的新知识和新文化却反传中国。其中一个原因，可追溯到16世纪欧洲的宗教改革运动，很多人想不到它的影响竟然波及遥远的中国，这听上去有点像"蝴蝶效应"。当时，罗马教会为了反击新教的挑战，展开了反宗教改革的运动，其中的一项策略，就是派遣传教士到遥远的美洲、印度和中国等地，进行全球范围内的传教。欧洲的地理大发现，让罗马天主教会率先有了全球意识。前面讲到的欧洲传教士，像沙勿略、范礼安、利玛窦、艾儒略以及金尼阁等，先后来到中国。他们的主要目的，当然是让中国人皈依天主教，但是他们不光带来了天主教信仰，无意中也带来了欧洲的知识和文化，其中就有文艺复兴文化的内容。

谈到文艺复兴文化在明清之际中国的传播，首先就要说到中国人熟悉的意大利传教士利玛窦。利玛窦在罗马受过系统的神学训练，学过古典文化，还学过数学等科学知识。他是一个绝顶聪明的人，来中国不久就学会了中文，还能用文言文写作。他这个人不但学问好，情商也高。他结交了当时明朝达官显贵和文人学者，其中就包括明朝高官徐光启和前面说过襄助利玛窦绘制世界地图的李之藻，以及写过《代疑编》《天释明辨》的杨廷筠，这三个人被称为天主教在明代中国的"三柱石"。

徐光启并非等闲之辈，虽然他本人是科举制度的受益者，但他的兴趣不在"吟诗作赋"，卖弄文学才能，他更关心能解决国计民生的知识。要知道，当时的明朝内忧外患，"南倭北虏"，南边儿刚刚安定一点儿，可东北边疆的军事危机已经到了火烧眉毛的地步。徐光启和利玛窦两人一见如故，展开了长期的合作，其中也包括翻译西方知识，徐光启特别注重的是农业、水利、天文以及欧洲的军事技术等，而这些新知识就包含了文艺复兴以来的新成果。

让我们举一个例子。16世纪是大炮大显身手的时代，在大炮的威力面前，从前在冷兵器时代固若金汤的传统城墙会轰然倒塌。当时，意大利的军事工程师发明了一种新的军事要塞——角堡，用它加固城墙或修建大型军事要塞，效果非常好，欧洲各国纷纷引进。生活在16世纪后期的利玛窦无疑了解这种新型军事建筑，在他的帮助下，徐光启的门生就在河北绛州等地修建了这种意大利式要塞，当时的名称是"敌台"。许多人都知道明王朝向澳门的欧洲传教士订购西洋大炮，却不知道明朝还引进了16世纪意大利人发明的"意大利要塞"！

前面说过，明代后期的欧洲传教士传教的策略有两种：一个是"本土化"，也就是让天主教信仰与中国儒家学说和传统文化相适应，所以他们才说"但求人与我同，岂愿我与人异"，求同存异，这是一种很聪明的传教策略；另一个是"知识化"，也就是在宗教信仰之外，也同时传授很多新知识、新技术，包括天文地理、数学物理、仪器制作等。除了硬知识和硬技术，利玛窦也用他的"异域之眼"观察明朝的社会和文化，反复劝诱人们接受他的理念。例如，他评价中国的建筑不够结实和持久，中国的画家不懂得透视法和明暗对照法！利玛窦的后一项批评，显然就是用意大利文艺复兴绘画的成就来衡量中国艺术，利玛窦之后的欧洲传教士，更是在中国修建的教堂里，用文艺复兴以来逐渐形成的绘画风格绘制了栩栩如生的壁画，大大地刺激了中国的艺术家。其中，特别是创作了很多画作的郎世宁，他无意中就把文艺复兴以来的欧洲绘画传到中国。也许还可以提到的，就是我们前面说过的，利玛窦给中国人送上了他绘制的《山海舆地全图》，这是当时中国人见到的最准确的世界地图。它改变了基督教的世界观，也开启了中国人对世界的新认知。

据文献记载说，传教士金尼阁曾经携带七千部西书进入中国，这个书籍的数量十分惊人，正如有的学者所说的，"这样数量的书籍，是欧洲一个巨型图书馆的规模，几乎包括了文艺复兴运动以后的神学、哲学、科学、文学艺术各学科的所有知识"。这个时代，哥白尼的"日心说"和西方的"地球观"与天主教神学一道传入，它告诉中国知识阶层相当具有震撼力的消息之一，就是原来宇宙并不是"天圆地方"，日月也不是围着大地"东升西落"。这种超越了人们具体感觉和传统经验的知识，实在有一种震撼的意义。

可是，遗憾的是，因为种种原因，包括传统观念的固执和旧有知识的深厚、明清易代的历史巨变，使得传教士无意中带来的文艺复兴新文化，在明清之际只是昙花一现，然后就变成潜流，悄无声息了！

2. 清末民初大变局中，文艺复兴的启示

文艺复兴与中国的历史缘分的第二段，是在晚清民初。

从晚清到民国，坚船利炮之下，西潮东来，对中国产生强烈的冲击。东亚近邻日本在明治维新之后迅速崛起，甲午一战带来的屈辱，更是刺激了中国。这是中国内忧外患最严重的时期。中国很多杰出的知识人都在思索救国和富强之路。他们最想搞清楚的，是欧洲各国以及日本如何走向富强，从而希望照猫画虎，摸索出一条从传统走向现代的道路。从晚清的康有为、梁启超、章太炎、刘师培，到民国时期的胡适、陈独秀等人，都频繁地提到了"文艺复兴"。但是，他们对"文艺复兴"的理解，也许从对中国走向现代的历史来说，既有正确的地方，也有自我想象和美丽误会。

总的来说，东亚包括日本和中国的知识人，看待文艺复兴有这样几个倾向：第一，把文艺复兴看成通过各国"国语"建设来塑造国家认同，形成现代欧洲民族国家的途径；第二，把文艺复兴当成走出中世纪宗教时代、通向近代的大门；第三，为此要努力在东亚和中国传统里，寻找类似欧洲文艺复兴的因素。他们看来看去，最像欧洲文艺复兴的就是中国的"古学复兴"。梁启超给蒋方震《欧洲文艺复兴史》写的序，也就是后来单独成书的著名的《清代学术概论》就是这么理解的。按照这个思路，只要抓住了中国文化里的"文艺复兴"因素，加以发扬光大，中国文化和国运都会有光明前景。但是，也许他们犯了和布克哈特一样的错误，以后见之明过高评价了文艺复兴的历史作用，简单地把文艺复兴和启蒙运动混为一谈。

从欧洲开始的所谓"现代"，它的基础是什么？在我看来，就是导言中提到的三个：第一，自由贸易和全球市场；第二，主权国家为基础的国际秩序；第三，启蒙主义影响下的法治原则、代议制政府，以及自由、民主、平等价值观念。其中，最重要的就是"赛先生"和"德先生"。科学和民主是构成现代社会的两大支柱，缺一不可。

正如法国历史学家勒高夫（Jacques Le Goff, 1924—2014）在《我们必须给历史分期吗？》（*Must We Divide History into Periods?*）中所说的，后人把文艺复兴命名为 Renaissance，也就是"重生"，这是后来的人们强化了中世纪的"黑暗"。所以，当人们把文艺复兴与中世纪划分开来，而文艺复兴直接上承古希腊罗马，就使得中世纪变成了"黑暗时代"。虽然这是一种"后见之明"的历史解释，可是解释总是有力量的。这使得文艺复兴在某种意义上，确实使意大利以及欧洲走出中世纪，打破宗教笼罩的文化。不过正如前面我们所说的，从历史上看这也有些问题，因为文艺复兴更趋向于"复古"，是以古代为权威的，然而现代科学恰恰是反"复古"的。伽利略推翻了亚里士多德物理学体系，靠的就是敢于不当古人奴隶的勇气。而英国开始的工业革命，也让世人充分见识了现代科学的威力。但是，文艺复兴既有"温故"一面，又有"知新"一面，总体上在思想文化上还是"温故"居多，在艺术上"知新"居多。

所以应当说，文艺复兴对现代的贡献只是间接的。比如在意大利，文艺复兴并未造就一个现代社会，文艺复兴运动之后的意大利社会总体在走下坡路。到了 19 世纪，意大利在欧洲北方人的眼里，就好像是"欧洲病夫"！

3. 郢书燕说：中国人心目中的文艺复兴

不过，就像古话"郢书燕说"说的那样，对文艺复兴的想象，却刺激了东亚和中国的现代变革。

让我们再来看当时中国知识界的文艺复兴观。1837年，普鲁士新教传教士郭实腊（K. F. A. Gützlaff, 1803—1851）所编的《东西洋考每月统计传》（*Eastern Western Monthly Magazine*）中介绍希腊罗马的古典著述，后面说到蛮族入侵，文书毁坏，"又千有余年，文艺复兴掇拾之"，这是中文世界第一次提及"文艺复兴"。从这之后的晚清民初，不断有人介绍和提及文艺复兴，有人把它叫作"古学复兴"。国粹学派的邓实（1877—1951），就觉得"15世纪为欧洲古学复兴之世，而20世纪则为亚洲古学复兴之世"。他觉得，这是一个重新提倡古代中国学问的好契机；而梁启超也说，这是"古学复兴"，并且说"夫泰西古学复兴，遂开近世之治"，在前面提到的《清代学术概论》里，他觉得清代学术从宋代回到东汉，从东汉上溯西汉，这就像文艺复兴；此外，也有人把它叫作"文学复古"，比如章太炎；还有人把它叫作"文艺中兴"，像蔡元培；还有人把它叫作"再生时代"，像胡适。而严复则把"Renaissance"直接音译为"荷黎诺生思"。那个时代，从翻译过来的各种书籍中，人们越来越多地注意到文艺复兴，后来最有名的就是蒋方震（百里）1921年出版的《欧洲文艺复兴史》、陈衡哲1926年出版的《欧洲文艺复兴小史》以及1930年出版的《欧洲文艺复兴史》。

可是，就像前面说的，晚清民初人们讨论文艺复兴时，显然有两种倾向，一种是"温故"，一种是"出新"。其实，"温故"符合欧洲"文艺复兴"的历史特征，而"出新"更符合"启蒙运动"的时代特征。但是，那时的中国知识人却希望把这两端合为一体，蒋方震（百里）《欧洲文艺复兴史》的"结论"中就说，"人类曷为而有复古运动？曰：对于现状求解放也，复古者，解放之一种手段也"。胡适的个案最典型,他更想把两者捏在一起,通过"温故"然后"出新"。

我们这里不妨多说几句胡适。大家都知道,胡适青年时代就立下"给国人当导师"的宏愿,他想为国人"再造新文明",他把自己一生的文化志向,概括为"中国文艺复兴",而他本人也以"中国文艺复兴之父"之名而自豪。只不过从历史学的角度看,胡适对欧洲文艺复兴的解读有些偏差。一方面,胡适认为文艺复兴时期,白话战胜了欧洲的文言文——拉丁语,他用这个事实来支持他倡导"白话文学"的主张,并且希望通过白话的普及塑造国民认同与参政,从而建立一个现代中国。但他对文艺复兴的解释有些主观,因为欧洲文艺复兴时期恰恰是崇尚拉丁语的,白话的抬头恰恰是在文艺复兴日趋衰落之后。另一方面,胡适把宋代看成中国文艺复兴的开端,觉得中国文艺复兴包括了批判态度,输入学理,整理国故,以再造文明,并且希望通过这种文艺复兴,让中国走向现代文明。这种立意是很好的,不过,除了"整理国故"和欧洲文艺复兴确实沾边儿,其他内容却主要来自欧洲启蒙运动,而不见得直接与文艺复兴相关。

胡适习惯于把"新文化运动"称为"中国文艺复兴",他的许多观点其实更贴近欧洲的"启蒙运动"而非"文艺复兴"。胡适是意识不到这一点,还是他本人故意避免"启蒙运动"这个词?我们不妨做一点猜测。可能的解释是:第一,胡适一心想从中国的传统文明里寻找能和现代文明价值对接的东西,也许他希望传统老树上能发出现代新芽,而不是把传统中华文明打包送进博物馆吧。比如胡适高度评价宋代范仲淹的"宁鸣而死,不默而生",甚至认为这句话体现了现代的思想自由和言论自由;又比如,他用南宋杨万里的诗句"万山不许一溪奔，拦得溪声日夜喧"，形象地反对堵塞言论的做法。这使得他总希望通过"温故"而"开新"，很多人以为胡适是"全盘西化"，其实不是那么回事。第二，胡适不像陈独秀、李大钊那样性格激烈，他一贯给人温文尔雅的君子形象。或许他觉得"启蒙运动"的精神，暗含激烈或者激进的破坏意识，这与他本人的个性不大符合，所以不妨借用"文艺复兴"把"传统"与"现代"嫁接起来。所以，我个人的想法是，"中国文艺复兴之父"有点儿不合适，倒是"中国启蒙运动之父"的桂冠可能更适合胡适。美国中国学家费正清（J. K. Fairbank，1907—1991）在北京留学时，就听说"胡适被称誉为中国的伏尔泰"，而后来另一个美国学者舒衡哲（Vera Schwarcz）把"新文化运动"说成"中国的启蒙运动"，我觉得她的看法更准确！

最近，托马斯·迈森（Thomas Maissen）和梅嘉乐（Barbara Mittler）两位欧洲学者合写了一本书《为什么中国没有文艺复兴——以及此事为何重要？》（*Why China Did Not Have A Renaissance—And Why That Matters*）。他们指出，文艺复兴的概念其实也包括对文艺复兴的理解和想象，在西方和中国有着不同的语境和不同的发展。不过，我们更要知道，这种"郢书燕说"，也就是不同的理解，恰恰有可能成为歪打正着的历史资源和动员力量。

4. 有关文艺复兴：美丽的误会

说到这里，我们不免要问，为何上述这些新文化的大人物与文艺复兴发生了如此"美丽的误会"？

我猜测，原因或许有两个。一是从晚清到民国，中国人的欧洲史知识是相当有限的，精深研究少之又少。哪怕是这些大人物的欧洲史知识其实都十分有限，他们当中不少人却错以为文艺复兴时期古希腊文化大放光芒，其实，在当时复兴的主要是拉丁古典遗产，而古希腊文化大放光芒是在18世纪中期之后，欧洲人称为"新人文主义"。二是他们总是希望借"欧洲文艺复兴"这杯酒来浇"中国的块垒"，这样一来，他们或多或少就先入为主，喜欢比照欧洲文艺复兴的样子来开创出一个成功的中国文艺复兴。

怎么说呢？站在欧洲的角度来看，中国人误解了欧洲文艺复兴；站在中国的角度来看，中国人对欧洲文艺复兴作出了创造性的理解和发挥，"美丽的误会"有助于中国人开创新文化。这个"文化误会"也算得上"美丽"吧！

（刘耀春）

宗教改革

第一节　不同宗教对不同经济水平的影响

这一节开始，跟大家讨论大航海之后全球史中一个绕不开的话题，也就是资本主义萌芽、欧洲新教伦理，也顺便谈谈中国儒教精神与近代商人的关系。

最近有人感慨，如今人可能吃的食物比过去好，不过睡眠却越来越少。也有人调查得出结论说，仅仅中国就有超过三亿人存在睡眠障碍，这和现代社会的心理压力、经济模式以及工作伦理密切相关。有趣的是，在1895年，一百二十多年前，一个叫奥芬巴赫（Martin Offenbacher）的德国人，也对德国人的饮食和睡眠习惯作出了观察。他认为，人的生活方式、经济伦理和宗教信仰关联重大。根据他在德国巴登地区的调查，新教徒吃得好，天主教徒睡得好。这是因为天主教徒蔑视财富，认为为富不仁者死后无法进入天堂，信众总是追求内心平衡、渴望安全的生存，所以更加追求睡得安稳。而新教教义认为，要用经济上的成就来荣耀主，将信徒从对财富和利润的焦虑中解放出来，更适应冒险刺激的生活，更积极从事经济活动，也比天主教徒更富有。用奥芬巴赫的话说就是，新教徒面向餐桌和资本，天主教徒则背向两者。

不过，事实真的是这样吗？不同宗教真的和不同的经济水平、个人生活有着如此奇妙而直接的联系吗？西方近代经济发展的历史可以用来理解当代中国的种种现象吗？我们如今的生活方式，又是否意味着我们也在进入一个新教时代呢？

让我们先从"什么是资本主义"这个问题开始讲起。

1. 什么是资本主义？

15 世纪以后，大航海时代让东西方互相发现了彼此，通过全球贸易和殖民，实现了资源、人口、物种的流动和重新配置。之后的文艺复兴又在欧洲和全球范围内，建立了不同于古代和中世纪的文化与精神的基础。在这个背景下，16 世纪一种名为"资本主义"的新型社会形态，就有条件在欧洲逐渐成形了。

资本这个词，它的拉丁语叫"capitalis"，来自原始印欧语"kaput"，意思是"头"。"头"在古欧洲是一种根据占有牲畜的数量来测量财富的方法，就好比我们会用一头牛、两头牛这样的方式来述说牛的数量一样。其实，就连我们比较熟悉的英文当中的"cattle"（牛）和"chattel"（商品，动物或奴隶）这两个词，也是从 kaput 衍生出来的。到了 12、13 世纪，"资本"的含义开始扩展。它不仅指对动物的买卖和占有，也用来形容资金、货物和货币带来的利润。尽管在社会理论里，"资本主义"的定义比较复杂，但可以肯定它和私有产权、商业贸易、自由市场（Libreville）以及追求利润这几个现代资本主义社会的基本特征是紧密相关的，而这些特征则是在 16 世纪奠定下来的。

但是，资本主义这个现在通行于西欧、美国、日本等地区或国家并在全球经济制度里取得优势性胜利的社会形态，为什么发生在 16 世纪的欧洲？它有可能在欧洲之外的社会里（比如中国）产生并发展吗？不同的学者对这些问题有着不同的看法。

在马克思的政治经济学观点中，资本主义是人类经济社会发展的必然环节。它的根本在于私人控制生产资料，然后资本压榨工人剩余价值。在这样的基础上，资本主义发展科学技术和生产力，还产生一系列社会关系和文化制度。这就是我们从小到大在课堂中学到的唯物史观。然而，另一个马克斯即马克斯·韦伯，却有着多元决定论的立场。此马克斯不同于彼马克思，他认为，物质因素不可以成为解释一切历史的"最后的"和"真正的"原因。现代资本主义的成立，是一系列历史事件交汇和碰撞的结果。韦伯提到，其中最意想不到的关键事件是 16 世纪的宗教改革。因宗教改革而崛起的新教蕴含着入世禁欲的内容，他们认为，勤奋节俭、守信守时、精于计算是在响应上帝旨意（Calling），这被韦伯称为"资本主义精神"。但是在欧洲之外，比如信仰印度教和佛教的印度以及儒教和道教盛行的中国，就是因为缺乏这种宗教伦理和资本主义精神，才没有率先发展出资本主义来。

这就又提出了另一个问题：新教伦理真的是资本主义产生的直接原因吗？入世苦行的精神是新教所独有的吗？中国真的没有足以支撑资本主义发展的宗教和伦理吗？这个话题我们留到后面来仔细讲。今天这一节，让我们先回到 1517 年的德意志，也就是马丁·路德揭开宗教改革序幕的那个晚上。

2.《九十五条论纲》：对教廷的反抗与批判

1517 年 10 月 31 日，五百年前的万圣节夜，小城维腾贝格（Wittenberg）卡斯特教堂的门上，钉了一封用拉丁文写就的信件。这封信出自当地神学教授马丁·路德之手，列出了九十五条反对罗马教廷兜售赎罪券的理由。出乎路德本人的意料，这封《九十五条论纲》竟成为引发宗教改革运动的导火索。这一年，也被后人认为是欧洲中世纪结束的时间，而在中国则是明朝明武宗正德十二年。

欧洲史一般被划分为三个主要时期：古典时期、中世纪，还有近代。通常的说法是，中世纪始于 476 年西罗马帝国的灭亡，但它结束的时间和标志性事件则众说纷纭，现在大体上说是 1500 年前后，而马丁·路德贴出这篇《九十五条论纲》就是中世纪结束的标志性事件之一。持续了一千年之久的中世纪，和罗马天主教会的控制息息相关。和其他区域不同，欧洲一直有一体化的幻梦，这种统一信念在不同时期有不同的依托和表现形式。就像恩格斯（Friedrich Engels，1820—1895）所说，没有希腊文化和罗马帝国所奠定的基础，就不会有现代欧洲。进入中世纪之后，原本在古典时期支撑欧洲同一性的古希腊罗马文明，被具有普世主义精神的基督教取代。基督教不只在精神上空前统一了欧洲，还形成渗透欧洲各地的非世俗的统一组织——教会。它们把欧洲联系在一起，形成欧洲认同的基础。不过，本来罗马教会是罗马帝国治下的宗教机构，在西罗马帝国灭亡后，教会脱离帝国的政治控制，并在 8 世纪形成独立的教宗国。

教宗的权力从哪里来？在第四季里我们曾经讲过，在《马太福音》里彼得是第一个承认耶稣弥赛亚身份的弟子。耶稣对彼得有这样一番话："我要把天国的钥匙给你，凡你在地上所捆绑的，在天上也要捆绑；凡你在地上所释放的，在天上也要释放。"这段话暗示了尘世权力和宗教权力的合一。罗马天主教因此认为，基督授予彼得权力，让他在尘世建立一个与天国相对应的政府，而教宗就是这权力的继承者。对于教宗来说，国家权力来自教会，国家之所以存在，是因为它属于教会这个社会共同体。这和过去罗马皇帝相信教会附属于帝国的想法，自然格格不入。于是，这两种权力——教会神权和封建王权的斗争与利用，便贯穿了整个欧洲的中世纪时期。11 世纪，教会在中央和地方都摆脱了封建领主的控制，教会完全赢得独立地位。13 世纪，教宗对皇帝更是取得决定性胜利，教会成为凌驾于世俗王权之上的权力结构。

中世纪的欧洲，王权积弱，政权四分五裂。中世纪的欧洲人对君主很少有效忠意识，也没太多民族意识。相反，基督教的理念和信仰，却一直统一着欧洲。尽管随着十字军东征的失败，罗马教会建立一统欧洲的神权政治国家的计划破产，但教会一直还是中世纪生活里最重要的政治力量。教会不仅和世俗政治紧密相关，更在经济上与各个王国互相纠葛。中世纪后期，教会对信徒依旧大肆征税。比如著名的"什一税"，即在整个天主教世界，人们必须将收入的十分之一交给教会。什一税无所不包，所有在上帝庇护之下的生产都要交税。甚至风车一经发明，教会就会声明，既然上帝发明了风，风车磨坊就需要交纳相应的税。不过尽管如此，教廷依然财政紧张：一来是因为新兴的世俗君王阻挠当地教会把税收运向罗马教廷，二是教会上层人士的生活日渐腐败奢华。和路德同时代的教宗利奥十世（Leo X，1513—1521 年在位），酷爱游猎、宴饮、戏剧和音乐，不仅把前任教宗遗留的财富和本届教廷的收入全部花光，还把下一届教廷的费用也提前消费了。他只能通过变卖教廷资产和出售官职来弥补债务。有意思的是，奢靡腐败的中世纪教会，也在某种程度上成了日后文艺复兴运动的赞助人。例如利奥十世，他本人就来自佛罗伦萨的望族美第奇家族，这个家族长期为文艺事业和艺术家提供庇护与资助。他也是有着极高鉴赏力的文艺爱好者，和诸多艺术巨匠比如米开朗基罗是很要好的朋友。去过梵蒂冈的朋友一定不会错过圣彼得大教堂，这座教堂4世纪就存在了，但在利奥十世在位的时候重修，耗时一百二十年才算完成。利奥十世在1514年选中艺术大师拉斐尔出任这座教堂的建筑总监，使得这座教堂不仅是世界最大的教堂和天主教会的象征，更是文艺复兴杰出的成果和代表性建筑。

　　1515年，利奥十世以修建圣彼得大教堂为名，向德意志民众贩卖赎罪券。赎罪券最初是不卖的，因为它是一份证明文件。比如说，如果一个人犯了重罪，教廷可以惩罚他做三年的祷告和一次圣地朝圣作为弥补，之后就签发一张证明文件给他。这张文件可以证明这人已经补赎所犯的罪行，它同时更是向天堂守门人展示的通行证。赎罪券自然有它的神学依据，因为圣母玛利亚与历代圣徒积累的功德是一个无比巨大的功德库。这个功德库，虽然是虚拟的，但又体现了教会的权力，教宗有权力决定怎么转移和怎么分配，分配的方式之一就是向信众发放赎罪券。过去，在11世纪的时候，教宗吾珥班二世（Urban II，1088—1099年在位）便给士兵发放赎罪券，为十字军东征募兵；中世纪后期，教会对赎罪券的发放越来越商业化，甚至用金币来折算功德，赎罪券被折合成不同的面值；在教宗本笃十二世（Benoit XII，1334—1342

年在位）的"赦罪价目表"里，赦免杀人罪需要八个金币，在教堂里通奸只要六个金币。你甚至还可以替别人购买赎罪券赎罪，没有罪的信徒也可以事先购存以防万一。

1514 年，一心想要敛财的利奥十世把美因茨大主教的职位卖给了一个叫阿尔勃特（Albrecht con Brandenburg，1490—1545）的年轻人。阿尔勃特为了得到这个职位，向银行借资二万九千金币来疏通教廷。上任之后，他的首要任务就是还债。怎么还呢？还是卖赎罪券，一半用来还债，一半则归教宗。就这样，教宗授意，主教外包，为期十年的赎罪券生意开始了。阿尔勃特委派了一位极有天分的推销员即修士台彻儿（Johann Tetzel，1465—1519）来负责德意志地区，台彻儿的广告对害怕炼狱火烧的中世纪民众非常有吸引力，他说："只要一个银圆'叮'一声投入教会的奉献箱去，一个在炼狱受苦的灵魂便立时'叮'一声得到释放。"他还说："即使某人与圣母玛利亚睡觉，教宗也有权在天国和人间赦免他，只要他肯把钱扔进钱箱里……"

3. 一石激起千层浪：宗教改革拉开帷幕

反对修士台彻儿的赎罪券计划，就是路德写下《九十五条论纲》的直接动机。但是，路德其实并没有完全否定赎罪券，作为一名神学家和虔诚的天主教徒，他对赎罪券的挑战本来完全是宗教内部的分歧。路德认为，赎罪券只能赎取人的惩罚，却不能赎取神的惩罚。这九十五条的主要论点就是：得神赦免的唯一途径是悔改。教会无法代替神作出判断，只有真心的虔诚、悔改，和神直接沟通，才是救赎的正途。赎罪券只会助长人性的贪婪。他也质疑教会释放功德、赦免他人的权力。总的说来,《九十五条论纲》原本是神学内部的理论讨论,也没打算推动任何运动和革命。要知道,维腾贝格所在教区以德语为主,这封信件却以拉丁文书写,更是路德不想引起公众议论的一个证明。而将信件钉在教堂门口,也是当时学术辩论的通用形式。

但事态的发展却远远超出了路德的想象。《九十五条论纲》像投入中世纪深潭里的石头一样,激荡起无数涟漪。可能是信众早已对教廷的苛捐杂税苦不堪言,也许是对教会的腐败奢侈怨恨已久,也可能是人文主义和新兴的民族主义早想挣脱基督思想和教会机构的控制,论纲一发布,许多人就自告奋勇将其口译为德语。新兴的印刷技术更帮助了论纲传播。在短短几周内,论纲便化身为街头巷尾的小册子,在整个欧洲流传起来。

于是,宗教改革正式拉开帷幕。因为《九十五条论纲》对教会的威胁,路德在1521年被驱逐,无奈脱离了罗马教会。他始终都不愿妥协,不愿意放弃自己的主张,并从反对赎罪券开始,全方位批判罗马教会的权威。他主张《圣经》才是唯一的依据,并致力于将《圣经》从拉丁语翻译成当地语言,又提倡关闭修道院,要求教会人员放弃统治。路德逐渐建立了自己的神学体系和宗教派系,在1529年形成自己的教派——路德宗,这标志基督教新教的诞生。

受到路德思想影响,一批信徒因为反抗现有制度,被称作“抗议者”(protestants),这就是新教正式名称的由来。在欧洲其他地区,很多对教廷不满的地方诸侯,也依靠路德的宗教异见借机扩张势力,好摆脱罗马教会。到了16世纪30年代,瑞士和德国的半数人口已经成为路德派基督徒,很多重要城市甚至立法禁止天主教仪式,改信新教教义。即使在宗教迫害最为严重的西班牙和意大利,新教也秘密发展起来。16 世纪中期,又有英国在新教影响下正式脱离罗马教会。

统一了欧洲十个世纪的基督教世界就此分裂。

4. 天职和召唤:马丁·路德的神学观点及其影响

产生巨大影响的马丁·路德,他的神学观点究竟是什么?总的来说,路德的观点建立在对中世纪经院神学的批判上。

天主教会认为,世界的建立是基于神与人的契约,所以上帝和人是共同受某些规律制约的。比如,在大家最关心的赎罪和得救的问题上,天主教会认为,只要人作出了善举,就会在上帝那里以计算的方式抵消相应数量的罪孽,这是一个约定。但是路德认为无所不能的上帝是不必遵循这种约束的,因为他相信上帝全能,这是他理论的根本源头。全能的神是世界和历史的主宰,是人类的造主,既然如此全能,他自然不必和人类立约。神是完全主观的,所以人类其实做什么都无法换取神的恩赐。这听起来似乎很不公平;但在无所不能的上帝面前,人类的公平极其渺小,不值一提。

所以,在马丁·路德看来,天主教倡导的救赎方式只是一种人为法则。人只能向全能的神认罪,而人却没有赦免罪恶的根本权力。所以,教会贩卖赎罪券,是从上帝那里篡夺了赎罪权力,否定了上帝的全能。反过来讲,人虽然可以做善事,也应该做善事,但千万别以为你做了好事就一定能在上帝那里得到救赎的回报。因为上帝既然不用与人立约,所以他的惩罚与救恩也和人类的行为没有任何因果关系。

既然行为不能救赎，教会就只是一个越俎代庖、偷天换日的机构。那么，对信徒来说，又该怎样得救呢？路德给出的答案，居然相当简单：信心，就是信仰自己内心。这有点儿像中国禅宗的"即心即佛"。

路德不信任中世纪推理式的神学，他认为上帝并不受逻辑理性管制，所以人也不能用这种方式和神亲近。他只相信人神共通的情感和来自灵魂的经验，相信人有着对神发自内心的、忘我的爱。只有在内心深处发出对上帝最纯洁信仰的人，才会获得上帝的眷顾，这就是有名的"因信称义"。路德是有神秘主义倾向的，他认为信众应当凭直觉、不假手逻辑获得关于神的知识和信仰。这种强调情感体验、把中世纪烦琐神学踢出去的做法，毫无疑问降低了和上帝交流的门槛。宗教改革也因此赢得广泛的民众基础。自此之后，救赎的成本被大大地降低，大家也不再需要教会的中介和繁文缛节的礼仪，甚至也不需要深奥的神学教育，每个人只要通过心灵就能直接接触上帝。

教会作为上帝和信徒之间信仰代理的位置被取消，路德把上帝的权威赋予世俗的生活，这就与传统的天主教完全不同。在传统天主教那里，尘世生活是极为卑贱的，只是肉体的暂居之地，而圣洁的灵魂只属于天堂。所以，修道士和修女才要在孤寂的修道院生活，凭着它远离尘世。可是路德认为，因为上帝全知全能、无所不在，所以尘世生活自然也是上帝的安排。肉体、婚姻和养育并不邪恶，而是奉行上帝旨意的无穷创造。而劳动，每个人在尘世上的谋生，也同样有了高尚的意义。它不仅是上帝意愿的反射，劳动分工更被视为无私博爱的表现。总而言之，路德把尘世和上帝挂钩，变成了一种"天职"和"召唤"(Calling)。每个人供奉上帝的最好方式，就是听从神的安排和召唤，践行自己在尘世间的职责和义务。相比之下，之前修道院里的那种生活只是人们在逃避自己的职责和义务，反而变成了不道德的行为。"天职"这个词汇，在路德的时代展示了一种新的人生道路，也就是把履行日常生活的责任视为个人信仰和道德的最高形式。

从后来的历史上看，这个概念提出的意义极为重大。为什么这么说呢？因为它意味着，在基督教指导下，曾经一直仰望天国彼岸的欧洲民众，开始将目光从出世转向入世。日常的尘世生活不再是暂时、空虚、工具性的，它自己成为自己的目的，获取了从未有过的意义和神圣性。既然工作如此神圣，这无疑为之后各行各业以及资本主义的发展，在伦理上铺平了道路。学者们都肯定了路德派在经济伦理上的积极作用：它废止乞讨、鼓励劳作、支持个人主义等，都有利于商业经济的发展；而且路德教区的人，也确实常常比其他地区的人更加吃苦耐劳，因为他们好好干活，就是回应天职的召唤。尽管在马克斯·韦伯的眼中，真正的资本主义精神是由稍后的加尔文教派最终奠定的，但路德的神学理念已经转变了欧洲传统中轻视此生、贪图享乐、不事劳作的倾向。

这种价值观的革命，甚至比其他世俗领域的革命发生得更加迅猛。但要注意的是，宗教改革并不是摒弃宗教，而是宗教生活对日常生活的全方位渗透。中世纪的修道院制度，只能让修道士和修女过着禁欲自律的宗教生活。但路德的新教，先是通过"因信称义"让每个人成了自己的教会，又通过"天职"把日常生活纳入到自我教会的监督。象征着自由开放的资本主义，就是这样从禁欲苦修的土壤中培植起来的。路德思想的影响，激起人们对日常生活的重视和对世俗生活的热情，宗教改革也在前所未有的深度和广度上横扫欧洲。

现在，只需要等待某个偶然的诱因，就能刺激出资本主义精神的质变，而这个契机要等待加尔文宗来促成。下面，我们就谈一谈加尔文宗的"先定论"。看看这个韦伯所认为的整个宗教改革故事中最巧妙、关键的一环，是如何让基督信众转过身来面向餐桌和资本主义的。

第二节　加尔文的"先定论"和资本主义精神

让我们从一个后来的故事说起。

1904年秋天，美国北卡罗来纳州有一场当地洗礼派的入教仪式。正值10月，山间寒风瑟瑟，新入教的成员必须身着礼拜服，口念祷词，将全身浸入水中来完成受洗。当一位年轻人进行洗礼的时候，有一个人对旁边的人说，这位年轻人可不是为了信仰，而是因为他要在当地开一家银行。他说："一旦受洗，他就会赢得整个地区的顾客，把谁都打败。"听到这番话的人，就是前面我们提到的德国学者马克斯·韦伯。

在20世纪初，美国教会居然有着这样的魔力，如果进入教会，就几乎担保了商业成功和社会名望。这究竟是为什么？韦伯思考之后的结论是，这是因为教会有两个作用：道德审查和伦理证明。因为每一个加入教会的人，都要面临严苛的甚至追溯到童年的品行调查，那些曾经违法乱纪、生活作风浮夸、沉迷酒馆舞厅戏院或赊欠金钱、不按时付账的人，是无法被纳入新教教会的。因此，加入教会就意味着获得一张人格保证书，而在商业上这种品行的保证又意味着信用良好。换句话说，就是新教徒身份意味着一个人勤劳、可靠、诚实，人们也因此愿意和教会中人做生意。韦伯在他的书中曾提到过一个真实的故事：一位美国俄亥俄州的病人，在鼻咽喉诊所就诊的时候，忽然从沙发上坐起来，向医生郑重其事地说：先生，我是洗礼派教会的一员。他的意思是什么？意思就是说，医生你尽管放心，我可是属于新教教会的，绝对有能力支付，也不会拖欠医药费。而相反，一个没有教会归属的人，在美国商业社会中寸步难行。有一位从事殡葬业的美国商人曾说："如果我遇到一个人，他不属于任何一个教会，那么我连五十美分也信不过他——如果他什么也不信，他干吗付我钱？"

无论是现在，还是韦伯的时代，美国都被认为是一个资本主义高度发展的国家。说到美国，大家也许会想到好莱坞、麦当劳、可口可乐以及其崇尚民主自由、个人主义和世俗生活的美国精神。但如果追根溯源呢？要知道，如今代表着享乐和开放的美国，过去却曾是最保守虔诚、信仰《圣经》、深受上帝召唤的地方。美国学者塞缪尔·亨廷顿曾经有一个饱受争议的观点：美国之所以为美国，是因为它具有与众不同的文明源头，也就是盎格鲁—撒克逊新教文化。亨廷顿说："英格兰有过清教革命，却没有创建清教社会；美国没有经历清教革命，却创建了清教社会。"清教倡导勤劳俭朴、节制实干，反对任何形式的享乐奢靡、虚度时间；抵制酒精、烟草、音乐、舞蹈和节庆，以至于在马萨诸塞殖民地建立后的五十年，庆祝圣诞节都被认为是放纵和非法的。这种属于英国新教徒独有的、严谨的生活方式，不仅在神圣的意义上建立了稳固的社群认同纽带，更培育出了追求财富积累、重视效率的经济伦理和经济模式。这些都成为后来美国建立和发展成熟资本主义政治文化制度的前提条件。

亨廷顿的说法是否正确，我们暂且不论，后来支持的和批评的意见都很多。不过，我们要讨论的是，宗教改革和近代西方崛起有什么关系？新教伦理是否真的促进了资本主义精神？关于这一点，除了前面讲到的马丁·路德，我们还需要从清教徒所信仰的加尔文教派讲起。

1. 加尔文教派的兴起与被打压

英格兰的宗教改革起始于亨利八世，一个结了六次婚的英国国王,这个故事可能大家也都熟悉。因为罗马天主教会不准他离婚，1534 年亨利八世一气之下宣布脱离天主教会，并逐渐将英国改为一个信仰新教的国家。不过，亨利八世的女儿玛丽一世却是一个天主教徒。她即位之后又把国教改回天主教，大力迫害、流放新教徒，甚至一次活活烧死三百人，被人们称作"血腥玛丽"。玛丽死后，继位的妹妹伊丽莎白一世（Elizabeth I, 1558—1603 年在位）又重新推行新教，这才算渐渐地巩固了新教为英国国教的格局。可见，历史里新旧权力的更迭，也总是充满了曲折、暴力和血泪。

不过，即使在推行新教的伊丽莎白统治期间，另有一些清教徒的思想依然激进到不为主流所容忍，他们比同为新教的路德宗和英国国教还要走得远，对传统天主教的叛逆也更加厉害。比如1564 年，伊丽莎白女王就发现，有一些清教徒教士的穿着太随便了，但这些人却坚决拒绝穿神职人员统一的礼服。他们认为礼服和其他仪式法器一样，都是天主教保守、腐朽、落后的残留，甚至还要求废除主教制度。这些主张太激进了，和新教英国格格不入，也受到同为新教的英国国教打压。所以，这些人才陆续离开欧洲，到新大陆上建立属于自己的理想国家，这些英国清教徒所信仰的，是加尔文主义。

这些清教徒信仰的加尔文主义，和其他的新教有什么不同呢？让我们先把时间退回到此刻的半个世纪前。1509 年，一个叫加尔文的人在法国诺安出生，这正是马丁·路德宗教改革风起云涌的时候，加尔文就在这样的影响下长大。后来，欧洲各地陆续掀起自己的改教运动，宣布脱离大公教会，当地人民拒绝向教堂缴税，成立自己的主教和教会，并将《圣经》翻译成本地的语言。这些运动和教派之间，一开始并无组织联系，只是依照自己的理解，建立自己的理论体系，并各自进行积极的宗教实践，因此也促成了神学史上百花盛开、颇具创造力的一段时间。加尔文就在这样的背景下，成为日内瓦地区的宗教领袖。和英国还有其他地方在地方政权支持下的改革不同，加尔文派在日内瓦的改革是完全自下而上、在民众的支持下进行的。因此，加尔文派也遭受了最严酷的迫害。相比其他新教教派而言，传统的天主教只把加尔文宗看作真正的对手，除了罗马、西班牙和法国的天主教，就连德国和英国的新教也对加尔文教派进行打压。我们前面讲到的英国对一部分新教信徒的打压，就是这个迫害加尔文宗大潮中的一个侧面。

那个时代的新教，其实有三大流派，即路德宗、英国国教以及加尔文宗。但这三大支中，只有加尔文宗彻底摆脱了王室和贵族的控制，成为一种共和国的宗教。

2. 加尔文的"先定论"

加尔文宗在实践中的反叛力，来自它神学理论的极端性。

如果说路德理论对天主教的反叛是局部的、偶然的、自发的，那么加尔文的改革则是系统的、必然的、自觉的。正如我们在前面所提到的，路德的动机完全来自一个历史的偶然因素，即对发行赎罪券不满；他自己没有意愿去建立一套反对天主教教义的神学体系，只是想做一些回应和修补。另外，出身修道士的路德依然在感情上和习惯上无法摆脱天主教会的束缚，对一些传统礼仪教义难以取舍。而加尔文不同，他成长在一个批判天主教会已经成为自觉精神的时代，本就致力于建立一个取代天主教的理论系统。而且他出身法学，和神学与大公教会渊源不深，所以在神学改革上逻辑为先，体系完整，大刀阔斧。路德的"因信称义"倾向于体验派和神秘主义，提倡每个人通过直觉和感受与上帝的恩典直接沟通；但加尔文的理论则完全来自理性和思考，清晰严密，同时也十分冷酷，缺少温度。正如有的学者所说的，加尔文的神学虽然容易惹人反感，但不会叫人产生误解。

在加尔文的学说中，最残酷、最有争议但也是最核心的部分，就是"先定论"。前面我们讲到，路德通过批判赎罪券重新强调上帝的全知全能，指出只有上帝而非教会才有权赦免人的罪过。这就是把被人"偷"走的权力重新还给上帝。这也说明，宗教改革本质上是一场非常保守的运动，但加尔文的教义在保守程度上比路德居然更深。我们知道，在基督教的线性时间观里，所有人在时间的尽头会遭受终极的审判，有罪者下地狱，无罪者上天堂。而人生来有罪，所以人的一生就是要赎罪，祈求上帝的原谅。对于教徒来说，地狱之火是非常可怕的，所以人们在活着的时候，最大的课题就是为自己如何避免死后地狱之灾而努力。而一个基督教徒最关心的问题就是：我能不能上天堂？我怎么做才能上天堂？

在这个问题上，路德给出的答案是：救赎这件事情，虽然不能通过教会和花大钱购买赎罪券来实现，但是可以通过对上帝诚心诚意的悔改、虔诚的信赖和日常的善行来实现。也就是说，人通过自己的努力，可以掌握自己上天堂或是下地狱的命运。但加尔文对此有完全不同的看法，他认为：上帝是极其伟大万能的，而人是极其渺小无能的。没有任何规则可以约束上帝，而上帝也完全不必和他的造物也就是人类进行约定立法。人无论如何崇拜上帝，无论做什么好事，都无法改变上帝的决定一分一毫。只有上帝才知道，哪些人被宽恕、可以进入天堂，这些人就是上帝的"选民"；而剩下的人只能如悲惨的蝼蚁一样被上帝放弃，做任何事情也无法改变这个命运，因为这个决定早就被上帝定好了。这就是《西敏寺信仰告白》中所说的："按照神永远的定旨，有些人和天使被选定得永生，其余者被预定受永死……"

这就是加尔文的"先定论"。

3. 从先定论到清教主义

加尔文的这样一种理论，完完全全地将人的能动性和价值剥夺掉，苛刻严酷的程度对宗教信徒来说是不言而喻的。当时的人们攻击加尔文宗，说它是一个危害社会的宗教，主要就是因为"先定论"这种教义。如果说路德的上帝是慈爱温暖的，那么加尔文的上帝则是冷漠残暴的。文学家弥尔顿（John Milton，1608—

1674）评论说："即使将我下地狱，也不能强迫我尊敬这样一个神。"
特别是，先定论给人留下的是极其孤独而无助的生存状态：金钱
帮不了他，善行帮不了他，教会帮不了他，基督和上帝也不会帮他，
仪式和巫术也完全没有用处。这时，人就好比是塞住耳朵、蒙住
眼睛、切断一切感觉，枯坐在寂静的黑暗中，心里反复琢磨的只
有一个问题：我到底是不是被上帝选中之人？

　　如果沿着这样一种教义逻辑往下思考，我们自然可以认为，
既然世界如此冷酷，既然一点希望都没有，那么我们就干脆彻底
放弃努力，随随便便过日子好了。既然做好事坏事都不会改变最
终的结果，那为什么不爱做什么就做什么呢？还有什么道德律法
值得遵循呢？但最为有趣的是，历史上的加尔文宗的"先定论"
没有变成宿命论，也没有将人间变成一个消极、放纵、无所不为
的处所，而是相反。马克斯·韦伯敏锐地观察到，"先定论"所带
来的恰恰是积极的、节制的、自律的影响。他分析说，这是因为
信众们无法回避萦绕在脑海中的问题：我到底是不是上帝的选民？
而事实证明，因为人没有办法成为为活而活的物种，没有办法接
受存在只是一团虚空，人必须制造意义。这巨大的绝望所带来的是，
人们开始拼命地寻找自己是或不是上帝选民的证据。唯一能够使
得自己忍受这个严酷的教义，而且继续活下去的方式是，相信自
己就是选民。不相信自己是选民的人，就是缺乏信仰和上帝的恩宠，
他一定不会是选民。

　　这样一来，信众就会开始揣测，尽管我自己无法对命运产生
影响，尽管上帝不在乎也不会爱任何一个具体的人，但上帝总会
按照一种令他喜悦的方式来安排世界吧？那么，被上帝选中的人
一定是令上帝高兴、按照上帝希望的方式去生活的人。根据"天

职"的概念，上帝希望尘世每个人都各司其职，所以那些在自己的岗位上辛勤劳作、孜孜不倦的人，也可能是上帝的选民。在自己的工作上收获越大，说明上帝给予这个人的恩宠就越大。因此，尘世的成功成为选民的证据，人们纷纷开始努力工作，积累财富，想用世俗的成绩来证明自己就是获得天国入场券的幸运儿。

就这样，在证明自己的存在富有意义的努力中，一种新的生活方式和价值观建立起来了。加尔文宗教义的一个关键是，人本身是不重要的，但人作为神的工具和容器所践行的神圣生活方式是很重要的。这种生活方式要求人完全的谦卑和忘我，不把自己的感官享受放在考虑之内。同时，为了神的喜悦，人要完成上帝分配给人的尘世间任务，不停地进行精神和肉体的劳作，践行自己的天职。

所以，一边禁欲，一边入世，这两点构成新教伦理的基本模式。这样的伦理放在经济活动中，一方面形成对财富和成功的接纳、追求，另一面是对休闲享乐的厌恶、排斥。在这种推拉力的作用下，新教徒形成独特的价值观，有人把它叫作清教主义。清教主义这个词，英文叫 puritanism，源自拉丁文 Purus，本意就是清洁。

4. 宗教伦理与资本主义的契合：从英国到美国，从欧洲到美洲

英国奉行清教主义的清教徒，原本并不是一个教派，而是英格兰宗教改革中对异见者的统称，是敌对者对这个群体的称呼。这个名字来自他们激进的主张，即清理掉所有天主教的礼制遗迹，保证崇拜形式的清净纯洁。可是，他们太激进了，以至于在新教的英国也不能被容忍。1620 年，一群信仰加尔文教派的清教徒，

为逃离英国国教的宗教迫害，搭乘"五月花号"轮船，离开英国前往北美新大陆。

从此，加尔文的清教主义和资本主义精神有了一个契合点。如果大家看美国国父富兰克林（Benjamin Franklin，1706—1790）对年轻人的致富忠告，就可以明白这一点。他说："记住，时间就是金钱。一个每天能靠自己的劳动赚取十先令的人，如果有半天是在闲逛或赖在家里，那么，即使他只花了六便士在这休闲上……他实际上还多支出了或毋宁说浪掷了五先令。记住，信用就是金钱。如果有人将钱存放在我这里超过该交还的日期，那么，他等于是把利息或在这期间借着这笔钱我所能赚得的都赠送给我……记住，金钱天生具有孳生繁衍性。钱能生钱，钱子还能生钱孙，如此生而又生。五先令一翻转就是六先令，再一翻转就成七先令三便士，然后一直翻转到一百镑……"

这段喋喋不休大谈"孔方兄"的致富经，其中蕴含的正是新教阶层特有的生活准则。那就是，他们不肯将一点时间和金钱投在个人乐趣上，而是要把他们全放进新的生产里。社交、享乐、闲聊、冥思，甚至超出健康所需六到八小时的睡眠，都是不道德的，只有把时间和金钱放在劳动和生意上才是有意义的。对于新教徒来说，努力工作和积累财富不是为了别的什么，不是为了此生的享受和消耗；这个过程本身就是他们的目的，用于缓解悬而未决的彼岸造成的紧张。这种对时间和资本的珍惜，分秒必争、锱铢必较，重投资、利滚利的模式，奠定了现代资本主义扩张的原则，也被韦伯认为是资本主义的动机和起源。在他看来，新型社会关系的诞生不一定被地理环境、生产资料等物质条件决定，更可能来自伦理道德、精神世界和制造意义的冲动之中。这种变化没有遵循任何发展规律，不受任何主观意愿的控制，来自一系列因素耦合，好像历史跟人类开的一个玩笑。

讲完了加尔文宗和资本主义的关系，下面我们将把目光从欧洲和美国投向世界和东方，看一看其他地区对韦伯理论的对话和反驳，以及韦伯为什么认为中国没有发生资本主义。

第三节　韦伯错了吗？ 关于新教与资本主义关系的讨论

世界历史上好多事儿，不是和吃饭有关，就是和穿衣有关。古代中国人说"垂衣而治"，意思是穿什么衣服也是政治和文化的象征，衣服不光象征着等级、族群，还象征着文化。1566 年，为了抗议伊丽莎白一世的宗教改革，英国清教徒掀起了著名的"服装争议"。他们拒绝穿天主教华丽的礼服、方帽和白色法衣，每天穿着简朴的黑色衣服。面对这种不成样子的穿着，伊丽莎白女王表示极大的愤怒，这也间接导致清教徒和英国国教的分离。

有意思的是，三百年之后在欧亚大陆的另一端，受基督教的影响，也发生过一场更加离奇的服装革命。如果你来到 1860 年左右的太平天国，你会发现街上男男女女的穿着都十分怪异。妇女穿着男子的马褂，男人穿着大户人家女性的阔袖皮袄，还用织锦被面和桌布裹着脑袋；有些士兵甚至把女士内衣当作新奇的帽子戴在头上，清朝建立以来严厉的发饰服装规定被抛弃……在英国人吟唎（A. F. Lindley, 1840—1873）写的《太平天国革命亲历记》（*Ti Ping Tien Kwoh: the History of the Taiping Revolution*）里，他倒是很赞美这种荒谬和反常的景象。至于之所以会产生这番景象，据说是因为当时太平军物资不足，又好奇上流社会的奢侈衣物，就从大户人家那里抢来衣服，统统披在身上。特别是，当时太平天国把清朝官服称为"妖服"，看到穿"妖服"的人就砍杀。于是，他们所到一地，就抢掠戏班子的行头，用戏服作官服。即使后来洪秀全为太平天国官员设计了官服，沿用的也是戏服的风格，满朝文武穿着龙袍红缎，也算五光十色。

都是变革服装，清教徒和太平军这两者，看起来似乎不是一回事。但事实上，他们对过去权威的传统礼仪秩序的"祛魅"是一致的。清教徒认为，统一的礼服是天主教偶像崇拜的遗存，太平军挑战的则是官服所代表的制度和伦理。从这个意义上看，两者都是试图祛除某个传统中有魔力的、有权威的象征，这也是我们所说的"理性化"和"祛魅"。

宗教改革所带来的新教伦理，也是一种理性化的过程。

1. 新教伦理的理性化及其后遗症

前面我们说到，加尔文的"先定论"是如何把上帝的权力完全地归还给上帝的。这种原本极端消极的宗教观念，奇迹般成为培植资本主义的土壤。在"先定论"的指导下，人们累积财富不再是为了自己享乐，而是为了证明自己是上帝的选民。对浪费时间和钱财的厌恶，培养了新教徒勤劳节俭的生活作风，人们不顾休息地工作，财富不断地被节省下来，投入再生产，资本主义经济因此像滚雪球似的发展壮大起来。

从路德到加尔文，基督教无疑经历了一个"理性化"的过程。既然说到理性化，那就是有过非理性的时候。关于这个非理性，就让我们先讲讲巫术。在人类学家弗雷泽（J. G. Frazer，1854—1941）的《金枝》（*The Golden Bough*）这本书里，他这样区分巫术和宗教，在用祈祷、献祭等手段来安抚神灵之前，人们也曾试图凭借符咒魔法来对付自然。施行巫术的人认为，无论是人还是神，都可以通过仪式、咒语、法术等手段来进行操纵利用，它的目的是功能性的，可以是求取功名、钱财、姻缘甚至是战争的胜利，人们都是为了此生此世的目标施行巫术。而宗教不同，宗教反而承认并且强调鬼神的人格，它是对超越力量的取悦和服从。他认为，世界不是依照规律运行的，也不屈服于巫术，当人们失去对世界自然万物的巫术操纵能力之后，信仰宗教的人也就常常把希望和意义寄托在彼岸或来世中。

在《金枝》的叙述里，世界的发展是一场神奇的旅行，其间经历了从巫术到宗教、再从宗教到科学，或者从客观到主观、再从主观到客观这个三部曲过程。当然，巫术、宗教和科学这三者，也不是完全互相排斥的，宗教和巫术中有非常多重叠共生的部分。而科学和这两者之间的关系，却是一个至今无法完全解答、有待我们现代人思考的重要问题。

如果我们把弗雷泽的这个观点放在宗教改革上，那么新教伦理的建立应该是从巫术到宗教再到科学这个三部曲中第一部到第二部的完成。在这个过程中，基督教的宗教精神，全面驱除了往日的巫术遗迹。这里的巫术遗迹，指的就是赎罪券、主教制度、礼仪庆典等一系列宗教改革所反对的东西。这些东西无一不是通过仪式器物来和上帝进行交易，以达到自己在现世的目的。而路德和加尔文通过变革教义，彻底地否认了现世交换的意义，将上帝对世界的主宰能力发挥到最大，从而使基督教进入一个最为纯粹的宗教状态。

但故事并没有到此结束。随着新教伦理在世间的流行，它和它最初的宗教动机逐渐脱节，变成一个独立的世俗秩序。换句话说，当人们习惯了把工作视为自己的天职，习惯了不断地生产和追求成功，他们就不假思索地接受了这种生活为唯一正确的生活，忘记了其实在刚开始这是为了成为上帝的选民才做出的选择。就像前面我们提到给年轻人致富忠告的富兰克林，和那个为了开银行而加入教会的年轻人，他们的动机显然都不是出于信奉上帝，而是纯粹为了获得财富。这也是目前资本主义世界的现状，人们为了赚钱而赚钱，为了扩张而扩张，物质和金钱代替上帝的位置，成为新的信仰。这就好像脱离了初心，自己成为自己的目的，走向自我复制和无限膨胀的道路。失去上帝、被物主宰的世界，也再一次走向非人格化。在这场非人格化的盛宴里，随着资本主义拜物教而来的是科学和现代官僚制度的兴起，而它们的共同特点都是用抽象的规则和制度来代替人的重要性。

不过要说明的是，冷静观察这一过程的韦伯，并没有完全拥抱这样一个强大、坚不可摧的现代世界。他的学说充满了对现代性的反思和对旧世界的哀悼。最伟大的社会理论家，从来不会因为对宏大结构的关注而放弃对人类际遇的叩问，而韦伯自始至终对人生存的意义问题保持关注。当宗教被理性逐出公共生活时，韦伯写道："天职观消失了，工作不再是有意义的，而成为一种无可奈何。清教徒想在一项职业中工作，而我们的工作则是出于被迫。"物质对人的胜利抽空了我们存在的最后一点意义，给现代人带来无穷无尽的虚空、压抑和奴役。韦伯和之后的译者，将这个理性世界称之为"铁笼"，一个难以打碎、无法逃脱的地方，在这里现代人被迫服从于资本主义机器运转的逻辑从而丧失自由。在这里没有永恒的价值，一切必须用物质和金钱作为标准衡量，人必须化作可以被计算的东西，变成生产者、消费者、官僚或专业人士才拥有生存的权利。

最后，他用这样讽刺的笔触写下他的结论："完全可以，而且是不无道理地，这样来评说这个文化发展的最后阶段：'专家没有灵魂，纵欲者没有心肝；这个废物幻想着它自己已达到了前所未有的文明程度。'"

2. 韦伯命题及对韦伯命题的挑战

韦伯之后，有太多的学者试图与他的理论进行对话和挑战。

有一些人认为，宗教文化和伦理并不是诱发资本主义发展的决定性因素。比如，法国年鉴历史学派的布罗代尔，追踪了世界历史上经济中心转移的过程，就是从爱琴海的希腊移转到地中海的威尼斯，再来到大西洋畔的西班牙、葡萄牙，向北转向西欧，目前则由北美转向亚洲的进程。他认为，这种变化与其说与宗教信仰有关，不如说更体现了地理位置在经济中的重要性。英国经济学史学者托尼（R. H. Tawney，1880—1962）则研究了大航海以来西欧的史料，认为新大陆涌来的丰富物资导致商人地位的上升，继而有能力违抗天主教会的控制。这说明韦伯颠倒了因果，应该是经济发展刺激了宗教改革的发生，而不是相反。还有学者用数据定量的方式，分析了神圣罗马帝国的两百七十二个城市在1300—1900年的资料，指出新教地区在经济发展、城市大小、生育率与识字率上的表现，并不比天主教地区更有优势。还有学者用"二战"后日本、韩国、新加坡、中国台湾地区的飞速发展，来证明儒家文化和资本主义的亲和性，说明新教并不是走向资本主义的唯一途径。总而言之，这些研究侧重的方面各不相同，为我们理解新教伦理和资本主义之间的关系提供了新资料和新角度。

但这些研究，真正驳倒韦伯命题了吗？很难下这样的结论。事实上，所有的这些论述，恰恰都是在韦伯命题的延长线上。人们对韦伯学说最大的误解是，认为韦伯视新教伦理为刺激资本主义产生的唯一或最重要的因素，其实韦伯从未如此。恰恰相反，他在《经济通史》里列举了新教伦理之外，现代资本主义发生的六项前提：合理的会计制度、市场自由、理性的技术、可靠的法律、自由劳动力和经济生活的商业化。韦伯从来都是坚定反对历史单因论的学者，他既不赞同物质决定精神，也不同意精神操纵物质，而是认为所有的历史因素偶然相遇，彼此影响纠缠。他不信任也不试图建立一个关于资本主义的普遍学说和一般规律。要注意，韦伯不只是一个社会理论家，更是一位历史学家，他所有关于新教伦理和资本主义的研究都必须放到16—18世纪的西欧、北美这个特定的历史时空中去。他认为，资本主义是西方社会独有的产物，而新教伦理对资本主义的产生起到了促进作用，但他不否定其他因素对资本主义发展的贡献，既不把这种因果关系强加到其他社会，也不把资本主义看作人类社会发展的必经阶段。

尽管从韦伯对"铁笼"的批判来看，他绝不是一个鼓吹进步和西方文化的欧洲中心论者，但他的比较宗教研究却是以欧洲和基督新教为坐标进行的。在《新教伦理与资本主义精神》（*Die protestantische Ethik und der Geist des Kapitalismus*）一书之后，他又分析了中国的儒教和道教、印度的印度教和佛教、近东的伊斯兰教和犹太教，试图对这些宗教和新教作个对比。贯穿在这些对比研究之中的主要问题就是：为什么这些文化和宗教中没有诞生出西欧那样的资本主义？

　　而这也曾经是我们中国人特别关心的问题：中国真的没有资本主义和现代性成长的土壤吗？

3. 儒教与新教：差异何在？

　　我们开头讲到了太平天国。一般的评价会说，它是中国史上规模最大的战争和伤亡最惨重的内战，更是在严格意义上发生在中国的为数不多的具有宗教意味的战争。而在韦伯眼中，太平天国曾经是中国建立清教国家和走向西方资本主义的最后希望，它的落幕意味着中国尝试摆脱这循环了几千年的儒家政治经济和伦理秩序的最终失败。那么，为什么会失败？这是否意味着中国的确没有走向资本主义的土壤？

　　要回答这个问题，我们可能要再多讲讲儒教和新教的思想。如果我们不把新教刺激资本主义精神的论述绝对化，也不把韦伯的这个说法普世化，那么我们也看到，其实中国自从宋元以后，一方面由于唐宋之间的社会变化，已经使得城市、商业越来越发达；另一方面，信仰儒家的知识人也因为科举和入仕的门径狭窄，越来越多地下沉到地方社会和参与其他职业。尤其是明清时期，很多类似资本主义的因素，如城市、商业、分工等其实已经开始滋生，传统阻碍资本主义的所谓"士农工商"四民社会也逐渐出现了变化。但是，为什么儒教中国没有像欧洲那样，这些来自平民的、城市的资本主义萌芽能够迅速发展成为社会大潮呢？可能问题并不仅仅在于中国没有新教那样的宗教，也不仅仅在于儒家观念对资本主义发展的障碍，正如一些学者指出的，宋代以后的新儒家、新禅宗、新道教其实都并不是阻碍商人精神和商业活动的因素，更重要的可能是高度专制的皇权和强大的政治制度。这当然是一个复杂的问题，以后我们再说。

但是，韦伯对儒教的看法可能不同，让我们回到韦伯的学说。在韦伯眼中，主宰着中国文化的儒教和新教一样，是一种理性、清醒的宗教。如果拿儒教与起源于印度的佛教和中国本土的道教做比较的话，这一点则更加明显。儒教不像佛教那样着迷于来世，提倡以冥思度过此生，也不像道教那样用各种法术来追求长寿和成仙。儒教不喜欢神秘主义，"子不语怪力乱神"，可以说儒教只对当下世界感兴趣，"未知生，焉知死"，对此生之外的事情持有不关心的态度。儒教倡导的是入世功利的伦理，和新教一样，它积极拥抱尘世事务、经营人际关系、重视财富和成功，勤俭知足，精打细算。按照韦伯的理解，儒教也崇拜财富。他说，从来没有任何文明国家会像中国一样，把物质福利作为这么高的目标，孔子很早便有了重商主义的论述，而司马迁的货殖论和贸易均衡的说法也是世界最古老的政治经济文献之一。所有和这种取向格格不入的行为，比如懒惰、休闲、禁欲、苦行和遁世，也都会被鄙视为寄生虫的行径。这使得儒教和新教看上去非常相似。

但是韦伯认为，儒教和新教有两点最根本的区别。

首先，新教憎恨、驱除巫术，儒教却包容甚至在源头上和巫术紧密相关。尽管不语怪力乱神，但儒教的主体是受过教育的统治阶级即士大夫阶层，而普通民众则信仰成千上万的民间神祇和地方保护神，占卜、医学、星象和风水也一直是为统治阶级所服务的技术，这把古代中国变成泛灵论的巫术花园。最有意思的是，儒家本身所提倡的理想的"道"，也是基于皇权卡里斯玛（charisma）的巫术式魅力。在儒家"天人合一"的观念中，宇宙的秩序就是社会的秩序，而社会的秩序则依赖于个人道德的完善，尤其是天子道德的完善。皇权和个人的君子品行会获得鬼神的庇佑，引起社会的幸福和宇宙的和谐，这就是所谓的得道；而天子的品行如果不体面尊严，就会引发社会动荡、鬼神发怒的失道状态。因此，尽管儒士们勤勉做事、对神秘之事不闻不问，但这种入世伦理和儒家宇宙观在根本上无非是一场防止鬼神震怒的巨大巫术。这是儒教和新教不同的第一点。

其次，新教的入世动力来源于对尘世的绝对否定和对上帝的绝对服从，但儒教完全沉浸在世俗事务中，缺乏一个彼岸和此岸之间的紧张状态。我们看到，在儒家哲学里，社会秩序和宇宙秩序是一回事，它也没有一个关于来世或者彼岸的理论，对所谓的鬼神也是模糊其词，说起来就是不可知。对于儒教来说，没有比维护现实世界秩序更重要的事。儒家也不像新教那样，认为人生而有罪，它是一种乐观的哲学，主流儒家学者如孟子就认为人性本善，目前这个世界是所有世界中最好的一个。所以，人活着就应当去努力地适应、建设这个世界，而达成这个高尚理想的途径就是修炼人格。儒教相信，只要人能体面地生存，自然而然地，社会和宇宙就会呈现出和谐优雅的秩序。这个体面的生活方式，也就是君子的生活方式。君子是一种个人生活的典范，它和这种社会理想息息相关。但君子作风又是士大夫阶层的专利，它要求人受教育，维护以皇权为中心的秩序，遵从忠和孝的纪律。这也是在倡导血缘或者阶层的优先性，如果说新教把血缘优先性完全地排除，平等地建立个体和上帝间的直接联系，那么缺少上帝和彼岸的儒教就是完全关于人伦秩序的，它只关注人和人之间的关系。除了关注人伦秩序，它还强调了阶层的差异，君子除了人文知识，掌握任何其他技能都是不体面的：工匠、科学家和专家都不是君子正当的职业。这就是所谓的"君子不器"。这种情况下，财富只是为了君子远离世俗、过上体面生活的保障。这和西方关于专业和天职的概念以及新教徒争相成为上帝的器皿以获得尊严是完全不同的。

这种观察和分析对吗？是因为这两点差异导致了近代中国和欧洲道路的不同吗？这真是一个非常重要、值得思考的问题。所以，下面让我们来讨论韦伯对中国经济和宗教的分析有哪些得失，余英时先生和韦伯理论如何进行对话，以及中国到底存不存在入世禁欲的文化和资本主义的土壤。

第四节　近世中国也有宗教改革与资本主义吗？

也许大家听说过，有人认为温州是中国的耶路撒冷，温州人就像东方犹太人，只有九百万人口的温州有几百座教堂，走在温州街头，也可以看到不少用《圣经》中的人名、地名来命名的工厂、商店。比如迦南鞋厂、伯特利纽扣厂、以斯拉书店、弥迦阀门厂。而且在温州，基督教不仅是个外来宗教，还是个反过来输出的信仰，在欧洲的巴黎、阿姆斯特丹甚至是教宗城下的罗马，你都能看到活跃的温州教会。宗教人类学者曹南来说，这些生活在欧洲的温州基督徒把自己比作乘坐"五月花号"船的清教徒。他们就像那些从英格兰远赴美洲大陆开创新生活的清教徒一样，上帝的恩典也指导着他们在异乡的生活和冒险。有人调查后发现，在某些温州教会的教徒看来，财富也是上帝荣耀的证明，个人乃至温州的繁荣也是上帝眷顾的证据。据说，温州教会中一位牧师曾经在布道中用了主题"信仰耶稣带给你地位和财富"，好像他完全接受了韦伯关于新教伦理和资本主义精神的论证。

不过，追根究底，温州教会绝不是纯西方模式的、完全因循韦伯道路的，它有自己的本土基础。温州自古民间信仰就很丰富，温州人最初皈依基督教，也掺杂着民间的鬼神信仰。学者李峰曾记录过当地流传的一些轶事，比如一个村民被鬼附身，信仰了基督之后，病就好了，鬼离开去了另外一家。于是，很快全村人都信了耶稣。再比如当地一个基督徒老太太的房子塌了，但老太太却毫发无损地走出废墟，邻居看到无不称奇，于是纷纷皈依。海外的温州基督徒，也是依赖传统的氏族、血脉和乡土关系建构起来的，人们甚至开玩笑说，巴黎的伏尔泰街就是把温州的一个村搬到了法国。这些都说明温州基督教有强烈的中国色彩。

这告诉我们，在现代与后现代之间的复杂世界里，我们也许需要从新的角度来理解宗教和资本主义之间的关系。

1. 中国宗教也有理性化与超越性？

前面讲过，在韦伯眼中新教和儒教是有区别的。韦伯的结论是，新教有着外在超越的动力和入世禁欲的特征，而儒家没有，所以没法儿刺激出西方那样的资本主义制度。这个观点非常有启发性，但同时我们也得说，他不一定对。韦伯不仅有先入为主的偏见，也对中国宗教缺乏第一手的研究。尽管韦伯不是一个欧洲中心论者，但他终身研究所围绕的其实都是欧洲的现代性特征——理性化。

随着韦伯历史研究的深入，他构建了一个"理想型"，也就是通过经验和想象，对具体的历史事件进行总结、分类和模型化。"理想型"本身是一个乌托邦，是一个理念上的类型，甚至不一定能在真实的历史世界中一一地找到对应。但是，这种虚实结合的方法论，贯穿了韦伯的比较宗教文化研究。他按照地域把世界宗教文化分为四个类型，即远东中国的儒教和道教，南亚次大陆的印度教和佛教，中东的伊斯兰教以及近东的犹太教。这四种宗教形态有一个十字形坐标，中心就是新教伦理。以新教伦理为标准，这四种宗教由远到近地发展，从巫术发展到超越性宗教、再发展到入世超越性宗教。换句话说，就是信仰从泛神论到多神论，再到一神论，而其特征则逐渐从盲目信仰变得理性化，但韦伯的这种宗教进化论有点儿武断和简单。在韦伯这个进化光谱里，中国处在一个边缘位置，被认为是离现代理性化最远的一种宗教文化。这与其说是历史的现实，不如说是韦伯为凸显新教中心位置而刻意做的安排。在比较视角中，韦伯只寻找西方文化里中国文明所"没有"的那些东西，强调一些外在的相似性和差异性，而牺牲了中国宗教"有"的东西和中国文化的丰富性。当然，他对中国文化的理解是有限的，加上他无法直接阅读中文，在研究资料上只能借助二手文献，他的结论就会让人怀疑。

因此，很多学者曾经站出来，以中国宗教资料为基础，从中国视角上对韦伯命题作出补充和反驳。这里，我们就来谈一谈余英时（1930—2021）先生的研究。如果大家想深入了解，可以看余先生的《中国近世宗教伦理与商人精神》这本书。总的来说，余英时先生的结论是，中国文化也是有入世禁欲的特征和超越性色彩的，这种文化曾对商人群体产生影响，并促进了一种有规范秩序的商业文化的产生。

关于这个结论，我先要做两点解释。

首先，说起超越性，我们往往想到，总得有一个此岸和彼岸的对峙。但在此岸的内部，也可以存在着天理和人欲之间所形成的高度紧张状态。这是中国文化所具有的"内在超越"，后来余英时先生稍稍改了一个字叫"内向超越"。至于这个"内向超越"是怎么形成的，下面我们再具体讲。而韦伯的理想类型研究，忽视了佛教对中国文化的影响。他简单地认为，佛教、道教就是儒家正统排斥的异端，中国完全在儒家人伦秩序笼罩之下，是完全静止的。但余英时先生要说明的是，随着唐代之后三教合一，禅宗和道教逐渐入世，宋明理学也慢慢吸收了释道文化中的超越理念。儒释道三种文化在历史中彼此影响，一起塑造了中国文化的内向超越性。这种流动的、发展的，而非静止的、类型化的历史认识，是我们应该从这次学术对话中学到的。

其次要说明的，是中国儒释道精神，在中国社会中所滋养出来的商业秩序和商业文化是资本主义但不一定是西方的资本主义，甚至可以说它一定不是西方的资本主义。这正如现在有关现代化的理论，已经充分认识到世界各地各有不同的现代化道路一样。余英时先生并不是要证明，中国也有西方资本主义的萌芽。他要反驳的，只是韦伯关于中国商业的一些论断，证明近世中国的商业行为，并不像韦伯想象的是完全松散而功利的，而是有着它独特的理念、制度和组织。

但是，这种从儒释道土壤中成长起来的商业文化，如果不被打断的话，到现代会发展成什么，会不会是资本主义，那是我们谁也不知道的。

2. 新禅宗、新道教与新儒家：中国宗教的入世转向

让我们从中国魏晋时代说起。

魏晋之前的中国，的确如韦伯所说，世俗性很强，即使有求仙问药的道教存在，也无法用彼岸信仰动摇儒法统治下的此世秩序。但魏晋之后，佛教发展壮大，从魏晋至隋唐几百年间，佛教逐渐影响了社会生活的很大部分，儒家尽管仍然是政治上的意识形态主流，在社会上的影响却逐渐偏向皇权政治、国家法律和门第礼仪。

有人认为，到了唐代，佛教为了适应中国社会，开始由出世转为入世。一个标志性的事件就是禅宗六祖惠能（638—713）建立了被称为"南宗"的新禅宗。关于惠能，最有名的故事就是他和北宗神秀（605—706）争夺领袖地位的两首偈颂，这两首偈颂我们都熟悉。传说中的神秀偈语是"身是菩提树，心如明镜台。时时勤拂拭，勿使惹尘埃"；惠能的偈语却是"菩提本无树，明镜亦非台。本来无一物，何处惹尘埃"。当时禅宗的掌门人五祖弘忍（602—675）认为惠能的境界更高，于是就把象征宗教权力的衣钵传给惠能。这自然只是故事，但惠能主张的"顿悟"和传统禅宗主张的"渐修"，差别就很明显了。什么差别呢？传统的渐修是经过坐禅、苦行等途径获得智慧；而现在的顿悟则认为，智慧自在人心，根本不必外求。而且新禅宗对待经典也不拘一格，他们强

调不立文字，也就是不迷信、不纠缠于经典文字，等于支持信仰者自由解经，而不拘于权威的文字。最重要的是新禅宗主张不一定必须在寺院苦行静坐，这就把佛教从遥远的出世理想中解脱出来，积极地拥抱了身边的世俗生活。说到这里，有的读者会发现，惠能的这些主张和马丁·路德的很像。路德主张上帝自在心中，上帝和每个人之间可以有直接联系，希望信众都能自己阅读和理解《圣经》，反对教会对神权的垄断。这些都和惠能之后的新禅宗所谓"我心即佛，佛即我心""直指人心，见性成佛"是同样的意味。所以，有人就把新禅宗的开创者惠能，称为中国的马丁·路德。马克思曾经说马丁·路德"破除了对权威的信仰，是因为他树立了信仰的权威。他把僧侣变成了俗人，是因为他把俗人变成了僧侣"，这也许也可以用来说新禅宗吧。

　　很多学者包括余英时先生都认为，惠能之后一个世纪的百丈怀海禅师（约720—814），又把佛教的入世转向推到一个新高度。原本印度佛教不重视生产，所以佛教徒习惯只靠托钵乞讨或者信众施舍。一直以来，中国的佛教徒也是这么生活的。但"安史之乱"之后，唐朝经济凋敝，佛教屡遭打击，佛教徒必须自食其力，百丈怀海也就对新禅宗的规矩进行改革。他制定《百丈清规》，规定寺中一切人都需要劳动，"一日不作，一日不食"。除了勤劳，新禅宗还提倡节俭，"朝参夕聚，饮食随宜，示节俭也"，这就促成了勤劳节俭的新佛教经济伦理。倡导劳作曾在南宗内部掀起风波，大家纷纷质疑从事俗务是否违背教义。百丈的回答是，只要做事而不滞于事，就不是罪过。说回我们这个主题，百丈的改革曾引起出世精神和入世实践之间的高度紧张。事实上，他也要求信众在这两者之间不断调和，带着出世的精神从事入世的事务。这使得中国佛教成了一个入世禁欲的宗教。

　　佛教的入世禁欲对道教和儒家产生巨大影响。两宋之际，道教的全真教在组织和精神上效仿百丈怀海的丛林制度，号召自食其力，刻苦勤俭，禁睡眠，打尘劳。这和新教徒反对过度睡眠、号召尽职工作的态度如出一辙。而儒教呢？自南北朝起就和中国民众的日常生活脱节，变成贵族的门第礼仪之学。因此，唐代以后儒家也面临着重新振兴的任务，希望儒学能重新全面指导中国民众的社会生活。儒教的主要竞争对手就是佛教，佛教的长处就是宇宙论、心性论和对彼岸世界的构建以及对超越和解脱的承诺，要和它竞争，儒家必须建立一个属于自己的、不同于佛教的新"彼岸"。儒家建立的这个新"彼岸"，必须是实在的而不能是虚空的，必须是在现实生活中的而不是离开尘世生活的，这是为了确立儒家对此生此世真实性的重视和信任。儒家找到的这个"彼岸"，这就是宋明理学中"天理"。"理"虽然是抽象的，"天"虽然是遥远的，但是和"天理"相对的是"人欲"。它们却都呈现在现实生活世界中，就像黄宗羲（1610—1695）在《明儒学案》中引用罗钦顺（1465—1547）所说的"在天为气者，在人为心；在天为理者，在人为性"。这个看上去形而上的天理和形而下的人欲充满了对立和紧张，但这种对立和紧张都表现在人的日常生活中，克制欲望、勤勉劳作、恪守伦理就是天理，而放纵情欲、花天酒地、违背伦常就是人欲。从人欲到天理，就是从此岸到彼岸。有人曾问朱熹（1130—1200）：饮食之间，孰为天理，孰为人欲？朱熹就回答说：饮食者，天理也；要求美味，人欲也。

　　这就是新儒家眼中天理和人欲、彼岸与此岸之间的关系，人必须存天理、灭人欲。当然，后来也有儒家学者对这种过于严苛的说法进行修正，说正当的需求是符合天理的，只有过分的欲望才是人欲。但是，儒家的追求始终是君子必须抛开世俗欲望而追求永恒天理。尽管这和新教把此岸和彼岸完全对立起来是不一样的，但是儒教也承认此世有理想和超越的境界，也承认此世有世俗的生活和欲望，只是把这种对立和紧张都包括在当下的社会和生活中，要求人们"内向超越"。

3. 把彼岸放回生活世界之后：近世中国儒家和社会的变化

因此，新儒教的世界观也产生了一种特别的人生方法论。外在上帝是不存在的，人本身具有完全的能动性。天只有一个功能，就是"生"，生出万物之后，这个世界是否合理，就完全交给人来负责了。而人为了让世界合乎理，需要不停地明理，修剪自己多余的欲望，这就是内向超越文化中紧张感的由来。儒教并不是韦伯所说的，指引了一个含混而缺乏此岸彼岸冲突的世界。传统中国人在这种沉重负担的召唤下，履行自己在俗世的任务，要求每做一件事都要小心谨慎、全神贯注。有人说，这也是中国文化里慎独或勤敬精神的由来，它也等于是儒教伦理中的"天职"观念。如果再加上佛教的影响，传统中国也形成了勤劳惜时、反对懒惰的伦理。古人说，"人生在勤，勤则不匮"。宋代大学者朱熹也说："在世间吃了饭后，全不做得些子事，无道理。"有人认为，这几乎就是另一个版本的新教伦理。一个合格的儒者，不仅要"以天下为己任"，而且要"先天下之忧而忧，后天下之乐为乐"，积极入世，禁欲修身，这和先定论中被上帝选中的选民是一样的。

虽然新儒家没有基督教那样严密的组织来向社会贯彻新教伦理，但它上有朝廷的支持，下有太学、书院、私塾以及宗族组织和地方士绅的传播，把儒家伦理渗透到整个社会，因此新儒学也在中国社会产生过广泛的影响。余英时先生指出，宋代儒家的努力方向是"得君行道"，即在上层政治领域用力，而明代心学的努力方向是"觉民行道"，即向下渗透社会底层。从宋代的陆九渊（1139—1193）开始就注意向下一路，和马丁·路德一样强调情感发心甚于理智知识。到了王阳明（1472—1529）的"良知论"，更反对朱子的格物致知，认为真理不必求于外物，自在本心。阳明之学在社会上获得广泛的传播，讲道动辄千人，来听的人往往都是农工商贾。陆王之后，有俗语说"满街都是圣人"，这让我们想起法朗克对新教革命的评语："你以为你已经逃出了修道院，但现在世上每一个人都是僧侣了。"陆王心学将儒学的世俗化和社会化带到新的水平，儒家文化从此深深影响到中国商人阶层。

这里还要说到近世中国社会的一个变化，这也是中国宗教世俗化和社会化的背景。宋代以后，由于读书人多了，科举的难度高了，当官的途径窄了，很多读儒家书的士人不得不去做其他营生，这使得士商阶层逐渐模糊。原本中国四民社会"士农工商"很清楚，但这时商人的地位提升了，商人也开始认为自己的财富和成功来自对于天理的遵循，这就是把新的儒家伦理运用到商业活动中。比如明代有个名叫王现的商人，一直以诚信待人。有一次，他差点被人盗劫，他的父亲就感叹他的幸运，对王现说："利而义者耶！然天固鉴之耶！"这就和新教徒用财富来证明自己被上帝认可的逻辑非常相似。明代中后期，所谓儒商的伦理逐渐固定，这种伦理被称为"贾道"即做生意的原则。你看，韦伯说中国没有制度化、理性化的商业精神，恐怕是不全对的。

所谓"贾道"，说起来和前面提到的富兰克林致富经一样，要求商人勤俭节约，讲求诚信，注重名声，精打细算，薄利多销。当然，中国的"贾道"还发展出"伙计"制度，这是一种从亲族关系中培养出来的企业组织形式，就和前面我们说的温州海外家族企业一样。这种传统氏族血脉和近代工具理性并行的商业制度，恐怕就是中国文化特有的产物吧？

4. 中国宗教伦理为什么没有培育出西方式资本主义？

讲到这里，我们已经看到，中国儒释道文化和商业之间也有着独特的因缘，而我们在本章开始问的那个问题，中国到底有没有培育资本主义萌芽的土壤，似乎也不是那么重要。而值得思考的问题是，究竟什么阻碍了中国式资本主义的迅速发展？也许问题既不在宗教伦理也不在商业模式上，可能更需要注意的是，专制政治的影响和约束。如果皇权不受制约，有关工商的制度和政策缺乏保障，地方官员、商人企业没有安全感和积极性，知识人也不能成为批评与监督力量，那么，资本主义是否能顺利发展？这个问题不好回答，需要大家一起琢磨。

我们这一讲，只是简单梳理了发生在 16 世纪的宗教革命，路德和加尔文的宗教倾向，韦伯关于新教伦理和资本主义的论述，以及余英时先生和其他一些学者有关韦伯理论的研究，也根据他们的研究叙述了近世中国的宗教与商业发展历程。我们的目的，并非要证明中国也可以有从新教到资本主义一样的发展历程，恰恰相反，我们是想说明传统中国也有自己的文化和宗教，而这一商业模式来自传统中国自己的社会、文化和宗教，这种商业模式不必是欧洲式资本主义。

我们再说一遍，无论在马克思还是在韦伯的理论中，资本主义都是一个解释欧洲现象的专有名词，也是近代欧洲的历史现象，并不是一个通行全世界的经济模式，或者普遍应用于全世界的发展模式。只不过，不同地区各自生长、各有特色的宗教和商业状态，在 19 世纪被终结了。由于近代欧洲强势文明把自己的经济路径和文化模式带到世界各地，世界不得不被纳入以欧洲资本主义为基本模板的现代秩序之中。我们之所以如此关心韦伯、如此频繁谈论资本主义，就是因为在全球化的世界中，每个国家、每个人都不可避免地生活在其中。作为中国人，了解欧洲资本主义的起源，不是为了证明我们也拥有这个东西，而是为了帮助我们了解当下这个生活世界是如何从历史中走过来的，也帮助我们了解我们自己怎样进行观念和生活的转型才能适应这个变化了很久的世界。

（孔鹏音）

蒸汽机、棉花与工业革命

第一节　工业革命：可不只是蒸汽火车

1830 年 9 月 15 日，星期三，英国利物浦（Liverpool）。

一大清早，整个城市已经人声鼎沸，热闹非凡。在过去一周，很多英国人纷纷来到这座小城，其中甚至包括当时的英国首相、拿破仑战争时期的英雄威灵顿公爵（Arthur Wellesley, 1769—1852）。所有旅店都已爆满，庆功宴也已开始准备。这一天要在利物浦发生的大事，是有一辆蒸汽机车会从利物浦出发开至曼彻斯特（Manchester）。

早在一年多前，《利物浦水星报》（*Liverpool Mercury*）上就刊登了一则广告，招募各种工程师或铸铁工，让他们携带发动机来比赛。比赛内容是在靠近曼彻斯特的一段一英里半的轨道上，由各种发动机来驱动机车前进，发动机重量不能超过六吨，造价不能超过五百五十英镑。这些发动机要在铁轨上跑十个来回，稍事休息，加水加燃料，然后继续跑。最终的长度，就等于利物浦到曼彻斯特的往返距离。

这场持续九天的比赛吸引了上万人前来参加，最后胜出的是蒸汽机车"火箭号"（*Rochets*），它的设计者名叫乔治·斯蒂芬森（George Stephenson，1781—1848）。斯蒂芬森随后被任命为利物浦到曼彻斯特这段铁路的总工程师。政府非常期待这段铁路能够改善从利物浦到曼彻斯特这段路程的运输。过去这段路主要依靠运河水运。但当时棉花运输量越来越大，这段运河总是拥堵。1760—1830年，大概每隔二十年，这段运河上运输棉花的数量就要翻一倍。有时候，运棉船从利物浦开到曼彻斯特，竟然需要走二十一天，比运棉船从美国开到利物浦的时间都长。

斯蒂芬森坚定地指挥团队修建铁路，克服很多困难，甚至穿越一片沼泽地，终于修建了两条平行铁轨。同时，他以"火箭号"为原型，又制造了七辆全新的机车。这样一来，可以举行通车仪式了。当时报纸描述了斯蒂芬森设计的机车，"这辆车真是气派，周边布满漂亮的装饰；高级希腊式卷帘，镀金的栏杆，宽阔的扶手，围绕着中间那个为客人专设的土耳其式座椅。一面二十四英尺长的华盖，由八根镀金柱子支撑，碰上隧道还可以降下来。帐幔的布料是深红色的，顶上则是公爵冠冕。车身有三十二英尺长、八英尺宽；车轮是铁的，有八个之多"。铁路沿线还搭建了不少看台，座位都是卖票的。距离铁路不远的一家染坊，店主干脆就把房顶拆了，把顶楼也改造成一个观景平台，招待亲戚朋友来观赏机车的通车仪式。

威灵顿公爵在仪仗队的陪伴下，手持蓝底金字的车票，与一群贵宾一起登上机车。这辆新机车名为"诺森布兰号"（*Northumbrian*），由总工程师斯蒂芬森亲自驾驶。另外七辆机车会在旁边的平行轨道上跟随"诺森布兰号"同步前进。一声炮响，车队出发了。开了不久，"诺森布兰号"停下加水。国会议员赫斯基森就跟着下车透透气，正好旁边铁轨上"火箭号"飞驶而来。有人大喊"快上车"。赫斯基森着急忙慌，想爬上"诺森布兰号"，却一不小心摔倒，"火箭号"就这样把他撞飞了。斯蒂芬森赶紧把赫斯基森送到医院，但已无力回天。这可以说是历史上第一次火车交通事故。

威灵顿公爵受到惊吓，想下车回去。但周围人都劝他，如果首次行驶不能一直开到曼彻斯特的话，投资者的信心会受到巨大打击，众多观众也会对火车这种新型交通工具失去兴趣。为了修建这条铁路，政府已经投入大量资金，务必要保证它的成功。威灵顿公爵只好硬着头皮和大家一起坐到曼彻斯特。没想到火车进站时，威灵顿公爵看到迎接他的却是前来抗议的修理工，天空中还下起了雨。人类历史上的第一条铁路，利物浦到曼彻斯特的铁路，就在这样的场景下开通了。

虽然通车仪式不太顺利，但火车很快证明自己的强大潜力。越来越多的人愿意乘坐火车，各地都开始铺设长途线路，很多水运的大宗货物转而通过铁路进行运输。1842 年，维多利亚女王（A. Victoria，1837—1901 年在位）首次乘坐蒸汽机车，进一步扩大火车的影响力。到了 1850 年，铁路运输的货物数量已经远超河运，遍布整个英国的铁路网逐渐成形。

参加这次通车仪式的两个人，后来他们的头像都印在了英镑钞票上。20 世纪 70 年代，5 英镑钞票上的头像是威灵顿公爵。到了 20 世纪 90 年代，旧钞票停止使用，替换威灵顿的新版 5 英镑钞票，头像就是斯蒂芬森。当然，今天最新版 5 英镑钞票上的头像已经变成了丘吉尔（W. L. S. Churchill，1874—1965）。

1. 蒸汽机的发明与煤炭

　　火车对英国人的生活产生巨大影响。在火车发明前，从伦敦到曼彻斯特，一共三百二十二千米，需要走八十小时，当中还必须找地方住两三天。但是到了 1845 年，这段路程所需时间被缩短到八小时。而在今天，从伦敦到曼彻斯特只需要两小时。所以，火车对人们生活节奏的改变，是关键性的一环。

　　同时，火车也改变了人们的生活方式。举个例子，今天我们都知道，英国的"国菜"是炸鱼薯条（fish and chips）。可是在英国早期，这道菜并没有那么普及。炸鱼所用的鱼必须是海鱼，新鲜海鱼很容易变质，运到内地需要好几天，一定就变质了。所以，只有沿海城市的人才能经常吃到新鲜海鱼，内地城市的广大民众只能吃咸鱼。有了铁路以后，新鲜捕捞的鱼可以在很短时间内运输到整个英国，成本极为低廉。于是，炸鱼和薯条就逐渐成为英国人每天最喜欢吃的食物。

　　说到工业革命，我们最先想到的也许就是蒸汽机、钢铁或者棉花，这在我们刚刚所讲述的故事里都出现了。但需要提醒大家的是，这些东西并不是 1830 年才有的新技术，而是在之前的一两百年时间里经历了无数的改良和提高。早在 1698 年，也就是斯蒂芬森蒸汽机车之前差不多一个半世纪，一位英国军队工程师萨弗里（Thomas Savery，约 1650—1715）就发明了蒸汽机，发明这种机器的主要目的是从煤矿的矿井里抽水。

　　煤炭对于工业革命也很重要。提倡"大分流"的学者像彭慕兰等人就特别强调，除了海外殖民地带来的巨大资源，接近工业地区的煤炭开采对英国工业革命具有特殊的意义，而向来发达的中国江南却因为没有这个条件，所以直到19世纪才出现了大分流。确实，在世界很多地方，只有在很深的地底才有煤矿。而在英国，只要略微挖开地面，就能开采大量煤炭。早在两千年之前，罗马占领英国期间，人们就已经知道可以用煤来做燃料。到了1700年前后，英国的煤炭产量占到欧洲煤炭总产量的80%以上。

但这里有两个问题，一直是英国煤炭业快速发展的瓶颈。第一个问题是采矿技术。矿井必然与地下水相连，所以需要排水，而排水是一件很困难的事。第二个问题是交通运输。在一个没有运河与公路的年代，想要通过陆路运输煤炭，难度和代价都是巨大的，所以煤炭基本只能在本地被使用。

第二个问题先被解决。13世纪开始，人们在纽卡斯尔（Newcastle）发现大量煤炭。纽卡斯尔正好是一个港口之城，水路运输极为方便。纽卡斯尔的煤炭很快通过海路被贩卖到英国各地。当时英国的森林面积正在不断萎缩，从1540到1640年，伦敦的木柴价格上涨了三倍。在这种情况下，海路运来的廉价煤炭很自然地开始取代木柴。而煤炭业的发展，也进一步拉动运河以及造船业的发展。伦敦人长期习惯从海路获得煤炭，所以他们又把煤炭称为"海煤"。

但是，煤矿矿井排水的问题一直没有完全解决。在此之前，人们尝试过用水力、马力等各种动力的机械来排水，效率都不高。工程师纽科门（Thomas Newcomen，1664—1729）设想，如果能就地取材，利用煤矿产地最便宜的煤炭作为动力，那不就一举两得吗？1712年，纽科门改良了蒸汽机，可以高效抽水。纽科门蒸汽机效率确实高，但耗能也很高，这个特点使得它只能在煤矿附近运转。一旦离开产煤区，它的运营成本也会高涨到令人不堪重负。

随后的几十年里，纽科门蒸汽机遵循一种"飞地模式"开始向外传播：哪里有煤矿，哪里就会有纽科门蒸汽机。因为英国的煤矿工业规模最大、矿井最多，所以英国拥有的蒸汽机数量也远远超过欧洲其他国家。

牛津大学的经济史家罗伯特·艾伦（Robert C. Allen）认为，纽科门完成了一个宏观设计，这是蒸汽机发展史的第一阶段；在此后的一百多年里，无数人投入对蒸汽机的微观改良，这是蒸汽机发展史的第二阶段。在第二阶段，无数工匠投入到减煤设计中，试图在保持蒸汽机功率不变的前提下，提高效率，减少煤炭的消耗量。

这是工业革命逐步展开的一个关键。

2. 蒸汽机的改良与大规模普及

相比欧洲其他国家，英国科学技术原本并没有什么优势。一直到 17 世纪，英国在采矿、冶炼、纺织等各方面，都还落后于欧洲大陆。当时，弗莱芒的织工、意大利的缫丝工、胡格诺派的玻璃匠、德国的金属冶炼工和机械制造工，都是欧洲大陆赫赫有名的工匠。但是，随着欧洲的三十年战争，西班牙劫掠安特卫普以及法国驱逐胡格诺派，大量欧洲技术工人流向英国。这些工匠在英国扎根，到了 18 世纪中期，英国已经培养出大量技术出众的本土工匠。这些本土工匠是英国后来在工业革命脱颖而出的基础。大部分发明家，只是出售专利使用权，并不会亲自制作机器，绝大多数机器是技术精良的工匠制作出来的。

而且，如果近距离观察工业革命中那些最重要的发明家，你会发现他们的背景和身份高度相似，几乎每个人都当过工厂学徒。纽科门在铁器店里当过学徒，我们接下来要介绍的发明飞梭的凯伊（John Kay，1704—约1764）、发明珍妮纺纱机的哈格里夫斯（James Hargreaves，1721—1778）、发明骡机的克朗普顿（Samuel Crompton，1753—1827）都是纺织厂出身。而在这个过程中，在改良蒸汽机方面表现最为突出的当属詹姆斯·瓦特（James Watt，1736—1819）。

瓦特是钟表匠出身，后来在伯明翰开设了一家修理店。他偶然加入一个叫作"月光社"的民间科学组织，于是和很多学界人士建立关系。月光社的领袖是马修·博尔顿（Matthew Boulton，1728—1809），他后来成为瓦特最重要的合作伙伴。月光社的社员中还包括达尔文的祖父老达尔文、瓷器大王韦奇伍德（Josiah Wedgwood，1730—1795）、后来参与创建美国的本杰明·富兰克林、现代化学之父拉瓦锡（Antoine-Laurent de Lavoisier，1743—1794）等。以月光社为代表的苏格兰地区非正式学术网络很有自己的特点，与牛津大学、剑桥大学或伦敦皇家科学院都完全不同。月光社汇聚了各种背景和趣味都不同的人，并不在乎什么纯粹的科学，而是鼓励大家讨论科学和技术的具体应用，并且以获得实际的经济回报为最终目标。博尔顿很有钱，资助了大量他认为有前景的发明创造。

1763年，瓦特受格拉斯哥大学委派，修复一台损坏的纽科门蒸汽机。他在修理过程中发现，气缸在被低温液态水冷却过程中的热量损失是一种无谓浪费，只需要把高温水蒸气导入另一个气缸中单独冷却，就可以避免大量热量损失，节省煤炭投入。就这样，分离式冷凝器的概念产生了。1768年，瓦特制造出第一款装有分离式冷凝器的原型机，并申请了专利。

为了把这项专利投入市场，瓦特又动足了脑筋，一边不惜血本地改良设计方案，一边到市场上去寻找合伙人。最初，是一位铁质容器制造商罗巴克（John Roebuck，1718—1794）主动找上门来与瓦特合作，由他来偿付瓦特研发时背负的债务，并承担申请专利的费用；而瓦特也承诺，等发明成果获利以后，利润中的三分之二会付给罗巴克。这种模式今天就叫作风险投资。可是过了不久，罗巴克经营不善而破产，瓦特就把这个权利转卖给马修·博尔顿。博尔顿成为瓦特的合伙人以后，两人团结合作，很快制成数百台新蒸汽机投入市场，一边游说国会把瓦特的专利保护一直延长到1799年。

为了扩展市场，瓦特和博尔顿对外宣称，蒸汽机也可以运用到煤炭业以外的其他领域，但当时没有多少人信服。于是，瓦特和博尔顿在1784年共同投资了一家名为阿尔比恩的工厂，帮助这家工厂把动力源转变成蒸汽机。受此启发，第二年，鲁宾逊父子（George, James and John Robinson）将蒸汽机安装到一家棉纺织厂中，用它来带动纺织机器。从此以后，蒸汽机在各种工厂里逐渐普及。不过在1830年以前，水车和风车仍是欧洲占据主导地位的动力源，蒸汽机还无法与之相比。

1789年，人们发明了高压蒸汽机。这项发明使得蒸汽机的体积可以大大缩小，安装在各种小型装置上。1802年，英国人西明顿（William Symington，1764—1831）把蒸汽机搬上木壳船，制造了世界上第一艘蒸汽动力船。1807年，美国人富尔顿（Robert Fulton, 1765—1815）制造了一艘蒸汽轮船"克莱蒙特号"（Clermont），在哈得孙河上试航。于是，全世界第一条采用蒸汽轮船的商业线路由此开辟，沿着哈得孙河，在纽约与奥尔巴尼之间往返。又过了没几年，从匹兹堡到新奥尔良的航线也开辟了，载满货物的轮船从俄亥俄河的上游一直行驶到密西西比河下游的新奥尔良港。这条轮船航线的开辟绝非偶然：一方面，俄亥俄河与密西西比河上没有任何关卡，畅通无阻；另一方面，河两岸到处都是茂密森林，因此美国木炭燃料的价格极低。这种得天独厚的条件，使得美国人的内河航运业迅速发展起来。

但是，要把美国的成功经验复制到国际海运，这一点并不容易，其中的关键仍然是煤炭成本与蒸汽机效率的权衡。蒸汽动力船在长途运输过程中，需要消耗大量的煤炭，而这些煤炭自然要侵占装载货物的空间，如此一来蒸汽动力船的运输成本就比传统帆船来得更高。后来经过几十年的不断改良，一直到19世纪中期，蒸汽船的运输成本终于降到帆船的运输成本以下，蒸汽船这才开始在全世界普及起来。

而我们开头所说的铁轨，在19世纪的英国也并不是什么新东西。早在17世纪，轨道就已经在煤矿中出现，主要目的是把煤炭比较方便地运到地面，再从地面运到运河码头。最早使用的是木轨，后来变为铁轨。人们对铁轨做了大量实验，不断改善路基和路轨的形状。到了斯蒂芬森时代，铁轨技术已经非常成熟了，这也是他能在短短一年内就克服重重障碍、修成利物浦到曼彻斯特铁路的重要原因。当然，这也得益于冶炼技术的进步，铁轨成本已经降低。18世纪后期，虽然还没有蒸汽机车，但是英国煤炭区都已经建成局部的铁路网。

这就是19世纪上半叶斯蒂芬森研制"火箭号"机车并且获得成功的基础和背景。

3. 工业革命真的存在吗?

所有这些技术进步彼此交错和影响,不知不觉地联系到一起,最终创造了所谓工业革命的奇迹。那么,当时人是如何看待工业革命的?我们的第一反应,就是去当时学者的著作中寻找线索。

先看经济学家。经济学之父亚当·斯密(Adam Smith,1723—1790)就生活在工业革命时期,但是有趣的是,他似乎并没有注意到什么工业革命。1776年出版的《国富论》(*The Wealth of Nations*)里,可以说一点儿有关工业革命的迹象都没有。比斯密晚生几十年的英国经济学家李嘉图(David Ricardo,1772—1823)和马尔萨斯(T. R. Malthus,1766—1834),在他们生活的年代,所谓工业革命已经是如火如荼。有意思的是,他们也没有提到发生在自己身边的事情,不觉得蒸汽机正在推动什么了不起的变革。

把视野放得更宽一些,再去看看当时其他学者文人的论述。当时的著名历史学者比如麦考莱(T. B. Macaulay,1800—1859),曾写过很有影响的《英国史》。可他的著作中也没有提到工业革命这个词。文学家呢?像狄更斯(C. J. H. Dickens,1812—1870)、迪斯雷利(Benjamin Disraeli,1804—1881)的社会小说,充分反映了英国当时的社会面貌,他们也没有使用过这个词。所以说,当时几乎没有什么人认为,这个世界的经济与生产模式正在发生巨大改变。法国历史学家布罗代尔后来就说:"工业革命本身就是用词不当。从词源上讲,'革命'是说一个轮子或星球的转动,是一种快速运动。刚开始转动,就知道它很快会结束。可是,工业革命是典型的慢速运动,初期几乎不会被人所注意。"

历史本来像一条江河，江水总是连续流动，所谓上游、中游、下游，往往是由后来书写它们的人"命名"和"标识"的。事实上，"工业革命"这个说法被人瞩目，是 1884 年历史学者老汤因比（Arnold Toynbee，1852—1883）——请注意这是 19 世纪的学者，不是 20 世纪的那个汤因比（A. J. Toynbee，1889—1975）——他出版了一本畅销书《英国工业革命演讲稿》（*Lectures on the Industrial Revolution in England*），从此才出现了"工业革命"这个流行概念。这也引发学界关于"工业革命是否存在"的争论，争论一直持续到今天。不过，我们可以概括地说，工业革命不是一次事件，也不是几件发明；它没有明确的起点，也没有终点；在当时亲历历史的人感觉中，它可能是"不知不觉"的一个过程。不过，无论有没有所谓的"革命"，但在 18 世纪中期到 19 世纪中期这长达一百年的时间里，棉纺织业、钢铁业、运输业确实出现飞速的进步，而这也引起大量其他产业，包括社会制度、经济制度、社会组织方式、意识形态等各方面，都发生不小的变动。这些变动可能并不剧烈，可能并不一定是"革命"，但一百年之后回过头去看，整个世界的面貌已经完全不同。美国经济史家麦克洛斯基（Deirdre N. McCloskey）对工业革命的概括非常好。她说，工业革命并不是什么蒸汽时代、棉花时代或者钢铁时代，它是一个真正的进步时代。

有关工业革命的过程和背景，我们就先讲到这里。在下面，我们要讨论一下工业革命的真正主角棉花。

第二节　棉花的全球史故事

英国历史学家霍布斯鲍姆有一句名言："谁要谈工业革命，谁就会谈棉花。"所以，这一节里我们就来试着谈一谈棉花和它的全球史。

1835 年出版的《英国棉花加工史》（*History of the Cotton Manufacture in Great Britain*）中说道："从开棉、清棉、摊棉、梳棉、剥绒，再到漂白、粗纺、轧花、细纺……这一切都是由长着铁牙、铁手指、铁轮子的机器完成的。这机器有使不完的劲，不停地高速运转。这些流程也同时进行，一个流程赶着另一个流程。所有这些操作，都是由安放在厂房里的发动机提供动力，其所需的是源源不断的水和燃料。一天的运转所产生的动力，可能与一百匹马的力量相当。整个过程中，人所做的只是照看机器，保证其正常运转，并做一些辅助性的工作，同时检查有无故障。这里一个人干的活，在六十年前，需要二三百人来干。"他说的六十年前是指 1775 年，那时候是清朝乾隆四十年，英国乔治三世（George III，1760—1820 年在位）即位第十五年，这一年英国殖民地美国开始独立战争。

那么，在这六十年里，英国的棉纺织业到底发生了什么？

1. 英国棉纺织业的兴起

棉花原产于印度，印度人自古就掌握棉纺织技术，早早穿上棉布衣服。对中国而言，棉花种植大概在宋元之间开始兴盛起来，黄道婆（1245？—1330？）的故事很多人都熟悉，她从海南岛回到松江故乡后，推动了棉纺织业，这事儿还曾经收录在过去的中学语文课本里。明代以后，中国人也穿上棉布衣服。可对英国人而言，棉花一直是比较陌生的作物，大家更熟悉的是羊毛和亚麻。从中世纪后期开始，英国的毛纺行业就发展起来，羊毛一直是英国人服饰中最重要的原材料。国王詹姆士一世曾于1602年下令，禁止英国羊毛出口，目的就是为了保障英国毛纺行业的就业和国际竞争力。这个法令一直到1824年才被废止。

约克郡和兰开夏郡的交界处，从16世纪开始成为英国毛纺业的中心。原因也很简单，这里的气候不太适合耕种，但非常适合牧羊。这里还有平缓的河流可以清洗以及印染羊毛。1724年，《鲁滨逊漂流记》的作者笛福（Daniel Defoe，1609—1731）就说，整个约克郡都在织毛羊毛，"几乎每个房间里都有一台张布架，每一个张布架上面都有一块毛布、呢绒或者斜纹里子布"。所以，英国很早就形成一套高度成熟的以羊毛为主体的纺织体系。我们不妨来看一个典型的17世纪的英格兰家庭。丈夫作为独立织工去市场上购买一些羊毛，他的妻子和孩子会在家里把羊毛分类并纺线。丈夫回到家则会印染毛线，纺织成布，然后拿到作坊里去漂洗，最后再拿到市场上去销售。每个家庭每个星期只要织出一到两块布，平时再耕作几英亩的农田，就可以维持还不错的生活水平。与此同时，羊毛的主要竞争对手是亚麻。亚麻不断涌入苏格兰，也在兰开夏郡站稳脚跟。亚麻布比羊毛布更时尚，价格也更便宜，妇女和仆人都能买得起。亚麻业也是英国纺织业的重要组成部分。

到了14世纪，威尼斯商人从东方运来棉花，在比利时的弗兰德斯地区销售。后来，一些当地的弗拉芒人逃避战乱，到了英国兰开夏郡。他们发明了混纺的方法，就是把羊毛、亚麻和棉纱混纺在一起，织成一种粗布，但这种粗布的销量很一般。尤其是1600年英国东印度公司成立，之后源源不断地从印度运回色彩艳丽、质优价廉的印度棉布，英国人则把本土粗布彻底抛到脑后。

印度棉布质量实在太好。大家可能知道，评价棉纱质量的一个重要标准是"支数"，也就是用单位重量的棉花可以纺出多少根单位长度的棉纱。支数越高，棉纱就越细，纺织出来的棉布也就越柔软细密。比如我们穿的牛仔裤，一般是用二十支左右的粗纱织成；而我们穿的衬衫，就需要用四十支左右的细纱织成；而高档床单，可能就需要用六十支或者更多支数的棉纱来纺织。印度的织工非常擅长纺纱，可以把纱纺得很细，而英国的织工怎么做都做不到那么细。印度棉布横扫英国，所向无敌，引发毛纺业的大恐慌。在毛纺工人不断的抗议下，1701年，英国通过法令规定穿戴和使用印度印花布、条纹布、花格布，还有中国丝绸，全都是违法行为。1721年，这项禁令进一步扩大，连进口没有染色的原色棉布，都属于违法。这样一来，原先大受欢迎的印度棉布被强行禁止进口。消费者很无奈，一方面通过非法手段获得印度棉布，一方面也开始在国内寻找印度棉布的替代品。

兰开夏郡，尤其是曼彻斯特，原本就有一些棉纺织基础。于是，他们就趁着抵制印度棉布的机会，把自己转型成英国的棉纺织基地。到了18世纪初，英国可以很方便地从中东购买到原棉。棉花也已经被引种到西印度群岛以及英国的北美殖民地，所以它的供应越来越方便。三角贸易已是很成熟的航线，大量原棉可以用极低成本从西印度群岛运到利物浦，运到曼彻斯特。但是，问题是兰开夏织工的技术终究还是赶不上印度织工。他们只能把结实的

亚麻线与棉纱混纺织成布，这种粗布成为兰开夏棉纺织业崛起的
基础。

2. 从飞梭到织机：新技术发明及制度保障

纺织业的技术变革，是从织布技术开始的。1733 年，兰开夏
的织工约翰·凯伊发明一项新技术飞梭，也就是用机器自动穿梭。
这是一个跨时代的发明，极大地提高织布的效率，比之前的手工
织布要快两至四倍，而且打破了传统手工织布的幅面宽度，想织
多宽就多宽。但是，新技术的发明总会受到抵制。凯伊当时要向
每个使用飞梭的人收取十五先令的专利费用，大家都不太愿意。
有些织工就偷偷地使用飞梭，另一些织工则担心飞梭会抢夺他们
的工作，就直接表示抵制，甚至还向国王和议会请愿，要求禁止
使用飞梭。折腾了几十年，一直要到 18 世纪 60 年代，飞梭才开
始在兰开夏被普遍采用。

飞梭出现以后，织布的速度提升上去，织布的原料棉纱就跟
不上了。于是很多兰开夏技工都投入到快速纺纱机器的研制之中。
18 世纪 60 年代后期，英国最终出现了三种著名的纺纱机，分别
是哈格里夫斯纺纱机（也就是珍妮纺纱机）、阿克莱特水力纺纱机，
以及最后的克朗普顿纺纱机（又叫骡机），这三项发明都来自兰
开夏。

第一个成功研制出自动纺纱机的是哈格里夫斯，同时可纺八
个纱锭，后来甚至增加到八十个纱锭，也就是可以同时纺八十根线。
他用女儿珍妮的名字命名为"珍妮纺纱机"。但是，他的发明很快
引来当地手工纺织织工的敌意，他们策划了一场破坏机器的运动，

迫使哈格里夫斯去了诺丁汉。

珍妮纺纱机有效地提高了纺纱效率。但是，随着锭数的不断增加，对动力的要求也不断提高，这里始终有瓶颈。1769 年，做过钟表匠的阿克莱特另辟蹊径，研制出一台庞大的水力纺纱机，而且同时设计了机器和工厂系统。英国原本就有水车的传统，利用水力的技术很成熟。在曼彻斯特的一些河流两岸，就迅速建成了一批采用水力纺纱机的工厂。阿克莱特也比较有经营头脑，他为水力纺纱机申请获得了十四年的专利，到了 18 世纪 80 年代，他的机器已经在兰开夏及周边地区的棉纺厂里被广泛使用。也就在这个时期，阿克莱特与瓦特和博尔顿开始联系，尝试把蒸汽机运用到他的织机上。

所有新发明都会面临传统的反抗，而对新发明的制度保障就是极其重要的。所以，1780 年兰开夏地方法庭做出的这项判决，就具有非常重大的历史意义。判决里说："用于梳棉、粗纺、精纺和捻纱机器的发明和推广，是这个国家最有价值的事情……如果立法阻止他们在这个国家的实践，就会导致他们去国外发展，这会对我们国家的工业非常有害。"当时阿克莱特的机器已经是最流行的纺纱机，虽然大部分工厂主会主动为这项专利付钱，但总有一些少数工厂主会偷偷使用。既然没有付钱，他们就不得不面对法律指控的风险。阿克莱特晚年不断地打官司，终于依靠这种机器赚取了丰厚利润。去世的时候，他给家人留下五十万英镑的遗产，那个时候五十万英镑可是巨大的财富。

不过，水力纺纱机也有缺点。一是它纺出的纱比较粗，二是这两种机器都没法纺出高支纱线，所以纺出的纱都只适合做经纱，不适合做纬纱。1779 年，音乐家、发明家克朗普顿综合了珍妮纺纱机和水力纺纱机的特点，发明出一种走锭纺纱机"骡机"。克朗普顿出生于一个贫困的纺织家庭，从小就会织布，也热爱音乐，但一直没有机会接受教育。他深感平时使用的纱线质量太差，希望能对此有所改良。他平时在剧院里靠演奏小提琴谋生，不演出的时候就待在家里研制纺织机，经过六年努力终于研制出骡机。骡子是驴和马的后代，骡机就是珍妮纺纱机和水力纺纱机的后代。它完美地综合了珍妮机的纺织系统和水力机的动力系统。骡机最大的优势就是灵活，什么纱都可以纺，尤其可以纺出高支纱线。用过骡机纺的纱线后，大家都认为骡机纺的高支纱线已经与印度手工纺的纱线没什么区别。这样一来，英国终于也可以纺织出与印度棉布媲美的优质棉布。

　　除了飞梭和三种纺纱机，英国工人还做出大量的小发明，比如：用机械方法去除原棉中的杂质；用机械把棉花梳理成便于纺织的棉条；如何在厂房内安置机器，如何安排原料在不同工序之间的合理流动，减少窝工和浪费等。尤其是在 1800 年，瓦特的蒸汽机专利到期，这种新技术很快就被运用到棉纺织业。通过英国几代纺织工人的努力，英国棉布的价格不断下降。到了 19 世纪初，英国棉布终于在国际市场上有了价格优势。

　　有意思的是，在这个过程中，珍妮纺纱机虽然也传到法国和印度，但是新机器并没有在英国之外产生多大反响。约翰·霍克尔是当年被推翻的英国国王詹姆士二世（James II，1685—1688 年在位）的追随者，后来被法国国王任命主管从外国进口工业产品。18 世纪 70 年代，他托人从英国兰开夏购买一架珍妮纺纱机，聪明的法国人很快就仿制出很多同样的机器。法国政府还特意为使用这些机器的企业提供补贴。但是，法国工厂主对这些新机器兴趣不大，由于从英国进口的棉纱变得越来越便宜，法国人终于放弃了自己的棉纱业。

3. 棉纺织业的发展动力

18 世纪中后期，英国棉纺织工业异军突起，飞速成长。到了 19 世纪中期，英国棉纺织业在世界范围内占据绝对优势。是什么力量推动了英国棉纺织业的崛起？对此，经济史学家提出多种不同解释，比较重要的有"出口导向说"和"工资推动说"。

在工业革命之前，全世界很多地方都生产棉布，但主要是通过手工业小作坊来生产。其中，印度和中国是最大的两个生产国。17 世纪之后，各个东印度公司将东方的棉布贩卖到欧洲市场，永远都受到追捧。这个现象引起欧洲一些传统纺织大国的警惕。法国在 1686 年禁止印度棉布的进口，英国也在 1701 年禁止印度棉布的进口。但是，英国留了一手，允许英国商人进行转口贸易，也就是说把印度棉布运到英国后再转卖到世界其他地方，从中赚取差价。

18 世纪，全世界最主要的贸易就是三角贸易。在西非海岸，非洲的酋长们原本最喜欢欧洲的武器和金属制品，用它们来交换非洲黑奴。但到了 18 世纪，色彩鲜艳的棉布成为这里最抢手的商品。有些商人运来的是印度棉布，而另一些商人就近运来欧洲棉布，两种棉布就在西非海岸展开市场竞争。竞争的结果，却是印度棉布大获全胜。印度棉布的运输距离更远，但是它的质量更好，价格也更低。棉布本就是劳动密集型商品，欧洲的劳动力成本太高，怎么都没法把价格压低到印度棉布的水平。英国商人眼见着国产棉布始终无法与印度棉布相抗衡，这才产生了用机械化生产方式降低生产成本的念头。

根据牛津大学经济史家艾伦的估算，当时英国的工资水平很高，大多数人买得起面包、牛肉和啤酒，而欧洲大陆很多地方的人则只靠燕麦粥勉强度日。要购买同等水平的服务，英国的价格要比欧洲平均水平高出 50%。在这种工资水平下，英国的棉布无论如何不可能与法国、奥地利乃至印度竞争。因此，更多利用机械来减少纺织品中的劳动投入，成为英国发展纺织业的唯一途径。所以在整个 18 世纪 80 年代，英国新建了超过一百五十家的现代化纺织厂，法国只有四家，印度更是一家都没有。到了法国大革命前夕，英国有两万多架珍妮纺纱机，法国有九百架，印度一架也没有。

经过几十年的努力，英国棉布的成本迅速降低。到了 19 世纪初，英国棉布不但在市场上打败印度棉布，由于比印度棉布价格更低，甚至可以反攻印度本土市场。1807 年，英国国会通过《废除奴隶贩卖法案》(An Act for the Abolition of the Slave Trade)，三角贸易逐渐停止。但这时英国棉布已经具有强大的竞争能力，可以在世界任何市场上进行销售。棉纺织业的发展也带动曼彻斯特、利物浦以及英国北部许多小城市的飞速发展。1720 年的曼彻斯特只有一万人，到了 1830 年这里有了近二十万人，从一个小镇演变为一个国际化都市。撰写过名著《旧制度与大革命》(L'Ancien Régime et la Révolution) 的法国学者托克维尔 (Alexis de Tocqueville, 1805—1859) 正好在 1820 年到过曼彻斯特，他形容说："人群急匆匆地走在曼彻斯特的街道上……从这里恶臭的排水沟中，人类最大的工业洪流汹涌而出，滋养了整个世界。"

4.棉纺织业的发展及其后果

进入 19 世纪，全世界涌现出很多棉花城市。例如美国新奥尔良（New Orleans）、埃及亚历山大和印度孟买，这些地方的商人控制了原棉出口；德国不来梅（Bremen）和法国勒阿弗尔（Le Havre），这些地方的商人致力于转手销售原棉；纽约和伦敦的商人，则主要为贸易融资。而从布宜诺斯艾利斯（Buenos Aires）到累西腓（Recife），从汉堡（Hamburg）到加尔各答，这些城市商人的主要工作是收取纱线和成品布料，再把它们分销到内陆腹地。棉花、纺织、棉布，把全球连成一个巨大网络。

在这些城市中，最为引人瞩目的还是曼彻斯特。棉纺织业及其衍生产业的迅速发展，使得这座城市不断吸引工程师、发明家、企业家和工匠。1830 年，这里又有了世界上第一个火车站。由于人口快速增长，城市面临着房屋、医疗、卫生、治安等一系列社会问题的挑战。1842 年，一位德国工厂主的儿子来到曼彻斯特开展社会调查。后来他根据调查结果，写出《英国工人阶级状况》（*Die Lage der arbeitenden Klasse in England*）一书，他的名字叫弗里德里希·恩格斯。

第三节　欧洲之外的工业革命

在前面两节中，我们主要介绍了蒸汽机和棉花。虽然最主要的技术变革都发生在英国，但如果没有大批的欧洲工匠涌入英国，英国就不会有这样的发明土壤；英国本身并不适合种植棉花，如果不是有世界其他地方向英国供应棉花，同时又有其他地方向英国开放棉布市场，英国的纺织业也绝不会在这么短的时间内发展起来。

所以，工业革命并不仅仅发生在英国，必须要放在全球史的背景下才能理解它的发生。同时，工业革命的影响力也远远超越了英国范围。在世界上的很多地方，在同一时期也都发生了重要的社会经济变化。

下面，我们就继续探讨工业革命与欧洲以外的新旧两个大陆的关系。

1. 三角贸易

在之前第三季节目里，我们曾经介绍过17—18世纪横跨大西洋两岸的"三角贸易"，也就是欧洲商人用一些廉价的工业品，到非洲西海岸换取奴隶，把奴隶运到需要大量劳动力的加勒比群岛，在那里交换群岛上生产的蔗糖和朗姆酒，再把这些蔗糖运回欧洲，整个贸易路线呈现出一个三角形。这三段航程都是顺风顺水，而且欧洲商人在每一段航程里都能赚钱。这种持续了上百年的贸易关系，就叫作三角贸易。

到了18世纪，法国在西印度群岛的殖民地面积不断扩大，蔗糖产量也不断增长。但同在西印度群岛上的英国殖民地区，人口稀少，经济水平低下，想要在此和法国展开长期贸易战，基本上是吃力不讨好。于是英国就把注意力逐渐转向北美东部的新兴殖民地，很仔细地对各个殖民地的生产进行划分，比如北美东部主要生产烟叶、蓝靛还有水稻，水稻可以卖到加勒比地区，蓝靛是纺织染料，烟叶是奢侈品。

英国的产品分工取得了极好的效果。按照美国历史学家彭慕兰，也就是《大分流》作者的计算，整个 18 世纪，在航海技术并没有发生实质性变革的前提下，英国跨大西洋的运输成本下降了50%。这主要是由两点原因造成的：第一，英国海军成功地镇压了大部分的海盗，使得保险费用显著下降，更多物资可以利用船员较少的非武装船只进行运输；第二，由于产品分工，商人在各个港口收购商品的时间迅速减少，这就意味着贸易成本降低，资本流动速度加快。一些当地的代理商可以事先就把所有货物都存放在港口货栈中，商船到了以后可以直接购物，不用再跑到种植园去讨价还价了。

这样一来，英国跨大西洋贸易规模迅速增长。这些贸易活动把欧洲、非洲和美洲紧密联系在一起，欧洲内部市场也因为跨大西洋贸易的商品往来而变得更为紧密。因此，许多学者认为，在工业革命之前，欧洲已经形成相对统一和完备的市场网络，尤其是英国。这也是工业革命可以在英国率先实现的重要因素。

当然需要指出的是，美国在独立之前并没有成为棉花的重要产地。即使英国需要棉花，也会选择从遥远的印度进口。美国爆发独立战争以后，英国对美国施行了长期的海上封锁，封锁持续了十多年。这样一来，美国本土失去了外来棉花及棉织品的供应。更重要的是，原先那些种植烟草和大米的种植园主发现，自己的产品没法卖出去了。美国的种植园必须作出一些调整。

既然美国本土缺少棉花，很多奴隶也需要有事干，一些种植园主就毅然转向种植棉花。这种转向使得美国的棉花产量迅速增长。美国的环境原本就适合棉花种植。美国南部大片区域的气候和土壤都能满足棉花种植条件，有适宜的降雨量、适宜的降水方式，以及适宜的无霜期，而且美国人也知道怎么种棉花。1607 年，英国人在弗吉尼亚詹姆斯敦建立第一个永久定居点，什么都没有，一切需要自己生产。

从那时候起，英国人就在美国尝试种植棉花了。

2. 南方种棉，北方纺棉

1786 年，美国一些种植园主开始种植一种新的棉花——海岛棉（Sea Island cotton）。这种新品种棉花与本地棉不同，有着长而多絮的纤维，非常适合制造棉纱和棉布，很快就在美国流行开来。

1793 年，就在华盛顿第二次当选总统、乾隆皇帝接见英国使者马戛尔尼的那一年，美国人惠尼特发明了一种锯齿轧棉机，能够很好地分离短绒棉的棉籽，这个思路和当年中国的黄道婆发明推广的轧棉机有点像。这种轧棉机可以使每个劳工每天的产量提高五十倍。这样一来，美国棉花产量大幅度上升，成本也随之下降。到了第二年也就是 1794 年，英国解除对美国的贸易封锁。曼彻斯特商人发现美国棉花质优价廉，于是美国棉花反而大举进入英国市场。

美国棉花产业的扩大，使得奴隶制重新活跃起来。这里原本没有什么需要大量劳动力的产业，比如甘蔗产业。种植烟叶、蓝靛对劳动力其实也没有那么高的要求，所以美国本土的奴隶原本很有限。但是棉花产业发展起来以后，对劳动力的要求大大提高，这就导致了这样的结果：一方面，美国把本土的大量奴隶劳动力从各地向棉花种植园转移；另一方面，美国也大量进口黑奴。仅在轧棉机发明后的三十年内，就有二十五万名奴隶被强制转移。当然了，在当时美国的恶劣环境下，这些"转移"过程都充满了苦难。美国北方和南方的经济结构也从此开始分化。同一时间，美国也从非洲或者加勒比地区进口黑奴，美国的黑奴进口数量大幅增长。有人统计，从1783至1808年，奴隶贩子已经运输了大约十七万名黑奴进入美国，他们是支撑起美国棉花产业的关键。

可在当时的近代人权观念下，废除奴隶制度已经成为国际共识。1787年，英国成立了"废除非洲奴隶贸易协会"。1807年，英国议会正式通过了《废除奴隶贩卖法案》。同一年，美国国会也通过了《禁止奴隶进口法案》（Act Prohibiting Importation of Slaves），第二年生效。所以说，美国棉花产业的发展，正好伴随着废除奴隶运动的兴起，两者之间就存在着相当紧张的关系，而且美国的黑奴与加勒比的黑奴有所不同。在棉花种植园的劳作，没有在甘蔗园的那么艰苦，所以黑奴的寿命要相对长一点。而且美国的黑奴可以结婚生子，所以黑奴的数量在此后的几十年里稳步上涨，很快就超过了百万。与此同步，美国南方的棉花种植面积不断增长，这就给种植园主带来丰厚的利润，也成为日后美国内战的导火线。

除了棉花种植业，美国自身的棉纺织业也在迅速发展。1795年，美国人弗朗西斯·卡波特·洛厄尔（Francis Cabot Lowell，1775—1817）从哈佛大学毕业之后，开始投身横跨大西洋的国际贸易。他的经营范围很广，包括从中国进口的丝绸和茶，从加勒比地区进口的朗姆酒和糖蜜，也有从印度进口的手工棉纺织品，他与其他商人联手在波士顿港口建立大型仓库，使得这里成为亚洲贸易商品的集散中心。虽然生意做得很大，但是洛厄尔一直有些担心，因为欧洲经常以各种理由对美国施行禁运。拿破仑战争期间，美国的贸易额锐减。所以洛厄尔认为，美国必须要有自己独立的制造业。1810 年，他跑到英国，开始了为期两年的考察。他在兰开夏郡等地看了大量的纺纱机和织布机，当时这些机器已经广泛使用蒸汽动力。由于法律限制，洛厄尔不可能买到任何图纸和模型，他就私下进行研究，记住这些机器的结构。1812 年，英国又与美国发生冲突，也就是 1812 年美国第二次独立战争。洛厄尔就在此时返回美国。在他回国之前，英国人对他的随身物品进行了搜查，确保没有任何违禁品被偷运出英国。当然，确实什么都没有。

洛厄尔回到波士顿以后，以惊人的记忆力画出他所见过的纺纱机和织布机的图纸，并且找来一位名为保罗·穆迪（Paul Moody，1779—1831）的工程师，帮助他重现这些机器。1814 年，在一个名为波士顿联合会的商人组织的支持下，洛厄尔在紧邻查尔斯河的沃尔瑟姆（Waltham）创办波士顿制造公司，简称 BMC。这所"一体化"的工厂，把纺纱、织布等所有中间流程联系在一起，都可以在工厂内部完成，棉花运进来，棉布就可以运出去，而且完全采用了机械动力，在英国机器的基础上做出很多新的改造。这个时候，在工业技术方面，美国后来居上，已经不弱于英国。

除了技术的支持，波士顿制造公司的成功也离不开他所雇用的劳动力，这就是新英格兰地区大量的家庭妇女。洛厄尔招募家庭妇女来操作新型机器，这是闻所未闻的，也为后来的工厂树立了标准。为了保证妇女能够与工厂签署长期合同，洛厄尔向妇女支付了相对较高的薪水，提供住房，允许组织"工厂女孩协会"，并且向她们提供教育和培训机会。这些举措吸引了大量女性加入洛厄尔工厂，她们也被称作"洛厄尔工厂女孩"（Lowell Mill

Girls)。英国作家狄更斯在访美期间曾慕名参观过"洛厄尔工厂女孩"的宿舍，印象很深，认为比英国工人的条件好得多。

洛厄尔的成功，很快吸引更多的投资者，复制波士顿制造公司的生产模式。大家不仅向洛厄尔购买专利，也复制他的组织形式，大量女工被吸引到纺织业；也有一些小企业，只是购买洛厄尔的机器，更多使用家庭劳动力。这样一来，棉纺织品的市场不断扩大，对南方棉花的需求也越来越大。向工厂提供动力的波士顿查尔斯河水，很快就变得不够用。波士顿联合会在距离波士顿三十英里的梅里马克河（Merrimack River）流域，又找了一片农地兴建工厂。后来，这片土地就被命名为洛厄尔。洛厄尔从农地很快转变为一个工业重镇。这时候，就连原先周边的家庭妇女也不够用了，但也在这个时期出现了欧洲移民潮。很多欧洲贫困人群，尤其是爱尔兰人，因为饥荒等各种原因逃离欧洲来到美国。他们就成为洛厄尔城市建设和工厂劳动的主力。到了19世纪50年代，洛厄尔已经拥有美国最大的工业产业链。19世纪60年代南北战争前夕，洛厄尔一个城市的棉纺织产能，已经超过南方所有州的总和。

在关税壁垒的保护下，美国的棉纺织业快速增长。19世纪50年代，英国每年消耗的原棉达到二十九万吨，其中国外进口的大部分来自美国。美国排名第二，达到十一万一千吨，排名第三的法国只有六万五千吨。

3. 印度的棉纺织业

除了新大陆的美国，旧大陆也受到了工业革命的巨大冲击。

在工业革命以前，甚至在地理大发现以前，印度的手工棉布就已经在全世界广受欢迎。在马六甲，印度棉布常被用于换取胡椒、樟脑、檀香木、中国的瓷器和丝绸等商品；在斯里兰卡和马尔代夫，印度棉布更像是日常主要货币，用于购买胡椒、肉桂以及槟榔。可以说，在东南亚和环印度洋地区，到处可见这些精细的白布。所以地理大发现之后，欧洲人来到亚洲，一下子就喜欢上印度棉布。

英国华威大学教授列略（Giorgio Riello）有本著作《棉的全球史》（*Cotton: The Fabric that Made the Modern World*）。在这本书里他指出，印度棉布印染繁复，染布技术在全球一直遥遥领先。在有些地方，比如最南部的科罗曼德尔海岸（Coromandel Coast）就以染布技术出名。印度古吉拉特邦的苏拉特，一直以来都是印度与中东、非洲贸易的重要港口，17世纪末甚至成为棉纺织品最重要的世界贸易中心。

欧洲也想自己织布，但一直深受原棉匮乏的困扰。地中海上的一些岛屿以及巴尔干半岛的地理环境确实可以种棉花，但是成本高昂，并总是受到政治以及商业争端的影响。因此，无论是要进口原棉还是棉布，最经济的方式还是直接从印度购买。按照《棉花帝国：一部资本主义全球史》（*Empire of Cotton: A Global History*）的作者贝克特（Sven Beckert）的观点，从15世纪末期开始，一个以棉花和棉布为中心的复杂的国际贸易体系已经开始建立，它主要以印度次大陆为中心。高昂的运输成本意味着只有富人才消费得起棉布，棉布成为身份的象征。葡萄牙人在16世纪中期来到日本的时候，日本人觉得他们只不过是一群野蛮人，不值一提，但是觉得他们的衣服还不错，主要采用印度的棉布和欧洲的剪裁方式，让人觉得耳目一新，于是竞相模仿。原先在印度洋上最重要的贸易商品香料，它的重要性在18世纪逐渐开始下降。当欧洲各个东印度公司在印度洋地区的贸易地位得到加强和巩固，棉布就变成最主要的贸易商品。欧洲商人花重金购买印度棉布，据统计，当时印度莫卧儿帝国大约控制了全世界四分之一的纺织品贸易。

4. 印度纺织业的衰落

只是，这样的霸主地位，终于在19世纪被英国取代。

这就可以接到我们上一集所说的内容。话说英国在努力发展纺织业的同时，很早就立法禁止从印度进口棉布。在巨大的技术进步和对原棉需求量的快速上升之下，英国和印度的贸易关系发生微妙变化。英国原本只是从印度进口原棉和纱线，但是到了19世纪初，随着英国的技术进步，纱线成本降低，英国反而开始考虑把印度作为自己棉产品的市场。从一些英国商人的记录里可以看到，1802年的时候，英国生产四十支纱线的成本是一磅六十便士，而印度本土生产四十支纱线的成本是一磅四十三便士。但到了1812年，也就是十年之后，一群英国商人发现，在英国生产四十支纱线的成本只需要一磅三十便士，比印度还便宜。他们开始摩拳擦掌，联络政客，试图打破东印度公司的贸易垄断。他们已经意识到，印度本身是一个巨大的市场，英国棉纱和棉布在印度市场上已经具有很强的竞争力。果然到了1826年，英国四十支纱线的成本已经下跌到一磅十六便士。从1814到1835年，英国向印度大量倾销棉制品，其中棉布的销售数量增长了六十二倍。

既然如此，这对印度的棉纺产业必然就要产生巨大的冲击。说到这里，就要先说一下印度棉纺产业大致的两个层次：第一层是遍布各个村镇、持续千百年的小农手工棉布纺织，涉及众多农村劳动人口，产量不小。可惜绝大部分手工棉布即土布质量不高，只能自产自销，并不进入市场；第二层是高质量、商业化的棉布生产。印度的富裕阶层对高档棉布一直有很大需求。英国人的倾销，先是冲击了大范围的手工棉布市场。印度人发现，以那么低的价格竟然就能买到纱线，那么就连印度最贫困的妇女都不会亲自动手纺纱了。因此印度的棉纱生产一度消亡，一直到19世纪70年代印度也开始引入机械化生产，印度的纺织业才有所恢复。尽管早期英国输入棉布的附加值不高，缺乏精美的花样，只能以其价廉取代低端棉布，而印度本土精细加工的高端棉布仍然保持着自己的地位；但是，到了后期，英国棉布质量不断提高，最终在高端市场上彻底打败印度棉布，这时候才把一部分低端市场又还给印度。

面对挑战，印度本土在19世纪50年代前后，也悄然发生一场革命。这场革命发源于孟买。一位名叫达瓦的棉花商人，从印度和欧洲的原棉贸易中获取巨额利润。但他和洛厄尔一样，并不满足于做原材料贸易，也想着生产。1856年，他从英国买来机器开始生产加工，在孟买开设纺织厂，用的是和英国人一样的技术。再加上印度从来不缺乏廉价劳动力，所以纺织厂得以迅速扩张。到了1862年，达瓦在孟买的纺织厂已颇具规模。此后，有很多人模仿达瓦开始在印度设厂，印度纺织业规模突飞猛进。1861年，印度纺织业大约有三十三万八千个纺锤；到1874年，纺锤数量已经增加到五十九万三千个。随着印度本土纺织业的发展，对棉花的需求量也翻了几番。进入19世纪70年代以后，印度的棉纺织业不仅满足本土市场需要，甚至也有出口能力了。

刚在印度市场上尝到甜头的英国又感受到威胁。此时印度纺织业的规模与英国相比仍较为弱小，尽管印度纺织业每年消耗的原棉数量仅为英国的 7%，但英国人已经坐不住了，赶紧制定一系列政策，打压印度新兴的棉纺织业。也正在这个时候，印度民族主义意识开始崛起，对英国人的反抗变得有组织性，而纺织业正是其中的领头羊。一直到几十年后，印度出现了一个反抗英国殖民者的民族领袖，那就是圣雄甘地（M. K. Gandhi，1869—1948）。甘地有一个很有名的习惯，不管跟谁会面，总是坐在一个手工纺车前纺纱。

手工纺车变成反抗英国殖民主义的标志性符号，这是工业革命时期谁也不会想到的。

第四节　棉花战争：工业革命与中国

前面我们说到，工业革命对新大陆的美国和旧大陆的印度都产生了重大影响。不仅如此，即便是离欧洲更遥远的中国，也受到了不小的冲击。不过，英国的棉纱、棉布和纺织技术进入中国，并非畅通无阻，而是经历了漫长的斗争过程，跌宕起伏，一波三折。

我们还是通过棉纺织业来讨论一下工业革命对中国的影响。这里补充一句，之所以还以棉纺织业为中心来讨论，是因为以下两方面因素：一是棉纺织业在那个时代，把三角贸易中的资源掠夺和奴隶贩卖、工业资本主义发展、原料与加工的分化以及经济的全球化表现得极为充分；二是这方面的历史研究最为充分，像美国学者斯文·贝克特的《棉花帝国》就是这方面的重要著作，它已经有中文译本。

1.洋棉、洋布入华

中国棉布的生产和销售，主要是在众多农民家庭中完成的。按照严中平（1909—1991）、徐新吾（？—1997）等经济史学者的看法，中国在鸦片战争以前的家庭棉纺织工业主要包括了"三个结合"。第一个结合是种棉与纺织相结合，也就是大多数纺织家庭在棉花产区，大多数纺织原料是自种的棉花。第二个结合是纺纱与织布相结合。在把棉花变成棉布的过程中，织布所耗费的劳动时间相对较少，绝大多数时间耗费在纺纱上，所以民间有"数月理棉纱，才得上机织"的说法。但中国的"纺"和"织"这两个环节基本不分离，都在家庭内解决，主要是因为纺的技术太落后。如果农户只从事纺这个工序，纺而不织，并不能收到专业分工的效益，经济上是不划算的。第三个结合是纺织和粮食生产相结合，也就是常说的"男耕女织""耕织兴家"。在这种自然经济中，不耕种而专门从事纺织的家庭，数量很少。

请注意，这三个结合很重要，它构成了一个稳定的自然经济体系。其中任何一个环节被破坏，都会导致自然经济体系逐步分解。而西方的棉花、棉纱、棉布进入中国的过程，既是中国棉纺织业的发展过程，同时还是传统自然经济体系分解的过程。第一步是种棉与纺先分离，接着第二步是纺与织相分离，最后第三步是耕与织的分离。

在18世纪末以前，西方各国一直从中国进口廉价棉布，西方棉布在中国没有任何销路。为了与中国进行贸易，东印度公司尝试向中国出口印度棉花。印度棉花从纤维长度来看与中国棉最接近，天然卷曲度还优于中国棉。印度棉虽然不足以纺细纱，但比中国纱还细，而这正是中国所需要的。

1735 年，英国东印度公司从孟买装了六百零五担棉花运往广州，每担售价八点五两白银，比中国棉花便宜，从此打开市场。18 世纪 60 年代开始，英国稳定地向中国输入印度棉。从 1775 至 1779 年，在广州贸易的主要输入商品中，印度棉成为英国输华第一大货品。这种情况一直持续到 1819 年，印棉始终雄踞英国输华货品的首位。直到 1820 年以后，鸦片的输出才开始超过棉花。除英国以外，美国在建国以后，也开始积极向中国出口棉花。1784 年，美国建国后的第一艘来华商船"中国皇后号"（*Empress of China*），其中就载有数百担棉花。美国商船运来棉花，换回廉价的中国布再销往美国。这项贸易后续有了长足发展，使得美国成为仅次于英国的第二大原棉输华国。

至于中国棉布的出口，西方人尤其喜欢中国的"南京布"，也就是江南一带农户手工纺织的比较价廉的土布。在广州的出口贸易中，南京布的出口量经常位于茶叶、生丝之后，居于第三。比如 1786 年这一年，根据十三行的记载，英国买走四万多匹，美国三万四千匹，荷兰近十万匹，再加上出口丹麦、法国、西班牙的数量，南京布的出口总量超过三十万匹。南京布的出口在 1819 年达到顶峰，此后就由盛转衰。很显然，这是南京布遭遇了强劲的竞争对手，那就是英国的机织布。

英国从 18 世纪后期开始出现连续不断的技术突破，到 1820 年左右终于有了一定的市场能力，可以挑战中国、印度等劳动力成本极低的手工纺织大国。英国本土不再需要廉价的南京布，同时也开始反攻中国市场。1786 年，就有一些曼彻斯特商人拿着一些机织棉布到中国来试销。英国机织布用的纱线比中国细，所以洋布不如土布结实耐用。十三行的买办看过样品后，觉得"产品不行，价格太贵，没有一样符合市场的需要"。英国商人不死心，每隔几年就拿一些样品来试销，一次又一次被拒绝。英国人不得不承认，用机器织布容易，卖给中国人太难。

1820年以后，机织布的成本进一步下降，英国人觉得可以利用廉价优势来冲击中国市场。中国土布的一个缺陷，就是幅宽有限，不可能太宽，这是手工织机决定的，而机织布没有这个限制。所以，英国把输华棉布的规范都设定为大幅宽。从1825年起，英国机织布开始连续不断输入中国。到了1831年，中英棉织品的进出口首次出现倒置，英国输入中国的棉布数量超过中国输出英国的数量。从此以后，英国机织布也就是洋布与中国的土布，展开持续多年的竞争。

虽然19世纪30年代，中国已从棉布的出口国转变为进口国，但这些进出口数量对于庞大的中国人口来说，仍然算不上什么。中国庞大的自然经济体系面对外来冲击，仍然具有顽强的生命力，不会拱手把市场让给英国人。

2. 洋土之争

前面讲了，棉纺织要经历种棉、纺纱、织布三个阶段。在19世纪之前，大多数中国家庭是自己种棉、自己纺纱、自己织布，甚至是自己消费，国内的原棉市场和土布市场都不算很发达，而棉纱市场更是几乎不存在。只有那些并非棉花种植地区的人，才会采购原棉或者土布，几乎不会有人采购棉纱。农民如果想要织布，一般都直接购买原棉自己来纺纱，不会让中间商赚这个差价。

英国在向中国输入印度棉的时候，就已经开始考虑直接输入棉纱。但直到 1860 年，中国五口通商已经快二十年，英国每年输入中国的棉纱仍不过三四万担，同时输入印度棉五十多万担，棉纱只是原棉的一个零头。所以说，一直到 1860 年，中国本身受到洋棉、洋纱的冲击不算太大，中国耕织结合的小农经济模式，对洋棉、洋纱都具有很好的抵抗力，洋纱的成本低，但还不足以对土纱造成严重威胁。

1858 年《天津条约》签订，1860 年《北京条约》签订。这两个条约本来有利于洋棉、洋纱乃至洋布大规模进入中国。但是世事难料，1861 至 1865 年，美国爆发南北战争。这时，美国已经是世界上最大的原棉生产国，英国棉纺织工业一向依赖美国棉花。美国内战爆发后，英国棉纺织业受到重创，有三百多家英国纱厂因此而倒闭。这样一来，原本可以运往中国的棉纱自然就少了。而且因为美国原料断绝，英国纱厂不得不向印度吸收大量原棉。原本很多印度的棉花和棉纱是要运往中国的，现在只能运往英国。一进一出，运往中国的棉花和棉纱进一步减少。所以从 19 世纪 60 年代中期开始，中国反而又一次成了棉花出口国。

但是，19 世纪 60 年代危机，也给了英国、美国、印度各个纱厂一个卧薪尝胆的机会。19 世纪 60 年代后期开始，全世界棉纺织工业的技术水平提高到一个新阶段，而中国国内的手工纺织业对此毫无察觉。从此以后，洋纱真正开始大举进入中国。

我们先来看洋纱、土纱之争。1868 年，中国进口洋纱五万四千担，到 1894 年甲午战争之前，中国每年进口洋纱已达一百一十六万两千担，翻了二十多倍。在这些洋纱中，印度纱尤其值得重视。印度人自 19 世纪 50 年代开始创办纱厂，在 19 世纪

60 年代快速扩张。印度纱厂的目标很明确，不管国内市场，主要做出口，而出口方向只有一个，那就是中国。印度纱是粗纱，价格比较便宜，又可以与中国土纱混纺，深受欢迎，很快就取代英国纱。在 1894 年中国进口的洋纱中，印度纱已经占到 91.4%，英国纱 5.9%，还有一些日本纱。在这个过程中，洋纱的价格也不断下降。19 世纪 70 年代的洋纱价格比 19 世纪 60 年代要便宜三分之一，到 19 世纪 80 年代又降了五分之一。这样一来，洋纱价格就变得具有竞争力了。在 19 世纪 70 年代，一担纱可以换两担半的棉花；而到了 19 世纪 90 年代初，一担纱就只能换一担半的棉花。而在四川等内地，土棉与洋纱几乎是一个价了。

这里涉及一个重要概念，叫作"花纱比价"，所谓"花"指的就是棉花，这有点类似今天货币之间的汇率比价。中国农民传统上都是看重金钱，而看轻自己劳动价值的，所以普遍选择买棉花来自己纺纱，不愿意直接购买中间品。但是棉花和棉纱比价会有一个转折点，等到棉纱价格低于这个转折点的时候，农民觉得自己纺纱还不如直接购买棉纱。这样一来，农民的行为就会发生改变，原来自给自足的自然经济系统也会随之崩溃。

到了 19 世纪 90 年代，四川、贵州、云南、广西这些原本不产棉花的地区，都大量购买洋纱，洋纱成功地排挤掉土棉和土纱。但这个过程也是可逆的，就看"花贵纱贱"还是"花贱纱贵"。后来第一次世界大战期间，进口棉纱减少，花贱纱贵，这时又有一些农户从购买棉纱退回到购买棉花，由自己纺纱。这当然是后话了。

说完洋纱排挤土纱，再来看洋布排挤土布。1846 年，安徽泾县人包世臣（1775—1855）就感慨说："近日洋布大行，价才当梭布三之一。吾村专以纺织为业，近闻已无纱可纺，松江太仓布市削减大半。"包世臣是有远见的学者，可能也过于敏感。《南京条约》签订后，英国人极兴奋，有一阵盲目运来大量的英国布，结果积压滞销，好几年都缓不过来。所以没过几年，洋布的进口水平又跌回到差不多鸦片战争前的水平。从海关统计数据来看，直到 1860 年，中国进口洋布不过三百多万匹，也没有比鸦片战争前多太多。但是，19 世纪 60 年代以后，洋布的进口数量开始猛增。比如上海，1894 年进口洋布增加到了一千多万匹。上海主要是个转口港，绝大多数进口洋布销往内地，内地农村很多地方的人也穿上洋布。在这个过程中，洋布的价格也在不断下降，一方面是因为英国在 19 世纪 60 年代棉花危机后改进了生产技术，另一方面是因为 1869 年苏伊士运河开通使得运输洋布的航运成本也降低了。

有意思的是，洋布并没有像洋纱那样轻易获得压倒性优势，背后原因也很有意思。第一，洋布与土布的劳动生产率，并没有洋纱和土纱之间那么悬殊。据统计，1894 年前后，机制洋纱的生产效率是手摇土纱的四十四倍，而机器织布只比手工织布快十三倍；第二，也是更重要的因素，中国农民逐步采用洋纱织布，提高了自己的生产率，从而有效地抵制了洋布。洋纱比土纱要结实，用洋纱织布断头少，效率就提高了。所以到了 1894 年，土布的产量反而比之前增加了，对洋布的需求也就减少了。洋纱的进口在三十年里增长了二十倍，但洋布的进口仅仅增长了一倍。

那么，中国人栽种的棉花出路在哪里？它们一部分被中外纱厂买去作为原材料，更多的则是低价出口外国。1894 年，中国的棉花出口量比 1860 年增长了九倍，中国成为全世界棉花出口大国。总体而言，出口棉花，进口棉纱及棉布，这就是 19 世纪后期中国棉纺织业的主要格局。但是，就国内市场而言，手织土布仍然占了 85.8% 的市场份额。尽管洋纱、洋布排挤掉一部分土纱、土布的市场，但还远没有取得优势地位。

3. 机器织造的曲折历程

中国人很早就知道，机器织造有利可图，也不是不想自己创办纺织厂，但是这个过程比很多人想象的要曲折得多。下面，我们讲这个过程，你会看到很多近代史上名声赫赫的人物，像李鸿章（1823—1901）、郑观应（1842—1921）、薛福成（1838—1894）、盛宣怀（1844—1916）、张之洞（1837—1909）、张謇（1853—1926）等。可见，近代中国纺织业的发展过程，就是近代中国艰难转型历史的缩影。

1890 年，上海机器织布局在上海杨树浦成立，正式开机生产。这也是中国第一家棉纺织工厂。这个织布局的成立过程，可谓一波三折。早在 1878 年，候补道彭汝琮给北洋大臣直隶总督李鸿章、南洋大臣两江总督沈葆桢（1820—1879）各上了一个禀帖，请求两位大人准许他设立上海机器织布局。他在禀帖里说，富强之道，不外乎两件事。凡外国需要中国的货物，都应该由中国人自己来贩运；凡中国所需要的外国货物，都应该由中国人自己来制造。后来他去天津见李鸿章，又把这套理由说了一遍，得到李鸿章的赞赏，就回上海着手准备织布局了。

在他的规划里，上海织布局集资五十万两，建成一座集轧花、纺纱、织布为一体的大厂，还要雇用英国工匠来教授纺织技艺。这座工厂的货物，无论长宽、轻重、精粗都与洋货一模一样。当时英国工厂知道中国人喜欢厚实一点的布，所以织布之前会把棉纱先浆洗，严格来说这是一种造假手段。彭汝琮说这些浆洗原料也要从英国进口，务必做得一模一样。一切顺利的话，这座工厂大约七年就能收回投资。为了筹集资本，彭汝琮还计划采用股份公司的形式，像轮船招商局一样进行招股。

李鸿章对这个计划很满意，就派后来以《盛世危言》这本书留名后世的郑观应去加以协助。但是到了1879年，创办人之间就出现分歧。从此以后，这个工厂跟彭汝琮再也没有关系，完全落入郑观应之手。郑观应很快募足了股本，但此时又有人控告他利用这个机会中饱私囊，任意挥霍。此后，上海织布局的负责人一再转手，转了五六次。外国机器都已经到货了，公司章程还没有敲定。1887年，李鸿章忍不住再一次出手，拨了一部分官款与原先的商股合办。这时机器尚未安装，原来的资本已经亏损30%。

1890年，织布局终于开始营业。所幸的是，织布局的生意非常好，棉纱的利润尤其高。到了1893年夏天，李鸿章看到有利可图，决定扩大规模，给正在英国的薛福成发电报，要他再购买百部纺机。薛福成是近代有名的改革开放派思想家，也是很早就对国际事务相当有经验的学者。但是，薛福成还没来得及订购，就遭遇1893年的厂房着火。杨树浦位于英租界边缘，据说当时有人要求租界派出水龙救火，但租界坐视不理，导致织布局一把火化为灰烬，损失不下七十万两。李鸿章痛定思痛，调遣天津海关道盛宣怀同上海海关道聂缉椝（1855—1911）恢复织布局，同时把上海这个厂作为"纺织总厂"，并在全国各地设多个分厂。还好，织布局顺利恢复，1894年又已经部分开工，厂名改为"华盛纺织总厂"。

与此同时，另一个大人物张之洞也在湖北筹建湖北纺织厂。

张之洞原本要利用广东资金在广州办厂，但随着他调任两湖，就把工厂搬到武昌，可一部分资金还在广东筹募。而且张之洞目标更远大，除了要办布厂，还想办铁厂和枪炮厂，希望三厂"联成一气"。这种背景下，纺织厂的资金来源一直受到困扰。1892年，湖北纺织厂终于开工，却发现送棉、通气、喷水、救火等很多机器工人不会用，雇来的洋人工程师也不够分配，只好"停机待匠"。湖北纺织厂的盈利原本还不错，但张之洞又急着把纺织厂的股票分拨给铁厂和枪炮厂。这种混乱的股权结构，最终扼杀了湖北纺织厂。张之洞买了大量机器都没能安装，后来南通人张謇，就是那个提倡"实业救国"的状元，他买走这些机器创办了著名的大生纱厂，那已经是1899年的事了。

我们现在回想起来，可见当时的制度环境下，好像谁都不清楚现代工厂是怎么一回事。在清末中国，要创办一个纺织厂，不仅面临技术、资本等方面的困难，还需要和官僚系统进行非常复杂的博弈，处处受制，甚至还可能面临敲诈勒索。一直要到民国时期，西方现代企业制度逐步传入中国，中国的纺织业才可能比较健康地得以发展。

4. 市场的涨落

甲午战争以后，中国的棉纺织市场又出现了很多新变化。首先，洋纱进口速度仍然快速增长，比以前增长得更快。日本纺织业自明治维新后特别是19世纪80年代快速成长，到了1913年日本纱在中国市场的份额已经超过印度纱。其次，甲午战争以后，中外纱厂陆续开始建立，其中既有华商纱厂，也有外商纱厂。此时，我们就不能再简单地把机制纱等同于洋纱，因为不少国产纱也已是机制纱。不过中国的纺织厂主要还是纱厂，很少织布。

1894 年，机制纱只占到中国所有土布用纱量的 23%，也就是机制纱只挤走了不到四分之一的土纱。但是到了 1913 年，民国初年，机制纱已经占到用纱量的 72%，占领了四分之三的市场。中国已变成机制纱的天下，而传统"纺织结合"的局面已经彻底瓦解。在甲午战争前，松江的一些土布店在收购农民织的土布时，店里都贴着"掺合洋纱，概不收购"的字条。但在甲午战争以后，这些字条就逐渐不见了，因为越来越多的农户开始使用洋纱。要是拒收洋纱土布，那恐怕什么都收不到了。再过几年，形势完全逆转过来。这些土布店在收布时，对那些"掺合土纱"的布要杀价甚至拒收了。前后不过十年，江南就从"拒收洋纱"变成"拒收土纱"，真的是形势比人强。

再来看棉布市场。1913 年，中国进口洋布的数量比 1894 年翻了一倍多。但是，进口结构也发生一些改变。甲午战争之后，日本对华大量输出粗布，逐渐压过英国和美国。日本的工资成本和运输成本原本就较低，再加上补贴倾销，导致日本布特别便宜，经营方式也比较灵活，很快就打开中国农村市场。根据计算，到了 1913 年中国使用的棉布中有三分之一是机制布。

1914 年，风云突变，第一次世界大战爆发，全世界的贸易格局又一次受到冲击。中国人突然发现，洋纱和洋布的进口都减少了，而且是逐年减少，国内那些使用机器的纱厂全都获利丰厚。于是，这些纱厂想尽办法扩大生产，中国棉纺织业短暂的"黄金时代"终于到来，并且涌现出后来大家非常熟悉的张謇、穆藕初（1876—1943）、荣宗敬（1873—1938）等一大批从事纺织业的企业家。

5. 回顾：工业革命波及全球

我们对工业革命与中国的关系就先讲到这里。最后，让我们再对工业革命做一个回顾。

虽然说，工业革命起源于18—19世纪，但是它的影响却延续至今；虽然说，它起源于英国，有它特别的原因、背景和条件，但是它的冲击却波及全球；虽然说，我们这里讲的主要只是以棉纺织业为中心，但是事实上工业革命影响的领域远不止棉纺织业，还有像采矿和冶炼、海陆运输、能源和机械制造等，也包括战争中的坚船利炮。在工业革命中，各种发明层出不穷，有学者特别指出，工业生产的机械化、陆地火车通车里程的迅速增长、蒸汽动力的海上航运，这几项就改变了世界的面貌，使得全球有一部分区域从农业社会转向工业社会。

面对这一全球历史上的巨变，其实中国也被深深地卷入其中。鸦片战争之后，特别是在清朝发生太平天国运动时期，很多人都意识到中国不得不变，除了前面我们提到的李鸿章、张之洞以及棉纺织业，更早的像上海制炮所、江南制造局、福州船政局的建立，其实多多少少都是在回应来自欧洲的这场变革。只不过，也许最初动机只是从国家危亡角度期望"师夷之长技而制夷"，但是当整个中国的经济、生产和贸易越来越被卷入全球化网络之后，各种产业就不得不受到工业革命之后全球大形势的影响，从此进入工业革命之后的世界。

这就是近代中国的从"在传统内变"，转向"在传统外变"。

（梁捷）

第六讲

帝国争霸

第一节 "帖木儿之后"的欧亚大陆

这一讲讨论帝国的碰撞，特别是17、18世纪全球政治地图的改变。当然，我们不会局限在17、18世纪，而是希望从长时段以及大视野来看一下各个新老帝国的纵横捭阖，如何影响了欧亚大陆"近代"历史的演进。

18世纪正值中国的"康乾盛世"。从欧亚大陆的国际政治角度看，这个世纪的一个典型特点，就是帝国冲突与权势转移。其中最重要的角色，从西到东是英国、法国、奥地利、奥斯曼、萨法维（Safavid）、莫卧儿、沙俄和清朝。18世纪欧亚大陆的历史，从国际关系和地缘政治的角度来说，主要就是这些强权之间的关系。

通常，世界史的论著会把"近代"的起点，粗略地划在1500年。这个时间点通常被认为是大航海"地理大发现"之后，欧洲崛起并把世界各地空前地联系起来，真正意义上的"全球化"开始出现。从全球联系的加强这个角度来说,这样的划分当然有其合理性。不过,如果把1500年以来的所谓近代世界历史视为西方崛起、东方衰落,其实不一定很准确。很显然,最初葡萄牙和西班牙的大航海与扩张,既有宗教动机,又有财富动机,虽然推动了全球物质与知识的大交流,但并没有带来后世所谓的"现代性"。在1500年以后的一两百年间,欧亚大陆舞台上也出现了多个非欧洲强国,比如,奥斯曼、萨法维、莫卧儿、明朝、清朝等,它们的规模与实力,并不弱于欧洲国家。这一时期,不只是基督教的欧洲在扩张,伊斯兰文明也处于鼎盛和不断扩张的过程中,而明朝和清朝也发展和巩固了东亚文明。

各位不妨回顾一下第二季中所说过的蒙古帝国,因为在这一期间欧亚大陆上的各个霸主,都与之前几乎支配了整片大陆的蒙古帝国有着千丝万缕的关系。它们要不就是推翻了之前蒙古统治者的新兴王朝,要不就是在某种程度上继承了已经衰微的蒙古汗国,比如说把统治家族的族谱上溯到成吉思汗"黄金家族"的血脉。换句话说,我们可以把当时这片土地上的各个强权都看作蒙古时代之后的继承者。假如说蒙古帝国曾经缔造了一个世界体系,开启过一段十分早期的全球化,那么到了这个时代,欧亚大陆上的帝国争霸就因为政治的割裂和对立而中断了曾经有过的联系,甚至还在某些方面出现倒退。尽管如此,由于到底曾经有过一段彼此联系的经历,身处欧亚大陆不同角落的族群也都对其他地方有了一定认识,所以他们在贸易、文化和制度之间的相互往来以及学习还是不可能完全废止的。总而言之,经历过蒙古时代之后,这些地方的面目跟从前再也不一样了。

1. 帖木儿之后：历史的追溯

让我们追溯得早一些吧。

说到这一批欧亚大陆上的新兴强权，我们首先要提到的就是帖木儿（Timur，1336—1405）。他在很多方面都是一位可以与成吉思汗相比的人物，他所创建的帝国在很多方面也都常常被拿来和蒙古帝国比较。虽然他的帝国要比蒙古帝国更短命，但这个帝国在世界史上却有着承前启后的历史地位，所以英国当代历史学家约翰·达尔文（John Darwin）的一本名著才会叫《帖木儿之后》（*After Tamerlane: The Rise and Fall of Global Empires, 1400-2000*）。一般认为，帖木儿是突厥化的蒙古人。根据他们家的家谱，血统甚至可以追溯到成吉思汗家族。他和朱元璋算是同时代，比朱元璋小八岁。这两个人都是反对蒙古统治的领导人物。1352 年，朱元璋起兵反元，帖木儿十八岁。1362 年，二十六岁的帖木儿起兵反抗统治中亚的察合台蒙古贵族，据说在战斗中帖木儿腿部受伤，此后就跛了脚，于是他通常被称为"跛子"帖木儿（Tamerlane 即此意）。1368 年，四十岁的朱元璋建立明朝，此时的帖木儿还在奋斗中开疆拓土。他也曾多次向明朝表示，希望建立军事同盟，共同反抗蒙古人。双方建立了外交关系。

明朝建立的第二年也就是 1369 年，三十三岁的帖木儿也终于掌握了察合台汗国，在接下来的三十年里，他率兵征服大片领土，庞大的帖木儿帝国已颇有雏形。帝国以今天中亚的乌兹别克斯坦为中心，从中国西部边疆到波斯都是它的领土。帖木儿还大败钦察汗国，远征叙利亚、小亚细亚，南征印度，都获得重大胜利。1402 年安卡拉之战（Battle of Ankara），帖木儿重创奥斯曼土耳其帝国,甚至还俘虏了当时的苏丹"雷霆"巴耶济德一世(Bayezid I, 1389—1402年在位)。可以说,在这三十多年的征战中,帖木儿几乎战无不胜、攻无不克,有人把他叫作"不败战神"。他的确是在马背上开创了一个大帝国。

1404年11月,帖木儿率领二十万人军队准备攻打明朝。结果,两个多月后这位年近七十的征服者在进军途中病死,辉煌无敌的征战史总算是画上句号,而这一年郑和下西洋开始了。如果帖木儿多活几年,或许会和明成祖统治下的明朝发生历史碰撞。而他死后,他的帝国也陷入长期的纷争和混乱,危机四伏。他的后代为争夺王位,互相厮杀。最终的继任者改为与明朝友好,在1413年与明朝恢复使节往来。

像成吉思汗一样,帖木儿是一位欧亚大陆游牧民族传统下的"世界征服者",可也是最后一位。在帖木儿之后,世界历史上再也没有出现过那么强大的游牧征服者。帖木儿死后,欧亚大陆开始进入集权化的、定居帝国并立的时代,包括奥斯曼、萨法维、莫卧儿、明朝、清朝、沙俄,以及从海路发展起来的欧洲列强,它们积极采用先进的技术(火药、航海等),加强中央集权的管理,增强动员能力。在陆地上,定居帝国的并立和强盛,不断开疆拓土,压缩和限制了内陆亚洲游牧民族活动的空间,实际上也间接地迫使西欧人向更远的海洋发展。用达尔文的说法,就是各种"因缘际会",促成欧洲的发展和后来的崛起。

就是在通常说的近代全球史开始的1500年,帖木儿帝国被中亚草原地区的游牧民族乌兹别克人所取代。1526年,帖木儿的后裔巴布尔(Muhammad Babur,1483—1530)南下印度建立莫卧儿帝国。此时,在16世纪的欧亚大陆上,从西向东依次有三大伊斯兰帝国：奥斯曼、萨法维和莫卧儿。它们的兴起与发展都有一个共同的历史背景，那就是 15 世纪这个短暂的世界性帝国帖木儿的分崩离析。

2.15 世纪之后的内亚周边，奥斯曼、萨法维、俄罗斯诸帝国的兴起

内陆亚洲可以说是两种生产方式的交会地带：一种是传统的文明中心地带的生产方式，另一种是草原森林这些地方的生产方式。所以，内亚既有游牧文明，也有农业文明，甚至还有渔业文明。其中，尤其是游牧文明，在历史上是对欧亚大陆差不多整个世界历史产生重大影响的一种文明形态。关于这点，中国古代的司马迁，以及 14—15 世纪阿拉伯著名学者伊本·赫勒敦（Ibn Khaldun，1332—1406）都有精辟的论述。欧亚大陆的历史在工业文明之前的一个重要主轴就是：内亚以游牧为主的北方部落社会和南方定居农业社会之间的互动。《帖木儿之后》的作者达尔文就认为，在这样互动的历史中帖木儿成为最后一位世界征服者，他的军队从地中海沿岸一直沿途抢劫杀戮到中国边境。这群来自西伯利亚大草原的游牧骑兵，在数个世纪中一直令欧洲和亚洲感到恐惧。而随着帖木儿的去世，一个世界征服者的时代终结了，一个内亚与他周边社会的历史性关系也终结了。

而一个时代的终结，则意味着另外一个时代的到来。那是什么样的时代呢？达尔文认为，未来属于巨大的王朝国家，这些王朝国家属于像中国人、莫卧儿人、伊朗人、奥斯曼人等民族，北边还有俄国人的崛起。这些地方集中了欧亚大部分的文化和财富。

"与此同时，来自欧亚远西的海洋航行者刚刚开始穿越黑暗之海的冒险。"欧亚大陆的历史开始进入到大帝国建构和竞争的时代，只不过有的是在大陆上，有的是在向海外扩张，但它们终究会彼此碰面，一决高低。

帖木儿之后，内陆亚洲再也无法产生庞大的征服帝国。究其原因，是因为它周边出现了以中央集权为特点的官僚制定居帝国。以奥斯曼帝国为例，它的前身比帖木儿帝国还要早，也是来自亚洲草原上的游牧征服者。关于这点并不需要追溯得太久远，在1055年相当于中国北宋中期的时候，有一支从中亚来的塞尔柱人，他们也是说突厥语的游牧民族，占据了在当时还是阿拉伯—阿拔斯帝国首都的巴格达，获得了苏丹的称号。十六年后的1071年，在今天的土耳其东部，当时的东罗马帝国跟塞尔柱人打了一仗，东罗马帝国战败，这开启了一个很重要的历史进程，就是现代土耳其民族的形成。大量从内陆亚洲来的游牧民族进入到小亚细亚地区，开启了一个新的民族融合的历史进程。奥斯曼人是其中一个讲突厥语的部落，他们在小亚细亚西北地区，慢慢从一个小的诸侯国发展成一个强大的帝国。1402年它遭遇到来自帖木儿的一次重大挫折，即"安卡拉之战"，奥斯曼人被迫臣服。

不过仅仅十几年后，奥斯曼人又复兴了。1453年，也就是明景泰四年，奥斯曼人征服了君士坦丁堡，奥斯曼人终于建成一个大帝国，逐步摆脱了来自内陆亚洲的游牧传统，变成一个定居化的帝国。征服者穆罕默德二世及其后的奥斯曼君主自称凯撒，自认是东罗马帝国的继承者。奥斯曼人发展出比较完善的统治制度，是一个集权化的定居型帝国。

在16世纪初，在奥斯曼东边的伊朗地区，出现了萨法维帝国（又作萨菲帝国）。它的创立者，是来自里海南岸一批被什叶派苏菲教团所吸引的突厥语游牧民族，但是这个国家后来被波斯化了。萨法维帝国是奥斯曼帝国非常重要的对手，它们也都经历了一个定居化的过程。

同时，奥斯曼帝国也在经营海上贸易，包括地中海、红海、波斯湾、阿拉伯海、印度洋，当年最重要的贸易路线都在奥斯曼的掌控之中。定居化的奥斯曼还变成了火药帝国（gunpower empires），主要是因为火药在 16 世纪以后的使用越来越频繁。在 1453 年征服君士坦丁堡的时候，奥斯曼就使用了西班牙的工程师所建造的大炮。到了 16 世纪初，奥斯曼帝国的军事力量已经以火力部队为主了。而在这样一个火药和火枪不断普及的情况下，原来的游牧骑兵变得越来越不重要。帖木儿之后，自然也就再无游牧性的世界征服者。写了著名的《草原帝国》（*L'Empire des Steppes*）的法国历史学家勒内·格鲁塞就说，蒙古人被真正征服是康熙使用红衣大炮的结果。当然，我们并不是说，在帖木儿之后游牧民族就完全退出了世界历史舞台。毕竟在 17 世纪后期和清朝对抗的准噶尔蒙古势力，直到 18 世纪中期才被乾隆彻底击败。即使在 18 世纪初，威胁莫卧儿和萨法维的北方征服者杜兰尼王朝（Durrani Dynasty，1747—1823），也还具有某些游牧征服者的特点。

同一时间，另一个大帝国俄国也崛起了。9 世纪时罗斯形成，而后分裂；13 世纪蒙古时代，它归附于钦察汗国（金帐汗国）；而后 13 世纪末，莫斯科公国兴起。14 世纪末，由于帖木儿击溃钦察汗国，这成为俄罗斯崛起的一个很重要的条件。钦察汗国于 15 世纪分裂，钦察汗国之一的克里米亚汗国在 15 世纪后期归附奥斯曼，其余势力被称为"大帐汗国"。到了 1480 年，莫斯科公国的大公伊凡三世（Ivan III，1462—1505 年在位）击败了汗国军队，逐渐统一东北罗斯，随后形成集权体制，成为一个定居型中央集权王朝。16 世纪初也就是 1502 年，克里米亚人最终帮助俄罗斯人消灭了大帐汗国。一个游牧出身的帝国，就这样逐渐消亡并退出历史的舞台。

这样一来，内亚周围兴起的全都是中央集权的大帝国。而欧亚大陆，或许可以说进入到某种"近代"模式，长期延续的古代模式结束了。几个定居型大帝国，成为国际关系的主导。

3. 新的君主集权国家：欧洲的变化

同一时间的西欧又发生了什么呢？自 15 世纪后期开始，西班牙、法国和英国的一些君主设法限制贵族的力量，力图建立强大的集权政体。他们被称为"新君主"，他们的国家被称为"新君主国"，就是新兴的领土型国家。

1469 年，阿拉贡的王储费迪南德与卡斯提尔的公主伊莎贝拉结婚，两个王国联合为西班牙王国。英法百年战争（1337—1453）为法国君主留下正规军和人头税制度，路易十一（Louis XI，1461—1483 年在位）凭借装备火炮的军队，压服了外省各路诸侯，重新确立了王朝的版图。英格兰的约克家族和兰开斯特家族在"玫瑰战争"（1455—1487）中两败俱伤，国王亨利七世取缔贵族私养军队，蓄养国王军队。"百年战争"之后，法国夺得诺曼底，英法两国渐渐有了相对明确的疆域，为后世的民族国家建立基础。新君主国的出现，也为欧洲的国际竞争提供了新的动力。例如，欧洲人的海外扩张，使其意外地发现美洲。美洲的发现对欧洲人有重大意义，简单来说，就是在欧亚大陆的发展上长期处于劣势的欧洲，现在获得意外的财富，尤其是金、银、土地等资源。首先是西班牙人得以支配欧亚的沿海地带，贵金属的大规模流通在金融方面给欧亚各帝国带来巨大且深远的影响。此后，荷兰、法国、英国和俄国的崛起，使海陆两个方面的欧亚联系更为紧密，竞争也更加激烈。

17、18 世纪的国际政治史，在某种意义上说，就是这些强国关系的历史。

4. 从帖木儿之后，重新审视 17、18 世纪的全球史

把"帖木儿之后"作为全球史叙述的起点，可以使我们部分摆脱欧洲中心主义，也就是将大航海后欧洲的发展与欧亚大陆上其他帝国的发展，放在一个平行的历史视野下来叙述，而不是把它当作先进的欧洲如何胜出并宰制世界的历程。

以往出现的各种欧洲中心主义视角，最典型的莫过于海洋文明胜过大陆文明。欧洲被视为代表了自由的海洋秩序，而大陆文明最终被海洋文明战胜，因为海洋秩序是自由开放的，大陆秩序被认为是专制和封闭的。这是历史解释的神话，也是历史解释的"迷思"（myth），这是把近代欧洲视为一个模式，倒果为因编造出来的历史谱系。这种解释过滤掉了太多东西，尤其是这样一个史实，那就是在帖木儿之后，甚至到了大航海之后漫长的历史时期里，都还不能看出欧洲的明确优势。

关于这一点，我们在后面具体讨论欧洲如何胜出的时候，还会看得更加清楚。我们现在先要了解，这种曾经一度盛行的历史观背后，是大航海时期的欧洲帝国，往往在对他们有利的时候，就标举自由和开放；而在对他们不利的时候，就会穷尽各种办法、

使用保护主义，甚至枪炮来逼迫对手接受他们的要求。历史的胜利者常把它们主导的秩序文明化，并努力使被宰制的对手也一样相信这种秩序才是文明的方向，达尔文在其书中也提到了这一点。

从"帖木儿之后"这个视角看，我们不再把世界近代史做简化处理，即单线地叙述所谓欧洲现代性的扩张与胜利。我们需要将欧亚大陆（甚至非洲）的情况置于一个更宏观的视野下。欧洲所发生的大航海、火药帝国的崛起、中央集权定居帝国的发展、沙俄的崛起等，都是需要被同时观照的。在这个历史视野中，我们接下来一一探讨欧亚大陆帝国碰撞的历史。

下面，我将先和大家介绍一般中国人可能比较陌生的莫卧儿帝国。

第二节　莫卧儿王朝的兴衰

在我们上一节提到的几个欧亚大帝国中，最先衰败并落入西方殖民主义控制之下的是印度莫卧儿帝国。在 16 世纪初，在欧亚大陆上存在着三个重要的伊斯兰国家，从西至东分别是：奥斯曼、萨法维与莫卧儿。三大伊斯兰帝国在当时都是头等军事强国，又各自占据了重要的地理位置。就财富和人口规模来说，最大的当数莫卧儿帝国，其治下大概有一亿人口。伊斯兰几个帝国范围相当广大，西起今天欧洲的塞尔维亚，东到今天的孟加拉国，他们甚至把势力延伸到东南亚，推翻了原本信奉印度教的爪哇王国，使得这一国家成为伊斯兰教的地区。可以说，奥斯曼、莫卧儿、萨法维为世界留下了丰厚的历史遗产。所以历史学家威廉·麦克尼尔说，1500—1700 年可能是整个伊斯兰时代最成功的时期。

不过，到了 18 世纪中期以后，首先是南亚逐渐沦为英国殖民地。从全球史的角度看，统治南亚次大陆数百年的莫卧儿帝国的兴衰，可能恰好是理解欧亚国际秩序变动颇为重要的一环。

1. 莫卧儿帝国的形成史

在莫卧儿帝国建立之前的数百年间，北印度已经历过长期的伊斯兰化过程。北印度的伊斯兰化，主要是受到来自西北的波斯—阿富汗与中亚讲突厥语的穆斯林的影响，这种持续不断的影响（军事、经济、文化），是印度次大陆伊斯兰文明的重要特征。不过，15 到 16 世纪初，印度次大陆分裂成好些个小国，割据情况很严重。当时，以德里为中心的印度北部广大地区，是由伊斯兰军事贵族统治。德里苏丹国（Delhi Sultanate）的罗第王朝（又叫洛迪王朝 [Lodi Dynasty]，1451—1526），其统治范围比过去的王朝更为狭小，名义上占据德里，实际上的地位如同地方诸侯。而北印度又分裂为孟加拉（Bangladesh）、马尔瓦（Malwa）、古吉拉特（Gujarat）和克什米尔（Kashmir）四个独立的部分，这四个部分之间长期混战，无法建立起稳定的统治秩序。

莫卧儿王朝最初的创建者"老虎"巴布尔，他的全名叫札齐尔·丁·穆罕默德（Zahir al-Din Muhammad），是一位出色的军事家，也是一位非常出色的作家。据说，他继承了察合台汗国、帖木儿汗国的血统。1507 年，帖木儿创立的王朝亡于乌兹别克部落。十年后，印度的罗第王朝发生内乱，占领阿富汗的帖木儿后裔巴布尔乘机入侵，仅仅几年后就迅速占领德里。历时三百多年的德里苏丹国从此结束，印度历史开始了莫卧儿王朝的统治时期。

巴布尔的父母分别是帖木儿和成吉思汗的后代。为了标榜蒙古统治者的显赫战功，他自称为"莫卧儿"（Mughal），也就是"蒙古"的波斯语说法。巴布尔本来的"根据地"是今天的阿富汗一带，但因为叛乱，他成了无家可归的流浪者。经过多次辗转和征战之后，巴布尔于 1504 年 10 月占领喀布尔（Kabul）。1507 年他也采纳"帕迪沙"（大王，padishah）的称号，同时他还取得对帖木儿汗国诸王公的领导权。巴布尔将喀布尔作为重整旗鼓的根据地，这成为他一生事业的转折点。

1526 年 4 月，巴布尔率部到达德里北部，发动了著名的帕尼帕特战役（Battle of Panipat）。他以精妙的战术，仅以一万两千人就击败了易卜拉欣·罗第（Ibrahim Khan Lodi，1517—1526 年在位）的十万大军，因为这个时候莫卧儿军队配备了大炮、火枪和弓箭，具有明显优势。德里苏丹国的军队有数万人阵亡，苏丹易卜拉欣战死。战后，巴布尔攻占德里，建立莫卧儿王朝。不过四年后，巴布尔就去世了。他建立的帝国结构松散，国土从现在阿富汗的喀布尔经印度的旁遮普，直到现在孟加拉国的边境。像很多源于内亚的草原游牧民族所建立的帝国一样，莫卧儿王朝必须依靠强大的军事力量才能维系。

1556 年 2 月，巴布尔的孙子阿克巴（Akbar，1556—1605 年在位）登上皇位。阿克巴奉行宗教包容政策，并继续帝国的扩张大业。在他统治的半个世纪里，莫卧儿真正成为一个帝国，他的征服使莫卧儿的领土大为扩张，北到喀布尔和克什米尔边境，东到孟加拉，南到古吉拉特和德干高原的一部分，西南是从德里到拉贾斯坦。除了南印度，在阿克巴统治时期，整个印度半岛几乎完全统一了。阿克巴平等地对待各个宗教，并不强制推行伊斯兰教的做法曾经引起穆斯林上层人士的不满，他们认为在一个由穆斯林创立和领导的国家中，非穆斯林只能处于从属地位，不过最初反对的声音还不大。阿克巴的目的是，显示皇帝是整个莫卧儿帝国各个宗教、种族和社会的共同领袖。这就像后来清朝的乾隆皇帝，把自己既当作菩萨又当作大汗和中国的皇帝一样，庞大的帝国总是用这种跨越族群、地域和宗教的不同方式来统治。

但是，阿克巴还强化了帝国内部的管理，他改革政府体制，建立起有效的官僚体制：中央设置宰相和分管财务、宗教等事务的大臣，地方则划分为十五个省，设总督进行管理。总督的权力仅限于日常政务和军事指挥，地方的司法和税收由中央直接委派法官和税吏负责，这种不受地方总督支配的税收体制，保障了中央政府的财政来源，也加强了中央集权。皇帝给官员们优厚的待遇和更多的晋升机会，从而吸引大量的优秀人才。结果，在莫卧儿官僚体系中效力的大部分是波斯人和阿富汗人，其次才是印度的穆斯林和印度教徒。另外，官吏的财产不能世袭，去世后需要上缴给皇帝，这就减少了贪腐行为。

莫卧儿帝国在奥朗则布（Aurangzeb，1658—1707 年在位）统治时达到巅峰。奥朗则布与他的皇兄达拉（Dara Shikoh，1615—1659），为了掌权进行殊死争夺，背后更是两大政治集团的斗争。达拉得到的支持，来自印度教祭司、官僚和富商阶层，他的军队是拉杰普特（Rajput）士兵，他甚至公开庇护婆罗门，自称为阿克巴事业和宗教宽容的继承人，对外则主张向西北的波斯、阿富汗和中亚开辟疆土，迎合印度教上层的利益。而奥朗则布则完全不同，他倚仗的是伊斯兰军事贵族的支持，他们为了扩大收入和地产，不惜掠夺印度教徒中的上层人士，拉拢伊斯兰宗教势力，为其政治谋划服务，对外主张向德干高原和半岛南部扩张，扩大伊斯兰贵族的采邑地区。达拉和奥朗则布的皇位之争，也就表现为这两大政治集团的斗争，最终军事力量强大的奥朗则布获胜。

　　奥朗则布在他漫长的统治生涯中，不间断地发动战争，终于将莫卧儿帝国的势力扩展到南印度地区。18世纪早期，除了半岛南端的一小部分，莫卧儿帝国的统治覆盖整个印度次大陆。不过，奥朗则布统治下的帝国也是弊端重重，问题丛生。由于他要依靠伊斯兰势力的支持，因此废除阿克巴时期包容的宗教政策，下令拆毁几座印度教著名的庙宇，然后在其废墟上建造清真寺。和阿克巴时代不同的宗教政策为后世的教派争端埋下伏笔。为了使更多人改宗伊斯兰教，奥朗则布下令对印度教徒征收重税。这种做法当然取悦了穆斯林，却激起印度本土居民的不满，导致叛乱丛生。在奥朗则布统治的大部分时间里，经常发生印度教徒与穆斯林之间的冲突。

　　总的来说，莫卧儿帝国是欧亚大陆伊斯兰文明上升时期出现的一个重要国家。这个以农业为主的帝国大约拥有一亿人口，他们种植、生产并大量出口经济作物与棉纺织品。帝国的手工业也比较发达，规模较大的官营作坊可以生产质量优秀的产品，用以满足宫廷和上层社会的需求，甚至还能出口世界各国。商品经济的发展推动了莫卧儿王朝的商业和外贸的发展。16—18世纪，一些重要的城市已经具有现代都市的某些特征，成为工商业中心。德里、拉合尔（Lahore）等城市不仅是封建统治的政治中心，也是工商业集散地，其规模不逊于同时代的伦敦和巴黎。莫卧儿帝国对南亚次大陆而言，也意义非凡。正是由于它的建立，才使得伊斯兰教在这样一个人口密度极高的地区站稳脚跟，并得以不断扩张。当然，莫卧儿帝国的统治，也是 20 世纪南亚次大陆最终出现印巴分治的历史根源之一，这是后话。

2. 莫卧儿的衰落：18 世纪马拉塔人的挑战

1707 年，皇帝奥朗则布去世，莫卧儿帝国开始土崩瓦解。各地的反叛风起云涌，地方王朝纷纷脱离莫卧儿帝国的统治。到 18 世纪中叶，也就是清朝乾隆时代，莫卧儿帝国的实际控制区只剩下德里和阿格拉周围地区。在这个帝国衰亡的过程中，大约有三股势力先后参与其中：以马拉塔人为代表的地方势力的挑战、波斯—阿富汗人的入侵，以及来自海上的英国人的入侵。

我们先讲前两股势力对莫卧儿帝国的威胁。

长久以来，种姓、家族、村社、教派、地域等，是印度社会族群认同的基础，因此整个印度次大陆的政治聚合十分脆弱。莫卧儿帝国是一个由征服者强加给印度的"大屋顶"，它的完整全靠帝国统治者的军事力量和宗教力量来维持。然而，帝国中的不同地方、不同宗教、不同部族也有很强的离心力，在这众多地方势力中，马拉塔王国（Maratha Empire，1674—1818）逐渐脱颖而出。

马拉塔人是德干高原西部操马拉塔语的印度教徒。他们一直抵抗莫卧儿帝国的入侵，并于 1674 年建立自己的王国，定都蒲那（Poona）。王国缔造者西瓦吉（Sivaji，1630—1680，又译湿婆吉）具有卓越的军事才能，创建了一个非种姓的世俗政权。马拉塔领导人是虔诚的印度教徒，但他们尊重所有的宗教，实行宗教宽容，对印度教寺庙和清真寺一律保护。在马拉塔军队中印度教徒与穆斯林友好相处，穆斯林将领也被委以重任。马拉塔军队还允许任何种姓加入，有的平民被擢升为将军。马拉塔王国还严格禁止奴隶制，一度分配土地给农民耕种，赢得农民支持，踊跃从军。西瓦吉家族不是婆罗门出身，他们任命婆罗门出身的人担任佩什瓦（Peshwa，即首相之意）。举凡大事，均通过八头会（大臣会议）议决。王室逐渐徒有空名，佩什瓦掌握了实权。西瓦吉生前顶住了莫卧儿帝国的军事压力。

进入 18 世纪，马拉塔人发动对北方、南方和东方的攻势，进逼德里，征服了印度中部和南部的广大地区，疆域范围几乎相当于今天的印度。

马拉塔人的崛起，往往被视为莫卧儿帝国衰落的标志和原因。但也有新的历史观点认为，马拉塔人的崛起是代表了印度教精英主导的地方实力派的崛起，其背景是当时印度贸易扩大、人口增长和乡村经济发展，以及城市繁荣和乡村精英阶层日益富裕，地方利益集团越来越不愿服从穆斯林统治者的中央政府的管制。马拉塔人的联盟希望在地方上分享帝国中央的权力，而不是彻底推翻莫卧儿王朝，所以他们也非常渴望得到德里的认可。约翰·达尔文说，如果不是外敌入侵，莫卧儿帝国或许会成为某种莫卧儿"联邦"。

在面对外敌入侵的过程中，马拉塔人成为印度本土抗击外国侵略和统一全印度的重要力量，就连英国殖民者对他们也不敢小视。不过，马拉塔人也有自己的弱点，他们四处征伐，没有建立起完整统一的国家制度，反而由于部落世仇长期陷入内部分裂，军队将领各自建立王朝，拥兵自重。马拉塔人最终只是作为一支军事力量，在与莫卧儿人和其他地方王朝的相互厮杀中消耗了自己的力量。1761 年，马拉塔军队迎击入侵的阿富汗人，遭遇惨败。

再后来，英国殖民者到来，彻底击败了马拉塔人。

3.18世纪：来自波斯和阿富汗的入侵

如果说马拉塔人代表的是莫卧儿帝国的地方实力派，那么另一股削弱了莫卧儿帝国的力量则是来自波斯和阿富汗的部落联盟的军事入侵者。我们已经提到，印度历史的一个重要特征，就是不断面临来自西北方的入侵。尽管"帖木儿之后"再也没有兴起过带有游牧特征的世界征服者，但小规模的情形在18世纪还没有消失。18世纪的波斯—阿富汗入侵，可以部分地被视为这种历史性传统力量的延续，但他们的作用可能还不止于此。

在18世纪上半叶，三大伊斯兰帝国中，萨法维比莫卧儿更早衰亡。1722年，阿富汗人的一支部落力量入侵了伊朗的萨法维王朝，并将其灭国。在萨法维人寻求复国的过程中，有一个牧羊人出身的军事奇才，名叫纳迪尔的军阀，趁机崛起。他先是帮助萨法维人收复领土，把阿富汗人全部逐出波斯，又打败了入侵波斯的奥斯曼帝国的军队。最终在1736年，纳迪尔废掉萨法维王朝的傀儡统治者，被拥立为王，后称纳迪尔沙（Nader Shah，1688—1747）。他所建立的王朝叫阿夫沙尔王朝（Afsharid Dynasty，1736—1796）。纳迪尔沙统治了十二年，在他统治时期，他跟大约四百年前的帖木儿一样，不断对外用兵，开疆拓土。

其中，1739年纳迪尔沙入侵莫卧儿帝国，对莫卧儿造成重大打击。在入侵莫卧儿统治下的印度途中，纳迪尔沙先占领今天阿富汗的坎大哈（Kandahar），之后挥师进军印度腹地。最终，纳迪尔沙以少胜多，大获全胜，三十余万人的莫卧儿军被歼灭。纳迪尔沙的军队进入德里，并进行了大规模的烧杀抢掠。莫卧儿帝国沙贾汗著名的孔雀宝座也被抢走，在纳迪尔沙死后，该宝座不知所终。当然，更重要的是他劫掠了莫卧儿王朝无数的财宝。还有，就跟历史上很多"世界征服者"类似，纳迪尔沙还从印度掳走很多工匠。由于从印度掠夺来的战利品过于丰富，以至纳迪尔沙从印度班师后一连三年都不用向国内征税。利用从各地掠夺来的财富，纳迪尔沙在今伊朗地区大兴土木，鼓励文化，使伊朗在一段时期内获得某种历史上未曾有过的繁荣景象。

在短短几年内，纳迪尔沙建立了一个庞大帝国，但是由于连年征战，生产衰退，国库空虚，民力凋敝。又因为纳迪尔沙个性残暴、诛杀无度，1747 年他在霍拉桑（Khorasan）城下军帐中被人刺杀。帝国的继承者也并不顺利，一是阿富汗分裂出去，二是伊朗南部也有独立政权的建立。直到 18 世纪末，来自伊朗东北部的土库曼人恺加部落再次统一波斯，建立了恺加王朝（Qajar Dynasty，1796—1925，又称卡扎尔王朝），定都德黑兰。而这个阿夫沙尔王朝之后的新王朝，其实也是纳迪尔沙一手培植起来的。1738 年，纳迪尔沙率军攻占坎大哈的时候，俘虏了一个叫艾哈迈德（Ahmad，约 1720—1772）的阿富汗人，此人之后在波斯军队中屡建战功，被擢升为阿富汗人所组成的兵团指挥官。这位仁兄趁着纳迪尔沙遇刺身亡之机，直接率领部众攻占阿富汗。1747 年，艾哈迈德被推举为阿富汗沙赫（Shāh），号称"杜兰尼"（即珍珠中的珍珠），这就是杜兰尼王朝，建都坎大哈，这是阿富汗人的第一个伊斯兰王朝。在王朝强盛之时，杜兰尼打败波斯入侵者，实现阿富汗的统一，确立了国家制度，开拓了疆土。全盛时期的领土包括今天的阿富汗、巴基斯坦、伊朗东北部和印度旁遮普东部。

18、19 世纪之交的杜兰尼王朝，曾两次入侵波斯，九次入侵旁遮普，两次掳掠德里，击败马拉塔人和锡克人，迫使莫卧儿帝国皇帝割让大片土地，并掳掠了大量财富，奠定了阿富汗王朝的基础。杜兰尼王朝还占领阿姆河以南地区，迫使布哈拉纳贡。1757 年，清朝皇帝乾隆派兵收复北疆，乘胜南进，平定南疆叛乱，完成了对天山南北的统一。但是此后，清军并没有继续西进，为什么呢？有学者认为，这正是因为当时的清朝已经感受到来自天山以西以阿富汗的杜兰尼王朝为主所发起的伊斯兰"圣战"的威胁。

杜兰尼王朝被认为是 18 世纪仅次于奥斯曼帝国的第二大伊斯兰强国。不过，在 18 世纪末，因王室内讧、各部族之间的矛盾、地方割据势力的发展以及国家没有稳固的经济基础，不久之后国势最终衰落。

4. 除了马拉塔、阿夫沙尔、杜兰尼，欧洲人也来到莫卧儿

最后，我们需要追问，纳迪尔沙、杜兰尼王朝所代表的内陆亚洲势力，是不是帖木儿的某种回响？

单从其征战和掠夺的特点来看，他们的确很像帖木儿。但如果放在 18 世纪欧亚大陆的历史进程中，我们会发现一些不同于往昔的特点。根据约翰·达尔文的解释，这个时期北印度—俄国之间商业走廊的经济地位正迅速上升。当时，俄国的白银购买力刚刚催生出这一贸易体系，北印度也是这一贸易体系的一部分。连接中亚地区和印度次大陆的大干道（Grand Trunk Road），既是重要的商贸路线也是朝圣之路，来自印度次大陆的印度教教徒、琐罗亚斯德教教徒和锡克教教徒都曾长期活跃在这条商路上。印度

人非常愿意购买丝绸，在中亚、高加索地区，印度人有很多自己的客栈和据点。因此，这也应当被视为丝绸之路的重要部分。在印度之外，除了尼泊尔和西藏地区，高加索地区是唯一的印度教教徒朝圣之地，比较有代表性的就是巴库（Baku），在那里有一座被列为世界遗产名录的"火神庙"（Ateshgah Baku）。火神庙始建于 17 世纪，一直使用到 19 世纪，印度教教徒、伊朗琐罗亚斯德教教徒以及锡克教教徒都曾来此活动。这种活动除了宗教性朝圣，也有研究认为，建筑结构很像商旅客栈（caravansary），商人们就是沿着历史路线往来的。目前，印度商人在伊朗、中亚和俄国贸易路线上的角色，已经越来越为研究者所重视。

所以，约翰·达尔文推测，纳迪尔沙、杜兰尼王朝的军事征服，可能跟争夺这一商业走廊的财富有关系，不能把纳迪尔沙、艾哈迈德的军事征服仅仅视为帖木儿的回响。不过，从南亚历史过程来看，18 世纪马拉塔人的崛起、波斯和阿富汗人的先后入侵，大肆洗劫，使得莫卧儿帝国奄奄一息。更不用说这个时候，远道而来的英国正在向印度挺进。

第三节 18 世纪欧洲国家之间的竞争

前面讲到，18 世纪波斯和阿富汗人先后入侵印度莫卧儿帝国，大肆洗劫。之后，英国也正在向印度挺进。这就需要我们把视线拉回到欧洲。

有关大航海时代之后的欧洲，之前我们重点关注海外贸易和殖民扩展，包括葡萄牙、西班牙以及后来崛起的荷兰和英国。现在，我们把视线从海外拉回来，来看看同一时间尤其是在 18 世纪欧洲内部的激烈战争，以及一些欧洲传统帝国的衰亡和新帝国的诞生。在讲述的过程中，就像我们在前面讲到的，不是遵循以往旧的世界史叙事的范式，即在讲所谓世界近代史的时候，沿着西方崛起、东方衰败这个简化套路来讲，而是想从帝国争霸角度来谈。其实，在漫长的所谓"世界近代史"上，欧亚大陆（也包括部分非洲）的主要王朝、地区和文明之间，原本难分伯仲。欧洲较早发展出来的政治、经济和文化模式，在后世被视为"现代性"，但直到 18 世纪中叶，从当时历史来看，我们仍然很难说欧洲已经显示出代表着未来历史发展方向的优势。

当时，欧洲面临的一个很大问题，就是内部激烈的地缘政治竞争。

1. 三十年战争后，西北欧崛起的新集权君主国家

第一节里我们说到，欧洲出现"新君主国"，从时间上来讲，是从 15 世纪后期开始的。这些"新君主国"，是具有强大集权性的、拥有常备军的领土型国家，具有代表性的国家有西班牙、法国和英国等，它们为欧洲的国际竞争提供了新的动力。

15 世纪末大航海之后，先是西班牙人和葡萄牙人，沿着新航线来到亚洲和美洲。但直到 16 世纪中叶，葡萄牙人并没有改变亚洲贸易的格局。不可否认的是，葡萄牙人和西班牙人拥有航海方面的优势，但直到他们在美洲发现金银并获利之后，他们才在亚洲"崛起"。就葡萄牙人来说，他们的早期优势也不是技术，而是因为他们作为"外来和尚"在亚洲属于边缘人，对当地统治者的

威胁比较小，反而比较容易获得本地统治者的庇护和支持。

而西班牙帝国，从整体上来看，主要还是一个传统帝国，也就是说它的主要精力是用在捍卫自己在欧洲的霸权地位，这其中也包括宗教方面。宗教改革之后，新教势力崛起，西班牙成为天主教的重要捍卫者，其实没太想着要有一个全球帝国的所谓"宏大战略"。这样一个帝国，主要从金银之类的贵金属中获得暴利，它殖民扩张和统治的动力主要也是为了要垄断对全球的白银供应（1494—1850 年，全球白银供应有八成多来自美洲）。虽然美洲的金银使得欧洲人获得进入亚洲市场的能力，但意外暴富的西班牙人并没有整体改变欧洲相对于亚洲的劣势；尤其是在生产和贸易上，在工业革命前欧洲也并没有生产出亚洲所需要的商品。

在宗教改革之后，欧洲一些受新教影响的地区开始反叛和追求独立，包括后来崛起的荷兰。从 16 世纪中期到 17 世纪中期大约一百年的时间里，欧洲发生一系列带有宗教因素的血腥冲突和战争，这些战争被统称为"宗教战争"。其中最严重的是发生在 1618 到 1648 年，波及欧洲大多数教派与国家的"三十年战争"。这是欧洲有史以来最具毁灭性、杀伤力最大的战争。简单说来，三十年战争的一方，是包括西班牙和奥地利在内的神圣罗马帝国，是天主教势力；另一方是新教邦国。法国虽然和西班牙同为天主教国家，但是为了在欧洲争霸，也相互厮杀。而此时的英国正陷于内战，没有直接参加战争。战争过程过于复杂，这里只说一下战争结果。三十年战争之后，欧洲国家的政治版图重新划定，形成了"威斯特伐利亚和约体系"：荷兰和瑞士独立，法国取得德意志西部边境的阿尔萨斯和洛林等地区，瑞典在巨额赔款之外还获得德意志北部的一些领土。虽然战争以及由此引发的饥荒和疾病导致欧洲人口锐减，但战争也推进了军事技术与战术的发展。这之后，欧洲人的军事技术和战斗力开始领先世界，不过这并没有很快产生颠覆性效果。

从战争中终于获得独立的荷兰，从 17 世纪开始与法国、英国等西北欧强国一起赶超西班牙与葡萄牙，西北欧逐渐成为世界上最具影响和活力的地区，在政治、军事、经济以及某种程度上控制了整个世界，直到 1914 年。关于这一段时间的历史故事，我们已经都比较熟悉了。那么，海外的强大，反射到欧洲内部则是欧洲经济中心的北移，而且这种北移主要就表现在从地中海向北，主要贸易航线也从地中海转移到大西洋。写下著名的《全球通史》的美国历史学家斯塔夫里阿诺斯（L.S. Stavrianos，1913—2004）就指出：西北欧地区具备有利于经济发展的文化，因为那里的贵族不蔑视经商，乐于从事商业冒险；当地阶级流动性大，商人和金融家也可以加入贵族行列，这与西班牙颇为不同；西北欧的工资上涨较慢，地租也很低，有利于经济发展，尤其是企业主获利多。这样，再投资就比较发达，经济发展有良性循环。经济学家凯恩斯（John Maynard Keynes，1883—1946）也说，1550—1650 年是近代资本主义诞生的岁月。这解释了为什么西北欧国家最终会领先于西班牙和葡萄牙。

不过，在 17 世纪风生水起的荷兰，到了 17 世纪中叶也开始出现衰落的迹象，因为经济的繁荣过于依赖商业，尤其是转口贸易，很容易受到打击，特别是在欧洲各国的海外竞争加剧的情形之下。1650 和 1651 年，英国两次颁布《航海条例》（Navigation Acts），规定未经英国允许，外国商人不得与英国殖民地通商，出入英国或英国殖民地的货物必须由英国船只运输。荷兰的转口贸易受到直接冲击，两国之间的矛盾激化，最终导致1652到1674年间的三次英荷战争。荷兰最终承认了《航海条例》。差不多同时，1662年，郑成功也将荷兰人逐出台湾。

到了18世纪，西欧各国逐步摆脱内部混乱，推行重商主义政策，对荷兰商品实行高关税，同时扶持本国企业，荷兰的贸易优势地位被迅速削弱。荷兰还先后卷入对法国的战争以及西班牙王位继承战争，引发财政上的危机，最终丧失海上优势和贸易垄断地位，退出欧洲强国的行列。

2. 18世纪中叶法国之由盛转衰

那么，我们再来看另一个欧洲强国法国又在干吗呢？可以说，在18世纪中叶以前，欧洲大陆的局势主要是由法国维护的。

17世纪前期，阿尔芒·黎塞留（Armand-Jean du Plessis de Richelieu, 1585—1642），路易十三（Louis XIII, 1610—1643年在位）的首相，掌控法国达十八年之久。他大大加强了法国王权，同时也是带领法国在三十年战争中获胜的重要人物，提升了法国的实力和国际地位。他去世之后的近二十年即1661年，著名的"太阳王"路易十四亲政。在他当政的几十年间，法国的绝对君主制发展至巅峰。路易十四建立起一套中央集权的行政官僚体制，他还创建了一支由政府控制和管理的军队，军队从十万人扩充至四十万人左右。1700年，法国现役军人的数量几乎是英国的三倍。当然，这也意味着法国的军费开支大大高于英国。为了使法国成为经济强国，路易十四更加强有力地推行重商主义政策。他任用贤臣，兴办产业，推动国内贸易，大力兴修基础设施，实行贸易保护，还支持法国的殖民扩张,大力发展对外贸易。法国的国库大大充实。在贸易和制造业领域,法国成为英国强有力的竞争对手。

长久以来,法国一直存在"天然疆界"的说法,也就是鼓吹恢复古代高卢的边界,将法国的边界向东推到莱茵河,向南推到阿尔卑斯山、地中海和比利牛斯山,向西推到大西洋。在路易十四当政期间,他也的确实施了咄咄逼人的外交政策。1667年,路易十四入侵西班牙属地尼德兰和弗朗什-孔泰(Franche-Comté)。五年后,他又大举入侵荷兰。1681年,他占领神圣罗马帝国的自由市斯特拉斯堡(Strasbourg),蚕食阿尔萨斯和洛林。路易十四对邻国的相继进犯,促使神圣罗马帝国、西班牙、英国、荷兰等国于1688年结为同盟。双方的战争持续了近十年。

1700年,西班牙国王查理二世(Charles II,1665—1700年在位)去世。他在遗嘱中将王位传给路易十四的孙子。由于路易十四坚持要独占西班牙,法国的对手们为了维持欧洲的势力均衡,不愿看到法国和西班牙合二为一,让西班牙帝国的商业利益落入法国手中。1701年,英国、荷兰、神圣罗马帝国等结成反法同盟,"西班牙王位继承战争"爆发。欧洲各主要国家及其海外殖民地都卷入其中,直到1713年战争才宣告结束。西班牙在欧洲的属地被瓜分,但仍保有美洲殖民地。路易十四的孙子被确认为西班牙国王,但法国和西班牙永远不得合并。西班牙此后长期沦为法国的附属国。荷兰被削弱。普鲁士和撒丁王国崛起,撒丁后来统一意大利半岛,建立意大利王国。大家可以看到,这里最大的赢家是英国:它获得法国在北美的殖民地纽芬兰(Newfoundland)和新斯科舍(Nova Scotia),又从西班牙手中得到直布罗陀,并夺取原属西班牙的重要商业利益。

那么法国呢？在 18 世纪中叶以前，法国作为人口最多、政府最有钱、军事实力最强的国家，维系着欧洲大陆上的政治格局。它支持波兰抵抗俄国的野心；与普鲁士结盟，对抗奥地利；与奥斯曼帝国结盟，对抗奥地利和俄国的扩张。法国与西班牙的结盟，使其拥有强大的海上力量，遏制了英国的大西洋扩张；在北美，法国也制约着英国的扩张。不过，法国的问题在于战线铺得太广，导致其财政负担过重。在西班牙王位继承战争期间，路易十四深受税收不足的困扰。1713 年，路易十四不得不大规模裁军。英国和俄国两大新兴强权对法国构成了致命威胁。与财力雄厚、武器精良的英国交战时，法军屡次被打得溃不成军。17 世纪下半叶以来，连绵不断的战争致使法国经济衰退、国库空虚、民不聊生，法国的绝对王权由盛转衰。

而这个转衰的过程中，相当重要的一场战争，就是法国、奥地利联盟和老对手英国加普鲁士之间的七年战争（1756—1763）。

3.18 世纪中叶之后英国的崛起及其他

作为欧陆边陲的一个岛国，英国的政治经济与社会状况既与欧洲大陆有着千丝万缕的联系，也形成了自己独特的发展路径。从中世纪晚期到 17 世纪，英国逐渐形成和确立立宪君主制。1688 年"光荣革命"后，英国人进一步对王权做了具体的限制，从而确立议会高于国王、司法权独立于王权的君主立宪制原则。另外，英国政府通过合法的征税与国债等手段来获得财政收入，结束国王个人对国家财政负责的历史，消弭了国王与议会冲突的一个痼疾。同时，也应当看到，英国拥有得天独厚的地理位置，作为一个岛国，海洋是它的天然屏障，相对于法国和荷兰，英国由于距离欧洲大陆不近不远，可以避免欧洲大陆的纷争，为政府大大节省开支，使之集中精力发展工商业。

1588年，英国战胜西班牙无敌舰队，在夺取世界海洋霸权上迈出第一步，其后利用其优势的地理位置与强大的海军控制海上运输贸易。西班牙王位继承战争后，英国从西班牙手上获得在西属殖民地贩卖非洲奴隶的特权，为期三十年，英国成为世界上最大的黑奴贸易国家。1709—1787年的近八十年间，英国对外贸易的航行吨位增加了十四倍，大多直接或间接与奴隶贸易有关。奴隶贸易对英国资本主义发展起了难以估量的作用。当17、18世纪欧洲大陆上的国家陷入彼此争执和交战时，英国以其超然的地理位置谨慎地推行维持欧洲大陆的均势政策，打击欧洲大陆上能够对其形成威胁的强权。17世纪，英国率先与荷兰进行了三次海战，英国一胜两负，荷兰略占上风。战争使得法国渔翁得利。17世纪末到18世纪前期，法国依靠强大的陆军，最终削弱了荷兰，使自身成为欧洲霸主。历史开始进入英法角逐的时代。

到了18世纪，英国与法国、西班牙在贸易与殖民地上相互竞争；同时普鲁士与奥地利在神圣罗马帝国的体系内外争夺霸权，从而引发了七年战争，这是英国—普鲁士联盟与法国—奥地利联盟之间发生的一场残酷战争。战争于1756年开始，1763年结束，签订了《巴黎和约》（Peace of Paris）和《胡贝尔图斯堡和约》（Treaty of Hubertusburg）。此战之后，英国成为海上霸主，法国进一步受到削弱，被英国逐出美洲大陆，战争也导致法国维持的欧洲局势发生重大转变，尤其是《巴黎和约》标志着法国不再是欧洲事务的仲裁者，在接下来的岁月中再也没有实力能够阻挡英国的扩张。

在这里，让我们顺便谈到 18 世纪中叶之后欧洲其他国家：俄罗斯、普鲁士和奥地利。在东欧，七年战争的结果影响巨大。东欧曾是瑞典、波兰立陶宛联邦和奥斯曼土耳其帝国争霸的战场。在 18 世纪，这三个国家逐渐没落，最终被新的开明君主专制国家——俄罗斯、普鲁士和奥地利所取代。

波兰本来得到法国的支持，用以遏制普鲁士的势力，以及制衡奥地利，限制俄国干预欧洲的能力。但到 18 世纪中期，波兰国王成为俄国的傀儡，这激发了普鲁士的野心，法国则又联合奥地利压制普鲁士。到 18 世纪中后期，普鲁士的腓特烈大王（Frederick the Great，1740—1786 年在位）推行一系列改革，在当时被视为"开明专制"的成功典范。他推崇启蒙思想，重视经济发展，支持重大的建设工程，加强军队和官僚机构，把常备军扩至二十万人，普鲁士已经发展成一个好勇斗狠的强国。腓特烈大帝依靠其创建的强大军队，在英国的支持下，借由英国对法国的打击，以军事实力羞辱了法国和奥地利，将其逼上谈判桌。七年战争后，普鲁士在德意志的特殊地位得到巩固。

实际上，得益更多的是俄国。失去了法国的支持，波兰成为被蚕食的对象，1772 年波兰被俄国、普鲁士和奥地利第一次瓜分。此后，俄国得以专注于对奥斯曼帝国的战争。俄国进一步加强了其欧洲强国的地位。

4. 重新思考 18 世纪中叶的全球局势

一般认为，在 18 世纪中期之前，欧洲人其实更多的是在关注欧洲内部的角逐。葡萄牙和西班牙人的扩张，的确造就了一个"大西洋世界"，但在此后超过一个多世纪的漫长时间里，西班牙人和葡萄牙人还是将主要的注意力放在欧洲人内部的事务上。直到18世纪中期，在英国人征服孟加拉之前，欧洲人的主要精力仍然是在内部，而没有更多的精力去关注亚洲或世界其他地区。当然，亚洲人更没有心思去关心欧洲。换句话说，1750年之前的欧洲，没有显示出其对亚洲的优势；欧洲国家面对的，首先是欧洲大陆内部的问题，其后更关注的是在大西洋世界的竞争。全球史家们断言，近代欧洲崛起的故事，可能应当推迟到更晚甚至是到19世纪，而未必是在16、17或18世纪。这个问题很大，当然还需要更多的讨论和研究。

不过，在18世纪后期，英国在与欧洲列强的竞争中胜出，并完成了工业革命。几乎同时，亚当·斯密对"重商体制"进行了有力批判，他主张通过自由贸易实现国民财富的增值。实际上，作为缺乏资源的岛国，工业化的英国更加迫切地需要廉价的原料产地和广阔的商品市场——殖民地。因此，它逐渐把注意力转向全球，不仅仅是传统殖民地北美洲，也转向了亚洲，从南亚到东亚。这就是所谓"日不落帝国"这个说法的由来。

第四节　英国殖民印度

我们从欧洲历史说起，做了一个简单梳理，从葡萄牙、西班牙崛起到18世纪中期所谓的大国争霸，落脚点是七年战争中英国的胜出。讲述这个过程的目的在于，希望能够给大家呈现某种全球地缘政治大变动的历史过程和结果，这一大变动对现代世界历史产生重要影响, 开启欧洲人的称霸之路。当然, 我们倾向于认为, 这个时期的世界格局变化并未呈现出明显的先进与落后之分, 也没有什么是提前注定的, 而是各种"因缘际会"的结果。

我们且回到亚洲再说。18 世纪, 亚洲还没有经历欧洲的根本性冲突。究其原因, 是欧洲人长期以来主要的精力, 其实是用在"大西洋世界"的内部事务上。从一种后见之明的视角说, 18 世纪"大西洋世界"最重要的变化, 当然是在英法争霸之中英国的胜出, 以及后面我们会详细讲述的在欧亚大陆上俄国的崛起与扩张。这两个霸权在亚洲的遭遇, 就是大家很熟悉的所谓"大博弈"(Great Game)。

在这里, 我们要再次回到前面已经讲过的南亚次大陆上的莫卧儿帝国。所不同的是, 在 18 世纪中后期, 莫卧儿帝国统治下的印度, 即将成为英国最重要的海外殖民地。莫卧儿帝国治下的印度, 是 1750 年后第一个落入欧洲人之手的欧亚大国。

那么, 这是如何发生的呢? 为什么会是这样一个结果呢?

1. 莫卧儿的陷落

离欧洲人更近的其实是奥斯曼帝国, 莫卧儿则相对更远, 那为什么是莫卧儿首先沦陷了呢? 这里面除了欧洲人, 比如早期的葡萄牙人, 早就习惯于经海路大规模到达印度半岛进行殖民和贸易活动这个原因, 还有一个很重要的机缘, 那就是多种力量先后削弱了莫卧儿帝国。也就是说, 莫卧儿帝国首先是自身出了问题, 在连续的内外冲突、弱肉强食、烧杀劫掠的情况下, 莫卧儿统治下的南亚地区出现了政治解体以及随之而来的经济衰退。而这解体过程中，并不能说是英国人凭一己之力战而胜之，英国只是削弱莫卧儿帝国实力的力量之一，另外的因素还包括前面已经讲过的内部的马拉塔人、外部的波斯人和阿富汗人对莫卧儿帝国的影响。

在这里，我们要集中讨论英国因素。当然，首先必须明确的是，从削弱莫卧儿帝国的角度来说，这些内外和前后相继的因素之间是有联系的，尤其是对更远的外来入侵者英国人来说，其他势力对莫卧儿的削弱当然有利于英国人在当地的扩张。可以说，正是在莫卧儿帝国衰落之际，英国乘机逐渐征服了莫卧儿帝国统治下的印度。

从整个过程来看，并不是英国这个国家倾全国之力出兵打败了莫卧儿帝国。在征服印度的过程中，发挥了最重要作用的其实是英国东印度公司。前面说过，这家公司成立于1600年，此时的中国正值明朝万历二十八年。这个公司成立的最初目的，是获取东南亚摩鹿加群岛出产的香料，但由于17世纪上半叶在与荷兰人的竞争中被打败，英国东印度公司不得不退出这场竞争。于是，他们改变了初衷，转而在南亚次大陆寻找机会，这就是孟加拉和南印度地区生产的棉布。印度在棉花种植和棉纺织方面具有传统优势，而这些产品又在英国大受欢迎。这是英国人集中精力在这方面获取利润的重要原因。这就是我们在这一季的第一单元和工业革命的单元里讨论过的内容。

依靠英国国王的外交支持，在莫卧儿统治者的保护下，英国东印度公司很快就在印度站稳了脚跟，并逐步扩大自己的势力。面对残酷的竞争和经商环境，英国商人希望国王授予他们更多的权限。于是，在17世纪后期，英国东印度公司得到英国政府授权，可以在海外行使占领、铸币、组建军队、结盟和宣战、签订和约以及审判的权力。在获得授权后，东印度公司就在印度当地招兵，再从欧洲高薪聘请军官进行军事训练，很快就组建一支精锐的军队，相对于印度各土邦的武装来说，东印度公司军队的人数虽少，但军饷按时发放、武器精良，且训练有素、战术先进，因此战斗力很强。所以说，到这个时候，东印度公司几乎已经是一个准国家性质的组织。否则，我们很难理解它后来是如何殖民印度的。

欧洲殖民者在亚洲的策略，总是先占领沿海的港口，作为殖民和经商的基地，无论是马六甲、万丹还是马尼拉都是如此。在印度沿海地区，东印度公司也是在沿海的港口扎下钉子，在商站和居住地修筑防御工事，由英国人雇用和训练印度土兵来保卫，俨然国中之国。英国人还得到当地新兴资产阶级的支持。欧洲人的商站都位于沿海边缘地区。他们需要的货物是由印度人的代理商行收集来的。这些印度商人也由此成了暴发户。印度商人与欧洲商人的公司特别是东印度公司利益攸关，而且厌恶本地政权的横征暴敛。印度大银行家也愿意借钱给东印度公司，因为后者的信誉更好。

1717 年，莫卧儿皇帝下令免除东印度公司在孟加拉的关税，这给该公司对印度贸易带来巨大优势。同一年，英国东印度公司又从莫卧儿皇帝那里获得英国商站所在地马德拉斯（即金奈）和加尔各答周边的征税权。东印度公司由此开始在印度逐步扩张，他们利用教派、种族、地区之间的隔膜，用印度人打印度人，通过大大小小一百多次战争，逐渐控制整个印度。这个过程中，英国和法国为争夺印度就进行了三次大规模的战争（卡那提克战争[Carnatic Wars], 1746—1748、1749—1754、1756—1763），结果是法国势力被排挤出印度。

　　莫卧儿人并不是没有抵抗。据说在 1756 年，在英国控制的加尔各答，英国殖民者和孟加拉人就曾经发生过激烈冲突，人们在孟加拉的纳瓦布（Nawab，为莫卧儿帝国管理孟加拉的世袭统治者）道拉（Siraj ud-Daulah，1756—1757 年在位）的率领下，曾经攻进加尔各答，把一百多名英国俘虏关押在一间小黑屋，结果是一百二十三人被闷死，这就是著名的"黑屋事件"或者"黑洞事件"。这件事情是真是假，学界还有很多争论，但肯定的是莫卧儿人对殖民者不满。但是，他们之间毕竟强弱悬殊，武器精良的英国人逐渐控制这一带的局面。特别是 1757 年，这是一个关键的时间点。正当东边儿的清朝平定准噶尔，清朝军队乘胜进入伊犁，控制了新疆地区的这一年，东印度公司的军事指挥官、历史上臭名昭著的罗伯特·克莱武（Robert Clive，1725—1774）指挥军队在普拉西战役（Battle of Plassey）中战胜孟加拉当地王公，使东印度公司取得在孟加拉地区的税收权。

　　这是一个标志性事件。普拉西战役是英国东印度公司与印度孟加拉王公之间的战争，后者还得到法国的支持。从实力上来说，克莱武指挥的部队不足三千人，孟加拉方面则有七万人，具有人数的绝对优势。但结果呢？是训练有素的英印军队以少胜多，击溃孟加拉的军队，战败的王公也被处死。英国东印度公司随后在当地建立傀儡政权。普拉西战役的胜利，展示英国人的武力之强大，也暴露莫卧儿治下印度的虚弱，最终英国东印度公司获得巨大利益，在孟加拉取得霸权。这为英国人征服孟加拉以至最后征服整个印度铺平道路，也为英国打败法国在印度的势力奠定基础。因此，在英国殖民印度的历史上，普拉西战役具有重要的意义。

　　在英国政府的支持下，为了获取印度的财富和商业利益，东印度公司不断挑起印度土邦间的矛盾并伺机出兵，很快就使庞大的莫卧儿帝国名存实亡。在此过程中，除了攫取巨额财富，东印度公司的实力也迅速增长。到了 1803 年，东印度公司麾下的军队，已经达到英国陆军总数的两倍以上；到 19 世纪中期，英国在印度的雇佣军已经达到了二十万人。

普拉西战役之后，英国人还进行了四次侵略迈索尔王国（Kingdom of Mysore，1399—1950）的战争（1767—1769、1780—1784、1790—1792、1799）、三次针对马拉塔的战争，最终控制马拉塔诸政权的大部分地区。马拉塔王国于 1818 年名存实亡。英国成为印度实际上的主权执掌者。不过，马拉塔地区（今天的马哈拉施特拉邦，首府孟买）一直保存着反抗外来入侵者的传统，并贡献一批争取民族独立的领袖。到了 1849 年，英国人吞并旁遮普，完成对印度的全部占领。

至此，印度完全沦为英国殖民地。

2. 英国对印度的统治

普拉西战役之后，东印度公司开始越来越多地干预印度内政事务。不管是出于主动或者被动，东印度公司最终走上商贸公司实施领土统治的道路。在东印度公司的人员构成中，文官成为一个特殊和重要的角色。18 世纪 70 年代，文官的人数达到二百五十人。此外，白人军官的人数也迅速增加，到 1784 年的时候，已经有一千零六十九人，他们负责训练和指挥日益庞大的印度雇佣兵。在 18 世纪，东印度公司的文官和军人，同时也在私下经营自己的生意。此外，还有一些非公司职员，他们通过非法途径来到印度，在向东印度公司缴纳保证金后，获得在当地从事贸易活动的许可，这种人在 1800 年时达到了近一千人。

东印度公司的官员滥用权力，搜刮财富，对印度富人敲诈勒索，也曾遭到英国社会舆论的谴责。英国议会开始考虑，把英国在印度的统治权从东印度公司转移给英印政府。1773 年后，英国国会和政府开始逐渐通过一系列法案，加强对东印度公司的管理，明确公司拥有政治职责的同时，也逐渐将公司统治的地区在形式上纳入王室管理之下。最初由东印度公司任命的孟加拉总督，也就逐渐升级为印度总督，而总督的权力也不断扩大。虽然东印度公司还维持着实际的贸易垄断地位，不过由于要履行政府管理职责，这逐渐成了东印度公司的负担，其经济状况也不断下降。到 19 世纪 30 年代，东印度公司的商业职能被剥夺，只是继续执行其政治和管理职能；到 19 世纪中后期，东印度公司对印度的管理事务，终于也转交英国政府，印度成为英国的直辖殖民地。

英国人在印度各地，实行双重管理制度，即保留土邦王公，地方事务由原有的地方政府管理，东印度公司负责消除匪患，维持治安，征收土地税。但东印度公司的兴趣主要是攫取财富，从 18 世纪后期到 19 世纪初，在印度共榨取了十亿英镑，其中税收是东印度公司的重要收入来源。1765—1766 年，征收孟加拉的地税为一百四十七万英镑，1771—1772 年增加到二百三十四万一千英镑，1775—1776 年增加到二百八十一万八千英镑。除了税收和贸易，东印度公司还进行赤裸裸地直接搜刮和抢劫。克莱武曾抢劫孟加拉的财库，给东印度公司一下子带来了三千七百多万英镑的收入。

关于英国在印度的殖民和统治，一种传统观点认为，英国人带来西方文明的种子，是欧洲帝国主义扩张的最伟大奇迹之一。

实际上，东印度公司对印度的统治，由于其逐利的本质并没有实质上为印度的治理带来根本改变。饥荒是印度次大陆历史上的一种周期性灾难。印度地处热带，降水变化对农业影响极大，各地不时发生饥荒，英国在实行间接统治期间，一直对灾荒无所作为。比如，英国人刚刚确立对孟加拉的统治之时，孟加拉就遭遇因厄尔尼诺现象导致的大饥荒（1769—1770）。对于饥荒，印度当地的统治者似乎从来没有什么良好的赈灾措施，东印度公司也仅仅囤积粮食自救。在灾难中，孟加拉有三分之一的居民（约一千万人）丧命。

3. 回到棉花：东印度公司、印度和英国的贸易体系

我们提到，东印度公司也是一个拥有特许权的、垄断的商业组织。那么从贸易的角度来看，东印度公司以及它治下的印度在英国对外贸易体系中扮演了什么角色呢？

首先，这可能还得提到我们曾经讲过的一种重要的全球贸易商品——棉花及棉纺织品。有关印度和英国在棉纺织业上的竞争，梁捷老师已经有过非常精彩的叙述。简单总结来说的话，印度本身制造业发达，从 17 世纪下半叶到 18 世纪初，印度生产的棉纺织品已经成为世界上很多地区广受普通民众欢迎的热门商品。英国人在本土也积极模仿印度的棉纺织业，不过一度很难跟印度人竞争。在整个 18 世纪，在包括英国在内的欧洲与西非的贸易活动中，印度棉布的转口贸易占据首位。按照当时的航海法体制，殖民地之间不能直接进行交易，因此印度生产的商品必须经过伦敦等欧洲港口再进行交易。

18 世纪后期，随着英国对印度殖民化加深，越来越多的印度商品进入英国本土市场，对英国本土的纺织业生产构成极大的威胁。1720 年，英国 15% 的进口商品来自印度，几乎所有进口活动都通过东印度公司。东印度公司经营的印度棉纺织业务及其垄断性质，对在英国本土发展起来的棉纺织业来说是巨大的威胁。为了防堵印度商品的挑战，英国本土的工商业集团可谓煞费苦心。英国本土的纺织业集团，最初是实行保护主义政策，不断提高印度棉纺织品进入英国的关税。与此同时，18 世纪后期，以印度的棉花作为原料，以棉纺织行业为中心，英国相继展开一系列的技术革新，这就是工业革命。到 18 世纪末 19 世纪初，英国的棉纺织业已经在很多方面赶上印度。

随着英国制造业水平的提高，英国人就开始转变政策，积极推动所谓的自由贸易，这是英国本土纺织业集团、在印度活动的英国工商业资本集团以及伦敦的金融服务通商集团共同的需求，这最终导致 19 世纪前期东印度公司对印度和对华贸易垄断特权相继被废止。到 1849 年，《航海法案》被废止，自由贸易体制最终确立。但是应当注意，这不能被简单地解释为某种观念或制度的胜利，而必须认识到其实现的背景是英国制造业经过模仿、保护和机械化等阶段后，已经具备强大的国际竞争力。

到 19 世纪初，英国已成为世界上最先进的资本主义工业国。1814—1835 年，印度输出英国的棉布从一百二十五万匹跌到三十多万匹；而同一时期中，英国输出印度的棉纺织品由不足一百万码增加到五千一百万码以上。印度手工纺织业遭到沉重打击，千百万手工业者破产。往日手工业发达、人口稠密的城市，如达卡遭到毁灭性破坏，人口从 1827 年的十五万人锐减到三万人。许多手工业者因失去生计而挣扎在死亡线上。

另外一个情况是，随着英国海外殖民格局的变化，印度的重要性也日益凸显。我们提到，到七年战争结束时，在欧洲之外的法国势力也遭到英国的驱逐，最重要的就是在美洲和印度。因为，在这之前，法国在这些地区也是重要的存在。不过，英国在美洲也很快面临一个重要的问题，那就是美国独立。这就是我们熟悉的 1775—1783 年的美国独立战争，战争爆发的直接原因是，在与法国争霸的过程中英国虽然取胜，但面临日益严重的财政困难，英国因筹措军费而背负了一亿三千万英镑的债务，成为一个靠发行国债维持重商主义战争军费的"财政军事国家"。于是，英国政府不得不将一部分财政负担转嫁给北美殖民地，不断地向北美各殖民地增加税收，并实行高压政策，最终导致殖民地人民的反抗。而在这场战争中，法国再次抓住机会，帮助美国人打击英国人，给英国人以重挫。对失去北美殖民地的英国人来说，印度当然就愈发重要。随着工业革命的发生，英国的生产和贸易能力与日俱增，它就需要更多地介入到亚洲，包括与亚洲的商业竞争以及获取原材料和产品倾销地等。

英国对印度的控制，使其获得巨大的财富，也使其拥有向东南亚和东亚扩张自身商业利益的能力和基础。不过，长期以来，英国人并没有可以用于和中国交换的商品，针对中国在瓷器和茶叶方面的优势，东印度公司鼓励孟加拉农民种植鸦片，用于走私到中国。在 19 世纪 20 年代至 30 年代，东印度公司走私到中国的鸦片平均每年九百吨，而鸦片贸易占了公司总收入的七分之一。通过鸦片强行改变贸易不平衡的结果，想必大家都清楚，这就是19 世纪鸦片战争的故事。

4. 日不落帝国与殖民地命运

总之，印度成为英国的殖民地，是18世纪全球史上的重大事件，也是一系列世界性历史变化的重要开端。当然，印度对英国也具有重要的经济意义和战略意义，不仅使得英国真正成为"日不落帝国"，此后一个世纪成为英国的世纪，英国女王也因吞并印度而成为帝国女皇，印度也被称为英王"皇冠上的宝石"。

对于印度呢？从长时段的历史上看，应当说，英国的统治深刻地改变了印度。一方面，英国带来的欧洲近代政治制度、经济形式和科学技术，深刻地冲击着印度，但原来印度社会的种姓制度、部族结构、宗教信仰、生活样式仍然顽强地存在，这为后来的印度（包括现在独立的孟加拉国等）留下尖锐而深刻的矛盾；另一方面，也正如马克思指出的，英国在印度的殖民统治，固然破坏旧的印度文明，但又为建设新的印度社会奠定基础，包括为印度将来"完全摆脱英国的枷锁"创造条件。这里是不是充满历史的复杂性呢？

第五节　陆上帝国俄罗斯的崛起与扩张

在前面，我们讲了英国对印度的殖民，那是一个海洋帝国成长的故事。从这一季的第一节开始，我们还多次提到一个陆上帝国，那就是俄罗斯，也就是我们今天这一节的主角。之前我们讨论了西欧的战争与争霸，而这一节我们关注东欧的情况，主要是俄罗斯的崛起和俄土之争。大家或许还记得，我们曾说过，东欧曾是三个国家争霸的战场，一个是瑞典，一个是波兰立陶宛联邦，一个是奥斯曼土耳其，但这三个国家后来都逐渐没落。

到 19 世纪，东欧成了三个新的强国的天下，它们都是开明君主专制国家——俄罗斯、普鲁士和奥地利，这里面又以俄罗斯最为关键。

1. 俄罗斯的崛起

我们讨论过不少海洋上的事，地中海、大西洋和印度洋都讲了不少，波罗的海虽然不大，但在历史上也非常重要。早在 14 世纪早期，波罗的海就成为非常重要的贸易航运水域，通过这片大海，波兰、立陶宛等周边国家融入欧洲经济，像匈牙利、波西米亚和莫斯科大公国这些陆续崛起的东欧列强，也都跟波罗的海有密切关系。当然，那时候这些新兴的国家还无法跟奥斯曼土耳其人抗衡。

我们之前提到，帖木儿的征服的一个重要后果就是沉重打击了蒙古的金帐汗国，其实这也为莫斯科公国的兴起提供了便利，那是 13 世纪末的事情。等到了 15 世纪，金帐汗国分为四个独立汗国，彼此争斗不断，就更给俄罗斯进一步崛起的机会。莫斯科公国的大公伊凡三世（1440—1505），在 15 世纪后期击败金帐汗国军队，逐渐统一东北罗斯，1485 年又成为"全罗斯"的大公，建立集权的王朝国家体制。到 16 世纪，伊凡三世的孙子伊凡四世（Ivan IV，1547—1584 年在位，又称"伊凡雷帝"），在统治期间强化集权，自称"凯撒"，也就是我们平常所说的"沙皇"。他逐渐消灭了从金帐汗国分裂出来的两个小汗国，实力震动奥斯曼帝国。1700 年，俄罗斯人攻灭连接草原和森林地带的关键环节——西伯利亚汗国，从而夺取了对欧亚毛皮贸易的控制，获得重要的经济利益。从此，俄罗斯人在这片广阔的土地上自由往来，大肆征服。到 17 世纪中叶的时候，莫斯科公国就已经建立起一个从西伯利亚森林到太平洋海滨的庞大毛皮贸易帝国。俄罗斯的崛起是欧亚大陆上的一个重要事态，它将在未来的三百年里推动欧亚大陆的变化，改变欧亚大陆的版图，一直到今天。

跟金帐汗国以及之后分裂出来的那些蒙古人的小国相比，俄国代表的是新型的力量，它是集权制的王朝国家，又是定居帝国，因为他们信奉东正教，所以还顺便接过了拜占庭的大旗。所以，俄国人在信仰和组织上都更有凝聚力，他们的对手大多是一些松散的部落联盟，受帖木儿征服的影响长期未能恢复实力，且陷入内部的混乱状态。这也都是俄罗斯崛起的重要条件。

不过，在彼得大帝（Peter I，1672—1725）之前，俄罗斯的力量依然有限，在 17 世纪初莫斯科甚至曾两次被波兰占领。也是在这个时候，曾属于厄鲁特蒙古的游牧民族卡尔梅克人来到里海北岸的大草原，俄国人也不得不与他们和平共处。俄罗斯南边，更是强大的奥斯曼帝国。此外，16 世纪以后崛起的伊朗也是南边一支不可忽视的力量。到了遥远的东边，还有后来的清朝崛起，抵挡住俄国的扩张，迫使他们之间签署了《尼布楚条约》。

1682 年，十岁的彼得·罗曼诺夫继任沙皇，史称彼得一世。1697 年，彼得率领随从赴西欧考察。他看到俄国同西欧先进国家之间的巨大差距，为西欧的先进所折服。返回俄国后，彼得发起一系列的改革：建立统一的行政体制，推行征兵制，建立比较正规的陆军和海军；引进西方先进的训练方法和武器装备，同时重视发展本国生产装备的能力；积极发展工业，推行重商主义政策；加强对教会的控制；并且学习西方先进科学文化；革除落后的风俗习惯，强迫贵族采纳西式生活方式。

彼得的改革强化了中央集权统治，使得俄国国力迅速提升。18世纪初，彼得在波罗的海涅瓦河口建立新首都彼得堡。1700至1721年，俄罗斯为夺取波罗的海出海口，与当时的北方强国瑞典打了一场"北方战争"（Great Northern War）。为了打击瑞典，俄罗斯与丹麦、波兰结成"北方同盟"。1700年，瑞典先是出兵攻打丹麦，随后进军波兰，俄罗斯参战，被瑞典击败。瑞典军队得胜后转攻波兰，俄罗斯军队得到喘息机会，进行内部整顿与改革，战斗力大大提高。1709年，俄瑞军队决战，俄罗斯大败瑞典。

1714、1721年，俄罗斯又两次大败瑞典军队。1721年，瑞典求和，双方签订《尼什塔特和约》（Treaty of Nystad），北方战争结束。结果是俄罗斯攫取了芬兰湾、里加湾、爱沙尼亚和拉脱维亚的大部分地区，终于将领土扩张到波罗的海沿岸。这份和约也损害了波兰的利益，加深波兰对俄罗斯的依附。北方战争结束之后，瑞典失去大国地位，俄罗斯却得到波罗的海周围领地，成为东欧最强大的国家。

1721年，俄罗斯参政院奉献给彼得以"伟大皇帝"称号，从此他就是"彼得大帝"了，莫斯科公国也正式改国号为"俄罗斯帝国"。

2. 奥斯曼帝国的衰退

俄罗斯崛起之后，不断自我更新和扩张。相比之下，在它南方的奥斯曼帝国则在 16 世纪达到巅峰后力量有所收缩。1683 年，也就是清康熙二十二年，奥斯曼人第二次围攻维也纳失败。这次战役具有历史性意义，因为它标示着奥斯曼人经历长期的扩张，终于转入守势；从另一面来讲，这就是 17 世纪欧洲基督教世界的绝地反击！有人还说："欧洲人对奥斯曼军队的神话与恐惧，从 1683 年起开始消退。"

在维也纳的胜利之后，欧洲一些国家结成反对奥斯曼帝国的同盟。他们逐步推进，在多瑙河地区发动一连串拉锯式竞争。在海上，威尼斯和哈布斯堡的海军也开始取得胜利。1697 年，奥斯曼帝国又一次企图进军匈牙利，这回终于遭到德意志联军的沉重打击，奥斯曼帝国一败涂地，奥斯曼人相对于欧洲人的长期压倒性优势至此不复存在。

当然，这可并不意味着奥斯曼人只能接受退败的命运。尽管大趋势是奥斯曼人日益收缩和衰败，但中间也还有过多次反复，奥斯曼人偶尔也会取得一些胜利。至少在 18 世纪前期，它还有不少次对俄国、高加索、奥地利用兵胜利的记录。基督教的欧洲世界这边，也出现一些新情况，把各国的注意力牵扯进去，主要就是各国之间陷入长期战争。例如法国与奥地利、俄罗斯与瑞典的矛盾竞争，以及 18 世纪头二十年里发生的西班牙王位继承战争，都在很长时期内成为时不时缓解奥斯曼帝国压力的外部因素。

从内部社会的发展来看，奥斯曼帝国延续 17 世纪的危机，暴露出越来越多的问题。比如说，我们看到，在 1686—1687 年冬天，奥斯曼军队的粮食和物资缺乏，军饷拖欠，导致军队时不时发生叛乱。奥斯曼战败后扩大征兵，又导致安纳托利亚和鲁米利亚大部分地区的人口大量减少，更进一步导致农业的破坏。欧洲战场上回来的逃兵，又引发混乱，那些士兵逃脱之后，往往沦为盗匪。整个帝国的财政出现大问题，发不出钱是常见现象。不断拖欠军饷，战场上物资供应跟不上，纪律也不行，这样的军队怎么可能打胜仗？而中央政府一缺钱，就要加强收税，当然就出现巨大的矛盾。以前免税的官员和宗教人士，现在也被迫缴纳战争税。与此同时，社会上的面包价格不断上涨，人民生活艰苦，饿死者成千上万。这类情况反复出现，一直到奥斯曼帝国末期。

其他东方国家，之所以能在一定程度上避免奥斯曼人所经历的内忧外患，主要原因之一，就是他们离基督教欧洲世界没有那么近。多个欧洲列强还不断干扰奥斯曼内部变革的节奏。例如远东的清朝，无论是陆上还是海上，都要在更晚的时候才感受到欧洲人的压力。

1683—1697年，奥斯曼人与威尼斯、波兰、奥地利、俄罗斯等国发生多次战争，连续失利。结果，在1699年于多瑙河右岸卡洛维茨（Karlowitz）这个地方举行谈判。奥斯曼帝国失去大片领土，而其他各方的权力和利益在妥协的基础上得到保证，使得他们具有更大的相对优势。这才是奥斯曼人由盛转衰的真正标志。

《卡洛维茨条约》签订之后，奥斯曼人开始改革经济、财政、金融与军事，国力在一定程度上有所恢复。但问题仍然是旧有的，就是改革不断遭到既得利益者的反对，所以这些改革总是没办法进行下去，发动改革的人也很快失去权力，甚至生命。至于那些反对改革的人，对外打仗不行，对内搞混乱却很在行，甚至经常能够废立苏丹。所以，奥斯曼人不是不知道问题在哪里，只是它这个体制已经积重难返。整个18世纪的奥斯曼改革就是走一步退一步，甚至退两步。

18 世纪末，某种学习西方的迹象也在奥斯曼帝国出现，虽然其目的还是为了加强奥斯曼的传统优势，维护奥斯曼帝国的统治。可诡异的是，不管每一场改革的成效如何，总体而言，我们都会发现，随着时间的推移，奥斯曼人的改革越深入危机也就会变得越大。它的政治、经济和军事体制，一直还是在旧的框架里转悠，奥斯曼人只能在历史的洪流中被裹挟着漂流前进。

3. 叶卡捷琳娜与波兰

与此同时，俄罗斯这边的改革却颇有成效。彼得一世之后，18 世纪初的俄国本已跻身欧洲列强。不过，在彼得一世死后的三十七年间，沙皇更迭频繁，彼得一世的西化纲领难以为继。好在女皇叶卡捷琳娜二世（Catherine II）在位长达三十四年（1762—1796），推进了彼得一世的事业。她的开明专制，很大程度上是彼得一世西化改革的延续。

叶卡捷琳娜二世熟读启蒙思想家的作品，即位后与伏尔泰、孟德斯鸠、狄德罗等人都有书信联系，并对启蒙思想家给予资助。她在经济方面实行一些开明政策：强调发展农业生产，鼓励工商业发展；限制酷刑并实行一定程度的宗教宽容；鼓励把西欧文化引入俄国。在国际问题上，叶卡捷琳娜二世延续彼得一世的扩张政策，使俄罗斯帝国版图不断扩大，向南延伸至黑海海岸，向西扩展到波兰边境。

这时，波兰还是一个拥有近一百万平方千米领土的大国。非常不幸的是，波兰的政治路径，最终导致它无力抵御周边强国的干涉。波兰贵族人数众多，实行"自由选王制"，贵族协商选举，决定王位继承人，王权还受制于贵族议会。17 世纪，波兰议会又实行自由否决权的制度，规定只要有一个议员不同意，议案就不能通过。在当时欧洲新君主国成长壮大、中央集权和绝对主义发展强化的大潮流下，波兰走上特别不同的贵族民主政治之路。强大自由的贵族的确造就了文化的繁荣。但是，由于不能形成像法国或俄国那样强大的王权，又不能形成英国那种有效代表统治阶级集体利益的议会权力，波兰便经常陷入政治上的瘫痪和混乱，无法抵御其他强国的干涉。

1772 年，俄国在"恢复波兰的和平与秩序"的名义下，与普鲁士、奥地利瓜分了波兰的部分领土。1793 年，俄、普第二次瓜分波兰。1794—1795 年，波兰爆发了要求恢复领土和独立的民族大起义，但却遭到俄、普的镇压。终于，1795 年在俄、普、奥第三次瓜分后，波兰王国不复存在。通过三次瓜分行动，俄国、普鲁士和奥地利分别获得 62%、20% 和 18% 的波兰国土，其中显然俄罗斯是最大的获利者。

4. 俄土战争

在俄罗斯持续不断的扩张战争中，俄土之争是全球史上不能不讲的大事。由于这一系列战争在 17—19 世纪这条漫长的时间线上延续，有必要把它单独拿出来讲一下。

其实，在 18 世纪之前，俄国对奥斯曼人还没有什么明显优势。即便是彼得大帝时代，双方也是互有胜负。对奥斯曼人来说，当时的俄国还不构成实质性威胁。不过，17 世纪中期，奥斯曼人上层热衷于毛皮，在宫殿的墙壁和天花板上都覆盖着毛皮。毛皮变得很昂贵，成为上层社会的奢靡消费。这些毛皮大部分是从俄罗斯来的，所以这个时候奥斯曼人很重视与俄国人的贸易，帝国花费大量金银去换取俄国毛皮。这些奢侈消费，给奥斯曼人的财政和社会风气都造成极大的影响。

到了 17 世纪晚期，第一次俄土战争发生了，俄国先是确立对乌克兰部分地区的统治，为它向南扩张创造了条件，俄国还夺取了黑海的亚速。但在 1710—1711 年的第三次俄土战争中，俄军战败。彼得大帝还被奥斯曼人包围，俄国最终答应归还以前占领的奥斯曼领土，承诺不再干涉奥斯曼的国内事务，苏丹则同意允许俄国人继续在自己的领土上开展贸易，并试图调解俄国与瑞典的关系。奥斯曼人自己的北方问题，这才暂时得到解决。当然，彼得大帝的俄罗斯也得到喘息之机。

直到 18 世纪前期，俄国的首要目标还是在北边，那里的竞争对手是瑞典。击败瑞典之后，1723 年彼得大帝就利用伊朗的虚弱，迅速通过高加索用兵。奥斯曼人担心俄国独占利益，也出兵伊朗。俄土两强相接，立刻面临再战的局面。不过，双方最终还是签订和约，瓜分了高加索。可见，在 18 世纪初的时候，奥斯曼和俄国基本上还是旗鼓相当。

18 世纪 30 年代，在瑞典已经战败、波兰也是亲俄派当权的情况下，俄国又对奥斯曼开战。那个时候的俄罗斯还和奥地利签署了秘密协议，在对奥斯曼人的战争中协同合作。1736 年，俄土战争爆发，俄军击败奥斯曼人，再次占领亚速。但在另外的一条战线上，奥斯曼人也同样击败俄军，俄军因为太过深入奥斯曼领土，造成补给困难，最终被迫撤退。第二年，俄军卷土重来，可这一次又因为内部混乱，效果不佳。

不只如此，奥斯曼人还在西侧挡住奥地利的进攻，收复一些失地。1738—1739 年，奥斯曼人对奥地利的反攻大部分是有效的，重建了多瑙河防线。在东边，俄国人也暂时放弃征服野心，归还了亚速，终止在黑海的所有活动。可这些暂时的胜利，却反而使奥斯曼帝国的深入改革被推迟了。到 18 世纪中期，奥斯曼人经历了一段历史上最长的和平时期，长达二十多年没有战事。原因就是我们刚才说的欧洲人忙着自己内部的战争，例如西班牙王位继承战争和七年战争。

但是，到 18 世纪 60 年代，叶卡捷琳娜当上俄国沙皇之后，奥斯曼帝国就要面临更加严重的挑战了。

1768 年，俄土战争再起。这已经是第五次俄土战争。这次战争时间更长、范围更广，对奥斯曼帝国的破坏更严重。这也是 18 世纪结束以前，对奥斯曼帝国影响最大的战争。战争中有些情况值得注意：俄国先是搞乱了仍然附属于奥斯曼人的克里米亚汗国内部，这里的鞑靼人就没法支援奥斯曼人了。奥斯曼人这个时候的宰相不懂军事，后勤保障问题也极大；在这次战争期间，奥斯曼地方实力派接到政府命令，组织私家军参战，政府也召集了非正规部队，规模很大，有二三十万人，多是一些饥民。各地的地方实力派担任这些非正规军的指挥官，纪律难以保证，沿途抢劫经常发生。在这之前的和平时期，曾经不可一世的帝国禁卫军涣散无力，跟非正规军也没啥区别。要不是因为俄军指挥官意见分歧大等各种原因削弱了俄军的实力，奥斯曼人根本坚持不了多久。

尽管如此，俄军最终还是取得重大胜利，奥斯曼人惨败。1771 年，俄军占领克里米亚。战争期间，俄国海军还进入过地中海，沉重冲击了奥斯曼土耳其的沿岸，最终迫使奥斯曼人求和。奥地利和普鲁士都不希望俄国扩张太快，俄国又恰恰爆发农民起义，所以俄国也不能不答应和谈，双方便在 1774 年签订《库楚克—凯纳吉条约》(Treaty of Kuchuk-Kainarji)。这是奥斯曼帝国历史上最屈辱的条约之一。俄国取得第聂伯河与布格河之间的地区，首次获得在黑海的自由航行权。土耳其又承认克里米亚汗国"独立"，让它脱离自己的控制（1783 年俄国干脆吞并克里米亚，奥斯曼人还在第二年承认这个事实），于是俄国就能在黑海地区建立更多的军事据点。不仅如此，俄国女皇还获得保护奥斯曼境内所有东正教教徒的权力，那其实就是获得合法干预奥斯曼帝国内政的权力。奥斯曼人更在这一战中失去过去几十年和平时期积攒的国库收入，财政面临崩溃，还要给俄国赔上巨款。

　　一边是一个新兴帝国的兴起，另一边是一个老旧帝国的衰败，这就是东欧地区以及亚洲西部帝国争霸的结局。但是，这个帝国时代的故事还没有完，因为那时还有另一个绝对不容忽视的庞大陆上帝国，它当然就是我们都非常熟悉的清朝。就像刚才我们所讲的，正是它挡住俄罗斯帝国扩张的步伐。我们今天对清朝的认知，总是受限于它后期的腐朽，却忘了当时的清朝也曾是欧亚大陆上一大强权。

（昝涛）

第七讲

鸦片的贸易和战争

第一节　鸦片的早期历史

　　前面，我们讲了欧亚各个新老帝国的起起落落，彼此角逐，我们"从中国出发的全球史"当然不能忘了东边我们这个清朝。在亚洲东部，清朝曾经雄霸一时。17世纪，清朝收复台湾，漠北的喀尔喀蒙古三部（土谢图汗部、车臣汗部、札萨克图汗部）归降清朝。18世纪，清朝南征缅甸，而在西部平定准噶尔，进军伊犁和喀什，同时又通过"金瓶掣签"（又称"金瓶鉴别"）解决了西藏问题，形成一个庞大的国家。但是，到了19世纪，在来自欧洲的新帝国殖民者的冲击下，它也很快衰落。尽管它并没有像莫卧儿帝国那样彻底沦为殖民地，但也摇摇欲坠。导致清朝在18世纪之后帝国争霸中衰落的历史原因，有一个因素值得特别拿出来讲，这就是"鸦片"。

　　我们之所以在大航海之后的全球帝国争霸过程中把鸦片插进来讲，是因为在当时的全球贸易中它太重要。如果说，历史上全球贸易中，丝绸、瓷器、香料、白银、棉花相继是重要的物资，那么到了 19 世纪，鸦片成了搅动全球经济、政治的最重要商品，甚至它还成了引起历史转向尤其是中国历史数千年未有之大变局的重要因素。当时，欧洲需要大量东方商品，先是丝绸、瓷器，后来是茶叶等，可是那时的清朝却不那么需要欧洲出产的东西。为什么？因为当时中国仍然是在自给自足的经济模式中。所以清朝皇帝才会傲慢地说，天朝无所不有，你那里要么是奇技淫巧弄出来的玩意儿，要么是和我大清民生无关的东西，因此并不怎么待见远方的商品。可这样一来，欧洲除了白银，没什么好拿来交换的，这就导致贸易逆差越来越厉害，最后便拿鸦片这种东西来大量输入中国，换取中国的各种商品，才引起后来的天下巨变。在帝国争霸和角逐的历史上，这个小小的鸦片却有着大大的作用，它在某种意义上导致东西方帝国势力强弱变化。因此，我们想仔细讲一讲这个"鸦片"。

那么，提到"鸦片"两字，我们首先会联想到什么？很可能是毒品，是"东亚病夫"，是手捧烟枪躺在床榻上吞云吐雾的瘾君子，还有屈辱的鸦片战争以及《南京条约》《天津条约》。这些关于鸦片的种种印象，普遍深深地烙在近代中国人的脑子里，挥之不去。不过，如果我们穿越到过去看看鸦片的历史，和唐代人、宋代人、明代人或者清初人交流，他们肯定会对我们的偏见不以为然，甚至还可能纠正我们：鸦片没有你们说的那么坏，只是看谁在用，怎么用，用来干什么。

在这里，让我们暂时先抛开屈辱的近代史，跟随中外文献中的记载，追溯鸦片的起源。

1. 来自远方：鸦片的起源

想来人们都知道，鸦片是罂粟果实的一种提取物。罂粟原产于西南欧，长成之后能高达一米五左右。它的生长周期比较长，每年 9 月播种下去，到第二年夏季才能开花。花的颜色主要有红色、白色、紫色几种，花朵大而艳丽，是非常好的园艺植物。待到天气入秋，北风吹起，花萼和花瓣就会先后掉落，枝顶留下圆形或者椭圆形的果实。等果实接近成熟，用小刀把果壳划破，会从里面流出乳白色的汁液，遇到空气，很快氧化变黑。把这些黑色凝结物收集起来，就能得到生鸦片。生鸦片质感柔软，富有弹性，只是产量很低，一个罂粟果仅能提取半克，生产一千克鸦片要耗费一千多个罂粟果。

如果继续加工生鸦片，通过溶解、烧煮、发酵，人们就能得到熟鸦片。古希腊人称之为 Opion，也就是今天"鸦片"（opium）一词的语源。鸦片还有另一个名字"阿芙蓉"，这个大家都应该熟悉。这并不是汉语词汇，而是从阿拉伯语 Afyun 音译过来的。一个"鸦片"有两种译名，这是和种植、传播罂粟的历史分不开的。

人工种植罂粟的历史，能追溯到六千年前。在一些欧洲国家的新石器时代遗址里，比如德国、西班牙、意大利、瑞士等，人们都发现过罂粟存在的痕迹。最晚在公元前 8 世纪，古希腊人已经熟练掌握采集鸦片的技术了，同时开始在一些重要场合服用鸦片。荷马史诗《奥德赛》第四卷记载，特洛伊战争之后，希腊人为了庆祝这场艰苦卓绝的胜利，举行一场大规模的庆功宴。宴会上有一种酒，酒里注入某种药剂，荷马描述说，这种药酒"使人忘却所有的悲痛。谁要是喝下缸内拌有此物的醇酒，一天之内就不会和泪水沾缘，湿染他的面孔"。虽然没有十分充足的证据，但包括钱锺书在内的一些学者都认为，这就是早期的鸦片饮料。

考古发掘也证明了古希腊人曾经使用过鸦片。在希腊出土的陶器上，一些绘制的图画表明，在一些宗教场合已经有祭司使用罂粟果供奉神灵。到了2世纪，生活在罗马帝国的希腊医生盖伦记载，在使人镇定以及促进睡眠方面，鸦片的效果十分显著。毫无疑问，此时希腊人已经将鸦片作为一种药物使用。

到了1世纪前后，罂粟从欧洲传播至小亚细亚、埃及一带。等到7世纪伊斯兰教兴起，阿拉伯世界迅速伊斯兰化之后，这种作物得到大规模推广，随后席卷西亚和北非。为什么会这样呢？因为《古兰经》虽然严格禁止信徒饮酒，却不禁止鸦片，所以在一些重要场合，伊斯兰教徒往往会用鸦片来取代酒水助兴。目前阿拉伯世界流行水烟，也是出于相同的原因。大概到中国唐代，阿拉伯国家也就是大食帝国一举取代西南欧，成为全世界鸦片生产和消费的中心，并通过贸易将它带往世界各地。

2. 从"底也伽"到"阿芙蓉"：鸦片入华小史

究竟在什么时候，鸦片开始传入中国？目前还存在争议。很多学者认为，《旧唐书·西戎传》中写的，拂菻国"乾封二年，遣使献底也伽"，是鸦片传入中国的最早证据。拂菻国就是首都在君士坦丁堡的东罗马帝国，乾封二年是唐高宗的年号，也就是667年。但问题在于，据后来学者的研究，底也伽只是一种含有鸦片成分的药物，和鸦片本身还是有区别的。而且既然是"进贡"，说明鸦片制成的部分药品在中国不是很常见。无论如何，我们似乎不能由《旧唐书》的这一记载，就得出在唐代鸦片已传入中国的结论。

凑巧的是，还有其他证据。北宋和尚惠洪（1071—1128）在《冷斋夜话》卷一"诗出本处"条中，无意为后人留下一个重要线索。惠洪说，唐代李白的诗"昔作芙蓉花，今为断肠草"一句，是引自南北朝梁代有名的道士陶弘景。陶弘景在自己的《仙方注》中记载，"断肠草，不可食，其花美好，名芙蓉花"。不过，惠洪虽然注意到这一条，但他毕竟是一个诗僧，他只是想说明，李白作诗时也参考了前人著述。后来很多人也仅仅止步于此。直到民国年间，《冷斋夜话》这条笔记，才引起了当时燕京大学教授邓之诚（1887—1960）的注意。邓先生推测，断肠草就是罂粟花，而且陶弘景的记载，说明六朝时代罂粟可能已进入中国。

从唐宋时代的文献记载来看，可以相信，罂粟最晚在唐代已经传入中国，宋代已经在各地生根发芽，这是没有疑问的。比如北宋诗人苏东坡的《归宜兴，留题竹西寺三首》中写道："道人劝饮鸡苏水，童子能煎莺粟汤。暂借藤床与瓦枕，莫教辜负竹风凉。"可见宋代已经有"莺粟汤"。这里这个"莺"虽然写作黄莺的莺，不过，"莺粟汤"应该就是"罂粟汤"，这种饮料在炎炎夏日用于解暑。"莺粟汤"的制作，大概类似于今天的凉茶，混合罂粟壳与其他的草药，加上糖或蜂蜜，煮沸，然后放凉饮用。这种"莺粟汤"不是什么庶民饮料，价格大概不低，只是在文人士大夫之间流行的一种新奇高雅的享乐，否则苏轼也没必要特意为此作诗了。

我们不知道元朝时期大量回回人到中国内地，会不会带来有关鸦片的新知识，但是最迟到了明代，鸦片的药用价值就已经有了充分认识，并且鸦片正式作为一味药材，被记载在医书中。明代中期，杭州文人徐伯龄在他的笔记小说《蟫精隽》中提到，海外诸国以及西域地区有一种药材名为"鸦片","主兴助阳事,壮精,益元气,方士房中、御女之术多用之"。在明代人心中,鸦片最主要的功能就是一种强力壮阳药。他还透露,成化十九年（1483）,已经隐居深宫多年、很久没有和大臣们讨论过政事的明宪宗皇帝,忽然指派宦官去海南、浙江、福建等东南沿海地区,还有四川、陕西等西北边境省份,分头采买鸦片,"其价与黄金等"。事情虽然没明说,但明显是在暗示,明宪宗采买鸦片,是为了自己寻欢作乐。但奇怪的是,这次采买鸦片的事情,在明代典籍中找不到相关记载。这个亦真亦假的故事,也许只能告诉我们,在明代前期,鸦片还是被看作一种来自西域的神秘药物,尤其纯度高的优质鸦片是必须依赖进口的。

到了 16 世纪的明朝嘉靖年间,李时珍的《本草纲目》问世了,里面也有对鸦片的记载。李时珍记载,阿芙蓉又称阿片、鸦片。但他承认,不太清楚这个名称的来源,可能是因为它的花朵颜色类似芙蓉,也可能同时参考了 Afyun 的发音。不过为什么在明代,"阿芙蓉"这个名字比"鸦片"更流行?我们猜想,也许是因为当时跟中国人交易鸦片的,主要是阿拉伯商人,而不是欧洲商人吧。李时珍还认为,明代以前没有阿芙蓉这种东西,近年才有人服用。它的气味酸涩,温性,微毒,可以治疗腹泻、痢疾、脱肛等,也能增强男性的性能力,最后一项效果,好像尤其受到明代人重视:"俗人房中术用之。京师售'一粒金丹',云通治百病。皆方伎家之术耳。"什么是"一粒金丹"呢?李时珍解释说:取阿芙蓉一分,与粳米饭混合,捣碎后分成三粒药丸。每次先服用一粒,没有效果就再服一粒,但千万不可服用第三粒。一旦服用过量,轻者发病,重者丢掉性命。

在李时珍降生半个世纪后，百科全书式的作者谢肇淛（1567—1624）在福州出生。他同时也是旅行家，足迹遍布大半个中国。在关于云南的一本笔记《滇略》中，谢肇淛记载的内容和李时珍也差不多。他说哈芙蓉（即阿芙蓉），应该就是纯度较低的鸦片。纯度高的才叫鸦片，价值等于黄金，是可以治疗腹泻、壮阳的特效药，所以更加珍贵，在万历、天启年间也就是16到17世纪，价格居高不下。但是，谢肇淛也提醒人们，它有剧毒，云南人会生吞哈芙蓉自杀。大概在这个时候，罂粟已经在云南等地种植，但品质还不如进口。

总的来说，明代中国已经有了罂粟种植业，但鸦片产量、纯度都不太高。在商品经济发达、享乐主义盛行的明代中后期，鸦片因为其治病、壮阳的效果而声名鹊起。换句话说，在清代之前，鸦片主要是作为一种药物而不是毒品出现的。

3. 鸦片在日本

让我们把目光再移到东边的日本。

近代以前，日本很多文化是从中国移植过去的，但也有几项他们是敬而远之的，像宦官、缠足和科举，鸦片的情况也类似。在镰仓时代，也就是13至14世纪，日本医师梶原性全（1266—1337）编纂了一部名为《顿医抄》的医学巨著。这本书依据唐宋时期的中国医书，又结合了梶原自己的临床实践。其中，梶原性全留下日文世界里最早的有关"罂粟"的记载。又过了一两百年，到了室町时代，大概相当于元末至明中期，日本才通过"南蛮贸易"，从欧洲人手中得到印度的罂粟种，首次将这种神秘又危险的外来植物播种在本州岛东北部的青森县。

明代中期有位官员叫郭光复（？—1616），出生在湖广武昌府，后来在南直隶扬州府担任知府。那个时代，倭寇是沿海地区的心腹之患，这引起很多人对日本的关注，郭光复根据自己的观察，写了一本《倭情考略》的书。在这本书里，他注意到，来中国的日本人都很喜欢买古书，首先是四书五经，其次是各类佛书，再其次是医书，"若古医书，每见必买，重医故也"。也就是说对于医书，日本人照单全收，一本都不放过。很可能在引进罂粟之前，日本已经通过中国医书充分了解这一西域植物的利弊，使用时慎之又慎。这也可能就是在第一颗罂粟种子落地青森县之后，它在日本并没有得到大规模推广的缘故。直到江户时代，中国都已经进入清代了，大阪府、和歌山县、山梨县等地才出现零星的罂粟种植，而且产量很少，价格也极其昂贵。有时候，用于治病的少量鸦片，还是从中国进口的，像乾隆四十四年（1779）出发前往长崎的中国船"元顺号"，从中国运到日本的商品，就在十几万斤的白糖和冰糖之外，还有"阿片三百五十斤"。

日本人首先将鸦片用于医疗麻醉，因为它可以镇痛。其次是在审讯犯人的时候，鸦片被当作一种"自白剂"。面对那些口风严密的犯人，强行把鸦片灌下去，在昏昏沉沉之间，诱导他们吐露真言。在日本民间，药铺主要根据《本草纲目》中的配方，制作"一粒金丹"，据说可以止泻、镇痛。也就是说，从中世到近代，日本人通过严格的国家管控，成功地将鸦片的使用限制在医疗与司法领域，把它当作毒品吸食的人少之又少。

放眼全球，在16世纪以前，鸦片或被欧洲人、阿拉伯人用于宗教祭祀和庆典，或被宋代、明代人用于制作消暑饮品，治疗疾病，但很少有人把它当作成瘾的毒品直接吸食。这与我们今天对鸦片的印象可以说完全不同，罂粟并不是一株生来就带有原罪的"大毒草"，它的污名化和妖魔化，是在后来被当作毒品滥用以后才出现的。

而这一变化发生在 17 世纪，首先是在印度。

第二节　鸦片贸易体系的形成

前面我们讲到，在 16 世纪以前，无论在中国还是日本，基本没人想过要日常性服用鸦片。日本是既不产鸦片也管得严，而中国呢？首先当然是因为它价格太贵了，"其价与黄金等"，普通老百姓想每天消费是不可能的。就连苏东坡喝的"莺粟汤"，也不过是用罂粟壳制成的清凉饮品，三伏天里用于消暑而已。这不比咖啡或绿茶，无论贫贱每天都能来上一杯。可能还有一个重要原因是，直接服用鸦片——不管是生鸦片，还是熟鸦片——的口感非常差。据清代吞服过鸦片治病的人描述，生鸦片的口感跟牛皮胶一样，入口辛辣，臭不可闻。它的成瘾性也很低，保证你吃了一次，绝不会想试第二次。

但到了 17 世纪前后，鸦片的消费方式发生了根本性变化。这个变化，首先发生在印度。

1. 印度的鸦片种植及吸食方式的变化

8 世纪前后，罂粟从阿拉伯国家传入印度，首先在印度北方地区大规模种植。生活在这里的孟加拉人、拉杰普特人，还有锡克教教徒等，就像我们前面提到的穆斯林，出于宗教信仰普遍禁酒，每逢宗教庆典，就得寻找其他麻醉品代替酒精，他们最终选择了鸦片。盛产香料的印度，与南欧、西亚、中国相比，当地人改善鸦片口感的选择有很多。印度人充分发挥他们善于使用香料的天赋，将鸦片与其他香料混合，制成药丸或条状咀嚼食用。还有很多印度上流社会精英将加工后的鸦片溶于水，制成鸦片水宴请宾客。穷人也追随潮流，捡富人用剩下的罂粟壳，像喝茶一样冲泡着喝。

本土的消费量如此庞大，印度逐渐形成两大鸦片生产中心。第一个是在恒河中下游的平原上，被称为孟加拉鸦片。还有一个是在麻洼高原上，被称为麻洼鸦片或孟买鸦片。两种鸦片各有千秋，孟加拉鸦片治疗疟疾等疾病的效果更好，但保质期只有两到三年。麻洼鸦片则能保存四年以上。一般来说，在鸦片的保质期内，陈烟土的味道比新烟土更好。在英国人成功改良孟加拉鸦片之前，被销往国外的，通常是麻洼鸦片。

在 16 世纪以前，印度政府放任鸦片的种植。农民可以像种水稻一样在田里种植罂粟，并把收获卖给任意买家。不过种植鸦片颇有风险，谷易受大气和病虫害的影响。为了打消烟农的后顾之忧，印度商人使用了小额借贷这种金融工具，预付给烟农一笔定金，可以在收成后再偿还，这大大动员了普通农民的积极性，产量越来越大。再加上孟加拉、麻洼两大鸦片产地的激烈竞争，价格节节下降，吸食鸦片的习惯，就渐渐从印度上层社会向底层人士蔓延，"飞入寻常百姓家"。

在这种情势之下，印度东部有人发明了一种全新的鸦片吸食方式"曼达克"（Mandac）。把鸦片和水按照一比四的比例混合，全部溶解在水中，用棉花过滤掉杂质，然后将过滤后的鸦片水煮沸，等到水分蒸发掉一半时，趁热加入烧焦的绿豆壳，使其变得浓稠，直到可以制成一颗颗固体的小球，这就是曼达克。想要吸食的时候，拿出一颗曼达克，随意切成小份，放入特制的烟袋里，然后在曼达克上面放一块烧红的木炭，随着烟雾吱吱冒出，就可以开始吞云吐雾了。这种全新的吸食方式，既显著提升鸦片的口感，又降低每次的摄入量，而且还利于长久保存，在鸦片消费史中，可以说是一个革命性变化。

　　这里顺便说一下也会让人上瘾的烟草。东部亚洲在大航海之后，就从美洲传来了烟草。据说大概是明朝后期，通过三种途径传来：一是由葡萄牙人从巴西经澳门传到中国南方；二是由西班牙人从墨西哥经马尼拉传到东亚各地；三是通过日本、朝鲜、满洲从北边儿辗转进入北京。人们把烟草叫作"南草"或者"南灵草"。在传播过程中，东亚比如日本人，还对吸食工具和烟草做了加工，使得吸烟成了风气。有人形容，当时待客的时候，递烟甚至代替了递茶，这使得东亚的日本、朝鲜和中国都有不少烟草瘾君子。不过，单纯的烟瘾，绝对不比鸦片瘾那么可怕。当时海外也有人开始在烟草中加入鸦片。在17世纪之后，来自东南亚的这种吸食方法也开始流行，甚至还引起朝廷对鸦片的禁令。像明代崇祯年间和清代雍正年间，朝廷都颁布过对鸦片的禁令，只是当时流传还不那么广，危害还不厉害，所以激起的反应也没有那么强烈。

　　回到印度的鸦片。印度这种新式产品和吸食方法，自然也慢慢地传到中国。由于印度和中国之间有喜马拉雅山的天然阻隔，贩卖基本上是通过海上航运。在11至15世纪，西亚与印度的鸦片开始沿马来半岛、缅甸、东印度群岛一线，迂回地向中国方向传播，自发形成一个东南亚鸦片贸易网络。当 16 世纪欧洲人先后来到亚洲时，他们无不垂涎于鸦片的巨额利润，于是在现成的贸易网络基础上，欧洲殖民者在不断地进行升级与改造。

2. 鸦片贸易体系的形成

在前面我们提到过历史学家弗兰克，他在名著《白银资本》里提出：近代以来，欧洲人先是买了一张开往亚洲列车的车票，上车后渐渐变阔，就先试着包下一节车厢，接着干脆取代亚洲，自己成了世界经济列车的火车头。这虽然说的是白银贸易，但套到鸦片贸易中也差不多。

首先出手的是葡萄牙人。1510 年他们占领印度果阿，从而控制住麻洼鸦片的出海口，成为最早操纵鸦片贸易的欧洲国家。1511 年，葡萄牙人又占领马六甲。从此打通东西，坐镇果阿，先用美洲的金银或欧洲的廉价商品购买麻洼鸦片，再运往东南亚换取中国的丝绸、茶叶以及东南亚的香料，再把这些商品运回欧洲，周而复始，取得巨额利润。以欧洲、印度、东南亚为三个点的三角贸易由此诞生。表面上看，这种三角贸易不包括中国在内，但因为当时有大量华人生活在东南亚，他们继续将葡萄牙船队运出的印度麻洼鸦片再运到中国。我们前面提到的明代人徐伯龄在《蟫精隽》中就说，成化十九年明宪宗皇帝派宦官去浙江、福建收购鸦片，这并非无中生有。

受印度曼达克的影响，东南亚人也发明了吸食鸦片的新方式。他们将鸦片水与烟草混合，揉成小丸晒干，然后将小丸点燃，用竹管吸入肺部。这种更为简单的吸食方式，就是前面我们提到的"鸦片烟"了。鸦片烟很可能先起源于爪哇岛并在此流行，17世纪蔓延到苏门答腊岛、安汶岛等几个印度尼西亚的主要岛屿。

1968年，历史学家欧文（David Edward Owen）在《英国在中国及印度的鸦片政策》（*British Opium Policy in China and India*）一书中这么写道："尽管远东地区在很早之前就在使用鸦片，但建立起大规模鸦片工业的是欧洲人。""正如我们所见，欧洲人在将鸦片引进东方的过程中，没有扮演过任何角色，但却以其组织天分，使鸦片成为一个世界性问题。"虽然这种历史叙述，还是典型的欧洲中心论口气，但必须承认，的确在葡萄牙人开拓鸦片三角贸易之后，荷兰人、英国人后来居上，形成这一全球性贸易体系。

3.17世纪以后：鸦片贸易体系的形成与中国成为倾销目标

我们不妨列出一个大事年表。

1600年，伦敦商人东印度公司（The Governor and Company of Merchants of London Trading into the East Indies）成立。九年后，该公司首次将几百磅鸦片运回到伦敦市场，结果反响平平。一直到1772年为止，公司都没有再度涉足鸦片贸易。

1602年，荷兰东印度公司（Dutch East India Company）成立。我们在这一季的第一讲里，已经详细介绍过它成立的来龙去脉。四十年后的1641年，荷兰人从葡萄牙人手中夺下马六甲，由此控制了从印度洋到东南亚的航道。荷兰人也想插手利润丰厚的鸦片贸易，但麻洼鸦片还牢牢控制在葡萄牙人手中。荷兰人费了很大力气与孟加拉取得商业联系，渐渐成为孟加拉鸦片出口的代理人。

从 17 世纪中叶至 18 世纪中叶，这时中国从明朝变成清朝。而在海上，荷兰逐渐取代葡萄牙，在一百年里不断逐渐扩大自己在远东的势力范围，同时也在全力经营自己的鸦片生意。荷兰人先是压低鸦片价格，提升自己的市场份额，也使鸦片在东南亚快速传播，围绕欧洲、印度和东南亚的三角贸易日趋成熟。此时中国那扇紧闭的大门，也开出了一道小缝隙。当时，爪哇岛生活着大量华人移民，大多来自福建漳州、泉州、厦门等地，他们在爪哇尝试鸦片烟后，将其带回中国。鸦片烟的口感与吞服生鸦片不可同日而语，于是迅速从福建、台湾向周边扩散，直至风靡南方各省，这就是前面我们提到的烟草混合鸦片吸食方法的流行；不过影响还不是很大，应当说乾隆之后采取闭关锁国政策的清政府，大概没有很强烈地感受到一百多年间海上发生的变化，也没有特别强烈地意识到鸦片烟的危害。尽管朝廷也有禁令，但并不严格，少量的鸦片仍然作为药材在继续进口。

不久之后，英国人后来居上，成为鸦片三角贸易新的操盘手。前面说到，荷兰人既控制了鸦片产地，又垄断了马六甲航道，还有雄厚的商业资本支撑。在很长一段时间内，英国人没有看到任何机会。但是，转机发生在 1661 年，那年英王查理二世与葡萄牙公主结婚，已经在与荷兰人的竞争中败下阵来的葡萄牙，把印度殖民地孟买作为嫁妆送给英国。但葡萄牙人有一个条件：英国必须支持葡萄牙，在东方与荷兰抗衡。七年后，英国国王把孟买转赠伦敦商人的东印度公司，成为英国人贸易霸权的最初支点。

眼看伦敦商人的东印度公司在东方迟迟打不开局面，英国国内商人坐不住了。1698 年，他们自发成立英格兰东印度公司（The English Company Trading to the East India），准备要来分一杯羹。为了避免两家公司窝里斗，英国国会在 1702 年通过法案，促使伦敦商人的东印度公司和英格兰东印度公司合并，成立英商在印度贸易联合公司（The United Company of Merchants of England Trading to the East Indies），这就是我们所说的"英国东印度公司"。通过这番强强联合，英国终于可以和当时的海上霸主荷兰掰掰手腕了。

英国东印度公司通过更雄厚的资本，以及管理更完善的代理人制度，控制了鸦片主要产地孟加拉。1798 年，公司制定限产增利的政策，压缩生产规模，确保鸦片质量，尽量提升价格，以高端路线占领市场。随着国际市场上孟加拉鸦片价格的节节攀升，麻洼鸦片的生产量也被带动起来。进入 19 世纪，英国东印度公司适当增加孟加拉鸦片的供给，并在市场上封锁麻洼鸦片，直至 1828 年以后全面放开。到了 1830 年以后，国际市场上的鸦片供应空前充足，此时公司急需寻找新的市场倾销鸦片，于是中国成为头号目标。他们希望用鸦片销售的利润，来充当购买中国丝绸和茶叶的货款。

4.19 世纪初：鸦片已经兵临城下

说到这里，大家可能会问，既然吸食鸦片首先在印度和东南亚流行，为什么那里的人没被称为"东亚病夫"，没有出现那么多成瘾者呢？因为无论曼达克还是鸦片烟，都是将鸦片与其他物质一同吸食，所以成瘾性不高，烟龄不长的人几个月内就可以戒除。但人一旦尝试了高纯度的鸦片，就很难彻底戒除。吸食高纯度鸦片的方法，是 19 世纪初首先在富庶的中国广东出现的。也有一种说法说，更早是 18 世纪从台湾来准备觐见皇帝的人带来的，文献记载说鸦片是"狡猾的野蛮人"用来"骗中国人的钱"的。

这种鸦片吸食法程序非常繁复。首先将生鸦片切碎，加水熬成黏液，倒在小银罐里。再用银签从小银罐里粘上鸦片汁，在灯上烘烤，待水分和杂质全部蒸发，再继续沾鸦片汁烘烤。如此反复多次，直到银签上形成一个烟泡。再把烟泡放在烟斗里，把烟斗靠近带玻璃罩的灯火上烧烤，烟泡遇火成烟，立即吸入。这种新的吸食方式一次要耗费很多生鸦片，人均消费量大幅增大，远高于曼达克或鸦片烟。这时候，鸦片终于剥去自己良药的面具，露出狰狞的毒品一面。与此同时，英国东印度公司所主导的鸦片三角贸易体系已完全成熟，孟加拉鸦片、麻洼鸦片一时充斥市场。

1796 年嘉庆帝即位，颁布了禁止鸦片的上谕，从此鸦片在中国正式成为一种非法商品。嘉庆年间，吸食鸦片的官民可能受到革职、杖刑、枷号等惩罚。但这种比较温和的禁烟方式，并没有打击到英国东印度公司以及东南沿海的烟贩。直到道光年间清政府下决心整顿鸦片，结果引发鸦片战争，百年国耻从此开启。

那么，两次鸦片战争前后究竟发生了什么？鸦片与战争又如何影响了整个东亚？

第三节　鸦片战争与清王朝的崩溃

19 世纪，鸦片源源不断地进入中国，给清政府带来很多困扰。英国人以鸦片作为商品，以无用而有害之物来换取大量中国有用而精美的物品，这主要是因为中国传统的经济模式，使得欧洲人在与中国贸易中没有什么可以用来交换的商品，所以有历史学家就指出，"中国人对鸦片的需求，解决了英国支付中国产品的货款问题，在此之前，英国人一向不得不主要支付黄金和白银，因为中国人对西方的商品很少感兴趣"。当然也应该说，中国人对西方商品缺乏兴趣，也是因为那个时候中国除了江南等地，大部分仍然在自给自足的农耕经济延长线上，那些欧洲工业革命以来高速发展的机器、轮船、仪器，对中国特别是对自恃天朝无所不有的皇帝来说，还不是那么急需。在19世纪初，英国与中国的贸易中，他们需要的生丝、茶叶、丝绸、大黄，每年需要支付几千万两白银，清朝对英国拥有大量顺差，这使得英国人无可奈何，便用鸦片贸易来替代真金白银。

可是，大量进入中国的鸦片，却给清朝的财政和社会都带来很大麻烦。1838年，一个叫黄爵滋（1793—1853）的官员就上疏痛说，现在上至官员下至百姓，甚至和尚道士，都对鸦片上瘾，每年几千万两银子在流失，并且痛心疾首地说，"以中土有用之财，填海外无穷之壑。易此害人之物，渐成病国之忧"。可是，当清朝政府感到鸦片的威胁，并且试图禁止鸦片交易的时候，英国人就不干了，因而冲突就爆发了。

前面我们说过，清朝其实曾经多次禁止鸦片，雍正朝（1729）和嘉庆朝（1799）都颁布过类似禁止鸦片令，但是始终挡不住内外勾结、需求巨大的鸦片买卖。因此当时的中央官员普遍认为，禁烟之难，难在地方官的玩忽职守，胥吏的包庇纵容，烟贩的无法无天。其实说实在的，英国东印度公司的存在才是禁烟的终极障碍。可是，由于这种错误判断，清朝坚持认为禁烟成功的关键，在于主事官吏的廉洁奉公。于是，道光皇帝派了公认廉洁的林则徐作为钦差大臣，去广东视察。福州人林则徐是进士出身，履历无懈可击，在浙江、湖广等地任官时，素有清廉强干之名，被道光帝认为是不二人选。

1. 虎门销烟：第一次鸦片战争

1838 年底，道光皇帝决意严禁鸦片，屡次召见林则徐。1839 年 3 月，钦差大臣林则徐抵达广州，经过一番调查，他发现鸦片问题早已不限于广东，内地各省都已成为鸦片市场。以广州为中心，沿海大窑口连接着内地的众多小窑口，小窑口又连接各处烟馆。在这个犹如毛细血管的全国性供应链上，众多的武装贩运组织，负责将鸦片运往各地。而且那个时候，英国人为了销售鸦片，采取很多狡猾的手法。比如清政府不许在陆地上买卖鸦片，也不准将鸦片存于澳门，英国商人就把鸦片仓库设在船上，名为"趸船"，停泊在海上，让走私鸦片者接货取券，凭券可在广州取钱。可是，怎样对付这些鸦片买卖呢？清政府也感到很棘手。不久之前，清朝刚平定新疆的张格尔之乱（1827），财政吃紧，所以道光皇帝给林则徐的指示是，既要禁鸦片，又不要引起战争和动乱，即"鸦片务须杜绝，边衅不可开"。

但实际上，这是一个不可能完成的任务。

林则徐根据皇上的旨意采取坚决的手段来禁止鸦片，收缴烟具，并且围困广州十三行，逼迫英国人交出全部鸦片。1839 年 3 月底，英国商务代表义律（Charles Elliot，1801—1875）表示屈服，同意交出全部鸦片两万箱。6 月，林则徐在虎门当众销毁鸦片

19 187 箱和 2119 袋，总重量 2376 254 斤。这就是历史上有名的"虎门销烟"。

这就引起了英国和清朝之间的鸦片战争。这场战争的过程大家都熟悉，这里就简单说。1840 年，英国任命英国开普殖民地好望角海军提督、义律的堂兄懿律（George Elliot，1784—1863）为海军统帅兼正全权，义律为副全权，组织远征军。6 月中，英国军舰十六艘、武装轮船四艘、运输舰二十八艘、陆军四千人，到达广州沿海，封锁珠江口。7 月，英军与清军开战。他们利用坚船利炮，不断移动到厦门、舟山甚至天津附近，威胁清朝的首都，最终迫使朝廷撤换林则徐，代之以琦善（1786—1854）。双方边打边谈，在满足不了英国的要求后，英军在 1841 年攻陷广州，并且北上攻陷厦门、定海、镇海、宁波。特别是在 1842 年初夏，英军从长江口进攻乍浦、吴淞甚至沿江攻陷镇江，进入江宁也就是南京附近的江面。在这近两年的战争中，清军惨败，于是不得不按照英国的要求，签订《南京条约》，接受英军的全部要求，开放五口通商，割让香港岛，并且赔款两千一百万银元。

清朝为什么会失败？根据很多学者的分析，鸦片战争前夜，英军已处于初步发展的火器时代，清军仍处于冷兵器时代。清军也有一些火器，只不过都是仿照明代"佛郎机""鸟铳"等制作的土枪土炮，至少落后英军两百年。所幸清军数量是英军的四十倍，而且英军远道而来，清军以逸待劳，如果能充分利用人数上的优势，似乎也不是没有任何胜算。但是，当时清军并不是一支纯粹的国防军，而是同时扮演着警察、内卫部队、国防军三种职能。他们主要是警察，稀稀拉拉地分散在全国各地，缺乏系统的军事训练。英军则训练精良，凭借其船舰机动性在中国沿海不断游弋，抓住防守薄弱的地区集中攻击。他们来无影去无踪，从虎门到广州，再从厦门到宁波，往往能在局部战争中以多打少。所以，茅海建《天朝的崩溃》一书就认为，鸦片战争的结果其实早已注定，这不是能干官吏和精兵良将所能解决的问题。

更致命的是，清朝对世界的无知。很多清朝人不知道英国在哪里，只传说这种"蛮夷"一天都离不开中国产的茶叶，清朝只要断绝通商，他们就会消化不良，统统毙命。林则徐在1839年6月虎门销烟之后，也在发给道光帝的消息中预测英国人"万不敢以侵凌他国之术窥伺中华"，即认为对方没有胆量和天朝上国开战，最多派几艘船来广东海岸虚张声势。正是因为这种盲目自信和错误判断，在1840年6月英军四艘战舰抵达广州时，林则徐仍然认为即将到来的战争不过就是一次大规模鸦片武装走私。

最高指挥官尚且如此，手下的将领和士兵，就可想而知了。

2. 开国的心理准备：鸦片战争影响下的日本

这一段历史是大家都熟知的，简单地说，在鸦片战争中，清朝惨败，最终在1842年不得不签订《南京条约》：割地（香港岛），赔款并开放五口（广州、福州、厦门、宁波、上海）通商。

鸦片战争的消息传到日本，德川幕府与日本知识人大惊。要知道，很长一段时间里，德川幕府都忧心忡忡，担心满族统治的清朝会像当年蒙古人那样渡海来袭。所以他们一直积极搜集大陆情报，做相关的军事准备。没想到在英国人面前，貌似强大的清朝竟然不堪一击！日本人很快意识到，面对坚船利炮的西洋人，日本和清朝一样是根本没有胜算的。

　　这种危机感，也来自日本的自身经验。在第一次鸦片战争爆发的四十年前，俄罗斯人已经让日本领教了西洋新式火器的威力。1804 年，俄国皇帝的特使列扎诺夫（N. P. Rezanov，1764—1807）来到长崎，要求前往江户向将军提交国书，请求通商，德川幕府拒绝。列扎诺夫的部下心怀不满，于是在 1806、1807 年，袭击了日本在库页岛以及千岛群岛的各个警备所，这是江户时代日本与近代欧洲国家的首次冲突。

　　这里稍微补充几句。与清朝不同，19 世纪日本的政治体制是以德川家族为盟主，以拥戴天皇为统一象征的"幕藩体制"。国家名义上的元首是居住在京都的天皇。江户的德川将军掌握实权，但在有分无名的情况下，巩固和维持秩序就必须调用各地大名履行义务。幕府末年，德川将军对大名的管制趋于松懈，有的学者提出"尊王攘夷"，还得到大名的暗中支持，还有一些学者提出应当把幕府将军的权力归还天皇，即所谓的"王政复古"。对这种危险的倒幕思想，虽然德川幕府尽全力封杀，但是私下传播是没有办法遏止的。

　　面对远道而来的"夷狄"，中日两国国情不同，反应也大不一样。对清朝知识人而言，鸦片战争是中国历史上外敌入侵的又一次重演，绝大部分士大夫找到历史上的旧剧本，两只脚仍站在传统内部寻求应变之策，一面主张自我改革，"师夷长技以制夷"，一面主张以传统的"华夷"观念应对危机，毕竟天朝的传统是不能变的，皇帝的位子也是不能变的。日本却有点儿不一样，他们一只脚走出传统，一只脚留在传统，他们对西方既充满恐惧，又满怀期待。甚至有日本知识人把西力东渐视作一个机遇，认为不妨借助外力驱除德川幕府，让天皇回归，改革国家政治体制，同时抵御外敌。

这里最具代表性的，就是发源于水户藩的"尊王攘夷论"，一面尊王，一面攘夷，通过尊王来攘夷，通过攘夷来变革。

德川幕府当然不会坐以待毙。1842 年，也就是鸦片战争结束后不久，德川幕府就在危机感中开始强化海防，引进西洋军事技术。可这种变化，恰好促使幕府分裂成两大阵营。一方主张继续锁国，强化海防，把列强挡在外面；另一方则主张开国，规避战争。为了回应西方人的诉求，幕府还试着做出一些人道改变，包括不再驱逐外国船只，为海难漂流船提供补给，但这显然不够。1843 年，俄国沙皇给天皇写了一封亲笔信，建议日本仿照中英《南京条约》的规定，开放对外通商，随后法国、英国也提出类似的要求。日本国内也有很多知识分子不顾幕府的禁令，脱离藩国，在各地游历、串联，相互交换情报和看法，试图找到最好的解决办法。

由于俄国的挑衅，清国战败的刺激，日本从锁国转向开国，有比较长久和充分的心理准备。在将近半个世纪的时间里，德川幕府以长崎为中心搜集各方情报，尤其是通过荷兰人的报道，得到各类海外有关情报，这些来自海外的报道被日本人叫作"风说书"。"风说书"原本属于机密文件，但各藩国的大名、知识人却通过各种方式获得复本。以此为基础，地方官员、知识人提出各种各样的看法，最后很多有识之士达成共识，一旦西方人发起战争，日本根本无力抵抗。就这样，日本有了与西方妥协的心理准备。

1853 年 7 月 8 日，美国马修·佩里将军（Matthew Calbraith Perry，1794—1858）率领四艘美国军舰出现在横滨浦贺海面。四艘美国军舰是日本人之前从未见过的大型蒸汽船，通体涂成黑色，高大的烟囱像怪兽一样吐出阵阵浓烟，船上装备的七十三门大炮蓄势待发。这一末日般的场景触目惊心，但也未尝不在精英阶层的意料之中，这是半个世纪"风说书"中情报的具象化，也是压垮德川幕府心理防线的最后一根稻草。

与中英鸦片战争完全不同的是，美国人佩里的船队与德川幕府的国防军根本没有发生大规模交火。确切地说，美国人在海上耀武扬威一番后，德川幕府经过一番内部争论，就做出开国的决定。日本学者三谷博在《黑船来航》一书中认为，这一仓促的投降背后，是漫长的心理准备期，用书中原话说："佩里的到来并非突发事件。日本政府官员、民间知识分子以及一部分的日本人在那之前的六十多年，就已经担心着这一天的到来。"正是因为这样的知己知彼，日本最终"在千钧一发之际成功地摆脱了困境，捕捉住了避免遭到毁灭的最后机会"。

在19世纪日本没有真正地"挨打"，也没有丧失一寸国土，而是借助"黑船来航"，倒逼国内变革。经由明治维新，日本确立以天皇制为基础的君主立宪制，从此富国强兵，既走上现代化的道路，也走上新帝国的道路。

3.坚船利炮又重来：第二次鸦片战争

再回到中国。

《南京条约》签订之后，往来于广州等口岸的船只日益增多，逐渐衍生出新的问题。1856年，广州水师发现了一艘中国走私船"亚罗号"。在执法的时候和英国人发生摩擦。英军借机再度进攻虎门与广州，这就是第二次鸦片战争的爆发。让我们长话短说。两年后，英法联军攻陷天津门户大沽口，目标直指北京。清政府不得不再次屈服，面对更多的欧洲列强，皇帝派钦差大臣分别与俄、美、英、法各国代表签订《天津条约》，同意增开通商口岸，自由传教，确定领事裁判权，以及进一步放宽鸦片等货物的进口，并且降低税率。

《天津条约》的内容传回欧洲。1858 年 9 月，卡尔·马克思在《纽约每日论坛报》（*New York Daily Tribune*）上发表了一篇英文社论《鸦片贸易史》（"Trade or Opium?"）。马克思旗帜鲜明，首先给英法各国代表当头浇了一盆凉水，认为新条约"看来引起了以为贸易将有大规模扩展的狂想"，这种乐观情绪与第一次鸦片战争刚结束时相似，"人们梦想得到一个无穷尽的市场，使人们产生不切实际的希望"。对这一点，马克思表示怀疑，他说："是否能完全肯定，通商口岸一增多，对华贸易就必然会扩大呢？是否能够指望 1857—1858 年的战争会比 1841—1842 年的战争导致更好的结果呢？"

马克思给出了否定的回答。他认为，第一次鸦片战争后，中英《南京条约》、中美《望厦条约》的签订，并没有使美国、英国增加对中国的出口，反而加速了这些国家内部的商业危机。如果这样看的话，《天津条约》的将来和前两份条约的命运又会有什么不同呢？它的效果就是，"可能就在世界市场刚刚从不久以前的普遍恐慌中逐渐复原的时候，又促进新危机的形成"。

鸦片战争不会达到英国所预期的效果，做出这番预言的人，马克思不是第一个，也不是最后一个。早在 1843 年，英国的政治家阿什利勋爵（Lord Ashley, 1801—1885）就曾在英国下议院发言，表达了自己的担忧。他认为，鸦片贸易对英国外贸整体而言是有害的，因为这种毒品虽然能让鸦片商人赚得盆满钵满，却会阻碍其他商品的对外出口。但如果禁止鸦片贸易，中国人会用自己的商品交换其他英国商品，长远来看既有利于英国的劳工，也有利于中国人。

在马克思发表《鸦片贸易史》的时候，以英国东印度公司为主导的鸦片三角贸易还有回头路可走，就此收手还是有可能的，但形势很快就超出所有人的想象。在两次鸦片战争中输得彻彻底底之后，清政府决定将计就计，以毒攻毒，以一种接近于自杀袭击的方式来与西洋人周旋。

咸丰、同治年间，也就是 19 世纪 50 至 70 年代，清政府的鸦片政策迎来一百八十度的大转弯。当时朝廷的基本思路是，既然以英国人为首的西洋人不允许我们禁烟，不断地将鸦片进口到中国来，那就干脆破罐破摔。我们自产自销，以土产鸦片阻击洋产鸦片，即所谓"以土抵洋"政策。不得不承认，这一"饮鸩止渴"的鸦片战，还真是立竿见影。1870 年之后，中国国内的土产鸦片产量超过进口鸦片。到 1887 年，罂粟花已经开满全国，除了台湾、海南两地，各省都在生产鸦片，四川、云南、贵州三省更是遥遥领先。土产鸦片量大、低廉，英国东印度公司生产的鸦片，很快败下阵来。

可是，这种"以土抵洋"的政策是杀敌一千，自损八百。虽然英国东印度公司的鸦片被排挤出中国市场，但同时国内的烟民数量也呈现爆炸性增长，这种影响是长期且深远的。

4. 尾声：禁烟运动与清朝的崩溃

前面我们已经说过，英国东印度公司的存在，才是嘉庆、道光年间禁烟的终极障碍。可是，当土产鸦片在中国市场上把洋产鸦片赶到无人问津的角落，连英国人都意识到鸦片贸易无利可图，禁绝鸦片的最大外在阻力也就消失了。到光绪末年，距离林则徐虎门销烟已经近七十年，清末再度提出禁烟政策之时，却发现全国上下已经在鸦片中陷得太深，禁烟有心无力。

　　1906 年 7 月，清政府颁布"预备立宪"上谕。这个事情我们都知道，一般是和辛亥革命放在一起讲的。但是，值得注意的是，当时舆论更强调立宪与禁烟的关系，提到"鸦片一日不绝，则立宪一日不成，而中国亦一日不可救"。朝廷也表示出禁绝鸦片的决心，因此在同年 9 月发布了禁烟谕令，计划在十年内禁绝鸦片。一时之间，全国舆论纷纷附和，强调此举可以增加国民体质，刷新民族形象，使得国家转弱为强。轰轰烈烈的禁烟运动正式拉开帷幕。

　　遗憾的是，从事后的情势看，清政府恰恰挑选了一个最坏的禁烟时机。那时，清末新政正在进行，无论是预备立宪、编练新军，还是创办新式学校、停止捐纳，背后都需要巨大的财政支撑，而鸦片税恰好是清政府那个时代最主要的税源之一。这就好像蒸汽火车开到半路，有人提出车上的煤质量太差，破坏环境，以后不应该再往发动机里添加，同时又要求火车按时到站。结果是，禁烟运动开始后不久，就遭到很多种罂粟的农民的抵制，同时鸦片税收大幅下降，中央政府与各省财政状况很快捉襟见肘。为了弥补财政空缺，清政府不得不拆东墙补西墙，从其他税收项目中找补，但这会触及不少人的利益，牵一发而动全身。全国范围内的财政矛盾此起彼伏，愈演愈烈。

　　一边推行新政，另一边禁止鸦片，国家政策的自相矛盾，财政的极端困难，都加速了清王朝的崩溃。这当然是后话。回想一百五十多年前，马克思在《鸦片贸易史》中指出："英国政府在印度的财政，实际上不仅要依靠对中国的鸦片贸易，而且还要依靠这种贸易的不合法性。如果中国政府使鸦片贸易合法化，同时允许在中国种植罂粟，英印政府的国库会遭到严重灾难。"天才的马克思成功地预言了历史走向，但马克思始料未及的是，清政府的鸦片贸易合法化政策，虽然沉重打击了英国的鸦片贸易，但自己也掉入爬不出来的泥潭，最终玉石俱焚。

第四节　19 世纪两次鸦片战争的全球史意义

说到"鸦片"，其实这种罂粟里的提取物，本身并没有善恶，但是它一旦成为商品，进入贸易，涉及国家，引起战争，它就带有了某种伦理、道德甚至是政治的意味。正如卜正民和若林正（Bob Tadashi Wakabayashi）在《鸦片政权》（*Opium Regimes*）里所说的："鸦片是一种药用缓和剂，一种人们用来消遣的消费品，一种令人上瘾的毒品，一种能积聚资本的物质，一个民族衰败道德沦丧的标志，一种在地方与国家之间转移财富和权力的机制。"

那么，我们过去的前辈，是怎样看鸦片的呢？

1.《鸦片烟事述》：皖人俞正燮的看法

1840 年 5 月，距第一次鸦片战争爆发不到一个月，布衣学者俞正燮（1775—1840）在异乡南京孤独去世。

俞正燮，1775 年出生于安徽歙县，从小爱好读书，能过目不忘。二十出头的他，北上拜见学界领袖孙星衍（1753—1818），得到孙的赏识，名满天下。之后他前往北京，在那里待了五年，生活不太如意，每天的工作是为各路大官编书、校书来换取薪酬。道光元年（1821），俞正燮已经四十六岁，那年终于考中举人，却在第二年春天的会试中名落孙山。人到中年，科场失利，对他而言，学而优则仕的大门渐渐关上。终其一生，俞正燮肩负着家庭的重担，背着行李和书籍走南闯北。他虽以博学知名，一辈子编过的书很多，但最后都只会署上官员的大名，从此与他没有任何关系。

道光十三年（1833），已经五十八岁的俞正燮再次去北京参加会试，又惨遭失败。不过，这次他没有空手而归，因为认识了当年会试考官之一的王藻。说来也是传奇，阅卷时，王藻注意到俞正燮的答卷才气逼人，考试结束后主动询问他有没有著作，之后筹集资金，将俞正燮多年积累的读书笔记刊刻出版。当时正是癸巳年，所以书名就叫《癸巳类稿》。这是一部既严格遵循乾嘉朴学方法的著作，又不乏来自底层视角的观察。全书分十五卷，我们要谈的就是第十四卷中的《鸦片烟事述》一文，它代表的是鸦片战争之前，一个社会底层读书人对鸦片问题的思考。

俞正燮虽然穷，但在买书上从不吝啬，为此甚至不惜举债。加上见多识广，就掌握的资料数量而言，俞正燮在当时是数一数二的。他首先注意到，明代已经有鸦片，是从西域输入，曾被暹罗当作贡品，与苏木、豆蔻、马钱子等一起进贡。只是那个时候的鸦片，还是治病救人的药材。直到道光年间，一种叫鸦片土的东西开始在广东、福建等地流传。据说，这种鸦片土由"红毛"荷兰人制成，最早引诱"咬溜巴"也就是印度尼西亚的土人吸食。自从鸦片土在印度尼西亚流行开来，当地人体质大损，他们的领土很快成为荷兰人的殖民地。他也注意到，狡猾的荷兰人自己却不吃鸦片，而且一旦有其他红毛吸食成瘾，就会把这个瘾君子悬挂在木杆上，用大炮轰进海里去。卖的人自己不吃，却引诱别人吃，可见鸦片土显然不是什么好东西。嘉庆、道光年间，福建、浙江、广东的官员建议中央禁绝鸦片。虽然身在草野，俞正燮也担心中国会步印度尼西亚的后尘，于是提出自己的解决办法。在《鸦片烟事述》这篇长文的最后，精通医学的俞正燮附上程尚甄发明的戒除鸦片的"神方"，经过一到两个疗程，就能成功戒除毒瘾。

程尚甄到底是何方神圣？这个"神方"又真的有效吗？由于缺乏相关史料，程尚甄的生平我们也没法给出回答，他可能是俞正燮的一个朋友。"神方"是否管用其实也不重要。重要的是，在鸦片战争爆发之前，对于鸦片问题，无论是从政策方面，还是从帮助个人戒除毒瘾方面，都已经是当时的人们比较关注的重点，也已经有人对此提出各种见解。

现代的历史著作，包括历史教科书，都把鸦片战争当作中国近代史的起点，用各种理由论证它的爆发是不可避免的，这可能是带着历史后见之明的一种误解。既然日本能在不流血的情况下打开国门，那么清末历史的走向是否也存在不同的可能呢？历史学家不可能做出这种事后诸葛亮的判断，但是不妨试着猜想，也许这种猜想可以启发历史的思索。

2."弛禁"还是"严禁"，"外禁"还是"内禁"？

对第一次鸦片战争爆发前后清政府的决策，日本有一个学者叫井上裕正（1948—2022），他在《清代鸦片政策史研究》（清代アヘン政策史の研究）中做了详细的分析。他说，以往的研究者认为，1840年之前，清代高层存在两种路线。一种是以许乃济（1777—1839）、穆彰阿（1782—1856）为代表的"弛禁"论，还有一种以黄爵滋、林则徐为代表的"严禁"论。"弛禁"论认为应该取消鸦片禁令，准其公开买卖，缴纳税收，同时主张不限制国内种植鸦片，等到国产鸦片一多，洋商无利可图，外国鸦片即可不禁自绝。这种策略，其实就是后来"以土抵洋"制度的前身。

但井上裕正认为，这种二分法是出于误解，因为当时"弛禁"论支持者很少，很快被大部分督抚否定。鸦片战争之前，大部分官员都持"严禁"论观点，主要分歧在于是"内禁"还是"外禁"。"内禁"其实就是从内部取缔鸦片吸食，具体方式包括没收鸦片吸食用具，通过保甲监督、相互检举吸食者等，也就是从需求侧入手。1839 年 3 月 10 日，钦差大臣林则徐到达广州后，先与两广总督、广东巡抚合作展开"内禁"，取得不错的效果。可是问题在于，传统中国一切都要听皇帝的，道光皇帝对此并不满意。

启程前往广州之前，林则徐曾八次谒见道光帝，具体谈话没有记载，但从这一时期他写给亲友的信件来看，道光帝反复叮嘱林则徐，"外禁"才是从根本上解决鸦片问题的途径。所谓"外禁"，就是后来彻底禁止外国来华的鸦片贸易。尽管林则徐也曾表示，这可能会引发武力冲突，但道光皇帝尽管表示不希望惹起"外衅"即国际冲突，但"外禁"即彻底禁止鸦片贸易的立场又十分强硬坚决。1840 年底，在写给同乡叶申芗（1780—1842）的信中，林则徐说到自己两年前在北京待命，"原知此役乃蹈汤火，而固辞不获，只得贸然而来，早已置祸福荣辱于度外"。可见，他一开始就意识到这是不可能完成的任务，也是不愿意去广东的，很可能是从心底认为"外禁"应该不会成功。但古代中国，一切权力和权威都来自皇帝，道光的圣旨不可违，最后林则徐只能放下一切，不顾安危，"贸然"而行。

"苟利国家生死以，岂因祸福避趋之。"他的这两句诗里的这个"苟"字，就是"假如"，从这里可以看出林则徐心底的不确定感。虽然说诗无达诂,但从中多少能读出一丝丝的无奈,可能林则徐是不敢忤逆道光皇帝,只能反过来强行要求自己压抑执行"外禁"路线时的消极。前面我们提到,林则徐在虎门销烟后发给道光帝的消息中预测,英国人"万不敢以侵凌他国之术窥伺中华",表现出另外一种完全不同的乐观态度。可是,到底哪一个才是真正的林则徐呢?

其实我想,两个都是。只有从中国古代官僚制度的特点切入,我们才能理解这种自相矛盾和人格分裂。林则徐本人尽管刚正不阿,尽管人品高洁,但他毕竟是清代官僚体系中的一颗螺丝钉,他只对上级不对下级负责。所以,第一次鸦片战争前后有两个林则徐:一个是作为士大夫的林则徐,一个是作为钦差大臣的林则徐。前一个林则徐在私人信件中,可以隐晦地说出自己的真实看法。但后一个林则徐身在广州,只能遵循执行道光皇帝的意愿,在写给朝廷的报告中,也尽量多说道光皇帝爱听的话,即使这些话他自己可能都不相信。而道光皇帝呢,他也并非是顽固不化,不过是遵循祖制而已。追根溯源,清朝的禁烟政策始于嘉庆四年(1799)的"外禁",嘉庆十八年开始曾并用"内禁",但总体上仍是"外禁"优先。到了道光十年(1830),尽管北京曾接受两广总督的意见,有过短时间的"内禁"优先,但马上就重新回到"外禁"优先的轨道。道光十六年,许乃济的"弛禁"论迅速破产,只好"严禁"。而所谓"严禁",本质上无疑还是"外禁"优先,同时强化一下"内禁"。

直到鸦片战争前,清朝几乎一直是在执行"外禁"优先的政策,最根本的理由是广州体制这一外贸管理制度。因为乾隆时代之后,面向欧美各国的贸易,全部限制在广州,并依托官僚制、行商这两个支柱,对人员和物品进行管理。这种对外贸易,在朝廷看来,并不是平等互惠的市场行为,而是一种"中华"对"外夷"的赏赐，是"天朝"对"外国"的恩惠。然而，一旦买卖双方平等起来，天朝秩序就要轰然倒塌。这样偏执的想法很有问题：一方面，这决定了清政府更习惯以见效更快、一劳永逸的"外禁"解决问题，而不是耗时耗力、无法速成的"内禁"；另一方面，这种思维方式也决定了，只有被迫签订"不平等条约"，这种天朝上国的傲慢才会被打破，或许正好应了那句老话，矫枉不得不过正。

3. 后见之明：怎么回看鸦片战争？

作为后来人，我们看待历史经常犯的一个错误在于，会倾向于认为较晚近才出现的现象很早就已经形成，并且会把这种后设的因果关系作为叙述和解释历史的钥匙。

英国历史学家霍布斯鲍姆有一本名著《传统的发明》（*The Invention of Tradition*），专门讨论什么是"传统"。他举例指出，像苏格兰民族服装"格子呢短褶裙"（tartan philabeg）、英格兰皇室礼仪等"传统"，其实是相当晚近的时候才被近代英国人"发明"出来的，并不是古已有之。用这种观点来看鸦片战争的话，有人提出，今天我们有没有可能高估了第一次鸦片战争爆发之前鸦片的危害？在"外禁"之外，清政府是不是还有更恰当的方式解决鸦片问题？

《鸦片经济》一书的作者连东曾经提出，我们不能过高估计鸦片战争前中国的鸦片泛滥程度。前面已经说过，印度和东南亚流行的是曼达克、鸦片烟等混合鸦片，价格比较低廉。但清末流行的是吸食高纯度鸦片，在土产鸦片还没有兴起的情况下，对中国普通民众而言，吸食烟片人均每年得花费几十两白银。这种高昂的价格决定鸦片战争之前的鸦片吸食，主要是在高收入群体中蔓延，在总人口中大约只占 0.3%。所以有人设想，如果道光皇帝有那么一点耐心，并且愿意像"黑船来航"前的德川幕府将军那样，与英国人展开谈判，或许可以通过更好的方式解决鸦片问题。

这当然是后见之明。不过，在鸦片战争之前，其实英国人也并不是没有尝试过用谈判来解决贸易问题，只要可以通商，他们甚至愿意降低姿态，配合中国的朝贡体制。比如我们最熟悉的事件，1793 年乔治·马戛尔尼以乾隆帝八十大寿的名义来到北京，这是西欧国家首次向中国派出正式使节。马戛尔尼代表英国政府提出六项请求，都与通商有关，没有一个字提到鸦片。乾隆帝的反应是什么呢？他要求马戛尔尼跪拜，收下包括地球仪、军用品、车辆在内的"贡品"，却拒绝英国人的通商建议。1816 年，英国再度派遣阿美士德（William Pitt Amherst，1773—1857）与中国交涉，清政府又一次要求他向嘉庆皇帝行三跪九叩首礼，遭到直接拒绝。嘉庆皇帝因此大发雷霆，指责阿美士德目无"天下共主"，把他赶回英国。

习惯"华夷"观念，以居高临下的姿态看待周边，传统中国需要非常强烈的刺激，才能认清自己在万国中的地位。而且这种刺激，仅仅一次恐怕还不够。直到第二次鸦片战争战败，1861 年被迫设立总理各国事务衙门之前，中国甚至都没有近代意义上的外交机构，对外始终只有"剿"和"抚"两种办法。这种迟钝的结果，是当中国回过神来的时候，自己已经从天下国家变成东亚弱国。两次鸦片战争带来的，确实是无尽的屈辱，直到清朝灭亡，中国都没能真正以平等的眼光看待自己与外国之间的关系，而今天又是如何呢？总之，鸦片是 19 世纪中英矛盾的一个突破口，对于鸦片贸易背后复杂的政治经济体系，道光皇帝是缺乏认识的。

不仅如此，无论是在朝官员如林则徐，或是在野的学者俞正燮，都对鸦片三角贸易背后的英国一无所知，也都没有准备好如何面对西方的冲击。因此，面对千年未有之大变局，中国人不像日本人那样，有五十年的时间研究西方，通过广泛讨论，找到最好的解决方案。我们只能在锈迹斑斑的武器库中挑挑拣拣，最后祭出传统大旗——"以夷制夷""中体西用"等——加以回应。

让我们做一个简单的总结。一方面，从全球史的角度看，两次鸦片战争是东亚和中国被彻底拖入全球化的市场、规则、秩序的关键事件，也是欧洲列强迫使东部亚洲接受原本是欧洲地方文明的国际秩序的关键时期，由于传统中国在"坚船利炮"的威胁下被迫进入这个国际秩序，全球历史终于完成最后的拼图。毫无疑问，欧洲殖民者倚强凌弱，用枪炮给中国带来屈辱的历史记忆，所以很多中国学者把中国历史的"近代"视为从鸦片战争（1840）开始，觉得中国从此成为半殖民地半封建的国家；但从另一方面看，如果中国自我反省，那么也要承认，传统中国沉浸在以自我为中心的世界观里太久，忘记了四海相通，忘记了自己也是这个世界的一部分。更可悲的是，两次鸦片战争都没能扭转这一局面，直到1894年的甲午战争，被变法成功的"蕞尔小国"日本击败，中国知识分子才开始睁眼看世界。

而此时更重要的，就是在这一系列两千年未有之大变局中，新的国际新秩序逐渐建立。

（尹敏志）

传统帝国与现代国家：新世界与新秩序的形成

第一节　17世纪40年代：不平凡的年代

历史学家黄仁宇（Ray Huang，1918—2000），写过一本很著名的书《万历十五年》，大家可能都听说过。这本书的英文标题，直译成中文，叫"1587年，一个平凡的年份"（*1587, A Year of No Significance*）。他用一个看似波澜不惊的年份，串联出晚明中国的巨大政治隐忧。历史上很多时候都是这样，不少对后世产生巨大影响的趋势，其实都在某个波澜不惊的时刻，早早便预设了线索。当然，这样的认知，是我们用一种后见之明的方式观察到的。

今天我们这一节的标题也是一样。让我们来关注一下17世纪40年代，差不多是万历十五年之后的一个甲子。在那几年，欧亚大陆东西两端，各发生一件大事。其中一个我们比较熟悉，就是明朝在内忧外患的双重打击下灭亡，以八旗为统治核心的清朝取而代之，更在此后的几十年中逐步奠定今天中国的疆域。另一件几乎同时发生的事情，是欧洲三十年战争在妥协中结束，交战各方签署了《威斯特伐利亚和约》(Peace of Westphalia)。

从今天的眼光回看，这两大变动为欧亚大陆此后三百年的国际关系走向奠定重要的基础，也为三百年后东西方两种国际体制的巨大碰撞埋下伏笔。正是因为如此，我们说，17 世纪 40 年代，对早期近代的全球史而言，真可谓"不平凡的年代"。那么，这一变化是否各自孤立，只是碰巧凑在一起了呢？

今天，我们暂时不谈东亚的 17 世纪 40 年代即清朝入关前后，对东亚地缘政治格局的巨大冲击，重点先来谈一谈欧洲的 17 世纪40 年代。

1. 亚欧连动：1604 年格劳秀斯的《海洋自由论》

首先要和大家提出的一个观念是：17 世纪欧亚大陆两端的变化，并不是相互孤立的，它们之间存在着密切的交流和互动，这种互动也导致各自内部的变化。让我们先从一个较早的故事讲起。

1494 年，罗马教宗的使节把崛起的葡萄牙和西班牙人召集在西班牙的小镇托尔德西里亚斯 (Tordesillas) 开会，解决欧洲之外的新领土归属问题，凡是"无主之地"，以非洲西北岸外佛得角群岛 (Cape Verde Islands) 西边一千二百海里处画出的子午线为基准，以东归葡萄牙，以西归西班牙。可是历史是不断变动的，后来的两个世纪中，欧洲其他国家崛起，葡萄牙和西班牙渐渐衰落，这种瓜分世界的协议就不灵了。到了 17 世纪，荷兰也成了海上强国，就要分一杯羹了。

1603 年，是中国明朝万历三十一年。这一年 2 月，一艘名为"圣卡塔琳娜号"(Santa Catarina) 的葡萄牙商船，从中国澳门出发驶往马六甲。不料，2 月 25 日上午，在今天的新加坡海峡附近，这艘商船被荷兰东印度公司的三艘战船发现。荷兰战船随即向葡萄牙商船发起进攻。一番战斗之后，荷兰指挥官海姆斯凯克（Jacob van Heemskerk，1567—1607）把这艘葡萄牙商船扣押了，货品全部没收，运回了荷兰。在阿姆斯特丹的法庭，法官宣布：从船上抢来的物品全是"战利品"。"圣卡塔琳娜号"上的货物价值不菲，那上面装满产自明朝和日本的商品，包括数量巨大的青花瓷、大约一千二百包生丝以及几百盎司的麝香。荷兰人很不客气，直接把商品拍卖了。拍卖所得，让头一年刚刚成立的荷兰东印度公司资本直接增值 50% 以上。而且，这次抢劫的影响还不止限于经济利益。比如，通过拍卖流入市场的瓷器，对荷兰文化也产生影响。"圣卡塔琳娜号"是一艘大型多桅帆船，这种船被称为"克拉克"（carrack）。由于船上的瓷器在荷兰市场大受欢迎，很长一段时间里，荷兰人就把这种产自江西景德镇、专供出口欧洲市场的外销瓷器称为"克拉克瓷"（Kraakporselein）。

不过，明火执仗的海盗行径，毕竟有违道德。海上到底有没有规矩？在欧洲包括东印度公司内部，都引发巨大争议。怎么办呢？荷兰东印度公司在 1604 年，聘请一位年轻的法律天才来为公司作辩护。年轻人果然不负所托，操起如椽巨笔，把东印度公司的劫掠说成是战争中的正当行为。最为关键的是，这位天才的辩论逻辑，并不仅仅纠结于事情对错本身，而且提出一个重大的政治命题：究竟海洋算是国家主权范围内的领土，还是所有国家都可以自由往来的公共空间？

为了回答这个问题，他提出一个根本原则，即海洋是各国都可进行自由贸易的空间，而不是像陆地那样封闭的领土。因为荷兰和葡萄牙在欧洲处于战争状态，所以它们在亚洲海域这片不属于任何人的"开放空间"上的冲突也是战争的延伸。后来他的部分辩护词以《海洋自由论》发表，成为现代国际法的奠基作之一。这位年轻人，就是后来被尊为"国际法之父"的雨果·格劳秀斯。1604 年是明朝万历三十二年，那一年格劳秀斯年仅二十一岁。

讲这样一个发生在 17 世纪初的事情，就是要说明历史上很多重大趋势的发生是由偶发事件引起的，而在早期全球化时代欧洲与亚洲有着密切的联动。像国际法的产生，看上去好像是欧洲文明内部发生的，其实却和亚洲——比如对中国的贸易——有着非常紧密的联系。但是，任何偶发事件都必须在适当的背景下，才能酝酿出重大的变动，所以我们也需要了解当时欧洲政治斗争的大背景以及后来欧洲人对自身危机的解决之道。

2.17 世纪 40 年代的欧洲和《威斯特伐利亚和约》

前面我们介绍过，从 16 世纪末到 17 世纪中，欧洲主要国家都经历了持久的战争。先是荷兰想从西班牙帝国统治下独立，两者从 1568 年开始打仗，一直打了八十年之久。而就在这场争斗发生的中间，从 1618 年开始，神圣罗马帝国内部天主教和新教两大势力也开始激烈的冲突，最后演化成一场持续了三十年、导致八百多万人丧生的大混战。这场混战的一方，是新教的瑞典、荷兰、勃兰登堡普鲁士，另外加上信奉天主教的法国；混战的另一方，是信奉天主教的西班牙，及哈布斯堡王朝下的神圣罗马帝国。到了 1644 年左右，各方都已经元气大伤，开始和谈。最终，以 1648 年《威斯特伐利亚和约》的签署为标志，八十年战争和三十年战争宣告结束。

《威斯特伐利亚和约》听着像是一个条约，但它其实不是一个单一条约，而是交战各方围绕相关议题、经过冗长谈判所达成的一系列条约的总称，内容非常复杂琐碎，但从今天的角度回头看，它的一些原则和精神规定了后来欧洲国家处理相互关系的基本规则。简要地概括这些规则，就是各个国家的主权至上，各国有权决定自己的宗教信仰，大家奉行平等的外交等。今天很多历史学家和政治学者，倾向于把《威斯特伐利亚和约》看作现代主权国家兴起的起点，也就是我们今天所熟知的现代国际关系的起点。所以，在西方政治学中，常常把由主权国家构成的近代国际关系体系称为"威斯特伐利亚体系"。

那么，威斯特伐利亚体系到底"新"在什么地方呢？简单地说，就是过去欧洲政治的两大权力核心：分别由罗马教宗掌握的教权，和神圣罗马帝国皇帝掌控的皇权，都被边缘化了。很大一部分新教国家说，我们不再听命于教宗和皇帝，与教廷、神圣罗马帝国没有政治从属关系。换句话说，就是这些国家都不但自主了，而且强调自己的主权是独立的。国家主权成了一个国家最为至高无上的事儿，超越教宗和皇帝的权力。这也就是为什么作为天主教国家的法国后来也加入到新教国家行列，因为法国也要强调我的国家利益和主权。

让我们回到格劳秀斯。《威斯特伐利亚和约》跟他又是什么关系呢？关系非常之大，因为和约与他倡导的欧洲国际法原则有相当的一致性。

格劳秀斯很早就崭露头角，这位少年天才，早年春风得意：他八岁熟读拉丁文，十一岁就读莱顿大学，十六岁获得法国奥尔良大学法学博士,名声传遍整个欧洲。三十一岁时,他就成为鹿特丹的行政长官。不承想,格劳秀斯后来陷入教派纷争,被判终身监禁,关在专门收押政治犯的卢夫斯泰因城堡。好在他有一个非常机智的老婆玛丽亚。玛丽亚先是向当局呼吁,给格劳秀斯争取到较好的生活条件,允许家人去城堡中照顾;接着又表示,因为格劳秀斯需要继续研究写作,所以要把大量书籍送进监狱。然后,在 1621 年 3 月的一天,趁送书的机会,玛丽亚让格劳秀斯躲进一个放书的大箱子,自己则穿上老公的衣服,躺在床上假扮格劳秀斯,然后命仆人们把箱子运出城堡。你看,读书人就以读书人的方式,成功地越狱了。幸运的是,荷兰当局倒也没太为难玛丽亚,把她关了一阵后,也给放了。夫妻俩先后逃到法国。这算是两人生命中一段惊险、戏剧感十足的经历。

在流亡法国期间,格劳秀斯撰写了另一部被后世视为经典的国际法著作《战争与和平法》,对当时处于战火中的欧洲国家的关系展开了深刻的哲学和法学讨论。1634 年,他被瑞典摄政聘请为瑞典驻法国大使,同时开始与瑞典协商战争条约。一直到 1645 年,离职的格劳秀斯遭遇海难,途中染病身亡。他去世的时候,是中国明朝灭亡、清朝建立的第二年。三年后的 1648 年,《威斯特伐利亚和约》签订。

虽然格劳秀斯没有亲身参与《威斯特伐利亚和约》的谈判,但他的国际法精神对和约影响巨大,奠定了近代国际秩序的基础准则。英国国际关系学学者赫德利·布尔(Hedley Bull,1932—1985)就认为:格劳秀斯的理念在《威斯特伐利亚和约》中得到具体体现,他正是这份现代和约的精神之父。

3. 什么是近代国际秩序最基本的理念和精神？

那么，从《海洋自由论》《战争与和平法》到《威斯特伐利亚和约》，最基本的理念和精神又是什么呢？政治学家和法学家一致认为，其核心是所谓"自然法"思想。自然法假定，在宗教神学之外，有一套人类共享的"自然状态"和道德准则，这套原则是普世的。国也好，人也好，它的基本自然权利是天赋的、平等的。

对于历史上不太受宗教权力影响的中国人来说，这种说法似乎没有什么特别的地方。不过，在 17 世纪的欧洲，这种脱离了神学传统的理论非常具有革命性。如果我们仔细查看这套抽象理论的历史脉络，就会发现它非常切合当时欧洲社会具体的政治状况。什么状况呢？就是马丁·路德和加尔文的新教改革，前面有关"宗教改革"的一讲里，我们已经向各位介绍过，新教改革使得新教在欧洲中部和北部兴起，教廷和神圣罗马帝国呈现巨大危机，各邦国争权夺利，开始排斥过去凌驾于国权之上的教权和皇权。

格劳秀斯提出的"自由海洋"，不是因为他特别向往自由的大海，而是因为全球大势变了。随着西班牙和葡萄牙的地理大发现，殖民美洲和东方的财源为西、葡两国所垄断，且这种垄断受到教宗的支持。甚至在教廷的协调之下，西班牙和葡萄牙先后签署了两个条约，把地球直接给对半平分了。而荷兰作为新教国家，又是新兴的海上贸易国家，必须要找到理由去打破这种垄断。《威斯特伐利亚和约》签订后，荷兰终于独立建国，随后挤掉西班牙和葡萄牙，成为新的垄断东方贸易的海上霸主。而在荷兰正式建国之前，东印度公司就占领了今天的印度尼西亚爪哇岛。请各位注意，要到 20 世纪中，"印度尼西亚"这个新国名才取代了过去的"荷属东印度"这个旧名称。

当然,我们并不认为欧洲国际法天然具有"普世性"。比如,格劳秀斯说海洋是自由的,各国有贸易和航行的自由。这句话背后的意思是说,西班牙和葡萄牙之外,其他欧洲国家同样有前往东方、建立殖民地的自由。所以,等到荷兰在东南亚站稳脚跟,英国利用自由海洋论,也在香料贸易中分一杯羹,荷兰就不答应了。格劳秀斯就以荷兰东印度公司已经与当地建立契约为名,拒绝了英国的插手。可英国也有自己的盘算。当时英国想独占周边以及通往北欧海域的特权,就拒绝了别的国家特别是荷兰的染指。于是,在1635年,东方学家约翰·塞尔登,就是我们曾经提到过的那幅著名的《塞尔登地图》(又名《东西洋航海图》)的最后收藏者,出版了一部法学著作《封闭的海》(*Mare Clausum*),与格劳秀斯针锋相对。塞尔登的基本理念是,海洋和陆地一样,是有主权性的,是可以被分割的。

这两种观点,在后来无论哪个也没有真的完全实现。最后的做法是一种折中:即靠近一个国家海岸线的海域,可以被视为"领海",国家对这个地方享有排他性的主权。这个领海概念的范围,在18世纪初刚刚提出的时候是三海里,因为当时欧洲人的火炮射击距离,最远就是三海里。但到了后来,火炮的射程已经远远超过这个距离,于是,1982年《联合国海洋法公约》(UNCLOS)规定,各国的领海范围是十二海里。

所以仔细想一想,所谓"自由的海"是在具备远洋航行能力的前提下才成立的。从格劳秀斯的时代以来,真正具备这个能力、能够享受这个自由权利的,往往是几个船坚炮利、在全球贸易链条中具有重大利益的殖民帝国。所以,很多时候看上去很有道理的准则，都是特定历史条件下产生的。同样，从自然法衍生的现代欧洲国际法则，虽然号称"普世"，但其本身有深刻的欧洲色彩和基督教色彩，像格劳秀斯假设的"上帝不存在"，前提恰恰是基督教上帝的存在。从历史上看，这套法则最初是为了解决基督教世界内部的纷争，并没有想笼罩全世界。甚至在很长一段时间内，欧洲国际法原则直接服务于殖民主义，所以在当时看来，国际法是"文明人"对"文明人"之间施行的原则，殖民地压根儿就不是"文明人"，当然也就不享有欧洲国际法规定的权利。当然，当殖民时代过去、独立运动风起云涌时，这套国际法则也是尽管不完美但却最现实的"万国公法"，在某种程度上，也成为解决国与国争端与冲突的基础，使得国际秩序得以稳定。这就是某些"地方文明"在强势背景下，逐渐成为"普世文明"的过程。

在 20 世纪中叶以前，随着欧洲人恃其船坚炮利来到东亚，对于这套号称"公法"的东西，东方人的心态是比较复杂的。

4. 同时代的东方，满洲崛起

格劳秀斯受聘为荷兰东印度公司辩护的那年，荷兰的殖民势力从东南亚拓展到中国。这一季的第一讲里提到过，1604 年初，两艘东印度公司的船来到澎湖，结果遭到明军的驱逐。如此往复几次，荷兰人终于在 1624 年被彻底赶出澎湖，只得转头向东，拓殖被他们称为"美丽岛屿"的台湾岛。

而台湾以及整个东亚后来的命运，与 17 世纪 40 年代发生的另一件大事息息相关。下一节，我们就来谈欧亚大陆东端的政治震荡：满洲崛起。

第二节　满洲崛起

前面我们提到，荷兰东印度公司在 17 世纪 20 年代就来到台湾岛了。不过，由于当地民众的反抗，他们直到 1636 年才控制了台湾。就在同一年，远在中国东北的沈阳，举行了一场重要的政治仪式。

沈阳是后金的首都。就在 1634 年，后金大军在皇太极的率领下，击败了名义上为蒙古大汗的察哈尔部林丹汗（1604—1634 年在位），并在林丹汗病故后，于次年获得了他的"传国玉玺"。借着这个由头，1636 年 3 月，漠南蒙古十六部的四十九位贝勒齐聚沈阳。他们将"博格达·彻臣汗"（意思是"宽温仁圣汗"）的尊号敬献给皇太极。这也意味着，这些蒙古王公承认皇太极为新的"蒙古大汗"，成吉思汗的继任者。5 月，皇太极把国号由"后金"改为"大清"，年号也从"天聪"改为"崇德"，他正式登基，成为大清国的第一位皇帝。

值得注意的是，这位满洲统治者，其政治角色是多重性的：他不但是满洲人的汗，也自命为汉人的皇帝，同时又是蒙古人的大汗。百官在劝进皇太极受尊号时，由多尔衮代表满洲、科尔沁的土谢图汗部济农巴达礼（？—1671）代表蒙古、都元帅孔有德（1602？—1652）代表汉人，分别跪献由满文、蒙古文和汉文撰写的表文。这象征着新的首领，统合了三个地域的统治传统，将三种不同的政治角色集于一身。

后来的事情，我们都比较了解了。1644 年，明朝被李自成起义军推翻。镇守山海关的吴三桂，引清军入关平叛，但清军就势夺取整个明朝疆域，取而代之。清朝在后来的二百多年中开疆拓土，不但有效管理了明代下辖的地域，而且把东北、蒙古、新疆、西藏和台湾正式纳入版图。这开创了中国历史上新的"大一统"格局，也为东亚以及内亚地区的地缘政治开辟了一个全新的局面。越来越多的全球史学者现在认定，清代中国是早期全球化时代，一个与奥斯曼帝国、哈布斯堡帝国以及英帝国等同等重要的欧亚国家。

用后来发生的这一系列事件回望 1636 年的沈阳，我们会惊讶地发现：尽管离清朝正式入关还有八年，可清朝早期的领袖，已经在政治意识形态上为将来的多元统治做了一定程度的准备。也许，当时的皇太极本人并不真的具备那么大的地缘政治雄心。但历史总是这样，一些看似偶然性的、边缘性的因素，却在因缘际会之下，发挥了特别独特的作用。谁也不会想到，本来偏居一隅的地方小政权，后来会改写整个亚洲政治的走向。

1. 满洲：在明朝、蒙古和朝鲜之间崛起

要理解满洲崛起为多元大一统王朝的秘密，我们先要了解如今中国东北这片地域。

欧亚大陆板块的东北部，冬长夏短，气候苦寒，被周边各个农业文明视为边缘"蛮荒"地带。这里原本也是通古斯人群的世居之地。历史上，这里产生过大大小小的政治体，它们和周边各个政权有着频繁交往，也是沟通东亚文化、经济、交通枢纽之一。在东北亚漫长的历史上，多数情况下，中原对于东北，或建立宗藩关系，或实施羁縻管理。反过来，这个地区也兴起过许多强国，往往对中原及周边构成极大挑战，比如渤海国、高句丽、辽、金以及元，统治者是高丽人、契丹人、女真人或者蒙古人。

清朝的前身后金，就是由女真首领努尔哈赤创建的。但是要注意，在努尔哈赤之前，女真并不是一个统一族群。按照明代史书的讲法，女真大致分为南部的建州女真、东部的海西女真和北部的野人女真三大部。他们之间，生产生活方式都不一样，建州女真中很多人从事农业和贸易，海西和野人女真则主要从事采集和渔猎。各部之间和各自内部，又多有争斗，各不相属。不过，在东北的女真各部族，由于地理上的关系，一直保持与中原、朝鲜和蒙古的密切互动。

首先看中原。14 世纪中叶，明朝把元朝残余势力赶到大漠之后，为清除蒙古的影响，拉拢东北女真及其他部族，建立了对东北区域的羁縻管理，在此地前前后后设立数百个卫所。在经济上，明朝将中央册封与当地人亟须的朝贡往来、互市贸易挂钩。努尔哈赤出身建州女真，本人非常熟悉汉人的政治文化，而建州女真能够快速崛起，也跟他们掌握着与明朝的贸易特权，从各种贸易中大量获利有极大的关系。

再看蒙古。元朝被推翻后，蒙古草原的部族分裂为瓦剌、鞑靼和兀良哈三部，其中最东部的兀良哈一度归附明朝，活跃在与女真相邻的松花江流域。15 到 16 世纪，鞑靼诸部逐渐控制兀良哈地区，南拓至长城及辽西。到明末，其中的察哈尔部一枝独秀，其首领林丹汗，承袭了蒙古大汗之位，号令诸部。科尔沁、内喀尔喀等部则和建州女真交往频繁，互市通婚不断。女真与这些蒙古部族的文化交流也极为密切。在满文被创制前，女真的文书政令，多依靠蒙古文。

朝鲜方面。15 世纪前中期，朝鲜北拓版图，在图们江中下游设六镇，对当地女真实施进剿和怀柔并用的政策——努尔哈赤的先祖爱新觉罗·孟特穆（1370—1433，又名猛哥帖木儿），早先就在图们江流域活动。不少女真首领受朝鲜册封，所属族人也曾融入朝鲜社会。

在努尔哈赤崛起前，女真处在明朝、蒙古和朝鲜中间，是东北亚地缘竞争中非常边缘化的一个群体。所以，弱小的女真政权从一开始，就必须要应对多元挑战，也必须容纳多元文化，才可能生存发展。

2. 宗藩关系：礼部、理藩院

回到 1636 年的沈阳。

皇太极的称帝登基，曾引起两位朝鲜王朝使者的不满。他们认为，天下只有一个皇帝，就是明朝皇帝，而后金和朝鲜在 1626 年"丁卯之役"后建立了"兄弟"之邦的关系，所以他们拒绝对皇太极行三跪九叩的君臣之礼。以此为由头，皇太极在这一年年末出兵征讨朝鲜，这是他第二次对朝鲜发动战争了，史称"丙子之役"。朝鲜军队打不过后金，最后朝鲜仁祖李倧（1623—1649 年在位）不得不出城投降，并在三田渡正式向皇太极三跪九叩，承认朝鲜是清朝的藩属，断绝与明朝的宗藩关系。

清朝与朝鲜正式确立宗藩关系，既有地缘政治方面的意义，更有礼制方面的重要意义。我们知道，明代以来东亚的国家间关系，是以儒家宗藩礼仪为原则建立的。中国是这套国际性礼仪规范的制定者，周边各国以尊崇中国天子为"大皇帝"的方式换取中国对自身合法性的确认，当然也是为了获得和中国贸易的特权。同时，各国也把这套宗藩礼制引入国内政治，并施之于以本国为中心的次一级区域政治。这是实力差异形成的东部亚洲国际关系格局。所以，尽管周边国家信奉儒学的官僚和士人对清朝有种种鄙夷和不满，但随着清王朝实力的强盛，中原与周边的政治等级关系并没有削弱，反而强化了。通过 1636 年战争，清朝继承了明朝对朝鲜的宗藩关系，这套关系最为典型的表现方式，是所谓"朝贡—册封"制度。朝鲜每年数次入清朝贡，王室成员的正式名号都需由清朝册封。同时，清朝向朝鲜提供安全保障，但基本不干预朝鲜内政。这套礼制规范，以"事大"和"字小"的双向互动，构建起以中原为中心的政治等级秩序，所有选择加入这套秩序的政治体都需要遵从基本的礼仪和仪轨。

后来的历史，大家想必都知道。就像与朝鲜一样，清王朝也逐渐建立与其他周边国家的宗藩关系，比如安南、琉球、暹罗，以及稍后的缅甸等。主持这套区域性国际关系机制的政府机构是礼部，因此我们也把这一套宗藩外交机制称为"礼部外交"。在明清两代，礼部外交是东亚国家间最为通行的交往机制。但问题是，清朝不仅仅继承了明朝的宗藩制度，还另有一套平行的、处理与内亚边疆关系的机制，对此负责的政府机构叫理藩院。它的前身叫蒙古衙门，从这个名称我们也可以知道，它最早就是为了处理蒙古、西域事务而设立的。理藩院制度，部分是继承了元朝的遗产。

因此，要了解这套制度的机理，我们还得大略了解一下元代以来西北地区——包括历史上的蒙古、新疆、西藏地区的演变。这个演变的主旋律，如果用非常简约的话表述，就是从分裂、混乱，走向由清朝主导的统一和秩序。

3. 清朝建立前后的蒙古与西藏

成吉思汗创建的蒙古帝国，是一种部众联盟国家。他死后，蒙古世界就陷入分裂。经过长期内斗，元朝皇帝最终获得蒙古大汗之位，但在 14 世纪中叶元朝被逐出传统汉族区域之后，蒙古草原的部族又分分合合几个世纪，前面我们讲过，像兀良哈、鞑靼、瓦剌等。在此期间，有实力的汗或大汗，可以统合各个部族国家，而当强势人物去世、实力瓦解，这些并立的部族国家，就会选择脱离、独立或结成新的联盟。蒙古语中 ulus（兀鲁斯）一词，即指这样一种"国家"，各"国"之间并没有统一的政治认同。漠南蒙古部众，最初就是在这个制度框架下，认知他们与满洲的关系。在 18 世纪中叶乾隆皇帝最终完成对控制着天山南北路的准噶尔部的征伐之前，外蒙古和新疆地区，分别由喀尔喀蒙古和卫拉特（瓦刺）蒙古所掌控，准噶尔部就是卫拉特中最为强大的一支。

我们再来看西藏。自从吐蕃王朝灭亡后，西藏就陷入长期分裂状态。到了 11 世纪之后，佛教再度被引入西藏，并慢慢与本地信仰结合，发展出藏传佛教。宗教与政治相互结合，使得这一区域的政治斗争往往与宗教的教派斗争纠结不清。为了获得政治和军事支持，西藏各教派开始与周边强大的政权建立供施关系，以教领政；比较典型的，就像萨迦派和西夏王朝之间。后来，蒙古人也继承了这种关系，1260 年，忽必烈册封萨迦派首领八思巴（1235—1280）为国师，把西藏作为对上师的布施，八思巴则认忽必烈为转轮王。数年之后，忽必烈成为蒙古帝国的大汗，八思巴作为帝师，忽必烈就成了西藏佛教的世俗供养人。八思巴和忽必烈形成僧侣与护主的所谓"檀越"关系，这种"檀越"关系到了元代后期中断。但到了明代，藏传佛教各派更积极地与明朝政权建立这种供施关系，视中原统治者为文殊菩萨的化身。再后来的14和15世纪，一个新的教派格鲁派快速崛起，在萨迦派、噶举派等其他教派的打压之下，他们积极地向蒙古地区拓展。1578年，格鲁派一位首领索南嘉措（1543—1588）到青海，拜见了土默特部首领俺达汗（1508—1582），两个人恢复了忽必烈与八思巴所建立的檀越关系。俺达汗为索南嘉措奉上尊号"达赖喇嘛"，这就是"达赖喇嘛"名号的起源。

从此，藏传佛教再度深入蒙古地区，并最终通过蒙古，传入东北。

17世纪40年代，对于蒙古和西藏来说，也是非凡年代。1640年，为了回应清朝征服漠南蒙古以及俄罗斯入侵北方，卫拉特、喀尔喀各部的数十位首领召开了一次联盟会议，制定了一百二十一条社会、政治、经济和宗教规定，后世称为《蒙古—卫拉特法典》。这是蒙古部众一次非常重要的会议，为后来形成蒙古内部的某种统一性确立基本规范。法典中的许多条款，后来也成为清朝管理蒙古地区的《理藩院则例》的基础。

1641年，年轻的五世达赖喇嘛（1617—1682）在老师罗桑却吉坚赞（1570—1662）的倡议下，与青海和硕特部固始汗（1582—1654）结盟，共同出兵击败敌对势力，初步结束了西藏的分裂状况。固始汗还在1645年为罗桑却吉坚赞奉上尊号"班禅博克多"，这就是"班禅"名号的来源。从此，格鲁派成为蒙藏众多教派中占统治地位的派别，五世达赖喇嘛建立的甘丹颇章政权，成为自松赞干布以来又一个相对统一的西藏地方政权。借助藏传佛教，其影响力也辐射到蒙古人的世界。正是意识到藏传佛教对蒙古区域的重要影响，清朝统治者也开始积极地和藏传佛教领袖建立联系。在皇太极后期，达赖喇嘛和班禅喇嘛共同派遣使者抵达沈阳，表达与清朝结好。五世达赖喇嘛还在 1652 年到北京觐见顺治皇帝，按照旧例称这位清朝的统治者为"文殊大皇帝"。

这是一个双方互相承认和认同的过程：在西藏和蒙古的佛教徒看来，清朝皇帝尊奉藏传佛教并能保护它隆盛，因此西藏和蒙古也会把清朝皇帝作为佛教徒，并接受他的权威；而西藏佛教也承认清朝是保证藏传佛教隆盛的权力所在，同时认为清朝会把西藏佛教视为"国教"。由于西藏佛教是"国教"，所以清朝皇帝和国家精英对藏传佛教表示恭敬，而清朝统治者的这种认识，是满洲人、西藏人、蒙古人共有的，这就形塑了清朝和藏传佛教共同的基础。自此，清朝与西藏正式确立供施关系，清朝皇帝的角色又多了一种，也就是在满蒙汉三族的大汗、皇帝之外，又增加了西藏政教合一的佛教世界的文殊菩萨身份。

此后，清朝统治者不断通过宗教、联姻、贸易、战争、派驻官员等多元化的方式，强化对西北边疆地区的管理，最终实现对蒙古、新疆和西藏地区的统治，这奠定了现代中国的基本版图。理藩院的官员，也都是通晓蒙藏事务的满人、蒙古人或汉人，而蒙古语和藏语也成为跟满语、汉语同等重要的清朝官方书写语言。

4. 东部海洋上的角逐：郑成功

当清朝用两套机制，就是礼部和理藩院，当然还可以说有第三套，即管理清朝龙兴之地满洲的盛京将军，逐渐确立从东亚到内亚的国家权力之时，它带来的地缘政治震荡，也引发了相当的反弹。比如，明朝的皇族和忠于明朝的中原士人，曾有过持续时间颇长的抵抗。在东南沿海一带，给清朝带来过重大安全威胁的，是郑成功率领的海上武装。

明朝中后期开放海禁之后，东海南海成为繁忙的商业贸易圈，东南亚和东北亚的各种商品如丝绸、瓷器、香料等，成为明朝重要的财政收入来源，正如明朝人自己说的，"所贸金钱，岁无虑数十万，公私并赖，其殆天子之南库也"，也就是说，明朝很大一部分财政收入来自海上贸易的税收。可是，在明清交替之际，海上却被郑芝龙、郑成功控制。郑成功出生于日本。他的父亲郑芝龙，是当时掌控东北亚与东南亚海上贸易通路的海商首领。被明朝招安后，郑芝龙带着郑成功回到中国。清朝入关后，郑芝龙降清，郑成功却执意抵抗。他回到老家福建，招募旧部，很快组织起一支实力超强的海军，不断搅扰东南沿海，甚至逼得清朝一度实行"禁海迁界"政策，断绝一切海外联系，沿海居民也必须迁到远离海岸线的地区居住。

由于失去陆地补给线，郑成功必须寻找新的根据地，他看中了台湾岛。这就和我们前一节提到的荷兰人殖民扩张有关了。荷兰东印度公司侵占台湾后，为了拓展在东南亚和东北亚的贸易，不时劫掠郑氏商船。郑成功于 1661 年发动攻台战役，并于 1662 年将荷兰殖民者驱逐。郑氏家族在台湾经营三代，到康熙二十二年（1683），已经平定三藩的清朝军队进攻台湾，郑成功的孙子郑克塽（1670—1707）投降。

从此，台湾也正式纳入清朝的版图。

5. 两个即将在 19 世纪发生冲突的国际体系

平定台湾之后，清朝随即恢复海上贸易，在沿海的澳门、漳州、宁波和云台山设立四处海关。环东海、南海以及印度洋的各国，始终与中国有着密切的贸易往来，而各欧洲国家以及日本，虽然名义上从未承认宗藩体系，但仍然大力开展与清代中国的商品贸易。在早期全球化时代，海上与陆上的贸易不但沟通着欧亚，而且串联起非洲和美洲。这个贸易网络，在东部亚洲最重要的表现形式之一，就是围绕着中国市场和中国商品而展开的所谓"朝贡贸易"和"互市贸易"。

17 世纪 40 年代，在欧亚大陆的东端，清朝继承和发展了传统宗藩秩序；在欧亚大陆的西端，基督教世界逐渐产生威斯特伐利亚体系。两种不同的国际秩序又各自发展了二百年，到了 19 世纪中后期，两种国际秩序终于开始面对面发生冲突。

第三节　清俄竞争与《尼布楚条约》

在中学的历史教材里，大概都提到过《尼布楚条约》。不过，它一般是放在"中国史"课程里，作为清朝历史中的一部分来介绍。可是这个条约的签订，却绝不仅仅是一个"中国史"事件，甚至也不能简单被认为是中俄关系史事件。清朝和沙皇俄国在黑龙江流域的碰撞以及两国间条约的签订，是一个非常有代表性的全球史事件，更适合放到早期全球化的框架中去理解。

1. 在尼布楚：清俄两个国家的近代外交实践

1689 年 9 月 7 日，当时清朝和俄罗斯帝国之间的叫尼布楚的这个地方在外贝加尔地区的涅尔恰（Nercha）河畔，现在归了俄罗斯，俄国人把它叫作"涅尔琴斯克"，但清朝早期的时候，这边的牧民常常到那里。经过旷日持久的谈判，清朝和俄罗斯的官员终于就两国条约和换文的最后细节达成一致。傍晚 6 时左右，清朝代表索额图（约 1636—1703）、佟国纲（？—1690）等，与俄国代表费奥多尔·戈洛温（又作费岳多，Fyodor Golovin，1650—1706）、弗拉索夫等，骑马来到尼布楚城外，然后同时下马进入帐篷。

签字换文仪式是这样的：先由两国译员宣读条约文本。中方的翻译，是法国耶稣会士张诚（Jean-François Gerbillon，1654—1707），他先朗读了满文本条约，又朗读了拉丁文本。然后，俄方译员朗读了俄文本和拉丁文本。两国代表分别在拉丁文本和己方文本上签字。双方在按照各自信仰和习惯宣誓之后，互换了文本。之后，双方礼节性拥抱，俄罗斯使节将清朝使节邀请到自己的帐篷里，举行了盛大的宴会。

大家是不是觉得，三个多世纪之前的这次外交交涉，似乎和今天我们在国际新闻里见到的外交礼仪没有什么太大的差别？没错，整个《尼布楚条约》的谈判和签字过程，是非常对等的，无论是沙皇俄国，还是清朝，都没有按照他们更为习惯和熟悉的"上国"礼制来对待对方。可以说，这次外交交涉，是颇为"现代"的。

那么，《尼布楚条约》中规定了什么？首先，是划定两国的边界；其次，是俄国拆除在雅克萨的设施、人员迁入俄境；然后，规定人员往来、交涉的原则。比如，要送还逃入对方境内的人口，边界不能跨越，而从事贸易的人员则可以凭借护照往来等。我们可以看到，条约中的这些内容，也有很强的现代感，好像跟我们今天的边界实践没有特别大的差别。这和我们对仍在传统延长线上的清朝印象似乎不太一样：很多人到现在还觉得，清朝始终是个闭关锁国的国家，不会跟外国以平等身份交往，而《尼布楚条约》恰恰提供了一个反例。而且我们要注意，传统时代与所谓近代没有一个一刀两断的时间点，它们彼此会交错很长时段，不仅如此，在全球各个区域，文化、制度与观念也并不会齐头并进，更何况当时欧洲国家间的主权国家体系，也就是前面我们提到的《威斯特伐利亚和约》之后的国际规则也刚刚开始磨合，远未成熟定型。所以可以说，中俄《尼布楚条约》的签订是早期全球化时代中一次现代国际关系的重要实践，尽管这种现代国际关系实践的参与者都不是所谓的近代民族国家。

俄罗斯崛起于欧洲边缘，从 16 世纪开始，接受欧洲文化的沙俄不断扩张。在罗曼诺夫王朝建立之前，俄国的势力就越过乌拉尔山。1578 年，一支八百四十人的哥萨克雇佣兵在叶尔马克·齐莫菲叶维奇（Yermark Timofeyevich，？—1584/1585）率领下东侵，于 1582 年攻陷西伯利亚汗国。这次出兵，标志俄国正式拓殖西伯利亚。在这之后，俄国一拨又一拨地不断向东推进。仅仅在六十五年之后的 1647 年，俄国人在鄂霍茨克，也就是今天哈巴罗夫斯克边疆区的北部，建立了堡垒，这是他们在太平洋沿岸建立的第一个据点。

此时，也正是清朝入关后的第三年。

2. 皮毛贸易、东方商路与清俄地缘冲突

俄罗斯向东拓殖西伯利亚，最初的目的不一定是为了扩充领土，而是受到经济利益特别是皮毛贸易的刺激。比如说，叶尔马克率领的哥萨克，其实并不直接受雇于沙皇，而是受雇于斯特罗加诺夫商业家族，只是以沙皇名义来进行商业拓殖。这后面的背景，是欧洲对貂皮、水獭皮等名贵皮毛的需求。现在，有不少历史学家关注环境变化对人类的影响，很多人都会提到 16 至 18 世纪的"小冰期"，当时北半球经历了明显的变冷。不管是在欧洲还是在中国，对动物皮毛的需求，也在御寒和时尚的双重作用下急剧上升，以至那些名贵的皮毛在当时就贵如所谓的"软黄金"。满洲女真的努尔哈赤，也正是在和明朝的皮毛贸易中逐渐形成垄断优势，迅速积累起财富，后来才统一女真部族，创建清朝的前身后金。

我们都知道，早期大航海主要是为了寻找香料。随之而来的对美洲的开发，主要的动力之一也是获取丰富的动物皮毛。2015 年莱昂纳多·迪卡普里奥（Leonardo DiCaprio）主演的好莱坞电影《荒野猎人》（*The Revenant*），反映的正是当年一群欧洲皮毛猎人在本来只有原住民居住的深山中生存和竞争的故事。皮毛猎人的背后，就是连接欧洲与北美的重要的商业利益大链条。除了北美，当时另外一处重要的皮毛产地就是人迹罕至的西伯利亚。可以说，欧洲国家在这两个方向上的拓展，串联起全球贸易链条，其中获益最大的就有荷兰和俄罗斯。特别是，皮毛利润对俄罗斯这个农业国尤其重要，在彼得大帝财政改革前，光这一项利润就占到俄国全国收入的 10% 左右。另一方面，不少西欧国家从皮毛贸易中获利，并把其中很大一部分用于地理探险，前赴后继地寻找通往"东

方"也就是印度、中国和东南亚的新贸易通道。和这些西欧国家比，俄罗斯的东方需求就更重要了。俄国在欧亚大陆向东拓殖，等于一石二鸟，在获取皮毛的同时也就把商路给开辟了。

在这个过程中，俄国势力逐渐拓展到中亚、蒙古草原和东北亚，他们与当地族群，特别是通古斯人群和蒙古部族，产生许多冲突。俄国后来通过征伐、杀戮、安抚等多种措施，让其中不少族群臣服于沙皇，初步奠定多民族大帝国基础。到了 17 世纪 50 年代，俄罗斯人进入黑龙江流域，劫掠向清朝纳贡的达斡尔等部族。这就开始了清朝和俄国之间长达三十多年的冲突。尽管与此同时，俄国也试图和北京建立商业关系，但是因为双方在黑龙江流域的地缘政治矛盾，这些企图都失败了。

17 世纪 80 年代，康熙平定三藩之乱，又把台湾纳入版图，清王朝终于可以腾出手来处理北方边扰。清朝的军队数次围攻雅克萨和尼布楚城，最终迫使俄罗斯人坐到谈判桌前，这才出现了我们这一讲开头签订条约的场景。

3. 签订条约：近代国际谈判中的语言、原则和政治博弈

虽然冲突的双方是俄罗斯和清朝，但值得注意的是，这次谈判双方采用的是多国谈判团队，绝不是只有俄国人和中国人，而且谈判所采用的语言也颇值得玩味。照理说，俄国人在来到黑龙江流域之前，已经和蒙古人打了很多交道，其中不乏一些掌握蒙古语的人员。而且当地的一些部族中，也因为和俄罗斯人的交涉，有一些人掌握了俄语。可是在谈判的时候，为了体现公正，不让任何一方借语言优势而处于更为主动的位置，所以双方决定采用

第三方语言即拉丁语作为主要谈判语言，只有在少数情况下才辅助以蒙古语。

可是在双方谈判人员中，掌握拉丁语的既不是俄国人，也不是中国人。俄国一方的翻译，是波兰人安德烈·别洛鲍斯基。中国一方，则依靠两位来华的耶稣会士，一个是已经来到中国十几年、接替了南怀仁在钦天监任职的葡萄牙人徐日升（Thomas Pereira，1645—1708），一个是一年前刚到中国的法国"国王数学家"张诚。每次谈判，都是两位传教士先把索额图或佟国纲的话从满语翻译成拉丁语，然后再由波兰译员把拉丁语翻译成俄语讲给戈洛文听。

凡是学习过外语、从事翻译练习的人都知道，翻译绝不仅仅是把一种语言照字面意思转换成另外一种语言那么简单。往往两种语言，背后的文化背景、意义和政治假设都非常不同。一句在中国语境中非常明白的话，照直翻成外语，往往让人摸不着头脑，甚至产生完全相反的理解。所以，我们可以想见，在中俄谈判过程中，这些拉丁文翻译，要沟通两个政治、文化、宗教、世界观完全不同的国家，还要让双方都能接受，其中必须要有适当的改变和妥协。要知道，当时清朝并没有专门从事外交的部门。涉及对外交往的主要是礼部，礼部通常是按照传统的宗藩原则来处理对外事务。然而，俄罗斯因为与蒙古诸部有着复杂的关系，因此清朝对于俄罗斯事务，并不通过礼部，而是由处理蒙藏事务的理藩院来管理。可见，在当时，外交和内政的分野，并不是那么截然二分。

尽管中国和俄国在各自的国际政治价值体系内，都把自身视为天朝上国、中心之国，但在谈判中却都不能视对方为低等国家，而必须以平等的语言、概念来交流。这时候，出身欧洲的译员就以刚刚出现不久的国际法原则作为谈判的必要框架。这其中的转换、通融，肯定是少不了的。谈判过程相当艰巨，但双方既有坚持，也都有妥协。最后，促使达成并签署条约的因素，是欧亚大陆的多边地缘博弈：一方面，俄罗斯在西边仍然有波兰等强敌威胁，无法投入更多资源在黑龙江流域；另一方面，清朝则面临西北的准噶尔在北方边境的扩张，也不愿同时与准噶尔部和俄国为敌。

《尼布楚条约》是欧亚两个国家以外交谈判、平等条约方式，解决利益冲突的一个最早的案例。对东亚到中亚的地缘格局而言，清俄定约、通商并建立合作关系的直接后果，就是进一步挤压了准噶尔蒙古的生存空间，使得准噶尔部后来很难再在清俄竞争中获益，最终在清、俄、准三边博弈中出局。也正是在这个意义上，我们说，《尼布楚条约》不是一项双边合约，而是由多种因素、多边博弈决定的。正如前面说的，所谓"现代性"与"传统性"并不是一刀两断的，传统国家时代的对外政策与现代国家时代的对外政策，并没有泾渭分明的界限。现代国际关系的建立，其实也是在传统国家外交中逐渐酝酿，在相互妥协中形成的。

4. 怎样在全球背景下理解《尼布楚条约》？

过去，我们理解《尼布楚条约》，往往只是从本国史角度出发，觉得它是清初一次重要的对外交涉。但从全球史视角看，《尼布楚条约》的意义却不仅仅那么简单。那么，它的重要性在哪儿呢？

首先，对中国而言，《尼布楚条约》是第一次与欧洲国家按照现代国际法原则、以对等方式谈判达成的平等条约。同时，它也是最早明确使用"中国"一词来指代我们这个国家的国际法文件。《尼布楚条约》的基准语言是拉丁文，其他两种正式文本的语言是满文和俄文。拉丁文本和俄文本中，对清朝的称谓分别是"Sinarum"和"Китай"，就是"中国"一词在这两种语言中的标准用法。而满文文本中，并没有使用当时常见的"大清国"（Daicing Gurun）这个词，而是 Dulimbai Gurun，这是汉语"中央之国"的直译。因为那个时候，清朝已经把自己视为满蒙回藏汉的"大中国"统治者，而不是宋明那样以汉族为主的"小中国"代表。所以，1689 年的《尼布楚条约》清楚地表明，当时无论是清朝官员、俄国人，还是欧洲传教士，在他们眼里清朝就是"中国"。当然，当时的俄方代表也以"博格达汗"即蒙古人对清帝的称呼来指称康熙皇帝，但他们显然清楚，这个皇帝所统治的绝不只是蒙古或东北，也包括了中原地区的整个国家。

其次，条约中还规定，以后要使用三种文字，也就是拉丁文、俄文和"中国文字"镌刻界碑。而在第二年清朝竖立起来的界碑上，一面镌刻着拉丁文和俄文，另一面则有满、汉、蒙三种文字。这说明，清朝所指的"中国文字"，不是单一文字，而是包括了满、汉、蒙三语的复数中文。换句话说，这时的清朝中的"我们"，已经不再仅仅是汉族，而是包含了至少是满人、汉人和蒙古人在内的群体。事实上，后来的《皇清职贡图》画了各种各样纳入国家版图的族群，偏偏没有满人、蒙古人和汉人，也说明满蒙汉是"我们"，也就是当时的"中国"人。其实在条约签订之前，清朝在与俄罗斯的（满文）通信中，就已频繁使用"中国"一词，不过在国际条约中以多语言文本将"中国"概念固定成包含满蒙汉诸地域的国家，《尼布楚条约》是首例。

现代中国的疆域、族群和文化，是历史逐渐形成的，而把满蒙回藏汉苗合为一体，相当关键的时期就是清朝。1689 年之后，无论在满文还是汉文文献中，"中国"和"大清"越来越成为可以互换的概念。可以说，清朝对于多元国家的构建，最终也表现在对"中国"一词的重新塑造上。这来源于清朝对自身认同的改变，这种转变在入关前的多边互动中就已经开始，到了康熙时代"大清"已经明确等同于"中国"。应该说，这是"中国"概念的一次大变化，容纳了汉满蒙藏回苗等不同族群。

可以说，现代的"中国"概念，来源于清朝所塑造的中国观。

5. 在近代国家和传统帝国之间

过去，很多从事政治学、国际关系的学者，以为用条约方式确定边界和规范人员往来，只能是近代主权国家体系的专利。也就是说，只有典型的"威斯特伐利亚体系"下的国家，才能产生出符合现代意义的条约，但《尼布楚条约》的签约则提供了一个鲜明的例外。

《尼布楚条约》算是最早的现代条约之一，可是签约的双方都不是所谓现代民族国家。条约文本经由耶稣会士，很快就传递到欧洲。从这个意义上说，我们恐怕不能断然说，清代中国完全被隔绝在"现代"条约体系之外，相反它也是最早实践条约原则的国家之一。当然，也许这只是清朝在特殊历史条件下的特例，不算是普遍行为；或者说，当时的清朝处在两种国际秩序之间，还没有自觉地意识到这两种秩序的根本差异，而这后来也恰恰给清王朝带来了很多麻烦。但它至少让我们看到，清朝对外交往存在很强的灵活性，并非只有一个模式。

在这之后，雍正五年也就是1727年，清俄双方又签署了《恰克图界约》等一系列条约，确定了北部边界，规定了俄商到清国贸易的路线，准许俄商在北京贸易，并开设恰克图边市，成为沟通欧亚的重要商业口岸；特别是规定，有关两国事务由俄国枢密院和大清理藩院，或者由边境军政长官和土谢图汗互通公函交涉处理。这些很"近代外交"的形式，经由全球贸易刺激下的自由贸易，也逐渐被引入清俄关系之中。

总之，俄罗斯东扩，并不只是对传统中国产生影响。当传统中国逐渐在新的国际秩序的压迫下，成为一个由边界和领土定义的国家，国家疆域逐渐变成国家领土，这种领土又被条约所确定的时候，中国周边的日本和朝鲜，也直接或间接地受到俄罗斯东扩的影响，开始强化对自身领土的探索和定义。比如，日本为了防御俄罗斯对虾夷地区的渗透，开始关注北方的北海道；而朝鲜受到清朝在东北的地理调查的影响，也不断加强对偏远的北方边境的管理。这些都为东北亚各国后来的国家现代转型奠定基础。

所以，清俄战争的规模虽然不大，但欧亚两大国家的相遇及其后的制度安排，为传统东亚世界秩序增添新的因素。

第四节　从马戛尔尼到鸦片战争

我们讨论大航海之后的全球史，一定要探讨全球秩序从传统到现代的转型。那么，如果从中国出发，需要讨论的问题是，这种转变尤其是中国的转变是从什么时候开始的？毫无疑问，从15、16世纪大航海时代以来，中国就已经处在早期全球化过程中，面对世界的对策不得不变，问题只是在传统里面小变，还是跳出传统大变。

但是，在我们所熟知的历史叙述里面，为什么中国好像直到鸦片战争之后，才因为西方的坚船利炮而被迫打开国门，然后才有所谓"融入"世界呢？这样一种看法由来已久，当然它也有历史证据，前面有关鸦片的一讲中，我们也说到了两次鸦片战争对东亚和中国的深刻影响。这一观点从蒋廷黻（1895—1965）到费正清大概都是这么说的，西方的冲击，东亚的反应，这当然有点儿西方中心论。好像中国只有等西方的坚船利炮到来之后，才被动地被西方帝国主义拉入一个业已存在的"国际社会"。但是，反过来想一想，这种历史叙述是不是有点儿好像倒放电影？我们是不是可以另辟蹊径，再进行一番讨论？

历史学家往往喜欢向前追根溯源，只是追溯历史的时候，用什么历史事件作为标志和象征来定义时代的变化，这也是有所不同的。其实，中国和欧洲的交往，也可以追溯到很久以前，比如"黑石号"沉船的唐代，马可·波罗来华的元代，或者西班牙、葡萄牙开启的大航海时代，荷兰东印度公司到达东亚的时代……那么，为什么只有当19世纪的英国带着鸦片、带着坚船利炮来到中国，才被看作传统中国转变的起点呢？

回看历史，东西交往并不总是充满冲突和矛盾，比如早期耶稣会士来到中国，以及荷兰东印度公司来东亚做生意，都没有引起那么激烈的矛盾和冲突。那个时代，传统中国的政治制度与思想文化，面对西方似乎还没有那么大的危机。在明朝、清朝还强大之际，外来者不得不妥协，加入东部亚洲海域以中国为主导的国际体系。但是，到了19世纪，越来越强势的英国带来了鸦片，这种所谓的"贸易"引起激烈冲突，从此才导致中国的全面溃败，产生所谓"西升东降"的大趋势。

因此，很多历史学家觉得东西交往，是从这一所谓新秩序与旧秩序的冲突、碰撞开始的。这不是没有道理，只是我们还得在历史中更多地思考。

1. 马戛尔尼朝觐事件有那么重要吗？

当我们把 1840 年的鸦片战争，或者 1842 年的《江宁条约》也就是《南京条约》当成近代中国新历史的起点，并且从这个角度回看历史，我们会倒着去找寻符合这个历史逻辑的事件，把它们当成某种起点或者当作某种预言。这个时候，一些原本普通的历史事件，其意义可能被夸大。其中，最为人熟知的事件，就是 1793 年英国使者马戛尔尼出访中国。

对这个事件最普遍的说法，是说马戛尔尼来到中国，请求乾隆皇帝同意和英国开展贸易，但是愚昧自大的清朝皇帝竟然因为马戛尔尼拒绝行三跪九叩之礼，便粗暴拒绝了英国使者的要求。结果，半个世纪后，英国人带着先进的武器强行打开了中国的国门。

鸦片战争使得中国受到屈辱，全球历史发生重大转折，这是没有问题的。可是，因为对这一事件前因后果的追寻，使得 1793 年的那次中英相遇在漫长的二百多年里被不断添枝加叶地重新解释，成为具有全球史意义的重大事件，这可能有点儿问题。到了 20 世纪，欧美和中国的历史学家都把它看作一次失败的相遇，"保守封闭"的中国错失了"融入世界"的机会，中国因为封闭而挨打，只有用战争才能让中国接受自由贸易。不少人，即使对帝国主义和殖民主义持批判态度，也认为这是清代中国的虚荣自大招致国力衰微。这一解释，到法国退休外交官阿兰·佩菲雷特的《停滞的帝国》一书出版，达到顶峰。这部书 1989 年出版后，很快成为畅销读物，并在 1995 年发行中文版。那个时候，冷战刚刚结束，无论西方还是东方，对"落后文明"的想象和批判，都特别迎合"历史终结"时代的口味。很长时间以来，有的学者接受这种论述逻辑，甚至认为大英帝国不过是希望来东方从事商贸和交流，而乾隆皇帝拒绝商贸交流，是中国曾经"闭关锁国"的直接证据。所以，马戛尔尼访华被后世的论述放大，脱离了原本的历史语境；甚至把马戛尔尼出使的失败，看作两种国际秩序的冲撞，认为它导致了后来英国必须以战争的方式迫使中国接受现代国际关系。

其实，我们也从"后见之明"来推测，如果没有鸦片战争，那么 1793 年英使访华或许也不是特别特殊的事件。1792 年 10 月，马戛尔尼带着礼物和英王乔治三世的国书，从伦敦出发，借给乾隆皇帝贺寿的名义来到中国。其实，马戛尔尼主要是希望展示英国的实力，并要求获得同中国贸易的特权。

可见，鸦片战争还是关键。

2. 贸易之外：清代中期的中英关系

这里有几点需要说明。

第一，英国和清朝早就已经建立起贸易联系，这就是英国东印度公司通过广东十三行建立的一种官方性质的贸易往来。当时的跨国贸易，几乎都是以这种官方或半官方性质的特许公司来进行的。所谓的"利伯维尔场原则"（自由市场原则），当时还没有成为普遍的国际贸易准则。欧洲所有以"东印度公司"冠名的贸易公司和我们今天理解的"公司"并不一样，它们是具有一定国家权力的机构，有的根本就是殖民政府。其中最典型的，就是资助马戛尔尼使团访华的英国东印度公司。

第二，清朝政府对英国使团的来访，给予了高度重视。从他们从广州上岸开始，清朝政府就派出大员一路热情款待，极尽待客之道，并没有任何抵触的意思。尽管这本身是自古以来中国中心的天朝礼仪，清朝上下大概还是按照"朝贡体系"也就是宗藩礼仪来接待外国使团的，但也说明，清朝并不完全是有意傲慢或者怠慢。

第三，所谓的"礼仪之争"，是使团快到北京的时候产生的。清朝官员，根据传统中国朝贡礼仪一直奉行的"宾礼"，请英国使者在觐见乾隆皇帝时行三跪九叩之礼。但这个要求遭到英国使者的反对，认为是对英国的矮化。中方官员一再解释，觐见礼节不是要矮化英国，甚至表示愿意也对英王肖像行三跪九叩之礼，以展现对等的姿态，但马戛尔尼就是不答应。最后双方达成协议，英国使者不必按照中国礼仪觐见，而是按照英国的宫廷礼仪，单膝跪下，就像在觐见英国君主时一样。这展现了清朝君臣的务实和妥协的态度。所以，当时的"礼仪之争"其实并未妨碍这次外交会面。

那么，既然礼仪问题不是主要矛盾，究竟是什么原因导致乾隆皇帝拒绝英国的通商要求呢？很多人认为，那是因为乾隆皇帝沉迷于天朝上国的幻觉，觉得中国地大物博，根本不需要与英国进行商业往来。这样说的证据之一，是乾隆给英国使团的回复，其中说道："天朝抚有四海，惟励精图治，办理政务，奇珍异宝，并不贵重……并无更需尔国制办物件。"但这句话的语境，并不是指通商，而是指马戛尔尼带来的许多礼物。美国学者艾尔曼（Benjamin A. Elman）就曾经指出，马戛尔尼尽管带来了许多精巧的工业品，用来展示英国当时的科技水平，但这些东西，包括天文仪器、武器等，并不能让见多识广的清朝皇帝觉得新奇，因为此类欧洲制品在清朝的内廷收藏众多，而马戛尔尼带来的东西并不那么与众不同。特别是，清朝皇帝大概还觉得，这些东西与国家的民生无关。

具体谈到通商，我们都知道，清朝专门开辟了广州口岸，和欧美众多公司开展贸易。中国的丝绸、瓷器、茶叶等是欧洲市场上非常受欢迎的商品，而清朝实际上也从对欧贸易中汲取了大量的白银。进口的白银，又是清代金融体系中最重要的货币。因此，说清朝拒绝正常的对外贸易，恐怕不完全是这样。当然，一个巴掌拍不响。乾隆年间也确实发生过所谓"闭关锁国"的事儿，这也是英国惹出来的。乾隆二十二年（1757），马戛尔尼来华前三十多年，东印度公司的英国人洪仁辉（James Flint，1720—？）就试图在宁波进行贸易，这件事儿被清朝政府制止。乾隆皇帝于二十四年颁布《防范外夷条规》，下令各国通商限定于广州一个口岸，同时也对海上贸易的货物进行越来越严格的限制，除了武器，大米、谷物、生丝、绸缎等也在禁止的单子上。特别是"防夷"，也就是对外国商人的行动，作了严格规定与防范。

可是，已经习惯了欧洲通行贸易方式的大英帝国，对清朝的这种措施很不满意。事情并不都出在单纯的贸易上。1793年，英国使团未能达到自己的目的，真正的原因应该从马戛尔尼提出的要求，以及清朝和英国更重要的地缘政治角度去理解。当时，英国方面的要求，总结起来大致有几点，包括：开放宁波、舟山等地为通商口岸，在北京常设使馆，划舟山附近一岛供英商居住、仓储，允许英商常住广州，英船出入广州、澳门水道并减免课税，允许英国传教士传教等。对于清朝来说，这就有点儿不讲理了。英国要的可不是通商贸易的"普遍权利"，而是针对英国一家的特殊待遇。而且某些要求，比如划一个小岛供英商居住，实质就是殖民。如果满足英国的要求，不但清朝行之有年的商贸规范要全盘打乱，而且会给清朝带来极大的社会安全隐患。换个人处在清朝的位置上，恐怕也不会答应如此过分的请求，更不要说向来认为自己是天朝大皇帝的乾隆。

还可以一提的是，最近的一些研究表明，清朝通过边疆情报，已经明确知道此番前来的英国人，就是占领印度、深入尼泊尔并对西藏构成威胁的那批欧洲人。所以，乾隆皇帝出于边疆安全的考虑，对于英国人以及他们的要求有着很大的警惕。综合上述几方面原因，清廷拒绝了马戛尔尼要求的特权。英国使团在详尽收集中国情报之后回国。而中英之间的贸易也没有受到出使失败的影响，贸易额仍然持续不断地增长。

无论在英国还是中国，此事在当时都不算太引人注目。

3. 马戛尔尼之后：被解释出来的重大历史事件

然而，四十多年后，也就是在鸦片战争前夜，中英之间的贸易关系发生巨大变化。前面说过，为了平衡对华贸易的巨大逆差，英国东印度公司把殖民地孟加拉地区出产的鸦片大量输入中国。特别是在19世纪30年代，东印度公司垄断的贸易特权被打破，中英之间的鸦片贸易，被一群利欲熏心的私商把持，导致中国白银外流，国力衰微。这引发林则徐以雷霆手段禁烟，也招致英国的军事报复。总之，1840年的鸦片战争，成了一次在"自由贸易"旗号下进行的侵略行径。这一年，曾经担任美国总统的约翰·昆西·亚当斯（John Quincy Adams，1767—1848），联想到马戛尔尼那次失败的出访。他说，中英开战并不是因为鸦片，而是因为四十多年前的磕头问题。仿佛就只是因为中国皇帝的高傲愚昧，才引来英国人的正当教训。因此，在后来的一个多世纪里，马戛尔尼使团事件逐渐脱离实际的历史情境，成为一个为某种历史叙述提供素材的神话，对它的叙事也演绎成东西方文化冲突。

从国际政治史的角度看，马戛尔尼使团访华的失败，似乎的确可以从两种不同国际秩序的冲突来理解：英帝国遵循《威斯特伐利亚和约》签订以来主权平等的那一套，清朝奉行宗主国和朝贡国等秩有差的这一套，这两者确实是要起冲突。但如果我们仔细查考历史，就会发现所谓不同的国际秩序，并不一定非得走向冲突不可。欧洲的威斯特伐利亚体系，和以清朝为中心的东亚宗藩体系，是差不多同时成型的。在之后的三百年中，这两种体系中的国家，也有以妥协和谈判解决冲突的经验，比如中俄签订《尼布楚条约》；也有着和谐共存的经验，比如中国和诸多欧洲国家的贸易往来。

可是，如果我们只盯着从马戛尔尼访华到鸦片战争这条线索，我们就把历史上曾经的多样性给忽略了。更重要的是，如果认为两种不同秩序必然走向冲突，我们就有意无意原谅了鸦片贸易这种极为不道德的行为，掩盖了它的非正义性。

4. 这是不同文明与不同秩序的冲突吗？

那么，马戛尔尼访华和鸦片战争之间，到底有没有联系呢？答案是有的。

　　当年面见乾隆皇帝的英国使团中，有一个十二岁的小孩，他是副使的儿子，小乔治·斯当东（Sir George Thomas Staunton，1781—1859）。小斯当东天资聪颖，他和乾隆皇帝以中文对话，颇受皇帝喜爱。小斯当东后来成为英国最为重要的中国问题专家，服务于东印度公司，翻译过《大清律例》，还当上国会议员。但是，成年以后的斯当东，对中国的态度逐渐变得强硬和傲慢。在英国议会讨论是否应当因为鸦片问题对华用兵时，就是这位小斯当东，以中国专家的身份，把许多英国政治家也批评的鸦片贸易解释成"商业利益冲突"，并且以沙文主义的腔调说："如果我们不能在中国立足，那么印度也会排挤我们、不尊敬我们，这个情况会蔓延到整个世界，到时就没有我们的立足之地。"

　　可见，在某种意义上说，两种文明、两种秩序的冲突，不过是大英帝国的殖民说辞。当所谓"威斯特伐利亚体系"取代了"东亚传统宗藩体系"的时候，从全球史上看，也不过就是一种原本地方性的近代欧洲文明被当作全球性的普遍文明，取代了另一种来自传统东亚和中国的地方性文明；一种原本是 17 世纪才开始的国与国之间的交往秩序，被当作全球各国必须共同奉行的公法，替代了另外一种历史悠久的叫作"朝贡""册封"或"宗藩"的国际秩序。

　　所以在下一讲里，我们就要来讲"万国公法"和它在中国的接受史了。

第五节　国际法的到来

　　这是我们有关"传统帝国与现代国家：新世界与新秩序的形成"

的最后一节。我想来谈一谈所谓新世界与新秩序的根本基础，也就是现代国际法是如何引入东亚特别是中国的，又产生怎样的影响。我们今天在讨论国家、政治、外交的时候，会用到很多耳熟能详的词汇，比如"主权""权利""人民""国体""自治""领事"等。这些词汇，其实都不是传统汉语中固有的，而是为了对应西方政治概念在19世纪创造出来的。而这些词汇的产生，其实都和一个人的翻译工作有关，这个人就是丁韪良（W. A. P. Martin，1827—1916）。

丁韪良是美国人，原名叫威廉·亚历山大·帕尔森·马丁，1827年出生于印第安纳州的一个牧师家庭。1850年，他和哥哥一起被美国长老会派到中国来传教。"丁韪良"就是他来到宁波之后给自己起的中文名字。后来，丁韪良来到北京，一边传教，一边翻译美国法学家亨利·惠顿（Henry Wheaton，1785—1848）的《万国公法》。他的翻译引起清朝总理衙门的关注。很快，他就被聘任为同文馆也就是直属于总理衙门的翻译机构的总教习。在这之后，他不但为同文馆培养了一批翻译人才，而且又编译了更多的国际法书籍，比如《星轺指掌》《公法便览》《公法会通》等。1898年，京师大学堂创立的时候，他还被聘任为首任西学总教习。京师大学堂被认为是今天北京大学的前身，所以丁韪良也可以说是北京大学的早期创办者之一。

1. 国际公法：新的国际秩序的基础

国际法（International Law），顾名思义就是处理跨越国境问题的司法制度和司法思想，一般分为"国际私法"——处理个人、公司等非国家行为主体之间的冲突矛盾的制度，以及"国际公法"——处理国家间关系的法律制度。

首先，我们应该明确一点，国际法和国内法非常不同：国内法有审判执行机构，解释法律条文、强制执行法律判决，但国际法却没有这样一个强制性的执行机构。国际法在更大程度上只是国家之间共同认可并遵守的一套行为准则，它的法律约束力是非常小的，只建立在各国的共识基础上。所以，在某种程度上，我们也可以说，国际法最初只是一套对国际秩序和国家间关系的理想化想象和设计。在20世纪后半期，随着去殖民化运动的兴起，越来越多的新国家成立，国际法才越来越规范化、制度化。但是在19世纪，欧洲殖民国家用国际法来规范全球秩序的时候，欧洲之外，要么是传统帝国，要么是传统王国，要么是零散的部落国家，甚至有的区域连国家雏形还不具备。这一套所谓"法律"，其实还并不是获得普遍承认的制度。

前面讲到威斯特伐利亚体系和格劳秀斯的时候，我们就曾经提到，欧洲的国际法实际上是早期全球化的产物。欧洲国家突然面对扩大的世界，需要找出一套新理论和新规则来处理国与国之间的关系。在后来几个世纪中，欧洲的国际法越来越强调一种文明秩序，于是到了19世纪国际法在很大程度上成了国际秩序合法化的理论和规则。不过，因为现在世界上通行的国际关系，从某种意义上说就是建立在它的基础上的，所以我们必须要了解这套国际法最初被介绍到东亚的时候是怎样的一个过程。

东亚各国最早吸收现代国际法的人，可能要算林则徐。他为了推行禁烟，需要了解欧洲各国的法律，于是，他让人编选了《各国律例》，摘要性地翻译了当时能够找到的一些法律条文。可是，真正系统性地把国际法引入中国的，还是要从丁韪良19世纪60年代翻译《万国公法》开始。因为丁韪良的翻译工作对中国产生很大的影响，以至于后来他的传教士身份反倒被人们淡忘了。但是，大家也要记住，他的志向实际上是以国际法为突破口，让中国人了解并接受西方文明规范，从而最终接受基督教福音。

丁韪良本人并没有接受过严格的法学训练，他对于国际法的理解，也和其他一些欧洲殖民者不同。比如，他并不认为中国是被排斥在国际法体系之外的。他翻译《万国公法》等国际法著作，就是想一方面告诉中国人，古代中国特别是在春秋战国时代就已经实践着国际法的精神；另一方面他也孜孜不倦地告诉欧洲人，中国的古代文明和欧洲的现代文明之间是存在桥梁的，中国并不是异类。只要我们找到这个桥梁，就能够将中国引入基督教文明世界。这种看法，很大程度上影响了中国人对世界的理解。当时很多中国知识分子在谈到《万国公法》的时候，也会用春秋战国时代作比附。这当然是最初理解新思想、新知识时的所谓"格义"，用自己熟悉的去套自己不熟悉的，让经验作为桥梁，去理解未知的知识。

客观地说，《万国公法》的精神和准则，与过去东亚的"宗藩体制"也就是根据"华夷之分"建立起来的以中国为中心的国际秩序是有根本冲突的。传统东亚秩序中，中国皇帝居于顶端，除了直接统治的区域，有羁縻，有朝贡。中国之外的周边各国，必须名义上接受天朝册封，进行朝贡，更遥远的国家则在皇帝的批准下进行互市交易，所以清代把这个"国际"分为"册封国""朝贡国"和"互市国"。但是，近代欧洲形成的国际法，最大特征就是强调国家之间的"主权平等"，这肯定与传统东亚的国际秩序有根本矛盾。不过，那个时候清政府由于需要处理外交危机，对国际法更多的是实用主义的态度。因为《万国公法》也强调国家作为主体和国家拥有主权，总理各国事务衙门的官员们也认识到，引公法为工具，可以在与西洋各国的谈判中保全国家的利益。不过在当时，这只是权宜实用，并没有人愿意用它来彻底改造已实行数百年的以中国为中心的东亚宗藩体制。

但无论如何，丁韪良把近代欧洲一些基本的法律词汇和政治概念引介到中国，在翻译过程中丰富中文词汇，引入近代观念，这成了我们今天认知现代国家与政治的基础。

2.《万国公法》：国际法的两面

1864 年《万国公法》出版后，很快就被引入日本，从此日本人也开始系统学习国际法。但不同于中国，日本很早就运用国际法原则重新定义、改造东亚区域秩序，反而挑战了传统东亚的宗藩体制。比如，1871 年，在台湾发生琉球渔民被当地少数民族杀死的牡丹社事件。日本在美国顾问李仙得（Charles William Le Gendre，1830—1899）的指导下，套中国官员说台湾生番是"化外之民"的话，然后就把其中的"化外"按照欧洲国际法来解释，说台湾东部属于"无主"的"番界"，他们可以派兵征讨，这成为日本撬动东亚宗藩关系的重要一步。两年后，日本又以"主权平等"的原则，迫使朝鲜签下《江华条约》，条约第一款明定："朝鲜国自主之邦，保有与日本国平等之权。"按照字面意思，既然日本是一个自主、独立的国家，那么说朝鲜与日本一样，就等于间接否认了朝鲜和清朝间的宗藩关系。1879 年，日本又以国内法原则，彻底吞并琉球，改置冲绳县，否定琉、清间的朝贡关系。到了甲午战争之后，日本完成对东亚传统宗藩制度的颠覆，这个过程同时也是它建立帝国殖民体系的过程。

可见，国际法既可用来确认自身独立，也可用来推行帝国扩张。

我们此前说过，这一现代国际法并不是一个开放的体系，它只承认"主权国家"具备国际行为的主体身份。问题是，怎么认定谁算主权国家，谁又不算呢？最终还是权力。这就要提到当时最为流行的社会科学理论：社会达尔文主义。社会达尔文主义，是把自然界的达尔文演化论硬搬到人类社会的演变过程中，认为人类社会也有一个由低到高的等级次序，强者就是文明的，弱者就是落后的。严复（1854—1921）最早翻译的一批英文著作比如《天演论》，就是体现社会达尔文主义的作品。而这套理论，正是19世纪国际法体系判定"文明"的逻辑基础。按照他们的想象，基督教世界的殖民国家当然是"文明国家"，很自然就是主权体。中国、日本这样的非基督教"半开化"国家，也可以勉强列入。而被殖民地区的政治体，无论是否具有国家性质和国家形态，都得不到国际法的承认，这就有点儿弱肉强食、恃强凌弱了。

举个例子。比如1885年，欧洲国家召开柏林会议，就是在商议如何瓜分非洲。尽管非洲是人类社会的发源地之一，从来都有人群居住，但按照国际法的理解，由于本地社会没有形成国家，因此根本不具备国际法主体的身份。所以，非洲大陆只能被认定为"未知领地"，改由文明国家来管理。在这次会议上，比利时国王利奥波德二世（Leopold II，1835—1909）就把二百万平方千米的刚果领土划成自己的私有财产，然后创建一个属于比利时的国家。讽刺的是，他还把这个国家叫作"刚果自由邦"。在撒哈拉以南的非洲，殖民宗主国纷纷设立"保护国"，这个概念实际就是"殖民地"的另一种说法而已。此后，"保护国"概念也在亚洲被法国用来定义其占领的北圻（越南北部）、安南（越南中部）、柬埔寨和老挝。日本在1905年通过《乙巳保护条约》，剥夺朝鲜（即大韩帝国，1897—1910）的外交权，就是参照欧美将朝鲜变为"保护国"，从法律上否定其本有的独立地位。

国际法本身不是问题，问题是那个时代所谓的现代国家并没有覆盖全球，而谁是现代国家又要由强权来界定，强权又刚好都掌握在当时的列强手上，这就出了问题。19世纪的殖民占领，很多被强权以堂皇的国际法合法化。最典型的像所谓"无主地"原则，无主地不是指无人居住的土地，而是指原住民不具备主权资格的土地。换句话说，哪怕你祖祖辈辈都居住、利用着这块土地，只要"构成国际法共同体"的国际社会不承认你的主权，那么这块土地也照样是可以殖民和占有的。在美洲，当然是欧洲移民对印第安等原住民的殖民，在东亚最早拿"无主地"原则来殖民的是日本。日本1869年拓殖北海道，以及上文提到的1874年借牡丹社事件出兵台湾，都是以此地属"化外无主"为由，否定当地人的基本权利。明治维新之后，日本对欧洲国际法的运用越来越熟练。1894年，日本在丰岛海面不宣而战，击沉清朝租用的英国运兵船"高升号"，挑起最终颠覆东亚秩序的中日甲午战争。事后，日本就以此举符合"战时国际法"辩解，争取英国舆论支持。一般认为，甲午战争之后，清朝割让台湾岛给日本，并且正式承认朝鲜为独立国家，就标志着东亚宗藩秩序的完全解体。

从此以后，东亚以"宗藩体制"为基础的国际秩序，就被来自欧洲的近代主权国家体系所取代，中国也就从一个天下帝国变成天底下的万国之一。

3. 从朝鲜的近代命运中看：东亚宗藩体制与主权国家体系

正如前面所说，近代的这种主权国家体系，和东亚传统的宗藩体制中有宗主国和藩属国一样，表面上承认每个国家的主权和平等，实际上也还是一个以实力为后盾的等级体系。套用奥威尔《动物庄园》里的话：在国际法体制下，所有国家平等，但有的国家比别的国家更平等。举一个最典型的例子，在东亚宗藩体制中，中国虽然是天朝大皇帝，处于体制的顶端，但日本基本不在这个体制之中，而朝鲜、越南、琉球、缅甸等，虽然要接受天朝册封才有合法性，但都还是自主的国家，基本上都有自己的政府、军队和制度。但是，到了20世纪初，朝鲜、越南和琉球都被列强殖民了，过去宗藩体系里的藩属国，就这样改变了它们的身份。

特别能体现亚洲各国在传统东亚宗藩体系和现代国际法体系中命运之变化的，要数朝鲜。朝鲜半岛至少从新罗时代起，就属于中国中心的朝贡体系，当然它也曾被纳入契丹、蒙古的势力范围。在历史上，虽然它的国王必须形式上由天朝册封，但是仍然有相对统一和自主的政权，这一直从新罗、高丽延续到朝鲜王朝。在甲午战争之前，朝鲜也先后同美国、俄国、法国等签订友好通商条约，作为一个国家，算是以条约形式获得国际承认。甲午战争之后，朝鲜正式脱离了宗藩体系，并在1897年改国号为"大韩帝国"，与原来的宗主国清朝也签订了条约，拉平了身份。但是，明治维新后迅速膨胀的日本，强化了对半岛的控制和争夺，并在1904年日俄战争爆发后，逼着韩国签订一系列条约，借用国际法修辞，逐步把"平等独立"的原则改造成不平等独立。1905年的《乙巳保护条约》由韩国外部大臣朴齐纯（Bak Je-sun，1858—1916）

等五位亲日派内阁成员签署，韩国统监府据此设立。伊藤博文（1841—1909）就任第一任统监，成为韩国实际的掌权者。大韩帝国的高宗皇帝名为皇帝，实则是傀儡。这样，朝鲜半岛就从清朝的藩属国，转化成为日本帝国的殖民国。

到了 1907 年，世界各国在荷兰海牙举行和平会议。参会的国家中，非洲没有国家参加，欧洲有二十个，美洲有十九个，亚洲也有四个国家（日本、中国、波斯、暹罗）参加。韩国的高宗皇帝本想利用这次机会，向国际社会控诉日本对韩国主权的侵害，所以派了三位密使前往，试图公开宣告韩国为完全独立国家。可是，除了俄国因为与日本敌对而表示同情，其他欧美国家连同日本一起拒绝密使参会。要知道，当时日本还没有正式吞并韩国，欧洲列强拒绝的理由是，韩国已经是日本的"保护国"，不具备国际法承认的主权国家的资格。这等于是宣告韩国是一个"不合（国际）法"的存在。当时的欧美舆论是怎么看待此事的呢？大部分欧美国家同情日本，对日本表示"理解"。伦敦《泰晤士报》甚至评论说："和这些野蛮或半野蛮君主打交道，我们自己就有很长的经验，所以，我们很容易赞赏日本对韩国的态度。"这次的海牙密使事件，让日本驻韩国统监伊藤博文大怒。他强迫高宗退位，由高宗的儿子纯宗接任。随后又逼迫韩国签署《丁未七条约》，进一步控制韩国内政。最终日本在 1910 年正式吞并韩国，朝鲜半岛成了日本殖民地。而这个国际法体制，要到 1945 年"二战"结束，日本战败，才重新认可朝鲜半岛上有独立国家。

显然，原本国际法强调主权平等的原则，看上去很公正，但是这也要与现实中各国强弱不等的力量造成的不平等结合起来看，你才能看到近代以来世界秩序的复杂性。

4. 期待：国际的平等与和平

从 19 到 20 世纪，东亚的传统宗藩礼制在内外交困中解体，东亚国家被拖入全球化进程，国与国之间的交往规则被近代欧洲传来的一套新机制取代。但从迄今为止的历史看，这套以主权平等为核心，强调国与国之间以平等协商解决纠纷的原则，以及以条约方式解决国际问题的方法，固然很理想，也相对公平，但现实太复杂，全球力量之间的博弈使它未必能真正成为有约束力的规则，因而也并没有真正给世界带来公平与和平，在某种程度上，反而把对弱小国家的压迫合理化了。应当说，直到"二战"结束，旧有的殖民体制被战后风起云涌的反帝反殖运动推翻，独立自主、主权平等、和平共处的精神才真正有机会被倡导和落实。当然，由于众所周知的原因，平等、和平的精神直到今天也还没有在全球范围内彻底实现。

全球历史何去何从，世界如何解决未来的争端？这当然已经超过我们这个"从中国出发的全球史"的范围，但是我们站在中国看过去发生的全球史，是否也能给我们留下一些思考的线索呢？

（宋念申）

全球终于成为一个历史世界

　　"从中国出发的全球史"现在终于到了尾声，我想和大家再谈谈大航海时代之后出现的全球化，全球怎样成为一个彼此依赖的共同体，以及全球成为一个历史世界之后我们对这段历史的一些看法。

1. 大航海之后，全球终于被卷进一个历史之中

　　至少在二三十年以前，我就对《元史·天文志》里的一则记载很好奇。有一个叫札马鲁丁的波斯人，在 1267 年不仅给元朝画了横跨欧亚的全国大地图，而且还造了一个七分水、三分陆地的地球仪。这个地球仪不仅有江河湖海，还有小方井也就是经纬线。据说，这个地球仪在西域语言里，叫作"苦来亦阿儿子"。

　　札马鲁丁造地球仪的时候，南宋还没灭亡。我一直在想，如果是这样，那么地球是圆的这个观念，不是早在那时就传入中国了吗？这个札马鲁丁是怎么知道地球上十分之七是大海、十分之

三是陆地呢？这些知识和技术是谁，是波斯人还是阿拉伯人最先掌握的？虽然传说公元前 150 年就有地球仪，但谁也没见过。现存最早的地球仪，是 1492 年德国制图员马丁·贝海姆（Martin Behaim，1459—1507）制作的，这个地球仪现存于纽伦堡。这个地球仪上，东半球很清晰，但西半球属于美洲的位置还是被标示成一片海洋。那么，如果札马鲁丁的地球仪还存在，就要比这个早两百多年。

我不是想在这儿讨论地球仪的事，而是想说，你从地球仪这事儿可以想到蒙古时代确实把欧亚连成了一片，战争、移民、流动、交换使很多知识成为全球性的，很多物质成为世界性的，很多技术在各地落户。我总在想，现在的历史书可能低估了那个时代知识、技术和文化的传播范围。不过话说回来，蒙古时代靠铁蹄弯刀打造的世界并不牢靠，仅仅凭武力征服加上快马驿站，还是无法真正把全球有机地连成一片。何况全球也并不仅仅是陆地相连的欧亚，在非洲之外还有隔了茫茫大海的美洲和大洋洲。各地也没有在物质、知识、技术各方面真正勾连成互相依存的共同体，所以在这个意义上蒙古时代还不能真正说是全球史的开始。

就像我们在帝国争霸那一讲里所说的，被称为跛子的帖木儿的时代也是一个新历史开始的象征。为什么呢？蒙古被明朝赶出长城以北之后，帖木儿以中亚为中心，东征西讨，征服了伊朗、伊拉克、亚美尼亚和格鲁吉亚，并且向北到了今天的俄罗斯，向南征服了北印度，甚至还去占领了现在叙利亚的大马士革和土耳其的安卡拉。原本他想掉头东征明朝，重圆蒙古帝国之梦，但很不幸，1405 年他突然死了，结果欧亚大陆新揭开的历史剧只好中途闭幕。这使得蒙古时代连起来的欧亚世界，没有在帖木儿手里重新恢复，倒是在他之后世界又变成"东是东，西是西"。所以，英国历史学家达尔文就说："1405 年帖木儿之死，是世界历史的一个转折点。"

1405 年确实很重要，因为就在这一年，三宝太监郑和，一个出身于云南伊斯兰家族的人，奉永乐皇帝的命令率领船队下了西洋，此后更是六次下西洋，最远到了今天的非洲东部。这次确实是航海而去的，也可以说这是航海史上很了不起的壮举，他的宝船从东海下南海，经过整个东南亚地区，从马六甲海峡进入印度洋，到了现在的斯里兰卡、印度、阿拉伯半岛，还到了非洲东海岸的索马里（卜剌哇，即索马里的布拉瓦 [Brava]）和肯尼亚（麻林，即今肯尼亚的马林迪）。那么，他是不是开启了全球历史呢？也还没有。为什么？就像我们导言中说过的，因为他的主要目的不是去开展贸易、去通商、去交流，而是去宣扬国威的。在明朝朝廷心目中，天朝的声望好像比物质的贸易更重要，异域的臣服比外来的物质更重要，蛮夷带来的满足感也比天朝所不知道的新知更重要。所以，郑和七次远航，仍然没有使得世界连成有机体，全球仍然"东是东，西是西"，更何况还有遥远的非洲、美洲和大洋洲并没有融入互通有无、彼此依存的全球。

所以，14 到 15 世纪之交的大航海才成了此后"全球化"最重要的契机，让全球卷进一个历史之中。

2. 谁控制了海洋，谁就称霸世界

14 世纪之后，海洋往来超越了陆地交通。此后，欧洲的传教士、商人、殖民者，大多是通过海洋，到达美洲，到达非洲，到达亚洲。

到了17世纪中叶，荷兰人和英国人又先后到达大洋洲。传教士带来欧洲宗教信仰，商人来进行商品贸易，殖民者则到处建立据点，借由控制港口获取异域的财富并把它送回欧洲。有时候，你也分不清他们是传教士、商人还是殖民者，他们既服务于上帝，又想方设法赚取利益，还用枪炮进行殖民和掠夺。

在这几个世纪里，海路越来越重要。一艘大型海船可以装载的货物，远远超过几千骆驼或马匹，靠着顺风相送——《顺风相送》是明代一部关于航海的书——其速度远比骆驼、马匹和大车都快。像郑和下西洋的宝船，据说最大的长146.67米、宽50.94米；哥伦布发现新大陆时乘坐的多桅横帆船或三角帆船，虽然不是很大（像他的"圣玛利亚号"不过长27米、宽8米），但此后著名的克拉克帆船已经可以载货近千吨。据说，到了17世纪，无论欧洲还是莫卧儿的商人，都拥有装载上千吨的商船。像我们曾经提到的，1603年被荷兰人俘获的葡萄牙商船"圣卡塔琳娜号"，船上装载的丝绸、樟脑、糖、沉香、瓷器能在阿姆斯特丹拍卖出三十万荷兰盾，你就可以想象一艘船上装了多少货物。

海上交通的孔道和港口，对各国也越来越重要。那个时代，越来越多的船只航行在印度洋、大西洋和太平洋，把东亚的瓷器、丝绸，东南亚和南亚的香料，美洲的白银，后来还有中国的茶叶、非洲的奴隶、加勒比海的白糖，运过来运过去，各国尤其是欧洲国家对异域商品和销售市场的依赖性越来越强，渐渐地谁也离不开谁，即使互相隔着大海，也能感受到对方的温度，远隔万里也能扼住对方的命脉。作家兼药剂师托梅·皮莱资（Tome Pires，约1465—1524/1540）就说："谁掌控了马六甲，谁就掌控了威尼斯的命运。"马六甲在现在东南亚的马来西亚，而威尼斯远在南欧的意大利。

相比之下，陆地交通没那么方便。我们不妨也举一个例子。就在荷兰人夺走葡萄牙人的"圣卡塔琳娜号"的前一年（1602），在莫卧儿工作的葡萄牙传教士鄂本笃（Bento de Góis，1562—1607）奉耶稣会之命去寻找从印度通往中国的道路。鄂本笃一行化装成商人从阿格拉（Agra），也就是印度北方有泰姬陵的那个地方出发，抵达巴基斯坦的拉合尔，在此地加入了规模约五百人的商队同行。商队经现在阿富汗的喀布尔，然后翻越帕米尔高原，最终于1603年11月抵达叶尔羌（Yarkand），很不容易。他在叶尔羌停留一年左右之后，又和另外一支商队同行，从天山南路东进，经阿克苏到达焉耆，并且在这里见到一个曾在北京见过利玛窦的回教徒。然后，他又经吐鲁番、哈密，于1605年年末到达肃州（现在的酒泉），可这距离他出发已经好几年了。利玛窦记载说，尽管他身边有五百人的商队和四百人的保镖，但仍然历经困顿，在进入嘉峪关前，"道路极为艰难，以致鄂本笃修士有六匹马都累死了"，最终身心疲惫的他很快就去世了。

不光是戈壁、沙漠、雪山的阻碍，其实，从15世纪开始，东西阻隔就很厉害了。关于这一点，让我说得远一点儿。蒙古在14世纪中叶退出长城之外，并分裂为三，由东向西分别是"兀良哈"（今大兴安岭东南）、"鞑靼"（约为今蒙古国与中国内蒙古区域）和"瓦剌"（约为今蒙古以北的哈萨克以东、俄罗斯西伯利亚地区）。它们还是明朝的心头大患，大家想想土木堡之变就知道了。这使得明代不得不退守传统核心区域即十五省。特别是到了弘治年间（1488—1505），尽管瓦剌衰落了，但吐鲁番又崛起，吐鲁番的阿黑麻"自以地远中国，屡抗天子命"。明朝没办法，最终只能"闭嘉峪关，永绝贡道"，就连汉代所设河西四郡（从东到西为武威、张掖、酒泉、敦煌）中的敦煌，也就是我们视为文化珍宝的敦煌都放弃了。

所以，西边儿的通道渐渐阻塞，而东边儿的海路则越来越重要。可是有一段时间，明朝官方实行海禁，外国船只得到勘合才能到中国来，中国船也只有获得官方的批准才可以出洋。虽然零星的民间船只也偷偷往来，但毕竟影响了通商，结果不仅搞得倭寇大骚扰，而且等于放弃了东海、南海到印度洋的往来。可是，这时候欧洲人的航海越来越厉害，他们不仅越过大西洋到了美洲，而且绕过好望角到达印度，接着又经过马六甲海峡进入南海东海，甚至还横渡太平洋，从美洲直达亚洲，这使得全球终于由海洋连成一片。到了这个时候，也就是17世纪20年代的天启年间，明朝才不得不开放海禁，于是中国船、日本船、东南亚船再加上远道而来的欧洲船，就在东海、南海上游弋往来。

最能利用海洋来获取利益的，还是欧洲人。他们不仅仅从地中海"跨越"到大西洋，从大西洋"发现"美洲新大陆，还包括经由地中海和印度洋，到达非洲和亚洲。15世纪，葡萄牙人沿着大西洋海岸在西非塞内加尔等沿岸登陆，并建立埃尔米纳堡（Elmina Castle），占据一些无人岛，在刚果、贝宁等地贩卖奴隶。美洲被发现后，这些奴隶也被迫远渡彼岸，成为廉价劳动力；而荷兰人从17世纪中叶航海到了南部非洲好望角附近的开普平原，并且建立定居点，逐渐向纵深扩展殖民事业。16世纪以后，葡萄牙人以印度果阿为基地，开始向东挺进，占领了满剌加（马六甲）；西班牙人紧跟着也来到亚洲东部海洋，占领马尼拉；再接着英国与荷兰的两个"东印度公司"开始他们的海外贸易和殖民，在爪哇等地建立殖民据点。从此，那些国家体系尚不成熟的广大非洲地区，和被叫作曼荼罗式国家（统治范围限于王都周边，越远离首都则统治权力越趋减弱，非中央集权、国土经常伸缩变化）或者尼加拉式国家（特点为多中心、跨领土与不稳定）的东南亚地区，渐渐被蚕食和殖民，那几个世纪在海洋上到处游弋的都是欧洲船只的三角帆。

2015 年，我曾经在东京大学发现一份 18 世纪前期相当于清康熙年代绘制的地图，在这幅日本人画的地图上出现了蓝色的东海、南海。很有意思的是，海上有四艘扬帆航行的船，除了有日本船、朝鲜船，还有一艘欧洲人的船。欧洲的这些船只利用海洋，运输各种物品，这比起过去依赖骆驼、马匹穿越沙漠、戈壁和雪山，往来东西之间转运商品，要容易得多。就像我们所说的，经由海洋，除了美洲的辣椒、红薯、玉米，白银也流入亚洲，而中国的丝绸、瓷器、茶叶也流入欧洲；日本的铜、硫黄输入中国，而中国的白糖也流入日本。再往后，大量的奴隶贸易，给欧洲带来成本低廉的产品，加勒比海的甘蔗种植和白糖生产，使得欧洲工人有了便宜的热量补充，从美洲、非洲、东南亚掠夺的各种物质，为欧洲换回来亚洲的产品，这个时候全球才成为不可分割、彼此依存的一体化世界。

但是，先后崛起的这些帝国，在广袤的大海上也会有冲突，于是就有了《海洋自由论》的作者格劳秀斯所说的，在海洋上"任何国家之间的交流与贸易都是合法的"。从此，一个新时代开始。和蒙古时代依赖陆地上的骑兵不同，这时，谁控制了海洋，谁就可以称霸世界。

3. 制度、技术与文明的竞赛

16 世纪以来，大海上往来穿梭的所谓欧洲的克拉克帆船，装备了厚厚的甲板，往往既装有货物也装有火炮，在商品交换之外，也实行武装侵略。在漫长的几个世纪中，欧洲殖民者以枪炮掠夺殖民地的大量财富。通过贩卖奴隶、强迫劳动、驱赶原住民、武力占有资源，空手套白狼般生产出大量产品，这些产品又经由航海贸易，换取异域的丰富商品运回欧洲。武力征服、殖民化与基督教化，加上这种可以叫"资本原始积累"的方式，使得欧洲在大航海之后迅速崛起。任何全球史家都承认，在欧洲崛起的历史中，并不都是温良恭俭让的文明行为，也是手持枪与剑、充满血与火的掠夺过程。

不过话说回来，我们也要看到在全球争霸过程中，欧洲的各个新老帝国，先是葡萄牙、西班牙，后是英、荷、法、德的崛起，也有在政治制度、科学技术与精神文明方面的竞赛中胜出的一面。我们也都看到，从英国《大宪章》之后出现对国王权力的限制，到文艺复兴后出现的文化繁荣和文化自信，宗教革命后出现的政教分离以及新教对资本主义精神的刺激，《威斯特伐利亚和约》之后出现的主权国家和国际准则，法国革命促成的自由、民主、人权价值观念，这些历史逐渐形塑了雅克·巴尔赞（Jacques Barzun, 1907—2012）在《从黎明到衰落：西方文化生活五百年，1500 年 至 今 》（*From Dawn to Decadence: 500 Years of Western Cultural Life, 1500 to the Present*）中说的欧洲文化，它既是"东拼西凑和互相冲突"的杂拌儿，又是完整的"一套前所未有的思想和制度"。

　　几个世纪以来，欧洲人把原本只在欧洲通行的这一套推向全世界，在坚船利炮的支持下，成为全球不得不遵循的规则。加上工业革命之后的经济大发展，给这种文明提供了坚实的物质基础，因此这种叫作"现代"的新文明，支撑着新帝国咄咄逼人，对全球每个地方都虎视眈眈。这个叫作"现代"的东西，使得那些因政教合一而转身困难的西亚、南亚、中亚老帝国，或停滞在历史传统中故步自封的东亚老帝国很难应付，也使得本来国家体系就不够成熟的美洲、非洲、东南亚更无法抵抗，这就影响甚至决定了帝国争霸中胜负天平的倾斜。

　　如果不是在大航海之后，全球越来越紧密的时代，这种文明差异也许问题不大，但在全球越来越一体化的时代，这就成了制度、技术与文明的全面竞赛。尽管我们不必把它统统算在亨廷顿所谓文明冲突的账上，但也不要完全否认不同文明会发生冲突；我们并不简单地认定某种制度就比其他制度优越，但是不同制度确实会导致不同的结果；我们也相信不同的知识和技术传统会有不同的发展路向，可是在越来越拥挤的世界抢先一步就是胜者。原本，欧洲的制度、技术和文明也只是地方的，但这个时候通过较量，它雄心勃勃地要成为全球普世文明。而其他文明比如中国的儒家礼乐，虽然本来也曾自认为普世文明，无论是"先进于礼乐者"还是"后进于礼乐者"，有礼乐的是文明，没有礼乐的是蛮夷，文明要用礼乐改造野蛮；可是，在这几个世纪的帝国争霸中，渐渐处于弱势的中国，儒家礼乐文明只能退回地方文明，成了所谓的"中国特色"。

　　现在有个流行的概念，叫作"现代性"。什么是现代性？就是大航海之后欧洲形成的价值、文明和制度，就像我们前面说的，包括自由贸易和全球市场，以主权国家为基础的国际秩序，政教分离、法治原则和选举制政府，以及自由、民主、平等等价值观念。这些来自近代欧洲的东西渐渐"迫使世界成为一个同质的统一体"，并且迫使现代世界逐渐和传统世界发生断裂。也许，这种"现代性"伤害了不同文化，也导致了弱肉强食，加剧了不平等，有很多弊病，但麻烦的是历史无法退回去再来一遍，我们只能从结果去反思原因。如果我们讨论大航海以来的全球史，就不得不思考，究竟莫卧儿、奥斯曼、萨法维、清朝，以及美洲、非洲、东南亚，为什么在近世的竞赛中渐渐败下阵来？为什么不得不接受这种原本只是欧洲规则的"现代性"。

这里的原因，是值得再三深思的。

4. 多元现代性？超越现代性？毕竟还是要现代

大航海之后开始的全球一体化，把世界连在一起。有人说，如今是"地球村"，就是说现在地球就像一个村儿，所有的人就像隔壁家似的，原来是天涯，现在是比邻；也有人说，现在"地球变小了"，就是说交通发达了。过去《水浒传》说豹子头林冲从开封发配到沧州，一路得走好多天，还让童超、薛霸有机会害他，可现在从开封到沧州，开车不过就是几小时，连从东半球的上海到西半球的迈阿密，转个两三趟飞机，也不过就是一天。更有人说，现在世界是平的，这不只是托马斯·弗里德曼（Thomas L. Friedman）《世界是平的》（*The World Is Flat*）那本书里说的。现代科技带来世界的巨大改变，人们讲这个话，还有另外一层意思，就是地球已经没有还未开垦、还未发现的陌生角落，换了哪儿，都有 7-11、星巴克、沃尔玛、耐克鞋和可口可乐。

其实也不尽然。回看大航海之后几个世纪的历史，尽管欧洲文明席卷世界给全球带来所谓的"现代"，但这种看上去强大的欧洲文明还是没能彻底改造不同族群、不同国家的特殊文化，许多国家在现代冲击下表现出相当惊人的传统韧性；看上去充满优越性的欧洲式民主制度，还是没能彻底改造其他的制度；所谓普世的价值观念，还是没能扭转各自的价值偏向。从各国传统里顽强生发出来的制度选择和观念偏向，不同区域不同的政治、经济和社会条件，加上殖民地、半殖民地屈辱历史带来的反感，还有过去被掠夺、被压迫、被侮辱的悲情，就像日本学者丸山真男（1914—1996）所说的"执拗低音"一样，始终在顽强地修饰、改造甚至抵抗着这个叫作"现代"的主旋律。尽管现在全世界都承认来自欧洲和美洲的哥白尼、伽利略、牛顿的学说，接受他们发明的蒸汽机、机器船、火车、飞机，享用他们那里来的电灯、电报、电话，尽管人们也都明白现代、富强或者发达的意义；但是，在国家制度、思想文化和生活传统上，仍然不是"一二一，齐步走"。你有你的民主制度，我搞我的政教合一，你信奉你的基督教，我信奉我的伊斯兰或神道教，你搞你的民主，我搞我的集权，你推崇你的市场道路，我相信我的计划经济，反正是你走你的阳关道，我走我的独木桥。

进入"主义"的时代，全球仍然没能真的走到一块儿。确实，欧洲尤其是西欧之外，还有各种不同的现代道路，像俄罗斯先是追随西欧国家进入现代快车道，后来却一转身经由二月革命和十月革命走上社会主义道路；土耳其在奥斯曼帝国瓦解后进行现代世俗化改革，曾引入现代的一些理念与制度，结果还是走上一条曲折特殊的道路；日本则从明治时代的"尊王攘夷""撤藩置县"和"神佛分离"，走上集中帝国权力搞现代化甚至迈向现代军国主义的道路；而中国则在反抗殖民主义、帝国主义的道路上，经由改革、变法、辛亥革命、五四运动，一方面从专制皇权国家走向共和，一方面却又因为各种原因始终徘徊在如何走向现代的犹豫之中。特别是，20 世纪经历的两次世界大战，"二战"后社会主义阵营的崛起，各地区独立运动的风起云涌，人们对大航海之后欧洲文明引导的现代性就有了很多争议，对日渐全球紧密联系的趋向也有了很多质疑。

"现代性自西方普照全球，迫使世界成为一个同质的统一体。"这是西方学者斯蒂文·贝斯特（Steven Best）和道格拉斯·凯尔纳（Douglas Kellner）1991 年在《后现代理论：批判性的质疑》（*Postmodern Theory: Critical Interrogations*）里说的。所以有人就追问，历史真的必须走上欧洲引导的这条路吗？从传统到现代是不是一定要经历这种欧洲式变革？现代性只有一个吗？因此，这几十年有人提出"多元现代性"的说法，简单地说，就是要承认各有各的现代道路。这当然很有道理，给各个国家、各个地区找到自身发展走不同道路的理由。可是话说回来，无论如何多元，现代毕竟还是现代，没有标志"现代"的那些政治、经济和文化要素，你怎么多元也不是"现代"。同时，也有人追问："现代"是必须的吗？为什么我们一定要承认所谓"理性"，追求所谓"进步"，必须进入所谓"现代"，从而牺牲各自的文化与传统？近几十年来，一些很聪明的人看到现代的种种问题，他们站在现代反思现代，甚至站在后现代批评现代，提出要"超越现代性"，或者进行"现代性批判"。这当然很了不起。可是，从现实看，全世界真的都过度现代了吗？如果还有好多地方没有充分现代，就提前预判去蔑视现代，这能行吗？从历史看，破易立难，批判现代性并不难，你可以对它反思并且修正，但拿出一个另起炉灶而且行之有效的替代性方案，又谈何容易？也许，正如哈贝马斯（Jürgen Habermas）说的，现代性虽然它有它的弊病，但它还是一个"未完成事业"（Modernity: An Unfinished Projects，1981）。

14、15 世纪大航海之后的几个世纪，全球发生天翻地覆的改变。我们不谈制度，不讲政治，不说文化，就说看得见的。在这几个世纪中，人类的平均寿命延长了多少年？对抗灾害和疾病的能力比传统时代强了多少？起码的物质生活条件像食物、住房、交通，比过去好了多少倍？人类对世界的知识，也爆炸性地增长了多少？在这个叫作"现代"的历史阶段，人类可以上九天揽月，也可以下深海探险，我们置身于这种历史形成的"现代"，安享现代的福利，难道我们都被近代欧洲带上了一条错误的道路？

我没有结论，但是我相信大家都要思考。

5."数千年未有之大变局"：中国认识了世界

扯得太远了。还是让我们从 15—19 世纪全球史，回到中国人开始"睁开眼睛看世界"的时代，重温中国不得不进入全球史时的心情。

大航海时代把全球连在一起，东西南北五大洲四大洋开始像科学史上的"板块漂移说"讲的那样，互相挤压和碰撞，新老帝国纵横捭阖，弱肉强食，因此带来了各地区、各民族的不同命运。古老的中国被卷入这个大变动中，就如大家都熟悉的李鸿章那句话说的，遭遇了"数千年未有之大变局"。

那个时候中国不能不转身，面对全球尤其是西方。从林则徐、徐继畲、魏源以来，睁开眼睛的中国人逐渐走出天朝心态，开始观察世界。刚好那个时候，传教士也在不断撰写、翻译和出版各种关于世界历史的书。郭实腊编译了《古今万国纲鉴》，马礼逊（Robert Morrison，1782—1834）翻译了《外国史略》，麦都思（Walter Henry Medhurst，1796—1857）撰写了《东西史记和合》，刺激了中国人魏源也编了一部《海国图志》。到了 19、20 世纪之交，广学会出版了《万国通史》。那时候英国人写的一本并不出色的《19世纪史》被翻译成中文，改了个名字叫《泰西新史揽要》，居然大卖几万本，而且差一点成了清朝官方必读书。人们开始接受这样的观念，就是读书人要"视万国当一家"，因为"诸国之体如身之存四肢，血脉相通，而疴痒相关"。

要把万国当一家，全球就像一个人，人有四肢，血脉相通，痛痒相关。一百多年前的这段话说得多好！尽管如此，我们要反思，现在的人类能够把"万国当一家"，并且让全球的喜怒哀乐都和自己一脉相通吗？能够像 2008 年北京奥运会开幕式上，刘欢和莎拉·布莱曼（Sarah Brightman）唱的那首歌说的那样，"你和我，心连心，都是一家人"吗？

（葛兆光）

番 外

一 《白银资本》讲了什么?

这一期番外里,让我们谈一谈一本叫《白银资本:重视经济全球化中的东方》(*ReOrient : Global Economy in the Asian Age*)的书。白银很重要,如果用一句话来总结前面我们讲的 16、17 世纪全球史,特别是和世界发生关系的明代中国历史,就是成也白银贸易,败也白银贸易。二十多年前的 1998 年,美国历史学家弗兰克(Andre Gunder Frank, 1929—2005)出版的这本英文专著,把这个观点发挥到了极致。

1. 弗兰克何许人也?

弗兰克这本书的中译本《白银资本:重视经济全球化中的东方》,2000 年在中国大陆首次翻译出版,距今也有二十多年了。书名的翻译很有意思,因为这本书的英文名叫 *ReOrient : Global*

Economy in the Asian Age。正标题 ReOrient 可以直译为"重新面向东方"，加上副标题应该是"重新面向东方：亚洲时代的全球经济"。相信听众朋友们都已经发现了，原著书名里并没有出现"白银"（silver）这个词。不过，现在这个译名的确比较朗朗上口，可以说是神来之笔，译文也流畅，所以中文版问世后反响热烈，多次再版。但对于作者弗兰克的主要观点，评论也很两极化，有人觉得它很有启发性，也有人批评里面的核心观点缺乏史料支撑，根本站不住脚。

　　在谈论这本书的内容之前，我们先了解一下作者弗兰克。和一辈子待在书斋里的大部分学者不同，弗兰克的个人经历富有传奇色彩。1929 年，他出生在德国柏林一个犹太人家庭。1933 年希特勒被兴登堡任命为德国总理时，弗兰克的父亲很有远见，预测到德国不久将爆发反犹运动，就带着只有四岁的弗兰克移民到了瑞士。所以，弗兰克是在瑞士接受的启蒙教育，在他十四岁那年，也就是第二次世界大战中期，德国军队在欧洲战场势如破竹，中立国瑞士也变得不安全了，于是弗兰克一家又移民到了美国。多亏这两次移民，弗兰克幸运地逃过纳粹的反犹种族屠杀。也许一个人的生活经验，会对成年后的性格、观念和兴趣造成很大影响。弗兰克后来强烈排斥各种形式的民族主义，尤其反感欧洲中心论，提出全新的世界理论体系将其取而代之，有人认为这可能与他颠沛流离的岁月分不开。

　　20 世纪 50 年代，弗兰克进入芝加哥大学经济系攻读博士，师从著名经济学家弗里德曼（Milton Friedman，1912—2006）。弗里德曼是芝加哥学派的一代宗师，也是 1976 年诺贝尔经济学奖得主。弗里德曼也是犹太人，从父辈那一代就已经从奥匈帝国移民到了美国。弗里德曼和弗兰克都是犹太人，都有德国背景，按理关系应该非常亲近才对，不过恰好相反。弗里德曼相信自由经济，弗兰克却是个激进的左翼分子，博士论文写的是《1928 至 1955 年间乌克兰的农业发展与生产力》。

1957 年，弗兰克好不容易拿到博士学位后，做出了一个离经叛道的决定：他要离开条件优越的美国，去拉丁美洲闯一闯。用弗兰克自己的话说，他要去那儿"打一下游击"。他得偿所愿，先后在巴西大学、墨西哥国立大学、智利大学教书，还加入社会主义政党，出版了多部有关拉美经济的著作，同时是个非常活跃的公共知识分子。直到 1973 年，智利陆军司令皮诺切特（Augusto José Ramón Pinochet Ugarte，1915—2006）发动政变，推翻民选左翼政府，弗兰克也被军政府驱逐出境。他返回欧洲任教，之后在阿姆斯特丹大学工作，到 1994 年退休。

终其一生，弗兰克像一个学术流浪汉那样，辗转不同国家的九所大学任教，开过人类学、经济学、地理学、历史学、国际关系学、政治学等各色各样的课程。《白银资本》这本书，是他在退休以后，凭借自己多年来积累的丰富知识储备完成的一部著作。

2. 彻底反"欧洲中心论"的《白银资本》

如果我们翻开《白银资本》这本书，就会发现它有浓烈的论战色彩，刀枪剑戟，火药味十足。弗兰克给很多我们耳熟能详的 19 至 20 世纪的欧洲思想家贴上"部分主义"的标签，这个长长的名单上，有西方经济学的创始人亚当·斯密、实证主义创始人奥古斯特·孔德、社会学家马克斯·韦伯、年鉴学派历史学家布罗代尔。弗兰克坚持认为，他们的观点虽然各不相同，但都犯了一个根本性的错误，即都认为"西方"是特殊的，和亚洲、美洲、非洲等其他地方都不一样，只有西方才能推动全球化，只有西方才能孕育现代化。与此相反，东方是相对静止的，只能被动地接受来自西方的影响。

弗兰克就像一挺机关枪那样，猛烈批评这些理论"几乎都浸透着欧洲中心论的偏见与自负"。在他看来，这些思想家的具体观点和论证方式各有不同，把近代欧洲的成功，或归因于欧洲的国家制度，或归因于宗教伦理，或归因于冒险精神，或强调地理特征。但无论哪一种，他们有一点是共通的，就是无一例外地都在强调欧洲的优越感和特殊性，强调"我们"欧洲和"他们"亚非拉是不一样的。

他指出，很不幸的是，这种强烈的偏见，构成今天西方社会科学理论的根基。因此，弗兰克提出自己不一样的看法，认为从各种历史证据来看，世界经济体系的形成，或者我们常说的全球化，不是从欧洲起源的，而是从亚洲起源的。由于这种反西方中心论的立场，弗兰克和我们上节提到的彭慕兰一起，都被归为"加州学派"的一员，虽然他好像从没有在美国加利福尼亚州的任何大学里担任过正式教员。那么，什么是"加州学派"呢？简单来说有四点：第一，高度反思西方中心主义的学术理论和方法；第二，强调世界经济体系和全球化不是欧洲建立和推动的；第三，注重中国研究，把中国史放在世界史范围之内来考察；第四，注重中西比较。不过，这个学派里的人各自关注的中心不一样，具体用什么方式打破西方中心论，那大家就各显神通了，有人注重生态环境，有人注重制度差异。而弗兰克呢？则强调以白银为主的全球贸易体系。

与其他"加州学派"成员比起来，弗兰克对于"西方中心论"的解构迂回且彻底，因为他不是从近代，而是从一千年以前开始讲起。他认为，那个时候亚洲、非洲、欧洲各个地区之间已出现劳动分工，不同地区生产不同的商品，相互之间开展陆上或海上贸易，互通有无。在这个早期的世界经济体系中，中国的生产、出口渐渐占据领先地位，因为中国凭借丝绸、瓷器、茶叶等畅销全球的商品，在与世界上任何国家进行贸易活动时得到的都是顺差。由于这种单方面绝对优势的存在，黄金和白银两种金属货币开始在全球范围内流动起来，以填补属于中国的顺差。

弗兰克认为，19世纪中叶以前，世界上的白银和黄金基本都是向中国流动的，这是出于对遥远东方物质的强烈渴望，欧洲人先后加入以中国为中心的世界经济体系中。弗兰克做了一个很形象的比喻，说欧洲人先用从美洲获得的金钱，买了一张开往亚洲列车的车票，上车后不久越来越阔，就先试着包下一整节车厢，最后渐渐取代亚洲，成了世界经济列车的火车头。但到了19、20世纪，掌握领导权的欧洲人试图抹去列车上所有的亚洲痕迹，几乎所有西方思想家异口同声地高呼：目前的世界经济体系是由我们欧洲人建造的，你们都是搭便车的！

他说，只要回顾历史，就会明白这是一种倒放电影式的傲慢。

3. 对《白银时代》的反思

按照弗兰克的说法，全球史不是在18、19世纪到来的，而是在15世纪甚至更早到来。从1400到1800年，欧洲一直处在世界经济的边缘位置，这种劣势促使欧洲人走出去，并随之有了地理大发现、美洲殖民等。就像我们在前面已经说过的那样，白银的全球性流动意外地在欧洲和亚洲造成了完全不一样的人口和经济效应，亚洲逐渐陷入衰颓，欧洲则一路狂飙突进。到了18世纪晚期，衰落的亚洲人和崛起的欧洲人重新分配世界的支配权，结果大家都知道，欧洲从此引领了一个人类历史上绝无仅有的、工业和经济急剧扩张的新时代。

我们不知道弗兰克有没有读过中国的《老子》，但他对世界历史进程的观察和解释，带有道家"祸福相依"的色彩。19世纪成型的欧洲霸权体系不是固定不变的，它的内部充满了矛盾和斗争，西班牙、葡萄牙、荷兰、英国等国你方唱罢我登场，它们彼此激烈的角逐，导致了两次世界大战。在第一次世界大战接近尾声时，德国人斯宾格勒出版了一本书叫《西方的没落》，预言世界霸权的再度转移。于是，在第二次世界大战结束后，美国在一片废墟之上建立起新霸权，构建起新国际秩序。

但这种秩序，也绝不是稳如泰山的。白银贸易是弗兰克理论的一个切入点，通过他的描述我们看到，不是具体某个国家，而是在白银贸易带来的商业扩张运动中的国际关系，重塑了我们今天生活的世界。虽然很多人批评他的观点牵强，但这种强调全球史视野的历史叙述，的确富有启发性。世界经济的领导权从来就不是固定在谁手上，而是会从一个地方转移到另一个地方，这个击鼓传花的过程永远不会停止。弗兰克预言到了21世纪，世界经济的中心会重新转到东方。

《白银资本》这本书被翻译成中文以后，在中国学界质疑、反对的声音也不少。一个比较有代表性的学者，就是已故的王家范

（1938—2020）先生。他在 2000 年发表一篇书评《解读历史的沉重——弗兰克〈白银资本〉读后》。他认为，弗兰克"对中国的推崇自然会使我们中国人感到高兴，但总担心他对中国历史没有足够的体验，担心不是因为先有了对中国历史全面深入的观察，更像中国是因为体系的需要才被选择为利器"。他还察觉到，弗兰克的性格犹如烈火，他对西方中心论的猛烈攻击，让自己"不时联想起现代中国'打倒孔家店'到'横扫四旧'无所畏惧的斗士们，勾起复杂难言的感情"。这话说得非常对，弗兰克虽然高举反西方中心论的大旗，但他的白银研究，还是不可避免地带有一种反向的东方主义（Orientalism）色彩，是一种有强烈偏好或偏见的认识体系。对弗兰克而言，中国与其说是西方学界反观自身的一面镜子，不如说是一件他自己随举随用、对付敌人的东方利器。正如王家范所说的，弗兰克"只选择对他有利的论据，而置不利的历史证据于度外"，"像是活在自己所罗织的虚幻概念世界里，不愿感应外在世界的真实"。

弗兰克的白银理论，离不开西方学术的具体语境，也就是 20 世纪 80 至 90 年代兴起的新文化史影响。新文化史研究把社会和文化作为一个整体来看待，其研究对象不限于一个国家、一个时代、一个地区。与弗兰克从白银切入类似，目前西方学界新文化史的一种典型研究范式，或者说研究套路，也是从一种具体且日常的物质入手，讨论全球化问题。比如 2014 年，美国历史学家斯文·贝克特出版了《棉花帝国：一部资本主义全球史》，这本书也已经有中译本。此外，还有比萨的全球史、汉堡的全球史、茶叶的全球史、胡椒的全球史、薄荷的全球史等，令人眼花缭乱。通过历史学家的反复爬梳，我们忽然发现，原来日常生活中习以为常的食物或者器物都是全球化带给我们的，中国很早就已经在全球史之中了！

4. 清醒认识《白银时代》

话题回到弗兰克这本书。弗兰克说得不一定全对，不过，我们要承认，弗兰克抓住"白银"，确实抓住了一个关键。16、17 世纪，白银确实是全球历史尤其是全球经济贸易圈的一个重要因素。它联结了欧洲，欧洲人到美洲推动了美洲的白银开采；联结了美洲，美洲的白银大量流出，换回各种东方的商品，去欧洲也去有大量欧洲移民的美洲；联结了亚洲，菲律宾成为美洲、欧洲和亚洲之间白银和丝绸、茶叶、瓷器的中转站，联结了东亚内部日本和中国之间的白银往来。

所以，我们必须清醒地认识到，《白银资本》这本书，本质上是为了打破西方中心论、特殊论而写的。弗兰克一边批判部分主义，一边示范如何做全球史研究。考虑到这一点，我们当然不能拿它来佐证中国中心论，或是中国特殊论。因为连弗兰克自己都说过，不仅仅是欧洲中心论，连中国中心论、伊斯兰中心论、非洲中心论的视角，也都是坐井观天。无论用哪一种欧洲的或中国的或其他的狭窄视野，都既不可能看清楚自己，也不可能看清楚世界。

弗兰克的这个观点，和我们这次重说全球史的目的倒是一致的。

（尹敏志）

二 为什么革新一定要借助复古

这一期番外里，我想根据各位提出的问题，再来简单谈谈有关文艺复兴的几个话题。

1. 意大利文艺复兴的历史大背景

在我们第五季的结语里，梁文道谈到环境决定论的问题。在这集结语里，梁文道还留了一个小尾巴，谈到欧洲的黑死病，然后他说：一段文化艺术繁荣、科学发现和技术突破频出甚至商贸经济达到革命阶段的时期（即文艺复兴），为什么会发生在黑死病之后，在这样一个人口稀少、城市凋敝、传统社会肌理断裂的背景下？也就是说，为什么欧洲在这样一个糟糕的社会环境之下，会发生文艺复兴呢？这中间有什么关联吗？

历史学家常常需要对某个事件或运动给出解释，尤其是要说清楚它的起因和后果。但事实上，要说清楚许多事情或运动的起因并不容易。对于意大利文艺复兴运动发生的原因，学术界并未有一个标准的答案，只能是不同的学者给出不同的解答，读者只能选取最能说服自己的那个解释。我个人认为，意大利文艺复兴运动发生的原因可以从间接的远因和直接的近因两个方面进行分析。

从间接的远因来说，我们必须从整个欧洲历史演变的大背景来说明意大利文艺复兴运动的兴起。我们知道，罗马帝国灭亡的一部分原因是日耳曼蛮族的大迁徙，之后欧洲遭受来自中东阿拉伯人的入侵，之后又有诺曼人和马扎尔人的入侵。到1000年前后，外族入侵欧洲的浪潮渐渐平息下来。此后的三个世纪（1000—1300）里，欧洲进入一个新的历史阶段，史学家通常把它称为"中世纪盛期"（High Middle Ages）。在中世纪盛期，欧洲在许多方面表现出欣欣向荣的势头。首先是土地的大规模垦荒和农业生产的发展。越来越多的农产品不仅改善欧洲人的食物供应，还有多余的农产品可用于贸易和交换。其次是商业和远程贸易的发展。史学家把这一时期的商业大发展称为"中世纪的商业革命"。意大利商人是这场革命的领头羊，在意大利出现一些商业大亨和超级商业公司，其标志之一是富有的意大利银行家甚至可以给英国国王贷款。有经济史学家认为，这一时期意大利的经济繁荣堪比19世纪英国工业革命时期的繁荣。商业复兴的直接后果之一，就是城市开始如雨后春笋般兴起，比利时中世纪史学家亨利·皮雷纳（Henry Pirenne，1862—1935）就是这样认为的，这就是中世纪城市兴起的著名"商贸说"，也被称为"皮雷纳命题"（Pirenne thesis）。

伴随着城市的兴起，学术组织和文化发展也出现一些变化。例如，在城市里出现一种新型的教育机构——大学。从前掌握知识的主要是僧侣阶层，但是随着大学的诞生，出现一个以教授知识为生的群体，法国中世纪史家勒高夫把这个群体称为"中世纪的知识人"。中世纪盛期的大学分为南北两大类型：欧洲南方最早的大学是意大利博洛尼亚大学（University of Bologna），而欧洲北方最早的大学是法国巴黎大学。二者在教学与研究上的侧重点不同：博洛尼亚大学注重法学（尤其是罗马法）研究、医学研究，而巴黎大学注重神学研究。我们略加留意就会发现，就高等学科设置而言，博洛尼亚大学的世俗性更强，而巴黎大学的宗教色彩更强，因而显得更传统。南北大学的差异在一定程度上与中世纪盛期意大利和法国的社会面貌有关。意大利北部和中部是当时欧洲城市化水平最高的地区之一，而法国相对而言城市化水平较低。意大利大学注重法学研究，目的是为欣欣向荣的工商业城市培养更多的法律人才，而对罗马法的研究在一定程度上带动对古典文化的研究，包括对古典文学的兴趣。比如，在帕多瓦，就出现模仿古罗马作家创作拉丁文学作品的先驱，分别是穆萨托（Albertino Mussato，1261—1329）和罗瓦蒂（Lovato dei Lovati，约1240—1309）。

另一方面，意大利城市因为工商业而兴起，彼此之间展开激烈的竞争，其中就包括公共建筑物及其装饰的竞争，这主要表现在修建大教堂和市政厅。正是在这一建设浪潮中，直接刺激与建筑相关行业的发展：石匠、木匠、画家等，这些手艺人群体被当今的艺术史家称为"哥特式艺术家"。这一时期的意大利艺术家，不论是建筑、雕塑还是绘画，受外来文化的影响比较深。比如说，哥特式风格原本是起源于法国北部的风格，后来传入意大利，并与意大利本地传统相结合，变成意大利哥特式。可以说，中世纪盛期的经济繁荣导致意大利艺术工匠阶层的壮大，这就为后来的"文艺复兴艺术革命"做了铺垫。

2. 促成文艺复兴的直接原因

14世纪中期，意大利经历一场严重危机，这主要来自两个方面：第一个方面是英国国王赖账导致佛罗伦萨的一些大银行破产，造成一定的经济危机；第二个方面就是前面提到的"黑死病"，它对整个意大利经济和社会的打击尤其沉重。在"黑死病"之后，意大利的经济大约用了半个世纪才缓慢地恢复元气，也就是说大约到1400年前后，城市经济再度回升，但是它的经济规模和活力再也没有达到中世纪鼎盛时期的状态。长达半个世纪的经济缓慢恢复是至关重要的，因为正是这种恢复才使得意大利城市社会拥有一定的经济资源，否则15和16世纪的意大利精英阶层就无法进行文化消费，换句话说也就不可能有文艺复兴文化的繁荣。我们知道，在任何时代和任何社会里，文化的繁荣都需要一定的经济基础。

总的来说，从间接的原因来看，中世纪盛期的繁荣为后来文艺复兴运动的兴起提供几种有利因素，即城市、罗马法的复兴和工匠传统的兴起。文艺复兴运动主要是在意大利的城市里兴起的，城市是文艺复兴运动的发生现场，可以说没有城市的复兴，就不可能有文艺复兴运动；罗马法的复兴带动对古典文化的兴趣，而工匠传统的兴起与文艺复兴运动的艺术革命有关联。当然，仅有这些因素并不足以说明意大利文艺复兴运动的兴起，还需要进一步更具体地分析。

从直接的近因角度来说，文艺复兴运动的兴起，主要归结于文化理想或文化风尚的变化。虽然文化受到经济、社会、政治、宗教等条件的制约，用马克思的话来说就是"经济基础决定上层建筑"，但马克思的话不能被机械地理解和应用，文化与经济基础以及其他社会条件之间的关系并非机械对应的关系。文化也有自主性，它的运行和发展在很大程度上取决于"文化人"的兴趣和爱好，有时候某个或某些具有强烈个性和强烈文化使命感的文化人就可以改变一个国家或一个地方的文化走向。在古今中外的历史上，这样的例子比比皆是。以我们熟悉的中国新文化运动为例，最开始只是胡适等极少数人在鼓吹它的文化理想，它的主要活动据点不过是北京大学的校园和《新青年》杂志，渐渐地这一理想溢出校园，走向大城市，从而成为一个全国性文化运动。它的一个重大后果就是用现代的白话文取代文言文，这个变化可谓深刻、巨大。同样的，意大利文艺复兴运动的兴起，在很大程度上归功于狂热酷爱古典拉丁文学的文人弗朗切斯科·彼特拉克。在他的影响下，一小群知识人开始学习古典文化，尤其是古典文学，渐渐地一个崇尚古典文化的理想和风尚就形成了。到 15 世纪初，彼特拉克的梦想就变成一个文化运动，改变了意大利学术文化的走向。在崇尚古典风气的影响下，艺术创作也开始崇尚古代，向古人学习。

3.“人文学科”的总体目标是什么？

有人问：“为什么挖掘古典知识，就可以产生文艺复兴这么大的影响力呢？难道古典才能代表文明高峰吗？复古本身为什么会有那么大的影响力？”我想这个问题再具体一点就是说，为什么革新一定要借着复古？复古为什么会有这种力量？

我觉得，任何文化的发展不外乎通过两条途径：一是“温故而知新”，二是“推陈出新”。从总体上看，文艺复兴运动的一个突出特征是“崇古”和尽可能地效仿古人的成就，与此同时，又在学习古人之际探索新的文化形式。不言而喻，文艺复兴运动走的是“温故而知新”的道路。明白了这一点，我们就知道，文艺复兴运动采用复古的方式其实是文化发展的一种常见方式，并非特例。对于这种复古的方式，瑞士文化史家布克哈特给出他自己的解释：他认为古典文化仅仅是意大利文艺复兴的一个向导，即便没有这个向导也不会影响文艺复兴运动的发生，他认为造就文艺复兴的更大力量是"意大利民族的精神"。在布克哈特看来，崇尚古典文化可有可无。但在我看来，没有对古典文化的崇尚和效仿，文艺复兴运动不一定会发生；如果没有对古典文化的崇尚和效仿，文艺复兴运动至少会是另一种景象。布克哈特说，文艺复兴运动主要是"意大利民族精神"的产物，这种说法大致成立，但他所说的"意大利民族精神"很含糊，不好把握，我觉得不如说意大利人"创造性的才能"可能更容易让人理解。

在文艺复兴运动兴起之前，包括意大利在内的欧洲文化都在基督教文化体系之内，这个体系包含古典文化的成分。当然，基督教文化的成分占据主导地位，古典文化的成分则占据次要地位。对当时的欧洲知识人来说，能与基督教文化体系抗衡的另一个体系就是古典文化体系，崇尚和学习古典文化体系本身就意味着在基督教文化体系之外又多了另一种可能的文化选择。

文艺复兴运动是从学习和复兴优秀的古典拉丁文学开始的，这一点有偶然性因素，前面说过，这与著名文人弗朗切斯科·彼特拉克的文化理想有莫大的关联。之后，崇古之风从模仿古典文学延伸到整个古典文化。在文学领域，古典作品非常丰富，可供学习和效仿的榜样不可胜数，但过分效仿古人导致人文主义者的文字作品整体水平有限；但在艺术领域，情况有所不同。在雕塑和建筑领域，有古代的作品可以参照；但在绘画领域，文艺复兴时期的画家不可能看到古罗马时期的绘画作品，意大利人看到原汁原味的古罗马绘画是18世纪庞贝古城发现之后的事情。在没有古典绘画作品可以参照的情况下，艺术家只能凭借自己的想象力和才智进行大胆的绘画革新。因此，就文艺复兴艺术而言，绘画领域的革新远远超过在雕塑和建筑领域里的创新。所以文艺复兴运动分为两大部分，一部分是"温故"（也就是向古人学习），一部分是"知新"（也就是创新）。

"复古的力量"为何如此强大？要回答这个问题，首先必须明确两点：第一，文艺复兴运动的成就不完全是"复古"的结果，它还包括大胆的"创新"；第二，我国学术界倾向于过高地评价文艺复兴的成就，所以给读者造成了一个困惑："为何复古的力量如此之大？"其实，文艺复兴运动的成就并不像人们想象的那样高。在艺术领域，文艺复兴运动的确造就了一个高峰，但在其他领域，成就相对有限。从前，我国学者对文艺复兴研究不够深入，总是先入为主地拔高文艺复兴的成就。虽然我本人一直从事文艺复兴研究，但我极不赞成国内学界过高评价文艺复兴成就的做法。

我一直坚信，18 世纪启蒙运动的成就远远胜过 15 到 16 世纪的文艺复兴运动。

（刘耀春）

三　大航海之后的南方大陆：澳大利亚和新西兰

这一期番外里，我和大家分享一下大航海时代之后的南方大陆这个话题。葛兆光老师说到，在我们"从中国出发的全球史"这个系列里，像澳大利亚、新西兰、非洲等这些地区，我们讲得太少，要反思。在这里，我就勉强来增加一下这方面内容的比重。

2011 年，我有幸访问了墨尔本北部一个一眼望不到边的大农场。我对随行的澳大利亚学者说，你们国家真幸运，草原辽阔，没有严寒，也没有猛兽，天然就是大牧场。那位学者吃惊地看着我，连连摇头，说我太年轻，想问题太幼稚。住在澳大利亚的农场可不一定是享福，大概率是受罪。首先是苍蝇、蚊虫密密麻麻，其次是常年要对抗旱灾，然后收割打包牧草准备冬储饲料会累死人，更别说一天天的还要照看牲口。澳大利亚看起来牧草肥美，其实，根本都不是原生的，那是用成千上万吨化肥才能种出来的欧洲牧场。

没错。看起来田园牧歌、生态和谐的澳大利亚，其实并不全是什么原生态的自然遗产，那是接踵而来的全球移民改造原生态的结果。

1."南方大陆"真的存在？

从古希腊开始，欧洲的世界地理知识中就存在着所谓的"南方大陆"。澳大利亚的英文名 Australia 就是来自古希腊语中的"南方"一词。古希腊地理学家托勒密坚信，世界上存在着一块尚未被探明的"南方大陆"。虽然托勒密不是普通人，但是他如此自信，还是因为他相信自己的老前辈希罗多德的观点，那就是：世界地理的一切安排都是有对称性的，如果北方有这么大的地块存在，南方也应该有。大地应该是圆形的，南方要没有大块陆地，那北边失去了平衡就会倒掉。事实上，贯穿中世纪，欧洲人都不仅坚信南方大陆存在，而且在这"沸腾的赤道海洋以南"的对称地还住着被上帝惩罚的人。

显然，这种观点近乎无稽之谈。但随着西班牙和葡萄牙人开始全球海上探险，尤其是麦哲伦环球航行之后，越来越多的迹象表明，"南方大陆"完全可能存在。17世纪初，荷兰殖民者抵达澳大利亚西部，将这里称为"新荷兰"。1788年，英国向澳大利亚派出所谓的"第一舰队"，它装载了七百多名囚犯和三百多名押运官兵及其家属，前往今天悉尼的植物湾建立流放犯殖民地。

澳大利亚正式被纳入英帝国，"南方大陆"也就开始变成所谓的"新欧洲"。

2. 新欧洲？澳大利亚的新社会与新生态

美国历史学家阿尔弗雷德·克罗斯比认为，哥伦布抵达美洲之后，让美洲变成新欧洲，因为这不仅意味着欧洲的制度与文化在美洲移植生根，而且欧洲的生态体系也借助全球化而复制到世界各个地区，尤其是气候条件与欧洲本来就接近的温带地区。这个论断对我们理解澳大利亚与新西兰的社会与生态变化至关重要。

英国殖民者率先拓殖的澳大利亚东南部地区以及新西兰的气候接近欧洲，甚至更温和，但是这里没有季风，降水量少且不稳定，80%的地表由此成为干燥的荒漠。这里所有植物生存的基本前提，就是要耐受风化贫瘠的土壤和反复无常的干旱，结果这里的植被景观，不是稀树草原就是桉树林。澳大利亚的生态体系单一而脆弱，比如它的乔木，桉树类可占到90%以上。与这种另类的植物体系相适，在其他地方早就灭绝的有袋类动物，成为澳大利亚本土动物群落的主导。

当1788年英国殖民者抵达澳大利亚之时，从今日亚洲东部尤其是东南亚迁徙而来的居民（Aboriginal People），已经在澳大利亚大陆上游荡了至少五万年。由于常年生活在与世隔绝、生物体系简单的南方大陆上，澳大利亚原住民生产力发展非常缓慢，基本以采集游猎为生，但是通过使用火，他们依然深刻影响了澳大利亚的生态。1969 年，考古学家琼斯（Ryan Jones，1941—2001）提出"烧荒农业"（Fire Stick Farming）或者说"点火棍"农业的概念，即原住民会定期焚烧林间空地或者树林地表腐殖物，刺激植被新老更替，加速新鲜植物的生长，借此引来小动物，然后以"守株待兔"的方式围而歼之。土著季节性的辗转迁徙，通过烧荒农业，有意无意地全面改造了澳大利亚的景观。在原住民有意无意的用火过程中，在殖民者抵达前，澳大利亚的森林生态已经不断让位于草地生态。

澳大利亚东南部由稀树草原、金合欢树丛及桉树林构成的荒野，尤其是殖民者尚未挺进的陌生腹地，普遍成为囚犯逃逸的目标，甚至闹出令人哭笑不得的意外。1791 年 11 月，第一批被送到澳大利亚的英国囚犯中，有二十名男囚犯带着一个孕妇出逃。一个礼拜之后，大部分囚犯被捕回或因饥饿难耐而返回营地，后一批人供述说，他们打算逃往中国，因为他们认为中国距离这里不到一百英里。他们不知道从哪里产生这样的印象，从营地向北走一段路后，"有一条河，河对面就是中国最边缘的部分。渡过河以后，他们就会发现那些长着紫铜色脸庞的中国人，他们热情好客，待人友善"。殖民地军官沃特金·坦奇（Watkin Tench，1758—1833）评价说："（被捉回的人）说他们之所以逃走是因为受不了过度的劳动和严酷无情的待遇，他们宁愿选择丛林里蛮荒而不确定的生活方式，也不愿再回到这种被强迫劳动的悲惨生活中来。"还有更离谱的故事。1802 年在今日墨尔本附近服刑的英格兰石匠威廉·巴克利遁入丛林，直到 1836 年才被殖民者重新发现。当时他已经完全融入土著社会，三十多年未曾剃发刮须，身披袋鼠皮，手持木棍与盾牌。由于身材异常魁梧，他一度被造访者误认为是土著部落的领袖，而整整十二天后他才恢复英语的沟通能力。

不过，随着殖民者源源不断地进入，这里由原住民主导的、人口分散的社会与生态，也不断转变成一种以农牧矿生态为基础的、密集定居的现代移民生态。从最直观的层面看，伴随殖民者拓殖范围的扩大，澳大利亚原住民的传统栖息地都遭受侵夺，原住民人口不断凋零，大片土地被新移民改造为牧业、矿业、混合农业用地或城市。澳大利亚原住民的土地被殖民者视为无主土地而遭到肆意圈占，最终被普遍挤压出殖民者聚居的地带，尤其是失去了澳大利亚东南部的土地。对此，《澳大利亚环境史》对移民生态的扩张做出过如下评述：1815 年，大多数的拓殖地围绕在悉尼周围方圆一百千米的范围内。五十年后，为了寻求经济利益，牧民们占据了澳大利亚东部几乎所有的土地。继牧民之后，采矿者、农场主、城镇定居者、羊群、牛群，甚至还有铁路，逐步占据这片土地。总而言之，19 世纪工业资本主义边疆拥有了这一切。到19 世纪 90 年代，澳大利亚北领地和西澳大利亚也被占据，几乎成了永久性的白人拓殖地……如此少的人却拥有改变地球表面如此大面积的自然环境的权力，这种情况是少有的。

3. 毛利人、英国人和新西兰

相比于澳大利亚原住民，新西兰毛利人从一开始就博得更多的尊重。

　　1793 年，两位毛利人领袖首次应邀访问澳大利亚，一位是叫作图基（Tuki）的祭司，另一位是叫作胡鲁（Huru）的武士，他们受命指导英国流放犯如何用亚麻编织绳索。随后，又有数十名毛利人精英前往澳大利亚交流。毛利人从不觉得自己低人一等。1806 年，澳大利亚总督菲利普·金（Philip King，1758—1808）在办公室接待了图基，发现他对澳大利亚原住民表现出明显的轻蔑，看不起他们赤身裸体地行走，尤其瞧不起他们微不足道的战争模式。毛利人甚至同样鄙视从英国来的流放犯。

　　1840 年，为了防止被法国吞并，英国与毛利人主要部落领袖签订了《怀唐伊条约》（Waitangi Treaty），正式宣布新西兰成为英国殖民地。与澳大利亚不同的是，新西兰殖民地从来没有被预设为英国囚犯的流放地。恰恰相反，前往新西兰的英国移民被赋予一种勤奋耕耘、安居乐业的期许，立志要在南半球一块比澳大利亚大陆更宜居的土地上建立更纯洁的殖民地——所有移民都经过挑选，没有犯罪前科，主要是信仰虔诚的自耕农。由于在对潜在移民的宣传中，新西兰被描绘得只配有道德的移民前来，以至于在英国大力吹捧新西兰的殖民理论家威克菲尔德（E. G. Wakefield，1796—1862）本人也遭了殃。他于 1853 年抵达新西兰，满以为自己能够在这个全新的殖民地成为政治领袖，结果发现自己因拐骗幼女而坐牢，故而广受鄙视。

　　无论如何，从 1861 到 1900 年，新西兰三分之二的土地已经被欧洲人控制，澳大利亚成功的畜牧业与矿产业经验被引入新西兰。它们与自耕农经济不断结合、扩大，最终也形成欧洲移民主导的新生态。

4. 新旧生态的转移与华人移民

毫无疑问，根据资本主义世界市场的需求开辟资源边疆，是澳大利亚与新西兰移民社会与生态持续壮大的关键。在19世纪30年代之后，以牧羊业与矿业扩张为代表，澳大利亚与新西兰内陆迅速成为满足工业化世界所需原材料的资源边疆。为了开辟并维持初级产品的出口，殖民地迎来了空前规模的国际移民，他们一方面征服和破坏原来的旧生态，另一方面则是营建适宜开展生产并持续定居的新生态。国际移民不仅根据自己的经济或审美喜好引入各种新物种，而且也会无意中引入杂草、害虫与微生物。在克罗斯比看来，这是移民新生态得以在殖民地全面确立的关键。比如，在19世纪90年代，作为外来物种的绵羊在澳大利亚的数量已达到一亿只，与此同时，几乎所有牧场草种都已经是外来品种。

新西兰则一直被各路学者视为殖民地移民生态扩张的一个经典范例。整个19世纪，新西兰大约出现了三万种外来植物，在砍伐森林并排干沼泽后，移民通过引进牧草发展畜牧业，许多鸟类以及绵羊、马、牛等有蹄动物也来到新西兰。在欧洲移民抵达前，新西兰森林覆盖率约为50%，而1900年已经跌至25%。新西兰湿地在殖民中减少了大约85%到90%，部分地区的原生植物和鸟类数量急剧下降，一些物种濒临灭绝。到19世纪末，毛利人主导的新西兰原生态基本让位于新的移民生态。

事实上，最新的研究表明，澳大利亚与新西兰的变化是大航海时代晚期最经典的多元文化交融的案例之一。在澳大利亚与新西兰生态变化的过程中，中国因素也发挥了相当的影响。早在澳大利亚与新西兰殖民地草创阶段，由于中国市场促成商贸直航的不断成熟，华人移民就已经开始出现在澳大利亚与新西兰。伴随着 19 世纪中期的淘金热，来自广东的移民开始成群结队地进入澳大利亚与新西兰，也更深刻地改造了这里的生态和社会面貌，尤其是在遭受采矿活动破坏的内陆腹地。

比如澳大利亚最著名的金矿区，墨尔本北部的本迪戈地区（Bendigo），由于经年累月的金矿开发，19 世纪 60 年代后这一带已经很难找到成片的可耕地，而且土质贫瘠，土壤板结，然而华人移民硬是通过自己的双手证明了什么叫化腐朽为神奇。华人想方设法通过拼凑，将几块狭小的土地合并成大小适中的菜地，然后一起进行蔬菜种植。在密集的矿坑中，华人愿意花大量的时间清理掉板结的黏土块以及数不清的石英石废渣，然后反复松土并平整土地。不仅如此，华人移民还要施加底肥，他们引入四邑（广东省新会、台山、开平及恩平）的绿肥技术。绿肥就是把废弃的新鲜植物揉碎埋入土里当作基肥。在种植工作开始后，他们又始终注意施加有机肥追肥，就是把积攒的人畜排泄物和有机垃圾埋入土壤。华人菜农会专门走访营地收集这些肥料，而四邑矿工社区的头领也要求麾下矿工把生活垃圾与粪便堆积到指定区域，否则罚款。这个经验得到普遍的应用，也成为华人蔬菜特别优质的关键原因。

不仅如此，华人的农田水利技术也被广泛应用到蔬菜种植业上。1863 年本迪戈再次遭遇旱灾，民众在向政府求助的申诉中说华人菜农利用引水渠技术，通过挖掘渠道从远处深山引来水流，避免了旱灾对蔬菜业的毁灭性打击。不仅如此，在极端缺水的情况下，华人菜农还可以完全靠人力肩挑手抬取水浇灌菜园，为了避免被炽烈的阳光暴晒，华人通常是每天天亮前就开始浇灌菜地，异常勤劳。这种习惯一直保持到 19 世纪末期自来水应用为止。中国农耕技术的应用在移民社会赢得相当的认可，本迪戈的媒体就曾评论说：华人用极大的耐心应用他们从本国乡村获得的知识，简直让欧洲人无比羡慕和嫉妒……如果没有华人，人们要多付50% 的钱才能买到生菜、洋葱和水萝卜。

除了蔬菜种植，在所谓新欧洲的混合农业发展历史中，其实也融入华人的贡献，在部分地区华人甚至还扮演了先驱角色。比如在 1879 年，老矿工潘阿兴带着六岁的儿子在墨尔本西北方向的艾迪（Edi）地区建立自己的小农场。这一带在当时由于没有重要金矿发现，仍然是人烟罕至的区域。落户后，他们披荆斩棘，头一年就种植了燕麦、烟草和啤酒花，接下来的五年里又种植了马铃薯和小麦。这对父子采用轮作的方法获得很大的成功，并且最终在当地定居。

华人移民只要有机会就能发挥出传统的经验，运作相对复杂且经济回报率较高的农业生产体系。这里最值得一提的是葡萄种植业，因为它所衍生的葡萄酒产业直到今天仍然是维多利亚农业经济的主要支柱之一。澳大利亚在 19 世纪 50 年代中期就已经开始有了葡萄酒酿造业，这是为了满足矿工饮酒的需要。到 19 世纪60 年代中期，葡萄酒业全面发展，可是如果要保证足够的产量和地道的口味，还需要特殊葡萄品种的引种、剪枝、采摘、储藏与加工，全部过程都很麻烦。它既需要密集的劳动投入，又需要严格的工艺规范，果园终年需要照顾，回报周期也长，不同于一般的蔬菜和庄稼的种植，很少有欧洲裔移民能胜任相关的全套工作。但是，华人几乎在第一时间就卷入这项产业，而且很快就获得很高评价。一个最夸张的例子是，1864 年维多利亚州大葡萄园主休·弗雷泽

(Hugh Fraser）干脆宣布只愿意雇用华人，他表扬华人他们粗活细活都能做，性格也非常文静温顺，从不酗酒聚会。

不得不说华人在照料果园方面的确有一套，他们会嫁接，而且在移植植株之前会时不时扭折枝条或者切掉植株的一块皮，为的是把它们栽种到土里时能够恰当地促进新根的发育。不仅如此，有部分华人干脆自己做起葡萄园老板。1891 年时，维多利亚官方记录的葡萄酒庄园主共有四百人，其中九名明确是华人。澳大利亚在 20 世纪崛起成为世界上最重要的新兴葡萄酒产区，其最著名的葡萄酒生产基地是南澳大利亚。但其实澳大利亚全境都有非常优质的葡萄酒庄园，而早在 19 世纪中后期，澳大利亚葡萄种植景观的勃兴就已经凝聚着华人的汗水与智慧。当你有机会去澳大利亚和新西兰的时候，别忘了你眼前看到的美景，也凝聚着我们华人同胞的智慧和汗水。

（费晟）

推荐书目

斯文·贝克特，《棉花帝国：一部资本主义全球史》，徐轶杰等译，民主与建设出版社，2019。

杰里·本特利、赫伯特·齐格勒，《新全球史——文明的传承与交流》下册，魏凤莲等译，北京大学出版社，2007。

彼得·伯克，《文艺复兴》，张弘译，北京大学出版社，2013。

布克哈特，《意大利文艺复兴时期的文化》，何新译，商务印书馆，1997。

杰弗里·布莱内，《世界简史：从非洲到月球》，李鹏程译，上海三联书店，2018。

J. M. 布劳特，《殖民者的世界模式：地理传播主义和欧洲中心史观》，谭荣根译，社会科学文献出版社，2002。

卜正民，《维米尔的帽子：17世纪和全球化世界的黎明》，黄中宪译，湖南人民出版社，2017。

卜正民、若林正编，《鸦片政权：中国、英国和日本，1839—1952年》，弘侠译，黄山书社，2009。

约翰·达尔文，《全球帝国史：帖木儿之后帝国的兴与衰（1400—2000）》，陆伟芳等译，大象出版社，2015。

菲利普·费尔南多-阿梅斯托，《1492：世界的开端》，赵俊、李明英译，东方出版中心，2012。

贡德·弗兰克，《白银资本：重视经济全球化中的东方》，刘北成译，四川人民出版社，2017。

E. H. 贡布里希，《文艺复兴：西方艺术的伟大时代》，李本正、范景中编选，中国美术学院出版社，2000。

J. M. 罗伯茨、O. A. 维斯塔德，《企鹅全球史》第三部《大加速时代》，陈恒等译，东方出版中心，2020。

威廉·麦克尼尔，《竞逐富强：公元1000年以来的技术、军事与社会》，孙岳译，中信出版社，2020。

约翰·麦克尼尔、威廉·麦克尼尔，《麦克尼尔全球史：从史前到21世纪的人类网络》，王晋新等译，北京大学出版社，2017。

茅海建，《天朝的崩溃：鸦片战争再研究（增订版）》，生活·读书·新知三联书店，2014。

彭慕兰，《大分流：欧洲、中国与现代世界经济的发展》，史建云译，江苏人民出版社，2003。

斯塔夫里阿诺斯，《全球通史》下册，吴象婴等译，北京大学出版社，2020。

羽田正，《东印度公司与亚洲之海》，毕世鸿等译，北京日报出版社，2020。

余英时，《中国近世宗教伦理与商人精神（增订版）》，九州出版社，2014。

马克斯·韦伯，《新教伦理与资本主义精神》，阎克文译，上海人民出版社，2018。

沃格林，《文艺复兴与宗教改革——政治观念史稿·卷四》，孔新峰译，华东师范大学出版社，2019。

设想一种全球史的叙述方式

葛兆光

"从中国出发的全球史"音频节目，从 2019 年 6 月开始，历时两年半，现在已经全部播完了。今天，我想和大家讨论的话题是"从中国出发的全球史：设想一种全球史的叙述方式"。

为什么要"设想一种全球史的叙述方式"呢？这主要是因为：第一，我们中国现在还没有一部相对完整的、自己写的全球史；第二，在全世界的各种各样的全球史里，还没有一部是从中国出发或者说以中国人的眼睛来看的全球史；第三，我们到现在为止还在摸索中，我们还有很多遗憾，还有很多问题。所以是"设想"。

1. 引言：从三星堆猜想说起

首先，我想从最近大家特别关注的三星堆考古发掘开始讲起。大家都知道，2021 年 3 月份，中央电视台对三星堆发掘做现场直播。在中国，以国家电视台的辐射力和影响力报道一个遗址发掘，用那么大的力量，背后一定有它的背景和目的。这我们不去管它。

但是，可能大家都关注到，在三星堆遗址考古发掘里，过去出土的像立人铜像、青铜纵目面具，还有现在大家都非常关注的黄金面具、黄金权杖，跟过去中原核心区域的殷商、西周遗址出土的物品很不一样。或者说，确实有非常多的意外，包括这个祭祀坑里出土的象牙之类，我们也确实觉得蛮有意思的。

我简单介绍一下三星堆。大家可能不很清楚的是，实际上三星堆发掘最早也是有外国人参加的。1934 年，有一个叫葛维汉（David Crockett Graham，1884—1962）的人，他那时候在华西，跟中国人林名均合作，就已经发现一些他们觉得很震撼的东西。后来到了 1958 年又继续发掘，并不是现在才开始的。当然，真正命名为三星堆，并且特别重视起来，是 1980 至 1981 年。到了 1986 年，第一号、第二号祭祀坑出土了很奇怪的青铜器，这才轰动起来。

问题是，三星堆文化该怎么定义？它到底是蜀文化，还是中原文化的分支，还是外来文化影响下的区域文化呢？这就是一个非常大的争论。可能大家都知道，四川这个地方是很奇怪的，我一直对云贵川这个所谓西南夷的地方很好奇，就是说，是不是它可能跟中原联系不那么密切，反而跟域外有些地方互动较多。大家可能都听说过，《史记》里记载张骞出使西域，发现那边有四川的邛竹杖，还有蜀布。所以，张骞就向汉武帝提出来，说可能从四川到印度另外有一条通路，所以汉武帝曾派了四个使团通过云南，寻找去印度的道路。当然这四个使团没完成任务，最后无功而返。但是这恰恰就说明，西汉时候，甚至更早，四川这个地方跟缅甸、印度可能有一条通道，这条通道会不会导致四川文化可能跟中原的不太一样呢？

大家如果去过眉山，可能会知道彭山崖墓有中国最早的佛教石像，考古学家说这比中原的还要早，那为什么在四川那么早出现佛像呢？它是否不是从中亚西域传过来的呢？所以，学界有西南丝绸之路的说法。据说，西南丝绸之路是通过两条道：一条从成都出发，经临邛道、始阳道往云南，经哀牢到南方；另一条从宜宾出发，经过僰道到朱提，再往大理、永昌。大家都知道，从四川到云南，经缅甸、印度这条路，跟中国其他地方都不太一样，它的山脉像横断山是南北向的，怒江、澜沧江、金沙江这三条江也是南北向的，跟中国其他地方山川的东西向都不一样。因此，沿着后来所谓茶马古道，还有再后来史迪威公路这样的路，可能都是南北向通向外面的。所以有人断定说，四川这个地方很早很早就跟西面、跟南面有关系。还有一个事情可以提一提，大家可能没读过季羡林先生写的《蔗糖史》。《蔗糖史》里讲到一个非常重要的事情，就是中国蔗糖生产的一个最重要的关节。传说在中唐时期有一个来四川的外来和尚叫邹和尚，是他把高明的制糖技术带到中国，而制糖技术印度最厉害。因此，从对外联系上看，西南包括四川总是有一些跟中原不一样的地方。

我之所以要讲这么多有关三星堆的内容，其实是想说，当人们面对三星堆遗址的时候，中国无论是学界、政界，还有媒体，其实都有两种判断前提。大家都知道费孝通讲"多元一体"，但是，究竟主要是多元还是一体？有一种判断前提，是关注重心在"一体"。也就是说，自古以来中华民族源远流长，不仅独立发展，还有很多分支，巴蜀就是一个分支，这是一种。但还有另一种，关注重心在"多元"，强调多元是说这个族群、这个文化从各方而来，由各种不同的文化不断交融、交错、融汇而成。这两种说法看起来都讲"多元一体"。1990 年，费孝通发明这个概念很了不起，他把矛盾冲突的内涵纳入同一概念。但事实上，毕竟这只是理论，中国历史学界始终是有两面的：一面强调中国民族与文化的独立性、包容性和笼罩性，用后来的"中华民族"回溯历史；另外一种强调什么呢？就是强调中国文化的多元性、外来性和融汇性，而把中华民族、中华文明看成是一个历史过程。那么，三星堆发掘给全球史或者说给历史学界一个最大的冲击或启迪是什么呢？那就是要考虑这些问题：在历史过程中，我们对古代人类的联系到底有多少不知道，我们对古代人类的联系和移动是否估计得太低。

很明显，三星堆引起的争论或议论，无论内行还是外行，很多人心里最关心的是，三星堆这些奇奇怪怪的东西是从哪儿来的？是不是跟西亚有关系？是不是和南亚有关系？你看那个权杖原来从来没有过，它跟西亚北非的权杖有没有关系？你看这个面具好像不像我们传统华夏的东西，它是不是受外来的影响？所以，三星堆的发掘，不管结论是什么，一个最大的意义就是启迪我们，可能全球早期联系不像我们原先想象的那么少，全球各地之间也许有很多很多的联系，这是我要强调的一点。

这就和全球史有关系了。

2. 全球早就彼此联系，只是历史缺乏记载

那么，接下来的问题就是：其实，全球早就彼此有联系，只是历史缺乏记载。

大家都知道"历史"有两个意思，一个意思就是曾经发生过的事儿，另一个意思就是曾经被记录下来的事儿。如果没被记录

下来，难道就没有历史吗？实际上是有的。

　　顺便说一下，最近这二三十年，国际学界或者说国际考古学界很热门的一个焦点是什么呢？就是土耳其的一个叫恰塔胡由克的遗址，也叫加泰古丘。这个遗址有多早呢？我们想都想不到，它离现在有九千二百年到八千四百年。我们感慨它的精美程度，它的发达程度好像比我们过去想的都要发达。九千年前的东西，怎么会这么精美这么发达？比如有一座雕像，一位女性的两只手按着两个猎豹。我们中国也有这种所谓的女神像，比如红山文化的孕中女神像，但那个太粗糙了，而加泰古丘的这个雕像很精美，简直让我们想不到九千年前这里的文化有多发达。有学者就说，加泰古丘的发掘给现在的历史学界带来一个非常大的冲击，是不是中亚、东亚、北非甚至欧洲很多文化，都跟西亚、土耳其、两河流域的所谓新月地带有很大关系？

　　因为没有证据，我们不敢说，但我们现在看到一些零零星星的资料都证明，古代中国跟外面的联系实在是不少。在"从中国出发的全球史"节目里，我们谈到小麦是从西亚过来的，青铜冶炼也是沿着北方草原过来的，还有其他的东西。我们举个例子。在西安出土的一个西周墓里，有一个带有螺旋形动物图像的放在车上的青铜制品，居然跟公元前 1000 年伊朗的一个卢里斯坦高原出土的马头上的青铜饰品几乎一样。在山西，曲村—天马的晋侯墓里出土的玛瑙玉石珠串，跟草原上游牧民族早期墓葬里发现的珠串也是非常像。美国学者班宗华（Rechard Barnhart）在 1999 年曾经说过一个令人着迷的故事。广州南越王（卒于公元前 122 年，大概与张骞、司马迁同时代）的陵墓中，有一个波斯风格的银盒，跟出土于今土耳其一带、公元前 700 年建造的佛里吉亚（Phrygia）

国王迈达斯（Midas）墓中的器皿风格相似；还有一个波斯—希腊风格的角状玉杯，跟希腊、伊朗同时代的玉器风格也相同。所以，他说有关早期东西方的路径和编年，是未来中国考古最令人兴奋的故事之一。如果你看这些零零星星的证据，你就可以注意到一点，我们现在可能低估了那个时代人移动的能力以及那个时代技术与知识传播的能力。

古代中国人有一个习惯，总觉得我是华夏，是黄帝后裔，族群是从老早老早就慢慢滋生，你是帝喾的子孙，他是颛顼的子孙，就连那些"蛮夷"也被算成蚩尤的子孙，反正都是从黄帝那儿来的，这样大家都是一串儿。这个历史想象是司马迁干的事儿，因为他在大一统的西汉时期写《史记》，所以就把中国各个地方、各个文化的人都写成一个同气连枝的大家族。《史记》构成早期华夏族的统一叙事，可事实上没有那么简单：可能各种族群的来源是很复杂的，文化的流动、民族的交融又是很厉害的，并不是都出自黄帝，而"我以我血荐轩辕"只是文学的想象。

日本历史学的传统，和中国不太一样。2020年，我在东京大学待了八个月，跟日本学者经常聊天。日本历史学者有一个共识，就是认为绳文时代的日本人是东南亚人，弥生时代的人是东北亚人，最早的日本人是东南亚来的。这里就有了一个问题：隔着茫茫大海，东南亚人怎么大量跑到日本来，成了日本人的祖先了呢？这我们不去管它。事实上，我们看到稍晚的日本史料里确实记载了六七世纪日本和东南亚的往来：比如654年，就有来自今印度南部和今泰国曼谷附近的几个人，从海上到达日本筑紫也就是九州的福冈。而且日本的考古学家、人类学家和历史学家还说，最早期的绳文人跟东南亚人有共同的地方：皮肤黑、双眼皮、个子比较矮、湿耳屎。但弥生人是从东北亚通过朝鲜过去的，跟中国有很大关系。这些人个子比较高，皮肤比较白，是单眼皮，是干耳屎。这两种人在不断的混杂中形成现在的日本人。日本学者认为，东南亚人和东北亚人交融形成后来的大和人是在公元前3世纪，相当于中国的战国末期。那么，我们是否低估了那个时候人类的航海能力，他们居然能够远渡重洋到达日本，并且最后定居下来？更有影响力的一个说法是，日本学术界曾经提出，在五六世纪的时候，日本人还经历过一场大变化，实际上后来的日本人在很大程度上也是这场大变化的结果。是什么变化呢？就是日本人很大一部分来源是骑马民族，日本有一本非常有名的书《骑马民族国家》，作者是著名学者江上波夫（1906—2002）。他在5世纪前后的日本陶器上，看到和草原国家陶器一模一样的印纹。因此江上波夫认为，在六七世纪日本古代国家形成之前，日本经过一次骑马民族的洗礼。因此，日本人是东南亚人、东北亚人加上骑马民族叠合形成的。

大家可以想想，在日本人的形成史上就可以看到，实际上人类的移动能力相当强，早期人类是有很多互相联系的。

我们再举一个晚一点儿的例子。我在第六季的结语里提到过札马鲁丁的地球仪，这个地球仪记录在《元史·天文志》里，叫"苦来亦阿儿子"，大概是西域人的语言。札马鲁丁的地球仪比现代能看到的所有地球仪都早，而且文献记载得非常清楚，说以木头做成圆球，然后画上三分陆地，七分是水，而且画了小方井就是经纬线。那么，大家想想，札马鲁丁制作这个地球仪的时候，南宋都还没有灭亡，在13世纪60年代。可是这个时候，难道说西方那么先进的宇宙知识就传来了吗？我们现在看到最早的地球仪比这个晚两百年，藏在纽伦堡，是德国的一个制图员做的。这个地球仪东半球有陆地，西半球还是一片海水。所以我就在想，这个叫札马鲁丁的波斯人，他从哪儿来的这些知识？他的知识是不是阿拉伯传来的？阿拉伯那个时候就已经有地球这个观念了吗？我们对那个时代的世界知识的传播，是不是理解得少了点呢？

好，下面我们重点讲一个例子，就是朝鲜的《混一疆理历代国都之图》。这个地图非同小可，绘制于明建文四年（1402）。这个地图是根据两幅元代地图画的，可是这两幅元代地图里有什么奥妙呢？

大家看这个地图，尤其是要看左边。地图里有非洲，大家可以看到这个倒三角形，虽然画得不准确，画得小了，但是倒三角形的状况是很清楚的，有人说有水面的部分是非洲南部的大湖区，这个是猜测。但它的上半部加上像鼻子一样的阿拉伯半岛，画得很准确。尼罗河、幼发拉底河、底格里斯河也都画得很清楚。更让人吃惊的是，上面还有罗马、巴黎。

这个地图引起特别大的轰动。为什么？因为那个时候郑和还没下西洋，郑和下西洋是 1405 年，但这个地图是 1402 年就画成的，而且这里很多地名都可以一一对证。比如说罗马它写成麻鲁，巴黎写成法里昔。有人还追问，它是怎么知道非洲是倒三角形的？那个时候欧洲人还没有绕过好望角，所以这个地图现在成了一个巨大的谜。这幅地图现在收藏在日本京都的龙谷大学，有人就猜测，这个地图可能是壬辰之役中被日本人从朝鲜抢走的。我们现在用的这个是京都帝国大学教授小川琢治（1870—1941）临摹的一幅。小川琢治大家可能不熟悉，但他的一个儿子可能大家都知道，就是日本第一个诺贝尔物理学奖获得者汤川秀树（1907—1981）。这幅地图告诉我们，古代有很多知识在到处传播，古代有很多的人把各种知识往世界各地传。其实，全球早就有联系，只不过你没有注意到或者没有记载。这种例子，你要注意的话，会越来越多。比如说，你如果去乌兹别克斯坦的撒马尔罕，撒马尔罕大使厅有唐高宗和武则天的壁画，你相信不相信？而这个壁画恐怕还是唐代的，现在还在呢。

　　我们举最后也是最晚的一个例子，来说明全球联系的广泛。我们在第六季节目里提到，荷兰人格劳秀斯写了《海洋自由论》，大家都知道，这对后来的海洋法有非常大的影响，这是全球史上的大事。当时西班牙和葡萄牙在教宗主持下，把世界分成两边儿，一国管一边儿。可是崛起的荷兰人不干了，凭什么就西班牙和葡萄牙人瓜分海洋，我也来了。这个格劳秀斯就写了一个《海洋自由论》，意思就是说海洋对所有的商贸开放。可是大家要知道，格劳秀斯为什么要写《海洋自由论》，事情的缘起在哪里呢？发生在东部亚洲的南海上。当时的葡萄牙人跟中国做生意，在一条名为"圣卡塔琳娜号"的船上搞了好多东西。这条船从中国开到马六甲，被荷兰人抢走了。荷兰人把这条船押到阿姆斯特丹拍卖，因为海洋是自由的，我抢来就抢了，对吧？结果这个时候，葡萄牙人和西班牙人就不干了，要跟你打官司。格劳秀斯就为了这件事儿写了《海洋自由论》。大家可以看到，对欧洲至关重要的《海洋自由论》，当然后来还有《威斯特伐利亚和约》，都跟格劳秀斯有关。格劳秀斯之所以有这样的想法，缘起是发生在东方的一件事情。

　　所以，大家千万记住，我们讲全球史的目的，就是要说明从很早很早开始，我们人类就是互相有联系的，全球化时代之前我们就共享一个世界，是同一个地球上的人。所以我一直在强调，历史学本来有两个目标，可是我们现在只重视一个目标。我们过去讲历史最主要的是什么？叙述民族国家的历史，建立民族国家的认同，用我们通俗的话来讲就是培养爱国主义。可是，我们也许忽略了历史学也有另外一个理想，就是告诉你，人类是互相联系的，人类共享一个地球，你应该有世界公民的意识，这就是全球史的意义。

所以，在这个"从中国出发的全球史"节目里，我们就特别强调这种全球联系。

3. 全球史与世界史有别：超越帝国、国家和族群

现代历史学形成的时候，最开始都是书写自己民族和国家的历史，那怎么样描述自己国家之外的历史呢？我们现在就来讲一讲，全球史为什么和世界史不同，为什么全球史是超越帝国、国家和族群的历史。

以国家或者王朝为中心书写历史，这个传统很早，但是全面写世界历史这个传统很晚。在传统的中国历史学里，主要是以中国为中心的历史，周边的历史是放在附属地位的。所以，我有一个看法，就是从《史记》以来，中国历史学就开创了一个"以中央王朝为中心，以周边四裔为附庸"的传统。你看司马迁写《史记》，主要写的就是传统中央王朝自古以来的历史，他也写匈奴、大宛、朝鲜、南越、西南夷，但这个周边的世界都很小，着墨也不多。在中国的历史书尤其是正史里，这是一个传统，对外国历史的描述都不是那么充分，而且往往是陈陈相因的。但是到了晚清，西洋的坚船利炮来了，中国被迫卷入世界，这个时候就开始变化

了。那么，给中国带来世界史传统的是什么人呢？首先是西洋传教士，比如说早期的郭实腊，在 1838 年就出版了《古今万国纲鉴》。后来，马礼逊也写了《外国史略》，1880 年上海申报馆还出版了日本人冈本监辅（1839—1904）的《万国史记》，这就把西方近代的世界史带到中国来了。近代西方的世界史传统是什么？大家知道，西方的世界史也是近代以来形成的一个传统，以欧洲近代国家为中心，把各个国家的历史合成万国史。这个传统给中国带来的影响很大，后来中国的世界史都是这么写的、这么教的。比如说世界通史，就是在一个时代里，把英国、法国、美国、俄国或者什么，一个地区、一个国家叙述过来。这种传统经由林则徐、徐继畬、魏源也传到中国来了，像林则徐的《四洲志》、徐继畬的《瀛寰志略》和魏源的《海国图志》。到了晚清学制改革，中国的大学、中学里教的世界史，大概就是这样的一个形式，慢慢就形成我们后来的世界史传统。这样的历史写法，在一些学者的描述里叫作满天星斗，就是你看到一个辽阔的天空，天空里有一个一个的星，合起来就是一个宇宙。但问题是 20 世纪 80 年代以后，全球史越来越兴盛，全球史则是台球撞击型的，有人把历史比成一桌台球，一个球打出来，满桌的球都在滚动，历史上彼此影响，互相撞击。如果说，过去的世界史是满天星斗，现在的全球史是台球撞击，所以在全球史里，互动、影响、联系、碰撞就成了历史的主要面向。所以，进入全球史研究，历史的主要诉求就开始变化了。第一，它不再以国家为单位的政治史为中心，而是以彼此影响的文明史为中心；第二，它不再以直线的进化和发展为重心，而是以互相的影响和交融为重心；第三，它不再仅仅强调各个国家的认同，而强调世界公民的意义，这个是历史学的一个很大变化。

　　所以，包括我们的这个"从中国出发的全球史"，实际上更重要的是强调物质、商品贸易的往来，知识和文化的交流，人民包括海陆的移民，战争怎样造成人口和族群的移动，宗教是怎样传播，包括传教、朝圣和信仰的互相交错，自然包括疾病、气候和灾难如何影响了人类的历史。我们特别强调的，就是全球的互相联系，重心就在于讲联系、交通、融汇。也许有人会问，这跟过去我们的中外交通史有什么不一样？大家要知道，中外交通史主要讲互相之间的往来。我们现在的全球史重点讲的是什么？是往来之后的结果。我经常打一个比方，就是过去的中外交通史，是描述人谈恋爱的，现在的全球史是描述人谈了恋爱生了孩子，而那孩子是怎么回事儿。这是我们跟过去的中外交通史不太一样的地方。所以，大家看很多我们过去习以为常的事儿，看上去自古以来就是如此，实际上你仔细追溯，有可能会发现它们来自遥远的地方。

　　因为我现在在上海，所以我要举这个例子：上海人爱吃草头，可草头是什么东西？最早就是喂马的苜蓿。古代打仗，马是最重要的，陈寅恪讲它等于现代的坦克。汉武帝和匈奴打仗，为了追求好马，派使者和军队去西域，比如像李广利得到了天马。这西域的天马好是好，可是它也要吃草，苜蓿就跟着天马到了中国，就变成中国的牧草。我年轻的时候当过知青，就种过这种苜蓿，到了春天就把它翻在泥土下拿水来泡，泡烂了当肥料。可上海人要吃这个东西，吃这个马草，而且变成了上海的名菜之一，就是拿酒来炒一炒的这个草头。你如果回头想，原来就连这个草头也有全球的流动和交换的历史。所以，我一直建议人们去看两本书。一本是劳费尔写的《中国伊朗编》。他就讲古代中国和伊朗，尤其是植物上有什么交流，哪些植物是从伊朗到中国来，比如说像黄瓜，当然还包括大家都熟悉的葡萄，这都是从西域来的。还有一本《撒马尔罕的金桃》，作者的汉文名字叫薛爱华，他就写在唐代有多少多少的物品、人员、药物、商品，在波斯、中亚、西域到中国之间流通。中亚的粟特人，就是现在乌兹别克斯坦这一带的商人非常厉害，他们沟通亚洲大陆的两端，甚至一直把欧洲跟亚洲连起来，这个是他们做的事情。

可是，世界史是以国别相加的世界史，全球史是描述全球联系的全球史，这两种不同的写法、不同的世界史的叙述方式能不能互相沟通？我想，实际上是可以的。我们一直在探索这个方法。我认识的德国历史学家尤尔根·奥斯特哈默（Jürgen Osterhammel）就非常强调，要有容纳国别的全球史，既要讲联系，也要讲它们之间不联系，尤其是在政治领域。因为政治形塑国家，国家强调秩序，秩序依赖制度，而制度就管理往来，所以国家也是全球史里的一个重要单位，你不能不承认国家在沟通或者阻隔人类往来之间的重要作用。因此，我也同意这个容纳国别的全球史，是我们追求的一个方向，我们在"从中国出发的全球史"里也在不断地探索这个形式。

话说回来，全球史的意义，最重要的还是以"文明史观"来取代"政治史观"，换句话说，第一要改变"欧洲中心"的立场，第二要取代"国家本位"的形式，第三要取代以"政治史"为主的写法。

首先，以文明为历史叙述的主轴，是从汤因比、斯宾格勒和亨廷顿以来，逐渐深入人心的。我们要承认，这是西方人自我反省的结果。全球史在很大程度上，把不同文明当作同样重要的东西来描写，重点是反思原来的欧洲中心主义，反思过去单线发展的历史观。我记得前些年我到美国去访问，跟很多美国学者谈过，他们为什么那么强调全球史观，其实强调全球史观，主要是说全球是连成一体的，不是以欧洲为中心的，这个是他们了不起的地方。为什么要打破"国家本位"的叙述形式？因为我们现在很多国家的历史是从现在倒过去追溯出来的，事实上国家真的自古以来就是一个本质性存在吗？它真的是一个历史书写的必然单位吗？其实不一定。比如说法国，我有一年在巴黎参加一个会议，法国学者讲到一个事情，就说法国在1900年的时候，还有20%的人不会说法语。那么，这个国家是靠什么成为天经地义的国家，而且还有一个统一的历史呢？又比如说比利时，比利时是由讲德语、讲法语和讲弗拉芒语的三个族群合成的一个国家，那这个国家是天经地义的历史单位吗？你写比利时史，那等于是拿现在的比利时，倒推过去的不同族群，还得把他们写成统一的历史，对不对？我们中国也是这样。是不是我们现在写历史的时候，要从九百六十万平方千米的中华人民共和国疆域倒着去写这个历史？可是，这个说法是有矛盾的。为什么呢？如果是这样的话，外兴安岭我们要不要写？它也曾经是中国的领土。唐努乌梁海的历史我们要不要写？它也曾经是我们的领土。为什么是九百六十万平方千米，而不是一千一百五十万平方千米呢？或者我们说，有的时候中原王朝很小，那我们要不要按照小中国的疆域来写历史呢？这个问题就成了我们一个很难办的地方。以国家为单位的历史观，实际上写起来是有麻烦的，不光是中国，也包括欧洲，包括美国都是问题。一旦讲到国家，就觉得国家好像是本质的，从来没去想过国家是历史过程建构出来的。因此，如果我们提倡全球史观，我们就可以避开这些麻烦的问题。

其次，就是我们刚才讲的，以"联系""互动""建构"，打破"自古以来""单线""进化"的"文明/族群/国家"的"文明纯粹论"，我们不能把文明、族群和国家本质化，即区隔为互不通融、历史上互相没关系的若干块。台湾学者王明珂，他就强调现代中国的很多民族都不是本质的，都不是自古以来就有的，是他们互相由于认同而不断建构起来的。比如四川羌族地区，这个地区的人，很多认同来自"一截骂一截"。什么叫"一截骂一截"呢？比如，山底下住的是汉人，那山坡上的是什么人呢？按照汉人的看法，他们就是羌人，但这些羌人不承认，说再上面的那些才是羌人，那些是野蛮人；可是再上面那些人呢？也不承认自己是羌人，说再再上面的那些人才野蛮，才是羌人。很多族群就是像滚雪球一样滚出来的。原来可能有个核心小雪球，但越滚越大就变成大雪球，实际上它是在不断的历史过程中建构出来的。全球史观的好处就是强调联系、交融和变化，它不把这些当作本质性东西。

最后，接下来我们要以"交融/互渗"逐渐形成新"共识"、新"同一"、新"世界"的历史观，代替过去仅仅以某个区域的"物质、技术、思想和文化"进步为主的历史观。换句话说，就是历史不再以传统的古代、中古、近代、现代的方式来划分，也不用原始、奴隶、封建等社会形态来划分。大家都知道，20世纪以来，历史学一个最重要的理论就是进化论。进化论化身万千，变成各种各样的历史观。但这些历史观背后都有这么一个意思，就是谁更进步、更文明、更强大，谁就是历史的主线，就以谁为标准来裁判历史。这样就把历史切割掉了，就不再是一个互相联系、彼此交融的历史。

全球历史需要有一个大视野，可是国别史以及国别相加的世界史往往把历史切割了，让我们看不清全景。我举个例子，从中国北宋到元初，如果你只看中国史，那就是北宋、南宋、元初，对不对？可大家知道，同时世界上也发生了很多事情，比如说十字军东征。十字军东征是 1096 年开始的，因为对基督教帝国来说，有一个庞大的伊斯兰帝国在那儿，所以要发动战争。可是到了后来，这个帝国又跟崛起的蒙古有了关系，崛起的蒙古打到欧洲去了，基督教教宗曾经想跟蒙古大军达成妥协，也许是试图让蒙古大军帮他来跟伊斯兰帝国角逐。说到蒙古大军，自然又涉及中国这边的历史。所以，如果你仅仅看国别史，或者说区域史，你看不到整体，对不对？再比如说，我特别强调的是 1405 年。如果我们只讲中国史的话，我们就不会注意 1405 年帖木儿在这一年死掉。如果他不死，他就要东征了。可是，也正是在这一年，郑和下西洋了，明朝面向东边了。你把这些事儿连起来看的话，历史可能会有一些很不一样的东西。可是，你如果分割开来，是不是历史就看不清楚了？

所以，全球史确实有它的好处。

4. 20 世纪 90 年代以来，中国的全球史研究

下面我要讲的是：现在中国的全球史研究究竟怎么样？

我记得 2018 年 11 月，我在德国哥廷根大学访问，抽空去弗莱堡，跟刚才我们提到的那位历史学家奥斯特哈默见面。他有一个 19 世纪史三部曲（《世界的演变：19 世纪史》），大家可以找来看，是非常精彩的书。据说，当时德国总理默克尔住院的时候，看的就是奥斯特哈默的书。奥斯特哈默跟我谈全球史的时候，突然拿出三本书，我现在还记得两本，一本是陈旭麓先生的书，一本是

范文澜先生的书。他拿来给我看，说我觉得你们这两本书都很好，可是这些内容怎样能够融入全球史，成为全球史的一部分呢？我觉得很惭愧，因为奥斯特哈默他虽然也研究中国和世界的关系，但是他毕竟不是纯粹做中国史的。可是，他给我看这两本书的时候，我就觉得很不好意思，好像我们对他们的历史还没有那么关注，他们反而对我们有很多关注，而且提了一个很重要的问题，就是中国历史如何进入全球史。

并不是说中国学者不关注全球史。其实，20世纪90年代以来，全球史的理论就已经在中国非常流行了，也有很多人介绍过。比如：2005年，《学术研究》杂志就发表过一篇名为《全球史对中国史学的影响》的文章；2013年，权威期刊《历史研究》还发表了一组关于全球史的笔谈；到了2014年，也有人写论文特别强烈地呼吁，要在国家之外发现历史，也就是提倡全球史的研究；2015年，山东大学召开世界历史科学大会，大会有一个分会场就是在讨论全球史里的中国。但我的问题是，为什么我们都在讨论理论，讨论全球史应该怎么研究，可是就没有去尝试写一部中国的全球史呢？

众所周知，在中国学界最有影响的世界史就是这两套：一是我们大学时代的老师周一良（1913—2001）先生和吴于廑（1913—1993）先生，他们两人在"文革"以前编的四卷本的《世界通史》，这是很了不起、很重要的中国人写的世界史。在"文革"以后，吴于廑先生又跟齐世荣（1926—2015）先生合编了《世界史》六卷本，也是属于非常权威的世界通史。特别是齐世荣先生，因为齐世荣先生后来当过首都师范大学的校长，他的学生刘新成接着他当首都师范大学的校长，一直在提倡全球史。可我的问题是，讲了那么多全球史，怎么自己不写一本呢？为什么雷声大雨点小，说的多做的少呢？好像我们现在就有这个问题。老是停留在空谈理论，但全球史还没写出来。可是，事实上对于国外的世界史或全球史，我们已经介绍得够多的了。比如说，开创全球史研究的几部著作，像麦克尼尔的《世界史》，像雷蒙德的《枪炮、病菌和钢铁》；此外，个案的，像玛乔丽·谢弗的《胡椒的全球史》，连胡椒都被写进了全球史，棉花的全球史也写出来了，白瓷的全球史也写出来了，可惜都是外国人写的。但至今国内没有一部全球史，更没有一本从中国出发，从中国角度、中国眼光、中国位置出发的全球史，这就是我们的问题，也是我们做"从中国出发的全球史"音频节目的初衷。

但是坦率地说，中国的全球史写作和叙述，也面临困难。

简单地说，第一个困难就是由于我们的世界史和中国史分家，视野、知识和训练都不足。我前天讲，现在真是"术业有专攻"，我们做中国史的人，世界史的知识水准大概相当于大学本科生，可是做世界史的人呢？说老实话，他的中国史知识大概也只相当于大学本科生。很少有人能够像我们刚才讲的奥斯特哈默那样，把很多知识融在一起。当年周一良先生为什么能主编世界通史？周一良先生，应该也算我的老师，我的第一篇学术论文就是周一良先生推荐给北大学报，使得我作为第一个本科生在"文革"后的北大学报发表论文。可是大家知道，周一良先生可以做世界史研究，以中国史的学者身份来做世界史研究，是因为他从小学日文，后来学英文，在清华的毕业论文写日本史，在哈佛大学读博士，还学了梵文去研究唐代密宗，在"二战"中还教美军日语。此外，他做中古中国史研究，又是中国最好的中古史专家之一，只有这样的人才能做世界史研究。可是，现在我们中国的大学里，中国史和世界史分得很开，中国史和世界史还分别是一级学科，如此这般，历史知识就更加专门而狭窄。世界史做得很好的，他们的中国史怎么样呢？中国史做得很好的，对世界史又知道多少呢？我曾经考过我的博士生，让他们把环南海的各个国家闭着眼睛一个一个数出来，基本没有一个数得出来的。所以问题很大。我有一年跟何芳川先生一起在香港城市大学上课，何芳川先生是做世界史的，他原来当过北大副校长，2006 年就去世了，我们两个人一起在那儿上课，他听我的课，我听他的课，听完了都叹气。我说我是做中国史研究的，听你的这个课，真觉得自己世界史够差的。他说一样，他是做世界史研究的，听这个中国史的课，也觉得他中国史的水平太差了。可何芳川是中国史大家何兹全先生的公子，他都觉得自己的中国史知识不够，那么别人就更不要说了。所以，我们很难写全球史，因为世界史跟中国史分家了，两边儿的视野、知识、训练都不足。

第二个困难，因为有以天朝为中心的历史观的影响，我们的世界史是很薄弱的。我不知道大家对中国的历史学界有多少了解。中国历史学界里中国史占了绝对主流，中国史强大得不得了，而且研究中国史的人向来瞧不起研究世界史的，觉得研究世界史的人就是编译，就是拿别人的二手材料来编，但实际上世界史真的是一门大学问。我们做中国史研究的人不了解世界史，说实在话，中国史研究也做不好。

第三个困难是，因为过去有非常固执的历史叙事束缚，挣脱不掉。我们过去有一整套的历史叙述方法，它很强大，但是非常不适合讲联系的全球史。无论是以欧洲为中心的，以文艺复兴、宗教改革、工业革命为主轴的近代历史观，还是反帝反殖民反封建的革命历史观，还是亚非拉第三世界团结起来的历史观，其实都不理想。一直到现在，我们看世界史，还在看威尔斯的《世界史纲》，可是威尔斯的《世界史纲》已经出版九十多年了，世界已经变化得很厉害了，学术界也变化得很厉害了，这个世界史向全球史的转化，已经成了大趋势。

大家都看到了，近十年来世界史、全球史和外国史出版都很热，大家如果有注意的话，就知道这些年确实书出了很多。我这里列了一些非常好的书，像理想国的"兴亡的世界史"系列就非常好，北京大学出版社的《新全球史》和《全球通史》也非常好。东方出版中心的《企鹅全球史》也非常值得一看。有趣的是，它也来凑全球史的热点，其实企鹅这套书，严格地说它翻译过来应该叫《企鹅世界史》，不应该叫《企鹅全球史》，可是把它翻成全球史，显然就是觉得全球史很热。那么像理想国的 M 系列，社科文献甲骨文的一些书，三联书店的《波斯帝国史》，商务印书馆的《世界帝国史》，上海三联书店的《伊斯坦布尔三城记》，等等，这些都是很好的书，包括刚才我提到的 19 世纪史三部曲。

那么，为什么外国的世界史和全球史的著作那么热？大家有没有注意到，这些受关注的书，有几点是很有聚焦性的，比如大家关心的就是文明如何变成野蛮、民主如何变成专制。所以，"二战"时期的日本史，就是大正到昭和的日本史，和纳粹时期的德国史，翻译的特别多。还有大家也都关注到世界并不只是中国，各个地方都有文明，那么文明会不会冲突，这都是我们关心的问题，所以讲异域文明的书也很好卖。大家有没有注意，近些年，我们评的十大好书也好，二十大好书也好，很多都是翻译的，中国原创的这一类好书很少。

因此，中国的问题就是，翻译的历史书那么多、那么热，可是中国人自己的著作呢？

5. 不是立场和份额，只是角度和位置：为什么要从中国出发？

所以我想，现在的事情，就是中国学者能不能自己写一部好的全球史？

从中国出发的全球史怎么写？这里面又出现了一个问题，因为当你强调"从中国出发"的时候，经常会被误认为你是站在中国的立场上，搞国家主义或民族主义，好像要在全球史里给中国争份额。确实，中国学界也往往有争份额的想法。我记得有一年，中国学者批判《新编剑桥世界近代史》，理由就是中国部分太少了，跟中国泱泱大国的地位不相称。可事实上，我们现在讲"从中国出发"，只是要用中国的眼睛去看世界，而不是在世界上给中国争份额，或者说按照中国立场来描述历史。

我这里特意给大家提及一幅郎世宁画的乾隆皇帝像。大家看，这完全是西洋油画，是从一个西洋人的眼睛里看的乾隆皇帝。这个乾隆皇帝已经没有天朝大皇帝的样子，完全是一个普通人，这就是从西方人眼睛里看到的中国。现在，我们用中国的眼睛来看世界，我们要强调的是，从中国出发，绝不意味着站在中国民族主义或国家主义的立场去讨论全球史。

我想有三点值得注意。

第一，我在节目一开始的导言中就说了，全球太大，历史太长，没有任何一个历史学家可以做到全知全能，像上帝一样三百六十度无死角地去看历史。所以历史学者要承认，我们只能从一个视角去看。我觉得，有时候历史学家有一种傲慢，觉得我描述的历史就是全部历史，这是不对的。其实，每一个历史学家都有局限性，每一个国家的历史学家也有局限性。这些年，我跟国外学者经常讨论全球史，比如美国学者杰米·阿德尔曼（Jeremy Adelman）、欧洲学者奥斯特哈默、日本学者羽田正，特别是羽田正，他是刚刚卸任的东京大学常务副校长。我一讲"从中国出发的全球史"，他马上会敏感地追问，你是不是要用中国民族和国家的立场来重新叙述全球史？我说不是的，你一定要理解历史学者不可能全知全能，所以只能从一个视角看，我承认我们对世界其他地方的知识了解得太少，包括我们这个全球史的节目，也确实有我们的问题，比如说讲非洲很少，讲澳大利亚很少，讲南美也很少，是吧？我们确实不可能全知全能，所以我们强调从中国出发，实际上是一个保持谦卑的态度。

　　第二，我们从中国的位置和视角来看全球史。我们一定要承认，我们的这个视角是可以和日本出发的视角、欧洲出发的视角、美国出发的视角、澳大利亚出发的视角互相补充的，我们可以共同构成全景历史。我在十几年前从北京来到上海，去提倡一个研究方向，叫作"从周边看中国"。为什么要从周边看中国呢？过去传统中国有一个毛病，就是站在自我中心的立场上想象自己的历史，没有对比，没有比较，总是通过自我想象来认识自己。到了近代以后，好不容易有了欧洲那一面镜子，然后从欧洲那面镜子来看自己。但是这还不够，如果从周边看，中国也许能从各个不同角度的镜子来看自己。理过发的人都知道，你前面看不着后脑勺，可是你要再拿一面镜子搁在后面，两个镜子相对，你就看到后脑勺了。如果有多面镜子前后左右照，你就把脑袋头发全都看清楚了。所以，从周边看中国，目的是要释放一种理解中国的方法。可是，我这个一提出来，就遭到一些日本、韩国学者反对，说凭什么我们是周边，而你是中心？你不就是中华帝国主义吗？我苦口婆心地跟他们解释说，其实我们可以从周边看日本，可以从周边看韩国。比如说韩国学者白永瑞，就主张双重周边视角，意思是我是你的周边，你是我的周边。我说我不反对，从周边看中国，也从周边看韩国，这不矛盾。所以，我们说从中国出发看全球史，我们只是很谦虚地说，我们只是从这个角度看，我们看到的历史，难免带有中国式理解和认识的偏差。比如说，中国人说"东"，是朝鲜，是日本，是茫茫大海，更远的是太平洋对岸；我们看到的"西"，是中亚、西亚、两河流域、欧洲甚至美洲。可是，人家欧洲人看到的"东"，有近东、中东、远东，那我们就在老远老远的东边了，对不对？所以，大家要理解，各个不同角度出发的全球史合在一起，才能够构成一个被全球共同接受的全球史。这个绝不是我们有中国中心的立场，如果我们有中国中心的立场，那就像英国人马丁·雅克说的，全球史里就要写郑和发现全世界，郑和开启了大航海的时代。可是，我在第六季的结语里反复讲，我们并不把郑和当作全球史的开端，因为郑和主要是宣扬大朝国威，他不是把这个异国文化交流和物质互相依赖当作最主要的目标，所以我们还是承认麦哲伦、哥伦布，他们才开启了大航海时代，才开启了全球化的历史。所以我们说，从中国出发的全球史，不是站在中国的立场和价值，而是站在中国的位置和角度去看历史。

第三，我们讲从中国出发，也是考虑到中国听众接受历史的经验和习惯，什么样的历史叙述才有亲切感，怎么讲历史才能被接受和理解？比如说，我们讲白银贸易，大家都知道有所谓白银时代，白银的开采和交易，在 15 世纪以后是一个涉及美洲、欧洲和亚洲的大事儿。如果我们去讨论西班牙人怎么样在美洲去开采白银，可能中国听众听了会觉得遥远和陌生，所以我们选择从江口沉银开始讲起，就是因为中国听众这样听起来觉得离我们很近，我们能够理解。大家知道，江口沉银是最近几年特别热门的一件事情，传说中张献忠失败以后退到大渡河那边儿去，然后把大量的银子沉在江底，这原本只是个传说。可是，现在考古发掘真的在江底发现大量的银子，你从这儿讲过去，就知道在晚明的时候白银有多重要；再从这儿往上讲就知道，晚明用白银作为基本货币，是一个很大的事情。再追溯上去，欧洲殖民者从美洲开采的白银，以及从日本运过来的白银有多重要，可以换回多少商品到欧洲去，这样你就可以讲得更清楚。也许，中国听众这样听了就有兴趣。

我觉得，对中国学界来说，全球史的研究和撰写，还有一些问题要考虑，我们这六季的节目做完了，我们也一直在反思。

第一，全球史里，无论是中国的还是外国的，占主流的还是贸易、移民、疾病和气候、战争、宗教传播，但是，传统历史学里占有绝对重要意义的政治史该怎么处理？商品贸易、宗教传播、战争移民造成了全球之合，政治制度、国家管理和意识形态造成了全球之分，怎么样融合到一个共同的全球史里，这是一个很麻烦的事情。因此，在全球史里如何容纳国家和政治，这个问题其实是我们一直要考虑的。

第二，一部完整的全球史，怎么样更好地涵盖各区域、各文明、各族群的叙述。刚才我们讲从中国出发不是去争份额，可是过去的世界史确实有欧洲中心主义、近代中心主义，现在的全球史能够避免这种偏重和忽略吗？我们现在看各种全球史仍然是以各大文明来分配叙述份额的，可是历史史料有多少，决定了全球史叙述里的份额有多少。因为有些地方文字资料、考古资料不足，你就没法讲。比如说，早期印度的印度文明，除了吠陀、佛教与印度教，讲的不够怎么办？又比如说，波斯帝国，我们很多学者拿波斯帝国跟传统中国相比较，可是波斯帝国的史料很多是来自后来的叙述，尤其是欧洲人的叙述，这就把欧洲人理解的波斯帝国的历史带进来了。怎么办呢？这种全球史叙述上的不平衡我们应该怎么处理？这是我们意识到的第二个麻烦。

第三，新文化史当然是现在历史学的显学，依赖"文化"这个概念，避免了国家、政治、制度这种因素，也避免了进步、落后这样一些判断。但是，我们现在能不能通过全球史整体地勾勒一个人类历史的大走向和大脉络？我们现在叙述全球史，不希望把它叙述成为一个碎片化的、分门别类的历史。但怎么样通过这些东西来看一个整体？全球史到底要不要一个一以贯之的主轴？这个还不是很清楚，我们现在还不能够完全把握住。

6. 不是结论的结论：面对全球史，中国历史学者应有的态度

最后，我要讲一讲我的理解。这个节目我们做了三年，做完后我们有很多感受。

第一，我觉得，每一个历史学者在宏大而广阔的全球史领域都要谦卑地面对，要明白自己的知识太少，我们真的知识太少。

第二，每一个历史学者在令人眼花缭乱的、关于全球联系的新发现面前，也要懂得不要轻易地下结论，因为不断有新发现在挑战我们的常识。我们千万不要把我们的想象力给抹杀掉，因为

事实上有可能新发现在不断地对传统说法进行挑战。

第三，每一个历史学者在广阔的全球史图景中，都要小心地淡化自己"族群"或"国家"的傲慢，不要把自己当作"天朝""上国"或"中心"。中国历来有一种非常固执的中心观，就是觉得自己是天朝，自己是泱泱大国，自己是非常了不起的中心之国。事实上就像那个传教士艾儒略说的那样，"地既圆形，则无处非中"，地球是一个圆的，哪里都是中心，更何况地球有五大洲，中国只是地处其中一洲中的一个国家。所以，我们不要把自己看成包罗万象、漫无边际、可以笼罩全球的一个中心国家。历史是变动不居的。我们用一句老话讲，风水轮流转，要从变化的角度来理解历史，不要仅仅从我们这个立场、价值来看全球史，那就会变成一个民族主义色彩浓厚的全球史，那就不对了。

我们现在回过头来想，三年来，我们这个"从中国出发的全球史"，其实不只是给听众知识，也给我们自己很多感受。通过这三年的全球史节目制作，我们学到了很多。今天我们讲的这些内容，其实更主要的是一种反省。说实在话，我们对中国的全球史研究和撰写的进展缓慢与基础薄弱，实际上是感到很焦虑的。现在能够做出这样的一个初步的全球史叙述，我们自己感觉到很安慰，好歹我们做了一部从中国视角出发的全球史。

作者简介

（按书中出现先后为序）

葛兆光：复旦大学文史研究院与历史系文科资深教授。著有《中国思想史》《宅兹中国》《想象异域》《历史中国的内与外》等。曾获得美国普林斯顿大学第一届 Princeton Global Scholar（2009）、第三届韩国"Paju Book Award"著作奖（2014）、第 26 届日本"アジア·太平洋"大奖（日本，2014）、第三届"思勉原创奖"（2015）、第七届"吴玉章人文社会科学奖"一等奖（2017）等。

段志强：复旦大学文史研究院副研究员。主要研究明清思想文化、中国文化地理及边疆史地等领域，同时从事全球史、古代中国文化与文明等方面的知识传播工作。

钟觉辰：北京师范大学文学硕士，东海大学社会学博士候选人。中文维基百科资深主编，出版过多本体育类译著。

常　彧：深圳大学文学院历史系讲师。2003 年考入北京大学历史学系本科，2007 年攻读北京大学中国古代史专业博士研究生。2009—2011 年，国立莫斯科罗蒙诺索夫大学语文系、亚非学院进修。2013 年获历史学博士学位。主要研究魏晋南北朝史、中国古代军事史。博士论文《得之马上：战国至北朝的内亚战争技术与中国军事文化》。

尹　磊：南京秦淮河文旅基金会秘书长，南京大学中国文学与东亚文明协同创新中心学术顾问。主要从事丝绸之路上的知识传播、欧洲早期汉学、明代江南社会研究。译有《圣武亲征录：成吉思汗战纪》。

马晓林：南开大学历史学院教授。中国元史研究会副秘书长。历史学博士。著有《马可·波罗与元代中国：文本与礼俗》，译著《世界历史上的蒙古征服》《珍珠在蒙古帝国：草原、海洋与欧亚交流网络》等。

周思成：清华大学历史系副教授，历史学博士，主要研究元朝史、法制史、民族史。著有《规训、惩罚与征服：蒙元帝国的军事礼仪和军事法》《大汗之怒：元朝征伐日本小史》《隳三都：蒙古灭金围城史》。

温翠芳：西南大学历史文化学院副教授。史学博士。主要研究隋唐五代史、唐代中外文化交流史。著有《唐代外来香药》《中古中国外来香药研究》。

刘馨秋：南京农业大学人文与社会发展学院副教授。南京农业大学茶学博士，科学史博士后，美国普渡大学访问学者。主要研究茶叶历史文化、农业文化遗产保护。著有《江苏茶文化遗产调查研究》《中国传统村落记忆·江苏卷》《中国农业的四大发明·茶叶》《茉莉窨香：福建福州茉莉花种植与茶文化系统》（中英文）。

梁　捷：上海财经大学副教授。复旦大学经济学博士，澳大利亚莫纳什大学博士后。主要研究中西经济思想史、道德哲学等。著有《幸福指数》《西方经济思想通识》《梁捷西方经济思想史讲稿》《调适与维新》《经济学家都干了什么》等，译有《超越功利主义》《合作的复杂性》《城市秩序》等。

易晓辉：国家图书馆古籍馆副研究馆员，毕业于北京林业大学制浆造纸专业，在国家图书馆古籍保护实验室从事古籍保护技术和传统手工纸相关研究工作，主要研究方向为纸质文献保护技术、古纸及传统手工纸分析与研究、造纸术的发展和传播等。著有《中国古纸与传统手工纸植物纤维显微图谱》。

武绍卫：山东大学历史学院副教授。首都师范大学博士。主要研究敦煌学、中古佛教史。

游　斌：中央民族大学哲学与宗教学学院教授、博士生导师，现任中央民族大学宗教研究院院长，中国宗教学会副会长。在科研上，擅长基督宗教研究、宗教间对话研究，先后入选哈佛燕京学者、富布赖特学者。著有《希伯来圣经的文本、历史与思想世界》《圣书与圣民》《基督教史纲》，以及 *Religions of Beijing, Meditations on the Birth of Christ* 等。

昝　涛：北京大学历史学系教授、博士生导师，北京大学区域与国别研究院副院长、土耳其研究中心主任。主要研究领域：土耳其近现代史、中东研究等。主要著作有《现代国家与民族建构——20 世纪前期土耳其民族主义研究》《从巴格达到伊斯坦布尔——历史视野下的中东大变局》《奥斯曼-土耳其的发现：历史与叙事》等。

梁文道：媒体人，著有《常识》《我执》等。

刘小朦：复旦大学历史学系青年副研究员。主要研究领域为中国医疗社会文化史。合著《中国殡葬史（明清卷）》，合译《生命之道》。

费　晟：北京大学世界史博士，慕尼黑大学博士后，现任中山大学历史学系教授。教育部国别与区域研究基地中山大学大洋洲研究中心主任。主要研究方向为世界环境史、大洋洲史与华人移民史。著有《再造金山：华人移民与澳新殖民地生态变迁》。

王建革：复旦大学中国历史地理研究所教授，主要研究方向为生态环境史、农业史与历史地理，对内蒙古、华北和江南等地的历史生态与社会形态的关系做出一系列研究。著有《农牧生态与传统古社会》《传统社会末期华北的生态与社会》《江南环境史研究》等。

朱　明：华东师范大学历史学系教授。南京大学世界史博士。主要研究领域为欧洲史、城市史、全球史等。著有《文艺复兴时期欧洲经济体的兴衰——以呢绒生产与贸易为视角》《地图上的法国史》《欧洲中世纪城市的结构与空间》等。

尹敏志：上海交通大学人文学院历史系长聘教轨助理教授。日本京都大学文学研究科文学博士。主要研究方向为历史文献学、元明史、海洋史。著有《东京蠹余录》，译著《横滨中华街（1894—1972）：一个华人社区的兴起》。

刘耀春：四川大学历史文化学院世界史教授、博士生导师。世界史博士。意大利佛罗伦萨大学文哲学院访问学者。主要研究近代早期欧洲社会文化史、欧洲城市史。合著《新世纪的曙光：文艺复兴》《欧洲文艺复兴：城市社会卷》。

孔鹏音：伦敦政治经济学院人类学博士生。研究方向为藏区铁路、基础设施、少数民族女性的劳动和工作。

宋念申：清华大学人文与社会科学高等研究所教授、历史系教授。芝加哥大学历史学博士。主要研究区域及全球史视角下的中国近现代史、边疆与民族、东亚史、城市、历史地理等。著有 *Making Borders in Modern East Asia* 和《发现东亚》。

《雅典大瘟疫》，由米夏埃尔·斯威尔茨（Michael Sweerts）绘于约 1652—1654 年。描绘雅典在公元前 430 年爆发的瘟疫。画面中广场挤满了受难的人们，死者和濒死者周围的人或跪地祈祷，或痛苦哭泣，或惊恐万状。前景左侧吮吸死去母亲的婴儿和中景右侧捏着鼻子的男子的形象，取材自 16 世纪初拉斐尔设计、雷梦迪（Marcantonio Raimondi）雕刻的版画《瘟疫》，后者是意大利最具影响力的鼠疫题材作品之一。现藏于洛杉矶艺术博物馆

《罗马瘟疫中撞门的死亡天使》，由法国雕刻家儒勒·加布里埃尔·勒瓦瑟（Jules Gabriel Levasseur）于 1894 年根据 19 世纪法国画家朱尔斯–埃利·德劳内（Jules-Elie Delaunay）画作制作的版画，描绘在罗马帝国发生的瘟疫。画面左侧是通往罗马的天坛圣母堂的台阶，右上角则是医神阿斯克勒庇俄斯的神龛，其上有手持蛇杖的阿斯克勒庇俄斯的下半身雕像和写有阿斯克勒庇俄斯名字的题词。由 Wellcome Collection 收藏

在许多宗教、文化的解读中，瘟疫往往被认为是来自上天或神明的惩罚。这幅 14 世纪的希伯来手稿插画，描绘了《圣经·出埃及记》里的第六灾"疮灾"。画面右侧是法老及其臣属身上长满疱疮，三条狗在舔舐着脓疮，摩西和亚伦则为此天谴作见证；左侧则是牧羊人及其羊群也都长满疱疮。此画出自约在 1335—1340 年创作于西班牙加泰隆尼亚的《赖兰兹哈加达》（Rylands Haggadah）。现藏于曼彻斯特大学约翰·赖兰兹图书馆

日本的民间传说认为，天花（疱疮）是由疱疮神（又叫痘鬼神）带来的。江户时代流传的话本故事中，描述源为朝追击、驱逐两个痘鬼神，浮世绘画家月冈芳年在1892年完成的作品就是描绘此场景。出自《新形三十六怪撰》里的《源为朝退治痘鬼神》月冈芳年作品，阐述了一位日本武士正在抵抗天花神

《法国国王亨利四世触摸瘰疬病病患者》。亨利四世在触摸治疗瘰疬病病患者，以展现他的神圣君权。根据记录，他在 1606 年的受难周，就触摸治疗了五百七十五人。此版画由皮埃尔·菲朗（Pierre Firens）制作于 1594—1610 年。现藏于巴黎国家图书馆

一位体弱多病的女性病人盖着被子坐在阳台上，俯瞰着美丽的景色，死神以一具幽灵般的白色骷髅的形象出现，手持镰刀和沙漏，站在她身边。死神象征着结核病，因为患者最后往往日益苍白，又被称为白死病。此画为理查德·库珀（Richard Cooper）约于 1912 年画的水彩画。由 Wellcome Collection 收藏

维多利亚时代的人将结核病浪漫化了，觉得患者身形日益苍白、单薄，却也变得更漂亮，因此许多美容标准都模仿或强调了这些效果，比如在脸上铺施粉底以达苍白效果、穿着紧身马甲以模仿瘦削的美态。图中可见典型的维多利亚时代女性的理想体型是修长、苗条的躯干，服饰以长裙、紧身胸衣为主，还有19世纪80年代再次出现的裙撑，都用于强调女性的细腰，使得体形显得更加苗条。出自1888年的时尚杂志《彼得森杂志》(Peterson's Magazine)

肺结核在 17 世纪逐渐成为欧洲第一大死亡因素，当时很多名人都感染过肺结核。这幅《令人尊敬的格雷厄姆夫人》，是由托马斯·庚斯博罗（Thomas Gainsborough）绘于 1775—1777 年。主角是玛丽·卡思卡特（Mary Cathcart），第九代卡思卡特勋爵的女儿，后与苏格兰佩斯郡地主托马斯·格雷厄姆 (Thomas Graham) 结婚，这幅肖像画展现了她的美貌，使她成为当时的时尚宠儿，但玛丽最后也死于结核病，年仅三十五岁。现藏于爱丁堡苏格兰国家画廊

沙茨阿尔卑疗养院，位于瑞士达沃斯，是托马斯·曼（Thomas Mann）的《魔山》(The Magic Mountain) 中的舞台，也是书中唯一被以真名提及的疗养院。自19世纪下半叶到20世纪初，达沃斯建了多个这样的豪华疗养院以供欧洲富裕的结核病人前往治疗，疗养院有躺椅和阳台供病人享受日光浴，有些还有泳池、温泉等设施

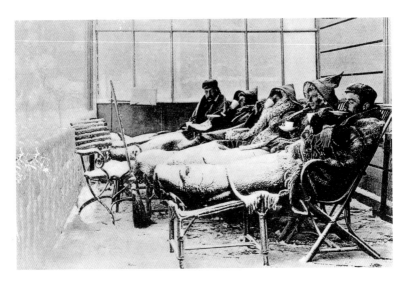

结核病疗养院多位于深山，以便患者通过享受日光浴和呼吸新鲜空气得到疗养。在任何天气下，即便是大雪，患者也要如照片中所示，穿着厚重大衣、盖着已落满白雪的被子，半卧在阳台上进行"露天休养疗法"。现藏于达沃斯皮肤科和过敏症诊所档案馆

《牛痘，或新研发的奇妙效果》，描绘了"接种疫苗之父"爱德华·詹纳
（Edward Jenner）在圣潘克拉斯的天花和接种医院为病人接种疫苗，而病人
身上出现了牛痘的特征。詹姆斯·吉尔雷（James Gillray）于 1802 年创作
彩色蚀刻版画。由 Wellcome Collection 收藏

《静谧高速公路的拦路强盗》，漫画展示在 1858 年伦敦大恶臭期间，死神划
艇穿过当时被称为"静谧的高速公路"的泰晤士河，水中有一群死去并尸体浮
肿的狗漂浮着，后方隐约可见伦敦桥和圣保罗大教堂的圆顶。另一种解读是死
神夺去的是未付清理河流费用的人的生命，因此漫画下方写着标语"要钱还是
要命"。漫画出自 1858 年 7 月 10 日的《喷趣杂志》（Punch Magazine）

MAIN DRAINAGE OF THE METROPOLIS.—SECTIONAL VIEW OF THE TUNNELS FROM WICK LANE, NEAR OLD FORD, BOW, LOOKING WESTWARD.

伦敦老福特附近的大型污水排放隧道建设工程剖面图。大恶臭发生后，英国政府下令净化泰晤士河并兴建下水道工程。这条隧道从高处进入利雅河河谷，通过一条铁制渡槽和一条堤坝将污水引入利雅河。隧道中的每一条下水道的体量都很大，以便排出根据计算伦敦未来人口增长后所产生的最大污水流量，以及排水区域的部分降雨。暴雨时，多余的雨水会流经隧道里的堰塘，通过下水道下方的暴雨通道，再流入利雅河。这幅画是 1859 年《伦敦新闻插图》根据当时的一张照片绘制的版画，旁边还附上对此工程的原理、造价、规模等详细说明。由 Wellcome Collection 收藏

达·伽马于 1498 年抵达古里（今科泽科德），由阿尔弗雷多·罗克·加梅罗（Alfredo Roque Gameiro）绘于约 1900 年。现藏于葡萄牙国家图书馆

《葡萄牙印度总督阿方索·德·阿尔布克尔克的肖像》，作者不详，绘于 1545 年之后。
现藏于里斯本国家古代艺术博物馆

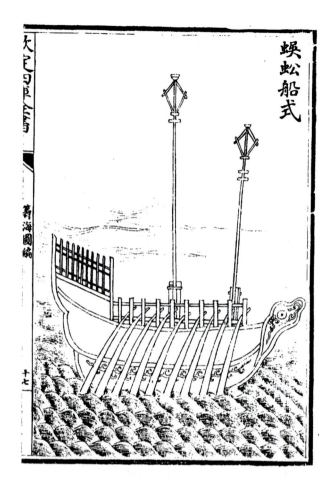

郑若曾《筹海图编》中描绘的"蜈蚣船"。此书是明代胡宗宪总督浙江、南直隶和福建兵务时，聘请有志于抵御倭寇的郑若曾编纂的沿海军事图籍，成书于 1562 年

"嘉靖二十四年"款阮义造铜炮，北京延庆县出土。现藏于北京首都博物馆

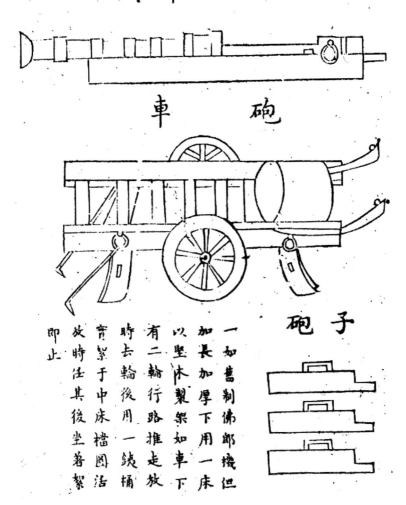

百子佛郎機

車砲

砲子

一如舊制佛郎機但
加長加厚下用一床
以堅沐製架如車下
有二輪行路推走放
時去輪後用一銃桶
齊架于中床檔圖活
放時任其後坐著繁
即止

明代赵士桢所著《车铳图》描绘的百子佛郎机，上面记载，佛郎机铳装在炮车上移动，放时卸下炮车轮。
使用前先将开炮一次所需的弹药装于子炮中，开火后直接将使用后的子炮从母炮后部提出，再填装进
新子炮，这样即可减去填装火药和清理炮筒所需时间，较过去的火炮方便迅速

T-O 地图（上图）出自圣伊西多尔（Isidore）《词源》（*Etymologiae*）的首刷版，被一圈流动的海洋包围着的大地是一团圆形泥土，分为三部分：上方是亚洲，住着闪族；左下的欧洲住着雅弗族，右下的非洲则住着含族，中心则是耶路撒冷。下图则是让·芒塞尔（Jean Mansel，约1400—1473）的《历史之花》（*Fleur des Histoires*）内页插图局部，出版于 1459—1463 年，也是描绘同样的世界观。现藏于比利时皇家图书馆

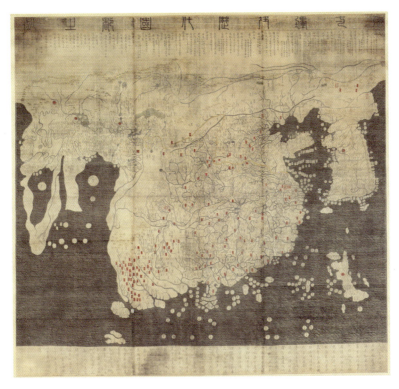

朝鲜人金士衡、李茂根《混一疆理历代国都之图》，绘制于1402年。上图是该地图现存最早的复制品，为15世纪70年代以后制作的修订版。现藏于京都龙谷大学图书馆

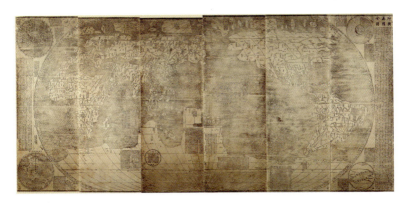

利玛窦于1601年绘制的《坤舆万国全图》，地图刻制在六块大型木板上，以棕墨印制在桑皮纸上，六幅拼起来的地图宽1.8米，长3.65米。此为现存美国明尼苏达大学图书馆的版本，由美国国会图书馆扫描

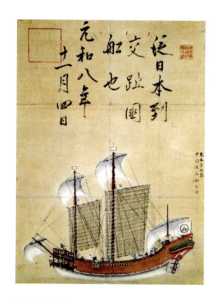

这张图的上部是江户幕府第二代将军德川秀忠于 1622 年 11 月 4 日写给长崎朱印船商人荒木宗太郎的朱印状，上面写有"从日本到交趾国船也 元和八年十一月四日"，左上角的红色印章写着"源 秀忠"（即德川秀忠）。下部为"荒木宗太郎异国渡海船图"，其原画可能出自绘马。现藏于长崎市立美术馆

《霍恩附近的荷兰东印度公司船》，由洛雷·卡斯特罗（Laureys a Castro）于 1686 年之前绘制，描绘荷兰东印度公司的船"鹳鸟号"——船上挂着荷兰东印度公司的旗子（荷兰国旗中间有字母 A.O.C. 组成的图案），船尾则画了鹳鸟图案——停泊在荷兰北部的霍恩港。现藏于伦敦达利奇画廊

《拿水壶的年轻女子》是由维米尔绘于约 1662 年。画中显示一名年轻女子站在敞开的窗前，用镀金银壶和银盆开始一天的洗浴，亚麻布套保护着她的衣服和头发。这幅肖像捕捉到了 16 世纪荷兰贸易帝国的权威和声望。这位女性的服装风格标志着她是荷兰中产阶级家庭的一员——以国际贸易为生的商人、文员和其他专业人士。她的头巾和衣领是用苏格兰、希腊或美洲进口的亚麻制成的亚麻布，裙子的深蓝色是用从印度或日本进口的靛蓝染成的，合身的上衣则是由进口的丝绸制成。而铺在桌子上的地毯代表着荷兰与印度的贸易，用来制作水壶和碗的银器则是在南美洲开采的，桌上的木盒中还能看到一截珍珠项链。墙上的地图象征着荷兰正处于这个商业网络的中心。现藏于纽约大都会博物馆

左图为张献忠的"江口沉银",自四川彭山江口镇岷江河段中打捞出水的银锭,上面的铭记证明这锭"大顺元年眉州大粮银五十两银锭"是张献忠大西政权的自铸银锭。右图则是同地打捞出的金封册,上书"大西大顺二年"等二十九字

日本江户时代长崎出岛附近的唐人屋敷平面图。唐人屋敷建于1688—1689年,占地两万多平方米,有二十多间长屋供两三千人居住。中国商人只能住在这里,虽然其活动限制不如荷兰人严格,但也受到长崎政府的密切监视。本画绘于18世纪,现藏于德克萨斯大学奥斯汀分校的佩里-卡斯塔涅达图书馆

《圣三位一体》，马萨乔于在佛罗伦萨的新圣玛利亚教堂绘制，是第一幅单点透视法壁画。现藏于佛罗伦萨新圣母教堂

科斯坦佐·达·费拉拉为奥斯曼帝国苏丹穆罕默德二世铸造的文艺复兴风格像章，像章正面（上图）是穆罕默德二世的肖像，周围一圈刻有"拜占庭皇帝1481"字样，背面（下图）是这位苏丹骑在马背上，周围刻有以土耳其语书写的穆罕默德二世名字"Mohammet Octhomani Uguli"。费拉拉可能一直待在奥斯曼宫廷直到1481年穆罕默德二世去世，而这枚像章就是在那时制作的。现藏于纽约大都会博物馆

《坐着的抄写员》，画中年轻的奥斯曼帝国宫廷成员正弯着腰聚精会神地书写着。这位优雅的年轻人身着金丝编织的藏青色天鹅绒袍褂，手臂和脖颈处系着鲜艳的丝绸。他宽大的头巾褶皱中固定着一个罗纹红色塔吉——这是穆罕默德二世时期的宫廷头饰。这幅画由科斯坦佐·达·费拉拉绘于 1479—1481 年。现藏于伊莎贝拉·斯图尔特·加德纳博物馆

美国南部黑人劳工采摘棉花的场景，1873—1874 年。虽然此时已是南北战争之后，美国南方的黑奴已被解放，此景仍让人联想到奴隶制时期。出自爱德华·金（Edward King）《伟大的南方……》（*The Great South...*）一书的插图，根据 J. 韦尔斯·钱普尼（J. Wells Champney）的素描

《弗吉尼亚州里士满的奴隶拍卖会》，这幅版画展示的是拍卖场上的一男一女（女的怀里抱着一个孩子），周围都是白人。英国画家乔治·亨利·安德鲁斯（George Henry Andrews）给予说明："出售黑人的拍卖厅位于主要街道上，一般是建筑物的底层，入口处的门直通街道。没有标语牌、广告和关于所经营业务的告示，唯一的交易标志是挂在前门柱子上的一面小红旗，以及一张写着'拍卖黑人'的简单公告。"这幅画是安德鲁斯于 1860 年被派往北美报道威尔士亲王对加拿大和美国的参观访问时所绘。刊于 1861 年 2 月 16 日的《伦敦新闻画报》

《罗伯特·克莱武与米尔·穆罕默德·贾法尔汗的会面》。1757 年普拉西战役后，罗伯特·克莱武战胜孟加拉王公们，米尔·穆罕默德·贾法尔汗（Mir Muhammad Dja'far Khan）是当地被打败的王公（纳瓦布）的部将之一，战后与克莱武会面结盟，并被东印度公司任命为纳瓦布，英国东印度公司在此战役的胜利，确立了其军事和商业地位，也为英国日后征服孟加拉和印度打下基础。此画由弗朗西斯·海曼（Francis Heyman）绘于约 1760 年。现藏于伦敦国家肖像馆

这张照片拍摄于 1866 年，显示一个堆满棉花的农场和一个正在纺纱的人。这是当时英国为了记录印度生活而拍的系列照片之一。由印度考古调查局收藏，大英图书馆藏有一张印刷品

《希普卡山口战役》，描绘的是发生于 1877 年 8 月，俄土战争中的希普卡山口战役。此战役由五千名保加利亚志愿者和两千五百名罗斯士兵组成的队伍击退了近四万名奥斯曼帝国士兵对山顶的进攻，这让奥斯曼帝国无法将战线推进至保加利亚北部，最终导致普列文要塞的陷落。本画由阿列克谢·波波夫（Alexey Popov）绘于 1893 年。现藏于圣彼得堡炮兵博物馆